문화과학 및 사회과학의 논리와 방법론

막스 베버 선집
1

문화과학 및 사회과학의 논리와 방법론

막스 베버 지음 | 김덕영 옮김

도서출판

막스 베버 선집 · 1

문화과학 및 사회과학의 논리와 방법론

2021년 6월 25일 제1판 제1쇄 인쇄
2021년 7월 5일 제1판 제1쇄 발행

지은이 | 막스 베버
옮긴이 | 김덕영
펴낸이 | 박우정

기획 | 이승우
편집 | 이남숙
전산 | 한향림

펴낸곳 | 도서출판 길
주소 | 06032 서울 강남구 도산대로 25길 16 우리빌딩 201호
전화 | 02) 595-3153 팩스 | 02) 595-3165
등록 | 1997년 6월 17일 제113호

ISBN: 978-89-6445-243-1 93300

막스 베버(1864. 4. 21~1920. 6. 14)

서거 100주년을 기리며

모든 **문화과학**의 선험적 전제조건은,
우리가 하나의 특정한 또는 모든 "문화"를 **가치 있다**고
판단한다는 사실이 **아니라**, 우리가 세계에 대하여
의식적으로 **입장**을 정립하고 세계에 **의미**를 부여할 수 있는
능력과 의지를 지닌 문화**인간이다**라는 사실이다.
— 막스 베버

차례

1. 이 책에 달린 각주 1, 2, 3 [······]은 옮긴이 주이고 미주 1), 2), 3) [······]은 원주이며, 또한 미주에 달린 각주 1, 2, 3 [······]은 옮긴이 주이다.

2. 옮긴이 주를 달면서 한글판을 언급하거나 인용하는 경우에는 제목 바로 다음에 괄호를 쳐서 "한글판"이라고 표기해 두었다.

3. 원문에 있는 《 》은 " "로 바꾸었다. (예) 《Sinn》 → "의미"

4. 원문에 있는 문장부호 — ( ) : ; ! ?는 그대로 두는 것을 원칙으로 하되, 부득이한 경우에는 없앴다. 그리고 필요하다고 판단하는 경우에는 넣었다.

5. 원문에서는 글자 간의 간격을 띄우는 식으로 강조를 하고 있는데, 이 책에서는 볼드체로 바꾸었다. (예) S i n n → **의미**

6. 원문에서 알파벳으로 이름이 머리글자만 나오거나 줄인 형태로 나오는 경우에는 그 이름 전체를 우리말로 표기했다. (예) H. Rickert → 하인리히 리케르트 / St. → 슈탐러

7. 원주나 옮긴이 주에 나오는 문헌의 구체적인 서지사항은 "인용문헌"에 수록되어 있다.

8. 베버가 언급하는 인물들은 "인명목록"에 자세하게 소개되어 있다.

9. 원문에서 뒤를 가리키는 쪽수가 그에 따르는 옮긴이 주에서는 앞을 가리킨다는, 그리고 역으로 앞을 가리키는 쪽수가 뒤를 가리킨다는 인상을 주는 경우가 있다; 그 이유는 이 책에서 해당 글들이 출간순서가 아니라 주제별로 배치되었거나, 원래 각주로 되어 있는 원주가 미주로 처리되었기 때문이다; 해당 옮긴이 주 바로 다음에 [일러두기 9 참고]를 표기해 두었다.

제1부

로셔와 크니스 그리고 역사학파 경제학의 논리적 문제들[*]
1903~06

• 원서에는 책의 앞부분과 각 장의 앞부분에만 '차례'가 나올 뿐이고 절도 나누어져 있지 않다. 이에 독자들의 편의를 위해 옮긴이가 이 '차례'에 따라 절을 나누고 제목을 붙였음을 일러둔다.

서론

이 단편적인 글의 목적은 우리의 노대가들의 문학적 초상화[1]를 그리는 데에 있지 않다. 오히려 다음의 두 가지를 보여 주는 것에 한정된다. 즉 지난 세대에 역사과학과 우리의 전문적 과학 분야에서 논의된 일정한 기본적인 논리적·방법론적 문제들이 어떻게 초기 역사학과 경제학에서 관철되었는가,[1)] 그리고 역사적 방법이 초기에 이룩한 위대한 업적이 어떻게 이 문제들과 타협하려고 했는가를 보여 주는 것에 한정된다. 이 과정에서, 여러 가지 측면에서 이 업적들의 **결점**도 대폭 드러나게 될 텐데, 이는 지극히 자연스러운 일이다. 바로 이러한 결점으로 인해 우리는 우리가 과학적 작업을 할 때 필요로 하는 일반적인 전제조건들에 대해 거듭 숙고할 수 있으며, 또한 이것이야말로 사실상 또는 외견상 자명

---

1 문학적 초상화가 의미하는 바는 이 단락의 마지막 두 번째 줄에 나오는 "'예술적' 전체상"과 연결해 보면 확실하게 드러날 것이다.

15

해 보이는 주제들을 폭넓게 분석하기 위해 "예술적" 전체상을 완전히 고의적으로 포기할 수밖에 없는 연구들이 갖는 유일한 의미가 될 수 있다. ─

오늘날 "역사학파"의 창립자로서 빌헬름 로셔, 카를 크니스와 브루노 힐데브란트를 함께 거명하는 것이 일반적이다. 힐데브란트가 갖는 큰 의의를 어떻게든 훼손하려는 의도는 없지만, 우리의 목적상 여기서는 그를 논의에서 제외해도 좋을 것이다. 비록 그야말로, 심지어 어떤 의미에서는 오직 그만이 오늘날 "역사적"이라고 불리는 방법을 실제로 구사했음에도 불구하고 그렇다. 『현재와 미래의 경제학』에 담겨 있는 그의 상대주의는 여기에서 다루고자 하는 측면에서 보면 이미 그보다 앞서, 부분적으로는 로셔에 의해, 부분적으로는 다른 학자들에 의해 발전된 사상을 적용한 것에 불과하다. 이에 반해 **크니스**의 방법론적 견해를 서술하기 위해서는 먼저 로셔의 방법론적 관점을 기술하는 것이 불가피하다. 크니스의 방법론적 주저[2] ─ 이것은 로셔에게 헌정되었다 ─ 는 고전경제학의 대표자들[3]에 대한 논의이면서(고전경제학은 로셔에 이르기까지[4] 우리나라의 대학들을 지배하고 있었으며 크니스의 하이델베르크 대학 교수직의 전임자인 라우가 당시에 공인된 지도자로 활약하고 있었다), 동시에 적어도 그와 똑같은 정도로 그때까지 출간된 로셔의 저작들에 대한 논의이기도 하다.

그러므로 우리는 로셔의 방법론적 기본 견해의 서술부터 시작할 것

---

2 이는 구체적으로 『역사적 방법의 관점에서 본 경제학』 초판(1853)과 제2판(1883)을 가리킨다.

3 베버는 고전경제학의 대표자로 다음의 학자들을 꼽는다: 애덤 스미스(1723~90), 데이비드 리카도(1772~1823), 토머스 로버트 맬서스(1766~1834), 나소 윌리엄 시니어(1790~1864), 장 바티스트 세(1767~1832), 프레데리크 바스티아(1801~50), 카를 하인리히 라우(1792~1870), 요한 하인리히 폰 튀넨(1783~1850), 프리드리히 베네딕트 빌헬름 폰 헤르만(1795~1868).

4 이는 고전경제학이 로셔를 포함한다는 뜻이 아니라 로셔로부터 역사학파 경제학이 출발한다는 뜻이다.

인데, 이 기본 견해는 그의 저서 『투키디데스의 삶과 저작 그리고 시대』 (1842), 그의 강령이 제시된 『역사적 방법에 입각한 국가경제 강의 개요』 (1843) 및 1840년대에 나온 그의 논문들에서 발견할 수 있다.[5] 그리고 우리는 크니스의 저서가 나오고 난 **다음에야** 나온 『민족경제의 체계』의 제1권의 초기 판들(초판 1854년, 제2판 1857년)[6]을 고려하고 거기에 더해 그의 후기 저작들을 고려할 것인데, 구체적으로 이 저작들에서 크니스가 비판적으로 논의하고자 의도한 관점에 대한 논리적 정교화가 이루어진 한에서 그리할 것이다.[2]

---

5 이 문장에 나오는 "그의 강령이 제시된"은 "그의 경제학적 인식의 목표, 대상, 방법 등 큰 줄거리가 제시된"으로 읽으면 의미하는 바가 보다 명확해질 것이다.
6 크니스의 『역사적 방법의 관점에서 본 경제학』 초판은 1853년에 나왔다.

I. 로셔의 "역사적 방법"

로셔의 과학 분류

로셔[3]는 현실에 대한 과학적 접근을 그가 "철학적인 것"과 "역사적인 것"으로 부르는 두 가지 종류로 구분한다: 전자는 현실에서 "우연적인 것"을 제거하고 일반화하는 추상화를 통해 **개념적으로** 파악하는 것이며, 후자는 현실을 그 완전한 실재 속에서 **서술하면서** 재현하는 것이다. 이것은 즉각 오늘날 통용되는 **법칙과학**과 **현실과학**의 구별을 상기시키는데, 이 구별은 한편으로는 정밀한 자연과학과, 다른 한편으로는 정치사의 방법론적 대립에서 가장 선명하게 드러난다.[4]

법칙과학과 현실과학의 구별에 따르면, **한편**으로는 가능한 한 절대적으로 보편타당한 개념들과 법칙들을 포괄하는 하나의 체계를 통해 외연적·내연적으로 무한히 다양한 현실을 질서화하려는 과학들이 존재한다. 이러한 과학들의 논리적 이상 — 이것은 순수역학에서 가장 완벽하게 구현된다 — 은 자신들이 사용하는 개념들의 내용에 자신들이 필연적으로 추구하는 정확성을 부여할 수 있기 위해 우리에게 표상적으로 주어진 "사물"과 현상으로부터 직관적인 것의 개별적인 "우연성"을 점차로 제거할 것을 강요한다. 이러한 과학들은 한편으로 그렇게 얻어진 보편적인 개념들을 그보다 한층 더 보편적인 다른 개념들에 체계적으로 종속시키도록 끊임없이 논리적으로 강요되고 다른 한편으로 엄밀성과 명확성을 추구하는데, 이로 인해 가능한 한 현실의 질적 차이를 정밀하게 측정할 수 있는 양으로 환원할 수밖에 없게 된다. 이러한 과학들이 최종적으로 그리고 근본적으로 현상의 단순한 분류를 넘어서려고 한다면, 그 개념들은 일반적인 타당성을 지니는 잠재적 판단들을 내포하고 있어야 한다. 그리고 이 판단들이 절대적으로 **엄밀하고** 수학적 명증성을 가져야 한다면, **인과등식**[1]으로 표현될 수 있어야 한다.

그러나 이 모든 것이 의미하는 바는, 어디서나 그리고 언제나 단지 구체적이고 개별적이며 질적인 특성을 갖는 것으로만 주어질 뿐이며, **또한** 단지 그런 것으로만 **표상할 수 있을** 뿐인 경험적 현실로부터 점점 멀어지는 것이다. 그리하여 종국에는 다음과 같은 범주들, 즉 질적인 것이 절대로 존재하지 않는, 따라서 절대적으로 비현실적인 것으로 간주되면서 순수하게 양적인 차이만을 드러내는 운동과정들을 담아내는 범주들이 창출되는데, 이 운동과정들의 법칙들은 인과등식으로 표현될 수 있다. 이러한 과학들의 특수한 논리적 **수단**은 항상 보다 넓은 **범위**를 가지며, 따라서 항상 보다 적은 **내용**을 가지는 개념들을 사용하는 것이며, 그 특수한 논리적 **산물**은 **일반적 타당성**을 갖는 **관계개념들**(법칙들)이다. 이

---

1 이는 빌헬름 분트가 1894년에 나온 논문 「정신적 인과성과 정신물리평행론의 원리에 대하여」에서 제시한 개념으로서, 원인과 결과가 같음을 의미한다. 분트에 따르면, 자연법칙은 바로 인과등식에 의해 표현된다. 이에 반해 하인리히 리케르트는 역사적 현상에서는 원인과 결과가 다르며, 따라서 역사적 인식은 인과부등식으로 표현되어야 한다고 주장한다. 이에 대해서는 이 책의 89쪽, 옮긴이 주 18을 볼 것.

러한 과학들의 **작업영역**은 현상들에서 **유적인 것**이 우리에게 **중요한 것** (알 가치가 있는 것)이 되는 곳에서는 어디서나 찾을 수 있다; 다시 말해 우리가 경험적으로 주어진 개별적인 경우를 하나의 표본으로서 유적 개념에 종속시키는 데 성공하는 순간에 이 개별적인 경우에 대한 우리의 과학적 관심이 사라지는 곳에서는 어디서나 찾을 수 있다. ―

그리고 **다른 한편**으로는 방금 언급한 법칙과학적 고찰방식이 그 논리적 성격으로 인해 결코 해결할 수 없는 과제를 자신들의 과제로 삼는 과학들이 존재한다: 그 과제란 **현실**을 그것의 항구적이고 보편적인 특성인 질적 개별성과 유일성 속에서 인식하는 것이다; 보다 정확하게 말하자면 ― 현실의 제아무리 한정된 부분일지라도 그것이 (적어도 항상 내연적으로) 모든 다른 부분에 대해 갖는 무한한 차이점을 **하나도 남김없이 완벽하게** 재현한다는 것은 원칙적으로 불가능하기 때문에 ― 현실에서 그 개별적 **특성**으로 말미암아, 그리고 그것 때문에 우리에게 **중요한 것**이 되는 구성요소들을 인식하는 것이다.

이러한 과학들의 논리적 이상은 분석하고자 하는 개별적 현상에서 **본질적인 것**을 "우연적인 것"(여기에서 의미하는 바로는 중요치 않은 것)으로부터 분리해 내어 명료하게 의식하는 것이며, 또한 이러한 과학들에서는 개별적인 것을 직접적이고 명료하게 이해할 수 있는 구체적인 "원인"과 "결과"라는 보편적 **관계**에 편입하려는 욕구가 지배한다. 바로 이 논리적 이상과 욕구로 인해 이러한 과학들은 끊임없이 개념들을 정교하게 다듬고 이 개념들을 통해 우리가 "**특징적인 것**"이라고 판단하는 표지들을 선별하고 결합함으로써 변함없이 개별적인 실재로 남는 현실에 지속적으로 **다가가도록** 강요된다.

그러므로 이러한 과학들의 특수한[5] 논리적 수단은 항상 보다 많은 **내용**을 가지며,[6] 따라서 항상 보다 좁은 **범위**를 가지는[7] 관계개념들[8]을 구성하는 것이다; 이러한 과학들의 특수한[9] 산물은, 그것들이 어떻게든 개념의 성격을 갖는 한, 보편적인(우리가 일반적으로 "역사적"이라고 말하곤 하는) **의의**를 지니는 개별적인 **사물개념들**[10]이다. 이러한 과학들의 작업영역은 현상들에서 중요한 것, 즉 우리에게 알 만한 가치가 있는 것이 유개념에 편입되어서는 제대로 파악할 수 없는 곳에서, 다시 말해 구체적 현실이 **그 자체로서** 우리의 관심을 불러일으키는 곳에서 찾을 수 있다.

물론 한편으로는 순수역학과 다른 한편으로는 역사과학의 일정한 부분을 제외하고는, 그 노동분업이 전혀 다른, 그리고 자주 "우연적인" 요소들에 근거하는 현존의 경험"과학들" 가운데에 그 어느 것도 상기한 두 가지 목적관점 중에서 오직 하나나 또는 오직 다른 하나만에 입각해서 개념을 구성할 수 없다는 점은 확실하다 — 이에 대해서는 다시 언급이 있을 것이다[2] —. 그러나 개념구성 방식에서의 상기한 차이는 그 자체로서 근본적인 것이며, 또한 방법론적 관점 아래에서 행해지는 모든 과학 분류는 이러한 차이를 고려해야만 한다는 점 역시 확실하다.[11]

아무튼 로셔는 그 자신의 방법을 "역사적"이라고 부르는데, 이 때문에 확실히 그는 경제학에 전적으로 다음과 같은 과제, 즉 현상의 다양성 속에서 기본적인 힘들이 작동하는 법칙적이고 균일한 방식을 밝혀내려는 고전학파와 달리 역사과학의 방식에 따라 그리고 역사과학과 동일한 수단을 통해 경제적 삶의 완전한 현실을 명백하게 지각할 수 있도록 재현하는 과제를 부여할 수밖에 없을 것이다.

실제로 로셔의 저작에서는 때때로 일반적으로 받아들여지는 다음과 같은 진술, 즉 경제학은 "사물들의 **상이성**을 그 유사성에 대해 갖는 것과 똑같은 관심을 가지고 연구해야 한다"라는 진술을 볼 수 있다.[3]

그러므로 『개요』[4]의 150쪽에서 **"역사적"** 경제학이 로셔 이전에 특히

---

2 이 책 29쪽 이하에서이다.
3 로셔, 『체계』, 제1권, 제2판, 42쪽(§26).
4 이는 『역사적 방법에 입각한 국가경제 강의 개요』를 가리킨다.

애덤 스미스를 비롯해 맬서스와 라우에 의해 발전되었다는 진술을 읽고, 또한(같은 책, V쪽) 저자가 맬서스와 라우를 특히 가깝게 느끼는 연구자로 서술하고 있음을 보면 기이한 생각이 들 것이다. 이에 못지않게 우리를 놀라게 하는 것은 다음과 같은 일련의 사실이다. 즉 2쪽에서는 **자연과학자**의 작업과 역사학자의 작업이 서로 유사한 것으로 간주되고 있고, 4쪽에서는 정치학(여기에는 "국가경제학"이 포함된다)이 국가의 발전**법칙**에 대한 과학으로 규정되고 있고, 더 나아가 로셔는 — 잘 알려진 바와 같이 — 계속해서 의도적으로 경제의 "자연법칙"에 대해 말하고 있으며, 마지막으로 IV쪽에서는 심지어 무수한 현상을 지배하는 **법칙적인 것**의 인식이 **본질적인 것**의 인식과 동일시되면서[12] 모든 과학의 유일하게 생각할 수 있는 과제로 전제되고 있다.[13] 그런데 현상을 지배하는 진정한 "자연법칙들"은 오직 개념적 추상화에 근거하면서 "역사적으로 우연한 것"을 제거함으로써만 수립할 수 있으므로, 이로부터 경제학적 고찰의 궁극적 목적은 유(類)개념들과 법칙 개념들을 포괄하는 하나의 체계를 구성하는 것일 수밖에 없다는 결론이 도출된다; 게다가 이 개념들은 논리적으로 가능한 한 완벽한, 다시 말해 가능한 한 모든 개별적인 "**우연성**"이 배제된, 그리하여 가능한 한 추상적인 것이어야 한다. 이는 로셔가 바로 그 목적을 원칙적으로 거부한 것처럼 보였음에도 불구하고 그렇다. 그러나 단지 그렇게 보였을 뿐이다. 사실 로셔의 비판은 고전이론의 논리적 형태가 아니라 두 가지 완전히 다른 점, 즉 1. 추상적·개념적 대전제들로부터 절대적으로 타당한 실천적 **규범**들을 연역하는 방법 — 이것은 그가 "철학적" 방법이라고 부르는 것이다 —, 그리고 2. 경제학의 **소재선택**에서 지금까지 통용되는 원리를 겨냥하였다. 원칙적으로 로셔는 경제적 현상들의 관계는 단지 **법칙**들의 체계로만 파악될 수 있고 또 파악되어야 한다는 것을 의심하지 않았다.[14] 그에게 "인과성"과 "법칙성"은 동일한 것으로서, 전자는 오직 후자의 형태로만 존재한다.[15] 그런데 — 이것은 로셔에게 중요하다 — 과학적 작업은 동시적 현상들에서

뿐만 아니라 연속적 현상들에서도 법칙의 지배를 규명해야 하고 현재적 현상들의 법칙적 관계와 더불어 현상들의 **역사적** 진행의 발전법칙도 그리고 특히 이 발전법칙을 확립해야 한다.

이러한 로셔의 관점을 보면 다음과 같이 질문을 제기할 수밖에 없다: 그는 역사적 과정에서의 법칙과 현실의 원칙적 관계를 어떻게 생각하고 있는가? 현실에서 로셔가 자신의 법칙들의 망으로 포착하고자 하는 부분이 그가 구성하고자 하는 개념체계로 통합되며, 그 결과로 이 개념체계가 현상들 중에서 우리의 인식에 **중요한 것**을 실제로 포함할 수 있는 것이 확실한가? 그리고 **만약** 그렇다면, 이 개념들의 논리적 성격은 어떠해야 하는가? 로셔는 이러한 논리적 문제들 자체를 인식했는가? ―

로셔의 방법론적 본보기는 독일 역사학파 법학[5]의 접근방식으로서, 그는 이 학파의 방법이 자신의 방법과 유사하다고 생각하고는 명시적으로 거기에 준거했다. 그러나 실상 그가 한 것은 ― 이미 멩거가 그 본질을 파악하고 있었듯이[6] ― 이 방법을 특유하게 **재해석하는** 것이었다. 사

---

5 독일 역사학파 법학은 프리드리히 카를 폰 사비니와 카를 프리드리히 아이히호른 (1781~1854)이 이 창시한 학파로, 이에 따르면 법규범에는 민족의 독특한 정신이 구현되며, 따라서 모든 법규범은 시간을 초월하는 보편적 타당성을 갖는 것이 아니라 역사적 형성조건과 발전과정에 의해 판단할 수 있는 경험적 타당성을 갖는다. 이는 민족정신을 강조하는 낭만주의 운동이 법학에 적용된 것이다.

6 멩거에 따르면, 로셔는 1843년에 출간된 『역사적 방법에 입각한 국가경제 강의 개요』에서 "자신이 **역사적 방법**의 추종자이며' 이 방법을 통해 '사비니-아이히호른의 방법이 법학을 위해 성취한 것과 유사한 것을 **국가경제**를 위해 성취하고자 한다'라고 선언했다. 그러나 그는 이 방법의 본질을 '다양한 민족의 발전에서 동질적인 것을 발전법칙으로 결집하려는' 노력, 다시 말해 '수많은 현상에서 본질적인 것, 법칙적인 것을 찾아내려는' 노력이라고 특징지으며, '이 목적을 위해서는 우리가 손에 넣을 수 있는 모든 민족을 경제적 관점에서 서로 비교해야 한다'라고 주장한다." 그런데 ― 멩거는 계속해서 주장하기를 ― 이와 더불어 "우리 과학의 본질과 방법에 대한 일련의 오해가 비롯되었는데, 이것은 독일에서 과학적 경제학이 발전하는 데 독이 되었고 오늘날에도 여전히 극복되지 않은 상태이다. 로셔는 사비니-아이히호른 방법이 법학에서 성취한 것과 유사한 것을 국가경제를 위해 성취하고자 한다; 그러나 그가 자신의 방법의 본질이라고 지칭한 것은 사비니-아이히호른이 추구한 방향과 근소한 유사성조차도 보이지 않는다. 사비니도 아

비니와 그의 학파는 계몽주의 시대의 입법적 합리주의와 투쟁했는데, 이 과정에서 그들은 민족공동체에서 형성되고 통용되는 법은 보편적 준칙들로부터 연역할 수 없는 원칙적으로 비합리적인 성격을 갖는다는 것을 증명하고자 했다; 그들은 법과 민족적 삶의 여타 모든 측면 사이에 불가분의 관계가 존재한다는 것을 강조했으며, 또한 모든 진정으로 민족적인 법이 필연적으로 개별적인 성격을 갖는다는 것을 이해시키기 위해 법과 언어 그리고 민족의 여타 문화적 산물의 창조자로서의 ― **필연적으로** 비합리적이고 개별적인 ― "민족정신"이라는 개념을 실체화했다. 이 경우에[16] "민족정신"이라는 개념 그 자체는 일시적 용기(容器), 즉 아직 논리적으로 가공되지 않은 수많은 직관적인 개별현상을 잠정적으로 표현하는 보조개념으로가 아니라 형이상학적 성격을 지니는 통일적이고 실재적인 본질로 다루어지며, 또한 무수한 문화적 영향의 **결과물**이 아니라 역으로 민족의 모든 개별적 문화현상이 **유출되는** 것, 즉 그것들의 **실재근거**로 간주된다.

로셔는 그 기원에서 최종적으로 피히테의 일정한 사상노선으로 소급하는 이 관념들을 고수했다; 그는 또한, 우리가 앞으로 보겠지만,[7] "민족성"[17]이라는 형이상학적 통일성을 믿었고 "민족"을 국가형태와 법의 점

이히호른도 자신의 연구의 주요 과제를 다음과 같이 규정하지 않는다: 어떻게든 손에 넣을 수 있는 모든 민족의 법 발전을 비교함으로써 법의 발전법칙들을 확립하거나 또는 심지어 이러한 비교를 통해 '**객관적** 진리'를 획득하는 것으로 규정하지 않는다. 그들이 추구하는 바는 구체적인 법들의 **역사적** 이해에 있다. 다시 말해 이 법들이 유기적 발전의 성찰되지 않은 결과이며 그 자체로서 자의적인 변형이나 개혁의 대상이 아니라는, 아니 인간의 지혜를 넘어선다는 것을 증명하는 데에 있다. 법철학의 관념 또는 로셔적 의미에서의 **법제사의 철학**은 그들의 과학적 작업과 거리가 멀며, 부분적으로는 완전히 상치된다. 로셔가 하고자 하는 바는, **보댕**이 국가론을 그리고 **게르비누스**가 정치학을 다루는 의미에서 경제학을 다루는 것이지, 역사학과 법학의 정신에 입각하여 민족경제의 연구영역에서 역사적 방향을 따르는 것이 아니다." 멩거, 『사회과학, 특히 경제학 방법 연구』, 221~22쪽(이 인용구절의 앞부분에는 작은따옴표로 처리한 것이 몇 군데 나오는데, 이는 각각 로셔, 『개요』, I쪽, V쪽, 2쪽, IV쪽에서 온 것이다).

7 이 책의 38~40쪽에서이다.

진적인 발전처럼 경제 자체의 점진적인 발전도 자신의 생애과정의 일부분으로 체험하는 **개체**[18]로 보았다(로셔는 이 생애과정을 인간의 생애 발달과 유사한 것으로 생각했다). "민족경제는 민족과 함께 형성된다. 그것은 인간을 인간으로 만드는 기질과 본성의 자연적인 산물이다."[19] 여기에서 "민족"이라는 개념 그 자체는 더 이상 논의되지 않는다. 그러나 로셔는 때때로(§12, 주 2) 피히테와 아담 뮐러가 "원자론적" 국가론, 즉 국가를 "개인들의 무리"로 파악하는 견해에 대항한 점을 높이 사고 있는데,[8] 이러한 사실 하나만 보더라도 그의 민족개념을 내용이 없는 추상적 유개념으로 생각하지 말아야 할 것 같다. 그는(§13) 너무나도 신중하기 때문에 "유기체" 개념을 무조건적으로 "민족"이나 "민족경제"의 본질에 대한 **설명**으로 생각하지 않고, 오히려 이 개념을 단지 "수많은 문제의 가장 간결한 공통표현"으로 사용하고자 할 뿐이라고 강조한다;[9] 그런데 이러한 진술로부터 적어도 한 가지 사실이 분명해지는데, 그것은 그가 "민족"을 특정한 시기에 정치적으로 통일된 국민 전체로 간주하는 순수하게 합리주의적인 입장에 만족하지 않는다는 것이다. 그에게 민족이란 추상화를 통해 얻어진 이러한 유개념이 아니라 오히려 문화 담지자로서 **의의를 갖는** 전체적 존재의 **직관할 수 있는** 총체성을 의미했다.[10]

그런데 이 무한히 다양한 총체성을 논리적으로 가공하는 작업은, 추상화를 통해 내용이 텅 빈 개념의 구성으로 빠지지 않고 **역사적** 개념들의 구성으로 이어지기 위해서는, 그 총체성들로부터 그때그때 논의의 대상이 되는 **구체적인** 관계에 대해 **의의** 있는 구성요소들을 끄집어내야만 한다. 로셔는 이러한 과제의 성격을 규정하는 원리를 잘 의식하고 있었다: 역사적 개념구성의 논리적 성격이 그에게는 낯선 것이 결코 아니

---

8   로셔,『체계』, 제1권, 제2판, 19쪽.

9   같은 책, 20쪽.

10   이 문장의 뒷부분에 나오는 "전체적 존재"는 개체적 존재 또는 개인적 존재의 반대말, 그러니까 초개체적 존재 또는 초개인적 존재로 읽으면 된다.

었다. 그는 직관적으로 주어진 것의 다양성으로부터 **선택하는 것**이, 그 것도 **유적인 것**의 방향으로가 아니라 "역사적으로" **중요한 것**의 방향으로 그리하는 것이 역사적 개념구성의 전제라는 점을 알고 있다.[20] 그러나 여기에서 필연적으로 생물학적 유추를 동반하는 "유기체적" 사회이론[21]이 끼어들어서 그로 하여금 ─ 그토록 많은 현대 "사회학자들"처럼 ─ 이 두 가지는 필연적으로 동일하며, 따라서 단지 역사에서 반복하는 것만이 그 자체로서 의의를 가질 수 있다고 생각하도록 한다.[11][22] 그리하여 로셔는 생물학자들이 예컨대 한 특정한 유형의 "코끼리들"이 지니는 직관적인 다양성을 다룰 수 있는 것과 마찬가지로 "민족"의 개념을 더 이상 해명하지 않고서도 "민족들"의 직관적 다양성을 다룰 수 있다는 견해를 내세운다.[23] "민족들"은 ─ 그는 주장하기를 ─ 실제로는 개인들과 마찬가지로 다양하다 ─ 그러나 이 다양성이 해부학적 및 생리학적 관찰에서 개인적 차이를 도외시하는 데에 방해가 되지 않듯이, 민족들의 개별적인 특성이 역사이론적 연구에서 민족들을 민족이라는 유의 표본들로 다루며 이것들의 발전을 상호 비교하여 이 발전의 **유사성들**을 발견하는 데에 저해가 되지 않는다; 그리고 이 유사성들은 ─ 로셔는 이렇게 주장한다 ─ 관찰의 점진적인 완벽화를 통해 종국에는 "민족"이라는 유에 적용되는 "자연법칙들"의 논리적 지위로 고양될 수 있다. ─ 그러나 여기에서 분명한 사실은, 이러한 방식으로 발견된 일군의 규칙성들이 경우에 따라서 상당히 큰 잠정적인 **색출적** 가치를 지닐 수 있지만 결코 어떤 과학 ─ 그것이 "자연"과학이든 또는 "정신"과학이든, "법칙"과학이든 또는 "역사"과학이든[24] ─ 의 궁극적인 인식**목표**로 간주될 수는 없다는 점이다. 어떤 과학이 역사적 과정을 지배하는 대량의 "경험적" 법칙을 발견하는 데 성공했다고 가정해 보자. 심지어 이렇게 될 경우에도

---

11 이 문장의 중간 부분에 나오는 "이 두 가지"는 유적인 것과 역사적으로 중요한 것을 가리킨다.

무엇보다 아직 그 어떤 유형의 **인과적** 투명성도 확보되지 못한 상태일 것이며, 이 과학은 이제 비로소 가공작업을 시작해야 할 것이고 상기한 유사성들은 단지 이 가공작업의 재료가 될 뿐일 것이다; 그러면 무엇보다도 이 과학은 자신이 추구하는 인식의 **종류**를 결정해야 할 것이다. 먼저 자연과학적 의미에서의 정밀한 인식을 추구할 수 있을 것이다. 그러면 논리적 가공이 지향하는 바는, 아직 남아 있는 개별적인 요소들을 점점 더 제거하고 발견된 법칙들을 그보다 더 보편적인 법칙들의 — 비교적 개별적인 조건들 아래에서 일어나는 — 특수한 경우로 간주하고 점점 더 거기에 종속시키는 일일 것이다; 그러나 이로 인해 구성되어야 할 보편개념들은 점점 더 공허해질 것이며 경험적이고 이해할 수 있는 현실로부터 점점 더 멀어질 것이다 — 이와 같은 과학의 논리적 이상은 절대적으로 보편타당하며, 따라서 모든 역사적 사실에 공통된 것을 추상적으로 표현할 수 있는 **공식들**의 체계를 구축하는 데에 있을 것이다. 자명한 일이지만 우리에게 매우 큰 의의를 갖는 "세계사적" 과정들과 문화현상들을 포함하여 그 어떤 역사적 현실도 이러한 공식들로부터 결코 연역될 수 없을 것이다.[25] 이와 같은 과학의 경우에는 인과적 "설명"이 단지 **보다 보편적인** 관계개념들의 구성을 의미할 것인데, 이 관계개념들의 구성은 다시금 가능한 한 모든 문화현상들을 어떤 종류의 순수한 양적 범주들, 예컨대 가능한 한 적고 가능한 한 단순한 심리적 "요소들" 사이의 "강도"(強度)관계로 환원함을 목표로 할 것이다. 거기서는 우리를 둘러싸고 있는 현실의 진행과정을 그 구체적인 인과관계 속에서 경험적으로 보다 잘 "이해할 수" 있는가 하는 문제가 필연적으로 아무런 방법론적 중요성도 갖지 않을 것이다.

이와 반대로 우리가 우리를 둘러싸고 있는 현실을 한편으로는 이것의 형성과정과 이 과정의 필연적으로 개별적인 조건들 속에서, 그리고 다른 한편으로 이것의 필연적으로 개별적인 콘텍스트 속에서 지적으로 **이해하려고** 한다면, 상기한 유사성들은 필연적으로 다음과 같은 유일한 목적 아래 가공되어야 할 것이다. 즉 개별적인 구체적인 문화요소들이 지니고 있는 특징적인 **의의**를 이 문화요소들의 구체적이고 우리의 "내적 경험"[26]을 통해 **이해할 수 있는** 원인과 결과 속에서 의식할 수 있도록 가공되어야 할 것이다. 그럴 경우 유사성들 그 자체는 다수의 역사적 현상을 그 완전한 개별성 속에서 상호 비교하여 이 현상들 각각이 지니는 특징을 밝혀내는 수단에 지나지 않을 것이다. 그것들은 직관적으로 주어진 것의 조망할 수 없는, 따라서 불충분하게 이해될 수밖에 없는 개별적 다양성으로부터 그에 못지않게 개별적인, 그러나 우리에게 의의 있는 요소들을 끄집어낸 결과로 조망할 수 있으며, 따라서 **이해할 수 있는** 개별적 다양성의 이미지에 이르는 우회로가 될 것이다. 다시 말해 그것들은 **개별적** 개념들을 구성하기 위한 많은 가능한 수단들 가운데 하나일 것이다. 그러나 유사성들이 과연 이 목적에 적합한 수단이 될 수 있을 것인가, 그리고 만약 될 수 있다면 언제 그럴 수 있을 것인가는 매우 어려운 문제이며 경우에 따라 결정될 수밖에 없을 것이다. 왜냐하면 유사성들을 통해 파악될 수 있는 유적인 것이 바로 **의의 있는** 그리고 구체적인 관계에서 중요한 것을 포함하게 될 선험적 개연성이 조금도 존재하지 않음은 물론이기 때문이다. 이것을 오해한다면, 유사성들은 연구를 완전히 잘못된 길로 이끌 것이며, 또한 실제로 매우 자주 그런 일이 일어났다. 그리고 여기까지의 논의에 입각해서 보면 다음은 완전히 자명하다. 즉 유사성들의 도움으로 얻어지는 개념들과 법칙들을 더욱더 일반적인 적용범위를 갖는(그리고 따라서 더욱더 추상적인 내용을 갖는) 개념들과 법칙들에 종속시키는 것을 개념구성의 최종적 **목적**이라고 생각할 수 없음은 완전히 자명하다.

이렇게 해서 우리는 두 가지 가능한 인식의 유형을 살펴보았다: 그 하나는 **유적인 것**을 인식할 가치가 있는 것으로 선택하고 이것을 일반적으로 타당한 추상적 **공식**에 종속시키는 것이다; 그 다른 하나는 개별적으로 **의의 있는 것**을 선택해서 보편적인 — 그러나 개별적인 — **관계** 속에 편입하는 것이다.[27] 그런데 문화의 역사적 발전이라는 현상에 대한 인식에서는 이 둘 이외에도 제3의 가능성이 분명히 존재할 것인바, 그것은 헤겔의 개념론에 기초하여 "보편"개념들을 통해 개념과 현실 사이의 "불합리적 간극"[12]을 극복하려고 시도하는 것이다. 이 보편개념들은 형이상학적 실재로서 개별적 사물과 현상을 자신의 **구현**체로 포괄하며 이것들이 자신으로부터 연역되도록 한다. 이처럼 "최상의" 개념들의 본질과 타당성을 "유출론적으로"[13] 파악하면, 다음의 두 가지가 논리적으로 허용된다. 즉 한편으로는 현실에 대한 개념들의 관계를 엄격하게 **합리적으로** 사유하는 것, 다시 말해 현실은 보편개념들로부터 하강하면서 연역할 수 있다고 생각하는 것이 허용된다; 그리고 다른 한편으로는 동시에 이 관계를 완전히 직관적으로 파악하는 것, 즉 현실은 개념들로 **상승하는** 과정에서 그 직관적인 내용을 조금도 상실하지 않는다고 생각하는 것이 허용된다. 그리되면 개념들의 내용과 범위는 그 크기에서 반비례하

---

12 베버는 "불합리적 간극"(hiatus irrationalis)이라는 개념을 에밀 라스크에게서 받아들였다. 그런데 이 개념은 라스크가 그의 박사학위 논문인 『피히테의 관념론과 역사학』에서 피히테의 "불합리적 간극을 통한 투사"(proiectio per hiatum irrationalem)라는 개념에 접목하면서 제시한 것이다. 피히테는 1801년에 독일의 관념론 철학자 프리드리히 빌헬름 요제프 셸링(1775~1854)에게 보낸 편지에서 이것을 처음으로 언급했으며, 다시 1804년에 야코비에게 보낸 편지와 같은 해에 출간된 『과학론』에서 다시 언급했다. 피히테에 따르면, 존재는 의식의 단순한 대상(Objekt)이 아니라 투사(Projekt)이다. 다시 말해 의식은 존재를 투사하는데 ─ 또는 달리 말하자면 생산하는데 ─, 그것도 간극을 통해 투사하는데, 이 간극은 칠흑같이 어둡고 공허하기 때문에 절대로 파악 불가능하고 설명 불가능한, 그러니까 불합리한 것이다. 요컨대 투사하는 것과 투사되는 것 사이에는 불합리적 간극이 존재하는 것이다. 피히테, 『과학론』, 200쪽. 라스크는 이를 개념과 현실 사이의 불합리적 간극이라는 명제로 재구성했다. 라스크, 『피히테의 관념론과 역사학』, 169~70쪽을 볼 것. 그리고 베버는 이를 자신의 방법론에 도입하였다.

13 라스크에 따르면, 헤겔의 논리학은 유출론적이다. 이에 따르면, 구체적인 현실은 추상적인 개념들로부터 유출되며, 변증법적으로 운동하는 개념들은 현상에서 실현된다. 요컨대 현실은 초현실적인 개념들이 흘러나온 것 또는 흘러넘친 것이다. 이에 대한 자세한 논의는 라스크, 『피히테의 관념론과 역사학』, 제1부, 제2장 「헤겔의 유출론적 논리」를 볼 것.

지 않고 오히려 일치하게 된다. 왜냐하면 "개체"는 유의 표본일 뿐만 아니라 개념에 의해 표현되는 전체의 부분도 되기 때문이다. 이 경우 모든 것이 연역될 수 있는 "가장 보편적인" 개념은 동시에 가장 내용이 풍부한 개념이 될 것이다. 그러나 우리는 추상화를 통해 현실로부터 그 완전한 실재성을 빼앗아버리는 우리의 분석적·논증적 인식[14]으로 인해 이러한 종류의 개념적 인식으로부터 끊임없이 멀어지는데, 그와 같은 개념적 인식은 단지 수학적 인식이 수행하는 것과 유사한(그러나 동일하지는 않은) 것만을[28] 수행할 수 있을 것이다.[29] 그리고 **진리**내용에 대한 이러한 인식의 형이상학적 전제는 다음과 같을 것이다. 즉 형이상학적 실재로서의 개념내용들이 현실의 배후에 존재하며, 수학에서 하나의 명제로부터 다른 하나의 명제가 "추론되는 것"과 유사한 방식으로 이 현실은 필연적으로 바로 이 개념내용들로부터 연역된다는 것이다. ─ 로셔에 대해 말할 것 같으면, 그는 이러한 유형의 인식에 내포된 문제를 모르고 있었던 것은 결코 아니다.

헤겔에 대한 그의 관계[30]는 스승인 랑케, 게르비누스 및 리터[31]의 영향에 의해 결정되었다. 그는 『투키디데스』에서 "철학자들"[32]의 방법에 대해 다음과 같이 이론을 제기하였다. 즉 "개념 자체의 사유와 그 내용의 사유 사이에는 커다란 차이가 존재한다."[15] ─ 만약 철학자의 "보다 높은" 개념이 보다 낮은 개념의 "원인"이라면, 즉 보다 낮은 개념이 **개념체계** 속에서 사유되는 것은 보다 높은 개념에 의해 야기된다면, 역사학자는 이 관계를 현실세계에 적용할 수 없는데, 그 이유는 모든 "철학적" 설명은 정의(定義)인 반면 모든 **역사적** 설명은 **서술**이기 때문이다.[33] 철학적 진리와 필연성은 "진공의 공간에서" 타당하기 때문에 **시적** 진리 및

---

14 여기에서 말하는 논증적(diskursiv) 인식은 직관적(intutitiv) 인식에 반대되는 말이다. 전자는 경험적 자료와 논리적 추론에 입각한 인식이며, 따라서 간접적 인식이다. 이에 반해 후자는 감관의 작용을 통한 인식이며, 따라서 직접적 인식이다.

15 로셔, 『투키디데스』, 19쪽.

필연성과 동등하다.[34] 이것이 역사적인 것의 영역으로 내려가면 필연적으로 그 맛을 잃어버리는데, 이와 마찬가지로 역사학이 철학적 개념구성을 수용하려면 필연적으로 그 맛을 잃어버리게 된다: 구체적인 역사적 제도들과 사건들은 개념체계의 그 어떤 부분도 될 수 없다.[35] 역사가의 — 그리고 시인의 — 작품들에 응집력을 부여하는 것은 어떤 지고한 **개념**이 아니라 "총괄적 직관"이다.[36] 그런데 이러한 "총괄적 관념"은 공식이나 개념적 정의를 통해서는 적합하게 파악할 수 없다. 역사학은 시와 마찬가지로 삶 전체를 포착하려고 하며,[37] 유사성을 찾아내는 것은 이러한 목적을 위한 수단이 된다. 그러나 이것은 "서투른 사람에게 쉽게 해가 될 수 있으며", 또한 "심지어 숙련된 사람에게조차도 결코 큰 도움이 될 수 없는" 도구이다.[38] — 우리가 이 명제들을 세부적으로 어떻게 판단하든 상관없이 — 거기에 비추어보면 우선 로셔는 역사적 비합리성의 성격을 적절하게 인식하고 있었던 것 같다. 그러나 같은 저작의 여러 구절만 보더라도, 그럼에도 불구하고 그는 역사적 비합리성의 의의를 의식하지 못하고 있었음이 드러난다.

이것은 다음과 같은 사실, 즉 방금 논의한 모든 것의 유일한 목적은 헤겔의 변증법을 거부하고[39] 역사학을 이것과 **자연과학에 공통된** 토대인 **경험**의 위에다 정립하는 데에 있다는 사실에 의해 입증된다. 그러나 로셔는 한편으로는 정밀한 자연과학의 개념구성과 다른 한편으로는 역사학의 개념구성 사이의 근본적인 차이를 알지 **못한다**. 그에 따르면, 이 둘의 관계는 레싱이 그의 저작 『라오콘』에서 정의한 조각과 시의 관계와 같다:[40] 이 둘 사이의 차이는 그것들이 추구하는 **인식**의 논리적 성격이 아니라 그것들이 가공하는 **소재**에서 기인한다. 그리고 역사학은 "철학" — 로셔가 사용하는 용어의 의미에서 — 과 마찬가지로 "외견상 무질서한 것을 보편적인 원리들에 따라 질서를 부여한다"라는 "더없는 행복"을 누린다.[41]

그런데 역사학[42]은 문화현상들(가장 넓은 어의에서)의 인과적 조건성을 밝히는 것을 목적으로 하기 때문에, 방금 언급한 "원리들"은 단지 인과적 관계를 지배하는 원리들일 수밖에 없다. 그리고 여기에서 로셔는 다음과 같이 독특한 명제,[43] 즉 다수의 대상을 인과적으로 결합하는 경우 "**더 중요해** 보이는 것을 덜 중요한 것의 **원인**이라고 **명명하는 것**"이 과학의 ─ 그것도 **모든** 과학의 ─ 관례라는 명제를 내세우고 있다. 유출론에서 기원하는 것이 분명한 이 명제는, 로셔가 한편으로는 "더 중요한"이라는 표현과 더불어 **헤겔**이 "보편적인"이라는 말에서 이해한 것과 동일한 것을 의미했으며 다른 한편으로는 이것을 **유**적인 의미에서 "보편적인" 것과 구별하지 않았다고 가정해야만 이해할 수 있다. 앞으로 로셔의 방법을 좀 더 자세히 고찰하는 과정에서 우리는 그가 실제로 그리했다는 것을 거듭 보게 될 것이다. 로셔는 유적인 의미에서 보편적인 것 (일반적인 것)의 개념과 내용적으로 포괄적인 것이라는 개념을 서로 동일시했다. 게다가 로셔는 한편으로 자신이 보편적 관계성과 동일시하는 개념의 일반적 **타당성**과 다른 한편으로 대상의 보편적 **의의**를 구별하지 않았다: 우리가 본 바와 같이,[16] 그에게 "법칙적인 것"은 현상의 "본질적인 것"이다.[44] 그리고 마지막으로 그에게 ─ 아주 많은 사람들에게 오늘날에도 여전히 그러하듯이 ─ 추상화를 통해 현실로부터 상승하면서 일반적인 개념들이 구성되기 때문에 그 역으로 이 일반적인 개념들**로부터** ─ 이것들이 정확하게 구성되었다는 전제 아래 ─ 하강하면서 다시 현실이 연역될 수 있어야 함은 자명하다. 그는 자신의 『체계』에서 이따금[45] 수학과의 유사성을 그리고 경제학의 일정한 명제들을 수학적 공식으로 표현할 수 있는 가능성을 명시적으로 언급하고 있는데, 그가 유일하게 우려하는 점은 현실의 풍부함으로 인해 이러한 공식들이 너무 "복잡해질" 수도 있으며, 따라서 실제적으로 사용될 수 없을 수도 있다는 것이다. 그는 개념적 인식과 직관적 인식의 근본적인 차이를 알지 못하며,

---

16 이 책의 24쪽에서이다.

수학적 공식을 유개념의 방식에 따라 추상화된 것으로 간주한다. 그에게 모든 개념은 현실의 표상적 모사이며,[46] "법칙"은 "자연"에 대한 객관적 규범으로서 후자가 전자에 대해 갖는 관계는 "민족"이 국가의 법률에 대해 갖는 관계와 유사한 것이다. 그의 개념구성의 전체적인 성격을 보면, 그의 입장이 헤겔의 입장과 원칙적으로 다르지만, 그럼에도 불구하고 단지 헤겔의 유출론에만 논리적 일관성을 띠면서 접합될 수 있는 형이상학적 관념들을 사용하고 있다는 사실이 잘 드러난다. 그에게 유사성의 구성방법은 인과적·역사적 인식이 진보하는 특수한 형식이다:[47] 그러나 그것은 **결코 완결되지 않으며, 따라서** 그렇게 얻어진 개념들로부터 현실 전체가 **실제로** 연역될 수 있는 것이 결코 아니다—로셔의 견해에 따르면, 만약 우리가 모든 현상의 궁극적이고 최상적인 "법칙들"로까지 상승한다면, 그와 같은 연역이 가능할 것이다: 그러나 우리가 인식하는 역사적 현상에는 **필연성**이 결여되어 있으며,[48] 따라서 우리에게 그것은 언제나 "설명할 수 없는 배후"로 남을 수밖에 없다; 게다가 바로 그리고 오직 이 배후가 전체의 **관계**를 규정하는데,[49] 그 이유는 현실이 그로부터 유출하는 것이 분명하기 때문이다. 그러나 그것을 사유적으로 파악하고 정식화하는 것 — 헤겔이 하고자 했던 바로 그것 — 은 우리에게 불가능하다. 로셔의 생각으로는 이러한 배후를 "**생명력**이라고 또는 유적 전형이라고 또는 **신의 의지**라고" 부르든 — 근대 생물학 용어와 플라톤적이고 스콜라적인 용어의 독특한 혼합에 주목하라 — 그것은 중요하지 않다.[17] 과학적 연구의 과제는 그것을 "더욱더 멀리 소급하는 것"이다. 요컨대 헤겔적 보편개념들이 형이상학적 실재로서 존재하지만 그것들이 갖는 바로 이러한 특성으로 인해 우리는 그것들을 사유적으로 파악할 수 없다.

우리는 다음과 같이 묻게 된다. 즉 개념과 현실의 관계에 대한 로셔의

17　로셔, 『체계』, 제1권, 제2판, 22쪽(§13, 주 4).

견해가 헤겔의 그것과 근본적으로 유사함에도 불구하고, 그로 하여금 논증적 인식에 내재하는 한계를 극복하려는 헤겔의 방식을 원칙적으로 받아들이지 못하도록 한 장애물은 **도대체 무엇이란** 말인가? 이에 대한 답은 아마 무엇보다도 그의 종교적 관점을 고찰함으로써 찾을 수 있을 것이다. 그에게 현상을 지배하는 궁극적이고 최상적인 — 헤겔적인 의미에서 "가장 보편적인" — 법칙들은 다름 아닌 "신의 의지"**이며** 자연법칙들은 신의 법령이다.[50] 그리고 현실의 합리성과 관련된 그의 불가지론은 유한한 인간의 정신과 무한한 신의 정신 사이에는 질적인 친화성이 존재함에도 불구하고 전자는 후자와 달리 한계가 있다는 종교적 사고에 근거한다. 철학적 사변들은 — 그는 매우 특징적인 견해를 제시하고 있다(『투키디데스』, 37쪽) — 시대의 산물이다; 그것들의 "관념"은 **우리의** 피조물이다; 그러나 우리는, 야코비가 말하는 바와 같이, "**우리가** 그 피조물인 진리"를 필요로 한다.[18] 그는 같은 책 188쪽에서 주장하기를, 역사에서 작용하는 모든 추진력은 다음과 같은 세 가지 범주 중 하나에 속한다: "인간행위, 물질적 관계, **초인간적 의지.**" 역사학자는 이 가운데 마지막 것을 통찰할 수 있어야 비로소 진정으로 **필연성**에 대해 말할 수 있을 것이다. 왜냐하면 (개념상) 자유의지는 오직 "타의지의 실제적인 우월성"에 의해 강제가 가능해지는 경우에만 이 범주[19]가 경험적 연구에 사용되는 것을 허용하기 때문이다.[20] 그러나 로셔는 투키디데스 및 랑케와 마찬가지로 역사학이 모든 것을 행위자의 성격에서 비롯되는 인간적이고 현세적이며 이해할 수 있는 동기들을 통해 분석한다고 주장한다: 역사학은 "역사 속의 신"을 **발견하려고** 들지 않는다; 그리고 다음과 같은 질문, 즉 그렇다면 투키디데스가 말하는 티케[21]에는 (그리고 로셔가 말하

---

18 야코비는 로셔, 『투키디데스』, 38쪽에서 언급되고 있다.

19 이는 필연성을 가리킨다.

20 로셔, 『투키디데스』, 195쪽을 볼 것.

21 티케(τύχη)는 그리스어로 '운명' 또는 '행운'을 의미한다.

는 신의 섭리에는) 대체 무엇이 남아 있는가 하는 질문에, 로셔는(같은 책, 195쪽) 신에 의한 **인격들**의 예정적 창조를 언급하면서 답한다:[22] 우리가 나중에 크니스를 다루면서 다시 접하게 되는 "인격"의 형이상학적 **통일성** — 바로 이러한 인격이 유출된 것이 개인의 행위이다 — 이 로셔의 저작에서는 그의 섭리신앙에 근거하고 있다. 결국 그에게는 논증적 인식의 한계가 자연스러운 것으로 보였는데, 왜냐하면 그것은 유한성에 내재하는 개념적 본질에서 기인하는 것이며 신에 의해 정해진 것이기 때문이다; 우리는 로셔가 양심적이고 냉철한 연구자의 자세와 더불어 — 이미 그의 스승인 **랑케**가 그랬던 것과 유사하게 — 종교적 신앙에 힘입어, 그가 보기에 전통적 의미에서의 인격신을 의심스러운 방식으로 증발시켜 버린 헤겔의 범논리주의적 욕구[23]로부터 면역될 수 있었다고 말할 수 있다.[51] 비유가 허용된다면, 랑케와 로셔의 과학적 작업에서 신에 대한 믿음이 한 역할은 아마도 엄격한 의회주의 국가에서 군주가 하는 역할과의 유사성을 통해 명료하게 이해할 수 있을 것이다: 후자의 경우 국가의 최고위직이, 비록 그 소유자가 구체적인 국사에 조금도 개인적인 영향력을 행사하지는 못하지만, 그래도 이미 누군가의 수중에 있다는 사실로 인해 막대한 정치적 힘의 경제가 가능해지는데, 그 이유는 이렇게 되면 기존의 정치가들이 자신들의 힘을 국가 통치권을 둘러싸고 적나라한 권력투쟁을 벌이는 **쪽에서** (적어도 상대적으로) 국정에 적극적으로 기여하는 **쪽으로** 돌리게 되기 때문이다 — 이와 마찬가지로 전자의 경우에는 경험적 역사의 영역에서 해결될 수 없는 형이상학적 문제들이 처음부터 배제되어서 종교적 신앙에 위임되며, 그리하여 역사적 작업의 **공평무사함**이 형이상학에 의해 훼손되지 않을 수 있다. 로셔는 자신의 역사관을

---

22 이 문장에서 "신에 의한 **인격들**의 예정적 창조를 언급하면서 답한다"는 다음과 같이 의역하면 의미하는 바가 좀 더 명확해질 것이다. "신이 **개인들**의 운명을 미리 정하여 창조한다고 말하면서 답한다."

23 헤겔의 범논리주의에 대해서는 이 책의 301쪽, 옮긴이 주 54를 볼 것.

"이데아론"(형이상학적 의미에서의)과 연결하는 탯줄을 랑케만큼 끊지 못했는데, 그 이유는 심지어 그 적대자들조차도 — 예컨대 게르비누스 와 같은 — 단지 느리게만 그리고 단지 점차로 퇴색해 가는 훔볼트적 이 데아론[52]의 형태를 통해서만 벗어날 수 있었던 헤겔 사상의 압도적인 힘 때문이었다:[24] 분명히 로셔는 다음과 같은 불안감, 즉 만약 그에게 쇄도 하는 엄청난 역사적 소재를 정리하는 데 필요한 모든 **객관적** 원리를 포 기한다면 이 소재에 함몰되거나 주관적·자의적 "견해들"에 의존할 수 밖에 없다는 불안감에 사로잡혀 있었다.[53] 결국 그는, 이미 언급했듯이,[25] 역사학파 법학이라는 매력적인 본보기의 영향을 받게 되었다.

로셔의 발전개념과 현실의 비합리성

이제 로셔의 인식론적 관점이 — 그가 그와 같은 관점을 가지고 있다 고 말할 수 있는 한에서 — 그가 "역사적 발전법칙들"의 문제에 대해 논 의하는 과정에서 어떻게 나타나는가를 고찰하기로 한다. 이미 살펴본 바 와 같이, 그는 이 법칙들의 확립을 역사학의 목표로 간주한다.

자명한 일이지만 "민족들"을 **유적 존재**로 다루려면, 모든 민족의 발 전은 개별적 생명체가 발전하는 방식과 마찬가지로 유형적이고 폐쇄적 인 순환으로 파악될 수 있음이 전제된다. 로셔의 견해에 따르면, 이 전제

---

24 훔볼트는 헤겔의 형이상학적 이데아론을 비판하면서 이데아는 경험적으로 주어진 것 으로부터 생성된다고 주장했으며, 게르비누스는 이에 접목하면서 "역사적 이데아"라 는 개념을 제시했다. 그리고 랑케도 헤겔을 비판하면서 이데아를 시대의 지배적인 경 향으로 파악했다. 요컨대 훔볼트, 게르비누스, 랑케의 이데아론은 "경험적 이데아론" 또는 "역사적 이데아론"이라고 규정할 수 있을 것이다. 이에 대해서는 다음을 볼 것. 훔볼트, 「역사학자의 과제에 대하여」, 314, 318쪽; 게르비누스, 「역사학 방법론 개요」, 382쪽; 랑케, 『근세사의 여러 시기에 대하여』, 6~7쪽(원주 52에서 베버는 여기에서 인 용한 훔볼트와 게르비누스의 저작을 언급하고 있다).
25 이 책의 24~25쪽에서이다.

는 적어도 **문화적으로 발전한** 모든 민족에게 그대로 적용되며,[54] 문화국가들의 성장, 쇠퇴, 몰락이라는 사실에 의해 입증된다 ─ 로셔에 따르면, 이 사실은 외견상 다양한 형태에도 불구하고 자연적 개체들의 경우에서처럼 모든 국가에서 예외 없이 나타나는 과정이다. 경제적 현상은 민족들의 이러한 삶의 과정의 한 부분으로서 "생리학적으로" 파악해야 한다. 로셔에게 민족이란 ─ 힌체[55]가 아주 적절하게 표현하듯이 ─ "생물학적 유적 존재"이다. 그러므로 ─ 그리고 로셔는 이 점을 분명히 말하고 있다 ─ 과학의 장에서는 민족들의 삶의 발전은 원칙적으로 **항상 동일하며**, 또한 외견상 그 반대일 것 같음에도 불구하고 사실은 태양 아래에서 "새로운 것은 아무것도" 일어나지 않고[56] 항상 "우연적인", 따라서 과학적으로 중요치 않은 것들이 첨가된 옛것이 되풀이될 뿐이다 ─ 이것은 자연과학적[57] 고찰방식의 한 특수한 형태임이 명백하다.

　이처럼 모든 문화민족이 거치는 유형적 삶의 과정은 당연히 유형적 문화단계들로 표현되어야 한다. 실제로 로셔는 이미 『투키디데스』(제4장)에서 이러한 논리적 귀결에 따르는 작업을 수행한다.[26] "각각의 작품에서 인류 전체를 재발견해야 한다는 모든 역사적 기술의 중심원리"[27]에 따라 역사학자의 과제는, ─ 거기에서 로셔는 우선 문학사학자를 염두에 두고 있다 ─ **모든** 문학의 발전법칙들을 규명할 목적으로 고대의 문학 전체를 라틴 민족들과 게르만 민족들의 문학 전체와 비교하는 것이다. 그런데 이러한 비교가 더 나아가 예술과 과학의 발전으로, 세계관과 사회적 삶의 발전으로 확장된다면, **모든 문화영역이 본질적으로 동일한** 일련의 단계를 밟게 된다는 결론에 이를 것이다. 이따금 로셔는 사람들이 심지어 다양한 나라의 포도주를 통해 민족성을 맛보려고 했음을 상기시킨다.[28] 이 민족성 속에 표현되는 형이상학적 민족혼은 한편으로 항

26　로셔, 『투키디데스』, 48쪽 이하를 볼 것.
27　같은 책, 52쪽.

구적이고 한결같이 그 자체로서 존재하는 무엇으로 표상되며, 그로부터 구체적인 민족의 모든 "성격상 특징"이 유출되는데,[58] 그 이유는 민족혼이 개인의 영혼과 똑같이 신에 의해 직접 창조된 것이기 때문이다. 다른 한편으로 민족혼은 인간의 연령과 유사하게 모든 본질적인 점에서 모든 민족과 모든 영역에 동일하게 적용되는 발전과정을 따르는 것으로 간주된다. 시, 철학 그리고 역사서술, 아니 예술과 과학 일반에서 유형적 시기, 관습적 시기, 개인주의적 시기가 확고하게 결정된 순환과정 속에서 교체되는데, 이 순환과정은 항상 필연적인 "몰락"으로 마감된다. 로셔는 이러한 주장을 고대와 중세 그리고 18세기에 이르기까지의 근대 문학을 예로 들어 논증하며,[59] 또한 투키디데스가 그의 저작이 추구하는 목적에 대해 한 유명한 말(제1권, 22쪽)[29]을 해석하면서 매우 특징적이게도 "미래는 인간처럼 과거를 반복하는" 경향이 있기 때문에 우리는 역사로부터 배울 수 있다는 자신의 이론을 덧붙인다.[30] 역사적 인식의 가치에 대한 그의 견해[60] ― 일시적인 것의 끊임없는 흐름 속에서 **"지속적인 것"**을 인식함으로써 인간의 신격화와 인간혐오로부터 해방되는 것 ― 는 가벼운 스피노자주의적[31] 색채를 띠며 그의 표현은 때때로 거의 숙명주

---

28 로셔, 『체계』, 제1권, 제2판, 58~59쪽(§37)을 볼 것.

29 이는 구체적으로 『펠로폰네소스 전쟁사』에서이다.

30 로셔는 『투키디데스』, 180쪽에서 "미래는 인간처럼 과거를 반복하는 경향이 있기 때문이다"라는 구절로 보충하면서 투키디데스가 『펠로폰네소스 전쟁사』의 목적으로 제시한 구절을 해석하고 있다. 투키디데스에 따르면, "사실을 알아내기란 힘든 일이다. 왜냐하면 각각의 사건의 증인이 어느 한쪽을 편들거나 또는 정확히 기억하지 못해 같은 사건을 두고 다른 말을 하기 때문이다." 그는 계속해서 말하기를, "내가 기술한 역사에는 설화가 없다. 그러나 과거사에 관해 그리고 인간의 본성에 따라 언젠가는 비슷한 형태로 반복될 미래사에 관해 명확한 진실을 알고 싶어 하는 사람은 내 역사 기술을 유용하게 여길 것이며, 나는 그것으로 만족한다. 이 책은 대중의 취미에 영합하여 일회용 거리로 쓴 것이 아니라 영구 장서용으로 쓴 것이기 때문이다"(『펠로폰네소스 전쟁사』[한글판], 44~45쪽).

31 이는 스피노자로 소급되는 범신론을 가리킨다. 스피노자에 따르면, 신이 자연이요 자연이 신이기 때문에 일체의 자연에서 신을 인식할 수 있다.

의적으로 들린다.[61]

로셔는 경제학과 고전고대에 대한 논문(1849년)[32]에서 이 이론[62]을 여기에서 우리의 관심을 끄는 영역에 적용했다.

물론 경제도 유형적 단계들을 거친다는 보편적 현상에서 벗어날 수 없다. 로셔는 재화생산의 세 가지 전형적 요소인 "자연", "노동", "자본" 가운데 어느 것이 지배적인가에 따라 세 가지의 유형적 경제발전단계를 구분하며, "완전히 발전한 모든 민족에게서" 이에 상응하는 시기들이 입증될 수 있어야 한다고 믿는다.[33]

마르크스주의에 지향된 오늘날의 관점에서 보면, 다음은 지극히 당연한 일일 것이다. 즉 민족적 삶의 발전을 이 유형적인 경제발전단계들에 의해 **조건지어지는** 것으로 간주하는 것은, 그리고 문화발전에 의한 민족들의 사멸 — 로셔의 이 명제가 일단 증명된 것으로 전제하면 — 을 "자본"의 지배가 국가적 삶과 개인적 삶에 대해 불가피하게 갖는 일정한 결과들에 의해 야기되는 것으로 파악하는 것은 지극히 당연한 일일 것이다. 그러나 로셔는 이러한 가능성에 대해 거의 관심을 갖지 않았기 때문에, 그의 『체계』에서 근본적 원칙들에 대해 논의하는 중에 상기한 유형적 경제발전단계들에 대한 이론[63]을 단지 가능한 **분류**원칙으로 언급했을 뿐(§28),[34] 그에 이어서 전개되는 논의의 기초로 삼지는 않았다. 오히려 그는 다음과 같은 견해를 내세운다. 즉 민족적 삶의 과정 자체의 가장 근본적인 문제, 다시 말해 **왜** 민족들이 노화하고 사멸하는가 하는 질문은 답변할 수 없는데, 이것은 모든 인간이 예외 없이 필연적으로 죽는다는 — 그럼에도 불구하고 의심할 수 없는 — 사실을 설명할 수 있는 자연법칙을 제시할 수 없는 것과 마찬가지이다. 로셔에게 죽음이란 유한한

---

32 이는 「경제학과 고전고대의 관계에 대한 강의」이다.

33 로셔, 「경제학과 고전고대의 관계에 대한 강의」, 123쪽; 로셔, 『개요』, 6~7쪽.

34 이 언급은 『체계』 §28에서는 찾아볼 수 없다. 아마도 베버는 §46을 의미하는 것 같다. 로셔, 『체계』, 제1권, 제2판, 78쪽을 볼 것.

것의 "본질"에서 결과하는 것이며,[64] 경험적으로 볼 때 죽음이 누구에게나 예외 없이 닥친다는 사실은 얼마든지 형이상학적으로 해석할 수 있지만 정밀하게 인과적으로 설명할 수는 없다[65] — 뒤부아-레이몽의 표현을 빌리면, 그것은 "세계의 불가사의"이다.[35]

설령 로셔의 역사철학적 관점이 다른 것이었다고 할지라도, 자명하게도 그는 다음과 같은 **논리적** 문제, 즉 한편으로 연구의 기초가 되는 이 생물학적 발전도식과 다른 한편으로 개별적 사실들로부터 출발하여 유사성들을 구성하면서 진행되는 경험적 연구 사이에 어떻게 확고한 관계를 설정할 수 있는가 하는 문제를 해결하기 힘들었을 것이다. 민족들이 필연적으로 노화하고 사멸한다는 명제의 논리적 성격은, 추상화에 기반하는 운동법칙이나 직관적으로 명증한 수학적 공리의 논리적 성격과 전혀 다른 것이다. 만약 이 명제가 **추상적으로** 구축된 것이라면 — 이것이 어떻게든 가능한 한[66] — 완전히 **내용이 비게** 될 것이고, 따라서 로셔는 이 명제로부터 그것이 자신의 연구에 기여하리라고 기대하는 것을 얻을 수 없을 것이다. 왜냐하면 경제발전을 민족이 거쳐 가는 시기들에 준거하여 설명하면서 그가 의도하는 바는, 경제발전을 어떤 일반개념에 한 **특수한 경우**로 포함하는 것이 아니라 그 과정을 사건들의 **구성요소**로서 이것들의 **보편적인 관계**에 인과적으로 통합하는 것이 분명하기 때문이다.[67] 결과적으로 그리고 자명하게도, "노화"와 "사멸"이라는 개념은 내용적으로 더 포괄적인 개념으로 간주되어야 한다; "노화"와 "사멸"은 무한히 복잡한 과정이고 이 과정의 경험적 규칙성뿐만 아니라 **법칙적 필연성**(이것은 로셔가 상정하는 바이다)도 단지 그 공리적인 형태에서 직관적으로 인식될 수 있는 것으로 간주되어야 한다. 전체 과정과 경제적 부

---

35 뒤부아-레이몽은 1880년 7월 8일 베를린 학술원에서 행한 강연 「일곱 가지 세계의 불가사의」, 391쪽 이하에서 다음과 같이 일곱 가지 "세계의 불가사의"를 제시한다: 1) 물질과 힘의 본질, 2) 운동의 근원, 3) 생명의 기원, 4) 의도적이고 합목적으로 보이는 자연의 질서, 5) 감각의 발생, 6) 이성적 사고와 언어의 기원, 7) 자유의지.

분 과정들 사이의 관계를 과학적으로 고찰하려면 다음과 같이 두 가지 가능성이 주어질 것이다: 먼저 끊임없이 반복되는 일정한 개별적 과정들을 통해 (로셔가 보기에) 끊임없이 반복되는 복잡한 과정을 설명하는 것을 과학적 고찰의 목적으로 설정할 수 있는데, 이 경우에는 부분 과정들이 법칙적 필연성 속에서 연속적으로 이어진다는 사실과 이 부분 과정들 사이의 관계를 논증함으로써 이 목적을 달성하려고 할 것이다:— 그리하면 더 포괄적인 개념에 의해 지칭되는 전체 과정은 개별적인 부분 과정들의 결과로 파악될 것이다;— 그러나 로셔는 이러한 시도를 하지 않았는데, 그 이유는 그가 오히려 전체 과정(노화와 사멸)을 원인으로 보았기 때문이다.[68] 우리는 나중에, 그가 논증적 인식[69]에 대한 자신의 입장에 부합하여 그 역의 고찰방식[36]을 경제학에서도 실제적으로뿐만 아니라 원칙적으로도 불가능한 것으로 생각한 사실을 보게 될 것이다. 아니면 유출론적 관점에 입각해 경험적 현실을 "이데아들"의 유출로 구성할 수 있는데, 이 경우에는 개념적으로 이 이데아들로부터 개별적 과정들이 필연적으로 도출될 수밖에 없고 이들 이데아 가운데 최상의 것은 복합적인 전체 과정에 직관적으로 인식할 수 있을 만큼 분명히 드러날 수밖에 없을 것이다. 그러나 로셔는 (우리가 보았듯이) 이러한 가능성 역시 택하지 않았는데, 그 이유는 다음과 같이 두 가지이다. 첫째 그는 자신의 관점에서 볼 때 **신적인** 것이어야만 하는, 그와 같은 "이데아"의 내용은 우리 인식의 한계를 넘어선다고 생각했기 때문이며, 둘째 그는 역사학자의 양심으로 인해 개념들로부터 현실을 연역할 수 있으리라고 믿을 수 없었기 때문이다.

그러나 이로 인해 그의 **방법론적** 관점은 역사적 발전법칙들에 대한 그의 근본사상과 모순된다.[70] 그의 폭넓은 역사학적 식견이 엄청난 양의 역사적 사실들의 수집과 탁월한 해석에서 드러나는 것이 사실이기는 하지

---

36 이는 전체 과정(노화와 사멸)을 결과로 보는 방식을 가리킨다.

만, 로셔는 ─ 이미 크니스가 예리하게 지적했듯이 ─ 심지어 자신이 그토록 큰 의의를 부여하는 민족경제적 제도들의 역사적 **연속성**에 대한 고찰에서조차도 일관된 **방법**에 입각해 연구를 수행했다고 말할 수 없다.[37]

로셔는 **정치적** 조직형태들의 발전에 대한 저작들에서도 이와 전적으로 동일한 태도를 취한다.[71] 그는 역사적 유사성들을 통해 국가형태들이 잇달아 뒤를 잇는 과정의 (이른바) 규칙성을 찾아내려고 하는데, 이 과정은 그에 따르면 모든 문화민족에서 볼 수 있는 발전이라는 특징을 갖는다. 물론 이에 대한 예외가 있을 수 있지만, 그것은 전적으로 규칙의 타당성을 무효화하는 것이 아니라 입증하는 것으로 설명할 수 있다. 그러나 정치적 발전의 (이른바) 유형적인 단계들을 개별적인 민족들의 전체 문화와 연관시키고 경험적으로 설명하려는 시도는 이루어지지 않는다. 그것들은 "민족"이라는 유적 존재가 자신의 삶의 과정 그 자체에서 체험하는 발전의 단계들에 다름 아니다[72] ─ 그러나 로셔는 막대한 양의 실증자료를 제시하고 있음에도 불구하고, **어떻게** 이 "체험"이 실제로 이루어지는가에 대한 설명은 시도하지 않는다 ─ 왜냐하면, 우리가 알고 있듯이, 로셔가 보기에 그것은 설명할 수 없기 때문이다. ─

우리는 **동시적으로 존재하는** 경제적 현상들과 이것들 상호 간의 "정태적" 관계에 대한 로셔의 분석에서도 이와 동일한 접근방식이, 그것도 더욱더 두드러진 형태로 적용되고 있음을 볼 수 있다 ─ 경제학이라는 과학은 지금까지 자신의 과제를 근본적으로 그와 같은 분석에 국한시켜 왔다. 여기서도 로셔의 "유기체적" 관점이 "민족경제"의 개념에 대한 논의에서 즉각적으로 효력을 발생한다. 그가 민족경제를, 이것과 유사물인 인간의 육체를 "화학적 작용들의 단순한 혼잡"으로 보지 않는 것과 마찬가지로,[38] 개별경제들의 단순한 집합체로 보지 않는 것은 자명한 일이

---

37 이 문장에서 "그가 그토록 큰 의의를 부여하는"은 "고찰에서조차도"에 걸린다.
38 로셔, 『체계』, 제1권, 제2판, 19쪽(§12).

다. — 로셔 이전과 이후에도 경제학의 근본문제는, 실제적인 측면에서나 방법론적 측면에서나, 줄곧 다음과 같은 질문에 있어왔다: 특정한 목적을 위해 집합적으로 창출되지는 **않았지만** 그럼에도 불구하고 — 우리가 보기에 — 합목적적으로 기능하는 경제제도들의 형성과 존속을 어떻게 설명할 수 있는가? — 이것은 유기체들의 "합목적성"을 설명하는 문제가 생물학을 지배하는 것과 다를 바 없다. 그러므로 경제적 현상들의 동시적 존재가 고찰의 대상이 되는 경우에는 다음과 같은 질문이 제기된다: 개별경제들과 이것들이 연루되는 콘텍스트의 관계는 어떤 개념적 형식을 통해 과학적으로 파악할 수 있는가? 로셔는 그의 선행자들을 비롯해 대부분의 후계자들과 마찬가지로 이 문제에 대해서는 **개인들의 행위**의 심리학적 근원에 대한 특정한 전제들에 근거해서만 답할 수 있다는 견해를 내세운다.[73] 여기에서 로셔의 방법론적 입장은, 우리가 앞에서 그의 역사철학을 논의하며 확인한 바 있는 모순을 다시 한 번 드러낸다. 로셔는 삶의 현상을 역사적으로, 다시 말해 그 완전한 실재 속에서 고찰하고자 한다고 선언하기 때문에, 우리는 그가 **비**경제적 요소들이 인간의 경제적 행위에도 지속적으로 끼치는 영향, 그러니까 **인간경제의 인과적 타율성**을 논의의 중심과제로 설정하리라 전제할 것이다. 이것은 크니스 이래로 역사학파 경제학이 고전경제학과 대비되는 접근방법으로 채택해 온 것이다.

로셔의 심리학 및 그와 고전이론의 관계

그러나 로셔는 과학[39]의 근본과제는 경제적 **법칙들**의 수립에 있다는 견해를 고수하며, 따라서 여기서도 다시금 다음과 같은 문제가 발생할 수밖에 없다. 즉 어떻게 한편으로는 삶의 실재를 살리기 위해 분리하고

---

39   이는 자명하게도 경제학을 가리킨다.

추상하는 방식을 포기하며, 다른 한편으로는 그럼에도 불구하고 법칙적·개념적 인식의 가능성을 담보할 수 있는가 하는 문제가 발생할 수밖에 없다. 로셔로 말할 것 같으면, 그는 이러한 난점을 전혀 지각하지 못했다; 그는 자신이 준거하는 극도로 단순한 심리학의 도움으로 그 난점에서 벗어날 수 있었는데, 사실 이 심리학은 "충동"이라는 개념을 구사하는 계몽주의 심리학[40]에 접목함으로써 얻은 것이었다.

로셔에게 인간은 모든 측면에서, 그러므로 경제적 삶의 영역에서도 이 세상적 재화의 추구, 즉 사익에 의해 지배되지만, 그와 동시에 다른 하나의 포괄적인 근본충동, 즉 "신의 사랑"에 의해 지배되기도 하는데, 이 신의 사랑은 "공정, 정의, 자비, 무결 및 내적 자유의 이데아"를 포함하며 그 누구에게도 완전히 결여되는 법이 없다(『체계』, 제1권, §11).[41]

이 두 충동의 관계에 관한 한, 로셔에게서는 우선 사회적 충동을 순수하게 "공리주의적으로" 직접 잘 이해된 이기심으로부터 도출하는 방식의 단초를 엿볼 수 있다.[74]

그러나 로셔는 이 방식을 그 이상으로 밀고나가지는 않는다. 오히려 그는 자신의 종교적 견해에 상응하여 세상적 사익의 적대자이며 적대자일 수밖에 없는 더 높은, 신적 충동이 이 세상적 사익을 억제한다고 주장하며,[75] 그 근거를 다음과 같이 제시한다. 즉 신적 충동은 아주 다양한 혼합비율로 이 세상적 사익에 스며들며 이를 통해 가족적, 지역적, 국가적, 인류적 삶의 토대가 되는 여러 단계의 **공익의식**을 창출한다. 공익의식과

---

40 계몽주의 심리학을 대표하는 헤르바르트는 인간영혼의 능력을 표상능력, 감정능력 및 욕구능력의 세 가지 범주로 구별하고는, 다시금 각각의 하위능력과 상위능력을 설정한다. 표상능력의 경우에는 구상력과 오성이, 감정능력의 경우에는 감각적 쾌락과 심미적 감정이, 그리고 욕구능력의 경우에는 열정과 숙고된 선택이 하위능력과 상위능력에 속하는데, 욕구능력의 하위능력에는 충동, 본능, 성향, 욕망 등이 포함된다. 헤르바르트, 『심리학 교본』, 45쪽 이하를, 그리고 특히 욕구능력과 충동에 대해서는 78쪽 이하를 볼 것.

41 제2판의 16~17쪽을 볼 것.

관련된 사회적 영역이 좁으면 좁을수록, 이 의식은 사익에 더욱더 가까워진다; 그것이 넓으면 넓을수록 공익의식은 신의 나라에 이르려는 노력에 더욱더 가까워진다. 요컨대 로셔는 인간의 다양한 사회적 충동을 종교적 근본충동이 이기심과 혼합되어서 표현되는 형태로 파악하고 있는 것이다.

그렇다면 우리는 로셔의 이러한 사고방식에 비추어 다음을 기대할 것이다. 즉 그는 개별적인 현상들과 제도들의 기원을 순수하게 경험적으로, 그 혼합비율을 각각의 경우에 확정해야 하는 상기한 두 충동이 작용한 결과로 설명하려고 할 것이라고 기대할 것이다.[76]

그러나 로셔는 다른 길을 걸었다. 그도 근대의 경제적 삶의 특수한 영역들, 예컨대 주식시장과 은행에서의 거래, 근대적 도매시장, 자본주의적으로 발전한 재화생산 부문에서는 "경제적" 사익이 다른 "충동들"에 의해 어떤 방식으로든 굴절되는 모습을 사실상 전혀 볼 수 없다는 점을 간과할 수 없었다.

이에 따라 로셔는 사익에 기반하여 구축된 고전경제학의 모든 개념장치와 법칙체계를 무조건적으로 받아들였다. 당시까지 독일의 이론가들은 ─ 특히 헤르만이, 그러나 라우 역시 ─ **사적인** 경제적 삶에서의 사익의 전적인 지배[77]와 **공적인** 삶에서의 공익의식의 지배를 병치했다.[78] 여기에서 우리는 "고전적" 고찰방식을 특징짓는 표지로서, 한편으로는 인간활동의 전(全) 영역을 사경제와 공적 기능으로 분할하는 것[79]과 다른 한편으로는 존재와 당위를 동일시하는 것[80]을 읽을 수 있다. 그러나 로셔는 이 방식을 거부하는데, 그 이유는 그가 돌연 자신의 심리학을 포기하면서 말한 바와 같이, 사익과 공익의식은 "조화를 이루지도 않고, 게다가 완전히 대립하지도 않기" 때문이다.[42]

오히려 그는 다음과 같이 말하면서[81] 사익과 사회적 공동 삶의 관계에

---

42 로셔, 『체계』, 제1권, 제2판, 19쪽(§11).

대해 나름대로 제3의 견해를 제시한다: "그것(사익)은 현세적 이성이 잘 알 수 있는 수단으로 변용되어서 영원히 이상적인 목적의 실현에 기여한다."

로셔의 저작에 나타나는 논증적 인식의 한계와
유기체의 형이상학적 인과성

여기에서 우리는 즉시 18세기에 전개된 낙관주의적 "사익"-이론들로 돌아가 있다는 인상을 받을 것이다.[82]

맨더빌은 『꿀벌의 우화』에서 자신의 방식대로 사적 이익과 공적 이익 간의 관계라는 문제를 "사적 악덕, 공적 유익"이라는 공식을 통해 제기함과 동시에 해결했다.[43] 그리고 많은 후세의 사상가들이 의식적이든 무의식적이든, 경제적 사익은 **신의 섭리**에 의해 결정된 것이기 때문에 "항상 악을 원하지만 항상 선을 낳는"[44] 힘을 갖는다는 견해로 기울었다. 그러니까 이들 모두는 사익이 직접적으로 그리고 굴절되지 않은 채 있는 그대로, 그들이 사용하는 용어에 따라, 인류의 "신적" 또는 "자연적" 문화 목표에 기여한다고 생각했던 것이다.[45]

그러나 로셔는(『체계』, 제1권, §11, 주 6) 상기한 맨더빌과 계몽주의 시대 사상가들의 견해를 단호하게 거부하는데,[46] 이에 대한 근거는 부분적으로는 종교적 영역에서,[83] 부분적으로는 — 그리고 우리는 이를 통해

---

43 맨더빌은 1714년에 익명으로 출간된 풍자시 『꿀벌의 우화』에서 사적 악덕(개인의 악덕)이 공적 유익(사회의 유익)을 창출한다는 명제를 제시했다. 본문에 나오는 공식 "사적 악덕, 공적 유익"(private vices public benefits)은 맨더빌 저작의 부제에 해당한다.

44 괴테의 『파우스트』에서 악마 메피스토펠레스는 이렇게 말하고 있다. "나는 항상 악을 원하지만 항상 선을 낳는 힘이다." 괴테, 『파우스트』, 제1권, 54쪽.

45 이는 사상가에 따라 인류의 "신적" 문화 목표 또는 인류의 "자연적" 문화 목표라는 용어를 썼다는 의미이다.

46 제2판의 18~19쪽을 볼 것.

다시금 이 모든 모순의 궁극적 원인을 보게 된다―그의 "유기체적" 관점의 인식론적 귀결에서 찾을 수 있다. 사실 로셔는 지대, 이자, 임금과 같이 대량으로 반복되는 **개별적** 사건들과 사경제들 사이의 직접적인 관계로 나타나는 현상들을, 서로 맞물려 개인적 이익을 추구하는 사경제적 행위들로부터 도출하는 것에 대해 아무런 의구심도 품지 않았다; 그러나 그는 이것을 방금 언급한 현상들과 동일한 방식으로는 완벽하게 파악될 수 없고 우리에게 "유기체적" 구성물 ― 딜타이의 용어로는 "목적체계"[47] ― 로 주어지는 사회제도들에 적용하는 것을 거부했다. 그가 보기에 국가나 법과 같이 **공익의식**에 기반하는 인간의 공동체적 삶의 형식들은 이러한 고찰방식으로는 규명될 수 없을뿐더러, 더 나아가 순수한 경제적 관계들의 세계도 **전체**로서는 그와 같은 종류의 설명에 의해서는, 아니 그 어떤 순수한 인과적 설명에 의해서도 접근할 수 없는바, 그 이유는 "원인과 결과가 서로 분리되지 않기" 때문이다.[48] 로셔가 부언설명하듯이, 이것이 의미하는 바는 다음과 같다. 즉 사회적 삶의 영역에서는 모든 결과는 역으로 다시 원인이 되거나 적어도 원인이 될 수 있으며, 또한 모든 개별적인 현상들은 "서로가 서로를 조건짓는 관계에" 있다.[49] 그러므로 (로셔에 따르면) 모든 인과적 설명은 순환적이며,[84) 이로부터 벗어날 수 있는 가능성은 **전체로서의 세계**는 하나의 **유기체적 삶**이고 개별현상들은 바로 이 삶이 표현된 것이라고 전제하는 경우에야 비로소 찾을 수 있다. 이렇게 해서 우리의 논의는 다시금, 이미 앞에서 접한 바 있는, 개별현상들의 "설명할 수 없는 배후"와 맞닥뜨리게 되며, 로셔의 과학적 분석에 주어진 임무는, 우리가 보았듯이, 이 배후를 더욱더 멀리 "소급하는 것"에 있을 뿐이다.[50]

---

47 딜타이, 『정신과학 서설』, 448쪽.

48 로셔, 『체계』, 제1권, 제2판, 21쪽(§13).

49 같은 책, 17쪽(§11), 21~22쪽(§13과 그에 따르는 주3).

50 이 책의 34쪽을 볼 것.

우리는 여기서도 다음을 확인할 수 있다: 로셔로 하여금 경제학적 인식의 원칙적인 한계를 설정하도록 한 것은, 한편으로 항상 그리고 단지 구체적이고 개별적으로 주어지는 현실과 다른 한편으로 개별적인 것으로부터의 추상을 통해 구성되는 보편적 개념 및 법칙 사이의 "불합리적 간극"[51]이 아니거나 또는 적어도 직접적으로는 아니다. 그는 경제적 삶의 구체적인 실재를 법칙의 형식을 통해 개념적으로 파악하는 것이 **원칙적으로** 가능하다는 점을 조금도 의심하지 않는다. 물론 이 실재를 하나도 남김없이 완벽하게 파악하기 위해서는 "셀 수 없이 많은" 자연법칙들이 ─ 그러나 다름 아닌 **법칙들이** ─ 필요하다고 생각한다.[52] 그가 보기에 자연적 유기체들보다 인과적으로 설명하고 분석하기가 어려울 뿐만 아니라[85] 원칙적으로 설명되지 않은 채 남을 **수밖에 없는** 대상은, "법칙들"에 포섭되지 않는 현실의 비합리성이 아니라 역사적·사회적 **관계들의** "유기적" **통일성**이다. 그의 생각에 합리적 인식이 한계를 갖는 이유는, 개별현상들이 보편적인 개념들에 의해 수용되지 못하며, 게다가 개념들이 보편적이면 보편적일수록 불가피하게 더욱더 적게 수용될 수밖에 없다는 점에서 찾을 수 있는 것이 아니라 보편적인 관계들과 정태적인 구성물들이 "유기체"로서의 품위를 향유하기 때문에 개별현상들에 의해 **인과적으로** 설명될 수 없다는 점에서 찾을 수 있다. 그리고 그에게는 총체적인 것들을 개별현상들에 의해 인과적으로 설명한다는 것이 (실제적으로뿐만 아니라) 원칙적으로도 불가능하다는 것은 일종의 **도그마**이며, 따라서 그는 결코 이것을 증명하려고 하지 않는다. 그렇다고 해서 그가 상기한 정태적 구성물들과 관계들이 모든 인과적 조건성을 벗어난다고 보는 것은 절대로 아니다. 그러나 이것들은 더 높은 질서의 (형이상학적)[86] 인과관계에 편입되는데, 우리는 때때로 이 인과관계가 표현

---

51 이 책의 30쪽을 볼 것.
52 로셔, 『체계』, 제1권, 제2판, 21쪽(§13).

된 것만을 인식할 수 있을 뿐 그 본질을 통찰할 수는 없다 — 다시금 (로셔의 견해에 따르면) 자연적 생명과정과의 유추를 통해서 그리할 수 있다. 로셔는(§13)[53] 민족경제가 자연적 유기체와 똑같은 정도로 "자연에 속박된다"고 믿지 않지만, 그럼에도 불구하고 상기한 경제적 삶의 "더 높은" 현상들의 (형이상학적) 법칙성도 통계학에서의 이른바 "대수의 법칙"에 표현된다고, 그리고 우리는 바로 이 법칙에 힘입어 구체적인 개별경우들이 이것들 사이의 관계 전체에 주목하자마자 외견상의 자의성으로부터 벗어나 "놀라운 조화"를 이루게 됨을 인식할 수 있다는 견해를 내세운다.[87]

요컨대 로셔가 사회세계와 이론적으로 분석 가능한 개별현상들 사이의 근본적인 차이로부터 내리는 결론은, 현실을 유개념과 추상적 법칙을 통해 파악하는 데에는 방법론적·논리적 한계가 있다는 것이 아니라 우리의 인식을 초월하는 힘들이 현실에 개입한다는 것이다. 우리는 여기에서 다시 한 번, 이미 앞에서 그랬듯이, 유출론의 문턱에 서 있다. 로셔는 현실에 대한 감각을 갖고 있기 때문에 사회세계의 "유기적" 구성요소들이 "이데아들"의 유출이라는 관념에 설명의 지위를 부여하는 것을 거부한다. 그러나 이 관념 자체를 거부하는 것은 아니다. —

로셔와 실천적 규범 및 이상의 문제

마지막으로 경제**정책**[88]의 과학적 논의라는 문제에 대한 로셔의 원칙적 입장[89]도 한편으로는 그의 순환론에 의해 그리고 다른 한편으로는 그가 사용하는 "공익의식"이라는 범주에 의해 설명된다.[54] 우선 경제와 문

---

53 같은 책, 35~36쪽.
54 이 문장에 나오는 두 개의 주 88과 89는 원서에서는 그 순서가 반대로 되어 있는데, 여기서는 우리말과 독일어의 구조적 차이 때문에 부득이하게 이렇게 처리할 수밖에 없었다.

화적 삶 전체가 불가분하게 연결되어 있기 때문에 경제정책적 목적의 추구는 **타율적인 것**이 될 수밖에 없다. "국부(國富)의 증진"[55] ─ 로셔는 단호하게 이 개념을 배격할 수 없었다 ─ 이 경제정책의 자명하고도 유일한 목적이 될 수 없으며, 국가경제는 단순한 "이재학"(理財學)이 될 수 없다.[90] 게다가 경제적 현상들이 역사적으로 변화한다는 사실을 잘 알고 있기 때문에 과학이 상대적인 성격을 갖는 것 이상의 규범을 제시한다는 것은 불가능한 일이다 ─ 다시 말해 과학은 해당 민족의 발전단계에 따르는 규범만을 제시할 수 있다.[91] 그러나 여기에서 로셔의 상대주의는 그 한계에 이른다: 그는 경제정책적 준칙들의 근거가 되는 가치판단에 전적으로 **주관적** 의의를 부여하는 데까지는 결코 나아가지 않으며,[92] 그 결과 규범 일반을 과학적으로 명확하게 수립할 수 있다는 견해를 거부하는 데까지는 결코 나아가지 않는다. 로셔는 자신의 방법론적 입장을 요약하기를, 그는 보편적인 **이상들의** 정립을 원칙적으로 포기하며(§26)[56] "이정표가 아니라 지도처럼" 길을 알려 주려고 한다.[57] 그러나 이것이 의미하는 바는, "방향을 가리키는 이상들"을 찾기 위해 과학에 의지하는 사람들에게 "너 자신이 되어라"[58]고 답하는 것이 **아니다.** 오히려 그는, 적어도 이론상으로는, 모든 구체적인 상황에 해당하는 규범뿐만 아니라 이를 넘어서 민족경제가 발전해 가는 각각의 유형적 단계에 해당하는 규범을 정립할 수 있는 **객관적** 토대가 존재한다고 확신한다.[93] 경제정책은 경제적 삶의 치료책인데[94] ─ 당연하게도 이와 같은 치료책은 개별적인 발전 정도에 따라 다양한, 그렇지만 항상 그 자체로서 객관적으로 인식할 수 있는 정상적인 건강상태를 확정할 수 있는 경우에나

---

55 이는 스미스가 『국부론』에서 제시한 개념이다.

56 로셔, 『체계』, 제1권, 제2판, 41쪽.

57 이 인용구절의 출처는 확인할 수 없다.

58 니체는 『즐거운 학문』(한글판), 250쪽(아포리즘 270)에서 다음과 같이 말하고 있다. **"너의 양심은 무엇이라 말하는가? ─ '너는 너 자신이 되어야 한다.'"**

가능한 일이다. 그리고 이 정상적인 건강상태가 확정되고 나면 그것을 회복하고 그것이 교란되지 않도록 확실한 조치를 취하는 것이 경제정책가의 자명한 목표가 되는데, 이는 물리적 유기체와 관련된 의사의 활동과 전적으로 같다.

여기서는 다음과 같은 문제, 즉 순수하게 현세를 지향하는 인생관으로부터 자기기만 없이 이와 같은 전제를 도출하는 것이 어떻게든 가능한가 하는 문제는 일단 논외로 하기로 한다: 로셔에게 그것은 원칙적으로 민족운명의 유형적인 과정이라는, 그리고 그의 종교적 신앙과 결부된 역사철학적 관념에 의해 주어졌는데, 그는 이 종교적 신앙 덕분에 그렇지 않은 경우에 그의 이론이 불가피하게 처하게 되는 숙명론적 귀결을 배제할 수 있었다. 로셔에 따르면, 우리는 그가 기독교적 의미에서의 유한한 과정으로 간주하는 인류 전체의 발전이 어떤 단계에 있는지도 모르며, 당연히 다른 모든 민족들의 문화와 마찬가지로 사멸할 운명인 우리민족의 문화가 어떤 발전단계에 있는지도 모른다. 비록 그렇기는 하지만, 로셔는 계속해서 주장하기를, 우리가 그것을 모른다는 것은 우리에게 ─ 이 경우에는 정치가의 업무에 ─ 유익을 가져다주는데, 이는 물리적 인간이 자신의 사망시각을 알지 못하는 것이 유익한 것과 똑같다. 그리고 우리가 그것을 모른다는 것은 로셔의 다음과 같은 믿음, 즉 양심과 건전한 상식이 신에 의해 그때그때 집합개인에게 부여되는 임무를 개인들에게 분명하게 가르쳐줄 수 있는 것과 마찬가지로 그 집합개인에게도 분명하게 가르쳐줄 수 **있으리라**는 믿음에 아무런 저해가 되지 않는다. 아무튼 이런 식의 전반적 관점 아래에서는 경제정책이 자연스레 좁게 제한된 활동 영역만을 갖게 된다는 것은 자명한 일이다: 로셔에 따르면, 일반적으로 "한 민족의 진정한 욕구는" ─ 경제발전이 갖는 **자연법칙적** 성격에 힘입어 ─ 실제적 삶에서도 다른 것의 도움을 받지 않고 관철되며[95] ─ 이와 반대로 전제하는 것은 신의 섭리에 대한 믿음에 모순되는 것이다. 우리는 논증적 인식의 유한성으로 인해 "발전법칙들" **전체**를 파악할 수 없기 때문에, 비록 상대적이기는 하지만 그래도 어떤 의미에서는 폐쇄적인 경제정책적 공준들의 **체계**는 아마도 원칙적인 차원에서 이미 불가능한 무엇일 것이다. 그리고 실제로 이 체계를 발전시킬 수 있다고 하더라도, 확실히 그것은 이 공준들을 하나도 빠뜨리지 않고 완벽하게 담아낼 수 없을 것이다. 이러한 사정은 정치적 활동 영역에서도 매한가지인데, 로셔는 간혹(§25) 이에 대해서도 명시적으로 언급하고 있다.[59]

요컨대 경제정책에 대한 로셔의 수많은 진술은 확실히 그의 온화하고 신중하며 중재적인 인격을 표현하고 있기는 하지만 그 어떤 명료하고 일관적으로 발전된 이상도 표현하지 못하고 있다. 그에 따르면, 역사적 운명의 행진과 신이 개인들 및 민족들에게 부과한 필생의 과업 사이에 진지하고 지속적인 갈등이란 그야말로 불가능하며, 개인에게는 자신의 궁극적인 이상들을 자율적으로 확립해야 하는 과제가 결코 주어지지 않는다. 이렇게 해서 로셔는 윤리적 진화주의자가 되지 않으면서도 자신의 상대주의적 입장을 고수할 수 있었다. 그는 **자연주의적** 형태의 진화주의도 단호하게 거부했다[96] ── 그러나 **역사적** 발전이라는 관념에서는 도덕적 명령들이 진화주의에서와 아주 유사한 방식으로 **규범적** 성격을 완전히 잃어버릴 가능성이 있을 수도 있다는 사실을 전혀 알 수 없었는데, 이는 그가 **그 자신의** 입장으로 인해 역사적 발전의 규범적 성격을 확신하고 있었기 때문이다.

여기까지의 논의를 요약해 보면, 우리는 로셔의 "역사적 방법"이 순수한 논리적 관점에서 보면 온통 모순투성이인 구성물임을 알 수 있다. 역사적으로 주어진 현상들의 실재 전체를 포괄하려는 시도는 이것들을 "자연법칙"으로 환원하려는 노력과 대조를 이룬다. 로셔는 개념들의 일반성과 관계의 보편성을 동일시하느라고 "유기체적" 접근방식의 길을 따라가다가 헤겔식의 유출론의 문턱에까지 이르지만, 그의 종교적 입장

---

59 로셔, 『체계』, 제1권, 제2판, 40~41쪽을 볼 것.

으로 인해 그것을 받아들이지는 않는다. 그러나 개별현상들을 고찰할 때에는 다시금 이 유기체적 접근방식을 부분적으로 무시하고는 고전경제학자들의 방식에 따라 병립하는 개념-체계들에 의존하며 이 체계들 안에서 발전한 명제들이 왜 때로는 실제적인 타당성을 갖고 때로는 단지 상대적인 의의만을 갖는지를 경험적·통계적으로 설명한다. 단지 경제정책적 체계들을 서술하는 경우에만 현상들을 민족의 연령단계에 유기적·구성적으로 편입하는 것이 지배적인 방법이 된다. — 경제정책에 대한 **가치**판단을 내리는 경우에 로셔의 역사적으로 지향된 상대주의는, 그 존재가 지속적으로 전제되는 객관적 규범들이 일관되게 발전하지 못하거나 또는 설령 정식화된다고 할지라도 역사적으로 논증되지 않는 한 본질적으로 부정적인 결과를 낳고 만다.

혜겔에 대한 로셔의 관계는 대립이라기보다 차라리 **퇴행**임이 드러난다: 로셔의 저작에서는 혜겔의 형이상학과 역사에 대한 사변의 지배가 사라져버리고 이 둘에서 볼 수 있는 찬란한 형이상학적 구성물들은 소박한 종교적 경건함이라는 상당히 원초적인 형태로 대체되었다. 그러나 우리는 동시에 그의 저작에서 이러한 퇴행과 나란히 과학적 작업의 공평무사성, 또는 오늘날의 세련되지 못한 용어로는 "무전제성"이라는 측면에서 적어도 하나의 회복과정, 아니 거의 하나의 **진보**라고 부를 수 있는 것이 존재한다는 사실을 확인할 수 있다. 로셔는 혜겔로부터 완전히 거리를 두는 데 성공하지 못했는데, 이에 대한 주된 이유는 그가 개념과 대상 사이의 **논리적** 문제가 갖는 방법론적 함의를 혜겔만큼 인식하지 못한 점에 있었다.

1) 물론 이 과정에서 우리는 이 문제들의 기본적인 형태만을 다룰 것이다. 이렇게 하는 것만이, 논리적 영역에서 엄청나게 증가하는 문헌[1]에 대하여 **전문가만큼** 정통하지 못한 것이 자명한 내가 여기에서 이 문제들을 논할 수 있는 유일한 길이다. 개별과학[2]의 전문가들도 이 문제들을 무시해서는 안 되는데, 특히 다음과 같은 이유에서 그렇다: 이 문제들이 그토록 기본적인 것임에도 불구하고, 이 연구의 맥락에서도 드러나게 되는 바와 같이, 심지어 그 존재조차도 널리 인식되지 못하고 있는 실정이다.

1 19세기에는 독일어권에서만 150편 정도의 논리학 관련 문헌이 출간되었다고 한다.

2 이는 경제학, 정치학, 심리학 등과 같은 경험적 과학 분야를 가리킨다.

2) 그런데 로셔의 방대한 저작에서는 **우리에게** 본질적인 의미를 갖는 주요점들과 관련해서는 말년의 권들과 판들에 이르기까지 실질적으로 중요한 변화를 거의 찾아볼 수 없다. 일종의 경직현상이 일어났던 것이다. 그는 콩트와 스펜서 같은 저자들을 잘 알고 있었지만 그들의 기본사상이 갖고 있는 의의를 인식하지도 못했고 이 기본사상을 가공하여 자신의 것으로 만들지도 않았다. 특히 그의 『경제학사』[1](1874)는 우리의 목적에 기여하는 바가 예상 외로 빈약하다는 것이 드러나는데, 그 이유는 로셔가 시종일관 자신이 다루는 저술가들의 **실천적 의도**에 주된 관심을 가졌기 때문이다.

1 원래 제목은 『독일 경제학사』이다.

3) 자명한 일이지만, 이 논문은 그 목적에 따라 로셔가 갖는 의의의 **전체**상과는 완전히 거리가 멀 것이다. 이 의의의 평가를 위해서는 **슈몰러**의 논문(최근에 『국가과학 및 사회과학의 문헌사에 대하여』에 발표되었다)[1]과 **뷔허**의 추도연설(『프로이센 연보』, 제77권, 1894, 104쪽 이하에 게재되었다)[2]을 참고하기 바란다. 두 저자는 각각 로셔의 생전에 그리고 그의 서거 직후에 나온 이 글들에서 로셔의 과학적 특성을 규정짓는 한 중요한 측면, 즉 그의 **종교적** 기본사상을 논외로 하고 있는데, 이는 우리 세대가 이러한 문제들을 주관주의적 방식으로 느낀다는 사실을 감안하면 전적으로 자연스러운 일이다. 그러나 로셔의 **방법**을 보다 정확하게 분석하기 위해서는 — 뒤에서 보게 되겠지만 — 이 요소를 무시할 수 없을 것이다. 로셔 자신은 — 그의 사후에 출간된 『종교적 상념』[3]에서 드러나듯이 — 자신의 엄격히 전통적인 신앙을 공개적으로 고백할 경우에 어떤 식으로든 곤경

에 처할 수 있다는 생각을 전혀 하지 않았으며, 이 점에서도 그는 철저하게 "전근대적"이었다. 이 논문에서는 로셔의 잡다한 반복과 자주 불필요해 보이는 부연을 볼 수 있는데, 그 이유는 그의 견해가 미완성된 상태이고 여러 가지 점에서 모순적인 성격을 지니고 있기 때문이다. 그러므로 이러한 견해의 개별적인 분지(分枝)들은 계속해서 동일한 논리적 사고에 비추어 측정되어야 한다. 논리적 연구에서는 결코 "자명한 것"이란 없다. 비록 오늘날 우리의 과학에서는 아무도 오래전에 극복된 로셔의 견해의 **실제적** 내용에 대해 언급하느라 단 하나의 단어도 낭비하지 않을 것이지만, 우리는 여기에서 바로 그 견해의 **논리적** 성격을 상세하게 분석할 것이다. **그러나 이렇게 한다고 해서 그의 견해에 내포되어 있는 논리적 결점을 그보다 오늘날 우리가 더 잘 알고 있다고 가정하는 것은 잘못일 것이다.**

1 이는 슈몰러의 저작『국가과학 및 사회과학의 문헌사에 대하여』(1888), 147~71쪽에 실린「빌헬름 로셔」를 가리킨다.

2 이는『프로이센 연보』, 제77권 제1호(1894), 104~23쪽에 실린「빌헬름 로셔 †」를 가리킨다.

3 이는 1895년에 나온『어느 경제학자의 종교적 상념』을 가리킨다.

4) 우리는 앞으로 논의가 진행되면서 이러한 구별을 자주 접하게 될 것인데, 이미 **멩거**는—나중에 언급하게 되겠지만[1]—비록 그의 결론이 부분적으로 적절하지 못하기는 했지만, 이러한 구별이 경제학의 방법론에 대해 갖는 의의를 어느 정도 인식하고 있었다. 이러한 구별의 정밀한 논리적 정식화는, **딜타이**(『정신과학 서설』)와 **짐멜**(『역사철학의 문제들』)에 의해 맨 먼저 시도된 후, 그 중요한 점에서는 처음으로 **빈델반트**가 1894년에 행한 총장 취임강연("역사학과 자연과학")에서 간략한 스케치 형태로 제시되었으며,[2] 그리고 나서 **하인리히 리케르트**의 근본적인 저작(『자연과학적 개념구성의 한계』)에서 포괄적으로 전개되었다. **고틀**의 저작(『말의 지배』, 1901)은 경제학에서의 개념구성의 문제에 전혀 다른 방식으로 접근하고 있는데, 이 저작은 분트, 딜타이, 뮌스터베르크와 마흐로부터 영향을 받았고 간혹 리케르트(제1권)[3]로부터도 영향을 받았지만 그 본질에 있어서는 완전히 독자적이었다. 물론 현재에는 그가 거기에서 제시한 **방법**론이 많은 점에서—그 가장 중요한 점들에서는 결코 아니지만—그동안에 출간된 리케르트의 저작 제2부[4]에 의해 극복된 상태이다. 리케르트는 이 저작을, 그리고 여러모로 고틀과 유사한 논의를 전개한 에두아르트 마이어(『역사학의 이론과 방법에 대하여』, 1902)도 잘 알지 못하고 있었음이 분명하다. 그 이유는 아마도 거의 이해할 수 없을 만큼 정련된 고틀의 언어에서 찾을 수 있을 것이다: 그는—그의 심리학주의적 인식론의 관점으로 인해—개념들과 결합된, 그리하여 그의 눈에는 "변질된 것"으로 보이는 전통적인 전문용어를 피하느라 몹시 노심초사하며 직접적인 "체험"의 내용을 말하자면 표의문자로 재현하려고 한다. 확실히 고틀의 논의는 그의 저작의 근본적인 테제들을 포함하여 많은 점에서 논란의 여지가 있으며, 또한 진정한 결말에 도달하지도 못하고 있다. 그러나 그가 독특한 방식에 의해 정교하고 예리하게 문제를 조명하는 것은 주목할 만하며, 이 논문에서도 여러 차례에 걸쳐 그가 조명한 문제에 대해 논의하게 될 것이다.[5]

1 이 책의 302쪽 이하를 볼 것.

2 이 강연은 구체적으로 1894년 5월 1일 슈트라스부르크 대학에서 행한 것으로서, 그해

『역사학과 자연과학』이라는 제목의 책으로 출간되었다.

3 이는 『자연과학적 개념구성의 한계』의 제1권, 보다 정확히 말하자면 제1부를 가리킨다. 이 책은 총 5개의 장으로 구성되었는데, 1896년에 제1~3장이 제1부로 출간되었고 1902년에 제4~5장이 제2부로 합쳐져 완결된 책의 형태로 출간되었다.

4 이는 1902년에 출간된 『자연과학적 개념구성의 한계』의 제4~5장을 가리킨다(바로 앞의 옮긴이 주 참고).

5 이 책의 145~53쪽을 볼 것.

5) 여기에서 한 가지 유념해야 할 점이 있으니, 그것은 이 말이 뜻하는 바가 이러한 과학들이 배타적으로 또는 적어도 **주로** 사용하는 수단이 **아니라** 그것들을 정밀한 자연과학들로부터 **구별해 주는** 수단이라는 것이다.[1]

1 사실 이 주는 그다음 단어인 "수단"에 달리는 것이 더 적합한데, 굳이 "특수한"에 단 것은 이 단어를 강조하기 위함이다. 이는 아래의 원주 9를 보면 잘 드러날 것이다.

6) 이는 인식이 진척함에 따라 현상들이 편입되는 관계의 **특징적인** 모습들이 점점 더 많이 인식되기 때문에 그러하다.

7) 이는 현상의 **특징적인** 것에 대한 인식이 증가함에 따라 이 인식의 **개별적인** 성격이 필연적으로 증가하기 때문에 그러하다.

8) 이것들은 구체적인 역사적 현상을 구체적이고 개별적인, 그러나 가능한 한 보편적인 **관계**에 편입하는 개념이다.[1]

1 원서에서는 이 주가 6과 7보다 앞에 오는데, 우리말과 독일어의 구조가 다르기 때문에 이 둘보다 뒤에 오게 되었음을 일러두는 바이다.

9) 주 5와 같은 의미에서이다.

10) 이 단어의 ─ 통상적 언어사용의 관점에서 보면 비통상적인 ─ 의미는 자연주의적 **관계**개념과 대비를 이루며, 예컨대 한 구체적인 "인물"의 "성격" 묘사를 포함한다. ─ "개념"이라는 용어는 언제나처럼 오늘날에도 논란의 여지가 있지만 여기서는 그리고 앞으로도 계속해서 다음과 같이 사용될 것이다. 즉 개념은 현상에서 **중요한 것을 인식하려는** 목적 아래에 그 직관적 다양성을 논리적으로 가공함으로써 구성되는 **모든** 사유상을 가리키는데, 이러한 정의는 제아무리 개별적인 사유상에도 그대로 적용된다. 예컨대 비스마르크라는 역사적 "개념"은 이 이름으로 불리면서 역사적으로 생생하게 존재한 인물에서 우리의 인식을 위해 **중요한** 특성들을 포함하는데, 이 특성들은 역사적·사회적 관계에 연결되는데, 그것도 한편으로는 그 관계에 의해 영향을 받고 다른 한편으로는 그 관계에 영향을 끼친 것으로 연결된다. 그와 같은 특성들이 **무엇인가**라는 원칙적 문제에 대해 과연 방법론이 이미 해답을 제공할 수 있는가, 다시 말해 과학적으로 경중이 없는 무수한 특성들에서 그와 같은 특성들을 가려낼 수 있는 일반적인 **방법론적** 원칙이 존재하는가는 일단 논외로 하기로 한다(**그 대신에** 예컨대 에두아르트 마이어의 앞서 인용한 저작[1]을 볼 것).

1 이는 앞의 원주 4에서 언급한 『역사학의 이론과 방법에 대하여』이다.

11) 나는 여기까지의 논의에서 앞서 인용한 **리케르트**의 저작[1]에 제시된 주된 관점들이 우리에게 중요성을 갖는 한 상당히 그 의미를 충실하게 받아들이면서 그 관점들에 접목했다고 믿는다. 이 연구의 목적 가운데 하나는 이 저술가의 사상이 우리 과학 분야[2]의

방법론에 대해 갖는 유용성을 검증하는 것이다. 그러므로 나는 보통 때라면 으레 그래야만 하는 모든 개별적인 경우에 새롭게 그를 인용하지는 않을 것이다.

1 이는 앞의 원주 4에서 언급한『자연과학적 개념구성의 한계』이다.

2 경제학을 가리킨다.

12) 만약 그와 같은 동일시를 진지하게 받아들인다면, 이것이 역사적 서술의 방식에 끼치는 실제적인 영향은 아마도 람프레히트『독일사』, 보충판, 제1권에서 가장 쉽게 볼 수 있을 것이다. 거기서는 독일 문학의 어떤 하루살이들이 "발전사적으로 중요한" 작가들로 간주되고 있는데, 왜냐하면 만약 그들의 존재가 없었더라면 다양한 "인상주의"와 기타 등등이 사회적 영혼[1]에서 이른바 법칙적이고 균일하게 진행되는 과정을 이론에 부합하게 구성될 수 없을 것이기 때문이다 — 바로 이런 이유로 그들의 존재는 이론적으로 가치가 있는 것이다; 거기서는 다른 한편으로 클링거, 뵈클린 등과 같이 이론에 꼭 들어맞지 않는 인물들이 말하자면 회반죽으로서 이론적으로 구성된 부분들 사이에 나 있는 틈들을 메우고 있다: 그들은 "과도기적 이상주의자들"이라는 유개념에 편입된다 — 그리고 거기서는 더 나아가 리하르트 바그너가 필생에 걸쳐 이룩한 업적의 의의가 그것이 우리에게 무엇을 **의미하는가**가 아니라 그것이 이론적으로 요청된 한 특정한 "발전" 선상에 있는가라는 질문에 따라 "부침한다."

1 람프레히트가 — 개인적 영혼이 아니라 — 사회적 영혼이라는 용어를 사용하는 것은, 그의 역사학이 사회심리학에 기반하고 있기 때문이다. 이 책의 68쪽, 원주 62를 볼 것. 람프레히트는 정치사에 초점을 맞추는 기존의 역사학을 비판하면서 역사학은 집단 개인들의 삶의 조건과 표현인 문화를 인식대상으로 하는 문화사가 되어야 한다고 주장한다. 그에게 문화란 특정한 시대의 사회심리적인 전체 아비투스를 의미한다. 람프레히트의 문화사와 그 사회심리학적 정초에 대해서는 김덕영,『논쟁의 역사를 통해 본 사회학』, 117쪽 이하를 볼 것.

13) 이와 반대로 로셔는 상기한 견해를 적어도『체계』[1]에서의 원리적인 논의에는 포함시키지 **않았는데**, 이러한 사실 하나만 보더라도 이 저작에서는 그리고 때때로 전개되는 그와 유사한 논의들에서는 명료한 방법론적 원리의 정립이 목적이 아니었음이 드러난다.

1 이는『민족경제의 체계』, 제1권을 가리킨다.

14) 그는 **라우**와 완전히 일치된 견해를 보이면서 "우리의 이론, 자연법칙 등은 항상, 재정학에서 최근에 일어나는 변화들에 의해 **분쇄되지 않도록** 유지되어야 한다"라고 주장한다(자신이 편집자로 있는『저널』[1]에 실린 **라우**의 1835년 논문[2] 37쪽과 같은 저널에 실린 **로셔**의 1845년 논문[3] 158쪽을 볼 것).

1 이는 라우가 1835년부터 1853년까지 편집을 담당한『경제학 및 경찰학 저널』을 가리킨다.

2 이는「경제학의 유용성, 현재적 상황 및 최근 문헌에 대하여」를 가리킨다.

3 이는「농업체계의 정책과 통계에 대한 이념」을 가리킨다.

15) 이와 동일한 견해는 — 비록 심리학적 동기와 관련해서 일정한 유보가 있기는 하나 — 예컨대 크니스의 저작에 대한 **슈몰러**의 서평(이것은 그가 편집자로 있는『연보』[1]에 1883년에 실리고[2]『국가과학 및 사회과학의 문헌사에 대하여』[3]의 203쪽 이하에 다시 실린 것인데, 특히 209쪽을 참고할 것)과 **뷔허**가『민족경제의 기원』의 초판 서문에서

한 다음과 같은 말에서 찾아볼 수 있다: "이 책의 모든 강의는 경제사적 발전의 **법칙적** 진행이라는 통일적 관념에 의해 지배된다."[4] 그런데 **일회적** 발전에 "법칙"이라는 용어를 적용한다는 것은 의아한 일이 아닐 수 없으며, 따라서 그 의미는 다음의 둘 중 하나일 것이다: 어떻게든 발전이 일어나는 곳에서는 어디서나 — 로셔가 가정하는 바와 같이 — 뷔허가 다루는 과학적으로 **중요한** 점들에서 발전의 법칙적 진행이 반복된다는 의미이거나 — 또는 (이것이 더 개연성이 크다) 매우 빈번히 그러하듯이, "법칙적" 조건성과 "인과적" 조건성이 동일시된다는 의미일 것인데, 그 근거는 우리가 일반적으로 "인과법칙"이라는 용어를 사용한다는 사실에서 찾을 수 있다.

1 이는 『독일제국의 입법, 행정 및 민족경제 연보』를 가리킨다.

2 이는 「카를 크니스, 『역사적 방법의 관점에서 본 경제학』」이다.

3 이는 1888년에 나온 것이다.

4 뷔허, 『민족경제의 기원: 여섯 편의 강연』, VI쪽.

16) 이것은 보편적으로 또는 역사학파 법학의 **모든** 대표자들에게 해당하는 것은 결코 아니지만, 경제학 영역에서 그들을 계승한 학자들에게는 확실히 해당한다.[1]

1 사실 이 주는 문장 앞이 아니라 끝에 달리는 것이 더 적합하다.

17) 민족성과 지리적 환경의 관계에 대한 그의 논의는 『체계』, §37을 볼 것. 거기에서 그는 거의 순진하다 할 정도로 "유물론적" 해석의 가능성에 반하여 일차적 "원(原)요소"로서의 "민족정신"의 지위를 유지하려고 한다.[1]

1 로셔, 『체계』, 제1권, 제2판, 58쪽 이하.

18) 여기서는 의심할 여지없이 개인과 전체의 관계에 대한 헤르바르트 심리학의 고찰방식이 일정한 영향을 끼쳤다; 그러나 이것이 정확히 어느 정도인지는 말하기 어렵고 여기에서 우리의 관심을 끌지도 않는다. 로셔는 이따금 헤르바르트를 인용하고 있다(§§16, 22).[1] 이에 반해 라차루스와 슈타인탈의 "민족심리학"은 주지하다시피 보다 최근에 나온 것이다.[2]

1 로셔, 『체계』, 제1권, 제2판, 26, 36~37쪽.

2 민족심리학은 라차루스와 슈타인탈이 창시한 심리학의 분과로서, 다양한 민족의 역사적 삶을 "정신의 가장 내면적인 것에 의해 설명하고자" 한다. 다시 말해 특정한 민족의 삶을 "그 민족의 심리학적 근원으로 소급시키려고" 한다. 그렇기 때문에 민족심리학은 "민족정신의 과학"으로, 또는 "민족의 정신적 삶을 구성하는 요소들과 법칙들에 대한 이론"이라고 이해된다. 라차루스 · 슈타인탈, 「민족심리학 및 언어학 저널에의 초대로서의 민족심리학에 대한 서론적 사고」, 7쪽. 민족심리학은 민족정신을 "다수 개인들의 단순한 존재를 비로소 하나의 **민족**으로 만드는" 그 무엇으로 이해한다. 민족정신은 "민족의 유대, 원리, 이념이자 민족의 통일성을 구성한다. 이 통일성은 민족이 수행하는 **행위의 내용과 형식**의 통일성 또는 그 방식의 통일성이다. 그리고 이 통일성은 민족의 정신적 삶을 구성하는 요소들을 공동으로 생산하고 유지하는 통일성이다. 왜냐하면 어떤 민족의 모든 개인들이 행하는 정신적 행위에는 일종의 일치와 조화가 지배하기 때문인데, 이것은 개인들을 한군데로 묶어서 유기적으로 결합된 통일체로 만든다. 이처럼 개인들의 다양한 정신적 행위가 다른 모든 사람들의 그 것과 일치함으로써 조화를 이루는 것, **바로 이것이** […] 민족의 정신적 통일성, 다

시 말해서 민족정신인 것이다." 같은 글, 29쪽. 라차루스와 슈타인탈에 따르면, 이러한 민족정신은 민족이 공유하는 언어, 관습, 종교, 신화 등에 구현된다.

19) 『체계』, 제1권, §14.[1]

1 구체적으로 제2판의 22쪽이다.

20) 그의 『투키디데스』, 19쪽에 나오는 "덴마크" 개념에 대한 논의를 볼 것.

21) 이미 언급한 바와 같이, 로셔는 국가와 민족경제를 "개인들 그리고 심지어 세대들과 병행하여 그리고 그들을 초월하여 존재하는 전체"로 파악한 공헌이 있는 저자로 특별히 아담 뮐러를 인용하고 있다(『체계』, 제1권, §12, 주 2).[1] 그러나 다른 한편 그는 유보적인 입장을 보이는데, 이에 대해서는 『체계』, 제1권, §28, 주 1을 볼 것.[2]

1 구체적으로 제2판의 20쪽이다. 원래 로셔의 저작에는 "개인들 그리고 심지어 세대들을 초월하여 존재하는 전체"로 되어 있는데, 베버는 "초월하여" 앞에 "병행하여"를 추가하고 있다.

2 구체적으로 제2판의 43~44쪽이다.

22) 이것은 이미 『투키디데스』, 21쪽에서 볼 수 있으며, 모든 유보에도 불구하고 서문의 XI쪽과 XII쪽, 그리고 20쪽과 188쪽에서도 볼 수 있다.

23) 우리가 앞으로 보겠지만,[1] 크니스 역시 우리가 "민족"이라는 개념으로 이해하는 것은 직접적으로 직관할 수 있고 명증한 것이며 **개념적** 분석을 필요로 하지 않는다는 견해를 내세운다.

1 이 책의 214쪽 이하에서이다.

24) 주지하다시피, 앞의 과학 분류는 딜타이에 의해 그리고 뒤의 과학 분류는 빈델반트와 리케르트에 의해 이루어진 것으로서, 모두 역사학의 논리적 특성을 밝혀냄을 목적으로 한다. 우리에게 심리적 대상들이 "주어지는" 방식이 역사과학과 자연과학 사이의 특별한 차이에 대한 **그 어떠한** 근거도 될 수 없으며, 따라서 개념구성 방식에 근본적인 의미를 가질 수 없다는 것이 리케르트의 기본명제 가운데 하나이다 — 이에 반해 고틀이 앞서 인용한 책에서 논의의 출발점으로 내세운 것은, (딜타이를 따라) 내적 "체험"과 "외적" 현상의 대립이 단순히 "논리적인 것"이 아니라 "존재론적인 것"이라는 전제이다.[1] 그러나 이 연구가 그 밖에도 근거하는 관점은 다음과 같은 점에서 리케르트의 관점에 가깝다. 즉 리케르트는 내가 보기에 아주 정당하게, "심리적" 또는 "정신적" 사실들 — 이 다의적인 용어들의 경계를 어떻게 설정하든 상관없이 — 이 원칙적으로 "죽은" 자연과 똑같이 유개념과 법칙에 의해 파악될 수 있다는 전제에서 출발한다. 사실상 낮은 정도의 엄밀성과 양화 가능성의 결핍은 "심리적" 또는 "정신적" 대상들과 관련된 개념이나 법칙에 특유한 것은 결코 아니다. 오히려 문제는 어디까지나, 경우에 따라서 발견될 수 있는 일반적으로 타당한 공식들이 문화현실에서 우리에게 중요한 구성요소들을 **이해하는 데**에 어떤 두드러진 **인식**가치를 가질 수 있는가에 있다. — 그 밖에도 다음을 분명히 해둘 필요가 있다. 즉 내적 경험을 통해서 직관되고 (고틀의 견해에 따르면) 자연주의적 인과고찰과 자연주의적 추상과정을 배제하는 — 그러나 사실상 우리에게 중요한 것을 인식하는 데 빈번히 쓸모없다는 것이 드러나는 — "본연적인 전체관계"[2]는, 만약 우리가 자연현상을 그 완전한 구체적 실재 속에서 파악하려고 한다면 **그때에는** 즉시 죽은 자연의 영역에서도 (고틀이 예외적 지위를 부여한 생물학적 대상들에서뿐만

아니라) 대두될 것이다. 우리가 이것을 정밀한 자연과학에서 시도하지 않는 이유는, 이 과학에 주어진 것의 객관적 성격 때문이 아니라 그 인식목표의 논리적 특성 때문이다. 다른 한편 비록 우리가 리케르트의 관점을 원칙적으로 받아들임에도 불구하고, 그의 논의가 초점을 맞추는 법칙과학과 역사과학의 방법론적 구별은 유일한 구별이 아니고 심지어 많은 과학의 경우에는 전혀 본질적인 구별이 아니라는 점에는 의심의 여지가 없으며 리케르트 자신도 당연히 그 점에 대해서는 이론을 제기하지 않는다. 우리가 특히 다음과 같은 그의 명제, 즉 "내적" 경험과 "외적" 경험의 대상들이 우리에게 근본적으로 동일한 방식으로 "주어진다"는 명제를 받아들일 수 있을지라도, 리케르트가 힘주어 강조한 "다른 사람들의 정신적 삶의 원칙적 접근 불가능성"[3]과 달리 모든 종류의 인간행위의 과정과 모든 종류의 인간표현에 대한 **유의미한 해석**이 가능하다는 것은 확고한 사실이다. 다른 대상들의 경우에는 단지 형이상학의 영역에서만 이와 유사한 해석이 가능할 것이다. 그리고 이 유의미한 해석은 특히, 많은 사람들이 —로셔를 포함하여[4]— 강조해 온 특유한 친화성, 즉 일정한 경제적 인식들의 논리적 성격과 수학이 갖는 특유한 친화성의 논거가 되는데, 이 친화성은 다시금 비록 자주 (예컨대 고틀에 의해)[5] 과대평가되는 해도 중대한 결과들을 가져온다.[6] 이처럼 "주어진 것"을 넘어설 수 있는 가능성은 유의미한 해석에 의해 열리는데, 이 가능성은 리케르트의 의구심에도 불구하고 그와 같은 해석의 방법을 사용하는 과학들을 하나의 특수집단(정신과학)으로 분류하는 것에 정당성을 부여하는 특성이다. 그렇다고 해서 이러한 과학들은 수학의 역할에 상응하는 기초 위에 구축되어야 하며, 이 기초는 아직 정립되지 않은 체계적인 사회심리학에서 찾아야 한다고 생각하는 오류에 빠질 필요는 없다.[7] 이 점은 나중에 논의할 것이다.

1 이는 앞의 원주 4에서 언급된 고틀, 『말의 지배』, 70쪽에서이다.

2 여기에 언급된 "전체관계"라는 개념은 고틀이 자주 사용하는데, 아마도 베버는 그로부터 받아들인 것 같다. 예컨대 고틀, 『말의 지배』, 120, 129~30, 133, 136, 141, 155, 176, 190, 197쪽을 볼 것.

3 리케르트, 『자연과학적 개념구성의 한계』, 187쪽.

4 예컨대 로셔, 『민족경제의 체계』, 제2판, 36쪽을 볼 것.

5 고틀, 『말의 지배』, 219쪽을 볼 것.

6 이 문장 후반부에 나오는 "과대평가되는 해도"는 "이 친화성"이 아니라 "중대한 결과들"에 걸린다.

7 이 문장 앞부분에 나오는 "수학의 역할에"는 "자연과학들에서 수학이 하는 역할에"로 읽으면 의미하는 바가 보다 명확해질 것이다.

25) 이것은 실제로뿐만 아니라 원칙적으로도 불가능할 것인데, 그 이유는 "법칙"—일반적 타당성을 지니는 관계개념—의 구성은 추상화를 통해 개념의 내용을 비우는 것과 동일하다는 "법칙적" 인식의 논리적 성격 때문이다. 보편개념들로부터 현실의 내용을 "연역해야" 한다는 요청은, 나중에 한 가지 예를 들어 논하겠지만,[1] 심지어 무한히 먼 이상으로 간주한다 해도 무의미할 것이다. 내 생각으로는 슈몰러의 경우에도 이에 해당한다. 그는 멩거의 비판에 반론을 제기하면서(『연보』, 1883,[2] 979쪽) 다음과 같이 쓰고 있다: "모든 완성된 과학은 연역적이다. 왜냐하면 우리가 일단 요소들을 완벽하게

지배하게 되면 심지어 가장 복잡한 현상도 단지 요소들의 조합에 지나지 않을 수 있기 때문이다."[3] 슈몰러는 여기에서 멩거가 옳다고 인정하는 셈인데,[4] 이렇게 인정하면서 제시한 그의 견해는 심지어 정밀한 법칙 개념들이 가장 잘 적용되는 영역에서도 전혀 타당하지 않다. 이 점에 대해서는 나중에 다시 논의할 것이다.[5]

1 이 책의 41쪽 이하에서이다.

2 이는 『독일제국의 입법, 행정 및 민족경제 연보』(1883)에 실린 「국가과학 및 사회과학의 방법론에 대하여」이다.

3 사실 이 인용구절은 그 바로 앞부분과 같이 보아야 그 의미하는 바가 보다 명확해질 것이다. 슈몰러에 따르면 멩거는 자신의 방법을 "궁극적인 요소들로부터의 연역"이라고 표현하는데, "이 점에서 그는 옳다; 만약 우리가 어떤 과학, 어떤 과학 영역의 단순한 요소들을 갖고 있다면, 그 밖의 모든 것은 비교적 쉽다." 슈몰러, 「국가과학 및 사회과학의 방법론에 대하여」, 979쪽. 그리고 멩거는 "추상적·연역적 방법과 보편적이고 일면적인 개념구성을 통해 인간의 합리적 경제행위에 대한 법칙을 발전시키려고 한다. 여기에서 법칙이란 경제적 현상들 사이에 존재하는 유형성, 규칙성, 내적 연관성 및 인과성을 가리킨다. 멩거는 경제학 이론을 실재적 또는 경험적 법칙과 엄밀한 법칙으로 구분한다. 전자는 경험적 방식에 의해, 즉 관찰의 방식에 의해 얻어지는데, 이 법칙은 형식상 불완전하기 때문에 경제현상들에 대한 확실한 이해나 예측 또는 지배를 보장할 수 없다. 그것은 경험적 현실의 변화와 발전에 의해 영향을 받을 수밖에 없다. 반면 엄밀한 법칙은 현상의 가장 간단한 요소들과 그것들에 의해 복잡한 현상이 구성되는 것에 대한 이론이다. 이 엄밀한 법칙은 실재적 또는 경험적 법칙과 달리 그 형식적 특성 때문에 수학적·자연과학적 보편타당성을 지닌다. 멩거가 궁극적으로 추구하는 것은 바로 이 엄밀한 법칙이다." 김덕영, 『막스 베버: 통합과학적 인식의 패러다임을 찾아서』, 316쪽.

4 물론 슈몰러가 멩거를 전적으로 인정하는 것은 아니다. 그것은 일정한 유보조항이 따르는 인정, 즉 비판적 인정이다. 슈몰러는 이어서 말하기를, "그러나 수학과 물리학의 일정한 부분들에서 확인할 수 있는 이 단순한 요소들이 인간의 사고, 감정 및 행위에 대한 그 어떤 과학에서도, 특히 사회과학에서는 아직은 그것들로부터 연역만 하면 될 만큼 연구가 진행되고 명백해진 상태가 아니다. 인간의 욕구, 영리욕 또는 사익으로부터 —나의 주관적인 생각으로는— 과학적인 의미에서의 궁극적인 단순한 요소들을 찾는다는 것은 세상물정에 어두운 탁상공론적인 순진함에 지나지 않는다. 만약 영리욕이나 이기주의가 엄밀하게 과학적으로 사용될 수 있다는 의미에서 궁극적인 요소라면, 과학적 심리학에 의해 그 자체로서 다른 유사한 정신적 힘들로부터 명료하게 구별된다는 것이 증명되어야 할 것이다. 그러나 이것은 말도 안 된다." 같은 곳.

5 이 책의 278쪽 이하, 329~31쪽을 볼 것.

26) 우리는 여기에서 이 표현을 보다 상세한 논의 없이 일단 받아들이기로 한다.

27) 우리는 "보편적인"이라는 용어가 갖는 의미의 차이를 거듭하여 다루게 될 것이다. 이 매우 단순하지만 그럼에도 불구하고 매우 빈번하게 오해되는 차이에 대한 근본적인 논의는 1901년 『통합 역사학 저널』에 실린 **리케르트**의 논문 「역사에 있어서의 보편적인 것의 네 가지 양태」에서 볼 수 있다.

1 이는 역사학과 사회과학의 통합을 추구하기 위해 1900년 프랑스에서 창간된 저널이다.

28) 이 점에 대해서는 그리고 이러한 문제들 전반에 대해서는 리케르트의 매우 재능 있는 제자인 에밀 **라스크**의 탁월한 저작 『피히테의 관념론과 역사학』, 39쪽 이하, 51~52, 64쪽을 볼 것.

29) 여기에서 우리는 인간 동기의 해석이 획득할 수 있는 직관적 명증성의 특수한 종류에 의해 야기되는 논리적 문제들을 일단 의도적으로 논하지 않기로 한다. 경제학에 대해 중심적 의미를 갖는 이 문제들은 최근에 고틀이 앞서 인용한 책에서 다루었다.[1] 우리가 이렇게 할 수 있는 이유는, 로셔가 이러한 관점을 어떤 식으로도 채택하지 않았기 때문이다. 그에 따르면 우리는 인간행위의 관계를 인식할 때 자연관계를 인식할 때와 똑같이 논증적이고 외부로부터 접근한다. 인식원천으로서의 "자기관찰"에 대해서는 『경제학사』, 1036쪽에 나오는 간략한 논의를 참고할 것. 로셔는 "귀납"과 "연역"을 구별하는 것이 상대적으로 의의가 적다고 주장하는데, 이 자주 인용되는 구절도 같은 곳에 나온다. 거기에서 로셔는 후자를 자기관찰과 동일시하지만, 그로부터 발생하는 논리적 문제들을 거기서도 그리고 다른 어느 곳에서도 더 이상 파고들지 않는다.

1 이는 앞의 원주 4에서 언급된 고틀, 『말의 지배』, 77~78쪽에서이다.

30) 로셔는 『경제학사』(925쪽 이하)에서 헤겔에 대해 자세한 입장을 표명하고 있는데, 이 것은 우리에게 중요치 않다. 왜냐하면 그는 거의 전적으로 구체적인 실천적 문제들에 대한 헤겔의 판단을 비판하고 있기 때문이다. 다만 한 가지 주목할 점은, 그가 경의를 표하면서 "추상적 보편성에서 특수성을 거쳐 구체적 보편성으로 진행하는 3단계 발전"을 다루고 있다는 사실이다. 로셔에 따르면 이 발전은 "가장 심오한 역사적 발전법칙들 중의 하나에 맞닿아 있다." ― 그러나 그는 이에 대한 보다 자세한 설명은 가하지 않고 있다.

31) 그는 『경제학사』(916~17쪽)에서 극찬한 바르트홀트 게오르그 니부어도 자신의 스승으로 간주한다.

32) 『투키디데스』, 19쪽. 그는 뒤에서 때때로 인용하는(24, 31, 34, 69쪽) 헤겔을 여기서는 **거명하지** 않는다.

33) 『투키디데스』, 28쪽.

34) 같은 책, 24~25쪽, 특히 27쪽.

35) 같은 책, 29쪽.

36) 같은 책, 22쪽. **예술적** 진리와 **과학적** 진리 사이의 차이에 대한 논의는 27쪽과 35쪽에서 전개되고 있다.

37) 같은 책, 35쪽.

38) 같은 책, 머리말, XII쪽.

39) 로셔는 마르크스의 『자본』에 제시된 형태의 헤겔 변증법에 대한 보다 철저한 비판을 시도한 적이 없다. 『경제학사』, 1221쪽과 1222쪽(단 한 쪽 분량!)에서 행한 마르크스에 대한 그의 비판적 논의는 놀라울 정도로 빈약하며, 이 논의를 보면 당시(1874년) 그에게는 헤겔의 의의에 대한 그 어떤 추억도 남아 있지 않았음이 드러난다.

40) 『투키디데스』, 10쪽을 볼 것.[1]

1 레싱에 따르면, 조각은 행위과정의 한 특정한 순간만 포착할 수 있으며, 따라서 고통을 표현하는 경우 인물들은 이 표현에 머물 수밖에 없다. 이는 미의 이상에 어긋나는 것이다. 이에 반해 시는 행위과정 전체를 표현할 수 있으며, 따라서 고통을 미학적 방식으로 묘사할 수 있다. 레싱, 『라오콘』, 162~63쪽. 참고로 "라오콘"이라는 책 제목은 "라오콘 군상"에서 온 것이다. 이 조각상은 트로이의 신관 라오콘과 그의 두 아들이 포세이돈의 저주를 받아 뱀에 물려 죽으면서 겪는 고통을 빼어나게 형상화하고 있다. 레싱은 이 저작에서 공간예술과 시간예술의 차이에 대해 논하고 있다.

41) 『투키디데스』, 35쪽.

42) 『투키디데스』, 38쪽.[1]

　　1 베버는 58쪽으로 오기하고 있다.

43) 『투키디데스』, 187쪽.[1]

　　1 베버는 188쪽으로 오기하고 있다.

44) 그에게는 심지어 **예술적** 생산에서도 "가장 중요한 것"(이것은 예술가가 현상에서 포착하고자 하고 또 포착해야 하는 것이다)으로 보이고, 따라서 유일하게 관심을 끄는 것은 "모든 시대에 모든 민족에게서 그리고 모든 사람의 가슴에서 **반복되는** 것"이다(헤르만과 도로테아[1]를 통해 예증하고 있는 『투키디데스』, 21쪽 그리고 같은 책에서 언급되는 연설문들[2]).

　　1 여기에서 말하는 "헤르만과 도로테아"는 1797년에 출간된 괴테의 서사시 『헤르만과 도로테아』를 가리킨다. 로셔는 『투키디데스』 서문 제2장에서 보편성에 대해 논의하면서(그 밖에도 창작의 자유, 통일성, 필연성 등이 이 장의 주제에 속한다) 다음과 같이 말하고 있다: "역사학의 걸작치고 아주 작은 분량에 인류의 역사를 반영하지 않는 것은 없다. ─ 그리고 문학에 관해서는, 이미 **실러**가 가능한 한 인류를 완벽하게 표현하는 것이 모든 문학의 목표라고 선언했다. [……] 만약 이러한 보편성이 없다면 시인이나 역사학자로부터 그 어떤 심층적이고 지속적인 인상도 얻기가 사실상 불가능하다. 예컨대 누가 괴테의 헤르만에서 단지 한 소도시적 여관집의 조용한 삶에만 관심을 가질 수 있단 말인가?"(로셔, 『투키디데스』, 20~21쪽). 이어서 다음과 같은 각주가 뒤따른다: "심심치 않게 포스의 루이제가 우위를 차지하느냐, 아니면 괴테의 헤르만과 도로테아가 우위를 갖는가 하는 질문이 제기되어 왔다. 앞으로 수백 년 동안은 이런 식으로 묻지 않을 것이다. 나는 다만 괴테가 적은 수의 등장인물을 통해 온갖 다양하고 의미심장한 인간의 특성을 표현하고 그들의 단순한 행위와 대화를 통해 인간적 삶의 온갖 중요한 사건들, 즉 유년기, 결혼과 죽음, 행복과 불행, 전쟁과 평화, 국가와 가족을 다루는 불가사의한 재능을 지적하고자 한다. 이에 반해 포스의 작품에서는 가장 가까운 것, 어느 마을 목사의 쾌적한 삶 이외에는 아무것도 볼 수 없다. 심지어 거기에 등장하는 인물들, 즉 아버지와 사위, 어머니와 딸, 신부와 여자친구도 본질상 동일하고, 단지 나이와 관계를 통해서만 구분된다. 괴테는 자신의 등장인물인 목사를 통해 보편적으로 종교적인 것, 보편적으로 기독교적인 것을 아주 멋지게 묘사할 줄 알았다; 이에 반해 포스는 심지어 그의 유명한 베드로의 이야기에서도 우리가 늘 경험하듯이 빠르게 쇠퇴하는 일상적인 관심사만을 엮어 넣었다"(같은 책, 21쪽, 각주 3). 이 인용구절에 언급된 포스는 괴테의 동시대인이자 시인인 ─ 그리고 호메

로스의 『일리아스』와 『오디세이아』를 비롯한 그리스·로마 고전의 번역으로 명성이 높은 ― 요한 하인리히 포스(1751~1826)이며, 루이제는 괴테의 『헤르만과 도로테 아』가 출간되기 2년 전인 1795년에 출간된 포스의 서정시집 『루이제』의 등장인물이 다(이 작품은 괴테가 『헤르만과 도로테아』를 쓰는 결정적인 계기가 되었으며, 포스 와 마찬가지로 6운각[=헥사메터]을 사용하고 있다). 주지하다시피 루이제는 여자이 기 때문에 당시에는 목사가 될 수 없었다. 그럼에도 불구하고 로셔가 "어느 마을 목사 의 쾌적한 삶"이라고 말하는 것은, 포스의 작품에서 루이제가 시골목사의 딸로 그려 지기 때문이다. 그러니까 "어느 마을 목사 집안의 쾌적한 삶"이라는 표현이 더 정확 하다고 할 수 있다. 그리고 베드로는 천국에 있는 사도 베드로를 가리킨다. 참고로 에 커만, 『괴테와의 대화』(한글판), 636~37쪽을 보면 괴테가 포스의 『루이제』를 어떻 게 평가하고 있는가가 잘 드러난다(『괴테와의 대화』를 쓴 요한 페터 에커만[1792~ 1854]에 따르면 ― 그리고 이 점에서 괴테는 전적으로 에커만에게 동의한다 ― 『루 이제』에서는 "모든 것이 중간 정도의 제한된 교양 수준에 머물러 있기 때문에 언제나 특정한 범위의 독자들만 만족시키게 된다. 시구와 관련하여 보자면 그러한 제한된 상 황을 나타내는 데 있어서 6운각은 너무 주제넘다. 게다가 다소간 억지스럽고 부자연 스러운 부분도 간혹 있으며, 시행들의 흐름도 편안하게 읽힐 정도로 언제나 자연스럽 게 흘러간다는 느낌이 들지는 않았다." 같은 책, 635~36쪽). 그리고 헤르만과 도로 테아의 내용을 요약하면 다음과 같다. 프랑스 대혁명 이후 발발한 대(對)프랑스 동맹 전쟁(1792~87)의 와중에 라인강 왼편에서 피난 온 사람들이 라인강 오른편에 있는 어느 소도시를 지나간다. 피란민 구호품을 전달하러 간 '황금사자집'이라는 음식점 주인의 아들 헤르만은 피난민 가운데 고난에도 굴하지 않고 꿋꿋하게 일하며 기꺼이 남을 돕는 도로테아를 보고 사랑에 빠진다. 그는 그녀를 집으로 데려와 부모의 허락 을 받고 결혼하게 된다. 어찌 보면 지극히 평범하고 소시민적인 이 작품에서 괴테는 소수의 등장인물 ― 헤르만과 도로테아 이외에 헤르만의 아버지와 어머니, 목사, 약 국 주인과 피난민들의 지도자 ― 을 통해 전쟁, 가정, 사랑, 세대, 시민, 세계시민, 조 국, 종교, 노동, 행위 등을 문학적으로 형상화하고 있다. 그리고 이 작품에 등장하는 목사는 젊은 나이임에도 사려 깊고 현명한 성직자로서 "인생이 무엇이라는 것도 알 고 청중들의 욕구도 알았으며/그는 인간들의 운명과 성향을 우리에게 제시해 주는/ 성서의 지고한 가치에 대해서도 정통해 있었고/그뿐만 아니라 세속적인 양서(良書) 들에 대해서도 잘 알고 있었다." 괴테, 『헤르만과 도로테아』(한글판), 9~10쪽. 괴테 는 바로 이 목사의 말과 행동을 통해 ― 로셔가 주장하는 대로 ― "보편적으로 종교 적인 것, 보편적으로 기독교적인 것을 아주 멋지게 묘사할 줄 알았던" 것이다.

2 이 연설문들은 구체적으로 로셔, 『투키디데스』, 144쪽 이하에서 언급되고 있는데, 이 것들은 원래 투키디데스가 그의 저서 『펠로폰네소스 전쟁사』에 수록한 고대 그리스 정치가들의 연설문이다.

45) 『체계』, 제1권, §22.[1]

1 구체적으로 제2판의 36쪽이다.

46) 이에 대해서는 특히 **리케르트**, 『한계』, 245~46쪽의 논의를 참고할 것.

47) 그는 『투키디데스』, 20쪽에서 "모든 역사적 판단은 수많은 **유추**에 근거한다"라고 말하

고 있다 —사실 **이런** 식의 명제는 (아직까지 존재하지 않는!) **심리학**의 연구를 정밀한
역사적 연구의 전제로 간주하는 오류와 유사하며, 또한 로셔가 같은 책 서문의 XI쪽에
서 역사적 유추의 오용을 강력하게 비판한 점을 감안하면 매우 뜻밖으로 보인다.

48) 『투키디데스』, 195쪽을 참고할 것.

49) 『체계』, 제1권, §13, 주 4.[1]

    1 구체적으로 제2판의 22쪽이다.

50) 기적에 대한 로셔의 입장은 유보적이고 중재적이다(『종교적 상념』, 10, 15쪽과 그 밖의
    여러 곳을 참고할 것). 랑케처럼 그도 구체적 현상을 단지 자연적 계기들을 통해서만
    설명하려고 했다. 그도 신이 역사에 개입한다면 그곳이 어디든 상관없이 우리의 **인식**
    은 끝나고 말 것이라고 생각했을 것이다.

51) 전체적으로 보면 로셔는 바로 이러한 연유로 칸트의 분석논리를 정확하게 사용하지 않
    았고 아마 거기에 정통하지 않았음에도 불구하고 이 논리의 영역을 떠나지 않았다. 그
    가 칸트로부터 사실상 **인용하는** 것은 다음뿐이다: 『인간학』[1](『체계』, 제1권, §11, 주 6[2])
    과 「법론(法論)의 형이상학적 제일원리들」 및 「덕론(德論)의 형이상학적 제일원리들」[3]
    로셔는 『경제학사』에서 한 단락을 칸트에 할애하면서(635~36쪽) 그를 한낱 "주관주
    의"의 대표자로 간주하고 매우 피상적으로 처리하고 있는데, 이는 모든 순수한 **형식적**
    진리에 대해 그가 — 역사학자로서 그리고 종교인으로서 — 깊은 반감을 갖고 있음을
    보여 주는 대목이다.

    1 이는 보다 정확히 말해 『실용적 관점에서의 인간학』이다.

    2 제2판의 18쪽을 볼 것.

    3 로셔, 『체계』, 제1권, 제2판, 152쪽(§87, 주 1)을 볼 것. 여기에 언급된 「법론(法論)의
      형이상학적 제일원리들」 및 「덕론(德論)의 형이상학적 제일원리들」은 1797년에 출
      간된 칸트의 『도덕형이상학』 제1부와 제2부이다(이 책은 이 두 개의 부로 구성되어
      있다).

52) 로셔는 『투키디데스』, 44쪽에서 최근에 다시 많이 논의되고 있는 훔볼트의 연구(『베를
    린 학술원 논집』, 1820년 판에 수록)[1]를 인용하고 있으며, 또한 같은 곳과 다른 여러 곳
    에서 게르비누스의 「역사학 방법론」[2]을 인용하고 있다(게르비누스의 저작에서 "이념"
    의 형이상학적 성격이 점차로 사라져가는 과정에 대해서는 특히 딥페의 1892년 예나
    대학 박사학위 논문[3]을 참고할 것).

    1 이는 「역사학자의 과제에 대하여」이다.

    2 이는 보다 정확히 말해 「역사학 방법론 개요」이다.

    3 이는 『철학과 역사학에서 이데아라는 사유형식이 갖는 의의에 대한 연구』이다.

53) 그는 『투키디데스』, 230~31쪽에서 "공평무사함"의 문제에 대한 드로이젠의 관점을 논
    박하고 있는데, 거기에서 우리는 명백히 그의 스승 랑케의 목소리도 들을 수 있다. —
    곧 논의하게 되는 로셔의 역사적 시기 구분은 형식적 성격을 갖는데, 이 역시 의심할 바
    없이 부분적으로는 그의 "객관성" 추구에 의해 설명된다. 그는 민족들이 "노화한다"라
    는 단순한 사실 이외에는 다른 어떤 (그의 견해에 따르면) 논란의 여지가 없는 근거도
    발견할 수 없었다. —

54) 바로 이런 연유로 로셔는, 잘 알려진 바와 같이, 다음과 같은 견해를 피력한다. 즉 그 삶

의 주기가 완결된 상태로 우리 앞에 놓여 있는 고전고대(古典古代) 민족들의 문화발전에 대한 연구는, 우리 자신의 발전과정에 대해 특히 높은 정도의 통찰을 제공할 수 있다는 것이다. ― 에두아르트 마이어의 초기 저작 속의 몇몇 표현은 어느 정도 이와 같은 로셔의 사상노선에 의해 영향을 받았음이 드러난다. 그러나 이제 마이어는 근본적으로 이미 크니스가 내세운 관점에 서 있는데(이 관점은 우리가 뒤에서 보게 될 것이다),[1] 이는 특히 람프레히트가 들어선 길에 대한 반동의 결과였음이 확실하다.

1 이 책의 213쪽 이하에서이다.

55) 아래 70쪽[1]에서 인용하게 될, 1897년 『슈몰러 연보』에 게재된 논문[2]에서 그리한다.

1 원주 72를 볼 것.

2 이는 「로셔의 정치발전론」이다. 참고로 『슈몰러 연보』의 정식 명칭은 『독일제국의 입법, 행정 및 민족경제 연보』이다. 이 저널은 1871년에 법학자인 프란츠 폰 홀첸도르프(1829~89)에 의해 『독일제국의 입법, 행정 및 사법 연보』라는 이름으로 창간되었다. 1877년 슈몰러가 『독일제국의 입법, 행정 및 민족경제 연보』라는 명칭으로 이 저널의 편집을 담당하게 되었고, 1913년에는 그가 오랫동안 편집인으로 활동한 업적에 경의를 표하기 위해 『입법, 행정 및 민족경제 슈몰러 연보』로 개칭되었다. 그런데 이미 그 이전부터 『슈몰러 연보』라고 불리고 있었다. 이 저널은 아직도 존재하는데, 1968년에는 다시 『경제과학 및 사회과학 슈몰러 연보』로 개칭되었고, 1972년에는 또다시 『경제과학 및 사회과학 저널』로 개칭되었으며, 2000년에는 『슈몰러 연보: 경제과학 및 사회과학 저널』이라는 이름을 얻게 되었다.

56) 오늘날의 역사학자들(폰 **벨로**, 『역사학 저널』, 제81권[1898], 245쪽)[1]은 "법칙적 발전은 사고를 마비시키는 관념"이라고 말하면서 역사학에 다음과 같은 과제, 즉 "우리가 보편법칙들에 의존한다고 설파하는 자연과학에 의해 야기된 무기력해지고 무감각해지는 감정"으로부터 우리를 해방하는 과제를 부여한다 ― 그러나 로셔는 이와 같은 필요성을 느끼지 않는다. 그는 최후의 심판이라는 **종교적** 관념에 근거하여 인류의 발전을 시간적으로 유한한 것으로 본다. 그리고 그에 따르면 모든 민족의 삶이 거쳐 가는 특정한 행로들과 단계들은 신에 의해 미리 정해져 있는데, 그렇다고 해서 정치가들의 직무와 그 수행으로부터 오는 기쁨이 약화되는 것은 아니다. 이는 개인들이 반드시 늙고 죽는다는 사실을 알더라도 그 때문에 무력하게 되지 않는 것과 마찬가지이다.

아무튼 폰 벨로의 주장은 경험과 맞지 **않는다**. 그는 ― 여느 때는 선험론적 구성에 대한 날카롭고 매우 성공적인 비판자이지만 ― 이 경우에서만큼은 확실히 스스로가 너무 "구성적으로" 접근하고 있다. 가장 급진적인 혁신가들은 칼뱅의 예정론,[2] "인간기계론",[3] 파국에 대한 마르크스주의적 신념[4]에 감명을 받고 영향을 받았다. 우리는 이 점을 여러 번에 걸쳐 재론할 것이다.

1 이는 「새로운 역사학 방법」이다.

2 칼뱅에 따르면, 모든 인간은 태초부터 신에 의해 영원한 구원이나 영원한 저주로 예정된다. 이에 대한 자세한 논의는 베버, 『프로테스탄티즘의 윤리와 자본주의 정신』(한글판), 173쪽 이하를 볼 것.

3 계몽주의 시대의 대표적 유물론자인 라메트리(1709~51)는 데카르트에 대한 비판으로 1748년 『인간기계론』을 펴내어 인간은 육체적으로나 정신적으로 기계적 운동

만을 한다고 주장했다.

4 이는 자본주의가 인류 역사의 발전법칙에 따라 필연적으로 내적 모순에 의해 붕괴되고 사회주의가 도래한다는 명제를 가리킨다.

57) "자연과학적"이라는 용어는 여기에서 그리고 뒤에서도 "법칙과학적"이라는 의미로, 다시 말해 자연과학의 **정밀한** 방법을 구사한다는 의미로 이해되어야 한다.

58) 『체계』, 제1권, §37의 특정적인 구절[1]과 아래에서 로셔의 『투키디데스』로부터 인용하게 되는 구절들을 볼 것.

1 제2판의 58쪽 이하에 나온다.

59) 『투키디데스』, 58, 59, 62, 63쪽.

60) 『투키디데스』, 43쪽.

61) 예컨대 저작 전체의 결론(502쪽)이 그렇다: "그리하여 예로부터 몰락기에 즐겨 추진되는 계획들은 약속한 자유와 행복을 가져오는 대신에 노예상태와 고난만 가중시켰다."

62) 오늘날의 역사학자들 중에서는 특히 람프레히트가 그런 유의 생물학적 유추와 개념을 사용한다. 그의 저작에서도 국민은 "사회심리적" 통일체로 실체화되며, 이 통일체는 — 람프레히트가(『경제학 및 통계학 연보』, 제69권, 199쪽)[1] 분명하게 말하고 있듯이 — "생물학적 성격"의 발전, 다시 말해 확고한 **법칙들**을 따라 "유형적"이고 "규칙적인" 발전단계들을 거쳐 진행하는 발전을 체험한다. 이러한 발전은 국민의 "심리적 에너지의 지속적 성장"으로 나타난다(『독일 역사과학 저널』 속간, 제1권, 109~10쪽):[2] 과학의 임무는 "발전이 완결된" 민족들을 통해 — 우리는 여기에서 다시금 로셔적인 사고를 접한다 — "정상적으로 발전한" 모든 민족에서 반복되는 이 유형적인 문화시기들이 어떻게 필연적으로 하나에서 다른 하나로 넘어가는가를 관찰하고 "인과적으로(?) 설명하는" 것이다.[3] 람프레히트의 "기준음"(!)[4]과 그의 심히 아마추어적인 문화사적 개념 구성물들은, 그가 자신의 텍스트에서 『투키디데스』의 제4장으로부터 인용한 구절들에 이미 선취되어 있다; 그리고 한편으로 "애니미즘"과 "상징주의"를 다른 한편으로 "주관주의"를 제외하면 심지어 시대를 구분하는 범주들의 경우에도 마찬가지이다.[5] 람프레히트가 사용하는 논리적 수단, 즉 그에 따르면 "사회심리학"이 논해야 하는 심리적 과정들의 집합적 담지자로서의 "국민"을 실체화하는 것은, 모든 "유기체적" 이론에서 사용되는 것과 동일하다. 그리고 다음과 같은 주장, 즉 "개인들"의 경험적인 "자유"에도 불구하고 사회적 현상 전체의 운동은 "법칙적"이라는 주장을 확증하기 위해 "대수(大數)의 법칙"에 의존하는 방식은, 비록 은폐된 형태이기는 하지만 그의 저작에서도 재현된다.

로셔와 람프레히트 사이의 차이점은 전적으로 로셔의 냉철하고 양심적인 태도에서 기인한다. 그는 통일적 우주의 **본질**을 하나 또는 몇 개의 추상적 개념들로 **정식화할** 수 있다는 가능성을 결코 믿지 않았으며, 또한 자신의 연구를 **실행하는** 과정에서 소재 분류와 예증의 목적으로 일정한 한계 내에서 자신의 개념적 도식을 사용하기는 했지만 이 도식의 확증을 결코 자신의 과학적 작업의 **목표**로 삼지 않았고 그로 인해 이 작업은 절대 공평무사함을 상실하지 않았다. 앞의 31~32쪽에서 로셔의 『투키디데스』로부터 인용한 논의들을 볼 것.

1 이는 「역사학 이론가로서의 헤르더와 칸트」이다. 베버는 199쪽을 119쪽으로 오기하

고 있다.

2 이는 「문화사란 무엇인가?」이다.

3 같은 글, 132~33쪽.

4 람프레히트에 따르면, 기준음은 한 특정한 시대의 보편적인 심리적 성향으로서 그 시대의 모든 역사적 현상과 과정을 지배한다.

5 람프레히트는 독일의 역사를 "상징주의", "유형주의", "관습주의", "개인주의" 및 "주관주의"의 시대로 구분한다. 람프레히트, 「문화사란 무엇인가?」, 130쪽. 그리고 로셔는 역사적 기술을 서사시, 연대기와 편년사, 비망록 그리고 진정한 역사적 기술의 단계로 구분한다. 로셔, 『투키디데스』, 49쪽 이하.

63) 이것은 『역사적 관점에서 본 민족경제의 풍경들』[1]의 제1권에 수록된 경제학과 고전고대의 관계에 대한 로셔의 논문에 들어 있다. 이미 언급했듯이, 이 논문[2]은 1849년에 나왔다.

1 이는 1861년에 출간되었다.

2 이는 「경제학과 고전고대의 관계에 대한 강의」이다.

64) 『체계』의 §264의 결론 부분에 나오는 매우 특징적인 논의들과 그것들에 따르는 각주들을 볼 것. 거기에서의 주장은 강한 종교적 색채를 띠고 있으며 이 주장의 논리적 성격은 명백히 유출론적인 것이다. 그러나 로셔가 얼마나 신중하게 직접적으로 신의 질서에 준거하는 표현을 피하고 있는지 보라!

65) 바로 이런 이유로 로셔는 민족들의 "사멸"을 다루면서도(§264) 상당히 모호한 논의에 그치고 있는데, 거기서는 "모든 이상의 불가피한 마멸"과 "향락으로 인한 쇠약"이 일정한 역할을 한다.[1] 『경제학사』에서(922쪽) 로셔는 니부어의 견해에 의거하여 특정한 문화단계들에서 중간층이 소멸하는 것을 "문화수준이 높은 민족들이 노화하는 주요 양상"으로 설정하고 있다.[2] 로셔의 관점은 종교적으로 조건지어진 낙관주의로 말미암아 과학의 영역에서 특히 피어칸트에 의해 대변되는 현대의 역사철학적 문화비관주의[3]와 아무런 내적 친화성이 없다. ─ 로셔는 후기에 나온 『체계』의 판들에서도(§16, 주7) 모든 "유기체"는 그리고 따라서 "민족적 삶"도 "필연적으로" "몰락할" 수밖에 없다는 견해를 고수하면서, 이 견해는 자신이 슈몰러와 다를 수밖에 없음을 보여 주는 한 가지 점이라고 분명히 말하고 있다.[4] ─ 로셔는 더 나아가(『투키디데스』, 469쪽) 아리스토텔레스의 『정치학』, 제5권, 제7장, 제16절에 준거하여 한 민족을 그 문화발전의 정점으로 고양시킨 바로 그 "힘들"이 계속해서 작용함에 따라 그 민족을 다시금 추락시키는 것을 "가장 심오한 발전법칙들" 중의 하나라고 부르기까지 하는데, 이것은 그의 『체계』(§264, 주7)에서 다음과 같은 주장으로 이어진다: "그들의 철저함으로 세계를 정복했다고 칭송받는 위대한 지배자들은 50년이 지나면 아주 확실하게(!) 바로 이 철저함으로 인해 다시 세계를 상실했다."[5] 이 두 견해는 그 형태에서 반은 플라톤적이고 반은 헤겔적이지만, 그 내용이 종교적으로 전환된 것이다: 상기한 과정들의 필연성 속에 내포된 유한한 것의 "이데아"는 신에 의해 확고히 정해진 것이다.

1 로셔, 『체계』, 제1권, 제2판의 539~40쪽을 볼 것.

2 로셔는 구체적으로 니부어의 『비문헌학적 내용의 유고작』, 449쪽에 의거하고 있다.

3 이에 대해서는 피어칸트, 『원시민족과 문화민족: 사회심리학적 연구』를 볼 것.

4 로셔, 『체계』, 제1권, 제23판, 44~45쪽을 볼 것.

5 제2판의 541쪽을 볼 것.

66) 민족들의 "사멸"과 관련해서는 "민족"이란 개념을 유적으로 파악된 국가의 정치적 조직과 동일시하는 경우에만, 다시 말해 합리주의적으로 "민족"이란 개념을 **공허하게 만드는** 경우에만 이것이 가능할 것이다. 만약 같은 접근방식을 "노화"에 적용한다면, 그로부터 나오는 것은 단지 상당히 긴 시간의 흐름이라는 내용이 빈 관념뿐일 것이다.

67) 물론 로셔는 이 두 과학적 작업 사이의 근본적인 논리적 차이를 전혀 인지하지 못했다. 그는 『체계』, §22, 주 3에서 특징적이게도 개념적으로 추상하는 것을 어떤 **관계**를 그 구성요소들로 분해하는 것과 동일시한다. 해부학자가 근육과 뼈를 분리하는 것이 그의 눈에는 추상화와 유사한 것으로 보인다.[1]

1 제2판의 37쪽을 볼 것.

68) 우리는 여기에서 그가 『투키디데스』에서 인과성의 원칙을 언급한 것을 상기할 수 있다: "더 중요한 것"은 그로부터 개별현상들이 유출되는 실재근거로 간주되어야 한다. 앞의 33쪽을 볼 것.

69) 앞의 33쪽 이하를 볼 것.

70) **뷔허**는(앞서 인용한 글에서)[1] 로셔가 그의 시대구분 원리를 "그 자신의 과학적 개념장치로부터 끌어내지 않은" 점을 유감스럽게 생각했다.[2] 로셔는(그리고 뒤에서 보게 되겠지만, 크니스도 마찬가지로)[3] 그렇게 하는 것이 어떻게든 가능한가를, 그리고 이럴 경우 그것이 방법론적으로 얼마나 유용한가를 전혀 확신할 수 없었으며, 또한 이것은 그 자체로서 자명한 일이 결코 아니다.

1 이는 원주 3에서 인용한 바 있는 추도연설 「빌헬름 로셔 †」이다.

2 같은 글, 113~14쪽을 볼 것.

3 베버가 의미하는 바는 이 책의106~07쪽인 듯하다.

71) 이 저작들은 『정치: 군주제, 귀족제 및 민주제의 성격에 대한 역사적 논의』로 취합되었다.

72) **힌체**가 『슈몰러 연보』, 제21권(1897), 767쪽 이하에 게재된 「로셔의 정치발전론」에서 이와 관련하여 적절하게 논의한 것을 볼 것.

73) 이러한 견해가 방법론적으로 얼마나 옳은가 하는 문제는 여기에서 다루지 않기로 한다.

74) §11: "단순히 사익만을 계산하는 사람이라 하더라도, 수많은 공공시설이 [……] 모든 개인에게 [……] 필수적이지만, 그 어떤 개인도 그에 필요한 희생을 하려고 하지 않기 때문에 공익에 대한 의식 없이는 결코 존재할 수 없다는 점을 인식해야만 한다."[1] ─ 이와 아주 유사한 견해를 『경제학사』, 1034쪽에서 볼 수 있는데, 거기에는 역사주의가 빠지기 쉬운 사이비 윤리학의 특징을 썩 잘 드러내는 다음과 같은 주장이 들어 있다: "개인들의 이익을 위해 형성되는 사회적 영역이 크면 클수록 그리고 그 개인들이 내다보는 미래가 멀면 멀수록, 이성적인 사익의 요구는 **양심**의 요구와 더욱더 긴밀하게 통합된다."

1 로셔, 『체계』, 제1권, 제2판, 17쪽을 볼 것.

75) 이와 관련하여 로셔는(§11, 주 6), 칸트가 그의 인간학에서 호사롭게 살고자 하는 마음이 덕에 의해 제한된다고 주장한 것을 인용하고 있다.[1] 후에 그는 "공익의식"을 하나의 객관적인 사회적 **힘**의 유출로 간주하게 되며 ─ 후기의 판들에서 그는 강조하기를, 자신은 공익의식을 본질적으로 슈몰러가 "도덕"이라고 부르는 것과 동일한 것으로 이해

한다고 강조하고 있다.[2] 뒤에서 보게 되겠지만, 크니스는 자신의 주저의 제2판[3]에서 이를 논박하고 있다.[4]

1 로셔,『체계』, 제1권, 제2판, 18쪽을 볼 것.

2 로셔,『체계』, 제1권, 제23판, 31쪽(§11, 주 10)을 볼 것.

3 이는『역사적 방법의 관점에서 본 경제학』, 제2판(1883)이다.

4 이 책의 209쪽 이하에서이다.

76) 고전이론의 경우에는 이 문제가 없었는데, 그 이유는 이 이론이 경제적 삶의 영역에서는 단 하나의 항상적이고 단순한 동기만이 **과학적으로 고찰되어야 한다**는 전제에서 출발했기 때문이다: 그것은 시장경제 부문에서 사경제적 이익을 극대화하려는 노력으로 표현되는 "사익"이다. 고전이론의 관점에서 보면, 배타적으로 이 충동만을 다루는 것은 결코 **추상화**가 아니다.

77) 잘 알려진 바와 같이, 이러한 원리는 심지어 라우에 의해서도 논리적 일관성을 띠고 발전되지 못했다. 라우는 "억제할 수 없는 자연적 충동"으로서의 사익이 지배적인 영향을 끼치는 것은 **정상적인 것**이라는 기본전제를 제시하는 선에서 만족했으며, 이에 반해 다른 "초감각적"이고 "숭고한" 동기들은 어쨌든 "법칙들"의 수립을 위한 근거로 간주될 수 없다고 보았다 ─ 그것들은 비합리적이기 때문이다. 그러나 **법칙들**의 수립이 과학의 유일하게 가능한 목적이라는 것은 그에게도 자명한 일이었다.[1]

1 라우,『경제학 교본』, 제1권, 10~11쪽.

78) "선사시대"에 대한 경제학 이론에서는 인간이 오늘날의 이론에서와 달리 추상적 **경제주체**로 상정되지 **않고** 합리주의적 국가론에서처럼 추상적 **시민**으로 상정되는데, 이는 심지어 경제적 영역에도 그대로 적용된다. 이러한 견해는 라우의 저작(『경제학 개요』, §4)에서 특징적으로 나타난다: "국가는 [……] 법의 질서 속에서 함께 살아가는 일단의 인간들로 구성된다. 그들은 [……] 일정한 권리를 향유하는 한 시민이라 불린다; 그들의 총합이 민족이며, 국가과학적 용어로는 국민이다."[1] 라우에 따르면, 이것은 "혈통 및 개별화와 관련된 역사적·계보학적 의미에서의" 민족 개념과는 구별된다[2](이에 대해서는 크니스, 제1판, 28쪽을 참고할 것).[3]

1 라우,『경제학 교본』, 제1권, 4~5쪽. 베버가 이 책을『경제학 개요』라고 한 것은,『경제학 교본』제1권의 제목이『경제학 개요』이기 때문이다.

2 같은 책, 5쪽(주 a).

3 이는『역사적 방법의 관점에서 본 경제학』, 제1판(1853)을 가리킨다.

79) 보다 상세히 연구하면 이러한 구별은 "자본주의 정신의 기원"[1]에 대해 매우 큰 의의를 지니고 있었던 아주 특정한 **청교주의의** 관념들로 거슬러 올라간다는 사실이 드러날 것이다.

1 이는 좀바르트,『근대 자본주의』, 제1권(『자본주의의 기원』), 378쪽 이하(제2부 제3장 「자본주의 정신의 기원」)를 가리킨다. 1902년에 출간된 이 책에서 좀바르트는 근대 자본주의의 종교적 기원을 유대교에서 찾는다. 이에 반해 베버는 ─ 여기에 암시된 바와 같이 ─『프로테스탄티즘의 윤리와 자본주의 정신』(1904~05)에서 금욕적 프로테스탄티즘, 특히 칼뱅주의에서 근대 자본주의의 종교적 기원을 찾는다(청교주의는 칼뱅주의의 한 조류이다). 이에 대한 자세한 논의는 김덕영,『막스 베버: 통합과학

적 인식의 패러다임을 찾아서』, 587쪽 이하를 참고할 것.

80) 잘 알려진 바와 같이, 애덤 스미스는 — 맨더빌 및 엘베시우스와 달리 — 개인적 삶에서 의 사익의 지배에는 이러한 동일시를 적용하지 **않았다.**

81) 『체계』, 제1권, §11(제2판, 17쪽).

82) 아마도 이미 밀턴의 『실낙원』에서 맘몬이 타락한 천사들에게 하는 말[1]에서 이 이론들 의 독특한 유사음을 발견할 수 있을 것이다; 실제로 이 이론들은 모두 나름대로 청교주 의적 사고방식을 뒤집은 것이다.

  1 밀턴은 『실낙원』 제2편에서 신의 보좌와 주권에 대한 반역의 죄로 천국에서 지옥으 로 떨어진 타락한 천사들이 마왕인 사탄의 주재 아래 다시 반란을 일으켜 천국을 회 복할 방법에 대해 토론하는 장면을 읊고 있다. 이때 맘몬은 신에 저항하여 싸우는 것 에도, 신에게 굴종하는 것에도 반대하고 자신들의 능력에 의지하여 자신들만의 왕 국을 건설할 것을 주장한다. 맘몬은 말하기를 "[……] 우리 자신 속에서 스스로 선 을 찾고, 자신의 힘으로/스스로 살아갑시다, 비록 이 황막한 변경에서일망정/자유 롭게, 누구에게도 구애받지 말고/화려한 노예의 명예보다는/가혹한 자유를 택하 여, 우리가 작은 것에서 큰 것을/해로운 것에서 이로운 것을, 역경에서 번영을/만들 어내고, 또 어떤 곳에서든지/재난 속에서 번영하고, 근면과 인내로써/고통에서 안 락을 만들어낼 때, 그때에 비로소/우리의 위대함이 뚜렷이 드러나리라. 이 깊은 어 둠의/세계를 우리는 두려워하는가. 자주/만물을 다스리는 하늘의 군주는 짙고 어 두운 먹구름/속에서 살기 좋아했으나, 그의 영광은 흐려지지 않았고/장엄한 암흑 으로 보좌를 에워싸면/거기서 크게 울리는 요란한 뇌성이 그들의 노여움을/돋우 어, 하늘은 흡사 지옥이 아니었는가./그가 우리의 암흑을 그렇게 하듯이 우리는 그 의 빛을/우리 마음대로 모방하지 못할 것 없잖소? 이 황폐한/땅에도 금이나 보석 의 숨은 광채가 없지 않고/장려함을 이룩할 기술이나 재주가 뒤지는 것은 아니니/ 하늘이 이보다 더 나은 것이 무엇이랴./우리의 고통도 때가 지나면/우리의 원소(元 素)가 되고, 이 찌르는 불도/그 성질이 우리의 성질에 화합하여/지금 혹독한 만큼 부드러워질 것이고, 결국/고통의 감각은 반드시 제거되리라. 아무리/생각해 봐도 평화의 도모와 안정된 질서밖에 없다./그러니 전쟁에 대한 일체의 생각을 버리고/ 우리가 무엇이며 어디 있는가를 생각하면서/우리의 당면한 재난을 안전하게 가장 잘 처리하는/방도밖에 없겠소. 이것이 내가 권하는 바요." 밀턴, 『실낙원』(한글판), 제1권, 63~64쪽(제2편, 253~83행). 그리고 밀턴은 제1편에서 맘몬을 다음과 같 이 그리고 있다. "맘몬, 하늘에서 떨어진 가장 부정한 영/그는 하늘에서도 언제나 그 의 시선과 생각을 아래로 향해, 하나님을 뵙고 즐기는 것과 같은/거룩하고 성스러운 것보다는/황금길을 거닐며 저 화려한 하늘의 보도에/더욱 찬탄했었다. 처음에는 사 람들도/그의 인도와 암시를 받아 땅속을 뒤지고/그냥 묻어두는 것이 더 좋을 뻔한/ 보물을 찾기 위해 불경스러운 손으로 어머니인/대지의 내장을 마구 뒤적였다. 곧 그 의 일당들은/산에 널찍한 구멍을 뚫고 금덩어리를/파낸다. 지옥에서 이런 재물이 나 온다고/놀라지 마라. 이 지옥 땅은 값진 해독[황금]에/가장 적합한 땅이니." 같은 책, 42쪽(제1편, 679~92행).

83) 로셔는(『종교적 상념』, 33쪽) 한편으로 역사에서 그리고 인간 삶의 외적인 현상들에

서 신정론(神正論)과 유사한 것을 보아야 한다는 부당한 요구를, 그리고 다른 한편으로 "세계사"는 "세계법정"이라는 실러의 공식을 간단하고도 분명히 거부하는데,[1] 사실 많은 현대의 진화주의자들도 마땅히 그리해야 할 것이다. 그의 종교적 신앙은 그에게 **"진보"**라는 주도(主導) 동기를 완전히 무용지물로 만들었다: "진보"라는 관념은 아무런 종교적 내용도 갖지 못한 채 흘러가는 인간운명에 현세적인 그렇지만 객관적인 "의미"를 부여하려는 욕구가 일어날 경우에 비로소 필연적인 것으로 설정된다. 주지하다시피, **랑케도** ─ 냉철한 연구자로서 그리고 종교적 천성을 가진 인물로서 ─ "진보"라는 주도 동기에 대해 내적으로 냉정한 태도를 취했다.[2]

1 실러의 공식 "세계사는 세계법정이다"는, 그가 1786년에 발표한 시 「체념」에 나온다. 실러, 『시집』, 제1권, 183~86쪽을 볼 것(인용은 186쪽).

2 랑케는 주장하기를, "모든 것을 이끄는 의지가 인류의 발전을 한 지점에서 다른 지점으로 진척시킨다거나 ─ 또는 인류에게는 말하자면 정신적 성격의 예선(曳船)이 있어서 사물들을 필연적으로 한 특정한 목표를 향해 끌고 간다"라고 생각하는 것은 "철학적으로 타당하지도 않고 역사적으로 입증될 수도 없다." 랑케, 『근세사의 여러 시기에 대하여』, 15쪽.

84) 『체계』, 제1권, §13.[1] ─ 로셔는 이미 『투키디데스』(201쪽)에서 이와 유사한 논리를 전개했는데, 그는 거기에서 모든 **성공적인** 역사적 설명은 **순환적**이라는 아주 일반적인 주장을 하고 있다; 그러고는 논증적 인식이 이러한 특성을 갖는 것은, (헤겔) 철학에서 개념들이 종속관계에 있는 것[2]과는 반대로 경험과학이 다루는 실제적인 대상들이 **등위관계**에 있기 때문이라고 한다. ─ 역사와 (죽은) **자연** 사이의 근본적인 구별이 『투키디데스』에서는 아직 제시되지 않고 있고 『체계』에서도 그에 대한 논의가 여전히 불명료한 상태이다. 그는(『체계』, 제2판, 21쪽, §13) 바람을 순수하게 풍차날개의 회전의 원인으로 간주할 수 있지만 동시에 그 **역의** 인과관계(바람의 원인으로서의 풍차날개?)는 존재하지 않는다는 예를 이 구별의 논거로 끌어들이고 있다. 자명한 일이지만 이토록 부정확하게 표현된 예는 아무짝에도 쓸모가 없다. 이러한 구별의 근거가 되는 불명료한 관념은, 원래 딜타이(『베를린 학술원 의사(議事)보고서』, 1894년, 제2반년권(半年券), 1313쪽 아랫부분과 다른 여러 곳)[3]와 다른 학자들이 개진하고 그 후에 고틀도 앞서 인용한 책에서 제시한 견해와 유사한 것이다. 고틀에 따르면 과학적 인식에서는 한편으로 (인간적)·심리적 대상들의 **체험된** 전체관계와 다른 한편으로 "분석적으로" 설명할 수 있는 죽은 자연 사이에는 근본적인 차이, 즉 "논리적일 뿐만 아니라 존재론적이기도 한" 차이가 존재한다[4] ─ 그런데 고틀은 생물학의 대상을 다루는 경우에 이 대상의 내재적 성격에서 기인하는 특수성 때문에 인간화된 개념들을 수용하는 것이 불가피함을 인정하는 반면, 로셔는 역으로 생물학적 개념들을 사회적 삶에 적용할 수 있다고 믿는다. 이러한 견해를 상세히 비판한다는 것은 우리가 추구하는 목적에 비추어 볼 때 너무 멀리 나가는 일이고 또 내가 할 수 있는 일도 아니다. 그러므로 여기서는 다만 다음의 두 가지만을 말해 두고자 한다: 먼저 우리가 **개별적인** 현상을 그 **풍부성**과 구체성 및 내적 무한성 속에서 인식하려고 **하자마자**, 우리는 내적 체험의 영역에서와 똑같은 의미에서 그리고 똑같은 정도로 죽은 자연의 영역에서도(물론 이 두 영역 사이의 근본적인 차이 그 자체는 일단 받아들이면서) "상호작용"과 "전체관계"를 발견하게 된

다; 그리고 보다 자세하게 검토해 보면 자연연구의 **모든** 영역에서도 "인간화된" 요소들이 드러날 것이다.

1 제2판의 22~25쪽을 볼 것.

2 로셔에 따르면, 철학적 설명에서는 설명되는 개념이 항상 설명하는 개념에 종속되며, 바로 이 엄격한 구분에 철학적 설명의 아름다움이 있다. 로셔, 『투키디데스』, 200~01쪽.

3 이는 『기술심리학과 분석심리학의 이념』을 가리킨다. 이 저작의 1313쪽에서 딜타이는 주장하기를, 정신과학의 방법은 "그 대상에 상응하여 독립적으로 결정할 수 있다." 그리고 1894년의 『베를린 학술원 의사 보고서』의 제2반년권이라 함은 거기에 1894년 7~12월의 의사 보고가 담겨져 있다는 뜻이다. 당연히 제1반년권에는 1~6월의 의사 보고가 담겨져 있다.

4 고틀, 『말의 지배』, 70, 77~78, 128쪽.

85) 이것은 헤겔적 관점을 **거부하는** "유기체적" 사회관의 인식론적 관점이 지니는 특징적 표지이다. ― 그러나 실상은 **그 정반대**이다: 왜냐하면 우리는 사회과학의 영역에서 사회를 구성하고 사회적 관계의 모든 망을 관통하도록 되어 있는 "아주 작은 부분들"의 내면을 들여다볼 수 있는 다행스러운 위치에 있기 때문이다. 이 점은 이미 **멩거**[1]가 그리고 그 후에 다른 많은 학자들이 분명히 했다. ―

다음과 같은 사실, 즉 자신의 베를린 대학 총장 취임연설인 『인간 유대의 본질』(1902)에서 다시 한 번 "유기체적 국가론"을 위해 당당히 싸운 **기르케**가 인식론적으로 로셔와 동일한 관점에 서 있다는 사실은 의미심장한 일이다. 그는 자신이 말하는 전인격의 **본질**을 일종의 "신비"로 간주하는데, 이 신비는 그의 견해에 따르자면 과학에 의해서는 일시적으로뿐만이 아니라 궁극적으로도 그리고 **필연적으로** "베일이 벗겨지지 않은 채" 남아 있을 **수밖에 없음**이 분명하다(23쪽): 다시 말해 전인격의 본질은 단지 **형이상학적으로 해석될** 수 있을 뿐이다(기르케가 말하듯이, "환상"과 "신앙"을 통해서). 기르케가 ― 그의 논의는 주로 옐리네크의 (내가 보기에) 종결적 비판을 겨냥하는 것 같다 ― 공동체는 "초개인적 삶의 통일성"을 갖는다는 견해를 고수하는 것은 이해가 가는 일이다: 결국 이 견해는 그에게 (그리고 더불어 과학에도) 지극히 큰 색출적 가치를 가졌다 ― 그러나 기르케가 도덕적 관념이나 또는 심지어(같은 책, 22쪽) 애국적 정서의 힘과 의의를 믿기 위해 이 감정들의 내용을 실체(이런 표현은 실례지만!)로 본다는 것은 의아한 일이다; 그리고 그는 역으로 이 감정들의 도덕적 의의로부터 자신이 말하는 공동체적 인격의 실제적 존재를 **도출하는데**, 다시 말해 이 감정들의 내용을 실체화하는데, 이를 두고 보면 헤겔이 슐라이어마허에 대해 제기한 반론[2]이 훨씬 더 확실하고 정당하게 기르케에게 적용된다고 말할 수 있을 것이다. 기르케가 의미하는 바에 따르면 (1) 한 공동체를 지배하는 **규범들**의 세계도, (2) 그 공동체에 속하는 개인들 사이에 존재하며 이러한 규범들에 의해 지배되는 (정태적인 것으로 간주되는) **관계들**의 총합도, (3) 이러한 규범들과 관계들이 개인들의 (과정의 복합체로 간주되는) **행위**에 끼치는 **영향**도 전체적 실재[3]를 의미하지 않으며, 또한 그 어떤 형이상학적 성격도 지니지 않는다; 그러나 이 세 가지 모두는 "개인적 힘들의 단순한 집적"과는 다른 무엇이다 ― 덧붙여 말하자면, 법률적으로 규제되는 구매자와 판매자 사이의 **관계**와 그 결과만 해도 두 개인의 **이해관계**의 단순한 합과는 **다른** 무엇이지만, 그럼에도 불구하고 거기에는 신비로운 것이 전혀 없다. —— 이와 마찬가지로 상기한 규범들과 관계들의 세계의 배후에는 그 어떤 신비로운 생명체가 있는 것이 아니라 인간의 의지와 감정을 지배하는 **도덕적 이념**이 있는 것이며, 따라서 기르케와 같은 관념론자가 이념을 위한 투쟁을 "공허한 말"을 위한 투쟁이라고 진지하게 주장할 수 있다는 것은 믿기 어려운 일이다.[4]

1 멩거, 『사회과학, 특히 경제학 방법 연구』, 139쪽 이하를 볼 것. 거기에서 멩거는 사회적 현상들의 유기적 이해에 대해 논의하고 있다.

2 헤겔은 「힌리히스의 종교철학에 대한 서문」, 295쪽에서 종교의 본질을 신(적인 존재에) 대한 "절대의존감정"으로 규정하는 슐라이어마허를 비판하고 있다. 만약 —— 헤겔은 말하기를 —— 그렇다면, "개가 가장 좋은 기독교인일 것이다. 왜냐하면 개는 가장 강한 의존의 감정을 갖고 있으며, 주로 이 감정 속에서 살기 때문이다. 게다가 개는 배고플 때 뼈다귀를 얻어먹으면 구원의 감정을 느끼게 된다." 참고로 헤르만 힌리히스(1794~1861)는 헤겔의 제자이다.

3 이는 초개인적 또는 유기체적 실재로 읽으면 된다.

4 기르케, 『인간 유대의 본질』, 35쪽에는 "공허한 이름"이라는 표현이 나온다.

86) 여기에서 최근에 라인케가 발전시킨 생물학 이론에 나오는 "지배적 힘들"이 상기된다.[1] 물론 라인케는 결국 이 힘들에서, 그것들이 유기체들의 합목적성의 실재근거로 기능하려면 개념적으로 수반해야 하는 형이상학적 성격을 제거했으며, 또한 이 힘들을 형성하는 형식에서 형성된 형식[2]으로 재해석했다 —— 그러나 그로 인해 이 힘들이 할 수 있는 바로 그것, 즉 세계의 **사변적** 고찰을 위해 기여할 수 있는 것을 포기했지만, 그렇다고 해서 전문화된 경험과학적 연구를 위해 무언가를 얻은 것은 아니었다. 라인케와 드레브스 사이의 논쟁은 작년의 『프로이센 연보』를 볼 것.[3]

1 라인케는 세기 전환기에 여러 책과 글, 특히 『이론적 생물학 서설』(1901)을 통해 전통적인 경험적 생물학과 반대되는 이론적 생물학을 제창했다. 그는 거기에서 생명의 진화과정을 "지배적 힘들" 이론을 통해 생기론적(生起論的)으로 설명하려고 시도했다. 그에 따르면, 지배적 힘들이란 자신은 에너지로 구성되지 않으며 따라서 에너지 보존의 법칙에 의해 지배를 받지 않지만, 신에 의해 부여된 자연의 합목적성에 따라 유기체의 물리적, 화학적 에너지를 조정하는 힘들이다. 참고로 생기론(Vitalismus)은 프리드리히 빌헬름 요제프 셸링(1775~1854)의 자연철학의 영향으로 18세기 말에 자연과학자들 사이에 확산된 조류로서, 생물에는 무생물과 달리 목적을 실현하는 특별한 생명력이 내재한다는 견해를 내세운다. 달리 활력론이라고도 한다. 생기론에 이어서 19~20세기 전환기에는 신생기론이 형성된다.

2 이 개념은 영국의 시인이자 평론가로서 생기론에 영감을 준 새뮤얼 테일러 콜리지(1772~1834)로부터 연원한다. 콜리지에 따르면, 자연이라는 말은 두 가지 의미로 사용되어 왔다. 그 하나는 "형성하는 형식"(forma formans)으로서 사물이 존재하기 위해 필요한 내적 원리를 가리키며, 그 다른 하나는 "형성된 형식"(forma formata)으로서 우리의 감각의 대상이 되며, 따라서 우리가 경험할 수 있는 사물의 총합을 가리킨다. 콜리지, 『친구: 정치, 도덕 및 종교의 확고한 원리의 구축에 기여하기 위한 에세이 시리즈』, 135쪽.

3 드레브스는 1902년 『프로이센 연보』, 제116권, 제1호에 게재한 「라인케의 "이론적

생물학 서설」이라는 글에서 지배적 힘들에 대한 자신의 이론을 수정한 라인케를 비판했다. 라인케는 드레브스와 상반되게 지배적인 힘들을 형성하는 형식이 아니라 형성된 형식으로 간주하는데, 드레브스가 보기에 형성된 형식으로서의 지배적인 힘들은 생명의 원인이 될 수 없다. 라인케는 이에 대한 반론으로 같은 해, 같은 저널의 제3호에 「지배적 힘들 이론에 대하여: 반론」이라는 글을 게재하였다.

87) 이처럼 대수의 법칙을 아주 부적절하게 사용하는 방식이 케틀레의 "평균인"[1]과는 한참 거리가 멀다는 것은 언급할 필요가 없을 것이다. 아무튼 사실상 로셔는 케틀레의 방법을 원칙적으로 거부하지는 않았다(『체계』, 제1권, §18, 주 2).[2] 그는 주장하기를, 통계학은 "이미 알려진 발전법칙들"로 환원될 수 있는 "사실들만을 진정으로 자신에게 속하는 것으로 간주할" 수 있다. 반면 **다른** (이해되지 않은) 일련의 현상을 수집하는 일은 "미완성된 실험"으로서 의의를 갖는다(§18).[3] 여기서는 "법칙들"의 지배에 대한 믿음이, 현실을 공식들로 증발시켜 버리기를 원하는 것이 아니라 그것을 **이해하기를** 원하는 경험적 연구자의 양심과 결합된다.

  1 케틀레에 따르면, 평균인(l'homme moyen)은 한 시대 또는 사회의 가장 전형적인 존재로서 항상 그 시대나 사회가 처한 "시간적 및 공간적 조건들의 결과"이다. 평균인의 능력은 "진정한 균형 속에서, 다시 말해 모든 종류의 과잉과 결핍에서 자유로운 진정한 조화 속에서 발전하며", 따라서 그는 각 사회나 시대에서 "모든 아름다운 것과 선한 것의 전형"으로 간주되어야 한다. 케틀레, 『인간과 인간능력의 발전에 대하여, 또는 사회물리학 시론』, 575쪽.

  2 제2판의 29~30쪽을 볼 것.

  3 같은 판의 29쪽을 볼 것.

88) 로셔는, 그 자신이 강조하듯이, 자신의 주저에서 경제정책의 문제들을 따로 다루지 않고 그 각각을 거기에 상응하는 이론적 논의의 부분에 끼워넣어서 다루고 있다.

89) 우리는 다만 문제의 원칙적인 측면에만 관심을 기울일 것이다. 로셔의 경제정책적 견해를 체계적으로 분석하려는 시도는 우리가 여기에서 추구하는 목적과는 거리가 멀다.

90) 물론 로셔는 이 점에서도 일관적이지 못했다. 심지어 로셔의 『체계』에서 순수한 이론적 논의에 할당된 부분들에서도 아주 다양한 종류의 순수한 물질적·경제적 가치판단이 관통하고 있다. 이 가치판단은 §1에서 제시된, 철저하게 사회주의적 느낌을 불러일으키는 "이상"과 더불어 시작된다: "모든 인간은 단지 인정받을 만한 욕구만을 가져야 하는데, 이 욕구는 절대적인 것이 될 것이다; 그리고 모든 인간은 이 욕구를 충족할 수 있는 모든 수단을 명료하게 파악할 수 있어야 하고 또 자유롭게 소유할 수 있어야 한다."[1] 그리고 그 가치판단은 생산성의 개념에 대한 논의(§63 이하)[2]와 §253에서 다음과 같이 "적정인구"를 제시하는 데에 이르기까지 계속된다: "민족경제의 발전은 가장 많은 수의 사람이 동시에 그들의 욕구를 가장 완전하게 충족할 수 있는 곳에서 절정에 이른다."[3]

  1 제2판의 2쪽.

  2 같은 판의 106쪽 이하를 볼 것.

  3 같은 판의 508쪽.

91) §25: "아기의 걸음마 줄과 노인의 지팡이는 젊은이에게 아주 성가신 족쇄밖에 될 수 없을 것이다."[1] "민족의 특성들만큼이나 [……] 많고 다양한 이상들"이 존재하며, 게다가

"민족 자체와 그 욕구에 어떤 변화가 일어나면 거기에 적합한 경제적 이상도 다른 것이된다"(같은 곳).[2]

1 로셔, 『체계』, 제1권, 제2판, 41쪽.

2 같은 곳.

92) 로셔는 일상적 삶의 윤리 영역에서도 윤리적 명령의 주관적 한계를 인정하지 않는다. 그는 특히 괴테와 관련하여 천재는 "집에서 만든 도덕"을 갖는다는 견해를 논박하는데, 이에 대해서는 『종교적 상념』, 82쪽을 볼 것.[1] 그리고 같은 책, 76쪽에서 파우스트에 대해 지극히 편협한 생각을 내비치고 있다.[2]

1 "괴테의 삶과 시에서 잘못된 것을 비난하는 사람은 누구나 이 시인의 광적인 숭배자들로부터 그는 **집에서 만든 도덕**을 갖고 있다고 힐난을 당할 것임에 틀림없다. 정말 그렇다면 제과업자의 도덕도 있단 말인가?"(로셔, 『종교적 상념』, 82쪽). 참고로 여기에서 말하는 집에서 만든 도덕은 개인의 주관적 도덕을 의미한다.

2 로셔에 따르면, 괴테는 "우리가 셰익스피어한테서 경탄해마지 않는 죄, 양심, 정의, 자비에 대한 깊은 이해가 없다. 그가 이에 대해 얼마나 피상적으로 생각하는지는 심지어 그의 주저에서도 드러난다: 이 작품의 주인공은 진정한 열정도 없이 한 고결한 가족을 아주 처참하게 파멸시키고 난 후 기분 좋게 잠이 듦으로써 간단히 양심의 가책을 씻어버린다! 그는 나이가 들어서도 여전히 아주 사악한 불의를 저지르지만, 그럼에도 불구하고 결국에는 그 어떤 회오나 참회도 없이 천국에 간다"(같은 책, 76쪽). 참고로 여기에서 말하는 괴테의 주저와 그 주인공은 『파우스트』와 파우스트이다.

93) 로셔가 민족들의 필연적으로 **개별적인** 경제이상과 개인들의 역시 필연적으로 **개별적인** (그렇지만 객관적으로 산정할 수 있는) 개인들의 **옷 치수**를 비교하는 것(§25)[1]을 볼 것이며, 특히 로셔가 모든 당파적 대립은 전적으로 **발전**의 참된 상태에 대한 불충분한 **통찰**에서 기인하는 것이라는 완전히 유토피아적인 결론에 도달하는 §27에서의 논의를 볼 것.[2]

1 로셔, 『체계』, 제1권, 제2판, 41쪽.

2 같은 책, 43쪽.

94) 『체계』, 제1권, §15, §264.[1] ― 랑케도(『전집』, 제24권, 290~91쪽) "국가경제"의 임무를 그와 똑같이 파악하고 있다.[2]

1 제2판의 26~27쪽, 568~70쪽을 볼 것.

2 이는 구체적으로 「역사와 정치의 유사성과 차이성에 대하여」이다. 이 글의 290쪽에서 랑케는 주장하기를, "인간사회도 말하자면 자신만의 신체를 가지고 있다; 국가경제는 국가의 지체들이 어떻게 서로 결합되어 있는가를 드러내고, 우리에게 어디에 이 신체의 동맥과 정맥이 있는가를 그리고 어디에서 생명 현상이 일어나는가를 보여 주며, 또한 어떻게 국가라는 신체의 건강한 상태를 유지하고 건강하지 않은 상태를 치유하거나 예방할 수 있는가를 가르쳐준다."

95) 『체계』, 제1권, §24.[1] ― 우리는 이 점에서 로셔가 고전경제학자들[2]과 완전히 일치함을 볼 수 있다.

1 제2판의 41~43쪽을 볼 것.

2 베버가 말하는 고전경제학자들에 대해서는 이 책의 16쪽, 옮긴이 주 3을 참고할 것.

96) 로셔는 자신의 저작의 후기 판들에서 **카우츠**의 경제학사[1]를 비판하면서 다음과 같이 말하고 있다(§29, 주 2): "카우츠는 경제학이 단순히 민족의 경제적 삶을 반영하는 데 그치지 않고 더 나아가 그것의 모델이 될 수 있기 위해서는 역사 이외에도 '도덕적이고 실천적인 인간이성' 및 이 인간이성이 추구하는 이상들이 이 과학의 원천이 되어야 한다고 주장한다: 그러나 나는 이 두 요소가 실제로 대립관계에 있다고 보지 않는다. **오직 도덕적·실천적 인간이성만이 역사를 이해할 수 있다는 사실**은 논외로 하더라도, 각 시기의 이상들은 그 시기의 역사를 구성하는 가장 중요한 요소들 가운데 하나이다. **특히 한 시대의 욕구는 이 이상들에서 가장 선명하게 표현되는 법이다.** 역사적으로 지향된 경제학자들이 개혁안을 수립하는 것을 꺼리거나 그만한 능력이 없는 것이 아님은 두말할 나위가 없다. 다만 그들은 개혁안이 기존의 상태보다 절대적으로 더 좋은 것이라고 근거를 대면서 그것을 추천하기는 어려울 것이고, 대신에 개혁안을 통해 가장 효과적으로 충족될 가능성이 상당히 큰 **욕구가 존재한다는 사실**을 증명하려고 할 것이다."[2] — 이 인용구절에서 첫 번째 강조한 부분은, 오늘날에도 여전히 매우 논란이 분분한, 그리고 여기서도 나중에 다루게 되는 역사 연구에서의 "무전제성"의 문제[3]에 대한 나름대로의 고전적인 답변이다. 그리고 두 번째 강조한 부분에는, 비록 은폐되어 있기는 하지만, 생성되는 것, 당위적으로 존재해야 하는 것 그리고 도덕적인 것의 특수한 "발전사적" 혼합이 포함되어 있는데, 우리는 이 역시 뒤에서 살펴볼 것이다. 이 경우에 역사적 발전이라는 관념은 하나의 **방법**에서 규범을 계시하는 세계관으로 변형되며, 이 변형의 과정은 우리가 오늘날에도 여전히 자연과학적 발전의 관념에서 목격할 수 있는 유사한 과정과 마찬가지로 근본적인 의구심을 불러일으킨다. 여기에는 예컨대 종교가 "새로운 관계를 창출해야" 한다는 식으로 천진난만한 충고를 하는 많은 진화주의자들이 속한다: 이들은 마치 종교가 불행한 결혼생활을 청산한 여성처럼 자유자재할 수 있는 것처럼 생각한다. 로셔는 자신이 종교적인 이유로 혐오하는 다윈주의가 관련되지 않은 경우에조차도 종교적 의미에서의 이상주의적인 자신의 심리학을 위해 윤리적 진화주의를 거부했다: 그는『종교적 상념』, 75쪽에서 다음과 같이 말하고 있다: "단지 눈을 아래로 돌려 물질로부터 흥기하는 것만을 바라보는 사람은, 죄까지도, 특히 교화된 죄까지도 아주 태연자약하게 아직 달성되지 못한 완전함으로 간주할 것이다. 그러나 사실 죄는 절대악이며, 우리의 본성의 가장 내적인 핵심에 적대적인 것, 아니 실로 치명적인 것이다."

우리가 이미 보았듯이,[4] 로셔는 이에 못지않게 신정론의 관념도 거부했다. 그에게 이를 종교적으로 가능케 한 것은 사후에도 개인의 발전이 지속된다는, 좀처럼 정통적 교리라고 할 수 없는 그의 믿음이었다(『종교적 상념』, 33쪽 ─7~8쪽의 유치하고도 천진난만한 내용도 참고할 것).

1 이는『경제학의 이론과 역사』, 제1권을 가리키며, 로셔의 비판은 이 저작의 313쪽 이하를 대상으로 하고 있다.

2 로셔,『체계』, 제1권, 제23판, 79~80쪽.

3 이 책의 54쪽을 볼 것.

4 이 책의 72쪽, 원주 83에서이다.

II. 크니스와 비합리성의 문제

1. 행위의 비합리성

크니스 저작의 특징

크니스의 방법론적 주저 『역사적 방법의 관점에서 본 경제학』의 초
판은 로셔의 『체계』 제1권(1854)이 출간되기 전인 1853년에 출간되었
으며, 크니스는 『괴팅겐 지식인 리뷰 저널』[1](1885)에서 후자에 대해 논
의했다.[2] 크니스의 저작은 좁은 전문가 집단 밖에서는 비교적 적은 주
목을 받았다; 크니스는 로셔가 자신을 보다 자주 언급하지 않고 보다 자

---

[1] 이는 1739년에 창간되어 오늘날에도 여전히 발행되고 있는 학술 저널이다. 독일어권에
서 가장 오래된 학술 저널로 간주되는 이 저널이 추구하는 목적은 당대의 학술서들에 대
한 비판적 서평이다.

[2] 이는 구체적으로 서평인 「빌헬름 로셔, 『민족경제의 체계』, 제1권」을 통해서이다.

세하게 다루지 않은 사실에 대해 불평을 토로할 충분한 이유가 있다고 생각했으며,[1] 브루노 힐데브란트와 격렬한 논쟁에 휩싸였다. ——그 후 1860년대에 자유무역학파가 승승장구함에 따라 그 책은 거의 잊혀 버렸다. 그러다가 "강단사회주의"[3] 운동이 젊은 학자들을 장악하게 되면서 비로소 그 책은 점점 더 읽히기 시작했으며, 그 결과 크니스는 그 책의 초판이 출간된 지 30년 만에(1883) 제2판의 출간을 맞이하게 되었다. 덧붙여 말하자면, 1870년대에 출간된 그의 제2의 주저 『화폐와 신용』[4]은 "역사적 방법"과 완전히 거리가 먼 것이다. 아무튼 이 제2판은 멩거의 『사회과학 방법 연구』와 이에 대한 슈몰러의 서평 그리고 멩거의 격렬한 반론으로 경제학 방법론 논쟁의 열기가 최고조에 달하기 직전에 출간되었다.[5] 비자연과학적 인식의 논리를 구축하려는 최초의 대규모 기획이

---

3 강단사회주의(Kathedersozialismus)는 1871년 독일의 자유주의 정치가 하인리히 베른하르트 오펜하임(1819~1980)이 ——로셔, 크니스, 힐데브란트 이후 세대인 ——제2세대 독일 역사학파 경제학자들을 폄하하기 위해 주조한 별칭이다. 이들은 주로 대학, 즉 강단에서 경제학을 가르치는 교수들로서 사회문제, 특히 노동자 문제를 중심적인 연구과제로 삼았으며 국가의 사회개혁 정책에 적극 참여했다. 대표적인 강단사회주의자로는 구스타프 폰 슈몰러, 아돌프 바그너(1835~1917), 루요 브렌타노(1844~1931)를 꼽을 수 있다.

4 이는 총 3권으로, 초판은 1873~76년에 나왔다.

5 멩거는 1883년에 출간된 저서 『사회과학, 특히 경제학 방법 연구』에서 독일 역사학파 경제학을 가차 없이 비판하는데, 이에 대해서 슈몰러가 역으로 비판을 해옴으로써 이른바 경제학 방법론 논쟁이 일어나게 된다. 멩거의 저서에 대한 서평의 성격으로 1883년에 발표한 「국가과학 및 사회과학의 방법론에 대하여」라는 글에서 슈몰러는 멩거가 전혀 경제과학의 기초를 제공할 수 없다고 평가절하한다. 슈몰러의 글이 발표된 직후인 1884년에 출간된 저서 『독일 경제학에서의 역사주의의 오류』에서 ——이것은 슈몰러에게 보내는 16개의 편지 형식으로 되어 있다 ——멩거는 조목조목 독일 역사학파 경제학의 비과학성을 들추어내고 있다. 멩거는 슈몰러에게 이 책을 한 권 보내주었는데, 그는 읽어보지도 않은 채 편지 한 통과 더불어 돌려보내고 말았다. 이 편지는 1884년에 『슈몰러 연보』에 게재되었는데, 인식공격에 가까운 표현을 많이 담고 있다. 슈몰러는 멩거가 자신에게 보내준 책자를 받기는 했으나, 일고의 가치나 서평을 할 가치도 없기 때문에 곧바로 그에게 다시 돌려보냈다는 내용과 같은 것이 그것이다. 이러한 슈몰러의 태도는 멩거가 슈몰러에게 보낸 『독일 경제학에서의 역사주의의 오류』의 서문을 읽어본 사람이면 누구나 심정적으로 납득할 수 있을 것이다. 한마디로 말해 독일 역사학파 경제학은 경제학적 연

담긴 딜타이의 『정신과학 서설』도 이때 나왔다.[6]

크니스의 저작을 분석한다는 것은 상당히 어려운 일이다. 우선 문체가 어색한데, 부분적으로는 이해할 수 없을 정도이다. 그 이유는 지식인 저자의 다음과 같은 작업방식 때문이다. 즉 그는 한 문장을 쓰고 난 다음 계속해서 골똘히 생각하며 그 결과로 이 문장 안에 수많은 부문장을 끼워넣고는, 이렇게 완성된 문장이 구문론적으로 완전히 와해될 수 있는 가능성에 대해서는 전혀 개의치 않는다.[2] 또한 크니스는 자신에게 쇄도하는 풍부한 사고로 인해 때때로 심지어 곧바로 이어지는 문장들 사이의 매우 명백한 모순조차도 간과하고 말았으며, 그 결과로 그의 책은 마치 대략적으로만 조화를 이룰 뿐 세부적으로 보면 항상 그렇지는 않은 아주 다양한 색채의 작은 유리 조각들로 채워진 모자이크와도 같다. 그리고 거의 변하지 않은 원본에 제대로 통합되지 못한 채 제2판에 덧붙인 내용들은, 부분적으로는 초판에 담겨진 사고를 명료하게 하고 더 발전시키고 있지만 부분적으로는 이 사고를 의식적으로 상당히 다른 관점으로 바꾸어놓고 있다. 요컨대 어떻게든 이 대단히 사고가 풍부한 저작의 전체 내용과 그 완전한 심도를 재현하려고 한다면, 우선 말하자면 각기 다른 사고의 실뭉치에서 유래하면서 나란히 있거나 또는 서로 뒤섞여 있는 실가닥들을 분리해 낸 다음, 각각의 사고영역을 따로따로 체계화하는 것 이외에는 달리 할 일이 없을 것이다.[3]

구의 목표와 방법에 대한 뚜렷한 지향점이 없는 과학적 인식의 형식과 범주이며, 따라서 존립할 하등의 가치나 의미도 없다는 것이 멩거의 비판이다. 멩거와 슈몰러 사이의 논쟁은 사실 이것이 전부이다. 그러나 이들의 추종자들에 의해서 독일 경제학계의 방법론 논쟁은 1880년대 전반에 걸쳐서 지속된다. 그리고 이 논쟁의 전 과정에서 그 열기가 최고조에 달한 것이 — 베버의 표현대로 — 바로 그 시발점인 멩거와 슈몰러의 논쟁이다. 일반적으로 독일 경제학계의 방법론 논쟁은 멩거의 진영, 즉 이론경제학 진영의 승리로 막을 내렸다고 평가된다. 이는 다음을 약간 수정한 것이다. 김덕영, 『논쟁의 역사를 통해 본 사회학: 자연과학·정신과학 논쟁에서 하버마스·루만 논쟁까지』, 80~82쪽.

6 보다 정확하게 말하자면, 이 책은 1883년에 나왔다.

현대 이론들과의 관계 속에서 본
크니스의 "자유의지"와 "자연제약성"

크니스가 과학의 영역에서 경제학이 차지하는 위치에 대한 자신의 궁극적인 견해를 정확하게 피력한 것은 비로소 제2판에 와서이지만,[4] 사실 그는 이를 초판에서 제시된 그의 사고노선과 전적으로 일치하는 방식으로 그리했다. 그에 따르면, 경제학은 인간이 "인간적인 삶"의 욕구를 충족하기 위해 "외부 세계"에 의존한다는 사실로부터 비롯되는 현상들을 그 논의의 대상으로 한다[7] — 이는 역사적으로 우리 과학이 다루게 된 일련의 과제에 비하면 확실히 어떤 측면에서는 너무 넓고 다른 측면에서는 너무 좁은 경계설정이다. 크니스는 이렇게 규정된 경제학의 연구 영역으로부터 그 방법을 도출하기 위해, 이미 헬름홀츠가 과학을 그 다루고자 하는 **대상**에 따라 구분한 두 분야, 즉 한편으로는 "자연과학"과 다른 한편으로는 "정신과학"[8]에 덧붙여 **제3의** 분야로 "역사과학"을 설정한다. 그에 따르면, 이 분야는 외적인, 그러나 **부분적으로** "정신적인" 동인들에 의해 조건지어지는 현상들을 다룬다.[9]

크니스에게는 과학적 "노동분업"이 객관적으로 주어진 사실적 소재의 배분에 그 의미가 있다는 것이, 그리고 더 나아가 이렇게 객관적으로 각각의 과학에 배당된 소재가 그 과학의 방법을 규정하는 것이 자명한 전제이다. 그는 바로 이 전제에 근거하여 경제학의 방법론적 문제들에 대한 논의를 전개한다. 이 과학은 인간행위를 한편으로는 자연에 의해

---

7 크니스, 『경제학』, 제2판, 2, 5쪽.

8 헬름홀츠, 『자연과학과 과학 전체의 관계에 대하여』, 165쪽에 따르면, 자연과학과 정신과학의 근본적인 구별은 사물들의 본성에 근거하는데, 그 이유는 이 두 범주의 과학이 다루는 대상들의 복잡성이 상이하기 때문이다.

9 여기에서 크니스는 로체가 『소우주: 자연사와 인류의 역사에 대한 이념 — 인간학 시론』, 제3권, 10쪽 이하에서 시도한 자연과학과 역사과학의 구분에 준거하고 있다. 참고로 헤르만 로체(1817~81)는 독일의 의학자이자 철학자이다.

주어지고 다른 한편으로는 역사적으로 결정된 조건들 아래에서 다루기 때문에, 그는 한편으로는, 즉 인간행위 측면에서는 인간의 "**자유의지**"라는 결정요인이, 다른 한편으로는 그와 반대로 "**필연성의 요소들**"이라는 결정요인이(다시 말해 ― 첫째로 ― **자연적** 조건들에서는 자연현상들의 맹목적 필연성이 그리고 ― 둘째로 ― 역사적으로 주어진 조건들에서는 집합적 관계들의 힘이) 경제학의 고찰대상이 "된다"는 결론에 도달한다.[5]

크니스는 로셔와 마찬가지로 인과성을 법칙성과 동일시하며, 따라서 당연히 자연적이고 "보편적인" 관계들의 작용을 **법칙적인 것**으로 간주한다.[6] 그리하여 그에게서는 한편으로 합목적적 인간행위와 다른 한편으로 자연과 역사적 상황에 의해 주어진 이 행위의 조건들 사이의 구별이 **완전히 다른** 구별로 대체된다: 한편으로 "자유로운" 그리고 **따라서 비합리적이고 개별적인** 인간행위와 다른 한편으로 자연적이고 **법칙적으로** 결정된 행위의 조건들 사이의 구별이 그것이다.[7] 크니스의 견해에 따르면, "자연"이 경제적 현상들에 끼치는 영향은 그 자체로서 이 현상들로 하여금 필연적으로 법칙적 과정을 따르도록 할 것이다. 실제로 자연법칙은 인간경제**에서도** 작용한다. 그러나 자연법칙이 인간경제**의** 법칙이 되는 것은 아닌데,[8] 그 이유는 크니스에 따르면 인간경제의 경우에는 "개인적" 행위의 형태로 인간**의지**의 자유가 개입되기 때문이다.

우리가 나중에 보겠지만, 이처럼 경제적 현상의 비합리성을 그 "원칙적 차원에서" 논증하는 것은, 크니스가 다른 곳에서[10] 자연적 조건들이 경제에 끼치는 영향에 대해 언급하는 것과 정면으로 배치된다. 왜냐하면 거기서는 경제의 조건들이 경제가 처한 지리적인 또는 역사적인 "개별적" 상황에 따라 형성된다는 바로 이 사실이 합리적인 경제행위에 대한 보편적인 법칙들의 정립을 **불가능하게 만드는** 요소로 등장하기 때문이다.

---

10 크니스, 『경제학』, 제1판, 37쪽 이하를 볼 것.

그건 그렇고 크니스가 상기한 문제와 관련하여 언급한 것 전체를 미리 이 자리에서 보다 상세하게 고찰해 볼 만한 가치가 있다.[9] 한편으로는 피결정성과 법칙성을 동일시하고 다른 한편으로는 "자유로운" 행위와 "개별적인", 다시 말해 비(非)유적인 행위를 동일시하는 것은 참으로 초보적인 오류이기는 하지만 크니스가 이것을 범한 유일한 경우는 결코 아니다. 오히려 역사과학의 방법론에서는 이러한 오류가 심지어 오늘날에도 때때로 유령처럼 배회하고 있으며, 특히 전문화된 과학들의 방법론적 논의에서 자유의지의 "문제"가 개입되는 경우에 그러하다. 역사학자들[11]은 실상 이 문제가 전혀 필요치 않음에도 불구하고 여전히, 그것도 크니스가 이해한 것과 똑같은 의미에서, "개별적인" 요소들이 역사에서 갖는 의의에 대한 연구에 이 문제를 끌어들이고 있다. 그리하여 우리는 역사과학의 방법론에서 인간의, 따라서 역사의 특별한 **품위**는 "자유"의 결과인 개인행위의 "계산 불가능성"에서 찾을 수 있다는 견해를 지속적으로 접하게 된다. 이 견해는 아주 직접적으로 표명되기도 하지만,[10] 또한 다음과 같은 식으로, 즉 행위하는 인격체의 "창조적" 의의가 자연현상의 "기계적" 인과성과 대립되는 것으로 설정되는 식으로 은폐될 수도 있다.

이러한 상황을 고려하면, 이 자리에서 조금 더 소급하여 이야기하고, 수백 번씩이나 "해결되었지만" 계속해서 새로운 행태로 재등장하는 이 문제를 좀 더 자세하게 비추어보는 것이 완전히 부당해 보이지는 않는다. 사실 이렇게 해서 나올 수 있는 것은 단지 "자명한 것들"뿐인데, 심지어 어떤 때는 자명하다 못해 아주 진부한 것들이 나올 수도 있다. 그러나 앞으로 보게 되겠지만, 바로 이 자명한 것이야말로 항상 간과되거나 또

---

11 이는 개별과학으로서의 역사학이 아니라 그것을 포함해 다양한 개별과학에 관련된 용어로, 다시 말해 경제학과 정치학 등 여러 전문화된 과학에서 역사적 연구를 하는 학자들을 총칭하는 용어로 읽어야 할 것이다.

는 심지어 망각될 위험이 있다.[11] ─ 여기에서 우리는 당분간 논의를 생략한 채 다음과 같은 크니스의 입장, 즉 인간의 **행위**를 유일한 또는 우선적인 연구**소재**로 삼는 과학들은 내적으로 긴밀하게 결합된다는 입장을 받아들이기로 한다. 그리고 역사학도 이론의 여지 없이 이에 해당하기 때문에, 우리는 여기에서 상기한 과학들이 구체적으로 **무엇인지**는 일단 제쳐두고 "역사학 및 그와 유사한 과학들"에 대해 논의하기로 한다. 단순히 "역사학"이라는 말만을 쓰게 되면, 우리는 이 말을 가장 광범위한 어의로(정치사, 문화사 및 사회사를 포함하여) 받아들여야 한다. ─ 아직도 매우 이론이 분분한 "인격의 의의"를 역사학에서는 다음의 두 가지로 이해할 수 있다. 먼저 1) 역사적으로 "위대한" 그리고 "유일무이한" 개인들의 삶이 지니는 "정신적 내용"을 가능한 한 폭넓게 알고자 하는 특수한 **관심**이 그것인데, 이 삶은 "그 자체로서 가치가 있는" 것으로 간주된다; 또는 2) 구체적인 조건에서 이루어지는 특정한 개인들의 행위에 대해 ─ 우리가 이 개인들을 "그 자체"로서 "의의 있는" 또는 "의의 없는" 인격체로 **평가하든** 상관없이 ─ 이것이 구체적인 역사적 관계에서 **인과적** 요소가 될 수 있기 때문에 부여하는 중요성이 그것이다. 이 둘의 개념적 관계는 논리적으로 보면 완전히 이질적인 것임이 명백하다. 누군가 상기한 관심(1에서 언급한)을 원칙적으로 부인하거나 "근거 없는 것"으로 배격한다면, 그를 경험과학에 입각하여 논박할 수 없음은 물론이다. 그리고 누군가 다음과 같이 정반대로 생각하는 경우에도 사정은 매한가지이다. 즉 이해와 "추체험"의 방법을 통해 "위대한" 개인들을 그 "유일무이성" 속에서 분석하는 것이야말로 인간을 위해 유일하게 가치 있는 과제이며 문화적 관계들에 대한 연구가 애쓴 보람이 있는 결과를 가져올 수 있는 유일한 길이라고 생각하는 경우에도 사정은 매한가지이다. 물론 이 "입장들" 자체는 비판적 분석의 대상이 될 수 있다. 그러나 이럴 경우 역사방법론적 문제나 순수한 인식론적 문제가 아니라 어디까지나 역사철학적 문제, 즉 역사적인 것에 대한 과학적 인식이 지니는 "의미"의 문제가 다루어질 것이다.[12] — 반면 구체적인 개별행위들이든 우리가 형식적 의미에서 "인격"이라고 부르는 "항상적인 동기들"의 복합체이든, 이것들이 가질 수 있는 **인과적** 의의(2에서 언급한)를 전반적으로 논박하는 것은, 다음과 같은 경우에만 가능하다.[12] 즉 이 개별행위들이나 동기들에 의해 인과적으로 조건지어지는 역사적 관계의 구성부분들은 바로 이 때문에 인과적으로 설명할 **가치가 없고** 따라서 고찰 대상에서 제외할 것을 선험적으로 결정하는 경우에만 가능하다.[13] 이러한 선험적 결정도 상기한 두 입장들과 마찬가지로 가치판단을 내포하기 때문에 경험적 영역 밖에 존재하며 경험적 영역 위에 정초될 수 없다. 그와 같은 결정을 전제로 하지 않는다면, 인격의 의의에 대한 역사적 고찰은 당연히 전적으로 개별적인 경우에 달려 있다. 다시 말해 개별적인 경우에 주어진 역사적 현실의 어떤 구성요소들이 인과적으로 설명되어야 **하는가**, 그리고 어떤 원(原)자료를 이용할 수 있는가 하는 문제에 달려 있다. 구체적으로 다음의 네 가지가 이 문제에 달려 있다: 1) 인과적 회귀를 하는 과정에서 우리가 그 **특성**으로 인해 의의 있는 어떤 원인이 되는 **한** 개인의 한 구체적인 행위(또는 부작위)에 — 예컨대 트리아논 칙령[14]에 — 도달하게 되는가, 그리고 이어서 2) 그 행위를 인과적으로 해석하기 위해서는 "행위자 외부에" 존재하는 행위의 동인들과 그 전반적인 상황이

---

12 이 문장에서 "우리가 형식적 의미에서 '인격'이라고 부르는"은 "복합체"가 아니라 "항상적인 동기들"에 걸린다. 또한 인격에는 항상적인 동기들뿐만이 아니라 개별행위들도 포함된다. 다만 전자를 형식적 의미에서 인격이라고 부르는 것이다. 그리고 "항상적인 동기들"은 빌헬름 빈델반트, 『자유의지에 대하여』, 87~88쪽에서 따온 것이다.

13 이 문장 중간에 나오는 "바로 이 때문에"는 "인격적 요소들에 의해, 즉 이 개별행위들이나 동기들에 의해 인과적으로 조건지어진다는 바로 그 이유 때문에"로 읽으면 의미하는 바가 보다 명확해질 것이다.

14 트리아논 칙령(das Edikt von Trianon)은 나폴레옹이 1806년 시작된 영국과의 경제전쟁을 강화하기 위해 1810년 8월 5일에 반포한 것이다. 그는 이 칙령에서 식민지 산물에 대한 수입관세를 급격하게 높임으로써 대륙봉쇄, 즉 대륙 국가들과 영국 사이의 통상금지를 보완했다. 이렇게 해서 국고를 충당하는 동시에 밀수를 방지하고자 했다.

보편적인 경험칙들에 따라 그의 행위에 충분한 동기를 부여하는 원인임을 밝히는 것으로 족한가, 또는 3) 그 밖에도 우리가 그의 "항상적인 동기들"과 그 특성을 규명해야 하지만, 또한 바로 그 선에서 멈추어야 하며 이렇게 하는 것이 정당한가, 또는 마지막으로 4) 거기에서 더 나아가 이 항상적인 동기들을 성격발생론적 측면에서 인과적으로 설명하려는 욕구, 예컨대 가능한 한 "유전적 기질"과 교육의 영향, 구체적인 삶의 조건과 "환경"의 개인적 특성에 의해 형성된 것으로 설명하려는 욕구가 일어날 것인가 그것이다. ─ 우리가 비합리성의 문제를 고찰하는 한, 당연히 **한** 개인의 행위와 **많은** 개인들의 행위 사이에는 그 어떤 원칙적인 차이도 존재하지 않는다: 자연주의적 딜레탕트들은 마치 "집단현상들"이 어떤 주어진 관계에서 **역사적** 원인이나 결과로 고찰되는 경우에 "영웅들"의 행위보다 "객관적으로" **덜** "개별적인" 것처럼 생각한다; 심지어 "사회학자들"의 머릿속까지 지배해 온 이 낡아빠지고 가소로운 편견이 너무 오랫동안 지속되지 않기를 바라마지 않는 바이다.[13] 크니스도 상기한 맥락에서 "위대한 인물들"의 행위가 아니라 인간행위 일반에 대해 말하며, 따라서 이어지는 우리의 논의에서 "인간행위", "동기", "결단" 등이 사용되는 경우 이 용어들은 ─ 논의의 맥락으로부터 아니라는 것이 의심할 여지없이 드러나거나 또는 아니라는 것이 명시적으로 언급되지 않는 한 ─ 개인의 자아행동을 가리킬 뿐만 아니라 그와 똑같이 "집단운동"도 가리킨다는 사실을 확실히 알아둘 필요가 있다. ─

분트의 "창조적 종합"의 범주

우리는 특히 **분트**가 자신의 "정신과학" 방법론의 한 근본적인 요소로 제시한 "창조적인 것"이라는 개념[15]을 어느 정도 살펴보면서 논의를 시

───

15   분트는 특히 『논리학』, 제2권, 제2부, 267~81쪽에서 이 개념을 다루고 있다. 1880~83년

작하고자 한다. 우리가 이 개념을 어떤 의미에서 "인격"과 관련지어 사용하든지 간에, 그 안에서 한편으로 인과적 요소들에 대해 그리고 다른 한편으로 이 요소들에 귀속되는 최종 결과에 대해 내리는 **평가**의 침전물 이외에 무엇인가를 찾아내려고 하지 않도록 아주 조심해야 한다. 특히 인간행위의 "창조적" 성격이라고 이해할 수 있는 것은 인과관계의 방식에서의 "객관적인"—여기에서 의미하는 바로는 우리의 평가와 **무관하게** 경험적 현실에 주어져 있거나 **또는** 그것으로부터 도출될 수 있는—차이와 연관이 있다고 생각하는 것은 완전히 잘못된 것이다. 한 구체적인 "역사적" 인물의 특성과 구체적인 행위라는 **인과적** 요소는 "객관적으로" 보면—다시 말해 우리가 우리의 특수한 관심을 도외시하고 보면—지리적 또는 사회적 상황 또는 개별적인 자연현상과 같은 "비인격적인" 인과적 요소들이 그럴 **수 있는** 것보다 역사적 과정에 그 어떤 이해할 수 있는 의미에서 "더 창조적으로" 영향을 끼치지 않는다. 왜냐하면 "창조적인 것"이라는 개념은, 만약 이것이 질적인 변화가 일어날 때 단순히 "새로움"을 표현하는 개념과 동일시되지 않는다면, 그리하여 완전히 무색한 것이 되지 않는다면, 순수한 경험적 개념이 아니라 우리가 현실의 질적 변화를 고찰하는 준거가 되는 가치이념과 연관되기 때문이다. 예컨대 물리적·화학적 과정으로 인해 석탄층이나 다이아몬드가 형성되는 것은 형식적 관점에서 보면, 가령 서로 긴밀하게 연결되어 작용하는 동기들로 인해 한 예언자의 직관에서 새로운 종교가 형성되는 것과 완전히 같은—다만 주도적인[16] 가치관점의 차이로 인해 내용적으로 다르게 규정되는—의미에서 "창조적 종합"이다.[17] 논리적 관점에서

에 총 3권으로 출간된 방대한 이 저작은 과학적 연구의 인식론적 및 방법론적 원리를 논의의 대상으로 하고 있는데, 그중 제2권이 방법론에 할애되어 있으며, 다시금 그 가운데 제2부가 정신과학 방법론에 할애되어 있다.

16 이 단어는 "이 두 현상에 대한 우리의 고찰을 주도하는"으로 읽으면 의미하는 바가 보다 명확해질 것이다.

보면, 이 두 경우에서 일어나는 일련의 질적 변화는 똑같이 독특한 색채를 띠게 되는데, 그 이유는 다음과 같이 간단하다. 즉 이 일련의 질적 변화는—개별적으로 분리된 현실에서 일어나는, 그리고 전적으로 그 질적 측면에서 고찰되는 모든 변화와 마찬가지로—인과**부**등식[18] 속에서 진행되는데, 이것을 구성하는 부분들 중 **어느 하나**에 **가치**가 연관됨으로써 이 인과부등식은 **가치**부등식으로 의식되기 때문이다. 그러므로 가치 연관에 대한 성찰이 우리의 역사적 관심에 대한 결정적인 **기초**가 된다. "원인과 결과가 같다"[19]라는 명제는 인간행위에 적용할 수 없는데, 이는 정신물리학적 현상의 과정이 "자연법칙성" 일반보다 또는 특수한 공리들, 예컨대 "에너지 보존"에 관한 공리[20]나 그와 같은 종류의 다른 공

---

17 분트에 따르면, 자신이 제시한 창조적 종합의 원리는 정신적 영역에만 적용된다. 물리적 형성물의 경우에는 모든 특성이 그 요소들이 갖는 특성에 이미 완전히 갖추어져 있으며, 따라서 이것들로부터 연역할 수 있거나 역으로 이것들로 환원할 수 있다. 이에 반해 정신적 형성물은 그 요소들에 함유되어 있지 않은 **"새로운 특성"**을 지니며, 따라서 모든 정신적 형성물은 **"창조적** 종합의 산물"이다. 분트, 『논리학』, 제2부, 268~69쪽.

18 이 개념은 리케르트가 1900년에 나온 논문 「정신물리적 인과성과 정신물리평행론」에서 분트의 논문 「정신적 인과성과 정신물리평행론의 원리에 대하여」(1894)를 비판적으로 검토하면서 주조하고 역사적 인과성에 대한 자신의 이론의 기초로 삼은 것이다. 같은 글, 64쪽과 82쪽 이하를 볼 것(그리고 정신물리평행론에 대해서는 이 책의 186쪽, 옮긴이 주 20을 볼 것). 리케르트는 『자연과학적 개념구성의 한계』, 413쪽에서 주장하기를, "모든 원인 및 모든 결과는 다른 모든 원인 및 다른 모든 결과와 상이하다." 그에 따르면, "역사적 결과는 항상 그것을 산출한 원인과 다르다. 만약 이 결과가 그 원인 이외에 아무것도 아니고 그와 다른 특성을 전혀 갖지 않는다면, 그것은 결코 역사적 개체가 될 수 없다. 다시 말해 유일무이한 것이 될 수 없고, 따라서 역사적으로 의의 있는 것이 될 수 없다. 요컨대 역사학은 인과등식을 결코 알지 못한다. 만약 두 개별적인 역사적 현상 사이의 인과적 관계가 서술되어야 한다면, 이는 단지 인과부등식에 의해서만 가능할 것이다. 그러므로 작은 원인—큰 결과라는 명제는 자연과학적 개념의 세계에 대해서는 잘못된 것인 반면, 역사학자는 역사적으로 중요하지 않은 원인으로부터 역사적으로 중요한 결과가 나오도록 하는 것을 꺼릴 필요가 전혀 없다." 같은 책, 422쪽.

19 "원인과 결과가 같다"(causa aequat effectum)는 스콜라철학에서 유래하는 자연철학의 원리인데, 라이프니츠에 의해 역학이론에 도입되었으며 물리학에서 운동 에너지 보존이라는 관념을 낳았다. 라이프니츠, 「동역학」, 269쪽을 볼 것.

20 에너지 보존의 법칙은 1842년 독일의 화학자이자 물리학자인 율리우스 로베르트 마이

리들보다 어떤 "객관적" 우월성을 갖는 데에서 비롯되는 것이 아니다; 그 근거는 오히려 순수하게 논리적인 것이다: 다시 말해 우리가 "행위" 를 과학적 고찰의 대상으로 삼을 때 준거하는 관점, 바로 이 관점으로 인해 인과등식이 이 고찰의 목표가 되는 것이 선험적으로 배제되기 때문이다 — 이와 동일한 논리가, 개인들의 행위이든 집단이란 개념으로 한 군데로 묶이는 많은 사람들의 행위이든 우리가 "역사적" 행위로 간주하고 우리의 역사적 관심을 끌지 못하는 수많은 행동으로부터 분리해 낸 행위에 대해서도 그대로, 다만 한 단계 더 높은 정도에서 적용된다. 이러한 행위에서 "창조적인 것"은 어디까지나, 우리가 역사적 현실을 "해석하는" 경우에 현상들의 인과적 과정이 갖는 **의미**는 질적으로나 양적으로 **변한다**는 사실에 있다 — 다른 말로 하자면, 우리가 우리의 역사적 **관심**의 근거가 되는 평가에 입각하여 그 자체로는 역사적으로 무의미하고 중요하지 않은 무한한 인과적 구성요소들을 고찰하면, 이 구성요소들부터 어떤 때에는 중요하지 않은 결과가 나오지만 다른 때에는 의의 있는, 즉 그 가운데 특정한 부분들이 우리의 역사적 관심을 끌고 이것에 의해 채색되는 상황이 일어난다. 후자의 경우에는 우리의 "해석"에 그때까지 결여되었던 새로운 가치연관이 더해진 것이다. 그리고 더 나아가 우리가 이 결과를 인간중심적으로 인간들의 "행위"에 인과적으로 **귀속시키면**, 이 행위는 우리에게 "창조적인" 것이 된다. 그러나 이미 언급한 바와 같이, 엄밀하게 논리적 관점에서 보면, 순수한 "자연현상들"에도 그와 똑같은 품위가 부여될 **수 있으며** — 즉 "객관적으로" 보면 결코 자명하지 못한 인간중심적인 귀속으로부터 벗어나기만 한다면 — , 더 나아가 이런 부류의 "창조적인 것" 역시 당연히 — "관점"에 따라 — 부정적인 것

어(1814~78)가 「죽은 자연의 힘들에 대한 논의」라는 글에서 처음으로 주창했다. 마이어는 힘(에너지)을 그 크기가 어떤 변화에도 상관없이 그대로 유지되는 한 원인과 결과가 같다(causa aequat effectum)는 명제가 완벽하게 적용되는 근거로 파악한다. 같은 글, 233쪽.

으로, 아니 헤로스트라토스적인 것[21]으로 볼 수 있거나 또는 부정적인지 긍정적인지 명백한 평가를 내리지 않은 채 단순히 질적인 가치**변화**로 받아들일 수 있다. 그뿐 아니라, 그리고 무엇보다도 이 모든 것으로 인해 한편으로는 "창조적으로" 행위하는 인간과 그의 행위가 지니는 "고유가치"의 의미와 정도 그리고 그와 그의 행위에 귀속되는 결과가 지니는 "고유가치"의 의미와 정도 사이에는 자명하게도 그 어떤 필연적인 관계도 존재하지 않는다. 우리에게 — 그 "고유가치"에 따라 측정하면 — 절대적으로 무가치하고 심지어 무의미해 보이는 행위도, 서로 긴밀하게 연결되어 작용하는 역사적 운명으로 말미암아 그 결과에서 대단히 "창조적인" 것이 될 수 있다. 그리고 다른 한편으로 따로 떼어내 "해석하면" 우리의 "가치감정"으로 말미암아 매우 장엄한 색조를 띠게 되는 인간행위도, 아무런 역사적 중요성도 갖지 못하는 무한히 많은 잿빛의 존재 속으로 가라앉아 버리고 마는 결과를 가져올 수 있으며, 따라서 역사에 대해 인과적으로 의의 없는 것이 될 수도 있다; 또는 — 역사에서 규칙적으로 반복되는 것이지만 — 서로 긴밀하게 연결되어 작용하는 역사적 운명으로 인해 그 "의미"가 질적으로나 양적으로나 전혀 알아볼 수 없을 정도로까지 변할 수도 있다.

이 가운데에서 역사적 **의의가 변하는** 마지막 경우들[22]이 우리의 역사적 관심을 특히 강하게 끌곤 하며, 따라서 이 점에서도 문화과학의 특수한 역사적 작업이 인과등식을 추구하는 모든 과학 분야에 아주 극명하게 대립된다고 할 수 있다: **가치부등식**으로서의 인과**부**등식이 역사적

---

21 헤로스트라토스(Herostratos, 그리스어로 Ἡρόστρατος)는 고대 그리스인으로 유명해지고 싶은 욕망에 사로잡혀 기원전 356년에 에페소스의 아르테미스 신전에 불을 질렀다. 그는 실제로 유명해졌고 — 보다 정확히 말하자면 부정적으로 유명해졌고 —, 그의 이름을 부정적으로 유명한 것을 가리키는 대명사가 되었다.

22 이는 구체적으로 앞의 앞 문장("우리에게 — 그 '고유가치'에 따라 측정하면 — 절대적으로 무가치하고"로 시작되는)과 앞의 문장에서 논의되는 세 가지 경우를 가리킨다.

문화과학의 결정적인 범주가 되며, 따라서 우리가 "창조적 종합"이 개인적 정신과정의 영역에, 문화적 관계의 영역에 또는 두 영역 모두에 특유한 현상이라고 말하는 경우에는 단지 이러한 의미만을 가질 수 있다. 이에 반해 **분트**가 아주 다양한 맥락에서 이 개념을 사용하는[14] 방식은 내가 보기에 아무런 근거도 없고 과학적 인식을 곧장 그릇된 길로 이끌 수 있다. 물론 그렇다고 해서 그 누구도 이 걸출한 학자에게 람프레히트와 같은 역사학자가 때때로 이 범주를 사용하려고 한[23] 것에 대한 책임을 지우려고 하지는 않을 것이다. ─여기에서 분트의 이른바 "심리학적" 이론을 간결한 스케치 형태로 분석하는 것도 좋을 듯하다.

분트에 따르면,[15] "정신적 형성물"과 이것을 구성하는 "요소들" 사이에는 특정한 인과적 관계가 존재하지만 ─다시 말해 이 형성물은 명백히 **결정된** 것임이 자명하지만─ **그러나** 이 형성물은 동시에 그 개별적인 요소들에 "포함되어 있지 않은" "새로운 특성들"을 지닌다.[24] ─그렇기는 하지만 **모든** 자연적 과정의 경우에도 만약 우리가 이것을 **질적** 변화로 파악한다면 언제든지 그와 같은 논리가 완전히 같은 의미에서 그리고 완전히 같은 정도로 통용될 것이라는 점에는 의심의 여지가 없다. 예컨대 물은, 그 질적 특징과 관련하여 고찰하면, 그 구성요소들에는 전혀 "포함되어" 있지 않은 특성들을 지닌다.[25] 실로 가치가 연관되자마자 자신의 "구성요소들"에 비해 특별히 "새로운" 특성들을 포함하지 않는 자연현상이란 **단 하나도 없다.** 심지어 태양계의 순수한 양적 관계도

---

23 람프레히트는 심리학을 모든 역사과학의 기초로 간주하고는, "전체의지" 이론 또는 "사회적 형성물들의 전체의식"에 대한 자신의 이론을 정초하기 위해 분트로부터 "창조적 종합"의 개념을 빌려온다(「문화사란 무엇인가?」, 81쪽).

24 분트, 『논리학』, 제2권, 제2부, 268쪽. 원주 15(분트, 『논리학』[제2판], 제2권, 제2부, 268쪽 이하)를 보면 알 수 있듯이, 여기서부터 인용되는 내용은 같은 책, 267쪽 이하에서 온 것이다. 그런데 이렇게 하면 각각의 인용내용이 구체적으로 이 저작의 몇 쪽에서 온 것인지 알 수 없기 때문에 옮긴이 주를 통해 밝히기로 한다.

25 같은 책, 269~70쪽을 볼 것.

그 어떤 의미로든 예외가 될 수 없는데, 이는 태양계의 "구성요소들"로서 따로 떼내어 관찰할 수 있는 각각의 행성들에 비해서든, 또는 가설상의 원시성운으로부터 태양계가 생성되도록 했을지도 모르는 물리적 힘들에 비해서든 마찬가지이다.[26] 그리고 이는 다음과 같은 사실, 즉 여기서는 순수한 물리적 현상으로서 우리의 관심을 끄는 개별과정들이 사슬처럼 서로 연결되어 있다는, 그리하여 이 현상들의 각각은 인과등식으로 표현될 수도 있을 것이라는 사실에도 불구하고 그렇다. ─ 그러나 일단 다시 분트가 말하는 바를 들어보기로 한다. 그에 따르면, 수정은 자연과학자에게 "그 분자들의 총합과 이것들에 특유한 외적 상호작용" 이외에는 "아무것도" 될 수 없다.[27] 유기체의 경우도 사정은 마찬가지이다. 왜냐하면 자연과학자에게 유기체는, 비록 그가 아직 그 "전체"를 "인과적으로 도출할" 수 없을지라도, "이미 그 구성요소들 속에 완전히 형성되어 있는 그 구성요소들의 산물"에 지나지 않기 때문이다.[28] 여기에는 결정적인 제약이 있는바, 그것은 분트의 견해와 진술이 단지 "자연과학자에게만" 적용된다는 사실이다 ─ 자연과학자는 자신의 목적을 위해 직접적으로 체험되는 현실 속에 주어진 관계들을 도외시해야 하기 때문이다. 그러나 경제학자에게는 ─ 그와 자연과학자 사이에 있으면서 이 둘보다 사안이 더 복잡한 중간의 경우들을 제쳐두고 곧바로 그에게로 눈길을 돌린다면 ─ 상황이 전혀 달라진다. 경제학자의 관점에서 보면 다

---

26 여기에서 베버는 칸트-라플라스-이론에 준거하고 있다. 이에 따르면, 태양계의 기원은 거대한 원시성운이다. 이것은 원래 천천히 자전하고 있었는데 중력에 의해 수축이 일어나고 회전이 빨라졌으며, 그 결과로 중심부에 태양이 생성되었고 그 주변부에 행성들이 생성되었다. 그리고 행성들이 자전하면서 떨어져 나온 것이 위성들과 미(未)행성들이다. 이 태양계 발생론은 칸트가 제창하고 라플라스가 전개했다고 해서 칸트-라플라스-이론이라고 불린다. 참고로 피에르 시몽 라플라스(1749~1827)는 프랑스의 천문학자이자 수학자이다.

27 분트, 『논리학』, 제2권, 제2부, 270쪽.

28 같은 곳.

음의 두 경우는 근본적으로 다르다. 즉 화학적 요소들의 "상호관계"에 의해 인간의 식량으로 적합한 곡간[穀稈, 곡식의 줄기]이나 또는 가령 다이아몬드가 합성되는가, 아니면 그와 화학적으로 동일한 요소들에 의해 형성된 화합물이 인간의 영양섭취욕이나 장식욕의 충족과는 무관한가는 경제학자에게 근본적으로 다른 의미를 갖는다: 첫 번째 경우에는 자연과정에 의해 경제적으로 **가치를 부여할 수 있는** 대상이 산출된 것이다. 누군가 바로 그렇기 때문에 거기에는 "심리학적" 요소들이 ─ "정신적 인과성"을 통해 해석해야 하는 "가치감정"과 "가치판단"이 ─ 개입되어 있다고 반론을 제기할 수 있을 것이다. 이런 식의 반론은 잘못 표현된 것이겠지만, 그 전달하고자 하는 바가 전적으로 옳은 것임에는 두말할 나위가 없다. 그런데 "정신적" 현상 전체에 대해 **그와 똑같은** 논리가 적용된다. "객관적으로" ─ 이 말은 여기서는 모든 가치연관을 도외시함을 의미한다 ─ 고찰하면, 정신적 현상도 물리적 현상과 마찬가지로 질적 변화들의 연쇄에 다름 아닌데, 우리는 이 연쇄적 변화들을 부분적으로는 우리 자신의 "내적 경험"을 통해 직접적으로 의식하게 되고 부분적으로는 "다른 사람들"의 행위에 표출된 것을 유추적으로 해석함으로써 간접적으로 의식하게 된다. 이 일련의 변화들이 "죽은" 자연에서 일어나는 어떤 질적 변화들이 그러는 것과 절대적으로 그리고 그 어떤 예외도 없이 정확히 똑같은 의미에서 "평가"로부터 **자유로운** 고찰 대상이 되어서는 안 된다는 이유가 전혀 없다.[16] 그러나 분트는 수정과 유기체적 형성물을 "표상"과 대비하는데, 후자는 "결코 단순하게" 그것이 "분해될 수 있는 감각들의 총합"을 의미하지 않는다;[29] 그리고 더 나아가 "지적 현상들", 예컨대 판단이나 추론과 같은 현상을 결코 "개별적인 감각들과 표상들의 단순한 집적으로 볼 수 없는" 형성물이라고 한다: 왜냐하면, 그는 덧붙이기를, "이러한 현상들을 **의의 있게** 만드는 것은"(우리는 여기

29 같은 책, 272쪽.

서도 의심할 여지없이 분트의 견해를 엄격한 인과적 결정론으로 해석할 수 있다) "[……] 그 현상들을 구성하는 요소들 **속에** 포함되어 있지는 않지만 바로 이 구성요소들**로부터** 나오기 때문이다."[30] 물론 그렇다: 그러나 상기한 "자연산물들"이 형성되는 경우에는 상황이 다르단 말인가? 예컨대 다이아몬드나 곡간이 일정한 인간의 "가치감정"에 대해 갖는 "의의"는 — 인과성의 범주가 정신적 영역에 엄격하게 적용된다고 가정한다면 — 표상과 판단이 형성되는 "요소"들의 경우에 그런 것보다 더 높은 정도로 또는 다른 의미에서 그 의의의 생성에 작용하는 물리적·화학적 조건들 속에서 "이미 형성되었단" 말인가? 또는 — "역사적" 현상들을 "끌어들이자면" — 흑사병[31]이 사회사에 대해 갖는 의의나 또는 돌라르트만(灣)의 돌연한 생성[32]이 식민지화 운동의 역사에 대해 갖는 의의 등은 박테리아와 전자의 사건을 조건지은 다른 감염의 원인들 안에서 또는 후자의 사건을 조건지은 지질학적 및 기상학적 원인들 속에서 "이미 형성되었단" 말인가? 이 두 사건은 구스타프 아돌프의 독일 침공[33]이나 칭기즈칸의 유럽 침공[34]과 조금도 다를 바가 없다. 이 두 사건은 모두 역

---

30 같은 곳.

31 흑사병(黑死病)은 페스트균에 의한 전염병으로, 여기에서 베버가 언급하고 있는 것은 14세기 중엽, 좀 더 구체적으로 말하자면 1347년부터 1352년까지 유럽을 강타해 유럽인의 1/3가량의 목숨을 빼앗아 간 사건이다.

32 돌라르트만(Dollart)은 엠스강 하구 서쪽에 펼쳐진 90km² 정도의 만으로, 1277~78년에 지표면이 침강하고 바닷물이 범람하면서 생긴 것으로 추측된다. 이 만을 경계로 하는 네덜란드와 독일은 오랫동안 영유권을 주장해 왔는데, 이를 돌라르트만 분쟁이라고 한다.

33 구스타프 아돌프(구스타프 2세, 1594~1632)는 스웨덴 국왕으로 1630년 30년전쟁(1618~48)에 참가해 라이프치히 근교에서 벌어진 전투에서 독일제국, 즉 신성로마제국 황제의 가톨릭 군대를 무찔렀다. 이는 30년전쟁이 발발하고 난 후에 개신교도들이 거둔 첫 번째 승리였다. 그리고 1632년 역시 라이프치히 근교에서 벌어진 전투에서도 승리를 거두었다(그는 이 전투에서 전사했다). 아돌프는 이 두 승전을 통해 독일에서 개신교가 존속하는 데 간접적으로 기여했다.

34 이는 정확한 표현이 아니다. 왜냐하면 몽골인들의 유럽 침공은 1237년경에, 그러니까 칭기즈칸(1167?~1227)의 사후에 시작되었기 때문이다. 여기에서 베버가 언급하고 있

사적으로 **중요한**— 다시 말해 우리가 "문화가치"와 결부된 것으로 간주하는— 결과를 낳았다. 이것들 모두는 또한— 분트가 그리하듯이, 인과법칙의 보편적 지배를 진지하게 받아들인다면— 인과적으로 결정되었다. 이것들 모두는 "물리적" 사건의 원인으로뿐만 아니라 "정신적" 사건의 원인으로도 작용했다. 그러나 우리가 이 사건들에 역사적 "의의"를 부여하는 것은 어떤 사건의 경우에도 그것이 인과적으로 조건지어지는 방식 때문이 아니다. 특히 이것은[35] 그 사건들에 "정신적 요소들"이 포함되어 있다는 사실로부터 결과하는 것이 결코 아니다. 이 모든 경우에 오히려 우리가 현상에 부여하는 **의미**, 다시 말해 우리가 현상을 "가치"와 연관시키는 것, 바로 이것이 현상과 근본적으로 이질적이고 이종적인 요소로서 현상의 "요소들"로부터 역사적 의의가 "도출되는" 과정을 관통한다. "우리가" 이런 식으로 "정신적" 과정을 가치에 연관시켜야만— 이 연관이 미분화된 "가치감정"의 형태로 이루어지든 또는 합리적인 "가치판단"의 형태로 이루어지든 상관없다— 비로소 "창조적 종합"이 이루어지는 것이다. 그러나 놀랍게도 분트는 정반대로 생각하고 있다: 그에 따르면, "창조적 종합"의 원리는 "객관적으로" 정신적 인과성의 특성에 근거하며 가치부여와 가치판단을 통해 그 "특징이 **드러난다**."[36] 만약 분트가 이와 더불어 단순히 다음과 같은 뜻으로 말하는 것이라면, 거기에 이의를 제기할 하등의 이유가 없을 것이다. 즉 그가 심리학적 연구의 정당한 목표가, 예컨대 가치감정과 가치판단이 형성되는 정신적 또는 정신물리학적 "조건들"을 찾아내고 정신적 또는 정신물리학적 "기본"과정들이 이 조건들의 인과적 구성요소들임을 증명하는 데에 있다는 뜻으로 말하는 것이라면 그렇다. 그러나 몇 쪽만 더 읽어보면 분트의 이른바

는 것은 아마도 칭기즈칸의 군대가 1220~25년에 조지아, 아르메니아, 러시아 등을 침공한 사실을 가리키는 듯하다.

35 이는 그 사건들에 대해 역사적 의의를 부여하는 것을 가리킨다.

36 분트, 『논리학』, 제2권, 제2부, 273쪽.

"심리학적" 고찰방식이 진정으로 함의하고자 하는 바가 무엇인가를 확실히 알게 될 것이다: 분트에 따르면, "모든 개인적인 또는 일반적인 발전과정에서는"—여기에는 물론 종교적 천재의 발전과 마찬가지로 타고난 술꾼이나 강간살인범의 발전도 포함된다—정신적 (그의 해석에 따르자면 논리적, 윤리적, 미학적) 가치들이 **창출된다**; "이 가치들은 원래 그와 같은 발전과정들에 고유한 특성에 존재한 것이 결코 아닌데",[37] **그 이유는**—분트에 따르면—삶의 현상들에서는 물리적 에너지 보존의 원리에 **"정신적 에너지 증가"**의 법칙(다시 말해 현전적인 그리고 잠재적인 가치들이 증가한다는 법칙)[38]이 가미되기 때문이다. 이처럼 "가치의 크기가 증가하는" 일반적인 "경향"은 "삶을 교란하는 사건들"에 의해 "부분적으로 또는 완전히 좌절될 수도" 있다;[39] 그렇긴 하지만 심지어 "이렇게 정신적 발전이 중단되는 가장 중요한 경우들 가운데 하나, 즉 개인적 정신활동의 중지"도—이는 우리가 일반적으로 보다 간단하게 "죽음"이라고 부르는 현상을 의미함이 분명하다—"개인이 속한 공동체 내의 정신적 에너지의 증가에 의해 [……] 보상되고도 남는 법이며", 이는 분트의 말대로 "어쨌든 주목할 만한" 일이다.[40] 그에 따르면, 이와 동일한 논리가 개별국가와 인류 공동체 사이의 관계에서도 적용된다. 그러나 경험적이고자 하는 과학 분야는 "정밀성"에 다가가면서 이것[41]을 **증명할** 수 있어야 하는데, 설령 그 다가감이 거기에서 아무리 멀리 떨어진 곳에

---

37 같은 책, 274쪽.
38 이 법칙에 대해서는 같은 책, 277쪽을 볼 것.
39 사실 이 문장은 우리의 어법에 잘 맞지 않는다. 왜냐하면 우리말에는 "어떤 경향이 좌절된다"라는 식의 표현이 어색하기 때문이다. 이 문장은 다음과 같이 의역하는 것이 좋을 듯하다. "이처럼 '가치의 크기가 증가하는' 일반적인 '경향'이 있지만, 실제로는 '삶을 교란하는 사건들'에 의해 가치의 크기가 '부분적으로밖에 증가하지 못하거나 또는 전혀 증가하지 않을 수도' 있다."
40 분트, 『논리학』, 제2권, 제2부, 277쪽.
41 이는 개인과 공동체의 관계 그리고 개별국가와 인류 공동체의 관계에서 적용되는 정신적 에너지 증가의 법칙을 가리킨다.

서 끝날지라도 그렇다. 그리고 교수뿐만 아니라 정치가도, 아니 **모든** 개인이 "정신적 발전"을 체험한다는 것은 자명한 사실이기 때문에, 다음과 같은 질문이 제기된다: "보상된다"는 이 위안적인 상황의 수혜자는 **누가** 된단 말인가? 보다 구체적으로 묻자면, 카이사르나 어느 평범한 도로 청소부의 죽음으로 인해 "**심리학적으로**" 보상받는 것은 누구란 말인가—1) 죽은 사람이나 죽어가는 사람 자신, 또는 2) 그들의 유가족, 또는 3) 그들의 죽음으로 말미암아 생겨난 "자리"나 "활동"의 기회를 얻게 된 사람, 또는 4) 수세(收稅) 금고, 또는 5) 징병 당국, 또는 6) 특정한 정당정치적 조직 등, 또는 7) 아마도 신의 섭리적 세계지배—**아니면** 마지막으로 심리학주의적 **형이상학자**? 단지 이 마지막의 가정만이 답이 될 수 있어 보인다. 왜냐하면 누구나 알 수 있듯이, 우리가 여기에서 다루고 있는 것은 심리학이 아니라 "객관적인" 심리학적 고찰의 외양을 하고 나타나는, 그러나 실상은 선험적으로 요청된 "인류"의 진보라는 역사철학적 구성물이기 때문이다. 게다가 분트는 "창조적 종합"으로부터 "역사적 합성의 법칙"[42]을 도출하는데, 이것은 역사적 "관계"의 법칙[43] 및 역사적 "대비"의 법칙[44]과 더불어 역사적 범주의 심리학주의적 삼위일체

---

42 이 법칙은 다음을 의미한다. "역사의 모든 개별적인 [······] 내용은 다수의 역사적 조건들이 작용한 결과로서, 양자의 관계는 다음과 같다. 이 내용에서는 모든 개별적인 조건의 질적 성격이 계속해서 영향을 끼치지만, 그럼에도 불구하고 그 내용은 동시에 새롭고 통일적인 성격, 즉 경험적 분석을 통해 역사적 요소들의 결합으로부터 도출될 수 있지만 결코 선험적 종합을 통해 그 요소들로부터 구성될 수 없는 성격을 갖는다." 분트, 『논리학』, 제2권, 제2부, 408쪽.

43 이 법칙은 다음을 의미한다. "합성된, 그러나 어떤 정신적 관계에 힘입어 통일적인 전체를 갖는 모든 역사적 내용은 단지 유사한 정신적 성격을 갖는 요소들로만 구성된다." 예컨대 한 시대의 예술과 과학 사이에는 일관적인 관계가 존재한다. 같은 책, 410쪽.

44 이 법칙은 다음을 의미한다. 어떤 사건의 인과적 작용은 "동질적인 것"뿐만 아니라 "대립적인" 결과도 산출한다. 이 법칙의 의의는 다음과 같은 점에서, 즉 "그것이 주어진 방향으로 계속해서 발전되거나 점차적으로 분화되는 식이 아니라 **질적으로** 새로운 현상들을 창출하는 식의 모든 역사적 변화를 지배한다"라는 점에서 찾아볼 수 있다. 같은 책, 414쪽.

를 구성한다. 더 나아가 "창조적 종합"은 "사회"의 그리고 전체적인 것들 일반의 형성과 "본질"을 이른바 "심리학적으로" 확립된 방식에 의해 규명하는 데에도 기여해야 한다. 그리고 마지막으로 "창조적 종합"은 왜 우리가 문화현상들을 (이른바) 단지 인과적 회귀의 형식에 의해서만(결과에서 원인으로) 설명할 수 있는가를 이해시켜야 한다 ── 그러나 물리학적 수단에 의해 설명해야 하는 모든 구체적인 "자연현상"의 경우에도, 우리가 어떤 이유에서든 일단 이 현상을 구성하는 개별적인 복합체들과 이 현상이 구체적인 현실에 끼치는 세부적인 영향력에 **관심을 갖게 되자마자**, 사정은 **정확하게** 같은 것이 된다. 이에 대해서는 나중에 논하기로 한다. 여기서는 일단 분트 이론의 가장 기본적인 특징들만을 짚어보기로 한다. ── 우리는 이 탁월한 학자의 광범위한 지적 작업에 대해 특별한 그리고 감사하는 마음을 담아 존경을 표해야 마땅하지만, 그렇다고 해서 이 특정한 문제들을 다룰 경우 이른바 "심리학"의 그와 같은 부류가 역사학자의 과학적 공평무사성에 대해 그야말로 치명적이라는 점을 지적하지 않을 수는 없다. 그것이 치명적인 이유는, 역사학자로 하여금 역사를 역사**철학적으로** 얻은 가치들에 연관시키고는 이른바 심리학적 범주들을 이용해 자기 자신에게 이 사실을 숨기도록 미혹하며, 그리하여 자신과 남들을 속여 정밀성의 허상을 마치 정밀성인 양 믿도록 미혹하기 때문이다 ── 람프레히트의 저작들은 이 점을 경고하는 본보기이다.[45]

분트의 견해는 심리학적 작업영역에서 엄청나게 큰 영향력을 행사하며, 따라서 인과적으로 설명하는 심리학이 "규범"과 "가치"에 대해 갖는 관계를 좀 더 살펴볼 필요가 있다. 특히 강조해야 할 것은, 우리가 분트의 이른바 심리학적 "법칙들"을 거부하고 일정한 이른바 "심리학적" 개념들이 **가치판단적** 성격을 갖는다는 사실을 지적하는 것이, 우리가 어떻게든 심리학과 그에 결부된 "정신물리학적" 과학 분야들의 의의를 비

---

45 이에 대해서는 이 책의 92쪽과 그와 관련된 옮긴이 주 23을 볼 것.

하하거나 작업영역을 축소하고자 함이 아니며, 경험과학에 적용되는 인 과원리에는 타당성이 "결여되어 있음"을 지적하고자 함은 더더욱 아 니라는 점이다. 실상은 그 정반대이다. 경험적 과학 분야로서의 심리학 은 가치**판단**—분트의 "법칙들"에 내재하는 것과 같은—을 배제함으 로써 비로소 가능해진다. 심리학은 언젠가 우리가 특정한 내용을 가지 면서 "객관적으로" **타당한** "판단"을 "내리거나" 또는 "이미 내렸다"라 는 "느낌"을 갖는데 명백한 인과적 조건이 되는 정신적 "요소들"의 상 태를 규명하게 되리라고 기대할 수 있다. 두뇌해부학은 미래의 어떤 시 점에 우리가 이러한 느낌을 갖는 데에 어떤 물리적 과정들이 불가결하 며 또한 명백한 조건이 되는지를 확정하려고 할 수 있다. 이것이 실지로 가능할 것인가는 여기에서 문제 삼지 않기로 하겠지만, 어쨌든 그와 같 은 과제를 가정하는 것 자체는 **논리적으로** 모순적인 것은 아니다. 그리 고 이러한 가정이 갖는 실제적인 의미를 이해하기 위해서는, "잠재적 에 너지"의 개념, 즉 그것이 도입됨으로써 에너지 법칙[46]이 정립될 수 있었 던 개념을 예로 들 수 있다.[47] 이 개념의 요소들 중 일부는 두뇌해부학의 어떤 조건들만큼이나 "이해할 수 없는데"(여기에서 의미하는 바로는 **직 관할** 수 없는데), 사실상 이 조건들은 제아무리 복잡할지라도 일정한 "유 발"과정들의 "폭발적" 성격[48]에 대한 정신물리학적 설명을 위해서 필요

---

46 이는 구체적으로 에너지 보존의 법칙을 가리킨다.

47 이미 이 책의 89~90쪽, 옮긴이 주 20에서 언급한 바와 같이, 에너지 보존의 법칙은 1842년 마이어가 처음으로 주장하였다. 이때 마이어는 "중량"에 대해 말하는데, 이것 은 후일 잠재적 에너지의 개념과 동일시되었다. 알로이스 릴(1844~1924)은 「로베르 트 마이어의 에너지 원리의 발견과 증명」, 177쪽에서 주장하기를, "중량 또는 오늘날의 표현대로 하자면 잠재적 에너지와 운동의 분리가 없었더라면, 마이어의 근본적인 사상 [에너지 보존의 법칙]은 실현될 수 없었을 것이다." 참고로 릴은 독일의 신칸트주의 철 학자이다.

48 마이어에 따르면, "'원인과 결과가 같다'(causa aequat effectum)라는 명제에 예외가 되 지는 않지만 원인과 결과라는 표현이 완전히 다른 의미로 사용되는" 현상이 존재한다. 그는 이러한 현상을 "유발"이라고 부르는데, 예컨대 폭명(爆鳴)가스를 폭발하도록 하

한 것이다. 이 조건들을 밝혀낼 개연성은 거의 없지만, 그럼에도 불구하고 그 일을 정신물리학적 연구의 가능하고도 이상적인 목표라고 전제하는 것은, 적어도 문제설정을 위해서는 확실히 유의미하고 효과적이다. 그 밖에도 — 또 다른 측면을 끌어들이자면 — 생물학은 예컨대 인과원리의 의식적 사용과 같은 우리의 논리적 범주들의 발전을 가령 "적응"의 산물로 "이해하고자" 할 수 있다: 잘 알려져 있다시피, 우리 인식의 "한계"를 원칙적으로 다음과 같이 가정함으로써 설명하려는 시도가 이루어져왔다. 즉 "의식"은 단지 종(種)의 보존수단으로 형성되었으며, 따라서 — 왜냐하면 "단지" 인식 그 자체를 위한 인식은 "유희 충동"의 산물뿐이라는 주장이 있기 때문에[49] — 의식의 영역은 그와 같은 기능에 의

는 불꽃이 그것이다. 유발의 경우에는 "원인과 결과가 동일하거나 비례적 관계에 있지 않을 뿐만 아니라 원인과 결과 사이에는 그 어떤 양적 관계도 존재하지 않고, 오히려 원인은 결과에 비해 미미한 것이 일반적이다"(『토리첼리의 진공과 유발에 대하여』, 9~10쪽). 그와 같은 현상들은 "어떤 식의 계산도 불가능한데, 왜냐하면 질은 양처럼 숫자상으로 규정할 수가 없기 때문이다"(같은 책, 11쪽). 유발은 물리적 세계뿐만 아니라 생물계, 생리학, 심리학에서도 작동하며, 더 나아가 암살처럼 역사적 현상에서도 작동한다(같은 책, 11, 16쪽).

49 니체는 『즐거운 학문』(한글판), 342쪽(아포리즘 354, "종(種)의 수호신"에 대하여)에서 다음과 같이 말하고 있다: "우리는 **인식**을 위한 '진리'를 위한 기관을 전혀 가지고 있지 않다. 우리는 그것이 인간의 무리, 종에 유익한 만큼만 '안다'(혹은 믿거나 상상한다). 그리고 여기에서 '유용성'이라고 불리는 것 자체도 결국 믿음, 상상 그리고 아마도 언젠가 우리를 몰락으로 몰고 갈 치명적인 어리석음에 불과하다." 그리고 같은 책, 187쪽(아포리즘 127, "인식의 기원")에서 다음과 같이 "지적인 유희 충동"에 대해 말하고 있다: "저 세련된 솔직성과 의심은 [……] 삶에 대한 **유용성**의 높고 낮은 정도가 논쟁을 불러일으킬 수 있는 모든 경우에 생겨났다. 여기에는 또한 새로운 명제가 비록 삶에 유용하지는 않지만, 또한 적어도 해롭지는 않은 지적인 유희 충동의 표현으로서, 모든 유희가 그런 것처럼 순진무구한 기쁨을 주는 경우도 해당된다. 인간의 두뇌는 점차 그러한 판단과 확신으로 채워지게 되어, 이것이 뒤섞여 있는 속에서 욕망, 투쟁, 권력욕이 생겨났다. 유용성과 쾌락뿐만 아니라, 모든 종류의 충동이 이 '진리'를 둘러싼 투쟁에 가담했다. 지적인 투쟁은 활동, 자극, 직업, 의무, 품위 등이 되었다. 결국 필요로서의 진리의 인식과 추구가 다른 필요에 편입된 것이다. 그 이래로 믿음과 확신뿐만 아니라 시험, 부인, 불신, 모순도 하나의 **권력**이 되었다. 모든 '악한' 본능이 인식에 예속되어 그에 봉사하게 되었고, 허용과 명예와 유용성의 광채를 얻게 되었으며, 종국에는 바라보

해 조건지어지는 정도를 넘어서 확장될 수 없다고 가정함으로써 설명하려는 시도가 이루어져왔다. 그리고 그 본질상 확실히 "목적론적인" 성격을 띠는 이 해석을 보다 인과적인 해석으로 대체하려고 시도할 수도 있는데, 이 경우 인과성의 범주가 갖는 의의에 대한 지식이 점진적으로 발생한 사실은 긴 다원발생적(多原發生的) 발전의 과정 — 이 발전을 위해서는 필요한 수백만 년을 무료로 사용할 수 있다 — 에서 진행되어 온 일정한 "자극들"(이것들은 어떻게든 보다 상세하게 규정되어야 한다)에 대한 수없이 많은 특수한 "반응들"의 결과로 해석된다. 그리고 더 나아가 "적응", "유발" 등과 같이 개괄적이고 거친 범주들을 일반적인 공식으로 사용하는 것을 넘어서 엄격히 역사적인 방법에 입각하여 근대과학을 해방한 특별한 "유발과정들"을, 사회적 관계들의 구체적인 상황으로 인해 우리의 사고가 직면하게 된 일정한 — 가장 넓은 어의에서의 — "실천적" 문제들에서 찾아내려고 할 수 있으며, 또한 계속해서 현실을 "파악하는" 특정한 방식들의 사용이 동시에 실천적 측면에서 특정한 사회계층들의 결정적인 이해관계를 가장 적합하게 충족해 줄 것임을 보여 주려고 할 수 있다 — 그리고 이런 식으로, 비록 크게 변화된 의미에서이기는 하지만, 관념적인 "상부구조"는 전체적인 사회적 상황의 함수라는 역사 "유물론"의 명제[50]를 사고 영역에서도 진지하게 받아들일 수 있다: 그리하여 우리에게 "유용한" 것만이 궁극적으로 "참된" 것으로 받아들여지기

는 눈을, 그리고 善의 무구함을 얻게 되었다. 그리하여 인식이 삶 자체의 일부분이 되고, 살아서 지속적으로 성장하는 권력이 됨으로써, 마침내 인식과 저 태고에서 유래한 근원적 오류가 서로 충돌하기에 이르렀다. 모두가 삶이고 권력으로서 동일한 인간 내에 존재하는 이 두 가지가 충돌하게 된 것이다."

50 마르크스는 『경제학 비판을 위하여』, XI쪽에서 주장하기를, "인간들은 그들 삶의 사회적 생산에서 그들의 의지와 무관한 특정하고 필연적인 관계, 즉 그들의 물적 생산력의 특정한 발전단계에 상응하는 생산관계를 맺는다. 이 생산관계의 전체가 사회의 경제적 구조, 즉 현실적 토대를 이루며, 이 토대 위에 법적이고 정치적인 상부구조가 세워지고 이 토대에 특정한 형태의 사회적 의식이 상응한다."

마련이다라는 명제가, 말하자면 역사적으로 입증될 것이다. 우리는 여기까지 검토한 예들을 실제적인 측면에서 매우 회의적으로 판단할 수 있다─그러나 마지막에 언급된 명제는 어쨌든 "인식가치"와 "실천적 가치"가 혼동되고 "규범"의 범주가 결여되는 경우에만 **논리적으로** 모순적인 것이 된다. 다시 말해 유용한 것은 유용하기 **때문에** 참된 것이기도 하다라고, 그리고 상기한 "실천적 의의"나 또는 "유발"과정과 적응과정으로 인해 수학적 명제들이 비로소─실제로 **인식될** 뿐만 아니라─규범적 타당성도 **지니는** 진리가 **되었다**고 주장되는 경우에만 그렇다. **이런 식의** 주장은 물론 "난센스"일 것이다─그 밖에도 상기한 모든 예의 **인식론적** 한계는 원칙적으로 그것들의 인식목표에 내재하는 **의미**에 의해서만 주어지며, 또한 그것들의 **실제적인** 사용 가능성의 한계는 경험적으로 주어진 사실을 다음과 같이 무모순적으로, 즉 설명이 "모든 경험에 의해" 입증되도록 "설명할" 수 있는 능력에 의해서만 주어진다. 그런데 설령 다음과 관련된 미래의 모든 과제, 즉 사고와 그것의 특정한 "관점들"이라는 현상의 생리학적, 심리학적, 발생론적, 사회학적 및 역사학적 "설명"과 관련된 미래의 모든 과제가 가장 이상적으로 해결된다고 할지라도, 당연히 이로부터 조금도 영향을 받지 않을 것이 있으니, 그것은 바로 우리 "사고과정"의 결과들이 갖는 **타당성**, 즉 그 "인식가치"에 관한 문제이다. 만약 **논리적** 가능성만을 염두에 둔다면, 미래에는 그 어떤 "정밀한" 연구에 의해 어떤 해부학적 과정이 구구단의 "타당성"에 대한 인식에 부합하는가, 그리고 어떻게 이 해부학적 상태가 다원발생적으로 발전해 왔는가를 밝혀내리라고 기대할 수 있을 것이다. **다만** $2 \times 2 = 4$라는 판단이 "올바른가" 하는 문제는 **논리적인** 이유 때문에 현미경도 그 어떤 생물학적, 심리학적 및 역사학적 고찰도 영원히 답할 수 없다. 왜냐하면 구구단이 "타당하다"라고 주장하는 것은 모든 **경험적인** 심리학적 관찰이나 인과적 분석을 전적으로 초월하며 검증의 대상으로서 무의미하기 때문이다. 그것은 **경험적 심리학의 관점에서 보면** 결코 검증할 수 없는 것으로서 경험적 심리학에 속하는 심리측정학적[51] 관찰을 위한 논리적 전제들 가운데 하나가 된다. 중세 피렌체의 은행가들은 아라비아 수체계에 대해 무지했기 때문에 심지어 자신들의 유산을 분배할 때에도 대개는 — 우리가 **"규범적인"** 관점에서 그렇게 부르듯이 — "잘못 계산했으며", 또한 그 당시의 많은 회계장부에서 비교적 큰 항목들이 완전히 "정확하게" 계산된 경우는 거의 예외적이었다 — 이러한 사실은 다음과 같은 사실과 똑같이 인과적으로 결정된 것이다: 즉 **오늘날에는** "올바름"이 규칙이며, 만약 오늘날의 은행가들이 피렌체의 은행가들처럼 잘못 계산한다면 매우 부정적으로 "해석되는" 경향이 있을 것이다. 가령 페루치가(家)[52]의 회계장부에서 발견되는 그와 같이 잘못된 계산들에 대해 설명하기 위해서 우리는 모든 가능한 이유를 제시할 수 있다 — 다만 한 가지만은 어떤 일이 있어도 안 되는바, 그것은 당시에는 구구단이 아직 "올바르지" 않았다고 말하는 것이다; 이와 마찬가지로 오늘날 가령 실제로 "잘못" 계산된 경우들의 수에 대한 연간 통계가 "비호의적인" 결과를 가져온다고 해서 구구단의 "올바름"이 문제시되지는 않을 것이다 — 왜냐하면 이러한 결과는 구구단의 타당성에 대한 "비호의적인" 판단으로 이어질 것이 아니라, "규범에 따라" 암산을 하는 우리의 능력에 대한 "비호의적인" 비판으로 이어질 것이기 때문이다(이 비판은 구구단의 타당성에 기반하고 이것을 전제한다). — 이 모든 논의는 무언가 매우 단순하며, 비록 분트가 실제적으로 고수하지는 않지만 당연히 거기에 어떤 이론도 제기하지 않을 것이다. 그런데 — 계속해서 지적 발전이라는 예를 들자면 — 분트의 개념들에 지향된 접근방식을 구사하는 누군가가 이 논의

---

51 심리측정학(Psychometrie)은 심리적 과정의 과학적 측정을 위한 이론과 기술을 대상으로 하는 심리학 분야이다.

52 페루치 가(Die Peruzzi)는 14세기 피렌체의 은행가 가문인데, 이 가문의 1335~43년 회계장부는 오늘날까지 전해지면서 피렌체의 경제사 연구를 하는 데 더없이 귀중한 자료로 이용된다.

들에 대해 다음과 같이 답할 수 있을 것이다. 즉 "창조적 종합"의 원리 또는 "증가하는 정신적 에너지"의 원리는 무엇보다도 "문화발전"의 과정에서 우리가 점차로 그와 같이 초시간적으로 타당한 "규범들"을 지적으로 파악하고 "인정할" 줄 아는 "능력을 갖게" 됨을 의미한다고 답할 수 있을 것이다. 그렇다면 다만, 이 이른바 경험-"심리학적" 접근은 평가가 부재하다는 의미에서의 "무전제적인" 경험적 분석이 아니라 이미 타당한 것으로 전제된 "가치", 즉 "올바른" 인식이라는 가치의 관점 아래 "문화발전"을 판단하는 일이라는 점만이 확인될 것이다. 왜냐하면 변화가 상기한 "규범들"을 인정하는 방향으로 일어나는 경우, 바로 그런 경우에만 이른바 발전의 "법칙"이 작동한다고 볼 수 있을 것이기 때문이다.[17] 그러나 이러한 가치 — 우리의 과학적 인식 전체의 의미는 여기에 근거하고 있다 — 는 결코 "경험적으로" 자명한 것이 아니다. 만약 우리가 — 어떠한 동기에서든 — 예컨대 경험적으로 주어진 현실에 대한 과학적 분석의 목적을 가치 있는 것으로 인정하고자 한다면, 우리 사고의 "규범들"은(우리가 이것들을 의식하고 있는 만큼 그리고 동시에 그 목적이 확고한 한) 우리에게 과학적 작업에서 자신들을 준수하도록 강요한다 — 이에 반해 그 목적 자체의 "가치"는 과학 스스로에 의해서는 결코 정립될 수 없는 무엇이다. 과학적 작업은 임상적, 기술적, 경제적, 정치적 또는 다른 "실천적" 이해관계에 기여할 수 있다: 만약 우리가 이 경우에 과학의 가치를 판단하고자 한다면, 이 가치는 과학이 기여하게 되는 이해관계의 가치를 전제하게 되며, 그러면 후자의 가치는 "선험적인" 것이 된다. 그러나 순수한 경험적 관점에서 보면 "순수과학"의 가치는 완전히 문제적인 것이다. 왜냐하면 경험적 심리학의 입장에서 보면 "그 자체를 위해" 추구되는 과학의 가치는 실상, 일정한 종교적 관점과 가령 "국가이성"의 관점에 의해 실천적 측면에서 논박되어 왔을 뿐만 아니라 순수한 "생기론적"[53] 가치의 극단적인 긍정이나 또는 역으로 극단적인 생의 부정에 기반하는 사람들에 의해 원칙적 측면에서도 논박되어 왔기 때문이다. 이러한 논박은 결코 **논리적으로** 모순되지 않거나, 또는 거기에는 **다른** 가치들이 과학적 진리라는 가치보다 상위에 설정된다는 사실이 필연적으로 수반된다는 사실을 알아차리지 못하는 경우에만 그렇다. ―

만약에 우리가 "자명한 진리들"에 대한 이렇듯 장황한 논의에 뒤이어 여기에서 다른 가치들에도 과학적 인식의 추구라는 가치에 적용되는 것과 똑같은 논리가 적용된다는 사실도 논의해야 한다면, 우리는 너무 멀리 나가게 될 것이다. 인과적 설명을 수단으로 하여 주어진 현실을 **순수하게** "경험적으로" 분석하는 것에서 **어떤** 가치판단의 "타당성"을 확증하거나 논박하는 것에 이르는 다리는 절대로 존재하지 않으며, "창조적 종합", 부단한 "정신적 에너지 증가"의 "법칙" 등과 같은 분트의 개념들에는 명백하게 인식할 수 있는 가치판단이 포함되어 있다. 여기서는 다만 이러한 개념들이 등장하게 된 사유동기를 간략하게 밝혀보기로 한다. 그것들은 다음에서 비롯되었음이 아주 분명하다. 즉 우리는 우리가 "문화민족"이라고 칭하는 민족들의 발전을 **가치증가**라고 **판단하며**, 이 가치판단은 우리로 하여금 우리가 이 민족들에게서 확인하는 질적 변화의 과정을 가치부등식의 연쇄로 파악하도록 하며, 이를 통해 특수한 방식으로 우리의 "역사적 관심"을 그 민족들의 발전으로 향하도록 한다―보다 정확히 표현하자면, 이 가치판단은 우리가 이 발전을 "역사"라고 간주하는 근본적인 조건이 된다. 우리의 가치판단을 통해 설정된 가치부등식, 가치와 의의의 역사적 변화라는 현상, 그리고 우리가 현상의 시간적 과정에서 "문화발전"이라고 **평가하며** 따라서 영원하고 무의미하게 흘러가는 무한히 다양한 것들로부터 분리해 내는 요소들은, 우리가 가치판단을 내리면서 접근하면 어떤 중요한 측면들에서는―특히 "인식"의 범위라는 척도로 측정하면―"진보"로 보인다는 사실―이 모든 것은 다음과 같은 형이상학적 믿음을 낳는다. 즉 우리가 **설령** 우리의 가치판단

---

53 생기론(生氣論)에 대해서는 이 책의 75쪽, 원주 86과 그에 따르는 옮긴이 주를 볼 것.

적 입장을 **도외시한다고 해도** 청춘의 샘이, 초시간적 가치의 영역에서 솟아올라서 천재적인 "인물"에 의해 매개되어서든 "사회심리학적 발전"에 의해 매개되어서든 역사적 현상의 영역으로 넘쳐흘러서 "객관적으로" 인류문화를 무한히 먼 미래까지 영원히 "진보하도록" 만든다는 형이상학적 믿음을 낳는다.

분트의 "심리학"은 이러한 "진보"의 믿음에 대한 옹호자를 자처하고 나선다. 크니스도 분명히 동일한 — **경험적** 심리학의 입장에서 말하자면 — 형이상학적 믿음을 공유했다. 그리고 자신보다 위대한 누군가가 이 믿음에 나름의 방식으로 고전적 형식을 부여했기 때문에, 확실히 그는 이러한 믿음을 부끄러워할 하등의 이유가 없었다. 칸트의 "자유에 의한 인과성"[54]은, 그 이후의 철학적 사유가 발전하는 과정에서 이 개념으로부터 분기한 다양한 논리와 함께, 이런 부류의 모든 형이상학적 "문화"이론과 "인격"이론의 전형이 된다. 왜냐하면 칸트가 이 개념과 더불어 내세우는 명제, 즉 예지적[55] 성격이 **윤리적** 규범에 부합하는 행위를 매개로 하여 경험적 인과관계의 안으로 들어가 이것에 영향을 끼친다는

---

54 칸트는 『순수이성비판』에서 양, 질, 관계, 양태의 네 범주에 따라 순수이성의 이율배반을 해명하는데, 이 가운데 세 번째 이율배반은 "자연법칙에 따르는 인과성"과 "자유에 의한 인과성"으로 구성된다. 칸트에 따르면, 이성은 관계의 범주에서 "현상의 발생의 절대적 완전성"을 생각하는데, 이때 이성은 다음과 같이 정립-반정립의 형태로 이율배반에 빠질 수밖에 없다.
정립: "자연법칙에 따르는 인과성은, 그로부터 세계의 현상들이 모두 도출될 수 있는 유일한 것이 아니다. 현상들을 설명하기 위해서는 자유에 의한 인과성 또한 반드시 받아들여져야 한다."
반정립: "자유는 없다. 오히려 세계에서 모든 것은 단지 자연법칙에 따라서만 일어난다." 칸트는 이 정립과 반정립이 각각 물자체의 세계, 즉 예지계에 그리고 현상의 세계, 즉 감성계에 속한다고 봄으로써 "자연법칙에 따르는 인과성"과 "자유에 의한 인과성"의 이율배반을 해결한다. 칸트, 『순수이성비판』(한글판), 제2권, 625쪽 이하, 인용은 656~57쪽.

55 예지적(intelligibel)이라 함은 감성이 아니라 오성을 통해서만 인식된다는 뜻이다. 그러므로 지식 또는 지성과 관련된 지적(intellektuell)이라는 단어와는 확연히 구별된다.

명제는, 아주 쉽게 다음과 같은 관념으로 전환되고 확장되기 때문이다. 즉 규범에 부합하는 모든 것은 유사한 방식으로 "물자체"의 세계로부터 경험적 현실의 안으로 들어가 이것과 섞여 짜일 수밖에 없다거나, 또는 더 나아가 현실세계에서의 모든 가치변화는, 우리의 "가치판단"과는 무관한 다른 질적 변화의 계열을 지배하는 인과성과 특별히 구별되는 인과성에 의해 지배되는 "창조적" 힘들에 의해 야기된다는 것이다. 분트의 "창조적 종합"이라는 개념과 "증가하는 정신적 에너지"의 법칙이라는 개념에 담긴 일련의 사고는 이 후자의 형태로 나타난다. 그러나 확실히 이 일련의 사고는—어떤 식으로든 보다 자세하게 검토하면 드러나게 되는 모든 모순에도 불구하고—장엄하며, 특히 그 논리적 측면에서 조금도 숨김없는 모습을 보여 주는 칸트의 사고에 비하면 몹시 퇴화된 것이다.—

　이와 같은 사고의 조류들이 **형이상학적** 고찰의 영역에서 과연 그리고 어떤 의미를 가질 수 있을 것인가라는 문제는 여기서는 완전히 논외로 하기로 한다. 마찬가지로 "자유에 의한 인과성" 및 그와 유사한 모든 논의에 의해 비롯되는, 그것도 어쩌면 다름 아닌 형이상학적 영역에서 처음으로 나타날 수도 있는 **실제적인** 난점들도 여기서는 다루지 않기로 한다.[18] 어쨌든 "심리학주의", 즉—여기에서 이 말은 다음을 의미한다—"세계관"이 되거나 또는 이것을 창출한다는 심리학의 교만은, 한편으로는 역학이나 생물학에 기초하는 "자연주의"와 다른 한편으로는 "문화사"에 기초하는 "역사주의"와 똑같이 무의미하고 경험적 과학의 공평무사성에 위험스러운 것이다.[19]

　뮌스터베르크[20]는 이 이른바 정신적 현상의 "원리"는 그 어떤 심리학에도 전혀 쓸모가 없다는 점을 이미 명백하게 입증했다. "객관화된", 즉 가치연관으로부터 벗어난 "정신적" 현상이 아는 유일한 개념은 질적 변화의 개념이며, 이 변화의 객관화된 인과적 관찰이 아는 유일한 개념은 인과부등식의 개념이다. "창조적인 것"이라는 개념은, 우리가 "그 자체로서는" 완전히 중립적인 변화계열의 개별적인 구성요소들을 **가치**에 연관시키기 시작해야만 비로소 작동을 하게 된다. 그러나 우리가 그렇게 한다면, 이미 언급한 바와 같이,[56] 어떤 원시성운으로부터의 태양계의 생성이나, 또는 개념의 적용 가능성을 위해서는 사건의 돌연성이 중요하다는 것을 강조하고자 할 경우에, 돌라르트만의 돌연한 출현도 시스티나의 마돈나[57]의 창작이나 칸트의 『순수이성비판』으로 이어지는 영감과 똑같이 "창조적인 것"의 개념에 포함될 **수 있다**. — "인물"이나 "인간행위"가 지니는 **특수한** "창조적 의의"는 전자나 후자가 인과적으로 작용하는 방식의 "객관적인", 즉 가치판단으로부터 자유로운 어떤 특징으로부터 도출될 수는 없다. 여기서는 오직 이 점만을 — 비록 자명하기는 하지만 — 분명하게 확인해 두고자 한다.

구체적 행위의 비합리성과 구체적 자연현상의 비합리성

역사학자가 어떤 다른 의미에서 "창조적인 것"이라는 개념을 사용하는가, 그리고 이렇게 하는 것이 "주관적으로" 정당한가 하는 문제는 여기에서 논의하지 않기로 한다. 그 대신에 다시 인간행위나 인간의 "인격"은 특수한 **비합리성**을 갖는다는 믿음과 관련하여 약간 언급함으로써 이 논의의 출발점 — 즉 크니스의 견해 — 에 보다 더 가까이 다가가기로 한다. 여기에서 우리는 "비합리성"이라는 개념을 일단 단순하게 "계산불가능성"이라는 통속적인 의미로 받아들이기로 한다. 이것은 크니스에 따르면, 인간적 "자유의지"의 징표인데,[58] 오늘날에도 여전히 수많은 학

---

56 이 책의 93쪽과 그와 관련된 옮긴이 주 26(원시성운), 그리고 95쪽과 그와 관련된 옮긴이 주 32(돌라르트만)를 볼 것.

57 이는 르네상스 예술의 거장 라파엘로(1483~1520)가 만년인 1513년경에 피아첸차의 산 시스토 성당을 위해 그린 265×196센티미터의 캔버스화로서 현재 독일의 드레스덴 미술관에 소장되어 있다.

자가 그와 같은 견해를 갖고 있다. 그리고 이것을 "정신과학"이 갖는 일종의 특수한 품위에 대한 근거로 삼으려는 시도가 이루어지는데 —— 그 이유는 이 과학이 **바로 이 계산 불가능성 때문에** 특별히 존중할 만한 존재[59]를 다룬다고 생각하기 때문이다. 그러나 우선 "체험된" 현실 속에서는 인간행위의 **특수한** "계산 불가능성"을 전혀 감지할 수 없다. 모든 군사적 명령, 모든 형법, 심지어 우리가 다른 사람들과 교류하면서 하는 모든 표현은 이것들이 지향하는 사람들의 "정신" 속에 특정한 작용을 발생시키도록 "계산한다" —— 물론 그렇게 하면서 이 작용이 모든 측면에서 그리고 모든 사람에게서 절대적인 명백성을 띨 것이라고 생각하지는 않는다; 그러나 명령, 법률 또는 구체적인 표현이 기여하고자 하는 **목적을 위해서는** 충분한 명백성을 띨 것이라고 생각한다. 논리적 관점에서 보면, 이러한 계산은 그 어떤 의미에서도 교량 건설자의 "정역학적" 계산, 농부의 농화학적 계산, 목축업자의 생리학적 고려와 다르지 않으며, 또한 이 모든 것은 다시금 시세 차익 거래인[60]과 시간 차익 거래인[61]의 경제적 숙고와 같은 의미에서 "계산"이다: 이 "계산하는 사람들"은 저마다 자신에게 필요한 정도의, 그리고 자신의 특수한 목적을 위해 이용할 수 있는 자원에 기반하여 구체적으로 도달할 수 있는 정도의 "정확성"으로 만족한다. 우리가 "자연현상"을 다룰 때에도 이와 **원칙적으로** 다르지 않다. 예컨대 "기상예보" 영역에서는 "자연현상"의 "계산 가능성"이 우리가 잘 알고 있는 사람의 행위를 "계산하는" 경우보다 훨씬 "확실하지" 못하며, 더 나아가 우리의 법칙론적 지식이 제아무리 완전해진다고 하

---

58 크니스, 『경제학』, 제1판, 119쪽을 볼 것.

59 이 존재는 자명하게도 인간을 가리킨다.

60 이는 동일한 시간에 시장에 따라 상품, 증권, 외환 등의 시세가 다를 때 싼 시장에서 사서 비싼 시장에서 팔아 이익을 얻는 상인을 가리킨다.

61 이는 현재와 미래의 한 시점에 예상되는 시세 차로부터 이익을 얻기 위해 미리 사두었다가 나중에 파는 상인을 가리킨다.

더라도, 전자는 후자와 동일한 수준의 확실성을 결코 획득할 수 없을 것이다. 그리고 추상된 특정한 관계가 아니라 **미래의** "자연현상"이 그 완전한 개별성에서 문제가 되는 경우에는 언제나 그러하다.[21] 게다가 아주 사소한 검토만으로도 벌써 드러나듯이, 인과적 **회귀**의 영역에서도 상황이 어떤 의미에서 "계산 불가능성의 테제"가 가정하는 것과 정반대이다; 어쨌든 인간"행위"가 "**객관적으로**", 즉 우리가 가치관점을 **도외시하고 고찰하는 경우에도** 타당한 것으로 남는다는 의미에서, 자연현상보다 상기한 바의 비합리성을 더 많이 보인다고 결코 말할 수 없다.[62]

만약 폭풍우로 인해 암벽에서 바윗덩어리 한 개가 땅으로 떨어져서 산산조각이 나 수많은 파편으로 흩어졌다면, 이때 잘 알려진 역학법칙에 의해 "검산한다"라는 의미에서 인과적으로 "설명할" 수 있는 것은 다음과 같다. 즉 그것이 떨어졌다는 사실과 — 물론 이 경우만 해도 이미 상당히 부정확하지만 — 그 떨어짐의 일반적인 방향, 그것이 산산조각 났다는 사실과 아마도 — 이 경우에도 다시금 상당히 부정확하지만 — 그 산산조각 남의 일반적인 정도, 그리고 거기에 더해 어떤 파편이 날아간 대략적인 방향이 그것인데, 맨 마지막의 경우는 기껏해야 자세한 선행관찰이 있어야만 가능한 일이다. 그러나 **만약** 어떤 이유에서든 우리에게 중요한 것이 예컨대 그 바윗덩어리가 얼마나 많은 그리고 어떤 형태의 파편들로 깨졌으며 이 파편들이 어떤 모습으로 흩어졌는가를[63] 알아내는 것이라면 — 사건의 이 "측면들"은 그리고 유사한 무한한 "측면들"은 비록 순수한 양적 관계로 표현되지만, 이것들을 인과적으로 설명하고자 하는 우리의 욕구는 다음과 같은 판단, 즉 우리가 마주한 이 사건에는 적어도 "파악할 수 없는 것" — 다시 말해 우리의 "법칙론적" 지식과 **모순**

---

62 이 문장 후반부에 나오는 "상기한 바의 비합리성"은 계산 불가능이라는 의미에서의 비합리성을 가리킨다.

63 이는 파편들이 큰 무더기로 분산되었는가 아니면 작은 무더기로 분산되었는가 아니면 아예 완전히 산개되었는가를 의미한다.

되는 것 — 이 포함되어 있지 않다는 판단으로 충족될 것이다. 우리가 진정한 의미에서의 인과적 "회귀"를 한다는 것은, 사건의 이 측면들이 절대적으로 "계산 불가능하기" 때문에 — 이것들의 구체적인 결정요인들이 흔적도 없이 사라져버리기 때문에 — 완전히 불가능할 뿐만 아니라 또한, 이와는 별개로, 완전히 "무의미할" 것이다. 인과설명에 대한 우리의 욕구는, 암석 낙하의 결과 가운데 첫눈에 우리가 알고 있는 "자연법칙들"과 모순되어 보이는 어떤 개별현상이 포함되어 있어야만 비로소 다시 깨어날 것이다. — 실상은 이렇듯 간단하지만, 가급적 다음을 분명히 알아두는 것이 좋다: 상기한 인과적 설명의 방식은 지극히 부정확하며 실제적 자료에 근거하는 모든 **필연**판단을 **배제하는데** — 이것과의 관계에서 "결정론"의 보편적 타당성은 순수하게 선험적인 것으로 남는다 —, 바로 이 방식이 구체적인 개별사건들에 대한 "인과적" 설명과정의 가장 전형적인 예가 된다. — 만약 우리가 구체적인 **개별**현상들을 설명할 요량으로 과학에 문의한다면, 예컨대 기상학뿐만 아니라 지리학이나 생물학도 이 사소한 경우에서와 원칙적으로 완전히 동일한 방식으로 답함으로써 인과설명에 대한 우리의 욕구를 충족해 줄 수밖에 없는 경우가 허다하다. 그리고 오늘날에는, 예컨대 "적응"이라는 생물학적 개념이 확인된 (또는 추측된) 다원발생적 과정의 "정확한" 인과귀속으로부터 얼마나 멀리 벗어나 있는가, 또한 특히 이 개념에는 인과적 **필연**판단이 얼마나 낯선 것인가를 더 이상 강조할 필요가 없다.[22] 이 모든 경우에서 우리는 다음과 같은 사실, 즉 구체적인 개별현상은 일반적으로 "파악할 수 있는" 것으로 **해석되며**, 다시 말해 경험에 대한 우리의 법칙론적 지식에 직접적으로 모순되는 것을 포함하고 있지 않다는 사실에 만족한다. 그리고 우리가 이렇게 만족하는 것은, 한편으로는 그리고 주로 — 다원발생적 현상들의 경우에서처럼 — 우리가 지금 더 이상 알 수 없고 또 아마도 영원히 그럴 것이기 때문이며, 다른 한편으로는 — 상기한 암석 낙하의 경우에서처럼 — 우리가 상기한 것 이상으로 알 필요성을 느끼지 않기 때문이다.

우리가 구체적인 사건들을 "설명하는" 경우에 인과적 **필연**판단의 가능성은 결코 상례가 아니라 오히려 예외에 속하며, 이러한 판단은 항상, 우리가 사건에서 "중요하지 않은 것"으로 제쳐두어야 하고 또 제쳐둘 수 있는 다른 무한한 구성요소들은 도외시한 채 오직 그것만을 우리의 고찰 대상으로 삼는 개별적인 구성요소들에 관련된다. 그리고 역사적으로 중요한 인간행위 영역에서 인과적 회귀의 가망성은 일반적으로 상기한 바 암석의 파편들이 흩어지는 모습의 예에서 볼 수 있는 것만큼이나 복잡하고 다단한 개별적 측면들에 달려 있다. 이러한 논리는 구체적이고 역사적으로 중요한 개인적 행위이든 다수 개인의 복잡한 상호관계에 의해 야기되는 사회집단 내의 변화의 과정이든 상관없이 적용된다. 그리고 암석의 파편들이 흩어지는 모습의 예에서 우리는 그 과정과 결과를 좀 더 세부적으로 들여다봄으로써 상황에 따라서 고찰해야 하는 인과적 요소들의 수를 "그 어떤 주어진, 제아무리 큰 수보다도 더 크게 할 수 있다"[64]; 다시 말해 이 사건은 우리가 그것을 이런 식으로 의식하고자 **하면**, 표면상 아주 간단해 보이는 **모든** 개별적인 사건과 마찬가지로 내용적으로 **무한한** 다양성을 포함한다 ─ 그러므로 제아무리 복잡한 인간 "행위"의 과정이라 하더라도 원칙적으로 보면 심지어 상기한바 물리적 자연에서의 간단한 사건에서 발견할 수 있는 것보다 "객관적으로" 더 **많은** "요소들"을 내포하는 것은 아니다.

"해석"의 "범주"

그러나 인간 "행위"와 "자연현상" 사이의 차이는 다음과 같은 측면에

---

64 여기에서 베버는 마르틴 옴, 『수학의 완전한 논리적 체계를 위한 시론』, 제1부, 300쪽에 준거하고 있다. 참고로 마르틴 옴(1792~1872)은 독일의 수학자이며 전기저항의 단위인 '옴'으로 잘 알려진 게오르그 옴(1789~1854)의 동생이다.

서 찾을 수 있다:

(1) 우리가 인간의 자아행동을 분석하는 경우 인과설명에 대한 우리의 욕구는 **질적으로** 다른 방식에 의해 충족될 수 있으며, 이로 인해 비합리성의 개념도 질적으로 다르게 채색된다. 우리는 인간의 자아행동을 해석하고자 할 때, 적어도 원칙적으로, 그것을 "가능한 것"으로, 즉 우리의 법칙론적 지식과 일치하는 것으로 "파악될 수 있도록" 할 뿐만 아니라 더 나아가 그것을 **"이해하려는"**, 즉 "내적으로" "추체험할 수 있는" 구체적인 "동기"나 이와 같은 동기들의 복합체를 규명하려는 목표를 세울 수 있다; 이 경우에 우리는 인간의 자아행동을 동기나 동기들의 복합체로 귀속시키는데, 이 귀속은 우리가 사용하는 자료의 성격에 따라 그 정확성의 정도가 달라진다. 다시 말하자면, 개별적인 행위는 유의미하게 **해석될 수 있기** 때문에 ─ 그리고 그럴 수 있는 한 ─ 원칙적으로 그리고 특수한 의미에서 개별적인 자연현상보다 덜 "비합리적"이다. 그러나 해석될 수 있는 한에서만 그러하다: 만약 이 가능성이 존재하지 않는다면, 인간행위는 상기한 바 있는 암석의 낙하와 조금도 다르지 않다; 해석 가능성의 결여라는 의미에서의 "계산 불가능성"은 달리 말해 **"미친 자"**의 행동을 지배하는 원리이다. 만약 우리의 역사적 인식이 일단 **해석 불가능성**이라는 의미에서의 "비합리적인" 행동에 초점을 맞춘다면, 확실히 인과설명에 대한 우리의 욕구는 일반적으로, 상기한바 암석의 파편들이 흩어지는 모습을 "파악하는" 것과 똑같은 의미에서, 가령 정신병리학이나 이와 유사한 과학들의 법칙론적 지식에 근거하여 그 행동을 "파악하는" 것으로 만족할 수밖에 **없다** ─ 그렇다고 해서 암석 파편들의 경우에서보다 **덜 만족할** 필요는 없다. 아무튼 "해석할 수 있는" 현상들은 질적 합리성을 갖는데, 어떤 의미에서 그런지는 쉽게 예증할 수 있다. 주사위통에 주사위를 넣고 흔들어서 던질 때 6이 나온다는 사실을 ─ 주사위가 "위조된 것"이 아닌 한 ─ 인과적으로 설명한다는 것은 완전히 불가능하다. 이 결과는 우리에게 "가능한 것"으로 보인다. 다시 말해 그것은 우리

의 법칙론적 지식에 모순되지 않는다. 그러나 그것이 "필연적으로" 일어날 **수밖에 없었다**는 확신은 **순수하게** 선험적인 것으로 남는다. 주사위를 수없이 던질 경우 — 주사위의 "올바름"이 전제된다면 — 나오는 숫자가 여섯 면 모두에 거의 같게 분포된다는 사실은 우리에게 "그럴듯하게" 보인다. 우리는 이렇게 경험적으로 입증할 수 있는 "대수(大數)의 법칙"의 타당성을 다음과 같은 의미로 "파악할" 수 있다. 즉 그 반대의 결과가 나타난다면 — 주사위를 계속해서 던짐에도 불구하고 일정한 숫자가 계속해서 훨씬 더 자주 나온다면 — 우리는 이 빈도의 차이를 귀속시킬 수 있는 원인이 무엇일까 묻지 않을 수 없을 것이다. 그런데 이 주사위의 예에서 특징적인 것은 말할 나위 없이 인과설명에 대한 우리의 욕구가 본질적으로 "소극적인" 방식으로 충족된다는 사실이다. 이는 통계 숫자의 "해석"과 비교된다. 여기에서 특정한 경제적 변화가 가령 혼인율에 끼치는 영향을 재현하는 통계 숫자를 예로 들 수 있는데, 이것은 일상경험을 통해 훈련된 우리 자신의 상상력에 의해 진정으로 적극적인, 즉 "동기"에 근거하는 **인과적** 해석에 이른다.[65] 그리고 "해석할 수 없는 것"의 영역에서 **개별적인** 사건은 따로 떨어져서 일어났을 때 — 단 한 번의 주사위 던짐, 낙하하는 암석의 쪼개짐 — 다음과 같은 의미에서 완전히 비합리적으로 남았다. 즉 우리는 이 사건들의 법칙론적 가능성을 확인하는 것 — 그것들이 우리의 경험칙에 모순되지 않은 것 — 에 만족할 수밖에 없었으며, 우리는 **다수**의 개별적인 경우들에 근거해서야 비로소 일정한 조건 아래 그 단계를 넘어서 "확률판단"에 이를 수 있었다 — 이에 반해 예컨대 1756년의 프리드리히 2세의 행동,[66] 그러니까 개별적인 상황

---

65 짐멜, 『역사철학의 문제들』, 제2판, 28쪽 이하를 볼 것. 이 문장의 끝부분에 나오는 "'동기'에 근거하는"은 "'동기'를 파악하는 또는 설명하는"으로 읽으면 된다.

66 1756년 8월 프로이센의 국왕 프리드리히 2세(프리드리히 대왕)는 작센 왕국을 침공함으로써 7년전쟁(1756~63)의 서막을 열었다. 이 7년전쟁은 유럽의 대국들이 둘로 갈라져 싸운 전쟁으로, 한편에는 프로이센과 영국이, 다른 한편에는 오스트리아, 프랑스,

에서 지극히 개인적으로 결정된 행동은 우리에게 상기한바 암석의 쪼개 짐처럼 법칙론적으로 "가능한 것"으로 보일 뿐만 아니라 더 나아가 "목 적론적으로" **합리적인 것**으로 보인다. 이 후자가 의미하는 바는, 우리가 인과적 귀속을 통해 **필연**판단에 이를 수 있으리라는 것이 아니라, 우리가 그 사건이 "적합한 원인"을 갖는다고 판단한다는 것이다 — 다시 말해 국왕이 특정한 의도와 특정한 (올바른 것이든 그른 것이든) 통찰을 갖고 있었으며 이에 근거해 합리적으로 행위했다고 전제할 경우 그 사건이 "충분히" 동기화된 것으로 판단한다는 것이다. 이 경우에는 "해석 가능성"으로 인해 "해석할 수" 없는 자연현상의 경우보다 "계산 가능성"이 더 커진다. 단순히 인과설명에 대한 우리의 욕구가 어떻게 충족되는가 라는 관점에서 보면, 그것[67]은 "대수의 법칙"과 대등하다. 그리고 심지어 우리가 이 사건을 국왕의 의도와 통찰에 근거하여 "합리적으로" 해석할 수 없을 때에도, 예컨대 "비합리적인" 감정이 개입될 때에도, 적어도 상황이 유사하게 남을 가능성이 있다. 왜냐하면 만약 우리가 그의 "성격"을 안다면, 그 감정도 "이해할 수 있는" 결과를 가져올 수 있는 요소로서 인과적 귀속에 포함시킬 수 있기 때문이다. 우리는, 때때로 프리드리히 빌헬름 4세[68]에게서 그러는 것처럼, 완전히 병리적인, 따라서 해석할 수 없을 만큼 무의미하고 과도한 반응에 직면하는 경우에만, 상기한 자연현 상들에서 볼 수 있는 것과 똑같은 정도의 비합리성을 접하게 된다. 그러나 해석 가능성이 감소함에 따라(그리고 그 결과로 "계산 불가능성"이 증가함에 따라), 우리는 일반적으로 — 이 점에서 여기까지의 논의가 우리의

러시아, 스웨덴, 작센 등이 있었다.

67 이는 "해석 가능성"을 가리킨다.

68 프리드리히 빌헬름 4세(1795~1861)는 프로이센의 국왕으로, 1857년 정신병에 걸려 후에(1871년) 독일제국의 초대 황제가 되는 동생 빌헬름(1797~1888)에게 국사를 넘겼으며 1858년에는 섭정이 되었다. 1848년 5월에 소집된 프랑크푸르트 국민회의가 1849년 4월에 프로이센 국왕이던 그를 독일 황제로 선출했으나 대관을 거절했다.

문제와 연결된다 ─ 행위자가 그만큼 "자유의지"("행위의 자유"라는 의미에서[23])를 **더 적게** 갖는다고 전제한다: 다시 말해 이미 여기에서 다음이 드러난다. 즉 만약에 **행위**의 **"자유"**(이 개념이 어떻게 정의되든)와 역사적 **사건**의 비합리성 사이에 어떤 일반적인 관계가 존재한다면, 이 관계는 어쨌든 그중 하나의 존재나 증가는 다른 하나의 증가도 의미하는 상호 조건지음의 관계가 **아니라**, 실상은 ─ 우리의 논의가 진행되면서 점점 더 분명해질 것이지만 ─ 그 정반대라는 점이 드러난다.

(2) 그런데 인과설명에 대한 우리의 욕구는 또한, "해석"이 원칙적으로 가능한 경우 실제로 수행될 것을 **요구한다**. 다시 말해 인간 "행위"를 해석하면서 우리는 단지 이것을 순수한 경험적 관찰에 의해 **규칙**으로 밝혀진 것에 연관시키는 선에서 만족할 수 없는데, 이 규칙이 제아무리 엄격한 것이라고 해도 사정은 매한가지이다. 우리는 행위가 그것의 "의미"에 근거하여 해석될 것을 요구한다. 만약 이 "의미" ─ 이 개념은 어떤 문제를 안고 있는가에 대한 검토는 일단 미루기로 한다 ─ 가 개별 경우에 직접적으로 명증한 것으로 확인될 수 있다면, 구체적인 개별 경우를 포괄하는 사건의 "규칙"을 **정식화할** 수 있는가 여부는 우리에게 중요하지 않다.[24] 그리고 다른 한편 이와 같은 규칙의 정식화는, 설령 그것이 엄격한 법칙성의 성격을 띤다고 할지라도, "유의미한" 해석이라는 과제가 단순히 그 규칙과 연관시키는 것으로 결코 **대체될** 수 없다. 이뿐이 아니다: 그와 같은 "법칙들"은 "행위"의 해석과 관련하여 **그 자체로서는** 우리에게 아무런 **의의**도 갖지 않는다. 우리가 어떻게 해서든지 아주 엄격하게 경험적·통계적으로 다음을 증명하는 데 성공했다고 가정해 보기로 하자: 어떤 특정한 상황에 일찍이 노출된 적이 있는 모든 인간은 언제 어디서나 그 상황에 정확히 똑같은 방식과 정확히 똑같은 정도로 반응했으며, 우리가 상황을 실험적으로 만들 때마다 여전히 그렇게 반응할 것임을 증명하는 데 성공했다고, 그러니까 이 반응이 가장 축어적인 의미에서 "계산될" 수 있을 것이라고 가정해 보기로 하자 ─ 그러나 이

것이 증명되었다는 사실 그 자체가 우리의 "해석"을 단 한 발자국이라도 진척시킬 수는 없을 것이다; 왜냐하면 그와 같은 증명 자체만으로는 아직도 "왜" 하필 상기한 반응이 나타났으며, 왜 항상 상기한 바대로 나타났는지를 전혀 "이해할" 수 없기 때문이다. 거기에 더해 상상 속에서 동기를 "내적으로""재생할"[25] 수 없는 한, 이러한 이해는 불가능할 것이다: 그와 같은 능력이 **없다면**, 법칙적으로 일어나는 반응이라는 사실에 대한 생각할 수 있는 가장 포괄적인 경험적·통계적 증명조차도 바로 그런 까닭에, 인식의 **질**이라는 측면에서, 우리가 역사학 및 이 점에서 역사학과 유사한 "정신과학들"— 이미 언급했듯이, 이것들이 무엇인가 하는 문제는 일단 완전히 제쳐두기로 하기로 한다 — 에 하는 요구에 **미치지 못할** 것이다. —

이 "범주"[69]에 대한 인식론적 고찰

1) 뮌스터베르크의 "주관화하는" 과학의 개념

아무튼 "해석적" 연구의 형식적 인식목표와 "법칙과학적" 작업의 개념구성 사이에 존재하는 이러한 불일치로 말미암아 다음과 같은 주장이 제기되어 왔다. 즉 역사학을 비롯하여, 예컨대 경제학을 포함하여 역사학과 유사한 다른 "주관화하는" 과학들은, 물리학, 화학, 생물학, 심리학과 같이 "객관화하는 경험"— 이것은 "귀납"과 "가설구성", 그리고 "사실"에 의한 가설의 검증을 거쳐 진행된다 — 에 기반하여 보편개념들을 구성하고자 하는 모든 과학과 원칙적으로 다른 종류의 **존재**를 대상으로 가진다는 주장이 제기되어 왔다. 이렇게 주장하는 사람들이 내세우고자 하는 바는, 모든 "물리적" 존재와 모든 "정신적" 존재 사이의 절대적인 상위(相違)가 아니다. 사실 분별 있는 사람이라면 그 누구도 이 상위를

---

69 이는 "해석"의 "범주"를 가리킨다.

부인하지 않을 것이다. 그들이 내세우고자 하는 바는 오히려 다음과 같은 견해, 즉 어떻게든 분석적 고찰의 "대상"이 될 수 있는 "존재" — "물리적인 것"이든 "정신적인 것"이든 상관없이 — 는, 우리가 직접적으로 "체험하며" 그 안에서는 "심리학"이 사용하는 "정신적인 것"이라는 개념이 절대로 적용될 수 없는 현실과 원칙적으로 다른 의미에서 "존재한다"라는 견해이다. 이와 같은 견해는 또한 우리가 지금까지 자세하게 분석하지 않은 "해석"의 개념에 하나의 원리적 토대를 제공할 것이다: 왜냐하면 이러한 종류의 인식은 분명히 "주관화하는" 방법의 독특한 표현 방식이 될 것이기 때문이다. 그러나 상기한 두 종류의 과학 사이에는 심연이 존재한다는 견해는 확실히 "객관화하는" 인식의 모든 범주, 즉 "인과성", "법칙", "개념" 등의 타당성을 의심스러운 것으로 만들 것이다. 이와 같은 과학론의 기본적인 테제들은 아마도 **뮌스터베르크**의 『심리학 개요』에서 가장 일관되게 전개되었으며, 이들 테제는 즉각 "문화과학" 이론들에 영향을 끼치기 시작했다. 이 자리에서는 그의 탁월한[26] 저작을 전반적으로 비판할 계제가 아니지만, 그럼에도 불구하고 이 저작에는 "인격적인 것"의 비합리성이라는 개념과 "인격" 자체의 비합리성이라는 개념이 완전히 다른 의미로 사용되고 있기 때문에, 적어도 그의 견해들 가운데 다음의 것들에 대해 입장을 표명하는 것이 불가피하다. 즉 인간행위 영역에서의 인과성 문제와 관련되며 이 점에서 몇몇 학자 — 특히 프리드리히 고틀 — 에 의해 역사학 및 이것과 유사한 과학들의 인식론 분야에서 활용되어 온 견해들에 대해 입장을 표명하는 것이 불가피하다. 여기에서 우리에게 중요한 점들[27]과 관련된 뮌스터베르크의 논리를 아마도 다음과 같이 요약할 수 있을 것이다: 우리가 매 순간 "체험하는" 실제적 삶의 "자아"는, 개념, 법칙 및 인과적 "설명"을 사용하는 분석적 연구의 대상이 될 수 없는데, 왜냐하면 그는 예컨대 우리의 "환경"과 같은 방식으로 결코 "발견될" 수 없기 때문이다: 그는 "기술될 수 없는" 성격을 갖는다. 그리고 그가 실제로 "살아가는" 세계에 대해서도 사정은 매한가지이다. 왜냐하면 자아는 단지 관조만 하는 것이 결코 아니라 더 나아가 항상 그리고 매 순간 "입장을 설정하고 평가하고 판단하며", 따라서 이 자아에게 — 그리고 우리가 "활동하는" 한, 우리들 모두에게 — 세계는 결코 "기술할 수 있는 것"으로서가 아니라 단지 "평가할 수 있는 것"으로서만 의미를 갖기 때문이다. 만약 내가 전달과 설명을 목적으로 세계를 자아에의 종속으로부터 벗어난 것으로 **생각한다면**, 그때서야 비로소 세계는 "단순히 지각된" 사실들의 복합체가 된다. 이미 여기에서 뮌스터베르크의 논의에 끼어들어 다음을 언급해야 할 것이다. 즉 우리가 이 이론을 문자 그대로 이해하고자 한다면, 당연히 그 안에서는 구체적인 "활동"의 목적을 달성하기 위한 수단이나 숙고된 행위의 가능한 결과에 대한 합리적인 고려가 아직 비객관화된 "체험의" 부분으로서 차지할 자리가 없을 것이라는 점을, 그리고 그 이유는 이와 같은 모든 고려에서 "지각된 사실들의 복합체"로서의 "세계"는 인과성의 범주에 의해 지배되는 "대상"이 **되기** 때문이라는 점을 언급해야 할 것이다. 거기에 덧붙여, 사건의 과정에 대한 "경험적", 그러니까 단지 "객관화하는" 순수한 "지각"을 통해서만 얻을 수 있는 **규칙들**이 없다면, "합리적인" 행위도 있을 수 없다는 점을 언급해야 할 것이다.[28] 그러나 이에 대해 뮌스터베르크는 다음과 같이 논박할 것이다. 즉 당연히 인식을 목적으로 하는 "세계"의 객관화[70]는 궁극적으로 합리적인 행위에 근거하며, 이 행위는 자

---

70 뮌스터베르크, 『심리학 개요』, 제1권, 56, 60쪽에 따르면 객관화는 정신적 삶이라는 인식대상을 주체로부터 분리하는 것이다. 그것은 "추상화하는 주체의 행위", 또는 달리 말하자면 인식대상이 되는 주체의 "현실적인 체험을 떠나서 추상화의 산물을 얻는" 인식주체의 행위이다. 정신적 삶이라는 대상은 이처럼 "주관적인 현전성으로부터 분리됨으로써" 심리학적으로 기술되고 설명될 수 있다. 이에 반해 대상이 주체에 종속된다고 생각하는 것을 주관화라고 부른다. 뮌스터베르크는 다음과 같이 주장한다: "그것은[정신적 삶은] 객관화되는 한 심리학의 대상이 되고, 주관화되는 한 정신과학의 대상이 된다. 다시 말해 정신과학은 심리학으로부터 엄격하게 분리되어야 한다; 정신과학은 정신적 삶을 이것이 현실적인 주체에 종속되는 것으로 생각되는 한 다루는 반면, 심리학은 그것이 주체로부터 분리되는 한 다룬다." 같은 책, 15~16쪽. 요컨대 심리학은 자연

신이 추구하는 목적을 위해 "체험된 것"의 세계를 "경험된 것"의 우주로 뒷받침하는데, 이는 다시금 미래에 대한 우리의 "기대"를 보장함으로써 우리가 입장을 설정할 수 있도록 하기 위함이라고, 그리고 바로 여기에 개념과 법칙을 가지고 작업하는 모든 과학의 진정한 원천이 있다고 논박할 것이다. 그런데 그에 따르면 객관화하는 과학에 의해 창출되는 "경험"은, 현실이 실제적으로 체험되는 것의 현전성으로부터 분리되고 난 후에야 비로소 가능해진다. 그것은 원래는 실천적 성격을 띠지만 나중에는 논리적 성격을 띠게 되는 특정한 목적을 위해 창출된 비현실적 추상의 산물이라는 것이다. 특히 현전적 **"의지"**는 의지의 **대상** — 이것은 나중에 "객관화하는" 과학의 대상이 된다 — 을 "의식하는" 것과 동일한 의미에서 "체험되는" 것이 결코 아니며(51쪽), 따라서 모든 "발견된" 경험내용과는 근본적으로 다르다는 것이다. 이러한 견해에 대해 우선 다음과 같은 반론이 제기될 것이다. 즉 그것은 단지 "존재하는 것" 자체와 "존재**판단**"의 "상이성"을 의미할 뿐이며, 우리는 후자를 어떤 "대상"에 적용할 수 있는 것과 똑같이 구체적인 의지에도 (우리 자신의 것을 포함하여) 적용할 수 있고 또 실제로 적용한다는 반론이 제기될 것이다. 의지가 존재**한다는**, 다시 말해 "체험"**된다**는 사실은 당연히 — "지각된" 대상들의 경우에서와 마찬가지로 — 우리가 이 체험에 대해 "안다는" 것과는 논리적으로 다른 무엇이다. 이에 대해 뮌스터베르크는 자신이 말하고자 하는 바는 단지 다음과 같을 뿐이라고 논박할 것이다. 즉 "의지"는 육체에로의 정신적인 것의 "내사"(內射)[71]가 수행되고 난 후에야 비로소 "기

과학처럼 객관적인 물리적 세계와 관련되지 않고 정신과학처럼 인간의 정신적 삶, 다시 말하자면 인간의 가치의식, 목적설정, 의지행위 등에 관련된다. 이렇게 보면 심리학은 정신과학과 마찬가지로 정신적 삶의 과학에 속하며, 따라서 주관화하는 과학에 속한다고 생각할 것이다. 그러나 다른 한편으로 심리학은 주관화된 정신적 삶이 아니라 객관화된 정신적 삶을 인식대상으로 한다. 그러므로 심리학은 정신과학처럼 주관화하는 과학이 아니라 자연과학처럼 객관화하는 과학에 속한다.

71 뮌스터베르크는 이 개념을 "정신물리평행론"에 대한 논의의 맥락(『심리학 개요』,

술과 설명"[72]의 대상이 될 수 있는데, 이 내사 자체는 "물리적인 것"으로부터의 "정신적인 것"의 분리(직접적인 "체험"을 통해서는 전혀 알 수 없는 분리)가 수행되고 난 후에야 비로소, 그러니까 세계의 "객관화"가 수행되고 난 **후에야** 비로소 가능해진다고 말하고자 할 뿐이라고 논박할 것이다. 그러나 그에 따르면 이 의지는 다른 한편으로 더 이상 "현전적 주체"의 "실제적인" 의지가 아니라 추상을 통해 얻어진 그리고 더 나아가 분석을 해야 하는 "대상"일 뿐이다. 물론 우리는 — 그의 견해로는 — 체험된 실재로서의 **실제적인** 의지에 대해서도 **안다**. 그런데[73] 이 "아는 것"은 두 가지 측면, 즉 끊임없이 "입장을 설정하고" 가치를 평가하는 자신의 "현전성"에, 그리고 입장을 설정하는, 즉 의욕하고 평가하는 다른 주

제1권, 430~35쪽)에서 규정한다. 그에 따르면 "모든 정신적 내용은 특정한 두뇌현상에 귀속된다. 모든 두뇌현상은 시간과 공간에서의 과정이다. 그리하여 우리는 우리 의식의 모든 내용을 시간과 공간에 투사하는데, 시간은 우리 삶에서의 시간이고 공간은 우리 육체 안에서의 공간이기 때문에 우리는 투사를 내사라고 부를 수 있다." 같은 책, 434쪽.

72 기술(記述)과 인과적 설명의 구분을 체계화한 사람은 구스타프 키르히호프이다. 그에 따르면, 역학의 과제는 원인을 규명하는 것이 아니라 "자연에서 진행되는 운동의 성격을 **기술하는**, 그것도 완전하고도 가장 간단한 방식으로 그리는 것이다." 키르히호프, 『수리물리학 강의: 역학』, V쪽. 그러나 이처럼 기술을 위해 인과적 설명을 포기하라는 키르히호프와 달리 뮌스터베르크는 기술과 인과적 설명 둘 다 필요하다고 본다. 그에 따르면 "사실상 기술과 설명은 결코 분리될 수 없다; 사건이 지각할 수 있는 대상들의 세계에서 진행되는 과정으로 간주되는 한, 법칙과 사건은 대립이 아니다." 그리하여 그는 "모든 설명은 단지 보편화된 기술일 뿐이라는 실증주의적 견해"를 배격하고 "모든 기술은 [현상들 사이의] 관계를 추구해야 비로소 논리적 가치를 획득한다"는 입장을 견지한다. 같은 책, 36쪽. 참고로 구스타프 키르히호프(1824~87)는 독일의 물리학자이다.

73 이 문장부터 "결코 심화될 수 없다. —"로 끝나는 문장까지(123쪽 마지막 줄~124쪽 첫째 줄) 뮌스터베르크의 견해가 이어지며, 원본에서는 독일어 간접화법 제1식으로 표현되어 있기 때문에 쉽게 알 수 있다. 그러나 우리말로 옮겨 놓으면 이것이 베버의 견해인지 뮌스터베르크의 견해인지 헷갈릴 수 있다. 그러므로 이 문장 바로 앞에 "뮌스터베르크의 논리는 다음과 같이 계속된다"라는 식의 문장을 덧붙여 읽으면 의미하는 바가 보다 명확해질 것이다.

체 — 인간, **또는 그가 때때로 명백하게 언급하듯이 동물!**[74] — 의 "현전성"에 관계된다; 그리고 이 아는 것은 직접적으로 체험된 현실의 영역, 그러니까 "가치들의 세계"에서 움직이며, 따라서 또한 직접적인 "이해", 다시 말해 "현전적인 것들"의 공체험(共體驗), 추체험(追體驗), 감정추입(感情追入), 가치부여 및 평가를 의미한다 — 이것은 **"가치로부터 자유로운"** 분석적 인식의 대상을 아는 것과 대비되는데, 이 대상은 단지 "객관화"를 통해서만, 다시 말해 "이해하고 평가하는" 원래의 주체로부터 인위적으로 분리함으로써만 산출될 수 있으며, 또한 이 분석적 인식의 목표는 현전성의 세계를 내적으로 "이해하는" 데가 **아니라** "발견된" 대상들의 세계를 "기술하고" 그 요소들로 환원하여 "설명하는" 데에 있다. 그런데 이 "객관화하는" 인식은 단순한 "기술"의 목적 하나만을 위해서도, 그리고 더욱이 "설명"의 목적을 위해서는 "개념"뿐만 아니라 "법칙"도 필요로 하는데, 이것들은 다른 한편 "현전적" 자아를 "이해하는" 인식의 영역에서는 무가치하며 심지어 무의미하기까지 하다. 왜냐하면 "현실과학"[75]이 도외시할 수 없는 자아의 현전성은 "자유의 세계"이며, 또한 그 자체로서 그리고 해석하고 **이해할 수 있는 것**, 즉 "추체험할 수 있는 것"의 세계로서 **인식되기** 때문이다. 우리가 이 세계에 대해 갖고 있는 지식은 다름 아닌 "체험된" 지식인데, 이것은 "객관화하는 인식"의 수단, 즉 개념과 법칙을 사용해서는 결코 심화될 수 없다. — 그러나 뮌

---

74 우리는 의욕하고 평가하는 주체의 현전성에 기반하는 고찰방식을 — 예컨대 뮌스터베르크는 『심리학 개요』, 제1권, 98쪽에서 주장하기를 — 인간적 주체들에만 국한할 수 있는 그 어떤 근거도 없는데, 그 이유는 "우리가 **동물세계**를 다룰 때 입장설정적 주체들이라는 믿음을 가질 수밖에 없기 때문이다." 이처럼 우리가 동물을 현전적 주체로 인정하기 때문에 동물은 의식내용을 가지며, 동물이라는 주체에 속하는 대상세계는 인간이라는 주체에 속하는 대상세계와 마찬가지로 단순히 물리적인 것이 아니라 정신적인 것이다. 같은 책, 99쪽.

75 사실 현실과학은 빈델반트와 리케르트의 개념이며, 뮌스터베르크는 『심리학 개요』, 제1권, 37쪽 이하에서 이 개념을 비판하고 있다.

스터베르크에 따르면, "객관화하는" 심리학도 "주관화하는" 과학 분야들과 마찬가지로 현실의 체험된 내용들로부터 **출발하는데**, 다만 그러고 나서 후자와 달리 이들 내용을 "기술"과 "설명"의 방식을 통해 분석하고 자 할 뿐이다. 그러므로 객관화하는 과학 분야들과 주관화화는 과학 분야들 사이에 궁극적으로 남는 차이점은 단지 "자아에의 종속"뿐이다. 주관화하는 과학 분야들은 이 종속성을 포기할 수 **없고** 또 포기해서도 **안 되는** 반면, 객관화하는 과학 분야들은 이 종속성에서 가치로부터 자유롭게, 그러니까 순수하게 이론적으로 "경험되는 것"만을 그 대상으로 가질 뿐이며, 따라서 "입장을 설정하는" 자아의 통일성은 객관화하는 과학 분야들의 구성물[76]을 통해서는 결코 파악할 수 없다. 왜냐하면 이 자아는 전혀 "기술될 수 없고" 단지 "체험될 수 있을" 뿐이기 때문이다. 그리고 역사학은 "인물들"의 "행위"에 대해 이야기하며, 또한 "의지의 콘텍스트"를 제시하여 그 안에서 인간의 평가와 의도가 완전히 "체험된" 실재 속에서 "추체험될" 수 있도록 하고자 하며, 따라서 주관화하는 과학 분야들 가운데 하나이다.

이렇게 해서 우리는 역사학을 비롯하여 이와 유사한 "정신과학들"의 특성에 대한 뮌스터베르크의 견해를 살펴보았는데, 거기에서 **우리**에게 실질적으로 중요한 것은 — 다수의 분명한 논리적 오류를 제거한다면[29] — 다음과 같은 명제들로 요약할 수 있다: 단지 "정신적인" 현상들의 영역에서만 가능한 "감정이입"과 "이해"가 "주관화하는" 인식의 독특한 범주이고, 이 범주로부터 객관화하는 인식의 수단에 이르는 다리가 없으며, 따라서 우리는 임의로 어떤 현상에 대한 하나의 객관화하는 해석, 예컨대 정신물리학적 해석에서 "사유론적"[77] (이해에 기반하는) 해석으로

76　이 앞에 "개념적, 이론적 또는 법칙적"을 덧붙여서 읽으면 의미하는 바가 보다 명확해 질 것이다.

77　이는 독일어 'noetisch'를 옮긴 것인데, 그 명사형인 'Noetik'은 정신적 대상에 대한 사유나 인식을 다루는 철학의 분야이다.

말하자면 뛰어넘을 권한도 없고[30] 한 종류의 인식이 남긴 틈을 다른 종류의 인식으로 메울 수 있는 권한도 없다.[78] 일찍이 쇼펜하우어는 인과성이란 "임의로 멈추게 할 수 있는 전세마차가 아니다"라고 말했다.[79] 그러나 뮌스터베르크는 "주관화하는" 고찰방식과 "객관화하는" 고찰방식을 갈라놓는 심연으로 인해 "사유론적으로" 접근할 수 있는 것의 경계에서 그와 같이 멈추는 것이 불가피하다고 생각하며, 따라서 "주관화하는" 모든 인식에 인과성의 범주가 적용될 수 있는 가능성을 **부인한다**.[80] 만약,

---

78 이 구절에 나오는 원주 29와 30은 원본의 순서가 뒤바뀐 것인데, 그 이유는 우리말의 가독성을 높이려고 했기 때문이다.

79 여기에서 베버는 리케르트, 『자연과학적 개념구성의 한계』, 474쪽에서 쇼펜하우어를 나름대로 인용한 바를 따르고 있다. 거기에서 리케르트는 말하기를, "우리는 인과성이 임의로 멈추게 할 수 있는 전세마차가 아니라는 **쇼펜하우어**의 유명한 말을 생각하기만 하면 된다 [……]." 쇼펜하우어는 『충족이유율의 네 겹의 뿌리에 관하여』, 38쪽에서 다음과 같이 말하고 있다: "인과성의 법칙은 가고자 하는 곳에 도착하면 되돌려 보내는 전세마차처럼 마음대로 사용할 수 있는 것이 아니다." 참고로 『충족이유율의 네 겹의 뿌리에 관하여』는 쇼펜하우어가 1813년 예나 대학에 제출한 박사학위 논문이 출간된 것이다. 충족이유율은 독일어로 'Der Satz vom zureichenden Grunde'인데, 이는 충분한(zureichend) 근거(Grund)의 원리(Satz), 즉 충분근거율이라는 의미로서, 간단히 말해 "무엇이든 충분한 근거 없이는 있을 수 없거나 일어날 수 없거나 또는 생각할 수 없다"라는 원리를 가리킨다. 쇼펜하우어는 같은 책, 27쪽에서 충족이유율의 뿌리를 다음과 같이 정의하고 있다: "**우리의 인식하는 의식은 외적·내적 감성(수용성)으로, 오성과 이성으로 나타나고 주체와 대상으로 나누어지며, 그 외의 어떤 것도 포함하지 않는다. 주체에 대한 대상이라는 것과 우리의 표상이라는 것은 동일하다. 우리의 모든 표상은 주체의 대상이고 주체의 모든 대상은 우리의 표상이다. 그런데 우리의 모든 표상은 선험적으로 규정될 수 있는 형식에 의해 상호 간에 법칙적으로 결합되며, 이로 인해 어떤 것도 자체적으로 존재하거나 독립적이 될 수 없으며, 또한 개별적이고 분리된 어떤 것도 우리에게 대상이 될 수 없다.**" 요컨대 충족이유율은 우리의 표상인 주체의 모든 대상, 그러니까 세계, 보다 정확히 말해 표상으로서의 세계에 내재하고 이를 지배하는 법칙이다. 칸트가 두 가지 충족이유율 또는 충분근거율, 즉 인식근거와 존재근거를 제시했다면, 쇼펜하우어는 거기에 두 가지를 더해 생성, 인식, 존재, 행위라는 네 가지 충족이유율, 그러니까 충족이유율의 네 겹의 뿌리를 제시한다. 그에 따르면 생성의 충족이유율은 인과성의 법칙이고, 인식의 충족이유율은 개념이고, 존재의 충족이유율은 시간과 공간이며, 행위의 충족이유율은 동기이다. 바로 이 네 가지 충족이유율에 의해 표상들이 필연적으로 결합된다.

그는 주장하기를, 우리가 일단 인과적 설명을 시작하고 난 다음에 "경험할 수 있는 성격 이외에 이해할 수 있는 내적 성향도 갖고 있는 의지행위에 우연히 맞닥뜨리면", "우리는 결코 설명의 과정을 끝낼 수가 없다"(130쪽). 그렇게 되는 경우에 우리는 오히려 이 의지행위도 일련의 (정신물리학적) 기본과정들로 환원하려고 시도해야 한다: 만일 그렇게 할 수 없다면, "감정이입"에 의해 "조명할" 수 없는(여기에서 조명할 수 없다 함은 물론 정신물리학적 의미에서만 그렇다고 받아들여야 한다) "어두운 부분이 남게 될 것이다"(131쪽). 그리고 역으로 "이해되지 않은 것을 대상의 상태라는 범주에 귀속시킨다고 해도", 주체의 상태에 대한 아무런 추가적인 인식도 얻을 수 없다 — 여기에서 아무런 인식도 얻을 수 없다 함은 물론 더 많은 "추체험적" 이해를 얻을 수 있는 것이 아니라는 의미에서만 그렇다고 받아들여야 한다(같은 곳). 자 그렇다면, 바로 앞에서 재현한 보다 주변적인 논의들부터 검토하기로 한다. 어쨌든 이것들은 부득이한 것이 아니다. 여기에서 문화사적 분석, 가령 종교개혁 시대의 종교적 변혁과 사회적 변혁 사이의 관계에 대한 문화사적 분석을 예로 들어볼 수 있다. 이러한 분석에 적용되는 "주관화하는" 해석은, 행위자들의 "내적 측면"이 고찰의 대상이 되는 한, 우선 실험심리학의 입장에서 보면 전례 없이 **복잡한** 성격의 의식내용들을 다룰 것이다; 이 의식내용들은 너무나도 복잡하기 때문에 현재로서는 이것들을 단순한 "지각들"로 또는 다만 잠정적으로라도 더 이상 분해될 수 없는 다른 "요소들"로 "환원하려는" 첫 번째 시도도 거의 이루어지지 않은 상태이다. 이 매우 사소한 사정에 다음과 같이 더욱더 사소한 또 다른 사정이 덧붙여진다. 즉 그

---

80 이 문장은 다음과 같이 의역하면 의미하는 바가 보다 명확해질 것이다. "그러나 뮌스터베르크는 '주관화하는' 고찰방식과 '객관화하는' 고찰방식을 갈라놓는 심연으로 인해 '사유론적으로' 접근할 수 있는 것의 경계에서 인과성을 멈추는 것이 불가피하다고 생각한다; 다시 말해 그는 '주관화하는' 모든 인식에 인과성의 범주가 적용될 수 있는 가능성을 **부인한다.**"

와 같은 "환원"은 "정밀한" (실험실에서의) 관찰을 통해서나 가능할 것인데, 어떻게 이에 필요한 자료를 얻을 수 있을 것인지 알기 어렵다는 사정이 첨가된다. 그러나 결정적인 것은 다음과 같은 마지막 사정이다. 즉 역사학은 행위자들의 "내적 측면"이라는 영역만 다루는 것이 결코 아니라 더 나아가 "외적" 세계의 전체적인 역사적 상황을, 한편으로는 역사적 행위의 담지자들의 동기로, 다른 한편으로는 그들의 "내적 과정"의 결과로 "파악한다" — 이 모든 것은 그 구체적인 다양성으로 인해, 우리가 심리학 개념의 경계를 어떻게 설정하든 상관없이, 여하튼 심리학 실험실에서 다룰 수도 없고 순수한 "심리학적" 고찰의 대상이 될 수도 없다. 그리고 의지행위는 결코 "분해할 수 없으며" 또한 "목적론적 통일성"을 갖는다는 사실, 또는 오히려 어떤 과학이 "행위"와 그 "동기"를, 또는 가령 "인격"을 그 자체 분해할 수 없는 것으로 **다룬다는** 사정, —그 이유는 이것들을 분해하는 것이 그 **과학**이 설정하는 문제의 해결에 하등의 인식가치도 가질 수 없을 것이기 때문이다 — 이러한 사정 하나만으로 그 과학 분야를 "객관화하는" 과학들의 영역으로부터 제거하기에는 확실히 충분치 못하다. 생물학자들이 사용하는 "세포"라는 개념도 물리학적 개념이나 화학적 개념과의 관계에서 완전히 똑같은 모습을 보인다. 그 밖에도 왜 예컨대 정밀한 심리학적 분석, 가령 종교적 히스테리에 대한 분석[81]이 언젠가, 역사학이 특정한 개별현상들의 인과적 귀속을 위한 개념적 보조수단으로 — 역사학이 자신의 목적에 도움이 되기만 한다면 다른 어떤 과학의 **유용한** 개념들도 스스럼없이 이용하는 것처럼 — 이용할 수 있고 또 이용해야 하는 확실한 결과를 창출할 **수 없는지** 전혀 알 길이 없다. **만약** 이런 일이 생긴다면 — 만약 예컨대 역사학자들이 병리

---

81 베버는 『프로테스탄티즘의 윤리와 자본주의 정신』(한글판), 221~22, 302~03쪽에서 이 문제를 다루면서 빌리 헬파흐의 두 저서 『신경과민과 문화』와 『히스테리 심리학 개요』를 참고하고 있다.

학자들로부터 프리드리히 빌헬름 4세[82]의 일정한 "행위들"이 병리학에 의해 규명된 정신병리학적 반응의 특정한 규칙에 따라 일어나는 것이라는 사실을 배우게 된다면 — 그렇다면 뮌스터베르크가 불가능하다고 선언한 바로 그것, 즉 "이해될 수 없는 것"을 "객관화"에 의해 설명하는 것이 가능해진다.[31] 그리고 뮌스터베르크는 실험심리학의 결과가 **교육학**에 이용될 수 있다는 것을 강조함으로써,[32] "주관화하는" 과학들이 "객관화하는" 과학 분야들의 결과가 자신들에게 중요해지는 경우에는 언제나 유사한 작업방식을 따른다는 사실을 몸소 보여 주고 있다. 그는 그렇게 강조하면서 다만 다음과 같이 확실히 적절한 — 그러나 역사학이나 모든 이론적 과학 분야들과는 무관한 — 유보사항을, 즉 **실천적** 교육자는 그의 실천적 활동**에서**, 그러니까 학생들과의 활발한 접촉에서 단순히 실험심리학자가 될 수도 없고 또 되어서도 안 된다는 유보사항을 덧붙일 뿐이다. 뮌스터베르크는 이에 대한 이유를 두 가지로 제시한다: 1. 그 교육자는 실천적 활동에서 — 그곳에서 그는 뮌스터베르크의 용어를 사용하면 "입장설정적 주체"이며, 바로 이런 연유로 과학을 하는 인간이 **아니고**, 심지어 "주관화하는" 과학을 하는 인간조차도 아니다 — **당위적으로** 존재해야 하는 것의 이상들, 그러니까 분석적 경험과학에 의해서는 그 가치나 무가치를 판단할 수 없는 이상들을 실현해야 한다 — 2. 교육학적 목적을 위해서는 실험심리학의 극히 빈약한 성과보다는 "건전한 상식"이나 "실천적 경험"이 훨씬 더 큰 의의를 갖는다. 여기에서 — 이 매우 유익한 예에 잠시 동안 머물기로 한다면 — 두 번째 현상만이 진정으로 흥미를 불러일으키는데, 뮌스터베르크는 그에 대한 근거를 제시하지 않고 있다. 그렇다면 이 현상은 어디에서 기인하는 것일까? 분명히 그것은 다음과 같은 사실에서 기인한다. 즉 실천적인 교육을 위해서는 구체적인 학생이나 많은 구체적인 학생들이 **개인**으로 고려되며,

---

82 이에 대해서는 이 책의 116쪽과 이와 관련한 옮긴이 주 68을 볼 것.

또한 학생들에게 교육학적으로 영향을 끼치는 데 요구되는 그들의 특질은 중요한 측면에서 그들의 "소질"과 가장 넓은 어의에서의 개인적 "환경"에서 오는 수많은 아주 구체적인 영향력에 의해 조건지어진다는 사실에서 기인한다 ― 이 영향력들 자체는 모든 가능한 관점에서 "객관화하는" 고찰을 포함한 과학적 고찰의 대상이 될 수 있지만, 확실히 **심리학자**의 실험실에서 실험적으로 창출될 수는 없다. "법칙과학"의 관점에서 보자면 모든 개별적인 학생은 무한한 수의 개별적인 인과계열들의 개별적인 상황을 대변하는 것이다. 그러므로 제아무리 "법칙들"의 수가 많다고 하더라도, 그리고 설령 우리가 법칙론적 지식을 생각할 수 있는 한 최대치를 달성했다고 하더라도, 만약 이 법칙들이 "단순히" 주어진 무한한 조건들 아래 작용한다고 전제한다면 모든 개별적인 학생은 언제나 "견본"으로서 이 법칙들에 편입될 수 있을 뿐이다. 그리고 이 점에서 **물리적** 현상들의 "체험된" 현실은 "정신적" 현상들의 "체험된" 현실과 전혀 다를 바 없으며, 이에 대해서는 "물리적인" 측면과 "정신적인" 측면으로 세계가 분리되는 것은 "객관화"의 결과로 비로소 나타나는, 따라서 이차적인 성격을 띤다고 힘주어 강조하는 뮌스터베르크 자신도 결코 이론을 제기하지 않을 것이다. 다른 곳에서와 마찬가지로 여기서도 제아무리 포괄적인 법칙론적 지식도 ― 그러니까 "법칙들"에 대한 지식, 즉 추상된 것들에 대한 지식도 ― 현실의 "존재론적" 무한성에 대한 지식을 의미하지 않는다. 매우 이질적인 목적을 위해 얻어진 과학적·심리학적 지식이 개별적인 경우에 언젠가 교육학적 "목적"의 달성을 위한 "수단"을 가리켜줄 **수 있다**는 사실에는 조금도 의심의 여지가 없다 ― 그러나 이에 대해서는 그 어떤 선험적 보증도 없다는 사실도 마찬가지로 확실하다: 왜냐하면 그와 같은 종류의 **일반적이고** "정밀한" 심리학적 관찰이, 예컨대 피로의 조건이나 주의력과 기억력에 대한 관찰이 어느 정도까지 **일반적이고** "정밀한" 타당성을 갖는 교육학적 규칙들도 제시할 수 있는가는, 당연히 교육학적 활동이 추구하는 구체적인 목적의 내용에도 달려 있기 때문이다. "감정이입적 이해"가 갖는 근본적인 특성은, **개별적인** "정신적" 현실들을 그 관계 속에서 사유상으로 종합함으로써 교육자와 한 학생이나 여러 학생들 사이에 "정신적 공동체"[83]가 창출될 수 있으며, 그 결과로 의도된 특정한 방향으로 한 학생이나 여러 학생들에게 정신적인 영향을 끼칠 수 있다는 것이다. 우리의 삶을 관통하는 늘 개별적인 "체험"의 무한한 흐름이 교육자의 — 그리고 학생의 — "상상력"을 "훈련하며", 교육자가 필요로 하는 정신적 삶에 대한 "해석적 이해"를 가능케 한다. 그러나 거기에 더해 다음과 같은 질문이 제기된다. 즉 교육자가 이렇게 얻은 "인간에 대한 지식"을 추상적인 "법칙들"에 대한 숙고를 통해 "직관적인 것"의 영역으로부터 "법칙적인 것"의 영역으로 전환시켜야 할 이유가 어느 정도 있는가, 그리고 특히 이렇게 전환된 지식을 가능한 한 "정밀한" 그리고 가능한 한 일반적으로 타당한 법칙 개념들의 구성을 목표로 하여 논리적으로 가공하는 것이 교육학적 관심을 위해 어느 정도로 가치 있는가? 이에 대한 답은 전적으로 다음에 달려 있다. 즉 "정밀하게" **규정된** 어떤 한 개념적 공식이 교육자가 추구하는 개별적인 목적과 관련하여 어떤 실천적 가치를 갖지만 "통속심리학"에 의해서는 달성할 수 **없는** 어떤 "새로운" 인식을 포함하고 있는지에 달려 있다.[33] 교육학이 고려해야 하는 조건들은 고도의 "역사적" 성격을 띠기 때문에, 그처럼 새로운 인식을 가져오는 정밀한 개념적 공식은 "삶에 대한 지식"이라는 넓은 영역 내의 상대적으로 매우 작은 엔클레이브들[84]에 국한되는

---

83 뮌스터베르크는 『심리학 개요』, 제1권, 61쪽에서 "영혼적 공동체에 존재하는 모든 주체들의 공동작용"에 대해 말한다. 그에 따르면, 집단도 개인과 — 그리고 동물과! — 마찬가지로 영혼적 내용들의 담지자가 될 수 있다: "동물이나 개별인간만이 영혼적 내용들을 갖는 것이 아니라 인간 **집단** 자체도 우리에게는 정신적 현상의 담지자가 된다. 민족적 또는 경제적 또는 종교적 또는 친족적 공동체의 인식과 의지는 개별적인 이웃사람들의 영혼적 기능 못지않게 현실적으로 존재한다." 같은 책, 99쪽.

84 엔클레이브(Enklave)는 남의 소유지 또는 영토에 둘러싸인 소유지 또는 영토를 가리킨다. 대표적인 엔클레이브로 칼리닌그라드(독일명 쾨니히스베르크)를 들 수 있는데, 이

데, 이 엔클레이브들은 단지 상대적인, 게다가 단지 경미한 개념적 정확성만을 가지고 또 가질 수 있으며 문제가 되는 목적에 기여하기 위해서도 단지 그 정도의 개념적 정확성만을 가질 **필요가 있다.**

이와 동일한 논리가 역사적 과학 분야들에도 적용된다. 뮌스터베르크가 이 과학 분야들의 상황에 대해 말하는 것은, "해석될 수" 없는 것이 역사학에 대해 갖는 전적으로 소극적인 의의에 관한 한 모두 옳다. 역사학에서는 정신병리학의 경험칙과 정신물리학의 법칙이 어디까지나 물리학적, 기상학적, 생물학적 인식과 정확히 같은 의미에서 참작될 뿐이다. 다시 말해 역사학이나 경제학이 정신물리학적 법칙과학의 확증된 **결과**들에 주의를 기울일 이유가 있는가는 완전히 개별적인 경우에 달려 있다. 우리는 때때로 다음과 같은 주장을 듣는다. 즉 모든 역사적·경제적 현상들이 "정신적" 단계를 지나가고 또 반드시 그것을 "거쳐야" 하며, 따라서 "심리학" 일반 또는 아직 존재하지 않는 어떤 특별한 종류의 심리학이 역사학이나 경제학 일반의 불가결한 "기본과학"이 되어야 **한다**는 주장을 듣는다.[85] 물론 이러한 주장은 터무니없는 것이다. 만약 그렇지 않게 생각한다면, 우리는 음향학과 물방울 모양의 액체에 대한 이론을 역사학의 불가결한 기본과학으로 간주해야 할 것이다. 왜냐하면 오늘날 정치가들의 모든 "행위"는 언술된 또는 표기된 **단어**의 형식을, 다시 말해 음파와 잉크방울 등을 "거치기" 때문이다. 요즈음에는 다음과 같은 생각이 매우 널리 퍼져 있다. 즉 특정한 실제적 "요소들"이 문화적 삶의 인과적 관계에 대해 지니는 "의의"를 입증하는 것으로 이 "요소들"에 대한 특별과학을 즉각 창립하는 데 충분한 이유가 된다는 생각이 매

것은 러시아령 칼리닌그라드 주의 주도(州都)로 마치 육지의 섬처럼 폴란드와 리투아니아에 둘러싸여 있다. 여기서는 엔클레이브라는 단어가 좁게 한정된 영역을 가리킨다고 보면 된다.

85 람프레히트는 「문화사란 무엇인가?」, 77쪽에서 주장하기를, "심리학이 모든 역사과학의 토대가 되어야 한다는 데에는 당연히 의견이 일치한다."

우 널리 퍼져 있다. 그러나 이렇게 생각하는 사람들은 첫 번째 질문은 항상, **일반적으로** 볼 때 그 요소들에는 단지 특수한 방법을 통해서만 해결할 수 있는 어떤 **문제**가 있는가라는 것임을 간과한다. 만약 우리가 계속해서 이러한 질문을 제기하기만 했더라도 많은 "…학"이 존재하지 않았을 것이다.— 역사학이 — 이러한 근거만으로도 — 선험적으로 다른 과학 분야들보다 어떤 종류의 "심리학"과 더 "밀접한" 관계를 가져야 한다고 주장하는 일은 결코 있을 수 없다. 왜냐하면 역사학은 일정한 "자극들"에 의해 유발되는 인간의 **내적** 과정을 그 자체를 위해 다루는 것이 아니라 인간이 "세계"와 맺는 관계를 그 "외적" 조건과 결과 속에서 다루기 때문이다. 물론 이 경우에 "관점"은 항상 특수한 의미에서 "인간중심적인 것"이다. 영국사에서 흑사병은 가령 세균학적 인식의 영역으로 인과적으로 회귀하지 않고 말하자면 "역사 외적" 세계에서 비롯되는 사건, 즉 "우연"으로 다루어진다. 이것은 우선 간단히 다른 모든 과학적 논의도 지배하는 "구성의 원리"에서 그 이유를 찾을 수 있으며, 그런 한에서 **인식론적**으로 근거가 없다. 왜냐하면 자명한 일이지만 의학적 지식에 기반하여 전염병의 구체적인 조건들과 경과를 신중하게 분석하는 "흑사병의 역사"가 얼마든지 가능하기 때문이다 — 만약 이러한 분석이 흑사병과 같은 시기의 영국사에 대한 우리의 고찰을 주도하는 문화가치들에 의해 주도된다면, 다시 말해 그 인식목적이 예컨대 세균학의 법칙들을 찾아내는 것이 아니라 문화사적 "사실들"을 인과적으로 설명하는 것이라면, 만약 **그렇다면** 그것은 진정한 어의에서의 "역사학"이 된다. 그리고 "문화"라는 개념의 본질로 말미암아 이것이 의미하는 바는 **항상** 다음과 같다.[86] 즉 역사적 분석은 우리를 **이해할 수 있는** 인간행위 또는, 보다

---

86 베버는 문화를 주관적 행위와 그 객관적 결과이자 조건인 질서의 총합으로 파악한다. 이에 대한 자세한 논의는 김덕영, 『막스 베버: 통합과학적 인식의 패러다임을 찾아서』, 387쪽 이하를 볼 것.

일반적으로 말하자면, "행동"이 그 안으로 편입되는 그리고 그로부터 영향을 받는 것으로 간주되는[87] 관계의 인식으로 이끄는 데에서 그 정점에 달한다; 왜냐하면 바로 거기에 "역사적" **관심**이 결부되기 때문이다.

만약 심리학이 "정밀성"을 도모하기 위해 "사유론적인 것"의 경계 아래로 내려가 경험적으로 주어진 정신적 삶에서 "추체험적으로" 이해할 수 없는 어떤 요소들을 찾아내 그에 근거하여 개념들을 구성한다면, 이 개념들이 역사학에 대해 갖는 의의는 어떤 다른 자연과학의 법칙론적 지식이나 또는—다른 측면에서—해석적으로 이해할 수 없는 어떤 일련의 통계적 규칙성들이 역사학에 대해 갖는 의의와 완전히 같을 것이다. 심리학적 개념들과 규칙들 또는 통계적 수치들은 "해석"이 **불가능한** 한, 역사학이 "주어진 것"으로 받아들이기는 하지만 특수한 "역사적 관심"의 충족에는 아무것도 기여할 수 없는 진리를 표현할 뿐이다.

결과적으로 **역사적 관심**과 "해석 가능성"의 연결이 계속해서 진정으로 분석해야 할 유일한 것으로 남는다.

이러한 사정이 갖는 의의에 대한 뮌스터베르크의 논의는 상당히 불명료하다. 특히 "객관화하는" 고찰방식과 "주관화하는" 고찰방식의 차이를 가능한 한 넓게 벌리기 위해, 그는 매우 이질적인 인식범주들과 개념들을 부분적으로는 용어상으로 부분적으로는 사실상 뒤죽박죽 섞어 버리며, 그 결과로 그의 사고는 아주 심각하게 엉클어진 상태에서 전개되고 있다. 그가 "주관화하는" 인식범주에 대해 제시하는 다양한 견해를 살펴보면, 우선 다음이 불명료하다. 즉 "이해와 평가"라는 단어 쌍(뮌스터베르크가 "정신적 삶의 자연적 고찰"을 지칭하기 위해 사용하는 용어[34])이, "정신적 삶"을 "주관화하는" 방식으로 다루는 하나의 통일적인 형식을 의미하는지, 또는 비록 "주관화하는" 고찰방식 내에서 항상 공동으로 등장하지만 본질적으로 서로 다른 두 개의 형식을 의미하는지 불명료

---

87 이 단어는 "영향을 받는 것으로"에만 걸릴 뿐 "편입되는"에는 걸리지 않는다.

하다. 확실하며 또한 뮌스터베르크도 이론을 제기하지 않는 것은, "입장 설정적 주체"가 "정신적"이지 **않은**, 따라서 "이해할 수" 없는 대상들도 "평가한다"는 점이다. 그러므로 과연 "평가" 없이도 — "정신적" 삶에 대한 — 주관화하는 "이해"가 가능한가 하는 질문이 남는다. 뮌스터베르크는 주관화하는 과학을 "규범적인 것"과 "역사적인 것"으로 구별하며,[88] 따라서 긍정적인 답변이 나올 것이 의심의 여지가 없어 보일 수도 있다. 그러나 다음과 같은 사실을 고려하면 모든 것이 다시 의심스러워진다. 즉 뮌스터베르크가 나중에 자신의 저서에 대한 부록으로 발표한 과학 분류 목록[35]에서 모든 "정밀한" 과학의 어머니, 즉 **문헌학**을 남김없이 **객관화하는** 과학으로 분류한다는 사실을 고려하면 그렇다. 그러나 실상 문헌학은 일말의 의심도 없이 **해석**의 방법을 사용한다(물론 꼭 **그렇게만** 하는 것은 아니고 그렇게도 하며 또한 매우 높은 정도로 그렇게 한다). 그리고 **더 나아가**[36] "추체험적 이해"에 의존해야 하는데, 이는 문헌판독 — 아마도 뮌스터베르크는 이것을 문학사, 따라서 문화사의 "부분연구"로 간주할 것이다 — 에만 적용되는 것이 아니라 문법 영역에서도 순수한 분류의 단계에 머물지 않는 모든 작업에 전적으로 적용되며, 심지어는 — 비록 "경계사례"이기는 하지만 — 음운변화론에도 적용된다. 결과적으로 "해석"의 방식을 따름에도 불구하고 "평가하지 **않기 때문에** 객관화하는 과학 분야에 속하는 것으로 분류되어야 하는 과학적 작업이 존재하는 것처럼 보인다. 그러나 뮌스터베르크에게서는 완전히 이질적인 관점들이 이 문제에 영향을 끼친다. 이것은 다음과 같은 사실, 즉 그가 "주

---

88 뮌스터베르크는 『심리학 개요』, 제1권, 35, 65쪽에서 주장하기를, 주관화하는 과학은 이해하고 평가하는 정신과학인 반면 객관화하는 과학은 기술하고 설명하는 심리학과 자연과학이며, 또한 주관화하는 정신과학은 다시금 역사적인 것과 규범적인 것으로 나누어진다. 그에 따르면 역사학은 개인들이나 집단들의 무한한 의지행위로부터 "가장 보편적인 역사적 가치들"을 부각시켜야 하며, 규범과학은 무한한 개별적인 윤리적 명령으로부터 "사고, 감정, 행위 및 믿음의 보편적인 가치들"을 추출해야 한다. 같은 책, 109쪽.

관화하는 과학"의 "이해", "역지사지", "평가" 및 "감정이입"을 "목적론적 **사고**"와 동일시한다는 사실에서 결정적으로 드러난다.[37]

그런데 "목적론적 사고"는 다음과 같이 매우 다양하게 이해할 수 있다. 첫째로 이것이 현상을 그 **목적**에 근거하여 해석하는 것을 뜻한다고 가정해 보자. 그리하면 ― 우리는 나중에 이 점을 좀 더 자세하게 논의할 것이다[89] ― "목적론적 사고"는 "주관화하고 역지사지하는" 그리고 "이해하는" 우리의 능력보다 범위가 **좁다**는 것이 확실하다. 다른 한편 목적론적 "사고"는 이러한 의미에서 "정신적 삶"이나 인간행위에 국한되는 것이 결코 아니라, "유기체"를 ― 예컨대 식물을 ― 다루는 모든 과학에서 적어도 매우 중요한 "통과단계"로 만날 수 있다. 마지막으로 목적론적 "사고"를 비로소 가능케 하는 "목적"과 "수단"의 범주는 과학의 도구로 사용되자마자 사유적으로 형성된 법칙적 **지식**, 다시 말해 **인과성** 범주의 도움으로 발전된 개념과 규칙을 포함하게 된다. 왜냐하면 목적론이 없는 인과적 결합은 있을 수 있지만 인과적 규칙이 없는 목적론적 **개념**은 있을 수 없기 때문이다.[38] ― 둘째로 "목적론적 사고"가 단순히 **가치** 연관을 통한 소재의 질서화, 그러니까 "목적론적 개념구성"이나 또는 리케르트와 그를 따르는 다른 학자들이 사용하는 개념[39]의 의미에서 "목적론적 종속"의 원리를 뜻한다고 가정할 수 있을 것이다.[90] 그러나 이 경우에 목적론적 사고는 당연히 어떤 종류의 "목적론"으로 인과성을 "대체하는 것"과 아무런 관계도 없고 "객관화하는" 방법과 대립되는 것도 결코 아니다. 왜냐하면 여기에서 문제가 되는 것은 어디까지나 가치연관

---

89 이는 아마도 이 책의 204~05쪽을 가리키는 것 같다.

90 베버의 주장과 달리, 리케르트는 "목적론적 종속"이라는 개념을 사용하지 않는다. 이 것은 빈델반트에게서 볼 수 있다. 그에 따르면, 시간적 연속성에서 앞선 상태가 뒤따르는 상태를 규정하는 경우에는 이 둘 사이에 인과적 종속성의 관계가 성립하고, 역으로 뒤따르는 상태가 앞선 상태를 규정하는 경우에는 목적론적 종속성의 관계가 성립한다. 빌헬름 빈델반트, 「범주들의 체계에 대하여」, 57쪽을 볼 것.

을 통해 개념구성에 **중요한 것**을 선택하는 원리이며, 따라서 "객관화"와 현실의 분석은 당연히 전제되기 때문이다. —

셋째로 우리는 역사적 과학 분야들에서 "목적론적 사고"의 사용을 확인할 수 있을 것이며, 그 근거로 예컨대 이것들이 "규범적" 과학 분야들, 특히 법학의 개념들을 받아들이고 사용한다는 사실을 제시할 수 있을 것이다. —그런데 자명하게도 법학적 개념구성은 "인과적인 것"이 아니다.[91] 그것은 개념적 추상화인 한, 다음과 같은 문제제기, 즉 우리가 정의하고자 하는 개념 X가 어떻게 사유적으로 형성되어야 이 개념을 사용하거나 전제하는 모든 실정적 규범들이 무모순적으로 그리고 유의미하게 병존하고 공존할 수 있을까 하는 문제제기에 의해 지배된다.[92] 법교의학 (法教義學)의 고유한 "주관적 세계"[93]를 구성하는 이런 종류의 개념구성을 "목적론적"[94]이라고 부르는 것은 전혀 문제가 되지 않는다.[40] 그렇게 얻어진 법학적 개념구성물의 의의가 인과적으로 설명하는 모든 과학 분야의 개념구성으로부터 완전히 독립적임은, 그러니까 현실의 인과적 해

---

91 이에 대해서는 옐리네크, 『주관적 공법의 체계』, 제2판, 18쪽을 볼 것.

92 예컨대 옐리네크는 같은 책, 161~62쪽에서 다음과 같이 말하고 있다: "소유권은 그와 관련되는 모든 규범이 하나의 무모순적인 통일성으로 총괄될 수 있기 위해서는 어떻게 생각되어야 하는가? 그러니까 무엇이 소유권인가가 아니라 이것이 어떻게 생각되어야 하는가가 법학이 과학적으로 문제를 제기하는 방식이다."

93 옐리네크에 따르면, 법학자는 "법률적 삶이 전개되며 이론적 인식이 아니라 실천적 행위가 지배하는 주관적 세계에서" 작업한다. 같은 책, 28쪽.

94 옐리네크는 같은 책, 21, 26쪽에서 목적론적 통일성에 대한 크리스토프 폰 지그바르트의 견해에 준거하면서 논의를 전개하고 있다. 지그바르트에 따르면, **집합개념**은 "그 자체가 통일성으로 간주되는 **독립적인** 다수의 부분들로 구성되는 전체"를 가리키는 개념이다. 이러한 전체의 **통일성**은 첫째 예컨대 모래더미처럼 "**외적이고 우연한 통일성**"이 될 수 있다; 그것은 둘째로 예컨대 태양계에서처럼 "단 하나의 원인에의 종속"이든 "상호작용"이든 **인과적 관계**에 근거할 수 있다; 그것은 셋째로 "**목적론적 통일성**"으로 나타날 수 있는데, 이 경우에는 "인간 공동체의 모든 관계에서나 꿀벌 떼에서처럼 목적이 개별적인 지체(肢體)에게 의식적인 관념으로 또는 충동으로 내재한다." 지그바르트, 『논리학』, 제2권, 258~59쪽. 참고로 지그바르트(1830~1904)는 독일의 철학자이자 논리학자이다.

석과 아무런 관계가 없음은 자명하다 — 그러나 다른 한편 **역사학**과 **비규범적** "사회과학"의 모든 변종은 이 개념구성을 법교의학과 완전히 다른 의미에서 사용한다는 사실에는 의심의 여지가 없다. 법교의학에서 문제가 되는 것은 특정한 법규범이 갖는 개념적 타당성의 범위인 반면, 모든 경험적·역사적 과학 분야에서 문제가 되는 것은 "법질서", 구체적인 "법기관" 또는 "법적 관계"의 **실제적인** "존재"를 그 원인과 결과 속에서 고찰하는 것이다. 후자가 역사적 현실 속에서 마주하는 이 "실제적인 존재"는 인간들의 머릿속에 존재하는 **관념**의 형태로만 주어지는 "법규범"인데, 이 법규범에는 교의적·법학적 개념구성의 산물도 포함된다. 그리고 이 관념은 **그 밖의 다른 것들과 더불어** 인간들의 의지와 행위를 규정하는 근거들 가운데 **하나**이며, 따라서 모든 경험적·역사적 과학 분야들은 객관적 현실의 이 구성요소들을 다른 모든 구성요소와 마찬가지로 인과적 귀속의 방식으로 다룬다. 예컨대 추상적 경제이론의 관점에서 보면 어떤 특정한 "법규"의 "타당성"은 상황에 따라 개념적으로 다음과 같은 의미, 즉 미래에 대한 특정한 경제적 예측이 **실제로** 실현될 가망성이 매우 높다는 의미로 환원될 수 있다. 그리고 정치사 또는 사회사가 — 지속적으로 그리하듯이 — 법학적 개념을 사용한다면, 이 경우에는 법규에 내포된 이상적인 타당성 **요구**가 논의되는 것이 아니라 사정이 허락하는 한, 법학적 규범이 역사학의 관점에서 볼 때 유일하게 중요한 측면에 대한, 즉 인간 사이에서 **실제로** 전개되는 특정한 외적인 행위에 대한 **용어상의** 대용물로 사용될 뿐이다. 단어는 같지만 — 그것이 **의미하는** 바는 **논리적으로** 완전히 다른 것이다. 법학적 용어가 여기서는 부분적으로 하나의 또는 많은 **실제적인** 관계들의 명칭이 되었고 부분적으로 "이념형적" 집합개념[95]이 되었다. 이 점이 쉽게 간과되는 것은, 법률 용어가 우리의 실천적 일상 삶에서 차지하는 의의 때문이다 — 게다가 이러한

---

95 이에 대해서는 이 책의 333쪽 이하를 볼 것.

시결손(視缺損)은 다음과 같은 그 역의 시결손, 즉 법학적 사고의 구성물이 자연대상과 동일시되는 것보다 더 빈번하지도 않고 더 심각하지도 않다. 이미 언급한 바와 같이 실상은 다음과 같다: 법학적 **용어**는 순수하게 인과적으로 분석할 수 있는 **실제적인** 사태를 파악하기 위해 사용되고 또 통상적으로 사용될 수 있는데, 그 이유는 우리가 실제적으로 존재하는 사회적 집합체를 곧바로 법학적 개념구성물의 타당성 **요구**에 귀속시키기 때문이다.[41] —

마지막으로 우리는 — 확실히 이것은 비록 뮌스터베르크 자신의 논의에 의해 모호해지기는 했지만 그가 원래 내세우는 견해와 일치한다 — "주관화하는", **따라서** "목적론적" 사고를 심리학적 이론의 추상화에 개의치 않고 "의지"를 경험적으로 그리고 굴절되지 않은 상태로 주어진 것으로 받아들이고 이것의 과정, 이것과 다른 사람들의 의지 사이에 존재하는 갈등과 결합 **그리고** — 뮌스터베르크의 표현방식으로 인해 지속적으로 간과되기는 하지만 — 이것에 대한 "자연"의 저항과 "조건"을 사유적으로 파악하고자 하는 것으로 이해할 수 있을 것이다. 만약 그렇다면 다음과 같은 사실, 즉 자신들의 인식목적을 위해 "의지"를 "지각 복합체"로 다루는 다른 과학 분야들이 존재한다는 사실로 인해 두 가지 고찰방식[96] 사이에는 근본적인, 뮌스터베르크가 칭하듯이, "존재론적인"[97] 심연이 존재한다는 견해는 설 땅을 잃어버리게 될 것이다. 그리고 앞서의 논의에 비추어보면, 자명한 일이지만 이러한 사실로 인해 "의지"를 단연코 궁극적인, 즉 더 이상 분해할 수 없는 "단위"로 간주하는 과학 분야를 통해 인과적 규칙들을 얻을 수 있는 가능성이 결코 배제되지 않을 것이다.

---

96 이는 자명하게도 주관화하는 고찰방식과 객관화하는 고찰방식을 가리킨다.

97 뮌스터베르크는 『심리학 개요』, 제1권, 35, 42쪽에서 경험과학의 두 체계들 사이의 방법론적 대립이 아니라 존재론적 대립에 대해 말하고 있다.

요컨대 "주관화하는" 과학이 규범적 과학이 아니라 **역사적** 과학인 한
"감정이입"과 "추체험"이라는 목표, 간단히 말해 "해석적 이해"라는 목
표가 지속적으로 그 특수한 표지로 남는다. 그러나 이러한 이해를 목표
로 하는 과학 분야들에서 사실들에 대한 **과학적** 접근을 시도하는 경우,
그러니까 초개인적 **타당성**을 갖는 "객관적 진리"를 추구하는 데에 그 본
질적 특징이 있는 접근을 시도하는 경우, 구체적인 정신적 현상, 예컨대
"직접적으로" 이해할 수 있는 "의지"와 더 나아가 "직접적으로" 이해할
수 있는 "통일체"로서의 "자아"는 객관화를 결코 벗어나지 않는다. 우리
가 "해석적으로" **이해하는** 능력을 사용하는 경우, 이러한 객관화는 부분
적으로, 특히 그 개념이 정확성을 기할 수 있는 방식과 관련하여, 현상들
을 "이해되지 않은"[98] 그러나 명확하게 규정된 "공식들"로 소급하는 것
이 목표이어야 **하고** 또 단지 이것만이 목표일 수 **있는** 경우와는 성격이
다른 증명수단을 사용한다; 그러나 그것은 여전히 다름 아닌 "객관화"로
남는다. 뮌스터베르크에 따르면,[42] 역사학자는 주관화하는 "감정추입"
의 방법을 사용하는데, 이 방법은 그와 마찬가지로 다른 주체들을 "인
정하면서" 출발하지만 그다음 기술, 설명 및 전달을 도모하기 위해 "내
사"[99]의 길을 선택하는 심리학과 완전히 다르며, 또한 이 방법은 "체험"
의 "초시간성"과 연관되고 따라서 "입장설정적 주체"의 "이해"와 본질
적으로 같다. 그러므로 — 그는 계속해서 주장하기를 — 역사학자의 표
현이 "개념적으로" 덜 확정적이면 일수록, 그의 목적은 더욱더 확실하게
달성된다는 것이다. 이에 대해서는 나중에 더 자세하게 검토하기로 하
고,[100] 여기서는 다음만을 말해 두고자 한다: "**해석**"의 범주는 두 얼굴을
갖고 있다. 그것은 1) 특정한 감정적 **입장**설정을 유발하는 자극이 될 수

---

98 이는 일상적으로 생각하듯이 설명할 수 없다는 의미가 아니라 이해의 방법으로 접근
할 수 없거나 파악할 수 없다는 의미이다.

99 이에 대해서는 이 책의 121쪽과 이와 관련한 옮긴이 주 71을 볼 것.

100 이 책의 191쪽 이하에서이다.

있다 ─ 예술작품이나 "자연미"가 주는 "암시"가 그렇다: 이 경우에 해석은 특정한 성격의 **평가**가 이루어진다고 상정하는 것을 의미한다. 또는 그것은 2) 어떤 **실제적인** 관계가 타당하게 "이해되었다"고 확언한다는 의미에서의 판단이 이루어진다고 상정하는 것일 수 있다: 이 경우에 해석은 우리가 여기에서 다루고자 하는 유일한 것, 즉 **인과적** 인식에 이르는 "해석"이다.[43] 이러한 해석이 "자연미"에서는 형이상학적 구성물의 결여로 인해 불가능하며, 예술작품에서는 예술가의 "의도"와 "특성"에 대한 역사적 "해석"에 국한되는데, 이 의도와 특성은 그의 창작에 관련된 수많은 결정인자에 의해 조건지어진다. 우리가 예술작품을 "향유할" 때 상기한 두 종류의 해석이 함께 영향을 끼치는 경향이 있고, 예술사학자들의 논의에서는 이 둘이 구별되지 않는 일이 흔하고, 더 나아가 이 둘을 구분하는 것이 몹시 어려울 뿐 아니라 그럴 능력을 획득하기 위해서는 많은 노력이 필요하며, 마지막으로 그리고 특히 평가적 해석이 어느 정도로 인과적 해석을 위한 불가결한 선도자가 된다 ─ 이 모든 것에도 불구하고 **논리적** 관점에서 보면 두 말할 나위 없이 둘의 근본적인 구분은 절대적으로 요청되어야 한다. 그렇지 않다면 인식근거와 실재근거 사이에서 매우 자주 일어나는 것처럼 "인식목표"와 "실천적 목표"가 뒤섞여 버리고 만다. 누구든 심지어 역사적 논의의 형식에서도 자신을 "입장 설정적 주체"로 내세울 자유가 있고, 역사적 또는 문화적 이상이나 또는 다른 "가치판단들"을 선전하고 이 이상들이나 자신이 맞서 싸우는 이상들의 실천적 의의를 예증하기 위해 역사의 모든 자료를 사용할 자유가 있다; 이와 마찬가지로 생물학자들이나 인간학자들이 매우 주관적인 종류의 특정한 "진보"의 이상이나 또는 철학적 신념을 자신들의 연구에 끌어들이는데, 이 과정에서 그들은 당연히 가령 "신의 자비"를 교화적으로 예증하기 위해 자연과학적 인식의 모든 장비를 이용하는 누군가와 조금도 다르지 않게 행위한다.[101] 그러나 이 모든 경우는 연구자가 말하는 것이 아니라 평가하는 인간이 말하는 것이며, 그의 논의는 이론적으로 인식하는 주체들뿐만 아니라 평가하는 주체들도 지향한다. 바로 이런 연유로 격정적으로 의욕하며 윤리적으로 또는 미학적으로 평가하는 '삶의 시장'[102]에서는 상기한 요소들이야말로 "역사적 성과"에서 진정으로 "가치있는 것"으로 간주된다; 논리학은 절대로 이를 막을 수 없다 ― 그러나 논리학은 적어도 다음을 분명히 밝힐 수 있으며, 또한 자기 자신에게 충실하려면 분명히 밝힐 수 있어야 한다: 이 모든 경우에서 측정의 기준이 되는 것은 **인식목적**이 아니라 삶의 현실에 대한 다른 목적과 가치감정이다. 뮌스터베르크[44]는 심리학이 개념구성의 초기단계에서 "객관화된 자기설정"을 다룬다고 주장하는데, 역사학도 그리한다. 다만 이 둘 사이에는 다음과 같은 차이점이 존재한다. 즉 역사학은 일반적인 개념들과 "법칙들"이 개별적인 것의 인과적 귀속에 유용하다면 이것들을 **사용하기는** 하지만 자체적으로 그와 같은 법칙들을 구성하려고 하지 않으며, 따라서 현실로부터 벗어나서 심리학이 택한 길을 **따라갈** 아무런 이유가 없다.

다음은 전적으로 옳다. 즉 우리가 개별적인 역사적 현상이나 역사적 "인물"을 "해석적으로" 종합하는 경우에 **가치개념들**을 사용하며, 또한 우리 자신이 입장설정적 주체로서 우리의 행위와 감정에서 지속적으로 이 개념들의 "의미"를 "체험한다"는 것은 전적으로 옳다. 이것은 인식목

---

101 사실 이 문장의 마지막 부분에 나오는 "누군가와"는 일반적인 표현인 "사람과"로 바꾸는 것이 보다 논리적으로 보인다. 그럼에도 불구하고 베버가 이처럼 막연한 표현을 쓰는 것은, 말 그대로 ― 종교적 목적을 위해 자연과학을 이용하는 ― 누군가를 염두에 두고 있기 때문일 것이다. 그것은 아마도 요하네스 라인케의 저작 『행위로서의 세계: 자연과학에 근거하는 세계관 개요』일 것이다. 독일의 식물학자이자 자연철학자인 라인케는 이 저작에서 루터주의적 세계관을 설파하고 있다.

102 "삶의 시장"(Markt des Lebens)은 요한 고트프리트 헤르더의 시의 제목이다: "찬란한 삶의 시장에 경탄하지 마라; 그렇다고 간과하지도 마라; 그 안으로 들어가라! 네가 살 수 있는 것을 사라. 그리고 시간을 기다려라: 그것은 가난한 자의 여신이며, 오늘 사람들이 더 비싸게 사들이는 것을 내일 너에게 공짜로 줄 것이다." 헤르더, 『단상』, 제1집, 85쪽. 참고로 헤르더(1744~1803)는 독일의 철학자, 신학자, 시인이자 문예비평가로서 그는 계몽주의, '슈투름 운트 드랑'(Sturm und Drang, 질풍노도 문학운동), 바이마르 고전주의와 연결되어 있다.

적에 의해 형성되고 경계가 설정된 그 대상의 특성으로 말미암아 "문화과학"의 영역에서 가장 광범위하게 일어나는데, 그렇다고 해서 이 영역에 특유한 것은 결코 아니다. 예컨대 "동물심리학"[45]에서도 "해석"이 불가피한 통과단계이며, 또한 생물학적 개념을 구성하는 "목적론적" 요소들도 그 원래의 내용을 보면 "해석"을 포함한다. 그러나 생물학적 개념들에서는 생존유지에 "적합한" 기능이라는 단순한 사실성이 형이상학적으로 부여된 "의미"를 대체하듯이, 역사학적 인식에서는 이론적 가치 **연관**이 "평가"를, 해석하는 역사학자의 인과적 "이해"가 체험하는 주체의 "입장설정"을 대체한다. 이 모든 경우에 "체험된" 현실과 "추체험된" 현실이라는 범주는 "객관화하는" 인식에 **기여하기** 위해 사용된다. 이것은 방법론적으로 중요하고 흥미로운 결과를 가져오는데, 뮌스터베르크가 전제한 그런 것은 아니다. 어떤 결과를? ― 단지, 누가 봐도 알 수 있듯이, 아직은 그 길이 열리지 않은 **"해석"의 이론**만이 우리에게 그것이 무엇인가를 말해 줄 수 있을 것이다.[46] 여기에서 우리는 다만 전술한 것과의 연장선상에서 이 문제의 상황을 짚어보고 이 문제가 **우리**에게 가질 수 있는 중요성을 가늠하기 위해 몇 가지를 언급할 수 있을 뿐이다. ―

논리적 관점에서 볼 때 "이해"의 **이론**을 구축하려는 가장 정교한 시도는 단연코 짐멜의 저작 『역사철학의 문제들』, 제2판(27~62쪽)에서 볼 수 있다.[47] **고틀**이 부분적으로 뮌스터베르크의 영향 아래, 역사학과 경제학에 대한 이 범주의 가장 포괄적인 **방법론적** 적용을 시도했다면,[48] 미학의 경우에는 잘 알려진 대로 누구보다도 **립스**와 베네데토 **크로체**가 이 범주를 상세하게 다루었다.

2) 짐멜의 "이해"와 "해석"

짐멜[49]은 우선 "이해"라는 개념 ―"내적" 경험에 주어지지 않는 현실을 "파악하는 것"[50]과 반대되는 것으로 설정된 개념― 이 포괄할 수 있는 가장 광범위한 범위에서 외적으로 표현된 것의 **의미**에 대한 객관적

"이해"와 (언술하거나 행위하는) 인간의 **동기**에 대한 주관적 "해석"을 명료하게 구분한 업적이 있다.[51] 첫 번째의 경우 우리는 언술된 것을 "이해하는" 반면, 두 번째의 경우 우리는 언술하는 인간(또는 행위하는 인간)을 "이해한다." 짐멜에 따르면, "이해"의 첫 번째 형식은 **단지** 우리가 이론적 **인식**을 추구할 때에만, 다시 말해 실제적인 내용을 논리적 형식으로 제시하고자 할 때에만 사용되는데, 이 내용은 ─ 인식이기 **때문에** ─ 누구에게든 간단하게 인식되어서 완전히 동일한 의미로 복제될 수 있다.[103] 이것은 옳지 않다. 예컨대 명령을 받고 따르는 경우에도 문제가 되는 것은 단순히 **언술된 것**의 이해인데, 이는 이론적 해석을 유발하기 위해서가 아니라 직접적으로 "실천적인 것"이 되는 감정과 행위를 유발하기 위해 양심, 또는 일반적으로 말해서 청자(聽者)의 가치감정과 가치판단에 호소하는 경우에도 매한가지이다. 그리고 뮌스터베르크가 말하는 실제적 삶의 "입장설정적" 주체, 즉 의욕하고 평가하는 주체야말로 보통 언술된 것(보다 정확하게 말하자면, "표현된 것")의 이해로 족하며, 또한 뮌스터베르크의 "주관화하는" 과학이 추구하고자 하는 의미에서의 "해석"에 대한 의향도 없고 ─ 대개의 경우 ─ 이것을 수행할 능력도 없다: "해석"은 과학이라는 인위적 세계에 속하는, 전적으로 이차적인 범주이다. 이에 반해 짐멜이 말하는 의미에서의 "언술된 것의 이해"는 개인들이 "입장을 설정하는" 실제적 삶의 영역에서도 볼 수 있다. 이 경우 "이해한다는 것"은 어떤 **판단**이 지니고 있는 "객관적" **의미**에 대해 입장을 설정하는 것이다. "이해된" 표현은 모든 가능한 논리적 형식을 가질 수 있는데, 물론 거기에는 **질문**의 형식도 포함된다 ─ 그러나 문제가 되는 것은 언제나, 이 표현이 **판단**의 **타당성**에 대해 갖는 관계인데, 이 판단은 경우에 따라서 "이해하는 사람"이 긍정하거나, 부정하거나, 의심하거나 또는 다른 판단을 내리면서 "입장"을 설정하는 단순한 존재판단일 수도 있

---

103 짐멜, 『역사철학의 문제들』, 제2판, 28쪽.

다. 짐멜은 자신의 심리학주의적 방식으로 다음과 같이 말하면서 이 점을 표현하고 있다: "화자(話者)의 영혼에서 일어나는 것이 [……] 언술된 말에 의해 청자의 영혼에서도 일어나며", 이 과정에서 화자는 "배제되고" 다만 언술된 것의 내용만이 화자의 사고 속에서와 똑같이 청자의 사고 속에 남아 있다.[104] 과연 이와 같은 심리학적 기술을 통해 **이러한** 종류의 "이해"가 갖는 **논리적** 특성이 충분히 명확하게 드러날지 의문스럽다: 어쨌든 내 생각으로는 — 이미 살펴본 바와 같이[105] — 이러한 "이해"가 단지 "객관적 인식" 영역에만 적용된다고 주장하는 것은 잘못이다. 결정적인 것은, 이러한 "이해"의 경우들 — 명령의, 질문의, 주장의, 공감이나 애국심 또는 그와 같은 것에 대한 호소의 "이해" — 에서는 (여기에서 아주 유용한 뮌스터베르크의 용어를 사용하자면)[106] "입장설정적 현전성"의 영역 내에서 진행되는 과정이 문제가 된다는 사실이다. 이러한 "현전적 이해"는 우리의 "해석"과 아무런 관계가 없다. 이와 같은 경우들에서 후자는 예컨대 다음과 같은 경우에야 비로소 작동한다. 즉 어떤 표현 — 그 내용이 어떠하든 상관없이 — 의 "의미"가 직접적으로 이해되지 **않** 는 경우, 그리고 이에 대해 그 표현의 장본인과 현전적인 "의사소통"이 불가능하지만, 그것을 "이해하는 것"이 실천적으로 볼 때 절대로 필요한 경우에야 비로소 작동한다: 가령 모호하게 작성된 문서명령의 경우 — "현전적이고" 실제적인 삶의 영역에 머물면서 논의를 전개하자면 — 그 수령자, 이를테면 척후대를 이끄는 장교는 명령의 "해석"을 통해 명령의 "목적", 즉 그 **동기**를 헤아리고 그에 따라 행위해야 한다.[52] 그러니까 이 경우에는 **인과적** 질문, 즉 어떻게 명령이 "심리학적으로" **생성되었는가** 하는 질문이 그 명령의 "의미"에 대한 "사유론적 질문"[107]에 답하고자 하

104 같은 책, 27~28쪽.
105 이 책의 126~28쪽에서이다.
106 뮌스터베르크, 『심리학 개요』, 제1권, 24쪽 이하, 50쪽.
107 이에 대해서는 이 책의 124쪽, 옮긴이 주 77을 볼 것.

는 목적에서 제기된 것이다. 여기서는 개인적 행위에 대한 그리고 상황에 따라서는 "인물"에 대한(명령자에 대한) **이론적** "해석"이 현전적인 실천적 목적에 기여한다.

3) 고틀의 과학론[108]

"해석"이 경험적 **과학**에 기여할 수 있는 것은, **어디까지나** 그것이 여기에서 우리의 관심을 끄는 형태를 통해서이다. 그것은, 앞선 논의에서 다시 한 번 드러났듯이, 뮌스터베르크의 주장과는 정반대로 **인과적** 인식의 형식이며, 우리는 **지금까지** 이것이 뮌스터베르크가 근본적이라고 간주하는 그 어떤 측면에서도 "객관화하는" 인식의 형식과 다르다는 것을

---

108 베버가 논의하는 고틀의 저작은 『말의 지배』와 『역사의 한계』인데, 여기서는 전자에 대한 약간의 설명이 필요할 듯하다(후자에 대해서는 이 책의 166쪽, 원주 48과 그에 따르는 옮긴이 주 2를 볼 것). 왜냐하면 그는 ─ 『경제학적 사고의 비판을 위한 연구』라는 부제에서 짐작할 수 있듯이 ─ 거기에서 경제학적 개념구성의 문제를 다루고 있기 때문이다. 경제학적 개념구성과 말의 지배가 어떤 관계가 있단 말인가? 고틀의 주저로 간주되는 『말의 지배』는 「경제학의 "기본개념들"에 대하여」와 「일상적인 것에 대한 인식의 공식으로서의 가계와 기업」이라는 두 개의 장으로 구성되어 있다. 전자는 1900년에 출간된 그의 대학교수 자격 취득 논문이고, 후자는 같은 해에 하이델베르크에서 행한 강연을 축소한 형태이다. 고틀이 보기에 경제학은 경제, 가치, 효용, 자본, 임금, 부 등 ─ 흔히 이것들은 경제학적 기본개념들이라고 불린다 ─ 에 의해 지배되고 있으며, 이러한 말의 지배로 인해 그 배후에 있는 사실 또는 현실을 고려할 수 없다. 이 사실은 다름 아닌 인간의 일상적 삶 또는 행위이며 경제학의 기본개념들은 바로 이 일상적 삶 또는 행위의 언어로부터 온 것이다. 경제학은 일상적 삶 또는 행위, 보다 정확하게 말하자면 모든 시대와 민족의 일상적 삶 또는 행위에 대한 경험과학이다. 바로 이것이 『말의 지배』의 제1장인 「경제학의 "기본개념들"에 대하여」에서 고틀이 주장하는 바이다. 그는 이어 『말의 지배』의 제2장인 「일상적인 것에 대한 인식의 공식으로서의 가계와 기업」에서 "궁핍"과 "힘"이라는 두 가지 "기본관계"에서 출발하여 "가계" 및 "기업"과 같은 일상적 삶으로서의 경제적 현상을 합리적으로 구성하고자 한다. 이 과정에서 고틀은 오스트리아 이론경제학파의 한계효용이론을 일상적 삶 또는 행위라는 사실의 과학으로 간주하고는(예컨대 고틀, 『말의 지배』, 223쪽을 볼 것), 이를 더욱더 발전시키고자 한다. 이 저작에 대한 보다 자세한 논의는 이 책의 224~25쪽, 원주 20과 그에 따르는 옮긴이 주 1을 볼 것. 그리고 고틀의 경제학 이론에 대해 보다 자세한 것을 알고자 하면 특히 『삶으로서의 경제』와 『경제와 과학』을 볼 것.

발견하지 못했다 ─ 왜냐하면 다음과 같은 사실, 즉 "해석된 것"이 "주체" ─ 이것은 여기서는 정신물리학적 개인을 뜻한다 ─ 에 그의 관념, 감정 또는 의지로서 "내사된다"는 사실이, 뮌스터베르크 자신의 견해에 따르면, 결코 그와 같은 차이를 낳지는 않기 때문이다.[53] "해석"의 본질에 대한 논의를 계속하기 위해서는 우선 **고틀**의 견해로 눈을 돌리는 것이 좋을 듯하다. 왜냐하면 우리는 그의 논의를 어디에 "해석 가능성"의 인식론적 의의가 있지 **않은가**를 분명하게 밝힐 수 있는 편리한 실마리로 삼을 수 있기 때문이다.[54] 이렇게 함으로써 우리는 또한 고틀이 (그의 두 번째 저작)[109]에서 근거하고 있는, 그러나 아직 검토하지 않은 뮌스터베르크의 몇 가지 중요한 테제에 대해 우리의 입장을 표명할 수 있으며, 동시에 짐멜의 견해를 이용하거나 또는 근거를 제시하면서 거부할 수 있게 된다.[55] 더 나아가 우리는 립스와 크로체의 견해도 이 논의의 맥락에 속하는 한에서 간단하게 검토할 것이다.

고틀에 따르면, "역사적" 인식은 다음과 같은 두 가지 측면에서 자연과학의 "경험"과 본질적으로 다르다:

1) 그것은 인식대상을 **추론한다.** 다시 말해 그것은 인간행위의 **의미**를 ─ 우리가 말하고자 하는 것처럼 ─ 해석적으로 통찰하는 작업과 더불어 시작하여 다음과 같이 나아간다: 지속적으로 역사적 현실의 관계를 구성하는 새로운 요소들을 해석적으로 파악하여 포함시키고, 지속적으로 "해석"이 가능한 "원천들"을 이것들이 그 흔적이 되는 행위의 **의미**에 비추어 규명한다; 이렇게 해서 지속적으로 유의미한 행위의 보다 포괄적인 관계가 구성되고 이 관계의 개별적인 요소들은 서로를 떠받치는데, 그 이유는 우리가 전체적인 관계를 "안으로부터" 훤히 들여다볼 수 있기 때문이다. 이러한 "추론"은 고틀에 따르면, 인간행위에 대한 인식에 독특한 것이고 인간행위에 대한 인식으로 하여금 단지 유추적 방식

109 이는 『역사의 한계』이다.

을 통해 — 가설적 "법칙들"을 반복적으로 **입증**함으로써 — 가능한 한 최대치의 개연성에 접근하려는 모든 자연과학과 구별되도록 한다. 여기서는 우선 인식의 심리학적 **과정**이 그 인식론적 **의미**와 동일시되고, 인식의 목표가 그 방법과 동일시되며, 서술의 형식이 연구의 수단과 동일시되고 있다; 게다가 상기한 측면에서 결코 존재하지 않는 차이가 심지어 인식의 실제적인 과정에서도 존재한다고 주장되고 있다. 그리고 역사적 인식의 획득이 "해석"과 더불어 **시작되는** 것은 사실상 일반적으로 옳은 것이 아니다. 그리고 더 나아가 우리의 "역사적" 또는 보다 일반적으로 말해서 해석적 상상력이 역사적 과정들의 "추론"에서 수행하는 역할은, 물리적 인식의 영역에서 예컨대 "수학적 상상력"이 수행하는 역할에 해당하며, 또한 이렇게 구성된 가설을 검증하는 것 — 왜냐하면 이것은 전자와 후자 모두에서 중요한 일이기 때문에 — 은 논리적 관점에서 보면 원칙적으로 다른 과정이 결코 아니다. 랑케가 역사적 관계들을 "추측했다면",[110] 분젠의 **"예술적"** 실험"은 일반적으로 그가 거둔 성공에 대한 특수한 근거로 찬미된다.[111] 요컨대 해석적 인식과 물리적 인식 사이에 차이가 존재한다면, 그것은 어쨌든 고틀이 계속해서 다시 되돌아가 논의하곤 하는 "추론"의 기능에 의해 특징지어지는 것이 아니다. — 이제 고틀은 보다 상세하고 구체적으로 주장하기를,

2) 역사적 현상에 대한 "추론"은 **"사고법칙**에 근거하여" 이루어지며, 따라서 역사적 현상에서는 **단지** "논리적 사고법칙을 통해 파악할 수 있는" 것만이 역사학에 의해 기술되어야 할 구성요소로서 간주되는 반면, 다른 모든 것은 — 예컨대 자위더르해나 돌라르트만의 돌연한 생성 등

---

110 "추측"의 개념에 대해서는 랑케, 「페르디난트 1세와 막시밀리안 2세의 시대에 대하여」, 263쪽을 볼 것.

111 로베르트 빌헬름 분젠은 1870년대와 1880년대에 하이델베르크 대학에서 정기적으로 "실험화학"에 대한 강의를 했다. 이에 대해서는 데부스, 「로베르트 빌헬름 분젠」, 370쪽을 볼 것. 참고로 하인리히 데부스(1824~1915)는 독일의 화학자이다.

처럼 역사적으로 중요한 자연현상은—단순히 역사학이 유일하게 관심을 갖는 인간행위의 "조건들"이 "변동된 것"으로 간주되어야 한다.[112]

여기서는 "원인"과 "조건"의 구별—이 자리에서는 이것이 의미하는 바에 대해서는 자세하게 다루지 않기로 한다—이 이러한 맥락에서 다의적으로 사용되고 있는 것에 대해 이의를 제기해야만 한다. 누군가 매독의 "역사"를 쓴다면—다시 말해 이 질병의 발생과 확산에 인과적으로 영향을 끼친 문화사적 변동을 추적하며, 그리고 나서 다른 한편으로 이 질병에 의해 야기되었거나 또는 적어도 부분적으로 조건지어진 문화사적 현상들을 이 질병으로부터 인과적으로 설명한다면 —, 그는 일반적으로 병원체를 "원인"으로, 문화사적 상황을 한편으로는 변할 수 있는 "조건"으로, 다른 한편으로는 "결과"로 다룰 것이다. 그러나 만약 그의 작업이 임상적 이론을 위한 예비연구가 아니라 **문화**사에 대한 기여가 되고자 한다면, **그런 한** 거기에는 고틀의 견해가 잘못 표현되기는 했지만 그래도 일면의 진리를 보여 주는 한 가지 측면이 존속하게 된다: 과학적 **관심**은 궁극적으로 역사적 과정 중에서 **해석적으로** 이해할 수 있는 인간의 자아행동을 포함하는 구성부분들에 결부되며, 우리에게 "유의미한" 이 행위가 "무의미한" 자연력의 작용과의 밀접한 관계 속에서 수행하는 역할과 자연력이 이 행위에 끼치는 영향에 지향된다. 그러니까 역사학이 항상 "자연현상"을 인간의 문화가치에 연관시키며, 따라서— 역사적 연구가 되고자 하는—연구의 관점이 항상 인간행위에 대해 "자연현상"이 끼치는 영향에 의해 규정되는 한에서만, 오직 이런 한에서만 고틀의 견해는 근거를 갖는다. 여기에서 고틀이 염두에 두고 있는 것도 다시금, 이미 앞에서 논의한 바 있는,[113] **가치**에 의해 조건지어지는 우리

112　고틀, 『역사의 한계』, 56, 103쪽. 고틀은 같은 책 58쪽에서 자위더르해에 대해 말하고 있지만 돌라르트만에 대한 언급은 찾아볼 수 없다. 자위더르해(Zuider Zee)는 네덜란드 북서부에 있었던 만 모양의 바다인데, 1932년 입구에 30킬로미터에 달하는 둑을 쌓음으로써 담수호로 바뀌었다.

의 관심이 유의미한 해석 가능성과 결합되어 나타나는 특수한 방향에 다름 아니다. ─ 그건 그렇고 고틀이 역사적 현상은 "논리적 사고법칙"에 근거하여 추론될 수 있다고 말하는 것은 결정적인 오류임이 자명한데, 왜냐하면 그는 이 말과 더불어 단지 역사적 현상은 추체험적 이해를 통해서 접근할 수 있다는 것만을 ─ 바로 그 "해석 가능성"만을 의미하기 때문이다. 이 용어는 사실상 사소한 것이 결코 아닌데, 왜냐하면 그렇기 때문에 고틀은 "이해할 수 있는 행위"라고 말했어야 하는 다른 구절에서 "**이성적** 생기(生起)" ─ 이것은 분명히 **가치**판단에 의해 규정된 완전히 다른 무엇인가를 의미한다 ─ 에 대해 말하고 있기 때문이다.[114] 그뿐만 아니라 고틀의 저작은 아주 애매한 용어로 우리가 "해석적으로" 이해할 수 있는 것과 **논리적으로** 추론할 수 있는 행위가 동일시될 수 있음을 보여 주는데, 이 동일시는 오늘날에도 여전히 역사학을 포함한 문화과학의 작업에서 때때로 나름대로의 역할을 하고 있으며, 이런 경우에 역사적 현상을 합리적으로 구성하는, 그러니까 현실에 폭력을 가하는 원리를 제공할 수 있다.[56] 우리가 어떤 행위의 동기가 **합리적인** 성격을 갖는다는 전제 아래 주어진 상황으로부터 그 행위의 어떤 의미를 "추론한다면", 이것은 항상 "해석"을 목적으로 구성된 가설일 뿐이며, 이 가설은 수없이 많은 경우에 아무리 확실하게 보일지라도 원칙적으로 항상 경험적 검증을 필요로 하고 또한 경험적으로 검증될 수 있다. 사실상 우리는 아주 극심한 "감정"의 비합리적 지배를 합리적 "숙고"의 과정만큼이나 잘 "이해하며", 또한 범죄자나 천재의 행위와 감정 ─ 비록 우리는 우리 **스스로가** 이 행위와 감정을 체험할 수 없다는 사실을 잘 알고 있을지라도 ─ 을, 만약 그것이 우리에게 적합하게 "해석된다면", 원칙적으로 "정상인"의 행위처럼 **추체험**할 수 있다.[57] 다만 다음이 추가되어야 한다: 특

---

113 이 책의 90쪽에서이다.
114 고틀, 『역사의 한계』, 74쪽을 볼 것.

수한 "역사적" **관심**이 형성되기 위한 전제로서의 인간행위의 "해석 가
능성"은, 랑케[115]와 최근의 방법론자들[58]이 힘주어 강조한 "모든 역사적
인식의 공리", 즉 인간본성의 "원칙적 **동일성**"에도 함의되어 있다. 물론
"정상적인" 인간과 "정상적인" 행위는 ─ 그 역의 의미에서 ─ 호프만의
소설 『철의 기병대위』에 나오는 유명한 "병든 말"[116]과 마찬가지로 특정
한 목적을 위해 구성된 이념형적 사유 구성물이며, 우리는 예컨대 어떤
동물의 감정의 "본질"을 인간의 감정과 전적으로 동일한 **의미**에서 "이
해한다." 이 사실 하나만 보더라도 ─ 고틀의 가정과는 상반되게 ─ 당
연히 "해석"이 단지 "객관화"로부터 **자유로운** 직관과 단순한 복제를 통
해서만 이루어진다고 생각해서는 안 된다는 점이 명백하게 드러난다. 어
떤 구체적인 사고의 해석적 "추론"은 때때로 임상적·병리학적 지식에
의존할 뿐만 아니라[59] 더 나아가 자명하게도, 고틀의 가정과 상반되게,
일반적으로 그리고 지속적으로 "자연과학"의 가설들과 **논리적으로** 동
일한 의미에서 "경험"에 의해 "통제"를 받는다.

  그런데 어떤 이들은 ─ 고틀도 본질적으로는 이에 속하는데 ─ "해석"
이 다른 종류의 인식에 비해 특수한 "**확실성**"을 갖는다는 입장을 옹호하
기 위해 우리의 지식에서 가장 확실한 내용은 "우리 자신의 체험"이라고
주장해 왔다.[60] 이것은 ─ 곧 논의하게 되는 특정한 의미에서 ─ 다음과
같은 조건 아래 옳다. 즉 이 체험의 반대가 **다른 사람들**의 "체험"이라면,
게다가 "체험"의 개념이 확장되어서 한 특정한 순간에 우리에게 직접적

---

115 다음에서 "모든 인간의 자연적 동일성"이라는 표현을 볼 수 있다. 랑케, 『세계사. 제5부:
   아랍의 세계지배와 카를 대제의 제국. 제1부』, 제1~3판, 10쪽.

116 사실 이 작품에는 "병든 말"에 대한 언급이 없다. 정확히 말해 제2권, 235~36쪽에 다
   음과 같이 "흠이 있는 말"을 그리는 것에 대한 구절이 나온다: "고대 그리스의 예술가
   는 대리석 여신상을 조각할 때 살아 있는 수백 명의 모델로부터 모든 완전함의 궁극적
   이고 순수한 전형을 추출해 내고 종합할 줄 알았다. 이와 마찬가지로 걸출한 거장은 그
   어떤 우연적인 개별현상에 의해서도 훼손되지 않는, 삶의 현실에서 볼 수 있는 모든 불
   완전함의 순수하고 완전한 이상형으로서의 흠이 있는 말을 그릴 줄 안다."

으로 주어진 정신적인 **그리고 물리적인** 세계를 포함하며 또한 "체험된 것"이 의미하는 바가 **과학적** 고찰에 의해 형성될 수 있는 현실이 아니라 "지각" 전체 그리고 이것과 완전히 불가분하게 결합된 "감각"과 "의지" 라면 — 다시 말해 우리가 매 순간에 행하고 그 해당 순간에 매우 다양한 정도와 의미로 "의식할" 수 있는 "입장설정"이라면 — , 그 주장은 옳다. 만약 그렇다면, "체험된 것"은 경험적 사실설명이라는 의미에서의 **판단** 의 대상이 되지 못하며, 따라서 모든 경험적 인식과 무관한 상태로 남아 있게 된다. 이에 반해 "체험된 것"이 우리의 "외부에서" 일어나는 현상 **전체**와 상반되게 우리의 "내부에서" 일어나는 "정신적" 현상으로 이해 된다면, — 이 둘 사이의 경계를 어떻게 설정하든 상관없이 — , 그리고 이 "정신적" 현상이 타당한 사실인식의 대상으로 이해된다면 심지어 고 틀이 받아들인 뮌스터베르크의 견해에 비추어보더라도 실상은 완전히 달라진다.

그러나 — 고틀의 의도에 상응하여 — 다음과 같은 경우를 상정해 볼 수 있다. 즉 "체험된 것"이 객관화된 현실의 "물리적" 부분과 "정신적" 부분으로 "분리되어 내사(內射)로 이어지지" 않은, 따라서 "물리적" 세 계는 단지 우리의 입장설정에 대한 유인(誘因)으로만 "간주되는" 경우를 상정해 볼 수 있다. 심지어 이러한 경우에도 체험할 수 있는 구체적인 관 계들에 대해 타당한 인식을 추구하는 모든 과학은 "객관화된" 세계에 대 한 모든 연구와 동일한 논리적 구조를 지니는 "경험"을 전제한다. 우선 해석의 대상이 된 인간의 자아행동은 어디서나 여느 "대상들"과 마찬가 지로 그저 궁극적인 "경험"으로 받아들여야 하는 구성요소들을 포함한 다. 가장 간단한 예를 들어보기로 하자: 문화사에서 일반적으로 사용되 는 개념인 연습을 통한 정신적 능력의 "습득"이라는 현상은, 그 과정과 결과 모두에서 확실히 직접적으로 "이해할 수 있는" 것이다. 이러한 현 상이 **어떻게** 진행되는가는, 측정이 가능한 일정한 구성부분들의 경우에 는 정밀한 "심리측정학"으로 밝혀낼 수 있고, 그 밖의 경우에 우리는 우리 자신의 광범위한 경험을 통해, 특히 외국어 습득의 경험을 통해 그 **효과**를 알 수 있다. 그리고 이러한 현상이 일어나고 또 가능하다는 사실은, 결국 물체가 "무겁다"라는 사실을 확인하는 것과 조금도 다르지 않은 의미에서 아주 간단하게 "확인할 수 있다." 그러나 더 나아가 우리의 평가와 행위를 부분적으로 결정하는 우리 자신의 "정서들" — 이 단어가 "통속심리학"에서 갖는, 그리고 문화과학에서 무수하게 사용되는 의미에서 — 은, 이것들의 의미에서, 이것들의 동시성, 분리성, 원인성에서(고틀의 용어로 표현하면)[117] 결코 직접적으로 "해석될 수 **없다.** 오히려 — 미학적 향유에서 가장 명료하게, 그리고 예컨대 계급적 상황에 의해 조건 지어진 내적 태도에서도 그에 못지않게 명료하게 드러나듯이 — 다음은 예외적인 것이 아니라 일반적인 것이다: 이 모든 측면에서[118] 우리는 이 "정서들"을 **유추**에 의해, 다시 말해 비교의 목적으로 우리가 사유적으로 **선택한,** 그리하여 일정한 정도로 분리되고 분석된 것으로 필연적으로 전제되는 **다른 사람들**의 "체험"에 의거하여 "해석할" 수 **있다**; 그리고 고틀에 따르면, 이 "정서들"은 선험적으로 명료하고 명백한 성격을 갖는데, 이것들이 달리[119] 그렇게 될 수 있으려면 우리는 이것들을 해석할 수 있을 뿐만 아니라 이 방식으로 사실상 통제하고 분석해야 **한다.** 심지어 우리 **자신**에 대한 실제적인 "이해"의 첫발을 내딛기 위해서라도 — 이것은 의심의 여지없이 고틀의 견해이기도 하다 — "체험"의 모호한 비분리 상태를 벗어나야 한다. 누군가 모든 "체험"이 확실한 것 중에 가장 확실한 것이라고 말한다면,[120] 당연히 이것은 우리가 체험한다는 **사실**에 해당한다. 그러나 우리가 실제로 체험하는 **것**은, "체험"의 단계 그 자

---

117 고틀, 『말의 지배』, 79쪽을 볼 것.
118 이는 그 앞의 앞 문장에 나오는 "이것들의 의미에서, 이것들의 동시성, 분리성 및 원인성에서"를 가리킨다.
119 이는 그 앞에 나오는 "선험적으로"의 반대인 "경험적으로"라고 읽으면 된다.
120 뮌스터베르크, 『심리학 개요』, 제1권, 51쪽을 볼 것.

체가 지나가고 체험된 것이 판단의 "대상"이 된 후에야 비로소 파악할 수 있는데, 이 판단 자체도 그 내용상 더 이상 비분리된 모호한 상태에서 "체험되는" 것이 아니라 "타당하다"고 인정되는 것이다; 이 논리는 모든 "해석적" 인식에 대해서도 그대로 적용된다. 그런데 이러한 "인정"은 입장설정의 구성요소로 간주되며, 따라서 뮌스터베르크가 기이하게 가정하듯이 다른 "주체"에 귀속되는 것이 아니라 자신과 다른 사람들의 **판단**의 **타당성**에 귀속된다. 타당성이라는 의미에서의 최대치의 "확실성" — 그리고 어떤 과학에서든 확실성은 단지 이러한 의미만을 갖는다 — 은 $2 \times 2 = 4$와 같은 명제에, 그것도 일단 "인정되고" 난 다음에 결부되는 것이지, 우리가 그때그때 "갖는" 체험 또는 같은 말이지만 우리가 바로 "**그것인**" 체험에 결부되는 것이 아니다. 그리고 "타당성"의 범주는 체험의 "대상"과 "방식"에 대한 질문이 하다못해 우리 자신에게라도 제기되고 또 그에 대해 **타당하게** 답변을 해야만 비로소 형성적으로 기능하기 시작한다.[61] [121] — 어떻게 이것이 이루어지는가 하는 문제가 "해석적으로" 얻어진 인식의 논리적 본질을 판단하는 유일한 척도가 되며, 우리는 아래에서 바로 이 점만을 다룰 것이다.

---

121 이 문장의 끝에 나오는 "형성적으로 기능하기 시작한다"는 "인식을 구성하고 그 과정을 지배하는 요소로 기능하기 시작한다"라고 읽으면 될 것이다.

주

1) 말이 나왔으니 말이지, 이러한 불평은 정당하다고 보기 어렵다. 왜냐하면 로셔는『체계』
   에서 크니스를 자세하게 인용하고 있으며,『경제학사』에서 그를 인정하면서 다루고 있
   기 때문이다. 로셔가 자신에 대한 그 일부는 통렬하기까지 한 크니스의 비판에 상세히
   답변하지도 않았고 그에 상응하여 자신의 입장을 수정하지도 않았다는 사실은 확실히
   주목할 만한 일이다.

2) 이런 식으로 형성되어 구문론적으로 불가능한 문장의 예로는 제1판,[1] 203쪽을 볼 것.
   1 이는『역사적 방법의 관점에서 본 경제학』의 제1판이다.

3) 여기에서 우리는 다만 특정한 논리적 문제들의 개진에만 관심을 가지며, 따라서 그와 같
   이 모든 것을 망라하는 식의 재현은 의도하지 않는다. 우리의 목적을 위해서는 **초판**과
   1850년대에 나온 크니스의 논문들[1]이 논의의 출발점이 되며, 제2판과 후기의 저작들,
   특히『화폐와 신용』도 그 분석이 전자에 대한 확장적 설명이 되기만 한다면 언제든지 주
   저 없이 함께 논의에 끌어들일 것이다; 초기와 상이한 후기의 관점들은 거기에서 어떤
   식으로든 **새로운** 논리적 또는 방법론적 견해가 나타나는 한에서만 — 물론 그러한 경우
   가 드물기는 하지만 — 이미 초기의 저작들에서 볼 수 있는 그 단초들과 함께 간략하게
   다루게 될 것이다. 여기서도 — 로셔에 대한 부분에서와 마찬가지로 — 우리는 크니스의
   업적을 "역사적으로" 평가해야 할 때 해야 하는 것과 완전히 반대되는 것을 하게 된다.
   다시 말해 그의 논의들은 이것들이 오늘날에도 여전히 존재하는 과학의 문제들과 갖는
   관계 속에서 고찰되며, 우리의 의도는 크니스의 초상을 그려보려는 것이 아니라 우리의
   작업영역[2]에서 필연적으로 일어날 수밖에 없었던 문제들을 그려보는 것이고, 더 나아가
   어떻게 그가 이 문제들을 다루었는가, 그리고 그가 심지어 오늘날에도 많은 사람들에
   의해 공유되고 있는 견해들에 기반하고 있었기 때문에 사실상 이 문제들을 다룰 수밖에
   없었음을 보이려는 것이다. 자명한 일이지만, 이런 식의 접근으로는 크니스가 갖는 과학
   적 의의에 대한 적절한 초상을 결코 제공할 수 없다; 아니 이 제1절의 논의는 일단 크니
   스가 우리가 다루고자 하는 것에 대한 "구실"일 뿐이라는 인상을 주어야 한다.[3]
   1 크니스는 1850년대에 특히 다음의 논문들을 발표했다:「애덤 스미스에서 현재에 이르
   기까지의 경제학」(1852),「가치의 경제학적 이론」(1855),「오늘날의 신용제도 및 은행

제도」(1855; 익명으로 발표).

2 자명한 일이지만, 이는 경제학을 가리킨다.

3 베버는 크니스에 대한 두 개의 장에서 그뿐만 아니라 멩거, 분트, 뮌스터베르크, 짐멜, 고틀(제2장)을, 그리고 립스와 크로체(제3장) 등 수많은 학자들의 논리적 문제를 다루고 있다.

4) 제2판, 1쪽 이하와 521쪽.[1]

1 베버는 521쪽을 215쪽으로 오기하고 있다.

5) 119쪽을 참고할 것(초판[1] — 앞으로 특별히 다른 사항이 추가되지 않는 한, 언제나 이 판을 가리킨다).

1 이는 크니스의 저작 『역사적 방법의 관점에서 본 경제학』의 초판을 가리킨다. 베버가 괄호 안에서 말하듯이, 앞으로 크니스를 인용하면서 저자명, 저서명, 판수 등의 서지사항이 생략된 채 단지 쪽수만 언급되는 경우에는 모두 이것을 가리킨다.

6) 그는 344쪽에서 이 점을 분명히 말하고 있다.

7) 집합적 관계들은 특수한 부류로서 무시된다. 이 관계들은 "행위"를 포함하기 때문에, 크니스에게는 이것들 역시 비합리적인 것이다.

8) 237, 333~34, 352, 345쪽.

9) 이미 슈몰러는 크니스의 저작을 논평하는 기회에 심지어 자연도 정확하게 반복하는 것이 결코 아니라는 근거를 제시하면서 그의 견해를 거부했다(『국가과학 및 사회과학의 문헌사에 대하여』, 209쪽).[1]

1 이는 구체적으로 「카를 크니스(1883)」이다. 베버는 209쪽을 205쪽으로 오기하고 있다.

10) 이는 **힌네베르크**, 『역사학 저널』, 제63권(1889),[1] 29쪽에서 볼 수 있는데, 이에 따르면 자유의 문제는 "정신과학 전체의 근본문제"가 되어야 한다. 예컨대 **슈티페**도 크니스와 아주 유사하게 정신과학에서는 "인간의 자유의지라는 사실"로 말미암아 자연과학적 법칙성을 전제할 수 없다고 주장한다(『독일 역사과학 저널』, 제6권, 1891, 41쪽).[2] — **마이네케**는 『역사학 저널』, 제77권(1896),[3] 264쪽에서 주장하기를, "우리가 역사적 집단운동에는 자유롭게 행위하는 수많은 X의 업적이 숨어 있다는 것을 안다면, 분명히 우리는 이 운동을 단순히 법칙적으로 작용하는 힘들의 상호작용으로 간주할 때와는 완전히 다른 눈으로 볼 것이다." — 그리고 같은 글, 266쪽에서 동일한 작가는 이 "X" — 인격의 비합리적 "잔기" — 를 인격의 "내적 성소(聖所)"라고 부르고 있는데, 이는 **트라이치케**가 일종의 경외심을 갖고 인격의 "수수께끼"에 대해 말하는 것과 아주 유사하다.[4] 이 모든 견해에 **방법론적으로** 정당성을 부여하는 핵심은 물론 "무지의 기술"[5]에의 호소이다. 그러나 이 견해들은 또한 다음과 같은 기이한 전제, 즉 어떤 과학이 또는 이것의 대상이 지니는 품위는 다른 어떤 것에서가 아니라 우리가 구체적인 경우에 그리고 일반적으로 **알 수 없는** 이 대상의 특성에서 기인한다는 전제에 근거한다. 이러한 전제에 따르면, 인간행위의 특수한 의의는 이것이 **설명될 수 없고**, 따라서 **이해될 수 없다**는 점에서 찾을 수 있다.

1 이는 「역사과학의 철학적 토대」이다.

2 이는 「바이에른의 막시밀리안 공(公)과 제관(帝冠)」이다.

3 이는 「반론」이다. 참고로 이 반론은 1896년에 출간된 카를 람프레히트의 저서 『역사

과학의 낡은 방향과 새로운 방향』을 그 대상으로 한다.

4 이는 트라이치케, 『정치』, 제1권, 6쪽에서이다.

5 베버는 이를 라틴어 'ars ignorandi'로 인용하고 있는데, 이 라틴어는 다시금 프랑스의 신학자 세바스티앵 카스텔리오(1515~63)의 저작 『의심과 믿음, 그리고 무지와 앎의 기술』에서 연원하는 것이다.

11) 여기에서 강조되어야 할 점은, 이러한 작업으로부터 경제학의 **실천적** 방법론을 위해 무엇인가를 "얻을" 수 있는가 하는 질문은 처음부터 **배제되어야** 한다는 것이다. 우리가 추구하는 바는 일정한 논리적 관계들을 다른 무엇이 아니라 **바로 그 자체를 위해** 인식하는 것이다; 우리는 이렇게 할 수 있는 권한이 있는데, 이는 과학적 경제학이 단지 자신의 작업을 통해 "실천"을 위한 "처방"을 제시할 수 있는지의 여부에 따라서만 평가되기를 원치 않을 수 있는 권한이 있는 것과 마찬가지이다.

12) 그 이유는 역사학의 인식론이 역사적 인식에서 가치연관이 갖는 의의를 확인하고 분석하지만 가치의 타당성 자체에 대한 **근거를 제시하지는** 않기 때문이다.

13) **짐멜**의 논의(『역사철학의 문제들』, 제2판, 63쪽 아랫부분)에 의해 "집단현상"이 **역사적** 관계의 구성요소로 간주되는 한 개별적 성격을 갖는다는 사실이 바뀌는 것은 물론 아니며, 짐멜 자신도 의심할 바 없이 그렇게 생각할 것이다.[1] "집단현상"은 참여하는 다수의 **개인들**이 갖는 일반적인 **동일성**에 의해 구성된다는 사실은, 그것의 **역사적** 의의가 이 다수에게 공통되는 것의 **개별적** 내용, 개별적 원인, 개별적 결과(예컨대 구체적인 종교적 관념 또는 구체적인 경제적 이해상황)에 있다는 사실에 저해가 되지 않는다. 단지 현실적인, 다시 말해 구체적인 대상들만이 그 개별적인 모습 속에서 **실재적** 원인이 되며, 역사학은 바로 이것을 추구한다. "실재근거"와 "인식근거"라는 범주가 역사방법론적 문제들과 갖는 관계에 대해서는 에두아르트 **마이어**와 다른 몇몇에 대한 나의 비판을 볼 것(이 책의 368쪽 이하).

1 짐멜(『역사철학의 문제들』, 제2판, 63쪽)에 따르면, "[집단요소들]은 단지 이것들 모두에 공통적인 특징에 의해서만 **역사**를 구성하는데, 이 요소들은 그 특징 안에서 하나로 합해져 통일적으로 작용한다."

14) 예컨대 그의 "민족심리학"에서도 그리한다.[1]

1 분트, 『민족심리학』, 제1권, 제1부, 246~47쪽을 볼 것.

15) 『논리학』(제2판), 제2권, 제2부, 267쪽 이하.

16) 덧붙여 말하자면, 그 누구도 **리케르트**보다 이 점을 명료하게 강조하지 못했다 — 그것은 이 측면에서 본질상 딜타이에 대한 비판이기도 한 저작 『자연과학적 개념구성의 한계』의 사실상 근본주제이다. 많은 "사회학자들"이 일종의 맹목적인 열정에 사로잡혀 계속해서 이 점을 간과하고 있다는 사실은 놀라운 일이다.[1]

1 베버가 어떤 "사회학자들"을 가리켜 그렇게 말하는지는 확인할 수 없다.

17) 심리학주의적 발전론자들은 아마도 이것을 다음과 같은 테제의 형식으로 표현할 것이다: "발전"이 일어나면, 그것은 "어디서나" 상기한 "가치들"의 방향으로 움직인다. 그러나 실상 우리는 어떤 변화가 가치에 **연관되면, 그때서야 비로소** 이것을 "문화발전"이라고 부른다. 그러니까 그 변화가 가치에 지향된 고찰의 관점에서 "중요하다면", 다시 말해 그 변화가 자체로서 "가치변동"이 되거나 또는 이것과 인과적 관계에 있으면 그리

한다.[1]

1 리케르트, 『자연과학적 개념구성의 한계』, 473쪽을 볼 것.

18) 이 점에 대해서는 예컨대 『자유의지에 대하여』, 161쪽 이하에서 전개되는 **빈델반트**의 논의를 볼 것.

19) 경험적 과학 분야들의 실제적인 또는 명목적인 연구방법과 연구결과가 "세계관"의 구축에 이용되는 것은 이제 사실상 진부한 현상이 되어버렸다. 이것은 **마흐**의 논의(『지각의 분석』, 18쪽, 주 12)가 루도 모리츠 **하르트만**의 책 『역사적 발전』(1905)에서 초래한 상당히 "끔찍한" 결과에서 다시 한 번 그 고전적 순수성에서 관찰할 수 있다.[1] 정당하게 존경받는 한 학자의 놀랄 만한 과오를 보여 주는 이 저작에 대한 비판적인 고찰은 다른 기회를 위해 유보하기로 한다.[2] 이 저서는 ─ 비록 저자가 의도한 바는 아니지만 ─ 방법론적으로 상당히 유익하다(이 저서에 대해서는 『독일 문헌신문』,[3] 1905년, 제24호에 실린 프란츠 **오일렌부르크**의 서평을 볼 것).[4]

1 하르트만은 『역사적 발전』, 84쪽 이하에서 마흐에 준거하여 논의를 전개하고 있는데, 베버는 이 논의로부터 "상당히 '끔찍한' 결과"가 초래되었다고 비판하는 것이다.

2 이는 실제로는 성사되지 않았다.

3 이는 1880년에 창간되어 1993년까지 존속한 서평 저널로서, 그 정식 제목은 『국제과학의 비판을 위한 독일 문헌신문』이다.

4 이는 「루도 모리츠 하르트만, 『역사적 발전에 대하여』」이다.

20) 『심리학 개요』, 제1권, 라이프치히(1900). 우리는 곧 이 저작을 상세하게 다룰 것이다(이 책의 119쪽 이하를 볼 것)[일러두기 9 참고].

21) 바로 이런 연유로 "선(先)계산 가능성"이 **베른하임**이 『역사학 방법』,[1] 제3판, 97쪽에서 한 것과 같은 방식으로 방법론의 중심으로 다루어져서는 결코 안 된다.

1 이 책의 정식 제목은 『역사학 방법 및 역사철학 편람』이다.

22) 그러나 루도 모리츠 **하르트만**이 앞서 인용한 저작[1]에서 제시한 견해를 보면, 적응이라는 개념의 성격이 지속적으로 오해되고 있음을 알 수 있다. 이에 대해서는 다른 곳에서 논의할 것이다.[2]

1 이는 앞의 옮긴이 주 19에서 언급한 『역사적 발전』, 38쪽 이하이다.

2 무엇을 가리키는지 입증되지 않는다.

23) 이 점에 대한 보다 자세한 논의는 **빈델반트**, 『자유의지에 대하여』, 19쪽 이하를 볼 것.

24) 그렇다고 해서 사건을 "규칙"과 연관시키는 것이 논리적 관점이나 실제적 관점에서 해석에 **중요하지 않다**는 뜻은 아닌데, 우리는 곧 이 점을 힘주어 강조하게 될 것이다. 여기서는 다만 "해석"이 현상학적으로 규칙에의 포섭이라는 범주에 속하지 않는다는 점만을 부각하고자 한다. 뒤에서 보게 되듯이,[1] "해석"은 인식론적으로 복잡한 성격을 갖는다.

1 이 책의 142쪽 이하에서이다[일러두기 9 참고].

25) 나중에 보겠지만,[1] "재생"은 아주 비유적인 의미에서만 사용하는 것이 정당하다. 그러나 "해석할 수 없는 것"과의 현상학적 차이가 문제시되는 이 맥락에서는 표현이 오해될 여지가 있을 수 없다.

1 어디를 가리키는지 알 수 없다.

26) 어떤 저작을 판단할 자격이 없는 사람에게는 심지어 그것을 칭찬하면서 논의하는 것도 외람된 일이다. 그러므로 여기서는 그의 저작 가운데 역사적 과학 분야들의 인식론적 문제를 다루는 부분들에 국한하여 언급하게 될 것임을, 그리고 나는 비록 전문가는 아니지만 이 부분들의 가치를 평가할 수 있다고 믿는 바임을 일러두고자 한다. 심리학의 방법론에 대한 뮌스터베르크의 지극히 흥미로운 논의에 대해 나는 판단할 처지가 전혀 안 된다; 물론 나는 전문 심리학자들로부터 이 논의가 가치 있는 것인지 또는 무가치한 것인지에 대한 정보를 얻으려는 시도 또한 하지 않을 것이거니와, 그 이유는 현재 이 학자들이 마치 노래에 나오는 두 마리 사자처럼 외부자들이 알아볼 수 있는 그 어떤 흔적도 남기지 않은 채 서로를 잡아먹는 경향이 있기 때문이다.[1] 내 생각으로는 뮌스터베르크의 몇몇 논의에 대해서는, 특히 두뇌로 정신적인 요소가 내사(內射)된다는 견해를 내세우고 이를 "인식론적으로" 근거지우는 것에 대해서는 심지어 비(非)심리학자들조차도 당연히 머리를 가로저을 만하다. 여기에서 우리는 "인식론의 한계"에 대한 논의의 필요성을 느낀다. 왜냐하면 인식론에 대한 관심이 크게 증가하는 것은 환영할 만한 현상이지만, 거기에는 **실제적인** 문제들을 **논리적인** 원리들에 의해 해결하려고 하는 위험이 수반되기 때문이다. 그리고 이로 인해 스콜라철학의 르네상스가 초래될 것이다.

1 이는 대학생 연회가인 「두 마리의 사자」에서 온 것인데, 가사의 전문은 다음과 같다: "1. 사자 두 마리가 숲으로 산책 갔는데, 분노에 휩싸여 서로를 잡아먹었다. 2. 어느 날 두 명의 귀족이 그 길을 지나가다가 싸움에서 남은 두 사자의 꼬리만을 발견했다. 3. 이 이야기가 어른과 어린이에게 주는 교훈은, 가장 친한 친구라 해도 같이 숲으로 산책 가지 말라는 것이다." 『샤우엔부르크 독일 대학생 연회가 대중판』, 686쪽.

27) 여기서는 다만 이 점들만을 논의할 것이다. 그러므로 뮌스터베르크에게 의심할 바 없이 결정적인 의의를 갖는 많은 테제들은 전혀 고려의 대상이 되지 않을 것이다. 정신적인 것이 실험심리학의 대상이 되는 방식뿐만 아니라 "체험된 현실", "입장설정적 주체" 등의 개념도 다루지 않을 것이다. 뮌스터베르크의 입장에서 보면, 오히려 "주관화하는" 과학과 "객관화하는" 과학의 경계에 대한 논쟁이 결정적으로 중요한데, 이 논쟁은 특히 역사학이 어디에 속하는가 하는 문제를 둘러싸고 벌어진다. **리케르트**는 『독일 문헌신문』, 1901년, 제14호에서 뮌스터베르크의 저서에 대한 간결하지만 아주 명료한 분석을 하고 있다.[1]

1 이는 서평 「후고 뮌스터베르크, 『심리학 개요』」이다.

28) 우리는 거듭 이 점을 다시 논의할 것이다.[1]

1 이 책의 198쪽 이하와 202쪽 이하를 볼 것.

29) 내가 보기에 이러한 논리적 결함에는 다음이 포함된다:

1. 뮌스터베르크는 경험적으로 주어진 다양한 현상은 **모두가** 내적으로 무한하다는 점을 오해하고 있는데(38쪽), 사실 이 무한성은 모든 경험과학에서 수행되는 소재선택의 ("소극적") 전제조건이 된다. 이러한 오해가 가능한 이유는, 리케르트가 이미 언급했듯이,[1] 단 한 가지, 즉 뮌스터베르크가 전(前) 비판적 관점을 고수하기 때문인데, 이 관점은 그때그때 주어진 것 전체를 그 가운데 우리에게 "중요한" 측면들 및 요소들—그러니까 상기한 선택의 산물 바로 그것—과 동일시하기 때문이다. 이러한 관점은 다른 하나의 오류와 결합하여 뮌스터베르크로 하여금,

2. "법칙"과 "개체"(논리적 의미에서의) 사이의 관계를 오해하도록 하며, 특히 "객관화된" 개별적 현실이 법칙에 포함된다는 견해를 갖도록 한다(39쪽). 이러한 오류는 뮌스터베르크가(114쪽) 다음과 같은 견해를 개진할 때 가장 명백하게 드러난다: "만약 네로가 다른 관념을 체험했더라면, **심리학**의 이상적 체계는 달라졌을 것이다." — 이러한 견해는 다음과 같은 전제, 즉 만약 "조건들"이 충분히 상술(詳述)된다면 법칙은 심지어 가장 개별적인 특수경우도 포괄할 수 있다는, 아니 실로 특수경우에 **대한** 법칙이 가능하다는 전제에 근거하고 있다. 그러나 여기에서 뮌스터베르크는 다음을 간과하고 있다. 즉 만약 우리가 네로의 정신을 지배한 관념이 다른 것이었다고 가정한다면, 우리는 그로 인해 무엇보다도 **조건들**과 그 상황이 달랐다고 가정할 수밖에 없다는 것을 간과하고 있다. 이 "주어진 조건들" 자체는 첫째로 가능한 원인으로서 네로의 가계(家系) 그리고 이에 못지않게 전체 고대사의 개별적인 과정 전체 등등 — 그러므로 어떤 한 **심리학**이 제아무리 "다면적이라" 할지라도 다 담아낼 수 없는 대상들 — 을 포함한다; 그리고 게다가 둘째로 그와 같은 조건들은 — 설령 우리가 단순히 이것들을 "주어진 것"으로 받아들인다고 할지라도 — **단지** 다음과 같은 경우에만 그리고 단지 그런 한에서만 수적으로 **무한한** 것이 되지 않는다. 즉 우리가 처음부터 네로의 정신을 지배한 관념의 개별적인 과정 전체가 아니라 단지 이 관념의 일정한 일반적인 임상적·심리학적 특성들만을, 그러니까 — 우리가 이 특성들을 제아무리 "특별한 것"으로 판단한다고 할지라도 — 단지 선택을 통해서 얻어진 대상만을 설명의 주제로 삼고 고찰하는 경우에만 그리고 그런 한에서만 그리된다. 현상에서 "역사적인 것", 다시 말해 단지 역사적으로만 설명될 수 있는 대상은 바로 **이러한** 조건들이 **이러한** 관계에 실제적으로 **주어졌다는 사실**인데, 확실히 이 사실은 하나의 **법칙**으로부터(심지어 제아무리 많은 수의 법칙들로부터도) 결코 연역될 수 없다. [**짐멜**은 주장하기를(『역사철학의 문제들』, 제2판, 95쪽), 만약 우리의 법칙론적 지식이 절대적으로 완전하다면, "우리의 지식 전체를 완성하는" 데에는 "**하나의** 유일한 역사적 사실이면" 충분할 것이다. 이 주장도 마찬가지로 오해를 불러일으킬 것임이 분명하다. 왜냐하면 이 경우에 이 "하나의" 사실은 여전히 무한히 많은 내용을 가질 수밖에 없을 것이기 때문이다. 누군가 말하기를, 만약 우리가 **하나의** 모래알이 실제로 존재하는 자리와 다른 자리에 위치하게 되었다고 생각한다면, 세상사 전체가 필연적으로 다르게 진행되었을 것이다.[2] 그러나 — 계속해서 이 예에 머물자면 — 설령 우리가 절대적으로 완성된 법칙론적 지식을 갖고 있다고 할지라도, 이 "모래알"이 한 특정한 시간에 어디에 위치하는가를 아는 것이 **모든** "모래알들"의 위치를 추론하는 데에 충분하다고 믿는 것은 전적으로 잘못이다. 오히려 이 목적을 위해서 우리는 여전히 **모든** 모래알들이 (그리고 다른 모든 대상들이) **다른** 시간에 어디에 위치하는가를 알아야만 할 것이다.]

3. 그리고 — 이 문제도 마찬가지로 이미 리케르트(『독일 문헌신문』, 1901년, 제14호)가 언급한 것이다[3] — 뮌스터베르크는 역사학이 "보편적인 것"을 다룬다는 사실을 되풀이해서 논의하고 있기는 하지만, "보편적인 것"의 개념이 갖는 근본적으로 다른 의미(이 경우에는 일반적 **타당성**과 대비되는 보편적 **의의**)가 불명확한 채로 남아 있다(그 이후 리케르트가 보편적인 것의 의미를 명료하게 발전시켰다[4]). 이 문제는 1번에서 살펴본 오류와 관련이 있다.

4. 뮌스터베르크는 자신이 제시한 과학의 두 범주 사이의 차이점과 유사점을 매우 예리하고 세련되게 논증하고 있지만, 그럼에도 불구하고 논리적으로 극히 다양한 의의를 가질 수 있는 주체-대상의 관계가 철저하게 해명되지 않은 상태이며, 또한 자신이 규정한 개념을 일관되게 고수하지도 않는다(심지어 두 곳, 즉 35쪽 중간부분과 45쪽 윗부분에서는 "**인식론적**" 주체와 "**입장설정적**" 주체가 서로 뒤섞이는데, 이는 짐작건대 실수였을 것이다). 그리고 이 결과로 "객관화"라는 뮌스터베르크에게 결정적인 범주가 심각하게 동요하고 마는데, 왜냐하면 결정적인 문제는 다름 아니라, **어디에** 그것이 적용되는가, 다시 말해 — 이것이 중요하다 — **역사학** 및 이와 유사한 과학 분야들이 "객관화하는" 것으로 간주될 수 있는지이기 때문이다. 뮌스터베르크는 다음과 같이 말한다: "경험하는" 주체(그러니까 객관화된 세계와 마주하는 주체)는 우리가 그 현전성을 "도외시해야" 비로소 진정한 주체가 된다(57쪽). 그러나 이것은 호도하는 표현이 아닐 수 없다. "경험하는" 주체는 현전적 주체로서 실제로 **존재하는데**, 이 주체의 현전성은 **단지** 인식의 성과와 관련해서만 **고려의 대상이 되고** 경험적 인식의 가치들의 실현에 지향되어 있다 — 아니면 "경험하는" 주체는 순수하게 사유적으로 구성된 "인식론적 주체"라는 이론적 **개념**인데, 이것의 경계사례가 많은 비난의 대상이 되는 "의식 일반"의 개념이다. 그리고 나서 뮌스터베르크는 곧바로 "경험"의 개념에 "요소들"로의 분해라는 개념을 포함시키며, 더 나아가 "**궁극적인**" 요소들로의 소급이라는 개념을 포함시킨다. 그렇지만 예컨대 생물학은 (그에 따르면) 의심할 바 없이 "객관화하는" 과학이지만, 그 자신이 때때로 언급하듯이, 그렇게 분해하고 소급하지 않는다. 적어도 법칙과 (논리적) 개별성 사이의 관계에 대한 뮌스터베르크의 견해에 근거해서는, 그가 336쪽의 아랫부분에서 자연과학에 대해 말하는 것[5]이 왜 역사학과 경제학 등에도 적용되지 말아야 하는지를 전혀 알 길이 없다: 그렇다고 해서 이 과학 분야들이 "응용심리학"이 되는 것은 결코 아닌데, 그 이유는 사실상 이 과학 분야들이 정신적 과정뿐만 아니라 — 많은 역사학자들(에두아르트 마이어)이 이에 대한 연구에 거의 무관심하기는 하지만 — 행위의 외적 **조건들도** 그리고 **특히** 이것들을 고찰의 영역으로 끌어들이기 때문이다. — 만약 역사학이 "의도와 목적의 체계"[6]라면, 결정적인 것은 단지 다음과 같은 문제뿐이다: "입장을 설정한다"라는 의미에서가 아니라, 즉 그 소재를 (방금 언급한 "의도"와 "목적"을) **평가한다**는 의미에서가 아니라, 다만 "사실들"의 실제적인 과정과 관계에 대한 "타당한" 판단만을 추구한다는 의미에서 "객관적인" 방식의 "이해"가 존재하는지의 문제가 그것이다. 뮌스터베르크에게는 가치에의 이론적 **연관시킴**이라는 결정적인 개념이 **결여되어 있다**; 그는 이 개념을 "평가"의 개념과 혼동한다. — 객관화하는 경험과학과 비객관화하는 경험과학을 구별하는 이론(나토르프가 제시한)[7]에 대한 논박으로는 **후설**, 『논리연구』, 제2권, 340~41쪽도 볼 것.

1 리케르트, 『자연과학적 개념구성의 한계』, 여러 곳, 특히 33쪽 이하와 245쪽 이하를 볼 것.

2 여기에서 베버는 아마도 피히테를 언급하고 있는 듯하다. 피히테는 『인간의 규정』, 178쪽에서 다음과 같이 말하고 있다: "자연은 존속하는 모든 순간에 내적으로 연관된 전체이다; 모든 순간에 자연의 **모든 개별적인 부분**은 존재하는 그대로 존재해야 하는데, 왜냐하면 **나머지 모든 부분**도 존재하는 그대로 존재하기 때문이다; 그리고

만약 네가 단 하나의 모래알이라도 자리를 옮긴다면 그로 인해 헤아릴 수 없는 전체의 모든 부분에서 무엇인가 변화할 것인데, 아마도 이 변화는 네 눈에 보이지 않을 것이다."

3 리케르트, 「후고 뮌스터베르크, 『심리학 개요』」, 846쪽을 볼 것.

4 이는 리케르트, 「역사에 있어서의 보편적인 것의 네 가지 양태」에서이다.

5 뮌스터베르크는 『심리학 개요』, 제1권, 336쪽에서 주장하기를, 자연과학에서 "기계적 기술의 원리"는 항상 "근본적인 최종목표"가 된다.

6 같은 책, 14쪽.

7 나토르프, 『비판적 방법에 입각한 심리학 서설』, 11쪽 이하(§4)를 볼 것.

30) 다른 한편 뮌스터베르크는(92쪽) 두뇌해부학적 지식에 틈이 있을 때 심리학적 지식의 내삽(內揷)을 통해 그것을 메우는 것이 가능하다고 본다.

31) 우리는 그럼에도 불구하고 뮌스터베르크가 **역사학**에 관한 한 어느 정도로 옳은가를 곧 보게 될 것이다. 그러나 다른 과학 분야들에서는 "사유론적인 것"과 "법칙론적인 것" 사이의 구별이 결코 역사학에서와 동일한 방식으로 적용되지 않는다. 뮌스터베르크는 "사회심리학"을 "사회의 정신물리학"으로 규정하고 그 과제들을 기술하는데, 이는 완전히 자의적인 것이다. 사회심리학적 연구에 대해 정신물리평행론은 가령 "에너지론적" 가설들¹과 마찬가지로 아무런 중요성도 갖지 않는다. 우리는 더 나아가 "해석"이 **단지** 개별적 현상들의 해석에만 국한될 수 있는 것이 결코 아님을 보게 될 것이다. 지금까지 수행된 "사회심리학적" 연구는 예외 없이 해석의 수단을 가지고 해석의 목표에 따라 작업했지만, 그럼에도 불구하고 **일반화하는**, "법칙정립적" 성과를 가져왔다. 사회심리학자들은 어떻게 연구에 이용할 수 있을까 하는 생각으로 실험심리학, 정신병리학 그리고 다른 자연과학적 분야들의 결과에 주의를 기울인다; 그러나 그들이 부득이하게 자신들의 개념구성의 일반적 목표를 엄격한 의미에서의 "정신적 요소들"로 소급하는 것에서 찾아야 한다고 느끼는 것은 결코 아니다. 마찬가지로 그들은 자신들이 구축한 개념들이 자신들이 추구하는 인식목적에 충분한 정도의 "정확성"을 갖는 것으로 만족한다.

1 에너지론은 반유물론적·반유심론적이고 일원론적인 자연철학으로서, 자연과 사회에서 일어나는 모든 것을 에너지로 환원하고 에너지에 의해 설명하려고 한다. 에너지론에 대해서는 무엇보다도 오스트발트, 『자연철학 강의』를 볼 것. 참고로 빌헬름 오스트발트(1853~1932)는 독일의 화학자이자 물리학자이며 철학자로서 촉매제, 화학적 평형상태 및 반응속도 등에 대한 연구로 1909년 노벨 화학상을 수상했다. 1909년에 오스트발트의 저서 『문화과학의 에너지론적 토대』가 출간되었는데, 같은 해에 베버는 「"에너지론적" 문화이론」이라는 서평을 써서 아주 신랄한 비판을 가했다. 이 글의 번역은 2021년 말경에 출간 예정인 막스 베버 선집 제3권 『이해사회학』(김덕영 옮김)에 실릴 것이다.

32) 『심리학 개요』, 193쪽 아랫부분.

33) 우리는 매우 자주 "과학적" 심리학과 "인간통찰"의 "심리학"을 대립시키는 것을 목격하는데, 내가 보기에 뮌스터베르크는—아주 많은 학자들처럼—이 대립의 의의를 부적절하게 파악하고는 부당하게도 이 대립을 자신의 이원론을 전개하는 데 이용한다.

그는 다음과 같이 말한다(81쪽 아랫부분): "인간에 대해 아는 자는 인간을 전체적으로 알거나 아니면 전혀 모른다." 이에 대해서는 다음과 같이 답할 수 있다: 그가 인간에 대해 알고 있는 것은 특정한 구체적 **목적**에 비추어 **중요한 것**일 뿐 그 밖에는 아무것도 아니다. 법칙을 추구하는 순수한 심리학적 이론은, **논리적인** 이유 하나만 보더라도 구체적으로 주어진 특정한 관점하에서 의의 있는 것이 되는 인간의 측면들을 포함할 수 없다. 이것은 **사실상** 그때그때 고려의 대상이 되는, 물론 "정신적인 것"만을 포함하지 **않는** 무한히 다채로운 삶의 상황들에 달려 있는데, 세상의 그 어떤 이론도 이 삶의 상황들을 하나도 남김없이 완벽하게 그 "전제들"에 편입할 수는 없다. ─ 뮌스터베르크는 객관화를 통해 얻어지는 심리학의 "정신"과 실천적 삶의 "주체" 사이에는 심연이 가로놓여 있다는 것을 예증하기 위해, 심리학적 지식이 정치에 대해 의의가 **없다**는 점을 물리학적 지식이 교량건축에 대해 의의가 있다는 점과 비교한다.[1] 그러나 이런 식의 비교는 적절치 못하다. 왜냐하면 ─ 한편으로는 기술적 상황의 지속성, 즉 계산이 제아무리 길고 복잡해지더라도 그대로 유지되는 특성과, 다른 한편으로는 이 지속성과 정치적 사안의 무상성 사이에 존재하는 차이는 논외로 하더라도 ─ 교량이 지녀야 할 중심적인 특성은 **일반적으로** 결정할 수 있고 그에 따라 교량건축의 수단도 일반적으로 결정할 수 있는데, 이 수단이 교량건축 기술자에게 하는 역할은 정치가에게 하는 역할과는 완전히 다르기 때문이다. 교량건축 기술자 대신에 가령 당구의 고수를 보더라도, 심지어 물리적인 영역에서도 추상적 법칙들에 대한 지식이 "실천"에는 불충분하다는 사실이 명백하게 드러난다. 게다가 뮌스터베르크는 "단지" 정신적이기만 한 것의 어떤 "객관화"는 실천적 삶에 대해 의의를 가질 수 있다는 견해를 논박하기 위해 다음과 같이 주장한다(185쪽): 다른 사람의 "정신적 내용"은 우리에게 "전혀 실천적인 의의"를 가질 수 없으며, "우리가 우리의 이웃과 그의 **행위**를 실천적으로 예측하는 것"은 오히려 전적으로 "그의 신체와 이것의 운동"에 근거한다. 그러나 이러한 주장은 잘못된 것이다. 무수한 경우에 우리는 ─ 어머니, 친구, "신사" 일반은 ─ 다른 사람이 **느끼는** 것에 무관심할 수가 없는데, 이는 설령 그것이 어떤 종류의 "행위"로 이어질 것을, 특히 "신체의 운동"으로 이어질 것을 기대할 수 없다고 해도 그렇다.

1 뮌스터베르크, 『심리학 개요』, 제1권, 182쪽을 볼 것.

34) 『심리학 개요』, 14쪽 윗부분.

35) 이것은 『심리학 리뷰: 단행본 부록 시리즈』, 제4권에 게재되었다.[1] 그러나 『심리학 개요』, 17쪽에서는 여전히 상반된 입장을 볼 수 있다. 뮌스터베르크의 견해는 유동적이다. 그의 여성 제자 가운데 한 사람이 쓴 책 ─ 메리 휘튼 캘킨스, 『**심리학**의 이중적 관점』(라이프치히, 1905)[2] ─ 은 그 제목만으로도 "주관화하는" 고찰방식이 어떻게 되었는가를 말해 준다.

1 이는 「인식 체계에서의 심리학의 위치」이다.

2 베버는 책 제목에 들어 있는 심리학이라는 단어를 강조하고 있다.

36) 이에 대해서는 카를 **포슬러**의 저서 『언어학에서의 실증주의와 관념론』(1904)을 볼 것. 이것은 주로 수키어[1]의 기념논집에 실린 벡슬러의 논문[2]을, 그러나 보다 일반적으로는 이 언어학의 중심적인 방법론적 문제를 전적으로 정신물리학적으로 다루는 저작들을 논박하고 있다. 그리고 분트가 그의 『민족심리학』, 제1권에서 벡슬러의 논문에 대해 제

기한 반론[3]도 볼 것. 그런데 분트는 이 반론에서 "법칙성"과 "인과성"을 동일시하는 오류를 범하고 있다.

1 헤르만 수키어(1848~1914)는 독일의 라틴문헌학자이다.

2 이는 「음운법칙이 존재하는가?」이다.

3 이는 제1권, 제1부, 360쪽 이하에서이다.

37) 『심리학 개요』, 14쪽, 17쪽 아랫부분. — 그는 "목적을 설정하는 사람은 자유롭다"라는 명제를 제시하고는, 목적설정, 즉 합리적 기능을 "체험된 것"의 "직관적 다양성"과 뒤섞어 버리는데(14~15쪽), 이는 우리를 더욱더 혼란스럽게 만든다. 마찬가지로 106쪽에서는 "입장설정"과 "의지행위"가 동일시되고 "체험된" 현실이 "타당한 것"과 동일시된다.

38) 우리는 나중에 이러한 의미에서의 "목적론적" 개념구성이라는 주제를 보다 자세하게 다룰 것이다.[1] — **베른하임**이 『역사학 방법』,[2] 제3판, 118~19쪽에서 내세운 다음과 같은 견해는 극히 불명료하다: "우리의 인식은 인간의 역사적 활동을 단지 목적론적으로만, 다시 말해 근본적으로 목적에 의해 결정되는 의지행위로 파악할 수 있다. 그리고 이런 연유로 이 활동의 개념적 인식은 자연과학의 개념적 인식과 근본적으로 구별되는데, 후자에서는 개념들의 공속성과 통일성이 실현된 또는 실현되어야 하는 목적들의 심리학적 요소에 의해 결정되지 않는다." 그러나 그는 이 차이를 보다 자세하게 규명하려는 시도를 전혀 하지 않는다. 왜냐하면 어떤 개념구성을, 이것이 파악해야 하는 현상들이 "정신적 **인과성**"에 예속되고, "거기에", 그 바로 다음의 문장에 나오듯이, "목적들이 속한다"고 해서 "목적론적"이라고 특징지을 수 없음은 확실하기 때문이다.

1 이 책의 198쪽 이하에서이다.

2 이 책의 정식 제목은 『역사학 방법 및 역사철학 편람』이다.

39) **이러한** 의미에서의 "목적론적 개념구성"과 관련하여 **콘라트 슈미트**도 오류를 범하는데, 왜냐하면 그는 (『사회과학 및 사회정책 저널』, 제20권에 게재된 **아들러**의 책에 대한 서평 397쪽에서) 리케르트를 슈탐러 부류의 "목적론자"에 포함시키고 나의 견해를 그와 **상반되는** 것으로 인용하고 있기 때문이다.[1] — 그러나 자명하게도 리케르트적 의미에서의 "목적론적 개념구성"은 설명의 범주로서의 인과성을 어떤 종류의 목적론으로 대체하는 것과는 전혀 무관하다.

1 이 서평은 「막스 아들러 & 루돌프 힐퍼딩 (편), 『마르크스 연구: 과학적 사회주의의 이론과 정치를 위한 저널』, 제1권」이다. 그러므로 베버가 말하는 "아들러의 책"은 "아들러 & 힐퍼딩의 책", 아니 "아들러 & 힐퍼딩의 저널"이라고 하는 것이 더 정확하다. 슈미트는 이 서평의 397, 401, 404쪽에서 리케르트, 슈탐러 및 베버를 언급하고 있다. 참고로 아들러(1873~1937)는 오스트리아의 마르크스주의 철학자이며, 힐퍼딩(1877~1941)은 오스트리아 출신의 독일 마르크스주의 경제학자이다.

40) 법학적 사유 구성물과 순수한 경험적·인과적 과학 분야들의 사유 구성물 사이의 근본적인 논리적 차이에 대해서는 **옐리네크**가 『주관적 공법의 체계』, 제2판, 1905, 23쪽 이하에서 전개하는 명료한 논의를 볼 것.

41) 우리가 "독일의 통상정책적 이해관계"에 대해 말할 때 이 맥락에서 사용되는 "독일"이라는 개념은, 법인체로서 통상조약을 체결하는 "독일제국"이라는 법학적 개념과는 분

명히 다르다. ─물론 바로 **이러한** 경우들에서 집합체의 개념을 사용하는 것이 심각한 모호성을 불러일으킬 수 있지 않을까 하고 물을 수 있는데, 이는 별개의 문제이다. 사실 집합체의 개념을 완전히 피할 수는 없다.

42) 『심리학 개요』, 126쪽.

43) 우리는 여기에서 이 두 범주 **사이에** 제3의 범주가 존재한다는 사실을 아직 논의하지 않기로 한다: 그것은 "인과적"이지도 않고 평가적이지도 않고, 어떤 대상(예컨대 "파우스트")[1]의 **가능한** 가치관계를 분석함으로써 평가를 준비하는 "해석"이다.[2]

  1 이는 괴테의 작품을 가리킨다.

  2 베버는 이 책의 193쪽 이하에서 이 제3의 범주를 다루고 있는데, 파우스트는 193쪽에서 언급하고 있다.

44) 『심리학 개요』, 95~96쪽.

45) 뮌스터베르크 자신은, 우리가 동물도 입장설정적 주체로 "인정한다"고 때때로 말한다.[1] 이러한 주장을 받아들인다면, "주관화하는" 과학 분야들을 인간에 국한해야 하는 **논리적** 근거를 찾는 것은 헛된 짓이다.

  1 뮌스터베르크, 『심리학 개요』, 제1권, 여러 곳, 특히 464쪽 이하를 볼 것.

46) "해석학"에 대한 슐라이어마허와 뵈크의 저작은 인식론적 목표를 추구하지 않기 때문에 여기서는 고려하지 않기로 한다.[1] 『베를린 학술원 의사 보고서』(1894)에 게재된 딜타이의 저술은 심리학자들(에빙하우스)에 의해 단호히 거부되었으며,[2] 우리 인식의 특정한 형식적 범주들에 상응하는 특수한 체계적인 **과학들**이 존재해야 한다는 선입견에 사로잡혀 있다(이에 대해서는 **리케르트**, 앞서 인용한 책, 188쪽, 주를 참고할 것).[3] 그것은 그렇다치고, **이** 맥락에서는 이 거장의 사상을 특별히 다루지 않는 것이 나을 듯한데, 그 이유는 만약 그리하면 뮌스터베르크의 견해와 앞으로 다루게 될 고틀의 견해를 이해하기 위해서 마흐와 아베나리우스도 끌어들여야 하고, 이럴 경우 우리의 논의는 끝이 없을 것이기 때문이다. 그럼에도 불구하고 아래에서 전개되는 논의의 많은 맥락에서, 지그바르트 기념논집에 실린 딜타이의 논문(「해석학의 형성에 대하여」), 그의 「개체성 연구에의 기여」(『베를린 학술원 의사 보고서』, 1896, 제XIII권)와 그의 「정신과학의 정초를 위한 연구」(『베를린 학술원 의사 보고서』, 1905, 제XIV권)를 참고할 것이다; "사회학"에 대한 딜타이의 입장에 관해서는 『전(全)국가과학 저널』, 1903, 193쪽 이하에 실린 오트마르 **슈판**의 글을 참고할 것.[4] ─ **옐젠한스**가 1904년 기센에서 한 강연 "정신과학을 위한 예비작업으로서의 해석에 대한 심리학의 과제"는 문제의 심리학적 측면만을 다룰 뿐, 현재 더 중요한 인식론적 측면은 다루지 않는다.[5] 우리는 나중에 전자의 측면을 간단하게 언급할 것이다.[6]

  1 슐라이어마허와 뵈크의 해석학 관련 저작은 각각 『해석학과 비평: 특히 신약성서와 관련하여 논함』과 『철학적 과학의 백과사전과 방법론』이다.

  2 여기에서 말하는 딜타이의 저술은 구체적으로 『기술심리학과 분석심리학의 이념』이고, 이에 대한 에빙하우스의 비판은 구체적으로 「설명심리학과 기술심리학에 대하여」이다.

  3 리케르트, 『자연과학적 개념구성의 한계』, 188쪽에 따르면 역사학도 "정신적 삶의 전문가"가 되어야 하며 이런 한에서 **"역사적 심리학"**을 필요로 하지만, 이것을 하나의

"체계적 과학"으로 만들 수 있는 가능성에 대해서는 의문이 제기된다.

4 이는 구체적으로 「빌헬름 딜타이에 대한 사회학적 비판을 위하여」이다.

5 이 강연은 엘젠한스가 1904년 4월 21일 기센에서 개최된 실험심리학 대회에서 한 것인데, 그해에 책으로 출간되었다.

6 이 책의 189쪽 이하에서이다.

47) 여기에서 결정적인 의미를 갖는 인식론적 측면들에서 짐멜은 이제 (많은 중요한 점에서 리케르트와 반대되던 이전과 달리) 전반적으로 리케르트의 관점(앞서 인용한 책)[1]과 완전히 일치한다. 나는 43쪽 아랫부분에 나오는 짐멜의 논박[2]이 어떤 의의를 갖는지 알 수 없다: 짐멜도 다음을 인정하지 않을 리가 없다. 즉 그 자신도 받아들이는 사실, 그러니까 모든 구체적이고 다양한 것은 무한하고 절대적으로 비합리적이라는 사실만 보더라도 어떤 종류의 과학으로든 현실을 "모사한다"는 생각이 인식론적으로 전혀 무의미하다는 것이 필연적으로 **증명된다**는 점을 인정하지 않을 리 없다. 다른 한편 리케르트는 다음에 대해 이론을 제기하지 않을 것이다. 즉 그와 같은 무한성과 절대적 비합리성은 ― "소극적인" 심급으로서 ― 경험적으로 주어진 우리의 과학활동의 논리적 구성을 위한 역사적 원인이나, 또는 일반적으로 말해 **실재**근거로 간주될 수 없고, 이 논리적 구성은 오히려 우리가 적극적으로 설정하는 인식**목적**과 인식**수단**으로부터 도출되어야 한다는 점에 대해 이론을 제기하지 않을 것이다. ― 물론 다음과 같은 짐멜의 견해(121쪽), 즉 역사적 개념구성을 규정하는 역사적 관심의 원천을 "가치"라고 지칭할 때 문제는 단지 유개념에 준거해서만 해결할 수 있다는 견해는 전적으로 옳은 것이다.[3] 자명한 일이지만 이로써 역사적 관심의 **심리학적** 분석이라는 과제는 제시되었을 뿐 해결된 것이 아니며, 가치**내용들**의 문제도 여전히 해결되지 않은 채 남는다. 그러나 **특수한** 역사적 개념구성의 **논리적** 근거를 규명하기 위해서는 심리학적이나 형이상학적 문제를 해결하려고 하지 않는 리케르트의 논의만으로도 완전히 족하다. ― 게다가 내 생각으로는 짐멜의 많은 견해(124, 126쪽 및 133쪽, 주 1)가 논리적 관점에서 볼 때 납득하기 어려울 수도 있다. 여기서는 다만 짐멜이 뮌스터베르크와 공통되는 점만을 지적하고자 한다. 이 둘은 가치연관이 개별적인 것의 인식에 대해 의의를 갖는다는 리케르트의 이론에 반하여 가치감정이 언제나 "유일무이한 것"에만 결부되는 것이 결코 아니라 반복되는 것 자체에도 결부될 수 있다고 강조한다.[4] 그러나 이러한 심리학적 고찰은 리케르트가 해결하고자 하는 논리적 문제와는 상관이 없는데, 이는 리케르트의 테제가 **단지** 유일무이한 것만이 가치와 연관된다는 주장에 근거하는 것이 결코 아니라는 사실하나만 보더라도 그렇다. 그의 목적을 위해서는 ― 역사적인 것의 영역 **밖에서는** 가치의 역할이 무엇이든 ― 어쨌든 가치연관이 **없으면** 개별적인 관계들에 대한 역사적 인식이 유의미하게 수행될 수 없다는 사실로 충분하다.

1 이는『자연과학적 개념구성의 한계』이다.

2 짐멜은,『역사철학의 문제들』, 제2판, 43쪽에서 주장하기를, "역사과학은 현실적인 것을 기술적(技術的)으로 완전히 충실하게 반영할 수 있어야만 비로소 그 자체가 현실의 반영과 다른 무엇이 될 수 있다."

3 짐멜은 같은 책, 121쪽에서 "평가"와 "보편개념"에 대해 말하고 있다.

4 이에 대해서는 짐멜, 같은 책, 139쪽과 뮌스터베르크,『심리학 개요』, 제1권, 40쪽을

볼 것.

48) 그에 대해서는 이 논문의 제1장(앞의 56쪽, 주 4와 24~25쪽, 주 24)을, 그리고 나아가 『독일 문헌신문』, 1903, 제7호에 게재된 **오일렌부르크**의 글[1]을 볼 것. 그 후, 1903년 개최된 역사학 대회에서 **고틀**이 행한 강연(역사의 한계)이 책으로 출간되었는데,[2] 이 강연은(고틀은 딜타이와 마흐로부터, 그 밖에 분트로부터 어느 정도 영향을 받았을 뿐 전적으로 자신의 특유한 방식으로 자신의 근본적인 견해에 도달한 반면) 뮌스터베르크로부터 보다 큰 영향을 받았음이 명백하게 드러난다. 고틀의 저작에서 유일하게 우리의 관심을 끄는 것은 그가 어떻게 "해석"을 파악하는가 하는 문제이다. 다만 한 가지 곁들여 말해 둘 것은, 현재 인과성과 **대립되는** 것으로서의 "목적"의 의의에 대해 한창 혼란스러운 논쟁이 진행 중인데,[3] 이 가운데 옳거나 또는 심지어 논의할 만한 것은 이미 고틀에 의해 모두 피력되었다는 사실이다.

1 이는 서평 「프리드리히 고틀, 『말의 지배』」이다.

2 이 책은 그 이듬해인 1904년에 강연의 제목과 동일한 『역사의 한계』라는 제목으로 출간되었다. 참고로 이 역사학 대회는 제7차 대회로서 1903년 4월 14일부터 18일까지 하이델베르크에서 개최되었다.

3 이에 대해서는 이 책의 228~29쪽, 원주 32를 볼 것.

49) 짐멜은 그의 다양한 저작의 여기저기에서 사회의 개념과 사회학의 과제에 대해 언급하고 있는데, 여기서는 이 문제를 완전히 논외로 하기로 한다. 이에 대해서는 『전(全)국가과학 저널』, 1905(61)에 게재된 오트마르 **슈판**의 글, 311쪽 이하를 참고할 것.[1]

1 이는 「사회학 서설로서의 사회개념 연구 [제3부]」이다.

50) **고틀**은 이 두 용어를 정반대의 의미로 사용하는데 — 내가 보기에 이렇게 하는 것은 그 용어들이 일상적 삶과 과학적 연구(특히 딜타이와 뮌스터베르크)에서 사용되는 방식을 감안하면, 그가 **이해할 수 있는** 행위를 파악하는 개념들을 가리키기 위해 "공식들"이라는 용어를 사용하는 것만큼이나(80쪽) 부적절한 것이다.

51) 앞서 인용한 책, 28쪽.[1] **딜타이**는 지그바르트 기념논집에 게재된 글(109쪽)[2]에서, "해석학"에 의해 다루어지는 "이해"의 과정을 "외적인 표지에 근거하는 해석"에 국한하고 있는데, 이는 "언술된 것의 이해"(짐멜이 의미하는)에 완전히 들어맞는 것은 결코 아니다. 다른 한편 그는(같은 글, 187쪽) "개별적인 것에 대한 이해 가능성을 보편타당성의 차원으로 고양시키는 것"이야말로 자연과학과 구별되는 정신과학의 특수한 문제라고 보는데 — 이는 너무 멀리 나간다.

1 이는 짐멜, 『역사철학의 문제들』, 제2판이다.

2 이는 「해석학의 형성에 대하여」이다.

52) 짐멜은 "선입견, 분노, 냉소" 등에 의해 유발되는 표현을 예시하고 있다(28쪽). 그러나 결정적인 것은 다음과 같다: 청자가 **인식과정에서** 어떤 이유에서든 — 설령 이 이유가 상황에 따라서는 실천적인 것일지라도 — 이러한 **동기들**에 대해 **성찰하는가**가 결정적인 것이다. **그래야만** 비로소 우리가 **여기에서** "해석"이라고 부르는 것이 작동한다.

53) 물론 이 범주에는 그 밖에도 다른 요소들이 포함될 **수 있는데**, 이에 대해서는 나중에 논의하기로 한다.[1]

1 이는 아마도 이 책의 150~51쪽을 가리키는 것 같다[일러두기 9 참고].

54) 여기에서 우리는 어떤 의미에서든 고틀을 전반적으로 검토할 수는 없다. 지금까지 그의 주요 업적인, 매우 심오한 저작 『말의 지배』는 그가 거기에 부여한 형식으로 인해 완전히 무시되었다. 그럼에도 불구하고 나는 다시 한 번 이 책을 읽으면서 그 안에 탁월한 견해가 많이 들어 있다는 것을 재차 확인할 수 있었다. 그중에서도 특히 내가 다른 곳에서 경제학은 "체계적인" 성격을 갖는다는 관념에 대해 행한 비판[1]이, 이 저작의 147쪽과 149쪽에서 전개된 고틀의 논의에 이미 간결한 형태로 포함되어 있다는 것을 알게 되었다.[2] 그러나 유감스럽게도 이 논의의 맥락에서는 그에 대한 "긍정적인" 비판을 할 만한 여지가 없기 때문에, 다음 기회를 위해 유보하기로 한다.[3] 대신에 여기서는 내 눈에 고틀이 **논리적** 관점에서 잘못하는 것으로 보이는 점들을 약술하는 선에서 그치기로 한다:

1) 자연에 대한 인식과 행위에 대한 인식 사이의 심연 — 그가 대상들을 구별하는 방식은 이렇게 표현할 수 있을 것이다 — 을 "존재론적" 심연으로 해석하기 위해, 고틀은 이미 과학적으로 **가공된** 자연과학의 세계(이는 『말의 지배』, 149쪽 아랫부분에서 특히 명백하게 드러난다)를 아직 논리적으로 **가공되지 않은** 내적 "체험"에 대립시킬 수밖에 없다. 그가 이렇게 할 수밖에 없는 이유는, "체험된" 현실에 실제적으로 주어진 "외적" 세계에서는 고틀이 말하는 "순전한 연속과 병존의 달그락거림"이 전혀 나타나지 않기 때문이다.[4] 마흐는 고틀에게 강한 영향을 끼쳤는데, 잘 알려진 대로 다름 아닌 이 마흐가 그 점에서 고틀과 원칙적으로 다른 입장을 취할 뿐만 아니라 심지어 다음과 같은 견해를 피력하기까지 했다: 만약 우리가 리스본 지진[5]에 대해 그것이 우리의 감각기관에 주어진 대로 완전한 직관적 지식을 가졌다면, 그리고 게다가 잠재적으로 감각기관에 와닿을 수 있고 과학에 의해 구명되어야 하는 지하에서의 과정에 대해서도 똑같은 정도의 직관적 지식을 가졌다면, 그 지진에 대해 **더 이상** 안다는 것은 필요하지도 않고 원칙적으로 가능하지도 않다.[6] "순수한", 그리고 항상 개별적인 현실의 영역에서는 실제로 그러하다. 이 현실이 일반화하는 방식으로 가공되어야 비로소 법칙들과 이 법칙들에 의해 지배되는 대상들의 추상적 체계가 창출되는데, 이 체계는 더 이상 직관적인 것을 포함하고 있지 않으며, 따라서 당연히 직관적으로 파악된 행위와 **논리적으로** 동등한 가치를 갖지 못한다. 그러나 우리가 — "자연"과 반대로 — "체험된" 현상에 대해 그것이 "체험되는" 그대로 **사고**할 수 있다는 고틀의 생각은 논리적으로 옳지 않다. 이것은, 어떤 의미에서, 단지 객관화되고 분리되어 고찰되는, 엄격히 목적론적이고 합리적인 숙고에만 들어맞는데, 이 숙고는 바로 그 자체가 "사고"이다. 그 밖에는, **심지어** 인물의 영역에서도, 개념은 어떤 상황에서도 그것이 관계되는 "체험"과는 다른 무엇이다: 이때 개념이 일반화하는 추상을 통해 창출된 사유 구성물이든 분리와 종합을 통해 창출된 사유 구성물이든 상관없다. 이러한 논리는 — 고틀이 가정하는 것처럼 — 단지 "정태적인 구성물"에만 적용되는 것이 아니라 그와 똑같이 개별적인 "내적" 과정에도 적용된다. 그의 오류는 다음과 같은 사실과 관계가 있다.

2) 내가 보기에 과학적 소재선택의 원리에 대한 고틀의 관념은 명료하지 않다. 그는 믿기를(앞서 인용한 책, 128, 131쪽), 실제적인 현상의 세계에는 **객관적으로** "더 밀집되고" 그 자체로서 "체험되는" 관계들이 존재하며, 따라서 소재의 "인식"은 소재 그 자체(체험된, 보다 정확히 말하자면 공체험되거나 추체험된 것)에 의해 이루어진다. 그러

나 사실상 문제가 되는 것은 어디서나 "가치들"과 관련하여 의의 있는 것의 **사유적** 선택이며, 이에 따라서 예컨대 **무엇이** "중대한 사안"이 되고 **누가** "무관의 제왕"이 되는지도 결정된다.[7]

3) 이에 상응하는 다음과 같은 그의 견해에 대해서도 유사한 평가를 내릴 수밖에 없다. 즉 고틀에 따르면 행위의 "기술적 과학"의 대상, 그러니까 그의 저작에서 행위의 역사적 인식에 대한 일반적인 대응물이 되는 대상은, 소재선택 **없이** 간단하게 "비(比)역사", 즉 "일상적인 것"과 동일시될 수 있다(133쪽 이하, 139~40쪽, 171쪽 이하); 그리고 그가 보기에 이 총괄개념으로부터 특정한 "측면들"을 분리하는 것은 논리적 원리에 근거하지 않고 심지어 방법론적 원리에조차도 근거하지 않으며, 기껏해야 교육적 목적으로 허용될 수 있고, 그렇지 않은 경우에는 "자의"나 또는 단순한 "편의"에 속하는 일이다. 그러나 다음과 같이 생각하는 것은 옳지 않은바 ─ 그리고 고틀도 그가 자신의 삶 가운데 단 하루 동안에 일상적으로 체험하는 **모든** 것의 **모든** 요소를 정확하게 기장(記帳)하려는 (전혀 가망이 없는) 시도를 해보면 쉽게 납득할 수 있을 것이다: 그것은 과학적 작업이 **모든** 행위를 망라할 수 있다고 생각하는 것인데, 이 생각은 과학적 작업이 제아무리 포괄적인 형식을 갖추고 있든, 그리고 행위가 어떤 종류의 것이든 상관없이 옳지 않다. 한 시대의 "문화내용"에 대한 제아무리 광범위한 서술이라 할지라도 그것은 언제나, 그 자체가 가치에 지향된 질적으로 다양한 다수의 **"관점"** 아래에서 그 시대의 "체험"을 조명하는 것이다. 그리고 일반적으로 "문화과학적" 고찰의 대상이 되는 **"일상적** 체험"도 과학적 고찰의 대상으로서 사유적으로 질서화된 구체적인 관계로 편입되며, 그런 후에는 아주 다양한, 부분적으로는 이질적인 "관점" 아래에서 "역사적인" **또는** "법칙정립적인" 개념구성의 대상이 된다.[8]

4) 내가 보기에 고틀이 범한 오류들의 핵심은 모든 종류의 심리학주의에서 비근하게 볼 수 있는 혼동, 즉 실제적인 인식이 진행되는 심리학적 과정과 이 인식에 **형식을 부여하는** 개념들의 논리적 본질 사이의 혼동으로 수렴된다. 일단 우리가 "행위"의 관계들에 대한 인식에 도달하기 위해 폭넓게 **심리**학에 고유한 경로를 취한다는 것을 인정하기로 하자. 설령 그렇게 하더라도 **이로 인해** 거기에서 색출적 목적을 위해 또는 표현의 수단으로 사용되는 개념들의 논리적 성격이 다른 과학들에서 사용되는 개념들의 논리적 성격과 원칙적으로 다르다고 말할 수 있는 근거가 주어지는 것은 결코 아니다. 고틀은 "코끼리"와 "친구"가 같은 방식으로 정의될 수 없다고 말한다.[9] 물론 그럴 수 없다. 왜냐하면 하나는 사물개념이고, 다른 하나는 관계개념을 포함하고 있기 때문이다. 이러한 이유로 예컨대 "코끼리"와 "유압기기"도 동일한 방식으로 정의할 수 없다. 이에 반해 비록 내용이 완전히 이질적일지라도 "사회심리학"에 특수한 어떤 관계개념을 정의하는 논리적 **형식**은 화학에서 어떤 관계개념을 정의하는 그것과 다르지 않다. 내가 보기에 고틀의 논리는 다음과 같이 잘못된 가정에 기반하는데, 이 논리가 갖는 몇가지 귀결은 본문에서 다루기로 한다: 그는 행위의 세계에서는 개념이 대상보다 앞선다고 가정하는데,[10] 이것은 경제학이 "공유된 경험"과 "타고난 재치" 이외에는 절대로 아무것도 필요로 하지 않는다는 가정[11]과 마찬가지로 그릇된 것이다. 첫 번째 가정은 **단지** "행위의 세계"에서만 그릇된 것이 아니고, 두 번째 가정은 단지 다음을 의미할 수 있을 뿐이다: 경제적 현상들의 **해석적** 이해가 경제학의 **목표**이다. 왜냐하면 "공유된 경

험"도 논리적으로 가공되어야 하는데, 그것도 자연과학에서 사용되는 것에 완전히 상응하는 수단들에 의해서 그리되어야 하기 때문이다.

1 이는 아마도 베버가 — 이 책의 19~78쪽에서 — 로서의 "역사적 방법"에 대해 논의하면서 그의 저작 『민족경제의 체계』에 대해 행한 비판을 가리키는 것 같다.

2 고틀은 『말의 지배』, 147, 149쪽에서 주장하기를, "**체계적**" 과학은 "보편성"에 그 핵심이 있다: "'체계적' 자연과학에서는 종(種)개념이 **분석적** 사고의 대상들에 관련되고, 기술하는 과학에서는 **비분석적** 사고의 대상들에 관련된다."

3 이는 실제로는 성사되지 않았다.

4 고틀, 『말의 지배』, 77~78, 79쪽과 149~50쪽을 볼 것.

5 리스본 지진 — 리히터 9 정도로 추정되는 강진 — 은 1755년 11월 1일 오전 9시 40분에 일어났는데, 지진 발생 40분 후 대서양에서 거대한 해일이 밀려와 도시를 덮쳤다. 이 두 자연재해로 인해 27만 5,000명의 리스본 인구 중 6만~9만 명이 사망했고 리스본의 건물 85퍼센트가 파괴되었다.

6 이에 대해서는 마흐, 『지각의 분석 및 물리적인 것과 정신적인 것의 관계』, 144~45쪽을 볼 것.

7 이 문장에 나오는 "중대한 사안"과 "무관의 제왕"은 고틀, 『말의 지배』, 93~94쪽에 나오는 표현이다. 첫째, "중대한 사안"의 경우에는 "Haupt- und Staatsaktion"(94쪽)을 의역한 것인데, 이 말은 1680년대부터 1740년대까지 독일에서 유행한 역사적·정치적 희극을 가리킨다. 이를 풀어보면, 먼저 'Hauptaktion'은 희극에서 주요 연기 또는 주요 행위라는 의미를 가지며 거기에는 관중의 취향에 맞춘 다채로운 보조 연기 또는 보조 행위가 수반된다. 그리고 이 주요 연기 또는 주요 행위의 내용은 대개 정치적인 것이다. 바로 이런 연유로 'Staatsaktion', 즉 국가행위라고도 부른다. 요컨대 축어적으로 해석하면 "주요한 국가행위"라는 뜻이 될 것이다. 실제로 "무엇으로부터 Haupt- und Staatsaktion으로 만든다"는 관용구가 있는데, 이는 "무엇을 중대한 사안으로 만든다" 또는 "무엇을 중요한 이슈로 만든다"는 뜻이다. 둘째, 고틀에 따르면 통상적으로 역사학에서는 "'평범한' 사람들은 태어나지도 않고 죽지도 않는다. 그러나 제왕들, 그것도 유관의 제왕들뿐만 아니라 무관의 제왕들도 태어나고 죽는다"(93쪽). 결국 베버가 말하는바 "중대한 사안"이 되고 "무관의 제왕"이 — 또는 상황에 따라서 "유관의 제왕"이 — 된다는 것은 어떤 현상이나 어떤 인물과 그의 행위가 특정한 가치에 연관됨으로써 인식의 대상이 되는 것을 의미한다..

8 여기에서 베버는 빈델반트에 준거하고 있는데, 빈델반트는 『역사학과 자연과학』, 12쪽에서 "개성기술적" 과학과 "법칙정립적" 과학을 구별한다. 이에 대한 자세한 내용은 이 책의 371쪽, 옮긴이 주 60을 볼 것.

9 고틀, 『말의 지배』, 149, 151쪽.

10 같은 책, 149쪽.

11 같은 책, 81, 87~88쪽.

55) 여기서는 짐멜의 입장에 대한 체계적인 비판을 시도하지 않기로 한다. 나는 곧 『사회과학 및 사회정책 저널』에서, 여느 때처럼 내용적으로 섬세하고 예술적으로 표현된 그의 많은 테제들을 다룰 것이다.[1] 그의 책 제2장(역사의 법칙들)[2]에 대한 최근의 논리적

비판으로는 『전(全)국가과학 저널』, 1905, 302쪽 이하에 실린 오트마르 **슈판**의 글[3]을 볼 것.

1 실제로 『사회과학 및 사회정책 저널』에는 짐멜에 대한 베버의 글이 실린 적이 없다. 아마도 1908년에 쓴 것으로 추측되는 미완성 유고작 「사회학자와 화폐이론가로서의 게오르그 짐멜」을 의미하는 것 같다.

2 여기에서 "그의 책"이란 구체적으로 『역사철학의 문제들』, 제2판을 가리키며, 그 제2장의 제목은 「역사적 법칙들에 대하여」이다.

3 이는 「사회학 서설로서의 사회개념 연구 [제3부]」이다.

56) **마이네케**가 『역사학 저널』, 1902에 실린 글에서, 프리드리히 빌헬름 4세의 행동[1]을 주로 **합리적** 관점에서 설명하려는 시도에 대해 가한 매우 정치한 비판을 볼 것[2](그의 적대자—라흐팔—가 이 경우를 해석한 것[3]이 어쩌면 **실제로** 옳은 것인지는 내가 판단할 수 없고 여기서는 중요한 문제가 아니다. 우리의 관심을 끄는 것은 단지 설명**원리**에 대한 비판일 뿐, 그럼에도 불구하고 구체적인 측면에서 어쩌면 옳았을 수도 있는 설명의 실제적 결과에 대한 비판은 아니다[4]).

1 이에 대해서는 이 책의 116쪽, 옮긴이 주 68을 볼 것.

2 이는 「프리드리히 빌헬름 4세와 독일」이다.

3 이는 『독일, 국왕 프리드리히 빌헬름 4세 그리고 베를린 3월혁명』이다.

4 이 문장에서 나오는 "그럼에도 불구하고 [……] 실제적 결과"라는 구절은, 라흐팔이 주로 합리적 관점에서 프리드리히 빌헬름 4세의 행동을 설명하고자 했음에도 불구하고, 그러니까 마이네케와 다른 설명원리를 선택했음에도 불구하고 실제로는 정신병에 걸린 그의 행동을, 그러니까 극단적으로 비합리적인 행동을 어쩌면 옳게 설명했을 수도 있다는 의미이다. 여기에서 베버는 이 실제적 결과에 대한 마이네케의 비판에는 관심을 기울이지 않는다.

57) 짐멜은(57쪽)[1] 이 점—"카이사르를 이해하기 위해서 카이사르가 될 필요는 없다"—을 특별히 논의했다. 진기하게도 그에게서 우리의 해석적 이해가 자기체험의 영역을 넘어서 확장되는 것이 가능한가 하는 문제가, 개별적인 구체적 **인식**의 생성에 대한 문제가 아니라 **심리**발생적 문제로 발전하며, 그는 이 문제를 해결하기 위해서는 플라톤의 회상론[2]을 생물학적으로 변형해야 한다고 믿는다.[3] 그러나 이 변형된 회상론은 오직 다음과 같은 경우에만, 하다못해 가설로라도 받아들여질 수 있을 것이다. 즉 모든 인간에게 그의 조상들 중 한 사람의 카이사르가 있고 이 카이사르의 개인적인 "체험"이 어떤 방식으로든 유전된 경우에만 그럴 수 있을 것이다. 그러나 **만약** 여기에 단지 그와 같은 수단을 통해서만 해결할 수 있는 난점이 존재한다면, 모든 개인의 고유한 체험의 그 어떤 증가에 의해서도, 그리고 모든 개인의 내면에서 진행되는 **모든** 개별적인 과정의 그 어떤 고유한 또는 유일한 특성에 의해서도 해석적 이해의 가능성과 관련하여 그와 똑같은 문제가 제기된다. 다음과 같은 상황을 생각해 볼 수 있다. 즉 정신적 "요소들"—우리가 이 표현을 어떻게 이해하든 상관없다—이 특성과 강도에서 서로 매우 다르고, 헤아릴 수 없는 복잡성과 관계 속에서 나타나며—이는 이것들 자체 사이와 항상 개별적인 성격을 띠는 이것들의 작용영역 둘 다에 적용된다—, 또한 무한한 조합을 이루면서 **의미**를 갖게 되는 상황을 생각해 볼 수 있다. 이러한 상황은 우리에게 유

일무이한 무엇으로 비치고 우리는 이 유일무이성으로 인해 그 상황을 "독창적인 것"으로 평가하지만, 그럼에도 불구하고 거기에는 그 어떤 완전한 미지의 "요소들"이 포함되어 있지는 않다. 그러므로 이렇게 비치고 평가되는 상황을 설명하는 것은 특별히 어려워 보이지 않으며, 어쨌든 우리 각자가 자신은 언제나 질적으로 "새로운" 무엇인가를 내적으로 "체험할" 수 있는 능력이 있다는 점을 보여 주는 것보다 어려워 보이지 않는다. 짐멜이 예리하게 관찰한 사실(앞서 인용한 책, 61쪽), 즉 "윤곽이 선명한", 고도의 "개성적인" 인물들이 일반적으로 더 깊고 더 명확하게 "이해된다는" 사실은 — 또는 적어도 우리가 구체적인 경우에 그렇게 된다고 믿는다는 사실은 — 역사적 인식의 구조와 관계가 있다: 여기에서 "유일무이성"은 **가치**에의 연관을 설정하고 그 특성으로 인해 의의를 갖게 되는 것의 "이해"에 대한 특수한 **관심**을 끄는데, 이 관심은 어떤 식으로든 "평균치"에 다가가는 인물들에 대해서는 감소하기 마련이다.[4] 짐멜은 역사적 개인의 "통일성"[5]에 의거하는데, 이것도 당연히 가치연관을 통해 확립된다. 그리고 짐멜은 **역사학자**의 탁월한 개성이 그의 "해석"이 성공하는 데 의의를 갖는다고 주장하는데(51~52쪽), 이 주장에서 무조건 옳다고 인정할 수밖에 없는 것도 마찬가지로 가치연관에 의해 설명된다[6](이것이 어느 정도인가는 여기에서 고찰하지 않기로 한다. "탁월한 개성"이라는 개념은 상당히 모호하다. 만약 누군가 당연지사로 랑케의 예를 논의의 실마리로 삼는다면,[7] 그는 이 개념으로 인해 심한 곤경에 빠질 것이다). 개별적인 것에 대한 인식이 지니는 의미 전체는 가치이념에 근거한다는 사실은, 역사학자 자신의 강력한 가치판단이 역사적 인식을 획득하는 과정에서 발휘할 수 있는 "창조적" 힘에서도 분명히 드러난다. 비록 목적론적 "해석"을 가능한 한 제거하는 데에 자연인식의 의미가 있을지라도, 그것은 생물학적 인식에 — 그리고 근대과학의 초기 발전단계에서는 모든 자연인식에 — 기여했다. 이와 마찬가지로 역사인식에서는 가치판단이 해석에 기여한다[역사의 "**의미**"에 대한 사변과 관련해서는 짐멜 자신이(마지막 장에서) 아주 유사한 논리를 매우 탁월하게 전개하고 있다].[8]

1 이는 『역사철학의 문제들』, 제2판, 57쪽이다.

2 플라톤에 따르면, 인간은 이데아를 감각기관을 통해서가 아니라 태어나기 이전부터 초월적으로 존재하는 이데아를 회상하거나 재인식함으로써 알게 된다. 이를 가리켜 회상론(回想論) 또는 재인식론(再認識論)이라고 한다. "플라톤의 이데아들은 현세의 논리적 의미와 규범적 요구를 표현하지만 그럼에도 불구하고 하늘 너머의 **세계**를 구성하는바, 이 세계를 영혼은 자신의 전세적(前世的) 존재에서 하나의 주어진 세계로 바라보고 그에 근거하여 현세적인 것을 사유적으로 그리고 실천적으로 형성한다. 심지어 사랑의 감정도 플라톤에게는 영혼의 진정한 자발성이 아니라 현세적으로 주어진 것이 이데아의 세계에 주어진 아름다움의 원형을 회상함으로써 생겨나는 것이다." 짐멜, 『렘브란트: 예술철학적 시론』(한글판), 330쪽.

3 짐멜은 『역사철학의 문제들』, 제2판, 59~60쪽에서 다음과 같이 말하고 있다: "만약 우리가 이미 오래전에 사라진 사람들을 그들의 가장 내적인 성향 전체와 더불어 우리 안에 복제한다면, 만약 단편적인 역사적 기록이나 유물을 통해서 우리가 전혀 보지 못한 완전히 낯선 관계 속에서 형성된 그들의 특성을 주시한다면, 이러한 능력을 개인적 삶의 경험에 의해서 설명하고자 함은 헛수고가 될 것임은 명명백백하다. 이것

은 본능적인 운동의 합목적성이나 윤리적 동인의 방향과 정당성을 개인적 삶이라는 근원으로부터 도출할 수 없는 것과 마찬가지이다. 그러나 마치 우리의 신체가 수천 년에 걸친 진화의 결과를 내포하고 있고, 퇴화기관에는 여전히 이전 시기들의 흔적이 그대로 보존되어 있듯이, 우리의 정신도 인간종족의 발전의 아주 다양한 단계에서 발달한 과거의 정신적 과정의 결과와 흔적을 포함하고 있다; 다만 그 가운데서 정신적 가치를 지니는 퇴화기관만이 여전히 때때로 합목적적으로 기능한다는 사실을 언급해야 할 것이다. 우리와 같은 시대를 살아가고 있지만, 우리 자신의 성향으로부터 크게 벗어나는 사람들을 이해하는 전반적인 척도도 역시 다음에서 찾을 수 있을 것이다: 우리가 인간종족으로부터 물려받은 유산은 우리의 본질적인 특성을 제외하면 여전히 조상들이 지녔던 다른 특성들의 흔적을 지니고 있으며, 따라서 우리로 하여금 이해를 ― 다시 말해 우리와 같은 시대를 살아가고 있는 사람들과 동일한 정신적 과정을 수행하는 것을 ― 가능케 한다."

4 짐멜은 같은 책, 61쪽에서 주장하기를, "윤곽이 선명한 인물들을 내적으로 복제하는 것은 비교적 쉽게 성공할 수 있다. 우리는 테미스토클레스와 카이사르, 아우구스티누스와 황제 빌헬름 2세를 5세기의 전형적인 아테네인이나 르네상스 이전의 평균적인 이탈리아인보다 더 깊고 더 명확하게 이해할 수 있다고 생각한다. 다시 말해 완전히 개성적인 것은, 비록 역사에서 단 한번만 실현되지만, 그럼에도 불구하고 시공간적으로 규정되는 상황을 수많은 견본들에서 대변하는 것들보다 이른바 더 보편적으로 인간적인, 말하자면 더 초시간적인 존재이다."

5 짐멜에 따르면, "역사적으로 확정되기는 했지만 익명적인 존재들은 병존하는 특성들의 합에 지나지 않는 반면, 특출한 인물들에게서는 모든 개별적인 특징들을 결합하는 통일성의 형식이 결정적으로 두드러진다." 같은 곳.

6 짐멜은 주장하기를, "오직 스스로가 아주 탁월한 정신적 특성을 지닌 역사학자만이 역사적 인물들을 그 근원에서 서술할 수 있다." 같은 책, 53쪽.

7 베버는 「사회과학적 및 사회정책적 인식의 "객관성"」(이 책의 338쪽)에서 랑케에 대해 다음과 같이 말하고 있다: "예컨대 역사학들 중에서 랑케가 그토록 탁월하게 보여주었던 진정한 예술가적 창조성은 통상적으로, **이미 알려진** 사실들을 **이미 알려진** 관점들에 연관시키면서도 새로운 것을 창출할 줄 아는 능력에서 나타난다." 아마도 이 점에서 역사가의 "탁월한 개성"에 대해 논의할 때 자연스레 랑케를 그 실마리로 삼을 것이다. 그러나 그렇게 하는 경우에는 "심한 곤경에 빠질" 것인데, 이는 무엇보다도 짐멜이 『역사철학의 문제들』, 제2판, 51쪽에서 하는 다음과 같은 말을 보면 알 수 있다: "랑케는 사물들이 진정으로 어떠했는가를 보기 위해서 자신의 자아를 지워버리고 싶다는 소망을 말한 적이 있는데, 정말로 이 소망이 이루어진다면 바로 그것이 지향하는 바를 포기할 수밖에 없을 것이다. 자아가 지워지고 나면 비자아를 파악할 수 있는 것이 아무것도 남아 있지 않을 것이다. 그 이유는 단지 자아가 모든 표상의 담지자이기 때문만은 아니다 ― 랑케도 거기까지는 알고 있었다. 그 밖에도 개인적인 체험을 통해서만 얻을 수 있고 개인적으로 분화된 자아로부터 결코 분리될 수 없는 특별한 내용들이 다른 사람들에 대한 모든 이해의 불가결한 소재가 된다는 이유가 있다."

8 괄호 안에 들어 있는 "마지막 장"이라는 말은 『역사철학의 문제들』, 제2판, 제3장 (「역사의 의미에 대하여」)을 가리킨다. 짐멜은 말하기를, "만약 인간들의 개체화 또는 평등화, 객관적인 정신적 형성물의 풍부 또는 도덕적 완성, 행복의 양의 증가 또는 [······] 고통의 양의 감소가 역사적 운동의 목적 또는 의미로 제시된다면, 목적론적 성찰은 역사에 대한 표상 자체에 생기를 불어넣을 수 있다." 같은 책, 118쪽.

58) 베른하임은 『역사학 방법』, 제3판, 170쪽에서 다음과 같이 매우 의심스러운 견해를 제시하고 있다: "인간이 지각하는 방식, 표상하는 방식 및 의욕하는 방식의 유사성", "인간본성의 동일성", "일반적인 정신적 과정들의 동일성", "사고법칙들의 동일성", "항상 동일한 영혼과 정신의 기질들" 등은 모든 역사적 인식의 "기본공리들"이다. 그러나 이것이 의미하는 바는 단순히 다음과 같다: 역사학이 나름대로의 특성을 가진 과학으로 가능한 것은, 우리가 인간을 "이해할" 수 있고 그의 행위를 "해석할" 수 있기 때문이며 또 그런 한에서이다. 이것이 어느 정도로 "동일성"을 전제하는가는 그다음에 **논구되어야 할 것이다.** 다른 한편으로 베른하임은 (104쪽) "개인들 사이의 질적 **차이**, 모든 **유기체적** 삶의 이 기본사실"로 인해 역사적 법칙들이 불가능하다고 주장하는데 ─ 이 역시 받아들일 수 없다. 왜냐하면 그와 같은 차이는 비유기체적 세계를 포함하여 모든 "개체들"에 해당하기 때문이다.[1]

1 독일어의 Individuum(복수; Individuen)은 문맥에 따라 "개인(들)" 또는 "개체(들)"로 옮긴다.

59) 정신병리학 역시 ─ 예컨대 히스테리 영역에서 ─ **전적으로는** 아니지만 적어도 **부분적으로** "해석적" 접근방법을 구사한다. 우리는 나중에 이 분야에서의 "감정이입"과 "경험"의 관계를 예시할 것이다.[1]

1 이 책의 221쪽, 원주 10에서이다.

60) 뮌스터베르크(55쪽)도 (매우 많은 다른 학자들처럼) 이러한 견해를 갖고 있다. 그에 따르면 다른 사람의 "주관적 행위"가 갖는 "비(非)기계적 의의"는 "직접적으로 주어진다." 이것은 다만 다음을 의미할 수 있을 뿐이다: 이 의의는 이해되었거나 ─ 또는 **오해** 되었거나, 또는 마지막으로 이해되지 **않았다. 전자의** 두 경우에 이 의의는 형식적으로 "명증한 것"이지만, 그것이 경험적으로 "타당한가"는 전적으로 "경험"의 문제이다. ─ 내적 경험은 특별한 "확실성"과 보다 많은 "현실내용"을 갖는다는 견해에 대한 **논박**으로는 또한 **후설,** 『논리연구』, 제2권의 부록, 703쪽도 참고할 것.

61) 뮌스터베르크도(31쪽) "체험된 통일체"는 심지어 "기술될 수 있는 과정들의 관계"도 아니라고 주장한다. 그것이 "체험되는" 한에서는 그의 주장대로 확실히 그렇지 않지만, 그것이 "사유되는" 한에서는 그의 주장과 달리 의심할 바 없이 그렇다. 만약 어떤 것의 "상태"가 "확정될 수" 있다는 사실이 그것을 이미 전(前) 과학적 단계에서 "대상"으로 만드는 데 충분하다면, 그리고 여기에서 선택된 관점에서 볼 때 그와 같은 용어 자체에 대해 반대할 수 없다면 ─ 그렇다면 과학으로서의 역사학이 "대상"을 다룬다는 데에는 의심의 여지가 없다. 현실에 대한 **시적** "재현"의 특징은 ─ 비록 이것도 현실을 "모사하는 것"이 아니라 정신적으로 형성하는 것임에는 두말할 나위가 없지만 ─ "모든 사람은 자신이 마음에 품고 있는 것을 **느끼는 것**"[1]과 같은 방식으로 현실을 다룬다는 데에 있다. "체험들"을 단순하고 생생하게 기록하는 것은 비록 이미 체험을 사유적으로

형성하는 것이지만 아직은 "역사"가 아니다. 이는 예컨대 졸라의 묘사가 증권거래소나 백화점에서 정확하게 그 상황에 따라 "체험되는" 실제적 과정을 아무리 충실하게 재현할지라도[2] 아직 **과학적** 인식이 아닌 것과 마찬가지이다. 누군가 역사학의 **논리적** 본질을 다음과 같은 사실에서, 즉 역사학자의 말들은, 뮌스터베르크가 말하듯이, "웃고 운다"는 사실에서[3] 찾아낸다면, 그는 마찬가지로 이것을 가령 내용에 덧붙여진 삽화에서도 찾으려고 할 수도 있고 종내에는 최신의 유행을 따라 분위기를 고조시키기 위해서 때때로 하는 "책의 장식"에서도 찾으려고 할 수도 있을 것이다. — 우리는 앞으로도 계속해서, 여하간 그토록 많이 강조되는 "이해"의 "직접성"이 심리학적 발생에 대한 이론에 속하지, 역사적 판단의 논리적 의미에 대한 이론에 속하지 않는다는 점을 보게 될 것이다. 역사학은 과학이 "아니라거나" 또는 "정말 아니라는" 혼란스러운 생각은 대개 바로 이 점에 대한 그릇된 관념에서 비롯되는 것이다.

1 이는 "모든 사람은 자신이 마음에 품고 있는 것을 본다"라는 괴테의 말을 변주한 것이다. 이에 대해서는 이 책의 332쪽과 그와 관련된 옮긴이 주 88을 볼 것.

2 졸라, 『돈: 루공 마카르 총서 제18권』; 졸라, 『여인들의 행복 백화점: 루공 마카르 총서 제11권』을 볼 것.

3 뮌스터베르크, 『심리학 개요』, 제1권, 36~37쪽에 따르면 "어린아이의 웃음과 울음이 우리에게 어린애다운 영혼이 어떠한가를 알려주는" 것처럼, "시인과 역사학자의 말도 웃고 웃으면서 모든 영혼의 소리가 우리 안에서 계속 울리도록 한다."

III. 크니스와 비합리성의 문제(속편)

1. 행위의 비합리성(결론)

4) 립스의 "감정이입"과 크로체의 "직관"

"해석"(우리가 여기에서 규정한 의미에서)의 논리적 위치를 논의하기 위해서는 우선 이것의 심리학적 과정에 대한 일정한 현대 이론들을 일별하는 것이 불가피하다.

립스[1]는 비록 미학적 가치의 근거를 규명하려는 의도에서 출발했지만 "해석"에 대한 독창적인 이론을 발전시켰다. 그에 따르면 다른 사람의 "표현운동", 예컨대 감정적인 목소리를 "이해하는 것"은 단순한 "지적 이해" 그 "이상"이다(106쪽). 그것은 "감정이입"을 포함하는데, 립스에게 근본적인 의의를 갖는 이 범주 자체는 (그가 보기에) "모방"의 한 측면이다; 다시 말해 어떤 사건을 — 예컨대 곡예사의 줄타기와 같은 — 마치 그것이 "자신에게" 일어난 것처럼 오로지 "내적으로" 모방하는 것이다(120쪽). 그리고 그것은 다른 사람의 행위에 대한 성찰적 접근이 아니라, 자신의 것이기는 하지만 완전히 내면에 머무는 "체험"이며, 바로 그 곁에 — 방금 든 예에서 — 줄 위에 있는 사람은 내가 아니라 바로 곡예사라는 판단이 "무의식적인" 것으로 남는다(122쪽).[2] 이 "완전한" 감정이입은 "자아"가 "감정이입하는" 대상에 완전히 내적으로 들어가는 것을 — 그러므로 단순히 **상상된** 행위, 즉 "표상"의 대상이 된 행위가 아니라 자신의 **진정한** 상상적 (내적) 행위[3]를 — 의미하는데, 립스는 이 "완전한" 감정이입을 미학적 "감정이입"의 형식으로 미학적 향유의 구성적 범주로 고양시킨다. 그리고 (그에 따르면) 이 "완전한" 감정이입으로부터 다음과 같은 방식으로 "지적 이해"가 발전한다. 즉 우선 (앞서 인용한 예에 머물자면) 상기한 "무의식적" 판단 — "내가 아니라 곡예사가 줄 위에 서 있다(또는 서 있었다)" — 이 의식의 차원으로 올라오고, 이로 인해 "자아"가 "표상된" (줄 위에 있는) 측면과 "실제적인" (전자를 표상하는) 측면으로 분열되며(125쪽), 그 결과로 — 뮌스터베르크의 용어를 사용하자면 — 사건의 "객관화", 특히 그것의 **인과적** 해석이 시작될 수 있다. 다른 한편 선행하는 인과적 "경험" 없이는 "감정이입"이 불가능하다: 어린아이는 곡예사를 "체험하지" 못한다. 그러나 — 립스의 의미에서 덧붙일 수 있다면 — 이러한 "경험"은 법칙론적 과학의 객관화된 산물이 아니라, 일상에서 직관적으로 "체험된" 그리고 체험할 수 있는 주관적 인과성으로서 "작용", "작용하는 힘", "지향"의 개념과 결부되어 있다.[1] 이것은 특히 순수한 "자연현상"에의 "감정이입"에서 드러난다. 립스에 따르면, "감정이입"의 범주는 결코 "정신적" 현상에 국한되지 않는다. 우리는 오히려 다음과 같은 방식으로 물리적 외부 세계에도 "감정이입"을 한

---

1 립스는 『미학: 아름다움과 예술의 심리학』, 170~71쪽에서 "작용"과 "지향" 이외에도 "의도", "자기노력", "행위", "활동" 등에 대해 말하는데, 이 모든 것은 사물들에 내재하는 주관적인 "힘"이며, 따라서 "단순한 존재와 사건, 상태와 변화"로부터 근본적으로 구별된다.

다. 즉 우리는 우리의 감정을 통해 이 세계의 구성요소들을 어떤 "힘", 어떤 "지향", 어떤 특정한 "법칙" 등의 표현으로 "체험함으로써" 그렇게 한다(188쪽). 그리고 립스에 따르면, 자연에서 상상적으로 "체험할 수 있는" 이 인간화된 개별적 인과성이야말로 "자연미"의 원천이다.[2] 체험된 자기 자신의 "자아"가 하나의 사물인 것과 마찬가지로, "체험된" 자연은 객관화된, 다시 말해 관계개념들로 환원된 또는 환원될 수 있는 자연과 달리 "사물들"로 구성된다 — 그리고 "자연"과 "자아" 사이의 차이는 바로 다음과 같은 사실, 즉 "체험된 자아"가 **유일한 실제적** "**사물**"이며, 이것으로부터 "자연"의 모든 개체가 직관적으로 "체험될 수 있는" 사물성과 "통일성"을 얻는다는 사실에 있다(196쪽).

이러한 주장이 미학의 정초에 대해 갖는 가치를 어떻게 평가하든 상관없다: 그러나 **논리적** 고찰을 위해서는 특히 "개별적 이해"는 — 적어도 립스의 저작에도 암시되어 있는 바와 같이 — "감정이입적 체험"이 **아니라는** 점을 분명히 해두어야 할 것이다. 아울러 "개별적 이해"도 "감정이입적 체험"으로부터 립스가 서술하는 방식으로 발전하지 않는다. 립스가 말하는 곡예사에 "감정이입하는" 사람은, 이 곡예사가 줄 위에서 "체험하는" 것을 "체험하지도" 않고, 만약 그 자신이 줄 위에 선다면 "체험하게" 될 것을 "체험하지도" 않는다. 그가 "체험하는" 것은 이 다른 "체험들"과 극히 모호하고 상상적인 관계에 있는 무엇인가이며, 따라서 특히 그 어떤 종류나 의미의 "인식"도 포함하지 않을 뿐만 아니라 "역사적" 인식의 대상도 전혀 포함하지 않는다. 왜냐하면 이 대상은 주어진 경우에 곡예사의 체험일 뿐 감정이입자의 체험이 아닐 것이기 때문이다. 그리하여 성찰이 시작되면, 감정이입하는 자아가 "분열되는" 것이 아니

---

2 립스에 따르면, "나는 대상에서 나를 통일적인 개인으로 체험하며, 이로써 대상을 개인으로 체험하는데, 이것이 [⋯⋯] 감정이입의 완성이다. 그리고 이것이야말로 동시에 대상이 **아름다움**을 갖는 궁극적인 조건이다." 같은 책, 202쪽.

라 "대상"으로 간주되는 다른 사람의 체험에 대한 숙고에 의해 감정이입자 **자신의** 체험이 밀려난다. 다만 한 가지 옳은 점은, "지적 이해"도 사실상 "내적 참여", 그러니까 "감정이입"을 포함한다는 것이다 — 그러나 그것이 "인식"을 의도하고 목표하는 한, "참여"는 합목적적으로 선택된 구성요소들에 결부된다. 그러므로 감정이입이란 단순한 "지적 이해" 그 "이상"이라는 견해를 내세우는 사람은, 감정이입이 "타당하다"는 의미에서 더 많은 "인식가치"를 갖는다고 주장할 수 없다. 이 견해가 의미하는 바는 단지, 감정이입은 객관화된 "인식"이 아니라 순수한 "체험"이라는 점이다. 그 밖에도 립스가 "자아"에게 그리고 오직 그에게만 귀속시킨 **실제적** "사물성"이 "내적으로 추체험할 수 있는" 현상들을 **과학적으로** 분석하는 방식에 대해 의의를 가질 수 있을 것인가가 결정적이다. 이 방금 말한 문제는 보다 보편적인 문제, 즉 "사물개념"의 논리적 본질이라는 문제의 한 부분을 구성하는데, 이 문제 자체는 다음과 같이 간명한 질문을 통해 가장 일반적으로 표현할 수 있다: 도대체 사물**개념**이 존재하는가? 이것은 거듭해서 부정되어 왔는데, 이렇게 부정적인 입장이 특히 역사학의 논리적 판단에 대해 어떤 의의를 가질 수밖에 없다는 점을, 립스의 견해와 문헌학 및 미학 일반을 지배하는 심리학주의에 대한 이탈리아의 탁월한 적대자가 최근에 다시 전형적인 방식으로 보여 주었다: 그는 베네데토 크로체이다.[4] "사물은 직관이다" — 크로체는 말하기를 — "이에 반해 개념은 사물들 사이의 관계에 결부된다."[3] 개념은 그 본질상 일반적인 따라서 추상적인 성격밖에 띨 수 없으며, 그 결과로 "더

---

3 크로체는 『표현의 과학으로서의 미학과 일반언어학』, 22쪽에서 다음과 같이 말하고 있다: "개념적(사유적) 인식은 무엇을 의미하는가? 그것은 사물들 사이의 관계에 대한 인식이며, 사물은 직관이다. 인상이라는 질료 없는 직관 자체가 불가능한 것과 마찬가지로, 직관 없는 개념이 불가능할 것이다. '이 강물', '이 호숫물', '이 도랑물', '이 빗물', '이 컵의 물'은 직관이다. 이에 반해 개념은 '물 자체'이다. 다시 말해 이런저런 현상이거나 또는 개별적인 경우가 아니라, 언제 어디서나 존재하며 무수한 직관의 대상이 되지만 단 하나의 불변적인 개념의 대상이 되는 것, 즉 물 일반이다."

이상" 직관이 아니지만, 다른 한편으로는 "그럼에도 불구하고 여전히" 직관이다. 왜냐하면 그것은 궁극적으로 보면 사실상 가공된 직관에 지나지 않기 때문이다.[4] 그러나 개념이 갖는 필연적으로 추상적인 성격으로 인해, 항상 개별적인 "사물들"은 개념들에 편입되지 않고 단지 "직관될" 수 있을 뿐이다: 다시 말해 그것들에 대한 인식은 오로지 "예술적" 방식에 의해서만 가능하다. 그러므로 개별적인 무엇인가에 대한 개념은 형용모순이며,[5] 개별적인 것을 인식하고자 하는 역사학은 바로 그러한 이유로 "예술", 즉 "직관들"의 나열이다.[6] 우리 삶의 어떤 사실이 "실제적인 것이었는가"는 — 이것이야말로 역사학이 관심을 갖는 유일한 문제이다 — 그 어떤 개념적 분석도 가르쳐주지 못하고, 오직 "직관들의 재생" 만이 가르쳐줄 뿐이다 — "역사학은 기억"[7]이며, 그 내용을 구성하는 판단들은 단순히 "경험의 인상에 옷을 입히는 것"[8]으로서 그 어떤 종류의

---

4 크로체는 같은 곳에서 말하기를, "개념, 즉 추상적인 것은 한편으로 더 이상 직관이 아니지만 다른 한편으로 그럼에도 불구하고 여전히 직관이며 사실 직관일 수밖에 없다. 사고하는 인간은 그가 사고하는 한 인상과 감정을 갖게끔 되어 있다: 그러나 그의 인상과 그의 감정은 사랑이나 증오 또는 고통이나 쾌락으로 나타나지 않고 **사고의 느낄 수 있는 활동 자체**에서 나타난다. 이러한 과정이 정신에 대해 객관적인 것이 되려면 직관적 형식을 띨 수밖에 없다. 말하는 것이 항상 **논리적으로 사고하는 것**은 아니지만, 역으로 **논리적으로 사고하는 것**은 항상 동시에 말하는 것일 수밖에 없다." 이 인용구절의 마지막 문장에서 "말하는 것"은 직관을, 그리고 "논리적으로 사고하는 것"은 개념을 가리킨다.

5 같은 책, 39~40쪽.

6 "역사학은" — 크로체는 같은 책, 27쪽에서 주장하기를 — "보편적인 개념을 구성하지도 않고 추상을 하지도 않으며 다만 직관들을 나열할 뿐이다. **이것**이나 **저것**과 같이 '완전히 확정된 개체'가 역사학의 영역이다; 이것은 다름 아닌 예술의 영역이다. 그러므로 역사학은 예술의 개념에 속한다."

7 "역사적인 것이 순수하게 상상적인 것과 구별되는 방식은 어떤 직관이 어떤 다른 직관과 구별되는 방식과 똑같다: 즉 기억 속에서 그리고 기억을 통해서 구별된다." 같은 책, 28쪽.

8 이 인용구절은 비유적으로 표현된 것인데, "경험의 인상을 말로 포장하는 것"이라고 읽으면 될 것이다. 사실 베버는 이 구절을 축어적으로 인용하지 않고 나름대로 해석하면서 인용하고 있다. 원래 크로체의 책에는 "현상의 인상을 말로 포장하는 것"이라고 되어 있다. 이를 제대로 이해하기 위해서는 베버가 인용한 구절이 들어 있는 문장 전체를 살펴볼 필요가 있다. 크로체는 같은 책, 43쪽에서 주장하기를, " '피터가 산책을 간다', '오늘

"개념정립"도 포함하지 않는다; 그것들은 다만 직관들의 "표현"일 뿐이다.[9] 요컨대 역사학은 "논리적" 평가의 대상이 결코 될 수 없는데, 왜냐하면 "논리학"은 단지 (보편)개념들과 그 정의만을 다루기 때문이다.[5][10]

이러한 명제들은 다음과 같은 몇 가지 자연주의적 오류의 결과이다: 1) 먼저 오직 관계개념만이, 그리고 — 왜냐하면 직접적인 일상경험의 관계개념들도 당연히 여느 사물개념만큼이나 많은 "직관"을 포함하기 때문에[6] — 오직 절대적인 확정성을 지니는 관계개념만이, 다시 말해 오직 인과등식으로 표현될 수 있는 관계개념만이 "개념"이라는 오류를 들 수 있다. 그러나 심지어 물리학도 전적으로 그와 같은 개념들을 가지고 작업하지는 않는다. — 2) 이와 관련된 주장, 즉 "사물개념"은 "개념"이 아니라 "직관"이라는 주장은 "직관성"이라는 범주가 지니고 있는 다양한 의의가 서로 뒤엉킨 결과이다. 수학적 명제의 직관적 명증성이 다양한 현상의 "직관성", 그러니까 "경험"에 직접적으로 주어지고 우리의 "내부"나 "외부"에서 체험되고 또 체험될 수 있는 것과는 다른 무엇이듯이 — 후설의 용어를 따르자면 "감성적" 직관에 반대되는 "범주적" 직관[7][11]이듯이 —, 크로체가 말하는 사물과 특히 립스가 말하는 사물 자

은 비가 온다', '나는 졸리다', '책을 읽고 싶다', 이 명제들과 이러한 종류의 모든 무수한 명제들은 산책을 가는 피터라는 현상, 내리는 비라는 현상, 잠자고 싶어 하는 나의 유기체라는 현상, 읽고자 하는 나의 의지라는 현상을 표현하는 것, 또는 이 현상들을 말로 포장하는 것에 불과하다."

9 같은 곳.

10 같은 책, 42~43쪽.

11 이에 대해서는 약간의 설명이 필요하다. "후설의 인식론은 칸트의 전통에 입각해 주체에서 출발한다. 그러나 두 철학자 사이에는 결정적인 차이가 있다. 칸트가 수동적 감성, 즉 직관과 능동적 오성, 즉 범주를 구분하는 반면, 후설은 둘 다 직관으로 파악한다. 후설에 따르면 직관은 어떤 경우에도 대상과 관계를 갖는다. 이러한 인식론적 재정향을 가능케 한 것이 후설의 지향성(志向性) 이론이다. 지향성이란 주체가 대상과 관계를 맺거나 주체가 대상에 행하는 행위를 가리킨다. 후설에게 지향성은 인간의식의 보편적인 행위형식이다. 왜냐하면 지향성은 인식 이외에도 다양한 인간의 정신작용을 포괄하기 때문이다. 요컨대 지향성은 후설 현상학의 중심점이자 출발점이다. [……] 후설은 지향

체, 즉 "자아"는,[12] 그것이 경험과학에서 사용되는 것처럼, "체험된" 의식내용들의 복합체와는 완전히 다른 무엇인데, 이 복합체는 순수하게 감각적으로 또는 감정적으로 직관할 수 있는 "통일체"로 융합되고 "기억"이나 "자아감정"에 의해 그 자체로서 심리학적 결속력을 유지한다. 경험과학이 어떤 주어진 다양성을, 예컨대 한 구체적인 역사적 인물의 "인격"을 "사물"로, 그리고 따라서 "통일체"로 다루는 경우, 이 대상은 항상 "상대적으로만 규정된 것", 다시 말해 항상 그리고 예외 없이 경험적으로 "직관할 수 있는 것"을 포함하는 사유적 구성물이다 ― 그러나 그럼에도 불구하고 이 대상은 그 "통일성"이 특정한 연구목적과 관련하여 "중요한 것"의 선택을 통해 규정되는, 그러니까 완전히 **인위적인** 구성물이며,[8] 따라서 "주어진 것"에 대해 단지 "기능적인" 관계만을 갖는 사고의 산물이다: 요컨대 그것은 "개념"이다(이 용어가 경험적으로 주어진 것의 사고적 변형을 통해 창출되고 언어에 의해 표현될 수 있는 사유 구성물의 일부분에만 인위적으로 국한되지 않는다면 그렇다). ― 이러한 이유만으로도 3) 수많은 비전문가 사이에 널리 퍼지고 크로체도 받아들인 다음과

성 이론에 입각해 인간의 인식행위를 감성적 직관과 범주적 직관으로 나눈다. 감성적 직관이란 직접적이고 단순하게 대상을 파악하는 것을 뜻한다. 다시 말해 주체의 정신적 작용이 대상에 미치면 그 대상이 직접적으로, 즉 주체의 새로운 의도적 행위가 추가됨이 없이 곧바로 주체에게 의식되는 것을 뜻한다. 이에 반해 범주적 직관은 주체의 추상화하고 이상화하는 행위를 통해 대상이 의식되는 것을 가리킨다." 김덕영,『막스 베버: 통합과학적 인식의 패러다임을 찾아서』, 486쪽.

12 이 구절은 약간의 설명을 필요로 한다. 첫째, 베버는 "립스가 말하는 사물 자체"에서 "자체"라는 말을 그리스어 κατ᾽ ἐξοχήν로 표기하고 있다. 둘째, 178쪽, 옮긴이 주 3에서 보듯이 크로체에게 사물은 직관이다. 그리고 립스에게 사물은 자아이다. 그에 따르면 "모든 '사물'은 객관적 통일성이다." 다시 말해 "나의 통합적 존재는 자의적인 것이 아니라, 사물이 나에게 그렇게 되도록 요구하는 것, 또는 그렇게 되도록 강요하는 것이다. 이런 한에서 통일성은 사물에 결부되고 사물 자체에 주어지는, 즉 사물에 속하는 무엇인가이다. 그런데 이러한 통일성은 [……] 자아의 통일성이다. 요컨대 나는 비분리된 자아를 사물에서 발견한다. 나는 나 자신을 나의 다양성을 포괄하거나 포함하는 **사물**에서 발견한다." 립스,『미학: 아름다움과 예술의 심리학』, 194쪽.

같은 견해, 즉 역사학은 "(경험적) 직관들을 재생하는 것"이거나 또는 이전 (모사하는 사람 자신의 또는 다른 사람들의) "체험"을 모사하는 것이라는 견해[13]는 완전히 잘못된 것이다. 심지어 자기 자신의 체험조차도 **사유적으로** 파악되어야 한다면 단순히 "모사되거나" 또는 "복제될" 수 없다: 만약 그렇게 한다면, 그것은 체험에 **대한** 사유가 될 것이 아니라, 이전 "체험"의 재차적 "체험"[9)]이 될 것이거나, 또는 이것이 불가능하므로, 차라리 **새로운** "체험"이 될 것인데, 거기에는 "이것을"(다시 말해 현재의 "체험"으로 주어진 것 중에서 불확정적으로 남아 있는 한 부분을) 이미 한 번 "체험했다"는—사유적 고찰과 관련해서는 항상 상대적으로만 근거 있는 것으로 드러나게 되는—"느낌"이 "포함될" 것이다. 나는 다른 곳에서[14]—물론 "새로운" 무엇인가를 덧붙이지는 않은 채—다음을 논증한 적이 있다. 즉 심지어 가장 간단한 "존재판단"(크로체의 예를 사용하면, "피터가 산책을 간다")[15]도 "판단"이고자 하고 그것으로서의 "타당성"을 확보하고자 한다면—그리고 **이것이야말로** 고려해야 하는 유일한 문제이다—, 보편개념들의 "정립"은 아니지만 이것들의 지속적인 **사용**을 포함하는, 따라서 분리와 비교를 포함하는 논리적 작동을 전제한다는 것을 논증한 적이 있다.

　우리는 다음과 같은 혼동, 즉 인식이 형성되는 심리학적 **과정**에 대한 문제를 이와는 전혀 다른 인식의 논리적 "의미"와 경험적 "타당성"에 대한 문제와 혼동하는 것을 관찰할 수 있는데, 이것은—이와 더불어 우리는 다시 **고틀**의 견해로 돌아간다—예컨대 "인물들"의 "해석"과 같은 역사적 인식이 갖는 특수한 "예술성"과 "직관성"을 역사학의 특권으

13　크로체, 『표현의 과학으로서의 미학과 일반언어학』, 91~92쪽.

14　아마도 이 책의 288~89쪽을 가리키는 것 같다[일러두기 9 참고].

15　크로체, 『표현의 과학으로서의 미학과 일반언어학』, 43쪽. 179~80쪽, 옮긴이 주 8에서 알 수 있듯이, 크로체는 "피터가 산책을 간다" 이외에도 "오늘은 비가 온다", "나는 졸리다", "책을 읽고 싶다"라는 예를 들고 있다.

로 간주하는 모든 이론(유감스럽게도 심지어 전문 역사학자들도 그토록 빈번하게 받아들이는)의 결정적 오류이다. 인식의 심리학적 과정에 관한 한, "직관"에 부여되는 역할은 그 **본질상** ― 이미 앞에서 논의한 바와 같이[16] ― 모든 과학의 영역에서 같은 것이며, 다만 우리가 그다음 단계로 대상을 사유적으로 형성할 때 모든 측면에서 개념적 정확성을 얻을 수 있고 또 얻고자 하는 **정도**가 인식목표에 따라 달라질 뿐이다. 그러나 인식의 **논리적** 구조는 구체적인 경우에 인식의 경험적 타당성이 문제가 되고, 따라서 **증명되어야만** 할 때 비로소 드러난다. 오직 이 증명만이 사용된 개념들의 (상대적) 정확성을 절대적으로 필요로 하며, 또한 예외 없이 그리고 항상 일반화하는 인식을 전제한다 ― 그리고 이 둘[17]은 단지 "감정이입된" 상태인 공체험이나 추체험의 사유적 가공, 다시 말해 아직 그런 단계에 머물러 있는 공체험이나 추체험이 "경험"으로 변형될 것을 요구한다.[10] 이 경우에 인간행위의 "해석"을 검증할 목적으로 "경험칙"을 사용하는 것이 구체적인 "자연현상"에 대한 인식에서의 동일한 과정과 상이할 수 있는데, 이는 완전히 피상적으로 겉모습만 보고 받는 느낌일 뿐이다. 이렇게 보고 느끼게 되는 이유는, 우리가 인간행위를 "해석할" 때 우리 자신의 일상적 인식을 통해 형성된 상상력으로 말미암아 우리의 경험내용을 "규칙"으로 명확하게 **표현하는 일**을 대개 "비경제적인 것"으로 치부하고 단념해 버리는, 그러니까 일반화를 "암암리에" 사용하는 데에서 찾을 수 있다. 그리고 우리는 다음과 같은 질문을 제기할 수 있다. 즉 "해석적" 접근방식을 구사하는 과학 분야들이 자신들의 자료, 다시 말해 직접적으로 이해할 수 있는 인간의 자아행동을 추상화의 과정을 거쳐 자신들의 목적에 부합하는 특별한 규칙들과 이른바 "법칙들"을 구성하는 것이, 언제 그 과학 분야들에 어떤 과학적 **의미**를 가

---

16 이는 이 책의 178~80쪽에서이다.
17 이는 그 앞에 나오는 "개념들의 (상대적) 정확성과 일반화하는 인식"을 가리킨다.

질 수 있는가라는 질문을 제기할 수 있다. 이에 대한 답은 물론 전적으로, 이를 통해 역사학자 또는 경제학자가 구체적인 문제에 대한 해석적 인과인식을 위해 유용한 새로운 통찰을 얻을 것을 기대할 수 있느냐에 달려 있다. 사정이 이럴 **수밖에 없다**는 점은, 그렇게 얻어지는 경험칙들이 절대 다수의 경우에 부정확할 뿐만 아니라 진부하다는 사실 하나 때문만으로도 결코 **일반적으로** 자명해 보이지는 않다. 만약 "규칙"설정이라는 원칙의 무조건적인 실행이 어떠한 결과를 가져오는가를 실례를 통해 분명히 하고자 한다면, 가령 빌헬름 부쉬의 저작을 읽으면 된다. 이 위대한 유머 작가는 바로 다음과 같은 방식으로, 즉 우리가 언제 어디서나 그리고 무수한 얽히고설킴 속에서 "해석적으로" 사용하는 수많은 진부한 일상경험을 과학적 잠언의 외양으로 표현함으로써, 아주 익살스러운 효과를 낸다. 『플리쉬와 플름』에 나오는 아름다운 시 "다른 사람이 슬플 때 기뻐하는 사람은, 대개는 사랑받지 못한다"[18]는, 전혀 흠잡을 데 없이 표현된 "역사법칙"이며, 특히 이 시가 유적인 성격의 현상을 매우 정확하게 필연판단으로서가 아니라 "적합한 원인작용"의 규칙으로 포착하기 때문에 더욱더 그러하다. — 이 시는 일정 정도의 경험적 진리를 포함하고 있는데, 바로 이 진리로 인해 조금도 의심할 바 없이 예컨대 보어전쟁 이후 독일과 영국 간의 정치적 긴장[19]에 대한 "해석"의 적합한 보조

---

18 『빌헬름 부쉬-앨범: 익살맞은 가정 시가집』, 62쪽. 참고로 『플리쉬와 플름』은 1882년에 출간된 부쉬의 그림 이야기책으로 플리쉬와 플름이라는 두 마리의 천방지축 강아지가 겪는 모험을 익살스럽게 담고 있다.

19 보어전쟁은 아프리카에서 종단정책을 추진하던 영국과 당시 남아프리카 지역에 거주하던 네덜란드계 백인인 보어인들(오렌지 자유국과 남아프리카공화국) 사이에서 벌어진 전쟁으로, 제1차 보어전쟁(1880~81)과 제2차 보어전쟁(1899~1902)으로 나뉜다. 1895년 12월 29일 영국인들이 이주 노동자들의 폭동을 촉발할 목적으로 남아프리카공화국을 급습했지만(이것은 영국의 정규군에 의한 것이 아니고 영국 남아프리카 회사에 고용된 "경찰"과 베추아날란드 보호령[오늘날의 보츠와나공화국]의 경찰 등 600명 정도의 무장 세력에 의한 것이었다), 이미 1896년 1월 2일 보어인들에 의해 제압되어 패하고 말았으며(일부는 사살되고 대다수가 포로가 되었다), 따라서 폭동도 일어나지 않

수단이 (물론 매우 많은 다른, 아마도 상당히 더 중요한 요소들과 함께) 될 수 있다. 이와 같은 정치적 "분위기"의 변화에 대한 "사회심리학적" 분석은 자명하게도 아주 다양한 관점에서 지극히 흥미로운 결과들을 가져올 수 있으며, 또한 이 결과들은 방금 언급한 것과 같은 사건들의 역사적 해석에 대해서도 아주 큰 가치를 가질 **수 있다** ── 그러나 결코 확실하지 **않은** 것은, 이 결과들이 **반드시** 그와 같은 가치를 얻는다는 점이며, 구체적인 경우에 "통속심리학적" 경험으로 완전히 충분하지 않다는 점이다; 만약 그렇다면, 일종의 자연주의적 자만심에 근거하는 욕망, 즉 역사적 (또는 경제적) 서술을 가능한 한 많은 심리학적 "법칙들"에 연관시키는 것으로 장식할 수 있기를 바라는 욕망이 생겨날 것이며, 이 욕망은 구체적인 경우에 과학적 작업의 경제성이라는 원리에 위반될 것이다. "문화현상들"에 대한 "심리학적" 연구에서 원칙적으로 "해석을 통해 이해할 수 있게 된다"라는 목표를 고수하는 경우, 개념구성이 **논리적으로** 상당히 이질적인 성격의 과제들을 가질 수 있다: 이 과제들에는 일말의 의심의 여지도 없이 한편으로 유개념들의 구성이 그리고 다른 한편으로 "법칙들"의, 보다 넓은 의미에서 "적합한 원인작용의 규칙들"의 구성도 **역시** 필연적으로 포함된다. 후자는 "일상경험"이 문화현상들의 "명확한" 해석을 위해 필요한 만큼 인과적 귀속의 "상대적 정확성"을 보증하는데 충분하지 않은 경우에만 가치를 가질 것이고, 그리고 그런 경우에는 언제나 가치를 가질 것이다. 그러나 바로 이런 연유로 후자의 결과들이 갖는 인식가치는 일반적으로, 후자가 양화(量化)의 방법에 의존하는 자연과학들과 유사한 정식화와 체계화 ── 이것은 구체적인 역사적 구성물들의 직접적으로 이해할 수 있는 "해석"에의 접목을 포기해야 가능해진다 ── 를 **적게** 추구할수록, 그리고 그 결과로 자연과학적 분야들이 자신들의 목적을

───

왔다. 이에 1896년 1월 3일에 독일 황제 빌헬름 2세(1859~1941)가 남아프리카공화국에 축하 전보를 보냈으며, 이로 인해 독일과 영국의 외교관계가 악화되었다.

위해 사용하는 보편적인 전제들을 **적게** 받아들일수록 그만큼 더 커진다. 예컨대 "정신물리평행론"[20]의 개념들과 같은 개념들은 "체험할 수 있는 것" 너머에 있고, 따라서 당연히 그와 같은 연구[21]를 위해서는 조금도 직접적인 의의를 지니지 못하며, 또한 "사회심리학적" 해석의 영역에서 지금까지 이룩한 가장 탁월한 업적들의 인식가치는 그와 같은 모든 전제[22]의 타당성과 무관하듯이 이 업적들을 "심리학적" 인식의 빈틈없는 "체계"에 편입한다는 것은 무의미한 일이다. 이에 대한 결정적인 **논리적** 근거는 바로 다음과 같다: 역사학은 "현실과학"인데, 이는 그것이 어떤 현실의 내용 전체를 "모사할 수" 있을 것이라는 의미에서가 아니라 ― 이것은 원칙적으로 불가능하다 ―, 전혀 다른 의미, 즉 그것이 그 자체로서는 단지 상대적인 개념적 정확성밖에 갖지 못하는 주어진 현실의 구

---

20 이는 스피노자와 라이프니츠에서 기원하는 이론으로, 그 핵심은 정신적인 것에는 오직 정신적인 것만이, 그리고 물리적인 것에는 오직 물리적인 것만이 작용할 수 있으며, 정신적인 것과 물리적인 것 사이의 인과관계로 보이는 것은 단지 상응관계일 뿐이라는 명제에 있다. 정신물리평행론이라는 개념은 분트에 의해 일반화되었다. 분트, 「정신적 인과성과 정신물리평행론의 원리에 대하여」를, 그리고 이에 대한 비판인 리케르트, 「정신물리적 인과성과 정신물리평행론」을 볼 것. 여기에서 잠시 사유와 연장(延長)에 대한 스피노자의 논의를 살펴보면, 정신물리평행론을 이해하는 데 도움이 될 것이다. 스피노자는 실체의 개념에서 출발한다. 그에 따르면 실체는 유일한 것이고 무한한 것이며 모든 사물의 원인이 되는 것이다. 실체의 원인은 다른 어떤 것에 있는 것이 아니라 바로 자신에게 있는 것이다. 실체는 자기원인이다. 이러한 실체는 모든 것을 내포하기 때문에 신이면서 동시에 자연이다. 실체로서의 신은 무한한 속성을 가지고 있지만 인간에게는 그 가운데 두 가지인 사유와 연장만이 드러나는데, 사유는 정신으로 표현되고 연장은 물체로 표현된다. 사유는 정신적 현상이고 연장은 물리적 현상이다. 이 두 현상은 유일하고 무한한 원인인 신의 일부분이며 신적 실체의 두 가지 고유한 속성이다. 그러므로 이 두 범주 가운데 어느 한 가지를 다른 한 가지로 환원시키거나 소급할 수 없다. 짐멜, 『돈의 철학』(한글판), 35쪽에 따르면 사유와 연장은 "각기 나름대로의 방식으로 그리고 그 자체로 완전하게 동일한 것, 즉 절대적인 실체를 표현하기 때문에 그중 하나가 다른 하나를 결코 침해할 수 없다." 사유와 연장은 "그 어디에서도 상호 접촉하지 않는다. 왜냐하면 사물의 개념을 완전히 상이하게 묻기 때문이다."

21 이는 해석적 연구를 가리킨다.

22 이는 체험할 수 있는 것을 넘어서는 모든 전제를 가리킨다.

성요소들을 어떤 구체적인 인과관계에 이것의 "실제적인" 구성요소들로 통합한다는 의미에서 그렇다. 어떤 구체적인 인과관계의 존재에 대한 이런 종류의 모든 개별적인 판단은 그 자체가 사실상 무한히 세분될 수 있으며,[11] 오직 그와 같은 무한한 세분화만이 — 만약 우리의 법칙론적 지식이 절대적이고 이상적으로 완성된다면 — 정밀한 "법칙들"의 도움으로 완전한 인과귀속에 이를 것이다. 역사적 인식은 구체적인 인식목표를 위해 필요한 데까지만 세분화를 추진하며, 또한 이런 식의 인과귀속은 불가피하게 상대적인 완전성만 보일 수 있는데, 이는 그것을 수행하기 위해 사용된 "경험칙들"이 불가피하게 상대적인 정확성만을 갖는다는 사실에서 명백하게 드러난다: 다시 말해 방법론적 작업에 기초하여 얻어진 그리고 계속해서 얻게 될 "규칙들"은 항상 "통속-심리학적" 일상경험의 만조(滿潮)에 둘러싸인, 그러면서 역사적 인과귀속에 기여하는 하나의 엔클레이브[23]일 뿐이라는 사실에서 명백하게 드러난다. 그러나 그 일상경험도 논리적으로 보면 "경험"이기는 매한가지이다.

"명증성"과 "타당성"

고틀이 상호 간에 그토록 분명하게 대비하는 "체험"과 "경험"[12]은 정말로 대립되는 것이지만, 이 대립은 "내적" 과정의 영역에서도 "외적" 과정의 영역에서와 전혀 다를 바 없는 의미에서 나타나고 "행위"의 경우에도 "자연"의 경우와 전혀 다를 바 없이 나타난다. 한편으로 "이해" — 명증한 "해석"이라는 의미에서의 — 와 "경험"은 대립되는 것이 아닌데, 그 이유는 모든 "이해"가 (심리학적으로) "경험"을 전제하고 (논리적으로) "경험"과 연관됨으로써만 타당한 것으로 증명될 수 있기 때문이다. 그러나 다른 한편으로 이 두 범주는, "이해된 것"과 "이해될 수 있는 것"이 단

---

23 이에 대해서는 이 책의 130쪽, 옮긴이 주 84를 볼 것.

순히 (경험칙에 근거하여) "파악된 것"과 달리 **"명증성"**[13]이라는 특성을 갖는 한, 동일한 것이 아니다. 인간적 "격정"의 작용은 확실히 "자연"현상과 질적으로 다른 의미에서 "추체험할 수 있고" "직관할 수 있다." 그러나 해석을 통해 "이해될 수 있게" 된 것이 갖는 이러한 "명증성"은 "타당성"과의 어떤 연관성으로부터도 신중하게 분리되어야 한다. 왜냐하면 그것의 유일한 전제는 **논리적** 측면에서는 사고의 **가능성**이고 **실제적** 측면에서는 "해석적으로" 파악할 수 있는 관계들의 객관적 가능성[14]이기 때문이다. 그리고 그것은 전적으로 **명증성**이라는 자신의 특성으로 인해 현실의 분석에 대해 의의를 갖는데, 이 의의는 가설의 의의가 될 수 있거나—이 경우에는 구체적인 현상에 대한 설명이 문제가 된다—, 또는 "이념형적" 사유 구성물의 의의가 될 수 있다—이 경우에는 색출적 목적에서든 명확한 개념에 도달하기 위한 목적에서든 일반 개념을 구성하는 것이 문제가 된다—. 그러나 수학에 지향된 과학 분야들의 영역에도, 아니 바로 그 수학적 인식 자체의 영역에도[15] 인간행위의 해석의 영역에서 볼 수 있는 것과 똑같은 "명증성"과 경험적 "타당성"의 이원론이 존재한다. 그렇기는 하지만 수학적 인식과 물리적 세계의 **양적** 관계들이 수학적으로 표현된 인식의 "명증성"은 "범주적" 성격을 갖는 반면, 우리가 여기에서 다루는 의미에서의 "심리학적" 명증성은 순수하게 현상학적인 것의 영역에 속한다. 후자의 명증성은—여기서는 립스의 용어가 상당히 유용한 것으로 드러난다—그와 같은 **질적인** 현상들에의 "감정이입"이 지니는 특별한 색조에 의해 현상학적으로 조건지어지는데, 우리는 이 현상들을 우리 **자신의** 내적인 현전성의 객관적으로 **가능한** 내용으로 **의식할** 수 있다. 이것이 역사학에 대해 갖는 간접적인 **논리적** 의의는 다음과 같은 상황에 의해 주어진다. 즉 다른 사람들의 현전성의 "감정이입할 수 있는" 내용에는 "역사적 관심"의 의미가 근거하는 "평가"도 포함되며, 따라서 그 대상이, 역사철학적으로 표현하면, "가치들의 실현"에 있는 과학[16]은 스스로 "평가하는" 개인들을 항상 그 실현과정의

"담지자"로 다룬다는 상황에 의해 주어진다.[17]

이 두 양극 사이에는 — 공간적 관계들의 범주적인 수학적 명증성과 의식적인 정신적 삶의 "감정이입할 수 있는" 과정들의 현상학적으로 조건지어진 명증성 사이에는 — 이 두 종류의 "명증성" 가운데 그 어느 것도 획득할 수 없는 인식의 세계가 존재하는데, 이 세계는 물론 이처럼 현상학적 "결함"을 보일지라도 그 품위나 경험적 타당성을 조금도 상실하지 않는다. 실로, 되풀이하자면, 고틀이 받아들인 인식론의 근본적인 오류는, "직관적"[18] **명증성**의 최대치를 (경험적) **확실성**의 최대치와 혼동하는 것이다. 운명적으로 자주 바뀌는 이른바 "물리적 공리들"에서 다음과 같은 과정, 즉 경험에 의해 증명되는 구성물[24]이 **사고 필연성**의 품위를 갖는다고 주장하는 과정이 되풀이해서 나타난다면,[19] "명증성"을 "확실성"과 동일시하는 또는 심지어 — 멩거의 많은 후계자들[25]이 하려고 했듯이 — 사회과학 영역에서의 "이념형적" 구성이 지니는 "사고 필연성"과 동일시하는 것도 마찬가지의 오류로 이어지는데, 예컨대 고틀은 『말의 지배』에서 전개한 많은 논의에서 그러한 길을 걸었다.[20]

역사학자의 색출적 "감정"과 "암시적" 서술

여기까지 말한 모든 것에도 불구하고, 적어도 **하나의** 영역에서 그 자체가 단지 인식**심리학적** 의의만을 갖는 "추체험적 해석"이 사실상 "타당성"의 지위를 획득한다는 견해를 고수하려는 사람들이 있다: 다시 말해 명확히 드러나지 않은 단순한 "감정"이 역사적 인식의 대상이 되고 따라서 우리 안에서 그에 상응하는 "감정"을 암시적으로 불러일으키는

24　이는 "물리적 공리"라고 읽으면 의미하는 바가 보다 명확하게 와닿을 것이다.

25　멩거의 대표적인 제자로는 프리드리히 폰 비저(1851~1926)와 오이겐 폰 뵘-바베르크를 꼽을 수 있다. 베버는 『일반("이론")경제학: 1894~1898년 강의』, 566쪽에서 멩거, 비저, 뵘-바베르크를 "새로운 **이론**: 오스트리아 학파"의 대표자라고 부른다.

것이 **유일하게** 가능한 인식이상이 되는 영역에서 그렇다는 것이다. 이러한 견해에 따르면 역사학자, 고고학자, 문헌학자가 "인물", "예술적 시대", "언어"에 "역지사지하는 것"은 특정한 "공동감정", "언어감정" 등의 형태를 취하는데, 심지어 누군가는[21] 이러한 감정들을 예컨대 문서나 예술작품의 기원의 역사적 규정을 위한 또는 역사적 행위의 근거와 의미의 해석을 위한 가장 확실한 "규준"으로 설정했다. 이러한 견해에 따르면, 다른 한편으로 우리로 하여금 "문화현상들"(여기에는 물론 예컨대 역사적으로, 특히 순수하게 정치적으로 중요한 "여론"도 속한다)을 "추체험하도록" 하고 우리에게 그것들을 "암시하는" 것이 역사학자의 목적이고 또 목적이어야 하며, 따라서 적어도 이러한 경우들에서는 이 암시적 "해석"이, 심지어 인식론적 측면에서도, 개념에 의해 명료하게 표현하는 방식과 무관한 자율적인 과정이 된다.

이러한 논의에서 올바른 것과 그릇된 것을 구별해 보기로 한다. 우선 "공동감정" 또는 "전체감정"이 "인물들"의 문화사적 배열 또는 해석에 대한 "규준"으로서 의의를 갖는다는 주장을 볼 것 같으면, "감정"—물론 이것은 꾸준히 "소재"를 **지적으로** 다룸으로써, 다시 말해 연습, 그러니까 "경험"을 통해 획득된다는 점에 주의해야 한다[22]—이 역사학자의 정신에서 가설이 형성되는 심리학적 과정에 대해 의심할 바 없이 매우 큰 의의, 아니 실로 거의 불가결한 의의를 지닌다: 단순히 "지각"과 "개념"만을 사용해서는 어떤 종류의 가치 있는 역사적 인식도, 또한 어떤 다른 종류의 인식도 "창출되지" 않는다. 이에 반해 과학적 "타당성"이라는 의미에서의 이른바 "확실성"에 대해 말할 것 같으면, 모든 양심적인 학자는 "전체감정"에의 준거, 예컨대 한 시대, 한 예술가 등의 "일반적 성격"에의 준거에 어떤 가치가 부여될 수 있다는 견해를, 다음과 같은 경우에는 아주 단호하게 거부할 수밖에 없을 것이다. 즉 이러한 준거가 정확하게 표현된 그리고 증명할 수 있는 **판단들**, 다시 말해 "개념적으로" 형성된 "경험"으로(이 단어의 완전히 통상적인 의미에서) 변환되고 따라서 검증할 수 없는 경우에는 거부할 수밖에 없을 것이다. — 이와 더불어 우리는 사실상 **감정**적인 정신상태가 역사적으로 (인과적으로) 중요한 경우에 이 상태를 역사적으로 "재생하는 것"과 관련된 상황도 이미 언급했다. "감정"은 예컨대 직각삼각형이나 또는 양화하는 과학들의 추상적 산물과 같은 의미에서 개념적으로 "정의될" 수 없지만, 사실 이 점은 그것이 모든 질적인 것과 공유하는 무엇이다. 모든 질적인 것 자체는, 우리가 그것을 "사물"의 특성으로서 우리 밖의 세계로 "투사하든" 또는 정신적 체험으로서 우리 안으로 "내사하든" 상관없이, 이처럼 불가피하게 상대적으로 "불확정적"이라는 성격을 갖는다. 빛색깔, 음색깔, 냄새의 미묘한 차이 등에 적용되는 논리는 똑같은 의미에서 종교적, 미학적, 윤리적 "가치감정"에도 적용되는데, 그 논리란 이것들을 묘사하고 서술할 때 "모든 사람은 자신이 마음에 품고 있는 것을 본다"는 것이다.[26] 요컨대 단지 이러한 상황만이 문제가 되는 한, 정신적 현상에 대한 해석은 원칙상 절대적으로 명확하게 규정할 수 없는 개념을 사용하는데, 그것도 질적인 것을 완전히 도외시하지 않는 모든 과학이 반드시 그리할 수밖에 없는 것과 전적으로 같은 의미에서 그리한다.[23)]

만일 역사학자가 자신의 서술에서 암시적 효과가 있는 수단으로 우리의 "감정"에 호소한다면, 다시 말해 개념에 의해 표현할 수 없는 "체험"을 우리 안에서 유발하려고 한다면, 생각해 볼 수 있는 것은 다음의 두 가지 가운데 하나이다. **먼저** 그가 다루는 대상의 부분현상들을 서술하기 위한 속기술로 기능하는 것이 그것인데, 이 속기술의 개념적 정확성을 단념한다고 해도 구체적인 인식목적에는 해가 되지 않는다 — 이것은 경험적으로 주어진 다양한 현상이 원칙적으로 무궁무진하기 때문에 **그 어떤** 서술도 단지 역사적 인식과정의 "상대적인" 종결로서만 "타

---

26 이는 "모든 사람은 자신이 마음에 품고 있는 것을 본다"라는 괴테의 말을 변주한 것이다. 이에 대해서는 이 책의 332쪽과 그와 관련된 옮긴이 주 88을 볼 것.

당성"을 획득할 수 있다는 사실에서 기인한다. **아니면** 우리 안에서 순수한 감정적 체험을 유발하는 것이 특수한 **인식수단**으로 기능하는 경우이다: 예컨대 한 문화적 시대나 한 예술작품의 "특성"을 "생생하게 드러내는 것"이 그것이다. 그러면 이러한 유발은 두 가지 종류의 논리적 성격을 가질 수 있다. 먼저[27] 그것은 해당 시대나 인물이 살아간 또는 구체적인 예술작품에 담긴 "삶"의 —표현방식에 따라— "정신적인" 또는 "영혼적인" "내용"의 **추체험**"이 될 수 있다. 이 경우에 그것은 **서술자**에게 속하는 가치감정을 포함하며 **독자** 안에서도 가치감정을 불러일으켜 이것의 도움으로 "감정이입하도록" 하는데, 그것이 "느낀 것"의 단계에 머무는 한 독자의 가치감정은 항상 그리고 필연적으로 불명료한 상태로 남게 되며, 따라서 그의 가치감정이 자신이 감정이입하는 역사적 인물들의 감정에 어떻게든 상응한다는 일말의 보장도 없다.[24] 그렇기 때문에 그것은 **인과적으로** "중요한 것"과 "중요하지 않은 것"의 구별을 위한 그 어떤 검증 가능한 척도도 갖고 있지 않다. 예컨대 낯선 도시가 우리 안에서 불러일으키는 "전체감정"은, 그것이 순수한 감정 단계에 머무는 한 굴뚝의 위치, 처마 돌림띠의 형태 그리고 유사한 완전히 우연적인 요소들, 다시 말해 그 도시의 주민들 자신의 "생활양식"에 대해서는 그 어떤 의미에서도 **인과적으로** 중요하지 않은 요소들에 의해 결정되는 것이 일반적이다. 모든 경험에 비추어보면, 이러한 논리가 모든 불명료한 역사적 "직관들"에도 예외 없이 적용된다: 이것들의 인식가치는 대개 그 미학적 매력과 병행하여 감소한다;[28] 이것들은 상황에 따라서 의의 있는 "색출적" 가치를 획득할 수도 **있지만**, 상황에 따라서 독자로 하여금 감정내용이 묘사된 "시대"나 창조적 예술가 등의 것이 아니라 관찰자의 것이라는 사

---

27 두 번째는 이 책 193쪽, 11행에 나오는 "그 밖에 될 수 있는 것, 즉 **가치연관적 해석**"이다.
28 이 문장의 전후 맥락을 고려하면 베버가 의미하는 바는 다음과 같다고 보아야 타당할 것이다: "이것들의 인식가치는 대개 그 미학적 매력이 증가함에 따라 감소한다."

실을 명확하게 의식하지 못하도록 만듦으로써 객관적인 인식을 곧장 방해할 수도 **있다**. 이 경우 그런 종류의 "인식"의 주관적 성격은 "타당성"의 결여와 동의어인데, **왜냐하면** 그것은 개념적 표현을 결여하고 있으며 따라서 그것을 통해서는 "감득"[29]을 증명하거나 검증할 수 없기 때문이다. 게다가 그것은 "전체감정"에 상응하는 "전체성격"을 찾기 위해 구체적인 관계들의 인과적 분석을 억누를 수 있는 매우 큰 위험을 안고 있으며, 그리되면 — 경험적으로 분석하려는 욕구가 "감정종합"을 재현할 수 있는 **공식**을 밝혀내려는 욕구에 의해 대체되기 때문에 — "시대"에는 "전체감정"이라는 레터르가 붙게 된다. 이러한 형식을 띠는 주관적인 감정적 "해석"은 실제적인 관계들의 경험적인 역사적 인식(인과적 해석)을 가리키는 것도 **아니고**, 그 밖에 될 수도 있는 것, 즉 **가치연관적 해석**을 가리키는 것도 **아니다**. 사실 이것은 인과적 귀속과 더불어 우리가 여기에서 다루는 "해석"의 "범주"에서 역사적 대상을 "체험할" 수 있는 것에 대한 다른 의미이다. 나는 다른 곳에서 그것이 역사적인 것에 대해 갖는 논리적 관계를 논의했으며,[25] 따라서 여기서는 다음을 확인해 두는 것으로 충분하다. 즉 이러한 기능에서 미학적으로, 윤리적으로, 지적으로 또는 생각할 수 있는 모든 종류의 문화가치적 관점에서 평가할 수 있는 대상의 "해석"은, (논리적으로 말해) 순수한 경험적·역사적 — 다시 말해 구체적인 "역사적 개체들"[30]을 구체적인 원인들로 귀속시키는 — 서술의 **구성요소**가 아니라, 오히려 — 역사학의 관점에서 — "역사적 개체"의 **형성**이라는 점을 확인해 두는 것으로 충분하다. **이러한** 의미에서 『파우스트』의 또는 가령 "청교주의"의 또는 가령 "그리스 문화"의 특정

---

29 감득(Anempfindung)은 19세기에서 20세기 초까지 널리 퍼진 개념으로 과거의 것, 낯선 것 또는 심지어 단순히 다른 것을 파악하는 특수한 방식을 가리킨다. 예컨대 독일의 신학자이자 철학자인 에른스트 트룈치(1865~1923)는 다른 종교를 이해하는 것을 "가설적 감득"이라고 말한다. 트룈치, 『기독교의 절대성과 종교사』, 52~53, 59, 61쪽.
30 이에 대해서는 이 책의 289쪽, 옮긴이 주 34를 볼 것.

한 내용들의 "해석"은, "우리가" 이 대상들에서 "실현된 것"으로 발견할 수 있는 "가치들"과 "우리가" 그것 안에서 이 가치들이 "실현된 것"으로 발견하는 그리고 그것 때문에 이 "개체들"이 역사적 "설명"의 대상이 되는, 항상 그리고 예외 없이 개별적인 "형식"을 규명하는 일을 의미한다——그러므로 이것은 역사**철학**에 의해 수행되어야 할 과제이다. 그리고 **이 과제**는 다음과 같이 이해된다면, 즉 상기한 가치들의 "타당성"이 결코 경험적 "사실들"의 타당성이라는 의미로 생각할 수 없음이 자명하다고 이해된다면, 사실상 "주관화하는 것"이 된다. 여기에서 논의되고 있는 의미에서 보자면, 그것[31]은 "평가된" 대상의 창출에 역사적으로 참여한 사람들 자신이 주관적으로 "느낀" 것을 해석하는 일이 아니라——만약 이것이 자기목적이라면 그럴 수도 있지만, 이 경우에도 단지 사정에 따라서 가치에 대한 우리 자신의 "이해"를 향상시키는 보조수단으로 기능할 수 있을 뿐이다[26]——오히려 **우리가** 대상에서 가치 있는 것으로 발견할 "수 있는" 것, 또는 아마도 심지어 발견해야만 "하는" 것을 해석하는 일이다. 후자의 경우 그것은 규범적 과학 분야의——예컨대 미학의——목표를 설정하고 스스로 "평가를 하는" 반면, 전자의 경우에 그것은 논리적으로 말해 "변증법적"[32] 가치**분석**에 근거하고 전적으로 대상의 "가능한" 가치연관을 규명한다. 그런데 이 "가치"에의 "연관"은 동시에——그리고 이것이 우리 논의의 맥락에서 결정적으로 중요한 기능이다——"감정이입된 것"의 완전한 불확정성으로부터 벗어나 개별적인 정신적 의식내용들에 대한 인식이 획득할 수 있는 종류의 확정성에 이르는 유일한 길이기도 하다. 왜냐하면 단순한 "감정내용"과 달리 우리는 입장설정의, 즉 명료하고 의식적인 적극적 또는 소극적 "판단"의 내용

---

31 이는 그 앞에서 두 번째 문장에 나오는 "『파우스트』의 또는 가령 '청교주의'의 또는 가령 '그리스 문화'의 특정한 내용들의 '해석'"을 가리킨다.

32 이 개념에 대해서는 이 책의 247쪽, 옮긴이 주 10을 볼 것.

이 될 수 있는 바로 그것 그리고 오직 그것만을 "가치"라고 부르기 때문이다. 우리가 이렇게 부르는 것은 달리 말하자면 "타당성을 요구하면서" 우리에게 다가오며 따라서 그것이 "가치"로서 우리"에게" 갖는 "타당성"은 우리에 "의해" 인정되거나 거부되거나 또는 아주 다양한 얽힘과 설킴 속에서 "평가적으로 **판단되는**" 무엇이다. 윤리적 또는 미학적 "가치"를 "기대하는 것"은 예외 없이 "가치**판단**"을 내리는 것을 함의한다. 여기서는 "가치판단"의 본질을 좀 더 자세하게 다룰 수는 없지만,[27] 우리의 논의를 위해서 적어도 한 가지 점은 분명히 해둘 필요가 있다: 가치판단의 대상을 단지 "느낀 것"에 불과한 영역으로부터 끄집어내는 것은 바로 판단**내용**의 **확정성**이다. 누군가 어떤 특정한 벽지의 "붉은색"을 내가 보는 것과 "마찬가지로" 보는가, 이 색깔이 그에게도 나와 같은 "감정적 색조"를 불러일으키는가는, 그 어떤 수단에 의해서도 명백하게 밝혀낼 수 없으며, 이와 관련된 "지각"은 그 전달 가능성에서 불가피하게 불확정적인 상태로 남는다. 다른 한편 어떤 사실에 대한 윤리적 또는 미학적 **판단**이 공유될 수 있다고 기대하는 것은, 만약—전달 불가능한 "감정"의 구성요소들이 어떤 식으로든 함께 작용함에도 불구하고—"기대되는" 판단의 내용이 "해당" 측면에서 동일하게 "이해되지" 않는다면 전혀 의미가 없을 것이다. 개별적인 것을 가능한 "가치들"에 연관시키는 것은 항상, 단순히 직관적으로 "느낀 것"이 일정한—그러나 언제나 단지 상대적인—정도로 제거되는 것을 의미한다. 바로 이런 연유로—그리고 여기에서 우리는 결론을 내리기 위해 다시 한 번 이미 앞에서 약술한 몇몇의 논점[33]으로 되돌아간다—이 역사철학적 "해석"은 확실히, 그 가능한 두 가지 형식, 즉 직접적으로 평가하는 (따라서 형이상학적인) 형식과 순수하게 가치분석적인 형식을 통해 역사학자의 "감정이입적 이해"에 지속적으로 기여할 수 있다. 이 점에서는 전적으로 짐멜의 견해[28]

---

33   이는 아마도 이 책의 148쪽 이하를 가리키는 듯하다.

를 참조하라고 말할 수 있고 — 다만 이것은 여기저기에서 논의가 종결적이지 못하고 실제적인 측면에서도 때때로 의구심을 불러일으킨다는 문제점이 있기는 하다 —, 단지 다음을 보충적으로 덧붙일 수 있다: "역사적 개체"는 심지어 "인물"이라는 특별한 의미에서도 **논리적으로** 보면 단지 **가치연관**을 통해 인위적으로 창출된 "통일체"일 수 있으며, **따라서** "평가"는 "지적 이해"를 위한 정상적인 **심리학적** 통과단계이다. 실제로 어떤 "역사적 인물"(예컨대 괴테나 비스마르크)의 "내적 발전"의 역사적으로 중요한 구성요소들을 완전히 규명하는 것 또는 단순히 그의 구체적인 행위를 역사적으로 중요한 구체적인 관계 속에서 완전히 규명하는 것은 일반적으로, 단지 그의 행동에 대한 **가능한 "평가들"** 사이의 대결을 통해서만 가능하다; 비록 우리는 역사학자에게 그의 인식이 형성되는 과정에서 이 심리학적 통과단계를 극복해야 한다고 무조건 요구할 수밖에 없음에도 불구하고 그렇다. 앞서 인용한 척후대장의 예에서는 인과적 해석이, 그 자체로서 명확하지 않은 명령의 사유론적[34] "이해"를 가능케 함으로써 실천적 "입장설정"에 기여한다.[35] 그러나 방금 언급한 경우들에서는 역으로 자신의 "평가"가 다른 사람들의 행위의 "이해", 즉 이 말이 여기에서 의미하는바 인과적 해석에 기여한다.[29] **이러한** 의미에서 그리고 이러한 근거에서 보면, 역사학자의 탁월한 "인격", 다시 말해 그에게 특유한 예리하고 정확하게 규정된 "평가"는 인과적 인식의 아주 유능한 산파가 될 **수 있다**고 말하는 것은 옳다; 그러나 다른 한편으로 이 평가가 너무 강하게 작용하면 경험적 진리로서의 개별적 결과들의 "타당성"을 훼손하기 십상이다.[30]

이른바 "주관화하는" 과학 분야들의 특징과 이 특징이 역사학에 대해 지니는 의의에 대한 다양한 이론은 온갖 종류의 색조와 형식으로 눈부

---

34 이에 대해서는 이 책의 124쪽, 옮긴이 주 88을 볼 것.
35 이 책의 144쪽을 볼 것.

시게 빛나는 데 반해, 이 이론들에 대한 여기까지의 논의는 부득이하게 어느 정도 단조로웠다. 이제 결론을 내리자면, 이 논의는 실은 상당히 평범하지만 그럼에도 불구하고 지속적으로 문제가 되는 통찰을 가져다주었다. 즉 어떤 특정한 인식의 **논리적** 의미와 그 "타당성"의 전제조건들은, "소재"의 "실제적" 특성에 의해서도 그 "존재"의 "존재론적" 차이에 의해서도, 그리고 마지막으로 이 인식이 획득되는 "**심리학적**" 과정에 의해서도 결정되지 않는다. "정신적인 것"의 영역과 "외적" "자연"의 영역에 대한, 즉 우리 "내부의" 현상과 우리 "외부의" 현상에 대한 **경험적** 인식은 항상 "개념구성"이라는 수단에 결부되어 있으며, "개념"의 본질은 이 두 실제적인 "영역들"에서 논리적으로 동일한 것이다. **논리적** 의미에서의 "자연과학적" 인식과 반대되는 "역사적" 인식의 **논리적** 특성은 "정신적인 것"과 "물리적인 것" 사이의 구별, 한편으로 "인격"과 "행위" 그리고 다른 한편으로 죽은 "자연대상"과 "기계적 자연현상" 사이의 구별과 아무런 관계도 없다.[31] 그리고 실제적으로 또는 잠재적으로 "의식된" 내적 "체험"에 "감정이입하는 것" —— 이것은 "해석"의 순수하게 현상학적인 특징이다 —— 의 "명증성"을 "해석할 수 있는" 현상들의 특수한 경험적 "확실성"과 동일하다고 간주하는 것은 더더욱 옳지 않다. —— 우리는 물리적 요소 또는 정신적 요소 또는 이 두 가지를 포함하는 "현실"을, 이것이 우리에게 무언가 "의의"를 지닐 수 있기 때문에 그리고 그럴 수 있는 한에서 "역사적 개체"로 형성한다; —— 우리가 그와 같은 "개체"를 "역사적으로" 설명할 경우, 우리의 **인과적** 관심은 "유의미하게" 해석할 수 있는 인간의 자아행동("행위")에 특수한 방식으로 결부되는데, 그 이유는 이 자아행동이 "평가"와 "의의"에 의해 규정될 수 있기 때문이다; —— 마지막으로 인간행위는 유의미한 "평가"를 지향하거나 또는 그것과 직면할 수 있는 한, 특수한 방식으로 "명증하게" "이해할" 수 있다. 요컨대 "해석적으로" 이해할 수 있는 것이 "역사학"에서 수행하는 특별한 역할은 1) 우리의 인과적 **관심**에서의 차이와 2) 개별적 인과관계들을 규명할 때 우리가 추구하는 "명증성"의 특정에서의 차이와 관계되는 것이지, 인과성의 차이나 개념구성의 의의와 성격의 차이와 관계되는 것이 **아니다.** —

"합리적" 해석

이제 우리에게 남아 있는 일은 단지 "해석적" 인식의 한 특정한 종류에 대해 몇 가지 점을 고찰하는 일뿐이다: 그것은 "목적"과 "수단"이라는 범주를 사용하는 "합리적" 해석이다.

우리가 인간행위를 한편으로는 명료하게 의식되고 추구되는 "목적"에 의해, 다른 한편으로는 "수단"에 대한 명료한 인식에 의해 조건지어지는 것으로 "이해하는" 경우, 이러한 이해는 의심할 바 없이 특별히 높은 정도의 "명증성"을 획득하게 된다. 그런데 왜 그런가 하고 묻는다면, 곧바로 "목적"에 대한 "수단"의 관계는 합리적인 것이라는, 즉 "법칙성"이라는 의미에서의 **일반화하는 인과고찰**이 특별한 정도로 가능한 것이라는 사실이 그 근거로 제시된다. 행위에 영향을 끼치는 대상이자 수단으로 간주되는 현실의 단면의 인과적 합리화가 없다면, 다시 말해 이 단면을 한 특정한 자아행동으로부터 어떤 결과를 **기대할** 수 있는가를 말해 주는 경험**칙들**의 복합체에 편입하지 않는다면, 합리적 행위란 존재하지 않는다. 만약 어떤 과정에 대한 "목적론적"[32] "파악"이 바로 이러한 이유로 인과적 "파악"의 "전도"로 보아야 한다고 주장한다면, 그것은 모든 의미에서 완전히 틀린 것이다.[33] 그러나 다음은 옳다. 즉 경험칙들의 신뢰성에 대한 믿음이 없다면 의도된 결과를 달성하기 위한 수단의 고려에 근거하는 행위란 존재할 수 없다는 사실, 그리고 더 나아가 이 사실과 밀접하게 관련된 것이지만 목적이 주어지고 명확한 경우에 수단의 선택은 필연적으로 그와 똑같이 명확하지는 않지만 적어도, 완전히 불확정적이고 모호한 상태에서가 아니라 상황에 따라 많고 적고의 차이는 있지만 그래도 일정한 수의 가능성으로부터 특정한 것을 선정하는 형태로 "결정된다"는 사실은 옳다. 그러므로 합리적 해석은 조건적 필연 판단의 형식을 띨 수 있으며(다음과 같은 도식, 즉 x라는 의도가 주어지면 이미 알려진 경험칙들에 따라 행위자는 그것을 실현하기 위해 y라는 수단이나 또는 y, y′, y″라는 수단 가운데 하나를 선택해야 **하는** 도식을 띨 수 있으며), 따라서 동시에 **경험적으로** 확인할 수 있는 행위의 목적론적 "평가"와 합류한다(다음과 같은 도식, 즉 이미 알려진 경험칙들에 따라 y라는 수단의 선택이 y′ 또는 y″라는 수단의 선택에 비해 x라는 목적을 달성할 수 있는 더 큰 가망성을 제공하거나 또는 가장 적은 희생으로 이 목적을 달성할 수 있도록 한다는 등, 그리하여 하나의 선택이 다른 선택보다 "더 합목적"이거나 또는 심지어 유일하게 "합목적적"이라는 도식과 합류한다). 이러한 평가는 순수한 "기술적"(技術的) 성격을 띠지만, 다시 말해 단지 경험에 힘입어 행위자가 실제로 의도하는 목적을 위한 "수단"의 적합성을 확인할 따름이지만, 그 "평가적" 성격에도 불구하고 경험적으로 주어진 것의 분석이라는 한계를 결코 벗어나지 않는다. 그리고 **실제적으로** 일어나는 것에 대한 인식의 영역에서 이 합리적 평가는 **단지** 가설이나 이념형적 개념구성의 역할만 수행할 따름이다: 우리는 실제적인 행위를 — "목적론적" 관점에서, 보편적인 인과적 경험칙들에 입각하여 — 합리적인 행위와 대조하는데, 이때 우리가 추구하는 바는 다음의 둘 가운데 하나이다. 즉 **먼저** 행위자를 이끌었을 수 있는 합리적 동기를 밝혀내는 것이 그것인데, 이는 구체적으로 그의 실제적인 행위가 그가 추구할 "수 있었던" 목적에 적합한 수단임을 보임으로써 가능하다 — **아니면** 왜 우리가 알고 있는 행위자의 동기가 그가 선택한 수단으로 말미암아 행위자가 주관적으로 기대했던 것과 **다른** 결과를 낳았는가를 이해할 수 있도록 하는 것이 그것이다. 그런데 이 두 가지 경우에 우리는 어떤 특별한 인식수단의 도움으로 "인격"에 대한 "심리학적" 분석을 수행하는 것이 아니라, 오히려 우리의 법칙론적 지식의 도움으로 "객관적으로" 주어진 **상황**에 대한 분석을 수행하는 것이다. 그러므로 "해석"은 희미하게 사라지고 우리가 "합목적적으로" 행위할 수 있다는 일반적인 지식, 다시 말해 우리가 가능하다고 생각되는 다양한 방식 각각에 따라 실제로 행위할 경우 (또는 행위하지 않을 경우) 미래에 일어날 수 있는 다양한 "가능성"에 대한 고려에 근거하여 행위할 수 있다는 일반적인 지식이 남는다. 이러한 의미에서의 "목적의식적인" 행위는 경험적 현실에서 실제적으로 매우 중요하며, 따라서 "목적론적" 합리화는 역사적 관계들의 인과적 분석을 위해 대단히 큰 색출적 가치를 갖는 사유 구성물들을 창출하는 구성적 수단으로 사용될 수 있다. 그리고 이 사유 구성물들은 우선 1) 순수하게 개별적인 성격을 가질 수 있다: 구체적인 개별관계들의 해석을 위한 **가설**이 될 수 있다—가령 이미 언급한 예에서 프리드리히 빌헬름 4세의 정책은 한편으로는 그가 추구했다고 상정되는 목적들에 의해서 그리고 다른 한편으로는 "열강들"이라는 외적 상황에 의해서 조건지어진 것으로 구성된다.[36] 이 경우 그 구성물은 사유적 수단으로서 그의 실제적인 정책을 거기에 비추어 합리성의 정도에 따라 측정하며 이를 통해 한편으로는 그의 **실제적인** 정치적 행위의 어떤 구성부분들이 합리적인지 그리고 다른 한편으로는 (그가 추구했다고 상정되는 목적과의 관계에서 볼 때) 어떤 요소들이 **비합리적**인지를 인식한다는 목적에 기여한다. 이렇게 하고 나면 그의 행위에 대한 역사적으로 타당한 해석과 그의 행위의 두 측면[37]이 갖는 인과적 중요성에 대한 평가가 가능해지며, 그 결과로 프리드리히 빌헬름 4세의 "인격"을 인과적 요소로서 역사적 관계에 타당한 방식으로 편입할 수 있다. 아니면—그리고 이것이 여기에서 우리의 관심을 끈다—상기한 사유 구성물들은 2) 추상적 경제학의 "법칙들"처럼 일반

---

36 이 책의 116쪽과 127~28쪽을 볼 것.
37 이는 프리드리히 빌헬름 4세의 행위의 합리적인 구성부분들과 비합리적인 요소들을 가리킨다.

적 성격의 이념형적 구성물들이 될 수 있는데, 이 법칙들은 행위가 엄격하게 합리적이라는 전제 아래 특정한 경제적 상황들의 결과를 사유적으로 구성한다. 그런데 이 **모든** 경우에 그와 같은 합리적·목적론적 구성물과 경험과학이 다루는 현실 사이의 관계는 물론 가령 "자연법칙"과 "성좌" 사이에 존재하는 관계가 아니라, 단지 주어진 사실들을 해석의 가능성 — **해석의 틀** — 과 비교함으로써 경험적으로 타당한 해석을 촉진하는 이념형적 개념의 관계일 뿐이다 — **이런 한에서** 이 가능성의 역할은 목적론적 해석이 생물학에서 수행하는 것과 유사하다. 우리는 합리적 해석을 통해서도 — 고틀이 생각하는 것처럼[38] — "실제적인 행위"를 "추론하는" 것이 아니라 "객관적으로 **가능한**" 관계들을 "추론하는" 것이다. 이러한 구성물들의 경우에도 목적론적 명증성은 특별한 정도의 경험적 타당성을 의미하는 것이 아니다. 오히려 "명증한" 합리적 구성물은, "올바르게" 구성된다면, 우리로 하여금 실제적인 경제적 행위에서 목적론적으로 **비합리적인** 요소들을 인식할 수 있도록 해주고 이를 통해 이 행위를 그 실제적인 과정 속에서 이해할 수 있도록 해준다. 그러므로 합리적 행위의 목적론적 해석의 틀은 — 누군가 말한 것처럼[39] — **그냥** 자연과학의 가설적 "법칙"과 유사한 "가설"이 아니다. 그것은 구체적인 현상들을 해석할 때 색출적 용도의 가설로서 **기능할** 수 있다. 그러나 자연과학적 가설과 달리 설령 그것이 구체적인 경우에 타당한 해석을 포함하지 **않는다**는 사실이 확인된다고 하더라도 그 인식가치는 영향을 받지 않는데, 이는 예컨대 가상구면공간[40]이 경험적으로 타당하지 않다는 사실에 의해 그 구성의 "올바름"이 영향을 받지 않는 것과 마찬가지이다. **이러한** 경우[41]에 합리적 틀에 힘입은 해석은 불가능하지만 — 왜냐하면

---

38 고틀, 『말의 지배』, 108~09쪽을 볼 것.

39 베버가 누구를 염두에 두고 말한 것인지 확인할 수 없다.

40 이에 대해서는 이 책의 223쪽, 원주 15와 그에 따르는 옮긴이 주를 볼 것.

41 이는 그 앞 문장에 나오는 "타당한 해석을 포함하지 **않는다**는 사실이 확인된다"는 경우

틀 속에서 상정된 "목적들"이 구체적인 경우에 동기로서 존재하지 않기 때문에 ―, 그렇다고 해서 그와 같은 해석이 어떤 다른 경우에 사용될 수 있는 가능성이 배제되는 것은 아니다. **어떤 한** 경우에 결정적으로 부정되는 가설적 "자연법칙"은 가설로서 영원히 기각된다. 다른 한편 경제학의 이념형적 구성물은 ― 옳게 이해된다면 ― **일반적으로** 타당하다는 주장을 결코 하지 않는 반면, "자연법칙"은 자신의 의의를 상실하지 않으려면 이러한 주장을 해야만 **한다.** ― 마지막으로 이른바 "경험적" 법칙은 일종의 경험적으로 타당한 규칙으로서 그 인과적 **해석**이 문젯거리인 반면, 합리적 행위의 목적론적 틀은 일종의 해석으로서 그 경험적 **타당성**이 문젯거리이다: 요컨대 양자는 논리적으로 볼 때 양극적인 대립이다. ― 그러나 합리적 행위의 목적론적 틀은 "이념형적 개념구성물"이다.[34] "목적"과 "수단"이라는 범주가 경험적 현실에 적용되면 이것의 합리화를 초래하는데, 바로 **이 때문에** 그리고 오직 **이 때문에** 그와 같은 틀의 구성이 가능해진다.[35]

인과성 범주의 이중적 측면 및 비합리성과 비결정론 사이의 관계

이를 바탕으로 "인격"과 "자유로운" 행위는 특수한 경험적 비합리성을 지닌다는 주장을 다시 한 번, 그리고 최종적으로 비추어볼 수 있다.

행위자의 "결정"이 "자유로우면" 자유로울수록, 다시 말해 "외적" 강제나 억제할 수 없는 "감정"에 의해 흐릿해지지 않은 그 "자신의" **고려**에 기초하여 이루어지면 이루어질수록, 그의 동기는, 다른 모든 조건이 동일하다면, 더욱더 철저하게 "목적"과 "수단"이라는 범주에 편입되며, 따라서 이 동기가 더욱더 합리적으로 분석될 수 있고 경우에 따라서는 합리적인 행위라는 틀에 더욱더 완전하게 편입될 수 있으며, 이 모

를 가리킨다.

든 것의 결과로 — 한편으로는 행위자 측에서 다른 한편으로는 분석하는 연구자 측에서 — 법칙론적 지식이 수행하는 역할이 더욱더 커지며, 행위자는 "수단"과 관련하여 더욱더 "결정될" 수밖에 없다. 이뿐이 아니다. "행위"가 여기에서 말하는 의미에서 "자유로우면" 자유로울수록, 다시 말해 "자연적 현상"이라는 성격을 **적게** 가지면 가질수록 이로 인해 마침내 "인격"의 개념이 더욱더 효력을 발생하게 되는데, 인격의 "본질"은 특정한 궁극적 "가치" 및 삶의 "의의"와 항구적으로 내적 관계를 갖는 데에서 찾을 수 있다; 이 가치와 의의는 인격의 행위에서 목적으로 변형되며 따라서 목적론적·합리적 행위로 전환된다. 그리고 이렇게 해서 "인격"이라는 관념의 낭만주의적·자연주의적 버전이 더욱더 사라지게 되는데, 이 버전은 인격적인 것의 진정한 성소(聖所)를 역으로 인간적 삶의 모호하고 비분화적이며 식물적인 "지하층"에서 찾는다. 다시 말해 기질과 정서의 발전을 위한 얽히고설킨 무한한 정신적·물리적 조건들에서 기인하는, 따라서 "인간"이 동물과 사실상 완전히 **공유하는** "비합리성"에서 찾는다.[42] 바로 이러한 낭만주의가 트라이치케가 때때로 말하는[43] 그리고 다른 많은 사람들이 아주 빈번하게 말하는 의미에서의 "인격의 수수께끼"의 배후에 존재하며, 이 낭만주의는 심지어 경우에 따라서 상기한 자연적인 영역들 안에 "자유의지"가 깃들 자리를 고안해 내기도 한다.[44] 이러한 시도가 어불성설임은 우리의 직접적인 체험만 보더라

---

42 여기에서 베버는 아마도 헤르만 로체를 염두에 두고 있는 것 같다. 로체는 『소우주: 자연사와 인류의 역사에 대한 이념 — 인간학 시론』, 제1권, 284쪽에서 다음과 같이 주장한다: "우리의 가장 개인적인 인격을 구성하는 것은 무엇보다도 우리의 기질, 우리의 정서의 항구적인 분위기, 환상의 독특한 방향과 생동감, 그리고 탁월한 재능인데, 우리는 이것들이 아주 광범위하게 신체적 구조와 그 변화에 종속된다는 것을 안다; 비록 유전된 소질이라고 해도 그중 많은 것이 단지 자연과정의 결과일 뿐인데, 이 자연과정은 우리 자신의 현존재보다 오래전에 이미 우리의 훗날 삶의 개별적인 특성들을 변경할 수 없도록 결정했다."

43 이 책의 155쪽, 원주 10을 볼 것.

44 로체는 『소우주: 자연사와 인류의 역사에 대한 이념 — 인간학 시론』, 제1권, 288쪽에

도 이미 명백해진다: 우리는 우리 행위의 바로 상기한 "비합리적인" 요소들 때문에 (때때로) 거의 "강제된다"고 또는 적어도 우리의 "의지"에 "내재하지" **않는** 방식에 의해 부분적으로 결정된다고 "느낀다." "해석하는" 역사학자에게 "인격"은 "수수께끼"가 아니라 그 정반대로 해석을 통해 "이해할 수 있는" 유일한 요소이며, 또한 인간의 행위와 자아행동은 그 어떤 경우에도, 특히 합리적 해석이 더 이상 불가능한 경우에도, 한편으로 **어떤 개별적인** 현상 자체보다 더 "비합리적"이지 않고 — "계산 불가능하다"라는 또는 인과적 귀속을 벗어난다는 의미에서 —, 다른 한편으로 합리적 "해석"이 가능한 곳에서는 어디서나 순수하게 "자연적인 것"의 비합리성을 훨씬 넘어선다. "인격적인 것"은 아주 특수하게 비합리적이라는 인상은 다음과 같은 사실에서 기인한다. 즉 역사학자가 그의 주인공들의 행위와 이로부터 야기되는 상황을 "죽은" 자연에서 일어나는 개별적인 현상들의 과정과 대비하는 대신에 — 사실 비슷한 것을 비슷한 것과 비교하기 위해서는 마땅히 이렇게 해야 한다 — 목적론적 · **합리적** 행위의 이상에 비추어 측정한다는 사실에서 기인한다. 그리고 특히 "자유의지"에 대한 어떤 개념도 상기한 의미에서의 비합리성과 연결되어서는 안 된다. 경험적으로 "자유로운", 다시 말해 나름대로 **고려한** 후에 행위하는 사람이야말로 그의 목적을 달성하기 위한 수단에 의해 목적론적으로 속박되어 있는데, 이 수단은 객관적인 상황에 따라 같지 않을 수 있지만 객관적인 상황에 따라 인식할 수 있다. 경쟁에서 분투하는 제조업자나 거래소의 중개인에게 자신이 "자유의지"를 갖고 있다는 믿음은 거의 도움이 되지 않는다. 그들은 경제적으로 절멸될 것인가 아니면 아주 정확하게 규정된 경제적 행동거지의 준칙을 지킬 것인가 사이

서 다음과 같이 말하고 있다: "의지의 모든 가능한 내용은 [……] 어디서나 관념과 감정의 자의적인 경과에 의해 초래되며, 의지 그 자체는 외부에 지향된 형성과 창조의 노력이 되지 말고 거기로부터 자신에게 제공되는 것들 사이에서 무한하게 선택할 수 있는 자유로 만족해야 한다."

에서 선택을 해야만 한다. 만약 그들이 이 준칙을 지키지 않고 그 결과로 뻔한 손실을 입는다면, 우리는 이를 설명하기 위해서 ― 다른 가능한 가설들 이외에 ― 경우에 따라서는 그들이 "자유의지"를 **결여하고 있다**는 가능성도 고려할 수 있을 것이다. 이론경제학의 "법칙들"이야말로, 역사적인 개별현상에 대한 모든 순수하게 합리적인 해석이 그리하는 것이 자명한 일이듯이, 경험적인 것의 영역에서는 "자유의지"가 이 용어의 가능한 모든 의미에서 존재한다는 필연적인 **전제**에서 출발한다.

이에 반해 만약 "자유의지"의 "문제"가 상기한바 합목적적이고 합리적인 행위에 준거하는 것과 다른 어떤 방식으로 논의된다면, 그것은 자신이 취할 수 있는 모든 형식에서 역사학의 인식영역을 완전히 넘어서게 되고 따라서 역사학에 대해 아무런 의미도 지니지 못하게 된다.

역사학자가 "해석"을 통해 동기를 연구하는 것은 어떤 개별적인 자연현상을 인과적으로 해석하는 것과 절대적으로 같은 **논리적** 의미에서 **인과적** 귀속이다. 왜냐하면 이러한 연구의 목표는 어떤 원인이 (적어도 가설로서) **"충분하다"**는 것을 밝혀내는 데에 있기 때문인데, 마찬가지로 이것은 복잡한 자연현상의 경우에도 우리가 그 개별적인 구성요소들에 관심을 갖는 한 연구의 유일하게 가능한 목표가 된다. 만약 상기한 연구가 헤겔의 유출론[45]이나 또는 현대 인간학적 신비주의[46]의 어떤 변종의 희생물이 되기를 원치 않는다면, 왜 행위자가 **필연적으로** (자연법칙적 의미에서) 그렇게 행위해야만 하는가를 규명하는 것을 인식목표로 삼을 수는 없다: 왜냐하면 인간적이든 비인간적이든 ("살아 있는" 또는 "죽은")

45　이에 대해서는 이 책의 30쪽, 옮긴이 주 13을 볼 것.

46　이것은 대표적으로 이마누엘 헤르만 피히테의 저작인 『인간학: 인간영혼론』에서 볼 수 있다. 피히테에 따르면, 인간은 자신의 초감각적 본질의 체험을 통해 얻은 관점으로부터 자신을 고찰하면 자기인식에 이를 수 있다. 참고로 이마누엘 헤르만 피히테(1796～1879)는 독일의 신학자이자 철학자로서 독일 관념론을 대표하는 요한 고틀리프 피히테의 아들이다.

모든 **구체자**는, 우주적 현상 전체의 어떻게든 한정된 하나의 단편으로 간주되며, 이 전체 안의 그 어디에서도 순수한 "법칙론적" 지식에 의해 완전히 "포착될" 수 없기 때문이다 —— 그렇게 될 수 없는 이유는 다시금 이 구체자가 어디서나 ("인격적인 것"의 영역에서뿐만 아니라) 내용적으로 무한한 다양성을 보이며, 이 다양성의 생각할 수 있는 모든 개별적인 구성요소들 —— 이것들은 과학에 의해 단지 "주어진 것"으로 받아들여질 수 있을 뿐이다 —— 이 논리적 관점에서 보면 역사적 인과관계에서 인과적으로 의의 있는 것으로 고찰될 수 있다는 사실에서 찾을 수 있다.

사실 인과성이라는 범주는 다양한 과학 분야들에 의해 상이한 형식으로 사용되며, 이에 따라 어떤 특정한 의미에서 —— 일반적으로 인정되는 바이지만 —— 다음과 같이 범주 자체의 내용도 변한다. 즉 인과율을 끝까지 진지하게 밀고 나가면, 이 범주의 구성요소들 가운데 때로는 하나가 때로는 다른 하나가 의미를 상실하는 식으로 변한다.[36] 그 완전한, "본래적"이라고 말할 수 있는 의미에서 인과성이라는 범주는 두 가지를 포함한다: 한편으로는 질적으로 서로 다른 현상들 사이를 이른바 동적으로 묶어주는 끈으로서의 **"영향을 끼침"**이라는 관념과 다른 한편으로는 **"규칙들"**에 속박되어 있음이라는 관념을 포함한다. 양적 추상화를 통해 수학적 등식이 얻어짐으로써 순수한 공간적 인과관계들의 표현이 가능해지는 곳에서는 어디서나, 인과성 범주의 실질적인 내용인 "영향을 끼침"은 그리고 이에 따라 "원인"이라는 개념은 그 의미를 상실하고 사라져버린다. 만약 이 경우에 여전히 인과성 범주가 어떤 의미를 가질 수 있다면, 그것은 단지 운동들이 시간적으로 잇달아 뒤를 잇는 규칙이라는 의미일 뿐이며, 또한 그렇다 하더라도 어디까지나 이 규칙은 그 본질상 영원히 **동일한 것**의 변형을 표현하는 것으로 간주될 수 있을 뿐이다. —— 이에 반해 시간적으로 진행되는 세계 과정의 절대적인 질적 일회성과 이 과정의 어떤 공간적·시간적 단편의 질적 **유일무이성**이 고찰 대상이 되자마자, **"규칙"**이라는 관념은 인과성의 범주로부터 사라져버린다. 그리되면 인과**규칙**이라는 개념은 우주 전체의 또는 일부분의 절대적으로 일회적인 발전과의 관계에서 의미를 상실하게 되는데, 이는 인과적 **영향**이라는 개념이 인과등식과의 관계에서 의미를 상실하는 것과 마찬가지이다. 그리고 만약 우리가 어떤 식으로든 결코 포괄적으로 인식될 수 없는 무한한 구체적 현상과의 관계에서 인과성 범주에 대해 어떤 의미를 부여하려고 한다면, 다음과 같이 **단지** "영향을 받음"이라는 관념만이 남는다. 즉 어떤 시간차 내에서 완전히 "새로운 것"은 "과거"로부터 다르지 않고 바로 그렇게 생성될 "수밖에 없었다"는 관념만이 남는다. 그러나 사실상 이것은, 그 새로운 것이 절대적으로 유일무이한 것으로서, 그럼에도 불구하고 **연속적인** 과정 속에서 "생성되었기" 때문에 "현재"와 다르지 않고 완전히 같은 모습이 되었다는 사실을 진술하는 것에 지나지 않는다.

인과성의 범주를 가지고 작업하며 현실의 **질적** 측면을 다루는 경험적 과학 분야에는 역사학과 그 종류에 상관없이 모든 "문화과학"이 속하는데, 이 과학 분야들은 이 범주를 일관되게 그 완전한 의미에서 사용한다: 그것들은 현실의 상태와 변화를 "영향을 받은 것"으로 그리고 "영향을 끼치는 것"으로 고찰하며, 한편으로는 추상화를 통해 구체적인 관계들로부터 "원인작용"의 "규칙들"을 규명해 내고, 다른 한편으로는 "규칙들"에 준거해 구체적인 "인과적" 관계들을 "설명하려고" 한다. 그런데 이 경우에 "규칙들"의 수립이 어떤 역할을 하는가, 이것들이 어떤 논리적 형식을 취하는가, 과연 규칙들의 수립이라는 것이 있을 수 있는가는, 특정한 인식목표에 달려 있다. 그러나 인과적 **필연**판단의 모습을 띠는 규칙들의 수립이 예외 없는 목표가 아니며, 이러한 규칙들에 자명한 형식을 부여하는 것이 단지 "정신과학"에서만 불가능한 일이 결코 아니다. 특히 역사학에서는 인과적 설명의 형식이 "해석"을 통한 이해라는, 이 과학 분야에 요청된 목표의 결과이다. 확실히 역사학도 충분히 정확한 개념들을 사용하려고 하고 또 사용해야 하며, 자료의 상황이 허용하는 한 최고도로 명확한 인과적 귀속을 추구한다. 그러나 역사학자의 해석은 "사실들"을 표본으로서 보편적인 유개념이나 공식에 편입하는 우리의 능력에 의존하지 않고, 우리가 일상적으로 직면하는 과제, 즉 개별적인 인간행위를 그 동기 속에서 "이해해야" 하는 과제에 우리가 친숙하다는 사실에 의존한다. 물론 이 경우에 우리는 우리의 감정이입적 "이해"에 의해 제공되는 가설적 "해석"을 "경험"의 도움으로 입증한다. 그러나 암석 낙하의 예에서 본 바와 같이,[47] 만약 우리가 **필연**판단의 획득을 주어진 것의 개별적 다양성에 대한 어떤 인과적 귀속의 배타적인 목표로 설정한다면, 이 목표는 단지 이 다양성으로부터 추상된 부분적인 구성요소들에서만 실현될 수 있다. 역사학에서도 그러하다: 역사학은 단지 특정한 종류의 "인과적" 관계가 존재**했다**는 사실을 확인하고, 이것을 현상의 규칙들에 준거하여 "이해할 수 있도록" 만들 수 있을 뿐이다. 그러므로 역사학은 구체적인 역사적 현상의 엄격한 "필연성"을 구축해야 한다는 요청은 이상적일 뿐만 아니라 영원히 달성하기도 어렵다. 그러나 다른 한편으로 제아무리 부분적이라 할지라도 모든 개별적인 우주적 현상은 나름대로의 비합리적 측면이 있는데, 이 비합리성으로부터 역사적 연구에 특수하고 중요한 그 어떤 종류의 비결정론적 "자유"의 개념도 도출될 수 없음은 물론이다. 특히 "자유의지"는 역사학에 완전히 초월적인 무엇이고, 이것을 역사적 작업의 기초로 생각한다는 것은 그야말로 난센스다. 부정적으로 표현하자면, 상황은 다음과 같다: 이 **두 가지** 관념[48]은 역사학을 통해 입증할 수 있는 모든 "경험"의 너머에 있고, 이 둘은 구체적인 역사학의 작업에 실제적으로 영향을 끼쳐서는 안 된다.

우리는 방법론적 논의에서 드물지 않게 다음과 같은 명제, 즉 인간 "역시" 자신의 행위에서 (객관적으로) "항상 **동일한**" (따라서 법칙적인) "인

---

47 이 책의 111쪽 이하에서이다.
48 이는 필연성과 자유를 가리킨다.

과관계"에 예속되어 "**있다**"라는 명제를 접한다.[37] 그러나 이것은 형이상학적 결정론을 위해 주저 없이 받아들일 수 없는 방식으로 표현된 일종의 신앙고백으로서 과학적 작업의 영역과 아무런 관계도 없으며, 따라서 역사학자는 이 신앙고백으로부터 자신의 실제적인 작업을 위해 그 어떤 결론도 도출할 수 없다. 그리고 다른 한편 같은 이유에서 역사학자가 가령 종교적 근거나 또는 경험을 넘어서는 다른 근거들로 인해 "결정론"에 대한 형이상학적 믿음을 거부하는 것은 — 이 거부가 무엇을 함의하는지와 상관없이 —, 다음과 같은 한 원칙적으로 그리고 경험상 자신의 과학적 작업과 완전히 무관한 일이다. 즉 역사학자가 자신의 작업에서 이해할 수 있으며, 또한 원칙적으로 그리고 예외 없이 **경험**을 통해 검증될 수 있는 "동기"에 근거하여 인간행위를 해석한다는 원칙을 견지하는 한 자신의 과학적 작업과 완전히 무관한 일이다. 다음과 같은 믿음, 즉 결정론적 요청은 유개념과 "법칙"의 정립이 어떤 과학의 영역에서는 배타적인 목표가 되어야 한다는 **방법론적** 요청을 **포함한다**는 믿음은 오류이다.[38] 그러나 상반되는 의미에서 이 믿음에 상응하는 다음과 같은 가정보다 큰 오류는 아니다: "자유의지"에 대한 형이상학적 믿음은 그 종류에 상관없이 인간의 자아행동에 대한 유개념과 "규칙"의 적용을 **배제한다**는 가정, 또는 인간의 "자유의지"가 인간행위의 특수한 "계산 불가능성"과 결부되어 있다는 또는 일반적으로 말해 인간행위의 어떤 특수한 종류의 "객관적인" 비합리성과 결부되어 있다는 가정보다 큰 오류는 아니다. 우리가 살펴본 바와 같이,[49] 사정은 그 정반대이다. —

크니스의 개인개념: 인간학적 유출론

우리는 이제 현대의 학자들이 제기하는 문제들로의 이 긴 이탈을 마치

---

49 이 책의 84쪽과 109쪽 이하에서이다.

고 다시 **크니스**로 되돌아가서, 우선 그의 "자유"개념이 원칙적으로 어떤 철학적 토대에 근거하는가를, 그리고 이것이 그 개념이 경제학의 논리와 방법론에 대해 갖는 의의에 어떤 영향을 끼치는가를 분명히 밝혀야 한다. ─크니스도 역사적으로 지향된 "유기체적" 자연법론에 완전히 사로잡혀 있었다는 사실이 ─그리고 어떤 의미에서 그랬는지가─ 곧 드러나는데, 이 자연법론은 독일에서 주로 역사학과 법학의 영향 아래 인간의 문화적 삶에 대한 연구의 모든 영역에 스며들었다. ─다음과 같은 질문, 즉 크니스의 저작에서는 어떤 "인격개념"이 "자유"에 대한 그의 관념과 결합되어 있는가 하는 질문과 더불어 논의를 시작하는 것이 우리의 목적에 가장 부합할 것이다. 이로부터 드러나는 것은, 이 "자유"가 "무원인성"으로가 아니라 인격이라는 필연적으로 완전히 개별적인 **실체**로부터 행위가 유출되는 것으로 간주된다는 사실, 그리고 인격에 부여된 이 실체적 성격으로 인해 행위의 비합리성이 곧바로 합리적인 것으로 전환된다는 사실이다.

크니스에게 "인격"의 본질은 우선 하나의 "통일체"라는 점에서 찾을 수 있다.[50] 그러나 그의 손에서 이 "통일체"는 곧바로 자연주의적·유기체적으로 사유된 **"통일성"**의 관념으로 변화되며,[51] 이것은 다시금 ("객관적인") 내적 "무모순성"으로 해석되며, 따라서 궁극적으로는 **합리적인 것**으로 해석된다.[39] 인간은 유기체적 존재이며, 따라서 모든 유기체와 "자기보존"과 "완성"이라는 "근본충동"을 공유하는데, 이것은 ─크니스에 따르면─ "자기애"로서 완전히 "정상적이며" **또한 그렇기 때문에** "도덕적인" 충동이다. 특히 이것은 "박애" 및 "공익의식"과 결코 대립되지 않는데, 단지 "이기심"으로 "퇴화하는" 경우에만 "비정상적인 것"이 되고, 바로 그 때문에 방금 언급한 사회적 "충동들"[52]과 모순

---

50 크니스, 『역사적 방법의 관점에서 본 경제학』, 제1판, 107쪽을 볼 것.
51 같은 책, 109쪽을 볼 것.

된다(161쪽).[53] 이에 반해 정상적인 인간에게서는 "충동"의 이 두 범주[54]가 하나의 동일하고도 통일적인 완성추구의 서로 다른 "측면"일 뿐이며(165쪽), 또한 인격의 통일성 속에서 크니스가 때때로(같은 곳) "제3의 경제적"—보다 적절하게는 "경제적으로 중요한"[55]으로 불려야 하는—"주요 충동"이라고 명명한 "공정의식 및 정의의식"과 비분리된 채 공존한다.[56] 고전경제학은 특정한 구체적 "충동들", 특히 "사익"이라는 충동에 구성적 보편성을 부여했고, 로셔는 거기에다가 종교적 색채를 가미해 충동의 윤리적 이원론을 구축했는데,[57] 크니스는 이 모든 것을 구체적인 개인 자체의 구성적 통일성으로 대체한다. 그러고는 주장하기를, 이 통일성은 통일적이라는 바로 그런 까닭에 "문화가 지속적으로 발전함에" 따라 "사익"의 "일면적인 형성"을 더욱더 빈번하게 만드는 것이 아니라—크니스의 견해에 따르면 18세기와 대조적으로 19세기에서 볼 수 있듯이—점점 더 드물게 만든다.[58] 그는 근대에 자선사업이 현저하게 발전한 사실에 대해 논의하고 난 다음에, 다음과 같이 계속한다: "만약 그와 같은 활동이 다름 아니라 벌어들인 것을 기부하는 행위로 보인다면, 따라서 사익적 소비와 상반된다면, 다음과 같이 생각한다는 것 자체가 이미 해결할 수 없는 심리학적 모순이 아닐까? 즉 대중이 다른 한편으로 생산 영역에서 영리활동을 하는 경우에는 이웃들의 복지와 공공의 복리를 개의치 않고 오직 이기심과 사욕으로 가득 찬 채로 재화를 획득하려고 노력한다고 생각한다는 것은 심리학적 모순이 아닐까?"

---

52 이는 이 문장의 앞부분에 나오는 박애와 공익의식을 가리킨다.
53 여기서부터—원문에서든 원주에서든—베버가 서지사항에 대한 언급 없이 쪽수만 표기하는 것은 모두 크니스,『역사적 방법의 관점에서 본 경제학』, 제1판이 그 출처이다.
54 이는 유기체적 존재로서의 인간의 충동과 사회적 충동을 가리킨다.
55 이 개념에 대해서는 이 책의 267쪽을 볼 것.
56 크니스,『역사적 방법의 관점에서 본 경제학』, 제1판, 165쪽을 볼 것.
57 이에 대해서는 이 책의 45~46쪽을 볼 것.
58 크니스,『역사적 방법의 관점에서 본 경제학』, 제1판, 161쪽 이하를 볼 것.

(164~65쪽).[40] 그러나 자본주의의 영웅적 시대[59]가 배출한 기업가 유형을 아는 모든 사람의 경험은 — 이 기업가 유형은 역사로부터 알 수 있거나 또는 여전히 그 유형에 속하면서 오늘날 활동하는 후예 기업가들을 직접 관찰함으로써 알 수 있다 — 크니스가 제시한 상황과 정면으로 배치된다; 그리고 크니스의 견해대로라면 예컨대 청교주의와 같은 모든 문화적 힘은 "심리학적으로" 모순된 특징을 드러내게 된다.[60] 그러나 앞의 주 40에 인용된 구절을 보면 크니스가 "자기애"라는 "개념"에 준거하고 있음이 드러나는데, 이것이 말하는 바는 다음과 같다: 개인은 "자기모순적인 인간"이 되어서는 결코 안 된다 — 그는 "고안된 책"[61]인데, 이에 대한 이유는 만약 그렇지 않으면 그가 내적 무모순성이란 요청을 충족

---

59 이 시대는 구체적으로 종교개혁 이후의 시기인 16~18세기를 가리킨다. 막스 베버, 『프로테스탄티즘의 윤리와 자본주의 정신』(한글판), 194쪽을 볼 것.

60 이 문장의 앞부분에 나오는 "청교주의와 같은"과 "모든 문화적 힘" 사이에 "자본주의의 영웅적 시대에 작용한"을 끼워넣어서 읽으면 의미하는 바가 보다 명확할 것이다. 이 맥락에서 약간의 설명이 필요해 보인다. 자본주의의 영웅적 시대에 작용한 문화적 힘들로는 칼뱅주의, 경건주의, 감리교 및 재세례파 운동에서 발생한 분파들이 있는데, 이 모든 것은 프로테스탄티즘이며 세속적 금욕주의를 주창한다는 점에서 공통점을 갖는다. 베버가 본문에서 언급한 청교주의는 칼뱅주의에서 발생했으며 프로테스탄티즘의 세속적 금욕주의의 절정을 이루었다. 막스 베버, 『프로테스탄티즘의 윤리와 자본주의 정신』(한글판), 167쪽 이하, 332쪽 이하를 볼 것. 프로테스탄티즘의 세속적 금욕주의, 그중에서도 특히 청교주의의 세속적 금욕주의는 "혼신의 힘을 다해 재산의 무절제한 **향락**에 맞서 싸웠으며 **소비**, 특히 사치성 소비를 억압했다." 같은 책, 351쪽. 바로 이 문화적 힘들, 그중에서도 특히 청교주의가 자본주의의 영웅적 시대의 기업가들의 직업윤리, 즉 자본주의 정신을 창출했으며, 따라서 그들은 "오로지 이기심과 사욕으로 가득 찬 채로" 영리활동을 한 것이 결코 아니었다. 그러나 다른 한편 그들은 단순한 자선사업가가 아니라 금욕적으로 소비와 향락을 억압하고, 합리적으로 영리와 이윤을 추구하며 합리적으로 부를 사용함으로써 자본주의가 발전하는 데 결정적인 기여를 했다. 같은 책, 351~52쪽.

61 이는 19세기 후반 스위스를 대표하는 시인이며 독일시에 큰 영향을 끼친 콘라트 페르디난트 마이어(1825~98)의 시에서 온 것이다. 마이어는 『후텐의 마지막 날들』, 41쪽에서 읊기를, "나는 고안된 책이 아니다/나는 자기모순적인 인간이다." 참고로 『후텐의 마지막 날들』은 독일의 기사이자 시인이며 인문주의자로서 종교개혁을 위해 투쟁한 울리히 폰 후텐(1488~1523)의 마지막 날들을 주제로 한 연작시이다.

할 수 없다는 단순한 사실에서 찾을 수 있다.

크니스는 방법론적으로 개인의 심리학적 "통일성"이라는 이 개념으로부터 개인의 과학적 **분해 불가능성**을 추론해 낸다. 그에 따르면 인간을 개별적인 "충동들"로 "분해하려는" 시도는 지금까지의 (고전적) 방법의 근본적인 오류이다.[41] ─ 누군가는 크니스가 방금 표명한 입장과 더불어 ─ 맨더빌과 엘베시우스 그리고 그들의 적대자들이 공유했던 ─ 다음과 같은 견해, 즉 이론적 경제학의 명제들을 구성된 인간의 한 충동적 삶으로부터 도출해야 한다고 보는 견해에 선전포고를 했다고 생각할 수도 있을 것이다. 이 견해가 결정적인 "충동"으로 간주하는 "사익"은 사실상 특정한 **윤리적** 색채를 띠기 때문에, 거기서는 이론과 신정론(神正論), 서술과 평가가 절망적인 상태로 혼합되었는데, 이 혼합은 오늘날에도 여전히 영향을 끼치고 있다. 실제로 크니스는 적어도 한군데에서 경제적 "법칙들"의 토대를 상당히 정확하게 파악하고 있다: "처음부터" ─ 물론 표현이 아주 명료하지는 않지만, 로셔가 "충동들"을 구성한 것을 겨냥한 한 문장에서(제2판, 246쪽) 그는 말하기를 ─ "(라우와 로셔가) '사익의 표현'을 언급할 때 한편으로는 ─ **객관화된** ─ **가계경영**에서의 '경제성의 원칙'과 그리고 다른 한편으로는 인간 주체에서 일어나는 사익과 이기심의 심리적 충동 사이를 구별하지 않는다." 이것은 크니스가 다음과 같은 인식에 대단히 가까이 가 있음을 보여 주는 대목이다. 즉 경제적 "법칙들"은 합리적 행위의 틀인데, 이것은 개인들의 심리학적 분석[62]을 통해서 연역되는 것이 아니라 가격투쟁 메커니즘의 이념형적 재현을 통해서 이론적으로 구성된 **객관적 상황**으로부터 연역되는 것이라는 인식이 그것이다. 이러한 상황이 "순수한" 형태로 표현되는 경우, 시장에 연루된 개인들에게는 "목적론적으로" "시장"에 적용할 것인가

---

62 여기에서 이 단어는 이 문단의 두 번째 문장 및 그와 관련된 원주 41에 나오는 "분해"의
    의미로 쓰인 것이다.

아니면 경제적으로 몰락할 것인가의 양자 간 선택만이 주어질 뿐이다. 그러나 크니스는 산발적으로 제시된 이러한 인식으로부터 그 어떤 방법론적 결론도 도출하지 못했다: 이미 인용한 구절들에서 드러나듯이,[63] 그리고 우리가 계속해서 보게 되듯이, 다음과 같은 그의 믿음은 마지막까지 요지부동이다. 즉 왜 제조업자가 일반적으로 원료를 싸게 사고 제품을 비싸게 팔려고 하는가를 파악하기 위해서는 사실상 경험적인 인간행위 전체와 이것의 심리학적 원동력 일반을 거의 포괄하는 분석이 필요하다는 그의 믿음은 마지막까지 요지부동이다. ─ 오히려 "개인"의 "분해"를 거부하는 것은 그에게서 다른 의미를 지니고 있다: "**개별인간의 특징은 전체 민족**의 그것과 마찬가지로 하나의 통일적인 원천으로부터 연역되며, 인간활동의 모든 현상은 전체성으로 소급되고 바로 그런 까닭에 이들 현상 사이에는 상호작용의 관계가 존재한다; 그리하여 경제적 활동의 원동력도 경제적 사실과 현상도, 따로 떼내어 고찰되는 경우에는 그 고유한 성격과 완전한 본질을 드러낼 수 없다"(244쪽). 우선 이 문장은 크니스가 ─ 이 점에서 그는 완전히 로셔와 마찬가지로 사고한다 ─ 개인의 본질에 대한 자신의 "유기체적" 이론을 원칙적으로 "민족"에도 적용하고 있음을 보여 준다. 그런데 그는 자신의 이론에서 사용되는 의미에서의 "민족"을 어떻게 이해해야 하는가를 규정할 필요성을 느끼지 않는다: 확실히 그는 이것을 공통된 경험 속에 명백하게 주어진 대상으로 간주하며,[42] 때때로(제2판, 490쪽) **국가적으로** 조직된 공동체와 명시적으로 동일시한다. 그에게 이러한 공동체는 자명한 일이지만 "개인들의 합"과 다른 무엇일 뿐만 아니라 이 개인들의 합이라는 상태도 훨씬 더 보편적인 원리, 즉 어디서나 그리고 필연적으로 ─ 그가(109쪽) 표현하듯이 ─ "하나의 유사한 화음이"(즉 한 "인격체"의 삶의 표현들 사이에서 울려 퍼지는 것과 같은) "한 민족 전체의 삶의 표현으로부터도 울려

---

63 이 책의 210쪽 이하에서이다.

퍼진다는" 원리의 결과일 뿐이다. 그 이유는 다음과 같다: "한 민족의 역사적 현존재는 마치 하나의 **통일적인 핵심**으로부터 그러는 것처럼 다양한 삶의 영역을 포괄한다."[64] 앞에서 인용한 바 있고[65] 거듭 되풀이하여 제시되는, 개인의 "전체성"과 민족의 "전체성" 사이의 유사성으로부터뿐만 아니라 크니스의 수많은 다른 표현으로부터도 다음이 명백해진다: 이러한 "통일성"은 순전히 법률적인 것 이상으로 이해되어야 하며, 또한 모든 삶의 영역이 상호 간에 영향을 주고받는 관계 이상으로 이해되어야 하는데, 이 관계는 공통적인 역사적 운명, 전통과 문화재에 의해 조건지어지고 역사적으로 발전한다; 오히려 크니스에게 "통일성"은 정반대로 민족의 문화가 유출하는 근원이다. 특히 민족의 경우에 "전체성"은 그 모든 문화적 표현의 **통일적인 심리학적 조건**을 의미한다: 크니스에게도 "민족"은 통일적인 "추진력"의 담지자이다. 역사적으로 생성되고 경험적으로 확인할 수 있는 개별적인 문화현상들이 "전체성격"의 구성요소가 아니라 역으로 "전체성격"이 개별적인 문화현상들의 **실재**근거이다: 그것은 합성된 무엇이 아니라 통일적인 **것**으로서 모든 개별적인 것에 영향을 끼친다; 합성된 것은 ── 자연적 유기체들이 아니라 ── 단지 민족 유기체의 "몸"뿐이다.[43] 과학은 한 민족의 문화가 지닌 개별적인 "측면들"을 결코 따로따로 분리해서 독립적으로 파악할 수 없고 다만 민족의 통일적인 전체성격으로부터 파악할 수 있을 뿐이다. 왜냐하면 이 측면들이 결합하여 하나의 "통일체"를 이루는 것은 상호 간의 "동화"과정이나 "적응"과정에 의해, 또는 모든 "개별적인" 요소들이 사건의 전체관계에 따라 상호 간에 영향을 주고받는 과정에 의해 ── 이 과정을 달리 어떻게 명명하든 ── 조건지어지는 것이 결코 아니기 때문이다; 오히려 그것은 그 자체가 통일적이고 무모순적인 "민족성"이 부단하게 그리

---

64 이 역시 크니스, 『역사적 방법의 관점에서 본 경제학』, 제1판, 109쪽에서 인용한 것이다.
65 바로 앞의 214쪽에서이다.

고 불가피하게 모든 상황에서 민족적 삶의 **모든** 영역 내에 그리고 이것들 사이에 **동질성**의 상태를 확립하려고 "노력한다"는 사실에서 기인한다.[44] 이처럼 신비롭고, 생기론적 "생명력"과 유사한 방식으로 파악되는 이 힘의 성격을 분석하려는 시도는 이루어지지 않는다: 그것은 로셔의 "배후"[66]와 마찬가지로 역사적 현상들을 분석할 때 맞닥뜨리게 되는 그 야말로 궁극적인 동인이다. 개인들에게서 그들의 "인격", 그들의 "특성"을 구성하는 것이 "실체"의 성격을 지니듯이 ─ 바로 이것이 크니스의 인격이론이 의미하는 바이다 ─, 여기서는 이 실체의 성격이 완전히 낭만주의의 정신에 따라 "민족혼"으로 전이된다 ─; 이것은 개인과 민족의 "영혼"이 직접적으로 신의 손에서 유래한다는 로셔의 경건한 신앙이 형이상학적으로 퇴색한 것이다.

그리고 마지막으로 개별 민족들이라는 "유기체들" 위에 최고의 유기체적 관계가 존재한다: 그것은 인류라는 유기체적 관계이다. 그러나 인류의 발전은 "유기체적" 관계이기 때문에 각자가 역사적으로 중요한 측면들에서 순환과정을 따라 발전하는 민족들의 연속적이고 동시적인 관계로 표현될 수 없고 ─ 만약 그렇다면 그것은 유적 존재들의 "비유기체적" 연속성과 동시성이 될 것이다 ─, 오히려 하나의 전체적인 발전으로 파악될 수 있는데, 이 안에서 모든 민족은 역사적으로 자신에게 부여된, **따라서 개별적인** 역할을 수행한다. 크니스의 저작이 도처에서 암묵적으로 근거하고 있는 이 역사철학적 관념에서 그의 사상은 로셔의 사상과 결정적으로 단절된다. 왜냐하면 이 관념으로부터 개인들과 민족들은 종국에는 일반적으로 동일한 특성을 공유하는 "유적 존재"로서가 아니라 ─ "유기체적" 접근의 관점에서 ─ "기능적" 의의를 지니는 "개체들"로서 과학적으로 고찰되어야 한다는 결론이 도출되기 때문이다. 우리는 이 관념이 실제로 크니스의 방법론에서 매우 강력하게 표현되고

---

66 이 책의 34, 48쪽을 볼 것.

있음을 보게 될 것이다.[67]

그런데 크니스의 전제들은 형이상학적, 또는 논리적으로 표현하자면, **유출론적** 성격을 지녔다: 그는 개인의 "통일성"을 실제적인, 이른바 생물학적으로 작용하는 "힘"으로 간주했다. 그러나 다른 한편으로 이로 인해 그의 전제들이 인간학적으로 위장된 신비주의로 완전히 변질되지 않도록 하기 위해서, 그는 불가피하게 헤겔적 범논리주의의 아류들이 헤겔의 웅대한 구성물의 유산으로 여전히 고수하고 있던 합리주의적 귀결을 다시 논의의 장으로 끌어들였다. 이 귀결에는 특히 **실제적인** 집합체와 유**개념**의 혼동이 속하는데, 이것은 유출론적 논리가 타락하는 시기의 아주 특징적인 모습이다. "분명히 해두어야 할 것은", 크니스는 말하기를(345쪽), "모든 인간적 삶과 활동에는 영원하고 동일한 무엇인가가 존재한다는 사실인데, 그 이유는 만약 어떤 개별적인 인간도 바로 이 영원하고 동일한 무엇인가를 통해서 다른 모든 개인들과 함께 **공동체적 전체에 연결되지** 않는다면 **유(類)에 속할** 수 없을 것이기 때문이다; 그리고 이 영원하고 동일한 것은 공동체적 존재들에서도 나타난다는 사실인데, 그 이유는 이 존재들이 항상 개인들의 특성에 근거하기 때문이다." 우리는 여기에서 다음을 엿볼 수 있다: "보편적" 관계와 "보편적" 개념이 서로 뒤섞이고 유에의 실제적인 소속과 유개념에의 포함이 서로 뒤섞인다. 크니스가 실제적인 전체의 "통일성"을 개념적 "무모순성"으로 간주했듯이, 여기서는 인류와 그 발전의 실제적인 관계가 인류에 포괄되는 개인들의 개념적 "동일성"이 된다. 거기에 한 가지가 더 추가된다: 그것은 "인과성"과 "법칙성"의 동일시인데, 이것도 마찬가지로 범논리주의적 발전 변증법의 적출자이며 단지 이 변증법에 근거해서만 일관되게 적용될 수 있다. 크니스는 다음과 같이 말한다(235쪽): "경제학을 과학으

---

67 베버는 이를 예고한 논문에서 다루고자 했지만, 이 논문은 나오지 않았다(이 책의 219쪽, 옮긴이 주 71을 볼 것).

로 간주하는 사람이라면 누구나 경제학에서는 현상의 법칙들이 중요하다는 점을 결코 의심하지 않을 것이다. 과학을 단순한 지식과 구별해 주는 것은, 후자가 사실들과 현상들에 대한 앎으로 이루어지는 반면 과학은 이 현상들 사이의 인과관계와 이 현상들을 야기하는 원인들을 인식하고 자신의 연구영역에서 드러나는 현상의 **법칙들**을 규명하려고 한다는 점이다." 사실상 이 인용구절은, 우리가 이 절의 서두에서 살펴본 바와 같이 행위의 "자유"에 대한 그리고 "인격"과 비합리성의 관계에 대한 크니스의 견해에만 비추어보더라도, 매우 놀라운 일이 아닐 수 없다—그리고 우리는 곧 그의 역사이론을 고찰하면서, 그가 이 비합리성을 매우 진지하게 다루고 있음을 보게 될 것이다.[68] 이 인용구절을 설명하기 위해서는 다음과 같은 사실을 고려해야 한다. 즉 크니스가 이해하는 "법칙성"이란 인류 역사의 실제적인 발전이 전적으로 그 배후에 자리하고 있는 통일적인 "추진력"에 의해 지배되며, 모든 개별적인 것은 바로 이 추진력의 표현형식으로서 그것으로부터 유출되는 것이라는 사실을 고려해야 한다. 인식론적 토대에서의 단절은 크니스와 로셔 모두의 경우에 위대한 헤겔 사상의 잔재에 의해 설명할 수 있는데, 이 잔재는 기력이 쇠한 데다가 인간학적·생물학적 방향으로 왜곡되었지만 19세기 중반에도 여전히 영향력이 강한 다양한 조류의 역사철학, 언어철학, 문화철학의 성격을 크게 규정했다. 앞서의 논의에서 추측할 수 있듯이, 그리고 곧이어 좀 더 자세하게 보게 되듯이,[69] 크니스의 경우에는 적어도 "개인"이라는 **개념**이 정당한 자리를 찾고서 로셔의 순환론적 자연주의를 대체했다. 그렇기는 하지만 그는 이 개인의 실제적이고 실체적인 성격을 근본적으로 유출론적 관점에서 파악하고 있었으며, 이것은 다음의 사실에 대해 부분적인 책임이 있다. 즉 크니스의 이론은 개념과 실재 사이의 관

---

68 옮긴이 주 67과 같은 경우이다.
69 옮긴이 주 67과 같은 경우이다.

계를 규명하려는 시도를 전혀 하지 않았으며, 따라서 역시 곧 보게 되듯이,[70] 단지 본질적으로 부정적이며 거의 파괴적인 결과만을 초래할 수 있었다.[45) 71]

---

70 옮긴이 주 67과 같은 경우이다.

71 베버는 원주 45에서 "또 한 편의 논문이 이어질 것이다"라는 예고를 하고 있다. 그러나 이 예고는 실현되지 않았다.

1) 『미학의 정초』(함부르크, 1903; 제1판 그대로인 제2판, 1914).[1] 여기서는 우리의 고찰에 중요한 약간의 측면만을 가려내서 다룰 것이다.

   1 이 주를 보면 마치 『미학의 정초』가 책 제목이라는 인상을 받기 쉬운데, 사실 이것은 립스의 저서 『미학: 아름다움과 예술의 심리학』의 제1부에 해당한다.

2) 그리하여 **립스**는(126~27쪽) "내적 모방"이라는 표현은 잠정적인 것에 지나지 않는다고 강조하면서, 그 근거로 사실상 중요한 것은 모방이 아니라 자기 자신의 체험이라는 점을 내세우고 있다.

3) 립스는 이러한 구별을 힘주어 강조한다(129쪽). 그에 따르면 심리학적으로 구별해야 하는 세 가지 유형의 **실제적인** 행위가 존재한다: 1) "상상하는" 내적 행위, ―2) "지적"(숙고하고 판단하는) 행위, ―3) 단지 "실제적 현존재에서만, 다시 말해 단지 현실적인 무엇인가에 대한 지각과 의식에서만 수행되는", 따라서 실제적인 **외적** 행위라고 부를 수 있는 행위. 여기서는 이러한 구별이 갖는 심리학적 가치에 대한 비판을 할 수 없다.

4) 나는 편의상 카를 **페더른**이 독일어로 번역한 그의 『미학』(라이프치히 1905)[1]을 인용하겠다.

   1 이 책의 원래 제목은 『표현의 과학으로서의 미학과 일반언어학』이다. 참고로 페더른 (1868~1943)은 오스트리아의 번역가이자 작가이다.

5) 여기서는 그 사이에 출간된 베네데토 **크로체**의 저서 『순수개념의 과학으로서의 논리학』 (나폴리 1905)을 의도적으로 논의에서 배제했는데, 그 이유는 우리가 추구하는 바가 크로체에 대한 전반적인 논의가 아니라, 널리 퍼진 그리고 그의 저작 『미학』에서 특히 엄밀하게 표현된 견해들의 한 전형적인 예를 제시하는 데에 있기 때문이다. 다른 기회에 이 책을 다룰 수 있기를 바란다.[1]

   1 이는 실제로는 성사되지 않았다.

6) 물론 이것은 **후설**이 『논리연구』, 제2권, 607쪽에서(333쪽도 참고할 것) 일차적으로 "판단진술"과 관련하여 제시한 견해에 의해 논박되는 것은 아니다. 왜냐하면 사물**개념**도 단순한 감성적 직관이나 단순한 "체험"보다 한편으로는 "더 적은 것"을 포함할 뿐만 아니라 다른 한편으로는 "더 많은 것"을 포함하기도 하기 때문이다. 이에 대해서는 아래에서

전개되는 논의를 참고할 것.

7) **후설**, 앞서 인용한 책, 제2권, 607, 637쪽 이하.[1]

1 이는 『논리연구』, 제2권이다.

8) 뮌스터베르크의 다양한 오류도 역사적인 것의 인위적 성격을 오해한 데에 그 원인이 있다. 예컨대 그도 역사적인 것의 구성을 조건짓는 것이 우리의 특수한 관심방향, 즉 우리의 평가라는 점을 받아들인다(132, 119쪽). 그러나 그렇다면 역사에 **어떤** "의지"가 개입하는가라는 물음에 대해서 그는 "중요성"을 언급하면서 답하는데, 이에 따르면 "반대운동에 의해 즉각적으로 폐기되는 우연적인(!) 의지의 경련"(127쪽)은 역사에 개입할 여지가 없다. 이것은 뮌스터베르크가 고틀과 마찬가지로[1] "체험된 소재"가 스스로 역사적 형성물을 낳는다는 모호한 생각에 의해 지배되고 있음을 보여 주는 대목이다.

1 고틀, 『말의 지배』, 70쪽을 볼 것.

9) **후설**, 앞서 인용한 책, 제2권, 333, 607쪽도 참고할 것.[1]

1 이는 『논리연구』, 제2권이다.

10) 이러한 논리는, 예컨대 정신병리학적 연구의 영역과 같은 영역들에도 적용된다. 어떤 정신병자에 대한 "감정이입적" "정신분석"은, 다음과 같은 경우에는, 즉 감정이입적으로 추체험된 정신적 상태가 보편적인 정신병학적 "경험"으로부터 얻어진 **개념들**과 결합되지 못하는 경우에는, 그런 일에 특별한 재능을 가진 연구자가 다른 사람들에게 전달할 수 없는 그만의 사적 소유에 머물 뿐만 아니라 더 나아가 그 결과들도 전혀 증명할 수 없고 따라서 완전히 의심스러운 "타당성"을 가질 수밖에 없다. 정신분석적 결과들은 그런 일에 재능을 가진 연구자가 대상에 "대해" 갖는 "직관"이지만, 이것들이 객관적으로 얼마나 타당한가는 원칙적으로 입증할 수 없고 따라서 이것들의 과학적 가치는 완전히 불확실하다. 이에 대해서는 『분트 연구』(1906)에 실린 빌리 **헬파흐**의 글 「정신병리학의 과학론을 위하여」를 볼 것.[1]

1 이 글의 원래 제목은 「정신병리학의 과학론을 위한 기본사고, I. 정신병리학의 대상」이며, 게재된 저널도 『분트 연구』가 아니라 『전(全) 심리학 저널』이다. 참고로 『분트 연구』는 분트가 1883년에 창간하여 1902년까지 존속한 최초의 심리학 저널인 『철학 연구』를 달리 부르는 이름이며, 『전 심리학 저널』은 1903년에 독일의 실험심리학자 에른스트 모이만(1862~1915)이 창간한 『철학 연구』의 후속 학술지이다.

11) 이에 대해서는 『사회과학 및 사회정책 저널』, 1906년 1월호에서 전개된 나의 논의(아래 423쪽 이하)를 볼 것.[1]

1 이는 「문화과학적 논리 영역에서의 비판적 연구」이다.

12) 고틀은 이 둘 사이의 차이점이 역사적인 것의 추론이 자신을 넘어서 "경험"을 가리킬 수 **없다**는 데에 있다고 주장하며, 이에 대한 근거를 두 영역에서 "논리적 사고법칙들"이 동일한 위치를 차지하지만 역사학의 영역에서는 "논리가 말하자면 사건 그 자체에 내재한다"라는 데에서 찾을 수 있다고 본다. 그러므로 역사적 인식에서는 이러한 "사고법칙들"이 "최종심급"이 된다. 다시 말해 그 법칙들이 역사적 인식을 "강제적인" 방식으로 규정하며, 따라서 타당한 역사적 인식은 **항상** "절대적으로 확실한 것에의 접근"을 의미한다. 고틀은 역사적 인식을 그가 "메타역사학"이라고 부른 지질학적 및 생물발생론적 인식과 대비하면서 주장하기를, 후자는 설령 그 과제를 가장 이상적으로 수

행한다고 하더라도, 인식론적 관점에서 보면, 단지 사건들의 "내삽"에 힘입어 공간적 "현상들"을 시간적으로 질서화하는 것에 지나지 않으며, 따라서 유추를 통해 얻어진 명제, 즉 경험에 주어진 사물들은 **마치** 특정한 종류의 우주론적 또는 생물발생론적 사건이 일어난 것처럼 존재한다는 명제를 결코 넘어설 수 없다.[1] 그러나 경험적으로 보면 다음이 분명하게 드러나고 모든 역사학자는 그것이 진실임을 확인할 수밖에 없을 것이다: 우리가 "인물", "행위" 그리고 "정신적 문화의 발전"에 대한 인과적 "해석"을 추구할 경우 우리는 거듭거듭, 확실하게 전해 내려오는 "사실들"이 "마치" 해석된 관계가 계속 존립해 온 것처럼 존재한다는 결과에 만족할 수밖에 없다. 누군가는 심지어 이로부터 획득할 수 있는 역사적 인식뿐만 아니라 어떻게든 추구할 수 있는 역사적 인식도 특수한 의미에서 "불확실하다"라는 결론에 도달했으며, 또한 — 그릇되게도 — 이로부터 다시금 이 인식이 특수한 의미에서 "주관적"이라는 결론에 도달했다.[2] 특히 **짐멜**이 해석의 **가설적** 성격에 결정적인 중요성을 부여하며 생생한 예들을 통해 이를 입증하고 있다(앞서 인용한 책, 9쪽 이하).[3] 그러나 이에 반하여 다시 한 번 다음을 분명히 해둘 필요가 있다. 즉 비록 우리에게 어떤 "정신적 성향"이 존재했는가를 가르쳐주는 것은 오직 어떤 특정한 방향으로 실제로 이루어진 결정뿐이기는 하지만, 이것이 "정신적" 인과설명에 특유한 것이 아니라는 점을 분명히 해둘 필요가 있다. 무수한 경우에 — 우리가 보았듯이[4] — "자연"현상에서도 사정은 매한가지이다: 우리가 구체적인 "자연사건"의 질적이고 개별적인 측면에 관심을 갖는 경우, 우리에게 실제로 존재했던 상황에 대해 가르쳐주는 것은 일반적으로 말해 **오직** 이 사건의 결과뿐이다. 개별적으로 "파악된" 현상들에 대한 인과설명은 — 이는 에두아르트 마이어[5]에 대한 반론으로서도 강조되어야 한다 — 일반적으로 결과에서 원인이라는 역방향으로 진행한다; 그리고 — 우리가 앞에서 심지어 순수하게 양적인 관계들을 통해서 입증했듯이[6] — 이러한 인과설명이 단지 다음과 같은 결론에밖에 이를 수 없는 것은 지극히 정상적인 것인바, 그 결론이란 현상이 우리의 경험지식과 "일치하며", 또한 현상 가운데 단지 추상화된 일정한 개별요소들에 대해서만, 심지어 구체적인 경우에도, "법칙들"과 연관시킴으로써 "필연성"을 입증할 수 있다는 것이다.

1 고틀, 『역사의 한계』, 25쪽 이하, 30쪽 이하, 49쪽 이하, 99쪽을 볼 것.

2 마이어, 『역사학의 이론과 방법론에 대하여』, 45쪽을 볼 것.

3 이는 『역사철학의 문제들』, 제2판이다. 짐멜은 이 책의 15쪽에서 말하기를, "외적인 역사적 사건에 대한 모든 설명"은 "가설적 성격"을 갖는다.

4 이 책의 95, 100, 109쪽에서이다.

5 마이어는 『역사학의 이론과 방법론에 대하여』, 40~41쪽에서 다음과 같이 말하고 있다: "이렇게 결과로부터 원인으로 추론하는 것은 잘 알려져 있듯이 늘 문제가 있으며 따라서 결코 절대적으로 확실한 인식에 이르지 못한다."

6 이 책의 111쪽 이하에서이다.

13) 여기에서 "의식과정의 내적 직관성" 대신에 이 표현을 사용하는 것은, 논리적으로 가공되지 **않은** "체험"과도 연관되는 "직관적"이라는 표현의 다의성을 피하기 위함이다. 나는 "명증성"이라는 표현이 달리 논리학자들에 의해 사용되는 경우 이러한 의미가 아니라 판단의 근거들에 대한 통찰의 의미를 갖는다는 것을 매우 잘 알고 있다.

14) 특별히 역사적인 것의 영역에서 "객관적으로 가능한 것"의 개념이 갖는 의미에 대해서는 『사회과학 및 사회정책 저널』, 1906년 1월호에서 전개된 나의 논의를 볼 것(거기에서 나는 전적으로 폰 크리스의 잘 알려진 이론에 접목하고 있다).[1]

    1 이는 구체적으로 「문화과학적 논리 영역에서의 비판적 연구」에서의 논의를 가리킨다(이 책의 417~53쪽을 볼 것). 그리고 베버가 언급하는 요하네스 폰 크리스의 이론은 『객관적 가능성의 개념과 그 몇 가지 적용에 대하여』에 제시되어 있다.

15) "가상구면공간"은 논리적 관점에서 볼 때 전혀 무모순적인 그리고 완전히 "명증한" 방식으로 구성할 수 있다: 잘 알려져 있듯이 헬름홀츠는 이 공간에 의해 칸트가 논박되었다고 믿었는데, 그를 포함한 많은 수학자들은 그것이 심지어 범주적 직관성까지 갖추고 있다고 믿었다 ─ 어쨌든 이 공간의 의심할 바 없는 경험적 "타당성의 결여"는 방금 언급한 무모순적이고 "명증한" 구성 가능성과 양립할 수 있다.[1]

    1 어떤 공간의 곡률이 0이면 평면이고, 0보다 크면 구면이며, 0보다 작으면 가상구면이다. 헤르만 폰 헬름홀츠, 「기하학적 공리들의 기원과 의의에 대하여」, 18쪽 이하를 볼 것.

16) 그렇다고 해서 사실상 다음을 특별히 강조할 필요는 없을 것이다. 즉 이러한 과학이 "절대적인 것"을 **경험적 사실**로 "실현하기" 위해 "객관적으로" "노력하는" 어떤 세계과정을 대상으로 하거나 또는 일반적으로 말해서 형이상학적인 어떤 것을 대상으로 하는 것이 결코 아니라는 점을 특별히 강조할 필요는 없을 것이다. **리케르트**가 앞서 인용한 책의 마지막 장[1]에서 내세운 견해들은 매우 명백함에도 불구하고 때때로 이런 식으로 오독되어 왔다.

    1 이는 리케르트, 『자연과학적 개념구성의 한계』, 제5장 「자연철학과 역사철학」이다.

17) 이 점에 대해서도 "역사적 중심"이라는 리케르트의 개념[1]은 이미 필요한 모든 것을 포함하고 있다.

    1 리케르트에 따르면, 현실이 가치에 연관됨으로써 우리에게 주어지는 대상들은 두 부류로 나누어지는데, 그 하나는 "어떻게든 이 연관이 가능한" 대상들이고, 그 다른 하나는 "그 현존재로 인해 가치에 대해 무엇인가를 의미할 뿐만 아니라 더 나아가 스스로 이 가치에 입장을 설정하는" 대상들이다. 우리는 이처럼 "논의의 주도적 가치들에 대해 스스로 입장을 설정하는, 그러면서 항상 정신적 존재일 수밖에 없는 모든 역사적 대상들을 **역사적 중심들**이라고도" 부를 수 있다. 리케르트, 『자연과학적 개념구성의 한계』, 560~61, 571쪽.

18) 여기에서 직관적이라 함은 물론 한편으로는 범주적으로 직관할 수 있음을, 다른 한편으로는 "내적으로" 이해할 수 있음을 의미한다.

19) "원인이 소멸되면 결과도 소멸된다"(cessante causa cessat effectus)라는 "명증한" 명제는, "무에서는 아무것도 생겨나지 않으며, 아무것도 무가 되지 않는다"(nil fit et nihilo, nil fit ad nihilum)라는 명제가 "사고 필연성"의 지위를 획득하면서 "잠재적 에너지"의 개념이 도입될 때까지 에너지법칙[1]의 정립을 방해했는데,[2] 그 이후에는 이 개념의 "비직관성"에도 불구하고 "에너지법칙" 자체가 곧바로 "사고 필연성"의 지위를 향해 움직이기 시작했다 ─ 이에 대해서는 "물리적 공리들"에 대한 **분트**의 초기 저작이 여전히 읽을 가치가 크다.[3]

1 이는 보다 정확히 말해 에너지보존법칙을 가리킨다.

2 "원인이 소멸되면 결과도 소멸된다"는, 토마스 아퀴나스(1225~74)가『신학대전』에서 제시한 스콜라적 명제이다. 율리우스 로베르트 마이어는『유기체가 신진대사와의 관계 속에서 하는 운동』(1845)에서 "무에서는 아무것도 생겨나지 않으며, 아무것도 무가 되지 않는다"라는 명제를 제시했는데, 이는 잠재적 에너지의 존재를 함의하는 것이다.

3 이는『물리적 공리들 및 이것들과 인과원리의 관계』이다. 참고로 베버가 언급한 두 물리적 공리들 가운데 실제로는 "원인이 소멸되면 결과도 소멸된다"만이 분트의 저작에서 논의되고 있다.

20) 이 자리에서 고틀이 (『말의 지배』에서) 제안한 경제적 사고의 기본범주들을 한편으로 그 직관적 명증성의 관점에서, 다른 한편으로 그 "사고 필연성"과 그 논리적 구조의 관점에서 분석하는 것은 불가능하다. 예컨대 다음을 언급하는 선에서 그치기로 한다: 고틀에 따르면(82~83쪽) "기본관계" 1번인 **궁핍**은 "하나의 노력이 다른 노력들이 가져오는 결과를 어떻게든 손상하지 않고서는 결코 성취될 수 없음"을 의미한다; 2. "힘"의 기본관계는 "우리가 개인들의 노력에 의해서 달성될 수 없는 결과를 달성하기 위해 언제든지 함께 노력할 자유가 있다"라는 사실로부터 기인한다. 우선 이 관계들은 "일상적 삶" 일반의 "기본관계들"에 요구되는 절대성을 결여하고 있다 ― 여기에서 절대성이라 함은 "기본관계들"이 특정한 과학들의 관점에서 **중요한 것**뿐만 아니라 예외 없이 모든 것을 포괄해야 함을 의미한다 ―.[1] 그러나 다수의 **목적들**이 충돌하고 따라서 필연적으로 그 사이에서 **선택해야** 하는 사실이 무조건적으로 타당한 것도 아니며, 다수의 사람들의 연합이 목적을 달성할 수 있는 가망성을 높여주는 적절한 수단이 된다는 사실은 모든 생각할 수 있는 목적에 적용되는 것도 아니다. 고틀은 이와 같은 이론(異論)의 가능성을 예상하고는 다음을 강조한다. 즉 "기본관계" 1번("궁핍")에서 "평가"가 도출되는데, 이것은 "목적들" 사이에서의 의식적인 선택으로 이해되어서는 안 되고, 충돌하는 다수의 **가능성들**에서 그때그때 단 하나만이 **실제로** 현실이 됨을 의미하는 것으로만 이해되어야 한다고 강조한다.[2] 그러나 **그렇게** 파악한다면 이 "사태"는 이미 사실상 "가능성"이라는 범주의 도움으로 창출된 자연주의적 사유 구성물이다: 행위과정의 다양한 **"가능성들"** ― 고틀은 이것들이 "행위자"에 의해서가 **아니라** 단지 "행위"에 대한 사유적 분석자에 의해서 표상된 것이라고 전제한다 ― 이 단 **하나의** 구체적으로 결정된 과정만이 실제로 진행된다는 **"사실"**과 대립한다. 그러나 "가능성"이라는 범주에 의거해 분석하면 모든 "자연현상"에도 동일한 논리가 적용된다. **언제** 그러한가는 여기에서 논의하지 않을 것이지만 ― 그러하다는 **사실**을 ― 특히 ― 모든 확률이론이 가르쳐준다. 그리고 "가계"의 "공식"에 관한 한(앞서 인용한 책, 209쪽: 행위의 지속성을 보장하기 위해 행위에서의 장기간의 노력을 조정하는 것[3]), 확실히 이것은 "적응"과 같은 개념에 이미 들어 있지 않은 것은 아무것도 포함하고 있지 않다. 왜냐하면 이 공식은 그것이 포함하고 있는 판단에 비추어 분석해 보면 단지 다음을 의미하기 때문이다: 반복되는 (다시 말해 그 중요성으로 인해 유일하게 고려되는 특정한 측면들에서 동일한) 행위가 존재하며, 이 행위의 반복은 강제적인 상황에 대한 그것의 "적응"에 근거한다는 **사실**만을 의미하기 때문이다. "가계"라는 "개념"은 (왜냐하면 이것은 순수한, 게다

가 추상적인 개념이기 때문에) **인과적** "설명"을 포함하지 않으며, 또한 아마도 포함하려고 의도하지도 않을 것이다; 그리고 우리는 이 개념을 가지고는, 고틀의 이론에 따르면 마땅히 그러해야 하는 것과는 달리, 그 어떤 것에 대한 "통찰"도 얻을 수 없다. 이러한 점에서 그 개념은 그에 상응하는 생물학적 개념들[4]과 완전히 같은 성격과 같은 가치를 지닌다. — 그것은 그렇다고치고, 여기에서 오스트리아 학파[5]의 합리적 구성을 고틀이 더욱더 발전시킨 것을 무가치하다고 평가할 의도는 전혀 없다. 그것은 말도 안 된다: 다음은 의미심장한 진보가 아닐 수 없다. 즉 그는 이른바 "심리학적" 추상에서 출발하는 대신에 아주 명료하게 현실에서 일반적으로 주어진 ("객관적") **상황** — 우리가 원하는 것에 비해 우리가 할 수 있는 것이 한정적이라는 사실 — 을 이 학파의 명제들의 궁극적 토대로 설정하고는 바로 이 토대에서 출발하며, 그 결과로 "추상적" 이론이 계속해서 되풀이되는 완전히 왜곡된 — 물론 보너, 존 그리고 멩거가 제시한 일련의 견해로 인해 이 이론 자체에도 책임이 있는[6] — 성격규정, 즉 이 이론은 가치론에 대한 "심리학적" 근거를 제공한다는 성격규정으로부터 해방된 것은 의미심장한 발전이 아닐 수 없다. "한계효용이론" 역시 "개인"심리학이든 "사회"심리학이든 그 어떤 심리학과도 전혀 관계가 없다.[7]

1 이미 이 책의 145쪽, 옮긴이 주 108에서 언급한 바와 같이, 고틀은 "궁핍"과 "힘"이라는 두 가지 "기본관계"에서 출발하여 "가계" 및 "기업"과 같은 일상적 삶으로서의 경제적 현상을 합리적으로 구성하고자 한다. 먼저 "궁핍"은 베버가 인용한 바와 같이, "하나의 노력이 다른 노력들이 가져오는 결과를 어떻게든 손상하지 않고서는 결코 성취될 수 없음"을 의미한다. 그 이유는 고틀에 따르면 우리의 욕구는 무한한 반면 우리의 능력은 유한하기 때문이다(고틀, 『말의 지배』, 82쪽). 이는 경제적 재화의 희소성 또는 부족이라고 보면 될 것이다. 그리고 "힘"은 개인들의 노력으로 달성할 수 없는 것을 다수의 행위자들이 함께 노력함으로써 달성하는 것을 가리킨다. 이는 협업 또는 노동분업을 통한 생산력의 증가라고 보면 될 것이다. 고틀은 이 두 "기본관계들"로부터 출발하여 어떻게 "가계"와 "기업"이라는 경제조직이 형성되고 발전하는가를 분석하고자 한다.

2 이는 주사위 던지기에 상응하는 결정론이자 객관적 가능성이다.

3 여기에서 조정은 개인의 지속적인 노력이 아니라 다수 행위자들의 지속적인 노력이 상호 간에 조정된다는 의미이다. 베버가 인용한 구절은 원래 다음과 같다: "**다수 행위자들의 지속적인 노력이 상호 간에 조정됨으로써 행위가 이 행위의 지속성이 보장되는 구조로 흘러들어가는** 행위의 과정"(고틀, 『말의 지배』, 92쪽; 강조는 고틀). 거의 동어반복에 가까운 이 구절은 다음과 같이 의역하면 의미하는 바가 보다 명확해질 것이다: "다수 행위자들의 지속적인 노력이 상호 조정됨으로써 공통의 목표를 지향하는 그들의 특정한 행위가 지속될 수 있는 구조가 형성되는 과정."

4 예컨대 "적응"의 개념을 들 수 있다.

5 오스트리아 학파는 카를 멩거에 의해 창시되고 프리드리히 폰 비저와 오이겐 폰 뵘-바베르크 등에 의해 발전한 이론경제학으로서 주관주의적 행위론과 가치론에 기반한다. 이에 대한 자세한 논의는 김덕영, 『막스 베버: 통합과학적 인식의 패러다임을 찾아서』, 304쪽 이하를 볼 것.

6 첫째, 보너는 멩거의 가치론을 재구성하면서 그 중심적인 특성으로 "심리학적 분석" 을 제시한다. 보너, 「오스트리아 경제학자들과 그들의 가치론」, 2~3쪽을 볼 것. 둘째, 존에 따르면 인간세계에서 법칙들은 "단지 인간의 행위에서만 나타난다." 이러한 행위의 분석은 "의지표현의 분석"이 되며, 따라서 "심리학적 관찰"의 성격을 띠게 된다. 존, 「오늘날의 사회과학의 방법에 대하여」, 219쪽을 볼 것. 셋째, 멩거는 『사회과학, 특히 경제학 방법 연구』, 258쪽에서 "가장 보편적인 경제현상들의 심리학적 논거"에 대해 말하고 있다.

7 베버는 1908년에 나온 「한계효용이론과 "정신물리학적 기본법칙"」에서 이 문제를 자세하게 다루고 있다. 이 글의 번역은 2021년 말경에 막스 베버 선집 제3권으로 출간 예정인 『이해사회학』(김덕영 옮김)에 실릴 것이다.

21) 예컨대 **엘젠한스**가 앞서 인용한 책, 23쪽에서 그리한다.[1] 우리가 특정한 "역사적 시기"의 관념에 덧붙이는 전체 감정은 — 저자는 말하기를 — "모든 외견상의 불확정성에도 불구하고 인식의 확실한 규준을 제공할 수" 있으며, 특히 어떤 관념 복합체가 이 전체적 감정에 "들어맞는가"는 — "언어감정"과 유사하게 — "본능적으로 확실하게 결정된다."

1 이는 『정신과학을 위한 예비작업으로서의 해석에 대한 심리학의 과제』이다.

22) 그러므로 그의 "감정"은 예컨대 충돌의 위험이 임박한, 그리하여 모든 것이 순간적인 결정에 달려 있는 배의 선장이 갖고 있는 결코 의식적으로 표현되지 않은 "감정"과 본질적으로 완전히 같은 것이다. 두 경우 모두에서 응축된 "경험"이 결정적으로 중요하며, 명확한 표현은 두 경우 모두에서 원칙적으로 똑같이 가능하다.

23) 물론 정신적 현상의 특정한 표현들이 실험심리학에 의해 "측정될 수 있다"라는 사실에 의해서도 사정은 전혀 달라지지 않는다. 사실 "정신적인 것" 자체는 결코 전달될 수 없다고 말하는 것은(뮌스터베르크처럼)[1] 전혀 옳지 않지만—이 전달 불가능은 오히려 우리가 바로 그런 이유로 "신비적인 것"이라고 부르는 "체험들"의 특성이다—, 그것은 모든 질적인 것과 마찬가지로 단지 상대적으로만 명확하게 전달될 수 있을 뿐이며, 또한 이 영역에서의 측정은 통계학에서의 계수처럼 단지 **하나의** 특정한 방식에 의해 외적으로 표현된 정신적인 것만, 또는 오히려 단지 이 표현방식만을 포착할 수 있을 뿐이다. 우리가 심리측정학을 통해 할 수 있는 것은 (뮌스터베르크가 주장하는 것과 달리)[2] 전달 가능성 **일반**을 확립하는 것이 아니라, 주어진 각각의 경우에 "정신적으로 조건지어진" 현상이 표현되는 **하나의** 형식을 양화함으로써 그 **정확성**을 높이는 것이다. 그러나 그렇다고 해서 "정신적" 소재를 분류하는 것과 이 소재를 구체적인 연구목적에 따라 충분한 상대적 정확성을 가진 개념으로 형성하는 것이 불가능하다면, 과학은 딱한 지경에 처하게 될 것이다. 실제로 이 분류와 개념형성은 양화하지 않는 **모든** 과학들에 의해 지속적으로 수행되고 있고 이용되고 있다. 우리는 다음과 같은 견해를 자주 들어왔는데, 이 견해는 그 의미가 올바르게 이해된다면, 정당한 것이다. 즉 **돈**이 갖는 엄청난 중요성이 주관적 "평가"의 결과를 물질적 형태로 표현되도록 하며 이것을 "측정할 수" 있도록 하는 데에서 기인한다는 견해가 그것이다.[3] 그러나 이 경우에 잊어서는 안 될 것이, "가격"은 심리측정학적 실험에 유사한 현상이 결코 **아니며**, 무엇보다도 "**사회심리적**" 평가의 또는 사회적 "사용가치"의 척도[4]가 아니라 매우 구체적이고 역사적

으로 독특한 조건에서 투쟁하는 이해관계들의 타협의 산물이라는 사실이다. 그러나 가격이 심리측정학적 실험과 공유하는 것은, **단지 주어진 사회적 상황에 부합되게 특정한 방식으로 "표현된"** (예컨대 "구매력" 등으로) 목표실현욕구만이 "측정될 수" 있다는 점이다.

1 뮌스터베르크, 『심리학 개요』, 제1권, 268~69쪽.

2 같은 책, 270쪽 이하를 볼 것.

3 멩거는 『경제학 원리』, 271쪽 이하에서 돈을 "가격의 척도"와 "교환재고의 가장 경제적인 형태"로 다루고 있다.

4 비저는 『자연적 가치』, 60~61쪽에서 "사회적 사용가치"에 대해 말하고 있다.

24) 다음과 같은 점, 즉 이런 식으로 감정의 해석을 유발하는 것이 개념적으로 명확하게 표현된, 따라서 경험적인 분석과는 대비되는 특성을 지닌다는 점을 하나의 예를 통해 생생하게 파악하고자 하는 사람은, 카를 노이만의 저서 『렘브란트』에서 「야경」에 대한 해석과 「마노아의 희생」에 대한 해석을 비교할 것 — 양자 모두 예술작품의 해석이라는 영역에서는 매우 탁월한 업적이지만, 전자만이 일관되게 경험적 성격을 지닐 뿐, 후자는 그렇지 않다.[1]

1 노이만, 『렘브란트』, 217쪽 이하(「야경」에 대해서는 281~82쪽; 「마노아의 희생」에 대해서는 320~21쪽)를 볼 것. 참고로 「야경」은 1642년 캔버스에 그린 363×438센티미터 크기의 유화이다. 원래 이 작품의 제목은 「야경」이 아니라 「프란스 반닝 코크 대위와 빌럼 반 라위텐부르크 중위의 민병대」인데, 18세기에 화폭이 검게 변하면서 거기에 묘사된 민병대가 밤에 활동하는 야간순찰대로 오인되어 「야경」이라는 별칭을 얻게 되었다. 그리고 「마노아의 희생」은 1641년에 캔버스에 그린 283×242센티미터 크기의 유화인데, 그 주인공 마노아는 『구약성서』 「사사기」 제13장 제1~23절과 제14장 제2~4절에 나오는 인물로서 삼손의 아버지이다.

25) 『사회과학 및 사회정책 저널』, 1906년 1월호(아래 382쪽 이하를 볼 것).[1] 그 밖에는 여기서도 전적으로 리케르트의 논의를 참조하라고 말해야 할 것이다.[2]

1 이는 「문화과학적 논리영역에서의 비판적 연구」이다.

2 리케르트, 『자연과학적 개념구성의 한계』, 305쪽 이하를 볼 것.

26) 이 점에서는 베네데토 크로체에 전적으로 동의할 수 있다.

27) 다음과 같은 사실, 즉 크로체가 그 자신의 논의가 이러한 의미에서의 "가치**판단**"에 달려 있음에도 불구하고 그 존재를 부정한다는 사실은, 그의 반심리학주의적 관점에서 볼 수 있는 심리학적 요소이다.

28) 짐멜의 논의는(52, 54, 56쪽)[1] 여기서도 심리학적·서술적 성격을 띠고 있으며, 따라서 그 비할 바 없는 섬세함에도 불구하고 내가 보기에는 논리적으로 전혀 이론의 여지가 없는 것이 아니다. 다음과 같은 짐멜의 주장은 옳다: 1) "인격체"로서의 역사학자가 지니는 강한 "주관성"은 역사적 행위와 역사적 개체에 대한, 때로는 특히 그와 일치하지 **않는** 역사적 행위와 역사적 개체에 대한 인과적 "해석"에 매우 큰 도움이 될 수 있다 — 2) "윤곽이 선명하고" 고도로 "주관적인" 인물들에 대한 우리의 역사적 이해가 특히 "명증적인" 성격을 갖는 것은 드물지 않은 일이다; — **이 두** 현상은 개별적인 것을 형성하는 인식과정에서 **가치**연관이 수행하는 역할과 관련이 있다. 게다가 "풍부한" 그

리고 "독특한" 인격을 소유한 역사학자에 의한 철두철미한 "평가"는 역사적 현상과 인물의 겉으로 드러나지 않는 가치관계를 탐지하기 위한 일급의 색출적 수단이다 — 그러나 여기에서 중요한 것은, 역사학자의 바로 **이러한** 능력, 즉 자신의 정신 속에서 명료한 **평가**를 내릴 수 있는 능력과 이것의 결과로 나타나는 능력, 즉 가치관계를 인식하는 능력이지, 그의 인격이 보여 주는 어떤 비합리적인 특성이 **아니다**. 심리학적으로 볼 때 "이해"는 평가와 인과적 해석의 미분화된 통일체로 시작하지만, 이것이 논리적 가공의 과정으로 넘어가면 평가는 순수한 이론적 가치"연관"에 의해 대체되고 이를 통해 "역사적 개체들"이 형성된다. — 짐멜은(55쪽 아랫부분과 56쪽)[2] 다음과 같은 견해, 즉 역사학자는 **소재**에 속박되어 있지만, 역사적 현상들을 하나의 전체로 **형성할** 때에는 "자유롭다"는 견해를 피력하고 있는데, 이 역시 의심스럽기는 마찬가지이다. 내가 보기에 실상은 정반대이다: 역사적 연구를 주도하는 가치를 선택하고 이에 입각하여 설명하고자 하는 "역사적 개체"(물론 이 용어는 여기서도 다른 모든 곳에서와 마찬가지로 **비인**격적이고 순수하게 논리적인 의미에서 사용된다)를 선정하고 형성하는 일련의 과정에서 역사학자는 "자유롭다." 그러나 연구가 진행됨에 따라 그는 전적으로 인과귀속의 원리에 속박되어 있으며, 단지 일정한 의미에서 논리적으로 "우연적인 것"을 형성할, 다시 말해 순수하게 미학적인 "예증자료"를 형성할 "자유가 있을" 뿐이다.

1 이는 『역사철학의 문제들』, 제2판이다.

2 이는 『역사철학의 문제들』, 제2판이다.

29) "목적"과 "수단"이라는 범주의 도움으로 "목적론적" 평가가 이루어진다고 상정되는 경우들에도 — 역사학자들의 통상적인 범례가 전쟁사이다 — 논리적 상황은 정확히 같은 것이다. 만약 우리가 전략적 "기교론"에 근거하여 몰트케의 어떤 특정한 조치가 "오류"임을, 다시 말해 주어진 "목적"에 적합한 "수단"을 놓쳤음을 인식한다면, 이것이 **역사적** 서술에 대해 갖는 **유일한** 의의는, 우리가 그의 (목적론적으로 볼 때 "잘못된") 결정이 역사적으로 중요한 사건들의 진행과정에 대해 가진 **인과적 의의**를 인식하는 데 도움이 된다는 것이다. 우리가 전략론으로부터 유일하게 얻을 수 있는 것은, 생각할 수 있는 다양한 결정들 가운데 어떤 하나가 내려질 때 실현되리라고 예상할 수 있는 "객관적" 가능성을 인식하는 것이다(베른하임의 주장은 이 점에서도 논리적으로 매우 불명료하다).[1]

1 베른하임, 『역사학 방법 및 역사철학 편람』, 118~19, 704쪽을 볼 것.

30) 야코프 부르크하르트는 이러한 현상의 두 가지 측면에 대한 탁월한 예다.

31) 이에 대해서는 **리케르트**, 앞서 인용한 책을 볼 것.[1] 그럼에도 불구하고, 리케르트가 "법칙"을 추구하는 작업을 "자연과학적" 개념구성이라고 칭했기 때문에 그의 적대자들은 그와의 논쟁에서 자연스레 "자연과학"의 "영역적" 개념과 논리적 개념을 지속적으로 혼동해 왔다.

1 리케르트, 『자연과학적 개념구성의 한계』, 147쪽 이하.

32) 사회과학적 인식에서는 특히 **슈탐러**의 탁월하지만 많은 궤변을 포함하고 있는 저작들[1]이 출간된 이래로 "목적"과 "원인"의 관계에 대한 논의에서 여러 가지로 굉장한 혼란이 판치고 있다. 현재로서는 아마도 **비어만** 박사가 다음과 같은 논문들을 통해 이 혼란의 절정에 도달한 것 같다: 「빌헬름 분트와 사회과학의 논리」, 『콘라트 연보』,[2] 1903년 1월

호, 「자연과 사회」, 같은 저널, 1903년 7월호,[3] 그리고 특히 「사회과학, 역사학 그리고 자연과학」, 같은 저널, 제83권(1905), 592~93쪽.[4] 비어만은 그 자신이 "이론과 역사의 대립"을 옹호한다고 보는 견해에 대해 "단호히" "항변하는데", 그 이유는 이러한 대립이 그에게는 "**불명료하고** 원칙적으로 근거 없는 것으로" 보이기 때문이다.[5] 물론 불명료함이 존재한다. 그러나 어디까지나 이론과 역사의 관계가 유감스럽게도 다름 아닌 **저자에게** 완전히 불명료한 채로 남아 있는 한 존재한다. 그렇지 않다면 그는 빈델반트나 리케르트와 같은 학자들에게 준거할 수 없으며,[6] 이들은 이렇게 자신들이 비어만의 선서 보조인 역할을 하도록 부당하게 요구당하는 것을 본다면 상당히 놀랄 것이다. — 그럼에도 불구하고, 만약 문제가 이 불명료성 하나로 끝난다면, 그의 논의는 그럭저럭 봐줄 만하다 할 것이다: — 심지어 훨씬 더 탁월한 경제학자들도 이론과 역사의 대립과 관련된 복잡한 문제들에 대해 때때로 손으로 잡을 수 있을 만큼 명백하게 잘못된 견해를 피력하곤 한다. 그보다 더 곤란한 것은, 저자가 너무나도 열광하는 "목적"이 심지어 가장 기본적인 대립, 즉 "존재"와 "당위"의 대립도 삼켜버린다는 점이다. 그는 그러고 나서 "자유의지", "총체적 인과성", "발전의 법칙성"을 가지각색으로 뒤범벅이 된 상태로 이른바 단독으로 결정하는 대립, 즉 "목적"과 "원인"의 대립 안으로 짜넣으며, 또한 마지막으로 "개인주의"를 극복할 수 있기 위해서는 특별한 "연구원리"를 고수해야 한다는 견해를 내세우고 있다[7] — 이전의 논쟁들을 (오늘날의 관점에서 볼 때) 시대에 뒤처지도록 만드는 것은 다름 아닌 "방법"에 대한 문제와 "프로그램"에 대한 문제의 혼용임에도 불구하고 그리한다 — 이 모든 것으로 인해 모든 초보자는 자신의 작업을 인식론적 연구로 치장해야 한다는 오늘날의 유행이 즉시 사라져버리기를 원하는 바람이 생겨난다. 저자가 상기한 저작들과 다른 저작들에서 "국가와 경제"의 관계에 대해 제시한 상당히 단순하고 결코 새로울 것이 없는 사상은 실제로 인식론적 연구 없이도 전개될 수 있다. 저자는 의심할 바 없이 자신의 이상에 대한 아주 진지한 열정으로 고무되어 있는데, 이러한 저자가 장차 우리에게, 그것들을 읽을 때 지속적으로 아마추어적인 논리적 과실에 걸려 넘어지지 않고 그리하여 인내심을 잃어버리지 않을 저작들을 선사하기를 바라마지 않는다. 그리고 나서야 비로소 그의 실천적 이상에 대한 생산적인 논의가 어떻게든 가능할 것이다. — 슈탐러 자신 — 결코 그에게 비어만의 모든 결함에 대한 책임을 지울 수는 없다 — 에 대한 근본적인 논의는 이 논문을 다시 한 번 전지(全紙)[8] 한 장 분량만큼이나 늘어나도록 할 것이며 따라서 여기서는 시도하지 않기로 한다.[9]

1 슈탐러, 『유물론적 역사관에서 본 경제와 법』, 제1판, 349쪽 이하; 슈탐러, 『유물론적 역사관에서 본 경제와 법』, 제2판, 337쪽 이하를 볼 것.

2 이 저널은 1862년에 창간된 『경제학 및 통계학 연보』를 요하네스 콘라트의 이름에서 따와서 부르는 명칭이다. 콘라트(1839~1915)는 독일의 경제학자로서 1872년부터 이 저널의 창간인 브루노 힐데브란트와 함께 공동으로, 그리고 1878년부터 1890년까지 단독으로 편집을 담당하면서 저널이 발전하는 데 결정적인 기여를 했다.

3 「자연과 사회」는 1903년 7월호가 아니라 1904년 9월호에 게재되었다.

4 베버는 1905년을 1904년으로, 그리고 592~93쪽을 552~53쪽으로 오기하고 있다.

5 비어만, 「사회과학, 역사학 그리고 자연과학」, 596쪽을 볼 것.

6 같은 글, 598~99쪽; 비어만, 「자연과 사회」, 683쪽을 볼 것.

7 비어만,「사회과학, 역사학 그리고 자연과학」, 599쪽, 605쪽 이하; 비어만,「자연과 사회」, 684~85쪽을 볼 것.

8 전지는 자르지 않은 온장의 종이란 뜻으로 펼친 신문지 두 배 정도 되는 크기이다.

9 베버는 1907년에 나온 논문「루돌프 슈탐러의 유물론적 역사관 "극복"」과 유고작인「루돌프 슈탐러의 유물론적 역사관 "극복"에 대한 논문 추기」에서 슈탐러에 대한 아주 자세한 비판적 고찰을 하고 있다. 이 책의 제4~5부를 볼 것.

33) 놀랍게도 **분트** 역시(『논리학』, 제2판, 제1권, 642쪽) 이 통속적인 오류를 받아들이고 있다. ― 그는 다음과 같이 말한다: "우리가 통각에서 (a) 우리의 운동이라는 관념을 외적 변화에 선행하도록 하면, 우리에게 운동이 이 변화의 원인으로 보인다. 이에 반해 우리가 (b) 외적 변화라는 관념을 이 변화를 야기하게 될 운동의 관념에 선행하도록 하면, 변화는 목적으로, 운동은 목적을 달성하는 수단으로 보인다. ― 그러므로 심리학적 개념발전의 이 초기단계에서 목적과 인과성은 **하나의 동일한**(강조는 분트) 과정의 다른 고찰방식에서 연원한다." ― 이에 대해서 다음과 같이 말할 수 있다: 분명하게도 위에서 (내가) a와 b로 명명한 두 명제들은 결코 "동일한" 과정을 묘사하는 것이 아니라 그 각각은 하나의 과정의 **다른** 부분을 묘사하는 것인데, 이 과정은 분트에 의거하여 다음과 같이 거친 도식으로 표현할 수 있다: 1. 바라는 바 "외부세계"에서의 변화 (v)라는 "관념", 이와 결부된 것으로서 2. 이 변화를 야기하기에 적합한 운동 (m)이라는 관념, 그다음에 3. 운동 m과 4. m에 의해 초래되는 외부세계에서의 변화 v´. 상기한 분트의 명제 a는 확실히 **단지** 구성요소 3과 4, 즉 외적 운동과 운동의 외적 결과만을 포괄한다 ― 요소 1과 2, 즉 **결과**의 관념이, 또는 일관된 유물론적 관점에서 보자면 적어도 상응하는 두뇌과정이, 명제 a에는 **결여되어 있다** ― 반면 분트의 명제 b와 관련해서는 그것이 단지 요소 1과 2만을 포괄하는지 또는 이것들과의 불명료한 혼합 속에서 요소 3과 4도 포괄하는지는 미해결로 남겨둘 수밖에 없다. 그러나 이 두 가지 경우 중 **어떤 것**에서도 명제 b는 **같은** 과정을 명제 a와 다르게 "파악하지" 않는데, 이는 무엇보다도 다음을 결코 자명한 것으로 전제할 수 없음이 당연하다는 이유 하나만으로도 그렇다. 즉 원인으로서의 운동 (m)에 의해 **야기된** 변화 (v´)가 수단으로서의 운동 (m)에 의해 **추구된** 변화 (v)와 필연적으로 **동일하다**고 전제할 수 없다. "추구된" 결과와 실제로 "달성된" 결과 사이에 심지어 부분적으로도 괴리가 생기는 한, 분트의 도식 전체는 더 이상 적용될 수 없음이 분명하다. 그런데 의도된 것과 달성된 것 사이의 이와 같은 괴리야말로 ― 그러니까 목적의 **비달성**이야말로 ― 의심할 바 없이 목적개념의 심리학적 형성에 대해서도 본질적인 의미를 갖는다(여기에서 분트는 이 개념의 심리학적 형성에 대한 논의를 그것의 논리적 의미에 대한 논의와 완전히 뒤섞어 버린다). 만약 v와 v´가 최종적으로 일치한다고 생각한다면, 우리가 어떻게 "목적"을 독립적인 범주로서 인식할 수 있을지 전혀 알 길이 없다.

34) 이 개념에 대해서는『사회과학 및 사회정책 저널』, 제19권, 제1호에 게재된 나의 논문을 볼 것(아래의 306쪽 이하).[1] 나는 개략적인 따라서 아마도 부분적으로 오해를 살 수도 있는 그 논의에 대한 보다 자세한 속편을 곧 쓸 수 있기를 바라마지 않는다.[2]

1 이 논문은「사회과학적 및 사회정책적 인식의 "객관성"」이다.

2 이는 실제로는 성사되지 못했다.

35) 그러므로 다음은 거의 오해의 정점이라 할 것이다. 즉 추상적 이론의 구성물들을 — 예 컨대 "한계효용법칙"을 — "심리학적" 그리고 특히 "개인심리학적" 해석의 산물이라 고 또는 "경제적 가치"에 "심리학적 근거"를 제공하려는 시도라고 생각하는 것은, 거의 오해의 정점이라 할 것이다. 이 구성물들의 특성, 그 색출적 가치 그리고 그 경험적 타 당성의 한계는 바로 다음과 같은 사실, 즉 그것들은 "심리학"을 이 단어의 어떤 의미에 서건 **일점일획**도 포함하고 있지 않다는 사실에 근거한다. 물론 이러한 도식들을 사용 하는 학파의 많은 대표자들이 상기한바 잘못된 생각에 부분적인 책임이 있는데, 왜냐 하면 그들은 때때로 "자극역"(刺戟閾)과 유사한 온갖 것을 끌어들였기 때문이다[1]; 사실 이것들은 일정한 외적인 형식들을 제외하고는 오직 화폐경제적 사고를 배경으로 해서 만 가능한 추상적 이론의 순수하게 합리적인 구성물들과는 전혀 공통점이 없다. 앞의 226~27쪽, 원주 23을 참고할 것.

　1 대표적으로 프리드리히 폰 비저의 다음 저작을 들 수 있다: 『경제적 가치의 원천과 주요법칙들에 대하여』, 126쪽 이하, 146쪽 이하, 180쪽 이하; 『자연적 가치』, 9쪽 이하.

36) 이 문제들에 대해서는 오토 **리츨**, 『정신과학에서의 인과고찰』(1901년 본 대학 프로그 램)[1]을 볼 것. 리츨의 다음과 같은 주장에는 결코 동의할 수 없다: 그는 뮌스터베르크의 『심리학 개요』에 접목하면서 어떤 현상에 대한 "추체험적 이해"가 추구되는 곳에서는 어디서나 **과학적** 접근방식이 그리고 특히 인과성 관념이 더 이상 적용될 수 없다고 주 장한다.[2] 이것은 어떤 인과고찰도 그 종류에 상관없이 "체험"과 **동등하지** 않은 한에서 만 옳다. 이러한 상황이 형이상학적 논의에 대해 어떤 의의를 가질 수 있는가 하는 문 제는 여기에서 다룰 수 없다. 그러나 연쇄된 동기들에 대한 어떤 명확히 표현된 "이해" 의 경우에도 마찬가지로 그와 같은 동등성이 결여되어 있으며, 또한 경험적 인과고찰 의 원리가 "이해할 수 있는" 동기의 경계에서 멈추어야 할 그 어떤 명백한 이유도 없다. "이해할 수 있는" 현상들의 인과귀속은 자연현상들의 인과귀속에 적용되는 것과 **논리 적으로** 완전히 동일한 원리에 따라 이루어진다. **경험적인 것**의 영역에서 인과성의 원 리가 왜곡되는 것은 단 한 가지 경우, 즉 인과**등식**이 과학적 작업의 가능한 또는 적어도 이상적인 목표로 낙착될 경우뿐이다.

　1 이는 본 대학에서 주관하는 "프리드리히 빌헬름 3세 기념제 프로그램"을 가리킨다. 참고로 프리드리히 빌헬름 3세(1770~1840)는 프로이센의 국왕으로서 1818년에 개 교한 본 대학의 창립자이다.

　2 리츨, 『정신과학에서의 인과고찰』, 41쪽을 볼 것.

37) 예컨대 앞서 인용한 바 있는 **슈몰러**의 크니스 서평에서도 그렇다.[1]

　1 이 서평은 구체적으로 「카를 크니스(1883)」이며, 베버는 이 책의 155쪽, 원주 9에서 이를 인용하고 있다.

38) 어떤 구체적인 역사적 관계의 "재료"가 가령 단지 신경과민적, 최면적 또는 편집증적으 로 조건지어진 현상들로만 구성된다고, 그러니까 단지 우리에게 해석될 수 없으며, 따 라서 "자연"으로 간주되는 현상들로만 구성된다고 가정해 보자 — 설령 그렇다고 하더 라도 역사적 개념구성의 원칙은 여전히 같은 것으로 남을 것이다: 이 경우에도 역사학 자가 가치연관을 통해 그와 같은 현상들의 개별적인 상황에 그리고 마찬가지로 개별 적인 "환경"에 부여하는 "의의"가 상기한 재료에 대한 과학적 가공의 유일한 출발점이

될 것이며, 또한 개별적 관계들의 인식이 과학적 가공의 목표가 될 것이고 개별적 인과귀속이 과학적 가공의 수단이 될 것이다. 텐 역시 때때로 이런 식의 접근을 인정하지만, 이 경우에도 그는 철저하게 "역사학자"로 남는다.

39) 크니스는 자신의 출발점을 다음과 같이 이론적으로 ─ 물론 상당히 불충분하지만 ─ 명확히 표현하고 있다: "인간의 삶과 통일적 중심의 결여는 양립할 수 없는 모순이다; 이러한 모순이 관찰된다면, 그것은 다만 외견상으로만 그럴 뿐이다"(247쪽).

40) 다음은 이 구절과 비슷하면서 그것의 합리적 성격을 더욱더 명확하게 보여 준다: "인간의 자기애는 그 개념상(!) 가족에 대한, 이웃에 대한, 조국에 대한 사랑과 모순되지 않는다. 이기심은 이러한 모순을 포함하며, 개인의 자아와 일치하지 않는 모든 것에 대한 사랑과 양립할 수 없는 사적이고 부정적인 요소를 지닌다"(160~61쪽).

41) "화학자는 '원소적', '순수한' 물체를 이것이 내재해 있는 화합물로부터 분리할 수 있으며, 또한 따로 분리할 수 있는 물체로서 모든 방식으로 계속해서 연구할 수 있다. 다른 한편 이 원소적 물체는 그 자체로서 화합물에 실제로 존재하고 작용한다. 이에 반해 인간의 영혼은 통일적인 것이고, 부분들로 분해할 수 없는 것이며, 또한 '본래 사회적 성격을 지니는 인간'의 영혼이 그 자체로서 따로 분리할 수 있는 충동인 순수한 사익과 결합될 수 있다고 가정하는 것은 이론적으로 용인될 수 없다 등등"(제2판, 505쪽).

42) "어떤 대상들의 경우에는 일반적인 삶의 경험이 그것들의 이론적 규명을 위해 필요한 모든 요소들을 반박할 여지없이 제공하며, 따라서 우리가 주의만 환기한다면 그것들을 언제라도 발견할 수 있다. 다른 대상들의 경우에는 그것들의 이론적 규명이 일정한 측면에서 단지 합의의 문제일 뿐이며, 따라서 이 이론적 규명은 단지 특정한 전제들하에서만 보편적으로 타당할 수 있다. 민족이란 개념은 전자에 속하고, 경제라는 개념은 후자에 속한다"(125쪽).

43) 이에 대해서는 제2판, 164쪽을 참고할 것: "우리가 민족경제를 그것의 사회적 조직 및 국가적 법질서와 더불어 유기체적 구성물로 파악하는 것이 정당할 뿐만 아니라 사실상 그렇게 하도록 강요되기도 한다. 다만 그것은 보다 높은 질서의 유기체로서, 그 특수한 본질은 다음과 같은 사실, 즉 그것은 식물적 또는 동물적 유기체처럼 자연적인 개별 유기체가 아니라 '합성체', 문화의 산물로서 생겨나고 자라난 집합 유기체라는 사실에 의해 조건지어진다. 그리고 이 집합 유기체는 개별 유기체들이라는 요소로 구성되는데, 다시금 이 개별 유기체들은 한편으로는 개인적 삶을 살도록 채비를 갖추고 그런 삶으로 부름을 받은, 그리고 다른 한편으로는 종(種)의 보존에 필요한 성관계를 맺는 존재이다."

44) 다음의 구절들은 이 점을 충분히 예증할 것이다: "비록 시간이 지남에 따라 처음에는 개별적인 영역들에서 발전의 추진력이 작용할 여지가 커질 수 있지만 [……], 발전운동은 항상 전체로 확장될 것이고 모든 부분들을 **동질적인 상태**로 유지하려고 '노력할' 것이다"(114쪽). 더 나아가 115쪽에서도 아주 유사한 주장을 볼 수 있다: "일반적으로 한 시대의 민족경제적 상황에 대한 통찰은, 이 상황을 민족의 역사적 삶의 전체적인 현상들과 관련시켜서 고찰해야 비로소 얻을 수 있다. 이와 마찬가지로 특히 경제적 영역 내에서도 어떤 개별적인 발전형식이 갖는 역사적 의의는, 그 밖의 다른 모든 발전형식들의 **유사한 구성**에서 나타나는 평행성을 파악해야 비로소 인식할 수 있다." "단순히 민

족경제의 모든 특수한 부분들이 상호관계를 유지하고 따라서 이 관계를 보면 **그 부분들을 설명해 주는 것**이 전체 경제의 위치와 성격임을 알 수 있는 것이 아니라, 이 전체도 나름대로 민족의 전체적 삶과 불가분하게 결합되어 있다. 우리는 어떤 경제적 상황을 야기한 원인들에 대해 물을 때마다 이러한 결합에 주의를 돌리게 되며, 역으로 어떤 경제적 상황이 초래한 결과를 입증하려고 하면 그 밖의 다른 삶의 영역들에서 볼 수 있는 현상들도 고찰해야 한다"(111쪽). "결과적으로 다양한 현상의 영역들에서 나타나는 일반적인 성격은 항상 공통성을 유지한다; 외적 삶의 모든 형식들은 **통일적인** 추진력의 모습으로 나타나는데, 이 추진력은 어디서나 자신을 관철하려고 하고 이 형식들을 하나의 특정한 방향으로 움직이려고 하기 때문에 그것의 발전은 이 형식들의 변화를 통해 우리에게 전달된다"(같은 곳). 그리고 마지막으로 다음과 같은 주장을 접할 수 있다: "아마도 일반적인 민족적 삶의 발전으로부터 결과하는 변화는 일단 개별적인 영역에서 더 명백한 형태로 그리고 선명하게 각인된 특징과 더불어 전개될 것이다; 그러나 이 부분적인 현존재는 점진적인 생성의 **현출**(現出)에 지나지 않는데, 이 생성은 전체적인 삶을 포괄하면서 동시적으로뿐만 아니라 연속적으로도 진행되는 전환의 계열에서 일어난다"(110쪽).

45) 또 한 편의 논문이 이어질 것이다.[1]

1 실제로는 이어지지 않았다.

제2부

사회과학적 및 사회정책적 인식의 "객관성"•1)
1904 2)

• 원서에는 두 개의 장이 제목도 없이 로마자 〈I〉과 〈II〉로만 구분되어 있을 뿐이고 절도
나누어져 있지 않다. 이에 독자들의 편의를 위해 옮긴이가 책의 앞부분에 나오는 "차례"
에 따라 절을 나누고 제목을 붙였음을 일러둔다(다만 각 장의 제목은 붙이지 않았는데,
그 이유는 제2장이 하나의 제목으로 묶기에는 너무나 다양한 측면을 다루고 있기 때문
이다).

1) 이 논문의 제1장에서 '편집진의 이름하에'라고 분명히 밝히고 전개하는 논의나 또는 저
널에 부여하는 과제는, 당연히 필자의 개인적인 견해가 아니라 공동 편집자들로부터 명
시적으로 승인을 받은 것이다. 이에 반해 제2장의 형식과 내용에 대한 책임은 **전적으로**
필자에게 있다.

이 저널은 결코 특정한 학파의 견해에 예속되지는 않을 것인데, 이에 대한 보증은 그 기
고자들의 입장뿐만 아니라 편집자들의 입장도, 심지어 방법론적 측면에서도, 결코 동일
하지 않다는 사실에 있다. 그러나 다른 한편 자명한 일이지만 편집자들은 몇 가지 근본
적인 관점에서 의견이 일치했기 때문에 공동으로 편집을 담당하게 되었다. 특히 우리 편
집진은 다음의 두 가지 점에서, 즉 "일면적" 관점하에서 획득되는 **이론적** 인식의 가치를
인정하며, **명료한 개념구성을** 그리고 **경험지식과 가치판단의** 엄격한 **구분을** 요구한다
는 점에서 의견이 일치하는데 ─ 우리는 이 두 가지 점을 이 저널에서 ─ 물론 그렇다고
해서 무언가 "새로운 것"을 내세운다고 주장하는 것은 아니지만 ─ 대변할 것이다.

이 논문에서는 장황한 논의가 전개되고(제2장에서) 동일한 사고가 자주 반복되는데, 이
를 통해 추구하는 목적은 단 한 가지, 여기에서 다루는 문제들을 가능한 한 **일반독자들**
도 이해할 수 있도록 하는 데에 있다. 이 목적으로 인해 표현의 엄밀성을 많이 ─ 너무 많
지 않기를 바라마지 않는다 ─ 희생시켰으며, 또한 이 목적을 위해 몇 가지 방법론적 관
점들을 열거하는 선에서 그치고 **체계적인** 분석은 완전히 단념했다. 이러한 분석을 위해
서는 다양한, 그리고 부분적으로는 이 논문에서 제시된 것보다 훨씬 더 심오한 인식론적
문제들에 대한 고찰이 필요했을 것이다. 우리는 여기에서 논리학을 추구하는 것이 아니
라 현대 논리학의 잘 알려진 연구성과를 우리의 논의를 위해 활용하고자 하며, 또한 문제
를 해결하고자 하는 것이 아니라 비전문가들에게 문제의 의의를 분명히 보여 주고자 할
뿐이다. 현대 논리학자들 ─ 나는 다만 빈델반트와 짐멜 그리고 우리의 목적을 위해서 특
히 하인리히 리케르트를 언급하고자 한다 ─ 의 저작을 알고 있는 사람이라면 누구나 이
논문이 모든 중요한 점에서 전적으로 그들에게 접목하고 있음을 즉각 간파할 것이다.

2) 이 논문은 베르너 좀바르트, 막스 베버, 에드가 야페가 공동으로 『사회과학 및 사회정책
저널』의 편집을 담당하게 되었을 때 발표된 것이다(마리안네 베버의 주).[1]

1 이는 베버의 미망인 마리안네 베버가 그의 사후인 1922년에 그가 생전에 발표한 글들
을 모아 『과학론 논총』을 펴내면서 덧붙인 주이다.

서론

우리나라에서 사회과학 저널, 특히 사회정책 저널이 창간되거나 새로운 편집진의 손으로 넘어가는 경우에 흔히 제기되는 첫 번째 질문은 다음과 같다: 그것은 어떠한 "경향"을 띨 것인가? 우리 역시 이 질문에 대한 답변을 회피할 수 없기에, 여기서는 "서문"[1]에서 우리가 제시한 견해에 접목하면서 보다 원칙적인 문제제기 아래 이 질문에 답변해 보고자 한다. 이를 통해 우리는 우리가 이해하는 "사회과학적" 작업의 일반적인 특성을 여러 방향에서 조명할 수 있는 기회를 갖게 될 것이다. 이러한 조명은 "자명한 사실들"을 그 대상으로 하며, 따라서 전문가들에게는 유용하지 않을 것이다. 그러나 그럼에도 불구하고 또는 아마도 바로 그러한 이유 때문에 적어도 실제적인 과학적 작업과 거리가 먼 많은 독자들에

---

1 이는 『사회과학 및 사회정책 저널』 창간호에 편집진의 이름으로 실린 서문을 가리킨다. 베버, 야페 & 좀바르트, 「서문」을 볼 것.

게는 유용할 수 있다. ─

　이 "저널"[2]이 창간 이래로 추구해 온 공언된 목적은 "모든 국가의 사회적 상태",[3] 즉 사회적 삶의 **사실들**에 대한 우리의 인식을 확장하는 것**뿐만 아니라** 사회적 삶의 **실천적 문제들**에 대한 **판단**을 훈련하는 것에도, 그리고 이를 통해 ─ 물론 재야 학자들이 그와 같은 목표에 기여할 수 있는 것처럼 매우 제한된 정도로 ─ 사회정책상의 실제적 작업을 비판하는 것에도 있었는데, 이 비판에는 입법적 요소들까지 포함되었다.[4] 그럼에도 불구하고 우리 저널은 처음부터 순수한 과학적 저널이 될 것이며 오직 **과학적** 연구수단만으로 작업할 것이라는 입장을 고수해 왔다[5] ─ 이에 따라 우선 다음과 같은 문제가 대두된다: 상기한 이 저널의 목적이 이러한 수단적 제약과 어떻게 원칙적 차원에서 화합할 수 있는가? 이 저널은 입법적·행정적 조치들 또는 이것들을 위한 제안들에 대해 **평가를 내린다**고 하는데 ─ 이 말이 의미하는 바는 무엇인가? 이러한 평가는 어떠한 **규범**에 근거하는가? 그와 같은 평가를 내리는 사람이 자신의 입장에서 표명하는 또는 실천적 제안을 하는 집필자가 그 근거로 삼는 가치판단에는 어떠한 **타당성**이 부여될 수 있는가? 과학적 인식의 기준은 그 결과가 "객관적" 타당성을 갖는 한에서 **진리**가 된다는 점에서 찾아야 한다면, 상기한바 평가를 내리는 사람이나 실천적 제안을 하는 집필자는

2　이는 1888년 하인리히 브라운이 창간한 『사회입법 및 통계 저널』을 가리킨다. 이 저널의 속간이 바로 『사회과학 및 사회정책 저널』이다.

3　『사회입법 및 통계 저널』의 부제가 『모든 국가의 사회적 상태에 대한 연구를 위한 계간지』 또는 (1897년부터) 『모든 국가의 사회적 상태에 대한 연구를 위한 저널』이다.

4　브라운은 『사회입법 및 통계 저널』 창간호 「서문」, 1쪽에서 다음과 같이 말하고 있다: "사회적 상황을 그 실제적인 상태의 관점에서 연구하고 서술하는 것 그리고 이 상태의 개선을 위한 입법적 조치들을 특히 사실의 관점에서 비판하는 것이 이 저널의 주된 작업이 될 것이다."

5　브라운에 따르면, 『사회입법 및 통계 저널』은 "사회통계 및 사회입법 영역에 대한 자유롭고 모든 **측면**에서 독립적인 연구의 장, 다시 말해 무조건적으로 그 대상에 접근하며 과학적 진리라는 단 하나만의 목적을 추구하는 연구의 장"이 되어야 한다. 같은 글, 5쪽.

어떤 의미에서 **과학적** 논의의 장에 머물고 있다고 할 수 있는가? 우리는 우선 **이** 문제에 대한 우리의 입장을 서술하고자 하며, 그다음으로 뒤에서 다음과 같은 문제를 논의하고자 한다: 문화적 삶[6] **일반**에 대한 과학의 영역에서는 어떠한 의미에서 "객관적으로 타당한 진리"가 **존재하는가?**[7] ─ 이 문제는 피해 갈 수 없는바, 그 이유는 우리 과학 분야[8]에서는 외견상 가장 기본적인 문제들인 연구방법, 개념구성의 방식 및 개념의 타당성이 끊임없이 변화하며 이 문제들을 둘러싸고 격렬한 투쟁[9]이 벌어지기 때문이다. 우리는 여기에서 문제들의 해답을 제공하고자 하는 것이 아니라 단지 문제들을 제시하고자 할 뿐인데 ─ 이 문제들은 우리 저널이 지금까지의 그리고 앞으로의 과제를 수행하기 위해서는 반드시 주목해야 하는 문제들이다. ─

---

6 베버의 저작에서 중요한 역할을 하는 이 개념은 리케르트, 『자연과학적 개념구성의 한계』에서 자주 등장한다. 같은 책, 309, 580~81, 585~86, 596, 600, 610, 620, 633, 703~04쪽을 볼 것.

7 베버는 이 두 문제를 각각 이 논문의 제1장과 제2장에서 다루게 된다.

8 경제학을 가리킨다.

9 이는 특히 1880년대에 오스트리아 이론경제학의 거두인 멩거와 독일 역사학파 경제학의 거두인 슈몰러 사이에, 그리고 이들의 추종자들 사이에 경제학의 헤게모니를 둘러싸고 벌어진 이른바 방법론 논쟁을 가리킨다. 이에 대해서는 이 책의 80~81쪽, 옮긴이 주 5를 볼 것.

이상과 가치판단에 대한 과학적 비판의 의미

우리 모두는 인간의 문화제도와 문화현상을 대상으로 하는 모든 과학처럼 — 아마도 정치사는 예외이겠지만 —, 우리 과학[1]도 역사적으로 볼 때 애초에는 **실천적** 관점에서 출발했다는 사실을 잘 알고 있다. 국가의 특정한 경제정책적 조치들에 대해 가치판단을 내리는 것이 우리 과학의 우선적인 그리고 처음에는 유일한 목적이었다. 의학에서 임상적 과학 분야들이 그런 것과 유사한 의미에서 우리 과학은 "기술"(技術)이었다. 그런데 주지하다시피 이러한 상황은 점차 변화되어 갔는데, 그렇다고 해서 이 변화에 "존재하는 것"에 대한 인식과 "당위적으로 존재해야 하는 것"에 대한 인식의 **원칙적** 구분이 수반된 것은 아니었다. 이러한 구

---

1 경제학을 가리킨다.

분을 저해한 것은 다음의 두 견해였는데, 처음에는 불변의 동일한 자연법칙이 경제적 현상을 지배한다는 견해였고, 나중에는 하나의 명백한 발전법칙이 경제적 현상을 지배한다는 견해였다. 그리하여 **당위적으로 존재해야 하는 것이** — 첫 번째 경우처럼 — 불변적으로 **존재하는 것과** 일치하게 되었거나 또는 — 두 번째 경우처럼 — 불가피하게 **생성되어 가는 것과** 일치하게 되었다. 그 후에 역사의식이 깨어나면서 우리 과학에서는 윤리적 진화주의와 역사적 상대주의의 결합이 지배적인 경향이 되었다. 이러한 경향의 경제학자들은 윤리적 규범으로부터 형식적 성격을 제거하고 모든 문화가치[2]를 "윤리적인 것"의 영역으로 끌어들임으로써 이 영역을 **내용적으로** 규정지으려고 했으며, 이를 통해 경제학에 경험적 토대에 근거하는 "윤리적 과학"의 품위를 부여하고자 했다.[3] 그들은 가

---

2 베버의 저작에서 중요한 역할을 하는 이 개념은 리케르트의 『문화과학과 자연과학: 한 편의 강연』, 그리고 『자연과학적 개념구성의 한계』에 자주 등장한다. 전자의 21, 45, 47, 49, 52, 56, 58, 64, 66~67쪽을, 그리고 후자의 577쪽 이하, 596쪽 이하를 볼 것.

3 이 문장과 그 바로 앞뒤의 문장은 모두 독일 역사학파 경제학과 관련된다. 먼저 바로 앞 문장에 나오는 "역사의식"이라는 단어와 역사학파 경제학이라는 이름에서 알 수 있듯이, 독일 역사학파 경제학은 역사경제학이다. "이 학파는 모든 경제현상을 그 구체적인 역사적 상황에서 파악하려고 한다. 이는 독일 역사학파 경제학이 경제, 아니 더 나아가 국민 또는 민족의 전체적인 삶을 구성하는 모든 요소를 역사발전의 결과로 보기 때문이다. 그런데 여기에서 한 가지 매우 중요한 점이 있으니, 그것은 독일 역사학파 경제학이 단순히 역사적 접근방법을 구사하는 경제학을 추구하는 것이 아니라 경제학을 역사학의 토대 위에 구축하고자 한다는, 즉 역사학을 경제학의 기본과학으로 삼고자 한다는 사실이다. 그러니까 이 학파가 추구하는 것은 역사적 경제학이 아니라 역사학적 경제학이다. 그에 대한 근거를 슈몰러는 다음과 같이 제시하고 있다. '역사학은 철학과 더불어 모든 과학 가운데서 가장 보편적이다. 역사학은 말하자면 모든 정신과학의 중심이다.'" 김덕영, 『막스 베버: 통합과학적 인식의 패러다임을 찾아서』, 315쪽(이 인용구절에서 작은 따옴표로 처리된 간접인용은 슈몰러, 「민족경제, 경제학 및 그 방법」, 461쪽에서 온 것이다). 그리고 독일 역사학파 경제학은 윤리적 가치판단을 추구한다. "독일 역사학파 경제학자들에게 윤리적 가치는 모든 가치를 넘어서며 이것들에 의미를 부여하는 최상의 그리고 최선의 가치이다. 슈몰러에 따르면, 종교적, 윤리적, 법적, 미학적, 사회적, 정치적, 과학적, 경제적 가치 등 다양한 가치가 존재하며, 이 가치들은 모두 밀접하게 상호작용을 한다. 이 모두를 문화가치라고 일컬을 수 있다. 그러나 이 모든 가치의 중심점은 궁극

능한 문화적 이상들 모두에 "윤리적인 것"이라는 소인을 찍음으로써 이 이상들의 "객관적" 타당성과 관련해서는 아무런 기여도 하지 못한 채 단지 윤리적 명령들의 특유한 품위만 증발시켰을 뿐이다. 그러나 여기서는 이에 대한 원리적 논의는 제쳐놓아도 괜찮고 또 제쳐놓을 수밖에 없다.[4] 우리는 다만 한 가지 사실을 지적해 두고자 하는바, 그것은 경제학이 하나의 특수한 "경제적 세계관"으로부터 **가치판단**을 창출하고 또 창출해야 한다는 막연한 견해가 오늘날에도 여전히 사라지지 않고 오히려 널리 퍼져 있으며, 특히 그리고 충분히 이해할 수 있는 나름대로의 이유로 실무자들 사이에서 그렇다는 사실이다. ──

우리는 이 자리에서 미리 우리의 입장을 분명히 밝히고자 하는바, 그것은 전문화된 경험과학의 한 분야[5]를 대변하는 우리 저널은 상기한 견해를 **원칙적으로 거부할** 수밖에 없다는 것이다. 왜냐하면 우리는 구속력 있는 규범과 이상을 규명하며, 이를 통해 실천적 처방책을 도출할 수 있도록 하는 것은 결코 경험과학의 과업이 될 수 없다는 견해를 갖고 있기

적으로 윤리적 가치인데, 그 이유는 윤리적 가치가 '삶의 모든 목적과 이 목적들의 조화를 위해 추구해야 할 것을 제시하며, 이에 필요한 감정, 도덕. 규범. 제도를 유발하려고 하기' 때문이다. 이러한 가치론의 결과 독일 역사학과 경제학은 현실의 경험적 존재(원인)와 인간행위의 존재당위(목적)가 일치하는 경험주의적 윤리학을 내세운다. 슈몰러는 칸트 이후의 형식주의적 윤리학, 즉 윤리학으로부터 내용을 배제하고 윤리적 행위를 경험과학적으로 인식할 수 없는 보편타당한 법칙에 귀속시키는 윤리학을 '윤리적 순수주의'라고 폄훼한다. 슈몰러에 따르면, 원인과 목적의 관계는 상관적으로 결정되는 것이기 때문에 그러한 윤리적 순수주의는 아무런 설득력이 없다. 윤리적 가치판단은 '모든 인과관계에 대한 점증적인 경험적 통찰에서 생겨난다'라는 것이 슈몰러의 확고한 입장이다.' 같은 책, 318~19쪽(이 인용구절에서 작은따옴표로 처리된 세 군데의 간접인용은 각각 슈몰러, 「민족경제, 경제학 및 그 방법」, 494, 497, 494쪽에서 온 것이다).

4 이 문장의 앞부분에 나오는 "이에 대한"은 "윤리적 경제학의 문제에 대한"이라고, 그리고 "원리적 논의는"은 "원리적 차원에서의 논의는", 보다 정확히 말하자면 "원리적 차원에서의 비판적 논의는"으로 읽으면 된다. 그러니까 베버는 여기에서 윤리적 경제학에 대한 원리적 차원에서의 비판적 논의는 시도하지 않으려는 것이다. 윤리적 경제학에 대한 비판은 좀바르트, 「사회정책의 이상들」, 15쪽 이하를 볼 것.

5 경제학을 가리킨다.

때문이다.

그렇다면 이 명제로부터 나오는 결론은 무엇인가? 가치판단이 궁극적으로는 특정한 이상에 기반하며, 따라서 그 원천이 "주관적"이기 때문에 과학적 논의를 완전히 **벗어난다**는 결론이 나오는 것은 결코 아니다. 우리는 우리 저널의 실제적 활동과 목적에서 항상 그와 같은 명제를 배제할 것이다. 가치판단이 비판의 대상에서 제외되는 일은 없을 것이다. 문제는 오히려 다음에 있다: 이상과 가치판단에 대한 과학적 비판이 **의미하는** 바는 무엇이며 목적하는 바는 무엇인가? 이 문제는 보다 상세한 고찰을 요한다.

유의미한 인간행위의 궁극적인 요소들에 대한 모든 사유적 성찰은 우선 "목적"과 "수단"이라는 범주에 결부된다. 우리가 구체적으로 어떤 것을 원하는 경우, 이것이 갖는 "자체의 고유한 가치 때문에" 그리하거나 이것이 우리가 종국적으로 원하는 것을 획득하는 수단이 되기 때문에 그리한다. 여기에서 우선 주어진 목적에 대한 수단의 적합성이라는 문제가 과학적 고찰의 대상이 될 수 있다는 데에는 의심의 여지가 없다. 우리는 (우리의 지식이 그때그때 가진 한계 내에서) 설정된 목적을 획득하는 데에 **어떠한** 수단이 적합한지 또는 부적합한지를 타당성 있게 규명할 수 있으며, 따라서 우리는 이러한 방식으로 이용할 수 있는 특정한 수단에 의해 특정한 목적을 달성할 수 있는 가망성을 저울질할 수 있다. 또한 우리는 이러한 저울질을 통해 간접적으로, 목적설정 그 자체가 그때그때 주어진 역사적 상황에 비추어볼 때 실천적으로 유의미한 것인지 아니면 주어진 조건으로 볼 때 무의미한 것인지 비판적으로 평가할 수 있다. 그리고 더 나아가, **만약** 설정된 목적의 달성이 가능한 것으로 보이면, 우리는 —물론 여기서도 우리의 지식이 그때그때 갖는 한계 내에서 — 행위의 모든 과정이 갖는 전체관계[6]를 고려함으로써 필요한 수단의 사용이

6 이 개념에 대해서는 이 책의 61쪽, 원주 24에 따르는 옮긴이 주 2를 볼 것.

의도된 목적의 경우에 따른 달성 **이외에** 초래할 수도 있는 **결과들**을 규명할 수 있다. 이를 통해 우리는 행위자에게 그의 행위의 원하는 결과와 원하지 않는 결과를 저울질할 수 있는 가능성을 제공할 수 있으며, 그렇게 함으로써 다음과 같은 질문에 대한 답변도 제공할 수 있다: 그가 원하는 목적이 달성되면서 아마도 **다른** 가치들이 훼손될 것인데, 이 경우에 그가 "**치러야 할 대가**"는 무엇인가? 대부분의 경우, 추구되는 모든 목적은 이러한 의미에서 무엇인가 "대가를 요구하거나" 또는 대가를 요구할 수 있기 때문에 책임 있게 행위하는 사람은 반드시 자기성찰적으로 행위의 목적과 결과를 상호 저울질해야만 한다. 바로 이러한 저울질을 가능케 하는 것이 우리가 지금까지 논의한 **기술적** 비판의 가장 중요한 기능 가운데 하나이다. 그러나 행위자로 하여금 그와 같은 저울질에 근거하여 결정을 내리도록 하는 것 자체는 물론 과학이 수행할 수 있는 과제가 **아니다**. 그것은 오히려 욕구하는 인간의 과제이다: 그는 자신의 고유한 양심과 자신의 개인적인 세계관에 따라 고려의 대상이 되는 가치들을 곰곰이 따져 보고 그 사이에서 선택한다. 과학은 그로 하여금 **모든** 행위가, 그리고 물론 상황에 따라서는 행위하지 **않는 것**도, 그 결과에 있어서는 특정한 가치를 **편드는 것**을 의미하며, 그리하여 — 이 점은 오늘날 매우 빈번하게 오인되고 있지만 — 일반적으로 **다른 가치들을 배제하는 것**을 의미한다는 사실을 **의식하도록** 도와줄 수 있다. 선택을 하는 것은 그 자신의 일이다.

그리고 우리는 그가 이러한 결정을 할 때 더 나아가 그로 하여금 자신이 원하는 것 자체의 **의미를 인식하도록** 도와줄 수 있다. 우리는 그에게 그가 원하고 그 사이에서 선택하는 목적들의 관계와 의미를 가르쳐줄 수 있는바, 이는 우선 구체적인 목적의 기저를 이루거나 또는 이룰 수 있는 "이념들"을 밝혀내고 이것들 사이의 논리적 관계를 보여 줌으로써 그리할 수 있다. 왜냐하면 이 "이념들", 즉 인간들이 그것들을 위해 때로는 실제로 투쟁해 왔고 때로는 투쟁한다고 믿어왔으며 지금도 그렇게 하고 있는 이념들을 정신적으로 이해할 수 있도록 해주는 것이 인간의 문화적 삶에 대한 모든 과학의 가장 중요한 과제들 가운데 하나임이 자명하기 때문이다. 비록 정신적 가치의 이러한 해석에 사용되는 수단이 일반적인 의미에서의 "귀납"은 아닐지라도, 그와 같은 과제는 "경험적 현실의 사유적 질서화"[7]를 추구하는 과학의 한계를 벗어나는 일은 아니다. 물론 이러한 과제는 통상적인 노동분업적 전문화에 따라 경제학이라는 과학 분야가 다루는 영역을 적어도 부분적으로는 벗어난다; 그것은 **사회철학**의 과제에 속하는 일이다. 그러나 이념의 역사적 힘은 사회적 삶의 발전에 막대한 것이었고 또 여전히 막대하기 때문에,[8] 우리 저널은 이러한 과제를 결코 회피하지 않을 것이다. 아니 오히려 그 과제를 수행하는 것은 우리 저널의 가장 중요한 임무 중의 하나가 될 것이다.[9]

---

7 이 인용구는 출처를 확인할 수 없다. 어쩌면 이 표현은 다른 곳에서 인용한 것이 아니라 베버가 처음으로 사용하면서 따옴표로 처리한 것일 수도 있다. 아무튼 뒤에서도 이러한 표현이 여러 번 나오며(256, 257, 258, 263, 287, 329, 337쪽), 또한 그와 유사한 표현도 볼 수 있다. 사실 경험적 현실의 사유적 질서화 또는 사유를 통해 경험적 현실에 질서를 부여하는 것이 의미하는 바는 잘 와닿지 않는다. 이를 쉽게 풀어보면 다음과 같다. "경험적 현실(사물)은 그 자체로는 내적인 질서를 갖고 있지만 우리에게는 무질서하며, 따라서 무의미하다. 그러므로 우리는 경험적 현실을 사유적으로, 즉 지적 또는 정신적으로 질서화한다. 다시 말해 거기에 질서를 부여하며, 또한 그럼으로써 의미를 부여한다. 이는 경험적 현실을 사유적으로 변형한다는 것을 뜻한다. 이 경험적 현실에 대한 사유 구성물이 바로 개념이다. 그리고 인식이란 개념을 구성하고 그 개념을 수단으로 경험적 현실을 판단하고 추론하는 일련의 지적·정신적 행위이다. 이처럼 인간의 사유적 행위를 전면에 내세우는 인식론을 구성론적 인식론 또는 구성론이라고 한다." 김덕영,『막스 베버: 통합과학적 인식의 패러다임을 찾아서』, 439쪽. 이 점에서 베버는 칸트의 인식론에 접목하고 있다. 베버는 ─ 아래의 331쪽에서 보게 되듯이 ─ 주장하기를, "칸트에서 연원하는 근대 인식론의 근본사상은, 개념이 도리어 경험적으로 주어진 것을 정신적으로 지배할 목적으로 사용하는 사유적 수단이며 또한 오직 사유적 수단일 수밖에 없다는 것이다." 베버와 칸트 인식론의 관계에 대해서는 같은 책, 437쪽 이하를 볼 것.

8 이 부분은 다음과 같이 의역하면 그 의미가 보다 명확하게 와닿을 것이다. "그러나 사회적 삶이 발전하는 과정에서 이념이 역사적으로 끼치는 영향력은 막대한 것이었고 또 여전히 막대하기 때문에 [……]."

9 이 과제를 가장 전형적으로 수행한 것이 바로 프로테스탄티즘의 윤리와 자본주의 정

그런데 우리가 가치판단의 과학적 논의를 통해 하고자 하는 바는, 단지 행위자가 원하는 목적과 그 기저를 이루는 이상을 이해하고 추체험하도록 하는 것일 뿐만 아니라 더 나아가 특히 이 목적과 이상을 비판적으로 "평가하도록" 가르치는 것이기도 하다. 물론 **이러한** 비판은 단지 변증법적 성격[10]을 지닐 수 있을 뿐이다. 다시 말해, 그것은 단지 역사적으로 주어진 가치판단과 이념에 들어 있는 자료를 형식논리적으로 평가하는, 그러니까 이상을 행위자가 원하는 것의 내적 **무모순성**이라는 요청[11]에 비추어 검토하는 일일 뿐이다. 이러한 목표를 추구하는 가치판단의 과학적 논의는 행위자로 하여금 자신이 욕구하는 것의 기저를 이루는 궁극적 공리에 대해, 즉 그가 무의식적으로 행위의 출발점으로 삼거나 또는 ― 일관되게 행위하기 위해서는 ― 출발점으로 삼아야 하는 궁극적 가치척도에 대해 자기성찰을 하도록 도와줄 수 있다. 구체적인 가치판단에서 표명되는 이 궁극적 가치척도를 **의식하도록** 하는 것이야말로 가치판단의 과학적 논의가 사변의 영역에 발을 들여놓지 않고서 할 수 있는 마지막이다.[12] 가치판단을 하는 주체가 이 궁극적 가치척도를

신에 대한 베버의 연구이다. 그는 『사회과학 및 사회정책 저널』, 제20권, 제1호(1904년 11월)와 제21권, 제1호(1905년 6월)에 이 연구의 제1부와 제2부를 발표했다. 그러니까 베버는 이 저널의 제19권, 제1호(1904년 4월)에서 제시한 과제를 곧바로 실천한 것이다.

10 여기에서 말하는 변증법이란 우리가 흔히 이해하는 헤겔의 관념론적 변증법이나 마르크스의 유물론적 변증법, 그러니까 관념론적 또는 유물론적 운동법칙과는 아무런 관련이 없다. 이는 오히려 이 단어의 원래적 의미, 즉 이성적 대화를 통해 진리를 확립하는 방법과 절차를 의미한다. 구체적으로 말해 대화를 통해 개념과 대상 사이, 대화 참가자들 사이, 자연과 사회의 대립 또는 모순을 극복하여 종합에 이르는, 그러니까 정명제와 반명제의 합명제를 찾아냄으로써 진리에 도달하는 방법과 절차를 가리킨다.

11 여기에서 이 단어는 "요긴하게 부탁한다"라는 일상적 의미가 아니라 "공리처럼 자명하지는 않으나 증명이 불가능하며 과학적 논의의 원리 또는 기본전제가 되는 것"이라는 의미로 쓰이고 있다.

12 이 문장은 다음과 같이 의역하면 의미하는 바가 보다 명확해질 것이다. "구체적인 가치판단에서 표명되는 이 궁극적 가치척도를 **의식하도록** 하는 것이야말로 가치판단의 과학적 논의가 할 수 있는 마지막이며, 이 선을 넘어서는 순간 가치판단에 대한 논의는 경험과학의 영역을 벗어나 사변의 영역으로 들어서게 된다."

신봉**해야** 할지는 전적으로 그의 개인적인 사안이며 그의 의지와 양심의 문제이지 경험적 지식의 문제가 아니다.

경험과학은 그 누구에게도 결코 그가 무엇을 **해야 하는지**는 가르쳐 줄 수 없으며, 단지 그가 무엇을 **할 수 있는지**, 그리고 ─경우에 따라서 는─ 그가 무엇을 **원하는지**를 가르쳐줄 수 있을 뿐이다. 우리 과학들[13] 영역에서 개인적 세계관이 끊임없이 개입하여 영향을 끼치는 경향이 있 다는 것은 엄연한 사실인데, 개인적 세계관은 심지어 과학적 논증에까지 개입하여 이를 지속적으로 혼탁하게 만든다. 그리하여 사실들 간의 단순 한 인과관계를 규명하는 영역에서조차도 그 규명의 결과가 개인적 이상 의 실현 가망성, 즉 특정한 욕구의 충족 가능성을 감소시키거나 증진하 는지에 따라 과학적 논증의 중요성이 달리 평가된다. 물론 우리 저널의 편집자들과 기고자들도 이 점에서 다르지 않은데, 이들도 "인간적인 것 은 그 어떤 것도 남의 일이라고 생각하지 않는다."[14] 그러나 이처럼 인간 적 약점을 고백하는 것은, 경제학이 "윤리적" 과학, 즉 자신의 소재에서 이상을 도출해야 하거나 보편적인 윤리적 명령을 자신의 소재에 적용하 여 구체적인 규범을 창출해야 하는 과학이라고 믿는 것과는 전혀 다른 것이다. ─그리고 더 나아가 다음도 엄연한 사실이다: 우리는 "인격"의 가장 내면적인 요소들, 그러니까 우리의 행위를 규정하고 우리의 삶에 의미와 의의를 부여하는 최고의 그리고 궁극적인 가치판단들을 **"객관 적으로"** 가치 있는 것으로 느낀다. 우리가 이러한 가치판단들을 견지할 수 있는 경우는 단 하나, 우리가 그것들을 타당한 것으로, 즉 우리 삶의

13　이는 인간의 사회적 행위를 인식대상으로 하는 ─넓은 의미에서의─ 역사학과 경제 학을 비롯한 사회과학을 가리키는 듯하다.

14　이는 아페르, 『자학자』(自虐者), 8쪽에 나오는 구절인 "나는 인간이다, 나는 인간적인 것은 [또는 인간에 관한 것이라면] 그 어떤 것도 남의 일로 보지 않는다"(Homo sum, humani nil a me alienum puto)를 원용한 것이다. 참고로 푸블리우스 테렌티우스 아페 르(기원전 195?~기원전 159)는 로마의 희극작가이자 시인이다.

최고의 가치들로부터 흘러나오는 것으로 받아들이고, 따라서 삶의 역경과 투쟁하면서 발전시켜 나가기 때문이다. 그리고 확실히 한 "인격체"의 존엄성은 그의 삶이 준거할 수 있는 가치들이 존재한다는 사실에 있다 — 설사 이 가치들이 경우에 따라서 전적으로 그의 고유한 개인성의 **내부에** 존재한다고 하더라도 그렇다: 이 경우에 그는 자신의 관심사들 가운데 **특정한** 관심사에 **가치로서의 타당성**을 부여하고 바로 이 관심사에 따라 "자기 자신을 마음껏 펼치며",[15] 또한 이렇게 하는 것을 그의 삶이 준거하는 이념으로 삼는다. 아무튼 가치에 대한 믿음이 전제되어야만 가치판단을 대외적으로 주장하려는 시도가 의미를 갖게 된다. **그러나** 그와 같은 가치의 타당성을 **평가한다는 것**은 **믿음**의 문제이며, 또한 동시에 **아마도** 삶과 세계의 의미를 사변적으로 고찰하고 해석하는 영역의 과제는 되겠지만, 우리의 저널이 추구하는 의미에서의 경험과학의 대상은 결코 될 수가 **없다**. 그런데 이러한 구별[16]에 대한 결정적인 이유는 — 흔히 생각하는 바와 달리 —, 상기한 궁극적 목표들이 변화할 수 있고 논쟁의 여지가 있다는 경험적으로 입증할 수 있는 사실에 있는 것이 아니다. 왜냐하면 심지어 가장 확실한 이론적 — 예컨대 정밀한 자연과학적 또는 수학적 — 명제들에 대한 우리의 지식마저도, 우리의 양심이 강화되고 순화된 것이 문화의 산물이듯이, 어디까지나 문화의 산물이기 때문이다. 물론 특별히 (통상적인 의미에서의) 경제정책과 사회정책의 실제적 문

---

15 리케르트는 이미 『자연과학적 개념구성의 한계』, 717쪽에서 이 개념을 사용한 적이 있다. 그러나 그 의미하는 바는 베버와 완전히 다르다. 리케르트에 따르면, 모든 인간은 "보편적인 법칙들의 실현에 기여하는" 한 고유한 개인성을 가지며, 따라서 이른바 "자기 자신을 마음껏 펼치는 것"은 "현실의 큰 목적론적 관계"를 벗어난 무목적적이고 자의적이며 무계획적인 것으로서 도덕적으로 비난받아 마땅하다. 이처럼 같은 개념을 베버와 리케르트가 완전히 다른 의미로 사용하는 것은, 이 둘의 가치론이 근본적으로 다르기 때문이다. 이에 대해서는 김덕영, 『막스 베버: 통합과학적 인식의 패러다임을 찾아서』, 395쪽 이하를 볼 것.

16 이는 한편으로는 믿음과 사변적 고찰 및 해석, 그리고 다른 한편으로는 경험과학 사이의 구별을 가리킨다.

제들로 눈길을 돌려보면, 거기서는 수많은, 아니 무수한 실제적인 **개별문제들**이, 특정한 목적이 **자명한 것**으로 주어져 있다는 전반적인 합의 아래 논의되고 있음이 드러난다 ─ 예컨대 긴급대부, 공중위생 및 빈민구호의 구체적 과제들, 공장감독, 산업재판소 및 직업소개와 같은 조치들, 노동자보호법의 많은 부분을 생각해 볼 수 있다 ─ 이것들에서는 적어도 외견상으로는, 목적의 달성에 필요한 **수단**만이 문제가 된다. 그러나 설사 우리가 여기에서 자명성이라는 허상을 진리로 인정하고 ─ 이렇게 하는 과학은 반드시 응분의 대가를 치르게 된다 ─ 막상 목적을 실현하려고 하면 일어나는 갈등을 목적에의 적합성이라는 순수하게 기술적인 문제로 간주한다고 하더라도 ─ 물론 이렇게 하는 것은 대부분 오류이지만 ─, 우리는 다음과 같은 사실에 직면하지 않을 수 없을 것이다. 즉 우리가 자선이나 치안에 의한 복지 **서비스**와 경제 **서비스**라는 구체적인 문제들로부터 경제**정책**과 사회**정책**의 문제들로 한 차원 올라가면, 규제적 가치척도들은 자명성을 갖는다는 이 **허상**마저도 곧바로 사라져버린다는 사실에 직면하지 않을 수 없을 것이다. 요컨대 사회**정책적** 성격을 갖는 문제의 특징은 다름 아니라, 이 문제가 이미 확정되어 있는 목적에 대한 단순한 기술적 고려만을 통해 해결될 수 **없다**는 사실, 그리고 이 문제는 일반적인 **문화**문제의 영역에 포함되기 때문에 규제적 가치척도들 자체가 **논쟁**의 대상이 될 수 있고 또 **되어야** 한다는 사실에 있다. 그리고 오늘날 흔히 믿는 바와 달리, 투쟁은 "계급적 이해관계들"[17] 사이에서만이 아니라 **세계관들 사이에서도** 일어난다 ─ 물론 그렇다고 해서 개인이 **어떤** 세계관을 견지하게 되는가에는, 많은 요인들 가운데에서도 특히 이 세계관과 그의 "계급적 이해관계" ─ 우리는 외견상으로만 명백한 이 개념을 여기서는 일단 수용하기로 한다 ─ 사이에 존재하는

---

17 자명하게도 이는 마르크스의 개념이다. 예컨대 마르크스, 『루이 보나파르트의 브뤼메르 18일』, 151~52쪽과 마르크스, 『철학의 빈곤』, 162쪽에서 이 개념을 볼 수 있다.

선택적 친화력[18]의 정도가 의심할 바 없이 매우 결정적인 영향을 끼치

---

18 이는 화학에서 처음 사용된 개념이다. 화학자들은 이 개념으로 원소들 사이의 다양한
결합관계를 설명했다. 괴테는 1809년에 출간된 소설 『선택적 친화력』에서 이 개념을
인간세계에 적용했다. 그리고 베버는 이것을 역사적 연구의 방법으로 도입했다. 그 대
표적인 예가 『프로테스탄티즘의 윤리와 자본주의 정신』이다. 베버는 이 저작의 과제를
"일정한 형태의 종교적 신앙과 직업윤리 사이에 과연 그리고 어떤 점에서 특정한 '선택
적 친화력'이 인식될 수 있는지 연구하는 것"에서 찾는다. 막스 베버, 『프로테스탄티즘
의 윤리와 자본주의 정신』(한글판), 138쪽.
괴테의 작품을 보면 선택적 친화력의 의의가 확연해질 것이다. 그 내용을 요약하면 다
음과 같다: "원래 사랑하는 사이인 에두아르트 남작과 그의 부인 샤로테는 서로의 뜻과
는 달리 각기 다른 사람과 결혼했다가 배우자들의 죽음으로 다시 만나 결혼한다. 그들
은 세상으로부터 떨어진 에두아르트의 장원에서 행복하게 살고 있다. 그런데 얼마 후
에두아르트의 친구인 대위와 세상을 떠난 샤로테 친구의 딸인 오틸리에가 장원에 기거
하게 된다. 이들은 모두 미혼이다. 그런데 에두아르트와 오틸리에 사이에 그리고 샤로
테와 대위 사이에 애정이 싹튼다. 그러다가 대위가 새로운 일자리를 찾아 에두아르트
의 장원을 떠나가게 되자, 샤로테는 오틸리에 역시 다른 곳으로 간다면 에두아르트와
다시 평화로운 부부생활로 돌아갈 수 있을 것으로 믿고 그녀를 내보내자고 남편에게
제안한다. 그러나 에두아르트는 그럴 경우 자신은 당장 오틸리에와 결혼할 것이라고
경고한다. 그러고는 자원하여 전쟁터로 나간다. 자신의 운명을 시험하기 위해서이다.
즉 에두아르트는 만약 자신이 살아 돌아온다면 그것은 신이 오틸리에와의 결혼을 승낙
하는 것이라고 생각한다. 그 사이에 샤로테는 아기를 낳고 오틸리에는 사랑과 정성으
로 아기를 돌본다. 에두아르트는 전쟁터에서 무사히 돌아와 오틸리에와의 결혼을 신의
뜻으로 믿고 실천에 옮기고자 한다. 그리하여 이혼을 설득해 달라고 대위를 샤로테에
게 보내놓고 소식을 기다린다. 그때 마침 아기를 데리고 연못가를 산책하고 있는 오틸
리에를 만나 자신과 결혼해 달라고 애원한다. 오틸리에는 선뜻 답변을 하지 못한다. 마
침 해가 지고 어둠이 내리자, 그녀는 아기를 기다리고 있을 샤로테를 생각하며 급한 마
음에 연못을 돌아 걸어가는 대신에 나룻배를 타고 연못을 건너려고 한다. 그러나 아기
를 안고 나룻배에 앉아 노를 잡는 순간 넘어지면서 아기가 물에 빠져 숨진다. 이 비극적
인 사건으로 오틸리에는 고통 속에 식음을 전폐하고 죽음의 길을 선택한다. 그리고 에
두아르트도 스스로 목숨을 끊는다. 소설은 그들이 나란히 평화롭게 묻혀 있는 장면과
더불어 끝난다. 이처럼 에두아르트와 샤로테 그리고 대위와 오틸리에, 이들 네 사람 사
이에 일어난 분리와 결합이 선택적 친화력이다. 이 소설의 제1부 제4장에 선택적 친화
력에 대한 설명이 나온다. 샤로테가 에두아르트와 그의 친구 대위에게 선택적 친화력
이라는 화학적 현상이 무엇인가를 묻자 그들은 앞으로 같이 기거하게 될 오틸리에를
포함하여 그들 네 사람을 A, B, C, D로 기호화해 화학적 원소들 간의 분리와 결합의 관
계를 설명한다. 그들은 샤로테를 A, 에두아르트를 B, 대위를 C, 오틸리에를 D로 상정
하고는 에두아르트(B)가 친구인 대위(C)와 함께 지내는 시간이 많아지게 되면 샤로테

는 것이 일반적이라는 사실이 조금이라도 달라지는 것은 아니다. 어떠한 경우에도 한 가지 사실만은 확실하다: 다루고자 하는 문제가 "일반적이면 일반적일수록", 다시 말해 — 이 맥락에서는 — 다루고자 하는 문제의 문화의의가 광범위하면 광범위할수록, 경험적 지식의 자료에 근거하여 그 문제에 대해 명백한 답변을 제시하기는 더욱더 힘들어지며, 신념과 가치이념이라는 궁극적이고 지극히 개인적인 공리들의 역할은 더욱더 커진다. 심지어 전문가들에게서도 아직까지 때때로 볼 수 있는 다음과 같은 생각, 즉 실천적 사회과학을 위해서는 무엇보다도 "단 하나의 원리"를 정립하고 이것을 과학적으로 타당한 것으로 논증해야 하며, 그러고 나서 이로부터 실제적인 개별문제들의 해결을 위한 규범을 명백히 연역해 낼 수 있어야 한다는 생각은 참으로 순진한 일이 아닐 수 없다.[19] 물론 사회과학은 실제적 문제들에 대한 "원리적" 논의, 즉 성찰되지 않은 채 실제적 문제들을 지배하는 가치판단들을 그 기저에 깔려 있는 이념내용으로 소급하는 작업을 필요로 하며, 그리하여 우리 저널도 특별히 그와 같은 논의에 힘을 쏟을 작정이다 — 그러나 우리의 문제들을 한군데로 묶을 수 있도록 보편타당한 궁극적 이상들의 형태로 하나의 실천적 공통분모를 창출한다는 것은 확실히 우리 저널의 과제가 될 수 없을 뿐더러 일반적으로 그 어떤 경험과학의 과제도 될 수 없다: 이러한 과제는 실제적으로 해결할 수 없는 것일 뿐만 아니라 그 자체로서 부조리한 것이다. 그리고 윤리적 명령이 갖는 구속성의 근거와 성격이 어떻게 해석되든 간에 한 가지 확실한 것은, **개인**의 구체적으로 조건지어진 행위

(A)는 자연스레 오틸리에(D)와 가까워질 것이라고 예견한다. 그리고 샤로테가 이러한 도식을 통해 선택적 친화력이라는 화학적 현상을 이해하게 된 것을 만족해한다. 그러나 실제로는 B-C와 A-D의 결합이 아니라 B-D와 A-C의 결합으로 발전해 간다." 김덕영, 『막스 베버: 통합과학적 인식의 패러다임을 찾아서』, 604~05쪽.

19 이에 대한 대표적인 예로는 루돌프 슈탐러를 들 수 있다. 슈탐러에 대한 베버의 근본적인 비판은 이 책의 제4부와 제5부를 볼 것.

에 대한 규범으로 작용하는 이 명령으로부터 그가 당위적으로 추구해야 할 **문화내용**이 명백히 연역될 수는 없다는, 그리고 문제가 되는 내용이 포괄적이면 포괄적일수록 연역될 수 있는 가능성은 더욱더 줄어든다는 사실이다. 단지 기성종교[20]만이 — 보다 엄밀하게 표현하자면 교리적으로 결속된 **분파들**[21]만이 — **문화가치**의 내용에 절대적으로 타당한 윤리

---

20 이는 독일어 'positive Religion'을 옮긴 것인데, 사실 베버의 다른 저작에서는 이 용어를 찾아볼 수가 없다. 이와 더불어 베버가 의미하고자 하는 바는 개인들의 심리적 상태에 머물러 있는 신앙심이나 경건함의 단계를 넘어서 일정한 조직과 체계를 갖추고 존재하는 종교이다. 이렇게 보면 실증종교 또는 실정종교라고 옮기는 것보다는 기성종교라고 옮기는 것이 더 적합할 듯하다. 전자는 우리말로 적합하지 않다. 그러나 신흥종교에 대비되는 의미에서가 아니라 자연종교에 대비되는 의미에서 기성종교라고 이해해야 한다.

21 베버는 교회(Kirche)와 분파(分派, Sekte)를 구별하는데, 그 기준은 무엇보다 의무성과 자발성에 있다. "사실 '교회'란 종교적 구원재(救援財)를 신탁유증재단처럼 관리하고 거기에 소속되는 것이 (이념상!) 의무적이다. 따라서 그 무엇으로도 거기에 소속된 사람의 자질을 입증할 수 없는 은총기관이다. 이에 반해 '분파'란 전적으로 (이념상) 종교적 · 윤리적으로 자질을 갖춘 사람들의 자발적 결사체이다. 분파라는 결사체가 자유의지에 따라, 그리고 개인의 종교적 **확증**에 근거해 그를 받아들일 것을 결정하면, 개인 역시 자유의지에 따라 거기에 들어간다. 윤리적 과실로 인해 분파에서 추방된다는 것은 곧 경제적으로 신용의 상실을 그리고 사회적으로 몰락을 의미한다." 베버, 『프로테스탄티즘의 윤리와 자본주의 정신』(한글판), 428~29쪽. 교회가 의로운 자와 의롭지 않은 자를 모두 포괄한다면, 분파는 오직 선택된 소수의 성도들만으로 구성된다. 전자가 보편주의를 그 구성원리로 한다면, 후자는 특수주의를 그 구성원리로 한다. 이와 관련해 베버는 다음과 같이 분파에 대한 아주 자세한 — 사회학적 — 정의를 내리고 있다: "사회학적 의미에서 '**분파**'란 '작은' 종교 공동체가 아니며 또한 다른 어떤 공동체에서 쪼개져 나온, 그리하여 그것으로부터 '인정받지 못하거나' 박해받고 이단으로 취급당하는 종교 공동체가 아니다: 사회학적 의미에서 볼 때 가장 전형적인 '분파들' 중 하나인 침례교는 지구상에서 가장 큰 프로테스탄티즘 교파 가운데 하나이다. 그보다 분파란 그 **의도와 본질**상 필연적으로 보편성을 포기하고 필연적으로 그 구성원들의 전적으로 자유로운 합의에 기초할 수밖에 없는 종교 공동체이다. 그 이유는 분파가 귀족주의적 구성체, 즉 종교적으로 완전히 **자격을 갖춘 자들**의 결사체가 그리고 오직 그들만의 결사체가 되기를 원하기 때문이다. 분파는 교회처럼 의로운 자들과 의롭지 못한 자들 위에 빛을 비추며 특히 죄인들을 신적 명령의 규율에 복속시키려는 은총기관이 되기를 원하지 않는다. 분파는 '순수교회'(ecclecia pura)의 이상을 추구하며(그런 까닭에 '청교주의자들'이라 불린다) 또한 성도들의 **가시적** 공동체라는 이상을 추구하는데, 그 내부

적 명령의 품위를 부여할 수 있다. 이러한 종교적 영역 밖에서는 개인이 실현**하고자** 하는 문화이상과 그가 이행**해야** 하는 윤리적 의무는 원칙적으로 상이한 품위를 지닌다. 선악과[22]를 먹은 문화시대는 다음과 같은 숙명에 처해 있는바, 그것은 우리가 이 세상에서 벌어지는 일들에 대해 제아무리 철저히 연구하고 그 결과가 제아무리 완벽하더라도 이 일들의 **의미**를 읽어낼 수 없고 우리 스스로가 그것을 창출할 수 있어야 한다는 사실, "세계관"은 결코 증가하는 경험적 지식의 산물일 수 없다는 사실, 따라서 우리를 가장 강력하게 움직이는 최고의 이상들은 언제나 다른 이상들과의 투쟁 속에서 실현되며 우리의 이상들이 우리에게 성스럽듯이 이 다른 이상들은 다른 사람들에게 성스럽다는 사실을 깨달아야 하

로부터 악인들을 제거해 신의 눈길을 모욕하지 못하게 한다. 분파는 적어도 그 가장 순수한 유형에서 기관은총(機關恩寵)과 성직 카리스마를 거부한다. 각 개인은 신의 영원한 예정에 의해서(특수 침례교의 경우나 크롬웰 휘하 '독립주의자들'로 구성된 정예부대의 경우에서처럼) 또는 '내면적인 빛'에 의해서 또는 엑스터시를 체험할 수 있는 영적인 능력에 의해서 또는—초기 경건주의의 경우에서처럼—'참회투쟁'과 '회심'에 의해 '분파'의 구성원이 될 자격을 얻는다. 그러니까 결국 각 개인은 특별한 영적 능력에 의해서(퀘이커교의 모든 선구자와 퀘이커교 자체 그리고 대부분의 성령주의적 분파들의 경우에서처럼) 또는 각 개인에게 주어진 혹은 그가 획득한 특별한 카리스마에 의해 '분파'의 구성원이 될 자격을 얻는 셈이다[……]. 분파 구성원들이 하나의 공동체로 연합하는 형이상학적 근거는 지극히 다양하다. 그러나 사회학적으로 중요한 것은 다음과 같은 하나의 계기, 즉 공동체는 자격을 갖춘 자들을 자격을 갖추지 못한 자들로부터 분리하는 선택기제이다. 왜냐하면—적어도 순수하게 주조된 분파의 유형에서는—선택된 자들 또는 자격을 갖춘 자들은 저주받은 자들과의 교제를 피해야 하기 때문이다." 베버, 『경제와 사회: 이해사회학 개요』, 721~22쪽. 베버는 『프로테스탄티즘의 윤리와 자본주의 정신』(한글판), 419~81쪽에서 프로테스탄티즘의 분파들이 자본주의 정신에 대해 갖는 문화의의를 분석하고 있다.

22 이는 『구약성서』「창세기」, 제2~3장에 나온다. 선악과는 선과 악을 인식케 하는 지혜의 나무에 달린 열매인데, 아담과 이브는 신의 명령을 어긴 채 이 열매를 따먹고 낙원에서 추방당한다. 그러나 선악과를 먹은 결과로 그들의 눈이 밝아졌다. 다시 말해 인식과 사유의 능력이 생겼다. 베버가 말하는 "선악과를 먹은 문화시대"는 근대를 가리킨다. 이 시대에 들어오면서 인간은 이성과 과학이라는 선악과를 먹게 되었고, 그 결과로 눈이 밝아져 사실과 의미 또는 가치, 존재와 당위 사이에 건널 수 없는 간극이 존재하고 다양한 가치와 이상이 갈등하고 투쟁한다는 것을 깨닫게 되었다.

는 것이다.

이따금씩 발전사적 상대주의의 산물로 등장하는 낙관적 혼합주의만이 이러한 문제상황의 엄청난 심각성을 이론적으로 은폐하거나 그 결과를 실천적으로 회피할 수 있다. 물론 실천적 정치가가 경우에 따라서 대립되는 견해들을 중재하는 것은 그중 어느 하나를 두둔하는 것과 똑같이 주관적으로 의무에 따르는 행위일 수 있다. 그러나 이것은 **과학적** "객관성"과는 전혀 무관하다. "중도노선"이 좌파 또는 우파의 극단적인 당파적 이상보다 **머리카락 한 올만큼이라도 더 큰 과학적 진리가 되는 것은 아니다.** 길게 볼 때 과학의 발전이 가장 크게 저해되는 것은, 과학이 삶의 불편한 사실과 현실을 그 냉혹함 속에서 직시하지 않으려는 사람들에 의해 지배될 때이다. 우리 저널은, 여러 개의 당파적 견해를 종합하거나 대각선적으로 연결함으로써 **과학적 타당성**을 지니는 실천적 규범들을 얻을 수 있으리라는 심각한 자기기만을 가차 없이 배격할 것이다. 왜냐하면 이렇게 자기를 기만하는 사람들은 자신들의 고유한 가치척도를 기꺼이 상대주의적으로 은폐하며, 따라서 과학적 연구의 공평무사함을 위해서는 자신들의 교조가 과학적으로 "증명될 수 있다"고 오랫동안 순진하게 믿어온 정당인들보다도 훨씬 더 위험하기 때문이다. 인식과 가치평가를 **구별할 수 있는** 능력, 그리고 사실들의 진리를 관찰해야 하는 과학적 의무의 이행과 더불어 자신의 이상을 옹호해야 하는 실천적 의무의 이행, 바로 이것이 우리가 더욱더 철저하게 익히고자 하는 바이다.

경험적 지식과 가치판단의 원칙적 분리

다음의 세 가지 논증 사이에는 — 이 점은 우리에게 **중요한** 의미를 갖는다 — 메울 수 없는 영원한 간극이 존재하고 또 존재할 것인데, 그것은 우리의 감정에 호소하거나 구체적인 실천목표나 문화형식과 문화내용에 열광할 수 있는 능력에 호소하는 논증이거나, 또는 윤리적 규범의 타당성이 문제가 되는 때처럼 우리의 양심에 호소하는 논증이거나, **또**는 마지막으로 경험적 진리로서의 **타당성**을 담보하는 방식으로 경험적 현실을 **사유적으로 질서화할 수 있는** 우리의 능력과 그렇게 하려는 우리의 욕구에 호소하는 논증이다. 물론, 나중에 논의하겠지만,[23] **실천적** 이해관심을 지배하는 최고의 "가치들"은 문화과학의 영역에서 진행되는 사유적 질서화 작업의 **방향**이 설정되는 데에 결정적인 의미를 가지며 또 앞으로도 항상 그러할 것이다. 그럼에도 불구하고 상기한 명제는 여전히 참된 것이다. 왜냐하면 사회과학의 영역에서 방법상 정확한 과학적 논증은, 그 소기의 목적을 달성하려면 중국인에 의해서도 옳은 것으로 인정되어야 한다는 것은 진리이며 또한 영원히 진리로 남을 것이기 때문이다; 또는 — 보다 정확하게 말하자면 — 이 과학적 논증은 아마도 자료 부족으로 인해 완전히 도달하기 어려울 수도 있는 그와 같은 목표를 어쨌든 **추구해야** 한다는 것은 진리이며 또한 영원히 진리로 남을 것이기 때문이다;[24] 그리고 더 나아가 어떤 이상의 내용과 그 궁극적 공리들을 **논리적으로** 분석하는 작업과 이 이상의 추구로부터 생겨나는 논리적·실천적 결과를 제시하는 작업은, 만약 성공적인 것으로 간주되려면, 중국인에게도 타당해야 한다는 것 역시 진리이며 또한 영원히 진리로 남을 것이기 때문이다 — 이에 반해 중국인은 우리의 윤리적 명령들에 "귀 기울이지"[25] 않을 수 있으며, 또한 상기한 사유적 **분석**의 과학적

---

23 이 책의 318쪽 이하에서이다.

24 이 문장에서 "그와 같은 목표"는 과학적 논증이 중국인에 의해서도 인정되는 것, 그러니까 보편적으로 인정되는 것을 가리킨다.

25 니체는 『도덕의 계보』(한글판), 7쪽에서 자신은 어린 시절에 악의 기원에 대해 물으면서 "신에게 영광을 돌려 신을 악의 **아버지**로 만들었다"라고 말하면서 이렇게 묻고 있다: "바로 내 '선천성'이 나로 하여금 그렇게 하도록 했을까? 저 새롭고 부도덕한, 적어도 비도덕적인 '선천성'이, 그 선천성에서 논의되는 아! 반칸트적이고 수수께끼 같은 '정언명령'이 — 나는 그사이 점점 더 이 정언명령에 귀 기울였다, 아니 귀 기울이는 것 이상이었다 — 그렇게 하도록 했을까?"

가치를 조금도 손상하지 않은 채 이상 그 자체와 그로부터 연원하는 구체적인 **가치평가들**을 거부할 수 있고 또 틀림없이 빈번히 거부할 것이다. 분명히 말해 두거니와, 우리 저널은 부단하게 그리고 불가피하게 반복되는 시도, 즉 문화적 삶의 **의미**를 명백하게 규명하려는 시도를 결코 무시하지 않을 것이다. 오히려 그 정반대이다: 이러한 시도 자체는 바로 이 문화적 삶의 가장 중요한 산물 중의 하나이며 경우에 따라서는 그것의 가장 강력한 추동력 중의 하나가 되기도 한다. 그러므로 우리는 **이러한** 의미에서의 "사회철학적" 논의의 진행과정도 항상 면밀히 추적할 것이다. 아니 그 이상이다: 우리는 다음과 같은 편견, 즉 문화적 삶에 대한 고찰 중에서 경험적으로 주어진 것의 사유적 질서화를 넘어서 세계를 형이상학적으로 해석하려는 시도는 이러한 성격 하나 때문만으로도 인식에의 기여라는 과제를 조금도 이행할 **수 없을** 것이라는 편견을 철저히 배격한다. 물론 이 과제가 무엇인가 하는 것은 일차적으로 인식론의 문제인데, 이 문제에 대한 답변은 우리가 추구하는 목적을 위해서는 여기서는 유예할 수밖에 없고 또 유예해도 좋을 것이다. 왜냐하면 **우리의** 논의를 위해서는 한 가지만 확실히 해두면 되기 때문이다: 우리가 이해하는 사회**과학적** 저널은 **과학**을 추진하는 한 진리를 추구하는 장(場)이 되어야 하는데, 이 진리는 ─ 앞서의 예를 다시 들자면 ─ 중국인에게도 경험적 현실의 사유적 질서화라는 점에서 타당성을 갖는다고 주장할 수 있어야 한다. ─

물론 이 저널의 편집진은 자신들에게나 기고자들에게나 그들에게 영감을 불어넣어 주는 이상들을 표현하는 것을 완전히 금할 수는 없는데, 심지어 이를 가치판단의 형태로 표현하는 경우에도 그렇다. 그러나 거기에는 두 가지 중요한 의무가 따른다. 그 첫 번째는 다음과 같다: 매우 빈번하게 볼 수 있는 것처럼, 아주 상이한 종류의 가치들을 모호하게 혼합함으로써 이상들 간에 존재하는 갈등을 은폐한 채 "모두를 만족시키려고"[26] 하지 말고, 현실을 측정하고 가치판단을 도출하는 척도가 **무엇인**

가를 독자들과 자기 자신이 항상 명확하게 인식할 수 있도록 하는 것이다. 만약 이러한 의무가 엄격하게 준수된다면, 실천적으로 판단하려는 태도는 순수한 과학적 관심에 대해 무해할 뿐만 아니라 직접적으로 유용한 것이며, 더 나아가 정말로 필요한 것이다: 우리가 입법적 또는 다른 실천적 제안에 대해 과학적 비판을 가하려고 하는 경우, 우리는 입법자의 동기와 우리가 비판하고자 하는 저술가의 이상이 갖는 의의를 명백하고도 이해할 수 있도록 밝혀내기 위해서는 흔히 다음과 같은 방식, 즉 이들이 근간으로 삼고 있는 가치척도들을 **다른 가치척도들**과 **대비하거나** 또는——물론 이렇게 하면 더할 나위 없지만——우리 자신의 가치척도들과 **대비하는** 방식을 택하지 않을 수 없다. 타인의 **의지**에 대한 모든 유의미한 **평가**는 자신의 "세계관"에 입각한 비판일 수밖에 없으며, 자신의 **고유한** 이상을 토대로 **타인의** 이상과 투쟁하는 것일 수밖에 없다. 그러므로 개별적인 경우에 한 특정한 실천적 의지의 기저를 이루는 궁극적 가치공리를 단지 확인하고 과학적으로 분석하는 데에 그치지 않고 더 나아가 이것이 **다른** 가치공리들과 갖는 관계까지도 규명해야 **하는** 경우, 이 다른 가치공리들을 체계적으로 논의함으로써 "적극적으로" 비판하는 것이 불가피하다.

요컨대 우리 논총은——특히 법률을 그 대상으로 하는 경우에——사회**과학**——사실들의 사유적 질서화——을 다룰뿐더러 불가피하게 사회**정책**——이상들의 제시——도 다루게 될 것이다. 그러나 우리는 이러한 종류의 논의[27]를 "**과학**"이라고 칭할 생각은 조금도 없으며, 그것을 과학과 혼합하거나 혼동하지 않도록 최선을 다할 것이다. 그와 같은 논의에서 발언을 하는 것은 더 이상 **과학**이 아니다. 그러므로 과학적 공평무사함

---

26   괴테, 『파우스트』, 제1권, 7쪽에는 다음과 같은 구절이 나온다: "많은 걸 가져와야 가져
     갈 것도 많지; 그래야 모두가 만족해서 극장 문을 나서지."
27   이는 사회정책적 논의, 즉 이상들의 제시를 가리킨다.

의 두 번째 기본 계명은 다음과 같다: 그와 같은 논의를 하는 사람은 독자들에게 (그리고 — 다시 한 번 말하지만 — 특히 자기 자신에게!) 그가 사유하는 연구자이기를 그치고 욕구하는 인간으로서 발언하기 시작한다는 **사실**과 **어디서** 그런지를, 그리고 그의 논증이 **어디에서** 이성에 호소하고 **어디에서** 감정에 호소하는가를 항상 명백히 밝히는 것이다. 사실에 대한 과학적 논의와 가치판단적 추론을 끊임없이 혼합하는 것은, 우리 분야의 작업에 아직도 가장 널리 퍼진, 그러나 동시에 가장 유해한 특성들 중의 하나이다. 여기까지의 논의에서 우리가 논박하고자 한 바는 바로 이러한 **혼합**이지 자신의 고유한 이상을 옹호하는 것 자체가 결코 **아니다**. **무신념**과 **과학적 "객관성"** 사이에는 그 어떤 내적 친화성도 존재하지 않는다. — 우리 저널은, 적어도 그 의도하는 바에 따르면, 특정한 정치적 또는 사회정책적 당파에 반대하는 논조를 전개하는 장(場)인 적이 결코 없었고 앞으로도 결코 없을 것이며, 또한 특정한 정치적 또는 사회정책적 이상을 옹호하거나 배척하기 위해 투쟁하는 장인 적이 결코 없었고 앞으로도 결코 없을 것이다; 이를 위해서는 다른 발표기관들이 있다. 오히려 이 저널의 특징은 애초부터 첨예하게 대립하는 정치적 적대자들이 서로 만나서 과학적 작업을 한다는 사실 자체에 있었으며, 또한 저널의 책임이 현재의 편집자들의 수중에 있는 한 앞으로도 마찬가지일 것이다. 우리 저널은 지금까지 "사회주의적" 기관지도 아니었고 앞으로 "부르주아적" 기관지가 되지도 않을 것이다. 우리 저널은 과학적 논의를 지향하는 사람이라면 누구라도 기고자에서 배제하지 않을 것이다. 우리 저널은 "반론", 재반론, 재재반론의 투기장(鬪技場)이 될 수는 없지만, 그러나 그 누구도, 심지어 기고자들과 편집자들까지도, 상상할 수 있는 가장 날카로운 객관적·과학적 비판에 노출되는 것을 보호하지 않을 것이다. 이것을 견디어 낼 수 없는 사람, 또는 자신과 다른 이상을 위해 일하는 사람과는 과학적 인식을 위해서도 같이 일하지 않으려는 사람은 우리 저널을 멀리하는 것이 좋을 것이다.

그러나—우리는 이 점을 잘 알고 있다—이 마지막 문장은 현재로서는 유감스럽게도 언뜻 보기보다 실제로 더 많은 것을 의미한다. 우선, 이미 암시한 바와 같이, 정치적 적대자들이 중립적—사교적이든 이념적이든—지대에서 격식에 얽매이지 않고 자유롭게 회동할 수 있는 가능성에는 유감스럽게도 경험상 어디서나 그리고 특히 독일적 상황에서는 심리적 한계가 있다. 이러한 사정은 원래 편협한 당파적 광신주의와 미숙한 정치문화의 징후로서 무조건 극복되어야 마땅한 것이지만, 우리 저널과 같은 저널의 경우에는 다음과 같은 상황으로 인해 훨씬 더 악화될 수밖에 없다. 즉 사회과학의 영역에서는 과학적 문제제기가 경험상 일반적으로 **실천적** "문제들"에 의해 유발되며, 따라서 어떤 과학적 문제가 존재한다고 인정하는 것 자체가 이미 살아 있는 인간들이 가진 특정한 성향의 욕구와 동군연합을 이룬다.[28] 그러므로 어떤 구체적인 문제에 대한 일반적인 관심의 영향으로 창간되는 저널의 경우에는 보통 이 문제에 대해 개인적인 관심을 기울이는 사람들이 기고자가 되는데,[29] 이들이 그 문제에 대해 개인적인 관심을 기울이는 이유는 이들의 눈에 특정한 구체적 상황이 자신들이 신봉하는 이상적 가치들과 모순되거나 이 가치들을 위태롭게 하는 것처럼 보이기 때문이다. 그리고 나면 유사한 이상들 간의 선택적 친화력이 이 기고자들을 결속할 것이며, 또한 새로운 기고자들을 충원하는 데 길잡이가 될 것이다. 그리고 이것은 그와 같은 저

28　이 문장에 나오는 "살아 있는 인간들"은 "그 시대를 살아가는 인간들"이라고 해석하면 의미하는 바가 보다 명확해질 것이다. 그리고 역시 이 문장에 나오는 "동군연합"(同君聯合, Personalunion)은 두 개 이상의 독립국가가 동일한 군주를 섬기는 정치형태를 말한다. 달리 "군합국"(君合國)이라고도 한다. 그러므로 이 문장은 다음과 같이 의역할 수 있다. "사회과학의 영역에서는 과학적 문제제기가 경험상 일반적으로 **실천적** '문제들'에 의해 유발되며, 따라서 어떤 과학적 문제가 존재한다고 인정하는 것 자체가 이미 그 시대를 살아가는 인간들이 가진 특정한 성향의 욕구와 떼려야 뗄 수 없이 연결되어 있다."

29　이 구절은 다음과 같이 의역하면 의미하는 바가 보다 명확해질 것이다. "그러므로 어떤 구체적인 문제에 대한 관심이 사회 전반으로 확산되면서 창간되는 저널의 경우에는 보통 이 문제에 대해 개인적인 관심을 기울이는 사람들이 기고자가 되는데[……]."

널에다가, 적어도 실천적·사회정책적 문제들을 다루는 경우에, 하나의 특정한 **"성격"**을 각인할 것인데, 이러한 성격은 생생하게 지각하는 인간들의 모든 공동작업에 불가피하게 수반되는 현상이다. 게다가 논의되는 문제들에 대해 이들이 가지는 가치평가적 태도는 심지어 순수하게 이론적인 작업에서조차도 언제나 완전히 억제할 수 있는 것이 아니며, 또한 **실천적** 제안들과 조치들에 대한 비판에서 — 앞에서 논의한 조건 아래[30] —아주 정당하게 표현된다. 그런데 우리 저널[31]은 전통적인 의미에서의 "노동자 문제"가 안고 있는 특정한 실천적 문제들이 사회과학적 논의 전면에 위치했던 시기에 창간되었다. 우리 저널이 다루고자 했던 문제들이 궁극적이고 결정적인 가치이념들과 결부되어 있다고 생각한 사람들은 그 때문에 우리 저널에 가장 자주 기고했으며, 또한 바로 그런 이유에서 동시에 이 가치이념들 모두에 공통된 요소에 의해 채색된 또는 적어도 그것들 모두와 유사한 요소에 의해 채색된 문화관을 대변했다. 물론 누구나 다 아는 바이지만, 이 저널은 그 대상을 명백하게 "과학적" 논의에 한정하고 명시적으로 "모든 정치적 진영의 지지자들"에게 기고하도록 권고함으로써 하나의 "경향"을 추구한다는 생각을 단호하게 부인했지만, 그럼에도 불구하고 분명히 상기한 의미에서의 "성격"을 지니고 있었다. 이 성격은 정기적인 기고자 집단에 의해 창출되었다. 일반적으로 보아, 그들은 다른 모든 면에서는 견해를 달리할 수도 있지만 노동자 대중의 신체적 건강을 보호하고 노동자 대중이 우리 문화의 물질적·정신적 재화에 점점 더 많이 참여할 수 있도록 하는 것을 자신들의 공통적인 목표로 설정한 사람들이었다 — 그들은 이 목표를 달성하기 위한 수단을, 물질적 이해관계가 충돌하는 영역에서의 국가 개입과 기존의 국가질

---

30 이 책의 249쪽 이하를 볼 것.

31 이는 1888년 하인리히 브라운이 창간한 『사회입법 및 통계 저널』을 가리킨다. 이 저널의 속간이 바로 『사회과학 및 사회정책 저널』이다.

서 및 법질서의 자유롭고 지속적인 발전을 결합하는 데에서 찾았다; 그리고 그들은 ― 먼 장래에 사회질서를 어떻게 형성할 것인가에 대한 그들의 견해가 어떠하든 상관없이 ― **현재**로서는 자본주의적 발전을 긍정했는데, 그 이유는 그들에게 과거의 사회조직 형태에 비해 자본주의적 형태가 더 좋아 보였기 때문이 아니라 자본주의적 발전은 현실적으로 불가피하며 이 발전에 대해 근본적으로 투쟁한다는 것은 노동자계급이 문화의 광명으로 상승하는 것을 촉진하는 것이 아니라 저해하는 것으로 보였기 때문이었다. 현재의 독일적 상황에서 ― 이 상황은 여기에서 상론할 필요가 없을 것이다 ― 그렇게 하는 것은 불가피했으며 오늘날에도 여전히 불가피할 것이다. 결과적으로 그것은 실로 다방면의 사람들이 과학적 논의에 참여하는 데에 직접적으로 기여했고 이 저널의 약점이 아니라 오히려 강점이 되었으며, 심지어 ― 당시 주어진 상황에서 ― 아마도 이 잡지의 존재에 정당성을 부여하는 근거 중의 하나였을 것이다.

그런데 어떤 학술저널이 이러한 의미에서의 "성격"을 발전시킨다는 것은 과학적 작업의 공평무사함을 저해할 위험을 내포할 **수 있으며**, 만약 기고자의 선정이 계획적으로 편파적인 방식에 의해 이루어진다면 실제로 내포할 **수밖에 없을 것**임이 분명하다: 이럴 경우 학술저널의 "성격"을 조장한다는 것은 사실상 그것이 하나의 "경향"을 갖고 있음을 의미할 것이다. 우리 편집자들은 이러한 문제상황이 그들에게 부과하는 책임을 아주 잘 의식하고 있다. 우리는 이 저널의 성격을 계획적으로 변경할 의도도 없으며 집필진을 고의로 특정한 정치적 견해를 가진 학자들에게 한정함으로써 이 저널의 성격을 인위적으로 보존할 의도도 없다. 우리는 이 성격을 주어진 것으로 받아들이고 앞으로의 "발전"을 기대하고자 한다. 이 성격이 장래에는 **어떻게** 나타날 것인지, 그리고 집필진의 불가피한 확대의 결과로 아마도 이 성격이 겪게 될 **변화가 어떻게** 나타날 것인지는, 일차적으로 과학적 연구에 기여할 의도로 집필진에 참여하여 우리 저널에 정통하거나 또는 정통해지는 사람들의 특성에 달려 있다. 그리고 더 나아가 우리 저널이 진흥하고자 하는 **문제들**의 확장에 의해서도 영향을 받게 될 것이다.

이렇게 해서 우리는 지금까지 논의되지 않았던 문제, 즉 우리 작업영역의 **실질적인 한계의 설정**이라는 문제에 이르게 된다. 그러나 이 문제에 답하기 위해서는 사회과학적 인식 일반이 추구하는 목표의 성격에 대한 문제를 구명하지 않을 수 없다. 우리는 지금까지 "가치판단"과 "경험지식"을 원칙적으로 구별하는 과정에서 사회과학의 영역에는 절대적으로 타당한 유형의 인식, 즉 경험적 현실의 사유적 질서화가 실제로 존재한다고 전제해 왔다. 그런데 이러한 전제는 우리가 추구하는 진리의 객관적 "타당성"이 우리의 영역에서 무엇을 의미할 **수 있는가**를 논의해야 함에 따라 이제 하나의 문제로 대두된다. 이 문제가 여기에서 머리를 쥐어짜서 만들어낸 것이 아니라 그 자체로서 이미 존재하고 있다는 사실은, 다음과 같은 사람이라면 누구라도 간과할 수 없을 것이다. 즉 경제학의 방법, "기본개념들" 그리고 전제조건들을 둘러싸고 벌어지는 투쟁,[32] "관점들"의 끊임없는 변화, 사용되는 "개념들"의 끊임없는 재규정을 주시하며, 또한 이론적 고찰방식과 역사적 고찰방식이 아직도 외견상 메울 수 없는 심연에 의해 분리되어 있는 상황을 목도하는 사람이라면 누구라도 그 사실을 간과할 수 없을 것이다: 그것은 빈의 한 절망한 수험생이 언젠가 탄식조로 불평했듯이, "**두 개의 경제학**"이 존재하는 상황이다.[33] 여기에서 "객관성"이란 무엇을 의미하는가? 아래에서는 다만 **이 문제만**을 논하고자 한다.

---

32 이는 — 이미 이 책의 80~81쪽, 옮긴이 주 5에서 언급한 바와 같이 — 특히 1880년대에 오스트리아 이론경제학의 거두인 멩거와 독일 역사학파 경제학의 거두인 슈몰러 사이에, 그리고 이들의 추종자들 사이에 경제학의 헤게모니를 둘러싸고 벌어진 이른바 방법론 논쟁을 가리킨다.

33 이 수험생이 누구인지는 확인되지 않는다. 그러나 그가 말하는 두 개의 경제학은 독일 역사학파 경제학과 — 한계효용학파로 알려진 — 오스트리아 학파의 이론경제학을 가리킴은 자명하다.

문화과학적 인식관심의 구성적 의의

우리 저널은 애초부터 그 다루는 대상을 사회-**경제적인 것**[1]으로 간주
해 왔다. 여기에서 과학들의 개념을 정의하고 과학들의 경계를 설정하려
는 시도는 별 의미가 없는 일이겠지만, 적어도 사회경제적인 것이 무엇
을 의미하는가를 개괄적으로나마 밝힐 필요가 있다.

─────

1 베버는 사회경제학이라는 개념을 독일의 경제학자 하인리히 디첼(1857~1935)로부터
   받아들이고 있다. 디첼에 따르면, 사회과학은 "사회적 현상 전체에 대한 과학"이며, 사
   회경제학은 사회과학의 한 분야로서 "단지 사회적 삶의 부분적 내용, 즉 경제적 사회현
   상"에 초점을 맞춘다. 디첼,『이론적 사회경제학』, 25, 29쪽. 그러니까 사회경제학은 특수
   하게 경제와 사회의 관계를 그 인식대상으로 하는 사회과학이라는 것이 디첼의 견해이
   다. 이러한 사회경제학은 당시 독일어권에서 민족경제학, 국민경제학, 정치경제학과 더불
   어 경제학을 표현하는 명칭 가운데 하나였다. 그런데 여기에서 중요한 것은 사회경제학에
   내포된 사회적 차원이다. 사회경제학은 바로 이 사회적 차원으로 인해 원자적 개인에서

우리가 가장 넓은 의미에서 "사회-경제적"이라고 부르는 모든 현상은, 아주 거칠게 표현하자면, 다음과 같은 근본적인 사태와 결부되어 있다: 즉 우리의 물리적 생존은 물론이고 우리의 가장 이상적인 욕구의 충족도 어디서나 그에 필요한 외적 수단이 양적으로 제한되어 있고 질적으로 불충분하며, 따라서 이 욕구들을 충족하기 위해서는 계획적인 사전 준비, 노동, 자연과의 투쟁 및 다른 인간들과의 사회적 연대가 필요하다. 그런데 어떤 현상이 갖는 "사회-경제적" 속성은 그 현상 자체에 내재하는 것이 아니다. 그것은 오히려 우리의 인식**관심**의 방향에 의해 규정되는데, 이 방향은 다시금 우리가 해당되는 현상에 경우에 따라서 부여하는 특수한 문화의의로부터 도출된다. 만약 문화적 삶의 어떤 현상이 보이는 특성 가운데 우리에게 특수한 **의의**를 갖고 있는 부분들이 직접적으로 아니면 아무리 간접적인 방식으로라도 상기한 근본적인 사태와 연결되어 있다면, 그 현상은 사회과학적 **문제**를 내포하고 있거나, 또는 이러한 연결이 존재하는 **한** 적어도 내포할 수 있다. 그리하여 상기한 근본적인 사태가 문화적 삶에 끼치는 영향의 규명을 목적으로 하는 과학 분야의 과제가 된다.

우리는 사회경제적 문제들을 다음과 같이 세 가지 유형으로 구별할 수 있다. 먼저 우리에게 갖는 문화의의가 본질적으로 그 경제적 측면에 있는 현상이나 현상군, 규범, 제도 등이 그것인바, 이것들은 ─ 예컨대 거

출발하는 고전경제학이나 경제적 현상을 유기체적 관점에서 국가나 민족과 연관시켜 고찰하는 독일 역사학파 경제학과 근본적으로 구별된다. 그리고 사회경제학은 독일 역사학파 경제학과 달리 윤리적 가치판단에서 자유롭다는 장점이 있다. 이런 까닭에 베버는 사회경제학을 경제학에 대한 "가장 현대적일 뿐만 아니라 **가장 좋은** 명칭"으로 간주한다. 베버, 『편지 1911~1912』, 486쪽. 게다가 사회경제학은 경제인간과 그의 행위에서 출발하며, 따라서 행위론적 과학 또는 이해과학의 일종이다. 베버, 「이해사회학의 몇 가지 범주에 대하여」, 429쪽. 사회경제학은 사회적 관계를 그것이 인간의 행위에 대해 갖는 인과적 의미에서 고찰한다. 이는 김덕영, 『막스 베버: 통합과학적 인식의 패러다임을 찾아서』, 760~61쪽을 약간 수정한 것이다.

래소나 은행과 같은 — 일차적으로 **이러한** 관점 아래에서만 우리의 관심을 끈다. 이는 일반적으로(물론 전적으로 그런 것은 아니지만) 어떤 제도가 **의도적으로** 경제적 목적을 위해 창출되었거나 또는 사용되는 경우에 해당한다. 우리 인식의 이와 같은 대상들을 좁은 의미에서 "경제적" 현상 또는 제도라고 부를 수 있다. 그다음으로 이것들과 다른 현상들을 관찰할 수 있는데, 이 현상들이 — 예컨대 **종교적** 삶의 현상들과 같이 — 우리의 관심을 끄는 것은 이것들이 가지는 경제적 의의라는 관점이나 또는 경제적 의의 때문이 아니거나 또는 적어도 일차적으로 그 관점이나 의의 때문이 아니다. 그러나 상황에 따라서 이러한 관점에서도 의의를 획득할 수 있는데, 그 이유는 경제적 관점에서 우리의 관심을 끄는 **결과들**을 가져올 수 있기 때문이다: 우리 인식의 이와 같은 대상들을 "경제적으로 중요한" 현상이라고 부를 수 있다. 그리고 마지막으로 방금 정의한 의미에서의 "경제적" 현상이 **아닌** 것들 가운데, 그것들이 끼치는 경제적 영향력이 우리의 관심을 전혀 끌지 못하거나 두드러진 관심을 끌지 못하는 것이 있다; 예컨대 한 시대의 예술적 취향의 방향이 그렇다 — 그러나 경우에 따라서 이 현상들 자체가 갖는 특성의 어떤 중요한 측면들이 경제적 계기에 의해서도 다소간 강하게 **영향을 받을** 수 있는데,[2] 가령 방금 든 예의 경우 예술에 관심을 가진 대중의 사회계층적 성격에 의해 그리될 수 있다: 우리 인식의 이와 같은 대상들을 경제적으로 **조건지어진** 현상이라고 부를 수 있다. 예컨대 우리가 "국가"라고 부르는 인간관계, 규범 및 규범적으로 규정된 상황의 복합체는 국가재정과 관련해서 보면 하나의 "경제적" 현상이다; — 그리고 국가가 입법을 통해 또는 다른 통로로 경제적 삶에 영향을 끼칠 경우(심지어 경제적 관점과 완전히 다른 관점들이 국가의 행동을 의식적으로 규정할 경우에도) 국가는

---

2 이 구절에 나오는 "경제적 계기에 의해서도"의 앞부분에 "다른 계기(들) 이외에"를 덧붙여 읽으면 의미하는 바가 보다 명확해질 것이다.

"경제적으로 중요한" 현상이 된다; ― 마지막으로 국가의 행동과 특성이 그 "경제적" 관계 이외의 관계에서도 다른 계기들 이외에 경제적 계기에 의해서도 영향을 받을 경우, 국가는 "경제적으로 조건지어진" 현상이 된다. 이렇게 보면 다음의 세 가지 사실이 자명해진다: 첫째, "경제적" 현상의 범위는 유동적이고 그 경계를 엄밀하게 설정할 수 없다; 둘째, 어떤 현상의 "경제적" 측면이 **단지** "경제적으로 조건지어지기만" 하거나 또는 **단지** "경제적으로 작용하기만" 하는 것은 결코 아니다; 셋째, 어떤 현상이 "경제적" 현상이라는 속성을 유지하는 것은, 우리의 **관심**을 그 현상이 물질적 생존경쟁에 대해 가지는 **의의**에 전적으로 집중하는 한에서만 그리고 **오직** 그러하는 동안에만 가능하다.

아무튼 우리 저널은 마르크스와 로셔 이래의 사회경제학과 마찬가지로 단지 "경제적" 현상뿐만 아니라 "경제적으로 중요한" 현상과 "경제적으로 조건지어진" 현상도 다룬다. 물론 그와 같은 대상들의 범위는― 우리의 관심이 그때그때 취하는 방향에 따라 유동적이기는 하지만― 문화적 현상 전반을 포괄한다. 특별히 경제적인 계기―다시 말해 그 특성 가운데 우리에게 의의 있는 것이 상기한 근본적인 사태에 근거하는 계기―는, 어떤 욕구가, 그것이 제아무리 비물질적인 성격의 것이라도, **한정된** 외적 수단의 사용을 통해서만 충족될 수 있는 곳에서는 어디서나 작동한다. 그렇기 때문에 경제적 계기의 막중한 힘은 어디서나 다른 계기들과 더불어 문화적 욕구의, 심지어 가장 내적인 종류의 문화적 욕구의 충족방식뿐만 아니라 그 내용도 규정해 왔고 또 변형시켜 왔다. "물질적" 이해관계에 의해 지배를 받는 사회관계와 제도, 그리고 인간집단은 모든 문화영역에 걸쳐 (자주 무의식적으로) 간접적인 영향력을 행사하는데, 이 영향력은 심지어 심미적 감정과 종교적 감정의 가장 섬세한 색조 차이에 이르기까지 예외 없이 나타난다. 일상적 삶의 현상이든 고도의 정치적 차원에서 일어나는 "역사적" 사건이든, 집합현상이나 대중현상이든 정치가들의 "특이한" 행위이거나 개인적인 문학적 또는 예술적 업적이든, 이 모든 것은 다른 요소들에 의해서뿐만 아니라 상기한 사회관계와 제도 그리고 인간집단에 의해서도 영향을 받는다―그러니까 "경제적으로 조건지어지는" 것이다. 다른 한편으로 역사적으로 주어진 어떤 한 문화를 구성하는 모든 삶의 현상과 삶의 조건은 물질적 욕구의 형성, 그 욕구의 충족방식, 물질적 이해집단들의 구성과 그들의 권력수단의 성격에 영향을 끼치며, 이를 통해 "경제적 발전"의 방향에 영향을 끼친다―그러니까 "경제적으로 중요한" 것이 된다. 우리의 과학이 **경제적** 문화현상을 인과적 회귀를 통해 그 개별적인 원인들―이것들은 경제적 성격의 것일 수도 있고 비경제적 성격의 것일 수도 있다―을 규명하는 한, 그것은 "역사적" 인식을 추구한다. 그러나 우리의 과학이 문화현상을 구성하는 **하나의** 특수한 요소인 경제적 요소가 지닌 문화의의를 아주 다양한 문화적 관계를 통해 추적하는 한, 그것은 하나의 특수한 관점에서 역사**해석**을 추구하며 그 결과로 하나의 부분상(部分像), 다시 말해 완전한 역사적 문화인식에 도달하기 위한 하나의 **예비작업**을 제공한다.

그런데 경제적 요소들이 개입하여 결과로서든 원인으로서든 작용하는 곳이면 어디서나 사회-경제적 **문제**가 존재하는 것은 아니다―왜냐하면 그와 같은 문제는 이 요소들의 의의가 **불확실하며**, 따라서 사회-경제학적 방법의 적용을 통해서만 확실하게 규명할 수 있을 때 비로소 생겨나기 때문이다―그럼에도 불구하고 사회-경제적 고찰방식이 적용되는 작업영역은 거의 조망할 수 없을 만큼 그 범위가 광대하다.

우리 저널은 심사숙고하여 시종일관 다음과 같이 자기제한을 해왔다. 즉 우리 과학 분야[3]에서 매우 중요한 일련의 특수 분야들, 그중에서도 특히 기술적 경제지(經濟誌), 좁은 의미의 경제사 그리고 통계학을 전반적으로 취급 대상에서 제외해 왔다. 마찬가지로 우리 저널은 재정기술적

---

3 경제학을 가리킨다.

문제와 근대 교환경제에서의 시장형성 및 가격형성과 같은 기술적·경제적 문제에 대한 논의는 다른 발표기관들에 양도해 왔다.[4] 우리 저널의 작업영역은 근대 문화국가들의 경제적 틀 안에서 가치증식을 추구하는 자본의 주도적 역할로 인해 발생하는 특정한 이해관계와 이해갈등, 그리고 그 현재적 의의와 역사적 발전과정에 있었다. 그렇다고 해서 그 작업영역이 가장 좁은 의미에서 "사회문제"라고 불리는 실천적이고 발전사적인 문제, 즉 근대 임금노동자 계급과 기존 사회질서의 관계에 한정된 것은 아니었다. 물론 1880년대 독일에서는 바로 이 특수문제에 대한 관심이 확산되었기 때문에 그것을 과학적으로 천착하는 것이 일단 우리 저널의 주요 과제 중의 하나가 될 수밖에 없었음은 사실이다. 그러나 노동자들이 처한 상황에 대한 현실성 있는 조치가 독일에서도 점점 더 입법활동과 공개적 논의의 지속적인 대상이 되어갔으며, 이에 따라 과학적 작업의 중점은 더욱더 이 문제들을 포괄하는, 보다 보편적인 관계들을 규명하는 쪽으로 옮아갈 수밖에 없었다. 이렇게 해서 결국 우리 문화[5]의 경제적 토대가 가진 특성으로 인해 발생했으며, 이런 한에서 특별히 근대적인 **모든** 문화문제에 대한 분석이 과학적 작업의 중심적 과제가 될 수밖에 없었다. 그리하여 우리 저널도 또한 곧바로 근대 문화국가들의 노동자계급뿐만 아니라 여타 주요 계급들의 부분적으로는 "경제적으로 중요한" 그리고 부분적으로는 "경제적으로 조건지어진" 아주 다양한 삶의 상태를 그리고 주요 계급들 간의 상호관계를 역사적으로, 통계적으로 그리고 이론적으로 다루기 시작했다. 바로 이 선행하는 과학적 작업의 결과로, 이제 우리는 우리 저널의 가장 고유한 작업영역을 **인간의 공동체적 삶의 사회경제적 구조가 갖는 일반적 문화의의와 이 공동체적 삶**

---

4 베버는 "다른 발표기관들"과 더불어 아마도 『경제학 및 통계학 연보』(1863년 창간)와 『민족경제, 사회정책 및 행정 저널』(1892년 창간)을 염두에 두고 있는 것 같다.
5 이는 단순히 독일 문화가 아니라 그것을 포괄하는 서구 문화를 가리킨다.

의 역사적 조직형태에 대한 과학적 탐구라고 규정하게 되었다. ─ 우리가 우리의 저널을 "사회과학 저널"이라고 명명했을 때, 우리가 의미하는 바는 이것이지, 다른 어떤 것도 아니다. 여기에서 "사회과학"이라는 용어에는 가장 넓은 의미에서의 "사회**정책**"이 실천적으로 해결하고자 하는 문제들과 동일한 문제들을 역사적으로 그리고 이론적으로 다루는 작업이 포함된다. 그러므로 우리는 나름대로의 정당성을 갖고 "사회적"이라는 표현을 현재의 구체적인 문제들에 의해 각인된 의미에서 사용한다. 만약 인간 삶의 현상들을 그 **문화의의**라는 관점에서 고찰하는 과학 분야들을 "문화과학"이라고 부르고자 한다면, 우리가 의미하는 바의 사회과학은 이 범주에 속하게 된다. 우리는 이것이 원리적 차원에서 어떠한 함의를 갖는가를 곧 보게 될 것이다.[6]

의심할 바 없이 문화적 삶의 **사회경제적** 측면을 부각하는 것은 우리의 주제를 아주 확연하게 한정하는 것을 의미한다. 우리가 여기에서 문화적 삶을 고찰하는 경제적 관점은, 또는 때때로 부정확하게 표현해 왔듯이, "유물론적" 관점은 "일면적"이라는 비판이 있을 것이다. 물론 그렇다. 그러나 이 일면성은 의도된 것이다. 다음과 같은 믿음, 즉 경제적 고찰방식이 갖는 "일면성"을 극복하는 것, 그것도 지속적으로 발전함으로써 경제적 고찰방식을 **보편적** 사회과학으로 확대함으로써 극복하는 것이 과학적 작업의 과제라는 믿음은, 우선 다음과 같은 오류를 범한다. 즉 "사회적인 것"이라는 관점, 그러니까 인간들 간의 관계라는 관점은 특정한 내용의 술어에 의해 진술되어야만 과학적 문제들의 경계를 설정하는 데 필요한 규정성을 충분히 획득할 수 있다는 사실을 간과하는 오류를 범한다. 만약 그와 같이 특정화하는 술어가 없이 사회적인 것을 한 과학의 대상으로 받아들인다면, 거기에는 당연하게도 예컨대 문헌학과 교회사가 포함되며, 특히 모든 문화적 삶의 가장 중요한 구성요소인 국가와

---

6 이 책의 278쪽 이하에서이다.

그것의 규범적 규제의 가장 중요한 형태인 법을 다루는 모든 과학 분야가 포함될 것이다. 사회경제학이 "사회적" 관계를 다룬다고 해서 "보편적 사회과학"의 필수적인 선행단계로 간주할 이유는 없다. 마찬가지로 사회경제학이 생명현상을 다룬다고 해서 생물학의 일부분으로 간주해야 하거나, 또는 사회경제학이 한 천체[7]에서 일어나는 현상과 관계가 있다고 해서 그것을 확대되고 개선된 미래 천문학의 일부분으로 간주해야 할 이유는 없다. 과학의 작업영역을 결정하는 것은 **문제들**의 **사유적** 관계성이지 **"사물들"**의 **"실제적"** 관계성이 아니다: 새로운 방법으로 새로운 문제에 접근하여 새로운 중요한 관점들을 열어주는 진리가 발견되면, 하나의 새로운 "과학"이 탄생하는 것이다. —

아무튼 "사회적인 것"이라는 개념은 매우 보편적인 의미를 갖는 것처럼 보이지만 정작 그 사용되는 의미를 주의 깊게 검토해 보면 항상 아주 특별한 그리고 특수하게 채색된, 그럼에도 불구하고 대개의 경우 무규정적인 의미를 지니고 있음이 드러난다. 그런데 이것은 결코 우연이 아니다; 왜냐하면 이 개념의 "보편성"은 사실상 바로 이 무규정성에서 기인하는 것이기 때문이다. 만약 "사회적인 것"이라는 개념을 그 "보편적" 의미에서 받아들인다면, 그것은 우리가 특정한 문화요소들의 **의의**를 조명할 수 있는 그 어떤 특수한 **관점**도 제공하지 못한다.

물론 우리는 모든 문화현상이 "물질적" 이해관계의 산물이나 함수로 **연역될** 수 있다는 고루한 관념에서 벗어나 있다. 그러나 다른 한편으로 우리는 **사회적 현상과 문화적 과정**을 그 경제적 조건성과 의의라는 특수한 관점에서 **분석하는 것**은 창조적 결실을 맺은 과학적 원리였으며, 또한 신중하게 적용되고 교조적 편견에서 벗어난다면 가까운 장래에 그리될 것이라고 믿어 의심치 않는다. **"세계관"**으로서의 또는 역사적 현실에 대한 인과적 설명의 공통분모로서의 이른바 "유물론적 역사관"은 단

---

7 이는 지구를 가리킨다.

호히 거부되어야 한다 ─ 그러나 경제적 역사**해석**을 진흥하는 것은 우리 저널의 가장 중요한 목적 중의 하나이다. 이는 보다 상세한 설명을 필요로 한다.

예컨대『공산당 선언』에서 천재적이기는 하지만 소박하게 표현된 **원초적** 의미의 이른바 "유물론적 역사관"은 오늘날에는 단지 비전문가들과 딜레탕트들의 머리를 지배하고 있을 뿐이다.[8] 이들 사이에는 아직도 특이한 현상이 만연되어 있는데, 그것은 역사적 현상의 설명에서 어떠한 방식으로든 그리고 어떠한 측면에서든 경제적 원인이 함께 작용한 것으로 증명되지 않는 한(또는 그렇게 보이지 않는 한) 그들의 인과적 욕구는 충족되지 않는다는 점이다; 그러나 일단 증명만 된다면, 또는 그렇게 보이기만 한다면, 이들은 아무리 진부한 가설이라도 그리고 아무리 상투적인 표현에도 만족하는데, 왜냐하면 이제 그들의 교조적 욕구, 즉 경제적 "추동력"이 "본래적인", 유일하게 "참된", "궁극적으로는 어디서나 결정적인" 요인이라고 믿고 싶어 하는 욕구가 충족되기 때문이다. 그런데 이러한 현상은 결코 유일무이한 것이 아니다. 문헌학에서 생물학에 이르기까지 거의 모든 과학이 때때로 자신은 단순히 전문지식의 생산자가 아니라 "세계관"의 생산자이기도 하다고 주장해 왔다. 그리고 근절할 수 없는 일원론적 성향을 가진, 따라서 자기 자신에게 무비판적인 모든 조류의 인식이 자연스레 이 길[9]을 걷게 되었는데, 그 이유는 **근대의** 경제적 변혁이 지닌, 그리고 특히 지대한 영향력을 행사하는 "노동자 문제"가 지닌 심대한 문화의의에 압도되었기 때문이다. 작금에는 세계지배를 둘러싸고 국가들 사이에 벌어지는 정치적·통상정책적 투쟁이 점

---

8 잘 알려져 있다시피,『공산당 선언』은 1848년에 출간된 카를 마르크스와 프리드리히 엥겔스의 공동 저작이다. 베버는 이 저작이 유물론적 역사관 또는 역사 유물론의 출발로 간주한다. 그러므로 본문에 나오는 **"원초적"**이라는 단어는 ─ 이는 독일어 'primitiv'를 옮긴 것이다 ─ **"초기적"**으로 읽어도 된다.

9 이는 자신이 "세계관"의 생산자라고 주장하는 것을 가리킨다.

점 더 격렬해지면서 동일한 성향이 인간학에도 나타나고 있다: 모든 역사적 과정은 "궁극적으로" 유전적인 "인종적 특질들"의 상호작용의 결과라는 믿음이 만연되어 있다. 인간학에서는 "민족성"에 대해 무비판적으로 그리고 단순하게 서술해 왔는데, 이것이 그보다 훨씬 더 무비판적으로 "자연과학적" 토대 위에 정립된 자체적인 "사회이론"에 의해 대체되었다. 물론 우리는 이 저널에서 인간학적 연구가 우리의 관점에 대해 의의를 갖는 한 그 발전과정을 면밀하게 추적할 것이다. 그러나 문화현상을 인과적으로 "인종"이라는 요인으로 환원하는 이 지적 상황은 — 예컨대 "환경"과 연관시키거나[10] 이전처럼 "시대상황"과 연관시키는[11] 것과 마찬가지로 — 다만 우리의 **무지**를 증명한 것일 뿐이며, 따라서 방법론적으로 훈련된 작업을 통해 점차로 극복되기를 바랄 뿐이다. 지금까지 인간학적 연구에 해를 끼친 것이 있다면, 그것은 열망적인 딜레탕트들의 다음과 같은 생각이다. 즉 이들은 **문화**에 대한 인식에서, 특정한 관점 아래 검증된 **정확한** 관찰자료를 획득하여 역사적으로 실재하는 **구체적인** 개별적 문화현상들을 **역사적으로** 주어진 **구체적인** 원인들로 확실하게 귀속시킬 수 있는 가능성을 증대하는 것보다 무언가 특별히 다르고 더 중요한 것을 기여할 수 있다고 생각한다. 그러나 이들이 우리에게 **이것**[12]을 제공할 수 있는 한에서만, 이들의 연구결과가 우리의 관심을 끌 수 있

---

10 19세기에는 다양한 과학 분야에서 환경이 인간을 비롯한 생명체에 끼치는 영향에 대한 논의가 활발하게 이루어졌는데, 그 대표적인 예로 이폴리트 텐을 들 수 있다. 그는 환경, 종족(인종) 및 시대를 역사의 세 가지 기본적인 힘으로 간주하고 특히 환경에 역점을 두었다. 예컨대 텐, 『예술철학』(한글판)을 볼 것.

11 예컨대 헤르더는 『인류사의 철학에 대한 이념』, 347, 370~71쪽에서 로마인들의 "성격"을 "그 시대상황의 결과"로 간주하고 "시대상황의 아주 강대한 힘"에 대해 말하고 있다.

12 이는 그 앞 문장에 나오는 구절 "특정한 관점 아래 [……] 가능성을 증대하는 것"을 가리킨다. 즉 "검증된 **정확한** 관찰자료를 획득하여 역사적으로 실재하는 **구체적인** 개별적 문화현상들을 **역사적으로** 주어진 **구체적인** 원인들로 확실하게 귀속시킬 수 있는"을 말한다.

으며 "인종생물학"[13]이 한갓 새로운 과학들을 창립하려는 현대적 열기의 산물이 아니라 그 이상의 자격을 가지고 있음이 드러날 것이다.

역사적인 것에 대한 경제적 해석이 갖는 의의가 무엇인가라는 문제에서도 사정은 매한가지이다. 한동안 역사적인 것에 대한 경제적 해석이 밑도 끝도 없이 과대평가되다가 오늘날에는 오히려 그것의 과학적 역량이 **과소**평가될 위험에 처해 있는데, 이는 현실에 대한 경제적 해석을 "보편적" 방법으로 적용해 온, 그야말로 선례를 찾아보기 힘든 무비판성의 결과이다. 여기에서 말하는 보편적 방법이란 모든 문화현상 — 보다 정확히 말해 그 현상들 가운데에서 우리에게 중요한 모든 것 — 을 궁극적으로는 경제적으로 조건지어지는 것으로 연역해 내는 것을 의미한다. 오늘날 역사적인 것에 대한 경제적 해석은 여러 가지 논리적 형태를 띠고 등장한다. 순수한 경제적 해석이 난관에 부딪치게 되면, 경제적인 것을 결정적인 인과적 요인으로 해석하는 방식의 보편타당성을 유지하기 위해 다양한 수단이 동원된다. 그 한 가지 수단은 역사적 현실에서 경제적 계기로부터 연역할 **수 없는** 모든 것을 바로 **이런 연유에서** 과학적으로 **무의미한** "우연"으로 취급하는 것이다. 그 또 다른 수단은 경제적인 것이라는 개념을 식별할 수 없을 정도로 확대하여, 어떤 식으로든지 외적 수단에 결부되어 있는 모든 인간의 이해관심을 이 개념에 포함시키는 것이다. 만약 경제적 관점에서는 **동일한** 두 가지 상황에 대해 — 정치적, 종교적, 기후적 결정요인을 비롯해 다른 무수한 **비**경제적 결정요인들의 차이로 인해 — **상이하게** 대응했다는 것이 역사적으로 확실하다면, 경제적인 것의 우위를 고수하기 위해 이 모든 요소는 경제적 계기가 "원인"으로 작용하는 과정에서 역사적으로 우연하게 영향을 끼치는 "조건

---

13 인종생물학의 대표자로는 알프레트 플뢰츠(1860~1940)를 꼽을 수 있는데, 그는 1904년에 『인종생물학 및 사회생물학 저널』을 창간하고 이듬해인 1905년에는 "독일인종위생학회"를 창립했다. 그는 "인종위생학"이라는 개념을 주조하기도 했다.

들"로 격하된다. 그러나 자명한 일이지만, 경제적 고찰방식에 대해서는 "우연적인 것"에 지나지 않는 이 모든 요소도 경제적 요소가 그 고유의 법칙을 따르는 것과 똑같은 의미에서 각각 자신의 고유한 법칙을 따르며, 또한 **이 모든 요소**가 갖는 특수한 의의를 추적하고자 하는 고찰방식에 대해서는 그때그때의 **경제적** "조건들"이, 그 정반대의 경우와 똑같은 의미에서, "역사적으로 우연한" 것이 된다. 그리고 마지막으로 이 자명한 사실에도 불구하고 경제적인 것의 지대한 의의를 구제하기 위해 곧잘 시도되는 방법을 언급할 수 있으니, 그것은 문화적 삶의 개별적인 요소들의 지속적인 공동작용과 상호작용을 하나의 요소가 다른 요소들에, 또는 오히려 다른 모든 요소들이 하나의 요소, 즉 경제적 요소에 인과적으로 또는 기능적으로 **종속되어 있다**고 해석하는 것이다. 만약 어느 특정한 **비**경제적 제도가 역사적으로 경제적 계급이해에 기여하는 특정한 "기능"을 수행했다면, 다시 말해 경제적 계급이해에 예속되었다면, 예컨대 만약 특정한 종교적 제도가 자신을 "흑의경찰"(黑衣警察)[14]로 이용되도록 허용하고 또 실제로 이용된다면, 그 제도 전체가 이 기능을 위해 설립된 것으로 간주되거나 아니면 —지극히 형이상학적으로— 경제적인 것으로부터 기인하는 "발전경향"에 의해 각인된 것으로 간주된다.

오늘날 다음과 같은 사실은 전문가들에게 더 이상 상론이 필요 없을 만큼 자명하다. 즉 경제적 문화분석이 의도하는 목적을 **이런 식**으로 해석하는 것은, 부분적으로는 과학적 관심을 경제적으로 조건지어진 특정한 문화문제들로 향하도록 한 특수한 역사적 상황의 산물이며, 부분적으로는 하나의 과학적 영역을 고수하려는 광적인 쇼비니즘의 산물이며, 또한 그와 같은 해석은 오늘날에는 그나마 시대에 뒤떨어진 것이다. 경제

---

14 흑의경찰은 말 그대로 검은 옷을 입은 경찰이라는 뜻으로, 18세기 이래로 프로이센 설교단에서 제후의 법령을 선포하고 경찰과 함께 그 준수를 감시하는 개신교 성직자들을 일컫는다.

적 원인**으로만** 환원하는 것은 문화현상의 **그 어느** 영역에서도, 심지어는 "경제적" 현상의 영역에서조차도, 어떤 의미에서든 완벽할 수 없다. 자명한 일이지만 어느 한 국가의 **은행사**(銀行史)를 단지 경제적 계기만을 통해 설명하려는 것은, 예컨대 "시스티나의 마돈나"[15]를 그것이 그려진 시기의 문화적 삶의 사회-경제적 토대만으로 "설명"하려는 것과 똑같이 원칙적으로 불가능한 일이다. 또한 이런 식으로 은행사를 설명하는 것은, 예컨대 자본주의를 자본주의적 정신의 발생과정에서 일익을 담당한 종교적 관념내용의 특정한 변화로부터 도출하는 것이나, 아니면 예컨대 어떤 정치구조를 지리적 조건으로부터 도출하는 것보다 원칙적으로 더 완벽한 것이 결코 아니다. 이 **모든** 경우에서 우리가 경제적 조건에 부여해야 할 의의의 정도는, 고찰 대상인 현상을 구성하는 요소들 중에서 우리가 개별적인 경우에 주관적으로 **의의**를 부여하는 **특정한 요소들**이 어떤 부류의 원인들로 **귀속될 수 있는가**에 달려 있다. 그런데 특정한 관점 아래—우리의 경우에는 문화현실의 경제적 조건성이라는 관점 아래—이루어지는 문화현실의 **일면적** 분석은 정당한 것인데, 이에 대한 근거는 일차적으로 다음과 같이 순수한 방법론적 차원에서 찾을 수 있다: 우리는 이러한 분석을 통해 우리의 시각을 질적으로 동일한 범주에 속하는 원인들의 작용을 관찰하도록 훈련하게 되고 동일한 개념적·방법론적 장치를 지속적으로 사용하게 되며, 그 결과로 노동분업이 가진 모든 장점을 누리게 된다. 문화현실의 일면적 분석은 **결과**가 그 유용성을 증명하는 한, 다시 말해 그것이 구체적인 역사적 현상들의 인과적 귀속에 **가치 있는** 것으로 드러나는 관계들에 대한 인식을 제공하는 한, 결코 "자의적인" 것이 아니다. **그러나** 역사적인 것에 대한 순수한 경제적 해석의 **"일면성"**과 비현실성은 무릇 문화현실의 과학적 인식에 일반적으로 적용되는 원칙의 한 특수한 경우에 지나지 않는다. 이 원칙의 논리

---

15 이에 대해서는 이 책의 109쪽, 옮긴이 주 57을 볼 것.

적 기초와 일반적인 방법론적 함의를 명료하게 하는 것이, 아래에서 전개되는 논의의 주된 목적이다.

문화적 삶 또는—아마도 우리의 목적을 위해서는 이것보다 협소하지만 확실히 이것과 본질적으로 다르지 않은 것을 의미하는—"사회적 현상들"에 대한 절대적으로 "객관적인", 그러니까 특정하고 "일면적인" 관점에 **의존하지 않는** 과학적 분석이란 **존재하지 않는다.** 우리는 바로 이 관점에 따라—명시적이든 묵시적이든, 의식적이든 무의식적이든—사회적 현상들을 연구 대상으로 선택하고 분석하며 또한 체계적으로 서술한다. 그 이유는 모든 사회과학적 연구의 인식목표가 갖는 특성, 즉 사회적 삶의 **규범들**—법적이든 관습적이든—에 대한 순수한 **형식적** 고찰을 넘어서려고 하는 데에서 찾을 수 있다.

우리가 추구하려는 사회과학은 **현실과학**이다. 우리는 우리가 그 안에 속하며 우리를 둘러싸고 있는 삶의 현실을 **그 특성 속에서** 이해하고자 한다—구체적으로 말해 한편으로는 이 현실을 구성하는 개별현상들이 그 현재적 모습에서 갖는 관계와 문화**의의**를 이해하며, 다른 한편으로는 이 개별현상들이 역사적으로 그렇게 되고 달리 되지 않은 이유를 이해하고자 한다. 그런데 삶이 우리에게 직접적으로 주어지는 방식에 대해 숙고하려고 하면, 우리는 곧바로 우리의 "내면"과 "외부"에서 비동시적으로 또는 동시적으로 나타나고 사라지는 현상들의 절대적으로 무한한 다양성에 직면하게 된다. 그리고 이러한 다양성의 절대적인 무한함은 심지어 우리가 단 하나의 "대상"—예컨대 한 구체적인 교환행위 —만을 따로 분리해 고찰하려고 할 경우에도 그 강도가 조금도 감소하지 않는다—이러한 사실은 우리가 이 "단 하나"를 그것의 인과적 조건성 속에서 파악하려고 시도하는 경우에는 말할 것도 없고 단지 그것의 **모든** 개별적인 구성요소를 **하나도 빠뜨리지 않고** 서술만 하려고 진지하게 시도하는 경우에도 곧바로 명백하게 드러난다. 그러므로 유한한 인간정신이 사유를 통해 무한한 현실을 인식하는 행위는 다음과 같은 암묵적인

전제조건에 기반한다: 이 무한한 현실 가운데 그때그때마다 단지 유한한 **일부분**만이 과학적 고찰 대상이 되며, 또한 이 일부분만이 "알 가치가 있다"라는 의미에서 "중요한" 것이 된다. 그렇다면 어떤 원칙에 따라 이 부분을 분리할 수 있는가? 거듭 주장되어 오기를, 문화과학에서도 이에 대한 결정적인 기준은 궁극적으로 특정한 인과적 관계들이 "법칙적"으로 반복된다는 점에서 찾을 수 있다.[16] 우리가 현상들의 헤아릴 수 없을 만큼 다양한 진행과정에서 인식할 수 있는 "법칙들"이 내포하고 있는 것, 바로 이것이 — 그러한 견해에 따르면 — 이 현상들에서 유일하게 과학적으로 "중요한 것"이 될 수밖에 없다: 어떤 인과적 관계의 "법칙성"이 포괄적인 역사적 귀납의 수단을 통해 예외 없이 타당한 것으로 증명되거나, 또는 우리의 내면적 경험에 즉각적으로 직관할 수 있는 명증성을 가진 것으로 와닿게 되면, 모든 유사한 경우는 그 수가 얼마나 많든 상관없이 그렇게 확립된 공식에 종속된다. 그리고 이런 식으로 "법칙적인 것"을 추출하고 난 후에도 각각의 개별적 현실에서 여전히 파악되지 않고 남는 측면들은,[17] 과학적으로 아직 가공되지 않은 잔여물로서 "법칙" 체계가 점점 더 완벽해짐에 따라 이 체계 속으로 편입될 수 있는 것으로 간주된다; 아니면 "우연적인" 것으로, 그리고 바로 다음과 같은 **이유에서**, 즉 "법칙적으로 파악될 수" 없으며, **그 결과로** "유형적인" 현상에 속하지 않고 따라서 단지 "한가한 호기심"[18]의 대상이 될 수 있을 뿐이기 **때문에** 아예 과학적으로 중요하지 않은 것으로 밀려난다. 이에 따라 거듭해서 — 심지어 역사학파의 대표자들에게서조차도 — 모든 인식

16 이 문장에서 "문화과학에서도" 앞에 "자연과학에서처럼"을 덧붙여 읽으면 의미하는 바가 보다 명확해질 것이다. 그리고 이러한 주장의 대표적인 예로는 람프레히트, 「문화사란 무엇인가?」를 들 수 있다.

17 이 구절에 나오는 "이런 식으로 '법칙적인 것'을 추출하고 난 후에도"는 "경험적 현실로부터 경험적 현실을 지배하는 '법칙적인 것'을 추출하고 난 후에도"라고 읽으면 의미하는 바가 좀 더 명확해질 것이다.

18 아마도 베버는 이 표현을 피히테, 「폐쇄적 상업국가」, 275쪽에서 받아들인 것 같다.

이, 그러니까 문화인식마저도 추구하는, 아니면 비록 먼 장래의 일이기는 하지만 언젠가는 추구할 수 있는 이상은 현실을 "연역할" 수 있는 명제체계라는 관념이 등장한다. 주지하다시피, 자연과학의 한 거장은 문화현실을 그와 같이 가공할 경우에 우리가 추구할 수 있는 (물론 실제로는 도달할 수 없는) 이상적인 목표는 삶의 현상들에 대한 일종의 **"천문학적"** 인식으로 명명할 수 있다고 생각했다.[19] 이러한 문제들이 지금까지 매우 자주 논의되어 오기는 했지만, 우리는 여기에서 우리 나름대로 좀 더 자세하게 검토하는 수고를 마다하지 않도록 하자. 우선 눈에 띄는 것은, 방금 언급한 자연과학자가 생각하는 바의 "천문학적" 인식은 **법칙들**의 인식이 **결코** 아니라 오히려 천문학적 인식이 수단으로 사용하는 "법칙들"은 바로 이 인식의 **전제조건**으로서 역학과 같은 다른 과학 분야들로부터 차용된 것이라는 점이다.[20] 천문학 그 자체가 관심을 갖는 것은 다음과 같은 문제, 즉 이 법칙들이 **개별적인** 모습의 **성좌**에 적용되면 어떠한 **개별적인** 결과가 산출될까 하는 문제인데, 그 이유는 이 개별적인 성좌들이 우리에게 **의의** 있는 것이기 때문이다. 천문학자들이 우리에게 "설명하는" 또는 예측하는 모든 개별적 성좌는 자명하지만 그와 마찬가지로 개별적이면서 그것에 선행하는 다른 한 성좌의 결과로서만 인과적으

---

19 여기에서 말하는 "자연과학의 한 거장"은 구체적으로 에밀 하인리히 뒤부아-레이몽을 가리키는데, 그는 1872년 8월 14일 라이프치히에서 자연과학자들과 의사들을 대상으로 한 강연 「자연인식의 한계에 대하여」, 120쪽에서 ─ 의식적 체계가 아니라 물질적 체계에 대한 ─ "천문학적 인식"에 대해 말하고 있다. "나는 물질적 체계에 대한 천문학적 인식을 이 체계의 모든 부분, 이 부분들 상호 간의 위치와 이 부분들의 운동을 다음과 같이 인식하는 것으로 정의한다. 즉 나는 어떤 과거와 미래의 시점에서의 그 위치와 운동을 천체의 위치와 운동을 계산하는 것과 똑같이 확실하게 계산하는 인식을 천문학적 인식이라고 부른다."

20 리케르트는 『자연과학적 개념구성의 한계』, 449쪽에서 다음과 같이 말하고 있다: "'천문학적 인식'의 이상은 단지 천문학 자체에만 적용되며, 따라서 모든 천문학에도 불구하고 완전한 실재로서 양적 특성뿐만 아니라 질적 성격도 갖는 개별적 발전계열은 결코 법칙 개념에 종속될 수 없음은 확실하다."

로 설명될 수 있다. 그리고 우리가 아득히 먼 과거의 잿빛 성운으로까지 거슬러 올라간다 하더라도 — 법칙들이 **적용되는** 현실은 항상 마찬가지로 개별적이며 또한 마찬가지로 법칙들**로부터 연역될 수 없다.** 전혀 개별적인 성격을 지니지 않은, 또는 현재의 우주적 현실보다 덜 개별적인 성격을 지닌 우주적 "원시상태"를 표상한다는 것은 물론 무의미한 일이다 — 그런데 우리의 영역에서도 이와 유사한 표상의 잔재가 다음과 같은 가정의 형태로, 즉 역사적 "우연성"이 배제된 채 때로는 자연법적으로 추론되고 때로는 "원시종족들"의 관찰을 통해 입증된 경제-사회적 "원시상태"에 대한 가정의 형태로 — 예컨대 "원시농업공산주의",[21] "난혼제"[22] 등에 대한 가정의 형태로 — 유령처럼 배회하면서 인류가 일종의 원죄를 범하여 이 원시상태로부터 구체적인 것으로 타락하면서 개별적인 역사적 발전이 시작된다는 식으로 설명을 하고 있는 것이 아닌가?

사회과학적 인식관심의 출발점은 의심의 여지없이 우리를 둘러싸고 있는 사회적인 문화적 삶의 **실제적인**, 다시 말해 개별적인 모습이다.[23] 구체적으로 말해 사회과학적 인식은 한편으로는 이 개별적인 모습의 문화적 삶을 그 **보편적인**, 그렇다고 해서 물론 조금도 덜 **개별적인** 모습을 띠지 않는 관계 속에서, 그리고 다른 한편으로는 이 개별적인 문화적 삶

---

21 아마도 베버는 라블레, 『원시 소유』, 특히 4~5쪽을 염두에 두고 있는 것 같다. 이는 1874년에 출간된 프랑스어 원서 『소유와 그 원시적 형태들에 대하여』를 카를 뷔허가 독일어로 번역하고 보충하여 1879년에 출간한 것이다. 라블레에 따르면, 토지소유의 첫 번째 단계는 "원시농업공산주의" 형태를 띠고 있었다. 참고로 에밀 드 라블레(1822~92)는 벨기에의 경제학자이다.

22 아마도 베버는 바흐오펜, 『모권론』(母權論), 10쪽 이하(§7)와 20쪽 이하(§8)를 염두에 두고 있는 것 같다. 요한 야코프 바흐오펜에 따르면, 인류의 가장 오래된 혼인 형태는 "난혼제"였다. 참고로 바흐오펜(1815~87)은 스위스의 인류학자이자 법학자이다.

23 이 문장의 중간 부분에 나오는 "사회적인 문화적 삶"은 독일어 'das soziale Kulturleben'을 옮긴 것인데, 흔히 생각하듯이 "사회문화적 삶"으로 — 또는 "사회문화적 생활"로 — 옮기면 안 된다. 왜냐하면 베버가 이 표현과 더불어 의미하는 바는 사회적이고 문화적인 삶이 아니라 문화적 삶의 사회적 측면이기 때문이다. 이미 앞의 278쪽에서 살펴본 바와 같이, 베버에게 사회적인 것은 문화적인 것보다 협소한 개념이다.

이 당연히 그것과 마찬가지로 개별적인 성격을 가지는 다른 사회적 문화조건들로부터 형성되어 온 과정 속에서 고찰하면서 출발한다. 확실히 여기에는 우리가 방금 하나의 경계사례로서의 천문학을 통해 논의한 것과 (논리학자들도 우리와 똑같은 목적에서 천문학을 자주 언급한다[24]) 같은 그러나 그 대상의 특성으로 인해 한층 복합적인 과학적 상황이 존재한다.[25] 천문학에서는 단지 천체가 **양적인**, 즉 정밀한 측정이 가능한 관계에서만 우리의 관심을 끄는 반면, 사회과학에서 우리에게 중요한 것은 **질적인** 색채이다. 거기에 더해 사회과학에서는 **정신적** 현상도 함께 작용한다는 점이 문제가 되는데, 이 작용을 추체험적으로 **"이해하는"** 것은 자명한 일이지만 정밀한 자연인식의 공식이 어떻게든 해결할 수 있거나 또는 해결하고자 하는 과제와는 전혀 다른 성격의 과제이다. 그렇지만 이들 차이점 자체는 언뜻 보는 것처럼 그렇게 원칙적인 것은 아니다. 먼저 질적인 것이 없다면 — 순수역학을 제외하고는 — 그 어떤 정밀한 자연과학도 인식을 수행할 수 없다; 더 나아가 우리는 우리의 전문영역[26]에서 다음과 같은 — 물론 그릇된 — 견해, 즉 적어도 우리 문화의 근

---

24 예컨대 리케르트는 『자연과학적 개념구성의 한계』, 285쪽에서 말하기를, 천문학은 "자연과학 내에서 역사적 구성요소들이 의의를 갖는", 따라서 "개념과학"과 — 달리 말하자면 "법칙과학"과 — "현실과학" 사이에 위치하는 사례, 즉 경계사례이다. 리케르트에 따르면, 천문학은 "일정한 관점에서, 즉 개별적인 천체를 대상으로 하는 한, 엄밀한 의미에서의 개체를, 그러니까 절대적으로 역사적인 무엇인가를 다루지만 다른 한편으로는 [물리학, 역학, 화학 등과 같은] '최종적인' 자연과학에 근접한다. 왜냐하면 천문학은 일정한 부분에서 천체의 모든 질적 다양성을 도외시하기 때문이다"(같은 곳). 천문학은 — 리케르트는 계속해서 주장하기를 — "구체적인 개체들 자체를 다루고 더 나아가 이것들을 고유명사로 부르는 한, 우리가 의미하는 바의 '역사적' 과학이다. 그러나 다른 한편으로 절대적인 보편성을 띠는 자연법칙 개념의 전형으로 간주되는 법칙 개념을 사용한다. 그리하여 천문학은 일회적인 개별적 발전에 대한, 예컨대 태양계의 일회적인 변화계열에서 잇달아 일어나는 다양한 개별적인 단계들에 대한 자연법칙을 수립하는 것이 실제로 가능해 보인다"(444~45쪽).

25 여기에서 말하는 과학적 상황이란 개별적 현상(역사적 개체), 법칙의 적용문제 그리고 개별적 존재의 인과적 귀속을 의미한다.

26 경제학을 가리킨다.

본적인 현상인 화폐경제적 교환은 양화(量化)가 가능하며, **바로 그렇기 때문에** "법칙적으로" 파악할 수 있다는 견해를 접한다;[27] 그리고 마지막으로 양화될 수 없기 때문에 숫자상으로 파악할 수 없는 규칙성도 법칙으로 이해할 것인가 하는 문제는 "법칙"의 개념을 좁게 이해하느냐 아니면 넓게 이해하느냐에 달려 있다. 여기서는 특별히 "정신적" 계기가 함께 작용하는 점에 대해 논해 보기로 한다면, 먼저 그로 인해 적어도 합리적 행위의 **규칙들**을 정립하는 일이 배제되는 것은 아니라는 점을 들 수 있다; 그리고 특히 다음과 같은 견해, 즉 **심리학**의 과제는 다름 아니라 개별 "정신과학들"을 위해서 수학에 비교할 만한 역할을 수행하는 것이라는 견해가 오늘날까지도 완전히 사라진 것이 아니라는 점을 들 수 있다:[28] 이 견해에 따르면 심리학은, 사회적 삶의 복잡한 현상들을 그 심리적 조건과 작용의 관점에서 분석하고 이 조건과 작용을 가능한 한 단순한 심리적 요소들로 환원하며, 다시 이 요소들을 유적(類的)으로 분류하고 그 기능적 관계를 규명함으로써 자신의 역할을 수행할 수 있다. 그렇게 하면 비록 사회적 삶의 "역학"은 아닐지라도 적어도 사회적 삶의 심리적 토대에 대한 일종의 "화학"이 창출되리라는 것이다. 그와 같은 연구가 언젠가 가치 있고 ― 이와는 다른 문제로서 ― **문화**과학을 위해 유용한 개별적인 결과들을 제공할 수 있는가는 우리가 여기에서 판단할 수 있는 계제가 아니다. 그러나 아무튼 이것은 우리가 이해하는 바의 사회경제적 인식의 **목표**, 즉 **현실**을 그 문화**의의**와 인과적 관계 속에서 인식하고자 하는 바가 법칙적으로 반복되는 것의 탐색을 통해 달성될 수

---

27 예컨대 슈몰러, 「민족경제, 경제학 및 그 방법」, 575쪽을 볼 것.

28 이 문장에서 "수학에 비교할 만한 역할"은 "수학이 개별 자연과학들을 위해서 수행하는 역할에 비교할 만한 역할"로 읽어야 한다. 딜타이는 『기술심리학과 분석심리학의 이념』, 1363쪽에서 주장하기를, 수학이 자연과학들의 토대인 것처럼 심리학이 정신과학들의 토대가 되어야 한다. 그리고 빈델반트는 『역사학과 자연과학』, 23쪽에서 심리학에 역사학을 위해 정신적 삶의 법칙들을 정립하는 기능을 부여한다.

있는가라는 질문에 대해서는 아무런 의미도 갖지 못할 것이다. 언젠가 다음이 성공한다고 가정해 보자. 즉 심리학에 의해서든 또는 다른 방법을 통해서든 인간의 공동 삶의 현상들 사이에 존재하면서 이미 관찰된 모든 인과적 관계를 그리고 더 나아가 미래에 관찰될 것이라고 예상할 수 있는 모든 인과적 관계를 어떤 간단한 궁극적 "요소들"로 환원하여 분석하며, 그다음 이 인과적 관계들을 개념들과 엄격한 법칙적 타당성을 지니는 규칙들로 이루어진 하나의 거대한 결의론[29]의 형태로 하나도 남김없이 완벽하게 포착하는 데 성공한다고 가정해 보자. 그렇다면 이 결과가 **역사적으로** 주어진 문화세계의 인식, 아니면 심지어 그중의 어느 한 개별적 현상 — 예컨대 자본주의의 형성과정 및 그 문화의의 — 의 인식에 대해 과연 무슨 의미를 갖는단 말인가? 그것이 인식**수단**으로서 갖는 의미는 예컨대 유기화학적 합성물에 관한 사전(辭典)이 동식물계의 **생물발생학적** 인식에 대해 갖는 의미보다 많지도 적지도 않을 것이다. 물론 두 경우 모두 매우 중요하고 유용한 예비작업이 될 것이다. 그러나 그 어느 경우에서도 상기한 "법칙들"과 "요소들"로부터 언젠가 삶의 현실을 **연역할** 수 있는 것은 아니다. 그 이유는 예컨대 어떤 고차원적이고 신비스러운 "힘들"("지배적 힘들",[30] "엔텔레키아"[31] 또는 달리 어떻게 불러왔든 간에)이 삶의 현상들에 내재해 있기 때문이 아니라 — 이것은 하나의 완전히 독자적인 문제이다 —, 우선 다음과 같은 단순한 사실 때문이

---

29 결의론(決疑論)은 종교, 윤리, 관습, 시민적 법규, 자연법칙 등에 대한 광범위한 지식을 동원하여 구체적인 도덕의 문제를 해결하는 방법이다.

30 이는 신(新)생기론을 대표하는 라인케의 개념이다. 이 책의 75쪽, 원주 86과 그에 따르는 옮긴이 주를 볼 것.

31 이는 신생기론의 또다른 대표자인 한스 드리슈(1867~1941)가 도입한 개념으로, 자신의 목적을 자기 자신 안에 갖고 있는 생명체의 특성을 가리킨다. 그러니까 엔텔레키아는 생명체의 내재적 목적성이다. 참고로 드리슈는 이 개념을 아리스토텔레스에게서 빌려왔는데, 후자에게 엔텔레키아(ἐντελέχεια, entelecheia)는 질료에서 실현되는 형상(形相)을 가리킨다. 아리스토텔레스, 『형이상학』(한글판), 제9권, 제8장을 볼 것.

다. 즉 현실 인식에서 우리에게 중요한 것은 상기한 (가설적!) "요소들"이 처하는 **상황**인데, 이 안에서 그 요소들은 무리지어서 역사적으로 우리에게 **의의 있는** 문화현상을 형성한다. 그리고 더 나아가 다음과 같은 사실 때문이기도 하다. 즉 **만약** 우리가 이 개별적 무리지음을 "인과적으로 설명하려고" 한다면, 우리는 항상 그와 똑같이 개별적인 다른 무리지음으로 눈을 돌릴 수밖에 없으며, 바로 이것을 통해 그 개별적 무리지음을, 물론 상기한 (가설적!) "법칙"개념들을 사용하면서, "설명하게" 될 것이다. 그러므로 상기한 (가설적) "법칙들"과 "요소들"을 규명하는 일은 어쨌든 우리가 추구하는 인식목표에 도달하는 데 필요한 일련의 작업 가운데 단지 **첫 번째** 작업이 될 것이다. 그다음 작업은 상기한 "요소들" 사이에서 그때그때 역사적으로 이루어지는 개별적 무리지음과 그 결과로 이들 요소 사이에서 이루어지는 구체적이고 나름대로 **의의 있는** 상호작용을 분석하고 체계적으로 서술하며, 특히 이 의의의 근거와 성격을 **이해할 수 있도록** 하는 일이 될 것이다; 이것은 첫 번째 작업을 예비작업으로 활용해서 해결해야 함은 물론이지만 그것에 비해 완전히 새롭고 **독립적인** 과제가 될 것이다. 세 번째 작업은 이러한 무리지음에서 **현재**에 대해 의의를 갖는 개별적인 특성들을 가능한 한 멀리 과거로 소급하여 그 형성과정을 추적하며, 또한 그 특성들보다 시기적으로 앞서는, 그러면서 이것들과 마찬가지로 개별적인 상황들로부터 역사적으로 설명하는 것이 될 것이다. 마지막으로 가능한 미래의 상황들을 평가하는 것이 생각할 수 있는 네 번째 과제가 될 것이다.

이 모든 목적을 위해서는 명료한 개념들의 존재와 상기한 (가설적) "법칙들"에 대한 지식이 인식**수단**으로서 ─ 그러나 **단지** 그것만으로서 ─ 분명히 큰 가치를 지닐 것이다; 아니 법칙들에 대한 지식은 이 목적을 위해서는 참으로 필수불가결한 것이 될 것이다. 그러나 심지어 이러한 기능에서마저도 법칙들에 대한 지식이 지니는 의의의 한계가 **한 가지** 결정적인 측면에서 곧바로 드러나는데, 우리는 이 한계의 확인을 통해 문화과학적 고찰방식의 결정적인 특성에 도달하게 된다. 우리는 삶의 현상들을 그 문화의의 속에서 인식하고자 하는 과학 분야들을 "문화과학"이라고 지칭했다.[32] 그러나 어떤 문화현상의 형성이 갖는 **의의**와 이 의의의 **근거**는 제아무리 완벽한 법칙 개념들의 체계로부터도 추론될 수 없고 설명될 수 없으며 이해될 수 없다. 왜냐하면 이 의의는 문화현상들이 **가치이념**에 연관된다는 것을 전제하기 때문이다. 문화의 개념은 일종의 **가치개념**이다. 경험적 현실은 우리가 그것을 가치이념과 연관시키기 때문에 그리고 연관시키는 한에서 우리에게 "문화"가 **된다**; 문화는 현실 가운데 바로 이 연관을 통해 우리에게 **의의를 갖게** 되는 요소들을, 그리고 **단지** 이 요소들만을 포함한다. 우리가 특정한 시점에 고찰하는 개별적인 현실 가운데 아주 작은 부분만이 그와 같은 가치이념에 의해 조건지어지는 우리의 관심에 의해 채색되며, 오직 이 부분만이 우리에게 의의를 갖는다; 그것이 의의를 갖는 이유는, 그것의 특정한 관계들이 가치이념과 결부됨으로써 우리에게 **중요해지기** 때문이다. 단지 그런 이유에서만 그리고 그런 한에서만, 그것은 그 개별적 특성의 측면에서 우리에게 알 가치가 있는 것이다. 그리고 **무엇이** 우리에게 의의를 갖는지는, 경험적으로 주어진 것에 대한 그 어떠한 "무전제적" 연구를 통해서도 규명할 수 없음은 자명하다; 오히려 어떤 것이 우리에게 의의를 갖는다고 확정하는 것이야말로 그것이 연구 **대상**이 되는 전제이다. 게다가 자명한 일이지만 의의 있는 것은 그 자체로서 그 어떤 법칙 자체와도 일치하지 않으며, 그것도 법칙이 보편타당하면 할수록 더욱더 일치하지 않는다. 왜냐하면 자명한 일이지만 현실의 어떤 구성요소가 우리에게 갖는 특정한 **의의**는 그것이 가능한 한 많은 다른 구성요소들과 공유하는 관계에서 찾을 수 **없기** 때문이다. 현실을 그것에 의의를 부여하는 가치이념과 연관시키고 현실적인 것에서 이 연관을 통해 채색된 구성부분들을 그것

---

32 이 책의 271쪽에서이다.

들이 가진 문화의의의 관점에서 선택하고 질서화하는 작업은, 현실을 **법칙들**에 비추어 분석하고 현실을 일반개념들에 따라 질서화하는 작업과는 완전히 이종적이고 이질적인 작업이다. 사유적으로 현실적인 것을 질서화하는 이 두 가지 방식 간에는 그 어떤 논리적 연관도 존재하지 않는다. 물론 이 둘은 특정한 경우에는 일치할 수도 있다. 그러나 이 우연적 일치를 보고 그것들 사이에는 **원칙적** 괴리가 존재하지 않는다고 착각한다면, 아주 치명적인 결과를 초래할 것이다. 어떤 현상의 문화의의는 그것이 집단현상으로 등장한다는 사실에 있을 수 **있는데**, 예컨대 오늘날의 문화적 삶을 구성하는 핵심적 요소들 가운데 하나인 화폐경제적 교환이 그렇다. 그러면 화폐경제적 교환이 이 역할을 수행한다는 **역사적** 사실 자체가 그 문화의의 속에서 이해되어야 하고 그 역사적 형성과정 속에서 인과적으로 설명해야 할 대상이다. 교환의 **일반적** 성격과 시장거래의 **기술**(技術)에 대한 연구는 하나의 ─ 지극히 중요하고 불가결한! ─ **예비**작업이다. 그러나 이 연구로는 어떻게 교환이 역사적으로 오늘날과 같은 결정적 의의를 획득하게 되었는가에 대해 답할 수 없을 뿐만 아니라, 특히 우리의 궁극적인 관심사이면서 상기한 "법칙들"의 그 어느 것으로부터도 도출될 수 없는 화폐경제의 **문화의의**에 대해 답할 수 없다 ─ 우리는 단지 바로 이 문화의의 때문에 예비작업으로서의 거래기술에 대한 서술에 관심을 갖게 되며, 또한 단지 이 문화의의 때문에 오늘날 이 기술을 다루는 과학이 존재하는 것이다. 교환, 매매 등의 **유적 특성**은 법학자들의 관심을 끈다 ─ 이에 반해 우리에게 주어진 과제는 교환이 오늘날 집단현상이 되었다는 **역사적** 사실의 **문화의의**를 분석하는 것이다. 우리가 이 문화의의를 설명해야 할 경우, 또는 우리가 우리의 사회경제적 문화가, 예컨대 교환이 오늘날과 똑같은 유적 특성을 보여 주는 고대의 사회경제적 문화와 어떻게 **구별되는지**, 다시 말해 "화폐경제"의 **의의**가 어디에 있는지 이해하고자 할 경우에는 전혀 이질적인 기원을 갖는 논리적 원칙이 연구에 적용된다: 우리는 경제적 집단현상의 유적 요소들에 대한 연구가 우리에게 제공하는 개념들을, 그 안에 우리 문화의 중요한 구성요소들이 내포되어 있는 **한에서만** 서술**수단**으로 이용할 것이다 — 그러나 상기한 개념들이나 법칙들이 제아무리 정확하게 서술된다고 해도 우리 작업의 **목표**가 달성되는 것은 아니다; 게다가 무엇이 유적 개념 구성의 대상이 되어야 하는가 하는 문제도 결코 "무전제적으로" 해결되는 것이 아니라, 오히려 우리가 "교환"이라고 부르는 무한히 다양한 현상 가운데 특정한 구성요소들이 문화에 대해 지니는 **의의**에 준거하여 해결되는 것이다. 우리가 추구하는 바는 다름 아니라 역사적, 즉 그 **특성**에서 **의의 있는** 현상의 인식이다. 그리고 여기에서 결정적인 것은 다음과 같은 것이다: 무한히 많은 현상들 가운데에서 단지 **유한한** 부분만이 **의의 있는** 것이라는 전제 아래에서만 **개별적** 현상들에 대한 인식을 추구한다는 생각이 비로소 논리적으로 유의미한 것이 된다. 설사 우리가 현상을 지배하는 **모든** "법칙"에 대해 생각할 수 있는 가장 포괄적인 지식을 갖추고 있다고 하더라도, 다음과 같은 질문 앞에서는 속수무책일 것이다: 어떤 **개별적** 사실을 **인과적으로 설명한다는 것**이 도대체 어떻게 **가능하단** 말인가? — 왜냐하면 심지어 현실의 가장 작은 단면의 경우에도 그것을[33] 하나도 남김없이 완벽하게 **서술하는 것**조차도 생각할 수 없기 때문이다. 어떤 한 개별적인 현상을 규정해 온 원인의 수와 종류는 항상 **무한한** 법이며, 또한 사물들 그 자체에는 이들 원인 가운데 어느 부분이 유일하게 고찰 대상으로 선별되도록 하는 그 어떤 표지도 내재하지 않는다. 현실에 대한 "무전제적" 인식을 진지하게 시도함으로써 얻을 수 있는 유일한 결과는, 무수한 개별적 지각들에 대한 "존재판단들"의 혼돈일 것이다. 그리고 이 결과조차도 단지 외견상으로만 가능할 것인데, 왜냐하면 막상 각각의 개별적인 지각을 보다 자세히 들여다보면 거기에는 항상 지각판단의 형태로는 하나도 남김없이 완벽하게 표현될 수

33　이 앞에 "인과적 설명은 고사하고"를 덧붙이면 의미하는 바가 좀 더 명확해질 것이다.

없는 무수히 많은 개별적인 구성요소들이 내포되어 있음이 드러나기 때문이다. 이 혼돈에 질서가 부여되는 **단 하나의** 조건은, 모든 경우에 개별적 현실의 단지 **일부분**만이 우리의 관심을 끌고 우리에게 **의의**를 가진다는 것이다. 왜냐하면 단지 이 부분만이 우리가 현실에 접근하는 준거점인 **문화가치 이념**과 연관되기 때문이다. 그러므로 항상 무한히 다양한 모습을 보이는 개별현상들에서 단지 특정한 **측면들**만이, 즉 우리가 일반적 **문화의의**를 부여하는 측면들만이 알 가치가 있고, 오직 이 측면들만이 인과적 설명의 대상이 된다. 그리고 심지어 이 인과적 설명에서조차도 동일한 특성이 드러난다: 어떤 구체적인 현상 하나를 그 **전체적인** 현실 속에서 **하나도 남김없이 완벽**하게 인과적으로 회귀시킨다는 것은 실제적으로 불가능할 뿐만 아니라 그야말로 난센스이다. 우리는 개별적인 경우에 어떤 현상의 "**중요한**" 요소들을 **귀속시킬** 수 있는 원인들만을 인식대상으로 선택한다: 어느 한 현상의 **개별성**이 관심의 대상이 되는 경우에 제기되는 인과문제는 **법칙**의 문제가 아니라 구체적인 인과적 **관계**의 문제이며, 이 현상을 어떤 공식에 하나의 표본으로서 포함시킬 것인가 하는 문제가 아니라 어떤 개별적인 상황에 그것의 결과로서 귀속시킬 것인가 하는 문제이다: 그것은 **귀속의 문제**이다. 어떤 "문화현상"의 ― 또는 우리 과학 분야의 방법론에서 이미 때때로 사용되어 왔고 지금은 논리학에서 명확하게 정의되어 통용되어 가고 있는 표현에 접목하여 말하자면, 어떤 "**역사적 개체**"[34]의 ― 인과적 설명을 꾀하는 경우에는 언제나 원인작용의 **법칙들**에 대한 지식은 그 자체로서 **목적**이 아니라 단지 연구의 **수단**일 뿐이다. 이 지식은 현상을 구성하는 요소들 가운데

---

34 이는 리케르트가 『자연과학적 개념구성의 한계』에서(특히 336쪽 이하에서) 체계화한 개념으로 베버의 방법론에서 매우 중요한 역할을 한다. 베버, 『프로테스탄티즘의 윤리와 자본주의 정신』(한글판), 71쪽에 따르면, "역사적 개체란 역사적 현실의 복합적인 관계인데, 이는 우리가 그것의 **문화의의**라는 관점에서 개념적으로 결합해 하나의 전체로 만든 것이다."

그 개별성에서 문화적으로 중요한 요소들을 그 구체적인 원인들로 귀속시키는 작업을 용이하게 해주고 가능케 해준다. 이러한 기능을 수행하는 한에서, 그리고 단지 이러한 기능을 수행하는 한에서만, 이 지식은 개별적인 관계들을 인식하는 데 가치가 있다. 그리고 법칙이 "보편적"일수록, 즉 추상적일수록, **개별적인** 현상들의 인과귀속에 대한 우리의 욕구를 충족해 주는 정도는 더욱더 감소하며, 또한 그렇기 때문에 간접적으로는 문화현상들의 의의에 대한 우리의 이해에 기여하는 정도가 더욱더 감소한다.

그렇다면 이 모든 것으로부터 도출되는 결론은 무엇일까?

물론 다음과 같은 결론은 아니다. 즉 문화과학의 영역에서는 **일반적인 것**의 인식, 추상적 유(類)개념의 구성, 규칙성의 인식 및 **"법칙적"** 관계들의 정식화 시도는 과학적 정당성을 갖지 못한다는 결론이 나오는 것은 물론 아니다. 오히려 그 정반대이다: 역사학자의 인과적 인식이 구체적인 결과들을 구체적인 원인들에 **귀속시키는 것**이라면, 어떤 개별적 결과를 **타당하게** 귀속시키는 것은 "법칙론적" 지식 — 인과적 관계들의 법칙성에 대한 지식 — 을 사용하지 않고는 전혀 **가능하지** 않다. 현실의 한 특정한 관계를 구성하는 한 특정한 개별적 요소가 인과적 설명의 대상이 되는 결과에 대해 실제로 인과적 의의를 갖는지 아닌지는, 확실하게 드러나지 않는 경우 **단지** 다음과 같은 방식을 통해서만 결정될 수 있다. 즉 이 개별적 구성요소가 그리고 이것과 동일한 복합체를 구성하는 요소들 중에서 설명을 위해 이것과 함께 고찰되는 **요소들**이 행사할 것으로 **일반적으로** 예상되곤 하는 영향력을 평가함으로써만 결정할 수 있다:[35] 이 영향력이라는 것은 물론 관련되는 인과적 요소들이 **"적합하**

---

35 여기에서 "동일한 복합체"는 그 앞 문장에 나오는 "현실의 한 특정한 관계"를 가리킨다. 베버가 이런 표현을 쓰는 이유는, 현실의 한 특정한 관계도 복합적인 현상이기 때문이다.

게" 작용하는 것을 의미한다. (가장 넓은 의미에서의) 역사학자가 개인적인 삶의 경험을 통해 풍부해지고 방법론적으로 훈련된 상상력을 동원하여 이러한 귀속을 어느 정도로 확실하게 수행할 수 있는가, 그리고 그가 이러한 귀속을 가능하게 하는 다른 전문화된 과학들의 도움에 어느 정도로 의존하는가는, 개별적인 경우에 달려 있다. 그러나 어디서나, 따라서 복잡한 경제현상들의 영역에서도 일반적인 것에 대한 우리의 지식이 확실하면 확실할수록 그리고 포괄적이면 포괄적일수록 귀속의 **확실성**은 더욱더 커진다. 이러한 명제의 타당성은 다음과 같은 사실에 의해 조금도 훼손되지 않는다. 즉 여기에서 문제가 되는 것은 항상, 따라서 모든 이른바 "경제법칙"의 경우에도 예외 없이, 정밀한 자연과학이 추구하는 협소한 의미에서의 "법칙적" 관계가 아니라 규칙들의 형태로 표현되는 **적합한** 인과적 관계라는 사실, 다시 말해 여기서는 자세히 분석할 수 없는 "객관적 가능성"[36]이라는 범주의 적용이라는 사실에 의해 조금도 훼손되지 않는다. 그러나 그와 같은 규칙성들을 확립하는 것은 인식의 **목표**가 아니라 **수단**이며, 또한 일상적 경험을 통해 알게 된 인과적 관계를 "법칙"으로 정식화하는 것이 과연 의미 있는가는 각각의 개별적인 경우에 합목적성의 문제이다.[37] 정밀한 자연과학에서 "법칙"은 **보편타당하면** 할수록 더욱더 중요하고 가치가 있다; 이에 반해 역사적 현상을 그 구체적인 조건에서 인식하는 경우에는 **가장 보편적인** 법칙이 가장 내용이 비어 있기 때문에 일반적으로 가장 무가치한 법칙이기도 하다. 그리고 어떤 유개념의 타당성 범위는—그것의 **외연**은—넓으면 넓을수록 우리를 더욱더 현실의 풍부함으로부터 **유리시킨다**. 왜냐하면 이 개념은 가능한 한 많은 현상에 공통된 것을 포괄하기 위해 가능한 한 추상적이 될

---

36 이에 대한 자세한 논의는 이 책의 421쪽 이하를 볼 것.

37 이 문장에서 "각각의 개별적인 경우에 합목적성의 문제이다"는 다음과 같이 읽으면 의미하는 바가 좀 더 명확해질 것이다. "각각의 개별적인 경우에 우리가 추구하는 인식의 목표에 적합한가를 보고 판단해야 할 문제이다."

수밖에 없으며, 그리하여 내용적으로 **빈약해질** 수밖에 없기 때문이다. 문화과학에서 일반적인 것의 인식은 결코 그 자체로서 가치가 있는 것이 아니다.

지금까지 언급한 것으로부터 나오는 결론은, 경험적인 것을 "법칙"으로 환원하는 것이 과학적 작업의 이상적 목적이라는 의미에서 문화현상을 "객관적으로" 다루는 것은 무의미한 일이라는 점이다. 그런데 이것이 무의미한 이유는, 흔히 주장되어 왔듯이,[38] 문화현상 또는 말하자면 정신적 현상이 "객관적으로" 덜 법칙적으로 진행되기 때문이 결코 **아니다**. 그 이유는 오히려 다음과 같다: 1) 사회적 법칙의 인식은 사회적 현실의 인식이 아니라 단지 우리의 사고가 이 목적을 위해 필요로 하는 다양한 보조수단 중의 하나일 뿐이기 때문이며, 2) **문화**현상의 인식은, 항상 개별적 특성을 지니는 삶의 현실이 특정한 **개별적** 관계에서 우리에게 가지는 **의의**에 근거하지 않고서는 생각할 수 없기 때문이다. 그런데 **어떤** 의미에서 그리고 어떤 **측면**에서 그러한가는 그 어떠한 법칙도 우리에게 말해 줄 수 없다. 왜냐하면 그것은 우리가 그때그때 "문화"를 고찰하는 준거가 되는 **가치이념**에 따라 결정되기 때문이다. "문화"란 세상사의 무의미한 무한성 가운데에서 **인간**의 관점에 따라 의미와 의의가 부여된 유한한 단면이다. 이것은 설령 한 인간이 어느 **특정한** 문화에 대해 불구대천의 원수처럼 저항하면서 "자연으로 되돌아갈 것"[39]을 요구한다고 할지라도 그대로 적용된다. 왜냐하면 그가 이러한 입장을 취할 수 있는 이유는 단 한 가지, 그가 이 특정한 문화를 자신의 가치이념에 **연관시켜서** 바라보며 그 결과로 "너무 가볍다"고 판단하기 때문이다.[40] 바로

---

38 예컨대 슈티페, 「바이에른의 막시밀리안 공(公)과 제관(帝冠)」, 41쪽과 뤼멜린, 「역사의 법칙들에 대하여」, 119~20쪽을 볼 것.

39 예컨대 포이어바흐는 「헤겔 철학 비판」, 231쪽에서 "자연으로 되돌아가는 것이 구원의 유일한 원천이다"라고 하였다.

40 아마도 베버는 『구약성서』「다니엘서」제5장 제27절("테겔이 말하기를, 왕[벨사살]이

이 **순수한 논리적·형식적** 사실이, 우리가 여기에서 주장하는 것, 즉 모든 역사적 개체는 논리적으로 불가피하게 "가치이념"에 근거한다고 주장하는 것이 뜻하는 바이다. 모든 **문화과학**의 선험적 전제조건은, 우리가 하나의 특정한 또는 모든 "문화"를 **가치 있다**고 판단한다는 사실이 **아니라** 우리가 세계에 대하여 의식적으로 **입장**을 정립하고 세계에 **의미**를 부여할 수 있는 능력과 의지를 지닌 문화**인간이다**라는 사실이다.[41] 이 의미가 어떤 것이든 간에 그것은 우리가 인간의 공동체적 삶의 특정한 현상들을 **평가할** 수 있으며, 그에 비추어 이들 현상을 **의의 있는 것**으로 (긍정적이든 또는 부정적이든) 판단하고 그에 대한 입장을 정립할 수 있는 기반이 된다. 그리고 이 입장정립의 내용이 무엇이든 간에 ― 이들 현상은 우리에게 문화**의의**를 가지며, 오직 이 의의에 근거해서만 과학적 관심의 대상이 된다. 그러므로 여기에서 우리가 현대 논리학자들의 용어에 접목하여 제시한 명제, 즉 문화인식은 **가치**이념에 의하여 조건지어진다는 명제[42]가, 마치 문화의의란 단지 **가치 있는** 현상들에만 부여되어야 한다는 식으로 매우 조야한 오해를 불러일으키지 않기를 바라마지 않는다. 매춘도 종교 또는 돈과 마찬가지로 하나의 **문화현상**이다. 이 세 가지는 모두 다음과 같은 이유에서, **단지** 다음과 같은 이유에서만, 그리고 **단지** 다음과 같은 한에서만 문화현상이 될 수 있다. 즉 이것들의 존재와 이것들이 **역사적으로** 취하는 형태가 우리의 문화적 **관심**을 직접적이거나 간접적으로 자극해야만, 그리고 이것들이 가치이념에서 도출된 관점 아

저울에 달려 너무 가벼운 것이 드러났습니다")을 원용하고 있는 것 같다.

41 사실 이 문장의 마지막 부분에 나오는 "문화**인간이다**라는 사실"은 "문화**인간이라**는 사실"로 하는 것이 더 매끄럽다. 그럼에도 불구하고 굳이 이렇게 한 것은, 원문에 'ist'(이다)가 강조되어 있기 때문에 이를 살리고자 함이다.

42 여기에서 말하는 "현대 논리학자들"의 대표적인 인물은 리케르트이다. 그러나 그는 "가치연관"에 대해서 말하지만 "가치이념"에 대해서는 말하지 않는다. 후자는 베버가 "현대 논리학자들"에 접목하면서 나름대로 주조한 논리적 개념으로 보는 것이 타당하다.

래 우리의 인식욕구를 불러일으켜야 문화현상이 될 수 있다. 바로 이 가치이념을 통해 그 세 개념에 의해 고찰되는 현실의 단면이 우리에게 **의의 있는 것**이 된다.

이로부터 명백하게 드러나듯이, 문화현실에 대한 모든 인식은 항상 **특정한 관점** 아래에서의 인식이다. 우리가 역사학자들과 사회과학자들에게 기본적인 전제조건으로 다음을 요구한다면, 즉 중요한 것과 중요하지 않은 것을 구별할 수 있으며, 또한 이러한 구별을 위해 필요한 "관점들"을 가질 것을 요구한다면, 이것이 의미하는 바는 다름이 아니라 그들이 현실에서 일어나는 현상들을 — 의식적이든 또는 무의식적이든 — 보편적인 "문화가치들"에 연관시키고 이에 근거하여 우리에게 의의 있는 **바로 그** 관계들을 추출해 낼 줄 알아야 한다는 것이다. 그와 같은 관점들은 "소재 그 자체에서 도출할 수" 있다는 견해가 되풀이해서 대두되곤 하는데, 사실 이것은 전문학자들의 순진한 자기기만에서 기인하는 것이다:[43] 그들은 자신이 처음부터 무의식적으로 가치이념에 따라 소재에 접근하여 그 절대적 무한성 가운데 단지 하나의 아주 작은 부분만을 추출해서는 **그것을** 유일한 고찰 대상으로 **삼는다**는 사실을 깨닫지 못한다. 이처럼 언제 어디서나 의식적으로 또는 무의식적으로 현상의 특정한 **개별적** "측면들"을 선택하는 과정에는, 흔히 들을 수 있는 주장의 바탕에 깔려 있는 문화과학적 작업의 요소도 포함되어 있는데, 그 주장이란 어떤 과학적 저술에서 진정으로 가치 있는 것은 "인격적인 것"이며, 또한 모든 과학적 저술은 존재할 가치가 있으려면 "한 인격체"를 표현해야 한다는 것이다.[44] 다음은 확실하다: 연구자의 가치이념 없이는 소재선택의

---

43 예컨대 고틀, 『말의 지배』, 136쪽에 따르면, 관점은 소재 그 자체에서 연원한다.

44 여기에서 말하는 "인격적인 것"과 "한 인격체"는 과학적 저술을 하는 학자와 관련된다. 그러니까 이 학자의 인격, 즉 그의 주관성이 과학적 저술의 존재와 가치를 결정한다는 뜻이다. 예컨대 마이어는 『고대사』, 제1권, 19쪽에서 주장하기를, 역사적 저술에는 "역사학자의 시대와 그 자신의 개인성"이 반영되어야 하며, 그렇지 않으면 그 저술은 "사

원칙도 있을 수 없고 개별적 현실에 대한 유의미한 인식도 있을 수 없으며, 또한 특정한 문화내용의 **의의**에 대한 연구자의 **믿음** 없이는 **개별적** 현실에 대한 모든 연구가 전혀 무의미할 것이고, 따라서 연구자의 개인적 믿음의 방향, 즉 그의 영혼의 거울에서 굴절되는 가치들이 그의 작업에 방향을 제시할 것이다. 그리고 과학적 정신이 그 연구 대상과 연관시키는 가치들은 한 시대 전체의 "견해"를 결정할 수도 있다: 다시 말해 이 가치들은 한 시대 전체가 다음을 판단하는 데, 즉 현상들에서 무엇이 "가치 있는지"뿐만 아니라 더 나아가 무엇이 의의가 있는지 또는 의의가 없는지, "중요한지" 또는 "중요하지 않은지"를 판단하는 데 결정적일 수도 있다.

그러므로 우리가 의미하는 문화과학적 인식은, 현실 가운데 우리가 문**화의의**를 부여하는 현상들과 어떻게든 연관된 ─ 제아무리 간접적이라 할지라도 ─ 부분들만을 고려하는 한 "주관적" 전제조건들에 **결부되어** 있다. 그럼에도 불구하고 그것은 질적 성격을 가진 의의 있는 개별적 자연현상들에 대한 인식과 똑같은 의미에서 순수한 **인과적** 인식임은 물론이다.[45] 그동안 법학의 형식주의적 사고가 문화과학의 영역에 침투하여 여러 가지 오류를 야기해 왔는데, 최근에는 그에 더해 특히 일련의 재기발랄한 궤변을 통해 "유물론적 역사관"을 그 원리적 차원에서 "논박하려는" 시도가 등장하여 다음과 같은 견해를 제시했다: 모든 경제적 삶은 법적으로 또는 관습적으로 **규제된 형식들** 속에서 전개될 수밖에 없기 때문에, 모든 경제적 "발전"은 새로운 **법적 형식들**의 창출을 위한 노력의 형태를 띨 수밖에 없으며, 따라서 단지 **도덕적** 준칙들을 통해서만 이해할 수 있고 **바로 이러한 이유에서** 모든 "자연적" 발전과는 본질적으로

건들의 건조한 나열"에 지나지 않을 것이다.

45 베버는 크니스를 비판하면서 질적 성격을 가진 자연현상의 예로 돌라르트만의 생성과 "유발"을 언급하고 있다. 이 책의 95쪽과 이와 관련한 옮긴이 주 32를 그리고 100쪽과 이와 관련된 옮긴이 주 48을 볼 것.

상이하다는 것이다. 그러므로 경제적 발전에 대한 인식은 "목적론적" 성격을 지닌다는 것이다.[46] 여기서는 "발전"이라는 다의적 개념이 사회과학에 대해 갖는 의의나 논리적으로 그에 못지않게 다의적인 "목적론인 것"의 개념을 논의할 뜻은 없지만, 다만 경제적 발전에 대한 인식이 적어도 상기한 견해가 전제하는 **바로 그** 의미에서 "목적론적"일 필요는 없다는 점만은 분명히 밝히고자 한다. 비록 통용되는 법규범들이 형식적으로는 완전히 동일하게 남아 있을지라도,[47] 이 규범들에 의해 지배되는 법적 **관계**의 문화**의의**가 근본적으로 변할 수 있으며 그로 인해 규범들 자체의 문화**의의**도 근본적으로 변할 수 있다. 가령 옆길로 벗어나 미래에 대한 가상적 모습을 한번 그려볼 것 같으면, 우리는 예컨대 "생산수단의 사회화"가, 그것을 실현하기 위한 어떤 의식적 "노력" 없이도, 그리고 우리 법전의 어떤 조항도 사라지거나 새로이 추가되지 않고도 실현된 것으로 이론적으로 상상할 수 있을 것이다: 그러나 법적으로 규제되는 개별적인 관계들의 통계적 빈도는 근본적으로 변할 것이고, 많은 관계들의 경우에는 그 빈도가 영으로 떨어질 것이며, 또한 대부분의 법규범은 **실천적인** 의의를 상실할 것이고 이것들이 갖는 모든 문화의의는 식별할 수 없을 정도로 변할 것이다. "유물론적" 역사이론이 미래의 법은 어떠해야 하는가에 대한 논의를 배제할 수 있었던 것은 당연한데, 왜냐하면 그 핵심적 논리가 바로 법제도의 **의의**는 불가피하게 변화한다는 것이었기 때문이다. 역사적 현실의 인과적 이해라는 소박한 작업을 저급한 것으로 여기는 사람은 그 작업을 하지 않으면 된다 ― 그러나 이 작업을 어떤 "목적론"으로 대체한다는 것은 불가능하다. "목적"이란 **우리의** 관점에서 보면 어떤 **결과**에 대한 관념으로서, 이 관념은 어떤 행위의 **원인**이

---

46 이는 루돌프 슈탐러를 가리킨다. 슈탐러에 대한 베버의 근본적인 비판은 이 책의 제4부와 제5부를 볼 것.

47 이 부분은 "비록 통용되는 법규범들이 형식적으로는 제정될 당시와 똑같은 상태로 남아 있을지라도"로 읽으면 의미하는 바가 좀 더 명확해질 것이다.

된다; 우리는 어떤 **의의 있는** 결과를 낳는 데 기여하거나 기여할 수 있는 **모든** 원인을 고려하듯이, 이 원인을 고려한다. 그리고 이 원인이 가지는 **독특한** 의의는 다만, 우리가 그것을 통해 인간의 행위를 **확인할** 수 있고 **확인하려고** 할 뿐만 아니라 **이해할** 수도 있고 **이해하려고도** 한다는 사실에서 찾을 수 있다. —

우리가 앞에서 논의한 가치이념은 의심의 여지없이 "주관적"이다. 어떤 가족의 연대기에 대한 "역사적" 관심과 생각할 수 있는 가장 광범위한 문화현상들, 즉 한 민족 또는 인류 전체가 오랜 기간 공유하고 있었고 여전히 공유하고 있는 문화현상들의 발전에 대한 "역사적" 관심 사이에는 "의의"의 무한한 단계가 존재한다. 그런데 이 단계는 우리 각자에게 서로 다른 순서로 배열될 것이며, 또한 이와 마찬가지로 문화의 성격과 인간을 지배하는 사고 자체의 성격에 따라 역사적으로 변화할 것임은 물론이다.[48] 그러나 자명한 일이지만 이로부터 문화과학적 **연구**도 어떤 사람에게는 **타당하고** 다른 사람에게는 그렇지 않다는 **의미에서** "주관적" **결과들**만을 산출할 수 있다는 결론이 나오는 것은 **아니다**. 달라지는 것은 오히려 사람에 따라 이 결과들에 대해 **갖는 관심**의 정도이다.[49] 이를 다른 말로 표현하면 다음과 같다: **무엇이** 연구 대상이 되며, 또한 이 연구가 무한한 인과관계들의 어느 선까지 끼칠 것인가를 결정하는 것은 연구자와 그의 시대를 지배하는 가치이념들이다 —그리고 어떻게 연구를 진행할까 하는 문제, 즉 연구방법의 문제에서도 연구를 주도하는 "관점"이 —우리가 뒤에서 보게 되는 바와 같이[50] —연구자가 사용하는 개

---

48 이 문장에서 "이와 마찬가지로"는 그 앞부분을 가리킨다. 다시 말해 "우리 각자에게 서로 다른 순서로 배열되듯이"라는 의미이다.

49 이 문장은 다음과 같이 읽으면 의미하는 바가 보다 명확해질 것이다. "문화과학적 연구에서 주관적으로 달라지는 것은 이 결과들의 타당성이 아니라 오히려 사람에 따라 이 결과들에 대해 **갖는 관심**의 정도, 즉 어떤 사람은 아주 큰 관심을 갖고, 다른 사람은 보다 적은 관심을 가지며 또 다른 사람은 전혀 관심을 갖지 않는 것이다."

50 이 책의 306쪽 이하를 볼 것.

넘적 보조수단의 구성에 결정적인 역할을 하는 것이 사실이다; 그러나 이 보조수단의 사용방식에서 연구자는 다른 모든 곳에서와 마찬가지로 여기서도 우리의 사고를 지배하는 규범들에 의해 구속된다는 것은 두말할 나위가 없다. 왜냐하면 진리를 **원하는** 모든 사람에게 타당하고자 **하는** 것만이 과학적 진리이기 때문이다.

이로부터 다음과 같은 한 가지 결론을 내릴 수 있다: 심지어 경제사가들조차도 때때로 지배하는 다음과 같은 생각, 즉 문화과학의 목표는, 그것이 제아무리 요원하다고 할지라도, 하나의 완결된 개념체계를 구성하여 이 체계 안에 현실을 어떤 의미에서건 **최종적으로** 통합하고 배열하며 이 체계로부터 다시 현실을 연역할 수 있도록 하는 것이라는 생각은 무의미하다. 측량할 수 없는 사건의 흐름은 끝없이 영원을 향해 나아간다. 인간을 움직이는 문화문제는 늘 새롭고 다른 색채와 형태를 띠며, 이에 따라 항상 무한히 흐르는 개별적인 사건에서 우리에게 의미와 의의를 갖는 것의 범위, 즉 "역사적 개체"가 되는 것의 범위는 유동적이다. 아울러 이 역사적 개체를 고찰하고 과학적으로 파악하는 사고의 틀도 변화한다. 그러므로 정신적 삶의 중국적(中國的) 정체로 인해 인류가 늘 변함없이 무궁무진한 삶에 대해 새로운 질문을 던지는 능력을 상실하지 않는 한 문화과학의 출발점은 무한한 미래까지 변화할 수 있다. 문화과학의 체계라는 것은 그 자체가 난센스인데, 심지어 문화과학이 다루기에 적합한 **문제들**과 **영역들**을 최종적이고 객관적으로 타당하며 체계적인 방식으로 확정한다는 의미로만 이해되는 경우에조차도 그렇다: 만약 그와 같은 시도를 한다면, 그 결과는 항상, 특수하게 분리되고 여러 측면에서 이질적이고 이종적인 다수의 관점들을 나열하는 것에 지나지 않을 것이다; 그러니까 현실로 하여금 우리에게 그때그때 "문화"가 되도록 했거나 또는 되도록 하는, 다시 말해 그 특성에서 우리에게 의의 있었던 것이 되도록 했거나 또는 의의 있는 것이 되도록 하는 다수의 관점들을 나열하는 것에 지나지 않을 것이다. —

우리는 지금까지 지루한 논의를 전개해 왔는데, 이제 그에 힘입어 마침내 문화인식의 "객관성"을 고찰할 때 **방법론적** 관점에서 우리의 관심사가 되는 문제로 눈을 돌릴 수 있게 되었다: 다른 모든 과학처럼 우리의 과학[51]도 사용하는 **개념들**의 논리적 기능과 구조는 무엇인가? ── 또는 결정적인 문제를 고려하여 질문을 보다 특수하게 표현하면 다음과 같다: **이론**과 이론적 개념구성이 문화현실의 인식에 대해 갖는 의의는 무엇인가?

경제학은 ── 이미 앞에서 살펴보았듯이[52] ── 원래, 적어도 그 논의의 중점에 비추어볼 때 "기술"이었다. 다시 말해 경제학은 현실의 현상들을 적어도 외견상 명백하고 확고한 실천적 가치관점, 즉 국민의 "부"의 증대라는 관점에서 고찰했다. 그러나 다른 한편으로 경제학은 처음부터 **단순히** "기술"에만 머물지는 않았는데, 왜냐하면 그것은 자연법 사상과 합리주의가 강력하게 통합된 18세기의 세계관에 편입되었기 때문이다. 그런데 이 세계관의 특성인, 현실의 이론적·실천적 합리화 가능성에 대한 낙관적 믿음이 경제학에 결정적인 영향을 끼치면서 경제학이 자명한 것으로 전제한 상기(上記)의 관점이 안고 있는 **문제점**이 드러나는 것을 **방해해 왔다.**[53] 사회적 현실에 대한 합리적 고찰은 근대 자연과학의 발전과 밀접한 관계 속에서 생겨났으며, 따라서 그 고찰방식 전체는 지속적으로 자연과학과 유사한 모습을 지녀왔다. 그런데 자연과학 분야들에서는 직접적인 기술적 효용성이라는 실천적 가치관점이, 고대의 유산으로 전수되어 계속 발전해 온 다음과 같은 희망과 밀접하게 결부되어 있었다. 즉 일반화하고 추상화함으로써 그리고 경험적인 것의 분석을 통하여 법칙적 관계들을 밝혀냄으로써 현실 전체에 대한 순수하게 "객관적인", 즉

---

51 경제학을 가리킨다.
52 이 책의 241쪽에서이다.
53 이 문장에서 "상기의 관점"은 그 앞의 앞 문장에 나오는 "실천적 가치관점, 즉 국민의 '부'의 증대라는 관점"을 가리킨다.

우리가 여기에서 의미하는 바에 따르면 모든 가치에서 분리된, 그리고 동시에 철저히 합리적인, 즉 모든 개별적 "우연성"으로부터 해방된 일원론적 인식에 도달할 수 있다는, 그것도 형이상학적 **타당성**과 수학적 **형식**을 갖춘 하나의 **개념**체계 형태로 도달할 수 있다는 희망과 밀접하게 결부되어 있었다. 가치관점에 구속된 자연과학 분야들은, 예컨대 임상의학과, 특히 통상적으로 "공학"이라고 불리는 분야는, 순수하게 실천적인 "기술학"이 되었다. 이들 분야가 추구하는 가치들, 즉 환자의 건강, 어떤 구체적인 생산과정의 기술적 완성 등은 그 각각의 해당 분야에 대해 확고한 것이었다. 그것들이 사용한 수단은 어디까지나 이론적 분야들에서 발견된 법칙 개념들의 활용이었으며 또 그럴 수밖에 없었다. 그러므로 법칙 개념의 구성에서 이루어진 모든 근본적인 발전은 실천적 분야의 발전이기도 했거나 아니면 적어도 발전이 될 수 있었다. 목적이 확고한 한, 개별적인 실천적 문제들(예컨대 질병의 문제, 기술적 문제 등)을 일반적인 타당성을 갖는 법칙의 특수한 경우로 환원하는 작업의 진척, 다시 말해 이론적 인식의 확대는 당연히 기술적·실천적 가능성의 확대와 직접적으로 연결되어 있었고 또 이것과 동일했다. 그런 상황에서 현대 생물학은 우리가 **역사적 측면에서**, 즉 그렇게 되고 달리 되지 않은 과정이라는 측면에서 관심을 갖는 현실의 구성요소들까지도 하나의 보편타당한 발전원리라는 개념에 포괄했는데, 이 발전원리는 적어도 외견상——물론 실제로는 그렇지 않지만——상기한 대상들에서 중요한 모든 것을 일반적으로 타당한 법칙들로 구성된 하나의 도식으로 통합하는 것을 가능케 했다. 이렇게 해서 모든 과학에서 모든 가치관점의 황혼이 다가오는 듯이 보였다. 왜냐하면 심지어 이른바 역사적 현상조차도 총체적 현실의 일부분이었고, 모든 과학적 작업의 전제조건인 인과원리는 모든 현상을 일반적으로 타당한 "법칙들"로 환원할 것을 요구하는 듯이 보였으며, 또한 마지막으로 이러한 관념을 실행에 옮긴 자연과학이 엄청난 성과를 거둔 사실이 분명해졌으며, 이 모든 것의 결과로 과학적 작업이 현상을 지배하는 **법칙들**의 발견 이외에 다른 의미를 가질 수 있다는 것은 상상할 수조차도 없어 보였기 때문이다. 오직 현상들에서 "법칙적인 것"만이 과학적으로 중요한 것이 될 수 있었으며, "개별적" 현상들은 단지 "유형"으로서만, 즉 이 논의의 맥락에서 의미하는 바에 따르면 법칙의 예시적 대변자로서만 고려의 대상이 될 수 있었다; 개별적 현상들 그 자체에 대한 관심은 "비과학적" 관심인 것처럼 보였다.

이렇듯 자연주의적 일원론을 신봉하는 지적 풍토가 경제학 분야에 끼친 막강한 영향을 여기에서 추적하기란 불가능하다. 비록 사회주의자들의 비판과 역사학자들의 작업으로 인해 본래적인 가치관점들이 문제시되기는 했지만, 한편으로는 생물학 연구의 엄청난 발전과 다른 한편으로는 헤겔의 범논리주의[54]의 영향으로 인해 경제학은 개념과 현실의 관계를 충분하고 명확하게 인식하지 못하였다. 그 결과는, 우리의 논의와 관련된 한, 다음과 같았다. 즉 피히테 이래의 독일 관념론 철학과 독일 역사학파 법학, 그리고 독일 역사학파 경제학이 자연주의적 도그마의 침투에 대항하여 강력한 방파제를 구축했지만, 그럼에도 불구하고 그리고 부분적으로는 독일 역사학파 경제학으로 **인해** 결정적인 측면들에서 자연주의의 관점이 여전히 극복되지 않은 상태에 있었다. 이들 측면 가운데서는 우리 분야에서 여전히 문제로 남아 있는 "이론적" 작업과 "역사적" 작업의 관계가 특히 그랬다.

---

54 범논리주의(Panlogismus)는 그리스어의 'pan'(모든 것)과 'logos'(이성)가 합성된 말로, 달리 범이성주의라고 할 수 있다. 범논리주의에서는 존재가 이성 또는 로고스와 동일시되거나 현실 전체가 하나의 이성원리에 지배되는 것으로 간주된다. 범논리주의는 플라톤의 이데아론으로까지 거슬러 올라갈 수 있지만, 헤겔에 이르러 가장 전형적인 형태로 발전했다. 그에 따르면, "이성적인 것은 현실적이고, 현실적인 것은 이성적이다." 헤겔에게 세계사는 곧 세계이성의 자기전개 과정이다.

문화과학에서 이론적 고찰방식과 역사적 고찰방식의 관계

우리 분야[55]에서는 오늘날에도 여전히 "추상적"·이론적 방법과 경험적·역사적 연구가 중재되지 않은 채로, 그리고 외견상 화해할 수 없어 보일 만큼 첨예하게 대립하고 있다.[56] 전자에 속하는 학자들은 현실의 역사적 인식을 "법칙들"의 확립으로 대체한다는 것은, 그리고 역으로 역사적 관찰의 결과들을 단순히 나열함으로써 엄격한 의미의 "법칙들"에 도달한다는 것은 방법론적으로 불가능하다는 점을 인식하고 있는데, 이는 아주 올바른 인식이다. 그들은 이와 같은 법칙들을 얻기 위해 — 이것이야말로 과학이 추구해야 할 최고의 목표라고 그들은 확신하였다 — 다음과 같은 전제에서 출발한다. 즉 우리는 인간행위의 실제적인 관계들을 지속적이고도 직접적으로 체험할 수 있으며, 따라서 — 그들은 생각하기를 — 인간행위의 진행과정을 공리(公理)처럼 명증하고 직접적으로 이해할 수 있으며, 그 결과 인간행위를 지배하는 "법칙들"을 규명할 수 있다는 전제에서 출발한다. 더 나아가 그들에 따르면 유일하게 정밀한 인식의 형태, 즉 직접적이고 직관적으로 **명증한** 법칙들은 동시에 직접적으로 관찰되지 않은 현상들에 대한 추론을 가능케 하는 유일한 인식의 형태이며, 따라서 적어도 경제적 삶의 근본적인 현상들의 경우에는 정밀한 자연과학과 유사하게 추상적인 — 따라서 — 순수하게 형식적인 명제들의 체계를 구축하는 것이 사회적 삶의 다양성을 지적으로 지배하는 유일한 길이다. 이 이론의 창시자[57]는 법칙적 인식과 역사적 인식을 방법론적 차원에서 원칙적으로 구분한 **최초의** 그리고 **유일한** 인물임에도 불구하고, 추상적 이론의 명제들이 "법칙"으로부터 현실을 **연역**

---

55 경제학을 가리킨다.
56 이 대립은 오스트리아 학파의 이론경제학과 독일 역사학파 경제학의 대립을 가리킨다.
57 멩거를 가리킨다.

할 수 있다는 의미에서 경험적 **타당성**을 지닌다고 주장한다. 물론 그가 주장하는 바는 추상적인 경제학적 명제들이 그 자체만으로 경험적 타당성을 지닌다는 의미에서 그렇다는 것이 아니다. 그가 주장하는 바는 오히려, 만약 우리가 경제와 관련된 **다른** 모든 요소에 대해서도 그에 상응하는 "정밀한" 이론을 구성한다면, 이 추상적 이론의 **총체**에는 사물들의 진정한 실재가 — 다시 말해 현실에서 알 가치가 있는 것이 — 포괄될 수밖에 없기 때문에 그렇다는 것이다.[58] 정밀한 경제이론은 **하나의** 심리적 계기[59]의 작용을 규명하며, 다른 이론들은 유사한 방식으로 여타의 모든 계기에 대하여 가설적으로 타당한 명제들을 발전시킬 과제가 있다는 것이다. 이로 인해 이론적 작업의 성과들, 예컨대 추상적 가격형성이론, 이자이론, 지대이론 등에 대해 때때로 다음과 같이 현실과 동떨어진 주장이 제기되곤 했다: 이 이론들은 물리학적 명제들과 — 이렇게 주장하는 사람들에 따르면 — 유사한 방식으로 주어진 실제적 전제들로부터 **양적으로 확정된** — 그러니까 가장 엄밀한 의미에서 법칙적인 —, 그리고 삶의 현실에 대해 타당성을 갖는 결과들을 **연역하는** 데 사용될 수 있는데, 그 이유는 인간의 경제행위에서는 목적이 주어지면 그 수단은 명백히 "결정되기" 때문이라는 것이다. 그러나 이렇게 주장하는 사람들은 이 결과들을 얻기 위해서는 제아무리 단순한 경우일지라도 그때그때의

---

58 멩거에 따르면, 추상적인 경제이론 이외에도 경제적 현상의 실제적, 경험적, 역사적 그리고 실천적 측면에 대한 논의가 필요하다.

59 멩거는 『사회과학, 특히 경제학 방법 연구』, 45쪽에서 주장하기를, "인간경제의 가장 본원적인 요소들은 욕구와 자연으로부터 직접적으로 인간들에게 제공된 재화(향유수단과 생산수단 모두와 관련된) 그리고 가능한 한 완전한 욕구충족에 대한(재화수요의 가능한 한 완전한 충족에 대한) 추구이다. 이 모든 요소들은 종국적으로 인간의 자의와 무관하게 그때그때의 상황에 따라 주어진다: 모든 경제의 출발점과 목표(한편으로는 수요와 재화의 양 그리고 다른 한편으로는 재화수요의 될 수 있는 한 완전한 충족)는 종국적으로 그 본질상 그리고 그 양에서 엄격하게 결정된 상태로 경제행위를 하는 인간들에게 주어진다." 그리고 같은 책, 262~66쪽에서 "모든 인간경제의 출발점과 목표는 엄격하게 결정된다"는 명제를 논의하고 있다.

역사적 현실 **전체**와 이것들 사이의 모든 인과관계가 "주어진 것"으로 설정되고 **알려진 것**으로 전제되어야만 한다는 사실을 간과하고 있으며, 또한 만약 인간의 유한한 정신이 **이러한** 지식을 얻을 수 있다면 추상적 이론은 어떤 인식가치도 가질 수 없다는 사실을 간과하고 있다. 상기한 개념들은 정밀한 자연과학과 유사한 성격을 지녀야 한다는 자연주의적 편견으로 인해 이 이론적 사유 구성물들의 의미가 오해를 받게 되었다. 다시 말해 추상적 이론에서 문제가 되는 것은 영리욕이라는 인간이 가진 하나의 특수한 "충동"을 심리학적으로 따로 떼어내는 것, 또는 이른바 경제원리라고 하는 인간행위의 한 특수한 준칙을 따로 떼어내어 관찰하는 것이라고 생각하게 되었다. 추상적 이론의 대변자들은 심리학적 **공리들**에 준거할 수 있다고 믿었으며, 그 결과 역사학자들은 이 공리들의 비타당성을 증명하고 경제적 현상들의 과정을 심리학적으로 도출할 수 있는 **경험적** 심리학을 요구하게 되었다. 우리는 여기에서 "사회심리학"이라는 하나의 체계적 과학 — 이것은 아직 정립되지 않은 상태이다 — 이 장래에 문화과학, 특히 사회경제학의 기초로서 의의를 가질 것이라는 믿음을 상세하게 비판하지 않기로 한다. 그러나 지금까지 시도된 경제적 현상들에 대한 — 그 가운데 몇몇은 탁월한 — 심리학적 해석을 보면 적어도 다음과 같은 사실이 명백하게 드러난다. 즉 인간의 심리학적 특성에 대한 분석으로부터 사회제도에 대한 분석으로 나아가는 것이 **아니라** 그 정반대로 제도들의 심리학적 전제조건과 작용을 밝혀내는 작업은 제도들에 대한 정확한 지식과 제도들의 관계에 대한 과학적 분석을 **전제한다**는 사실이 명백하게 드러난다. 그리하여 심리학적 분석은 단지 사회제도의 역사적·문화적 **조건성**과 그 **문화의의**에 대한 인식의 심화를 뜻할 뿐인데, 이러한 심화는 경우에 따라 매우 가치가 있을 수 있다. 우리가 사회관계 속에서 진행되는 인간행위의 심리적 측면에서 관심을 갖는 것은, 모든 경우에 고찰 대상이 되는 관계가 갖는 특정한 문화의의에 따라 특정하게 선별된 것이다. 다시 말해 매우 이질적인 그리고 매우 구체적으로 결합된 심리적 동기들과 영향들 중에서 특정한 문화의의에 따라 특정하게 선별된 것이다. 사회-심리학적 연구란 다양한 종류의 **개별적인**, 그리고 자주 이질적인 문화요소들을 면밀히 검토하여 우리가 추체험적 이해를 통해 해석할 수 있도록 하는 작업을 뜻한다. 우리는 이러한 사회심리학적 연구를 통해, 그리고 개별적 제도들에 대한 지식에서 출발하여, 이 제도들이 어떻게 문화적으로 조건지어지며 어떤 문화의의를 갖는지를 점점 더 지적으로 **이해하게** 될 것이지만, 이 제도들을 심리학적 법칙들로부터 연역하거나 심리학적 기본현상들에 의해 **설명하려고** 하지는 않을 것이다.

이렇게 보면 추상적·이론적 명제들의 심리학적 정당화와 "영리욕" 및 "경제원칙" 등의 효력범위를 둘러싸고 벌어진 광범위한 논쟁은 거의 소득이 없었던 것으로 드러난다. ―

추상적 이론의 명제들은 외견상으로만 심리학적 기본동기들로부터의 "연역"처럼 보일 뿐, 실제로는 오히려 인간의 문화에 대한 과학들에 고유하고 또 어느 정도는 불가결한 개념구성 방식의 한 특수한 경우이다. 이 자리에서 이 개념구성 방식의 특징을 좀 더 상세히 살펴볼 가치가 있는데, 왜냐하면 우리는 이를 통해 사회과학적 인식에서 이론이 갖는 의의라는 근본적인 문제에 더 가까이 다가갈 수 있기 때문이다. 그렇지만 아래에서 우리가 예로 제시하거나 또는 암시하는 이론적 구성물들 **자체**가 현재 그 상태로 이것들이 추구하는 목적에 부합하는가, 다시 말해 이것들이 사실상 **합목적적으로** 구성되었는가는 논의에서 완전히 배제하기로 한다. 결국, 한 가지 예를 들자면, 현재의 "추상적 이론"이 앞으로 얼마나 더 정교하게 다듬어져야 하는가는, 과학적 작업의 경제성이라는 측면에도, 즉 그 밖의 다른 문제들도 과학적 작업을 필요로 한다는 사실에도 달려 있다. "한계효용이론" 역시 "한계효용법칙"의 지배를 받는다. ―

이념형적 개념구성의 논리적 구조

우리는 추상적 경제이론에서 일반적으로 역사적 현상들의 **"이념"**이라고 부르는 종합의 한 예를 접한다. 그것은 우리에게 교환경제적 사회질서와 자유경쟁, 그리고 엄격히 합리적인 행위에 기반하여 재화시장에서 진행되는 과정들에 대한 **이념**상을 제공한다. 이러한 사유상은 역사적 삶의 특정한 관계들과 과정들을 내적으로 무모순적인 세계로 결합하는데, 이 세계는 **사유적으로 형성된** 관계들로 이루어져 있다.[60] 내용적으로 볼 때 이 구성물은 현실의 특정한 요소들을 **사유적으로** 강조함으로써 얻어지는 일종의 **유토피아적** 성격을 띤다. 이러한 성격을 갖는 구성물은 오직 다음과 같은 방식으로만 경험적으로 주어진 삶의 사실들과 관계를 맺는다: 즉 그 구성물에서 추상적으로 서술된 종류의 관계들, 다시 말해 "시장"에 의존하는 과정들이 현실에서 어느 정도로든 작용하고 있는 것으로 **확인되거나** 또는 **추측되는** 경우, 우리는 **이념형**에 비추어 효과적으로 이 관계들의 **특성을 명확하게 드러낼** 수 있으며 또한 이해될 수 있도록 만들 수 있다. 이러한 가능성은 색출적 관점에서도 서술을 위해서도 가치가 있을 수 있으며, 심지어 불가결한 것일 수 있다. 그리고 **연구**에서는 이념형적 개념을 통해 귀속판단을 훈련할 수 있다: 그것은 "가설"은 **아니지만** 가설구성에 방향을 제시할 수 있다. 이념형적 개념은 현실 그 자체의 **서술**은 **아니지만** 그 서술에 명료한 표현수단을 제공할 수 있다. 요컨대 추상적 경제이론이 발전시킨 것은 **역사적으로** 주어진 근대의 교환경제적 사회조직에 대한 "이념"인데, 이 이념은 예컨대 중세 "도시경제"의 이념을 "발생적" 개념으로 구성할 때와 똑같은 논리적 원리에 의

---

60 이 문장에는 "관계들"이라는 단어가 두 번 나오는데, 앞의 것은 'Beziehungen'을, 뒤의 것은 'Zusammenhänge'를 옮긴 것이다. 전자는 역사적 삶의 구체적인 관계들, 즉 실제적인 관계들을, 후자는 이것들을 사유적으로 가공한 관계들, 즉 논리적인 관계들을 가리킨다.

해 구성된 것이다.[61] 후자의 경우 "도시경제"의 개념은 관찰된 모든 도시에 실제로 존재하는 경제원리들의 **평균치**로 구성되는 것이 **아니라** 전자와 마찬가지로 하나의 **이념형**으로 구성되는 것이다. 그것은 **하나의** 관점 또는 **몇 개의** 관점을 일면적으로 **강조하고는**, 분산적이고 불연속적으로 존재하는, 다시 말해 어느 곳에서는 많이 존재하고 다른 곳에서는 적게 존재하며 곳에 따라서는 아예 존재하지 않는, 그러면서 일면적으로

---

61 여기에서 "'도시경제'의 이념을 '발생적' 개념으로" 구성한다 함은 그 이전의 경제체제로부터 발전한 경제체제라는 관점에서 도시경제에 대한 개념을 구성하는 것을 의미한다. 예컨대 뷔허, 『민족경제의 기원: 여섯 편의 강연』에 따르면 폐쇄적 가계경제에서 도시경제가 발생했고 다시금 도시경제에서 민족경제가 발생했다. 그는 같은 책, 15쪽에서 이 세 단계의 특징을 다음과 같이 묘사하고 있다: "1. **폐쇄적 가계경제의 시기**(순수한 자가생산, 무[無]교환적 경제)에는 재화가 생산된 바로 그 경제에서 소비된다; 2. **도시경제의 시기**(고객생산 또는 직접적인 교환)에는 재화가 생산하는 경제에서 중간단계를 거치지 않고 곧바로 소비하는 경제로 넘어간다; 3. **민족경제의 시기**(상품생산, 재화유통의 시기)에는 재화가 소비되기까지 일련의 경제들을 거쳐야 하는 것이 일반적이다. 본문의 문장은 약간의 설명이 필요하다. 물론 근대의 교환경제적 사회조직도 장기간에 걸친 역사적 발전의 산물이다. 그러나 추상적 경제이론은 발생적 관점이 아니라 "**역사적으로 주어진**" 것이라는 관점에서 근대의 교환경제적 사회조직에 대한 접근을 시도한다. 이는 베버가 1894~95년 겨울학기부터 1898년 여름학기까지 프라이부르크대학과 하이델베르크 대학에서 한 일반(이론)경제학 강의를 보면 보다 명확하게 드러날 것이다. 거기에서 베버는 말하기를, 추상적 경제이론은 근대 서구 시민계층의 행위에 준거하며, 이 행위를 역사적으로 주어진 것으로 간주한다. 추상적 경제이론은 "근대 서구의 인간유형과 그의 경제행위에서 출발한다. 이 이론은 우선 경제적으로 **완전히 성숙한** 인간의 가장 기본적인 삶의 현상을 밝혀내고자 한다." 베버, 『일반("이론")경제학 강의: 1894~1898년 강의』, 327쪽. 추상적 경제이론에 따르면 이 인용구절에 나오는 "경제적으로 **완전히 성숙한 인간**"은 역사적으로 주어진 것이다. 다시 말해 추상적 경제이론에서는 근대 서구 시민계층이라는 인간집단이 경제적으로 성숙하는 과정, 그러니까 그 발생적 과정은 문제되지 않는다. 이 과정을 다룬 대표적인 예가 바로 베버의 『프로테스탄티즘의 윤리와 자본주의 정신』이다. 이 저작도 근대 서구 시민계층을 그 논의의 대상으로 한다는 점에서 추상적 이론과 공통점을 갖는다. 양자의 차이점은 추상적 경제이론이 경제적으로 완전히 성숙된 인간의 목적합리적 행위에 대한 이론적 논의를 추구한다면, 『프로테스탄티즘의 윤리와 자본주의 정신』은 자본주의라는 물적·경제적 토대와, 특히 금욕적 프로테스탄티즘이라는 정신적·종교적 조건에 의해 이 인간집단이 성숙되어 가는 교육과정을 역사적으로 밝혀내려고 한다.

강조된 그 관점들에 부합하는 다수의 **개별**현상을 하나의 내적으로 통일적인 **사유상**으로 결합함으로써 얻어진다. 이 사유상은 그 개념적 순수성에 있어서는 현실의 그 어느 곳에서도 경험적으로 존재하지 않는다. 그것은 하나의 **유토피아**이다. 그리고 **역사적** 작업의 과제는 각각의 **개별적인 경우에** 현실이 이러한 이념상에 얼마나 가까운지 또는 먼지를 확인하는 데에 있다. 다시 말해 한 특정한 도시의 삶의 조건들의 경제적 측면이 그 개념에 비추어볼 때 얼마만큼 "도시경제적"이라고 부를 수 있는지 확인하는 데에 있다. 아무튼 이 이념형적 개념은 신중하게만 사용한다면 연구와 명료화의 목적에 독특한 기여를 할 수 있다. ― 한 가지 예를 더 들면, 우리는 똑같은 방식으로 다음과 같이 "수공업"이라는 "이념"을 유토피아 형태로 그려낼 수 있다. 즉 매우 다양한 시대와 나라의 수공업 장인들에게서 분산적으로 발견되는 특정한 모습들을 일면적으로 그리고 일관성 있게 강조하여 내적으로 무모순적인 이념상으로 결합하고 그 모습들을 이 이념상에 표명된 것으로 보이는 **관념**에 연관시킴으로써 그리할 수 있다. 그리고 나서 우리는 더 나아가 경제적 활동의 모든 분야가, 아니 심지어 정신적 활동의 모든 분야도, 이념형으로 고양된 "수공업"을 특징짓는 것과 동일한 원리의 적용으로 보이는 준칙들에 의해 지배되는 사회를 그려볼 수 있다. 그렇게 하고 난 다음 우리는 계속해서 이 이념형에 반정립으로 그에 상응하는 자본주의적 산업조직의 이념형, 그러니까 근대적 대공업의 특정한 모습들을 추출하여 구성한 이념형을 대비할 수 있다; 이어서 우리는 "자본주의적" 문화, 다시 말해 오직 사적 자본의 가치증식에 대한 이해관계에 의해 지배되는 문화라는 유토피아를 그려볼 수 있다. 이 유토피아에서는 근대의 문화적 삶의 물질적·정신적 측면에서 분산적으로 존재하는 개별적인 모습들이 그 특성 속에서 강조되어 우리가 보기에 하나의 무모순적인 이념상으로 결합될 것이다. 이것은 **자본주의 문화에 대한** 하나의 "이념"을 그려보는 시도가 될 것이다 ―이 시도가 성공할 수 있을지 그리고 어떻게 성공할 수 있을지는 여기에서는 논외로 하기로 한다. 그런데 다음은 가능한 일이다, 아니 오히려 확실한 일로 간주되어야 한다: 이러한 종류의 유토피아는 여러 개 또는 상황에 따라서 아주 많이 구성될 수 있으며, 이 중 **그 어느 것도** 다른 것과 동일하지 않을 것이고, 더구나 이 중 **그 어느 것도** 경험적 현실에서 사회적 상황의 실제로 타당한 질서로 관찰될 수 없을 것이다; 그럼에도 불구하고 **모두가** 자본주의 문화의 "이념"을 서술하고 있다고 주장할 것이며, 또한 만약 이것들이 우리 문화에서 그 **특성으로** 인해 **의의 있는** 일정한 모습들을 실제로 현실에서 추출해 하나의 통일적인 이념상으로 결합하기만 한다면 **모두가** 그러한 주장을 **할 수 있는** 것이다. 왜냐하면 어떤 현상들이 문화현상으로서 우리의 관심을 끌 경우, 이 현상들에 대한 우리의 관심은 ─ 그것들의 "문화**의의**"는 ─ 일반적으로 우리가 이 현상들을 연관시킬 수 있는 매우 다양한 가치이념들로부터 도출되기 때문이다. 이처럼 우리가 아주 다양한 "관점들"에 준거하여 이 현상들을 의의 있는 것으로 간주할 수 있듯이, 한 특정한 문화에 대한 이념형에 포함되어야 할 관계들의 선택을 지배하는 원리도 지극히 다양하다.

　그렇다면 그와 같은 이념형적 개념들이 우리가 추구하고자 하는 **경험**과학에 대해 갖는 의의는 무엇인가? 미리 강조되어야 할 바는, 당위적으로 존재해야 **하는 것**, "모범적인 것"의 관념과 우리가 여기에서 논의하는 것, 즉 순수하게 **논리적인** 의미에서 "이상적인" 사유 구성물과는 엄격하게 구별되어야 한다는 점이다. 우리가 관심을 갖는 것은 우리의 **상상력**이 충분히 근거가 있다고, 따라서 "객관적으로 가능하다"고 판단하며, 또한 우리의 법칙론적 지식에 비추어 **적합한 것**으로 보이는 관계들을 구성하는 것이다.

　역사적 현실의 인식은 "객관적" 사실의 "무전제적" 모사이어야 하고 또 그럴 수 있다는 입장을 취하는 사람들은 이념형에 전혀 가치를 부여하지 않을 것이다. 또한 현실을 과학적으로 다룰 때는 논리적 의미에서 "무전제성"이란 있을 수 없고 심지어 가장 간단한 서류 발췌나 문서요약도 "의의"와의 연관을 통해서만, 그리고 궁극적으로는 가치이념과의 연관을 통해서만 어떤 과학적 의미를 가질 수 있음을 인정하는 사람마저도, 어떤 역사적 "유토피아"의 구성을 공평무사한 역사적 작업을 위협하는 예시수단으로 간주하거나, 대개는 지적 유희로 간단히 치부해 버릴 것이다. 그리고 사실상 그와 같은 구성이 단순한 사고유희인지 아니면 과학적으로 생산적인 개념구성인지의 **여부**는 결코 선험적으로 판단할 수 없다; 여기서도 단 하나의 기준이 있을 뿐이다: 그것은 구체적인 문화현상들을 그 관계, 그 인과적 조건성 및 그 **의의** 속에서 인식하는 데 얼마나 성과가 있는가 하는 것이다. 그러므로 추상적인 이념형의 구성은 목적으로가 아니라 **수단**으로 간주되어야 한다. 그리고 역사적 서술의 개념적 요소들을 주의 깊게 관찰해 보면 항상 다음과 같은 사실이 드러난다. 즉 역사학자가 구체적인 관계들을 단순히 확인하는 차원을 넘어서 제아무리 단순한 개별현상이라도 그 **문화의의**를 규명하고 이 현상의 "특성을 묘사하려고" 시도하는 순간, 그는 일반적으로 이념형의 형태로만 엄격하고 명료하게 규정될 수 있는 개념들을 가지고 작업하며 또 작업할 **수밖에 없다**는 사실이 항상 드러난다. 아니면 예컨대 "개인주의", "제국주의", "봉건주의", "중상주의", "관습률"과 같은 개념들, 그리고 우리가 현실을 사유하고 이해하면서 파악하려고 할 때 사용하는 수많은 유사한 개념은 그 내용상 어느 **하나의** 구체적인 현상의 "무전제적" **서술**을 통해 또는 **다수의** 현상에 **공통된** 것의 추상적 종합에 의해 규정된단 말인가? 역사학자가 구사하는 언어에는 수없이 많은 단어가 그와 같이 무규정적인 사유상들을 내포하고 있는데, 이 사유상들은 무성찰적으로 작동하는 표현 욕구에서 기인하는 것이며, 따라서 일반적으로 그것들의 의의는 직관적으로만 느낄 수 있을 뿐 명료하게 숙고되지는 않는다. 물론 셀 수 없이 많은 경우에, 특히 서술적 정치사 영역에서는 이러한 개념들의 내용적 무규정성으로 인해 서술의 명료성이 침해되지는 않을 것이다. 이럴 때 우리는 역사학자가 경우에 따라 염두에 두는 바를 **느끼는 것**

으로 족하거나, 또는 역사학자가 경우에 따라 개념내용을 **부분적으로** 규정하고 거기에 **상대적인** 의의를 부여한다고 생각하는 것으로 만족한다. 그러나 어떤 문화현상의 의의가 명료하게 의식되어야 하면 할수록, 명료한 그리고 단순히 부분적으로가 아니라 전면적으로 규정된 개념들을 가지고 작업해야 하는 필요성은 더욱더 커지게 마련이다. 역사적 사고의 상기한 종합들을 "최근류와 종차"[62]의 도식에 따라 "정의하는 것"은 말할 것도 없이 난센스이다: 이는 한 번 시험해 보면 금방 드러날 것이다. 어의(語義)를 그와 같은 방식으로 확정하는 것은 삼단논법과 더불어 작업하는 교조적 분야들에서나 찾아볼 수 있다. 마찬가지로 상기한 개념들을 단순히 "기술함으로써" 그 구성요소들로 "분해하는" 방식도 가능하지 않거나 또는 외견상으로만 가능해 보일 뿐인데,[63] 왜냐하면 정작 문제는 이 구성요소들 가운데 **어떤 것**이 중요한 것으로 간주되어야 하는가에 있기 때문이다. 개념내용을 발생적으로 정의하려면, 앞에서 확정한 의미에서의 이념형이 유일한 방식으로 남는다. 이념형은 사유상인데, 이 사유상은 역사적 현실이 **아니고** "진정한" 현실은 더욱 **아니며**, 현실을 **표본**으로서 **그 안에** 포함하는 도식으로 기능하는 것은 더더욱 아니다.

---

62 "최근류"(最近類, genus proximum)와 "종차"(種差, differentia specifica)는 스콜라철학에서 사물에 대한 정의를 내리는 데 고전적으로 사용한 규칙으로, 정의는 "최근류"와 "종차"의 두 범주로 구성되어야 한다고 본다. 최근류는 말 그대로 "가장 가까운 유"로서 보편적인 것을 가리키며, "종차"는 유의 종적 규정 또는 특성으로서 특수한 것을 가리킨다(유는 종을 포괄하는 상위 개념이다). 예컨대 척추동물은 최근류에, 포유류는 종차에 해당한다. 최근류란 종의 바로 위에 있다는 것을, 그리고 종차란 특정한 종이 다른 종과 차이가 난다는 것을 뜻한다. 포유류의 종차라 함은 여타의 척추동물, 가령 파충류나 조류와 구별되는 포유류의 특성을 가리킨다. 그런데 이 보편성과 특수성 관계는 절대적인 것이 아니라 어디까지나 상대적인 것이다. 왜냐하면 척추동물은 동물의 종차가 되고, 포유류는 인간이나 사자, 호랑이 등의 최근류가 되기 때문이다. 이처럼 최근류와 종차에 의해 사물에 대한 정의를 내리는 규칙은 아리스토텔레스의 철학으로 소급하며 19세기까지 논리학의 중요한 규준으로 기능했다.

63 이 구절에 나오는 "기술함으로써"와 "분해하는"은 원서에는 "기술적 분해"로 되어 있는데, 이렇게 두 부분으로 나누어 표기한 것은 우리말과 독일어의 차이 때문이다.

그것은 오히려 순수하게 이상적인 **한계**개념으로서 의미를 갖는데, 우리는 현실의 경험적 내용 가운데 의의 있는 특정한 구성요소들을 명확히 하기 위해 현실을 이 개념에 비추어 **측정하며** 이 개념과 **비교한다.** 이와 같은 개념들은 우리가 구성한 것으로서, 우리는 그 안에서 현실에 준거하고 현실을 통해 훈련된 우리의 **상상력**이 적합하다고 **판단하는** 관계들을 객관적 가능성이라는 범주를 이용해 구성한다.

이러한 기능의 관점에서 볼 때, 이념형은 특히 역사적 개체들이나 그 개별적 구성요소들을 **발생적** 개념에서 파악하려는 시도이다. 예컨대 "교회"와 "분파"라는 개념을 생각해 보자. 우리는 이 두 개념을 순수한 분류의 방식으로 각각에 상응하는 두 개의 특성군(特性群)으로 분해할 수 있지만, 이 경우 둘 사이의 경계뿐만 아니라 개념내용도 항상 유동적인 것으로 남을 수밖에 없다. 이에 반해 우리가 "분파"라는 개념을 **발생적으로**, 예컨대 "분파정신"이 근대문화에 대해 가졌던 어떤 중요한 문화의의와 연관시켜 파악하려고 한다면, 두 개념의 일정한 특성들이 **본질적이** 되는데, 그 이유는 이들 특성이 상기한 문화의의와 적합한 인과관계에 있기 때문이다. 이 경우 개념들은 **이념**형적이 된다. 다시 말해 그것들은 완전한 개념적 **순수성**에서는 나타나지 않거나 단지 드물게 나타날 뿐이다. 어디서나 그렇듯 여기서도 **순수하게** 분류적이지 않은 모든 개념은 현실로부터 유리된다. 그러나 우리의 인식은 논증적[64] 성격을 갖는다는 사실, 즉 우리는 현실을 단지 일련의 관념변화를 통해서만 파악한다는 사실은 그와 같은 개념 속기술(速記術)을 요구한다. 확실히 우리의 상상력은 현실을 개념적으로 명확하게 표현한 것을 자주 **연구**의 수단으로 필요 없게 할 수 있다——그러나 **서술**을 위해서는, 이것을 명확히 하고자

---

64 이미 이 책의 31쪽, 옮긴이 주 14에서 언급한 바와 같이, 논증적(diskursiv) 인식은 직관적(intutitiv) 인식에 반대되는 말이다. 전자는 경험적 자료와 논리적 추론에 입각한 인식이며, 따라서 간접적 인식이다. 이에 반해 직관적 인식은 감관의 작용을 통한 인식이며, 따라서 직접적 인식이다.

하는 한, 현실을 개념적으로 명확하게 표현한 것을 문화분석의 영역에서 사용하는 일이 수많은 경우에 전적으로 불가피하다. 이를 원칙적으로 거부하는 사람은 자신의 연구를 문화현상의 형식적 측면, 예컨대 법제사적 측면에 한정할 수밖에 없다. 물론 **법적** 규범의 세계는 개념적으로 명확히 규정할 수 있으며 **또한** 동시에 (**법적** 의미에서!) 역사적 현실에 대해 **타당성을 갖는다**. 그러나 우리가 의미하는 사회과학적 작업이 관심을 갖는 것은 이 규범들의 실제적인 **의의**이다. 그런데 이 의의는 대개 경험적으로 주어진 것을 이념적인 경계사례에 연관시킴으로써만 명확하게 의식할 수 있다. 만약 (가장 넓은 의미에서의) 역사학자가 이와 같은 이념형을 정식화하는 시도를 "이론적 구성"이라고, 다시 말해 자신의 구체적인 연구목적에는 쓸모없거나 또는 없어도 되는 것이라고 거부한다면, 그 결과는 일반적으로 다음의 두 가지로 나타난다: 즉 이 역사학자는 의식적으로나 무의식적으로 그와 유사한 다른 이론적 구성물을 언어적으로 정식화하지 **않고** 논리적으로 가다듬지 **않은** 채 사용하거나, 아니면 막연하게 "느낀 것"의 영역에 갇혀 있게 된다.

그러나 자연주의적 편견에서 기인하는 이론과 역사의 **혼합**보다 위험한 것은 없다. 이 혼합은 다음과 같이 여러 형태를 띨 수 있다: 상기한 이론적 개념상들은 역사적 현실의 "진정한" 내용 또는 "본질"을 포착한다고 믿는다거나, 이 개념상들을 역사를 억지로 끼워 맞추어야 할 프로크루스테스의 침대[65]로 이용한다든가, 또는 심지어 "이념들"을 명멸하는 현상들의 배후에 존재하는 "진정한" 실재로, 역사에서 작용하는 실재적인 "힘들"로 실체화한다.

65 프로크루스테스(Procrustes)는 그리스 신화에 나오는 악랄한 강도이다. 신화에 따르면, 그는 지나가는 사람을 붙잡아 자신의 집에 있는 침대에 누이고는 그 사람이 침대보다 크면 그만큼 잘라내어 죽이고, 침대보다 작으면 침대 길이에 맞추어 늘여서 죽였다고 한다. 프로크루스테스의 침대는 여기에서 유래하는 말로, 무언가를 억지로 끼워 맞추는 행태를 상징적으로 표현한다.

이 가운데 세 번째로 언급한 위험은 특히 크다. 왜냐하면 우리는 한 시대의 "이념들"에 대해 말할 때 다른 것 이외에 다음과 같은 관념이나 이상도 그리고 심지어 우선적으로 그것들을 이해하는 습관이 있기 때문이다. 즉 그 시대의 대중 또는 그 시대를 살아간 사람들 중 역사적으로 비중 있는 일부분의 사람들을 **지배했으며**, 이를 통해 그 시대의 문화적 특성을 구성하는 요소로서 의의를 갖게 된 관념이나 이상도 그리고 우선적으로 이것들을 이해하는 습관이 있기 때문이다. 거기에 다음과 같이 두 가지 점이 추가된다. 우선 실천적 또는 이론적 사고방향이라는 의미에서의 "이념"과 우리가 개념적 보조수단으로 구성하는 한 시대의 이념**형**이라는 의미에서의 "이념" 사이에는 통상적으로 일정한 관계가 존재한다는 사실이 그것이다. 한 시대의 어떤 특징적인 사회현상들을 추상하여 구성하는 특정한 사회적 상황에 대한 이념형은, 그 동시대인들 자신의 마음속에 실천적으로 추구해야 하는 이상이나 또는 적어도 특정한 사회관계의 규제를 위한 준칙으로 자리하고 있었을 수 있다(그리고 실제로 빈번하게 그러하다). 이는 "생계보호"에 대한 "이념"[66] 및 수많은 교회법학자, 특히 토마스 아퀴나스의 이론[67]과 우리가 앞에서 논의한 바 있

---

66 여기에서 베버는 아마도 베르너 좀바르트의 "생계의 이념"이라는 개념에 준거하고 있는 것 같다. 좀바르트는 『근대 자본주의』, 제1권, 187쪽에서 주장하기를, 중세의 수공업은 경제주체들이 "법적으로나 경제적으로나 독립적이고, 생계의 이념에 의해 지배되고, 전통주의적으로 행위하며 [길드라는] 전체 조직에 봉사하는 기술적 노동자들인" 경제체제이다.

67 예컨대 토마스 아퀴나스의 돈에 대한 이론을 언급할 수 있을 것이다. 프란체스코는 "그 수도회로 하여금 양식과 의복을 구걸하도록 했지만 어떤 일이 있더라도 돈은 구걸하지 못하도록 했는데, 이는 심지어 병든 자들과 빈궁한 자들을 구제하는 것이 문제가 될 때조차도 그랬다." 이에 반해 아퀴나스는 "돈의 동일한 본질에서 상반되는 결론에 도달했는데, 이는 그가 보다 큰 세상 지식과 세상 지혜를 갖고 있음을 잘 드러내는 대목이다. 그는 이자를 비난받을 무엇으로 간주했지만 다른 사람으로부터 이미 이자로 벌어들인 돈은 적어도 유용한 자본으로서 곤경에 대체할 목적이나 자선의 목적으로 정당하게 사용될 수 있다고 부언했다. 왜냐하면, 그는 말하기를, 우리는 그리함으로써 신을 모방할 수 있기 때문인데, 신은 마찬가지로 인간의 죄를 자신의 선한 목적에 기여할 수 있게 만

고[68] 오늘날 사용되고 있는 중세 "도시경제"의 이념형적 개념 사이의 관계만 보아도 이미 명백하게 드러난다. 그리고 이는 경제학의 악명 높은 "기본개념", 즉 "경제적 **가치**"의 개념을 보면 한층 더 명백하게 드러난다. 스콜라주의에서 마르크스주의 이론에 이르기까지 이 개념에는 "객관적으로" 타당한 것, 다시 말해 당위적으로 존재해야 **하는 것**에 대한 관념과 가격형성의 경험적 과정으로부터 추상된 것이 혼합되어 있다. 그다음으로는 재화의 "가치"는 특정한 "자연법적" 원리들에 의해 규제되어야 **한다**는 관념이 문화발전에 대해 엄청난 의의를 가졌으며 ― 그것도 비단 중세의 문화발전에 대해서만이 아니라 ― 아직까지도 가지고 있다는 사실이 그것이다. 이러한 관념은 특히 경험적 가격형성에 아주 강력한 영향을 끼쳤다. 그러나 경제적 가치라는 **이론적** 개념에는 실제로 **무엇이** 담겨져 **있으며** 또 담겨질 수 있는가는 **오로지** 엄밀한, 즉 이념형적 개념을 통해서만 진정으로 명료하게 밝혀질 수 있다 ― 추상적 이론의 "로빈슨 크루소 이야기"를 비웃는 사람들은 적어도 자신들이 이것을 더 좋은 것, 여기에서 의미하는 바로는 **더 명료한 것**으로 대체하지 못하는 한 이 점을 유념해야 할 것이다.

다음과 같은 인과관계는, 즉 한편 인간들을 지배하며 역사적으로 확인할 수 있는 **이념**과 다른 한편 그에 상응하는 이념**형**을 구성하는 근거가 되는 역사적 현실의 구성요소들 사이의 인과관계는 당연히 지극히 다양한 모습을 띨 수 있다. 여기에서 분명히 말할 수 있는 것은 단지, 이둘은 말할 것도 없이 근본적으로 다르다는 원칙적인 사실 뿐이다. 그러나 거기에 또 한 가지 점이 추가되어야 한다: 한 시대의 인간들을 지배하는, 다시 말해 그들 내부에서 분산되어 작용하는 "이념들"이 다소간 복잡한 성격의 사고 구성물이라면, 우리는 이 이념들 **자체를** 단지 **이념형**

든다." 짐멜, 『돈이란 무엇인가』(한글판), 42~44쪽.
68 이 책의 306~08쪽에서이다.

의 형태로만 개념적으로 엄밀하게 파악할 수 있다; 왜냐하면 이 이념들은 경험적으로 볼 때 불특정하고 끊임없이 바뀌는 수많은 개인들의 머릿속에 살아 있으며, 또한 그들의 머릿속에서 지극히 다양한 뉘앙스의 형식과 내용, 명료성과 의미를 취하기 때문이다. 예컨대 중세 어느 한 시기 개인들의 정신적 삶을 구성하며 우리가 이 개인들의 "기독교"라고 부를 수 있는 요소들을 생각해 보자. **만약** 우리가 이 요소들을 완벽하게 서술할 수 있다면, 그 결과는 무한히 세분화되고 지극히 모순적인 온갖 종류의 사고 및 감정의 복합체가 일으키는 혼돈일 것이 자명하다. 이는 비록 중세의 교회가 의심할 바 없이 고도의 신앙적·도덕적 통일성을 관철할 수 있었음에도 불구하고 그러하다. 이 혼돈 가운데 도대체 무엇이 — 우리가 확정적인 개념으로 계속 사용하지 않을 수 없는 — 중세의 "기독교" **그 자체**였는지를 묻는다면, 또는 우리가 중세의 제도들에서 "기독교적인 것" **그 자체**로 볼 수 있는 것은 도대체 어디에 있는지를 묻는다면, 우리는 여기서도 각 개별적인 경우에 우리에 의해 창출된 순수한 사유상을 사용하고 있음이 곧바로 드러난다. 이 사유상은 **우리가** 하나의 "이념"으로 결합한 신앙개조(信仰箇條), 교회법적 및 도덕적 규범, 생활양식의 준칙 그리고 수많은 개별적 관계로 구성된다: 그것은 이념형적 개념을 사용하지 않고는 도저히 일관된 방식으로 달성할 수 없는 종합이다.

우리가 이와 같은 "이념들"을 서술할 때 사용하는 개념체계의 논리적 구조와 이 구조가 경험적 현실에서 우리에게 직접적으로 주어진 것과 맺는 관계는 물론 지극히 다양하다. 다음과 같은 경우에는 사정이 그래도 비교적 간단하다. 즉 쉽게 공식으로 표현할 수 있는 한 개 또는 몇 개의 이론적 원리나 — 예컨대 칼뱅의 예정론[69] 같은 — 또는 명료하게 정식화할 수 있는 도덕적 계명이 인간을 지배하고 역사적으로 영향을 끼친 경우가 그렇다. 이 경우에 우리는 "이념"을 그러한 원리들로부터 논

---

69 이에 대해서는 이 책의 67쪽, 원주 56에 따르는 옮긴이 주 2를 볼 것.

리적으로 도출되는 관념들의 위계로 정리할 수 있다. 물론 이 비교적 간단한 경우만 해도 우리가 쉽게 간과하는 것이 있으니, 그것은 비록 관념의 순수하게 **논리적인** 강제력이 역사에서 갖는 의의가 막대했지만 — 마르크스주의가 이에 대한 아주 좋은 예이다 — , 인간들의 머릿속에서 진행되는 경험적·역사적 과정은 일반적으로 **심리**학적으로 조건지어진 것으로 이해해야지, 논리적으로 조건지어진 것으로 이해해서는 안 된다는 사실이다. 역사적으로 작용하는 이념들의 그와 같은 종합이 갖는 이념형적 성격은 다음과 같은 경우에 더욱더 명백히 드러난다. 즉 상기한 기본적인 원리들과 계명들이 이것들로부터 논리적으로 도출되거나 이것들의 연합을 통해 형성된 관념들에 의해 지배되던 개인들의 머릿속에 전혀 살아 있지 않거나 이전에는 살아 있었으나 이제는 더 이상 살아 있지 않은 경우에 그렇게 된다. 왜냐하면 역사적으로 볼 때 원래 이 관념들의 근저가 되는 "이념"이 사멸했거나 아니면 단지 그 결과만이 확산되었기 때문이다. 그리고 종합은 **우리가** 창출하는 "이념"이라는 성격은 다음과 같은 경우에 이보다 더 결정적으로 나타난다. 즉 상기한 기본적인 원리들이 처음부터 불충분하게 의식되었거나 전혀 의식되지 않았거나 또는 적어도 명료한 사고체계의 형태를 갖추지 않았을 경우에 그러하다. 그리하여 우리가, 아주 빈번하게 그리하고 있고, 또 그리해야만 하는 것처럼, 이러한 과정을 수행하면 그 결과로 창출되는 "이념"은 — 예컨대 어느 특정 시대의 "자유주의"의 이념, "감리교"의 이념 또는 "사회주의"의 사상적으로 미성숙한 어떤 변종에 대한 이념처럼 — **순수한** 이념형으로서 우리가 앞에서 논의의 출발점으로 삼았던 한 경제시기의 "원리들"의 종합과 똑같은 성격을 갖는다. 우리가 서술하려는 관계들이 포괄적이면 포괄적일수록, 그리고 이 관계들의 문화**의의**가 다면적이면 다면적일수록, 이것들을 하나의 개념체계와 사고체계에 의해 종합적이고 체계적으로 서술하는 것은 **더욱더** 이념형의 성격을 띠게 되고, 그와 같은 **단 하나의** 개념으로 이러한 작업을 할 수 있는 가능성은 **더욱더** 적어지게 된다; 그러므로 이 관계들이 갖는 의의의 끊임없이 **새로운** 측면들을 새로운 이념형의 구성을 통해 인식하려는 시도가 끊임없이 반복되는 것은 더욱더 당연하고 또 불가피한 것이다. 예컨대 기독교의 "**본질**"에 대한 모든 서술은 이념형이다. 그런데 만약 이 이념형적 서술들이 경험적으로 존재하는 것에 대한 역사적 서술이고자 한다면, 그것들의 타당성은 항상 그리고 필연적으로 매우 상대적이고 의심스러운 것이 된다. 이에 반해 단순히 현실을 **비교하고 측정하는** 개념적 수단으로 사용된다면, 연구를 위해서는 높은 색출적 가치를, 서술을 위해서는 높은 체계적 가치를 갖게 될 것이다. 이러한 기능의 측면에서 이념형은 그야말로 필수 불가결하다. 그런데 일반적으로 그와 같은 이념형적 서술에는 그 의의를 더욱더 복잡하게 만드는 또 다른 계기가 수반된다. 이 서술은 일반적으로 **논리적** 의미에서뿐만 아니라 **실천적** 의미에서도 이념형이 되고자 하며, 또한 무의식적으로 그렇게 되기도 한다: 그것은 **모범적** 유형들로서, 거기에는 ─ 방금 든 예를 다시 든다면 ─ 서술자의 견해에 따라 기독교이어야 **하는 것**, 즉 **그가 보기에** 기독교에서 **지속적으로 가치 있는 것, 따라서** "본질적인 것"이 포함되어 있다. 의식적으로든 ─ 더 빈번한 경우이지만 ─ 무의식적으로든 이러한 일이 일어난다면, 이 유형들에는 서술자가 **준거하여** 기독교를 **평가하는** 이상들이 포함된다: 다시 말해 기독교에 대한 서술자 자신의 "이념"이 지향하는 과업과 목표가 포함되는데, 당연히 이것들은 그가 서술하는 시대의 기독인들, 예컨대 원시 기독교인들이 기독교와 연관시켰던 가치와는 전혀 다를 수 있다; 아니 의심할 바 없이 항상 다를 것이다. 이러한 의미에서 "이념들"은 당연히 더 이상 순수한 **논리적** 보조수단이 아니며, 더 이상 현실을 비교하고 **측정하는** 개념이 아니라, 현실을 평가하고 **판단하는** 이상이다. 여기에서 문제가 되는 것은 더 이상 경험적인 것을 가치에 **연관시키는** 순수하게 이론적인 과정이 **아니라** 기독교라는 "개념"에 통합된 가치**판단들**이다. 이 경우 이념형은 경험적 타당성을 주장하기 **때문에** 기독교에 대한 평가적 **해석**의 영역으로 들어서게 된다: 이와 함께 경험과학의 영역을 떠나게 된다; 우리가 마주하는 것은 개인적 신앙고백이지 이념-형적 **개념**구성이 **아니다**. 이 차이는 근본적인 것임에도 불구하고, 역사적 작업의 과정에서 상기한바 "이념"이 갖는, 전적으로 다른 두 의미가 아주 빈번하게 **혼합된다**. 이러한 혼합은 서술하는 역사학자가 어떤 인물이나 시대에 대해 자신의 "견해"를 개진하기 시작하는 경우에는 언제나 확실하게 일어난다. 슐로서[70]가 합리주의 정신에 입각하여 불변의 윤리적 척도를 적용한 것과 대조적으로, 상대주의적으로 사고하도록 훈련된 현대의 역사학자는 자신이 다루는 시대를, 한편으로는 "그 시대 자체로부터 이해하려고" 하면서도 다른 한편으로는 그것을 "평가하려고" 하며, 따라서 자신의 판단척도를 "소재" 자체로부터 추론하려는 욕구를 갖게 된다. 다시 말해 **이상**이라는 의미에서의 "이념"을 "이념**형**"이라는 의미에서의 "이념"으로부터 도출되도록 하는 욕구를 갖게 된다. 그런데 이와 같은 과정이 갖는 심미적 매력으로 말미암아 그는 끊임없이 이 둘을 구분하는 경계선을 제거하려는 유혹에 빠진다 — 이는 한편으로는 가치판단을 그만두지 않으면서 다른 한편으로는 자신이 내리는 판단에 대한 책임을 거부하려는 어중간한 태도이다. 이에 반해 현실을 논리적 의미에서의 이념**형**과 논리적으로 **비교하면서** 연관시키는 일과 **이상**에 근거하여 현실을 평가적으로 **판단하는** 일을 엄격하게 구별하는 것이야말로, **과학적 자기통제의 기본 의무**이면서 그러한 기만을 방지할 수 있는 유일한 수단이다. 다시 한 번 반복하지만, 우리가 의미하는 "이념형"은 **평가적으로** 판단하는 일에는 완전히 무관심하며 순수하게 **논리적인** 차원 이외의 다른 어떤 "완전성"과도 전혀 관계가 없다. 종교에 대한 이념형이 있는 것처럼 홍등가에 대한 이념형도 있으며, 홍등가에 대한 이념형 중에는 오늘

---

70 슐로서는 역사를 도덕의 학교로 보았으며, 계몽주의의 합리주의적 정신에 따라 보편적인 도덕적 원칙들에 따라 역사를 평가했다.

날의 경찰윤리적 입장에서 볼 때 기술적으로 "합목적적"으로 보이는 것도 있을 수 있고 그 정반대인 것도 있을 수 있다.

여기서는 단연 가장 복잡하고도 가장 흥미로운 사례, 즉 **국가개념**의 논리적 구조에 대한 문제를 상세히 논의하는 것을 부득불 유보할 수밖에 없다. 이에 대해서는 다만 다음을 언급하기로 한다: 우리가 경험적 현실에서 "국가"라는 관념에 상응하는 것이 무엇인가를 묻는다면, 우리는 분산적이고 불연속적인 인간행위와 묵인의 무한대, 그리고 부분적으로는 일회적이고 부분적으로는 규칙적으로 반복되는 실제적인 또는 법적으로 규제되는 사회관계의 무한대에 직면하게 되는데, 이 무한한 인간행위와 묵인 그리고 사회관계는 하나의 이념, 즉 실제로 타당한 또는 타당해야 하는 규범과 인간에 의한 인간의 지배관계에 대한 믿음에 의해 하나로 결합된다. 이러한 믿음은 부분적으로는 지적으로 숙고된 정신적 산물이고, 부분적으로는 막연하게 느낀 것이며, 부분적으로는 수동적으로 받아들인 것이며, 또한 지극히 다양한 뉘앙스로 개인들의 머릿속에 존재한다. 만약 이 개인들이 진정 스스로 국가라는 "이념" 그 자체에 대해 명료하게 **사고할 것 같으면**, 그들은 이 이념의 전개를 과제로 하는 "일반국가학"[71]을 필요로 하지 않을 것이다. 물론 과학적 국가개념은, 그것이 어떻게 표현되든지 간에, 항상 **우리**가 특정한 인식목적을 위해 창출하는 종합이다. 그러나 다른 한편으로 이 개념은 한 특정한 역사적 시기를 살아가는 인간들의 머릿속에서 발견되는 불명료한 종합들에서 추상된 것이다. 그리고 역사적으로 존재하는 "국가"가 당대인들에 의해 구성된 불명료한 종합들에서 띠고 있는 구체적인 내용은 이념형적 개념에 준거해서만 명료하게 파악할 수 있다. 더 나아가 추호도 의심할 여지 없이, 당대인들이 논리적으로 항상 불완전한 형태로 불명료한 종합들을 창출하는 방식, 그리고 국가에 대해 **그들이** 창출하는 "이념들" — 예컨대 미국

---

71 아마도 베버는 옐리네크, 『일반국가학』을 염두에 두고 있는 것 같다.

의 "비즈니스적" 국가관[72]과 대조되는 독일의 "유기체적" 국가형이상학[73] —은 매우 큰 실천적 의의를 갖는다. 다른 말로 표현하면, 여기서도 타당해야 하거나 또는 타당하다고 **믿어지는 실천적** 이념과 인식의 목적을 위해 구성된 이론적 이념**형**이 병존하며, 또한 항상 서로 뒤섞이는 경향이 있다. —

우리는 앞에서 의도적으로 이념형을 주로 —비록 전적으로는 아닐지라도— **개별적인** 관계들, 즉 그 유일성으로 인해 의의를 갖는 관계들을 —예컨대 기독교, 자본주의 등과 같은 것을— 측정하고 체계적으로 특징짓기 위한 사유적 구성물로 간주했다. 우리가 이렇게 한 것은 문화현상의 영역에서는 추상적으로 **유형적인 것**이 추상적으로 **유적인 것**과 동일한 것이라는 통상적인 견해를 극복하기 위함이었다. 이 둘은 동일하지 않다. 비록 여기서는 그동안 많이 논의되어 왔으며 또한 오용으로 인해 심하게 신빙성을 상실한 "유형적인 것"이라는 개념을 근본적으로 분석할 수는 없지만, 우리가 지금까지 논의한 것만 보더라도 "우연적인 것"의 배제라는 의미에서의 유형 개념의 구성은 **역사적 개체들**의 경우에도, 그리고 특히 이 경우에 필요하다는 사실이 분명해진다. 물론 우리가 역사적 서술 및 구체적인 역사적 개념의 구성요소로서 지속적으로 접하는 **유개념**들도 이것들에 대해 개념적으로 중요한 의미를 갖는 특정한 요소들을 추상하고 강조하여 이념형으로 만들 수 있다. 더구나 사실상 이것은 이념형적 개념을 적용하는 매우 빈번하고 중요한 사례이며, 모든 **개별적** 이념형은 유적이면서 그 자체로서 이념형의 형태를 취하는 개념적 **요소**들로 구성된다. 그런데 이 경우에도 이념형적 개념의 독특한 논리적 기능이 드러난다. 예컨대 "교환"이라는 개념을 이 개념의 구성요

---

72 아마도 베버는 브라이스, 『미연방』에 준거하고 있는 것 같다. 참고로 제임스 브라이스 (1838~1922)는 영국의 역사학자이자 법학자이며 정치가이다.

73 이에 대해서는 이 책의 74쪽, 원주 85를 볼 것.

소들이 가진 **의의**를 도외시한 채 단순히 그 일상적 어의를 분석한다면, 이것은 여러 현상에서 공통적으로 관찰되는 특징들의 복합체라는 의미에서의 단순한 유개념이다. 반면 이 개념을 예컨대 "한계효용법칙"과 연관시켜 경제적으로 **합리적**인 과정으로서의 "경제적 교환"이라는 개념을 구성한다면, 이것은 논리적으로 완전히 다듬어진 **모든** 개념과 마찬가지로 교환의 "유형적인" **조건**들에 대한 **판단**을 포함하게 된다. 이 개념은 **발생적** 성격을 띠며, 그리하여 동시에 논리적 의미에서 이념형적이 된다. 다시 말해 이 개념은 경험적 현실로부터 멀어지며, 후자는 단지 전자와 **비교되거나** 전자에 연관될 수 있을 뿐이다. 경제학의 모든 이른바 "기본개념들"에도 동일한 논리가 적용된다: 이 개념들은 **발생적** 형태에서는 단지 이념형으로만 구성될 수 있다. 물론 **경험적** 현상들에 공통되는 것을 총괄하는 것에 지나지 않는 단순한 유개념과 유적 **이념형** ─ 예컨대 수공업의 "본질"에 대한 이념형적 개념 ─ 사이의 경계선은 경우에 따라 달라진다. 그러나 **그 어떤** 유개념도 그 자체로서 "유형적" 성격을 갖지 않으며 순수하게 유적인 "평균"-**형**이란 존재하지 않는다. 우리가 ─ 예컨대 통계에서처럼 ─ "유형적" 크기에 대해 말할 경우, 이 크기에는 항상 단순한 평균 **이상**이 담겨져 있다. 현실에서 집단으로 일어나는 현상들의 단순한 **분류**가 문제시되면 될수록 더욱더 유개념이 문제시되는 반면, 복잡한 역사적 관계들을 그 독특한 **문화의의**의 근거가 되는 구성요소들을 통해 개념화하면 할수록 개념은 ─ 또는 개념체계는 ─ 더욱더 **이념형**의 성격을 띠게 된다. 왜냐하면 이념형적 개념구성의 목적은 항상 문화현상들의 유적인 것이 **아니라** 정반대로 그것들의 **특성**을 명료하게 의식할 수 있도록 하는 데에 있기 때문이다.

그런데 이념형이, 유적 이념형을 포함하여, 사용될 수 있고 또 실제로 사용되고 있다는 사실은, 다른 하나의 사태와의 관계 속에서만 **방법론적** 관심의 대상이 된다.

지금까지 우리는 이념형을 본질적으로 관계들에 대한 추상적인 개념으로 다루어왔으며, 이 관계들을 사건의 흐름 속에서 부동하는 실재들, 다시 말해 발전의 **기점이 되는** 역사적 개체들로 간주해 왔다. 그러나 여기에서 복잡한 상황이 발생하는데, 그것은 자연주의적 편견, 즉 사회과학의 목표는 현실을 "**법칙들**"로 환원하는 것이어야 한다는 편견이 "유형적인 것"이라는 개념의 도움으로 매우 쉽게 사회과학적 인식에 유입되는 것이다. 그 이유는 **발전**도 이념형으로 구성될 수 있으며, 이 구성물은 대단히 높은 색출적 가치를 가질 수 있기 때문이다. 그러나 이 과정에서 이념형과 현실이 뒤섞여 버릴 위험이 매우 커진다. 예컨대 우리는 **엄격히** "**수공업적**"으로 조직된 사회에서는 지대가 자본축적의 유일한 원천일 수 있다는 이론적 결론에 도달할 수 있다. 그리고 나서 우리는 이 결론에 기초하여 아마도 수공업적 경제 형태가 전적으로 특정한 기본요소들 — 제한된 토지, 인구의 증가, 귀금속의 유입, 생활양식의 합리화 — 에 의해 조건지어지면서 자본주의적 경제 형태로 전환하는 과정에 대한 이념형을 구성할 수 있을 것이다(여기서는 이 구성의 올바름 여부를 검토하지 않기로 한다). 경험적·역사적 발전과정이 구성된 발전과정과 실제로 일치하는지는 이 구성물을 색출적 수단으로 삼아, 그러니까 이념형과 "사실들"을 비교하는 방식으로 규명할 수 있을 것이다. 만약 이념형은 "**올바르게**" 구성되었으나 실제적인 과정이 이념형적 과정에 상응하지 **않는다면**, 이로써 중세 사회가 특정한 측면에서는 엄격한 "수공업적" 사회가 **아니었음**이 입증될 것이다. 그리고 만약 이념형이 색출적 관점에서 "**이상적으로**" 구성되었다면 — 이것이 우리가 드는 예에서 과연 가능한지 또 어떻게 가능한지 여부는 여기에서 논외로 하기로 한다 —, **그렇다면** 이 이념형은 동시에 중세 사회의 **비수공업적** 구성요소들을 그 특성과 역사적 의의 속에서 더 명료하게 파악할 수 있는 길로 연구를 유도할 것이다. **만약** 이 이념형이 이러한 결과를 낳는다면, 그것은 바로 자신의 고유한 **비현실성**을 분명히 드러냄**으로써** 자신의 논리적 목적을 완수한 것이다. 그것은 — 이 경우에 — 가설의 검증이었다. 이와 같은 과정은 우리가 다음과 같은 사실을 항상 명심하는 **한** 그 어떤 방법론적 의구심도 불러일으키지 않는다. 즉 발전에 대한 이념형적 **구성물**과 **역사**는 서로 엄격히 구별되어야 하는 두 가지 사안이라는 사실과, 여기에서 이념형적 구성물은 한 역사적 현상을 그 실제적인 원인들로, 다시 말해 현재 우리의 인식 수준에서 **가능해 보이는** 원인들 중에서 그 현상에 실제적으로 작용한 원인들로 **체계적으로** 그리고 **타당한 방식으로** 귀속시키기 위한 수단이었을 뿐이라는 사실을 염두에 두는 한 그러하다.

그러나 이 구별을 엄격하게 유지하는 것은 경험상 다음과 같은 사정으로 인해 대단히 어려워질 때가 자주 있다. 즉 이념형 또는 이념형적 발전을 생생하게 논증할 요량으로 우리는 경험적·역사적 현실로부터 예시용 자료를 끌어와 그것들을 **명료하게 하려는** 시도를 한다. 그 자체로서는 완전히 정당한 이 방식에는, 이론이 역사적 지식의 **시녀**가 아니라 거꾸로 역사적 지식이 이론의 **시녀**로 보인다는 위험이 도사리고 있다.[74] 이론가들은 이러한 관계를 정상적인 것으로 간주하거나 또는, 그보다 더 나쁜 것은, 이론과 역사를 뒤섞고 심지어는 이 둘을 혼동하려는 유혹에 쉽게 빠져든다. 이와 같은 위험은 다음과 같은 경우에 훨씬 더 커진다. 즉 발전에 대한 이념형적 구성물이 특정한 문화적 형성물에 대한 이념형들의 개념적 분류(예컨대 "폐쇄적 가계경제"[75]에서 출발하는 산업경영의 형태들의 분류나 또는 "순간신"[瞬間神][76]에서 시작하는 종교적 개념들의 분류)와 뒤섞여 **발생적** 분류로 변형되는 경우에 그러하다. 이럴 경우 선택

---

74 이 문장에 나오는 **"시녀"**라는 단어는 원어(Diener)를 그대로 옮기면 "종"이 된다. 여기서는 우리말의 어감을 살려 **"시녀"**로 옮겼음을 일러둔다.

75 뷔허의 『민족경제의 기원: 여섯 편의 강연』에 따르면, 민족경제의 발전은 "폐쇄적 가계경제"와 더불어 시작한다. 이 책의 307쪽, 옮긴이 주 61을 볼 것.

76 이는 우제너, 『신들의 이름』(1896)에서 신성의 첫 번째 발전단계를 표현하는 개념으로 도입된 것이다. 순간신은 "마치 위로부터 보내진 것처럼 우리에게 갑자기 나타나서는 우리를 행복하게 하거나 슬프게 또는 머리를 숙이도록 만드는 무엇이다"(279쪽). 참고로 헤르만 우제너(1834~1905)는 독일의 문헌학자이자 종교학자이다.

된 개념적 특징들로부터 결과하는 유형들의 순서가 마치 법칙적 필연성 속에서 전개되는 역사적 연속처럼 보이게 된다.[77] 그리하여 한편으로는 개념들의 논리적 질서와 다른 한편으로는 개념화 대상이 시간, 공간 및 인과관계 속에서 갖는 경험적 질서가 서로 접합되며, 따라서 개념적 구성물의 실제적 타당성을 현실에서 확증하기 위해 현실 그 자체에 폭력을 가하고 싶은 유혹이 거의 뿌리치기 힘들 만큼 커진다.[78]

우리는 이념형적 개념구성에서 우리의 관점에서 볼 때 단연코 가장 중요한 경우에 대한 논의를 여기까지 의도적으로 피해 왔다: 그것은 **마르크스**의 경우이다. 그 이유는 첫째 마르크스에 대한 해석을 끌어들여 우리의 논의를 더욱더 복잡하게 만드는 것을 피하기 위해서이며, 둘째 우리 저널은 이 위대한 사상가를 다루거나 그에 접목하는 문헌을 정기적으로 비판적 분석의 대상으로 삼을 것이므로 굳이 이를 선취하지 않기 위해서이다. 그러므로 여기서는 다만, 마르크스주의에 특유한 **모든** "법칙들"과 발전 구성물들은 ─ **이론적으로** 결함이 없는 한 ─ 당연히 이념형적 성격을 지닌다는 점을 지적하는 선에서 그치기로 한다. 일찍이 마르크스주의적 개념들로 작업해 본 사람이라면 누구나 이 이념형들을 현실과의 **비교**를 위해서 이용하는 경우에 이것들이 지니는 탁월한, 아니 유일무이한 **색출적** 의의를 잘 알고 있을 것이다. 그리고 마찬가지로 마르크스주의적 개념들이 경험적으로 타당하다고, 또는 심지어 **실제적인** (보다 정확하게 말하자면 형이상학적인) "**작용력들**", "경향들" 등으로 간주되는 경우에 이 이념형들이 지니게 되는 위험도 잘 알고 있을 것이다.

유개념 ─ 이념형 ─ 이념형적 유개념 ─ 역사적 인간들에게서 경험적으로 작용하는 관념들의 결합이라는 의미에서의 이념 ─ 그런 이념

---

77 이 문장에 나오는 "선택된"이라는 단어 앞에 "관찰자에 의해" 또는 "연구자에 의해"를 덧붙이면 의미하는 바가 좀 더 명확해질 것이다.

78 이 문장에서 "현실 그 자체에 폭력을 가하고 싶은"은 "현실 그 자체를 개념적 구성물에 억지로 끼워 맞추고 싶은"이라고 읽으면 된다.

들의 이념형 — 역사적 인간들을 지배하는 이상 — 그런 이상들의 이념
형 — 역사학자가 역사에 연관시키는 이상; — 경험적인 것을 **예시적 수
단**으로 사용하는 **이론적** 구성물 — 이론적 개념을 이념적 경계사례로
사용하는 **역사적 연구** —, 거기에 더해 여기서는 단지 암시하는 선에서
그칠 수밖에 없었던 여러 가지 가능한 복잡한 문제: 이 모든 것은 순수한
사유적 구성물로서, 이것들이 직접적으로 주어진 경험적 현실과 갖는 관
계는 모든 개별적인 경우에 문젯거리이다: — 이 견본만 보아도 이미 문
화과학의 영역에서는 개념적·방법론적 문제들이 무한히 뒤섞여 엉키
는 사태가 지속된다는 것을 충분히 알 수 있다. 그러나 단지 문제를 **제
시하고자** 하는 이 글에서 실제적인 방법론적 문제에 대한 진지한 검토,
그리고 이념형적 인식과 "법칙적" 인식의 관계 및 이념형적 개념과 집
합개념의 관계 등에 대한 보다 상세한 논의는 완전히 포기할 수밖에 없
었다. —

   이 모든 논의에도 불구하고 역사학자는 여전히 다음과 같은 입장을 고
수할 것이다. 즉 어떤 과학 분야에서 개념구성의 이념형적 방식과 이념
형적 구성물이 지배한다는 것은 이 과학 분야가 아직 미성숙함을 특징
적으로 보여 주는 징후라는 입장을 고수할 것이다. 물론 어떤 의미에서
는 그가 옳다고 인정해야 한다. 그러나 이렇게 인정하는 것이 가져올 결
과는 그의 입장이 가져올 결과와는 다를 것이다. 다른 과학 분야들에서
몇 가지 예를 취해 보기로 하자. 다음은 확실한 사실이다: 먼저 고전어를
공부하느라고 고생하는 김나지움 제3학급의 학생[79]이나 초보 수준의 어
문학자는 언어를 우선 **"유기체적인 것"**으로 생각한다; 다시 말해 언어
를 규범에 의해 지배되는 초경험적 **전체**로 생각하며, 과학의 임무는 무

79　여기에서 주의해야 할 것은 김나지움 제3학급이 밑으로부터가 아니라 위로부터 세어
　　서라는 점이다. 김나지움에는 5학년부터 13학년이 속했기 때문에 김나지움 제3학급은
　　정확히 제11학년을 가리킨다. 참고로 오늘날에는 김나지움이 12학년까지이다.

엇이 ― 언어규칙으로서 ― 타당해야 **하는가**를 확정하는 것이라고 생각한다. 일반적으로 어문학이 스스로에게 부과하는 첫 번째 과제는 예컨대 아카데미아 델라 크루스카[80]가 했던 것처럼 "문어"(文語)를 논리적으로 분석하고 문어의 내용을 **규칙들**로 환원하는 데에 있다. 이와 반대로 오늘날 한 선도적인 언어학자는 "**모든 개인의** 언술행위"를 언어학의 대상으로 선언한다.[81] 그러나 심지어 이와 같은 프로그램의 정립도 문어에 하나의 비교적 확고한 이념형이 존재해야만 비로소 가능해진다. 왜냐하면 **언술행위**의 무한한 다양성에 대한 연구는 (적어도 암묵적으로) 바로 이 이념형에 힘입어 가동될 수 있기 때문이다. 만약 그렇지 않다면 이 연구는 완전히 방향도 없고 한계도 없는 일이 되고 말 것이다. ― 그리고 자연법적 국가이론의 구성물과 유기체적 국가이론의 구성물 또는 ― **우리가** 의미하는 이념형을 하나 상기시키자면 ― 뱅자맹 콩스탕[82]의 고대국가론도 다르지 않게 기능했다. 이 구성물들은 말하자면 피난항으로 기능했는데, 국가이론가들은 경험적 사실이라는 망망대해에서 올바르게 항해하는 법을 배울 때까지 거기에 기항할 수 있었다. 요컨대 과학이 성숙해진다는 것은 사실상 그리고 항상, 이념형을 경험적으로 **타당한 것으로** 또는 **유개념으로** 간주하는 입장을 **극복하는 것**을 의미한다. 그러나 다른 한편으로 예컨대 콩스탕의 탁월한 구성물을 그 이념형적 성격을 신중하게 유지한 채 고대국가의 일정한 측면과 역사적 특성을 논증하는 데에 사용하는 것은 오늘날에도 여전히 완전히 정당한 일이다. 거기에 더해 그리고 특히 영원한 젊음을 운명으로 하는 과학들이 있는데, 다름 아닌

---

80 아카데미아 델라 크루스카(Accademia della Crusca)는 이탈리아어의 정화를 목적으로 1583년 피렌체에 설립된 아카데미로서, 세계에서 가장 오래된 언어학회로 간주된다.
81 독일의 언어학자 헤르만 파울(1846~1921)은 『언어사의 원리들』, 28쪽에서 언어학자의 진정한 대상은 "모든 개인의 상호작용에서 표출되는 언어행위"에 있다고 주장한다.
82 콩스탕은 「현대인들의 자유와 비교해 본 고대인들의 자유」에서 시민들에게 개인적 자유를 허용하지 않는 고대 민주주의는 민주주의의 전형이 될 수 없다고 주장한다.

모든 **역사적** 과학 분야가 그것들이다: 이들 과학 분야는 모두 영원히 전진하는 문화의 흐름으로 인해 항상 새로운 문제에 직면하게 된다. 이들 과학 분야의 과제의 본질을 규정하는 것은, **모든** 이념형적 구성물이 일시적인 것이지만, **그러나** 동시에 불가피하게 항상 **새로운** 이념형적 구성물을 필요로 한다는 사실이다.

역사적 개념들의 "본래의", "참된" 의미를 밝혀내려는 시도는 끊임없이 되풀이되고 있지만, 결코 목표에 도달하지 못한다. 그런 까닭에 역사학자들이 지속적으로 사용하는 종합들은 보통 제한적으로만 규정된 개념이거나, 또는 개념내용의 명확성을 고집하는 경우에 개념은 추상적 이념형이 되며, 따라서 이론적인, 즉 "일면적인" 관점임이 드러난다. 우리는 이 관점에 입각하여 현실을 조명하며 이 관점에 준거하여 현실에 접근할 수 있다. 그러나 현실을 남김없이 **끼워넣을** 수 있는 도식으로는 부적합하다는 것이 여지없이 입증된다. 왜냐하면 우리가 현실에서 그때그때 의의 있는 구성요소들을 파악하려면 반드시 필요로 하는 사고체계들 가운데 그 어느 것도 현실의 무한한 풍부성을 하나도 남김없이 담아낼 수는 없기 때문이다. 이 사고체계들은 우리 지식이 도달한 그때그때의 수준과 우리가 그때그때 가용한 개념적 구성물에 근거하여, 우리가 그때그때 우리의 **관심** 영역으로 끌어들인 사실들의 혼돈에 질서를 부여하려는 시도 이외에 아무것도 아니다. 과거의 학자들이 직접적으로 주어진 현실을 사유적으로 가공함으로써, 또는 보다 정확하게 말하자면 사유적으로 **변형**함으로써, 그리고 자신들의 인식 수준과 관심 방향에 상응하는 개념들에 편입함으로써 발전시킨 사고장치(思考裝置)는, 우리가 현실에 대한 새로운 인식으로부터 얻을 수 있고 또 얻고자 **하는** 사고장치에 의해 지속적으로 도전을 받는다. 이러한 투쟁을 통해 문화과학적 작업의 발전이 이루어진다. 문화과학적 작업의 성과는 우리가 현실을 파악하기 위해 사용하는 개념들의 지속적인 변형과정의 소산이다. 그러므로 사회적 삶에 대한 과학의 역사는, 개념구성을 통해 사실들에 사유적 질서를 부여하려는 시도—이렇게 얻어진 사유상들을 과학적 지평의 확대와 이동을 통해서 해체하는 작업—그리고 이렇게 변화된 기반 위에서 새로운 개념을 구성하는 작업, 이 셋 사이의 지속적인 상호작용의 역사이다. 그렇다고 해서 개념체계를 구성하려는 시도 **그 자체**가 잘못이라는 뜻은 아니다—왜냐하면 모든 과학은, 심지어 단순히 서술하는 역사학조차도, 그 시대의 개념재고(概念在庫)를 가지고 작업하기 때문이다; 그것이 의미하는 바는 오히려 **다음과 같은** 사실, 즉 인간의 문화에 대한 과학에서는 개념의 구성이 문제들의 상황에 달려 있으며, 또한 이 상황은 문화의 내용 자체와 더불어 변화할 수 있다는 사실이다. 문화과학에서는 개념과 대상 사이의 관계로 인해 상기한 모든 종합은 일시적일 수밖에 없다. 우리 과학의 영역에서 시도된 위대한 개념구성들의 가치는 일반적으로 자신들이 근거하고 있던 관점의 의의가 지니는 **한계**를 드러내는 데에 있었다. 사회과학의 영역에서 가장 파급효과가 큰 발전은 **내용적 차원에서는** 실제적인 문화문제들의 변화에 결부되어 일어나며 개념구성에 대한 비판의 **형식**을 띤다. 우리 저널의 가장 중요한 과제 중 하나는 이 비판의 목적에 기여하며, 이를 통해 사회과학 영역에서의 **종합의 원리들**에 대한 연구에 기여하는 것이다.—

여기까지 논의한 것에서 도출될 수 있는 결론들 가운데 하나는, 우리의 견해가 우리 자신도 그 후예인 역사학파의 많은, 심지어 탁월한 대표자들의 견해와 아마도 여러 가지로 상충될 것이라는 점이다. 이들은 명시적으로 또는 묵시적으로 자주 다음과 같은 견해를 고수한다. 즉 모든 과학의 궁극적 목표[83]는 자신의 소재를 하나의 개념체계 내에 질서화하는 것인데, 이 개념들의 내용은 경험적 규칙성의 관찰, 가설의 설정 및

검증을 통해서 획득되어야 하고 또한 서서히 완전해져야 한다는 것이다; 그리하면 언젠가는 "완성된", **그리하여** 연역적인 과학이 탄생하게 된다는 것이다.[84] 그리고 이 목표에 대해 현재의 역사적·귀납적 작업은 우리 과학 분야의 불완전성에서 기인하는 일종의 예비작업이라는 것이다: 이러한 관점에서 본다면, 엄밀한 개념의 구성과 적용보다 더 위험한 일은 없을 것임이 자명한데, 그 이유는 이것이 먼 미래에야 실현될 수 있는 그 목표를 성급하게 선취하려는 시도로 보일 수밖에 없을 것이기 때문이다. ── 역사학파에 속하는 대다수 전문연구자들의 피에도 여전히 깊이 흐르고 있는 고대적·스콜라적 인식론의 틀에서 보면 이러한 견해

84　이에 대해서는 이 책의 61~62쪽, 원주 25를 볼 것. 예컨대 슈몰러는 「민족경제, 경제학 및 그 방법」, 997~98쪽에서 다음과 같이 말하고 있다: "개별적인 것에 대한 과학은, 아니 ──내가 보기에는 오히려 ── 서술적 과학은 보편이론에 대한 예비작업을 제공한다; 이 예비작업은 현상들이 모든 본질적인 특성, 변화, 원인과 결과에 따라 기술되면 그만큼 더욱더 미완성이다. 그러나 완성된 기술은 다시 현상들의 완성된 분류, 완성된 개념 구성, 개별적인 것의 관찰된 유형들에로의 적합한 편입, 가능한 원인들의 완전한 조망을 전제한다. 다시 말해 모든 완성된 기술은 해당 과학의 일반적인 본질을 규명하는 데 기여한다. 그리고 어떤 과학이 완성되면 될수록 완성된 기술과 사물들의 일반적인 관계에 대한 이론 사이의 연결은 더욱더 긴밀해진다. 어떤 과학에서 서술적 부분이 불완전하면 할수록, 다시 말해 이론이 일시적이고 아직 의심스러우며 부분적으로 그릇된 방향으로 인도된 일반화들의 합계에 지나지 않으면 않을수록, 그 둘 사이의[완성된 기술과 사물들의 일반적인 관계 사이의] 거리는 더욱더 커질 수밖에 없다. 내가 보기에 사회과학이, 그리고 부분적으로는 경제학도 비교적 큰 발전을 이루었음에도 불구하고 이러한 상황에 처해 있는 것 같다. 이를 벗어날 수 있는 길은 우선 그리고 특히 관찰을 증가시키고 강화하며 개선하는 데에, 그리고 모든 종류의 보다 광범위하고 적합한 서술적 경험자료에 근거하여 현상들의 분류와 개념구성을 개선하고 유형적인 현상계열들과 그 관계들 및 원인들 전체를 명료하게 인식하는 데에 있다. 만약 어떤 과학에서 때때로 서술적 방식이 지배적이라면, 이는 이론을 무시하는 것이 결코 아니라 오히려 이론을 위한 필수적인 기초가 된다. 다만 서술적 자료가 적합하지 않은 경우에만 이러한 방향에 대한 비난이 정당화될 수 있다. 방금 언급한 일련의 작업으로 인해 이론을 진척시킬 힘의 일부분이 저지되었다면, 이는 노동분업의 본질을 반영하는 것이다. 멩거가 탄식하듯이 그동안에 이론에 대한 과학적 작업이 계속되지 않았다면, 이는 역사적인 연구를 시도하는 학자들에 대한 비난이라기보다는 이론적인 작업을 시도하는 학자들에 대한 비난이다."

는 원칙적으로 논란의 여지가 없을 것이다:[85] 이 인식론은 개념의 목적이 "객관적" 현실의 표상적(表象的) 모사에 있다고 전제한다; 그리하여 반복해서 모든 엄밀한 개념의 비현실성을 지적하고 있다. 칸트에서 연원하는 근대 인식론의 근본사상은, 개념이 도리어 경험적으로 주어진 것을 정신적으로 지배할 목적으로 사용하는 사유적 수단이며 또한 오직 사유적 수단일 수밖에 없다는 것이다; 그리고 이 근본사상을 철저히 숙고하는 사람에게는, 엄밀한 발생적 개념은 필연적으로 이념형이라는 사실이 이와 같은 개념의 구성을 반대해야 할 이유가 될 수 없을 것이다. 그에게는 개념과 역사적 작업의 관계가 역전된다: 그에게 상기한 궁극적 목표는 논리적으로 불가능한 것으로 보이며, 개념은 목표가 아니라 개별적 관점에서 볼 때 의의 있는 관계들의 인식이라는 목적을 위한 수단이다; 그리고 그가 보기에 역사적 개념들의 내용은 필연적으로 변화하며, 바로 그런 까닭에 이 개념들은 필연적으로 그때그때 엄밀하게 구성되어야 한다. 다만 그는 이 개념들을 사용할 때 그것들이 가진 이념적 사유 구성물로서의 성격을 항상 신중하게 유지할 것을, 다시 말해 이념형과 역사를 혼동하지 말 것을 요구할 것이다. 주도적인 가치이념들은 불가피하게 바뀌며 그로 인해 진정으로 확정적인 역사적 개념들은 일반적인 궁극적 목표로 간주될 수 없으며, 따라서 그는 다음과 같이 믿을 것이다. 즉 엄밀하고 명확한 개념들은 그때그때 주도적인 개별적인 관점에 입각하여 구성되며, 바로 이를 통해 이 개념들이 갖는 타당성의 한계를 그때그때 확실히 의식할 수 있는 가능성이 주어진다고 믿을 것이다.

누군가는 다음과 같은 견해를 제시할 것인바, 즉 개별적인 경우에 구체적인 역사적 관계의 발전과정은 지속적으로 잘 정의된 개념에 연관되

---

85 이 구절의 맨 앞에 "다른 영역이나 분야 또는 다른 학파에 속하는 전문연구자들의 피뿐만 아니라"를 더해서 읽으면 의미하는 바가 좀 더 명확해질 것이다. 그리고 전문연구자들은 인식론자들이 아니라 특정한 인식론에 기반하여 경험적 연구를 수행하는 학자들, 예컨대 역사학자와 경제학자 등을 가리킨다.

지 않고도 명백하게 파악될 수 있다는 견해를 제시할 것인바, 그 견해는 우리 스스로도 이미 인정한 바 있다.[86] 그리고 이에 따라 경제사가들도 정치사가들이 하는 식으로 "일상의 언어"를 사용할 권리가 있다고 주장할 것이다.[87] 물론 그렇다! 다만 한 가지 덧붙여 말할 점은, 이러한 방식을 택할 경우 다루어지는 현상에 의의를 부여하는 관점이 선명하게 의식될 수 있는가의 문제가 불가피하게 그리고 자주 **매우** 높은 정도로 우연에 맡겨질 수밖에 없다는 사실이다. 정치사가들의 경우에는 그들이 서술의 지향하는 문화내용들이 통상적으로 명확하지만—또는 그렇게 보이지만, 우리는 일반적으로 그와 같이 유리한 상황에 있지 못하다. 모든 순수하게 직관적인 묘사에는 **예술적** 서술의 특유한 의의가 결부된다: "모든 사람은 자신이 마음에 품고 있는 것을 본다."[88] —이에 반해 타당한 **판단**은 항상 직관된 것의 **논리적** 가공, 즉 **개념**의 사용을 전제한다; 그리고 개념을 마음속에 은밀히 간직하는 것은 가능하고 또 자주 심미적으로 매력적이기는 하지만, 그리하면 독자들이 집필자의 판단이 갖는 내용과 영향력을 확실하게 파악하지 못할 위험이 항상 있으며, 또한 집필자 자신이 그렇게 하지 못할 위험도 자주 있다.

그런데 경제**정책적**·사회**정책적** 문제에 대한 실천적 논의에서 엄밀

---

86 이 책의 309쪽 이하에서이다.

87 베버가 "일상의 언어"를 사용하는 정치사가로는 아마도 로마사의 태두인 테오도어 몸젠(1817~1903)을 염두에 두고 있는 것 같다. 역사연구에서 엄격한 방법과 이론의 필요성을 역설하는 베버와 달리, 몸젠은 "역사적 현상에 대한 이론적 논의를 거부하며 체계적인 문헌비평이라는 연구방법에 의존한다. 그에 따르면, 이론화가 불가능한 것이 역사학의 근본적인 특징이며 과거의 문서를 정리하는 데에 역사학의 주요한 임무가 있다. 바로 이런 연유로 몸젠에게서는 베버에 비교할 만한 또는 의식적인 방법적 성찰을 찾아볼 수 없다. 그리고 개념에 관한 한 몸젠은 원칙적으로 원전의 용어들을 고수했다. 그러면서 또 다른 한편으로는 엄밀한 정의나 비판적인 검토 없이 '융커', '시장', '민중', '혁명' 등 다양한 근대적인 개념과 표현을 구사하고 있다." 김덕영, 『막스 베버: 통합과학적 인식의 패러다임을 찾아서』, 138~39쪽(약간 변형해서 인용했음을 일러둔다). 같은 책, 134쪽 이하에는 베버와 몸젠의 관계에 대한 간략한 논의가 나온다.

88 괴테, 『파우스트』, 제1권, 9쪽.

한 개념의 구성을 도외시하는 것은 지극히 위험한 일이 될 수 있다. 국외자들은 예컨대 이 논의에서 **"가치"**라는 용어—이것은 우리 과학 분야의 골칫거리로서 **오로지** 이념형적 방법에 의해서만 어떤 명확한 의미를 부여할 수 있다—의 사용이, 또는 개념적으로 명료한 분석을 하지 않은 채 사용하는 "생산적"이나 "경제학적 관점에서" 등과 같은 표현이 얼마나 많은 혼란을 야기했는지 상상할 수 없을 것이다. 그리고 이러한 불운은 특히 일상언어에서 따온 **집합**개념들에 의해 초래된다. 여기에서 비전문가들도 아주 명백하게 이해할 수 있는 교과서적 예의 하나로서 "농업의 이해관계"라는 연어(連語)에 등장하는 "농업"의 개념을 골라보기로 하자. 일단 "농업의 이해관계"를 개별적 경제주체들이 자신들의 이해관계에 대해 갖고 있는, 경험적으로 확인될 수 있고 다소간 명료한 **주관적** 견해들이라고 간주하기로 하자; 그리고 가축을 사육하는 농부, 가축을 도살하는 농부, 곡물을 재배하는 농부, 곡물을 가축사료로 사용하는 농부, 증류주를 제조하는 농부 등의 이해관계 사이에 존재하는 무수한 갈등은 완전히 논외로 하기로 하자. 그렇다고 하더라도 모든 비전문가가 그런 것은 아니지만 적어도 전문가라면 누구나 농업의 이해관계라는 개념에서는 가치관계들의 엄청난 실뭉치가 막연하게 표상된 채로 서로 얽히고설켜 대립한다는 것을 알 수 있다. 여기서는 그 가운데 몇 가지 예만을 열거하기로 한다: 농지를 팔려고 하며 따라서 지가의 급등에만 관심을 갖는 농부의 이해관계;—이와 정반대의 이해관계, 즉 농지를 사거나, 농지를 통합·정리하거나 또는 소작을 하려는 사람의 이해관계; 자손들의 사회적 이득을 위해 일정한 농지를 보유하고자 하며 따라서 부동산의 안정에 관심을 갖는 사람의 이해관계;—이와 정반대의 이해관계, 즉 자신과 자녀들의 이득을 위해 토지가 최고의 경영자를 위한 또는—이것과 정확히 동일하지는 않지만—자본력이 가장 큰 구매자를 위한 방향으로 이동하기를 바라는 사람의 이해관계; 사경제적 의미에서 "가장 유능한" 경영자가 토지 이동의 경제적 자유에 대해 갖는 순수한 경제적 이해관계; ─ 이와 갈등관계에 있는 이해관계, 즉 특정한 지배계층이 자신의 "신분"이 전통적으로 누리는, 그리고 이 덕분에 자손들이 누리게 되는 사회적 및 정치적 지위의 유지에 대해 갖는 이해관계; **피지배 계층인 농부들이 자신들의 지위를 억압하는 상류층의 몰락에 대해 갖는 사회적 이해관계; ─ 상황에 따라서 이와 상충하는 피지배계층의 이해관계, 즉 이 상류층에서 자신들의 경제적 이득을 보호해 줄 정치적 지도자를 찾으려는 이해관계. ─ 우리가 가능한 한 간략하고 부정확하게 열거한 이 목록은 끝을 모를 정도로 엄청나게 길어질 수 있다. 이러한 종류의, 전적으로 "이기적인" 이해관계는 매우 다양한 종류의 순수하게 이상적인 가치들과 혼합되고 결합될 수 있고 또 이 가치들에 의해 저해되고 굴절될 수 있다는 사실은 여기에서 논외로 하고 무엇보다도 다음과 같은 사실을 상기하고자 한다. 즉 우리가 "농업의 이해관계"에 대해 말할 때 우리는 일반적으로, 각각의 농부가 자신의 "이해관계"의 준거로 삼는 물질적 또는 정신적 가치를 생각할 **뿐만 아니라** 그와 더불어 **우리가** 농업과 연관시킬 수 있는, 부분적으로는 지극히 이질적인 가치이념들도 생각한다는 사실을 상기하고자 한다. 다음과 같은 예를 들 수 있다: 첫째 생산적 이해관계인데, 이것은 국민들에게 값싼 식량을 공급하려는 이해관계, 그리고 이 이해관계와는 항상 일치하지는 않는, 질 좋은 식량을 공급하려는 이해관계에서 도출되는데, 이 경우 도시와 농촌의 이해관계는 아주 다양한 방식으로 충돌할 수 있으며, 또한 현세대의 이해관계는 미래 세대들의 있을 법한 이해관계와 반드시 동일할 수만은 없다; ─ 둘째 인구정책적 이해관계, 특히 **대규모** 농촌인구에 대한 이해관계인데, 이것은 "국가"의 대외 정치적 또는 대내 정치적 이해관계에서 도출될 수도 있고 아니면 또 다른 종류의 다양한 이념적 이해관계에서 도출될 수도 있는데, 예컨대 대규모 농촌인구가 한 나라의 문화적 특성에 끼칠 것으로 기대되는 영향에 대한 이해관계가 그것이다; ─ 이러한 인구정책적 이해관계는 모든 분야에서 농촌인구의 매우 다양한 사경제적 이해관계와 충돌할 수 있으며, 더 나아가 농촌인구의 대다수가 가지고 있는 모든 기존의 이해관계와 충돌하는 것도 가능한 일이다. 또는 농촌인구에서 나타나는 특정한 형태의 사회**조직**에 대한 이해관계를 생각할 수 있는데, 그 이유는 농촌인구가 행사하는 정치적 또는 문화적 영향의 성격이 이 조직의 형태에 의해 결정되기 때문이다: 이 이해관계는 그 방향에 따라 개별적 농부들과 "국가의" 모든 가능한, 심지어 가장 긴급한 현재와 미래의 이해관계와 충돌할 수 있다. 그리고 — 이것은 문제를 더욱 복잡하게 만든다 — 우리가 상기한 개별적 이해관계들과 다른 수많은 유사한 개별적 이해관계들을 기꺼이 그 "이해관계"에 연관시키는 "국가"는, 흔히 가치이념들의 극도로 뒤엉킨 실뭉치에 대한 가주소(假住所)에 지나지 않는데, 우리는 "국가"를 경우에 따라 다음과 같은 가치이념들에 연관시킨다: 순수한 군사적 대외안보; 한 왕조 또는 특정한 계급들의 대내적 지배자 지위의 보장; 민족의 형식적·국가적 통일성의 유지 및 확장에 대한 이해관계: 이것은 그 자체로서 추구될 수 있거나 아니면 우리가 국가적으로 통일된 민족으로서 대표한다고 믿는 특정한 객관적, 그러나 다시금 내적으로는 매우 다양한 문화가치의 보존에 대한 이해관계에서 추구될 수 있다; 특정한, 그리고 다시금 매우 다양한 문화적 이상에 따르는 국가의 사회적 성격의 변형 — 우리가 "농업"과 연관시킬 수 있는 "국가적 이해관계"라는 집합명사에 포함되는 모든 것을 암시하는 것만도 과도한 일이 될 것이다. 우리가 여기에서 선택한 예는 조야하고 단순하며 우리의 개괄적 분석은 더더욱 그러하다. 아무튼 비전문가들에게 위와 유사한 방식으로 (그리고 더 철저하게) 예컨대 "노동자들의 계급이해"라는 개념을 한 번 분석해 볼 것을 권하는 바이다. 그리하면 얼마나 모순투성이인 실뭉치가 그 뒤에 숨어 있는지 알게 될 것인데, 이 실뭉치는 부분적으로는 노동자의 이해관계들과 이상들이, 부분적으로는 **우리가** 노동자를 고찰하는 준거가 되는 이상들이 얽히고설킨 것이다. 이해관계의 투쟁에서 사용되는 슬로건들을 그것들이 가진 "상대성"을 순수하게 경험주의적으로 강조함으로써 극복하는 것은 불가능하다: 여러 가지 **가능한** 관점을 명료하고 엄밀하게 그리고 개념적으로 확정하는 것만이 이러한 상투어의 모호성을 넘어설 수 있는 유일한 길이다. **세계관** 또는 타당한 **규범**으로서의 "자유무역론"[89]은 가소로운 일이다. 그러나 이와 관련된 이념형적 공식들에는 지구상 가장 위대한 상인들의 오래된 삶의 지혜가 침전되어 있는데, 우리는 — 우리 각자가 **어떤** 통상정책적 이상을 옹호하는가와 전혀 무관하게 — 이 삶의 지혜가 갖는 색출적 가치를 과소평가함으로써 우리의 통상정책적 논의에 큰 해를 끼쳤다. 개별적인 경우에 문제가 되는 관점은 단지 이념형적 개념공식들을 통해서만, 그리고 경험적인 것과 이념형의 **대비**를 통해서만 그 특성 속에서 진정으로 명확하게 파악할 수 있다. 과학에서 사용되는 일상언어의 미분화된 집합개념은 항상 사고와 의지의 불명료성을 은폐하는 가면이고 흔히 위험한 기만의 도구이며 또한 올바른 문제제기의 발전을 끊임없이 저해하는 수단이다.

경험적 사회인식의 "객관성"의 의미; 문화가치 이념 및 문화과학적 관심의 가변성

이렇게 해서 우리의 논의를 마무리짓게 되었는데, 그 목적은 오직 하나, 과학과 신앙을 분리하는 선을, 그것도 빈번하게 머리카락처럼 가느다란 선을 분명하게 드러내 보이고 사회경제적 인식 추구의 **의미**를 확실하게 알도록 하는 것이었다. 모든 경험지식의 **객관적** 타당성은 다음과 같은 사실에, 그리고 오직 그 사실에만 근거한다. 즉 주어진 현실은 특정한 의미에서 **주관적인** 범주들, 다시 말해 우리 인식의 **전제조건**이 되면

---

89 여기에서 베버는 일반적인 의미에서의 자유무역론을 염두에 두었을 수도 있고, 또는 구체적으로 1901년에 출간된 루요 브렌타노의 『자유무역론』을 염두에 두었을 수도 있다. 독일 역사학파 경제학을 대표하는 학자들 가운데 한 명인 브렌타노는 이 저서에서 보호관세의 도입을 비판하고 자유무역을 옹호하고 있다.

서 경험지식이 우리에게 줄 수 있는 진리만이 **가치 있다**는 전제에 결부되어 있는 범주들에 따라 질서화된다는 사실에, 그리고 오직 이 사실에만 근거한다. 이러한 진리가 무가치한 사람에게 — 그리고 과학적 진리의 가치에 대한 믿음은 특정한 문화의 산물이지, 결코 자연적으로 주어진 것이 아니다 — 우리가 우리 과학의 수단으로 제공할 수 있는 것은 아무것도 없다. 물론 그는 오로지 **과학**만이 제공할 수 있는 것에서 과학을 대체할 다른 진리를 헛되이 추구할 것이다: 그것은 경험적 현실도 아니고 경험적 현실을 모사하지도 않지만 경험적 현실을 타당한 방식에 따라 **사유적으로 질서화하도록** 하는 개념과 판단이다. 우리가 보았듯이,[90] 경험적·사회적 문화과학[91]의 영역에서 현상의 무한한 풍부성 가운데서 우리에게 중요한 것을 유의미하게 인식할 수 있으려면, 특정하고 개별적인 성격을 가지며 종국에는 모두 가치이념에 지향되어 있는 관점들을 지속적으로 사용해야 한다. 그리고 이들 가치이념 자체는 모든 유의미한 인간행위의 요소들로서 경험적으로 확인될 수 있고 체험될 수는 있지만 경험적 소재로부터 그 타당성의 근거가 도출될 수는 **없다**. 사회과학적 인식의 "객관성"은 오히려 다음과 같은 사실에 달려 있다. 즉 경험적으로 주어진 것은 그것에 유일하게 인식**가치**를 부여하는 가치이념들에 항상 지향되어 있고 그것의 의의는 이들 가치이념을 통해서 이해되지만, 그렇다고 해서 경험적으로 주어진 것이 가치이념들의 타당성에 대한 증명의 토대가 될 수 있는 것은 결코 아니라는 사실에 달려 있다 — 실상 이러한 증명은 경험적으로 불가능하다. 그리고 우리 모두에게는 궁극적이고 지고한 가치이념들의 초경험적 타당성에 대한 **믿음**이 어떤 형태로든 내재하며 우리는 가치이념들을 우리 존재의 의미의 근거로 삼는데, 이로 인해 경험적 현실에 의의를 부여하는 구체적인 관점들의 지속적인

---

90 이 책의 294쪽 이하에서이다.
91 이는 달리 문화의 경험적 사회과학이라고 읽어도 된다.

변화 가능성이 반증되는 것이 아니라 오히려 입증된다: 삶의 비합리적 현실과 삶의 **가능한** 의의는 무궁무진하며, 따라서 가치연관의 **구체적인** 형태는 유동적이며 인간 문화의 까마득한 미래까지 계속 변화할 것이다. 상기한 지고한 가치이념들이 내뿜는 빛은 그때그때 시간과 함께 흘러가는 사건들의 거대하고 혼돈스러운 대하(大河)에서 항상 바뀌는 유한한 한 부분에만 비춰질 뿐이다. ──

그렇다고 해서 이 모든 것이 사회과학의 진정한 과제는 새로운 관점과 개념구성에 대한 끊임없는 몰이사냥임을 함의한다는 식으로 오해해서는 안 될 것이다. **오히려 그 정반대이다**: 여기에서 무엇보다 힘주어 강조해야 할 점은, **구체적인 역사적 관계들의 문화의의**를 인식하는 데 기여하는 것이 사회과학의 전적이고 유일하며 궁극적인 목표이며, 개념구성적·개념비판적 작업은 이 목표를 달성하기 위한 수단 가운데 **하나**라는 명제이다. ──우리 영역에서도, 프리드리히 테오도어 피셔의 용어를 빌려 말하자면, "소재탐색가"와 "의미탐색가"가 있다.[92] 사실에 굶주린 전자의 목구멍은 서류, 방대한 통계 및 앙케트에 의해 채워질 수 있을 뿐, 새로운 사고의 섬세함에 대해서는 무감각하다. 식도락적 성향의 후자는 늘 새로운 사상적 증류물에 탐닉하느라 사실에 대한 미각을 망쳐버리고 만다. 예컨대 역사학자들 중에서 랑케가 그토록 탁월하게 보여 주었던 진정한 예술가적 창조성은 통상적으로, **이미 알려진** 사실들을 **이미 알려진** 관점들에 연관시키면서도 새로운 것을 창출할 줄 아는 능력에서 나타난다.

전문화 시대에는 모든 문화과학적 작업이 일단 특정한 문제를 설정하고 그에 입각하여 특정한 소재를 선택하며 방법상의 원칙을 정립하고

---

92 피셔는 1862년에 출간된 풍자적인 희곡, 『파우스트: 비극의 제3권』(괴테의 『파우스트』는 두 권으로 되어 있다)에서 괴테 해석에 몰두하는 사람들을 "소재탐색가"(Stoffhuber)와 "의미탐색가"(Sinnhuber)로 구별했다.

난 후에는 이 소재의 가공을 목적 그 자체로 간주하는 경향이 있다. 그리하여 개별적 사실들의 인식가치를 항상 의식적으로 궁극적 가치이념들에 준거하여 통제하지는 않으며, 심지어 소재의 가공이 바로 이 가치이념들에 근거하고 있다는 사실마저 의식하지 않게 된다. 그리고 이것은 그럴 수밖에 없으며, 따라서 충분히 납득할 수 있는 일이다. 그러나 언젠가는 분위기가 변하기 마련이다: 성찰되지 않은 채 사용된 관점들의 의의가 불확실해지고, 길은 어스름 속으로 사라져간다. 중차대한 문화문제들의 빛이 옮아간 것이다. 그러면 과학도 자신의 입장과 개념장치를 바꾸고 사유의 고지에서 사건의 흐름을 내려다볼 채비를 한다. 과학은 자신의 작업에 의미와 방향을 제시할 수 있는 별자리를 뒤따른다:

> [……] 새로운 충동이 눈을 뜨니,
> 나는 서둘러 떠나노라, 여신의 영원한 빛을 마시러,
> 낮을 맞이하고 밤을 등지고,
> 위로는 하늘을 이고 아래로는 파도를 굽어보며.[93]

---

93   괴테, 『파우스트』, 제1권, 45쪽.

제3부
문화과학적 논리 영역에서의 비판적 연구*
1906

---

* 원서에는 맨 앞에 두 개의 장의 제목이 주어져 있고 본문도 이에 따라 나누어져 있다.
그러나 절은 나누어져 있지 않다. 이에 독자들의 편의를 위해 옮긴이가 책 앞부분에 나
오는 "차례"에 따라 절을 나누고 제목을 붙였음을 일러둔다. 그리고 원서에는 'Eduard
Meyer', 'Ed. Meyer', 'E. M.'이라고 표기되어 있는데, 이 책에서는 맨 처음에만 '에두아
르트 마이어'라고 표기하고 나머지는 모두 '마이어'라고 표기했음을 일러둔다.

I. 에두아르트 마이어에 대한 비판적 고찰

서론

우리의 일급 역사학자들 중 누군가가 자기 자신과 그의 전문가 동료들에게 자신이 하는 작업의 목표와 방법에 대해 해명할 필요성을 느낀다면, 그는 이와 더불어 자신의 개별과학을 넘어서 인식론적 고찰의 영역에 들어서게 되며, 바로 이러한 이유만으로도 이미 전문가 집단들을 넘어서는 관심을 불러일으킬 수밖에 없다. 물론 이것은 처음에는 일정한 부정적인 결과를 낳는다. 논리학은 오늘날 다른 것들과 마찬가지로 사실상 전문적 과학 분야로 발전했으며, 따라서 논리학의 범주들을 진정으로 확실하게 다루기 위해서는 다른 어떤 과학 분야의 범주들과 관련하여 그리하는 것과 똑같이 논리학의 범주들과 일상적으로 씨름을 해야 한다; 자명한 일이지만 여기에서 그의 저작『역사학의 이론과 방법론에 대하여』(할레, 1902)가 논의의 대상이 되는 에두아르트 마이어는 자신이 논리적 문제들과 그처럼 지속적인 정신적 접촉을 한다고 주장할 수도 없고 주장하지도 않을 것인데, 이 점에서는 이 논문의 저자도 마찬가지이다. 그러므로 방금 언급한 저작의 인식론적 논의는, 말하자면 의사가 아니라 환자 자신의 병상보고(病狀報告)이며, 마이어 또한 그렇게 평가되고 이해되기를 원한다. 바로 이런 연유로 전문적인 논리학자와 인식론자는 마이어의 수많은 논의를 비난할 것이며 아마도 자신의 목적을 위해 이 저작으로부터 실제로 새로운 것을 전혀 얻을 수 없을 것이다. 그렇다고 해서 이 저작이 인접한 **개별**과학들에 대해 갖는 의의가 손상되는 것은 결코 아니다.[1] 사실상 전문적 인식론자들은 그들의 가장 중요한 업적이라고 할 수 있는 연구에서 개별과학들의 인식목표와 인식방법에 대한 "이념형적으로"[1] 구성된 관념들을 사용하며, 따라서 개별과학자들의 머리를 한창 벗어나기 때문에 개별과학자들은 때때로 맨눈으로는 전문적 인식론자들의 논의에서 자기 자신을 다시 알아보기가 어렵다. 그러므로 개별과학들의 한가운데에서 행해지는 방법론적 논의가, 인식론적 관점에서 보면 불완전하게 표현됨에도 불구하고 그리고 어떤 의미에서는 바로 그 **때문에** 개별과학자들의 자기성찰에 때로는 더 유용할 수 있다. 특히 마이어의 논의는 그 투명한 이해가능성으로 인해 인접 과학 분야들의 전문가들에게 일련의 측면에 접목하여 자신들과 좁은 의의에서의 "역사학자들"이 공유하는 일정한 논리적 문제들을 해결할 수 있는 가능성을 제공한다. 바로 이것이 이 논문의 목적이다. 우리는 먼저 마이어의 저작에 준거하여 몇몇의 개별적인 논리적 문제를 하나하나씩 해명하며, 그리고 난 다음에 이렇게 얻어진 관점을 통해 문화과학의 논리에 대한 최근의 다른 몇몇 저작을 논평하고자 한다. 지금까지는 사회과학의 특성을 "자연과학"과의 경계설정을 통해 규정하려는 시도가 빈번하게 이루어져 온 반면, 이 논문에서는 의도적으로 순수하게 **역사적인** 문제들로

1　이에 대해서는 이 책의 306쪽 이하를 볼 것.

부터 출발하여 연구 후반부에 이르러서야 비로소 사회적 삶의 "규칙들"과 "법칙들"을 추구하는 과학 분야들에 대한 논의로 나아갈 것이다. 그러한 시도에는 항상 다음과 같은 암묵적 전제, 즉 "역사학"은 단순히 자료를 수집하거나 아니면 적어도 순전히 "기술하는", 그리고 기껏해야 이제 막 시작되고 있는 "진정한" 과학적 작업의 초석으로 이용될 "사실들"을 축적하는 과학 분야라는 전제가 깔려 있었다. 게다가 전문 역사학자들도 **전문적인** 의미에서의 "역사학"의 독창성을 확립하려고 시도하는 **방식**으로 인해 유감스럽게도 다음과 같은 편견, 즉 역사학이 "개념"이나 "규칙"과는 "아무런 관계도 없기" 때문에[2] "역사적" 연구는 "과학적" 작업과 질적으로 다른 무엇이라는 편견이 견고해지는 데에 적지 않게 일조했다. 우리의 과학 분야[3]도 오늘날 "역사학파"의 지속적인 영향하에 일반적으로 "역사적인" 토대 위에 기반하고 있고, 또한 "이론"과의 관계가 25년 전[4]과 마찬가지로 여전히 문젯거리로 남아 있으며, 따라서 "역사적" 작업에 대해 말할 때 그것이 논리적인 의미에서 실제로 **무엇**을 의미할 수 있는가를 물으면서 출발하고, 이 질문에 대한 답을 우선 의심할 바 없는 그리고 누구나 인정하는 "역사적인" 작업에 근거하여 찾아보는 것은 적절한 방식으로 보인다; 우리가 여기에서 일차적으로 비판하고자 하는 저작은 바로 이런 종류의 작업을 주제로 한다. ─

마이어는 역사학의 **실천**에 대해 방법론적 연구가 갖는 의의를 과대평가하는 것을 경고하면서 논의를 시작한다: 그에 따르면 제아무리 포괄

---

2 벨로는 「새로운 역사학 방법」, 241~42쪽에서 다음과 같이 말하고 있다: "역사과학은 항상 체계, 즉 개념의 보편타당성을 논박한다. 그것은 사물이 안정되어 있지 않다는 사실을, 우리가 설정하는 경직된 교의(敎義)들과 규칙들이 적어도 상당히 제한적이라는 사실을 인식하라고 가르치며, 또한 동시에 인간의 발전에 자연법칙을 적용하는 것은 용납되지 않는다는 사실을 인식하라고 가르친다."

3 경제학을 가리킨다.

4 이는 독일 역사학파 경제학과 오스트리아 이론경제학파 사이에 방법론 논쟁이 벌어진 1880년대를 뜻한다. 이에 대해서는 이 책의 80~81쪽, 옮긴이 주 5를 볼 것.

적인 방법론적 지식을 지닌 사람이라 하더라도 그것만으로는 역사학자가 될 수 없으며, 잘못된 방법론적 견해가 필연적으로 그릇된 과학적 실천을 초래하는 것이 아니라 무엇보다도 역사학자가 자신의 올바른 작업준칙들을 틀리게 표현하거나 해석한다는 것을 증명해 줄 뿐이다. 이 점에서 그에게 전반적으로 동의할 수 있다: 방법론은 어디까지나 과학적 실천에서 그 유용성이 **입증된** 수단들에 대한 자기성찰일 뿐이고, 이러한 수단들을 명확히 의식한다는 것은 생산적인 과학적 작업의 전제조건이 아닌데, 이는 해부학적 지식이 "정확하게" 걷는 것의 전제조건이 아닌 것과 마찬가지이다. 사실 끊임없이 자신의 걸음걸이를 해부학적 지식에 비추어 통제하려는 사람은 넘어질 위험에 처할 수 있는데, 방법론적 고찰에 근거하여 자신의 작업목표를 다른 방식으로 결정하려는 전문 연구자에게도 그와 똑같은 일이 벌어질 수 있다.[2] 만약 방법론적 작업이 역사학자의 실천에 직접적으로 기여할 수 있는 점이 있다면 ─물론 이것은 방법론적 작업의 목적들 가운데 **하나**이다─, 그것은 바로 그가 철학으로 치장한 딜레탕티즘에 의해 결코 현혹되지 않도록 하는 것이다. 언제나 **실제적인** 문제의 제시와 해결을 통해서만 과학들이 창립되었으며 그 방법이 지속적으로 발전했던 반면, 순수한 인식론적 또는 방법론적 고찰이 결정적으로 기여한 바는 전혀 없었다. 일반적으로 그와 같은 논의가 과학을 수행하는 방식 자체에 대해 중요성을 갖게 되는 것은 단지, 어떤 소재가 서술의 대상이 되도록 하는 "관점"이 현저하게 변화하고 새로이 형성되는 "관점"으로 인해 기존의 과학적 "수행"이 따르고 있었던 논리적 형식도 수정해야 한다는 생각이 들게 되며, 그리고 그 결과로 전문 연구자가 자신이 하는 작업의 "본질"을 확신할 수 없게 되는 경우뿐이다. 현재 역사학이 이러한 상황에 처해 있음은 이론의 여지가 없으며, 그런 까닭에 비록 마이어가 방법론이 역사학의 "실천"에 대해 원칙적으로 무의미하다는 견해를 갖고 있지만 이에 구애받지 않고 오늘날 스스로 방법론을 추진하는 것은 정당한 일이다.

그는 우선 최근에 방법론적 관점에서 역사과학을 개혁하려고 시도한 이론들을 서술하며,[5] 5쪽 이하에서는 그가 특별히 비판적으로 논의하고자 하는 관점을 아래와 같이 제시하고 있다.

1. 다음의 것들은 역사학에 대해 무의미하며 따라서 과학적 논의에 속하지 않는 것으로 간주되어야 한다:

　　a) "우연적인 것"

　　b) 구체적인 인물의 "자유로운" 의사결정

　　c) 인간행위에 대한 "이념들"의 영향

　　　— 이와 반대로

2. 다음의 것들은 과학적 인식의 진정한 대상으로 간주되어야 한다:

　　a) 개인적 행위와 대비되는 "집단현상들"

　　b) "특이한 것"에 대비되는 "유형적인 것"

　　c) 개인의 정치적 행위와 대비되는 "공동체들", 특히 사회적 "계급들"이나 "민족들"의 발전; 그리고 마지막으로

3. 과학은 역사적 발전을 단지 인과적으로만 이해할 수 있기 때문에, 이 발전을 "법칙적으로" 진행되는 과정으로 파악하는 것, 그러니까 필연적으로 "유형적인" 방식으로 잇달아 일어나는 인간 공동체의 "발전단계들"을 찾아내고 역사적인 다양성을 바로 이 틀에 편입하는 것이 역사적 작업

5　구체적으로 마이어는 파울 바르트(1858~1922), 에른스트 베른하임, 카를 람프레히트 및 쿠르트 브라이직의 이론을 비판적으로 검토하고 있다. 마이어는 이것들을 검토한 결과를 다음과 같이 요약하면서 책을 맺고 있다: "나는 이 연구의 결과를 한 문장으로 요약할 수 있다: 비록 역사학에 다른 내용을 부여하고 다른 과제를 설정하려는 수많은 시도가 있어왔으며, 또한 시간이 지남에 따라 역사학적 관심의 실제적인 대상이 변할 수 있음에도 불구하고, 역사학에는 그리고 역사적 문제를 다루는 데에는 예나 지금이나 단 하나의 방식밖에 없으니, 그것은 아테네인 **투키디데스**가 최초로 실행하고 그의 어떤 후계자에 의해서도 달성된 바 없는 완전한 전형을 제시한 방식이다." 마이어, 『역사학의 이론과 방법론에 대하여』, 56쪽.

의 진정한 목표이다.

이 논문에서는 마이어가 특별히 **람프레히트**를 비판적으로 논의한 모든 측면[6]을 잠정적으로 완전히 제쳐두기로 한다. 마찬가지로 나는 자유롭게 마이어의 논의들을 재편성하고 그 가운데 몇몇을 분리해 내어 아래의 각 절에서 따로따로 논의할 것인데, 이는 이 논문의 목적이 마이어의 저작에 대한 단순한 비판이 결코 아니라는 점에 부합한다. ―

우연의 개념

마이어는 자신이 논박하고자 하는 입장에 맞서 우선 "자유의지"와 "우연" ― 그에 따르면 이 둘은 "완전히 확고하고 명료한 개념"이다 ― 이 역사와 삶 일반에서 수행하는 엄청난 역할을 내세운다.[7]

먼저 "우연"의 논의에 관한 한(17쪽 이하), 자명하게도 마이어는 이 개념을 객관적 "무원인성"(형이상학적 의미에서의 "절대적" 우연)으로 이해하지 않고, 또한 원인조건들의 주관적이고 절대적인, 그러나 문제가 되는 각 개별적인 경우에(예컨대 주사위 놀이의 경우에) 필연적으로 반복되는 인식 불가능성(인식론적 의미에서의 "절대적" 우연[3])으로 이해하지도 않으며, 오히려 분리된 것으로 **간주되는** 원인 복합체들 사이의 논리적 관계라는 의미에서의 "상대적" 우연으로 이해한다. 이런 식으로 우연을 정의하는 것은, 물론 언제나 "정확하게" 표현된 것은 아니지만, 전체적으로 보아 이 개념이 논리학에서 전문가들에 의해 받아들여지는 방식과 일치하는데, 이들은[8] 많은 세부적인 발전에도 불구하고 오늘날에

6　람프레히트에 대한 비판적 논의는 같은 책, 7쪽 이하에서 전개되고 있다.

7　마이어, 『역사학의 이론과 방법론에 대하여』, 13쪽.

8　이 단어 바로 다음에 "우연에 대한 논리학적 연구에서의"를 덧붙여 읽으면 의미하는 바가 보다 명확해질 것이다.

도 여전히 근본적으로 빈델반트의 최초의 저작[9]에 준거하고 있다. 그러고 나서 마이어는 다음과 같이 두 가지를 구별하는데, 이는 전반적으로 보아 옳은 것이다: 한편으로는 (1) "우연"의 이러한 **인과적** 개념(이른바 "상대적 우연")이 그것이다 — 여기에서 "우연적인" 결과는 우리가 어떤 사건에서 하나의 개념적 통일성으로 결합한 인과적 구성요소들에 기반하여 "기대할" 수 있었던 결과와 대립된다; "우연적인 것"은 사건을 지배하는 보편적인 법칙들에 따라 유일하게 고려의 대상이 되는 조건들로부터 인과적으로 **도출될** 수 있는 것이 아니라, 이 조건들의 "외부에" 존재하는 조건이 개입함으로써 야기되는 것이다(17~19쪽) — 그리고 다른 한편으로는 (2) 이와는 전혀 다른, "우연적인 것"의 **목적론적** 개념이 그것이다; 여기서는 "우연적인 것"이 "본질적인 것"에 대립되는데, 후자는 인식목적을 위해 현실에서 인식에 대해 "비본질적인"("우연적인", "개별적인") 구성요소들을 배제한 후 구성된 **개념**이거나, 또는 일정한 실재적 또는 가상적 대상들을 어떤 "목적"을 위한 "수단"으로 판단한 것인데, 이 경우에 단지 일정한 특성들만이 "수단"으로서 실제적으로 중요시되고 그 외의 것들은 실제적으로 "중요하지 않은 것"으로 간주된다(20~21쪽).[4] 확실히 그의 표현은(특히, 대립을 "사건"과 "대상"의 대립으로 파악하는 20쪽 아랫부분은) 만족스럽지 못하다; 게다가 나중에 발전개념에 대한 마이어의 입장을 고찰하게 되면(아래 제2장),[10] 그가 문제가 갖는 함의들을 논리적으로 철저하게 숙고하지 않았음이 드러날 것이다. 그러나 이와는 별개로 그가 말하는 것은 역사학적 실천이 필요로 하는 것을 충분히 담고 있다. — 그런데 여기에서 우리의 관심을 끄는 것은, 그가 저작 후반부에서(28쪽)[11] 우연의 개념으로 되돌아가는 방식이다. "자연과학

---

9   이는 빈델반트가 1870년 괴팅겐 대학에서 박사학위를 취득한 논문이면서 그해 같은 제목으로 베를린에서 출간된 『우연론』을 가리킨다.

10   이 책의 425쪽 이하를 볼 것.

11   마이어의 『역사학의 이론과 방법론에 대하여』는 총 56쪽으로 되어 있다.

은", 그는 거기에서 말하기를, "만약 다이너마이트가 점화된다면 **반드시** 폭발이 일어난다고 [……] 단언할 수 있다. 그러나 개별적인 경우에 이 폭발이 일어날 것인지 그리고 언제 일어날 것인지, 그리고 이러한 상황에서 어떤 특정한 인간이 다치거나, 죽거나, 구조될 것인가를 예측하는 것은 자연과학이 할 수 없다. 왜냐하면 그것은 **자연과학이 알지 못하지만 역사학은 알 수 있는 우연과 자유의지**에 달려 있기 때문이다." 여기에서 우선 눈에 띄는 것은, "우연"과 "자유의지"가 밀접하게 결합되어 있다는 사실이다. 이는 마이어가 든 다음과 같은 두 번째 예를 보면 더욱더 명백하게 드러난다. 그는 한편으로 천문학의 수단을 이용해 어떤 성좌를 "확실하게", 즉 "교란"(예컨대 어떤 외계 천체가 길을 잃고 태양계 안으로 들어오는 경우와 같은)이 일어나지 않는다는 전제하에, "계산할" 수 있다고 말한다; 그리고 다른 한편으로 이 계산된 성좌가 실제로 **"관찰될"** 것인지를 예측하는 것은 "가능하지 않다"라고 말한다. 이에 대해서는 다음과 같이 이의를 제기할 수 있다. 첫째, 외계 천체의 "길 잃음"도 마이어의 전제에 따르면 "계산할 수 없으며", 따라서 역사학에서뿐만 아니라 천문학에서도 이러한 의미에서의 "우연"이 존재한다 — 둘째, 계산된 성좌를 "관찰하려고" 시도하는 천문학자가 있으며, 또한 만약 어떤 "우연적인" 교란도 일어나지 않는다면 실제로 관찰하게 **되리라는 것**은 일반적으로 매우 쉽게 "계산할 수 있다." 요컨대 우리는 마이어로부터 다음과 같은 인상을 받는다. 즉 그는 "우연"을 철저하게 결정론적으로 해석함에도 불구하고 이를 명백하게 밝히지 않은 채 "우연"과 **"자유의지"** 사이에 밀접한 선택적 친화력[12]이 존재하며 바로 이 선택적 친화력으로 인해 역사적 현상의 특수한 비합리성이 야기된다고 생각한다는 인상을 받는다. 이를 보다 자세하게 검토하기로 한다.

---

12 이에 대해서는 이 책의 250~51쪽, 옮긴이 주 18을 볼 것.

"자유"와 "필연성"

마이어에 따르면(14쪽) 그가 "자유의지"라고 부르는 것은, "공리적(公理的)인" 그리고 역시 그의 견해에 따르면 심지어 인간행위에도 무조건적으로 타당한 "충족이유율"[13]과 결코 모순되지 않는다. 그가 보기에 행위의 "자유"와 "필연성"의 대립은 오히려 고찰방식의 단순한 차이로 환원된다: 후자의 경우 우리는 **생성된** 것을 고찰하며 이것을, 언젠가 실제로 내려진 결정을 포함하여, "필연적인 것"으로 간주한다 — 전자의 경우 우리는 사건을 "**생성되어지는**" 것으로, 다시 말해 아직 존재하지 않는, 따라서 "필연적이" 아닌 것, 그러니까 무한히 많은 "가능성들" 가운데 하나로 간주한다. 그러나 "생성되어지는" 발전의 관점에서 보면, 우리는 어떤 인간의 결정이 그것이 (후에) 실제로 드러난 것과 다르게 **내려질 수** 없었을 것이라고 결코 주장할 수 없다. "인간행위의 경우 우리는 '내가 하고자 한다'라는 것을 넘어설 수 없다."[14]

그렇다면 우선 다음과 같은 질문이 제기된다: 마이어는 이러한 고찰방식의 대립("생성되어지는" 따라서 "자유로운" 것으로 생각되는 "발전" — "생성된" 따라서 "필연적인" 것으로 간주되어야 하는 "사실")이 단지 인간의 동기 영역에만 적용될 수 있고, 따라서 "죽은" 자연의 영역에는 적용될 수 없다는 견해인가? 그는(15쪽) 말하기를, "어떤 인물과 그가 처한 상황을 알고 있는" 사람은 결과를 — "생성되어지는" 결정을 — "아마도 십중팔구" 예측할 수 있으며, 따라서 그와 같은 적용의 차이를 받아들이지 **않**

---

13 이에 대해서는 이 책의 125쪽, 옮긴이 주 79를 볼 것.

14 마이어, 『역사학의 이론과 방법론에 대하여』, 15쪽. 원문에는 "우리는"과 "내가 하고자 한다" 사이에 "직접적인 원인으로서의"가 들어 있다. 따라서 원문은 다음과 같다: "인간행위의 경우에 우리는 직접적인 원인으로서의 '내가 하고자 한다'라는 것을 벗어날 수 없다." 요컨대 모든 인간행위에서는 "내가 하고자 한다"가 직접적인 원인이 된다는 것이 마이어의 견해인 것이다.

는 것 같다. 왜냐하면 어떤 개별적인 사건을 주어진 조건에 근거하여 실제로 정확하게 "예측하는 것"은, "죽은" 자연의 영역에서도 다음과 같은 두 가지 전제조건에 결부되어 있기 때문이다: (1) 여기에서 문제가 되는 것은 단지 주어진 것을 구성하는 요소들 가운데 "계산할 수 있는", 즉 양적으로 표현할 수 있는 것들뿐이다; (2) 그 사건의 과정에 중요한 "모든" 조건이 실제로 알려져 있고 정확하게 측정되어 있다. 만약 그렇지 않다면 — 그리고 예컨대 미래의 한 특정한 날의 일기가 어떠할 것인가와 같이 사건의 구체적인 개별성이 **문제가 되는** 한 그렇지 않은 것이 일반적이지만 — 우리는 거기서도 정확성의 정도가 매우 다양한 개연성 판단을 넘어설 수 없다. 그러면 "자유"의지는 그 어떠한 특수지위도 갖지 못할 것이며 상기한 "내가 하고자 한다"는 것은 제임스가 말하는 의식의 형식적 "피아트"[15]에 지나지 않을 것인데, 이것은 예컨대 결정론적 범죄학자들[5]도 그들의 귀속이론이 갖는 논리적 귀결에 손상을 입히지 않으면서 받아들이고 있다. 이 경우에 "자유의지"는 단지 다음과 같은 점만을, 즉 아마도 결코 완전하게 규명할 수는 없지만 그래도 어쨌든 "충분한" 원인들에 의해 실제로 형성된 "결정"에 인과적 의의가 부여된다는 점만을 의미할 것인데, 이에 대해서는 심지어 엄격한 결정론자들도 진지하게 이론을 제기하지 않을 것이다. 만약 이것이 다라면, "우연"에 대한 논의를 계기로 제시되고 있는 역사적인 것의 비합리성이라는 개념이 왜 충분하지 않은지 전혀 알 길이 없을 것이다.[16]

---

15 이는 윌리엄 제임스가 인간의 의지적 결정을 표현하기 위해 심리학에 도입한 개념이다. 그는 『심리학의 원리』, 제2권, 제26장에서 의지에 대해 논의하면서 다음과 같이 말하고 있다(561~62쪽): **"요컨대 의지가 가장 '자원적'(自願的)일 때 근본적으로 성취하는 것은 어려운 대상에 주의를 기울이고 이 대상을 정신에 꽉 붙잡아두는 것이다.** 이렇게 하는 것이 **피아트**이다; 이런 식으로 대상에 주의를 기울일 때 운동의 결과가 즉각적으로 뒤따르는 것은 단순한 생리적 사건일 뿐이다. [……] **그러므로 주의를 기울이려는 노력이 의지의 본질적인 현상이다."**

16 이 문장에서 "'우연'에 대한 논의를 [……] 전혀 알 수가 없을 것이다"라는 부분은 다음

그런데 상기한 방식으로 마이어의 견해를 해석할 경우에는, 우선 다음과 같은 사실, 즉 그가 이 맥락에서 "내적 경험의 사실"로서의 "자유의 지"를 개인의 "의지행위"에 대한 **책임**은 그 자신에게 있다는 관념에 불가결한 것으로 강조해야 한다고 생각하는 사실이 이상한 느낌을 줄 것이다.[17] 그가 이렇게 생각하는 유일한 이유는 역사학에 그 주인공들의 "재판관"이라는 임무를 부여하고자 하기 때문일 것이다. 그러므로 마이어가 실제로 얼마만큼 이러한 입장에 서 있는가 하는 질문이 제기된다. 그는 다음과 같이 말하고 있다(16쪽): "우리는 그들이"—예컨대 1866년에 비스마르크가—"결정을 내리게 된 동기를 [……] 밝혀내고자 하며 그에 따라 이 결정들의 **올바름**과 이 인물들의 가치(주의!)를 판단하고자 한다."[18] 이 구절을 보면 마이어가 "역사적으로 행위하는" 인물들에 대한 **가치판단**을 내리는 것을 역사학의 가장 중요한 임무로 간주한다고 믿게 될 것이다. 그러나 "전기"(傳記)에 대한 그의 입장뿐만 아니라(이는 그의 저작 끝부분에 나오며,[19] 우리는 뒤에서 이에 대해 언급할 것이다[20]) 역사적 인물들의 "고유가치"와 이들이 갖는 **인과적** 의의 사이의 불일치에 대

과 같이 의역하면 의미하는 바가 보다 명확해질 것이다: "마이어가 '우연'에 대해 논의하면서 제시하고 있는 역사적인 것의 비합리성이라는 개념이 왜 충분하지 않은지 전혀 알 길이 없을 것이다." 사실 마이어는 『역사학의 이론과 방법론에 대하여』, 13쪽에서 비합리성의 개념을 "법칙으로 환원될 수 없는 것"이라는 의미로 단 한번만 언급하고 있다.

17 같은 책, 16쪽을 볼 것.

18 같은 책, 16~17쪽. 이 인용구절에서 "그들이"는 여기에 언급된 비스마르크와 더불어 한니발과 프리드리히 대왕이며, 그들의 결정은 이 세 명의 주인공이 내린 것으로서 각각 오스트리아와의 전쟁(비스마르크), 제2차 포에니 전쟁(한니발) 및 7년전쟁(프리드리히 대왕)이다. 프로이센-오스트리아 전쟁은 1866년에 소독일주의를 표방하던 프로이센과 대독일주의를 표방하는 오스트리아 간에 독일연방 내의 주도권을 둘러싸고 벌어진 전쟁이다. 제2차 포에니 전쟁은 기원전 218년부터 기원전 202년까지 로마와 카르타고 사이에 벌어진 전쟁으로 한니발 전쟁이라고도 한다. 7년전쟁에 대해서는 이 책의 115~116쪽, 옮긴이 주 66을 볼 것.

19 마이어, 『역사학의 이론과 방법론에 대하여』, 55~56쪽.

20 이 책의 375쪽에서이다.

한 그의 아주 적확한 논의(50~51쪽)를 고려한다면, 다음은 의심의 여지가 없어 보인다. 즉 그가 앞서 인용한 문장에서 인물의 "가치"를 상기한 구체적인 개인들의 일정한 행위들이나 일정한 특징들 — 이 특징들은 **가치판단**에 따라 긍정적인 것이 될 수 있지만 프리드리히 빌헬름 4세[21]의 경우에서처럼 부정적인 것이 될 수도 있다 — 이 갖는 **인과적** "의의"로 파악하거나 또는 적어도 논리적으로 볼 때 그렇게 파악할 수밖에 없다는 것에는 의심의 여지가 없어 보인다. 이에 반해 상기한 결정들의 "올바름"을 "판단하는 것"은 여러 가지로 이해할 수 있다: 그것은 (1) 결정의 근거가 된 목적의 "가치"를 판단하는 것, 가령 독일로부터 오스트리아의 축출이라는 목적을 독일 애국주의의 관점에서 판단하는 것이거나 — 아니면 (2) 바로 그 시점에 전쟁에 대한 결정이 과연 독일의 통일이라는 목적을 달성하는 데에 적합한 수단이었는가라는 질문에 비추어, 또는 오히려 — 왜냐하면 역사학은 이 질문에 대해 "긍정적으로" 답해 왔기 때문에 — **왜** 그랬는가라는 질문에 비추어 그 결정을 분석하는 것으로 이해할 수 있다. 마이어가 이 두 관점을 주관적으로 명료하게 구별했는가는 논외로 해도 좋을 듯하다: 그러나 확실히 **두 번째** 관점만이 역사적 인과성에 대한 논의에 적합할 것이다. 왜냐하면 형식상 역사적 상황을 "수단과 목적"이라는 범주에 의해 "목적론적으로" 판단하는 이 관점은, 외교관을 위한 처방전을 의도하지 않고 "역사학"을 의도하는 서술에서 확실히 사실들의 **인과적인** 역사적 의의에 대한 판단을 가능케 하는, 따라서 상기한 결정의 "담지자들"이 모든 저항에도 불구하고 그것을 고수할 수 있는 — 마이어의 표현을 따르자면 — "정신적 힘"[22]을 지닌 관계로 바로 그 시점에 그 결정의 "기회"를 "놓치지" 않았다는 사실을 확인해 준다는 의미만을 지니기 때문이다: 이렇게 해서 그 결정과 이

---

21 이에 대해서는 이 책의 116쪽, 옮긴이 주 68을 볼 것.
22 마이어, 『역사학의 이론과 방법론에 대하여』, 17쪽.

것의 성격학적 및 여타 전제조건들에 얼마만큼의 인과적 "**의의**"가 부여되어야 하는가, 따라서 예컨대 상기한 "성격적 특징들"이 어느 정도로 그리고 어떤 의미에서 역사적으로 "중요한" "요소"였는가가 확정된다. 그러나 이런 식으로 한 특정한 역사적 사건을 구체적인 인간들의 행위로 **인과적으로** 소급하는 문제는 자명하게도 **윤리적** "책임"[23]의 의미와 의의를 묻는 문제와 엄격하게 구별되어야 한다.

우리는 마이어의 이 마지막 표현[24]을 순수하게 "객관적인" 의미에서 일정한 결과들을 주어진 "성격학적" 특징들과 이것들을 통해 그리고 "환경"과 구체적인 상황의 수많은 측면을 통해 설명될 수 있는 행위자들의 "동기"에 인과적으로 귀속시키는 것이라고 해석할 수도 있을 것이다. 그러나 만약 그렇게 한다면, 마이어가 그의 저작 후반부에서(44~45쪽) "동기연구"는 역사학에서 "이차적인 것"에 불과하다고 말하는 점이 눈에 띌 수밖에 없을 것이다.[25 6)] 이에 대해 그가 제시하는 근거는 다음과 같다: 동기연구는 대개 확실히 인식할 수 있는 것의 경계를 넘어서며 이용할 수 있는 자료에 근거하여 충분히 설명할 수 없는, 따라서 단순히 "사실"로 간주되어야 할 행위에 대한 "발생적 표현"에 지나지 않는 경우가 자주 있다.[26] 이것은 개별적인 경우에 빈번하게 들어맞을 수 있지만, 그래도 동기연구를 구체적인 "외적" 현상들의 "설명" ─ 이것도 동기연구와 마찬가지로 자주 문젯거리다 ─ 과 **논리적으로** 구별하는 기준으로 고수하기는 어렵다. 그러나 어쨌든 동기에 대한 그의 견해는 한편으

---

23 마이어는 같은 책, 16쪽에서 다음과 같이 말하고 있다: "우리는 우리가 외적 상황에 대한 어떤 예속에도 불구하고 매 순간에 자유롭다는 사실을 매 순간 우리 자신에게서 경험하며, 따라서 우리는 모든 의지행위에 대한 책임을 [……] 무한한 인과계열이 아니라 우리 자신과 다른 모든 사람한테서 찾는다."

24 이는 바로 앞 문단에 나오는 "**윤리적** '책임'의 의미와 의의를 묻는 문제"를 가리킨다.

25 마이어, 『역사학의 이론과 방법론에 대하여』, 45쪽에 따르면, 역사학의 토대이자 일차적 과제는 "사실탐구"에 있다.

26 같은 책, 44~45쪽을 볼 것.

로 "의지적 결정"이라는 순수하게 형식적인 요소가 역사학에 대해 갖는 의의를 크게 강조하는 것 그리고 다른 한편으로 "책임"과 관련하여 앞에서 인용한 것과 결합함으로써 다음과 같은 추측, 즉 그에게서는 사실상 인간행위에 대한 윤리적 고찰방식과 인과적 고찰방식, 다시 말해 "평가"와 "설명"이 서로 뒤섞이는 일정한 경향이 보인다는 추측을 불러일으킨다. 우리는 책임의 관념이 인과성의 **도외시**를 함의한다는 빈델반트의 견해가 도덕적 의식의 규범적 품위에 대한 적극적인 논거로서 충분하다고 생각할 수도 있고 그렇지 않다고 생각할 수도 있다[7] ─ 여하튼지 이 견해는 경험적·과학적 인과고찰의 입장에서 볼 때 "규범"과 "가치"의 세계가 자신과 구별되는 방식을 적절하게 표현한다. 어떤 특정한 수학적 명제의 "올바름"에 대한 판단을 내릴 경우, 어떻게 이것의 인식이 "심리학적으로" 이루어지는가, 그리고 예컨대 최고도의 "수학적 상상력"이 단지 "수학적 두뇌"의 특정한 해부학적 비정상성의 부수현상으로서만 가능한가 하는 질문은 당연히 아무런 중요성도 갖지 않는다. 그리고 마찬가지로 윤리적으로 판단된 개인적인 "동기"가 완전히 인과적으로 조건지어진 것이라는 경험과학적 논리가 "양심"의 장에서는 아무것도 의미하지 않으며, 또한 어떤 졸렬한 예술작품의 창작이 시스티나 성당[27]의 건축과 똑같은 정도로 결정된 것으로 보아야 한다는 확신이 그 예술작품의 미학적 가치를 판단하는 데에는 아무런 의미도 갖지 않는다. 인과적 분석은 결코 어떤 가치판단도 제공하지 않으며,[8] 가치판단은 결코 어떤 인과적 설명도 아니다. 바로 이런 연유로 어떤 현상 ─ 예컨대 어떤 자연현상의 "아름다움" ─ 에 대한 **평가**는 그것에 대한 인과적 설명과 다른 영역에서 이루어지며, 따라서 역사학이 역사적 행위자를 그 자신의

---

27 시스티나 성당은 로마 바티칸에서 가장 유명한 성당으로 교황 식스투스 4세(1414~84)의 명으로 1473년에 착공하여 1481년에 완공되었다. 이름은 바로 식스투스에서 온 것이다. 이 성당은 보티첼리(1445~1510), 기를란다요(1449~94), 페루지노(1450?~1523), 미켈란젤로(1475~1564) 등과 같은 르네상스 거장들의 프레스코화로 유명하다.

양심 앞에서 또는 어떤 신이나 인간의 심판대 앞에서 "책임을 지도록" 한다거나, 또는 다른 어떤 방식으로든 철학적 "자유"의 문제를 역사학의 **방법론**에 끌어들인다면, 그로 인해 역사학은 마치 인과계열에 기적이라는 요소를 끼워넣을 때와 마찬가지로 경험과학으로서의 성격을 상실하고 말 것이다. 물론 마이어는 랑케에 접목하여(20쪽)[28] "역사적 인식과 종교적 세계관의 선명한 경계선"을 내세우면서 인과계열에 기적을 개입시키는 것을 거부한다; 그러나 내가 보기에는 만약 그가 자신이 준거하는(16쪽, 주 1) 슈탐러의 논의[29]에 의해 마찬가지로[30] 선명한 역사학과 윤리학의 경계선을 지우도록 유혹되지 않았더라면 더 좋았을 것이다. 이런 식으로 서로 다른 고찰방식들을 뒤섞는 것이 방법론적으로 얼마나 치명적인 결과를 초래할 수 있는지는 다음을 보면 즉각 분명해질 것이다: 마이어는(다시금 16쪽에서) **"이와 더불어"** ― 다시 말해 경험적으로 주어진 자유 및 **책임**의 관념과 더불어 ― 역사적 발전과정에서 "그 본질을 상실하지" 않고서는 "결코 하나의 공식으로 환원될" 수 없는 "순수하게 **개인적인 요소**"가 주어진다는[31] 견해를 표명하며, 그런 다음 이 명제를 개별적인 인물들의 개인적인 의지적 결정이 지니는 탁월한 역사적(인과적) 의의를 통해 예증하고자 한다. 이 오래된 오류[9]는 역사학의 논리적 특성의 유지라는 관점에서 보면 매우 위험하다. 왜냐하면 그것은 아주 다른 연구 영역들의 문제를 역사과학의 영역으로 끌어들이고 마치 특정한(반결정론적인) 철학적 신념이 역사적 방법의 타당성을 위한 전제조건인 듯

---

28 마이어, 『역사학의 이론과 방법론에 대하여』, 20쪽에 따르면, 랑케는 비록 "독실한 기독교인"으로서 때때로 "신의 손가락"과 같은 표현을 사용하지만 "가령 역사에서 신의 계획을 제시하려고 하는 것과 같이 역사를 신학화하는 접근방식을 결코 받아들이지 않는다."

29 마이어는 루돌프 슈탐러의 『정법론』(正法論), 177쪽 이하에 준거하는데, 여기에서 슈탐러는 "목적의 법칙성"에 대해 논하고 있다.

30 이 단어 앞에 "역사적 인식과 종교적 세계관 사이의 경계선과"라는 구절을 끼워넣어서 읽으면 의미하는 바가 보다 명확해질 것이다.

31 이 인용구절은 앞의 옮긴이 주 23에서 인용한 구절의 바로 뒤에 이어진다.

이 보이도록 만들기 때문이다.

아무튼 의지의 "자유"가, 이것이 어떤 식으로 이해되든 상관없이, 행위의 "비합리성"과 동일하다는, 또는 후자가 전자에 의해 조건지어진다는 가정이 오류라는 사실은 명백하다. "맹목적인 자연력"의 "계산 불가능성"과 **똑같이** 큰—그러나 더 크지는 않은—특별한 "계산 불가능성"이야말로 미친 자의 특권이다.[10] 이와 반대로 우리는 최고도의 경험적 "자유감정"을 바로 다음과 같은 행위에 결부시킨다. 즉 우리가 **합리적으로**, 다시 말해 물리적·정신적 "강제", 격정적인 "정서" 그리고 판단의 명료성을 흐리게 하는 "우연성"이 없는 상태에서 수행했다고 의식하는, 그리고 우리가 우리 지식의 정도에 따라, 다시 말해 경험**칙**들에 따라 가장 적합한 "수단"을 통해 명료하게 의식된 "목적"을 추구하는 행위에 결부시킨다. 만약 역사학이 단지 그와 같은, 이러한 의미에서 "자유로운", 즉 합리적인 행위만을 다루어야 한다면, 그 과제는 무한히 수월해질 것이다: 행위자가 사용하는 수단으로부터 사실상 그의 목적, "동기", "준칙"이 추론될 수 있으며, 또한 행위자의 "인격"을 이 다의적인 용어의 식물적 의미에서 구성하는 모든 비합리성이 배제될 것이다. 엄격하게 목적론적으로 진행되는 모든 행위는 목적에 대한 적합한 "수단"을 제시해 주는 경험칙들을 적용하기 때문에, 역사학은 이 규칙들의 적용에 지나지 않을 것이다.[11] 그러나 인간의 행위는 그처럼 순수하게 합리적으로 해석할 수 **없으며**, 또한 비합리적인 "편견", 사고의 오류와 사실에 대한 착오뿐만 아니라 "기질", "기분"과 "정서"도 인간의 "자유"를 흐리게 하며, 따라서 인간의 행위도—매우 다양한 정도로—"자연현상"의 경험적 "무의미성"을 띤다; 이 모든 것으로 인해 순수하게 프래그머틱한 역사학이 불가능해진다. 인간행위는 개별적인 자연현상들과 바로 이런 종류의 "비합리성"을 **공유하며**, 따라서 만약 역사학자가 인간행위의 "비합리성"을 역사적 관계들의 해석을 방해하는 요소라고 말한다면, 그는 역사적·경험적 행위를 자연에서의 사건과 비교하는 것이 아니라, 순수하게 합리적인, 다시 말해 전적으로 목적에 의해 결정되고 적합한 수단에 절대적으로 지향된 행위의 이상과 비교하는 것이다.

마이어가 역사적 고찰에 특유한 범주인 "우연"과 "자유의지"에 대한 논의에서 이질적인 문제들을 역사학의 방법론으로 담아내려는 다소 모호한 경향을 보인다면, 더 나아가 역사적 인과성에 대한 그의 견해가 눈에 띄는 모순을 내포하고 있다는 사실도 확인할 수 있다. 그는 40쪽에서 역사적 연구가 언제나 그리고 어디서나 결과에서 원인의 방향으로 인과계열을 찾는다고 힘주어 강조한다. 이것만 해도 — 마이어의 표현에서 볼 수 있듯이[12] — 이미 논박의 여지가 있다: 우리가 사실로 주어진 또는 새롭게 알려지고 있는 사건을 다루는 경우, 이 사건이 어쩌면 영향을 끼쳤을 수도 있는 결과들을 가설의 형태로 표현하며, 그러고 나서 이 가설을 "사실들"의 검토를 통해 입증하는 것이 전적으로 가능하다. 나중에 분명하게 드러나겠지만,[32] 마이어가 생각하고 있는 것은 다른 무엇인가이다: 그것은 요즈음 역사학의 인과적 **관심**을 지배하고 있는 원리, 즉 "목적론적 종속"의 원리[33]이다. — 게다가 결과에서 원인으로의 상승이 역사학에만 특유하다고 주장하는 것도 부적절함은 물론이다. 어떤 구체적인 "자연현상"에 대한 인과적 "설명"도 이 점에서는 결코 다르지 않게 진행된다. 마지막으로 — 우리가 살펴본 바와 같이[34] — 마이어는 14쪽에서 생성된 것은 철저하게 "필연적인 것"으로 간주되고 단지 "생성되어진다"라고 생각되는 것만이 순수한 "가능성"으로 간주된다는 견해를 피력하는 반면, 40~41쪽에서는 정반대로 다음과 같이 결과에서 원인을 추론하는 것의 특별히 문제적인 측면을 강조한다: 마이어는 심지어 "원인"이라는 단어가 역사학 영역에서 사용되지 않기를 원하고 있으며, 그

---

32 이 책의 394쪽을 볼 것.
33 이에 대해서는 이 책의 135쪽과 그와 관련된 옮긴이 주 90을 볼 것.
34 이 책의 351쪽에서이다.

는 또한, 우리가 이미 살펴본 바와 같이,[35] "동기연구"를 불신하고 있다.

우리는 이 마지막 모순을 마이어 자신이 말하는 의미에 따라 다음과 같은 방식으로, 즉 상기한 추론의 문제점은 단지 우리 인식능력의 원칙적인 한계에서 비롯되며, 따라서 결정론은 이상적인 요청으로 남는다고 가정하는 방식으로 해결할 수 있을 것이다. 그러나 마이어는 23쪽에서 이것을 단호히 거부하며, 이어서(24쪽 이하) 다시금 상당한 의구심을 불러일으키는 논의가 뒤따른다. 마이어는 이전에 『고대사』 서문에서 "보편적인 것"과 "특수한 것" 사이의 관계를 "자유"와 "필연성" 사이의 관계와 동일시했고 이 두 관계를 "개별적인 것"과 "전체적인 것"의 관계와 동일시했으며, 그로 인해 다음과 같은 결론, 즉 "세세한 것"은 "자유"에 의해, 따라서(앞에서 보았듯이)[36] "개별적인 것"에 의해 지배를 받지만 역사적 발전과정의 "큰 윤곽"은 "법칙" 또는 "규칙"에 의해 지배를 받는다는 결론에 도달했다.[37] 이런 식으로 표현한 것은 물론 완전히 잘못이지만 많은 "현대적" 역사학자들도 지배하고 있는 이 견해를 그는 25쪽에서 부분적으로는 리케르트에 그리고 부분적으로는 폰 벨로에 준거하면서 확실히 철회한다. 폰 벨로는 특히 "법칙적 발전"이라는 관념을 못마땅하게 여기며,[13)] 마이어가 선택한 예 ― 독일이 하나의 통일된 국가로 발전한 사실은 우리에게 "역사적 필연성"으로 보이는 반면, 25개 연방으로 구성된 연방국가로 통일된 시기와 형태는 "역사적으로 작용하는 요소들의 개별적 특성"에서 기인한다[38] ―, 이러한 예에 대해 다음과 같이 이

---

35 이 책의 355쪽에서이다.

36 이 책의 357쪽에서이다.

37 마이어, 『고대사』, 제1권, 14~15쪽을 볼 것. 여기에서 "개별적인 것"은 민족이나 개인들을 가리키고 "전체적인 것"은 이들의 행위나 작용을 지배하는 보편적이고 필연적인 법칙 또는 규칙을 가리킨다.

38 마이어, 『역사학의 이론과 방법론에 대하여』, 25쪽, 주 2. 마이어가 이 예를 든 것은 『고대사』, 제1권, 15쪽에서이다(이는 1~27쪽에 걸친 서문의 일부분이다). 참고로 1871년 독일이 통일되어 독일제국이 창건되었을 때, 이 연방국가는 4개의 왕국, 6개의 대공국,

의를 제기한다: "그것이 달리 될 수도 있지 않았을까?"[39] 마이어는 이러한 비판이 무조건적으로 옳다고 인정한다.[40] 그러나 내가 보기에 그 비판은 — 폰 벨로가 논박한 마이어의 견해를 어떻게 판단하든 상관없이 — 어쨌든 너무 많은 것을 증명해 주며 따라서 아무것도 증명해 주지 않는다는 점을 쉽게 간파할 수 있다. 왜냐하면 우리 모두가, 물론 폰 벨로와 마이어를 포함하여, "법칙적 발전"이라는 개념을 주저 없이 사용하는 경우에도 동일한 반론이 정당화될 수 있을 것임이 명백하기 때문이다. 예컨대 인간이 인간의 배아로부터 형성되어 왔다는 또는 형성될 것이라는 점은 사실상 우리에게 **법칙적** 발전으로 보이지만 — 그럼에도 불구하고 여기서도 외적 "우연"이나 "병리적" 기질에 의해 "달리 될" 수 있다는 데에는 의심의 여지가 없다. 그러므로 "발전" 이론가들에 대한 논박에서 문제가 되는 것은 단지 "발전" 개념의 논리적 의미를 정확하게 파악하고 그 한계를 규정하는 것일 뿐임이 분명하며 — 폰 벨로와 같은 논증을 통해 이 개념을 간단히 제거하는 것은 확실히 불가능하다. 마이어 자신이 이에 대한 가장 좋은 예가 된다. 왜냐하면 그는 불과 2쪽 뒤인 27쪽의 한 주[41]에서 "중세"라는 개념을 "확고한(?) 개념"이라고 부르면서 이를 뒷받침하기 위해 다시금 『고대사』 서문에서 제시되었던, 그러나 그 후에 철회된 도식[42]에 전적으로 기반하여 논의를 전개하고 있으며, 또한

5개의 공국, 7개의 후국, 3개의 자유도시 등 총 25개의 연방과 1개의 제국 직속령으로 구성되었다.

39 벨로, 「새로운 역사학 방법」, 238쪽.

40 마이어, 『역사학의 이론과 방법론에 대하여』, 25쪽, 주 2.

41 이는 주 1로, 그다음 쪽인 28쪽까지 이어진다.

42 마이어는 『고대사』, 제1권, 11쪽에서(이는 1~27쪽에 걸친 서문의 일부분이다) 다음과 같이 말하고 있다: "인간학이 발전의 보편적인 특징들을 탐구하고 이것들을 지배하는 법칙들을 설명하려고 하는 반면, 역사학은 발전의 결과들을 주어진 것으로 전제한다. 역사학은 결코 인간, 국가, 민족 일반을 다루지 않고 항상 공간적·시간적으로 규정된, 그리하여 보편적인 법칙들의 영향을 받지 않고 개별적인 경우에 주어진 특정한 관계들의 영향을 받는 민족을 다룬다." 그리고 『역사학의 이론과 방법론에 대하여』, 25쪽에서

같은 쪽의 본문에서 "필연적"이라는 단어가 역사학에서는 어디까지나 다음을, 즉 (주어진 조건들로부터 어떤 역사적 결과가 초래되는) "개연성"이 "매우 높아서 **전체적인 발전이 한 사건의 방향으로 밀려가는 것**"을 의미할 뿐이라고 주장하고 있기 때문이다.[43] 그는 독일 통일에 대한 논의에서 아마도 **이 이상**을 말하고 싶지 않았을 것이다. 그리고 그는 이 모든 것에도 불구하고 독일 통일이라는 사건이 어쩌면 일어나지 **않았을** 수도 있다고 강조하는데, 그렇다면 그가 심지어 천문학적 계산도 길을 잃은 천체에 의해 "교란될" 수 있는 가능성을 강조한 사실을 상기하고자 한다:[44] 사실상 이 점에서 **개별적인** 자연현상들과의 그 어떤 차이점도 존재하지 않는데, 왜냐하면 자연에 대한 설명에서도—여기에서 이것을 보다 자세하게 논의한다면 우리의 주제로부터 너무 멀리 벗어날 것이다[14]—구체적인 사건들이 문제가 되는 한 필연판단은 인과성의 범주를 표현하는 유일한 형식이거나 또는 심지어 주된 형식도 결코 아니기 때문이다. 마이어가 율리우스 벨하우젠과의 논쟁[45]으로 인해 "발전"개념을 불신하게 되었다고 가정하는 것은 아마도 잘못이 아닐 것이다. 이 논쟁은 주로 (전적으로는 아니지만) 다음과 같은 대립, 즉 유대교의 "발전"을 근본적으로 "내부로부터" 오는 것으로 해석할 것인가("진화론적" 해석) 또는 "외부"로부터 개입하는 구체적이고 운명적인 일정한 역사적 힘들, 특히 정치적인 (그러니까 유대교의 특성이 아니라 페르시아의 정치에 존재하는) 이유로 페르시아 국왕들에 의해 강요된 "법률"에 의해 조건지어진 것으로 해석할 것인가("후생적" 해석)의 대립을 둘러싸고 벌어졌다. 어쨌든 46쪽

다음과 같이 말하고 있다: "그 후 나는 이러한 견해가 개별적인 것들과 '보편적인 법칙들' 모두와 관련하여 불충분하고 부분적으로는 그릇된 것이라고 확신하게 되었다."

43 마이어, 『역사학의 이론과 방법론에 대하여』, 27쪽.

44 같은 책, 28쪽을 볼 것.

45 이 논쟁은 다음과 같은 저작을 통해 전개되었다: 마이어, 『유대교의 기원: 역사적 연구』 (1896); 벨하우젠, 「에두아르트 마이어, 『유대교의 기원: 역사적 연구』」(1897); 마이어, 『율리우스 벨하우젠과 유대교의 기원에 대한 나의 저작: 반론』(1897).

에서 제시된 견해는 『고대사』 서문에서 제시한 견해에 비해 개선된 것이라고 결코 말할 수 없다: 거기에서 마이어는 "보편적인 것"을 "본질적으로(?) 소극적으로, 또는 보다 정확하게 말하자면, 제한적으로" 작용하는 "전제조건"으로 간주하며, 이 전제조건에 의해 "그 안에 개별적인 역사적 발전의 무한한 가능성이 자리할 수" 있는 "경계"가 설정된다고 주장한다; 반면 이들 가능성 가운데 어떤 것이 "현실"이 되는가[15]라는 질문은, "역사적 삶의 보다 높은(?), 개별적인 요소들에" 달려 있다고 주장한다. 결과적으로 마이어는 아주 명백하게 "보편적인 것", 다시 말해 때때로 잘못 해석되어 "일반적인 것"과 혼동되는 "보편적인 환경"이 **아니라** (46쪽 윗부분) "**규칙**", 그러니까 하나의 **추상적인 개념**을 다시 역사의 배후에서 **작용하는 힘**으로 실체화하며, **단지** 구체적이고 개별적인 것만이 실재성을 띨 수 있다는 기본적인 사실 — 그는 이 사실을 다른 여러 곳에서 명료하고도 예리하게 강조했다 — 을 제대로 인식하지 못하고 있는 것이다.

그런데 "보편적인 것"과 "특수한 것" 사이에 대한 이처럼 의심스러운 견해는 결코 마이어에게만 특유한 것도 아니고 결코 그와 같은 유형의 역사학자들에게만 국한된 것도 아니다. 실상은 그 정반대이다: 예컨대 통속적인, 그러나 많은 "현대적" 역사학자들이 — 마이어는 **아니지만** — 공유하는 다음과 같은 관념의 기초가 되기도 한다. 즉 역사학을 "개별적인 것에 관한 과학"으로 합리적으로 구성하기 위해서는 우선 인간의 발전과정들 사이에서 "일치하는 것들"을 확정해야 하는데, 그런 다음에 "잔여물"로 남는 것은 "특수하고 불가분한 것들" 또는 — 브라이직이 언젠가 표현했듯이[46] — "가장 순수한 꽃들"이 될 것이라는 관념의 기초가 되기도 한다. 물론 이런 식의 생각은 역사학의 소명이 하나의 "체계

---

46 브라이직, 「틀링기트족과 이로코이족에서 친족제도로부터 국가가 형성되는 과정」, 527쪽을 볼 것.

적인 과학"이 되는 것이라는 순진한 생각에 비하면 이미 일정한 "진보"를 의미하며 역사학의 **실천**에 더 가깝다고 할 수 있다. 그러나 다른 한편 그것 자체가 매우 순진한 생각이 아닐 수 없다. 다음과 같은 방식으로, 즉 "비스마르크"를 그가 다른 모든 사람과 공통적으로 갖고 있는 것을 빼버리고 난 다음 "특수한 것"을 남겨두는 방식으로 그가 지니는 역사적 의의 속에서 이해하려고 한다면, 그것은 초보자에게 매우 유익하고도 흥미로운 시도가 될 것이다. 우리는 — 물론 (논리적 고찰을 하는 경우에서처럼 항상) 자료가 이상적으로 완전하다는 전제하에 — 예컨대 상기한 바 "가장 순수한 꽃들" 중의 하나로 그의 "엄지손가락의 지문"을 남겨둘 수 있을 것이다; 이것은 사법경찰의 기술자들에 의해 발견된 그리고 "개별성"을 인식하는 가장 특수한 표지이며, 따라서 그것이 상실된다면 역사학에서 거의 대체할 수 있는 것이 없을 것이다. 누군가 이에 대해 격분하여, "당연한 일이지만" 단지 "정신적인" 또는 "심리적인" 특성과 현상만이 "역사적인 것"으로 고찰될 수 있다고 이의를 제기할 것이다; 그러나 **만약** 우리가 그[47]의 일상적 삶을 "하나도 남김없이" 안다면, 이 삶은 바로 그 조합과 배열 속에서 **그 어떤** 다른 사람에게서도 일어나지 않지만 엄지손가락의 지문 이상으로 우리의 관심을 끌지 못하는 무한한 삶의 표현을 우리에게 제공할 것이다. 그리고 나서도 계속해서 다음과 같이, 즉 비스마르크의 삶 가운데에서 단지 역사적으로 **"중요한"** 구성요소들만이 과학적 고찰의 대상이 되는 것이 "자명하다"라는 식으로 이의를 제기한다면, 논리학은 다름 아닌 그 "자명하다"라는 단어에 논리적으로 결정적인 문제가 있다고 답변할 것이다. 왜냐하면 논리학은 다름 아니라 **무엇이** 역사적으로 "중요한" 구성요소들의 논리적 특징인가를 묻기 때문이다.

만약 누군가 — 자료가 절대적으로 완전하다는 전제하에 — 상기한

---

47 이는 앞의 앞 문장에 나오는 "비스마르크"를 가리킨다.

뺄셈을 실제로 수행한다면, 이러한 시도로부터 얻을 수 있는 **하나의** 통찰은 다음과 같을 것이다: 그것은 심지어 아주 먼 미래에도 끝나지 않을 것이며 완전히 무한한 "공통성들"을 제외하더라도 항상 또 다른 무한한 구성요소들이 남아 있게 될 것인데, 아주 영원한 시간에 걸쳐 이것들을 열심히 빼버리고 난 다음에도 이 특수한 것들 가운데에서 **무엇이** 역사적 관점에서 진정으로 "중요한 것"인가 하는 질문에는 여전히 단 한 발자국도 더 가까이 갈 수 없을 것이다 — 그리고 또 다른 통찰은 다음과 같을 것이다: 그러한 뺄셈의 수행을 위해서는, 지구상의 그 어떤 과학도 이것을 심지어 이상적인 목표로라도 **추구할** 수 없다는 의미에서, 이미 현상의 인과적 과정에 대한 절대적으로 완전한 통찰이 **전제된다.** 사실상 역사적인 것의 영역에서 행해지는 모든 "비교"는 우선 다음을 전제한다. 즉 문화"의의"에의 연관을 통해 이미 선택이 **이루어지는데,** 이 선택으로 인해 "주어진 것"을 구성하는 완전히 무한한 "일반적인" 요소들과 "개별적인" 요소들이 배제되고 인과적 귀속의 목적과 방향이 확정된다고 전제한다. 그리하면 "유사한" 현상들의 비교가 이러한 귀속을 위한 **하나의** 수단이 될 수 있으며, 또한 내가 보기에도 확실히 가장 중요한 수단들 가운데 하나로 기능할 수 있는데 대개의 경우 아직도 충분한 정도로 사용되지 않고 있다. 그것이 어떤 논리적 의미를 지니고 있는가에 대해서는 나중에 논의하기로 한다.[48] —

우리는 나중에 마이어가 48쪽 아랫부분에서 제시한 견해를 논의하게 되는데, 이를 보면 그는 개별적인 것이 **그 자체로** 이미 역사학의 대상이 된다는 오류를 범하지 않음이 드러난다; 그리고 일반적인 것이 역사학에 대해 갖는 의미에 대한 그의 견해, 즉 "규칙"과 개념은 단지 역사적 작업의 "수단"과 "전제조건"일 뿐이라는 견해(29쪽 중간부분)는, 다시 살펴보게 되는 바와 같이,[49] 논리적 관점에서 볼 때 본질적으로 옳다. 그러나

---

48 이 책의 397쪽 이하를 볼 것.

우리가 앞에서 비판한 그의 견해[50]는, 이미 말했듯이, 논리적 관점에서 볼 때 의심스러우며 방금 전에 언급한 오류와 같은 성향을 갖는다.

그런데 이 모든 논의에도 불구하고 전문 역사학자들은, 심지어 우리가 여기에서 비판한 마이어의 견해들에도—잘 알려진 표현을 쓰자면— "일면의 진리"가 담겨져 있다는 인상을 떨쳐 버리지 못할 것이다. 그리고 그렇게 되는 것은 마이어와 같은 위상의 역사학자가 자기 자신의 작업방식에 대해 말하는 경우에는 사실상 거의 자명한 일이다. 실제로 여러 곳에서 접할 수 있는 그의 올바른 논의는 논리적 측면에서도 상당히 적절한 모습을 보여 준다. 특히 "발전단계들"에 대해 이것들이 "사실들의 규명과 분류를 위한 길잡이로 기능할" 수 있는 "**개념**"이라고 말하고 있는 27쪽의 윗부분에서, 그리고 특별히 "가능성"이라는 범주를 사용하는 다수의 구절에서 그리한다.[51] 그러나 논리적 문제는 바로 여기에서 시작된다: 마이어는 다음과 같은 문제, 즉 역사적인 것이 **어떻게** 발전개념에 의해 질서화되는가, "가능성 범주"의 논리적 의미는 무엇인가, 그리고 이 범주가 역사적 관계를 형성하는 데에 어떤 방식으로 사용될 수 있는가 하는 문제를 다루었어야 했다. 그러나 그는 이것을 하지 않았으며, 따라서 현상을 지배하는 "규칙들"이 역사학의 작업에서 수행하는 역할을 정확하게 "지각하기는" 했지만, —내가 보기에는— 이 역할에 대한 견해를 적합하게 **표현할** 수는 없었다. 우리는 이것을 이 논문의 별도의 장(제2장)에서 시도할 것이다. 우리는 지금까지 마이어의 방법론적 견해에 대해 이처럼 부득이하게 주로 부정적인 평가를 내렸는데, 여기서는 이에 이어서 우선 그가 주로 그의 저작의 제2장(35~54쪽)과 제3장(54~56쪽)에서 다루고 있는 문제, 즉 역사학의 "**대상**"은 무엇인가라는 문제

---

49 이 책의 372쪽 이하에서이다.

50 이 책의 349~50쪽, 359쪽 이하, 362~63쪽에서이다.

51 마이어, 『역사학의 이론과 방법론에 대하여』, 15, 18, 27, 46, 50쪽을 볼 것.

를 살펴보기로 한다 — 사실상 이 문제는 바로 앞의 논의에서 이미 간단하게 언급되었다.

역사학의 대상

이 문제는 마이어와 더불어 다음과 같이 표현할 수 있다: "우리가 아는 현상들 가운데 어떤 것들이 '역사적인 것인가?'"[52] 이에 대해 그는 우선 아주 일반적인 방식으로 답변한다: "역사적인 것은 **영향을 끼치거나 또는 끼쳤던 것이다.**"[53] 그러니까 구체적이고 개별적인 관계에서 **인과적으로** 중요한 것이 "역사적인 것"인 셈이다. 우리는 이와 관련된 다른 모든 문제를 제쳐놓고 우선 마이어가 36쪽에서 제시한 이 개념을 이미 37쪽에서 다시 포기한다는 사실을 확인하기로 한다.

그에게 — 그 자신의 표현대로 — "영향을 끼치는 것에 국한되더라도 개별적인 현상들의 수는 여전히 무한하다"라는 점은 명백하다. 그리하여 그는 정당하게 묻기를, "모든 역사학자들이 이것들 사이에서 하는 선택은" 어디에 준거하는가? 그 대답은 "역사적 관심"이다.[54] 그러나 그는 우리가 나중에 고찰하게 될 몇몇 견해를 피력하고 난 다음에 덧붙여 말하기를, 이러한 관심을 지배하는 그 어떤 "절대적인 규범"도 존재하지 않는다; 그리고 이를 증명하기 위해 그는, 이미 언급했듯이, "역사적인 것"은 "영향을 끼치는 것"에 국한되어야 한다는 그 자신의 명제를 다시 포기하는 방식으로 논리를 전개한다. 그는 리케르트가 사용한 다음과 같은 예증에 접목한다: "[……] 프리드리히 빌헬름 4세가 독일의 제관(帝冠)을 거절한 것은 하나의 '역사적' 사건이지만, 어떤 재단사가 그의 상

---

52 같은 책, 36쪽.
53 같은 곳.
54 같은 책, 37쪽.

의를 만들었는가는 전혀 중요하지 않다"[55]; 그리고는 다음과 같이 주장한다(37쪽 아랫부분): "물론 정치사적 관점에서 보면 문제의 그 재단사는 항상 아무런 역사적인 중요성도 갖지 못할 것이지만, 그럼에도 불구하고 유행이나 재단업 또는 가격 등의 역사를 연구하는 경우에는 그에게 역사적 관심을 가질 수도 있다는 것은 쉽게 상상할 수 있다." 이것은 의심할 바 없이 타당한 주장이다 ― 그러나 만약 마이어가 보다 깊게 숙고했더라면, 다음과 같은 사실을 거의 간과할 수 없었을 것이다. 즉 우리가 전자의 경우에 갖는 "관심"과 후자의 경우에 갖는 "관심" 사이에는 **논리적** 구조의 현저한 차이가 존재한다는 사실을, 그리고 이러한 차이를 유념하지 않는 사람은 근본적으로 다를뿐더러 자주 서로 뒤섞이는 두 범주, 즉 "실재근거"와 "인식근거"를 혼동하는 위험에 처한다는 사실을 거의 간과할 수 없었을 것이다. 그런데 상기한 재단사의 예에서는 사정이 아주 명확하게 드러나지 않으며, 따라서 우선 이 두 범주의 혼동이 특히 분명하게 나타나는 다른 하나의 예를 통해 그 차이를 명료하게 하기로 한다.

쿠르트 **브라이직**은 논문[16] 「틀링기트족과 이로코이족에서 [……] 국가가 형성되는 과정」에서 다음을 입증하려고 시도했다. 즉 그는 이 종족들에게서 발생하는 일정한 과정을 "친족제도로부터의 국가의 형성"으로 해석하면서 이 과정이 "유(類)를 대표하는 중요성"을 지닌다는 ― 달리 말하자면 국가형성의 "전형적인" 형태를 보여 준다는 ―, 그리고 따라서, 그가 말하듯이, "타당성", 아니 심지어 "거의 세계**사적** 의의"를 획득한다는 것을 입증하려고 시도했다.[56]

그러나 ― 물론 브라이직의 주장이 옳다는 전제하에 ― 이 인디언 "국

---

55 같은 곳. 이 예증은 리케르트, 『자연과학적 개념구성의 한계』, 325~26쪽에 나온다. 그리고 프리드리히 빌헬름 4세에 대해서는 이 책의 116쪽, 옮긴이 주 68을 볼 것.
56 브라이직, 「틀링기트족과 이로코이족에서 친족제도로부터 국가가 형성되는 과정」, 503, 508쪽.

가들"의 형성이라는 사실과 그것들이 형성된 방식이 보편사적 발전의 인과적 관계에 대해서 거의 "의의"를 지니지 못한다는 것은 분명하다. 그 후의 세계가 정치적으로 또는 문화적으로 발전하는 과정에서 단 하나의 "중요한" 사실도 그 방식에 의해 영향을 받지 않았다; 다시 말해 그 방식에서 "원인"을 찾을 수 없다. 상기한 국가들이 형성되는 방식, 그리고 아마도 그것들의 존재조차도 오늘날 미합중국의 정치적·문화적 관계가 발전하는 과정에서 아무런 "중요성도 갖지 못했다"; 다시 말해 이 둘 사이에는 그 어떤 증명할 수 있는 인과적 관계도 존재하지 않는데, 이에 반해 예컨대 테미스토클레스의 어떤 결정들이 끼친 영향은 오늘날에도 여전히 느낄 수 있다 — 비록 이 두 경우의 차이가 인상적으로 통일적인 "발전사적" 역사서술의 시도를 방해함으로써 우리를 매우 짜증나게 만들지라도 그러하다. 그러나 다른 한편으로 — 만약 브라이직이 옳다면 — 상기한 국가들의 형성과정에 대한 그의 분석의 **결과**는 국가들이 형성되는 **일반적인** 방식에 대한 우리의 **지식**에 대해, 그의 견해에 따르면, 획기적인 의의를 지닐 것이다. 실제로 — 만약 브라이직이 그 과정을 "유형"으로 파악하는 것이 적절하다면, 그리고 이것이 "새로운" 지식을 제공한다면 — 우리는 특정한 개념들을 구성할 수 있게 될 것인데, 이 개념들은 국가학의 개념구성에 대해 갖는 인식가치와는 완전히 별도로 적어도 다른 역사적 과정들의 인과적 해석에서 색출적 수단으로 사용될 수 있을 것이다. 달리 말하자면, 상기한 과정은 역사적 **실재**근거로서는 아무것도 의미하지 않지만 — 가능한 **인식**근거로서는 (브라이직에 따르면) 엄청나게 많은 것을 의미한다. 이에 반해 상기한 테미스토클레스의 결정들에 대한 지식은 예컨대 "심리학"이나 또는 어떤 다른 개념구성적 과학에 대해 아무런 의의도 지니지 않는다: 우리는 그 어떤 "법칙과학"의 보조 없이도 어떤 정치가가 그러한 상황에서 그렇게 결정할 "수 있었다"는 것을 이해하며, 또한 우리가 그것을 이해한다는 **사실**은 구체적인 인과적 관계의 인식을 위한 전제조건이기는 하지만 결코 우리의 유**개념**

적 지식을 풍부하게 하지 않는다.

그러면 "자연"의 영역에서 한 가지 예를 들어보기로 한다: 뢴트겐이 자신의 스크린에서 반짝 빛나는 것을 본 구체적인 X-광선[57]은 에너지보존법칙에 따라 오늘날에도 여전히 우주의 어딘가에서 작용하고 있음에 틀림없는 일정한 구체적인 결과를 남겼다. 그러나 뢴트겐의 실험실에서 관찰된 그 구체적인 광선의 "의의"는 그것이 갖는 우주적 실재원인으로서의 특성으로부터 기인하는 것이 아니다. 뢴트겐의 실험실에서의 과정은 오히려 ── 모든 "실험"과 마찬가지로 ── 단지 현상을 지배하는 특정한 "법칙들"의 **인식**근거로서만 의미를 갖는다.[17] 마이어는 우리가 여기에서 비판하는 구절에 대한 각주에서(37쪽의 주 2)[58] 다음과 같은 경우를 들고 있는데, 물론 이 경우에도 뢴트겐 실험실의 경우와 사정은 매한가지이다: 그는 우리에게 상기시키기를, "심지어 우리가 우연히 (비문이나 문서에서) 알게 되는 전혀 중요하지 않은 인물들도 우리가 **그들을 통해 과거의 상태에 대한 지식을 얻을 수 있기 때문에** 역사적 관심의 대상이 된다." 그리고 다음의 경우에는 이와 동일한 혼동이 더욱더 명백하게 드러난다. 즉 ── 나의 기억이 틀리지 않는다면 ── 상기한 브라이직은 (내가 현재로서는 찾아낼 수 없는 한 구절에서)[59] 역사학의 소재선택이 "의의 있는 것", 개별적으로 "중요한 것"을 지향한다는 원리를, 과학적 연구의 가장 중요한 결과들 중 많은 것이 "토기 조각들"이나 그와 같은 것들로부터 나온다는 점을 내세움으로써 거부할 수 있다고 믿는데, 이 경우에는 그러한 혼동이 더욱더 명백하게 드러난다. 오늘날 이와 유사한 주장이

───────────

57 뢴트겐은 1895년 11월 8일 뷔르츠부르크 대학에 있는 자신의 실험실에서 X선을 발견했으며, 그 공로로 1901년에 제1회 노벨 물리학상을 수상했다.

58 이 각주는 마이어가 『역사학의 이론과 방법론에 대하여』에서 프리드리히 빌헬름 4세와 재단사에 대해 언급하면서 단 것이다(앞의 367~68쪽을 볼 것).

59 이는 브라이직, 「역사적 사실들의 일회성과 반복」, 8쪽에서이다. 베버가 이 구절을 찾을 수 없었던 것은, 아마도 브라이직이 1904년 한해에 『독일제국의 입법, 행정 및 민족경제 연보』에 이 논문을 비롯해 세 편의 글을 실었기 때문일 것이다.

상당히 "성행하고" 있으며, 이것이 마이어가 언급한 프리드리히 빌헬름 4세의 "상의" 및 비문의 "중요하지 않은 인물들"과 갖는 친화성은 자명하다. 그러나 우리가 여기에서 다시 한 번 다루는 혼동도 자명하기는 매한가지이다. 왜냐하면, 이미 말했듯이, 브라이직의 "토기 조각들"과 마이어의 "중요하지 않은 인물들"은 — 뢴트겐의 실험실에서의 구체적인 X-광선과 마찬가지로 — 역사적 관계에 그 **인과적 고리**로 편입되는 것이 아니라, 그것들과 그들이 지니고 있는 일정한 특성들이 일정한 역사적 사실들의 **인식수단**이 되기 때문인데, 이 수단 자체는 경우에 따라 "**개념구성**"을 위해 (그러니까 다시금 인식수단으로서, 예컨대 특정한 예술적 "시대들"의 유적 "성격"을 인식하기 위한 수단으로서), 또는 구체적인 역사적 관계들의 인과적 해석을 위해 중요해질 수 있다. 그러므로 논리적 관점에서 보면 문화현실의 주어진 사실들은 서로 다른 두 가지 방식으로 사용될 수 있다:[18] 1) 한편으로 개념구성에서 "개별적 사실"이 추상적 **개념**의 "전형적" 대변자로서, 다시 말해 **인식수단**으로서 예시적으로 사용될 수 있다 — 2) 다른 한편으로 "개별적 사실"이 고리로서, 그러니까 "**실재근거**"로서 실제적인, 그러니까 구체적인 **관계**에 편입되는데, 이 경우 — 다른 요소들과 더불어 — 개념구성의 산물들도 한편으로는 색출적 수단으로 그리고 다른 한편으로는 서술수단으로 사용될 수 있다. 이러한 차이는 빈델반트가 "법칙정립적"[60]이라고 부르고 리케르트가 "자

---

60 빈델반트는『역사학과 자연과학』, 12쪽에서 다음과 같이 말하고 있다: "경험과학은 현실 인식에서 자연법칙적 형태의 보편적인 것을 추구하거나 또는 역사적으로 결정된 형태의 개별적인 것을 추구한다. 다시 말해 경험과학은 한편으로는 항시 동일하게 머무는 형태를 고찰하며, 또 다른 한편으로는 실제적인 사건의 일회적이고 내적인 내용을 고찰한다. 그 가운데 하나는 법칙과학이고, 다른 하나는 사건과학이다. 전자는 항상 있는 것을, 후자는 언젠가 있었던 것을 가르쳐준다. 과학적 사고는 — 만일 새로이 인위적인 표현을 만드는 것이 허용된다면 — 전자의 경우에는 **법칙정립적**이고, 후자의 경우에는 **개성기술적**이다. 또는 그냥 익숙한 표현을 고수한다면, 우리는 더 나아가 이러한 의미에서 자연과학적 분야들과 역사학적 분야들 사이의 대립에 대해 이야기할 수 있을 것이다."

연과학적"[61]이라고 부르는 절차(1번)와 "역사적 문화과학"의 논리적 목적(2번) 사이의 차이에 상응한다. 그리고 동시에 이 차이에서 역사학을 **현실**과학[62]이라고 부를 수 있는 유일하게 정당한 의미를 찾을 수 있다. 왜냐하면 현실과학에서는—이 표현이 의미하는 바는 다른 어떤 것이 아니라 바로 이것이다—현실의 모든 개별적인 구성요소가 **인식**수단으로서뿐만 아니라 더 나아가 바로 인식**대상**으로서, 그리고 구체적인 인과적 관계들이 **인식**근거로서가 아니라 **실재**근거로서 의미를 갖기 때문이다. 게다가 우리는 뒤에서, 역사학을 이미 존재하는 현실의 "단순한" 기술이나 또는 "사실들"의 순수한 재현으로 보는 통속적이고 순진한 관념이 실제로는 얼마나 부적절한가를 보게 될 것이다.[19]

상기한바 마이어가 비판한 리케르트의 "재단사들"의 경우에도 사정은 토기 조각들이나 비문을 통해 알려진 "중요하지 않은 인물들"의 경우와 매한가지이다. 문화**사적** 인과관계라는 관점에서 보면, 특정한 재단사들이 국왕에게 특정한 상의를 납품했다는 사실은 심지어 "유행"이나 "봉제업"의 발전에 대해서도 거의 인과적 의의를 갖지 못한다고 추측할 수 있다—그것이 이러한 인과의의를 갖는 것은 단지 다음과 같은 경우뿐이다: 만약 이 구체적인 납품으로부터 역사적 **결과**들이 초래되었다면, 다시 말해 예컨대 이 재단사들의 인격이나 특히 **그들의** 사업의 운명이 어떤 관점에서 볼 때 유행이나 산업구조의 변화에 인과적으로 "의의 있는 것"이었다면, 그리고 만약 이러한 역사적 상황이 일정 부분 바로 그 상의의 납품에 의해 조건지어졌다면, 만약 그렇다면 상기한 사실은 유행이나 봉제업의 발전에 대해 인과적 의의를 가질 것이다. —이에 반해 프

---

61 리케르트는 문화과학과 자연과학을 구별하는데, 전자는 유의미한 현상이나 과정에 대한 가치연관적 인식이고, 후자는 무의미한 현상이나 과정에 대한 법칙연관적 인식이다. 전자가 현실과학이라면 후자는 법칙과학이다. 이에 대한 자세한 논의는 리케르트, 『문화과학과 자연과학: 한 편의 강연』 및 『자연과학적 개념구성의 한계』를 볼 것.
62 이에 대해서는 이 책의 278쪽을 볼 것.

리드리히 빌헬름 4세가 입었던 상의 스타일과 이것이 특정한 (예컨대 베를린의) 작업장에서 만들어졌다는 사실은, 유행 등을 규명하는 **인식수단**으로서 우리가 그 시대의 유행을 조사연구하는 자료로 이용할 수 있는 그 밖의 다른 어떤 것과도 똑같은 정도의 "의의"를 가질 **수 있음**이 확실하다. 그러나 이 경우에 국왕의 상의는 아직 구성되어야 할 **유개념의 견본**으로, 그러니까 **인식의 수단**으로 고려의 대상이 된다 — 이에 반해 프리드리히 빌헬름 4세가 제관을 거절한 사실 — 이것이 갖는 의의는 상의의 예가 갖는 의의와 비교되었다[63] — 은 역사적 **관계**의 구체적인 **고리**로서, 다시 말해 특정한 실제적인 변화계열의 내부에서 실제적인 **원인**과 **결과**로 고려의 대상이 된다. 이러한 **논리적** 차이는 근본적인 것이며 영원히 그러할 것이다. 그리고 문화과학적 실천의 영역에서는 — 이것은 지속적으로 일어나며 매우 흥미로운 방법론적 문제의 원천이 된다 — 완전히 다른 이 두 관점이 아주 다양한 방식으로 얽히고설킬 수 있다: 그러나 둘을 신중하게 구별할 줄 모르는 사람은 "역사학"의 **논리적** 본질을 결코 이해하지 못할 것이다.

그런데 마이어는 "역사적 중요성"이 논리적으로 다른 이 두 범주 사이의 관계에 대해 서로 양립할 수 없는 두 가지 견해를 제시했다. 한편으로 그는, 우리가 보았듯이,[64] 역사적으로 "영향을 끼치는 것", 다시 말해 역사적 인과관계의 실제적인 고리들에 대한 "역사적 관심"(제관의 거절)

---

63 리케르트는 『자연과학적 개념구성의 한계』, 325~26쪽에서 말하기를, "우리는 확실한 원자료들에서 조금도 역사적 관심을 불러일으키지 않는 개별적인 것을 무수하게 마주하며, 따라서 항상 역사학자들에게 중요한 것과 중요하지 않은 것을 구별하라고 요구한다. 예컨대 프리드리히 빌헬름 4세가 독일의 제관을 거절한 사실은 '역사적' 사건이지만, 어느 재단사가 그의 상의를 만들었는가는, 비록 우리가 이 사실을 아직도 정확하게 알 수 있음에도 불구하고 일말의 중요성도 갖지 않는다. 다시 말해 이 국왕의 역사적 개념은 우리가 그에 대해 확실히 규명할 수 있는 모든 것으로 구성되지 않는 것임에 틀림없다."

64 이 책의 367쪽 이하에서이다.

을 역사학자에게 인식수단으로 중요할 수 있는 사실들(프리드리히 빌헬름 4세의 상의, 비문 등)과 혼동하고 있다. 그러나 다른 한편으로 그는——그리고 지금부터는 이 점에 대해 논의할 것이다——"역사적으로 영향을 끼치는 것"과 우리의 실제적인 또는 가능한 지식의 다른 모든 대상 사이의 차이를 강조한 결과로 역사학자가 갖는 과학적 "관심"의 한계에 대한 주장을 펼치는데, 만약 이 주장이 그 자신의 위대한 저작에서 실행되었더라면 이 저작을 찬양하는 모든 사람이 심히 유감스럽게 생각했을 것임이 틀림없다. 그는 다음과 같이 말하고 있다(48쪽 아랫부분): "나는 오랫동안 역사학자가 해야 하는 선택에 결정적인 것은 **특징적인 것**(다시 말해 어떤 제도나 개별적인 것을 그와 유사한 모든 것으로부터 구별해 주는 특별히 유일한 것)이라고 믿어왔다. 이것은 부인할 수 없는 엄연한 사실이다; 그러나 특징적인 것이 역사학에 대해 의미를 갖는 것은 단지 우리가 특징적인 모습들을 통해 어떤 문화의 특성을 [……] 파악할 수 있는 경우뿐이다; 그러므로 특징적인 것은 **항상** 우리로 하여금 그 문화가 역사적으로 어떤 **영향을 끼쳤는가**를 [……] 이해할 수 있도록 해주는 **수단에 불과하다.**"[65] 상술한 모든 것에서 드러나듯이, 이것은 전적으로 옳으며, 또한 그로부터 마이어가 내린 다음과 같은 결론도 전적으로 옳다: 개별적인 것과 인물들이 역사학에서 갖는 "의의"에 대한 질문의 통속적인 표현방식은 잘못된 것이다; "인물"은 결코 그 전체로서가 아니라 단지 그의 인과적으로 중요한 표현들을 통해서만 역사학이 구성하는 역사적 관계에 "들어간다"; 어떤 구체적인 인물이 인과적 요소로서 갖는 역사적 의의는 그가 자신의 "고유가치"에 힘입어 갖는 보편적인 "인간적" 의의와 아무런 관계도 없다; 어떤 결정적인 위치에 있는 인물의 "불충분함"도 인과적으로 중요할 수 있다. 이 모든 견해는 완전히 맞는 것이다. 그럼에도 불구하고 답변해야 할 질문이 여전히 남아 있다. 즉 문화내용의

---

65 이 인용구절은 48쪽 아랫부분이 아니라 거기서부터 49쪽 윗부분에 걸쳐 있다.

분석이 — 역사학의 관점에서 — **단지** 해당 문화현상을 그 **영향력**이라는 측면에서 파악한다는 목적만을 갖는 것이 과연 옳은가, 아니면 차라리 단도직입적으로 말하자면, **어떤 의미에서** 옳은가라는 질문이 여전히 남아 있다. 이 질문이 어떤 논리적 의의를 지니는가는, 마이어가 자신의 테제로부터 이끌어낸 결론들을 검토해 보면 곧바로 밝혀질 것이다. 그는 우선(47쪽) "기존의 상태는 그 자체로서 결코 역사학의 대상이 될 수 없고, 단지 역사적으로 영향을 끼치는 한에서만 될 수 있다"라는 결론을 이끌어낸다. 그에 따르면 **역사적** 논의에서(여기에는 문학사와 예술사도 포함된다) 예술작품, 문학적 산물, 국가법적 조직,[66] 도덕 등을 "모든 측면에서" 분석한다는 것은 전혀 가능하지 않고 적합하지도 않다: 왜냐하면, 계속해서 그에 따르면, 이러한 분석에는 "전혀 역사적으로 영향을 끼치지 않는" 구성요소들이 포함될 수밖에 없기 때문이다 — 다른 한편으로 역사학자는 이에 반해 "하나의 체계에"(예컨대 국가법의 체계에) "종속되는 것으로 보이는" 많은 "세세한 사항을" 그 인과적 의의 때문에 자신의 논의에 포함시킬 수밖에 없다.[67] 그리고 바로 이러한 연유로 그는 특히 상기한 역사적 선택의 원리로부터 또 다른 결론(55쪽), 즉 **전기**는 "문헌학적" 분야에 속하지, 결코 역사학적 분야에 속하지 않는다는 결론도 이끌어낸다. 왜 그런가? "전기는 역사적으로 **영향을 끼치는 요소**로서의 해당 인물이 아니라 **그 전체적인 모습에서의** 해당 인물 자체를 대상으로 한다 — 이 인물이 역사적으로 영향을 끼쳤다는 사실이 여기서는 어디까지나 그가 전기의 주제가 되는 전제조건이자 근거일 뿐이다"(56쪽). 마이어에 따르면 전기가 다름 아닌 전기이고 그 주인공의 시대에 대한 역사가 아닌 한, 그것은 역사적 **사건**에 대한 서술이라는 역사학의 과제를

---

66 이는 마이어, 『역사학의 이론과 방법론에 대하여』, 48쪽에는 "국가조직"으로 표현되어 있다.

67 같은 곳.

달성할 수 없다.[68] 이에 대해 우리는 다음과 같이 물을 수 있다: 왜 "인물들"에게는 이렇듯 특수지위가 부여되어야 하는가? 예컨대 마라톤 전투나 페르시아 전쟁과 같은 "사건들"은 어떻게든 그 "전체성" 속에서, 다시 말해 용감함과 강함의 모든 예를 포함하는 호메로스의 묘사방식에 따라 역사적 서술의 대상이 "되는가"? 여기서도 단지 역사적 인과관계에 대해 결정적인 의미를 지니는 과정들과 조건들만이 역사적 서술의 대상이 된다는 것은 분명하다. 영웅 신화와 역사가 분리된 이래로, 적어도 논리적 원리에 따르면 그렇다. ─ 그러면 "전기"의 경우에는 어떠한가? 단순하게 "주인공의 외적 및 내적 삶의 [……] **모든 세목**"[69]을 하나의 전기에 담아낸다는 것은 확실히 잘못된 것이다(또는 언어적 과장일 뿐이다). 이 맥락에서 마이어는 아마도 괴테 "문헌학"을 생각하는 듯한데, 이것은 그러한 인상을 줄 수도 있을 것이다. 그러나 괴테 문헌학이 지향하는 바는 자료수집인데, 이것의 목적은 **가능한 한** 괴테의 역사를 위해 어떤 인과계열의 직접적인 구성요소로서 ─ 다시 말해 역사적으로 중요한 "사실"로서 ─ 또는 역사적으로 중요한 사실들의 인식수단으로서, 그러니까 "원자료"로서 어떻게든 의의를 획득할 수도 있는 모든 것을 보존하는 데에 있다. 이에 반해 과학적 괴테 전기에서는 단지 "**중요한**" 사실들만이 서술의 구성요소가 된다는 것은 두말할 나위가 없다.

그런데 우리는 여기에서 이 단어[70]가 갖는 논리적 의미의 이중성에 직면하게 된다. 이것은 물론 분석을 요하지만, 앞으로 분명하게 드러나듯이, 마이어의 견해에 담겨져 있는 "일면의 진리"를 밝혀내는 데에, 그러나 동시에 역사학의 대상으로서의 "역사적으로 영향을 끼치는 것"에 대한 그의 이론이 부적절하게 **표현되었다**는 사실을 밝혀내는 데에도 적합하다.

---

68 같은 책, 56쪽.
69 같은 곳.
70 이는 바로 앞에 나오는 "중요한"을 가리킨다.

우리로 하여금 문화적 삶의 "사실들"을 과학적으로 고찰할 수 있도록 해주는 다양한 논리적 관점을 명확하게 파악하기 위해 괴테가 폰 슈타인 부인에게 보낸 편지들[71]을 예로 들어보자. 이 편지들에서 적어도 한 가지 측면은 — 이 점을 미리 말해 두고자 한다 — "역사적인" 고찰의 대상이 될 수 없는데, 그것은 다름 아닌 지각할 수 있는 "사실"로서 존재하는 글씨가 쓰인 종이이다. 이 종이는 오히려 다음과 같은 다른 "사실"을 인식하기 위한 수단이 될 뿐이다. 즉 괴테가 그 편지들에 표현된 감정을 지니고 있었고, 그것을 적어서 폰 슈타인 부인에게 부쳤으며, 그녀에게 답장을 받았는데, 그 대략적인 의미는 괴테의 편지들에 담긴 "내용"을 정확하게 해석함으로써 추측할 수 있다는 사실을 인식하기 위한 수단이 될 뿐이다. 바로 이러한 "사실"이 우리가 그 "편지들"에 대해 말할 때 사실상 염두에 두고 있는 것으로서 편지들의 "의미"를 "해석"함으로써 규명할 수 있는데, 경우에 따라서는 "과학적" 보조수단의 힘을 빌려서 그리할 수 있다. 그리고 그 사실은 우선 1) 그 자체로서 직접적으로 역사적 인과관계에 편입될 수 있을 것이다: 예컨대 대단히 강력한 열정과 결합된 그 시기 괴테의 금욕은 자명하게도 그의 발전에 엄청난 흔적을 남겼는데, 이 흔적은 심지어 남국의 하늘 아래에서 그의 정신적 세계가 변했을 때에도 사라지지 않았다:[72] 이것이 괴테의 문학적 "개성"에 끼친 영향

---

71 괴테와 폰 슈타인 부인은 1776년부터 1788년까지 거의 날마다 편지를 주고받았다. 현재 괴테가 폰 슈타인 부인에게 보낸 2,000통 이상의 편지와 노트만 남아 있고 폰 슈타인 부인이 괴테에게 보낸 편지는 단 한 통도 남아 있지 않은데, 그 이유는 두 사람의 관계가 소원해진 이후 그녀가 괴테에게 보낸 편지를 되돌려받아 모두 없애 버렸기 때문이다.

72 괴테는 1786년 9월부터 1788년 4월까지 이탈리아를 여행했는데, 이때 그는 젊은 시절에 몰두했던 질풍노도 문학운동의 조야함을 극복하고 — 요한 요아힘 빙켈만이 말한 바와 같이 — "고귀한 단순성과 고요한 위대성"(Edle Einfalt und Stille Grösse)으로 상징되는 고대예술과 고전주의 예술이론에 눈을 뜨게 되었다(빙켈만이 고대예술을 이렇게 규정한 것은 1775년에 출간된 『회화와 조각예술에서의 그리스 작품들의 모방에 대한 상념』, 20쪽에서이다). 이탈리아 여행은 괴테에게 재생 또는 제2의 탄생을 의미했는

을 추적하고 그의 문학적 창작에 남긴 흔적을 탐색하며, 또한 가능한 한 그 시기의 체험과의 관계를 제시함으로써 인과적으로 "해석하는" 것은 의심할 바 없는 문학사의 과제들 가운데 하나이다: 상기한 편지들이 알려 주는 사실들은 여기서는 "역사적" 사실들, 다시 말해, 이미 살펴본 바와 같이, 한 인과연쇄를 실제적으로 구성하는 고리들이다. 그러나 다음을 가정해 보기로 하자 ── 물론 이 가정과 우리가 앞으로 하게 될 모든 가정의 개연성에 대한 문제는 여기서는 전혀 중요하지 않다 ── 즉 상기한 체험이 괴테의 인격적인 또는 문학적인 발전에 **그 어떤** 영향도 끼치지 않았다는 것을, 다시 말해 우리에게 **"관심의 대상이 되는"** 그의 삶의 표현들 가운데 **단 하나도** 그 체험에 의해 영향을 받지 않았다는 것을 어떻게든 긍정적으로 증명할 수 있다고 가정해 보기로 하자. 그럼에도 불구하고 2) 그 체험은 **인식수단**으로서 우리의 관심을 끌 수 있을 것이다: 우리는 우선 그 체험을 통해 괴테의 역사적 고유성에 ── 일반적으로 말하는 것처럼 ── "특징적인" 무엇인가를 인식할 수 있을 것이다. 이것이 의미하는 바는 다음과 같다: 우리는 아마도 ── 실제로 그러한가는 여기에서 문제가 되지 않는다 ── 그 체험으로부터 지속적으로 또는 적어도 상당히 오랜 동안 그에게 특유한, 그리고 그의 삶이 인격적 측면과 문학적 측면에서 표현되는 데에 결정적으로 영향을 끼친, 따라서 우리의 역사적 관심을 불러일으키는 생활양식과 인생관에 대한 통찰을 얻을 수 있을 것이다. 그리되면 그의 "삶"의 인과관계에 실제적인 고리로 편입되는 "역사적" **사실**은 바로 그 "인생관"일 것이다 ── 이것은 집합개념적 복합체로서, 유전된 또는 교육, 환경 및 삶의 운명을 통해 획득된 괴테의 인격적 "특질들"을 그리고 (아마도) 의식적으로 습득되어서 그의 삶의 방향을 제시하고 일정한 정도로 그의 행동과 창작을 조건지은 "준칙들"을 가리킨다. 이 경우에 폰 슈타인 부인과의 체험도 ── 왜냐하면 상기

데, 이 여행에 대한 자세한 내용은 그가 1829년에 쓴 책 『이탈리아 여행』에서 볼 수 있다.

한 "인생관"은 **개별적인** 삶의 과정들에서 "표현되는" 개념적 집합체이기 때문에 ─ 한 "역사적" 상황의 실제적인 **구성요소**가 될 것이다. 그렇기는 하지만 ─ 앞에서 제시한 가정들하에서 ─ 확실히 그 자체로서는 근본적으로 우리의 관심을 끌 수 없을 것이고, 대신에 그 인생관의 "징후"로서, 다시 말해 인식**수단**으로서 그리할 수 있을 것이다; 그러니까 인식대상에 대한 그것의 논리적 관계가 바뀐 것이다. ─ 계속해서 우리가 2)에서 상정한 것들이 그렇지 않다고 가정해 보기로, 그리고 상기한 체험[73]은 그 어떤 관점에서도 괴테를 다른 동시대인들로부터 구별해 주는 특징적인 무엇인가를 포함하고 있지 않고 단지 그 시기 일정한 독일의 사회집단들에서 볼 수 있는 생활양식의 "유형"에 완전히 일치하는 것일 뿐이라고 가정해 보기로 하자. 그리하면 그 체험은 우리에게 괴테의 역사적 인식과 관련하여 새로운 것은 하나도 말해 주지 않을 것이다. 그러나 3) 상황에 따라서 바로 언급한 "유형"의 편리하게 사용할 수 있는 **패러다임**으로서, 다시 말해 바로 언급한 사회집단들의 정신적 아비투스의 "특징적인" 성격을 인식하는 **수단**으로서 우리의 관심을 불러일으킬수 있을 것이다. 이럴 경우 당시 그 사회집단들의 ─ 우리의 가정에 따르면 ─ "전형적인" 이 아비투스의 특성, 그리고 그것의 표현형식인 생활양식이 다른 시대들, 국가들 및 사회계층들의 생활양식에 비해 갖는 특성은, 일정한 문화사적 인과관계에 실제적인 원인과 결과로서 편입되는 "역사적" 사실이 될 것이며, 또한 역사적 관점에서 예컨대 이탈리아의 치치스베오[74]나 유사한 것과 대비하면서 "독일 풍속사"의 틀에서, 또

---

73 여기서부터 언급되는 "체험"이라는 용어는 그 앞에서 언급되는바 당시 괴테의 체험이 아니라 그 가운데 하나인 폰 슈타인 부인과의 체험으로 읽어야 한다.

74 치치스베오(Cicisbeo)는 18세기 이탈리아에서 남편이 부재중일 때 귀부인의 시종기사 역할을 한 남자를 가리킨다(여기에는 빈번하게 정부의 역할도 포함된다). 우리말로는 귀부인의 남자 정도로 옮길 수 있을 것이다. 이에 대한 자세한 논의는 로베르토 비조키, 『귀부인의 남자 치치스베오: 18세기 이탈리아 귀족계층의 성과 사랑 그리고 여성』(한글판)을 볼 것.

는, 만약 그와 같은 국가적 편차가 존재하지 않는다면 당시의 보편적인 풍속사의 틀에서 인과적으로 "해석할" 수 있을 것이다. — 더 나아가 상기한 편지들의 내용이 심지어 이러한 목적을 위해서도 이용할 수 없다고, 아니 오히려 — 일정한 "본질적인" 측면들에서 — **동일한** 종류의 현상들이 일정한 문화적 조건에서 일반적으로 나타나는 것이 입증되며, 따라서 **이러한** 측면들에서 상기한 체험은 독일 문화나 18세기[75] 문화의 **특성**을 전혀 드러내지 않고 오히려 — 개념적으로 정확하게 표현해야 하는 — 일정한 조건들에서 모든 문화에 공통적인 현상을 드러낸다고 가정하기로 하자 — 이렇게 할 경우에 4) 예컨대 "문화심리학"이나 "사회심리학"에 다음과 같은 과제가 주어질 것이다. 즉 **이러한** 구성요소들[76]이 일반적으로 등장하는 조건들을 분석, 분리적 추상화 및 일반화의 방법을 통해 규명하고, 이 일반적인 등장의 근거를 "해석하며" 그렇게 얻어진 "규칙들"을 발생적 **유**개념으로 표현하는 과제가 주어질 것이다. 그리되면 상기한 괴테의 체험 중 완전히 유적인 반면 그의 개인적인 특성과는 극히 무관한 이 구성요소들은 단지 이러한 유개념을 얻기 위한 수단으로서만 관심을 끌게 될 것이다. — 그리고 마지막으로 5) 상기한 "체험"이 어떤 사회계층이나 문화시기에 특징적인 것을 전혀 포함하지 않을 수도 있다는 가능성이 선험적으로 인정되어야 한다; 그리되면 심지어 "문화과학적" 관심의 상기한 모든 계기가 결여된 경우에도 다음을 생각해 볼 수 있다 — 다시금 여기서도 실제로 그러한가는 중요하지 않다 — 즉 가령 루소의 『고백록』[77]이 의심할 바 없이 신경병학 전문가의

---

75 여기에서 베버는 예술사에서 19세기(이탈리아 예술)를 가리키는 'Ottocento'라는 이탈리아 단어의 독일어식 형용사를 사용하고 있다. 그러나 그가 말하고자 하는 바가 18세기임에는 의심의 여지가 없다. 왜냐하면 폰 슈타인 부인과의 체험을 포함하여 베버가 염두에 두고 있는 괴테의 체험은 괴테가 바이마르로 이주한 1775년부터 이탈리아 여행을 떠나는 1786년까지의 일이기 때문이다. 아마도 베버는 'Ottocento'가 19세기가 아니라 18세기를 가리킨다고 착각을 한 것 같다.

76 이는 "**이처럼** 모든 문화에 공통적인 요소들"이라고 읽으면 된다.

관심을 끌듯이, 예컨대 성애(性愛)의 심리학에 관심을 가지는 정신병학 전문가가 그 체험을 특정한 금욕적 "탈선"에 대한 "이념형적인" 예로서 온갖 종류의 "유용한" 관점하에 다룰 수도 있다는 것을 생각해 볼 수 있다. 물론 우리는 여기에서 다음과 같은 개연성을 염두에 두어야 한다. 즉 괴테의 편지들이 그 내용의 **다양한** 구성요소를 통해 상기한 **모든** 다양한—그렇다고 해서 "가능성들"을 하나도 남김없이 검토한 것이 절대로 아님은 두말할 나위 없지만—과학적 인식목적을 위한 고찰의 대상이 될 수 있을 뿐만 아니라, 역으로 그 내용의 **동일한** 구성요소들을 통해 **다양한** 과학적 인식목적을 위한 고찰의 대상이 될 수도 있는 개연성을 염두에 두어야 한다.[20]

여기까지의 논의를 요약하자면, 우리는 괴테가 폰 슈타인 부인에게 보낸 편지들, 또는 보다 정확하게 말하자면 거기로부터 찾아낼 수 있는 그의 표현과 체험의 내용이 다양한 측면에서 "의의"를 갖는다는 것을 보았다—마지막 경우에서 첫 번째 경우로 거슬러 올라가면 다음과 같다: a) 마지막의 두 경우에서는 한 유(類)의 견본으로서 그리고 따라서 그것의 **일반적인** 본질의 인식**수단**으로서 의의를 갖는다(4, 5번);—b) 한 집합체의 "특징적인" 구성요소로서 그리고 따라서 그것의 **개별적인** 특성의 인식**수단**으로서 의의를 갖는다(2, 3번);[21]—c) 한 역사적 관계의 인과적 구성요소로서 의의를 갖는다(1번). a)의 경우들(다시 말해 4, 5번)이 **역사학**에 대해 의의를 갖는 것은 단지, 이 개별적인 견본의 도움으

---

77 루소의 『고백록』은 그가 세상을 떠난 지 4년 후인 1782년에 출간된 자서전으로—베버의 말대로—신경병학 전문가의 관심을 끌 만큼 충격적인 내용을 담고 있다. 다섯 명의 자식을 모두 고아원에 버리지를 않나, 무고한 사람을 중상모략하지 않나, 도둑질을 하지 않나, 은혜와 우정을 배신하지 않나, 열한 살배기 어린아이가 여성으로부터 볼기를 맞으면서 쾌감을 느끼질 않나? 루소 자신의 말대로, 그보다 더 나쁜 짓을 한 사람은 아마 거의 없을 것이다. 우리는 거기에서 모순적이고 분열적이고 내밀한 욕망을 가지고 있으며 비열한 짓과 악을 행하는 인간 루소의 모습을 접한다. 자세한 내용은 『고백록』(한글판)을 볼 것.

로 얻어진 유개념이 상황에 따라서 ─ 이에 대해서는 나중에 논의할 것이다[78] ─ 역사적 논증의 체크를 위해 중요해질 수 있는 경우뿐이다. 이에 반해 마이어는 "역사적인 것"의 영역을 "영향을 끼치는 것"에 ─ 그러니까 앞서 제시한 리스트에서의 1번(=c)에 ─ 국한하는데, 이것이 "의의 있는" 경우들의 **두 번째** 범주(b에 속하는)를 고려하는 것이 역사학의 시야를 벗어난다는 것을 의미할 수는 없다. 다른 말로 하자면, 그 자체로서 역사적 인과계열의 구성요소가 아니라 단지 그러한 인과계열에 편입되는 사실들을 **규명하는** 데 기여할 뿐인 사실들이 역사학의 시야를 벗어난다는 것을 의미할 수는 없다 ─ 예컨대 상기한 괴테의 서신왕래에서 다음과 같은 구성요소들, 즉 그가 문학적 창작을 하는 과정에서 결정적인 역할을 한 그의 "특성"이나 또는 풍속이 발전하는 과정에서 중요한 역할을 한 18세기[79] 사회적 문화의 측면들을 "예증하는", 다시 말해 **인식하도록** 하는 구성요소들이 ─ 역사학에 의해서 ─ (2번에서처럼) "괴테의 역사"에 의해서 아니면 (3번에서처럼) 18세기의 "풍속사"에 의해서 무시되어서는 결코 안 된다. 실상 마이어는 자신의 저작에서 지속적으로 이런 종류의 인식수단들을 사용할 수밖에 없다. 요컨대 우리가 여기에서 말하고자 하는 바는 단지, 상기한 구성요소들이 "역사적 관계의 구성요소들"이 아니라 바로 "인식수단들"이라는 점이다 ─ 그런데 심지어 "전기"나 "고대연구"도 이런 종류의 "특징적인" 세목들을 다른 의미로 사용하지 않는다. 그러므로 여기에 마이어의 걸림돌이 있지 않다는 것이 분명하다.

그러나 여기까지 분석한 **모든** 종류의 "의의"를 넘어서는 최고의 의의가 존재한다: 상기한 괴테의 체험이, 계속해서 같은 예에 머물자면, "원인"과 "인식수단"으로서 우리에게 무엇인가 "의의를 가질" 뿐만 아니라,

---

78 이 책의 385쪽 이하를 볼 것.
79 여기서도 앞의 옮긴이 주 75에서 언급한 것과 똑같은 일이 반복되고 있다.

더 나아가 ─ 우리가 그 체험으로부터 괴테의 인생관, 18세기의 문화, 문화현상들의 "유형적인" 과정 등에 대해 지금까지 알려지지 않은 새로운 무엇인가를 인식할 수 있는지 여부와 전혀 상관없이, 그리고 나아가 그 체험이 그의 발전에 **인과적으로** 어떤 영향을 끼쳤는지 여부와 전혀 상관없이 ─ 그 편지들의 내용은 있는 그대로 그리고 그 자체에 포함되지 않은 어떤 외적인 "의의"에도 구애되지 않은 채 그 특성으로 말미암아 우리에게 **평가**의 대상이 되며, 설사 그 편지들의 작성자에 대해 그 밖에 아무것도 알려진 것이 없을지라도 여전히 그럴 것이다. 여기에서 우선 우리의 관심을 끄는 것은 다음의 두 가지이다: 먼저 이러한 "평가"는 대상의 특성, 즉 대상의 비교할 수 없고 유일하며 문학적 관점에서 대체할 수 없는 측면에 결부된다는 사실이 그것이다; 그리고 이처럼 대상을 그 개별적인 특성 속에서 평가한다는 사실은 ─ 이것이 그 두 번째이다 ─ 그 대상이 우리에게 **숙고**와 사유적 ─ 여기서는 아직 의도적으로 "과학적"이라고 말하는 것을 피하고자 한다 ─ 가공, 즉 **해석**의 대상이 되는 근거가 된다. 그런데 이 "해석"은[80] 실제로는 거의 언제나 융합되지만 논리적으로는 엄격하게 구별해야 하는 두 가지 방향을 취할 수 있다. 그것은 우선 **"가치해석"**일 수 있고 또 이것이 될 것이다. 다시 말해 그것은 우리에게 상기한 서신왕래의 "정신적인" 내용을 "이해하도록" 가르쳐주며, 그리하여 우리가 모호하고 불확실하게 "느끼는" 것을 명확하게 밝히고 명료한 "평가"의 수준으로 끌어올리도록 가르쳐준다. 그것은 이 목적을 위해 스스로 **가치판단**을 제시하거나 "암시할" 필요가 전혀 없다. 그것이 분석과정에서 실제적으로 "암시하는" 것은 오히려 대상을 가치에 **연관시킬** 수 있는 **가능성**이다. 게다가 평가된 대상에 대한 우리의 "입장

---

80 이 부분의 원문은 "Diese 'Interpretation' oder, wie wir sagen wollen: 'Deutung'"이다. 그런데 'Interpretation'과 'Deutung'은 우리말로 모두 "해석"이라는 의미를 갖기 때문에 굳이 이 두 단어를 살리는 식으로 옮기지 않았음을 일러두는 바이다.

설정"이 반드시 긍정적이어야만 하는 것은 물론 아니다: 예컨대 현대의 통상적인 성적 속물이 폰 슈타인 부인에 대한 괴테의 관계를 어떻게든 "이해한다면", 그는 가령 가톨릭의 도덕론자처럼 그 관계에 대해 근본적으로 부정적인 태도를 취할 것이다. 그리고 해석의 대상으로 연달아 카를 마르크스의 『자본』이나 『파우스트』나 시스티나 성당의 천장화나 루소의 『고백록』이나 또는 아빌라의 성녀 테레사나 롤랑 부인이나 톨스토이나 라블레나 마리 바쉬키르트세프의 체험이나 또는 산상수훈[81]을 생각해 보면, 우리는 무한히 다양한 "평가적" 입장설정에 직면하게 된다; 그리고 이처럼 극히 다양하게 평가되는 대상의 "해석은", **만약** 그것이 "유용한 것"으로 간주되고 따라서 실행된다면 — 이것은 우리가 여기에서 우리의 목적을 위해 일단 전제하는 것이다 —, 단지 다음과 같은 **형식적인** 요소만을, 즉 우리에게 "평가"의 **가능한** "관점"과 "적용점"을 밝혀내는 데에 그 **의미**가 있다는 사실만을 공통으로 가질 것이다. 가치해석이 특정한 평가를 유일하게 "과학적으로" 허용되는 것으로 우리에게 부과할 수 있는 것은 단지, **규범**이 고려의 대상이 될 때뿐이다. 예컨대 마르크스의 『자본』의 사고내용이 그러한데, 이 경우에 규범은 다름 아닌 사고의 규범이다. 그러나 심지어 여기서도 대상의 객관적으로 타당한 "평가"(그러니까 이 경우에는 마르크스의 사유형식이 논리적으로 "올바른 것인가"를 평가하는 일)가 필연적으로 "해석"의 목적에 포함되는 것은 아니다; 게다가 "규범"이 아니라 "문화가치"가 문제되는 곳에서는 어디서나 대상을 객관적으로 타당하게 평가하는 것이 "해석"의 영역을 넘어서는 과제가 될 것이다. 누구든 논리적으로나 실제적으로 모순을 범하지 않고도 — 여기서는 이 점만이 중요하다 — 고대의 문학적·예술적 문화의 모든 산물이나 가령 산상수훈의 종교적 정취가 자신에게는 "무가치하

---

81 이는 예수가 산에서 그의 제자들과 수많은 대중을 상대로 한 설교로 『신약성서』 「마태복음」 제5~7절에 기록되어 있다.

다"고 생각하고 이들을 거부할 수 있다; 이와 마찬가지로 누구든 우리가 앞에서 든 예, 즉 괴테가 폰 슈타인 부인에게 보낸 편지들을 거부할 수 있는데, 거기에는 한편으로 작열하는 열정과 다른 한편으로 금욕이 인간의 정서적 삶 중에서 우리 눈에 가장 섬세한 꽃으로 보이는 모든 것과 혼합되어 있다. 그러나 이러한 사실 하나로 인해 상기한 "해석"[82]이 그렇게 거부하는 사람에게 결코 "무가치한 것"이 되지 않는데, 왜냐하면 그것은 그럼에도 불구하고, 아니 바로 그렇기 때문에, 그에게도 다음과 같은 의미에서 "인식"을 제공하기 때문이다. 즉 그것은, 우리가 통상적으로 말하듯이, 그 자신의 내면적 "삶", 그의 "정신적 지평"을 넓혀주며, 또한 그로 하여금 생활양식의 가능성과 뉘앙스 자체를 파악하고 숙고할 수 있도록 해주고, 그의 고유한 자아를 지적으로, 미학적으로, 윤리적으로(가장 넓은 의미에서) 분화시키고 발전시킬 수 있도록 해주고, 그의 "영혼"을 — 말하자면 — "가치를 더 잘 느낄 수 있도록" 해준다는 의미에서 그렇다. 여기서는 정신적, 미학적 또는 윤리적 창조에 대한 "해석"이 사실상 이 창조 자체가 갖는 효과와 똑같은 효과를 가지며, 또한 "역사학"이 어떤 의미에서 "예술"이라는 주장[83]이 **여기에서** "정신과학"을 "주관화하는 것"이라고 부르는 것[84] 못지않게 "일면의 진리"를 갖는다: 그러나 동시에 여기에서 여전히 "경험적인 것의 사유적 가공"[85]이라고 부를 수 있는 것의 최외적(最外的) 경계에 도달하며, 우리는 이제 더 이상, 논리적 의미에서, "역사적 작업"의 영역에 머물지 않는다.

마이어가 "과거에 대한 문헌학적 고찰"이라는 말을 할 때(54쪽) 바로 **이러한** 종류의 해석, 그러니까 "역사적" 대상들의 본질상 **초시간적인** 관

---

82 이는 가치해석을 가리킨다.

83 예컨대 크로체가 이러한 주장을 하는데, 이에 대해서는 이 책의 179쪽을 볼 것.

84 베버가 이 책의 118쪽 이하에서 자세하게 논의한 바와 같이, 뮌스터베르크는 "주관화하는" 과학의 개념을 제시한다.

85 이에 대해서는 이 책의 246쪽, 옮긴이 주 7을 볼 것.

계들, 즉 이 대상들의 **가치론적** 타당성에서 출발하며 이 관계들을 "이해하도록" 가르쳐주는 해석을 의미한다는 것은 분명해 보인다. 이로부터 이러한 종류의 과학적 활동에 대한 그의 정의가 나온다(55쪽). 그에 따르면 그것은 "역사의 산물들을 현재로 옮겨놓으며 [……] 따라서 정태적인 것으로 다룬다"; 그것은 대상을 "생성되고 역사적으로 작용하는 것이 아니라 존재하는 것으로" 따라서 역사학과 달리 "전면적으로" 다룬다; 그리고 그것은 "개별적인 창조물들을 하나도 남김없이 해석하는 것", 우선은 문학과 예술을, 그러나 마이어가 명시적으로 덧붙였듯이, 국가제도와 종교제도, 도덕과 관념도 해석하며, "**마지막으로** 통일체로 파악되는 한 시대의 **문화 전체**를" 해석하는 것을 목적으로 한다. 물론 이러한 종류의 "해석"은 언어과학적 전문 분야에서 의미하는 "문헌학적인 것"이 아니다. 어떤 문학적 대상의 언어적 "의미"를 해석하는 것과 그것의 "정신적 내용"을 해석하는 것, 그러니까 가치에 지향된다는 뜻으로서의 그것의 "의미"를 해석하는 것은 실제로 매우 자주 그리고 정당한 이유로 밀접하게 관련될 수 있지만, 그럼에도 불구하고 이 둘은 논리적 관점에서 보면 근본적으로 다른 인식과정이다: 전자, 즉 언어적 "해석"은 — 이것을 위해 필요한 정신노동의 가치와 강도 때문이 아니라 이것이 갖는 논리적 지위 때문에 — "원자료"에 대한 모든 종류의 과학적 가공과 사용을 위한 기본적인 예비작업이 된다. 그것은 역사학의 관점에서 보면 "사실들"을 입증하기 위한 기술적 수단이다: 그것은 (수많은 다른 과학 분야의 도구인 것처럼) 역사학의 도구이다. 후자, 즉 "가치분석"이라는 의미에서의 "해석"은 — 우리는 바로 앞에서 서술한 인식과정을 우리의 논의의 목적을 위해 이렇게 부르기로 한다[22] — 어쨌든 역사학과 **이러한** 관계에 있지 않다. 그리고 이러한 종류의 "해석"은 어떤 역사적 관계에서 "인과적으로" 중요한 사실들의 규명도 지향하지 않고 유개념의 구성을 위해 사용할 수 있는 "전형적인" 구성요소들의 추상도 지향하지 않는다; 이와는 반대로 오히려 자신의 대상을, 마이어의 예를 따르자면 —

통일체로 간주되는—"전체 문화"를, 가령 헬레니즘 전성기의 전체 문화를 "그 자체를 위해서" 고찰하며 우리로 하여금 이것을 가치연관 속에서 이해할 수 있도록 한다. 이 모든 이유로 "가치분석"은 "역사적인 것"과 직접적으로 또는 간접적으로 관계를 갖는, 그리고 거기에서 이 관계들에 대해 논의한 바 있는 다른 인식범주들의 그 어떤 것에도 종속되지 않는다.[86] 그것은 특히 역사학의 "보조과학"으로 간주되어서는 안 되는데—마이어가 54쪽 아랫부분에서 "문헌학"을 그렇게 부른 것과 달리[87]—, 왜냐하면 그것은 자신의 대상을 역사학과 완전히 다른 관점에서 다루기 때문이다. 만약 이 두 가지 고찰방식의 차이를 단지 다음과 같은 점에서만 찾아야 한다면, 즉 하나("가치분석")는 대상을 "정태적으로" 다른 하나(역사학)는 "발전"으로 고찰하며, 하나는 사건의 횡단면을, 다른 하나는 종단면을 조명한다는 점에서 찾아야 한다면, 이러한 차이가 갖는 중요성은 당연히 아주 사소할 것이다: 역사학자도, 예컨대 마이어 자신이 그의 저술에서 그리하는 것처럼, 그의 연구를 수행하기 위해서는 그가 "정태적으로" 묘사하는 일정한 "주어진" 기점들로부터 출발해야 하며 그의 논의가 진척됨에 따라 지속적으로 "발전"의 "결과들"을 "상태"로서 횡단면의 형식으로 통합해야 한다. 예컨대 한 특정한 시기의 아테네 민회(民會)가 사회적으로 어떻게 구성되었는가에 대해, 그것도 한편으로 그것이 인과적·역사적으로 어떻게 조건지어졌는가를 그리고 다른 한편으로 그것이 아테네의 정치적 "상황"에 어떻게 영향을 끼쳤는가를 분명하게 밝힐 목적으로 모노그래프를 쓰는 것은 마이어에 따르더라도 의심의 여지없이 "역사적" 업적이다. 마이어가 보기에, 차이는 오히

---

86 이 문장에서 "거기에서"는 이 단락의 앞부분에서 언급된 마이어, 『역사학의 이론과 방법론에 대하여』, 54~55쪽을 가리키며, 거기에서 "논의한 바 있는 다른 인식범주들"은 문헌학, 고대학 및 전기를 가리킨다(전기에 대한 논의는 55쪽 아랫부분부터 56쪽 윗부분까지 이어진다).

87 마이어에 따르면, 문헌학과 역사학은 서로에 대한 보조과학의 관계에 있다.

려 다음과 같은 사실에 있다: "문헌학적"("가치분석적") 작업은 경우에 따라서 또는 아마도 일반적으로 역사학에 **대해서도** 중요성을 지니는 사실들을 고찰하기는 하지만, 그 밖에도 사정에 따라서 "역사학"이 대상으로 하는 것과 **완전히 다른** 사실들을 고찰한다 ─ 다시 말해 1) 그 자체로서 어떤 역사적 인과연쇄의 고리도 **아니고**, 2) 이 첫 번째 범주에 속하는 사실들을 위한 인식**수단**으로 사용되지도 **않는**, 그러니까 "역사적인 것"과의 관계가 우리가 지금까지 살펴본 관계들의 그 어떤 것에서도 찾을 수 없는 사실들도 사정에 따라서 고찰한다. 그렇다면 그 사실들은 역사적인 것과 어떤 다른 관계에 있는 것일까? 또는 이 "가치분석적" 고찰은 어떤 역사적 인식과도 전혀 관계가 없는 것일까? ─ 논의를 진척시키기 위해, 우리가 앞에서 든 예인 괴테가 폰 슈타인 부인에게 보낸 편지들로 되돌아가고, 두 번째 예로 카를 마르크스의『자본』을 덧붙이기로 하자. 이 둘은 확실히 "해석"의 대상이 될 수 있는데, 그것도 우리가 여기에서 언급하지 않으려는 "언어적" 해석의 대상이 될 수 있을 뿐만 아니라 우리로 하여금 그 둘의 가치연관을 "이해할" 수 있도록 하는 "가치분석적" 해석의 대상도 될 수 있다: 후자는 달리 말하자면 예컨대『파우스트』를 "해석하는" 것과 같은 방식으로 폰 슈타인 부인에게 보낸 편지들을 분석하고 "심리학적으로" 해석한다 ─ 그리고 마르크스의『자본』을 그 **사고내용**에 입각하여 검토하고 이것이 **동일한 문제를 다루는** 다른 사고체계들과 갖는 **지적인** 관계를 ─ 역사적인 관계가 아니라 ─ 규명한다. 이러한 목적을 위해 "가치분석"은 그 대상을, 마이어의 용어를 따르자면, 우선 "정태적인 것"으로 다룬다: 보다 정확하게 말하자면, 그것은 자신의 대상이 갖는 특성에서 모든 순수한 역사적 · **인과적** 의의와 무관한, 이런 한에서 우리의 관점에서 볼 때 역사적인 것을 넘어서는 "가치"로부터 출발한다. ─ 그렇다면 가치분석은 거기에만 머무는 것인가? 물론 아니다. 상기한 괴테의 편지들에 대한 해석도『자본』이나『파우스트』나『오레스테이아』[88]나 시스티나 성당의 천장화의 해석도 그렇지 않다. 오히려 우리가 가치분석을 하는 경우 그 목적을 완전히 달성하려면 다음을 유념해야 한다. 즉 그것의 이상적인 가치대상은 역사적으로 조건지어졌다는 사실, 그리고 만약 일반적인 조건들, 예컨대 상기한 괴테의 편지들이 쓰인 시기의 사회적 "환경"과 일상적 삶의 아주 구체적인 현상들이 알려지지 않는다면, 또는 마르크스가 자신의 책을 쓰던 시기의 역사적으로 주어진 "문제상황"과 그가 사상가로 발전해 가는 과정이 논의되지 않는다면, 사고와 감정의 수많은 뉘앙스와 변화가 "이해될 수 없는" 채로 남게 된다는 사실을 유념해야 한다—그러므로 괴테의 편지들에 대한 "해석"이 성공적이려면, 이 편지들이 쓰이게 된 조건들, 다시 말해 괴테의 순수한 개인적·"가정적" 삶과 가장 넓은 의미에서의 그 당시 전체 "환경"이라는 문화적 삶 가운데에서 그 편지들의 특성에 **인과적** 의의를 갖는—마이어가 의미하는 바로는 "영향을 끼치는"—모든 가장 사소한 관계와 모든 가장 포괄적인 관계를 **역사적으로** 연구하는 것이 필요하다. 사실상 우리는 이 모든 인과적 조건들의 지식을 통해 괴테로 하여금 상기한 편지들을 쓰도록 한 그의 정신적 상황을 통찰하게 되며, 그리하여 이 편지들 자체를 진정으로 "이해하게" 된다.[23] 그러나 다른 한편으로 인과적 "설명"이 만약 그 자체만으로 받아들여지고 뒨처[89]와 같은 방식으로 이루어진다면 어디서나 그렇듯이 여기서도 단지 "부분들만을 손에 쥐게 됨은"[90] 당연한 진리이다. 그리고 자명한 일이지만 우리가 여기에서 "가

---

88 이는 기원전 458년에 초연된 고대 그리스의 시인 아이스킬로스의 3부작 비극으로, 제1부에서는 아가멤논의 처 클리타임네스트라와 그녀의 정부(情夫) 아이기스토스에 의한 아가멤논의 살해를, 제2부에서는 아가멤논의 아들 오레스테스와 그의 누이 엘렉트라에 의한 아가멤논의 복수를, 그리고 제3부에서는 아테네 법정에서 열린 오레스테스의 재판을 그리고 있다. 자세한 내용은 『오레스테이아 3부작』(한글판)을 볼 것.

89 하인리히 뒨처는 독일의 고전문학에 대한 새로운 해석의 방법을 도입했는데, 너무 협소하고 단조로웠기 때문에 곧 잊히고 말았다.

90 괴테, 『파우스트』, 제1권, 77쪽에는 다음과 같은 구절이 나온다: "살아 있는 것을 인식하고 기술하려는 자는, 정신부터 몰아내려고 하지, 그리하여 부분들은 손에 쥐게 되지만, 유감스럽게도 정신적 끈만이 없지!"

치분석"이라고 불렀던 "해석"의 방식은 이 다른, "역사적", 다시 말해 인과적 "해석"의 안내자가 된다. 가치의 분석은 대상의 "평가된" 구성요소들을 제시하는 반면, 이 구성요소들의 인과적 "설명"은 역사적 해석의 문제가 된다; 가치분석은 인과적 회귀의 준거점을 창출하며, 따라서 인과적 회귀를 위한 결정적인 "관점"을 제공하는데, 이것이 없다면 인과적 회귀는 나침반 없이 끝없는 대양을 항해해야만 할 것이다. 그런데 누군가는 ─ 그리고 많은 사람이 그렇게 할 것이다 ─ 자신은 일련의 "연애편지들"에 대한 역사적 "설명"을 위해, 이것들이 제아무리 섬세하다고 하더라도, 역사적 작업의 모든 장치를 가동시킬 욕구를 느끼지 않는다고 말할 수 있다. 확실히 그렇다 ─ 그러나 이러한 논리는, 아무리 무례하게 보일지라도, 카를 마르크스의 『자본』에도 그리고 일반적으로 역사적 작업의 **모든** 대상에도 그대로 적용된다. 다음과 같은 지식, 즉 마르크스가 어떤 자료를 이용해 그의 책을 썼는가, 그리고 그의 사상의 형성은 역사적으로 어떻게 조건지어졌는가에 대한 지식은 누군가에게는, 완전히 무미건조하고 지루하거나 아니면 적어도 매우 이차적인 것으로, 그리고 만약 그 자체를 위해서 추구된다면 무의미한 일로 보일 수 있다; 그리고 현재의 정치적 권력상황에 대한 또는 현재 독일 국가체제의 특징적인 발전에 대한 모든 지식의 경우에도 마찬가지이다. 그럼에도 불구하고 이렇게 생각하는 것이, 마이어가 비록 다소 간단하지만 분명하게 인정했듯이, 논리나 과학적 경험에 의해 "반박될" 수 있는 것은 아니다.

우리의 목적을 위해서는 상기한 "가치분석"의 **논리적** 본질을 좀 더 살펴볼 가치가 있다. 하인리히 리케르트가 매우 명료하게 발전시킨 관념, 즉 "역사적 개체"의 구성은 "가치연관"에 의해 조건지어진다는 관념[91]은 아주 진지하게, 이러한 "가치연관"은 역사적 개체를 일반적인 **개념들**에 종속시키는 것과 동일하다고 이해되어 왔고, 또한 바로 이러한 이해

---

91 리케르트, 『자연과학적 개념구성의 한계』, 368쪽을 볼 것.

에 근거하여 "논박하려고" 시도되어 왔다[24]: 그리해 온 사람들에 따르면 "국가", "종교", "예술" 등을 비롯해 이와 유사한 "개념들"이 리케르트 가 말하는 "가치들"이며, 또한 역사학이 그 대상들을 이 가치들에 "연관 시키고" 이를 통해 특정한 "관점"을 얻는다는 사실은 따라서 ─ 그들은 이렇게 덧붙여 왔다 ─ 자연과학에서 현상들의 "화학적", "물리적" 등 의 "측면"을 분리하여 다루는 것과 똑같다.[25] 이것은 "가치연관"이 의미 하고 또 유일하게 의미할 수 있는 것에 대한 놀라운 오해이다. 어떤 구체 적인 대상에 대해 현전적인 "가치판단"을 내리거나 이 대상의 "가능한" 가치연관들을 이론적으로 정립하는 것은, 이 대상을 "연애편지", "정치 구조", "경제현상"과 같은 한 특정한 유(類)개념에 종속시키는 것을 뜻 하지 않는다. 오히려 "가치판단"은 다음을 뜻한다: 내가 그 대상의 구체 적인 특성에 대해 특정한 구체적인 방식으로 "입장을 설정"하며, 이러 한 나의 입장설정의 주관적인 원천, 즉 이러한 나의 입장설정을 결정하 는 **나의** "가치관점"[92]은 확실히 "개념"이 아니고 "추상적인 개념"은 더 더욱 아니고 오히려 그 성격과 구성에서 고도로 개인적인, 따라서 철저 하게 구체적인 "감정"과 "의지", 또는 상황에 따라서 특정하고 마찬가지 로 구체적인 성격을 띠는 "당위"의 의식이다. 그리고 내가 대상에 대한 현전적인 평가 단계에서 **가능한** 가치연관들에 대한 이론적 · 해석적 고 찰 단계에 들어서면, 달리 말하자면 내가 대상으로부터 "역사적 개체" 를 구성하게 되면, 이것이 의미하는 바는 다음과 같다: 즉 나는 ─ 우선 형이상학적 표현을 사용하자면 ─ "이념들"로 하여금 다루고자 하는 정 치적 구성물(예컨대 "프리드리히 대왕의 국가"), 다루고자 하는 인물(예컨

---

92 원문에는 "**나의** '가치관점'"이 주격 형태가 아니라 소유격 형태, 즉 "**나의** '가치관점' 의'"라고 되어 있다. 이에 따르면 "나의 '가치관점'의 주관적인 원천"이라고 하는 것이 옳다. 그러나 "나의 '가치관점'"은 이미 주관적인 것이 되기 때문에 "나의 '가치관점'의 주관적인 원천"은 중의적인 표현이 된다. 그러므로 베버가 주격 형태가 아니라 소유격 형태로 처리한 것은 실수로 보는 것이 타당할 듯하다.

대 괴테나 비스마르크), 다루고자 하는 문학적 산물(마르크스의 『자본』)에서 "구현되도록" 했거나 또는 "실현되도록" 하는 구체적이고 개별적인, 따라서 궁극적으로 **유일무이한** 형식을 **해석**의 방식에 의하여 나와 다른 사람들이 의식할 수 있도록 만든다. 또는 항상 의심스러운 데다가 불필요하기까지 한 형이상학적 표현방식을 제거하고 말하자면 다음과 같다: 나는 **가능한** "평가적" 입장설정들이 작용하는 점들을 명확한 형식으로 발전시키는데, 이 입장설정들은 현실의 해당되는 단면에 의해 드러나며 이 단면이 많든 적든 간에 보편적인 "**의의**" ─ 이것은 **인과적** "의의"와는 엄격하게 구별되어야 한다 ─ 를 요구할 수 있는 근거가 된다. 마르크스의 『자본』은 인쇄용 검정 잉크와 종이의 조합으로서 브로크하우스 백과사전[93] 색인에 매주 등재되는 모든 것과 "문학적 산물"이라는 특성을 공유한다 ─ 그러나 그것이 우리에게 "역사적 개체"가 되는 것은, 그것이 유(類)에 속하기 때문이 아니라 오히려 그 안에 "침전된 것"으로서 "우리가" 찾아내는 완전히 유일무이한 "정신적 내용" 때문이다. 이와 마찬가지로 속물들이 저녁에 선술집에 모여 술을 마시면서 나누는 정치적 탁상공론은 다음과 같은 것의 복합체, 즉 인쇄되거나 손으로 직접 쓴 종이, 연병장에서 울려 퍼지는 음파[94]와 전개되는 육체적 활동, 그리고 제후나 외교관의 머릿속에 들어 있는 현명한 또는 심지어 아둔한 사고 등의 복합체와 "정치적" 현상이라는 특성을 공유한다; 우리는 이 모든 것을 "독일제국"이라는 개별적인 사유상으로 종합하는데, 그 이유는 "우리가" 독일제국에 대해 특정한, 다시 말해 "우리"에게 완전히 유일무이

---

93 이는 독일의 브로크하우스 출판사에서 1806년(초판)부터 2014년(제21판)까지 발행한 소항목 백과사전으로, 독자들이 쉽게 이해할 수 있도록 표, 도해, 약호 등을 많이 사용했다.

94 이는 연병장에서 교관이 내리는 명령이나 병사들이 지르는 고함소리처럼 인간의 목소리로 표현되는 모든 것(물론 여기에는 마이크를 통해 전달되는 목소리도 포함된다)을, 그리고 악기나 무기 등에 의해 인공적으로 나는 모든 소리를 가리킨다.

하고 수많은 "가치"에("정치적인" 것들뿐만 아니라) 근거하는 "역사적 관심"을 기울이기 때문이다. 이러한 "의의"를 ─ 가령 『파우스트』와 같은 대상이 "포함하는" 가능한 가치연관들, 또는 달리 표현하면 역사적 개체에 대한 **우리 관심의 "내용"**을 ─ 유개념을 통해 표현할 수 있다고 생각하는 것은 명백한 모순이다: "최고" 등급의 역사적 개체를 특징짓는 것은 다름 아니라 거기에는 우리 관심의 가능한 작용점이 무진장하게 "포함되어" 있다는 점이다. 다음과 같은 사실, 즉 우리가 역사적 가치연관의 일정한 "중요한" 방향들을 분류하며 그리고 난 다음 이러한 분류를 문화과학들의 노동분업을 위한 토대로 삼는다는 사실로 인해 다음과 같은 사실이 결코 변하지 않는 것은 물론이다.[26] 즉 "보편적"(=전반적) **의의**를 지니는 "가치"는 "보편적"(=일반적) **개념**이라는 관념은 가령 "진리"를 **하나의** 문장으로 표현할 수 있다는 또는 "도덕적인 것"을 **하나의** 행위로 실현할 수 있다는 또는 "아름다운 것"을 **하나의** 예술작품으로 구현할 수 있다는 생각과 마찬가지로 이상한 것이라는 사실은 결코 변하지 않는다. ─ 아무튼 이제 마이어와 역사적 "의의"의 문제를 해결하려는 그의 시도로 되돌아가자. 실상 여기까지의 고찰은 방법론적 영역을 떠나 역사철학적 영역에 머물렀다. 그러나 엄격하게 방법론의 영역에 머무는 고찰을 위해서는 현실의 일정한 **개별적** 구성요소들이 역사적 고찰의 대상으로 선택되는 것이 전적으로 그에 상응하는 **관심**의 **실제적인** 존재에 준거하여 설명되어야 한다: 이러한 관심의 **의미**에 대해 묻지 않는 입장에서 보면 "가치에의 연관"은 사실상 더 이상 말할 수 있는 것이 없으며, 마이어도 역사학은 제아무리 낮게 평가된다고 하더라도 그러한 관심이 존재한다는 사실로 충분하다고 말하는 것으로 만족하고 있다(38쪽). 물론 상기한 입장에서 보면 이렇게 말하는 것은 정당하다. 그러나 거기에는 역사철학적 지향이 결여되어 있는데, 그의 논의에서 볼 수 있는 일정한 불확실성과 모순은 바로 이 결여로 인한 것임이 명확하게 드러난다.

마이어는 (역사학에서의) "선택"이 "**현재**가 발전의 어떤 작용이나 또는 어떤 결과에 대해 갖는 역사적 **관심**에 근거하며, 따라서 현재는 이 작용이나 결과를 야기한 원인들을 추적하려는 욕구를 느낀다"고 말하며 (37쪽), 이를 뒤에서(45쪽) 다음과 같이 해석한다: 역사학자는 "그로 하여금 자료에 접근할 수 있도록 하는 문제를 **자기 자신으로부터**" 취하며, 그러고 나면 이 문제가 그에게 "사건들을 질서화하는 실마리를" 제공한다. 이것은 앞에서 말한 바와 완전히 일치하며, 게다가 동시에 마이어가 "결과에서 원인으로의 상승"이라는 고찰방식에 대해 비판적 견해를 피력한 사실 — 우리는 이미 앞에서 이 사실을 살펴보았다[95] — 에 정당한 의미를 부여할 수 있는 유일한 가능성이다: 여기에서 문제가 되는 것은, 그가 가정하듯이, 인과성 개념을 다루는 역사학의 특유한 방식이 아니라, 오히려 "역사적으로 의의 있는" "원인들"은 단지 다음과 같은 것들일 뿐, 즉 어떤 "평가된" 문화적 구성요소에서 출발하는 인과적 회귀가 자신의 불가결한 구성요소들로 받아들여야만 하는 것들일 뿐이라는 사실이다. 이것은 지금까지 불려왔듯이 "목적론적 종속"[96]의 원리이다 (이는 물론 오해를 불러일으킬 수 있는 표현이다). 그렇다면 다음과 같이 물을 수밖에 없다: 인과적 회귀의 이러한 출발점은 항상 **현재**의 구성부분이어야 하는가? 우리가 방금 인용한 마이어의 두 구절 가운데 첫 번째를 보면 이것이 그의 견해라고 할 수 있을 것이다. 그러나 마이어는 사실상 이에 대해 전혀 확실한 입장에 서 있지 않다. 여기까지 검토한 것만 보아도 이미 드러나듯이, 그는 자신이 말하는 "역사적으로 영향을 끼치는 것"이 실제로 무엇을 의미하는가에 대해 단 한번도 명료하게 진술한 적이 없다. 만약 그의 견해대로 단지 "영향을 끼치는" 것만이 역사학에 속한다면 — 이로 인해 그는 이미 다른 사람들로부터 비판을 받았다 — 모든 역사적 서술에 대한, 예컨대 그의 고대사[97]에 대한 근본문제는 다음

---

95 이 책의 412쪽, 원주 12를 볼 것[일러두기 9 참고].

96 이에 대해서는 이 책의 135쪽과 그와 관련된 옮긴이 주 90을 볼 것.

과 같을 수밖에 없다: 어떤 **최종**상태와 이것의 어떤 구성요소들이 서술하고자 하는 역사적 발전에 의해 "야기된 것"으로 선택되어야 하며, 또한 바로 이 선택으로 인해 어떤 사실이 그러한 최종 결과의 어떤 구성요소에 대해서도 증명할 수 있는 인과적 의의를 지니지 못한다는 이유로 역사적으로 중요하지 않은 것으로 치부되어 배제되어야만 하는가? 마이어의 많은 표현은 여기에서 결정적인 것은 사실상 현재의 객관적 "문화상황"—일단 간략하게 표현하자면—이라는 인상을 줄 수 있다: 이럴 경우에는 단지 다음과 같은 사실들만이, 즉 그 작용이 **오늘날에도 여전히**, 구체적으로 우리의 현재적인 정치적, 경제적, 사회적, 종교적, 윤리적, 과학적 상황에 대해 또는 우리의 문화적 삶을 구성하는 다른 어떤 요소들에 대해 인과적 의의를 지니는, 따라서 우리가 현재에도 그 "영향"을 직접적으로 인지할 수 있는 사실들만이(37쪽 윗부분을 볼 것) "고대사"에 속하게 될 것이다. 이에 반해 어떤 사실이 고대문화의 **특성**에 대해 제아무리 근본적인 의의를 지닌다고 할지라도 고대사와는 완전히 무관할 것이다(48쪽 아랫부분을 볼 것). 만약 마이어가 이러한 입장을 역사적 연구에서 그대로 실천했다면, 그의 저작은 심하게 쭈그러들었을 것이며—가령 이집트에 대한 권(卷)[98]을 생각해 보라—, 많은 사람들은 그들이 **고대사**에서 기대하는 바로 그것을 그의 저작에서 발견할 수 없을 것이다. 그러나 그는(37쪽 윗부분) 이로부터 벗어날 수 있는 다른 길을 열어두고 있다: "우리는 과거의 어떤 시점을 현재적인 것이라고 **가정함으로써** 그것을"—다시 말해 역사적으로 "영향을 끼치는" 것을—"과거에서도 경험할 수 있다." 그런데 이렇게 할 경우 모든 임의의 문화 구성

97　마이어는 1884년부터 1902년까지 총 5권으로 된 『고대사』를 출간했다(인용문헌을 참고할 것).

98　이는 페르시아 제국 창건까지의 오리엔트 역사를 주제로 하는 『고대사』, 제1권인데, 여기에서 마이어는—바빌론, 아시리아, 이스라엘 등과 더불어—이집트를 비교적 자세하게 다루고 있다.

요소를 어떤 식으로든 선택된 관점에서 "영향을 끼치는" 것으로 "가정하고는" 고대사에 끼워넣을 수 있음은 물론이다——그러나 그리하면 마이어가 추구하는 바로 그 경계설정이 불가능해질 것이다. 그리고 그럼에도 불구하고 다음과 같은 질문이 제기될 것이다: 예컨대 "고대사"에서는 어떤 "시점"이 역사학자에게 중요한 것의 척도로 선택될 것인가? 마이어의 고찰방식을 따른다면, 우리는 고대사의 "끝", 다시 말해 우리에게 적절한 "종점"으로 보이는 단면을 가정하게 될 것이다. 그리하여 로물루스 황제의 통치기, 또는 유스티니아누스의 통치기 또는——아마도 더 그럼직하게——디오클레티아누스의 통치기가 선택될 것이다.[99] 이 경우에는 어쨌든 우선 고대의 이 **마지막** 시기, 이 "노년기"에 "특징적인" 모든 것이 고대의 종결로서 의심할 바 없이 그리고 완전하게 서술에 포함될 것인데, 그 이유는 바로 이 특징적인 것이 역사적 설명의 대상을 형성할

---

99 이 문장에서 한 가지 눈에 띄는 것은, 로물루스의 경우에는 황제라는 칭호를 쓰는 반면 유스티니아누스와 디오클레티아누스의 경우에는 그렇지 않다는 점이다. 그 이유는 아마도 로물루스라고만 하면 전설상 로마의 건국자로 잘 알려진 로물루스(기원전 753?~기원전 717?)를 생각하는 것이 일반적이기 때문일 것이다(실제로『막스 베버 전집』I/7, 696쪽과 725쪽에서도 이러한 실수를 볼 수 있다). 여기에서 베버가 말하는 로물루스는 거의 알려지지 않은 서로마제국의 마지막 황제인 로물루스 아우구스툴루스(재위 475~476)인데, 475년 열다섯 살의 나이에 황제에 즉위했기 때문에 "소년 황제"를 뜻하는 아우구스툴루스라는 별칭이 따라붙으며 황제에 즉위한 지 채 1년도 안 되어 서로마제국의 게르만 출신 용병대장 오도아케르(434?~493)에 의해 강제로 퇴위되었다. 또한 유스티니아누스 황제(재위 527~565)는 다양한 제도를 정비하고 로마를 비롯한 서로마제국의 상당 부분을 회복하여 동로마제국의 전성기를 구가했고, 제국의 정치적 통일을 위해 동방교회와 서방교회의 통일에 노력했으며, 고대 로마제국에서 중세 비잔틴제국으로 이행하는 과정에서 아주 결정적인 역할을 했다. 그리고 디오클레티아누스 황제(재위 284~305)는 286년에 로마제국을 동방과 서방으로 분할하고 그 각각을 다시 정제(正帝)와 부제(副帝)가 통치하는 지역으로 분할하는, 이른바 사분통치제를 확립하고 자신은 경제적·군사적으로 중요한 동방의 정제로 소아시아, 폰투스(흑해에 면한 소아시아의 동북부), 오리엔트, 이집트를 통치하면서 로마제국 전체를 통치했다(네 명의 황제가 동등한 권한을 가진 것이 아니라, 동방의 정제인 디오클레티아누스는 자신을 세니오르라고 부르면서 제국 전체에 대한 중요한 결정은 혼자서 했다).

것이기 때문이다; 거기에 더해, 그리고 다른 모든 것에 앞서서, 바로 이 "노화"의 과정에 대해 인과적으로 중요한 ("영향을 끼치는") 모든 사실이 역사적 서술에 포함될 것이다―이에 반해 예컨대 그리스 문화를 서술하는 경우 당시에(로물루스 황제 또는 디오클레티아누스 시기에) 더 이상 "문화적 영향력"을 행사하지 못한 모든 것은 배제될 것이다; 그리된다면 당시의 문학, 철학 및 문화일반의 상황을 고려해 볼 때 우리에게 "고대사"를 어떻게든 "가치 있는 것"으로 만들어주는 것의 놀랄 만큼 커다란 부분이 배제될 것인데, 다행히도 우리는 마이어 자신의 저작에 이 부분에 대한 논의가 없다고 안타까워하지 않아도 된다.

만약 고대사가 **단지 후대의 어떤** 시기에 **인과적으로** 영향을 끼치는 것만을 포함하려고 한다면―**특히 정치적 관계를 역사적인 것의 진정한 근간으로 간주하는 경우에는**―, 그것은 다음과 같은 괴테의 "역사", 즉 랑케의 표현대로 그의 후예들을 위해 괴테 자신을 "병합하는",[100] 다시 말해 그의 특성과 그의 삶의 표현을 구성하는 요소들에서 단지 문학에서 **지속적으로** "영향을 끼쳐온" 것들만을 규명하는 괴테의 "역사"와 다를 바 없이 공허하게 보일 것이다: 이 점에서 과학적 "전기"는 다른 방식으로 경계가 설정된 역사적 대상들과 원칙적으로 구별되지 않는다. 마이어의 테제는 그 자신이 제시한 대로는 실행될 수 없다.―아니면 여기에도 이러한 그의 이론과 그 자신의 실천 사이의 모순에서 벗어날 수 있는 길이 존재하는가? 우리는 마이어가 역사학자는 "자신으로부터" 그의 문제를 취한다고 말하는 것을 들었는데, 그는 여기에 다음을 덧붙인다: "**역사학자의** 현재는 그 어떤 역사적 서술로부터도 배제될 수 없는 요소이다."[101] 그렇다면 어떤 "사실"을 "역사적인 것"으로 만드는 "영향력"

---

100 랑케, 『근세사의 여러 시기에 대하여』, 4~5쪽을 볼 것. 원래 '병합하다'(mediatisieren)라는 말은 역사학에서 어떤 독립적인 영역을 그의 통치자로부터 빼앗아 다른 국가에 통합하는 것을 의미한다.

101 마이어, 『역사학의 이론과 방법론에 대하여』, 45쪽.

은 다음과 같은 경우에 이미 존재해야 하는 것일까? 즉 현대의 역사가가 이 사실에서 그 개별적인 특성과 그렇게 되고 달리 되지 않은 이유에 대해 **관심을 갖고** 어떻게 이를 통해 독자들의 관심을 불러일으킬 수 있는지 아는 경우에 이미 존재해야 하는 것일까? ─ 사실상 마이어의 논의에는(한편으로는 36쪽 아랫부분, 다른 한편으로는 37쪽과 45쪽) "역사적 사실"에 대한 두 개의 다른 개념이 명백하게 뒤섞여 있다: 첫째는 그 구체적인 특성으로 말미암아, 또는 달리 말하자면 "그것들 자체 때문에" 우리 **관심**의 대상으로 "평가된" 현실의 구성요소들을 가리키는 개념이고, 둘째는 우리가 "평가된" 현실의 구성요소들을 그 역사적 조건성에서 이해하려고 할 때 이 구성요소들을 인과적으로 회귀하는 과정에서 "원인"으로, 마이어가 의미하는 바로는 역사적으로 "영향을 끼치는 것"으로 맞닥뜨리는 사실들을 가리키는 개념이다. 우리는 전자를 역사적 개체들이라고, 후자를 역사적 (실재)원인들이라고 부를 수 있으며, 리케르트식으로 양자를 "일차적인" 역사적 사실들과 "이차적인" 역사적 사실들로 구별할 수 있다.[102] 우리가 역사적 서술을 역사적 "원인들", 즉 리케르트의 "이차적인" 사실들에, 마이어의 "영향을 끼치는" 사실들에 엄격하게 국한할 수 있는 것은 물론 다음과 같은 경우에만, 즉 어떤 역사적 개체에 대한 인과적 설명이 우리의 전적인 관심이 되어야 하는지가 이미 명확하게 확정되어 있는 경우에만 가능하다. 이렇게 선택된 일차적 대상이 아무리 광범위할지라도 ─ 예컨대 "현대" "문화" 전체, 다시 말해 유럽으로부터 "방사하는" 우리의 기독교적·자본주의적·법치국가적 "문화"의 현대단계, 그러니까 그 자체로서 지극히 다양한 "관점"에서 고찰되는 "문화가치들"의 어마어마한 실타래가 그 대상이라고 가정해 보자 ─ 이 문화를

---

102 리케르트는 『자연과학적 개념구성의 한계』, 475~76쪽에서 역사적 개체를 두 가지로 구별한다: "그 하나는 연구를 주도하는 가치관점과 직접적인 관계를 갖고 다른 하나는 간접적인 관계를 가지며, 따라서 우리는 **일차적인** 역사적 개체와 **이차적인** 역사적 개체에 대해 말할 수 있다."

역사적으로 "설명하는" 인과적 회귀는, 만약 중세에까지 또는 심지어 고대에까지 이른다면, 엄청나게 많은 대상들을 **인과적으로** 중요하지 않은 것으로 무시하거나 또는 적어도 부분적으로 그리해야 할 것이다. 그러나 이 대상들은 "그것들 자체 때문에" 우리의 "평가적" 관심을 고도로 자극할 수 있으며, 따라서 **그 자체로서** 인과적 회귀를 통해 "설명해야" 하는 "역사적 개체들"이 될 수 있다. 물론 이러한 "역사적 관심"은 이 대상들이 **현대**문화의 보편사에 대한 인과적 의의를 결여하고 있기 때문에 특별히 협소한 것이라는 점을 인정해야 한다. 잉카와 아즈텍의 문화발전은 역사적으로 중요한 흔적을 —비교적으로 말해서! —극히 적은 정도로만 남겼으며, 따라서 마이어가 의미하는 바의 **현대**문화의 기원에 대한 보편사는 이 흔적에 대해 침묵을 지키더라도 아마 전혀 지장이 없을 것이다. 실제로 그러하다면 —우리가 일단 가정하려는 바와 같이 —우리가 그들의 문화발전에 대해 아는 것은 **일차적으로** "역사적 대상"으로서도 아니고 "역사적 원인"으로서도 아니라 오히려 본질적으로 문화이론적 개념들의 구성을 위한 "인식수단"으로서 의미를 갖는다: 적극적으로는 예컨대 개념의 한 특수하고 유일한 예로서의 봉건제라는 개념의 구성에 대해 의미를 갖고, 소극적으로는 우리가 유럽 문화사에서 사용하는 일정한 개념들을 잉카와 아즈텍의 이질적인 문화내용들과 구별지을 수 있으며 이를 통해 비교의 방식으로 유럽 문화발전의 역사적 특성을 발생적으로 보다 선명하게 파악할 수 있도록 하는 점에서 의미를 갖는다. 물론 마이어가 역사적으로 "영향을 끼치지 않는" 것으로 간주하는, 따라서 —만약 그가 논리적 일관성을 띤다면 —현대문화의 상황에 지향된 고대사로부터 배제할 수밖에 없을 것인 고대문화의 구성요소들과 관련해서 보아도 사정은 매한가지이다. —그러나 명백한 일이지만 이 모든 것에도 불구하고 잉카 및 아즈텍과 관련해 볼 때 논리적으로나 실제적으로나 그들 문화의 일정한 내용들이 그 특성으로 인해 역사적 "개체"가 될 수 있는 가능성이 결코 배제될 수 없다. 다시 말해 이 내용들은 우선 그 "가치"연관에 입각하여 "해석적으로" 분석되고 그러고 난 다음에 다시 "역사적" 연구의 대상이 되며, 따라서 인과적 회귀는 그들의 문화 발전의 부분이 되면서 방금 언급한 대상[103]과 관련하여 "역사적 원인"이 되는 사실들을 파악하려고 한다. 그리고 누군가 "고대사"를 구상한다면, 그것이 단지 우리의 현대문화에 인과적으로 "영향을 끼치는" 사실들만을 포함한다고 믿는 것은 공허한 자기기만이다. 왜냐하면 그것은 우리가 보기에 "일차적으로" 평가된 "역사적 개체들"로서 **또는** "이차적으로" 인과적 요소들로서(그러한 또는 다른 "개체들"과 관련된), 즉 "원인들"로서 의의 있는 사실들을 다루기 때문이다. 헬레니즘 문화사의 척도가 되는 문화가치들의 범위를 결정하는 것은 우리 문화와 헬레니즘 문화 사이에 존재하는 실제적인 인과관계가 아니라 "가치"에 지향된 우리의 **관심**이다. 우리는 일반적으로 ─ 그리고 완전히 "주관적으로" 평가하면서 ─ 대략 아이스킬로스와 아리스토텔레스 사이의 시대를 헬레니즘 문화의 "절정기"로 간주하는데, 이 시기는 그 문화내용들이 갖는 "고유가치"로 인해 마이어의 것을 비롯한 모든 "고대사"에서 논의의 대상이 된다. 그리고 이러한 사정이 변할 수 있는 것은 단지 다음과 같은 경우뿐, 즉 미래의 어느 시점엔가 마치 중앙아프리카의 어떤 민족의 "노래"나 "세계관"에 대해 그러는 것처럼 그 시기의 문화적 창조물들에 대해 직접적인 **"가치연관"**이 불가능해지는 경우뿐이다; 이 중앙아프리카 민족의 문화는 유(類)의 대변자로서, 다시 말해 개념구성의 수단으로서, 또는 "원인"으로서 우리의 관심을 자극한다. ─ 이것이 의미하는 바는 다음과 같다: 우리 현대인이 고대문화의 내용들의 개별적인 "특성"에 대해 어떤 종류의 **가치연관**을 갖는다는 사실이야말로, 마이어가 "역사적인 것"의 기준으로 제시하는바 "영향을 끼치는 것"이라는 개념에 유일하게 부여할 수 있는 의미이다. 이에 반해 "영향을 끼치는 것"에 대한 마이어 자신의 개

---

103 이는 바로 앞 문장에 나오는 "역사적 '개체'"를 가리킨다.

넘은 이질적인 요소들로 구성되어 있는데, 이는 역사학이 "문화민족들"에게 보이는 특수한 관심에 대해 그가 제시하는 근거만 보아도 이미 드러난다. "그것은", 그는 주장하기를(47쪽), "이러한 민족들과 문화들이 무한히 더 높은 정도로 **영향을 끼쳐왔고** 현재에도 여전히 영향을 끼치고 있다는 사실에서 기인한다." 이는 의심할 나위 없이 옳지만, 그 민족들과 문화들이 역사적 대상으로서 의의를 갖는 데 결정적인 우리의 "관심"에 대한 유일한 근거가 되는 것은 결코 아니다. 그리고 특히 그의 주장으로부터 ─ 마이어가 말하듯이(같은 곳) ─ "그들이(역사적인 문화민족들이) 발전하면 할수록" 우리의 그 관심이 더욱더 강해진다는 사실이 도출되는 것은 아니다. 사실상 여기에서 논의되는바 어떤 문화의 "고유가치"에 대한 문제는 그 문화의 역사적 "영향력"과는 아무런 관계도 없다: 여기에서 마이어는 그저 "가치 있는 것"과 "인과적으로 중요한 것"을 혼동하고 있을 뿐이다. 모든 "역사"가 **현재**의 가치관심이라는 관점에 의해 써지며, 따라서 모든 현재는 가치이념에 의해 주도되는 자신의 **관심**이 변하기 때문에 역사적 자료에 대해 새로운 질문을 제기하거나 또는 적어도 제기할 수 있다는 것은 절대적으로 옳다 ─ 이와 마찬가지로 이러한 관심은 완전히 "과거에 속하는" 문화 구성요소들도, 다시 말해 현재의 그 어떤 문화 구성요소도 **인과적** 회귀를 통해 그리로 소급될 수 **없는** 문화 구성요소들도 "평가하고" 역사적 "개체"로 만들 수 있다는 것은 확실하다; 작게는 괴테가 폰 슈타인 부인에게 보낸 편지들과 같은 대상을, 크게는 현대문화가 이미 오래전에 그 영향력으로부터 벗어난 헬레니즘 문화의 구성요소들이 거기에 속한다. 이미 우리가 보았듯이,[104] 심지어 마이어 자신도 다음과 같이 전제함으로써 이 점을 인정했는데, 다만 그로부터 결론을 이끌어내지 않았을 뿐이다: 그 전제란 **과거**의 어떤 시점을, 그의 표현대로, 현재적인 것으로 "가정하는" 것이 가능하다는

---

104 이 책의 394~95쪽에서이다.

것이다(37쪽 윗부분) ─ 이것은 55쪽, 중간부분의 논의에 따르면 실제로 는 "문헌학"에만 허용된다. 사실상 이는 다음을, 즉 "과거에 속하는" 문화 구성요소들도 여전히 느낄 수 있는 "영향력"의 존재에 **상관없이** 역사적 대상이 되며, 따라서 예컨대 고대의 "특징적인" 가치들도 **그 자체로서** 사실들의 선택과 역사적 작업의 방향에 척도를 제공할 수 있다는 사실을 인정하는 것이다. ─ 그러나 이뿐이 아니다.

마이어는 **현재**가 "역사학"의 대상이 되지 않는다고 말하면서, 현재의 구성요소들 가운데 어떤 것들이 미래에 "영향을 끼치는 것"으로 증명될지 아직 알지 못하고 또 알 수 없다는 점을 그 유일한 근거로 제시한다. 현재가 (주관적으로) 비역사적이라는 이 주장은 적어도 일정한 한계 내에서 적절하다. 현재의 사실들이 "원인"으로서 지니는 **인과적** 의의를 궁극적으로 "결정하는" 것은 어디까지나 미래이다. 자명한 일이지만 우리는 이 경우에 문서상 원자료의 결여 등과 같은 외적 요소들을 무시할 수 있지만, 그럼에도 불구하고 그것이[105] 문제의 유일한 측면은 아니다. 진정으로 직접적인 현재는 아직 역사적 "원인"이 되지 않았을 뿐만 아니라 아직 역사적 "개체"도 아닌데, 이는 "체험"이 "내 안에서" 그리고 "내 주위에서" 일어나는 순간에는 경험적 "지식"의 대상이 아닌 것과 마찬가지이다. 모든 역사적 "평가"는 말하자면 "관조적" 요소를 포함한다; 그것은 "입장설정적 주체"의 직접적인 가치**판단**만을 포함하는 것도 아니고 일차적으로 이 가치**판단**을 포함하는 것도 아니다; 그것의 본질적인 내용은, 우리가 보았듯이,[106] 오히려 **가능한** "가치연관들"에 대한 "지식"이며, 따라서 그것은 대상에 대한 "입장"을 적어도 이론적으로는 바꿀 수 있는 능력을 전제한다: 이는 일반적으로 다음과 같이, 즉 어떤 체험이 대상으로서 "역사학에 속하기" 전에 우리는 일단 그것에 대해 "객관적

---

105 이는 바로 앞 문장을 가리킨다.
106 이 책의 382쪽 이하에서이다.

으로 되어야 한다"라고 표현한다 ─ 그러나 여기에서 이러한 표현은 결코 그 체험이 인과적으로 "영향을 끼친다는" 것을 의미하지 **않는다.** ─ 어쨌든 "체험"과 "지식"의 관계에 해당하는 이 논의는 여기에서 더 이상 전개하지 않기로 한다; 이 모든 장황한 고찰과 더불어 마이어가 "영향을 끼치는 것"에 의해 "역사적인 것"의 개념을 정의하는 것이 불충분하다는 사실뿐만 아니라 그 이유도 명료하게 드러난 것으로 충분하다. 무엇보다도 거기에는 "일차적인" 역사적 대상과 "이차적인" 역사적 "사실들" 사이의 논리적 구별이 결여되어 있다. 다시 말해 한편으로는 그 생성된 과정의 인과적 "설명"이 우리의 관심을 불러일으키는 "평가된" 문화개체와 다른 한편으로는 우리가 이 "개체"의 "평가된" 특성을 인과적 회귀를 통해 귀속시키는 원인들 사이의 논리적 구별이 결여되어 있다. 이러한 귀속이 추구하는 원칙적인 목표는, 다른 어떤 경험인식과도 마찬가지로 경험적 진리로서 절대적인 "객관적" **타당성**을 갖는 데에 있다. 그리고 이러한 목표가 달성되었는가는, 구체적인 자연현상을 설명하는 경우에서와 마찬가지로, 논리적인 문제가 아니라 실제적인 문제이며, 따라서 전적으로 자료가 충분한가의 여부에 의해 결정된다. 여기에서 다시 논의할 필요가 없는 특정한 의미에서 "주관적인 것"은 주어진 설명 "대상"의 역사적 "원인들"을 규명하는 일이 아니라 역사적 "대상", 즉 "개체" 자체의 경계를 설정하는 일인데, 왜냐하면 이 후자의 측면에서 결정적인 것은 **가치연관**이며 이것을 "파악하는" 방식은 역사적으로 변하기 때문이다. 그러므로 한편으로 마이어는(45쪽 중간부분) 우리가 역사적인 것에 대한 "절대적이고 무조건적으로 타당한" 인식에 **결코** 도달할 수 없다고 주장하는데, 이러한 주장은 옳지 않다: 그것은 "원인들"에는 해당되지 않는다 ─ 그는 이어서 자연과학적 인식의 타당성과 관련된 상황이 역사적 인식의 타당성과 관련된 상황과 "다를 바 없다"라고 주장하는데,[107] 이러한 주장도 마찬가지로 옳지 않다: 그것은 역사적 "개체들", 다시 말해 "가치들"이 역사학에서 역할을 수행하는 **방식**에는, 그리고 이 가치들의 양상에는 해당되지 않는다(이는 그 "가치들"의 "타당성" 자체를 어떻게 생각하든 상관없이 그러한데, 그 이유는 이 타당성이 어쨌든 경험적 진리로서의 인과적 관계의 타당성과 원칙적으로 다른 무엇이기 때문이다; 비록 이 두 종류의 타당성은 철학적 관점에서는 궁극적으로 규범에 속박된 것으로 간주될 수밖에 없음에도 불구하고 서로 다르다). 왜냐하면 우리는 "가치"에 지향된 "관점"하에 문화대상을 고찰하며, 따라서 이 문화대상은 바로 그 관점하에 우리에게 비로소 역사적 연구의 "대상"이 되는데, 이러한 관점은 변할 수 있기 때문이다. 그리고 그렇기 때문에 또한 그런 한에서만 그 문화대상은 — 물론 우리가 여기에서, 즉 역사적 인식에 대한 논리적 고찰에서 확고한 출발점으로 삼는 "원자료"의 불변성이라는 전제하에 — 항상 새로운 "사실"이 되고 항상 새로운 방식으로 역사적으로 "중요한 것"이 된다. 이처럼 "주관적 가치"에 의해 조건지어지는 방식은 역학을 모델로 하는 자연과학에는 어쨌든 완전히 이질적인 것이고 사실상 역사적인 것에 대한 과학이 자연과학과 근본적으로 **구별되는** 특수한 근거가 된다.

여기까지의 논의를 다음과 같이 요약할 수 있다: 어떤 대상의 "해석"이, 예컨대 언어적 "의미"의 해석처럼 통상적인 의미에서 "문헌학적" 해석인 한, 그것은 "역사학"의 관점에서 보면 기술적(技術的) 예비작업이다. 그것이 특정한 "문화시기"나 특정한 인물이나 또는 특정한 개별적 대상(예술작품, 문학적 대상)의 성격을 **특징짓는 것**을 "해석적으로" 분석하는 한, 그것은 역사적 개념구성에 기여한다. 보다 정확히 말하자면, 그것은 두 가지 서로 다른 논리적 기능을 수행한다: 먼저 어떤 구체적인 역사적 관계의 **인과적으로** 중요한 구성요소들 자체를 인식하도록 돕는 보조적인 기능을 하거나 — **또는** 역으로 어떤 대상의 내용을(『파우스트』의, 『오레스테이아』의, 한 특정한 시기의 기독교의 내용 등을) 가능한 가치연

---

107 마이어, 『역사학의 이론과 방법론에 대하여』, 45쪽.

관에 비추어 "해석하고", 그렇게 해서 역사학의 인과적 작업의 "과제"를 설정함으로써, 다시 말해 역사학의 **전제조건**이 됨으로써 주도적이고 지침적인 기능을 수행한다. 한 구체적인 민족이나 시대의 "문화"라는 개념은, 그리고 "기독교"와 "파우스트"라는 개념은, 그리고 — 좀 더 쉽게 간과되는 것이지만 — 예컨대 "독일" 등의 개념도 **역사적** 작업의 대상으로 구성되는 경우에는 개별적인 **가치**개념이다. 다시 말해 가치이념과의 연관을 통해 형성된 것이다.

그러면 또 다른 문제로 눈을 돌려보자: 만약 우리가 우리로 하여금 사실들에 접근하도록 하는 평가 자체를 분석의 대상으로 삼는다면, 우리는 — 인식목표가 무엇인가에 따라 — 역사**철학**이나 "역사적 관심"의 심리학을 추진하게 된다. 만약 우리가 이와 달리 한 구체적인 대상을 "가치분석적으로" 다룬다면, 그러니까 그 대상의 특성을 "해석하며" 그 결과로 그 대상에 대한 가능한 평가들이 우리에게 "암시적으로" 추송(追送)된다면, 다른 말로 표현하면 우리가 어떤 문화적 창조에 대한 "추체험"을(일반적으로 그렇게, 그러나 매우 부정확하게 불리는) 의도한다면, 그것은 — 우리는 여기에서 마이어의 논의에 담긴 "진리의 일면"을 엿볼 수 있다 — **아직** "역사적" 작업이 아니지만, 그럼에도 불구하고 어떤 대상에 대한 역사적 "관심"을 위해, 이 대상을 "개체"로서 일차적으로 개념화하는 작업을 위해, 그리고 이를 통해서 비로소 가능해지고 유의미해지는 역사학의 인과적 작업을 위해 전적으로 불가피한, "형성하는 형식"[108]이다. 아주 많은 경우에 — 정치적 공동체들, 특히 역사학자 자신의 국가에 대한 모든 "역사학"의 초창기에 일어나는 것처럼 — 배워서 익숙하게 된 일상적 가치판단이 이미 대상을 형성하고 역사적 작업의 길을 닦아놓을 수 있으며, 그 결과로 역사학자는 외견상 — 물론 단지 외견상으로만 그리고 단지 통상적인 "가정용"을 위해서만 — 더 이상 특별

---

108 이에 대해서는 이 책의 75쪽, 원주 86과 그와 관련된 옮긴이 주 2를 볼 것.

한 가치해석을 필요로 하지 않는 이 확고한 "대상들"을 다루는 것이 자신의 "진정한" 영역이라고 믿을 수 있다: 그러나 그가 넓은 도로를 떠나서 어떤 국가나 정치적 천재의 정치적 "특성"에 대해서도 커다란 새로운 통찰을 얻고자 하자마자, 그도 논리적 원칙의 관점에서 보면 『파우스트』의 해석자와 똑같은 방식으로 연구를 진행해야 한다. 물론 다음과 같은 마이어의 견해는 옳다: 분석이 그처럼 대상의 "고유가치"에 대한 "해석"의 단계에 **머무는** 경우, 인과적 귀속의 작업이 수행되지 않고 대상이 보다 포괄적이고 보다 현대적인 다른 문화대상들에 대해 어떤 인과적 "의의"를 갖는가라는 문제에 비추어 고찰되지 않는 경우—이러한 경우에 역사적 작업은 시작되지 않았고 역사학자는 거기에서 단지 역사적 **문제**들의 건축자재를 볼 수 있을 뿐이다. 다만 내가 보기에 그가 자신의 입장을 증명하는 방식이 논거를 결여하고 있다. 특히 마이어는 소재를 "정태적으로", 즉 "체계적으로" 다루는 분야가 역사학과 근본적으로 구별된다고 주장하며, 예컨대 리케르트도—이전에 "체계적인 것"이 "역사적 문화과학"과 구별되는 특별히 "자연과학적인 것"이며, 이는 심지어 "사회적인" 그리고 "정신적인" 삶의 영역에서도 그러하다고 주장한 후[109]—최근에 **체계적 문화과학**이라는 개념을 정립했다[110]—이에 반하여 별도의 지면에서 다음과 같은 문제를 제기하는 것이 우리의 과제가 될 것이다:[111] "체계적인 것"은 얼마나 다양한 의미를 가질 수 있으며 그것의 다양한 종류는 역사적 고찰 및 "자연과학"과 어떤 다양한 관계에 있는가?[27] 마이어가 "문헌학적 방법"이라고 부르는 고대문화, 특히 헬

---

109 이는 『문화과학과 자연과학: 한 편의 강연』과 『자연과학적 개념구성의 한계』에서이다.
110 리케르트는 1905년에 출간된 논문 「역사철학」, 88쪽에서 주장하기를, "문화적 삶은 가치연관에도 불구하고 일반화하는 논의의 대상이 될 수 있다. 심리학은 말할 것도 없거니와, 사실상 언어학, 법학, 경제학 등과 같은 이른바 정신과학의 다양한 분야가 적어도 부분적으로 역사적 문화과학이 아니라 체계적 문화과학에 속하는데, 이것들의 방법은 일반화하는 자연과학의 방법과 일치할 필요가 없다."
111 이 과제는 실행되지 않았다.

레니즘 문화를 다루는 방식, 간단히 말해 "고대학"의 형식은 실제로는 우선 자료를 지배하는 데 필요한 언어의 역량을 통해서 성립된다. 그러나 이 방식 또는 형식은 그 역량에 의해서뿐만 아니라 일정한 탁월한 연구자들의 특성과 특히 고전고대가 지금까지 우리 자신의 정신훈련에 대해 지니고 있는 "의의"에 의해서도 조건지어진다. 고대문화에 대해 원칙적으로 가능한 입장들을 극단적인, 따라서 순수하게 이론적인 어법으로 표현하기로 하자. 1) 그 하나는 고대문화의 가치가 절대적으로 타당하다는 관념이 될 것이다; 이러한 관념은 인문주의에서, 그 후에는 예컨대 빙켈만의 사상[112]에서 그리고 마지막으로 이른바 "고전주의"의 모든 변종에서 명백하게 표현되는데, 여기서는 이에 대한 논의를 하지 않기로 한다. 만약 우리가 이 입장을 철두철미하게 고수한다면, 고대문화의 구성요소들은 — 우리 문화의 "기독교적 특성"이나 합리주의의 산물들에 의해 "보완되거나" 또는 "변형되지" 않은 한 — 적어도 잠재적인 문화 일반"의" 구성요소들이 되는데, 그 이유는 그것들이 마이어의 의미에서 "인과적으로" 영향을 **끼쳤기** 때문이 아니라 그것들이 절대적으로 타당한 가치를 지니며 따라서 우리의 교육에 인과적으로 영향을 끼쳐야 **하기** 때문이다. 그러므로 고대문화는 일차적으로 자기 국민을 문화민족으로 교육하기 위한 목적으로 학교에서 해석하는 대상이 된다: 그 가장 포괄적인 의미에서 "인식된 것의 인식"인 "문헌학"은 고대에서 원칙적으로 초역사적이며 모든 시대에 대해 타당성을 지니는 무언가를 인식한다. 2) 다른, 현대적인 입장은 첫 번째 입장과 극단적으로 대립된다: 고대문화는 그 진정한 특성에서 우리에게 무한히 멀리 떨어져 있기 때문에 "많은, 너무나도 많은 사람들에게"[113] 그것의 진정한 "본질"에 대한 통찰을

---

112 이는 1764년에 총 2권으로 출간된 그의 주저 『고대 예술사』에 잘 나타나 있다.

113 니체는 『차라투스트라는 이렇게 말했다』(한글판), 80쪽에서 다음과 같이 말하고 있다: "많은, 너무나도 많은 사람들이 태어난다. 국가는 바로 존재할 가치가 없는 이들을 위해 고안된 것이다! 보라, 어떻게 국가가 많은 — 너무나도 — 많은 자들을 꼬드기는지

주려고 하는 것은 완전히 무의미한 일이다: 그것은 소수를 위한 고상한 평가 대상인데, 이 소수는 영원히 사라져버리고 그 어떤 중요한 측면에서도 결코 반복될 수 없는 인류의 가장 고귀한 형식으로 침잠하는, 말하자면 이 형식을 "예술적으로 향유하려고" 하는 사람들이다.[28] 그리고 마지막으로 3) 고대학적 접근은 하나의 과학적 관심방향을 따르는데, 이 경우에는 고대의 원자료라는 보고(寶庫)가 일차적으로 우리의 문화뿐만 아니라 "모든" 문화의 전사(前史)에도 타당한 보편개념, 유추 및 발전규칙을 정립하는 데에 쓰일 수 있는 대단히 풍부한 민족지적 자료로 기능한다: 가령 비교종교학의 발전을 생각하면 되는데, 왜냐하면 그것이 고대의 풍부한 원자료를 이용할 수 없었더라면 그리고 엄격한 문헌학적 훈련의 도움을 받지 않았더라면 오늘날과 같은 비약은 불가능했을 것이기 때문이다. 여기에서 고대는 그 문화내용이 일반적인 "유형들"의 구성을 위한 인식수단으로 적합한 한에서 의미를 갖는다. 이에 반해 첫 번째 "입장"에서처럼 지속적으로 타당한 문화규범으로서 의미를 갖는 것도 아니고, 두 번째 "입장"에서처럼 개별적이고 관조적인 평가의 절대적으로 유일무이한 대상으로서 의미를 갖는 것도 아니다.

이렇게 보면 우리는, 이미 말한 바처럼, "이론적으로" 표현된 이 세 입장 모두가 그것들의 목적을 위해 "고대학"의 형식으로 고대사를 다루는 데에 관심을 갖는다는 것을 즉각 알 수 있으며, 또한 이 세 입장 모두가 "역사학"과는 다른 무엇을 일차적인 목적으로 하기 때문에 역사학자의 관심이 그 어떤 입장에서도 사실상 등한시된다는 것을 별다른 설명 없이도 알 수 있다. 그러나 다른 한편 마이어가 진지하게 현재의 관점에서 볼 때 더 이상 "영향을 끼치지" 못하는 모든 것을 고대사에서 지워버리려고 한다면, 고대에서 단순한 역사적 "원인" **이상**을 찾는 모든 사람들의 눈에는 다름 아닌 그가 자신의 적대자들을 옳다고 인정하는 것으로

를! 어떻게 국가가 저들을 입에 넣고 되씹어대는지를!"

비칠 것이다. 그리고 그의 탁월한 저작의 모든 지지자는 그가 이러한 생각을 전혀 실행에 옮기지 **못하는** 것을 알고는 기뻐할 것이며, 또한 행여라도 잘못 수립된 이론을 옹호하기 위해 그렇게 하려고 하지 않기를 바랄 것이다.[29)]

1) 그러므로 의도적으로 마이어의 논의가 갖는 약점을 찾아내려는 아래에서의 비판을, 마치 "아는 체하려는" 욕구의 발로인 것처럼 생각하지 않기를 바라마지 않는다. 한 탁월한 저술가의 오류는 과학적으로 무능한 사람의 정확성보다 더 유익하다. 우리가 여기에서 의도하는 바는 마이어의 업적을 긍정적인 의미에서 정당화하려는 것이 아니고, 그 정반대이다: 우리는 그가 역사학 논리의 몇몇 중요한 문제를 어떻게 해결하고자 했으며, 이 과정에서 아주 다양한 성공을 거두었음을 살펴봄으로써 그의 결함으로부터 배우고자 한다.

2) 이것은 — 나중에 보게 되는 바와 같이 — 만약 마이어가 자신이 내세우는 여러 견해를 너무 축어적으로 실행에 옮기려고 했다면 그에게도 일어났을 것이다.

3) 이러한 "우연"은 예컨대 주사위 또는 추첨과 같은 이른바 "우연"-게임의 기초가 된다. 구체적인 결과를 초래하는 조건들의 특정한 부분들과 결과 간의 관계는 **절대적으로** 인식 불가능하다는 사실이, 엄격한 의미에서의 "확률론"의 가능성을 구성한다.

4) **이러한** "우연"의 개념들은 심지어 상대적 의미에서만 역사적인 과학 분야로부터도(예컨대 생물학으로부터) 결코 제거할 수 없다. 루도 모리츠 하르트만도 "우연"을 논의할 때(『역사적 발전』, 15, 25쪽) — 명백하게 마이어에 접목하면서 — 단지 이러한 개념과 아래 원주 6에서 언급하게 되는 "프래그머틱한" 개념에 대해서만 말하고 있다. 이로써 알수 있는 것은, 적어도 그가 — 비록 그의 표현이 잘못된 것이기는 하지만 — 오일렌부르크의 생각처럼(『독일 문헌신문』 1905년, 제24호)[1] "무원인적인 것을 원인으로" 만들지는 않았다는 사실이다.

　1 이는 서평「루도 모리츠 하르트만,『역사적 발전에 대하여』」이다.

5) 예컨대 리프만의 저작『형법 서설』(1900)에서 그리한다.

6) 그는 "동기연구"가 무엇을 의미하는지 분명하게 말하지 않는다. 그러나 어쨌든 다음은 자명하다. 즉 우리가 어떤 구체적인 "인물"의 "결정"을 완전한 "최종적" 사실로 받아들이는 것은 단지 — 예컨대 파벨 황제[1]가 정신착란 상태에서 제정한 혼란스러운 법령들과같이 — 그 결정이 우리에게 "프래그머틱한" 의미에서 우연적인 것으로, 다시 말해 유의미한 해석이 불가능하거나 무가치한 것으로 보이기 때문이라는 사실은 자명하다. 그 밖의 경우에 역사학의 가장 확실한 과제들 가운데 **하나는** 예로부터 경험적으로 주어진 외

적 "행위들"과 그 결과들을 역사적으로 주어진 행위의 "조건", "목적" 및 "수단"에 비추어 이해하는 것이다. 마이어도 이와 다르지 않다. 그리고 "동기연구"는 — 다시 말해 실제로 "의욕된 것"과 이 의욕의 "근거"를 분석하는 것은 — 한편으로 그러한 분석이 비역사적 프래그머티즘으로 변질되는 것을 방지하는 수단이 되며, 다른 한편으로 "역사적 관심"의 중요한 출발점 가운데 하나가 된다 — 우리는 (여러 가지 중에서) 특히 인간의 "의지"가 지니는 "의의"가 역사적 "운명들"의 사슬에 의해 어떻게 변하는가를 보고자 **한다.**

1 러시아의 황제 파벨 1세를 가리킨다.

7) **빈델반트**는(『자유의지에 대하여』, 마지막 장[1]) 범죄학적 논의에서 "자유의지"의 문제를 배제하기 위해 특별히 이러한 견해를 피력한다. 그러나 그것이 범죄학적 관점에서 볼 때 충분한가에 대해서는 의문이 제기되는데, 그 이유는 인과적 결합의 성격에 대한 문제는 형법적 규범들의 적용 가능성에 대해 중요하지 **않은** 것이 결코 아니기 때문이다.

1 이 책은 총 12개의 강의로 구성되어 있으며, 그 마지막 장인 제12강(203~23쪽)의 제목은 「책임」이다.

8) 물론 그렇다고 해서 어떤 대상(예컨대 어떤 예술작품)의 생성을 인과적으로 고찰하는 것이 그 대상의 가치의의를 "이해할" 수 있는 "심리학적" 가능성에 매우 중요하게 기여할 수 없다는 말은 결코 아니다. 이에 대해서는 뒤에서 다시 다룰 것이다.[1]

1 이 책의 387쪽 이하에서이다[일러두기 9 참고].

9) 나는 이것을 나의 논문 「로셔와 크니스 그리고 역사학과 경제학의 논리적 문제들 II」에서 자세하게 비판하였다.[1]

1 이 책의 83쪽 이하에서이다.

10) 우리는 러시아의 파벨 황제가 그의 혼란스러운 통치의 마지막 단계에서 보여 준 행위를, 마치 스페인의 무적함대를 파괴한 폭풍[1]을 그리하는 것과 똑같이, 유의미하게 해석할 수 없는, 따라서 "계산할 수 없는" 것으로 받아들인다. 후자에서와 마찬가지로 전자에서도 우리는 "동기연구"를 단념하는데, 그 이유는 우리가 이 사건들을 "자유로운 것"으로 해석하기 때문이 분명 아니며, 또한 **단지** 우리에게 그것들의 구체적인 인과성이 필연적으로 숨어 있기 때문이 아니라 — 파벨 황제의 경우에는 아마도 병리학이 정보를 제공할 수 있을 것이다 — 그것들이 역사적 관점에서 우리에게 **충분한 관심의 대상이 되지 않기** 때문이다. 이에 대해서는 뒤에서 보다 자세하게 논의할 것이다.[2]

1 1588년 여름 영국 북부 해안에 두 주간에 걸쳐 폭풍이 몰아쳤는데, 이로 인해 당시 영국과 전쟁 중이던 스페인의 무적함대의 절반이 침몰했으며 약 1만 2,000명의 스페인군이 익사했다.

2 이 책의 375쪽 이하를 볼 것[일러두기 9 참고].

11) 이에 대해서는 「로셔와 크니스 II」에서 전개된 나의 논의를 볼 것.[1] — 엄격하게 합리적인 행위는 — 우리는 이것을 이렇게도 표현할 수 있다 — 주어진 "상황"에의 원활하고도 완벽한 "적응"일 것이다. 예컨대 맹거의 이론적 도식들은 "시장상황"에의 엄격한 합리적 "적응"을 전제조건으로 포함하고 있으며, 이 적응의 결과를 순수한 "이념형적" 형태로 명시한다.[2] **만약** 역사학이 단지 "자유로운", 다시 말해 목적론적 관점에서 절대적으로 합리적인 개별적인 행위들의 형성과 상호작용을 분석하는 것일 뿐이라면, 사실상 역사학은 "적응"의 프래그머티즘 — 루도 모리츠 하르트만은 역사학을 바로 이것으로

변형하고자 한다[3] ― 이외에 아무것도 아닐 것이다. ― 그러나 만약, 하르트만이 그리하는 것처럼, "적응"의 개념으로부터 이러한 목적론적·합리적 의미를 제거한다면, 이 개념은 나중에 때때로 더욱 자세하게 논의되는 바와 같이[4] 역사학적 관점에서 보면 완전히 무색한 것이 되고 만다.

  1 이 책의 79~174쪽을 볼 것.

  2 이 책의 305쪽 이하를 볼 것.

  3 하르트만, 『역사적 발전』, 18~19, 29, 62쪽에 따르면, 역사적 발전의 형태는 적응과 선택의 과정으로 구성된다.

  4 그러나 베버는 마이어에 대한 비판적 논의에서 더 이상 "적응"이나 하르트만에 대해 언급하지 않는다.

12) 그는 같은 곳에서 별로 적절하지 못하게 다음과 같이 말하고 있다: "역사적 연구는 결과에서 원인을 추론하면서 진행한다."

13) 『역사학 저널』, 제81권(1898), 238쪽.[1]

  1 이는 「새로운 역사학 방법」이며, 베버는 1898년을 1899년으로 오기하고 있다.

14) 이에 대해서는 「로셔와 크니스 II」에서 전개된 나의 논의를 볼 것.[1]

  1 구체적으로 이 책의 112쪽 이하에서이다.

15) 이러한 문제제기는 러시아 사회학파(미하일롭스키, 카르예예프 등) 내에서 통용되고 있는 일정한 사고노선들을 상기시킨다; 테오도어 키스티아콥스키는 『관념론의 문제들』(노프고로츠프가 편집하고 1902년 모스크바에서 출간되었다)에 게재된 논문 「러시아 사회학파와 사회과학적 문제틀에서의 가능성의 범주」에서 이 사고노선들에 대해 논의하고 있는데, 우리는 나중에 이 논문을 다룰 것이다.[1]

  1 이 책의 449쪽, 원주 5에서이다.

16) 『슈몰러 연보』(1904), 483쪽 이하.[1] 물론 나는 이 저작의 실질적인 가치에 대해서는 일체 논의하지 않을 것이다. 여기서는 오히려 다른 유사한 예증들에서와 마찬가지로 브라이직의 **모든** 주장이 **옳다는 것**이 **전제된다**.

  1 이 논문의 완전한 제목은 ― 이 책 363쪽, 옮긴이 주 46에서 언급한 바 있는 ― 「틀링기트족과 이로코이족에서 친족제도로부터 국가가 형성되는 과정」이다. 그리고 베버는 483~84쪽(S. 483f.)이라고 표기하고 있는데, 그가 이 논문 전체를 가리키고 있다는 점을 감안하면 483쪽 이하(S. 483ff.)가 타당한 듯하다.

17) 그렇다고 해서 상기한 구체적인 뢴트겐 광선이 "역사적" 사실로서 역할을 할 수 없다는 말은 아니다: 그것은 물리학사에서 일정한 위치를 차지할 수 있다. 물리학사는 그 중에서 그날 뢴트겐의 실험실에서 어떤 "우연적인" 환경이 그 반짝거리는 빛을 유발한 상황을 초래했으며, 그 결과로 ― 여기에서 우리가 일단 가정하는 바와 같이 ― 문제의 그 "법칙"의 발견에 인과적 요소로 작용했는가에 **대해서도** 관심을 가질 수 있을 것이다. 그리되면 상기한 구체적인 광선의 논리적 위치가 완전히 변할 것임은 명백하다. 이것이 가능한 이유는, 그 광선이 **가치**("과학의 진보")에 결부된 논의의 맥락에서 일정한 역할을 수행하기 때문이다. 아마도 누군가는 이 **논리적** 차이가, 이럴 경우 상기한 구체적인 광선의 **우주적** 결과들이 고려되지 않은 채 논의가 "정신과학"의 **고유한** 영역으로 뛰어넘은 데에서 기인할 뿐이라고 생각할 것이다. 그러나 그 광선이 **인과적** 의의를 가졌던

"평가된" 구체적인 대상이, 그것이 나름대로 우리에게 무언가를 "의미하는" 한, 다시 말해 "평가되는" 한, "물리적인" 성격이었든가 또는 "정신적인" 성격이었든가 하는 문제는 전혀 중요하지 않다. 이러한 대상에 지향된 인식의 실제적인 **가능성**이 일단 전제된다면, (이론적으로는) 상기한 구체적인 광선의 우주적(물리적, 화학적 등) 결과들도 "역사적 사실"이 될 **수 있을 것이다**: 그러나 단지 다음과 같은 경우에만 그리될 수 있을 것이다. 즉 이 결과들의 인과적 전진[1]이 ― 이것을 구성한다는 것은 물론 매우 어려운 일이다 ― 종국에는 "역사적 개체"가 될 수 있는, 다시 말해 그 **개별적인** 특성으로 인해 우리에게 **보편적인** 의의를 갖는 것으로 "평가할" 수 있는 하나의 구체적인 결과에 이르게 될 경우에만 그리될 수 있을 것이다. 다만 **이 최종적인 결과**를 결코 알 수 없기 때문에, 설사 우리가 인과적 전진을 실행할 수 있다손 치더라도 이것을 시도하는 것은 무의미할 것이다.

1 인과적 전진은 원인에서 그 결과들로 나아가는 방식으로, 결과에서 원인들로 돌아가는 방식인 인과적 회귀에 반대된다.

18) 여기에서 저자는 초판의 여백에 "사유의 비약!"이라고 썼다. 삽입하자면, 어떤 사실이 한 유개념의 견본으로서 의미를 갖는 경우에 그것은 **인식수단**이 된다. 그러나 모든 인식수단이 유의 견본인 것은 아니다[마리안네 베버의 주].

19) 그리고 여기에서 우리가 사용하는 의미에서의 "현실과학"이라는 표현은 역사학의 논리적 본질과 완전히 일치한다. 이 표현을 단순한 무전제적 "기술"로 보는 통속적 해석으로 인한 오해는 이미 리케르트와 짐멜에 의해 충분히 척결되었다.[1]

1 이 책의 372쪽, 옮긴이 주 61에서 언급한 바와 같이 리케르트에게 현실과학은 가치에 연관된, 즉 가치연관적 인식이다. 이에 대해서는 리케르트, 『자연과학적 개념구성의 한계』, 여러 곳, 특히 369쪽을 볼 것. 그리고 짐멜은 『역사철학의 문제들』, 제1판, 43쪽에서 현실과학 또는 역사적 과학은 역사적인 것에 대한 평가 또는 사실에 대한 인식관심에 달려 있다고 주장한다.

20) 자명한 일이지만 그렇다고 해서 **논리학**이 다양한 관점을 엄격하게 구별하는 것이 ― 이는 경우에 따라서 심지어 동일한 과학적 논의에서도 관찰된다 ― 잘못이라고 결코 말할 수 없다. 리케르트에 대한 터무니없는 많은 논박이 바로 이러한 오해에서 비롯된다.

21) 우리는 뒤의 한 부분에서 **이** 특별한 경우를 보다 자세하게 논의할 것이다.[1] 그러므로 여기서는 그것이 논리적으로 얼마나 특정적인 것으로 간주되어야 하는지의 문제는 의도적으로 다루지 않기로 한다. 다만, 보다 확실하게 해두기 위해, 그것이 당연히 "사실들"의 역사적 사용과 법칙정립적 사용 사이의 명료한 논리적 차이를 결코 흐리게 하지 않는다는 점을 덧붙이기로 한다. 왜냐하면 그 경우에 있어서는 **구체적인** 사실이 적어도 여기에서 확정된 의미에서 "역사적으로", 즉 어떤 구체적인 인과계열의 고리로 사용되지 **않기** 때문이다.

1 이 책의 391~92쪽에서이다[일러두기 9 참고].

22) 우리가 이렇게 하는 것은 근본적으로 **이러한** 종류의 "해석"을 **순수한** 언어적 해석으로부터 구별하기 위함이다. **실제로는** 이러한 구별이 일어나지 않는 것이 일반적인데, 그렇다고 해서 **논리적** 구별을 하지 않으면 안 된다.

23) **포슬러**도 그의 탁월하지만 의도적으로 일면적으로 쓰인 저작 『창조와 발전으로서의 언

어』(하이델베르크 1905, 84~85쪽)[1]에서 라퐁텐의 우화 한 편[2]을 분석하면서 자신의 의사와 관계 없이 이를 입증하고 있다. 그는 (자신과 가까운 입장의 크로체처럼)[3] "미학적" 해석의 유일하게 "정당한" 과제를, 문학적[4] "창조"가 적합한 "표현"이라는 사실과 얼마나 그러한지를 증명하는 데에서 찾는다. 그러나 그 자신은 라퐁텐의 아주 구체적인 "심리적" 특성을 언급하고(93쪽), 심지어 더 나아가 "환경"과 "인종"을 끌어들일(94쪽) 수밖에 없다: 그리고 왜 이 인과적 귀속, 다시 말해 항상 일반화하는 개념도 함께 사용하면서 생성된 것에 대해 연구하는 작업이(이에 대해서는 뒤에서 다시 논의할 것이다),[5] 다름 아닌 포슬러의 지극히 매력적이고 유익한 스케치 부분에서 중단되어야 하는지 그리고 왜 이러한 작업을 계속해 나가는 것이 "해석"을 위해 무가치한 것인지 알 길이 없다. 포슬러는 그렇게 용인한 인과성을 다음과 같이 말함으로써 다시 취한다. 즉 그는 (95쪽) 단지 "소재"만이 "시간"과 "공간"에 의해 조건지어질 뿐 미학적 관점에서 볼 때 유일하게 본질적인 것이 "형식"은 "정신의 자유로운 창조"라고 말함으로써 다시 취한다. 그리하여 우리로 하여금 그가 여기에서 크로체와 유사한 용어를 사용한다는 사실을 상기하도록 한다: "자유"는 여기에서 "규범성"과 동등하고 "형식"은 크로체적 의미에서[6] 올바른 표현이자 그 자체로서 미학적 가치와 동일하다. 그러나 이러한 용어는 "존재"와 "규범"의 혼동을 야기한다는 점에서 논란의 여지가 있다. ─포슬러의 재기 넘치는 저작의 커다란 업적은, 순수한 언어학자들이나 언어실증주의자들에 비하여 다음의 두 가지 사실을 재차 분명하게 강조했다는 점에서 찾을 수 있다: 1) 언어생리학과 언어심리학 이외에도, 그리고 "역사적" 연구와 "음운법칙적" 연구 이외에도 문학적 창조의 "가치"와 "규범"의 해석이라는 완전히 독립적인 과학적 과제가 존재한다는 사실이 그 하나이고, 2) 더 나아가 이러한 "가치"와 규범을 과학적으로 연구하는 사람 자신이 이것들을 이해하고 "체험하는" 것은 정신적 창작 과정과 조건의 인과적 해석에 대해서도 불가결한 전제조건이 되며, 그 이유는 문학적 산물 또는 언어적 표현의 창조자 자신이 그 가치와 규범을 "체험하기" 때문이라는 사실이 그 다른 하나이다. 그러나 주목해야 할 것은, 가치와 규범이 가치척도가 아니라 인과적 인식의 수단이 되는 후자의 경우에 이것들은 논리적 관점에서 보면 "규범"으로서가 아니라 오히려 완전히 사실적으로 "정신적" 현상의 "가능한" 경험적 내용으로서 고찰되며, 따라서 "원리적으로 보면" 뇌성마비 환자의 망상과 다를 바 없다. 내가 보기에 지속적으로 "가치"와 "설명"을 논리적으로 혼동하고 후자의 독립성을 부정하는 경향이 있는 포슬러와 크로체의 용어는 논의의 설득력을 약화시킨다. 순수하게 경험적인 작업의 과제는 포슬러가 "미학"이라고 부르는 것의 과제와 나란히, 그것도 실질적으로나 논리적으로나 독립적으로 존재한다: 이러한 인과적 분석이 오늘날 "민족심리학" 또는 일반적으로 "심리학"이라고 불리는 것은 유행하는 용어 때문이지만, 궁극적으로 보면 이러한 종류의 접근방식도 실질적으로 정당하다는 사실은 조금도 달라지지 않는다.

1 이 책의 제목에 대해서는 약간의 설명이 필요할 듯하다. 창조로서의 언어와 발전으로서의 언어는 무엇인가? 간단히 말하자면 전자는 개인적 차원에서의 언어를 가리키는 반면, 후자는 집단적 차원에서의 언어를 가리킨다. 포슬러에 따르면 언어는 한편으로 "순수하게 이론적이고 직관적이며 개인적인 행위, 즉 예술이다." 이 경우에 언어 자체는 "발전하는 것이 결코 아니라 자신의 정신적 인상을 언어적으로 표현하는 각

자 개인에 의해 계속해서 다르게 창출된다. 그러므로 언어적 표현형식은 우선 실천적인 것과 관계**없이**, 다시 말해 예술이나 또는 창조로서, 그러니까 [······] 미학적으로 고찰되어야 한다." 다른 한편으로 언어는 개인들 간의 상호작용이라는 실천적 목적에 사용될 수 있으며, 이런 한 "더 이상 개인적 창조가 아니라 집단적 창조이며, 경험적 현실과 관련되고 언어공동체의 문화적 욕구에 따라 고정되고 변화하며, 따라서 이차적으로 더 이상 **창조**로서가 아니라 **발전**으로서 고찰되어야 한다." 포슬러, 『창조와 발전으로서의 언어』, 18~19쪽.

   2 이는 「까마귀와 여우」이다. 참고로 포슬러는 1919년에 『라퐁텐과 그의 우화작품』이라는 단행본 연구서를 펴내기도 했다.

   3 이 입장은 크로체, 『표현의 과학으로서의 미학과 일반언어학』에서 볼 수 있다.

   4 베버는 이 주에서 세 번에 걸쳐 "문학적"(literarisch)이라는 표현을 사용하는데, 포슬러의 저작을 감안하면 "언어적"(sprachlich)이라는 표현이 합당하다. 또는 "문학적인 것"을 언어를 수단으로 하는, 그러니까 언어적인 것의 한 유형으로 읽을 수도 있을 것이다.

   5 이 책의 430~31쪽에서이다.

   6 크로체, 『표현의 과학으로서의 미학과 일반언어학』, 16~17쪽을 볼 것.

24) 예컨대 베른하르트 **슈마이틀러**가 오스트발트의 『자연철학 연보』,[1] 제3권, 24~25쪽에서 그리한다.[2]

   1 이는 1901년에 창간되어 1921년까지 발행된 자연철학 관련 저널인데, 베버가 "오스트발트의 『자연철학 연보』"로 표기한 것은 빌헬름 오스트발트가 편집을 담당했기 때문이다.

   2 이는 「역사학에서의 개념구성과 가치판단에 대하여」이다. 베버는 24~25쪽(S. 24f.)으로 표기하고 있는데, 24쪽 이하(S. 24ff.)라고 표기하는 것이 옳을 듯싶다. 왜냐하면 슈마이틀러는 24쪽에서 70쪽에 이르는 논문에서 이 문제를 다루고 있기 때문이다.

25) 나는 프란츠 **오일렌부르크**도 『사회과학 및 사회정책 저널』, 제21권[519쪽 이하, 여기서는 특히 525쪽][1]에서 이러한 견해를 내세우는 것을 보고 놀라지 않을 수 없다. 내가 보기에 리케르트에 대한 그리고 "그의 추종자들"(?)에 대한 그의 논박이 가능한 것은 어디까지나 그가 논리적 분석이 문제가 되는 바로 그 대상, 즉 "역사"를 자신의 고찰로부터 **배제하기** 때문이다.

   1 이는 「사회와 자연」이다.

26) 내가 "기독교"의 어떤 구체적인 "특징"의 형성이나 또는 가령 프로방스 기사문학[1]의 사회경제적 **결정요인**들을 연구할 수 있지만, 그렇다고 해서 내가 이 대상들을 그 경제적 **의의** 때문에 "평가되는" 현상으로 만드는 것은 아니다. 개별적인 학자들이나 또는 전통적으로 분리된 개별적인 "과학 분야들"이 자신들의 "영역"을 규정하는 방식은 물론 여기에서도 논리적으로 전혀 중요하지 않은데, 왜냐하면 이러한 방식은 노동분업이라는 순수하게 기술적인 문제에 속하기 때문이다.

   1 이는 11~12세기 프로방스에서 발달한 기사문학으로, 기사들의 전투와 여성에 대한 연모를 그 주제로 한다.

27) 그때서야 비로소 우리는 "과학들"을 "분류하는" 다양한 원칙에 대한 논의도 착수할 수

있다.

28) 이것이 아마도 마이어가 공격의 일차적인 대상으로 삼은 울리히 폰 빌라모비츠의 "비교론"(秘敎論)일 것이다.[1]

1 빌라모비츠가 "비교론"이라는 개념을 사용한 것은 『아테네 비극 입문』에서이다. 그리고 마이어는 『역사학의 이론과 방법론에 대하여』, 54~55쪽에서 역사학과 문헌학을 동일시하고 고대사와 고대학을 분리하지 않는 풍조를 공격하고 있는데, 그 일차적인 대상이 당시에 문헌학과 고대학에서 강력한 영향력을 행사하고 있던 빌라모비츠이다.

29) 확실히 여기까지의 논의가 갖는 폭은 "방법론"이 그로부터 직접적이고 실제적으로 "얻어내는" 것에 전혀 비례하지 않는다. 만약 누군가 이러한 이유로 그와 같은 논의를 쓸데없다고 생각한다면, 우리는 그에게 단지 인식의 "의미"에 대한 문제는 간단히 무시하고 실제적인 작업을 통해 "가치 있는" 인식을 얻는 것으로 만족하라고 권할 수 있을 뿐이다. 상기한 문제들을 제기한 것은 역사학자들이 아니라, "과학적 인식"은 "법칙들의 발견"과 동일하다는 그릇된 주장을 펼쳤고 오늘날에도 여전히 다양한 형식으로 지속적으로 펼치고 있는 사람들이다. 그것은 명백히 인식의 "의미"에 대한 문제이다.

II. 역사적 인과고찰에서의
객관적 가능성과 적합한 원인작용

현실의 역사적 형성

"제2차 포에니 전쟁의 발발"은, 마이어는 말하기를(16쪽), "한니발의 의지적 결정의 결과이고, 7년전쟁의 발발은 프리드리히 대왕의, 1866년 전쟁의 발발은 비스마르크의 의지적 결정의 결과이다. 이들은 모두 달리 결정할 수도 있었으며, 다른 인물들 또한 [······] 달리 결정했을 것이다; 그랬더라면 역사는 다르게 진행되었을 것이다."[1] "그런데" — 그는 각주 2에서 덧붙이기를 — "후자의 경우에 이 전쟁들이 일어나지 않았을 것이라고 주장해서도 안 되고 부정해서도 안 된다; 그것은 대답하기가 완전히 불가능한, 따라서 무용한 질문이다." 사실 이 두 번째 문장과

---

[1] 제2차 포에니 전쟁과 1866년의 (프로이센-오스트리아) 전쟁에 대해서는 이 책의 353쪽, 옮긴이 주 18을, 그리고 7년전쟁에 대해서는 이 책의 115~16쪽, 옮긴이 주 66을 볼 것.

앞에서 논의한 바 있는 역사에 있어서의 "자유"와 "필연성"의 관계에 대한 마이어의 입장[2] 사이에는 논리적 일관성이 결여되어 있는데, 여기서는 이 점을 차치하고 무엇보다도 우리가 답할 수 없거나 또는 확실하게 답할 수 없는 질문들은 이미 그렇다는 이유로 "무용한" 질문들이라는 견해에 대해 이론을 제기하기로 한다. 경험과학도 만약 그것이 답을 줄 수 없는 최고도의 문제들이 결코 제기되지 않았더라면 좋지 못한 상태에 빠져 있을 것이다. 물론 여기에서 우리가 말하고자 하는 바는 그러한 "궁극적인" 문제들이 아니라, 오히려 한편으로는 사건들에 의해 "추월되었고" 다른 한편으로는 우리의 실제적인 또는 가능한 지식의 상태로 인해 사실상 명확하게 긍정적인 답을 줄 수 없는 질문이다; 게다가 엄격한 "결정론적" 관점에서 보면, 이러한 질문은 "결정요인들"의 상태로 인해 "불가능했던" 무엇인가의 결과들에 관한 것이다. 그러나 이 모든 것에도 불구하고 다음과 같은 문제제기, 즉 만약 예컨대 비스마르크가 전쟁을 결정하지 않았더라면 무슨 일이 일어**날 수** 있었을까 하는 질문은 결코 "무용한" 것이 아니다. 왜냐하면 이 질문이야말로 현실의 역사적 형성에서 결정적인 역할을 하는 것과 관련되어 있기 때문이다: 모든 것이 바로 그렇게 되고 달리 될 수 없었던 무한히 많은 "요소들" 전체에서 바로 **이러한** 결과가 나올 수 있기 위해서는 이러한 개인적 결정에 실제로 어떤 인과적 **의의**가 부여되어야 하며 이에 따라 그 개인적 결정은 역사적 서술에서 어떤 위치를 차지하여야 하는가? 역사학이 주목할 만한 사건들이나 인물들에 대한 단순한 연대기의 수준을 넘어서고자 한다면, 바로 이런 식의 질문을 제기하는 것 이외에는 다른 어떤 길도 없다. 그리고 역사학은 그것이 과학인 한 그렇게 한다. 우리는 앞에서 마이어의 견해, 즉 역사학은 사건들을 "생성되어 가는 것"의 관점에서 고찰하며, 따라서 그 대상은 "생성된 것"에 고유한 범주인 "필연성"의 지배를 받지 않는다는

---

2 이 책의 351쪽 이하를 볼 것.

견해를 인용한 적이 있다.[3] 그런데 이러한 견해에서 옳은 것은, 역사학자가 어떤 구체적인 사건의 인과적 의의를 평가할 때, 입장을 설정하고 의욕하며 또한 자신의 행위가 "필연적인 것"으로 보이지만 "가능한 것"으로 보이지 않으면 결코 "행위하지" 않는 역사적 인간과 동일한 방식으로 자신의 과제를 수행한다는 점이다.[1] 양자 간의 유일한 차이는 다음과 같다: 행위하는 인간은, 그가 엄격하게 "합리적으로" 행위하는 한 — 여기에서 우리가 가정하는 것이지만 —, 자신이 관심을 갖는 미래의 발전의 "조건들"을 숙고하고(이것들은 그의 "외부에" 존재하고 그의 지식 정도에 따라 실제적으로 주어진다), 그 자신이 행동할 수 있는 다양한 "가능한 방식"을 그리고 이 행동의 방식들이 그러한 "외적" 조건들과 결합함으로써 가져오리라고 **기대할** 수 있는 결과들을 사유적으로 인과관계에 삽입하며, 그러고 나서 이런 식으로 (사유적으로) 산출해 낸 "가능한" 결과들에 근거하여 자신의 "목적"에 부합하는 하나의 또는 다른 행동방식을 결정한다; 이에 반해 역사학자는 우선 다음과 같은 점에서, 즉 그는 행위자가 자신이 갖고 있던 지식과 기대에 의거하여 자신의 "외부에" 존재하는 주어진 조건들에 대해 평가한 것이 당시의 실제적인 상황에 부합했는지 아니었는지를 어찌 되었든 사후적으로 **안다는** 점에서 그가 다루는 주인공에 비해 우위에 있다: 행위의 실제적인 "결과"가 그에게 이것을 가르쳐준다. 그리고 단지 **논리적인** 문제들의 해명에만 관심을 기울이는 여기에서 우리는 일단 **이론적으로** 다음과 같은 전제, 즉 역사학자는 그러한 조건들에 대한 지식을 이상적으로 최대한 소유하고 있다는 전제에 기초하고자 하며 또한 기초할 수 있다(비록 이 최대치가 실제로는 매우 드물게 달성될 수 있을지라도, 아니 아마도 결코 달성될 수 없을지라도 그리하고자 하며 또한 그리할 수 있다) — 바로 이 이상적인 최대치의 지식과 더불어 역사학자는 자신의 "주인공"이 이미 다소간 명료하게 수행한 또는 "수행

---

3 이 책의 351쪽을 볼 것.

할 수 있었던" 사유적 숙고를 회고적으로 수행할 수 있으며, 따라서 예컨 대 비스마르크 자신보다 엄청나게 큰 성공의 가능성을 갖고 다음과 같 은 질문을 제기할 수 있다: 만약 다른 결정이 내려졌더라면, 어떤 결과를 "기대할" 수 **있었을까?** 이러한 고찰이 결코 "무용한 것"이 아니라는 점 은 분명하다. 마이어 자신도(43쪽) 베를린 3월혁명 기간 중 벌어진 시가 전의 직접적인 촉발제가 된 두 발의 총격[4]에 대한 논의에서 바로 이러한 방식을 적용하고 있다. 그가 보기에 이 총격의 원인이 무엇인가에 대한 질문은 "역사적으로 중요하지 않다." 왜 이 질문이 한니발의, 프리드리 히 대왕의, 비스마르크의 결정에 대한 논의보다 덜 중요한가? "당시의 사 정으로는 어떤 임의적인 사건이라도 갈등을 야기할 **수밖에 없었다.**" (!)[5] 우리는 여기에서 마이어 자신이 이른바 "무용한" 질문, 즉 그 총격이 **없 었더라면** 무슨 일이 일어"났을까" 하는 질문에 답하고 있음을 볼 수 있 으며, 또한 이렇게 해서 그 총격의 역사적 "의의"(이 경우에는 그것이 중 요하지 않다는 것)가 결정되었다. 이에 반해 한니발이, 프리드리히 대왕 이, 비스마르크가 내린 결정의 경우에는, 적어도 마이어의 견해에 따르 면, "사정"이 분명히 "달랐다"; 보다 정확하게 말하자면, 설사 결정이 다 르게 이루어졌더라도 어떠한 경우에도 또는 결정의 과정과 결과를 결정 하는 당시의 구체적인 정치적 상황으로 인해 갈등이 야기되지는 **않았을 것**이다. 만약 그렇지 않다면 이러한 결정은 상기한 총격만큼이나 역사적 인 의의를 지니지 못할 것이다. 그러므로 어떤 개별적인 역사적 사실의 "역사적 의의"를 규명하는 데에 다음과 같은 **판단**은 상당한 가치를 지니 는 것으로 보인다: **만약** 이 사실이 역사적 조건들의 한 복합체에서 결여

---

4 이는 1848년 3월 18일 수많은 사람이 베를린 궁전 앞에 모여 시위를 벌이던 중 오후 2시 반경 궁정 수비대에서 실수로 두 발의 총탄이 발사되었다. 이로 인해 다치거나 죽은 사 람은 없었지만 시위 참석자들은 의도적인 것이라고 생각했으며, 그 결과 시민들과 무장 군인들 사이에 격렬한 시가전이 전개되었다.

5 마이어, 『역사학의 이론과 방법론에 대하여』, 43쪽.

되었다고 또는 변했다고 생각한다면, 이 결여나 변화로 인해 역사적 사건들이 특정한, **역사적으로 중요한** 측면들에서 달리 진행되었을 **것이다**; 비록 역사학자가 실제로는 예외적으로만, 즉 바로 그 "역사적 의의"가 **논란이 되는** 경우에만 의식적이고도 명시적으로 그러한 판단을 내리고 이를 정당화하게 됨에도 불구하고 그러하다. 이러한 사정을 감안하면 다음과 같은 판단, 즉 어떤 개별적인 인과적 구성요소가 조건들의 한 복합체에서 제거되거나 변화하면 어떤 결과를 기대할 수 "있었을까"를 말해 주는 판단의 논리적 성격과 이러한 판단이 역사학에 대해 지니는 의의에 대한 고찰이 촉구되었어야 했음이 분명해진다. 우리는 이 점을 보다 명료하게 하고자 한다.

역사학의 논리[2]가 여전히 매우 열악한 상황에 처해 있다는 것은, 특히 다음과 같은 사실, 즉 이 중요한 문제에 대해 결정적인 연구를 수행한 것은 역사학자들도 아니고 역사학의 방법론자들도 아니고 역사학으로부터 아주 멀리 떨어져 있는 과학 분야의 대표자들이라는 사실에서 잘 드러난다.

"객관적 가능성"의 이론

우리가 여기에서 다루고자 하는 이른바 "객관적 가능성"의 이론은 탁월한 생리학자인 폰 크리스[3]의 저작에서 기원하며, 이 개념이 통상적으로 사용되는 것은 일차적으로는 범죄학자들의 그리고 이차적으로는 법학자들의, 특히 메르켈, 뤼멜린, 리프만, 그리고 최근에는 라드브루흐의 저작 덕분인데, 이들 가운데에는 폰 크리스를 추종하는 학자들도 있고 비판하는 학자들도 있다.[4] 사회과학 방법론에서는 크리스의 사상노선이 지금까지 통계학에 의해서만 받아들여졌다.[5] 다름 아닌 법학자들이, 특히 범죄학자들이 이 문제를 다루었다는 사실은 자연스러운 것인데, 왜냐하면 형법상의 죄에 대한 문제는 다음과 같은 질문을 포함하는 한 순수한 인과성의 문제이기 때문이다: 우리는 어떤 상황에서 누군가 자신의 행위를 통해 어떤 특정한 외적 결과를 "야기했다"고 주장할 수 있는가? 게다가 형법상의 죄에 대한 문제는 확실히 역사적 인과성의 문제와 동일한 논리적 구조를 갖는다. 왜냐하면 역사학에서와 마찬가지로 인간들의 실천적인 사회적 관계, 특히 사법(司法)의 문제는 "인간 중심적" 지향성을 갖기 때문이다: 다시 말해 그것은 **인간**의 "행위"가 지니는 인과적 의의를 묻는다. 그리고 경우에 따라서 형법상 처벌되거나 민법상 보상되어야 하는 어떤 구체적이고 해로운 결과의 원인이 되는 조건에 대한 질문과 마찬가지로, 역사학자가 직면하는 인과성의 문제는 항상 구체적인 결과의 구체적인 원인으로의 귀속과 관계될 뿐 추상적인 "법칙성"의 규명과는 관계되지 않는다. 그러나 법학은, 특히 범죄학은 자신의 특수한 문제를 해결하기 위해 다시금 이 공통적인 길을 떠나게 되는데, 이는 다음과 같이 추가적인 질문이 제기되기 때문이다: 어떤 결과를 **객관적으로**, 즉 순수하게 인과적으로 어떤 개인의 행위에 귀속시키는 것이 그가 거기에 **주관적으로** "책임이 있다"라고 판단하는 데에도 충분한가, 그리고 언제 그런가 하는 질문이 제기되기 때문이다. 사실상 이러한 질문은 더 이상 순수한 인과적 문제가 아니라, 다시 말해 더 이상 지각과 인과적 해석을 통해 "객관적으로" 규명할 수 있는 사실들의 단순한 확인을 통해 해결할 수 있는 문제가 아니라, 윤리적인 그리고 다른 가치들에 지향된 형사정책의 문제이다. 다음과 같은 경우는 선험적으로 가능하고 실제적으로 빈번할뿐더러 오늘날에는 일반적이다. 즉 명시적으로 표현되어 있거나 또는 해석을 통해 밝혀지는 법규범의 의미로 인해, 해당 법조항의 의미에서 "책임"이 존재하는가의 여부가 일차적으로 행위자와 관련된 일정한 **주관적** 구성요건들(의도, **주관적으로** 조건지어진 결과의 "예측력" 등)에 의해 좌우되며, 따라서 인과적 결합방식의 범주적 차이가 갖는 의의가 현저하게 변할 수 있다.[6] 그러나 논의의 첫 단계에서는 연구목적의 이러한 차이가 아무런 의의도 갖지 않는다.[6] 우리는 법학 이론에서와 마찬가지로 우선 다음과 같이 묻는다: 사실상 언제나 **무한한** 원인적 요소들이 개별적인 "사건"의 발생을 조건지었다는 사실에, 그리고 결과가 그 구체적인 모습에서 발생하기 위해서는 실로 그 개별적인 원인적 요소들 **전체**가 불가결했다는 사실에 직면하여, 하나의 구체적인 "결과"를 하나의 구체적인 "원인"으로 귀속시키는 것이 어떻게 원칙적으로 **가능하며** 실행될 수 있는가?

그런데 무한한 결정요인들 가운데에서 선택을 할 수 있는 가능성은 우선 우리의 역사적 **관심**의 성격에 의해 조건지어진다. 우리가 역사학은 어떤 "사건"의 구체적인 **현실**을 그 개별성 속에서 인과적으로 이해해야 한다고 말할 때, 이것이 의미하는 바는, 이미 살펴본 바와 같이,[7] 자명하게도 역사학이 이 사건을 그 개별적인 특성들 전체 속에서 완전하게 "재현하고" 인과적으로 설명해야 한다는 것이 아니다: 그것은 실제로 불가능할뿐더러 원칙적으로도 무의미한 과제일 것이다. 오히려 역사학이 추구하는 바는 전적으로, 해당 사건에서 특정한 관점으로 볼 때 "보편적인 의의"를 지니는, **그리고 따라서** 역사적 **관심**을 불러일으키는 "구성요소들"과 "측면들"에 대한 인과적 설명이다. 이는 마치 재판관이 어떤 사건의 개별적인 과정 전체가 아니라 단지 이 사건을 규범들에 포섭하는 데 **중요하다고** 간주되는 구성요소들만을 고려하는 것과 같다. 재판관은 ― 무한히 많은 "절대적으로" 사소한 세목들을 무시하는 것은 물론이려니와 ― 심지어 다른 관점, 예컨대 자연과학적, 역사적, 예술적 관점에서 보면 관심을 불러일으킬 수 있는 모든 것에 대해서도 관심을 갖지 않는다: 그는 치명적인 자상(刺傷)이 생리학자의 상당한 관심을 끌 수도 있는 부차현상들의 작용하에 죽음을 "초래했는가" 하는 문제에 관심을 갖

---

6 이 문장에서 "연구목적의 이러한 차이"란 역사학이 추구하는 연구목적과 법학이 추구하는 연구목적의 차이를 가리킨다.
7 이 책의 363쪽 이하에서이다.

지 않고, 피살자나 살인자의 포즈가 예술적 표현의 적합한 대상이 될 수도 있는가 하는 문제에 관심을 갖지 않고, 그 죽음으로 이와 전혀 무관한 "뒷서열"의 관료가 뜻하지 않은 "승진"의 기회를 얻었는가,[8] 그러니까 이 관료의 입장에서 보면 인과적으로 "가치 있는 것"이었는가, 아니면 그 죽음이 예컨대 특정한 보안경찰적 규정이 마련되는 계기가 되었는가, 또는 어쩌면 심지어 국제적 갈등을 야기했으며 따라서 "역사적으로" 의의가 있는 것으로 드러났는가 하는 문제에 관심을 갖지 않는다. 그에게 유일하게 중요한 것은 다음이다: 자상과 죽음 사이에는 인과고리가 존재하는가, 또한 범인의 주관적 아비투스 그리고 그와 행위의 관계는 특정한 형법적 규범이 적용될 수 있는 성격의 것인가? 다른 한편 역사학자는 예컨대 카이사르의 죽음과 관련하여 이 "사건"이 제공할 수도 있는 범죄학적 문제나 의학적 문제에 관심을 갖지 않으며, 또한 그 사건의 세세한 사항들에 대해서도, 이것들이 가령 카이사르의 "특성을 묘사하는" 데나 또는 로마의 당파적 상황의 "특성을 묘사하는" 데나—다시 말해 "인식수단"으로서—, 또는 마지막으로 그의 죽음이 가져온 "정치적 효과"를 드러내는 데—다시 말해 "실재원인"으로서—중요성을 지니지 않는 한, 전혀 관심을 갖지 않는다. 역사학자는 카이사르의 죽음과 관련하여 우선 바로 그 시점에, 특정한 정치적 상황하에서, 죽음이 일어났다는 사실을 논하며, 그리고 난 다음에 이로부터 제기되는 질문, 즉 이 사실이 "세계사"의 전개에 어떤 중요한 "결과"를 가져왔는가 하는 질문을 고찰한다.

이로부터 법학적 인과귀속에서와 마찬가지로 역사적 인과귀속에서도 실제적인 사건의 무수한 구성부분들을 "인과적으로 중요하지 않은 것"으로 배제한다는 결론이 나온다. 사실상 어떤 개별적인 사태는, 우리가

---

8 이는 아직 승진 서열이 아닌, 그리고 살인사건에 가담하지 않은 관료가 그 살인사건을 해결한 공로로 승진하게 된다는 식으로 이해하면 된다.

보았듯이, 비단 다음과 같은 경우에만, 즉 그것이 논의의 대상이 되는 사건과 아무런 관계도 없었으며, 따라서 설사 우리가 그것이 없었던 것으로 생각한다고 하더라도 그 사건의 실제적인 과정의 **어떤** 변화도 일어나지 "**않았을**" 경우에만 중요하지 않은 것이 아니다; 그뿐이 아니라 실제적인 과정의 구성요소들 중에서 구체적인 의의를 지니며 유일하게 우리의 관심을 끄는 것들이 그 사태에 의해 어떻게든 영향을 받지 않은 것으로 보일 경우에도 그러하다.

그러나 우리가 직면하는 진정한 문제는 다음과 같다: 우리는 어떤 논리적 작동을 통해 한편으로는 결과의 "중요한" 구성요소들과 다른 한편으로는 사건을 결정하는 무한한 계기들 중의 특정한 구성요소들 사이에 그러한 인과관계가 존재한다는 **사실**에 대한 통찰을 얻을 수 있으며 이것을 증명하고 정당화할 수 있을까? 확실히 사건의 과정에 대한 단순한 "관찰"을 통해서는 아니다 — 어쨌든 우리가 관찰을 해당되는 시간과 공간에서 전개되는 모든 물리적인 그리고 정신적인 과정의 "무전제적인" 정신적 "사진찍기"로 이해하는 경우에는 아니며, 설사 이것이 가능하다고 하더라도 아니다. 오히려 인과적 귀속은 일련의 **추상화**를 포함하는 사유과정의 형태로 수행된다. 그 첫 번째이자 결정적인 단계는, 과정의 실제적인 인과적 구성요소들 가운데에서 하나 또는 몇몇이 특정한 방향에서 변했다고 **생각하고는** 그렇게 변화된 조건들 아래에서 ("중요한" 측면들과 관련하여) 동일한 결과를 또는 **어떤 다른** 결과가 "기대될 수" 있었는가를 묻는 것이다. 마이어 자신의 저작으로부터 하나의 예를 취해 보기로 하자. 어느 누구도 그만큼 페르시아 전쟁[9]이 서구의 문화발전에 대해 갖는 세계사적 "의의"를 생생하고 명료하게 설명하지 못했다.[10] 그렇

---

9 페르시아 전쟁은 기원전 499년부터 기원전 449년까지 페르시아가 그리스를 침입함으로써 벌어진 세 차례의 전쟁을 말한다.

10 마이어의 『고대사』(1884~1902)에서 페르시아가 차지하는 위치는 절대적인데, 이는 이 저작을 구성하는 다섯 권 모두의 부제에 페르시아라는 단어가 들어 있다는 사실만

다면 논리적 관점에서 볼 때 어떻게 이것이 가능했을까? 본질적으로, 먼저 두 가지의 **"가능성"**을 제시한 다음 마라톤 "전투"라는 아주 작은 규모의 교전에 의해 이 둘 사이의 투쟁이 "결판났음"을 논증함으로써 가능했다:[11] 그 두 가능성이란 한편으로는 비의(秘儀)와 신탁에서 시작되었고 페르시아 보호정치의 방패 아래 발전한 신정적·종교적 문화인데, 이 보호정치는 예컨대 유대인들의 경우에서처럼 가능한 곳에서는 어디서나 민족종교를 지배수단으로 이용했다; 다른 한편으로는 현세 지향적이고 자유로운 그리스 정신세계의 승리인데, 이 정신세계는 우리에게 우리가 오늘날에도 여전히 향유하고 있는 문화가치들을 선사했다. 아무튼 이 두 가능성들 사이의 투쟁은 마라톤 전투에서 결판이 났는데, 이 전투는 아테네 함대가 창설되는 데 불가결한 "전제조건"이 되었으며,[12] 그 결과로 자유를 위한 투쟁이 지속되는 데, 그리스 문화의 독자성을 구제하는 데, 특별히 서구적인 역사서술의 형성을 적극적으로 촉진하는 데, 그리고 드라마와 세계사의 이 — 순수하게 양적으로 볼 때 — 작은 무대에서 전개된 모든 유일무이한 정신적 삶이 만개하는 데 불가결한 "전제조건"이 되었다.

그리고 마라톤 전투가 상기한 두 "가능성들" 사이에서 "결판"을 냈거나 또는 적어도 그것에 매우 중요한 영향을 끼쳤다는 **사실**이야말로, 왜 **우리가** — 아테네인이 아닌 우리가 — 그 전쟁에 역사적 관심을 갖는가

보아도 능히 짐작할 수 있다.

11 마라톤 전투는 제2차 페르시아 전쟁 중인 기원전 490년 아테네군이 마라톤 평원에서 페르시아군을 격파한 전투인데, 당시 병력 규모는 — 정확히 알 수는 없지만 — 아테네군이 1만 1,000명 정도, 페르시아군이 2만 5,000명 정도로 추산된다. 참고로 제2차 페르시아 전쟁에 동원된 페르시아군은 20만 명 정도로 추산된다.

12 마라톤 전투에서 패한 페르시아군이 철수하고 10년 후인 기원전 480년에 다시 그리스를 침공함으로써 제3차 페르시아 전쟁이 일어났는데, 그사이에 아테네는 함대를 창설하는 등 페르시아의 재침공에 충분히 대비하고 있었다. 바로 이 함대가 주력이 된 그리스 연합함대가 같은 해 살라미스 해전에서 페르시아 함대를 격파함으로써 페르시아 전쟁이 종식되는 데 결정적인 역할을 했다.

에 대한 유일한 이유임이 확실하다. 이러한 "가능성들"에 대한 그리고 우리가 회고적으로 고찰할 때 그 결판에 "좌우되었던 것"으로 보이는 대체할 수 없는 문화가치들에 대한 평가가 없다면, 그 전투의 "의의"를 규명하는 것은 불가능할 것이다; 그리고 왜 우리가 그 전투를 카피르나 인디언의 두 종족 간의 드잡이와 동일하게 평가하지 말아야 하는지, 그리고 그리함으로써 헬몰트의 『세계사』의 우둔한 "근본사상"을 실제로 그리고 이 "현대적" 총서[7]에서보다 더 철저하게 실천하지 말아야 하는지 사실상 알 길이 없을 것이다.[13] 현대의 역사학자들은 부득이하게 어떤 구체적인 사건의 "의의"를 발전의 "가능성들"에 대한 **명시적인** 숙고와 제시를 통해 한정하지 않을 수 없으면, 으레 이 외견상 반결정론적인 범주를 사용하는 것에 대해 변명을 하곤 한다. 그러나 방금 살펴본 바를 감안한다면, 그렇게 할 논리적 근거가 전혀 없다. 예컨대 카를 함페는 『콘라딘』[14]에서 타클리아코초 전투[15]의 다양한 "가능성"에 대한 고찰에 기반하여 이 전투가 지니는 역사적 "의의"를 매우 유익하게 서술하는데, 이 가능성들 사이를 "결판낸" 것은 순전히 "우연적인", 다시 말해 완전히 개별적인 전술적 과정들에 의해 초래된 전투의 결과이다; 그러고 나서 갑자기 방향을 바꾸어 다음과 같이 첨언한다: "그러나 역사학은 그 어떤 가능성도 알지 못한다."[16] ─ 이에 대해서는 다음과 같이 답할 수 있

---

13 본문의 "총서"라는 단어가 가리키듯이, 『세계사』는 1899년부터 1907년까지 헬몰트가 모두 9권으로 편찬한 총서이다. 그는 이 총서에 「세계사의 개념」이라는 서문을 썼는데 (1~20), 거기에서 그는 가치관점이 임의적인 것이기 때문에 이를 의도적으로 배격했다고 말하고 있다. 그가 보기에 이것이 가능하기 위해서는 세계사의 과정 전체를 조망해야 한다.

14 이는 보다 정확히 말해 『호엔슈타우펜가의 콘라딘의 역사』이다.

15 이는 1268년 8월 23일 시칠리아 왕국을 둘러싸고 호엔슈타우펜가의 콘라딘(1252~68)과 앙주가의 샤를(1254~1309) 사이에 중부 이탈리아의 타클리아코초에서 벌어진 전투인데, 이 전투에서 패한 콘라딘은 생포되어서 그해 10월 29일 샤를에 의해 참수되었다.

16 함페는 『호엔슈타우펜가의 콘라딘의 역사』, 327쪽에서 다음과 같이 주장하면서 이 책

다: 만약 우리가 "사건의 과정"이 결정론적 공리들에 근거하여 "객관화된 것"으로 생각한다면, 그것은 그 어떤 가능성도 "알지" 못하는데, 왜냐하면 그것은 결코 개념을 "알지" 못하기 때문이다 — 그러나 만약 "**역사학**"이 과학이고자 하면 **항상** 가능성을 안다. 모든 역사적 서술의 매 줄에는, 아니 심지어 출판을 위한 문서나 기록물의 모든 선택에도 "가능성 판단"이 포함된다: 또는 보다 정확히 말해, 출판이 "인식가치"를 가지려면 포함되어야 한다.

그렇다면 우리가 상기한 전투들에 의해 그 사이에서 "결판이 났다"고 하는 많은 "가능성들"에 대해 말할 때, 이것이 의미하는 바는 무엇인가? 이것은 우선 실제로 존재했던 "현실"의 구성요소들 가운데 하나 또는 여럿을 도외시함으로써, 그리고 한 가지 또는 몇 가지 "조건"과 관련해 변화된 사건의 과정을 사유적으로 구성함으로써 — 말하자면 — **상상의 이미지**를 창출하는 것을 의미한다. 그러므로 역사적 판단을 향한 첫걸음만 해도 — 바로 이것이 우리가 여기에서 강조하고자 하는 것이다 — **추상화** 과정인데, 이 과정은 직접적으로 주어진 것 — 이것은 다름 아닌 **가능한** 인과관계들의 복합체로 간주된다 — 의 구성부분들을 분석하고 사유적으로 분리하며 "실제적인" 인과관계를 종합하는 방식으로 진행된다. 그리하여 이 첫 번째 단계만 해도 주어진 "현실"을 역사적 "사실"로

을 마무리하고 있다: "그러나 역사학은 '만약을' 모른다. 사건들은 콘라딘에 반하여 결판이 났으며, 그의 그토록 불행한 기도(企圖)는 다른 발전들을 동일한 궤도에서 떨어져 나가게 함으로써 자연적인 발전을 가속화했을 뿐이다. 그의 그 기도는 낡은 황제정치의 마지막 지맥이었다. 그 이후의 유사한 방향의 시도들은 [……] 이미 콘라딘의 기도에는 본질적으로 결여된 결정적으로 낭만적인 특징을 지녔다. 사실상 입에서 입으로 전해지는 이야기가 여전히 끊이지 않고 도도히 흐르면서 그에게 영향을 끼쳤으며 그를 강제적으로 앞으로 몰아댔다. 여전히 목표는 스스로 제시되었지, 어떤 인위적인 성찰로부터 오지 않았다. 자신의 가문의 권력과 명예를 공고히 하려는 열정으로 불타오른 그가 자신의 가문의 마지막 인물로서 일찍 죽어야 했던 것은 슬픈 운명이었다. — 그러나 그는 자신의 조상들의 위엄을 손상하지 않고 자신의 짧은 생을 살았으며 자신의 슬픈 마지막을 견뎌냈다."

만들기 위해 **사유** 구성물로 변화시킨다: 괴테와 더불어 이야기하자면, "사실" 안에 "이론"이 들어 있다.[17]

이제 이 "가능성 판단"을 — 다시 말해 만약 일정한 조건들을 배제하거나 또는 변경하는 경우에 무엇이 일어날 수 **"있었을"** 것인가에 대한 진술을 좀 더 자세하게 검토하고 우선 다음과 같이, 즉 우리가 어떻게 실제로 그러한 판단에 도달할 수 있는가 묻는다면 —, 그것은 전적으로 분리와 일반화의 문제임에 의심의 여지가 없다. 다시 말해 우리는 "주어진 것"을 그 "구성요소들"로 **분해하는데,** 그것도 이 구성요소들의 각각이 어떤 "경험의 **규칙**"에 꼭 들어맞으며 그리하여 이 구성요소들의 모든 개별적인 것으로부터 다른 것들이 "조건"으로 존재하는 경우 하나의 경험칙에 따라 어떤 결과를 "기대할" 수 **"있었을"** 것인가를 확정할 수 있을 때까지 그리한다. 그러므로 "가능성" 판단은 이 표현이 여기에서 사용되는 의미에서 보면 항상 경험칙에의 준거를 의미한다. 요컨대 "가능성"이라는 범주는 확정판단이나 명증판단[18]과 달리 무언가를 전혀 모르거나 또는 불완전하게 안다는 것의 표현이라는 의미에서 **부정적인** 형태로 사용되는 것이 아니라, 그 정반대로 여기서는 "사건을 지배하는 규칙들"에 대한 적극적 **지식,** 또는 일반적으로 말하듯이, 우리의 "법칙론적" 지식에의 준거를 의미한다.

만약 어떤 열차가 어떤 역을 이미 통과했는가라는 질문에 대한 답이 "그것은 **가능한** 일이다"라면, 이 진술이 의미하는 바는 질문에 답한 사

---

17 괴테는 『잠언과 성찰』(한글판), 488번(123쪽)에서 다음과 같이 말하고 있다: "가장 최고의 것은 모든 사실적인 것이 이미 이론이라는 것을 파악하는 일일 것이다. 하늘의 푸르름은 우리들에게 색채론의 기본법칙을 밝혀주고 있다. 현상의 뒤에서 무엇을 찾아본다 할지라도 아무것도 찾지 못할 것이다. 현상들 자체가 이론이다."

18 칸트에 따르면 확정판단에서는 긍정이나 부정이 **현실적인 것**(진짜인 것)으로 간주되고, 명증판단에서는 **필연적인 것**으로 간주된다. 그리고 판단의 또 다른 양태인 미정판단에서는 단지 **가능한 것**(임의적인 것)으로 간주된다. 칸트, 『순수이성비판』(한글판), 294쪽.

람이 이 가정을 배제할 그 어떤 사실도 **주관적으로** 알지 못하지만, 그렇다고 이 가정이 옳다고 주장할 처지도 아니라는 점이다: 그러니까 "알지 **못한다는 것**"이다. 그러나 마이어가 마라톤 전투 당시 그리스에서 신정적·종교적 발전이 "가능했다"거나 또는 일정한 우발적인 요소들의 작용에 따라 "개연성이 있었다"고 판단한다면, 이것은 첫째로 방금 언급한 경우와 달리 역사적으로 주어진 것의 일정한 구성요소들이 **객관적으로** 존재했다는 주장을 의미한다; 그리고 둘째로 다음을 의미한다: 만약 우리가 마라톤 전투를 (그리고 물론 실제적인 사건의 과정을 구성하는 현저한 수의 요소들을) **없었던 것으로 생각하거나** 또는 다르게 전개되었다고 **생각한다면**, 객관적으로 존재했던 구성요소들 가운데 어떤 것들이 **보편적인 경험칙들**에 따라 그러한 발전을 야기하는 데에 ── 우선 임시로 범죄학에서 통용되는 어법을 사용하자면 ── 긍정적으로 "적합했는가"를 객관적으로 타당하게 규명할 수 있음을 의미한다. 마라톤 전투의 "의의"를 논증하기 위한 이러한 판단이 근거하는 "지식"은, 여기까지 논의한 모든 것에 비추어보면 한편으로는 "역사적 상황"에 속하면서 특정한 원자료에 의거하여 증명할 수 있는 "사실들"에 대한 지식("존재론적" 지식)이며, 다른 한편으로는 ── 우리가 이미 보았듯이[19] ── 특정한 주지의 경험칙들에 대한 지식, 특히 인간들이 주어진 상황에 일반적으로 반응하는 방식에 대한 지식("법칙론적 지식")이다. 이러한 "경험칙들"의 "타당성"의 양상에 대해서는 뒤에서 고찰할 것이다.[20] 어쨌든 다음은 확실하다: 만약 마라톤 전투에 결정적인 "의의"를 부여하는 마이어의 테제에 대해 반론이 제기된다면, 그는 자신의 테제를 증명하기 위해 당시의 역사적 "상황"을 그 "구성요소들"로 분해할 것인데, 그것도 우리의 "상상력"이 우리 자신의 실제적 삶과 다른 사람들의 행동에 대한 지식[21]으로부터 도출

---

19 이 책의 429쪽에서이다.
20 이 책의 437쪽 이하에서이다.

된 우리의 "법칙론적" 경험지식을 그 "존재론적" 지식[22]에 적용할 수 있으며, 그리하여 그 사실들[23]의 상호작용이 — 우리가 특정한 방식으로 변화했다고 생각하는 조건들 아래에서 — 그가 "객관적으로 가능한 것"이라고 주장했던 결과를 초래할 수 "있었다"라고 긍정적으로 판단할 수 있을 때까지 그리할 것이다. 그리고 이것은 단지 다음을 의미할 뿐이다: **만약** 우리가 이 결과를 실제적으로 발생했다고 "생각한다면", 우리는 우리의 상상 속에서 그런 방식으로 변화된 사실들을 "충분한 원인"으로 인정하게 **될 것이다.**

우리는 명확성을 기할 요량으로 이 단순한 사태를 부득이하게 어느 정도 장황하게 다루었는데, 이로부터 다음의 두 가지 점이 분명하게 드러난다. 즉 한편으로는 역사적 인과관계에 대한 논의는 추상화를 그 두 측면, 즉 분리와 일반화의 측면에서 사용한다는 점이, 그리고 다른 한편으로는 어떤 "구체적인 사실"의 역사적 "의의"에 대한 아무리 단순한 역사적 판단이라도 "존재하는 것"을 단순히 기록하는 것과는 완전히 거리가 멀고 오히려 범주적으로 형성된 **사유** 구성물을 의미할뿐더러 더 나아가 우리의 축적된 "법칙론적" 경험지식 전체를 "주어진" 현실에 **적용한다**는 사실을 통해서만 객관적 타당성을 얻는다는 점이 분명히 드러난다.

그런데 역사학자들은 여기까지 말한 것에 대해 반대하면서 역사적 작업의 실제적인 과정과 역사적 서술의 실제적인 내용은 서로 다른 것이라고 주장할 것이다.[8] 그들의 견해는 다음과 같다: 인과관계를 규명하는 것은 역사학자의 "섬세함"과 "직관"이지 일반화와 "규칙들"에 대한 숙고가 아니다; 역사학이 자연과학과 구별되는 것은 바로 다음과 같은 사실, 즉 역사학자는 사건이나 인물의 설명에 관심을 갖는데, 이 대상들은

---

21 이 단어는 "우리 자신의 실제적 삶"에는 연결되지 않고 다만 "다른 사람들의 행동"에만 연결된다.

22 이는 그 앞에 나오는 "당시의 역사적 '상황'"에 대한 지식을 가리킨다.

23 이는 "분해된 역사적 '상황'의 '구성요소들'"이라고 읽으면 된다.

우리 자신의 정신적인 본질과의 유추를 통해 직접적으로 "해석되고" 또한 "이해된다"는 사실이다; 그리고 역사학자의 서술에서는 다시금 "섬세함", 즉 그의 역사적 이야기의 암시적 생생함이 매우 중요한데, 왜냐하면 바로 이것이 독자로 하여금 서술된 것을 "추체험하도록" 하는데, 그것도 역사학자 자신이 이것을 이성적으로 추론한 것이 아니라 직관을 통해 체험하고 간파한 것과 마찬가지로 그리하도록 하기 때문이다. 게다가 역사학자들에 따르면 다음과 같은 객관적 가능성 판단, 즉 만약 어떤 개별적인 인과적 구성요소가 부재했거나 또는 변화했다고 생각한다면 보편적인 경험의 규칙들에 따라 무엇이 일어났을 "것인가"에 대한 객관적 가능성의 판단은 지극히 불확실한 경우가 빈번하고 심지어 전혀 불가능한 경우도 자주 있으며, 따라서 역사적 "귀속"의 이러한 토대는 사실상 영원히 실패할 위험에 처해 있고 그리하여 역사적 인식의 논리적 가치를 구성할 수 없다. ─ 이 일련의 견해에는 무엇보다도 서로 다른 것들이 뒤섞여 있으니, 한편에는 과학적 인식이 **형성되는** 심리학적 과정과 인식된 것을 독자들에게 **제공할** 때 "심리학적으로" 영향을 끼칠 목적으로 선택된 "예술적" 형식이 그것이고, 다른 한편에는 인식의 **논리적 구조**가 그것이다.

랑케는 과거를 "추측했지만",[24] 그보다 못한 역사학자도 이러한 "직관"의 재능을 전혀 지니고 있지 못하다면 인식의 발전을 이루기가 어려울 것이다: 이럴 경우 그는 일종의 역사학적 하급관료로 머물고 말 것이다. ─ 그러나 수학과 자연과학의 진정으로 위대한 인식들의 경우에도 사정은 조금도 다르지 않다: 그것들은 모두 연구자의 상상 속에서 "직관적으로" 가설 형태로 반짝 떠오르며, 그 뒤에 사실에 비추어 "입증된다"; 다시 말해 그것들은 이미 얻어진 경험지식에 근거하여 "타당한지"가 검토되고 논리적으로 정확한 방식으로 "표현된다." 역사학에서도 사정은

---

24 이에 대해서는 이 책의 147쪽을 볼 것.

완전히 같다: 우리는 여기에서 역사학자가 "중요한 것"을 인식하기 위해서는 객관적 가능성이라는 개념을 사용해야 한다고 주장했는데, 이와 더불어 우리가 진술하고자 한 바는 심리학적으로 흥미롭지만 우리가 여기에서 다루지 않는 문제, 즉 어떻게 역사적 가설이 연구자의 정신에서 형성되는가에 대한 문제가 결코 아니다. 우리가 진술하고자 한 바는 오히려 그 가설이 의심의 여지가 있거나 논박되는 경우에 어떤 범주를 통해 타당성을 증명할 것인가에 대한 문제이다. 왜냐하면 바로 **이것이** 그 논리적 "구조"를 결정하기 때문이다. 그리고 역사학자가 서술의 형식으로 독자들에게 자신의 역사적 인과판단의 논리적 결과를 전달하면서 이 인식에 대한 근거를 제시하지 않고 또한 사건의 과정을 꼼꼼하게 "추론하는" 대신에 "암시하는" 데에 머무는 경우, 만약 이 예술적으로 형성된 외면의 배후에 인과적 귀속의 확고한 골격이 버티고 있지 않다면, 그의 서술은 일종의 역사소설일 뿐 과학적으로 확인된 사실이 결코 아닐 것이다. 바로 이러한 골격이 무미건조한 논리적 고찰에서 결국에는 유일하게 중요한 것이다. 왜냐하면 역사적 서술도 "진리"로서의 "타당성"을 요구하며, 역사적 작업의 가장 중요한 측면, 즉 인과적 회귀 —우리의 고찰은 지금까지 바로 이 문제에 국한되어 왔다— 는 단지 다음과 같은 경우에만 그러한 타당성을 얻을 수 있기 때문이다. 즉 인과적 회귀는 논박을 당하게 되면 객관적 가능성이라는 범주를 이용함으로써 그리고 이를 통해 가능해지는 귀속적 종합을 수행함으로써 개별적인 인과적 구성요소들의 분리와 일반화라는 시험을 성공적으로 통과하는 경우에만 그러한 타당성을 얻을 수 있다.

그런데 분명한 것은, 개인적 행위에 대한 인과적 분석도 논리적 관점에서 보면 마라톤 전투의 "역사적 의의"에 대한 인과적 설명과 완전히 동일한 방식으로 분리와 일반화 그리고 가능성 판단의 구성을 통해 진행된다는 사실이다. 곧바로 자기 **자신의** 행위에 대한 사유적 분석이라는 한 가지 경계사례를 들어보기로 하자: 논리적으로 훈련되지 않은 사람들은 이러한 분석에서는 확실히 그 어떤 논리적 문제도 야기되지 않는 다고 믿는 경향이 있으며, 이에 대한 근거로 그것이 직접적으로 체험에 주어지고 ― 우리가 정신적으로 "건강하다면" ― 곧장 "이해될 수 있으 며" 따라서 당연히 즉시 기억 속에서 "재생될 수 있다는" 점을 제시한다. 그러나 아주 간단하게 검토해 보아도 전혀 그렇지 않다는 사실이, 그리 고 **왜** 내가 그렇게 행위했는가 하는 질문에 대한 "타당한" 대답은 범주 적으로 형성되고 단지 추상화의 방식을 통해서만 증명할 수 있는 판단 의 영역으로 고양될 수 있는 구성물이라는 사실이 드러난다 ― 여기서는 "증명"이 "행위자" 자신의 정신 속에서 이루어짐에도 불구하고 그렇다.

어느 다혈질적인 젊은 어머니가 그 아들의 어떤 반항적인 행동에 짜증 이 난 나머지 선량한 독일 여성으로서 "때리는 것은 피상적일 뿐, 오직 정신의 힘만이 영혼에 스며든다"[25]라는 부쉬의 아름다운 말 속에 담긴 이론을 인정하지 않고 아들의 따귀를 호되게 때렸다고 가정하자. 그리고 계속해서 그녀가 처음에는 "생각의 파리한 빛깔로 창백해졌다가"[26] 나

---

25 부쉬, 『어느 총각의 모험』, 28쪽. 원문에는 "새겨진다"의 의미를 갖는 'einschneiden'이 라는 단어가 나오는데, 베버는 이를 "스며든다"라는 의미를 갖는 'eindringen'으로 대체 하고 있다. 물론 이 둘 사이에는 큰 차이가 없다.

26 이는 윌리엄 셰익스피어의 비극 『햄릿』 제3막 제1장에 나오는 구절이다. 원어는 "sicklied o'er with the pale cast of thought"이고, 독일어 번역은 "des Gedankens Blässe angekränkelt"이다. 사실 이 부분만 가지고는 베버가 의도하는 바가 잘 파악되지 않 고, 적어도 바로 그 앞의 행을 함께 보아야 한다. "And thus native hue of resolution /Is sicklied o'er with the pale cast of thought." 이에 대한 독일어 번역은 다음과 같다. "Der angeborenen Farbe der Entschliessung /Wird des Gedankens Blässe angekränkelt."(셰익 스피어, 『햄릿』, 128쪽). 이를 우리말로 옮기면 다음과 같다. "그리하여 결의의 처음 빛 깔도/생각의 파리한 빛깔로 창백해지고"(셰익스피어, 『햄릿』[한글판], 96쪽도 같이 볼 것). 그런데 이 구절은 그 의미가 전성되어 일반적으로 마음이 편치 않은 것을 나타내는 문학적 표현으로 사용되고 있다. 참고로 이 『햄릿』의 독일어 번역은 아우구스트 빌헬 름 슐레겔(1767~1845)이 했다. 슐레겔은 문헌학자이자 비평가로서 ― 이론가이자 철 학자로서 낭만주의의 이념과 이론을 정초한 동생 프리드리히 슐레겔(1772~1829)과 함께 ― 낭만주의가 형성되고 발전되는 과정에서 결정적인 역할을 했으며, 외국문학을 독일어로 번역함으로써 낭만주의 발전에 이바지했다. 그는 특히 셰익스피어 번역으로

중에 — "교육적 실효성"에 대해서든, 따귀 때린 일 자체의 또는 적어도 그때 너무 세게 "힘을 쓴 것"의 "정당성"에 대해서든 — 잠시 동안 "생각을 하게 된다"라고 가정해 보자. 아니면 — 이것이 우리의 논의를 위해서는 더 적합하다 — 독일인으로서 아동교육을 포함해 매사에 보다 이해심이 깊다고 확신하는 가장이 아이의 울부짖는 소리를 듣고 "목적론적" 관점에서 "그녀"를 질책할 필요성을 느끼게 된다고 가정해 보자 — 그러면 "그녀"는 숙고 끝에 다음과 같이 변명할 것이다: **만약** 그녀가 그 순간에 요리사와의 말다툼으로 인해 "흥분되지" **않았더라면**, 그러한 훈육수단을 아예 사용하지 않았거나 또는 "그렇게 심하게" 사용하지 **않았**을 것이라고 변명할 것이다; 그리고 남편에게 다음과 같이 고백하려고 할 것이다: "당신이 잘 알고 있듯이, 제가 다른 때라면 그럴 사람이 아니랍니다." 이렇게 하면서 그녀는 남편에게 **가능한** 대부분의 상황에서 아이의 따귀를 때린 것과 다른, 덜 비합리적인 결과를 초래하게 될 그녀의 "한결같은 동기들"에 대한 그의 "경험지식"을 환기시킬 것이다. 달리 말하자면, 그녀는 자신이 아이의 따귀를 때린 것 자체는 그 아이의 행동에 대한 "우연적인" 반응이었을 뿐, 곧 논의하게 될 용어를 앞당겨서 사용하자면, "적합하게" 야기된 반응은 아니었다고 주장할 것이다.

그러니까 상기한 부부간의 대화만으로도 이미 그녀의 "체험"을 범주적으로 형성된 "대상"으로 만들기에 충분하다. 그리고 만약 어떤 논리학자가 젊은 부인에게 다음을 설명해 준다면, 즉 그녀가 역사학자들의 방식에 따라 "인과적 귀속"을 수행했고, 이 목적을 위해 "객관적 가능성 판단"을 내렸으며 심지어 (곧 좀 더 자세하게 논의하게 될) "적합한 원인작용"의 범주를 사용했다고 설명한다면, 확실히 그녀는 자신이 평생 동안 "산문"을 말했다는 것을 알고는 기뻐 놀란 몰리에르의 속물[27]처럼 깜짝

유명한데, 1797년부터 1810년까지 총 9권으로 출간된 그의 작품은 오늘날에도 표준번역으로 평가받고 있다.

놀랄 것이다―그러나 논리적 관점에서 보면 그녀의 행위를 달리 표현할 길이 없다. 사유적 인식은, 심지어 자신의 체험에 대한 것도, 결코 그리고 어떤 경우에도 체험된 것의 진정한 "재체험"이나 단순한 "사진찍기"가 아니며, 또한 "체험"은 일단 "대상"이 되고 나면 항상 "체험되는" 동안에는 절대로 "알지" **못하는** 관점과 관계를 획득하게 된다. **이렇게** 보면 과거 자신의 어떤 행위를 되돌아보면서 표상하는 것은 스스로 "체험했거나" 또는 다른 사람들에 의해 기술된 어떤 과거의 구체적인 "자연현상"을 표상하는 것과 전혀 다를 바가 없다. 이러한 명제의 보편타당성을 보다 복잡한 예에 비추어 계속해서 논의하거나,[9] 우리가 나폴레옹이나 비스마르크의 결정을 분석할 때 논리적으로는 앞서 예로 든 독일 어머니와 똑같은 방식으로 진행한다는 점을 명시적으로 입증할 필요가 없을 것이다. 이 어머니에게는 분석되어야 할 행위의 "내면"이 그녀 자신의 기억에 주어지는 반면, 우리는 제3자의 행위를 "외부"로부터 "해석해야" 한다. 그런데 이러한 차이는, 순진한 편견과는 달리, 단지 "자료"의

---

27 이는 몰리에르의 희극『서민귀족』, 제2막 제4장에서 주인공인 주르댕이 철학 선생과 나누는 대화에 나온다. 독자들이 베버가 말하는 바를 보다 잘 이해할 수 있도록, 이 대화를 약간 자세하게 인용하도록 한다: "**주르댕** [……] 그런데 한 가지 비밀이 있소. 내 아주 고귀한 여인을 사모하여, 그녀에게 사랑의 쪽지를 써서 그 발밑에 슬쩍 떨어뜨리고 싶은데. 선생께서 그 쪽지에 쓸 몇 마디 말을 도와주면 어떨는지./**철학 선생** 좋습니다./**주르댕** 멋있게 써야겠죠./**철학 선생** 물론입니다. 운문으로 쓰고 싶습니까?/**주르댕** 아니, 아니오. 운문은 아니오./**철학 선생** 그러면 산문으로 쓰고 싶습니까?/**주르댕** 아니, 운문도 산문도 싫소./**철학 선생** 둘 중에 하나를 택해야 합니다./**주르댕** 왜 그렇죠?/**철학 선생** 어르신, 운문이나 산문으로밖에 달리 표현할 방도가 없습니다./**주르댕** 운문이나 산문밖에 없다고?/**철학 선생** 예, 어르신. 산문이 아닌 것은 모두 운문이고, 운문이 아닌 것은 모두 산문입니다./**주르댕** 그러면 사람들이 보통 말하는 것은 도대체 뭐라고 하오?/**철학 선생** 산문입니다./**주르댕** 뭐라고? 그러면 '니콜, 슬리퍼 좀 갖다다오. 머리쓰개 좀 갖다다오' 이런 말이 산문이란 말이오?/**철학 선생** 예, 어르신./**주르댕** 맙소사! 40년 동안 내가 한 말이 산문인지도 몰랐네. 이런 것을 가르쳐주다니 정말 고맙소. 그건 그렇고 쪽지에는 이렇게 쓰고 싶은데. '아름다운 후작 부인, 그대 아름다운 두 눈에 이 마음 미칠 것만 같소.' 그런데 이 말을 좀 더 멋있고, 근사하게 다듬었으면 좋겠소." 몰리에르,『서민귀족』(한글판), 136~37쪽.

접근 가능성 및 완전성과 관련된 정도의 차이일 뿐이다 ─ 우리는 어떤 사람의 "인격"이 "복잡하고" 해석하기가 어렵다고 생각되면, 항상 다음과 같이, 즉 만약 그가 진심이기를 **원하기만** 한다면 **그 자신이** 우리에게 그의 인격에 대한 적합한 정보를 줄 수 있어야 한다고 믿는 경향이 있다. 그러나 실상은 그렇지 않고, 아니 자주 그 정반대라는 사실과 그 이유는 여기에서 더 이상 논의하지 않기로 한다.

객관적 "가능성 판단"의 "타당성" 양상

그보다는 이제까지 그 기능과 관련하여 매우 일반적인 방식으로만 특징을 언급해 온 "객관적 가능성"이라는 범주를, 그리고 특히 "가능성 판단"의 "타당성"의 양상이라는 문제를 좀 더 자세하게 고찰하기로 한다. 이에 대해 "인과고찰"에 "가능성"을 도입하는 것은 인과적 인식을 완전히 포기하는 것을 의미한다는 반론이 쉽게 제기되지 않을까? 다시 말해 ─ 앞에서 가능성 판단의 "객관적" 토대에 대해 말한 모든 것에도 불구하고 ─ 실제로 "가능한" 과정은 항상 "상상"에 의해 확정될 수밖에 없는데, 이렇게 이 범주의 의의를 인정한다는 것은 "역사서술"이 그대로 주관적인 자의성으로 빠져버리며 바로 이런 이유로 "과학"이 아님을 고백하는 것이라는 반론이 쉽게 제기되지 않을까? 다음과 같은 질문, 즉 공동의 원인이 되는 어떤 특정한 요소가 특정한 방식으로 변화했다고 생각한다면, 무슨 일이 "일어났을까" ─ 사실상 이러한 질문에 대해서는 설사 원자료가 "이상적으로" 완전하더라도 보편적인 경험칙들에 근거하여 어떤 두드러진 개연성을 가진 긍정적인 대답을 결코 줄 수 **없**는 경우가 자주 있다.[10] 그러나 이것은 무조건적으로 필요한 것이 아니다. ─ 어떤 역사적 사실의 인과적 의의에 대한 고찰은 우선 다음과 같은 문제제기와 더불어 시작된다: 만약 이 사실이 공동의 원인으로 고려되는 요소들의 복합체로부터 배제되었거나 또는 특정한 의미에서 변했다면, 사건들이 보편적인 경험칙들에 따라 우리의 관심에 대해 **결정적인** 의미를 갖는 점들에서 **어떻게든** 다른 방향으로 진행될 수 **있었을까?** — 왜냐하면 우리에게 유일하게 중요한 문제는, 우리의 관심을 불러일으키는 현상의 "측면들"이 어떻게 공동의 원인이 되는 개별적인 요소들에 의해 영향을 받는가라는 문제이기 때문이다. 만약 이처럼 본질적으로 부정적인 질문을 통해서도 상응하는 "객관적 가능성 판단"을 획득할 수 **없다면**, 그러니까 — 같은 말이지만 — 만약 상기한 사실[28]이 배제되거나 변하더라도 사건들의 과정이 "역사적으로 중요한", 다시 말해 우리의 관심을 불러일으키는 점에서 우리가 가지고 있는 지식과 보편적인 경험칙들에 근거하여 볼 때 실제로 진행된 것과 완전히 **똑같은 것으로** "기대된다면" — **그렇다면** 그 사실은 실상 인과적으로 의의가 없으며 역사학이 인과적 회귀를 통해 정립하려고 하고 또 정립해야 하는 연쇄[29]에서 차지할 자리가 전혀 없다.

마이어에 따르면 3월의 어느 날 밤 베를린에서 발생한 두 발의 총격[30]은 대략적으로 이러한 범주에 속한다 — 그리고 완전히 속하지 않는 이유는 아마도, 그의 견해를 따르더라도 이 두 발의 총격이 적어도 다른 요소들과 더불어 3월혁명의 발발 시점을 결정했다고 생각할 수 있으며, 만약 그것이 나중 시점에 발발했다면 사건이 다르게 진행되었음을 의미할 수 있기 때문이다.

그러나 만약 우리가 우리의 경험지식에 따라 어떤 요소가 구체적인 고찰에 대해 중요성을 갖는 측면들에서 인과적으로 관련된다고 가정한다면, 이러한 관련성을 표현하는 객관적 가능성 판단은 수많은 정도의 **정**

---

28 이는 앞의 아홉 번째 줄에 나오는 "어떤 역사적 사실"을 가리킨다.
29 이는 인과적 연쇄 또는 인과연쇄인데, 앞에서 "인과적"이라는 말이 두 번이나 나와서 그냥 "연쇄"라고 표현한 듯하다.
30 이미 이 책의 420쪽, 옮긴이 주 4에서 언급한 바와 같이 총격은 3월의 어느 날 밤이 아니라 오후 2시 반경(18일)에 일어났다.

확성을 가질 수 있다. 마이어의 견해, 즉 비스마르크의 "결정"은 상기한 두 발의 총격과는 **다른** 의미에서 1866년의 전쟁을 "유발했다"는 견해[31]에는 다음과 같은 주장이 포함된다: 만약 우리가 그 결정을 배제한다면, 우리는 당시에 존재하던 다른 결정요인들로 말미암아 ("결정적인" 측면들에서!) 상황이 다르게 전개될 수 있는 객관적 가능성이 "높았다"고 가정할 수밖에 없다 — 예컨대 프로이센-이탈리아 조약의 만료, 베네토의 평화로운 할양, 오스트리아와 프랑스의 동맹 또는 적어도 나폴레옹을 사실상 "상황의 지배자"로 만들어주었을 정치적·군사적 판도의 변화를 들 수 있다.[32] 요컨대 객관적 "가능성" 판단은 그 본질상 **정도의 차이**를 허용하며, 우리는 "확률론"의 논리적 분석에 적용되는 원리들에 기대어 그 논리적 관계를 다음과 같이 파악할 수 있다: 먼저 상상 속에서 그것들의 "가능한" 결과에 판단이 관련되는 인과적 구성요소들을 분리하여 이 구성요소들과 **함께** 공동 작용한다고 **어떻게든 생각할 수 있는** 그 밖의 다른 모든 조건들과 대립시킨다; 그리고 난 다음 상상 속에서 분리된 구성요소들과 결합하여 이것들로 하여금 "가능한" 결과를 야기하는 데 "적합해지도록" 만드는 모든 조건의 영역이, 그것들과 결합해도 상상 속에서 분리된 구성요소들이 이러한 결과를 초래하지 **않을** 것으로 "예측

---

31 마이어, 『역사학의 이론과 방법론에 대하여』, 16쪽.

32 당시의 실제적인 역사는 다음과 같이 전개되었다. 먼저 프로이센-오스트리아 전쟁이 발발하기 전 3개월이 채 안 되는 시점에 프로이센은 이탈리아와 조약을 체결했는데, 그 내용은 3개월 이내에 프로이센과 오스트리아 간에 전쟁이 일어나면 이탈리아가 프로이센 편에 서서 싸운다는 것이었다. 또한 프로이센-오스트리아 전쟁의 결과로 오스트리아는 프랑스에 베네토 지역(지금의 이탈리아 북동부 지역)을 할양했는데, 프랑스는 프로이센과의 비밀협정에 따라 베네토를 이탈리아에 양도했다. 그리고 프로이센-오스트리아 전쟁 중에는 프랑스에 대한 프로이센의 외교적 책략으로 인해 오스트리아와 프랑스 사이에 동맹이 체결되지 못했다. 마지막으로 나폴레옹, 정확히 말하자면 나폴레옹 3세(1808~73, 재위 1852~70)는 프로이센-프랑스 전쟁(1870~71)에서 비스마르크에게 패하고 — 그는 1870년 9월에 포로가 되었다 — 그의 제2제정은 몰락했으며 제3공화정(1870~1940)이 수립되었다.

되는" 모든 조건의 영역과 어떻게 비교되는가를 묻는다. 물론 이러한 조작을 통해서는 어떤 의미에서든 "수적으로" 평가할 수 있는 두 가지 "가능성" 사이의 관계를 결코 얻을 수 없다. 그런 종류의 관계는 단지 "절대적 우연"의 (논리적 의미에서) 영역에서만 존재한다. 다시 말해 — 예컨대 주사위를 던지거나 다양한 색깔의 공들이 항상 동일한 비율로 섞여 있는 항아리에서 공을 꺼내는 것처럼 — 만약 수없이 시도된다면 간단하고 명확한 특정의 조건들이 절대적으로 동일하게 유지되는 반면 그 밖의 다른 모든 조건은 우리가 **절대로** 헤아릴 수 없는 방식으로 변화하는 경우들에서 존재한다. 이러한 경우들에서는 문제가 되는 결과의 "측면"이 — 주사위 던지기의 경우에는 눈의 수가, 항아리에서 공을 꺼내는 경우에는 공의 색깔이 — 나올 수 있는 "가능성"이 불변적이고 명확한 **조건들**(주사위의 상태, 공의 분포)에 의해 결정되며, 따라서 그 밖의 생각할 수 있는 모든 상황은 그러한 "가능성들"과 **일반적인 경험칙**으로 표현할 수 있는 그 어떤 인과적 관계도 없다. 내가 주사위를 던지기 전에 주사위 통을 잡고 흔드는 방식은, 내가 구체적으로 던지는 눈의 수를 절대적으로 결정하는 요소들 가운데 하나이다 — 그러나 "주사위 노름꾼들"의 온갖 미신에도 불구하고 주사위 통을 잡고 흔드는 특정한 방식이 특정한 수의 눈을 던지는 데 "적합하다"고 말하는 어떤 경험칙을 생각만이라도 할 수 있는 가능성은 전혀 존재하지 않는다: 그러니까 이러한 인과성은 절대로 "우연적인" 인과성인 셈이다. 다시 말해 우리는 주사위를 던지는 물리적 방식이 특정한 수의 눈을 던질 수 있는 가망성에 **"일반적으로"** 영향을 끼치지 **않는다**고 정당하게 말할 수 있다: 우리는 **어떤** 방식으로 주사위를 던지든 가능한 여섯 면의 **각각이** 나올 "가망성"이 "동일하다"고 간주한다. 이에 반해 주사위의 중심이 제자리를 벗어나는 경우에는, 어떤 다른 임의적인 구체적인 결정요인들이 결합되더라도 상관없이, 이 "잘못된" 주사위의 어떤 특정한 면이 나오는 것이 "유리해진다"라고 말하는 일반적인 경험칙이 존재하며, 또한 우리는 주사위를 충분히 반복해 던짐으로써 이 "유리해짐", 즉 "객관적 가능성"의 정도를 심지어 수적으로 표현할 수 있다. 물론 확률론의 원리가 다른 영역들에 적용되는 경우에 일반적으로 경고판을 세우는 것[33]은 아주 정당하지만, 그럼에도 불구하고 **방금 막 논의한** 경우는 확실히 **모든** 구체적인 인과성의 영역에서, 그러므로 역사적 인과성의 영역에서도 유사성이 발견된다. 다만 이 영역들에서는 **수적인** 결정 가능성이 완전히 결여되어 있는데, 그 이유는 이 가능성이 첫째로는 "절대적 우연"을, 그리고 둘째로는 셀 수 있는 특정한 "측면"들이나 결과들이 우리에게 유일한 관심의 대상이 된다는 것을 전제하기 때문이다. 그러나 이러한 결여에도 불구하고 우리는 다음과 같이 일반적으로 타당한 판단, 즉 특정한 상황이 거기에 직면한 인간들로 하여금 일정한 측면들에서 동일한 방식으로 반응하는 것을 많은 정도로든 적은 정도로든 "촉진한다"[34]라는 판단을 아주 잘 내릴 수 있다. 게다가 만약 우리가 이런 종류의 명제를 정립한다면, 우리는 그런 일반적 "촉진"을 변경시키지 않는 엄청난 양의 **가능한** 부가적 사정들을 지적할 수 있다. 그리고 마지막으로 비록 우리가 특정한 "조건들"이 어떤 특정한 결과를 촉진하는 **정도**를 그 어떤 방법으로도 그리고 설령 확률론의 방식을 따르더라도 명확하게 평가할 수 없지만 — 우리는 다른 조건들이 변화했다고 생각할 수 있고 이렇게 생각되는 조건들이 그 결과를 "촉진했었을" 방식을 생각할 수 있는데, 이 방식과의 **비교**를 통해 그런 일반적 촉진의 상대적인 "정도"를 평가할 수 있다; 또한 만약 우리가

---

33 이는 확률론의 원리를 다른 영역에 적용하는 경우에 반드시 그 인식대상이나 인식방법 등이 갖는 특성이나 조건을 고려해야 한다는 경고라고 읽으면 된다. 사실 "경고판을 세운다"라는 표현은 비유적인데, 이는 빈델반트, 『철학사』, 179쪽에서 따온 것이다. 그는 거기에서 말하기를, "역사학은 까닭 없이 자신이 이야기해야 하는 오류들 옆에 '이것은 오류이다'라는 경고판을 세우는 것이 아니다."

34 이는 'begünstigen'이라는 독일어를 옮긴 것인데, 그 앞의 열한 번째 줄에 나오는 "유리해진다"도 같은 단어를 옮긴 것이다. 그 이유는 전자가 무생물인 주사위와 관련되고 후자는 인간과 관련되기 때문이다.

"상상" 속에서 생각할 수 있는 충분히 많은 상황들의 변화와 관련하여 이러한 비교를 수행한다면, 결국 객관적 가능성의 "정도"에 대한 판단은 상당히 확실할 것이라고 ― 그리고 이것이야말로 우리가 여기에서 관심을 갖는 유일한 것이다 ― 적어도 원칙상으로는 생각할 수 있다. 아무튼 우리는 일상적 삶에서뿐만 아니라 역사학에서도 그리고 특히 역사학에서 "촉진" "정도"에 대한 그러한 판단을 사용한다. 만약 이것이 없다면 인과적으로 "중요한 것"과 "중요하지 않은 것"을 구별한다는 것은 실로 불가능할 것이며, 마이어도 여기에서 논의되고 있는 그의 저작[35]에서 그러한 판단을 주저 없이 사용했다. 여기에서 그 핵심적인 측면을 비판할 수 없는 마이어의 견해에 따르면, 앞에서 여러 번 언급된 두 발의 총격[36]은 인과적으로 "중요하지 않았는데", 그 이유는 "**어떤** 임의적인 우연으로도 갈등이 폭발할 **수밖에 없었기**" 때문이다.[37] 그렇다면 이것이 의미하는 바는, 주어진 역사적 상황에 속하는 특정한 "조건들"을 사유적으로 분리하는 것이 가능하며, 이 조건들은 생각할 수 있는 엄청나게 많은 다른 **가능한** 부가적 조건들과 더불어 상기한 결과를 야기했을 것이라는 점이다. 반면 생각할 수 있는, 그리고 부가되는 경우에 ("결정적인" 측면들에서!) 아마도 **다른** 결과를 야기했을 것이라고 평가할 수 있는 원인적 요소들의 범위는 상대적으로 매우 제한되어 보일 것이다. 비록 마이어가 "그럴 수밖에 없었다"라고 표현했음에도 불구하고, 그가 일반적으로 역사적인 것의 비합리성을 힘주어 강조한다는 점을 감안하면, 그가 그 원인적 요소들의 범위를 제로로 본다고 생각할 수는 없다.

---

35 이는 마이어, 『역사학의 이론과 방법론에 대하여』이다.
36 이 책의 420, 438쪽을 볼 것.
37 마이어, 『역사학의 이론과 방법론에 대하여』, 43쪽.

"적합한 원인작용"의 범주

만약 다음과 같은 관계, 즉 한편으로는 우리가 역사적 분석을 통해 하나의 통일체로 종합하고 다른 것들로부터 분리해 내어 고찰하는 특정한 "조건들"의 복합체와 다른 한편으로는 발생한 "결과" 사이의 관계가 바로 앞에서 논의한 논리적 유형에 부합한다면, 우리는 이러한 관계를 크리스의 저작 이후에 법학적 인과성의 이론가들에 의해 확고해진 용어에 따라 **"적합한"** 원인작용(그러한 조건들에 의한 결과의 그러한 구성요소들이 야기되는 것)이라고 부르고자 한다; 그리고 마이어와 마찬가지로 — 물론 그는 이 개념을 명료하게 구성하지는 않는다 — 우리는 다음과 같은 경우에 **"우연적"** 인과작용에 대해 말하고자 한다. 즉 역사적 고찰의 대상이 되는 결과의 구성요소들에 어떤 사실들이 작용하여 사유적으로 하나의 통일체로 종합된 조건들의 복합체에 상기한 의미에서 "적합하지" **않은** 결과를 야기하는 경우에 그리하고자 한다.

그러면 앞서 인용한 예들로 되돌아가 보자. 먼저 마라톤 전투의 "의의"는 마이어의 견해에 따르자면 논리적으로 다음과 같이 규정할 수 있을 것이다: 페르시아의 승리가 그리스 문화의, 따라서 세계문화의 완전히 다른 발전을 초래할 **수밖에 없었다**는 식이 **아니라** — 이러한 판단은 완전히 불가능할 것이다 — 오히려 그러한 다른 발전이 그러한 사건[38]의 **"적합한"** 결과였을 "것이다"라는 식으로 규정할 수 있다. 또한 마찬가지로 폰 벨로가 이의를 제기한 바 있는 독일 통일에 대한 마이어의 견해[39]는 논리적으로 정확하게 다음과 같이 파악할 수 있을 것이다: 그 통일은 보편적인 경험칙들에 근거하여 그에 앞선 일정한 사건들의 **"적합한"** 결과로 이해할 수 있다. 그리고 같은 방식으로 베를린 3월혁명은 보편적인

---

38 이는 페르시아의 승리를 가리킨다.
39 이에 대해서는 이 책의 360쪽과 옮긴이 주 38, 그리고 412쪽, 원주 13을 볼 것.

경험칙들에 근거하여 일정한 보편적인 사회적·정치적 "상황들"의 적합한 결과로 이해할 수 있다. 이에 반해 예컨대 만약에 다음과 같은 견해를 믿을 만하게 만들 수 있다면, 즉 베를린 궁전 앞에서의 상기한 두 발의 총격이 **없었다면** 보편적인 경험칙들에 근거해 볼 때 혁명을 피할 수 "있었던" 개연성이 매우 높았는데, 그 이유는 그 밖의 다른 "조건들"의 결합이 그 두 발의 총격이 부가되지 **않고서는** 보편적인 경험칙들에 근거할 때 혁명을 — 앞에서 제시한 의미에서[40] — "촉진하지" **못했을** 것이거나 또는 적어도 상당한 정도로 "촉진하지" 못했을 것임이 증명될 수 있기 때문이라는 견해를 믿을 만하게 만들 수 있다면 — **그렇다면** 우리는 "우연적" 인과작용에 대해 말하게 될 것이며, 이 — 물론 상상하기 어려운 — 경우에 3월혁명을 인과적으로 다름 아닌 그 두 발의 총격에 "귀속시킬" 수밖에 없을 것이다. 요컨대 독일 통일의 예에서 "우연적인 것"의 반대는 폰 벨로의 가정처럼 "필연적인 것"이 **아니라** 크리스에 준거하여 방금 앞에서 제시한 의미에서의 "적합한 것"이다.[11] 그리고 반드시 유념해야 할 것은, 이렇게 구별하는 것이 역사적 사건들의 진행과정의 "객관적" 인과성과 이 사건들의 인과관계 사이의 차이를 드러내고자 함이 결코 아니라는 점이다; 이러한 구별에서는 오히려 항상 다음과 같은 사실만이, 즉 우리가 사건들의 "소재"에 존재하는 "조건들"의 일부분을 추상적으로 분리하여 "가능성 판단"의 대상으로 만든 다음 경험칙들에 비추어 사건의 개별적인 구성요소들의 인과적 "의의"에 대한 통찰을 얻는다는 사실만이 중요하다. 실제적인 인과관계를 파악하기 위하여, **우리는 비실제적인 인과관계를 구성한다.**

---

40   이 책의 440~41쪽을 볼 것.

사유적 추상으로서의 "적합한" 원인작용과 "우연한" 원인작용

이러한 범주들이 추상이라는 사실은 오해되곤 하는데, 이는 존 스튜어트 밀의 견해에 근거하는 몇몇의 법학적 인과성 이론가에 의해 제시된, 그리고 앞서 인용한 폰 크리스의 작품[41]에서 이미 설득력 있게 비판한 특정한 이론들에서 유사하게 볼 수 있는 아주 특수한 방식으로 특히 자주 표현된다.[12] 밀은 확률의 수학적 배분이 주어진 시점에 ("객관적으로") **존재하면서** 어떤 결과를 **"야기하는" 원인**들과 이것을 **"저지하는" 원인**들 사이의 비율을 의미한다고 믿는다; 이에 의거하여 빈딩도 "어떤 결과를 추구하는" 조건들과 이것에 "저항하는" 조건들 사이에는 (경우에 따라서) 수적으로 또는 적어도 개략적으로 결정할 수 있는 비율이 **객관적으로,** 그것도 상황에 따라서는 "평형상태"로 존재하며, 또한 원인작용의 과정은 전자의 조건들이 후자의 조건들에 대해 우위를 점하게 되는 것이라고 가정한다.[13] 여기서는 인간의 "행위"를 **고찰할** 때 직접적인 "체험"으로 나타나는 "동기들 간의 투쟁"[42]이라는 현상이 인과성 이론의 기초가 되었음이 명백하다. 우리가 그 현상에 어떤 보편적인 의의를 부여하든 상관없이,[14] 그 어떤 엄격한 인과고찰도, 심지어 역사적 인과고찰도, 이러한 인간화를 받아들일 수 없음은 확실하다.[15] 두 개의 "대립적으로" 작용하는 "힘"이라는 관념은 물체적·공간적 이미지로서, 단지 다음과 같은 현상들에서만 자기기만 없이 사용될 수 있다. 즉 두 개의 물리적 의미에서 "대립적인" 결과들 가운데 하나의 결과가 하나의 힘에 의해 그리고 다른 하나의 결과가 다른 하나의 힘에 의해 야기되는 현상들에서만 — 특히 기계적이고 물리학적인 성격의[16] — 사용될 수 있다. 그

---

41 이는 『객관적 가능성의 개념과 그 몇 가지 적용에 대하여』이다.

42 니체는 『아침놀』(한글판), 144~46쪽(아포리즘 129)에서 "동기들 간의 투쟁이라고 불리는 것"에 대해 논의하고 있다.

뿐만이 아니라 특히 다음을 확실히 짚고 넘어가야 한다. 즉 어떤 구체적인 결과는 이것을 추구하는 일정한 원인들과 이것에 저항하는 다른 원인들 사이의 투쟁의 산물로 간주될 수 **없고**, 오히려 구체적인 결과를 다르지 않고 바로 그렇게 야기하기 위해서는 어떤 "결과"로부터의 인과적 회귀에 의해 밝혀지는 **모든** 조건 전체가 다르지 않고 바로 그렇게 "공동작용"을 했어야 한다는 점을, 또한 인과적으로 연구하는 모든 경험과학에 결과의 발생은 어떤 특정한 순간으로부터가 아니라 "영원으로부터" 확정되어 있었다는 점을 확실히 짚고 넘어가야 한다. 요컨대 어떤 주어진 결과를 "촉진하는" 조건들과 "저지하는" 조건들에 대해 말하는 경우, 이는 구체적인 경우에 특정한 조건들이 결과를 억제하려고 했지만 허사가 되었고 다른 조건들이 그러한 조건들을 무릅쓰고 최종적으로 결과를 **야기했다**는 식으로 받아들여서는 안 된다. 오히려 그러한 표현은 예외 없이 그리고 항상 다음을 의미할 뿐이다. 즉 결과에 시간적으로 선행하는 그리고 **사유적으로** 분리된 현실의 일정한 구성요소들은 보편적인 경험칙들에 따라 **일반적으로** 문제가 되는 종류의 결과를 "촉진하는", 다시 말해, 우리가 알듯이, 다른 조건들과의 가능하다고 생각되는 조합의 대다수에서 그 결과를 야기하는, 이에 반해 일정한 다른 구성요소들은 **일반적으로** 그 결과가 아닌 다른 결과를 야기하는 **경향이 있다**. 우리는 예컨대 마이어가(27쪽) 모든 것이 하나의 특정한 결과를 향해 "밀려가는" 경우들에 대해 말하는 것을 듣는데, 이것은 실제로 진행된 사건들의 과정의 재현이 아니라 분리하고 일반화하는 **추상**이다. 논리적으로 정확하게 표현하자면, 이것은 단지 다음을 의미할 뿐이다: 우리는 기대된 결과와 **적합성**의 관계에 있다고 **간주될** 수밖에 없는 인과적 "요소들"을 확정하고 사유적으로 분리할 수 있는데, 왜냐하면 그렇게 분리되어서 부각된 인과적 "요소들"이 **보편적인 경험칙들**에 따라 다른 결과를 야기할 것으로 "기대되는" 다른 인과적 "요소들"과 조합할 수 있는 가능성이 상대적으로 적다고 **생각할 수 있기** 때문이다. 우리가 "보기에" 상황이 마이어가 방금 말한 바와 같은 경우에, 우리는 일반적으로 우리가 다루고자 하는 결과에 지향된 **"발전경향"**이 존재한다고 말한다.[17]

이러한 용어, 또한 어떤 발전의 — 예컨대 "자본주의"의 — "추진력" 또는 역으로 "저지력"과 같은 비유, 게다가 인과적 관계의 어떤 특정한 "규칙"이 어떤 구체적인 경우에 특정한 인과적 연쇄에 의해 (또는 보다 부정확하게는) 어떤 "법칙"이 다른 법칙에 의해 "폐기된다"라는 명제 — 이 모든 표현은 우리가 그 사유적 성격을 의식하는 경우에만 무난하게 사용될 수 있다: 다시 말해 이 모든 표현은 실제적인 인과적 연쇄의 일정한 구성요소들을 추상하는 것에, 또한 객관적 가능성 판단의 형태로 그 밖의 다른 구성요소들을 사유적으로 일반화하는 것에, 그리고 이러한 판단을 이용해 사건들을 특정한 구조를 지닌 인과적 관계로 형성하는 것에 근거한다는 사실을 유념하는 경우에만 무난하게 사용될 수 있다.[18] 그리고 이 경우에 다음과 같은 사실, 즉 우리의 모든 "인식"이 범주적으로 형성된 현실에 관련되며, 따라서 예컨대 "인과성"은 "우리의" 사고를 구성하는 하나의 범주라는 사실을 인정하고 의식하는 것으로는 충분하지 않다. 왜냐하면 이러한 측면에서 원인작용의 "적합성"은 특별한 위치에 있기 때문이다.[19] 비록 여기서는 이 범주를 완벽하게 분석하려는 의도는 없지만, 그럼에도 불구하고 다음의 두 가지를 위해 적어도 간단히 규명할 필요가 있을 것이다. 즉 우선 "적합한 원인작용"과 "우연적 원인작용" 사이에 존재하는 차이의 성격을 — 이것은 그때그때의 구체적인 인식목적에 의해 조건지어지는, 따라서 어디까지나 상대적인 것이다 — 명백히 하기 위해서, 그리고 더 나아가 어떤 "가능성 판단"에 포함된 진술의 내용이 수많은 경우에 지극히 불명확하지만 그럼에도 불구하고 "타당성"을 주장하고 그럼에도 불구하고 역사적 인과계열의 형성을 위해 사용될 수 있다는 사실과 어떻게 조화를 이룰 수 있는가를 이해할 수 있도록 하기 위해서 규명할 필요가 있을 것이다.[20]

주

1) 이것은 앞서 인용한(앞의 412쪽, 원주 15) 글[1]의 393쪽에서 키스티아콥스키가 한 비판에 관계없이 옳은데, 왜냐하면 그것은 **이러한** "가능성"의 개념에는 전혀 해당하지 않기 때문이다.

　1 이는 「러시아 사회학파와 사회과학적 문제틀에서의 가능성의 범주」이다.

2) 미리 분명하게 말해 두어야 할 점은, 앞으로 논의하게 될 범주들은 통상적으로 "역사학"이라고 불리는 **전문화된** 과학 분야에뿐만 아니라 "죽은 자연"에서 일어나는 사건들을 포함하는 **모든** 개별적인 사건의 "역사적" 귀속에도 적용된다는 사실이다. 여기에서 "역사적인 것"이라는 범주는 **논리적** 개념이지 전문적이고 기술적인 개념이 아니다.

3) 『객관적 가능성의 개념과 그 몇 가지 적용에 대하여』(라이프치히 1888). 폰 크리스는 이 저작의 중요한 출발점을 이미 그의 『확률론의 원리들』에서 제시했다. 여기에서 처음부터 말해 두어야 할 점은, 역사적 "대상"의 성격 때문에 폰 크리스 이론의 가장 기본적인 구성 요소들만이 역사학의 방법론에 대해 의의를 갖는다는 사실이다. 자명한 일이지만 역사학의 인과적 연구를 위해 엄격한 의미에서의 이른바 "확률론"의 원리들을 받아들인다는 것은 고려되지 않을 뿐만 아니라 심지어 확률론의 관점들을 유추적으로 사용하려는 시도만 해도 커다란 주의를 요한다.

4) 폰 크리스의 이론을 법학적 문제들에 적용하려는 시도에 대해서는 지금까지 라드브루흐가 가장 예리한 비판을 가했다(『적합한 원인작용에 대한 이론』, 『폰 리스트 세미나 논집』,[1] 속편, 제1권, 제3호 [1902].[2] — 여기에는 이 분야의 가장 중요한 다른 저작들이 언급되고 있다). "적합한 원인작용"의 개념에 대한 그의 근본적인 분석은 우선 이론[3]이 가능한 한 단순한(그러므로, 곧 보게 되는 바와 같이, 단지 잠정적일 뿐 최종적이지 않은) 형식으로 제시되고 난 다음에야 비로소 고려될 수 있을 것이다.

　1 이는 베를린 대학의 범죄학 세미나 논집인데, 프란츠 폰 리스트가 그 편집을 담당하고 있었기 때문에 『폰 리스트 세미나 논집』이라고 표기한 것이다. 참고로 리스트(1851~1919)는 독일의 형법학자이자 국제법학자인데, 라드브루흐는 상기한 논문으로 1902년에 베를린 대학에서 박사학위를 취득했다.

　2 이는 단행본 형태로 출간된 것으로 총 분량이 84쪽에 달한다.

3 이는 객관적 가능성의 이론을 가리킨다.

5) 통계학 이론가들 가운데에는 라디슬라우스 폰 보르트키에비치의 견해가(「확률론의 인식론적 토대」, 『콘라트 연보』, 속속편, 제17권[제18권도 참고할 것[1]] 그리고 「렉시스[2]의 인구통계 및 도덕통계 이론」, 같은 연보, 제27권) 폰 크리스의 통계이론에 매우 가깝다. 그 밖에도 알렉산더 츄프로프가 폰 크리스의 이론에 근거하는데, 나는 유감스럽게도 『브로크하우스-에프론 백과사전』에 실린 도덕통계에 대한 그의 글을 입수하지 못했다.[3] 『슈몰러 연보』(1905), 421쪽 이하에 실린 통계이론의 과제에 대한 그의 논문을 참고할 것.[4] 테오도어 키스티아콥스키의 비판은(앞서 인용한 바 있는, 『관념론의 문제들』에 게재된 논문[5]의 378쪽 이하) 물론 보다 상세한 논의를 유보한 채 일단은 그 개요만이 제시된 상태이지만, 나는 그 비판에 동의할 수 없다. 그는(379쪽) 우선 폰 크리스의 이론이 밀[6]의 논리에 기초하는 잘못된 원인개념을 사용하고 있다고, 특히 "복합원인"과 "부분원인"이라는 범주를 사용하고 있다고 비판하는데, 이러한 범주의 사용은 그가 보기에 결국 인과성의 인간화된 해석에("영향을 끼친다"는 의미에서) 근거하는 것이다(라드브루흐도 앞서 인용한 책,[7] 22쪽에서 이 후자의 측면을 암시하고 있다).[8] 그러나 "영향을 끼친다"라는 관념 또는 보다 중립적으로, 그러나 전적으로 동일한 의미로 표현되어 온 "인과적 끈"이라는 관념은, 개별적인 질적 변화의 계열을 연구하는 그 어떤 인과적 고찰로부터도 결코 분리될 수 없다. 우리는 뒤에서 그러한 관념이 불필요하고 의심스러운 형이상학적 전제조건의 무거운 짐을 져서는 안 되고 (또 질 필요도 없다는) 점을 다룰 것이다.[9] (원인의 다원성과 기본원인들에 대해서는 츄프로프가 앞서 인용한 글, 436쪽에서 전개하는 논의를 볼 것). 여기서는 다만 "가능성"이 일종의 "형성적" 범주라는 점만을 언급하고자 한다: 다시 말해 그것은 역사적 서술에 받아들여야 할 인과적 고리들의 **선택**을 결정하는 기능을 한다. 이에 반해 역사적으로 형성된 소재는 적어도 이상적으로 보면 "가능성"을 전혀 포함하지 않는다: 역사적 서술은 비록 주관적으로는 아주 드물게만 필연판단에 이르지만, 객관적으로는 의심의 여지없이 항상 다음과 같은 전제조건에 의해 지배된다. 즉 결과가 "귀속되는" "원인들"은 — 물론 이것들은 과학적으로 "흥미롭지 못한 것"으로 간주되며 따라서 서술에서 개괄적으로 언급될 뿐인 무한한 "조건들"과 결합되어 있음에 주의해야 한다 — 이 결과가 나타난 것에 대한 명실상부하게 "충분한 근거"로 간주되어야 한다. 그러므로 가능성이라는 범주의 사용은, 인과성 이론에 의해 오래전에 극복된 관념, 즉 실제적인 인과관계의 어떤 고리들은 인과쇄에 들어설 때까지 말하자면 "공중에 떠 있다"라는 관념을 조금도 포함하지 않는다. 내가 보기에 폰 크리스 자신은(앞서 인용한 책, 107쪽) 그의 이론이 존 스튜어트 밀의 이론과 어떻게 다른가를 매우 설득력 있게 보여 주었다. 이에 대해서는 아래를 볼 것.[10] 다만 밀도 객관적 가능성이라는 범주에 대해 논의했으며, 이 과정에서 때때로 "적합한 원인작용"이라는 개념을 구성했다는 점에서 이 둘 사이에는 유사점이 존재한다(테오도어 곰페르츠의 독일어 번역본 총서, 제3권, 262쪽).[11]

1 이는 「반론」으로서, 자신에게 가해진 비판에 대한 폰 보르트키에비치의 역비판이 실려 있다.

2 빌헬름 렉시스(1837~1914)는 독일의 통계학자이자 경제학자이다.

3 여기에서 말하는 그의 글이란 1897년 러시아에서 출간된 『브로크하우스-에프론 백

과사전』에 러시아어로 게재된 「도덕통계」이며, 그래서 베버가 입수할 수 없었던 것이다. 사실 베버는 1905년 러시아 혁명이 일어나자 러시아어를 배워 혁명에 대해 연구하여 그 결과를 『사회과학 및 사회정책 저널』에 두 편의 논문으로 발표할 만큼 러시아어에 상당히 조예가 깊었다. 이 두 편의 논문은 『막스 베버 전집』, 제I/10권 『1905년의 러시아 혁명』에 수록되어 있다. 참고로 『브로크하우스-에프론 백과사전』은 1890년부터 1907년까지 상트페테르부르크에서 발간된 백과사전으로 12만 1,240편의 글과 7,800개의 이미지, 그리고 235개의 지도를 포함하고 있다.

4 이는 「통계이론의 과제」이다. 그리고 베버는 421~22쪽(S. 421f.)이라고 표기하고 있는데, 그가 이 논문 전체를 가리키고 있다는 점을 감안하면 421쪽 이하(S. 421ff.)가 타당한 듯하다.

5 이는 이 책의 412쪽, 원주 15에서 인용한 「러시아 사회학파와 사회과학적 문제틀에서의 가능성의 범주」이다.

6 이는 존 스튜어트 밀을 가리킨다.

7 이는 『적합한 원인작용에 대한 이론』이다.

8 여기서는 약간의 설명이 필요하다. 먼저 "이 후자의 측면"은 "이러한 범주의 사용은 [……] 근거하는 것이다"를 가리킨다. 그리고 "인과성의 인간화된 해석"이란, 우리가 인과성을 해석할 때 우리의 (인간의) 행위의 경험에서 출발함을 의미한다. 이미 데이비드 흄은 주장하기를, 자연현상의 경우에 우리는 "propter hoc"(이 때문에; 영향을 끼침 또는 야기함)이 아니라 단지 "post hoc"(이 다음에; 잇달아 또는 시간적 연속성)만을 관찰할 수 있다. 이는 칸트에게 큰 영향을 끼쳤으며, 니체도 되풀이했다.

9 이 책의 445쪽 이하에서이다[일러두기 9 참고].

10 이 책의 445~46쪽이다[일러두기 9 참고].

11 이는 『연역적 논리와 귀납적 논리의 체계』, 제2권이다. 총 12권으로 된 곰페르츠의 독일어 번역본 총서(1869~80)는 제2~4권이 각각 『연역적 논리와 귀납적 논리의 체계』 제1~3권을 구성하고 있다. 참고로 테오도어 곰페르츠(1832~1912)는 오스트리아의 철학사가이며 고대 문헌학자이다.

6) 현대법은 행위가 아니라 행위자를 지향하고(라드브루흐, 앞서 인용한 책, 62쪽을 참고할 것),[1] 주관적 **"책임"**을 묻는 반면, 역사학은 경험과학으로 머물고자 하는 한 구체적인 사건의 "객관적" **근거들**과 구체적인 "행위들"의 결과를 묻지, "행위자"를 심판하려고 하지 않는다. 폰 크리스에 대한 라드브루흐의 비판은 아주 정당하게도 이러한 현대법의 근본원리에 ─ 모든 법의 근본원리가 아니라 ─ 근거하고 있다. 그리하여 그 자신도 다음과 같은 경우들에는 크리스의 이론이 타당하다고 인정한다: 이른바 결과범(65쪽), "상황에 영향을 끼칠 수 있는 추상적 가능성"으로 인한 책임(71쪽), 수익손실에 대한 책임, "인책능력이 부재한 사람들"에 의해 초래되는 책임, 다시 말해 단지 "객관적" 인과성만이 관련되는 모든 경우(80쪽). 그런데 역사학은 이 경우들과 전적으로 동일한 **논리적** 상황에 처해 있다.

1 이는 『적합한 원인작용에 대한 이론』이다.

7) 자명한 일이지만 이러한 판단은 이 저작에 포함되어 있는 개별적인 논문들에는 해당되지 않는다: 그 가운데에는 탁월한 업적이지만 "방법"은 전적으로 "구식"인 것도 있다. 그

러나 일종의 "사회정책적" 공평성이라는 관념, 즉 그토록 경멸적으로 무시되어 온 인디언와 카피르 종족들이 ─ 드디어, 드디어! ─ 기꺼이 역사학에 의해 적어도 예컨대 아테네인들과 똑같이 중요성을 지니는 것으로 다루어져야 하며, 또한 이 공평성을 명확하게 드러내기 위해 소재를 지리학적 기준에 따라 배열해야 한다는 생각은, 그야말로 유치한 것이다.

8) 아래에서 다루어지는 것에 대한 보다 자세한 논의는 「로셔와 크니스 III」에 제시된 나의 견해를 볼 것.[1]

1 이 논문은 이 책의 175~233쪽에 있다.

9) 여기에서 한 가지 예만 더 간략하게 고찰하기로 하는데, 그것은 카를 포슬러가 앞선 인용한 책,[1] 101~02쪽에서 "법칙"구성의 무력함을 예증하기 위해 분석한 것이다. 그는 일정한 어법들을, 즉 "마치 독일어라는 바다 한가운데 떠 있는 이탈리아어라는 섬과도 같은" 자신의 가족 안에서 자녀들에 의해 형성되고 부모들이 자녀들과 이야기하면서 모방하게 되는, 그리고 그 기원이 아주 명료하게 기억되는 구체적인 동기들로 소급하는 일정한 어법들을 언급한다[2] ─ 그리고는 묻는다: "언어발달의 이러한 경우들에서 민족심리학은" (그리고 우리는 그가 의미하는 바에 따라 모든 "법칙과학"을 첨가할 수 있다) "여전히 무엇을 설명하려고 하는가?" ─ 실상 이 현상은 그 자체로서만 고찰하면 겉으로 보기에 충분히 설명이 되지만, 그렇다고 해서 그것이 더 이상의 논의나 이용의 대상이 될 수 없다는 말은 아니다. 우선 여기서는 인과관계가 확실하게 결정될 수 있다는 사실이(**이론적으로는** 이것이 여기에서 유일하게 중요한 것이다) 언어발달의 **다른** 경우들에서 동일한 인과관계가 존재할 개연성이 있는가를 규명하는 색출적 수단으로 사용될 수 있다: 그러나 그러기 위해서는 논리적 관점에서 볼 때 구체적인 경우를 보편적인 **규칙**에 편입하는 것이 필요하다. 포슬러 자신도(102쪽) 이 규칙을 다음과 같이 정식화했다: "보다 자주 사용되는 형태들이 보다 드물게 사용되는 형태들을 끌어당긴다." 그러나 이것으로는 충분하지 않다. 우리는 상기한 경우에 인과설명이 "겉으로 보기에" 충분하다고 말했다. 그러나 모든 **개별적인** 인과관계는, 심지어 외견상 "가장 간단한" 것조차도 무한히 분해되고 분할될 수 있으며, 우리가 어디에서 멈추어야 하는가를 결정하는 것은 전적으로 우리가 구체적인 경우에 갖는 인과적 **관심**의 한계라는 점을 망각해서는 안 된다. 그리고 상기한 경우에는 우리의 인과적 욕구가 제시된 "실제적인" 과정에 만족해야 한다고 말해 주는 것이 아무것도 없다. 정확하게 관찰한다면, 아마도 예컨대 어린아이들에 의해 언어가 변형되는 것을 조건지은 "끌어당김"은, 그리고 마찬가지로 이렇게 어린아이들에 의해 창조된 언어를 부모들이 모방하는 것은 다양한 어형(語形)에서 다양한 정도로 일어났다는 사실이 드러날 것이다; 그리고 왜 하나의 또는 다른 하나의 어형에서는 그러한 끌어당김과 모방이 보다 자주 등장했는지 또는 보다 드물게 등장했는지 또는 전혀 등장하지 않았는지에 대해 무엇인가를 말할 수 있는가라는 질문이 제기될 수 있을 것이다. 그러면 우리의 인과욕구는 이러한 등장의 조건들이 규칙들의 형식으로 표현되어야만, 그리고 구체적인 경우가 그러한 규칙들이 구체적인 "조건"하에서 "상호작용한" 결과로 나타나는 특수한 상황으로 "설명"되어야 비로소 충족될 것이다. 이렇게 되면 포슬러는 자신이 혐오하는 법칙사냥, 즉 분리와 일반화를 자신의 아늑한 집 한가운데에 갖게 될 것이다.[3] 게다가 이는 그 자신의 탓이다. 왜냐하면 "유추는 정신적 힘의 문제이다"[4]라는 그 자신의 일반적인

명제는 무조건적으로 다음과 같은 질문, 즉 그와 같은 "정신적 힘의 관계들"의 "심리적" 조건들에 대해서는 일반적인 것을 전혀 규명할 수도 없고 진술할 수도 없는가 하는 질문으로 이어지며, 따라서 첫눈에도 포슬러의 ― 그렇게 표현된 ― 명제는 그의 주적(主敵)인 **"심리학"**을 즉각적으로 그리고 강제적으로 이러한 질문으로 끌어들이는 것으로 보이기 때문이다. 만약 우리가 구체적인 경우에 구체적인 과정에 대한 단순한 서술에 만족한다면, 그 근거는 다음의 두 가지이다: 첫째로 계속적인 분석을 통해 규명할 수 있는 "규칙들"이 구체적인 경우에 과학을 위해 전혀 새로운 통찰을 제공할 수 없을 것이기 때문이다 ― 다시 말해 구체적인 현상이 "인식수단"으로서 그 어떤 중요한 의의도 지니지 못하기 때문이다; 그리고 둘째로 구체적인 현상 자체가 좁은 영역에서만 작용했기 때문에 언어발달을 위해 보편적인 의의를 전혀 획득하지 못했으며 역사적 "실재근거"로서도 무의미했기 때문이다. 결론적으로 말해, 상기한바 포슬러 가족에서 발생한 현상은 아마도 그 논리적 불합리성 때문이 아니라 우리가 갖는 관심의 한계 때문에 "개념구성"의 대상이 되지 않을 것이다.

1 이는 『창조와 발전으로서의 언어』이다.

2 포슬러는 1900년에 이탈리아 여성과 결혼하여 슬하에 2남을 두었고, 1923년에 독일인과 두 번째 결혼을 했다. 원주에 언급된 포슬러의 자녀들은 바로 이 두 아들이며, 그들은 당시 각각 네 살 반과 세 살 반이었다. 참고로 포슬러의 둘째 아들은 근대사학자로 그의 사후에 베네데토 크로체와 이탈리아어로 주고받은 편지를 독일어로 번역하고 책으로 펴냈다.

3 분리와 일반화에 대해서는 이 책의 431쪽을 볼 것.

4 포슬러, 『창조와 발전으로서의 언어』, 102쪽. 이 인용구절은 이미 앞에서 인용한 문장 ―"보다 자주 사용되는 형태들이 보다 드물게 사용되는 형태들을 끌어당긴다"― 바로 뒤에서 이 문장을 설명하면서 이어진다. 전체적인 맥락을 파악하기 위해 이 부분 전체를 인용하면 다음과 같다: "보다 자주 사용되는 형태들이 보다 드물게 사용되는 형태들을 끌어당긴다. 또는 보다 보편적이면서 동시에 보다 정확하게 말하자면, 유추는 정신적 힘의 문제이다; 다시 말해 그것은 모든 경험적 개념구성이나 분류와 마찬가지로 **자의적으로** 진행된다."

10) 만약 누군가 무슨 일이 "일어났을까"를 적극적으로 구성하려고 시도한다면, 그 결과는 기괴할 수 있다.

11) 우리가 적합성의 "정도"를 평가할 수 있는 수단을 가지고 있는가, 그렇다면 어떤 수단을 가지고 있는가, 그리고 이 경우에, 특히 복합적인 "전체원인"을 그 "구성요소들"로 분해하는 경우에 ― 물론 우리에게는 객관적으로 이를 위한 "분할의 열쇠"가 전혀 주어져 있지 않다 ― 이른바 "유추"가 역할을 수행하는가, 그렇다면 어떤 역할을 수행하는가에 대해서는 나중에 논의할 것이다.[1] 여기에서의 표현은 부득이하게 잠정적이다.

1 이는 실제로는 성사되지 않았다.

12) 나는 이미 앞서의 많은 논의에서처럼 여기서도 다시금 폰 크리스의 사상을 광범위하게 "약탈하고" 있다는 점에, 그리고 특히 표현이 자주 부득이하게 크리스가 제시했던 것보다 정밀하지 못할 수밖에 없다는 점에 거의 난처함을 느낀다. 그러나 이 연구의 목적을 위해서는 이 두 상황이 불가피하다.

13) 빈딩, 『규범과 그 위반』, 제1권, 41~42쪽; 폰 크리스, 앞서 인용한 책,[1] 107쪽.

    1 이는 『객관적 가능성의 개념과 그 몇 가지 적용에 대하여』이다.

14) 하인리히 **곰페르츠**(「의지적 결정의 개연성에 대하여」, 빈 1904, 『빈 학술원 철학·역사 분과 의사 보고서』, 제149권, 별쇄본)는 바로 이것[1]을 "결정"에 대한 현상학적 이론의 토대로 삼았다. 이 과정에 대한 그의 논의가 어떤 가치를 갖는가에 대해서는 어떤 판단도 내리지 않겠다. 어쨌든 내가 보기에, 비록 그렇게 하지 않더라도, 빈델반트가 ― 그의 목적상 의도적으로 ― "보다 강한" 동기를 이것을 위해 궁극적으로 결정을 "내리지 않는" 동기와 순수하게 개념분석적으로 동일시하는 것이(『자유의지에 대하여』, 36~37쪽) 문제를 다루는 유일하게 가능한 방식은 아니다.

    1 이는 "동기들 간의 투쟁"이라는 현상이다.

15) 이런 한에서 키스티아콥스키, 앞서 인용한 글[1]은 전적으로 옳다.

    1 이는 「러시아 사회학파와 사회과학적 문제틀에서의 가능성의 범주」이다.

16) 폰 크리스, 앞서 인용한 책,[1] 108쪽을 볼 것.

    1 이는 『객관적 가능성의 개념과 그 몇 가지 적용에 대하여』이다.

17) 비록 용어가 매력적이지는 않지만, 그렇다고 해서 논리적 사실의 존재에 영향을 끼치는 것은 결코 아니다.

18) 이것을 망각하는 경우에만 ― 물론 빈번하게 일어나는 일이지만 ― 이러한 고찰방식의 "형이상학적" 성격과 관련하여 키스티아콥스키가 앞서 인용한 글[1]에서 제기한 의구심이 정당화된다.

    1 이는 「러시아 사회학파와 사회과학적 문제틀에서의 가능성의 범주」이다.

19) 이 점에 대해서도 크리스, 앞서 인용한 책[1]과 라드브루흐, 앞서 인용한 책[2]은 이미 부분적으로는 명시적으로 논의했고 부분적으로는 가볍게 언급했다.

    1 이는 『객관적 가능성의 개념과 그 몇 가지 적용에 대하여』이다.

    2 이는 『적합한 원인작용에 대한 이론』이다.

20) 또 한 편의 논문이 이어질 것이다.[1]

    1 실제로는 이어지지 않았다.

제4부
루돌프 슈탐러의 유물론적 역사관 "극복" *
1907[1]

* 원서에는 맨 앞에 차례가 나오고 본문은 이에 따라 4개의 장이 제목 없이 아라비아 숫자로만 구분되어 있다. 이에 독자들의 편의를 위해 각 장에 제목을 붙이고 제4장을 구성하는 부분들을 나누고 각각의 절에 제목을 붙였음을 일러둔다. 그리고 원서에 나오는 차례에는 제1장부터 제3장까지만 제목이 주어져 있고, "규칙"을 주제로 하는 제4장은 제목 없이 이 장을 구성하는 5개의 절에만 제목이 주어져 있다. 그리하여 이 책에서는 제4장에 "'규칙'에 대한 논의"라는 제목을 붙이고 — 이는 물론 어디까지나 옮긴이의 주관적인 판단이다 — 그 첫 번째 절인 "'규칙'개념의 분석"부터 마지막 절인 "법적 개념과 경험적 개념"까지 차례로 4.1, 4.2, 4.3, 4.4, 4.5의 일련번호를 매겼음을 일러둔다.

1. 서론

　다음과 같이 하는 것, 즉 사회과학의 근본적인 문제들에 대한 논의에서 결코 부정할 수 없는, 주로 혼란스러운, 그러나 동시에 의심할 바 없이 대단히 자극적이기도 한 영향력을 행사해 온 어떤 책의 "개정 제2판"이 과학적 존재의의 자체를 갖지 못함을 논증하는 것은 쉽지 않은 일이다. 그럼에도 불구하고 우리는 여기에서 이 일을 할 것인데, 그것도 인정사정없이 노골적으로 할 것이다. 이를 위해서는 한편으로 몇몇 유보조항을 제시할 필요가 있고 그러고 나서 논의의 근거를, 그것도 일단은 아주 일반적이고 간단할 수밖에 없는 논의의 근거를 제시할 필요가 있다. 우선 슈탐러의 저작은 고도의 박식함, 통찰력 및 관념론적 인식추구와 더불어 고도의 "정신"을 보여 준다는 점을 무조건적으로 인정해야 한다. 그러나 그의 책에서는 기형적인 모습을 볼 수 있는데, 다름 아닌 획득된 유용한 결과와 굉장히 과시적으로 사용된 수단 사이의 불균형이다: 그것은 어떤 제조업자가 지금까지 성취된 모든 기술적 발전, 엄청난 양의 자본과 무수한 노동력을 동원하여 가장 최신의 설비를 갖춘 거대한 공장에서 기체 **공기**(액상이 아니라 가스 형태의!)를 생산하는 것과 **거의** 같다. "거의" 그렇다 — 왜냐하면, 이미 말한 바와 같이, 조금도 의심할 바 없이 이 책에는 지속적인 가치를 지니는 따라서 환영할 만한 **개별적인** 요소들이 담겨 있으며, 이 요소들은 주어진 구절에서 주저 없이 언급되고 가능한 한 강조되어야 하기 때문이다(이것이 두 번째 유보조항이다). 그러나 이 요소들의 가치를 제아무리 높게 평가할 수 있을지라도 — 이 저작이 추구하는 정말로 과도한 목표에 비하면 그것들은 유감스럽게도 아주 제한된 의의밖에 갖지 못한다. 그것들은 한편으로는 가령 법학적 개념구성과 경제학적 개념구성의 관계에 대한 전문적 연구에서, 다른 한편으로는 사회적 이상들의 형식적 전제조건들에 대한 전문적 연구에서 자신의 적합한 자리를 찾을 수 있을 것이며, 이 두 연구는 확실히 지속적으로 유용성을 갖고 지속적으로 자극을 줄 것이다. 물론 자신을 아주 장중하게 보이려고 으스대며 걷는[1] 이 책만큼 많은 주목을 끌지는 못할 것이다. 그러나 이 책에서 지속적인 가치를 지니는 요소들은 유사진리, 반쪽진리, 잘못 표현된 진리 및 불명료한 표현의 뒤에 숨겨진 비(非)진리의, 그리고 스콜라적 오류와 궤변의 진정한 정글 속으로 사라져버리며, 그로인해 이 책에 대한 논의는 근본적으로 부정적인 결과 하나 때문만으로도 이미 즐겁지 않은, 그리고 동시에 무한히 지루하고 지극히 장황한 작업이 되고 만다. 그럼에도 불구하고 슈탐러가 정말 놀라운 확신을 갖고 전개한 논의가 완전히 공허하다는 것을 알려면 비교적 많은 수의 개별적인 견해들에 대한 분석이 불가피하다. — 물론 "완벽한 사람은 없다"[2]

---

1 이는 물론 비유적인 표현이다. 원문에는 "거대한 코토르노스를 신고 걷는"이라고 되어 있는데, 코토르노스(그리스어'κόθορνος', 독일어 'Kothurn')는 고대 그리스의 비극 배우가 몸집을 크게 보이기 위해 신는 창이 두꺼운 반장화이다.
2 여기에서 베버는 라틴어(peccatur intra muros et extra)를 인용하고 있는데, 이것은 호라티우스의 서간시 1.2.16에 나오는 구절로, 원래는 "Iliacos intra muros peccatur et extra"이

라는 말은 전적으로 옳다. 우리는 예외 없이 모든 저술가의 작품에서 논의되는 문제가 충분히 숙고되지 않거나, 또는 표현이 부주의하거나 불명료하거나 전적으로 잘못된 점들을 발견할 수 있다. 그리고 이는 특히 전문적인 논리학자가 아닌 우리가 우리의 전문화된 과학 분야들의 실제적인 관심에서 논리적인 문제를 고찰해야 하는 경우에 그러하다. 이러한 경우에, 그리고 그중에서도 특히 우리가 그때그때 다루는 구체적인 문제에 대해 중요하지 않거나 덜 중요한 측면들에서 우리는 불가피하게 전문적 논리학의 사고장치에 대한 우리의 지배력을 상실하는 경향이 있다; 우리는 이러한 사고장치를 일상적으로 사용하지 않는데, 바로 이 일상적 사용이 우리에게 그러한 지배력을 줄 수 있는 유일한 것이다.[3] 그런데 슈탐러로 말할 것 같으면, 우선 그는 자신을 다름 아닌 "인식론자"로 내세우고자 **하고**, 나아가 — 앞으로 밝혀지겠지만 — 우리가 여기에서 다루는 것은 그의 논의에서 그 자신이 특별히 강조하는 요소들이며, 마지막으로 — 잊지 말아야 할 것은 — 우리는 **제2판**을 논의의 대상으로 하며, 따라서 정당하게 "최초의 시도"에 대해 할 수 있는 것과는 완전히 다른 요구를 할 수 있다. 슈탐러는 우리에게 이러한 요구를 충족할 형편이 못되는 재판을 제공하는데 — 바로 이 사실이 그에 대한 가장 날카로운 비판을 불러일으킨다. 통렬하게 거부되어야 할 것은 책의 존재가 아니라 그러한 재판의 존재이다. 슈탐러 저작의 초판에서 전개된 "최초의 시도"를 보면, 우리는 다른 누군가가 해놓은 일을 비판하는 것은 스스

다(호라티우스, 『호라티우스의 서간시』, 제1권, 25쪽). 이를 우리말로 옮기면 다음과 같다: "트로이의 성벽 안과 밖 모두에서 죄를 범한다." 다시 말해 성벽 안쪽과 바깥쪽, 그러니까 양쪽 모두에서 잘못을 저지른다. 이는 전성되어서 "완벽한 사람은 없다" 또는 "누구나 결점이 있다"라는 의미를 가지며, 또한 빈번하게 "peccatur intra et extra"처럼 축약된 형태로 인용된다.

3 여기에서 전문적 논리학의 사고장치를 일상적으로 사용한다 함은, 흔히 말하는 일상적 삶에서 사용한다는 의미가 아니라 전문화된 과학 분야에서 늘상 연구를 하면서 사용한다는 의미이다.

로 무엇인가를 해내는 것보다 항상 쉽다는 격언에 기꺼이 동조하게 된다. 그러나 거의 10년 후에 "개정되어" 출간된 제2판을 보면, 우리는 저자에게 자기비판을 요구하게 되며, 특히 슈탐러가 **논리적인** 문제들에 대해 논의하는 과정에서 전문적 논리학자들의 연구결과에 전혀 주목하지 않았다는 것은 변명의 여지가 없다. 그리고 마지막으로 한 가지를 더 추가하자면, 슈탐러는 "비판적 관념론"[4]의 대표자임을 자처한다: 그는 윤

---

4 칸트는 경험적 인식의 선험적 또는 초월적 전제조건을 논구하는 자신의 인식론을 선험적 관념론 또는 초월적 관념론이라고 규정한다. 그리고 바로 이 점에서 자신의 관념론이 기존의 관념론과 — 예컨대 데카르트의 경험적 관념론이나 버클리의 신비적이고 광신적인 관념론과 — 구별되는 비판적 관념론이라고 주장한다. 이는 1783년에 출간된 『학문으로 등장할 수 있는 미래의 모든 형이상학을 위한 서설』(한글판), 71~72쪽을 보면 잘 드러난다. 이 책에서 칸트는 말하기를, "나는 우리가 감각능력으로 표상한 사태들에 그것들의 현실성을 인정하고, 이 사태들에 관한 우리의 감성적 직관을, 그것은 어떤 부분에서도, 심지어 공간과 시간이라는 순수직관에서도 그 사태들의 순수한 현상을 표상할 뿐 결코 사태들 자체에서 그것들의 성질을 표상하는 것이 아닌 것으로 제한한다." 그러므로 — 그는 계속해서 말하기를 — "이것은 내가 철저히 자연에 날조해 덧씌운 가상이 아니다. 그리고 관념론의[이것을 관념론으로 여기는] 모든 부당한 요구에 대한 내 항변은 너무 간결하고 명백해서 자격 없는 재판관들만 없었다면 심지어 불필요한 것으로 보이기까지 할 것이다. 이들 재판관은 아무리 일반적인 의견이라 하더라도 자신들의 잘못된 의견에서 벗어나는 것에는 기꺼이 옛 이름을 붙이기를 원하고, 철학적 명칭의 정신에 관해서는 결코 판단하지 않고 오히려 오로지 철자에만 매달림으로써 잘 규정된 개념의 자리에 그들 자신의 헛된 망상을 가져다놓아 그 개념을 왜곡하고 모양을 망쳐놓을 준비가 되어 있다. 그래서 이러한 내 이론을 스스로 선험적 관념론이라는 이름으로 불렀다는 사실이, 그 누구에게도 이것을 데카르트의 경험적 관념론 [……] 혹은 **버클리**의 신비적이고 광신적인 관념론과 [……] 혼동될 권리를 줄 수는 없다. 왜냐하면 나는 사태들의 실존을 의심한다는 생각을 전혀 하지 않았으며, 따라서 내가 말하는 이 관념론은 사태들의 실존에 관한 것이 아니라(그러나 원래 그것에 대한 의심이 일반적으로 이해되는 의미에서의 관념론을 형성한다) 오히려 시간과 공간이 최상의 원리가 되는 순수한 사태들의 감성적 표상에 관한 것이기 때문이다. 그리고 이것들에 관해서, 그러니까 모든 **현상들** 일반에 관해서 나는 단지 이것들이 사태들이 아닐 뿐 아니라(순수한 표현방식일 따름이고) 또한 사태들 자체에 속하는 규정들도 아니라는 점을 제시했을 뿐이다." 그러나 — 칸트는 이렇게 논의를 이어간다 — "'선험적'이라는 단어, 즉 나에게는 결코 우리 인식이 사물과 맺는 관계를 의미하지 않고, 단지 **인식능력**과 맺는 관계만을 의미하는 단어가 이러한 오해를 막아줄 것이다. 그러나 이 단어가 앞으로 또 이러한 오해를 불러일으키기 전에, 차라리 나는 이 명칭을 취소하고 이것이 비판적 관념론이라 불리길 원한다. 그

리학적 영역과 인식론적 영역 모두에서 칸트의 가장 진정한 제자로 인정받기를 원한다. 이렇게 자임하는 것은 칸트 이론에 대한 심대한 오해에서 비롯되는데, 이 논문의 범위에서는 어디에 그러한 오해가 있는지를 자세하게 논의하는 것이 불가능하다. 그러나 어쨌든 그 누구보다도 "비판적 관념론"의 추종자들이야말로 슈탐러의 저작으로부터 완전히 거리를 두어야 할 충분한 이유가 있다. 왜냐하면 이 저작은 다음과 같은 낡은 자연주의적 믿음, 즉 자연주의적 독단론을 비판하는 인식론자들은 항상 "조야한 궤변과 교묘한 기만"[5]이라는 두 가지 종류의 논증방식 사이에서 선택할 수밖에 없다는 믿음을 조장하기에 매우 적합한 특성을 지니고 있기 때문이다.

렇지만 (현상들이 아니라) 현실적 사태들을 순수한 표상들로 바꾸어버리는 것이 실제로 비난받아 마땅한 관념론이라면, 반대로 순수한 표상들을 사태들로 만들어버리는 것은 어떤 이름으로 부를 것인가? 내가 생각하기에 사람들은 이것을 **몽상적** 관념론이라고 불러서 **광신적** 관념론이라고 할 수 있는 앞의 관념론과 구별할 수도 있을 것이다. 이들 양자는 원래 부르던 대로 내 선험적 관념론, 더 정확히 말하자면 **비판적** 관념론으로 저지해야만 했던 것들이다"(한글판 번역에 다소 수정을 가했음을 일러둔다).

5 이는 인용이 분명한데, 그 출처를 확인할 수 없다. 그리고 "조야한"과 "교묘한"은 각각 'faustdick'과 'haarfein'을 옮긴 것인데, 이 둘은 각각 "주먹만한"이라는 의미와 "머리털처럼 가느다란"이라는 의미로 대조를 이룬다.

2. 역사 유물론에 대한 슈탐러의 서술

슈탐러의 저작은,[2] 거기에서 반복해 강조되고 있는 바와 같이, "유물론적 역사관"을 과학적으로 "극복하고자" 한다. 그러므로 우선 첫째로 그 자신이 이 역사관을 어떻게 파악하는가를 묻고, 그리고 난 다음 두 번째로 **어떤 점**에서 그가 이 역사관에 대해 과학적인 비판을 가하는가를 물을 필요가 있다. 이 두 질문을 가능한 한 생생하게 드러내기 위해서는 작은 우회로를 택할 만한 가치가 있다.

다음을 가정해 보기로 하자. 즉 우리의 시대에 ─종교적 요소들이 문화사에서 차지하는 중요성에 대한 관심이 크게 증가하는 시대에─ 곧 어떤 저자가 나타나서 다음과 같이 주장한다고 가정해 보기로 하자:[1] "역사는 인류의 **종교적** 입장설정과 투쟁의 연속에 다름 아니다. 중국에

---

1 여기서부터 465쪽, 10번째 줄까지 이어지는 인용구절은 실제적인 것이 아니라 허구적인 것으로, 베버가 직접적으로 슈탐러 저작에 준거하는 경우에는 작은따옴표로 처리되어 있거나 쪽수가 표기되어 있다.

는 종교적 이해관계와 종교적인 것에 대한 입장설정이 문화적 삶의 모든 현상들, 특히 정치적 삶과 경제적 삶의 현상들을 조건짓는다. 모든 현상은, 심지어 정치적 영역과 경제적 영역에서도, 궁극적으로 종교적 문제에 대해 인류가 설정하는 특정한 입장들이 반영된 것이다. 그러므로 그것들은 종국에는 단지 종교적 힘들과 이념들의 표현형식일 뿐이며, 따라서 이 이념들로 인과적으로 소급되어야만 비로소 과학적으로 설명된다. 이러한 소급은 동시에 자연과학이 '자연적' 발전을 파악하는 것과 똑같이 '사회적' 발전 **전체**를 확고한 과학적 법칙들에 따라 **통일적으로** 파악할 수 있는 유일하게 가능한 방식이다(66쪽, 아랫부분~67쪽, 윗부분)."—이에 대해 "경험론자"는 정치적 삶과 경제적 삶의 수많은 구체적인 현상에서는 확실히 종교적 동기의 영향을 전혀 인식할 수 없다고 논박할 것이다; 그러면 우리의 "유심론자"는—계속해서 가정해 보기로 하자—다음과 같이 답변할 것이다:[2] "의심할 바 없이 모든 개별적인 사건이 단 하나의 원인만을 갖는 것은 아니며, 따라서 종교적 성격을 조금도 갖지 않는 무수한 **개별적인** 현상들과 동기들이 전혀 이론의 여지없이 인과연쇄에 원인으로 삽입될 수 있다. 그러나 주지하는 바와 같이 우리는 인과적 회귀를 무한히 계속할 수 있으며, 또한 그렇게 함으로써(67쪽, 11번째 줄) **항상** 궁극적으로 언젠가는 종교적 동기가 인간의 생활양식에 '결정적인' 영향을 끼친다는 사실을 확인할 수 있다. 그러므로 삶의 내용의 다른 모든 변화는 종국에는 종교적인 것에 대한 입장설정의 변화로 소급되며(31쪽, 26번째 줄), 또한 단순히 이 변화를 반영하기 때문에 그 안에서는 어떤 독립적이고 실재적인 존재도 볼 수 없다(30쪽, 밑에서 11번째 줄). 이렇듯 종교적 조건들의 모든 변화는 모든 영역

---

2 여기서부터 다음 466쪽, 10번째 줄까지 이어지는 인용구절은—바로 위의 옮긴이 주 1과 마찬가지로—실제적인 것이 아니라 허구적인 것으로, 베버가 직접적으로 슈탐러 저작에 준거하는 경우에는 작은따옴표로 처리되어 있거나 쪽수와 몇 번째 줄인가가 표기되어 있다.

에서 그에 상응하는 병행적(24쪽, 5번째 줄) 변화를 야기한다. 종교적 조건들이야말로 어디서나 사회적 삶을 그리고 — 의식적이든 무의식적이든 — 개인적인 인간존재를 추동하는 사실상 유일한 힘이며, 따라서 원인들의 연쇄와 그 '통일적인 관계'를 **완전히** 알면 항상 종교적 조건들을 찾아낼 수 있다(67쪽, 20번째 줄). 어떻게 달리 될 수 있단 말인가? 요컨대 정치적 삶과 경제적 삶의 외적인 형식들은 자체적인 인과계열을 갖는 폐쇄적이고 독립적인 세계로 존재하지 않는다(26쪽, 밑에서 6번째 줄). 그것들은 그 어떤 고유한 실재도 아니고(29쪽, 밑에서 6번째 줄), 오히려 통일적인 삶 전체로부터 추상화의 방식을 통해 얻어진 비독립적인 '개별적 측면'으로 간주될 수 있을 뿐이다(68쪽, 11번째 줄)."

이에[3] 대해 "건전한 상식"을 가진 우리의 "경험론자"는 아마도, 다양한 유(類)의 "사회적 현상들" 사이의 조건화의 방식과 정도에 대해서는 선험적으로 그 어떤 일반적인 진술도 할 수 없다고 주장하면서 논박할 것이다. 그에 따르면 우선 상호 조건화의 사실, 그리고 더 나아가 그 방식과 정도는 단지 개별적인 경우들과 관련해서만 결정될 수 있다. 그러고 난 다음에는 아마도 실제로 (또는 외견상) 유사한 경우들의 비교를 통해 어떤 개별적인 사회적 현상이 종교적 요소들에 의해 조건지어지는 것에 대한 단순한 규명을 넘어서 일반적인 "규칙들"에 도달할 수 있을 것이다; 그런데 확실히 이 규칙들은 "종교적인 것" **일반**이 "사회적 삶" **일반**에 대해 갖는 인과적 의의에 연관된 것이 아니라는 사실에 주의해야 한다 — 이런 식으로 문제를 제기하는 것은 완전히 그릇되고 막연한 것이다; 그것들은 오히려 아주 명확하게 규정될 수 있는 종교적 문화요소들의 **유**가 마찬가지로 명확하게 규정될 수 있는 상황에서 마찬가지

---

3 이 단락에 나오는 모든 동사는 — 첫 문장에 나오는 "논박할 것이다"를 제외하고 — 간접화법 제1식으로 처리되어 있는데, 이는 여기에 제시된 내용이 베버의 견해가 아니라 그가 설정하는 이른바 "우리의 '경험론자'"의 견해임을 시사하는 대목이다.

로 명확하게 규정될 수 있는 **다른** 문화요소들의 **유**에 대해 갖는 인과적 관계에 연관된 규칙들이다. ─ 그리고 그는 다음과 같이 무언가를 덧붙일 것이다: 우리가 문화현상들을 분류하는 준거가 되는 개별적인 "관점들", 예컨대 "정치적", "종교적", "경제적" 관점 등은 의식적으로 일면화된 고찰방식인데, 이것은 전적으로 과학적 작업의 "경제"라는 목적을 위한 것이며 따라서 이 목적의 관점에서 볼 때 실제적으로 바람직하다면 어디서나 사용된다. 그러나 과학적 의미에서의 문화발전의 "총체성", 다시 말해 문화발전에서 "우리에게 알 가치가 있는 것"은 단지 통합을 통해서만, 그러니까 "고찰"의 "일면성"이 "다면성"으로 진척됨으로써만 과학적으로 인식될 수 있는 것이지, 다음과 같이 절망적인 시도, 즉 역사적 형성물들을 전적으로 상기한바 단지 인위적으로 분리된 구성요소들에 의해서 결정되고 특성이 부여되는 것으로 설정하려는 시도를 통해서는 과학적으로 인식될 수 없다. 이 점에서 인과적 "회귀"는 아무런 성과도 가져올 수 없음이 명백하다: 우리가 제아무리 멀리, 심지어 "태고 시대"까지 소급하더라도, 현상들 전체에서 "종교적" 구성요소들을 끄집어내는 것은 그리고 이 구성요소들에 도달한 바로 그 지점에서 회귀를 중단하는 것은 항상, 우리가 회귀를 시작한 역사적 단계에서와 마찬가지로 "일면적인 것"이다. 개별적인 경우에 과학적 인식을 "종교적" 요소들의 인과적 의의를 규명하는 일에 국한하는 것은 색출적 관점에서 보면 아마도 매우 큰 가치를 지닐 수 있을 것이다: 이 가치는 전적으로 그로부터 "결과하는" 새로운 인과적 인식에 달려 있다. 그러나 문화현상들 **전체**가 "종국에는" **전적으로** 종교적 동기들에 의해 조건지어진다는 테제는, 이미 그 자체로서 근거 없는, 그리고 더 나아가 확증된 "사실들"과 양립할 수 없는 가설이다.

그러나 우리의 "역사 유심론자"는 "건전한 상식"에 기반하는 이러한 논의를 받아들일 수 없을 것이다. 그가 어떻게 대꾸할 것인가 들어보기로 하자:[4] "과연 인과적으로 결정적인 종교적 요소를 어디서나 **인식할**

수 있는가 하는 의심이 힘을 얻으려면, **하나의** 관점으로부터 법칙적 인식의 근본적인 방법에 도달한다는 목표가 어떻게든 의문시되어야 할 것이다(66쪽, 11번째 줄). 그러나 모든 개별적인 과학적 고찰은 인과성의 법칙이라는 원칙에 의해 지배되며, **따라서** 근본적인 조건으로, **모든** 특수한 현상들이 예외 없이 **하나의** 보편적인 법칙에 따라 결합된다고 가정해야 한다: 그렇지 않으면 인식은 **법칙에 따라** 수행된다는 주장이 완전히 무의미해질 것이다(67쪽, 밑에서 5번째 줄~68쪽 윗부분). 모든 사회적 현상을 종교적 추진력으로 소급하라는 요청은 다음과 같은 주장, 즉 이 추진력으로의 회귀가 항상, 또는 대개, 또는 적어도 언젠가는 실제로 완전히 성공할 것이라는 주장을 결코 함의하지 않는다(69쪽, 밑에서 8번째 줄). 왜냐하면 사실상 이러한 요청이 지향하는 바는 사실들에 대한 단순한 주장이 아니라 하나의 **방법**이기 때문이며(68쪽, 밑에서 6번째 줄), 따라서 그것은 단지 개별적인 사회사적 사건들로부터 너무 멀리 나간 일반화를 의미할 뿐이라는 비난은 **개념적** 측면에서만 보더라도 이미 완전히 잘못된 것이다. 실제로 상기한 요청은 이러한 일반화에 근거하는 것이 아니라 선험적으로 '우리는 **도대체** 무슨 권리로 일반화하는가?'(69쪽, 3번째 줄)라는 질문에 의거하여 확립되는 것이다. 인과적 인식을 획득하는 방법으로서의 일반화는 사회적 삶의 궁극적이고 근본적인 통일성을 제시할 수 있는 하나의 궁극적인 **통일적** 관점을 전제한다; 그렇지 않으면 모든 인과적 인식은 이리저리 분산되어 아무런 성과도 거두지 못하고 무한히 계속될 수밖에 없을 것이다. 그러니까 상기한 요청은 어떤 **보편타당한** 방식에 의해 사회적 삶의 구체적인 현상들이 **어떻게 해서든지 비로소 과학적으로 파악될 수 있는가**(69쪽, 12번째 줄 이하)

---

4 여기서부터 469쪽, 12번째 줄까지 이어지는 인용구절은 ─바로 위의 옮긴이 주 1 및 2와 마찬가지로─ 실제적인 것이 아니라 허구적인 것으로, 베버가 직접적으로 슈탐러 저작에 준거하는 경우에는 작은따옴표로 처리되어 있거나 쪽수와 몇 번째 줄인가가 표기되어 있다.

를 결정하는 체계적인 **방법**인 것이다; 다시 말해 그것은 사회적 연구의 근본적인 **형식원리**(같은 쪽, 24번째 줄)인 것이다. 그런데 우리는 어떤 **방법**을 역사적 **사실**들에 의거하여 비판하거나 '반박할' 수 없다. 왜냐하면 어떻게 그와 같은 **형식원리**들이 **원칙적으로** 올바르게 확립되어야 하는가에 대한 질문은, 그것들이 특수한 경우에 성공적으로 **적용될** 수 있는가 여부에 의해 전혀 영향을 받지 않음이 확실하기 때문이다: 심지어 우리는 법칙적 인식을 획득하기 위해 의심할 바 없이 가장 보편타당한 원칙들을 적용하더라도 만족하지 못하는 경우가 자주 있다(69쪽, 밑에서 10번째 줄). 그러므로 상기한 근본적인 원칙은 사회적 현상의 **모든 특수한 내용으로부터** 완전히 독립적이며, 따라서 설령 단 하나의 **개별적인** 사실도 실제로 그에 상응하여 설명되지 **못할지라도** 타당할 것이다: 만약 정말로 설명되지 못한다면, 이에 대한 이유는 다름 아닌 인과성의 원칙을 '자연'에 대한 탐구가 아니라 인간들의 사회적 삶에 대한 탐구에 적용하는 데에서 연원하는 특수한 어려움 — 이는 특별한 논의를 필요로 하지 않는다(70쪽, 윗부분) — 때문일 것이다. 그러나 다른 한편 **모든** 인과적 인식의 **형식원리**를 사회적 삶에도 적용할 수 있으려면, 상기한 요청이 충족되어야 **하며**, 이는 다시금 **모든** 사회적 법칙성을 **하나의** '근본적인 법칙성'으로 환원함으로써만, 즉 종교적인 것에 종속시킴으로써만 가능해진다. 결과적으로 다음과 같은 주장 — 즉 '종국에는' **종교적** 추진력이 사회적 삶을 조건지으며, 또한 **모든** 현상을 **이러한** 조건화로 '소급하는 것'만이 사회적 삶을 '역학적 법칙에 따라' 과학적으로 파악할 수 있는 **통일체**로 표현하는 유일한 방식이다 — 이러한 주장은 **결코** '사실들'에 근거하여 반박할 수 없다; 마찬가지로 그것은 사실들의 단순한 일반화로부터 기인하지 않는다(68쪽, 아랫부분~69쪽, 윗부분). 오히려 이 명제는 우리의 사고가 어떻게든 **법칙적** 인식의 획득을 지향하는 한 이 사고의 본질에서 연원하는데, 사실 이러한 인식의 획득은 인과성의 법칙을 사용하는 모든 과학이 마땅히 추구해야 하는 목표이다. 결과적으로 상기한 주장에 대해 이론을 제기하는 사람은 사실상 이러한 **인식목표** 자체를 비판하는 셈이 된다. 그런고로 그는 **인식론**의 영역에 들어가서 다음과 같이 물어야 한다: 사회적 삶에 대한 '법칙적' 인식은 무엇이며 무엇을 **의미하는가**?(69쪽, 22번째 줄). 다만 '법칙성'이라는 **개념 자체가** 문제가 되는 경우에만, 우리는 이미 언급한 것, 즉 모든 사회적 현상을 하나의 **통일적인** 관점으로 소급하는 **방법**을 비판할 수 있다; 그리고 이것이 '종국에는' 종교적 동기가 결정적인 요소가 된다는 주장의 정당성을 어떻게든 논박할 수 있는 유일한 길이다. '그러나 지금까지' ── 우리의 역사 유심론자는 **슈탐러**가 등장했다는 사실을 아직도 모르고 있음이 분명하다 ── '누구도 그것을 시도하지 않았고 오히려 개별적인 사실들에 대한 하찮은 말다툼만 있어왔는데(63쪽, 밑에서 2번째 줄), 이 말다툼은 원칙 그 자체에 대해서는 아무것도 말해 주는 것이 없다.'"

이러한 논의에 대한 우리 "경험론자"의 건전한 상식에 기반하는 답변은 무엇일까? 만약 그가 움츠러드는 사람이 아니라면, 내 생각으로는 그것을 천진난만한 또는 뻔뻔스러운 **스콜라적 신비화**로 취급할 것이다; 그리고 더 나아가 그는 동일한 "논리"에 입각하여 "사회적 삶"을 "종국에는" 두개골-지수로부터(또는 태양흑점의 영향이나 또는 아마도 소화장애로부터) 도출하는 것을 가능케 하는 "방법론적 원칙"을 정립할 수 있으며, 또한 이러한 원칙은 인식론적 연구를 통해 "사회적 법칙성"의 "의미"가 다른 곳에 존재한다는 것이 확인되지 않는 한 논란의 여지가 없는 것으로 간주될 수 있다는 견해를 피력할 것이다. ── 나는 개인적으로 "건전한 상식"에 기반한 이러한 입장이 전적으로 옳다고 본다. ──

그러나 **슈탐러**는 확실히 **다르게** 생각할 것이다. 우리는 앞에서 완전히 슈탐러의 문체를 따라 의도적으로 가능한 한 장황하게 우리의 "역사 유심론자"의 견해에 대한 논의를 전개했는데, 이제 다른 것은 필요 없고 다만 거기에 등장하는 "종교적"이라는 말을 모두 "물질적"("경제적"이라는 의미에서)이라는 말로 대체하기만 하면 된다 ── 그러면 누구나 괄호 안에 표시된 슈탐러 책의 구절들을 통해 확인할 수 있듯이, 우리는 그 책에서 서술되고 있는 "역사 유물론"을 대개는 축어적으로, 그리고 항상 의미에 충실하게 접하게 된다. 슈탐러는 — 이것이 여기에서 우리에게 유일하게 중요한 것이다 — 역사 유물론을 **완전히 유효한** 것으로 받아들이는데,[3] 다만 이제 그가, 슈탐러라는 인물이 등장해 "인식론"에 근거하여 지금까지 그 누구도 제압하지 못한 이 골리앗을 "극복했다"라는, 보다 구체적으로 말해 그것이 사실상 "부정확하다"라는 것을 증명함으로써가 아니라 그것이 "**불완전하다**"라는 것을 증명함으로써 그리했다는 유일한 유보조항이 있다 — 그리고 "불완전하다"라는 말은 다시금 "일면적"이라는 의미가 아니라 "미완성적"이라는 의미로 이해해야 한다. 그런데 이 "완성"과 "극복"은 일련의 사유적 조작을 통해 다음을 증명하는 방식으로 수행된다. 즉 사회적 삶의 **그리고** 이것에 대한 인식의(곧 보게 되는 바와 같이,[5] 이 둘은 서로 뒤섞인다) "근본적인 통일성"이라는 의미에서의 "사회적 법칙성"은 "형식원리"로서 단지 "목적들의 세계"[6]에서만 "인간의 사회적 현존재의 형식"[7]을 결정하는 원리로, "모든 경험적인 사회적 **노력**을 인도해야 하는 통일적인 형식적 사고"[8]로 유의미하게 생각할 수 있다는 것을 증명하는 방식으로 수행된다.[9]

우리는 여기에서 일단 슈탐러가 "유물론적 역사관"을 **올바르게** 서술

---

5 이 책의 473쪽 이하에서이다.

6 사실 슈탐러는 이러한 표현을 사용하지 않는다.

7 슈탐러, 『유물론적 역사관에서 본 경제와 법』, 제2판, 115, 173, 212, 440, 544쪽.

8 같은 책, 577쪽.

9 이 문장에는 "사회적"이라는 형용사가 세 번 등장하는데, 그 가운데 세 번째만 — "인간의 사회적 현존재의 형식" — 'gesellschaftlich'이고 나머지는 'sozial'이다. 엄밀히 말하면 전자는 "사회에서의"로, 후자는 "사회적"으로 옮길 수 있다. 그러니까 전자는 "사회에서의 인간 현존재의 형식"으로 옮길 수 있다. 그러나 사실상 슈탐러는 이 둘을 엄격하게 구별하지 않고 사용하고 있으며, 따라서 특별한 이유가 없는 한 둘 다 "사회적"으로 옮기기로 한다. 이 책의 491쪽, 옮긴이 주 26을 참고할 것.

했는지에 대해서는 관심을 갖지 않기로 한다. 『공산당 선언』[10]에서 오늘날의 아류들에 이르기까지 이 이론은 매우 다양한 형식을 취해 왔다— 그러므로 우리는 여기에서 선험적으로 그리고 안심하고는 다음을, 즉 슈탐러가 선택한, 적어도 방금 언급한 형식들과 유사한 형식에서도 이 이론을 찾는 것이 가능하고 또 개연적이라고 인정하기로 한다.[4] 그리고 설령 그렇지 않더라도, 이 이론에 대한 비평가가 그것이 일관성을 띠려면 "갖추어야 했을" 형식을 자체적으로 구성하려는 시도는 여전히 정당성을 가질 수 있을 것이다. 게다가 우리는 여기에서 유물론적 역사관이 아니라 슈탐러를 다루고자 한다. 그러므로 우리가 묻고자 하는 바는 다만, **그가** 어떤 방식으로 "인식론"을 발전시키고 논증하는가이다. 왜냐하면 그는, 정당하든 부당하든, 유물론적 역사관에 인식론을 슬쩍 밀어넣으며, 또한 인식론을 논란의 여지가 없는 것으로 또는 적어도 단지 그 자신의 입장에 근거해서만 수정할 수 있는 것으로 간주하기 때문이다. 사실 그는 우리가 일단 가정한 것만큼 자신을 인식론과 동일시하지 않으며, 따라서 아마도 우리가 그에게 부당한 일을 한 것인가? 이 질문에 답하기 위해서 그의 책 서론에 해당하면서 "인식론"을 다루는 부분을 검토하기로 한다.

10　이는 1848년에 출간된 카를 마르크스와 프리드리히 엥겔스의 공동 저작이다.

3. 슈탐러의 "인식론"

슈탐러가 논의하는 방식의 특성을 제대로 이해하기 위해서는, 적어도 이 서론 부분에 제시된 몇몇 추론의 고리를 예로서 상세히 인용하는 것이 불가피하다. 우선 그의 책의 시작 부분을 취하여 일련의 명제로 분해한 다음에 이것들을 서로 비교하기로 하자. 텍스트의 처음 쪽들(3~6쪽)[1]에서는 다음과 같은 주장이 제기되고 있다: 그 어떤 "정밀한 개별연구"도 다음과 같은 경우에는 무가치하고 "우연적인" 것이 되고 만다. 즉 1) 만약 하나의 "보편적인 법칙성과 종속적인 관계"에 있지 않고, 2) 만약 하나의 "보편타당한 인식원칙"에 의해 주도되지 않고, 3) 만약 하나의 "근본적인 법칙성에 연관되지" 않고, 4) 만약 하나의 "통일적인 절대적 관점"에 연관되지 않고(3쪽), 그리고 5) (4쪽) 만약 "하나의 보편타당

---

1 여기에는 총 5개의 절로 구성된 서론 「사회철학」의 제1절인 「사회철학의 이념」(3~7쪽)에서 마지막(6쪽 마지막 줄~7쪽 윗부분)을 뺀, 그러니까 이 절의 대부분이 포함된다.

한 법칙적 관계에 대한" 통찰에 근거하지 않는 경우에 그러한데, 왜냐하면 6) 이러한 법칙성이 존재한다는 가정은 우리가 "확증된 개별적 관찰 자체를 **넘어서고자**" 할 때에는 언제나 "전제되기" 때문이다. 그러면 7) (5쪽),[2] "자연과학의 토대로서의 자연의 법칙성"을 정립하는 것과 마찬가지로 "인간들의 사회적 **삶**에 대한 하나의 보편적인 **법칙성**을 정립하는 것"이 가능한가 하는 질문이 제기된다. 그러나 유감스럽게도 8) "사회적 사물들에 대한 우리의 모든 **인식**의 **법칙성**"[3]과 관련되는 이 질문에 대한 답변은 아직도 주어지지 않고 있다. 그런데 9) "사회적 삶이 거기에 종속되는(!) 것으로 **인식되어야** 하는 최상의 법칙성"에 대한 질문은 "**사실상** 곧바로 개별적인 것과 전체적인 것의 관계에 대한 **근본적인 파악**의 문제로 이어진다"(!); 그리고 실제로 "사회적 **삶**을 [……] **법칙에 따라 형성하려는** 노력이 존재한다. [……] 그것을 사회적 문제라고 한다."[4] 10) "**그러므로** 인간의 공동 삶을 [……] **법칙적으로 형성할 수 있는** 가능성은 인간의 공동체적 삶 일반에 적용되는 **타당한 법칙성**에 대한 **과학적** 통찰에 달려 있다."[5]

일단은 이로써 충분하다. 슈탐러는 4쪽에서 "법칙적 과정"에 대해 말하는 사람은 무엇보다도 "자신이 그로써 **진정으로** 무엇을 **의미하고자** 하는가를" 알아야 한다고 말한다. 그러나 모두 "법칙성"이라는 개념과 더불어 작동하는 명제들이 이처럼 복잡다단하게 뒤엉킨 모습을 보노라면, 우리는 슈탐러가 자기 자신의 견해를 전혀 진지하게 받아들이고 있지 않다는 사실을 유감스럽게 생각할 수밖에 없다. 그리고 방금 인용한 10개의 명제 중 거의 모두가 여타의 명제들과 다른 무엇인가를 표현하

---

2 이어지는 인용은 슈탐러, 『유물론적 역사관에서 본 경제와 법』, 제2판의 4쪽에서 5쪽에 걸쳐 있다.
3 같은 책, 4쪽.
4 같은 책, 6쪽.
5 같은 곳.

고 있음이 명백한 반면, 슈탐러의 책을 읽어보면 마찬가지로 의심할 나위 없는, 그러나 확실히 놀라운 사실이 드러나는바, 그것은 슈탐러가 자신은 지속적으로 동일한 문제에 대해 말하고 있는데, 다만 이 문제를 다른 방식으로 표현하고 있을 뿐이라는 착각에 빠져 있다는 것이다. 그처럼 당당한 논의를 전개하는 저작에서 이러한 착각이 가능한 이유는 그의 표현이 전혀 유례가 없을 만큼 모호하고 부정확하기 때문이다. 이 점을 염두에 두고, 결정적인 측면에서는 원문 그대로 인용한 바 있는 위의 명제들을 다시 한 번 검토하기로 한다. 그러면 1번 명제의 경우에는 그 의미가 완전히 불분명함이 드러난다: "법칙성**과의** 종속적인 관계"가 무엇을 의미하는지 전혀 이해할 길이 없다; 이것이 의미할 수 있는 바는, 첫째 개별적인 연구는 단지 그로부터 보편적인(일반적인) 법칙성을 추상할 목적으로 수행되는 경우에만 유의미할 수 있거나(법칙정립적 인식), 또는 둘째 (법칙에 대한) 일반적인 인식을 사용하지 않고는 개별적인 관계들을 인과적으로 해석할 수 없다는 것이다(역사적 인식). 그것은 사실상 이 둘 가운데 어느 하나 또는 심지어 둘 다 의미할 수 있으며, 이는 7번을 보면 알 수 있을 것이다. 왜냐하면 이 명제에 따르면 "중심적인 문제"는—이것이 여전히 매우 모호한 슈탐러의 표현을 해석하는 자연스러운 방식으로 보인다—"죽은" 자연에 대한 "자연법칙들"을 규명하는 것과 똑같은 방식으로 "사회적 삶"의 법칙들을 규명하는 것이 가능한가에 있기 때문이다. 우리는 더 나아가 3번과 6번(하나의 "근본적인 법칙성"과의 연관이 필연적이라는 명제와, 이 법칙성은 개별적인 "사실들"의 그 어떤 타당한 인식에 대해서도 "**필연적인**" "전제조건"이 된다는 명제)으로부터, 1번과 7번의 명제가 ("법칙성"이라는 의미에서) 인과성 범주의 보편적 타당성에 준거함으로써 동기화되었다고, 그것도 매우 불충분한 방식으로 그리되었다고 추론할 수 있을 것이다. 그러나 이에 반해 2번과 8번은 갑자기 더 이상 인식의 대상이 되는 **사건**의 "법칙성"에 대해 말하지 않고, 우리 **인식**의 "법칙성"에 대해 말하고 있다. 다시 말해 더 이상 **인식된 것**

내지는 인식되어야 하는 것, 즉 "대상들"의 세계("자연" 또는 "사회적 삶")를 경험적으로 지배하며 귀납("특수한 사실들에 필연성의 성격을 부여하기 위해"[4쪽 아랫부분] "개별적인 관찰을 넘어서는 것"[6번])의 방식에 의해 규명될 수 있는 "법칙들"에 대해 말하지 않고, 그 대신에 우리의 **인식**에 적용되는 **규범들**에 대해 말하고 있다. 사실상 우리는 "**인식**의 보편**타당한** 원칙들"(2번)과 "사회적 사물들에 대한 우리의 모든 **인식**의 법칙성"(8번)을 달리 이해할 수 없을 것이다. 요컨대 여기서는 "사고규범"과 "자연법칙"이 서로 뒤섞인다. 그런데 이게 다가 아니다: (5번에 따를 것 같으면) 사실들의 **관계**(5번) (구체적인 것)에 대한 불가결한 **통찰**이 "**법칙성**"(추상적인 것)에 대한 불가결한 **통찰**과 완전히 뒤섞일뿐더러 — 이는 다음과 같은 사실에도 불구하고, 즉 만약 법칙성이 자연의 법칙성으로 이해되어야 한다면 이 두 종류의 통찰은 전적으로 상반되며, 만약 법칙성이 인식"규범"으로 이해되어야 한다면 이 두 종류의 통찰은 서로 완전히 다른 논리적 관계에 있게 된다는 사실에도 불구하고 그렇다 — 더 나아가 상기한 "법칙적 관계"(5번)에 심지어 "보편**타당한**"이라는 술어가 덧붙여진다. 이러한 "타당성"이 순수한 "사실들"의 관계에 대한 경험적·과학적 **판단**에 귀속될 수 없다는 사실은, 하나의 **통일적인** "관점"에의, 게다가 하나의 "**절대적인**" 관점에의 "연관"이 필연적이라고 말하고 있는, 그 자체로서 전혀 이해할 수 없는 3번의 명제만 보아도 벌써 드러난다. 확실히 사실들을 하나의 구체적인 관계로 **편입하는 일**과 사실들로부터 "법칙성"을 추상하는 일은 그 각각의 특수한 "관점"에 의해 지배되기 마련이다: 바로 여기에 전문화된 다양한 과학들 사이의 노동분업이 근거한다. 그리고 바로 이러한 이유로 모든 경험적 과학 분야들에 대해 타당한 **하나의** "절대적인" 관점에 대해 말할 수 없다. 우리는 여기에서 양화와 수학적 형식부여의 원리를 생각해 볼 수 있지만, 이 원리도 전문적 의미에서의 이른바 "자연과학들"에 공통된 것이 결코 아니며, 통상적으로 "정신과학"이라고 불리는 과학 분야들은 **다양하고** 분화된 "관점들"

에 따라 현실을 고찰한다는 특징을 갖는다. 특히 "통일적인 **관점**"은 이러한 의미에서 근본적인 "**법칙성**"과 동일시될 수 없고 모든 과학에 귀속될 수 없다. 마지막으로 우리는 모든 과학에 대해 동일한 구성적 의미를 갖는 인과성의 범주를 "관점"이라고 부를 수도 있는데—이에 대해서는 뒤에서 논의할 것이다[6]—, 이럴 경우 비록 매우 특별한 의미에서이기는 하지만 사건의 "법칙성"이 아마도—**개별적인** 대상들을 다른 개별적인 대상들로 인과적으로 회귀시킴으로써 설명하는—역사적 과학 분야들의 보편적인 "전제조건들" 가운데 하나라고 말할 수도 있을 것이다; 설령 그렇다고 하더라도, 확실히 역사적 과학 분야들에서 **그것에** "개별적 고찰"이 **연관된다**고 말할 수는 없을 것이다. 아무튼 슈탐러는 "통일성", "법칙성", "관계", "관점"을 아주 태연스럽게 뒤죽박죽이 되도록 만들지만, 이것들은 사실상 근본적으로 다른 범주들임에 명명백백하다. 그가 야기한 엄청나게 큰 혼란은, 9번 명제를 검토함으로써 그가 "관점"에 대해 이야기할 때 실제로 무엇을 염두에 두고 있는가를 알아내면 아주 분명하게 드러난다. 사회적 삶의 "최상의 **법칙성**"—이것은 또 다른 지극히 모호한 표현이다—은 "개별적인 것과 전체적인 것의 관계에 대한 근본적인 **파악**"으로 "이어진다." 만약 우리가 극도로 허술하게 표현된 이 명제를 그대로 받아들인다면, 분명히 다음과 같은 질문이 제기된다: 거기에 언급된 "파악"은 "개별적인 것"과 "전체적인 것" 사이의 "실제적인" 관계들에 대한 과학적 **설명**을 의미하는가, 아니면 거기서는 "가치들의 세계"에로의, 즉 존재의 세계에서 **당위**의 세계에로의 살토 모르탈레[7]가 일어나는가? 10번 명제, 즉 "인간의 공동체적 삶을 법칙적으로 형성할 수 있는 가능성"은 "그것에 적용되는 법칙성에 대한 통찰"에 달려

---

6 이 책의 486쪽 이하에서이다.
7 이는 이탈리아어 'salto mortale'인데, 우리말로는 '목숨을 건 도약' 또는 '목숨을 건 비약'으로 옮길 수 있다.

있다는 명제 그 자체는, **사건**을 지배하는 법칙들에 대한 "통찰"과 연관된 명제라고 이해할 수 있을 것이다. 다음은 사실이다: 만약 사회적 사건의 "법칙들"을 "자연법칙들"의 방식으로 발견하는 것이 가능하다면 — 경제학은 끈덕지게 그러한 법칙들을 추구해 왔다 —, **그렇다면** 이 법칙들에 대한 지식이 사회적 사건을 "합목적적으로" 지배하고 우리의 의도에 따라 그것의 진행과정에 영향을 끼치는 데 갖는 가치는 의심할 바 없이 "죽은" 자연의 법칙들에 대한 지식이 자연세계를 기술적으로 지배하는 데 갖는 가치만큼 크다. 그러나 9번 명제가 "사회적 문제"에 관련된다는 사실에서 이미 드러나듯이, 이 명제가 의미하는 바에 따르면 사회적 삶의 "법칙적 형성"은 어떤 경우에도 단순히 자연법칙적 방식에 따라 실제적인 타당성을 갖는 것으로 인식된 **사건**의 "법칙들"에만 필요한 관심을 기울이는 사회정책적 조치로 이해될 수 없을 것이다; 그것은 오히려 어디까지나 당위적으로 존재해야 **하는 것**, 다시 말해 **실천적 규범들**에 부합하는 "형성"을 가리킴이 명백하다. 그리고 슈탐러가 상황에 따라서 아주 태연자약하게 동일한 단어를 동일한 문장에서 두 가지 다른 의미로 사용하고 있지만, 그럼에도 불구하고 결국 이 경우에도 "법칙성"의 "타당성"은 **명령적인 것**으로 이해할 수 있으며 따라서 그것에 대한 "통찰"은 모든 사회적 삶에 대한 "명령", 그것도 "최상의", "근본적인" 명령의 인식을 가리킨다고 가정할 수밖에 없다. 그리하여 앞에서 추측한 바 있는 살토 모르탈레가 실제로 일어났으며, 우리는 지금까지 있어온 이런 종류의 혼동의 절정에 직면하고 있다: 자연법칙, 사고범주와 행위의 명령, "보편성", "통일성", "관계"와 "관점", 경험적 필연성으로서의, 방법론적 원리로서의 그리고 실천적 규범으로서의 타당성 — 이 모든 것이 그리고 몇 가지가 더 슈탐러 책의 맨 앞부분[8]에서 서로 뒤섞여 있으며, 이로 인해 자신의 적수를 "인식론"의 영역에서 물리치고자 하는 그의 논

---

8 앞의 옮긴이 주 1을 볼 것.

의에 결코 좋은 전조가 될 수 없음이 확실하다.

그러나 아마도 슈탐러는 그의 책의 시작 부분에서 그토록 혼란스러운 **척만 하는 것이다!** 어쨌든 그의 책은 "효과", 특히 "긴장"의 효과를 거두려는 소망으로부터 결코 자유롭지 못하다. 그리하여 그는 처음 쪽들에서 의도적으로 자신의 주변에서 지배적인 표현의 불명료성에 적응했으며, 그리고 나서 점차로 이 혼란스러운 애매함으로부터 구원되기를 갈망하는 독자들의 눈앞에서 논리적 명료성과 사유적 질서를 부활시킴으로써 마침내 이들이 그 애매함으로부터 해방되고 질서정연하며 따라서 완전히 이해할 수 있는 궁극적인 표현을 이해하도록 했을 것이다. ── 그러나 그의 책을 계속해서 읽노라면, 적어도 "서문"(3~20쪽)에서는 혼란이 조금도 감소하지 않고 오히려 증가한다. 우리는 다시금(12쪽 아랫부분~13쪽 윗부분) 사회적 삶에 대한 "사회이론"과 "통일적이고 근본적인 파악"과 같이 모호한 표현이 사용되고 있음을 발견하는데, 이는 (13쪽, 끝에서 두 번째 단락) "법칙성"에 대한 "통찰"을 사회사(주의!)의 모든 **개별적인 지각들**(주의!)을 "일관되게 파악하고 **판단하며** 또한 **판결하기**" 위한 "길잡이"로 삼으려는 의도에서 비롯된 것이다 ── 그리하여 뒤에서 강조한 두 단어를 보면 슈탐러가 가치판단을 "사회과학"의 목표로 설정하고 있음을 명백하게 알 수 있는 반면, 독자들은 앞에서 강조한[5] 두 단어로부터 이 과학이 이론적 인식을 추구한다는 인상을 받을 것이다.[9] 그리고 14쪽에 나오며, "사회**철학**"의 기초(13쪽 아랫부분)를 논의하는 다음과 같은 문장을 보기로 하자[10]: "만약 누군가 사회적 삶의 법칙성에 대

---

9   이 문장에서 말하는 "뒤에서 강조한 두 단어"는 **"판단하며"**와 **"판결하기"**이며, 또한 "앞에서 강조한 두 단어"는 **"사회사"**와 **"개별적인 지각들"**이다. 그런데 **"사회사"**는 단어 전체가 아니라 그 일부분만이 강조되고 있다. 이는 'soziale **Geschichte**'를 옮겼기 때문이다. 이 "사회사"라는 단어는 우리가 통상적으로 역사학에서 사용하는 ──경제사, 문화사, 예술사, 정치사 등과 같은── 용어가 아니라 사회에서 일어나는 사건이나 현상, 그러니까 사회적 사실로 이해하면 된다. 그리고 "개별적인 지각들"은 사회과학자들에 의한 사회적 사실에 대한 개별적인 인식들로 이해하면 된다.

해"(모호하다! ― 위를 볼 것), "사회적 발전에 대해"(이론적임), "사회적 손상에 대해"(규범적임) "그리고 그 치유의"(규범적임) "가능성 또는 불가능성에 대해"(이론적임[6]) 말한다면; 만약 누군가 "사회경제적 현상들에 대한 법칙들을"(표현을 보면 이론적임) "조달한다면"(!), "사회적 갈등에 대해 논의한다면"(마찬가지임) 그리고 "인간들의 사회적 현존재에서의 진보를"(규범적임) "믿거나 또는 그것을 부정하고자 한다면"(이론적임[6]), "그렇다면 그는 이 모든 것과 무관한(?) 주관적"(이는 단지 **가치판단**에만 적용된다) "객설을 집어치우고 무엇보다도 사회**과학적** 인식의 특성을"(그러니까 여기까지 말해 온 사회**철학적** 인식의 특성이 아니라) "명백하게 알아야 한다" ― 우리가 볼 수 있는 바와 같이, 이 문장의 모든 각 부분에서 논의가 사실인식과 사실평가 사이를 왔다 갔다 하고 있다. 더 나아가 (15쪽 아랫부분) 슈탐러는 다음과 같이 말하고 있다: "역사에서 전개되는 사회적 삶의 보편**타당한**(주의!) **법칙성**"(다시 말해 인식대상의 "법칙성")은 "**그것이**(주의!) 통일적인(?) 그리고(?) 보편**타당한**(주의!) 방식으로 **인식된다는 것**을 의미한다(!)" ― 여기에는 명백히 사건의 법칙성과 인식의 규범이 서로 뒤섞여 있으며 "인식근거"에 대한 논의와 "실재근거"에 대한 논의가 뒤섞여 있다. 그리고 16쪽(윗부분)에는 다음과 같은 문장, 즉 "모든 사회적 인식에 대한 최상의 통일성"은 한편으로 "근본**법칙**으로서 모든 사회적 삶에 **대해 타당하며**", 다른 한편으로 (몇 줄 뒤

---

10 슈탐러는『유물론적 역사관에서 본 경제와 법』, 제2판의 13쪽부터 17쪽까지를 서문의 제4절인「사회철학적 연구의 방법」에 할애하고 있는데, 13쪽의 아랫부분에서 ― 베버의 말대로 ― 사회철학의 기초를 논의하고 있다. 그에 따르면 "잘 확립된 사회철학적 연구에 대한 제1의 요구는" 다음과 같다: "우리는 우리가 사회적 인식을 수행하는 과정에서 준거하는 개념들과 명제들을 그 내용에서 해부하고 객관적·논리적으로 분석하며 이를 통해 자체적인 대상과 고유한 인식내용을 가진 사회과학적 인식의 특성을 명백히 해야 한다"(13쪽, 밑에서 여섯 번째 줄~14쪽, 첫 번째 줄). 바로 이 구절에 이어 14쪽, 첫 번째 줄부터 아홉 번째 줄까지 베버가 본문에서 인용하는 구절이 나온다. 이 인용구절 중간 중간에 나오는 괄호와 그 안의 내용은 베버가 덧붙인 것이다.

에서) "인간의 사회적 삶에 대한 법칙적 **관찰**을 가능케 하는 보편타당한 토대"가 되어야 한다는 문장이 나온다 — 여기에서 슈탐러는 심지어 자연법칙, 실천적 규범과 논리적 규범을 뒤범벅으로 만드는 데에 성공했다. 그런데 주의 깊은 독자라면, 슈탐러는 자신이 사용하는 "법칙성", "보편타당한" 등과 같은 표현의 애매성을 완전히 의식하지 못한 것이 결코 아니라는 난감한 인상을 지속적으로 받을 것이다. 게다가 제2판에서는 제1판에 비해 삭제되거나 추가된 것이 있는데, 이를 보면 자주 그러한 인상이 강화되기 십상이다: 많은 경우에 슈탐러는 의심할 나위 없이 자신의 표현방식이 모호하고 부정확하다는 사실을 **알고 있다.** 나는 슈탐러가 우리에게 도처에서 눈에 띄는 그 자신의 표현의 불명료성을, 방금 말한 바와 같이, 전혀 의식하지 못한다는 것이 말이 안 된다는 사실을 들어 — 이 점을 명시적으로 언급하고자 한다 — 그를 아무리 간접적인 의미에서라도 "도덕적으로" 비난할 생각이 **조금도 없다**: 아니, 내가 비난하는 것은 그에 의해 실제적으로 발견된 또는 그렇다고 자칭하는 "세계공식"에 사로잡힌 독단론자의 독특하고 본능적인 "외교술"이다. 이 독단론자는 선험적으로 자신의 "도그마"와 "과학"은 결코 모순될 **수 없다**고 확고하게 믿고, 따라서 그의 논의가 의심스럽게 보일 때마다 바로 자신의 그 확고한 믿음으로 인해 무의식 상태에서 이리저리 배회하는 몽유병 환자처럼 자신의 입장을 한곳으로 명확하게 "고정하는 것"을 회피하며, 그의 불명료하고 애매한 표현방식에 의해 야기된 혼란을 태연자약하게 신의 손에 맡기고는 이 혼란이 결국 어떻게든 이전에 발견된 "공식"에 동화되고 거기에 부합하여 정리될 수 있다고 확신해 마지않는다. 그러나 공평무사한 독자가 보기에 다음은 거의 있음직하지 않은 일이다. 즉 그토록 지적 채비를 갖추지 못한 채 논의에 착수하는, 그리고 — 우리가 보았듯이 — 슈탐러가 이미 그의 책의 서두에서 한 것처럼 가장 단순한 범주들을 그토록 미숙하게 뒤섞는 누군가가, 우리가 **의미하는** "사회**과학**"과 같은 "경험적" 과학 분야가 무엇을 인식목적으로 추구할 수 있고 또 추구해야 하는가에 대해 그 어떤 종류의 이해에 도달할 수 있다는 것은 거의 있음직하지 않은 일이다. 그리고 어떻게 슈탐러가 앞에서 패러디한 바 있는[11] 역사 유물론에 대한 — 표면상의 또는 실제적인 — 논의를 자신의 방식에 따라 재현할 수 있으며, 또한 어떻게 이 논의는 (자신의 "인식론적" 관점에 따르는 경우를 제외하고) 반박될 수 없는 것이라고 주장할 수 있는가도 쉽게 이해할 수 있다: "자연법칙"과 논리적 "규범"을 서로 뒤섞는 사람은 엄격한 의미에서 스콜라철학자이며, 따라서 스콜라적 논의에 대해서도 무력하다. 이것이 실제로 방금 언급한 그의 입장에 대한 근거가 된다는 사실은, 그가 처음으로 역사 유물론의 일반적인 과학적 특성을 논의하는 19쪽[12]에서 이미 매우 명백하게 드러난다. 18쪽의 두 번째 단락에서 슈탐러는 문제의 **경험적** 성격을 명시적으로 인정하는 것으로 보이지만, 그에 뒤따르는 세 번째 단락에서는 역사 유물론이 사회적 삶의 요소들 사이의 확고한 "서열관계"를 규명하려고 시도한다고 분명히 말하고 있다 — 다시 말해 적어도 외견상으로는 역사 유물론이 상호관계에 있는 그 "요소들"의 **인과적** 의의를 일반적인 방식으로 확정하고자 한다고 분명히 밝히고 있다. 그러나 같은 단락의 바로 앞에서 슈탐러는 역사 유물론이 이 점에서 **형식적 의의**"를 갖는 "방법론적 원칙"이라고 말하고 있으며, 이 단락에 이어서 계속하여, 그에게서 일반적으로 볼 수 있는 모호성과 더불어, 다음과 같이 주장하고 있다. 즉 "유물론적 역사관"(19쪽)의 "근본관념"(18쪽, 마지막 줄)에 따르면 — 슈탐러는 이것이 유물론적 역사관을 대표하는 이론가들의 의식적인 견해인지 아니면 자신이 그들 입장의 논리적 "귀결"로서 그들에게 돌린 것인지 말하지 않는다 — "인식된 개별법칙들"과 "보편적인 **형식적** 법칙성, 즉

---

11 이 책의 463쪽 이하에서이다.

12 이 19쪽은 서문 「사회철학」의 제5절이자 마지막 절인 「유물론적 역사관」(17~20쪽)에 속하는데, 거기에서 슈탐러는 자신의 사회철학적 연구를 유물론적 역사관에 대한 논의에 접목시키고 있다.

사실들과 법칙들 사이의 올바른 종합을 창출하는 근본적인 방식" 사이를 **구별해야** 한다고 주장하고 있다. 그런데 주지하다시피 "형식적"이라는 말이나 내용-형식 구별의 의미만큼 애매한 것도 없다. 이것을 어떻게 이해할 것인가는 **각각의** 개별적인 경우에 아주 정확하게 규정할 필요가 있다. 역사 유물론의 "근본관념"은 ─ 슈탐러 자신에게 따르자면 ─ 전적으로 "경제적 현상들"이 그 특성과 발전을 통해 그 밖의 다른 모든 역사적 과정을 결정적으로 형성한다는 것, 다시 말해 이 과정들을 인과적으로 명확하게 규정한다는 것이다. 그렇다면 우리는 "경제적 현상들"이라는 개념의 불확정성을 비난할 수 있지만, 적어도 한 가지 점은 확실하다: 이러한 주장은 사실에 근거하는, 즉 경험적 사건들이 인과적으로 연결되는 방식과 관련된 주장이며, 따라서 **결코 다른 어떤 측면에서가 아니라** 단지 그것의 더 큰 **보편성**에 의해서만 다음과 같은 주장과, 즉 하나의 또는 여럿의 구체적인 **개별적인 경우들**에서 또는 좁게든 넓게든 파악된 특정한 유(類)의 경우들에서 "경제적" 원인들이 결정적이라는 주장과 구별되는 테제이다. 그것은 일종의 가설로서, 우리는 예컨대 "연역적으로" 인간 삶의 보편적인 실제적 조건들에 근거하여 그 개연성을 제시하며, 그러고 난 다음에 "귀납적으로" 반복하여 "사실들"을 통해 입증하려고 시도할 수 있다 ─ 그러나 그것은 항상 **사실과 관련된** 가설로 남는다. 물론 이러한 사정은 예컨대 다음과 같은 경우에도, 즉 누군가 자신은 역사 유물론의 이론을 정리(定理)가 아니라 "색출적 원리"로 인정한다고 선언하고는 역사적 자료를 "경제적 관점하에서" 연구하는 하나의 특수한 "방법"을 확립하려고 하는 경우에도 결코 변하지 않는다. 실제로 역사 유물론의 이론은, 경험을 통해 알 수 있듯이, 적합하고 신중하게 사용되기만 하면 상황에 따라서 대단히 생산적인 방법이 될 수 있다; 이것이 의미하는 바는 다만, 경제적 조건들이 의의를 갖는다는 일반적인 주장은 사실에 근거하는 **가설**로 다루어져야 하며 그 적용범위와 적정성의 한계는 사실들을 통해 검증되어야 한다는 것이다. 우리는 왜 이러한 가설이 바로 그러한 이유로 또는 다른 어떤 이유로 사실과 관련된 일반적인 주장으로서 갖는 의미를 버리고 "형식적인" 성격을 취해야 하는지 절대로 알 수가 없다; 이러한 성격은 그 가설에 "개별법칙들"에서 ─ 즉 덜 포괄적인 일반화를 함유하는 주장들이나 정리들에서 ─ 볼 수 있는 것보다 더 높은 특별한 **논리적** 품위를 부여할 것이며, 그 결과로 이 "특수한 법칙들"의 "타당성"과 "과학적 정당성"은 이제부터 **논리적으로** 형식적인 성격의 가설에 "근거하게" 될 것이다.[13] 물론 용어적 관점에서 보면 우리는 다음을 자유롭게 할 수 있으며, 또한 자주 그리한다. 즉 어떤 과학 분야의 궁극적인 ("최상의") 일반화를 ─ 가령 "에너지보존"에 관한 명제를 ─ 그 타당성의 "범위"가 최대치인 반면 그 실제적인 "내용"이 최소치이기 때문에 ─ 그러나 주의할 점은 실제적인 내용이 **전혀 없다**는 뜻은 **아니며!** ─ "형식적인 것"이라고 부를 수 있으며 또한 자주 그렇게 부른다. 그러나 이런 경우에 모든 "보다 높은" 일반화는 모든 "보다 낮은", 즉 덜 포괄적인 일반화에 비해 "형식적인 것"이다. 예컨대 물리학의 모든 "공리"는 이런 종류의 일반화에서 볼 수 있는 "최상의 것"이다. 다시 말해 그것들은 수학적으로 "명증하며" 사실들을 통해 매우 엄격하게 경험적으로 "검증된" 가설들이다. 더 나아가 그것들은 지금까지 "색출적 원리"로 사용되어 왔는데 그럴 때마다 검증 정도가 더욱더 강화되었다(그럼에도 불구하고 방사능에 대한 논의에서 드러나듯이, 이 가설들의 검증 정도는 그것들이 반복적으로 "사실들"에 의해 "확증되는가"에 전적으로 달려 있다). 그러나 논리학을 공부하는 학생이라면 이미 첫 학기에 다음과 같은 사실, 즉 이 가설들이 거듭해서 경험적으로 검증된다고 해서 인식론에서 말하는 선험적 "범주들"이라는 의미에서의 "형식적" 인식원리들

---

13 슈탐러, 『유물론적 역사관에서 본 경제와 법』, 제2판, 19쪽. 여기에서 말하는 "개별법칙들" 또는 "특수한 법칙들"은 슈탐러에 따르면, 예컨대 자본주의적 생산양식에 내재하는 법칙들처럼 "사회적 삶의 개별적인 역사적 현상들에 적용되는" 법칙들이다.

의 논리적 성격을 획득하는 것이 아니며 또한 결코 획득할 수 없다는 것을 알아야 한다. **만약** 누군가가 슈탐러처럼 "인식론자"를 자임하며, 게다가 명시적으로 칸트에게 근거한다면, 그는 자명하게도 다음과 같이 변명할 수 없는 미숙한 오류를 범할 것이다. 그 하나는 "공리들", 즉 경험을 "단순화하는" 명제들을 "범주"의 지위로 고양시키는 오류이고, 그 다른 하나는 그 형성력에 근거하여 "경험"에 의미의 "가능성"을 부여하는 "범주들"을 일반적인 경험적 명제들로 봉인하는 오류이다. 후자의 오류에 대한 한 가지 예로 다음을 들 수 있다: 우리는 때때로 아주 부정확하게 "인과**법칙**"에 대해 말하며, 이 때문에 개별적인 "자연법칙들"을 특별한 조건하에서 "작용하는" 인과"법칙", 다시 말해 그것의 "특수한 경우들"로 간주하고 이에 상응하여 "인과법칙" 자체를 사실들의 가장 포괄적인 일반화로 간주한다. 아무튼 이 두 가지 오류 중 후자는 칸트를 지나서 (적어도) 흄에까지 이르는 퇴보이며, 전자는 그보다 훨씬 더 멀리에 이르는, 다시 말해 스콜라철학에까지 이르는 퇴보이다. 이런 식으로 가장 조야한 스콜라철학으로 거슬러 되돌아가는 것이야말로 슈탐러의 논의 전체의 기저를 이룬다: 앞에서 거론한 바 있는 패러디[14]를 다시 한 번만 읽어보면 이 주장이 옳다는 것을 알 수 있으며, 아마도 이 패러디가 거기에서 인용된 구절들과 슈탐러 책의 18쪽과 19쪽에서 말하고 있는 내용에 실제로 부합한다는 것을 다시 한 번 확인할 수 있을 것이다. 두 번째 오류, 즉 범주들을 경험적 명제들로 변환하는 것은 첫 번째 오류와 완전히 상반되는데, 슈탐러는 이 두 번째 오류를 "명시적으로" 범하지 않았다 — 오히려 그는 칸트 이론에 기초하려고 노력한다. 그러나 우리는 그럼에도 불구하고 그가 암묵적으로 그러한 오류를 범한다는 사실을 곧 보게 될 것이다.[15] 더 나아가 우리는 나중에 그가 인과성의 "문제"를 다

---

14 이 책의 463쪽 이하에서이다.
15 이 책의 489~90쪽 이하에서이다.

루는 방식이 취약하고 비논리적이라는 사실을 보다 자세하게 검토하는 데, 이때 "공리들"이 "범주들"로 격상되는가 또는 "범주들"이 "공리들"로 격하되는가 하는 문제가 실제로는 아주 큰 의미를 갖지 않는다는 사실을 확인하게 된다. 게다가 슈탐러는 "유물론적 역사관"을 서술하는 과정에서 —이 서술은 이 논문의 서두에서 (패러디 형태로) 재현되었다— 순수한 **방법론적** "원리들"을 인식론적 근거를 갖는 "형식원리들"로 고양시키고 있는데,[16] 이는 당연히 (다만 정반대의 의미에서) 충족이유율[17]을 "색출적 원리", 다시 말해 경험을 통해 검증해야 하는 가설로 변환하는 것과 완전히 똑같은 것이다 —이 모든 것은 자칭 칸트의 "제자"가 우리의 식탁에 내놓은 과오들이다!

마지막으로 슈탐러는 12쪽의 아랫부분에서 "범주들"을 일반화의 수행을 "가능케" 하는 "관점들"로 봉인하는데, 그 결과로 방금 언급한 모든, 그리고 이와 유사한 기본적인 논리적 오류들이 복잡다단하게 뒤엉켜 버리고 만다. 거기에서 그는 지속적으로 다음과 같이 묻는 것, 즉 "특정한 **관찰들**(주의!)로부터의 일반화"는 "어떤 통일적인 관점하에" 이루어지는가를 묻는 것이 불가결하다고 단언하고 있다: "그것은 인과성의 관점에 따라 또는 **목적이념**의 관점에 따라 이루어지는가?; 왜 하나 또는 다른 하나이며, 좀 더 정확히 말해 그 각각의 경우에 어떤 의미에서 그러한가?" —우선 이러한 양자택일이 존재한다고 해도 결코 배타적인 것이 아님을 지적해야 한다. 예컨대 "하얀 대상들"이라는 일반적인 개념은 "인과적" 관점하에 구성된 것도 아니고 "목적이념"의 관점하에 구성된 것도 아니다; 그것은 어디까지나 논리적으로 가공된 보편적 표상, 단순한 분류적 개념일 따름이다. 그러나 설사 표현의 이러한 부정확성을 차치하더라도, 상기한 양자택일이 실제로 무엇을 의미하는가는 완전히 미

---

16 이 책의 468쪽과 470쪽을 볼 것.
17 이에 대해서는 이 책의 125쪽, 옮긴이 주 79를 볼 것.

해결로 남는다. 요컨대 "목적이념의 관점에 따라 이루어지는 **관찰들의 일반화**"가 의미하는 바는 무엇인가? 여기에서 간략하게 그 가능성들을 생각해 보기로 하는데, 왜냐하면 이런 식의 고찰은 뒤에서 전개되는 몇 몇 논의에 도움이 될 수 있기 때문이다. 그것은 경험적 "자연법칙들"로 부터 연역적으로 형이상학적 "자연목적들"을 추론하는 것을 의미하는 가—가령 에두아르트 폰 하르트만이 때때로 이른바 열역학 "제2법칙" 으로부터 유한한 세계과정의 "목적"을 증명하려고 하는 것과 같은 의미 에서 그러한가?[18] 아니면 그것은 예컨대 생물학에서처럼, 삶의 현상들 사이의 관계에 대한 일반적인 통찰을 얻기 위해 "목적론적" 개념들을 색 출적 원리로 사용하는 것을 의미하는가? 전자의 경우에는 형이상학적 믿음이 경험적 명제들에 의해 지지되어야 하며, 후자의 경우에는 경험 적 명제들을 정립하기 위해 "인간화된" 형이상학이 색출적으로 사용된 다. 아니면 그와 더불어 의미하는 바는 일반적으로 규정된 일정한 "목적 들"을 달성하기에 일반적으로 "적합한 수단들"에 대한 경험적 명제들인 가? 이 경우에는 당연히 실천적 추론의 형태를 띤 단순하고 일반적인 인 과적 인식이 문제될 것이다. 예컨대 다음과 같은 명제, 즉 "x라는 경제정 책적 조치는 y라는 목적에 유용하다"라는 명제는, 단지 다음과 같이 일 반적인 인과관계의 존재를 주장하는 경험적 정리(定理)의 재정식화일 뿐이다: "**만약** x가 일어나면, y가 일반적인(보다 정확히 말하자면 예외 없 는 또는 '적합한') **결과**이다." 슈탐러가 이 세 가지 경우 가운데 첫 번째 것을 의미하기는 어려울 것인데, 왜냐하면 그는 형이상학, 특히 자연주 의적 형이상학을 추구할 의향이 없기 때문이다; 그러나 다른 두 가지 경

---

18 하르트만은 『현대 물리학의 세계관』, 29~31쪽에서 열역학 제2의 법칙은 단지 유한 세 계에서만 유효하다는 것을 입증하려고 시도한다. 열역학 제2의 법칙에 따르면, 고립계 에서 엔트로피(무질서도)는 항상 증가하거나 일정하게 유지되지, 결코 감소하지 않는 다. 다시 말해 에너지 전달에는 방향이 있으며, 따라서 자연계에서 일어나는 과정은 가 역적이 아니라는 것이다.

우는 확실히 "인과성의 관점에 따라 이루어지는 일반화"라고 인정할 수밖에 없을 것이다. 아니면 그는 일반적인 **가치판단**과 윤리적 또는 정치적 요청의 논리적 가공을 염두에 두고 있는가? 다음과 같은 명제, 즉 "약자를 보호하는 것은 국가의 의무이다"라는 명제는―일단 "보호"와 "약자"라는 개념이 갖는 모호성을 도외시한다면―"일반적인" **실천적** 준칙으로서, 그것이 타당해야 **하는가**라는 의미에서의 그것의 **진리**내용은 당연히 논의의 대상이 될 수 있다. 다만 이러한 논의는 자명하게도 그것이 경험적 사실인가 아니면 "자연법칙"인가에 대한 논의와 완전히 다른 성격을 갖는다. 그렇다면 상기한 명제는 "관찰들의 일반화"를 포함하는가, 아니면 그것의 진리내용에 대한 논의가 "관찰들의 일반화"를 통해 결론지어져야 하는가? 여기에서 구별할 것이 있다. 첫째로 타당한 "명령"으로서의 준칙의 성격이 직접적으로 논박될 수 있다: 그러면 논의가 윤리적 "규범"의 영역에서 이루어진다. 또는 둘째로 준칙의 실제적인 "실행 가능성"이 논박될 수 있다: 그러면 앞에서 언급한 세 번째 경우가 문제된다. 즉 우리는 x를 찾는데, 이것이 실행되면 y(여기서는 "약자의 보호")가 그 일반적인 결과가 될 것이며, 우리는 이 x에 해당하는 국가적 조치가 존재하는가에 대해 논의한다: 다시 말해 우리는 "경험칙들"을 사용하여 순수하게 인과적인 고찰을 한다. 또는 마지막으로―이것이 단연 가장 빈번한 경우이다―논의의 대상이 되는 준칙의 타당성을 직접적으로 논박하지 않고 다음을, 즉 이 준칙은 그것을 준수한 결과로 명령으로 인정되어야 하는 **다른** 준칙들의 실행 가능성이 불가피하게 위태롭게 되기 때문에 명령이 될 수 없음을 증명하려고 할 수 있다. 이 목적을 위해 논의되는 명제의 반대자들은 의심의 여지없이 상기한 사회정책적 준칙의 실행의 **결과**에 대한 일반적인 경험적 명제들을 얻으려고 할 것이다; 그리고 직접적인 귀납을 통해서든 또는 가설들의 정립을 통해서든―그들은 이 가설들을 다른 방식으로 인정된 정리들에 의거하여 증명하려고 한다―그러한 명제들을 얻었거나 또는 얻었다고 믿으면, 그들은 준칙의 "타당성"을 논박할 것인데, 그것도 만약 준칙이 실행된다면 그 결과로 어떤 다른 "준칙"의 훼손이 예상된다고 주장하면서 논박할 것이다 — 예컨대 다음과 같은 "준칙"을 들 수 있다: 국민의 물질적 건강을 그리고 미적이고 지적인 "문화"의 담지자들을 "퇴화"로부터 "보호하는 것"이 국가의 의무이다(물론 여기서도 표현방식은 완전히 논외로 한다). 그리하면 문제가 되는 준칙을 논박할 목적으로 제시된 경험적인 명제들은 다시금 앞에서 언급한 "세 번째" 경우에 해당한다: 그것들은 전적으로 인과관계에 대한 일반적 판단으로서, x의 결과는 — 항상 또는 "일반적"으로 — y라는 도식을 따른다. 그렇다면 어디에서 **관찰들**이 일반적인 인과명제들에 따라서가 **아니라** "목적이념의 관점하에" 일반화되는가? — 결국 서로 투쟁하는 두 개의 준칙 자체는 궁극적으로 상호 간에 "칭량되어야" 하고 경우에 따라서 **선택되어야** 하는 **가치들**이다. 그러나 이러한 선택의 근거는 확실히, "관찰들"의 "일반화"를 통해서가 아니라 어디까지나 이 준칙들의 "내적인 귀결", 다시 말해 그것들이 연원하는 "최상의" **실천적인** "공리들"에 대한 "변증법적"[19] 규명을 통해서만 제시될 수 있다. 나중에 보게 되는 바와 같이, 슈탐러가 그의 책 마지막 장[20]에서 연역을 할 때 사용하는 방식도 바로 이것이다. 그리고 이것이 그가 또한 인과적 "설명"과 "가치판단" 사이의 그리고 발전예측과 당위 사이의 절대적인 논리적 상위도 매우 적절하게 강조한 유일한 경우가 아니다. 그는 이미 역사 유물론을 서술하는 과정에서 "부르주아"와 "사회주의자" 간의 "대화" 형식을 빌려(51~55쪽)[21] 이러한 대립을 특기할 만큼 명료하게 설명하고 있다. 이 두 적대자들은 "서로 분리된 차원에서 빙빙 도는데",[22] 왜냐하면 한 사람은 — (실제적으로 또는 표면적으로) 확증된 경험

---

19 이에 대해서는 이 책의 247쪽, 옮긴이 주 10을 볼 것.

20 이는 제5부(「법의 법」), 제3장(「사회적 관념론」)을 가리킨다(560~630쪽).

21 이 대화는 보다 정확히 말하자면, 논쟁적인 또는 적의에 찬 대화이다.

22 슈탐러, 『유물론적 역사관에서 본 경제와 법』, 제2판, 56쪽.

칙들에 따라 — 불가피하게 일어나게 **될** 것에 대해 말하는 반면, 다른 사람은 특정한 (실제적인 또는 추정적인) 문화가치들을 고려할 때 절대로 일어나서는 안 **될** 것에 대해 말하기 때문이다: "그것은" — 슈탐러는 말하기를 — "곰과 상어의 싸움"이다.[23] 좋다! — 그렇다면, 어떻게 슈탐러 자신은 불과 몇 쪽 뒤에서 우리가 이미 여러 번 마주한 바 있는 방식으로, 그가 잘 알듯이, 완전히 다른 두 종류의 문제제기를 **동일한 것**으로 다룰 수 있을까? — 확실히 이것은 가령 그가(72쪽) 다음과 같이 묻고는, 곧바로 단숨에 눈썹 하나 까딱하지 않고 계속해서 말할 때 가능해진다: 그는 묻기를, 그렇다면 무엇이 "우리로 하여금 역사에 대한 개별적인 **지각들**(주의!)을 [……] 일반화하며(주의!) 또한 '법칙적인' 현상으로 인식하고 규정할 수 있도록 하는 보편타당한 [……] 방식인가?" — 그리고 곧바로 계속하기를, "만약 누군가 사회적 삶의 어떤 현상을 **정당화하는 것**(주의!)이 무엇을 의미하는가를 전혀 모른다면, 어떤 특정한 사회적 견해나 노력이 **정당화되는지**(주의!) 또는 아닌지에 대해 세세하게 논쟁을 벌인다는 것은 아무런 의미도 없다."[24] 여기에서 슈탐러는 "서로 분리된 차원에서 빙빙 돌면서" 실제로는 "곰과 상어의 싸움"을 두 적대자 사이의 평화롭고 온화하며 혼란스러운 친목관계로 화해시키고 있다 — 누군가 이것을 보지 않는다면, 내 생각에 그는 이것을 보지 **않으려고** 하는 것이다. —

누구든지 슈탐러의 책을 읽어보면 알 수 있듯이, 독자들은 그가 이질적인 두 종류의 문제제기를 가지고 반복해서 벌이는 곡예로 인해 지속적으로 현혹당한다. 그러나 이것이 슈탐러가 자신의 역사 유물론 "비판"에 대한 "인식론적" 토대를 제시할 때 항상 빠져나가는 구멍 중에서 가장 심한 것이 결코 아니다. 이제 마침내 다음을 질문할 때가 되었다: 그

---

23 같은 곳.
24 베버가 인용한 이 두 문장은 같은 책, 72쪽에서 하이픈(-)으로 연결되어 있다.

렇다면 슈탐러에게서 "사회적 유물론"[25]은 — 그는 이 개념을 "유물론적 역사관"과 번갈아 사용하고 있다 — 도대체 무엇을 **의미하는가?** 슈탐러가 (자칭) 비판한 "견해"는 "유물론적"이라고 불리는데, 또는 보다 정확하게 말하자면 불렸는데, 그 이유는 — 우리는 그 추종자들 사이의 모든 논쟁에도 불구하고 그들의 "공동의견"을 이렇게 표현할 수 있을 것이다 — 이 견해에 따르면 "역사적" 과정들은 어떤 주어진 시기에 "물질적", 다시 말해 경제적 재화를 조달하고 사용하는 방식에 의해 명백하게 조건지어지며, 특히 인간의 "역사적" 행위는 "물질적", 다시 말해 경제적 이해관계에 의해 명백하게 결정되기 때문이다. 우리는 다시 한 번, 그리고 아주 기꺼이 슈탐러에게 다음을 시인한다: 여기에서 순전히 잠정적인 이 규정을 위해 사용되는 **모든** 개별적인 개념은 문제를 야기하고 그 내용은 지극히 모호하며, 또한 그것들 서로 간의 경계를 정확하게 설정하는 것이 절대로 불가능하고 따라서 유동적일 수밖에 없음을 시인한다; 그리고 더 나아가 우리는 그에게 다음을 시인한다: 그가 사건의 "경제적" 결정요인들과 비경제적 결정요인들 사이의 구별은 항상 사유적 **분류**를 의미한다는 것을 분명히 밝히고 있음을 시인한다(사실 이는 과학적 작업의 조건을 아는 사람이라면 누구에게나 자명한 일이다) — 그러나 이 모든 것에도 불구하고 다음과 같은 사실, 즉 여기에서 "경제적" 이해관계, "경제적" 현상, "물질적" 상황 등이 어쨌든 예외 없이 "역사적" 또는 "문화적" 현상들 전체의 한 실제적인 **부분**으로, 특히 "사회에서의 삶"의 또는 슈탐러가 사용하는 용어에 따르자면 "사회적 삶"의 한 **부분**으로 간주된다는 사실은 조금도 달라지지 않는다.[26] 슈탐러 자신은(18쪽) 역사

---

25 슈탐러는 제1부(「문제의 상황」), 제1장(「사회적 유물론」)에서 이 문제를 다루고 있다 (23~62쪽).

26 이 문장에서 "사회에서의 삶"과 "사회적 삶"은 독일어로 각각 'Gesellschaftsleben'과 'soziales Leben'인데, 사실 근본적인 차이가 없기에 특별한 이유가 없는 한 모두 "사회적 삶"으로 옮기기로 한다.

유물론이 사회적 삶의 **한** "요소"와 **다른** "요소들" 사이의 "서열관계"에 대해 무언가 일반적인 것을 진술하고자 한다는 것을 인정했으며, 다른 곳에서는(64~67쪽) 전적으로 이러한 견해에 의거하여 그리고 역사 유물론의 통상적인 표현방식에 상응하여 "경제적"("물질적") 동기와 **비**"경제적" 동기들의 상호 인과관계에 관련된 예들을 제시하고, 이것들을 비판적으로 논의하고 있다.[27] 그러나 세 쪽 뒤에(70쪽, 끝에서 두 번째 단락) 갑자기 다음과 같은 구절이 나온다: "그러나 일단 사회적 삶의 법칙성이라는 개념이 사회적 변화의 인과적으로 설명된 과정이라는 개념과 동일한 것으로 인정된다면, 법칙적으로 인식된 사회적 삶의 **모든** 사건은 **궁극적으로** 사회적 경제라는 토대로 소급되어서 거기에 종속된다는(!) 결론을 어떻게 피할 수 있는가?"[7]

만약 누군가 다음과 같이 묻는다면, 그것은 헛된 일이다. 즉 어떻게 슈탐러가 그 **결과**에서 역사 유물론에 그저 이것이 필요로 하는 모든 것을—아니 그보다 훨씬 더 많은 것을—제공할 뿐인 **이러한** 논의를 수긍할 수 있도록 만들려고 하는지 묻는다면, 그것은 헛된 일이다. 사실상 충족이유율[28]은 모든 역사적 사건과 사회적 삶의 모든 현상에 대해 타당하다. 그러나 어떻게 이로부터 모든 역사적 사건과 사회적 삶의 모든 현상이 종국에는 **단지** 이 두 차원을 구성하는 요소들 중 **하나**에 의해 설명되어야 한다는, 그리고 그렇지 않은 경우는 인과성의 범주에 저촉된다는 결론이 도출될 수 있는지 참으로 알 길이 없다. 그러나 기다릴지어다! — 거기에서 두 쪽을 뒤로 가면, 우리는(68쪽) "그 안에서 완전히 분리된 인과성 계열들이 병존하는" 다수의 "근본적인 실체들"을 가정하는 것은 불가능하다는 주장을 접하게 된다. 역사적 영역에 대해 이해하는 사람이라면 아무도 그러한 가정을 하지는 않을 것이다. 오히려 누구

---

27 예컨대 그는 십자군 전쟁, 로마법 수용, 노예제도, 가족관계를 거론하고 있다.
28 이에 대해서는 이 책의 125쪽, 옮긴이 주 79를 볼 것.

든지 다음을 잘 안다. 즉 그 어떤 "개별현상"의 인과적 회귀도 모든 방향으로, 그리고 무한히 진행되며, 또한 "경제적" 현상에서 시작하여 ─ 다시 말해 주어진 경우에 우리가 어디까지나 그 "경제적 측면" 때문에 **관심을 기울이고** 설명할 필요성을 느끼는 현상에서 시작하여 ─ 정치적, 종교적, 윤리적, 지리적 등의 조건에 도달할 수 있을 뿐만 아니라 그 역으로 정치적 현상에서 출발하여 "경제적" 및 다른 모든 조건에 도달할 수도 있다는 것을 누구든지 잘 안다. 그러므로 방금 인용한 슈탐러의 주장이 그의 테제를 입증하지 못함은 두말할 나위가 없는데, 이는 그가 그러고 나서 곧이어 분리된 분석을 목적으로 하는 어떤 개별적인 "측면"에 대한 ─ 물론 경제적 측면도 포함하여 ─ 모든 고찰은 다만 "전체관계"[29]로부터의 사유적인 추상일 뿐이라는 점을 기억해 내기 때문에 더욱더 그러하다. 요컨대 우리가 바로 앞 단락의 마지막 부분에서 인용한 슈탐러의 문장(그의 책 70쪽에 나오는)에 대한 근거는 아직도 우리에게 더 명료해지지 않았다. 그러나 한 쪽을 더 뒤로 가면(67쪽 아랫부분), 우리는 그가 다음과 같이 주장하는 것을 볼 수 있다: "[……] 인과성의 법칙이라는 원리하에 수행되는 모든 개별적인 고찰은 근본적인 조건으로서 모든 특수현상이 하나의(!) 보편적인 법칙에 따라 예외 없이 결합된다고, 그리고 이 법칙은 각 개별적인 경우에 입증될 수 있다고(?) 가정해야 한다." 확실히 이것은 ─ 적어도 슈탐러의 견해에 따르면 ─ 역사 유물론의 인식론적 핵심명제이다. 그리고 그 자신도 이 핵심명제에 무조건적으로 동의하는데, 이는 우리가 여기에서 논의하고 있는, 그리고 곧장 이 핵심명제로부터의 논리적 귀결로 이해할 수 있는 70쪽에서의 테제가 명백하게 보여 준다. 만약 어떻게 슈탐러가 이러한 입장에 도달했는가 묻는다면, 아마도 ─ 왜냐하면 혼란스러운 그의 책으로부터는 그 어떠한 것도 확실하게 결론을 내릴 수 없기 때문에 ─ 다양한 출처의 논리적 오류

29 이 개념에 대해서는 이 책의 61쪽, 원주 24에 따르는 옮긴이 주 2를 볼 것.

가 그 답으로 제시될 것이다. 우선 그에게는—상응하는 많은 표현이 암시하듯이—아마도 다음과 같은 사실이 눈앞에 어른거렸을 것이다. 즉 "정밀한" 자연과학은 질을 양으로 "환원한다"라는 관념, 예컨대 빛, 소리, 열 등의 현상을 물질적인 "궁극적" 단위들의 무(無)질적 운동과정으로 환원한다는 관념과 더불어 작업하며, 따라서 단지 물질의 양적 변화만이 진정한 "실재"인 반면 "질적인 것"은 이러한 변화가 우리의 의식에 "주관적으로 반영된 것"이며 따라서 "진정한 실재"를 결여한다는 표상을 조장한다는 사실이 눈앞에 어른거렸을 것이다. 그리하여 그는 생각하기를, 역사 유물론의 이론에 따르면 역사적 삶에서는 "물질"(경제적 상황과 이해관계)과 그 "변화"가 유일하게 실재적인 것이고 다른 모든 것은 이데올로기적 "상부구조"와 "반영"에 지나지 않는다. 주지하다시피, 이 근본적으로 잘못되고 과학적으로 완전히 무가치한 유추가 여전히 많은 "역사 유물론자들"의 머리를 지배하고 있는데—그들과 더불어 우리 저자의 머리도 지배하고 있음이 분명하다. 그런데 슈탐러의 경우에는 마찬가지로 이례적이지 않은, 그리고 우리가 이미 한 번 접한 적이 있는[30] 다른 하나의 논리적 오류가 추가된다. 우리는 부정확하고 의심할 바 없이 직접적으로 오류를 불러일으키는 방식으로 인과 **"법칙"**에 대해 말하기 때문에, "충족이유율"[31]은, 적어도 그 일반화의 차원에서, 단순히 경험적 현상의 영역에서 가능한 최상의 보편화, 다시 말해 경험과학의 가장 추상적인 "정리"로, 그리하여 "자연법칙들"은 각각의 특수한 "조건"에서 유효한 "적용의 경우들"로 보이기가 매우 쉽다. 그런데 이런 식으로 해석된 "인과성 법칙" 자체는 어떤 현실적인 실재에 대해 아직 아무것도 말해 주지 않는다. 그러나—이렇게 생각하기가 쉽다—만약 그것을 현실에 "적용한다면", 그로부터 적어도 절대적인 보편타당성을 지니는 **하**

---

30 이 책의 480~81쪽에서이다.
31 이에 대해서는 이 책의 125쪽, 옮긴이 주 79를 볼 것.

나의 근본적인 명제가 산출될 텐데, 이 명제는 하나의 "보편적인 법칙"
으로서 그 실제적인 내용은 현실의 **가장 보편적인** 그리고 **가장 단순한**
"요소들"에 적용되며 이것들에 대해 타당한 인과"**법칙**"에 다름 아닐 것
이다. 그렇다면 그것은 많은 자연주의의 대가들이 꿈꾸는 인과적 "세계
공식"[32]이 될 것이다. 그리고 예컨대 지구궤도가 중력법칙이 "작용하는"
한 가지 "경우"인 것처럼 현실의 개별적인 과정들은 "종국에는" 특수
한 조건하에서 "작용하는" 인과법칙이 될 것이다. 물론 슈탐러의 책 그
어디에서도 — 이미 앞에서 확인한 바와 같이[33] — 자연법칙과 "범주"
의 이러한 혼동이 명시적으로 드러나는 진술을 찾아볼 수 없다 — 그것
은 말할 나위 없이 칸트의 제자에게는 걸맞지 않을 것이다 — ; 아니 만

---

32 이는 하나의 공식에 의해 우주의 모든 현상을 설명할 수 있다는 극단적인 형태의 결정론
    적 세계관으로서, 그 대표자로는 프랑스의 천문학자이자 수학자인 피에르 시몽 라플라
    스를 꼽을 수 있다. 그는 1814년에 나온 『확률에 대한 철학적 시론』(한글판), 28∼30쪽
    에서 주장하기를, "우리는 우주의 현재 상태가 그 이전 상태의 결과이며, 앞으로 있을
    상태의 원인이라고 생각해야 한다. 자연이 움직이는 모든 힘과 자연을 이루는 존재의
    각 상황을 한순간에 파악할 수 있는 지적인 존재가 있다고 가정해 보자. 게다가 그의 지
    적인 능력은 이 정도 데이터를 충분히 분석할 수 있을 정도라고 하자. 그렇다면 그는 우
    주에서 가장 큰 것의 운동과 가장 가벼운 원자의 운동을 하나의 식 속에 나타낼 수 있을
    것이다. 불확실한 것은 아무것도 없을 것이며 과거와 마찬가지로 미래가 그의 눈앞에
    나타날 것이다. 인간의 정신은 천문학에서 도달할 수 있었던 완전함 속에서 그와 같은
    지적인 능력을 약하게나마 흉내 낼 수 있다. 그리하여 인간은 만유인력의 발견과 더불
    어 역학과 기하학 분야에서의 발견으로 세계 전체의 과거와 미래 상태를 하나의 해석
    학적 표현 속에 담아낼 수 있게 되었다. 또 같은 방법을 인간 지식의 몇몇 다른 대상에
    적용하여 관측된 현상을 보편적인 법칙과 연관시키는 데 성공했으며, 어떤 주어진 상
    황에서 일어나야만 하는 현상을 예측하는 데에도 성공했다. 앞에서 언급한 지적인 존
    재와 비교했을 때 여전히 인간은 매우 보잘것없는 존재일 뿐이다. 그럼에도 불구하고
    진리를 찾는 이 모든 노력 덕분에 인간의 정신은 그 지적인 존재 쪽으로 계속해서 다가
    간다. 이러한 경향은 인류에게만 해당하는 것으로서 인간은 이 때문에 다른 동물보다
    뛰어나다. 또 이런 면에서의 진보 때문에 나라와 시대가 차별화되며 참된 영광이 이룩
    된다." 참고로 라플라스가 상정하는 지적인 존재를 "라플라스의 악마", "라플라스의 마
    녀", "라플라스의 도깨비" 등으로 부른다.
33 이 책의 484∼86쪽에서이다.

약 그에게 이러한 혼동이 그의 견해라고 말한다면, 그는 십중팔구 이의를 제기할 것이다. 그러면 다음과 같이 질문할 수밖에 없다: 그가 여기에서 논의 중인 두 구절에서(67쪽 아랫부분과 70쪽 끝에서 두 번째 단락) 드러내 보이는 "화학적으로 순수한" 난센스는 도대체 어떤 다른 방식으로 설명할 수 있단 말인가? 게다가 이 난센스는 한편으로 우리에게 이미 알려진 그의 견해, 즉 어떤 과학의 가장 일반적인 정리는 그것의 "형식적" 원리라는 견해와, 그리고 다른 한편으로 "관점들" 및 "방법론적 원칙들"과 (칸트적 의미에서의) 초월적인, 따라서 선험적인 "형식들"의, 다시 말해 경험의 **논리적 전제조건들**의 지속적인 혼동과 연결되어 있다.

어쨌든 다음과 같은 명제, 즉 **하나의** 보편적인 법칙, 즉 **통일적인** 관점으로서 어떻게든 인과적으로 설명할 수 있는 사회적 현실의 **모든** 현상에 대해 구성적인 의미를 지니는 법칙이 필연적이라는 명제는, 이러한 "최상의" 보편성이 사회적 현실의 존재와 인식 모두의 "**형식**"이라는 관념과 ─ 여기에서 사회적 현실은 이 형식에 상응하는 "**질료**"로 간주된다 ─ 연결되어서 즉각적으로 혼란스러운 결과를 가져온다.[34] 이 "질료"라는 단어에 "유물론적"이라는 형용사가 상응하며, 그 결과로 "유물론적" 역사관이라는 개념이 구성되는데, 이것의 특성은 역사적 또는 "사회적" ─ 슈탐러는 별다른 설명 없이 이 두 형용사를 동의어로 사용한다 ─ 삶의 형식이 그 "질료"에 의해 결정된다는 주장에서 절정에 이른다. 확실히 이러한 "견해"는 우리가 통상적으로 "역사 유물론"이라고 부르는, 그리고, 이미 앞에서 보았듯이,[35] 슈탐러도 반복해서 그렇게 부르는 것과는 **명칭을** 제외하면 아무런 공통점도 없다. 왜냐하면 **이러한** 용어의 의미에서 보면 "사회적 삶"의 **모든** 개별적인 "요소들"은 (슈탐러

---

34 슈탐러는『유물론적 역사관에서 본 경제와 법』, 제2판, 112~21쪽에서 형식과 질료의
    구별에 대해 논의하고 있다.
35 이 책의 482~83쪽에서이다.

의 방식대로 말하자면), 그러니까 종교, 정치, 예술, 과학은 "경제"와 마찬가지로 이 삶의 **질료**에 속하는 반면, 지금까지 통상적으로 그리고 슈탐러에 의해서도 그렇게 불려온 역사 유물론은 다른 모든 요소가 "경제"에 종속된다고 주장하며, 따라서 "질료"의 **한** 부분이 질료의 **다른** 부분에 종속된다고 주장하는 것이지 "사회적 삶"의 — 이제 새로이 얻어진 단어의 의미에서 — "형식"이 그 "질료"에 종속된다고 주장하는 것이 결코 아님이 명백하기 때문이다. 게다가 통상적으로 그렇게 불리는 "유물론적" 역사관은 때때로 정치적 이념들 또는 종교적 이념들 등 사이의 특정한 대립은 "물질적 이해갈등"이 **표현되는** "형식에 지나지 않는다"라는 견해를 내세운다; 그리고 우리는 빛, 열, 전기, 자기 등의 현상을 "에너지"의 다양한 "형식"이라고 부른다 — 이 경우들에서 "형식"이라는 단어가 상기한 슈탐러의 논의들에서 **"형식적"**이라는 단어가 사용된 것과는 **정반대의 의미**로 사용되고 있음은 자명하다. 왜냐하면 상기한 슈탐러의 논의들에서 "형식적"이라고 불린 것은 "내용"의 다양성에 반대되는 통일적이고, 일반적이며 "근본적으로 보편적인" 것이었던 반면, 방금 언급한 경우들에서 "형식"은 다름 아닌 "현상"의 변화와 다양성이며, 바로 이 배후에 유일하게 진정한 실재의 통일성이 숨어 있기 때문이다. 요컨대 유물론적 역사관의 의미에서의 변화하는 "형식들"은 슈탐러가 "질료"라고 명명하는 바로 그것이다. 이로부터 "형식-내용"과 같은 범주들을 각각의 주어진 경우에 아주 명확하게 해석하지 않은 채 사용하는 것이 얼마나 위험한 일인가를 알 수 있다. 그러나 애매함이야말로 슈탐러의 가장 고유한 요소이다; 바로 이 애매함 덕분에 그리고 오직 이 애매함 덕분에 그는 스콜라철학이라는 낚싯대를 가지고 "지적으로 탁한 물"에서 낚시를 할 수 있는 것이다. 슈탐러가 다음과 같은 논리를 전개할 수 있는 것은 어디까지나 그가 즉각적으로 "유물론적"이라는 용어의 근본적으로 다른 두 가지 개념을 가지고 곡예를 부리기 시작하기 때문이다: 그는 역사 유물론의 이론이 옳다는 것을 증명할 요량으로 두 가지 예를 든다; 먼저 37쪽에서는 종교와 도덕, 예술과 과학, 사회적 관념 등이 **경제적 삶**에 종속된다고 말하며, 그리고 64~65쪽에서는 한편으로 십자군 전쟁, 로마법의 수용 등이 **경제적으로** 조건지어졌다고, 다른 한편으로 농지 몰수[36]가 **정치적으로** 조건지어졌다고 말한다 ── 그러고 나서 한편으로 132쪽에서는 "욕구충족"(136쪽에 따르면, "쾌락을 산출하고 고통을 방지하는 것에")에 "지향된 인간의 **공동 작용**"은 전적으로 "질료"이고 "인간 삶의 경험적인 과정은 **하나도 남김없이** 바로 이 질료로 **편입된다**"라고 주장한다(136쪽, 끝에서 두 번째 단락); 다른 한편으로 이 "질료"를 어떤 식으로든 구별하는 것을, 예컨대 충족되는 욕구의 "**종류**"에 따라(138쪽) 또는 ("공동 작용"이 이루어지는 한) 이 욕구충족을 위해 사용되는 수단들에 따라(140쪽) 구별하는 것을 아주 단호하게 배격한다 ── **그런 다음에** 그는 사회적 삶의 "질료적인 것"("**형식적인 것**"에 반대되는)에 대한 **이러한** 개념을 사용한다면 "질료적인 것"에 대한 완전히 **다른** 개념(일차적으로 "**이데올로기적인 것**"에 반대되는)을 사용하는 역사 유물론을 "논박하는" 데에 도움이 될 수 있다고 허황되게 믿는다. 그러나 우리는 여기에서 무언가를 선취했다.

우리가 예로 언급한 132~33쪽의 서술에서 슈탐러는 이미 내용-형식 대립쌍의 좁은 의미를 도입했는데, 이 의미는 그의 견해에 따르면 특별히 "사회적 삶"에 적용되고 이것에 특유하며 이것의 개념에 구성적이다. 슈탐러의 예비적 논의에 대한 이처럼 많은 비판을 가한 후, 우리는 이제 이 의미로, 그리고 동시에 그의 이론의 긍정적인 핵심으로 관심을 돌려야 하는데, 이는 슈탐러 자신이(또는 그의 추종자 가운데 한 사람의 입을 통해) 아마도 우리가 그에게 지금까지 가한 비판에 대해 다음과 같이 말할

---

36 이는 독일어 'Bauernlegen'을 옮긴 것으로, 15~16세기부터 18세기 중엽까지 독일 동부 지역에서 영주가 직영농장의 확대와 농민 부역의 강화를 위해 농민의 토지를 몰수하여 장원에 편입하고 농민을 부자유민으로 전락시킨 역사적 사실을 가리킨다.

수도 있을 것이기 때문에 더욱더 필요한 일이다: "그대들은 나에게 현혹되었는데, 그 이유는 그대들이 나를 진지하게 받아들였기 때문이다! 나는 부득이하게 우선 역사 유물론의 개념언어로 말했다―그러나 나의 목적은 다름 아니라, 이 개념-언어를 자체적인 혼동의 늪에서 질식사하도록 만듦으로써 그것이 불합리하다는 것을 입증하는 데에 있다. 나의 책을 계속해서 읽으면 어떻게 역사 유물론이 내적으로 해체되고 동시에 어떻게 새롭고 순수한 이론에 의해 대체되는가를 체험하게 될 것이다! 나는 이 이론의 선지자로서 우선은 나의 진정한 정체성을 숨긴 채로 말하자면 늑대들과 함께 울부짖었을 뿐이다."

물론 이 흉내 내기는―만약 단지 그러할 의도였다면―그 솜씨가 의심스러울 것이다.[37] 그러나 여하튼 우리는 지금까지 슈탐러에 의해 현혹되어 왔을 가능성을 고려해야 한다. 그는 어디에서 역사 유물론이 끝나고 그가 자신의 목소리로 말하기 시작하는지 언제나 아주 명확하게 알아볼 수 있도록 하지는 않는다. 그리고 그는 우리가 여기까지 유일하게 분석한―필요한 한에서―그의 저작의 제1부[38]를 이제 우리의 면전에 있는, "지금까지 들어보지 못한 노래들"[39]에 엄숙하고도 진지하게 주의

---

37 이에 대해서는 약간의 언어적 설명이 필요할 듯하다. 바로 앞의 인용구절은 슈탐러(또는 그의 추종자)가 한 말을 베버가 인용한 것이 아니라 베버가 슈탐러를 흉내 낸 것, 그러니까 모방한 것이다. 그런데 만약 단지 흉내 내고자 했을 뿐이라면, 그리하여 가능한 한 똑같이 보이도록 하는 데에 목적이 있었다면, 이 흉내 내기는 너무나 그럴듯해서 슈탐러 자신이 한 말인지 또는 누군가 그를 흉내 낸 것인지 의심스러울 것이다. 예컨대―한 가지 비유를 들자면―누군가 렘브란트의 작품을 모방하는데 모작이 원작과 구별할 수 없을 만큼 똑같다면, 우리는 그것이 정말로 모작인가 의심하게 될 것이다.

38 앞의 옮긴이 주 25에서 언급한 바와 같이, 제1부는 「문제의 상황」이며 그 제1장은 「사회적 유물론」이다. 여기에 제2장 「유물론적 역사관의 적대자」(63~74쪽)가 추가된다.

39 여기에서 베버는 라틴어 'carmina non prius audita'를 인용하고 있는데, 이것은 호라티우스의 송시 3.1.2~3에 나오는 구절이다. 이 두 행(2~3)이 들어 있는 연 전체(1~4)를 우리말로 옮기면 다음과 같다. "나는 천한 민중을 증오하고 멀리한다/경건하게 침묵할지어다: 지금까지 들어보지 못한/노래들을 뮤즈의 사제인 내가 부르노라/소녀들과 소년들을 위해"(호라티우스, 『호라티우스의 저작』, 제1권, 117쪽).

를 환기시키면서 끝마치고 있다.[40] 자 그럼! 그가 우리에게 준비한 선물을 보기로 하자. 그러나 여기까지 검토하면서 우리가 품게 된 회의를, 그리고 의심의 여지없이 슈탐러가 역사 유물론의 대리인으로서가 **아니라** 자기 자신을 위해 말할 때 어떻게 인식의 근본적으로 다른 범주들이 뒤죽박죽 섞였는가를 완전히 잊지 않는 것이 좋을 것이다.

슈탐러가 공개적으로 선언한 목적은, "사회적 삶의 과학"이 "자연과

---

40 그러나 슈탐러는 호라티우스를 인용하지 않는다. 다만 『유물론적 역사관에서 본 경제와 법』, 제2판, 74쪽에서 다음과 같이 칸트를 인용하면서 제1부를 마감하고 있을 뿐이다: "[……] 왜냐하면 이성한테 계몽을 기대하면서도 이성에게 반드시 어느 한쪽으로 결말을 내야 한다고 미리 지시하는 것은 매우 불합리한 일이기 때문이다"(칸트, 『순수이성비판』[한글판], 890쪽; 한글판 번역에 다소 수정을 가했음을 일러둔다). 아마도 베버는 슈탐러가 자신을 칸트와 같은 반열의 사상가로 간주한다고 보고 호라티우스의 시를 인용하면서 이를 비판하고 있는 것 같다. 아무튼 슈탐러가 인용한 칸트의 구절을 제대로 이해하려면 그 앞의 구절과 그 뒤의 구절도 같이 보는 것이 좋을 듯하다. 칸트는 이성의 경험적인 사용만을 인정하고 선험적 사변을 거부하는 영국의 화학자이자 철학자인 조지프 프리스틀리(1773~1804)와 추상적 사변을 떠날 수 없는 흄에 대해 논의한 다음에, 이들로 인해 공동의 최선에 가해지는 위험과 관련하여 무엇을 해야 하는가라고 묻는다. 그리고는 다음과 같이 말한다(이는 슈탐러가 인용한 구절 바로 앞에까지 이어진다): "이와 관련하여 여러분이 취해야만 하는 결심보다 더 자연스러운 것도 없고, 더 합당한 것도 없다. 여러분은 이 사람들(프리스틀리와 흄)이 재능을, 깊고 새로운 탐구를, 한마디로 말해 이성만을 보인다면, 단지 그렇게 하도록 내버려두라. 그러면 이성은 언제나 이긴다. 만약 여러분이 구속받지 않는 이성의 수단 외의 다른 수단을 붙잡는다면, 여러분이 대역죄를 소리 높이 외치면서, 섬세한 작업에는 전혀 이해를 하지 못하는 공중을, 이를테면 불을 끄기 위해 소집한다면, 여러분은 자신을 웃음거리로 만드는 것이다. 왜냐하면 현안 문제는 그 가운데에서 공동의 최선에 무엇이 유리하고 또는 불리한가가 아니라, 이성은 일체의 이해관심을 도외시한 사변에서 어디까지 나아갈 수 있는가, 그리고 과연 사람들은 도대체가 이 사변에 무엇인가를 기대해야만 하는가, 아니면 차라리 실천적인 것을 대가로 이것을 아예 포기해 버려야 하는가이니 말이다. 그러므로 칼로써 내리치는 대신에, 오히려 비판이라는 안전한 자리에서 그 싸움을 편안히 주시하라. 그 싸움은 싸우는 자들에게는 수고로울 것이나, 여러분에게는 재미있을 것이며, 확실히 피 흘림 없이 끝날 무렵에는 여러분의 통찰에 유리하게 결말이 날 것이 틀림없다." 같은 곳. 그리고 이어서 다음과 같이 말하고 있다: "게다가 이성은 이미 스스로 이성에 의해 충분히 구속되고 제한받고 있어서, 여러분은 그 염려스러운 주권이 여러분에게 위태해 보이는 그 편에 시민저항을 마주 세우기 위해, 방위대를 동원할 필요는 전혀 없다." 같은 책, 890~91쪽.

학"과 전적으로 다르다는 것을 증명하는 것인데, 그것도 "사회적 삶"이 "자연"과 완전히 다른 고찰의 **대상**이며 따라서 "자연과학적 방법"과 다른 사회과학의 원리가 논리적으로 불가피함을 밝힘으로써 증명하는 것이다. 그가 이러한 구별을 **배타적인** 양자택일로 생각함은 확실하며, 따라서 "자연", "자연과학", "자연과학적 방법"이 무엇을 의미하는가를, 그리고 이것들의 결정적인 기준은 무엇인가에 대해 명확하게 규명하는 것이 매우 중요한 일임은 두말할 나위가 없다. 최근의 논리학적 논의[41]를 — 물론 슈탐러는 이것을 알지 못하거나 고작해야 매우 피상적으로 알고 있을 뿐이다 — 보면, 이 문제에 대한 답이 결코 자명하게 주어지는 것이 아님이 분명하게 드러날 것이다. 여기에서 처음부터 인정해야 할 점은, 우리 모두가 "자연"과 "자연과학적"이라는 말의 의미가 구체적인 경우에 명료하다고 믿고는 빈번하게 이 말들을 부주의하고 부정확하게 사용한다는 사실이다. 그러나 이렇게 하면 좋지 않은 결과를 초래할 수 있으며, 또한 누군가 자신의 학설 전체를 "자연"이라는 대상과 "사회적 삶"이라는 대상의 화해할 수 없는 개념적 대립 위에 구축한다면, 그에게는 적어도 "자연"이 **무엇을** 의미하는가에 대한 숙고가 대단히 중요한 문제가 된다. 그런데 심지어 일반적인 언어사용에서도 "자연"은 다음과 같이 여러 가지를 지칭할 수 있다: 먼저 1) "죽은" 자연이거나 또는 2) 이것이면서 특별히 인간적이지 않은 "생명현상"이거나 3) 또는 이 두 대상들이면서 거기에 더해 인간과 동물에 공통적인, 다시 말해 인간에게 특별한 이른바 "고등한", "지적인" 생명활동이 포함되지 않는 "식물적인" 그리고 "동물적인" 유형의 생명현상이 바로 그것이다. 그러므로 다양한 과학이 경험적으로 주어진 것 전체에서 자신이 고찰하는 대상의 범위를 정하기 시작하면서 "자연"이라는 개념의 경계가 대략적으로 설정되는

---

41 여기에서 베버는 누구보다도 리케르트, 빈델반트 그리고 짐멜을 염두에 두고 있는 것 같다. 이 책의 236쪽, 원주 1을 볼 것.

데(이 경우에 아주 큰 부정확성이 불가피하다), 그 과학들이란 구체적으로 (1번) 생리학(식물생리학 그리고 동물생리학), 또는, (2번) 심리학(동물심리학 **그리고** 인간심리학), 또는 마지막으로 (3번) "문화현상"에 대한 경험적 과학 분야들(가장 넓은 의미에서의 민족학, "문화사")이다. 그러나 이 모든 경우에 "자연"은 항상 다른 이질적인 대상들과 구별되는 특정한 **대상들**의 복합체로 정의된다. 그리고 다음과 같은 경우에 이 통념적인 개념과 **논리적으로** 다른 제2의 "자연"개념이 성립된다. 즉 경험적 현실을 "일반적인 것", 즉 초시간적으로 타당한 경험칙들("자연법칙들")과 관련하여 연구하는 과학을 "자연과학"이라 규정하고 이를 동일한 경험적 현실을 "개별적인 것"과 관련하여 그 인과적 조건성을 고찰하는 과학과 대립시키는 경우에 자연에 대한 제2의 개념이 성립된다: 여기에서 결정적인 기준은 **접근방법**의 종류이다; 그러면 "자연"의 반대는 "역사"가 되며, "심리학", "사회심리학", "사회학", 이론적 사회경제학, "비교종교학" 및 "비교법학"과 같은 과학들은 "자연과학"에 속하는 반면, 교의적 과학 분야들은 이러한 구별을 완전히 넘어선다. 마지막으로[8] 다음과 같은 경우에 "자연과학"에 대한 그리고 이를 통해 간접적으로 "자연"에 대한 제3의 개념이 성립된다. 즉 한편으로 경험적·인과적 "설명"을 추구하는 과학 분야들과 다른 한편으로 규범적 또는 교의적·개념분석적 목표를 지향하는 과학 분야들, 즉 논리학, 이론적 윤리학 및 미학, 수학, 법교의학, 형이상학적 (예컨대 신학적) 교의학을 대립시키는 경우에 자연에 대한 제3의 개념이 성립된다. 여기에서 결정적인 기준은 판단범주의 대립이 될 것이며("존재"와 "당위"), 따라서 예컨대 예술사, 풍속사, 경제사 및 법제사를 포함하는 "역사과학"의 모든 대상 역시 "자연과학"의 개념에 속할 것이며, 그리되면 자연과학의 범위는 인과성의 범주를 사용하는 과학 영역과 완전히 동일할 것이다.

우리는 나중에 두 개의 더 가능한 "자연"개념을 접하게 될 텐데, 일단은 여기에서 논의를 중단하기로 한다. 어쨌든 "자연"이라는 표현은 다양한 방식으로 이해할 수 있음이 분명하다. 이 점을 고려하여 우리는 **슈탐러**가 "사회적 삶"과 "자연" 사이의 근본적인 차이에 대해 말할 때 어떤 의미에서 후자의 개념을 사용하는지 항상 눈여겨보아야 한다. 그러나 슈탐러의 논의 전체가 그에 의해 "자연"의 대극(對極)으로 발견된 "사회적 삶"이라는 개념에 근거하며, 따라서 우리는 우선 어떤 특징들이 이 개념의 본질을 규정하는지 검토해야 한다.

4. "규칙"에 대한 논의

4.1. "규칙"개념의 분석

슈탐러에 따르면 "사회적 삶"의 결정적인 특징, 즉 그것의 "형식적" 특성은 그것이 **규제된** 공동 삶, 그러니까 "외적인 규칙들에 의해 지배되는" 상호관계들로 구성된다는 점에 있다.[1] 슈탐러의 논의를 좀 더 추적하기 전에, 여기에서 잠시 멈추고 "규제된"과 "규칙"이라는 말이 이해되는 다양한 방식을 살펴보기로 하자. 우선 "규칙"은 1) 인과적 **결합**에 대한 일반적인 진술, 다시 말해 "자연법칙"으로 이해될 수 있다. 만약 이 경우에 "법칙"이 단지 무조건적인 엄밀성을 지니는(예외가 없다는 의미에서) 일반적인 인과명제만으로 이해된다면, (a) 이러한 엄밀성을 충족하

---

[1] 슈탐러는 『유물론적 역사관에서 본 경제와 법』, 제2판, 84쪽에서 다음과 같이 말하고 있다: "**사회적 삶은 외적으로 규제된** 인간의 공동 삶이다."

지 못하는 모든 경험명제는 단지 "규칙"이라는 표현만을 유지할 수 있다. 그리고 (b) 이와 반대로 경험적인 예외가 없기는 하지만 이 예외 없음을 야기한 인과적 조건성에 대한 인식이 없거나 또는 이 인식이 적어도 이론적 관점에서 볼 때 충분하지 못한 모든 이른바 "경험법칙"도 마찬가지로 단지 "규칙"이라는 표현만을 유지할 수 있다. 인간은 "반드시 죽는다"라는 사실은 "경험적 법칙"의 의미에서(b번) 하나의 "규칙"이며, 또한 학생조합 소속의 어떤 학생이 따귀를 맞으면 그가 특정한 성격을 갖는 일련의 반응을 보이는 것이 "적합하다"라는 사실은 일반적인 경험명제의 의미에서(a번) 하나의 "규칙"이다.[2] — 그 밖에도 "규칙"은 2) 현재의, 과거의 또는 미래의 사건을 **가치판단**의 의미에서 "측정하는" 준거인 "규범"으로 이해할 수 있다. 다시 말해 단지 1번의 경우들의 "규칙"에만 관련되는 경험적 "존재"와 근본적으로 다른 (논리적, 윤리적, 미학적) **당위**에 대한 일반적인 진술로 이해할 수 있다. 두 번째 경우에 규칙의 "타당성"은 일반적인[9] 명령을 의미하는데, 이 명령의 내용이 규범 자체이다. 첫 번째 경우에 규칙의 "타당성"은 단지 다음과 같은 주장, 즉 규칙에 상응하는 실제적인 규칙성이 경험적 현실에 "주어져" 있거나 또는 이 현실로부터 일반화를 통해 추론할 수 있다는 주장이 "타당함"을 확인하는 것이다.

4.2. "규칙성"으로서의 "규칙"과 "규범"으로서의 "규칙"; "준칙"의 개념

이처럼 "규칙"과 "규제성"의 두 가지 기본적인 의미는 아주 단순하지만, 그 밖에도 이 둘 가운데 어느 것에도 별문제 없이 매끄럽게 들어맞지 않아 보이는 또 다른 의미가 있다. 여기에는 우선 우리가 일반적으로 행위의 "준칙"이라고 부르는 것이 속한다. 예컨대 디포의 로빈슨 크

---

2   이 학생은 예컨대 결투를 신청했을 것이다.

루소[3]는—슈탐러는 이론경제학이 그러는 것처럼[4] 때때로 로빈슨 크루소의 예를 이용하며,[5] 따라서 우리도 그렇게 할 수밖에 없을 것이다—고립된 상태에서 자신의 삶의 조건에 따라 "합리적인" **경제**를 영위하는데, 이것은 한 치의 의심도 없이 다음을 의미한다: 그는 자신의 재화소비와 재화획득을 특정한 "규칙들", 보다 자세하게 말하자면 "경제적" 규칙들에 종속시킨다. 우리가 이로부터 알 수 있는 것은 우선, 만약 로빈슨 크루소 이야기에 준거하여 무엇인가를 증명할 수 있다면 경제적 "규칙"은 **개념적으로** "사회적" 삶에 한정된다는 가정, 다시 말해 그것에 예속되고 그것에 의해 연결되는 다수의 주체들을 전제로 한다는 가정은 어쨌든 오류라는 점이다.[10] 물론 로빈슨 크루소는 아주 비현실적인 문학의 산물이며, "스콜라철학자들"이 사용하는 순수한 개념적 존재임이 확실하다—그러나 슈탐러 자신이 스콜라철학자이며, 따라서 그가 그의 독

---

3 이는 1719년에 출간된 대니얼 디포의 소설 『요크의 선원 로빈슨 크루소의 생애와 이상하고 놀라운 모험』인데, 통상 줄여서 『로빈슨 크루소』라고 한다. 여기에서 디포는 로빈슨 크루소가 아프리카로 가던 배가 파산되면서 무인도에 표류하여 무려 28년간—그중 24년은 혼자서—살아가는 모습을 그리고 있다. 이 소설의 작가 디포는 열렬한 비국교도였다. 그의 아버지는 성공한 상인이었다. 그러니까 디포는 중산층이라는 사회계층적 배경에서 성장했던 것이다. 디포는 원래 목사가 되기 위해 비국교도 학교에서 교육을 받았으나 생각을 바꾸어 1683년경에 상인이 되었다(그러나 상인으로서는 성공을 거두지 못했다). 그는 영국 국교회를 통렬히 비판하고 풍자적으로 조롱한 죄로 회(回)술례를 돌았는데, 이때 민중이 그에게 열광적인 환호를 보냈다고 한다. 디포의 첫 소설 『로빈슨 크루소』는 그의 중간계층적 청교주의 정신이 반영된 문학작품이다. 거기에는 인간이 어떠한 상황과 환경에 처해서도 철저하게 자기를 규율하고 통제하며 이를 바탕으로 근면하고 조직적이며 체계적으로 노동하면 그 자신과 세계를 지배할 수 있다는 청교주의적 노동윤리의 메시지가 담겨 있다.

4 베버, 『일반("이론")경제학: 1894~1898년 강의』, 203, 236쪽을 볼 것. 같은 책, 122~23쪽에서 그는 주장하기를, 이론경제학은 추상적·이론적으로 **구성된** '경제주체'"에서 출발하는데, 이 주체는 "경험적 인간에 **대비**된다." 다시 말해 "수학적 이념상과 유사한 **비실재적인** 인간을 바탕으로 논의를 전개한다."

5 슈탐러, 『유물론적 역사관에서 본 경제와 법』, 제2판, 84, 105~06, 132, 186, 188, 238쪽을 볼 것.

자들을 대접하는 방식 그대로 그의 독자들이 그를 대접하더라도 받아들여야 한다.[6] 거기에다가 다음을 추가할 수 있다: 만약 엄격한 "개념적" 경계설정이 문제가 된다면, 그리고 만약 더 나아가 슈탐러의 경우처럼 "규칙"개념이 **논리적으로** "사회적" 삶의 본질을 규정하는 것으로 다루어지고 "경제적" 현상들이 "개념적으로" 단지 "사회적 규제"의 영역에서만 생각할 수 있는 것으로 설정된다면, 심지어 로빈슨 크루소처럼 경험칙들에 따라 어떻게든 "가능한 것"과 "논리적으로" 모순되지 않고 ─ 이것은 같은 말이 아니다 ─ 절대적으로 모순되지 않고 구성된 존재도 그 "개념"에 어떤 균열도 낼 수 없다. 슈탐러는 이런 식의 비판을 예방하기 위해(84쪽) **인과적** 관점에서 보면 로빈슨 크루소도 어디까지나 그가 우연히 그 밖으로 내던져진 "사회적 삶"의 산물로서만 구성될 수 있다고 주장한다. 그러나 이 주장은 지극히 부적절한데, 왜냐하면 그 자신은 "규칙"의 인과적 기원이 그 개념적 본질과는 완전히 무관한 것이라고 설파해 왔기 때문이다: 이 메시지는 전적으로 옳지만, 슈탐러는 그것으로 거의 성공을 거두지 못했으며 여기서도 매한가지이다. 슈탐러는 더 나아가 (146쪽과 여러 곳) 로빈슨 크루소처럼 고립된 것으로 생각되는 개별존재는 "자연과학"을 수단으로 설명해야 한다고 주장하면서, "자연과 그 기술적(주의!) 지배"가 유일한 논의의 대상이 된다는 점을 그 근거로 들고 있다.[7] 그렇다면 우리는 우선 앞에서 논의한 바 있는[8] "자연"과 "자연과학"의 개념의 다의성을 상기해야 한다: 여기에서 슈탐러는 다양한 의미

---

6 이에 대해서는 약간의 언어적 설명이 필요하다. 슈탐러는 자신의 독자들이 ─ 예컨대 막스 베버가! ─그 자신이 논의를 전개하는 방식에 따라, 다시 말해 "아주 비현실적인 문학의 산물이며, '스콜라철학자들'이 사용하는 순수한 개념적 존재"인 로빈슨 크루소를 예로 들어 자신의 견해를 비판하더라도 이를 받아들여야 한다는 뜻이다.

7 이 문장에 나오는 "개별존재는"은 "개별존재의 경제는"으로 읽고, "주장하면서" 다음에 "이 경제의 경우에는"을 덧붙여 읽으면 의미하는 바가 보다 명확해질 것이다. 실제로 같은 책, 146쪽을 보면 명백하게 드러나듯이, 그가 의미하는 바도 바로 이것이다.

8 이 책의 501~02쪽을 볼 것.

들 중에서 **어떤 것**을 염두에 두고 있는가? 그런 다음에 그리고 특히 — 우리는 여기에서 단지 "규칙"의 개념에만 관심을 갖고 있으므로 — "기술"은 "합목적적으로 정립된" "규칙들"에 따르는 절차에 다름 아니라는 점을 상기해야 한다. 예컨대 기계의 부분들이 공동 작용하는 것은 강제로 서로 연결된 견인마들이 또는 노예들이 또는 마지막으로 — 공장에서 "자유로운" 인간 노동자들이 공동 작용하는 것과 완전히 똑같은 "논리적" 의미에서 "인간에 의해 정립된 규칙들"을 따른다. 이 마지막 경우에 노동자를 전체적인 체제에 꽉 잡아두는 기제는 적절하게 계산된 **심리적 강제**이다 — 이것은 다음과 같은 노동자의 "생각", 즉 만약 그가 "노동규칙"을 벗어나면 그에게는 공장문이 닫혀버릴 것이고 그의 돈지갑은 텅 비게 될 것이며 그의 가족은 굶주리게 될 것이라는 등의 "생각"에 의해, 게다가 아마도 온갖 종류의 다른 관념, 예컨대 윤리적 성격의 관념에 의해, 그리고 마지막으로 단순한 "습관"에 의해 야기될 수 있다. 이에 반해 무생물적인 기계의 부분들은 그 물리적·화학적 특성에 의해 전체적인 체제에 통합된다. 그러나 이로 인해 "규칙"이라는 개념의 **의미**가 이 두 경우에서 서로 다르게 되지 않음은 두말할 나위가 없다. "노동자"는 머릿속에 경험을 통해 형성된 다음과 같은 일련의 관념을 갖고 있다: 그가 배부르게 먹고 옷을 입고 집에 불을 지피고 살 수 있는 것은, 그가 공장의 "사무소"에서 표준화된 일정한 구절들을 진술하거나 다른 방식으로 자신을 표명하는 것에 "달려 있다"(이는 "법률가들"이 "노동계약"이라고 부르는 행위에서 통상적인 일이다); 그리고 나서 상기한 체제에 육체적으로 적응해야, 다시 말해 특정한 근육운동을 수행해야 한다; 더 나아가 그가 이 모든 것을 하면, 그는 정기적으로 특정한 형태를 띤 금속조각이나 종이쪽지를 받을 수 있고, 이것들이 다른 사람들의 손으로 넘어가면 그는 빵, 석탄, 바지 등을 얻을 수 있다; 마지막으로 만약 누군가 이 대상들을 빼앗으려 한다면, 그는 고함을 칠 수 있고 이에 필시 꼭지에 뾰족한 쇠붙이를 붙인 헬멧을 쓴 사람들이 나타나서 그것들이 다시 그의 손으로 되돌아가도록 도와줄 것이다 ― 우리는 여기에서 가능한 한 조야하게 스케치한 이 일련의 지극히 복잡한 관념이 필시 노동자들의 머릿속에 존재할 것이라고 기대할 수 있다. 공장주는 이 일련의 관념을 기술적 생산과정에서 근력을 사용하는 인간들의 공동 작용에 대한 인과적 결정근거로 고려하는데, 그것도 그가 한편으로 기계를 구성하는 재료의 무게, 강도, 유연성 및 다른 물리적 특성을 그리고 다른 한편으로 기계를 작동시키는 재료의 물리적 특성을 고려할 때와 완전히 똑같은 방식으로 그리한다. 전자는 후자와 **논리적으로** 동일한 의미에서 아주 정확하게 어떤 특정한 "기술적" 결과의 ― 예컨대 z라는 시간대에 y톤의 광석으로부터 x톤의 선철을 생산하는 것의 ― 인과적 조건으로 간주될 수 있다. 아무튼 이러한 기술적 결과를 성취하는 "전제조건"은 **논리적** 의미에서 보면 두 경우 모두에서 완전히 동일한데, 그것은 다름 아닌 "**규칙들에 따르는 공동 작용**"이다; 한 경우에는 "의식과정"이 인과연쇄에 포함되지만 다른 경우에는 그렇지 않다는 사실은 "**논리적으로**" 아무런 차이가 없다. 그러므로 슈탐러가 "기술적" 고찰과 "사회과학적" 고찰을 대비할 때 "공동 작용의 규칙"의 존재 자체는 어떤 경우에도 이 둘의 결정적인 차이가 될 수 없다. 공장주는 다음과 같은 사실, 즉 배고픈 사람들이 있고 이들은 배고픔을 달래 줄 수 있는 무엇인가를 발견하면 이를 빼앗으려고 물리력을 행사하려고 하지만 상기한바 꼭지에 뾰족한 쇠붙이를 붙인 헬멧을 쓴 다른 사람들에 의해 저지당한다는, 그리고 따라서 그들의 머릿속에는 앞에서 제시한 일련의 관념이 형성될 수밖에 없다는 사실을 알고 있다. 그는 이러한 사실을 사냥꾼이 자신의 개의 특성을 고려하는 것과 똑같은 방향으로 고려한다. 그리고 마치 사냥꾼이 개가 그의 휘파람에 특정한 방식으로 반응할 것을 또는 총을 쏘고 나면 특정한 과제를 수행할 것을 기대하듯이, 공장주는 특정한 방식으로 인쇄된 종이("노동규칙")를 게시하면 그로부터 어느 정도 확실하게 일정한 결과가 야기될 것을 기대한다. 로빈슨 크루소는 자신의 섬에 존재하는 "재화의 양" 및 생산수단과 관련하여 "경제적으로" 행동하는데, 나아가 ─ 한 가지 예를 더 들자면 ─ 오늘날의 개인도 "돈"이라고 불리는 작은 금속조각, 보다 구체적으로 말하자면 그가 그의 주머니 속에 넣어 가지고 있거나 또는 특정한 조작을 통해(예컨대 "수표"라고 불리는 종잇조각을 휘갈겨 씀으로써 또는 "쿠폰"이라고 불리는 다른 종잇조각을 잘라내어 특정한 창구에 내보임으로써) 자신의 주머니 속에 넣을 수 있다고 ─ 근거가 있든 근거가 없든 ─ 생각하는 작은 금속조각과 관련하여 로빈슨 크루소와 완전히 같은 방식으로 행동한다. 그는 이 작은 금속조각을 특정한 방식으로 사용하면 그가 유리창 너머에서, 레스토랑 뷔페 코너에서 그리고 다른 곳에서 보는 특정한 대상들을 (실제로) 자신의 뜻에 따라 가용할 수 있다는 것을 알고 있다. 그리고 그는 ─ 개인적인 경험을 통해서 또는 다른 사람들로부터 배워서 ─ 만약 다짜고짜로 이 대상들을 가로챈다면 상기한바 꼭지에 뾰족한 쇠붙이를 붙인 헬멧을 쓴 사람들이 나타나서는 그를 감옥에 처넣을 것임을 알고 있다. 이 현대적 개인은 어떻게 그의 다리가 걸을 수 있는가를 알 필요가 없듯이 상기한 작은 금속조각이 어떻게 이 독특한 능력을 갖게 되었는가를 알 필요가 없다: 그에게는 어릴 때부터 보아온 사실, 즉 일반적으로 모든 사람의 다리는 걸을 수 있고 불을 피운 난로는 따뜻해지며 7월은 4월보다 덥듯이 이 작은 금속조각은 모든 사람의 손에서 한결같이 그러한 능력을 보인다는 사실로 충분하다. 그는 돈의 "본질"에 대한 그의 이 지식에 따라 이 작은 금속조각을 사용하는 방식을 마련하고 그것의 사용을 **"규제하며"** 그것을 "경제적으로" 사용한다. **어떻게** 이러한 규제가 여러 가지 가능한 종류의 "규제"의 "결과"에 대한 개인적인 또는 다른 사람들의 "경험"에 의거하여 실제로 한 구체적인 개인에 의해 수행되고 수천의 또는 수백만의 구체적인 개인들에 의해 수행되는가?; 그리고 미래에 이러한 작은 금속조각(또는 그에 상응하는 "효력을 갖는" 종잇조각)을 금고에 넣어두고 그것을 뜻대로 처리할 수 있는 가망성은 한 특정한 인간사회 내에서 구별할 수 있는 다양한 집단들 사이에서 차이가 나는데, 그렇다면 어떻게 그러한 규제가 이들 집단 각각에 의해 **다르게** 수행되는가? ― 이 모든 질문을 고려하며, 또한 자료의 상황이 허락하는 한, 그에 대해 명백한 답을 제시하는 것은, 슈탐러를 따르자면 "사회과학적" 고찰이 **아니라** "기술적"·**자연**과학적 고찰의 과제에 속해야 할 것인데, 그 이유는 모든 경우에 **각각의** 개인들의 행동을 설명하는 것이 목표이기 때문이다. 오늘날 개인들이 그에 따라 행동하는 "규칙들"은 로빈슨 크루소의 경우에서와 마찬가지로 개인의 경험적 행동에 인과적으로 영향을 끼치는 "준칙들"인데, 이 인과적 영향은 개인이 스스로 발견한 또는 다른 사람들로부터 습득한 다음과 같은 유형의 경험칙에 근거한다: 만약 내가 x를 한다면, 경험칙에 따라, y가 그 결과이다. 로빈슨 크루소의 "규제된 목적행위"는 이러한 "경험명제들"에 근거하여 수행된다 ― "돈을 소유한 사람"의 "규제된 목적행위"도 동일한 근거에서 수행된다. 돈을 소유한 사람이 "고려해야" 하는 생존조건은 로빈슨 크루소의 그것에 비해 엄청나게 더 복잡할 수 있다: 그러나 **논리적으로** 보면 이 둘 사이에는 아무런 차이도 존재하지 않는다. 전자도 후자도 모두 경험에 근거하여 자신의 특정한 행동방식에 대한 "비(非)자아들"[9]의 반응방식을 계산해야 한다. 이 둘 가운데 한 경우에는 인간의

---

9 이 개념은 요한 고틀리프 피히테로부터 온 것이다. 피히테는 칸트의 관념론 철학을 비판적으로 계승·발전시킨 인물이다. 피히테가 보기에 칸트의 철학은 다음과 같은 점에서 이원론적이다. 즉 인식은 주체가 객체와 관계를 맺으면서 수행하는 적극적인 판단행위인 반면, 윤리는 객체와 동떨어진 채 순수한 이성에만 의존한다. 그러한 윤리는 형식주의적이다. 이 형식주의적 윤리에서 행위의 최고 원리는 주체로서의 개인이 아니라 보편적 도덕법칙인 정언명령이다. 피히테는 이러한 이원론을 극복하고자 한다. 그의 철학은 자아에서 출발한다. 자아는 주체이자 객체이며 이 두 범주의 통일성이다. 자아는 의식과 존재의 통일성이다. 바로 이러한 자아가 인식과 행위의 근원이자 중심을 구성한다. 나의 인식과 행위에 대해 그보다 더 높은 원리는 존재하지 않는다. 자아는 최상의 원리로서 자신을 정립한다. 결국 피히테에게 자아는 절대적인 것, 즉 절대자아다. 자아는 절대적 자아이다. 피히테의 절대적 자아는 칸트의 선험적 자아보다 더욱 근원적이다. 인식과 행위의 근원이자 중심이며 최상의 원리인 자아는 자신을 초월하는 심급을 필요로 하지 않는다. 자아의 존재를 규정하는 동인은 다름 아닌 비자아이다. 자아는

반응이 포함되는 반면 다른 경우에는 단지 식물, 동물 및 "죽은" 자연대
상의 반응만이 포함되는데, 그렇다고 해서 "준칙"의 "논리적" 본질이 달
라지는 것은 결코 아니다. 만약 슈탐러의 주장대로 로빈슨 크루소의 "경
제적" 행동이 "단지" 기술에 지나지 않으며 **그리고 따라서** "사회과학적"
고찰의 대상이 아니라면, 특정한 인간집단 — 어떤 성격의 것이든 상관
없이 — 을 지향하는 한 개인의 행동도 "경제적" 준칙들에 의한 "규제"
와 그것들의 영향이라는 관점에서 고찰되는 한 사회과학적 연구의 대상
이 아니기는 매한가지이다. 개인의 "사경제"는 — 이제 일반적인 언어로
표현하자면 — "준칙들"에 의해 지배된다. 슈탐러의 용어에서 이 준칙들
은 "기술적" 준칙들로 명명될 것이다. 경험적으로 보면 이것들은 개인의
행동을 때로는 더 지속적으로 때로는 덜 지속적으로 "규제하지만", 슈
탐러가 로빈슨 크루소에 대해 말한 것[10]에 따르면 그가 염두에 두고 있
는 "규칙들"이 될 수 없다. 후자[11]를 보다 면밀히 살펴보기 전에, 마지막
으로 한 가지만 더 묻기로 한다: 우리가 이토록 상세하게 논의한 "준칙"
개념과 우리가 이 장의 서두에서 언급한[12] "규칙" 개념의 두 가지 "유형",
즉 한편으로는 "경험적 규칙성" 그리고 다른 한편으로는 "규범" 사이의
관계는 무엇인가? 이것은 추가적으로 어떤 특정한 자아행동이 "규제된
것"으로 묘사되는 경우에 갖게 되는 의미에 대한 간략한 일반적 고찰을
필요로 한다.

인식과 행위를 위해 비자아를 필요로 한다. 그러므로 자아는 비자아를 정립한다. 자아
는 비자아를 정립하면서 비자아로부터 구분되며, 그리하여 자신을 자아로 체험한다. 여
기서 말하는 자아란 단순히 인간만을 가리키는 게 아니라 사물 일체, 즉 자연 일반도 포
괄하는 개념이다. 이렇게 해서 칸트 철학에서는 상대적으로 무의미한 자연이 적극적인
철학적 의미를 얻고 적극적인 철학적 기능을 수행하게 된다. 피히테는 과학론에 대한
여러 저작에서 자아-비자아 이론을 전개하고 있는데, 특히 『청중들을 위한 수고로서의
전체 과학론의 기초』에 아주 잘 요약되어 있다.

10 이 책의 506~07쪽을 볼 것.
11 이는 바로 앞 문장 끝부분에 나오는 "그가 염두에 두고 있는 '규칙들'"을 가리킨다.
12 이 책의 505~06쪽에서이다.

누군가 "나의 소화는 규제되었다"라고 한다면, 그는 우선 그저 단순한 "자연적 사실"을 말하고 있을 뿐이다: 그의 소화는 특정한 시간적 순서에 따라 진행된다. "규칙"은 자연과정으로부터 추상된 것이다. 그러나 그는 "장애"를 제거함으로써 자신의 소화를 "규제할" 필요성을 느낄 수 있으며, 실제로 그렇게 하고 난 다음에는 앞에서와 똑같이 말할 수 있다—이때 외적인 과정은 앞에서와 똑같지만 "규칙"의 개념이 갖는 의미는 다르다: 전자의 경우에는 "규칙"이 "자연"에서 **관찰된 것**인 반면 후자의 경우에는 "자연"에 따라 살기 **위해 추구된 것**이다. 관찰된 "규칙성"과 추구된 "규칙성"은 사실상 일치할 수 있으며 이는 당사자에게 매우 기쁜 일이다—그러나 "개념적으로" 이 둘은 서로 다른 의미를 갖는다: 하나는 경험적 사실이고, 다른 하나는 추구되는 이상, 즉 사실들이 거기에 비추어 "평가적으로" 측정되는 "규범"이다. 그런데 "이상적인" 규칙 자체는 두 가지 종류의 고찰에서 역할을 할 수 있다: 한편으로 1) 어떤 **실제적인** 규칙성이 그것에 상응할 **것인가**를 물을 수 있으며, 다른 한편으로 2) **실제적인** 규칙성의 어느 정도가 그것에 대한 추구에 의해 인과적으로 결정**되는가**를 물을 수 있다. 예컨대 누군가 위생적 규범에 비추어 자신의 소화상태를 "측정하고" 이 규범에 따른다면, 이 사실 자체는 그의 신체적 상태의 관찰할 수 있는 경험적 규칙성을 인과적으로 구성하는 요소들 가운데 **하나**이다. 이 경우에 규칙성은 무한한 조건들에 의해 영향을 받는데, 그 가운데에는 그가 위생적 "규범"을 "실현하기" 위해 복용하는 약도 **또한** 포함된다. 그의 경험적 "준칙"은—우리가 볼 수 있듯이—행위의 실제적인 동인으로 작용하는 "규범"에 대한 관념이다. 물적 재화나 다른 인간들과 관련된 인간행동, 그리고 특히 "경제적" 행동의 "규제성"의 경우에도 사정은 매한가지이다. 우리가 앞에서 언급한[13] 로빈슨 크루소와 돈을 소유한 사람들은 그들의 재화나 또는 후

---

13 이 책의 506쪽 이하에서이다.

자의 경우에 그들의 비축된 돈과 관련하여 특정한 방식으로 행동하며, 그 결과로 이 행동은 "규제된 것"으로 보인다. 이러한 사실은 우리로 하여금 우리가 그 행동을, 적어도 부분적으로, "지배하는 것"으로 인지하는 "규칙"을 이론적으로 정식화하도록 자극할 수 있다: 예컨대 "한계효용원칙"이 그것이다. 그러면 이 **이상적인** "규칙"에는 하나의 상응하는 정리(定理)가 포함되며, 이 정리에는 다시금 다음과 같은 "규범", 즉 **만약** 로빈슨 크루소가 일관되게 "합목적적" 행위라는 이상을 추구하기를 원한다면 그의 행동이 따라야 하는 규범이 포함된다. 그리하여 그 규칙은 한편으로 평가기준으로 간주된다 — 물론 "도덕적" 평가기준이 아니라 "합목적적" 행위를 "이상"으로 전제하는 "목적론적" 평가기준으로 간주된다. 그러나 다른 한편으로, 그리고 특히 그것은 로빈슨 크루소의 경험적 행위를 — 우리는 여기에서 우리 논의의 목적을 위해 일단 그러한 개인이 실제로 존재한다고 가정하기로 한다 — 그 실제적인 인과적 조건화에서 인식하는 색출적 원칙이 된다: 이 경우에 그것은 "이념형적" 구성물로 기능하며, 우리는 그것을 가설로 사용하는데, 이 가설의 옳음은 한편으로 "사실들"을 통해 "검증되어야" 하고 다른 한편으로 로빈슨 크루소의 행위의 **실제적인** 인과성과 "이념형"에의 접근 정도를 규명하는 데 도움을 줄 것이다.[11]

그런데 이러한 합목적적 행위의 "규칙"은 로빈슨 크루소의 행위에 대한 **경험적** 인식에서 두 가지 매우 다른 의미에서 고려될 것이다. 첫째, 아마도 연구의 **대상**이 되는 로빈슨 크루소의 "준칙들" 가운데 하나로, 다시 말해 그의 경험적 행위의 실제적인 "동인"으로 고려될 것이다. 둘째, **연구자**가 그의 과제를 수행할 때 사용하는 지식재고 및 개념재고의 일부로 고려될 것이다: 행위의 이념적으로 가능한 "의미"에 대한 그의 지식은 그로 하여금 이 행위를 경험적으로 인식하는 것이 가능하도록 한다. 이 둘은 논리적으로 엄격하게 구별되어야 한다. 경험적인 것의 영역에서는 "규범"이 의심할 나위 없이 사건을 결정하는 하나의 요인이지만, 단지 여러 요인들 가운데 **하나일** 뿐이다. 논리적 관점에서 보면, 이는 소화를 "규제하는" 경우에 "규범에 따라" 약을 복용하는 것, 다시 말해 의사가 제시한 "규범"이 실제적인 결과를 결정하는 하나의 요인이지만, 단지 여러 요인들 가운데 하나일 뿐이라는 점과 매한가지이다. ─그리고 이 결정요인이 행위에 영향을 끼치는 것은 행위자에 의해 매우 다양한 정도로 **의식될** 수 있다. 어린아이가 걷기나 대소변 가리기, 건강에 해로운 기호품 피하기를 "배울" 때, 그는 다른 사람들이 그들의 삶에서 따르는 "규칙들"을 보면서 점차로 거기에 적응하는 것이다. 그리고 그는 자신을 언어적으로 "표현하는 것"을 배우고 "직업세계"에서 적합하게 행동하는 것을 배우는데, 그것도 **부분적으로는** 1) 그가 자신의 행위에서 실제로 따르는 ─그 지속성은 매우 다양하지만─ "규칙"을 개인적 관념에 따라 주관적으로 설정하지 않은 채로, **부분적으로는** 2) x에 y가 따른다는 유형의 "경험명제들"을 의식적으로 사용함으로써, **부분적으로는** 3) "규칙"이 다음과 같은 관념, 즉 그 자체를 위해 **마땅히** 따라야 하는 "규범"이라는 관념으로서 "교육"을 통하거나 단순한 모방을 통해 그의 정신에 각인되고 그의 "삶의 경험"에 대한 자아성찰을 통해 더욱더 발전한 결과로 이제 그의 행위를 결정하는 요인들 가운데 하나가 되었기 때문에 그리한다. 만약 마지막 두 경우에(2번과 3번) 도덕적, 관습적, 목적론적 규칙이 어떤 특정한 행위의 "**원인**"이라고 말한다면, 당연히 이것은 몹시 부정확하게 표현된 것이다: 행위의 근거가 되는 것은 어떤 규범의 "이념적 타당성"이 아니라 그 규범이 자신의 행동에 대해 "타당해야 한다"라는 행위자의 경험적 관념이다. 이는 "도덕적" 규범과 그 "타당성의 당위"가 순수한 "관습"이나 또는 "처세술"에 근거하는 규칙 모두에 해당한다: 예컨대 내가 아는 사람을 만나면 모자를 벗는 것이 인사의 관습적 규칙인데, 이렇게 하는 것은 당연히 관습적 규칙 그 자체가 아니라 나의 손이다 ─나의 손이 이렇게 하는 이유는, 내가 단순히 그와 같은 "규칙"에 따라 행위하는 "습관을 갖게 되었기" 때문이거나, 또는 그 밖에도 이렇게 하지 않으면 남들이 무례하다고 생각하며 따라서 비우호적인 관계가 형성된다는 사실을 경험적으로 알고 있기 때문이거나, 다시 말해 그렇게 하지 않음으로써 발생하는 "불쾌감"을 염두에 두기 때문이거나, 또는 끝으로 모든 사람이 따르는 무해한 "관습적 규칙"을 부득이한 이유 없이 지키지 않는 것은 나에게 어울리지 않는다고 생각하기에, 다시 말해 "규범관념"에 근거하여 생각하기 때문이다.[12]

이 마지막 예들과 더불어 우리는 이미 **사회적 규제**라는 개념, 즉 인간들 상호 간의 행동에 "대해" "적용되는" 규칙에 도달했다; 슈탐러는 바로 이 개념에서 "사회적 삶"이라는 인식대상의 근거를 찾는다. 우리는 여기에서 아직 슈탐러의 이러한 개념규정이 정당한가를 논의하지 말고 우선은 슈탐러의 견해를 고려하지 않은 채 "규칙"개념에 대한 우리의 논의를 좀 더 전개하기로 한다.

이를 위해 곧바로 슈탐러도 "규칙"이 "사회적 삶"의 개념에 대해 지니는 의의를 생생하게 설명할 요량으로 때때로 사용하는 기본적인 예를 들어보기로 한다. 달리 어떤 "사회적 관계"도 없는 두 사람, 가령 서로 다른 종족의 두 미개인 또는 오지의 아프리카에서 우연히 만나는 유럽인과 미개인이 임의의 두 대상을 "교환한다."이[14] 예에서 슈탐러는 — 아주 정당하게도 — 다음을 강조한다. 즉 이 경우에 외적으로 지각할 수 있는 과정에 대한, 다시 말해 근육의 움직임에 대한, 그리고 그들이 "말을 하는" 상황에서는 소리에 대한 단순한 서술로는, 그러니까 말하자면

---

14 이 문장부터 그 아래 열 번째 줄 "구성할 수도 없다"로 끝나는 문장까지의 주어는 'man'(영어의 'one'에 해당)으로 되어 있다. 그러나 슈탐러의 책을 보면 이 주어를 슈탐러로 읽는 것이 타당하다는 것이 드러난다. 그는 『유물론적 역사관에서 본 경제와 법』, 제2판, 103쪽에서 다음과 같이 주장하고 있다: "[유럽인이] 자신의 물건을 주고 다른 사람[미개인]의 물건을 받는 것의 의미는 다음과 같다: 너는 나의 것을 너 자신의 것으로 가져야 하고, 나는 이제 너의 것을 나의 것으로 지배할 것이다. 그들 행동의 이러한 의미는 그 어떤 **교환**에서도 결코 제거할 수 없다; 그리고 그것은 모든 행위의 본질을 구성하며, 이 본질이 없다면 우리는 우리가 가정한 교환을 가질 수 없을 것이다."

그 과정의 "물리적 조건"을 구성하는 측면들에 대한 단순한 서술로는 그 과정의 "본질"을 결코 파악할 수 없을 것이라는 사실을 강조한다. 그러고는 그 근거로 이 "본질"이 두 당사자가 그들의 이 외적 행동에 부여하는 "의미"에 존재한다고, 그리고 다른 한편 그들의 현재적 행동의 이 "의미"가 그들의 미래적 행동을 "규제하는" 요소들 가운데 하나가 된다는 점을 든다. 만약 이러한 "의미"가 없다면 — 그는 이렇게 주장한다 — "교환"은 결코 실제로 가능하지도 않고 개념적으로 구성할 수도 없다. 물론 그렇다! "외적인" 기호가 "상징"으로 기능한다는 사실은 모든 "사회적" 관계의 구성적인 전제조건들 가운데 하나이다. 그러나 우리는 곧바로 다시 물을 수밖에 없다: 그것은 **단지** 이 관계들의 전제조건일 뿐인가? 그 대답은 명백하다: 결코 그렇지 않다. 만약 내가 어떤 "책"에 "서표"를 끼워넣는다면, 나중에 이 행위의 결과로부터 "외적으로" 지각할 수 있는 것은 분명히 "상징"에 다름 아니다: 그 책의 두 쪽 사이에 가늘고 길쭉한 종이 또는 다른 어떤 대상이 끼워져 있다는 사실은 어떤 "의의"를 갖는다. 만약 내가 그것을 모른다면 그 서표는 나에게 무익하고 무의미할 것이며 그것을 끼워넣은 행위 자체도 인과적으로 "설명할 수 없을" 것이다. 그럼에도 불구하고 이 경우에는 그 어떤 종류의 "사회적" 관계도 성립하지 않는다. 아니면 오히려 다시금 로빈슨 크루소의 예에 논의를 집중하기로 하자: 만약 섬의 숲 상태가 "경제적인" 이유로 보호될 필요가 있다면, 로빈슨 크루소는 다가오는 겨울에 베려고 생각하는 특정한 나무들에 도끼로 "표를 찍을" 것이다; 그리고 만약 그가 비축된 곡물을 "절약하고자" 하면, 그는 이것을 일정량으로 나누고 그 한 부분을 "씨앗"으로 따로 보관할 것이다 — 이 모든 그리고 독자들 스스로가 구성할 수 있는 수많은 유사한 경우들에서도[15] "외적으로" 지각할 수 있는

---

15 이 단어 바로 다음에 "상기한 교환행위나 책에 서표를 끼워넣는 행위의 경우와 마찬가지로"를 덧붙여 읽으면 의미하는 바가 보다 명확해질 것이다.

과정이 "전체적인 과정"은 아니다. 확실히 그 어떤 "사회적 삶"도 포함하지 않는 이 조치들은 거기에 결부된 "의미"를 통해 비로소 나름대로의 특성과 "의의"를 획득한다. 원칙적으로 보면 이것은 다음과 같은 경우들과 전적으로 같다: 먼저 다발로 묶인 종잇조각들에 "인쇄된" 작은 검은 표시들은 거기에 결부된 "소리의 의미"를 통해 비로소 나름대로의 의의를 획득한다; 그리고 다른 사람이 "말하는" 소리들은 거기에 결부된 "말의 의미"를 통해 비로소 나름대로의 의의를 획득한다; 마지막으로 교환을 하는 두 사람의 행동에서 외적으로 지각할 수 있는 부분은 이들 각자가 자신의 행동에 결부하는 "의미"를 통해 비로소 나름대로의 의의를 획득한다. 그런데 우리가 한편으로 어떤 대상이나 과정에 "표현된 것"으로 발견하는 "의미"와 다른 한편으로 이 "의미"를 도외시하면 남게 되는 그 대상이나 과정의 구성요소들을 사유적으로 구별한다면, 그리고 **단지** 이 후자의 구성요소들에만 관심을 갖는 고찰방식을 "자연주의적인 것"이라고 부른다면 ── 그리하면 우리는 앞에서 논의한 것과 확실히 구별해야 하는 또 다른 "자연"의 개념을 얻는다.[16] 이에 따르면, 자연은 "무의미한 것"이다: 보다 정확하게 말하자면, **만약** 우리가 어떤 현상과 관련하여 그 "의미"를 묻지 않으면 그것은 "자연"이 **된다**. 그러면 자명하게도 "무의미한 것"으로서의 "자연"에 대한 반대는 "사회적 삶"이 아니라 바로 "유의미한 것"이다; 다시 말해 어떤 과정이나 대상에 귀속될 수 **있는**, 또는 "그 안에서 발견될" 수 **있는** "의미"인데, 이는 어떤 종교적 교리에 의해 제시된 세계 전체의 형이상학적 "의미"에서 시작하여 로빈슨 크루소의 개 한 마리가 접근하는 늑대를 보고 짖는 것이 "갖는" "의미"에까지 이른다. ── 이렇게 해서 우리는 "유의미하다"는 것, 무엇인가를 "의미한다"는 것의 특성이 "사회적" 삶에만 고유한 것이 결코 아님을 확인했으

---

16 베버는 앞의 501~02쪽에서 "자연"에 대한 세 가지 개념을 구별했으며, 따라서 이것은
    네 번째 개념이 되는 셈이다.

므로, 이제 상기한 "교환"의 과정으로 되돌아가기로 한다. 교환의 두 당사자의 "외적인" 행동의 "의미"는 논리적으로 매우 다른 두 가지 방식으로 고찰될 수 있다.[17] 한편으로 그것은 "**이념**"으로 고찰될 수 있다: 우리는 "**우리가**" — 관찰자들이 — 이러한 종류의 어떤 구체적인 사건에 부여하는 "의미"에서 어떤 **사유적**[18] 결과가 발견될 수 있는지, 또는 어떻게 이 "의미"가 좀 더 포괄적인 어떤 "유의미한" 사고체계에 편입되는지 물을 수 있다. 그러고 나서 우리는 이런 방식으로 얻을 수 있는 "관점"에 입각하여 사건의 경험적 과정에 대한 "평가"를 수행할 수 있다. 예컨대 우리는 물을 수 있을 것이다: 만약 로빈슨 크루소의 "경제적" 행동이 그 궁극적인 사유적 "결과"까지 추구되었다면, 그것은 어떻게 "되었어야 할까"? 이것은 한계효용이론이 하는 것이다.[19] 그런 다음 우리는 그의 경험적 행동을 우리가 사유적으로 구성한 기준에 비추어 "측정할" 수 있을 것이다. 이와 완전히 같은 방식으로 우리는 다음과 같이 물을 수 있다: 대상의 교환과정이 그 외적인 측면에서 끝나고 난 다음에, 두 "교환당사자"가 교환의 "이념"에 부합하려면 계속해서 어떻게 행동해야 "할까"? — 다시 말해 관찰자인 우리의 눈에 이들의 행동이 **우리가** 거기에서 발견한 "의미"의 사유적 결과에 일치하는 것으로 보이려면 이들은 계속해서 어떻게 행동해야 "할까"? 여기에서 우리는 다음과 같은 경험적 사실, 즉 특정한 종류의 과정이 **실제로** 진행되며 이 과정은 세부적으로 명료하게 숙고되지 않은 채 단지 불명료하게만 표상되는 일정한 "의미"와 결합되어 있다는 경험적 사실에서 출발한다. 그러고 나서 우리는 경

---

17 이 가운데 첫 번째 방식은 바로 그 다음 문장부터 시작되어 521쪽 네 번째 줄 "그리고 다른 한편으로 우리는"과 더불어 시작되는 문장 바로 앞에서 끝난다. 그러니까 두 번째 방식은 바로 이 문장부터 시작되는 셈이다.

18 이는 행위자가 아니라 관찰자와 관련된다. 다시 말해 관찰자에 의해 사유적으로 구성된 이념을 가리키며, 따라서 "이념적", "논리적", "이론적"으로 읽어도 된다. 이 아래의 다섯 번째 줄, 일곱 번째 줄, 열두 번째 줄에 나오는 "사유적"이라는 단어도 마찬가지이다.

19 한계효용이론에 대한 베버의 자세한 논의는 이 책의 198쪽 이하를 볼 것.

험적인 것의 영역을 **떠나서** 다음과 같이 묻는다: 어떻게 당사자들의 행위의 "의미"를 **사유적으로** 구성하여 내적으로 무모순적인 사유상이 형성되도록 할 수 있을까?[13] 이 경우에 우리는 "의미"의 "교의학"을 추구한다. 그리고 다른 한편으로 우리는 다음과 같이 물을 수 있다: "우리가" 그러한 과정에 교의적으로 귀속시킬 수 있는 "의미"가 경험적 행위자들 각자가 의식적으로 거기에 부여한 것이기도 한가, 아니면 그들 각자는 거기에 어떤 다른 의미를 부여했는가, 아니면 마지막으로 그들은 아무튼 거기에 어떤 의식적인 "의미"를 부여했는가? 이에 따라 우리는 우선 계속해서 "의미"라는 개념 자체의 두 가지 서로 다른 "의미"를 — 보다 정확히 말하자면, 이제 우리가 논의하고자 하는 유일한 대상인 **경험적** 의미를 — 구별해야 한다. 우리의 예로 되돌아가 보자: 한편으로 교환이라는 과정의 "의미"는 행위자들이 그들에게 "의무를 지우는" 규범을 의식적으로 받아들이기를 **원했다**는 사실을, 다시 말해 그들의 (주관적) 견해에 따르면 그들의 행위 자체는 그들에게 의무를 부과하는 성격을 띠었다는 사실을 가리킬 수 있다: 결과적으로 그들에게서 "규범준칙"이 창출되었다[14] — 다른 한편으로 교환이라는 과정의 "의미"는 단순히 다음과 같은 사실, 즉 그들 각자는 교환을 통해 특정한 "결과"를 추구했으며 그의 행위가 자신의 "경험"에 따라 이 목적에 대한 "수단""으로 적합하다고 판단했다는 사실을, 다시 말해 교환이 (주관적인) 의식적 "목적"을 가졌다는 사실을 가리킬 수 있다. 물론 그들 각자의 경우에 두 종류의 준칙의 각각이 얼마만큼 경험적으로 존재했는지, 게다가 "규범준칙"의 경우에는 **아예** 경험적으로 존재하기나 했는지 의심스럽다. 이와 관련하여 우리는 다음과 같이 물을 수 있다: 1) 우리의 예에서 교환의 두 당사자는 그들 행위의 "합목적성"을 얼마만큼 실제로 의식하고 있었나? 2) 다른 한편 그들은 다음과 같은 생각을 얼마만큼 자신들의 의식적인 "준칙"으로, 보다 정확히 말해 "규범준칙"으로 만들었을까? — 즉 그들의 행위는 교환되는 한 대상이 다른 대상의 "등가물"로 간주되도록 "규제되어야 **한다**"는, 그리고 그들 각자는 이전에 자기 자신의 소유였다가 교환을 통해 이제 다른 사람의 "소유"가 된 대상을 "존중해야" **한다**는 등의 생각을 얼마만큼 자신들의 "규범준칙"으로 만들었을까? 다시 말해 우리는 다음과 같이 물을 수 있다: 이러한 "의미"에 대한 관념은 1) 그들이 이 "교환행위" 자체를 하려고 결심하는 데 얼마만큼 인과적인 결정요인으로 작용했는가, 그리고 2) 교환행위 **이후에** 그들이 계속적으로 행동하는 데 얼마만큼 결정근거로 작용했는가? 확실히 이 질문들에 대한 답을 찾는 과정에서 "교환"의 "의미"에 대한 **우리의** "교의적" 사유상이 가설구성의 목적을 위해, 다시 말해 "색출적 원리"로서 매우 유용할 수 있다. 그러나 다른 한편으로 당연히 이 문제들은 다음과 같은 방식으로는 결코 해결될 수 없을 것이다. 즉 교환 당사자들 사이에서 일어난 것의 "객관적인" "의미"는 최종적으로 특정한 논리적 원칙들에 따라 교의적으로 추론할 수 있는 하나의 특수한 것일 수밖에 "없다"라고 단순히 주장한다고 해서 해결될 수는 결코 없을 것이다. 왜냐하면 만약 다음과 같이 한다면 자명하게도 그것은 순수한 허구일 것이며 가령 "국가계약"이라는 "규제적 이념"의 실체화에 상응할 것이기 때문이다:[20] 즉 만약 우리가 교환

---

20 이는 홉스, 로크, 루소 등과 같은 사회계약론자들을 가리키는 듯하다. 예컨대 홉스에 따르면 국가(commonwealth)는 모든 사람의 계약에 의해 성립된 합의체로서 의지를 지니고 판단을 하며 행위하는 인격 또는 지상의 신이다. 요컨대 국가는 실체적 존재이다. 그는 주장하기를, "공통의 권력은 외적의 침입과 상호 간의 권리침해를 방지하고, 또한 스스로의 노동과 대지의 열매로 일용할 양식을 마련하여 쾌적한 생활을 보낼 수 있도록 하기 위한 것이다. 이 권력을 확립하는 유일한 길은 모든 사람의 의지를 다수결에 의해 하나의 의지로 결집하는 것, 즉 그들이 지닌 모든 권력과 힘을 '한 사람' 혹은 '하나의 합의체'에 양도하는 것이다. 다시 말하면, 자신들 모두의 인격을 지니는 한 사람 혹은 합의체를 임명하여, 그가 공공의 평화와 안전을 위해 어떤 행위를 하든, 혹은 [백성에게] 어떤 행위를 하든, 각자가 그 모든 행위의 본인이 되고, 또한 본인임을 인정함으로써, 개개인의 의지를 그의 의지에 종속시키고, 개개인의 다양한 판단을 그의 단 하나의 판단에 위임하는 것이다. 만인이 만인과 상호 신의계약을 체결함으로써 모든 인간이 단 하나의 동일 인격으로 결합되는 것이다. 이것은 마치 만인이 만인을 향해 다음과 같이 선언한 것과 같다. '나는 스스로를 다스리는 권리를 이 사람 혹은 이 합의체에 완

의 두 당사자는 "교환"의 이상적 "관념"에 부합하는 방식으로 그들의 사회적 관계를 "규제하기를" **원했다**고 단순히 선언한다면, 그리고 그 근거로 우리가, 즉 관찰자들이, **교의적** 분류의 관점에 근거하여 그들의 행동에 이 "의미"를 결부시킨다는 점을 든다면 그럴 것이다. 우리는 이와 마찬가지로 ─ 논리적으로 보면 ─ 개가 짖는 것은 그의 **주인**에게 "의미"를 가질 수 있기 때문에 짖는 개는 사유재산 보호의 "이념"을 실현하기를 "원한다"고 말할 수 있을 것이다. 경험적 고찰의 관점에서 보면, "교

───

전히 양도할 것을 승인한다. 단 그대도 그대의 권리를 양도하여 그의 활동을 승인한다는 조건 아래.' 이것이 달성되어 다수의 사람들이 하나의 인격으로 결합되어 통일되었을 때 그것을 **코먼웰스** ─ 라틴어로는 **키비타스** ─ 라고 한다. 이리하여 저 위대한 **리바이어던**이 탄생한다. 아니, 좀 더 경건하게 말하자면 '영원불멸의 하나님'의 가호 아래, 인간에게 평화와 방위를 보장하는 '지상의 신'이 탄생하는 것이다. 이 지상의 신은 코먼웰스에 살고 있는 모든 개인이 부여한 권한으로, 강대한 권력과 힘을 사용하여 국내의 평화를 유지하고, 단결된 힘으로 외적을 물리치기 위해 사람들을 위협함으로써, 모든 개인의 의지를 하나의 의지로 만들어낸다. 바로 여기에 코먼웰스의 본질이 있다. 코먼웰스의 정의는 다음과 같다. '다수 사람들이 상호 신의계약을 체결하여 세운 하나의 인격으로서, 그들 각자가 그 인격이 한 행위의 본인이 됨으로써, 그들의 평화와 공동방위를 위해 모든 사람의 힘과 수단을 그가 임의로 사용할 수 있도록 한 것이다.'" 홉스, 『리바이어던』(한글판), 제1권, 232~33쪽(괄호 안의 영어는 뺐음을 일러둔다).

이에 반해 베버는 국가를 인격으로, 실체적 존재 또는 행위의 주체로 보는 것을 단호히 거부한다. 그에 따르면 국가는 개인들의 행위에 대한 가능성 또는 기회에 다름 아니다. 이는 베버가 세상을 떠나기 얼마 전인 1920년 3월 9일에 경제학자 로베르트 리프만(1874~1941)에게 보낸 편지를 보면 극명하게 드러난다. 그는 거기에서 말하기를, "내가 사회학자가 된 [……] 근본적인 이유는, 아직도 망령처럼 떠도는 집합개념에 마침내 종지부를 찍기 위해서입니다. 다른 말로 표현하자면, 사회학 역시 오로지 단수의 개인 또는 복수의 개인들의 행위에서 출발해야만 합니다. 그러므로 엄격한 '개인주의적' 방법을 구사해야 합니다. 국가에 대해서 그대는 [……] 아직도 전적으로 낡아빠진 견해를 이야기하고 있습니다. 국가란 사회학적 의미에서 보면 특정한 **행위**의 종류가, 다시 말해서 특정한 개별인간들의 행위가 발생할 가능성에 다름 아닙니다. 그렇지 않으면 국가는 아무것도 아닙니다. [……] 행위는 특정한 표상에 지향되어 있다는 사실이 이 행위의 '주관적인 측면'입니다. 그리고 우리 관찰자들이 이러한 표상에 지향된 행위가 실제로 발생할 기회가 존재한다고 판단하는 것이 '객관적인 측면'에 해당합니다. 이러한 기회가 존재하지 않는다면, 국가 역시 더 이상 존재하지 않는 것입니다." 막스 베버, 『편지 1918~1920』, 제2반권(半券), 946~47쪽.

환"의 교의적 "의미"는 "이념형"인데, 경험적 현실에서는 그것에 큰 정도로든 작은 정도로든 "순수하게" 상응하는 현상이 대량으로 존재하기 때문에 우리는 그것을 한편으로 "색출적" 목적을 위해 다른 한편으로 "분류적" 목적을 위해 사용한다. 교환의 이러한 "이상적" 의미를 개인들에게 "의무를 지우는 것"으로 다루는 "규범"준칙은 의심의 여지없이 "교환 당사자들"의 실제적인 행위의 가능한 여러 결정요인들 가운데 **하나**이며, 그것도 어디까지나 단지 하나일 뿐이다. 그리고 구체적인 행위에서의 그것의 경험적인 존재는 관찰자에게도 그리고 (이 점을 잊어서는 안 된다) 다른 사람과의 관계 속에서 행위하는 두 당사자 각자에게도 가설적인 것이다. 물론 아주 통상적으로 교환 당사자들 가운데 한 사람 또는 두 사람 모두는 교환의 규범적인 "의미" ─ 그들은 일반적으로 이 의미가 이념적으로 "타당한 것", 다시 말해 마땅히 타당해야 하는 것으로 다루어진다는 사실을 알고 있다 ─를 자신의 또는 자신들의 "규범준칙"으로 삼지 **않고**, 오히려 그 한 사람이나 두 사람 모두는 **다른** 당사자가 그렇게 할 가망성을 이렇게 저렇게 추측한다: 그러면 그 자신의 또는 그들 자신의 준칙은 순수한 "목적"준칙이 된다. 만약 이 경우에 과정이 경험적으로 이념적 규범의 의미에 따라 **"규제된다"**고, 다시 말해 행위자들이 그들의 관계를 이렇게 **규제했다**고 주장한다면, 그것은 전혀 경험적 의미를 갖지 못한다. 그럼에도 불구하고 우리는 때때로 우리 자신을 이렇게 표현하곤 하는데, 이는 우리가 인위적으로 소화를 "규제한" 사람에게서 접한 적이 있고[21] 여전히 빈번하게 접하게 될, "규제성"이라는 말이 갖는 이중적인 의미와 동일한 것이다. 이 이중적인 의미는 그것이 구체적인 경우에 **무엇을** 가리키는가를 항상 염두에 두는 한 무해한 것이다. 이에 반해 다음과 같은 경우는 당연히 완전히 무의미할 것이다: 만약 더 나아가 교환의 두 당사자가 (그들 행동의 교의적 "의미"에 따라) 복종해야 했던

---

21 이 책의 514~15쪽에서이다.

"규칙"이 그들의 "사회적 관계"의 "형식", 다시 말해 **사건**의 "형식"으로 간주된다면, 당연히 완전히 무의미할 것이다. 왜냐하면 교의적으로 추론된 "규칙" 자체는 어떤 경우에도 행위에 **대해** 이념적으로 "타당하기를" 요구하는 "규범"이지만 경험적으로 "존재하는" 무엇인가의 "형식"은 결코 아니기 때문이다.

당연한 일이지만, 누구든 "사회적 삶"을 경험적으로 **존재하는 것**으로 논의하고자 한다면, 교의적으로 존재해야 **하는 것**의 영역으로 사고의 비약을 해서는 안 된다. "존재"의 영역에서는 우리의 예에서 언급된 "규칙"이 단지 인과적으로 설명할 수 있고 인과적으로 작용하는, 두 교환 당사자들의 경험적인 "준칙"일 뿐이다. 우리가 앞에서(501~02쪽) 발전시킨 "자연" 개념의 의미에서 이것은 다음과 같이 표현할 수 있을 것이다: 어떤 외적인 과정의 "의미"도 우리가 그것의 **경험적** 존재에 대해 관심을 가지면 논리적 의미에서 "자연"이 된다. 왜냐하면 이때 우리가 묻는 것은 외적인 과정이 **교의적으로** "갖는" 의미가 아니라, "행위자들"이 구체적인 경우에 실제로 그 과정에 결부시킨 또는 인식할 수 있는 "특징들"에 따라 판단하건대 결부시킨 것으로 보이는 "의미"이기 때문이다. ― 물론 사정은 "**법규칙**"이라는 특별한 경우에도 완전히 같다.

4.3. 게임규칙

그러나 통상적인 의미에서의 "법"의 영역으로 넘어가기 전에, 또 다른 예를 통해 우리의 일반적인 문제에서 아직 다루지 못한 몇몇 측면을 명료하게 하기로 한다. 슈탐러 자신은 때때로 "게임규칙"과의 유사성을 언급한다 ― 그러나 우리는 우리의 목적을 위해 이 유사성을 훨씬 더 자세하게 분석할 수밖에 없다. 이를 위하여 여기서는 **스카트**[22]를 "역사학"이

---

22 이는 세 사람이 서른두 장의 패를 가지고 하는 카드 게임이다.

증언하고 "사회과학"이 논의하는 문화의 근본적인 구성요소들 가운데 하나인 것처럼 다루기로 한다. —

스카트 게임을 하는 세 사람은 스카트 규칙에 "예속된다"라고 말하는데, 이것이 의미하는 바는 다음과 같다: 그들은 일정한 기준에 따라 1) 누가 "올바르게" — "규범에 적합하게"라는 의미에서 — 게임을 했는가, 그리고 2) 누가 "승자"로 간주되어야 **하는가**를 결정해야 **하는** "규범"준칙을 채택한다. 그런데 논리적 관점에서 보면 이러한 진술은 매우 다양한 방식으로 고찰될 수 있다. 우선 "규범", 다시 말해 게임규칙 자체가 순수한 사유적[23] 논의의 대상이 될 수 있다. 이것은 다시금 두 가지 형식을 취할 수 있다. 첫째로 실천적인 가치판단이 그것인데, 예컨대 몇 년 전에 실제로 개최된 "스카트 대회"[24]는 스카트 게임이 추구하는 ("행복론적") "가치"의 관점에서 볼 때 다음과 같은 규칙을 제정하는 것이 적합하지 않은가를 논의했다: 향후 모든 그랑은 눌 우베르보다 우선시된다 — 이는 스카트 **정책**과 관련된 문제이다. 또는 둘째로 교의적인 성격의 고찰이 그것인데, 예컨대 특정한 종류의 라이첸은 "당연한 귀결로서" 이 게임들의 특정한 순위를 결정할 "수밖에 없을 것인가"를 물을 수 있다 — 이는 "자연법적" 관점에서 제기되는 스카트 법에 대한 일반적인 이론의 문제이다.[25] 엄밀한 의미에서의 스카트 **법학**에는, 어떤 게임자가 "패

---

23 이는 실제로 스카트 게임을 하는 경험적 차원과 그에 대한 인과적 설명과 관련되지 않은, 또는 그 이전 차원에서의 논의를 가리키며, 따라서 "이념적", "논리적" 또는 "이론적"으로 읽어도 된다. 이 아래의 서른세 번째 줄~서른네 번째 줄(528쪽 여섯 번째 줄~일곱 번째 줄)에 나오는 "사유적"이라는 단어도 마찬가지이다. 그리고 그 아래 두 번째 줄에서 "그런데 교환과 관련된"으로 시작되는 문장부터 사유적 차원에서의 논의에서 경험적·인과적 차원의 논의로 넘어간다.

24 독일에서는 1886년에 제1차 "스카트 대회"(Skatkongress)가 개최되어 스카트 게임의 일반규칙이 제정되었다. 이 대회는 슈탐러에 대한 베버의 이 글이 나오는 1907년까지 일곱 차례 더 개최되면서 그때그때 필요에 따라 처음에 제정된 규칙을 변경해 나갔다. 그런데 이 중 어느 대회에서 베버가 말하는 규칙의 제정을 논의했는지 알 수 없다.

25 여기에서 — 이 부분을 이해할 수 있을 정도로 — 아주 간략하게 스카트 게임의 규칙을

를 잘못 내면" 게임은 "진 것"으로 간주되어야 하는가라는 문제는 물론이고, 구체적인 경우에 어떤 게임자가 "올바르게"(=규범에 적합하게) 또는 "틀리게" 게임을 했는가에 관한 모든 문제가 속한다. 이에 반해 **왜** 어떤 게임자가 구체적인 경우에 "틀리게" 게임을 했는가라는(고의로? 실수로? 등) 문제는, 순수하게 **경험적인**, 보다 정확하게 말하자면 "역사적인" 성격을 갖는다. 이어서 순수하게 경험적으로 답할 수 있는 "가치문제"를 들 수 있는데, 어떤 게임자가 구체적인 경우에 "잘", 다시 말해 합**목적적으로** 게임을 했는지가 그것이다. 이 문제는 "경험칙들"에 근거하여 결정될 수 있는데, 이것들은 예컨대 "10을 버리게 하는" 가망성이 특정한 행동을 통해 일반적으로 증가하는지 아닌지를 말해 준다. 스카트의 실천적인 지혜에 대한 이러한 일반적인 규칙들은, 카드들의 "가능한" 배합에 그리고 이에 더해 상황에 따라 다른 게임자들의 있을 법한 반응 방식에 대한 실천적인 경험에 의거하여 계산될 수 있고 다양한 정도의 엄격성을 갖출 수 있는 경험명제들을 포함한다: 이 명제들은 스카트 게임자들의 행동이 합목적적인지를 "평가하는" 준거가 되는 "기술적 규칙들"이다. 마지막으로 게임자들의 행동은 "스카트 윤리적" 규범들에 의해 측정될 수 있을 것이다: 예컨대 한 게임자가 부주의하게 게임을 하고 그 결과 다른 한 게임자가 이기게 되면, 일반적으로 그는 이 승자를 공동의 적으

살펴볼 필요가 있다. 먼저 스카트 게임은 두 명이 한편이 되어 나머지 한 명과 대결하는데, 카드를 배분한 다음 누가 나머지 한 명이 되는가를 결정한다. 이를 라이첸(Reizen)이라고 한다. 가장 높은 수를 부르는 사람이 이 한 명의 게임자가 되며, 따라서 라이첸은 일종의 경매인 셈이다. 또한 게임에는 파르베(Farbe), 그랑(Grand), 눌(Null)의 세 가지 종류가 있는데, 첫 번째 것은 한 명의 게임자가 하나의 색깔을 으뜸패로 결정하는 게임이고, 두 번째 것은 잭만이 으뜸패가 되는 게임이며, 세 번째 것은 으뜸패가 없는 게임이다. 그리고 이 모든 게임은 한트(Hand)이거나 우베르(Ouvert)인데, 전자는 자기 패를 보여 주지 않는 것이고, 후자는 자기 패를 보여 주는 것이다. 그러니까 본문에 나오는 "눌 우베르"는 자기 패를 내보인 채로 하는 눌 게임인 것이다. 마지막으로 스카트는 12라운드 정도를 할 만큼 여러 번의 게임을 한다. 세 명의 게임자가 딜러(Geber)를 한 번씩 하는 것을 1라운드라고 한다.

로 하는 다른 게임자에 의해 격한 비난을 받는다 — 이에 반해 경험적 스카트 윤리는 "인간적" 관점에서 보면 최고도로 비난받을 만한 준칙, 즉 공동의 이득을 위해 제삼자를 이른바 "희생양"으로 이용하는 준칙을 일반적으로 너무 엄격하게 판단하지 않는다. 평가의 이 가능한 여러 가지 방향에 상응하여 우리는 경험적 스카트의 영역에서 "윤리성" 준칙, "합법성" 준칙, "합목적성" 준칙을 구별할 수 있는데, 이 준칙들은 사유적으로 매우 다양한 평가원칙에 근거하며 따라서 그것들의 "규범적" 품위는 "절대적인 것"에서부터 순수한 "사실성"에 이르기까지 매우 다양하다. 그런데 교환과 관련된 우리의 예[26]에서도 사정은 매한가지였다. 거기서처럼 여기서도 우리가 순수한 경험적·인과적 고찰의 영역으로 들어서자마자 규범적(스카트 정치적, 스카트 법학적) 관점에서 "이념적으로 타당한 것"으로 간주되는 준칙들의 다양한 지향점은 게임자의 실제적인 행동을 결정하는 실제적인 관념의 복합체로 전환된다. 그리고 이 복합체는 게임자의 행동을 결정하면서 서로 갈등하거나(예컨대 게임자의 이해관계는 "합법성 준칙"의 준수와 대립될 수 있다), 또는 — 이것이 일반적인 경우이지만 — 서로 결합한다. 만약 게임자가 에이스를 테이블에 내려놓는다면, 이는 그가 "게임규칙"에 대한 **그의** "해석", 그의 일반적인 "스카트 경험" 및 카드의 배합에 대한 그의 "존재론적" 평가에 근거하여 그렇게 하는 것이 그가 알고 있는 "게임규칙"에 따라 그가 "승자"로 간주되는 상황을 초래하기에 적합한 수단이라고 생각하기 때문이다. 그는 그가 이렇게 한 결과로 예컨대 다른 게임자가 10을 내려놓을 것이며 이것은 그가 예상한 대로 이어서 진행되는 일련의 게임과정과 결합하여 그가 승자라는 최종 결과를 가져올 것이라고 계산한다. 이때 그는 한편으로 다른 게임자들의 행위는 그들도 그와 마찬가지로 알고 있는 "게임규칙"에 의해 결정된다고 기대하는데, 그 이유는 그가 알고 있기로 그들은

---

26 이 책의 517쪽 이하를 볼 것.

통상적으로 "윤리성 준칙"에 따라 행위하며, 따라서 그는 그들의 주관적인 "합법성 준칙"이 그들의 행위에 대해 충분히 지속적인 결정력을 갖는다고 믿기 때문이다. 그러나 다른 한편으로 그는 스카트 게임자로서의 그들의 특성에 대한 지식에 근거하여 그들이 목적론적 관점에서 그들의 이해관계에 따라 많든 적든 간에 "합목적적으로" 행위할 가망성을, 다시 말해 그들이 구체적인 경우에 그들의 "합목적성 준칙"도 실현할 수 있다는 사실을 고려한다. 요컨대 그의 행동을 결정하는 그의 숙고는 다음과 같은 형식의 명제로 표현된다: 만약 내가 x를 하면, 다른 게임자들은 a라는 게임규칙을 의식적으로 어기지 않고 합목적적으로 게임을 할 것이며, 따라서 카드의 배합이 z라면 y가 있을 법한 결과이다.

우리는 의심의 여지없이 "게임규칙"을 구체적인 게임의 **전제조건**이라고 부를 수 있다. 그러나 이것이 우리가 지금 논의하고 있는 경험적 고찰에 대해 무엇을 의미하는가를 명백히 해야 한다. 우선 "게임규칙"은 **인과적** "요소"이다. 물론 "스카트 법"의 "이상적" 규범으로서의 "게임규칙"이 아니라 게임자들이 그때그때 그 규칙의 내용과 구속력에 대해 갖는 관념이 실제적인 행위를 결정하는 계기들 가운데 하나이다. **게임자들**은—통상적으로—각자가 게임규칙을 자신의 행위에 대한 준칙으로 삼을 것이라고 상호 간에 "전제한다": 이러한 가정은 사실상 통상적으로 설정되며—이것은 나중에 많은 정도로든 **또는 적은 정도로든** 경험적으로 입증될 수 있다—, 또한 일반적으로 게임자들 각자가 상응하는 준칙에 따라 행위할 것을—정말로, 또는 만약 그가 사기꾼이라면 외견상으로—결정하는 **실제적인** "전제조건"이 된다. 그러므로 누구든 어떤 구체적인 스카트 게임의 과정을 인과적으로 규명하고자 한다면, 당연히 인과적 회귀에서 다음을 고려해야 한다. 즉 다른 게임자들도 사실상 통용되는 "규칙"을 따를 것이라는 각 게임자의 기대를, 그리고 따라서 이 "규칙"에 대한 그들의 "습득된" 지식을 게임자의 행동에 대한 다른 모든 인과적 "전제조건들"처럼—통상적으로—부단히 작용하는 결정요인으로 당연히 인과적 회귀에서 고려해야 한다. **이런 한에서** 이 결정요인과 인간이 삶과 의식적인 행위를 위해 일반적으로 필요로 하는 "조건들" 사이에는 그 어떤 차이도 존재하지 않는다.

그러나 우리가 스카트 규칙을 경험적 스카트 **인식**의 "전제조건"이라고 부른다면, 당연히 거기에는 근본적으로 다른 논리적 의미가 뒤따른다. 다시 말해 스카트 규칙은 —사건의 다른 "보편적인" 실제적 "전제조건들"과 달리— 우리에게 "스카트"의 특징적인 **표지**가 된다. 이를 보다 자세하게 표현하면 다음과 같다: 일반적으로 "스카트 규칙"이라고 불리는 게임 **규범**의 관점에서 볼 때 **중요하다**고 간주되는 현상들이 있는데, 우리가 보기에 바로 이 현상들 때문에 행위들의 어떤 복합체를 "스카트 게임"이라고 특징지을 수 있다. 그러므로 "규범"의 사유적인[27] 내용이야말로, 독일다운 스카트에서 통상적으로 볼 수 있는 담배 피우기, 맥주 마시기, 쾅 하고 테이블 치기, 온갖 종류의 추론 등과 같은 다양한 모습으로부터, 그리고 구체적인 게임의 우연적인 "환경"으로부터 "개념적으로 본질적인 것"을 선택하는 데에 결정적이다. 우리는 현상들의 어떤 복합체가 규범이 적용되는 현상들을 포함하는 경우에 그 복합체를 "스카트"로 "분류한다." 그리고 더 나아가 이 현상들에 대한 인과적 설명은 어떤 구체적인 "스카트"를 그 경험적 과정에서 "역사적으로" 분석하는 과제가 될 것이다 —그것들은 어떤 "스카트 게임"의 경험적 집합체와 "스카트"의 경험적 유개념을 구성한다. 요컨대 "규범"의 관점에서의 중요성에 의해 연구**대상**의 경계가 설정된다. 우선 명백한 것은, 한편으로 스카트 규칙이 우리의 경험적 스카트 인식의 "전제조건", 다시 말해 특정한 **개념적** 표지라는 사실에 근거하는 의미와, 다른 한편으로 그 규칙이, 다시 말해 게임자들이 그것을 알고 고려하는 것이 "스카트 게임"의 경험적인 **과정**의 "전제조건"이라는 사실에 근거하는 의미와 엄격하게 **구별해**

---

27 이 책의 526쪽, 옮긴이 주 23을 볼 것.

야 한다는 점이다 ─ 그리고 더 나아가, 이처럼 규범 개념이 현상들의 분류와 연구대상의 경계설정이라는 기능을 수행한다고 해서 이런 식으로 경계가 설정된 대상의 경험적·인과적 연구의 논리적 성격이 변하는 것은 결코 아니라는 점도 명백하다.

　우리는 규범의 내용을 보고 ─ 이것이 규범 내용의 유일하지만 중요한 기능이다 ─ 가능한 "역사적 **관심**"이 그 인과적 설명에 초점을 맞추게 되는 사실과 과정이 무엇인가를 알 수 있다: 다시 말해 우리는 바로 이 사실과 과정에 힘입어 주어진 다양성의 어느 점에서 인과적 회귀나 전진[28]이 출발하는가를 알 수 있다. 그러나 누군가 어떤 구체적인 스카트 게임에 대한 인과적 분석을 하고자 한다면, 그 점에서 출발하는 인과적 회귀는 규범의 관점에서 볼 때 "중요한" 과정들의 범위를 즉시 넘어설 것이다. 그는 게임의 과정을 "설명하기" 위해서 예컨대 게임자들의 기질과 교육, 주어진 순간에 그들의 집중력을 조건짓는 "생생함"의 정도, 각자가 마신 맥주의 정도와 이것이 "합목적성" 준칙을 지속적으로 따르는 능력에 끼치는 영향의 정도 등을 확인해야 할 것이다. 그러니까 "규범"의 관점에서의 "중요성"에 의해 결정되는 것은 단지 회귀의 **출발**점일 뿐이다. 이것은 "사회적" 삶의 고찰에 국한되지 않을뿐더러, 심지어 "인간" 삶의 고찰에도 국한되지 않는, 이른바 "목적론적" 개념구성의 한 가지 경우이다. 생물학은 현상들의 다양성으로부터 특정한 "의미"에서, 즉 "생명유지"의 관점에서 "본질적인" 현상들을 "선택한다." 우리는 어떤 예술작품에 대해 논의할 때 현상들의 다양성으로부터 "미학"의 관점에서 "본질적인" ─ 다시 말해 미학적으로 "가치 있다"라는 의미에서가 **아니라** "미학적 판단을 위해 중요하다"라는 의미에서 ─ 구성요소들을 "선택한다"; 이러한 사정은 우리가 다음을 의도할 때에도, 즉 우리가 예술작품의 미학적 "평가"가 아니라 그것의 개별적인 특성에 대한 역

28　인과적 회귀와 전진에 대해서는 이 책의 413쪽, 원주 17에 따르는 옮긴이 주를 볼 것.

사적·인과적 "설명"을 의도하거나 또는 그것을 예술의 발전조건에 대한 일반적인 인과적 명제들을 예시하는 견본으로 이용하려고 의도할 때에도─이 두 경우 모두는 순수한 경험적 인식과 관계된다─매한가지이다. 우리가 설명의 대상을 선택하도록 "길을 닦아주는" 것은 미학적 또는 생물학적 또는 (우리의 예에서는) 스카트 법적 "가치들"과의 관계이다─이 경우들에서 대상이 "되는" 것은 예술적 규범도, 어떤 신이나 세계정신의 생기론적 "목적"도, 또한 스카트 법규도 아니다; 그것은 오히려, 첫째, 예술작품의 경우에는 예술가의 정신상태(이것은 "환경", "기질", "삶의 운명" 그리고 구체적인 "자극" 등을 통해 인과적으로 설명될 수 있다)에 의해 결정되는 그의 붓질이고, 둘째, "유기체"의 경우에는 물리적으로 지각할 수 있는 특정한 과정들이며, 셋째, 스카트 게임의 경우에는 실제적인 "준칙들"에 의해 조건지어진 게임자들의 생각과 외적 행동이다.

그리고 "스카트 규칙"을 스카트에 대한 경험적 **인식**의 "전제조건"이라고 부를 수 있다는 사실에 근거하는 또 다른 의미가 있는데, 이 의미는 다음과 같은 경험적 사실, 즉 "스카트 규칙"의 지식과 준수는 스카트 게임자들의 (통상적인) 경험적 "준칙들" 가운데 하나라는, 다시 말해 그들의 행동에 인과적으로 영향을 끼친다는 사실과 연결된다. 우리가 게임자들의 행위가 그 지식과 준수에 의해 어떻게 영향을 받는가를, 그리고 따라서 게임자들의 행위의 경험적 인과성을 인식할 수 있는 수단은 물론 "스카트 법"에 대한 **우리 자신의** 지식이 유일하다. 우리는 이념적 "규범"에 대한 우리의 이 지식을 "색출적" 수단으로 사용하는데, 이는 예컨대 예술사학자가 예술가의 실제적인 "의도"를 규명하고, 이를 통해 예술작품의 특성을 인과적으로 설명하기 위해 **그 자신의** 미학적 (규범적) "판단력"을 사실상 불가결한 색출적 수단으로 이용하는 것과 전적으로 같다. 그리고 카드가 어떤 특정한 판도로 분배된 상황에서 게임이 어떤 특정한 과정으로 진행될 "가망성"에 대한 **일반적인** 명제들을 설정하고자 할 때에도 사정은 매한가지이다. 이 경우에 우리는 다음과 같은 "전제조건"을 이용할 것이다: 1) 이상적인 게임규칙("스카트 법")이 실제로 지켜지며, 또한 2) 엄격하게 합리적으로, 다시 말해 목적론적으로 "적합하게" 게임이 진행된다 — 신문이나 잡지에 실리는 "스카트 묘수풀이 문제들"(또는 체스게임의 경우에는 체스 묘수풀이 문제들)도 이와 동일한 전제조건에 근거한다.[15] 그러면 우리는 상기한 판도로 카드가 분배된 상황에서 게임이 이러한 "이념형"[29]에 상응하여 진행될 개연성이 크든 작든 존재한다고 주장할 수 있을 것인데, 그 이유는 경험상 게임자들은 일반적으로 그 유형[30]에의 일정한 "접근"을 추구하고 또 달성하기 때문이다.

이렇게 해서 우리는 "전제조건"으로서의 "스카트 규칙"이 **경험적** 논의에서 논리적으로 완전히 다른 세 가지 기능을 수행할 수 있음을 살펴보았다: 그것은 대상의 **경계설정**에서는 분류적이고 개념구성적인 기능을 수행하고, 대상의 인과적 **인식**에서는 **색출적** 기능을 수행하며, 마지막으로 인식대상 자체의 인과적 **결정요인**으로 기능한다. 그리고 우리는 더 나아가 이미 앞에서 스카트 규칙 자체가 근본적으로 다른 의미들에서 인식의 대상이 될 수 있음을 확인했다: 그것은 스카트 정책적 측면이나, 스카트 법학적 측면에서 — 이 두 경우에는 "이념적" 규범으로서 —, 그리고 마지막으로 경험적 관점에서 — 이 경우에는 실제적으로 형성되고 실제적으로 영향을 끼치는 요인으로서 — 인식의 대상이 될 수 있다. 이로부터 이미 우리는 각각의 경우에 **어떤** 의미에서 어떤 인식의 "전제조건"으로서의 "규칙"의 "의의"에 대해 말하는지 아주 신중하게 확정하는 것이 절대적으로 필요하다고 결론을 내릴 수 있으며, 특히 만약 표현의 모든 애매성을 신중하게 방지하지 않는다면 경험적인 것과 규범적인 것이 절망적으로 혼동될 상시적 위험이 극에 달하게 된다고 결론을 내릴 수 있다.

---

29 이는 바로 앞 문장에 언급된 "전제조건"을 가리킨다.
30 이는 "이념형"을 가리킨다.

4.4. 법규칙

이제 스카트의 "관습적" 규범 및 "스카트 법"의 유사 "법학"의 영역에서 "진정한" **법**의 영역으로 넘어가기로 하자(법규칙과 관습규칙의 결정적 차이가 무엇인가라는 문제는 여기서는 당분간 제쳐두기로 한다). 그리하여 만약 우리가 앞에서 예로 든 "교환"[31]이 어떤 실정법의 적용범위에서 진행되고 이 실정법이 교환도 "규제한다"고 가정한다면, 지금까지 논의한 복잡함에 더해 또 다른 복잡함이 대두하는 것 **같다.** "스카트"에 대한 **경험적** 개념의 구성에서 스카트 **규범**은 대상의 범위를 결정한다는 의미에서 개념의 경계를 설정하는 "전제조건"이었다: 그러므로 스카트의 경험적·역사적 분석을 — 누군가 이것을 시도하고자 한다면 — 위한 출발점을 제공하는 것은 스카트 **법적으로 중요한** 행위이다. 그러나 법규칙과 인간의 "문화적 삶"[16]의 경험적 과정의 관계에서는 다음과 같은 경우에 사정이 다르다. 즉 법에 의해 규범적으로 규제되는 형성물이 법교의적 인식의 대상이 아니고 순수한 **법제**사적 인식의 대상도 아니라, "문화사적" 또는 "문화이론적" — 여기서는 임시로 일반적인 표현을 사용하기로 한다 — 인식의 대상이 되는 경우에 사정이 다르다. 보다 구체적으로 말해 — 다시 한 번 임시로 아주 부정확한 용어를 사용하기로 한다 — 한편으로("역사적" 고찰) 이념적으로 법에 의해서도 규범적으로 규제되는 어떤 현실을 구성하는 요소들 가운데 "문화가치들"과의 관계 속에서 의의를 갖는 특정한 요소들이 어떻게 인과적으로 발전해 왔는가를 설명해야 하거나, 또는 다른 한편으로(문화이론적 고찰) 이러한 요소들의 형성의 인과적 조건들에 대한 또는 그것들의 인과적 작용에 대한 일반적인 명제들을 제시해야 하는 경우에 그렇다. 우리가 앞선 논의에서 가정한 의도, 즉 어떤 구체적인 "스카트 게임"의 과정을 경험적·역사적으로

31　이 책의 517쪽 이하를 볼 것.

규명하려는 의도에서는 대상("역사적 개체")[32]의 형성이 전적으로 "스카트 규범"의 관점에서 판단하는 사실들의 중요성에 달려 있었던 반면, 법규범과 관련된 순수한 법제사적 고찰이 아니라 "문화"사적 고찰이 문제가 되는 경우에 사정은 완전히 달라진다. 우리는 경제적, 정치적 등의 사실들을 법적 특징 이외의 기준에 따라서도 분류하고, 법적 관점에서 볼 때 전혀 중요하지 않은 문화적 삶의 요소들도 우리의 역사적 "관심을 불러일으킬" 수 있으며, 따라서 다음은 상황에 따라서 판단할 수밖에 없는 문제이다. 즉 경제적, 정치적 등의 사실들은 이념적으로 타당한 어떤 법과 이에 따라 구성될 수 있는 법률적 개념들의 관점에서 볼 때 **중요한** 특징들을 가질 수 있는데, 이 특징들이 개별적인 경우에 역사적 또는 "문화이론적" 개념을 구성하는 데에도 중요한지 그리고 어느 정도로 그러한지는 상황에 따라서 판단할 수밖에 없는 문제이다.[17] 그리하여 원칙적으로 법규범은 집합개념의 구성에 대한 "전제조건"으로서의 지위를 상실한다. 그럼에도 불구하고 이 경우는 두 종류의 개념구성이 상호 간에 아무런 관계가 없다고 상정함으로써 간단히 해결할 수 있는 것이 **아니다**. 왜냐하면, 우리가 보게 되는 바와 같이, 예컨대 법적 관점과 근본적으로 다른 관점들에서 볼 때 중요한 경제적 개념을 구성하는 데 법적 **용어들**이 사용되는 것이 아주 일반적이기 때문이다. 그리고 이것은 간단히 용어적 남용이라고 거부할 수 없는데, 그 이유는 다음의 두 가지이다: 첫째, 관련된 법개념은, **경험적인** 방식으로 사용되면, 빈번하게 관련된 경제적 개념의 "전형"으로 기능해 왔고 기능할 수 있었기 때문이다; 둘째, 자명하게도 "경험적 법질서" ― 이 개념에 대해서는 곧 논의가 있을 것이다[33] ― 는 (우선은 아주 일반적으로 표현하기로 한다) 통상적으로 예컨대 경제적 관점에서 볼 때 중요한 사실들에 대해서도 아주 현저한 의의

---

32 이 개념에 대해서는 이 책의 289쪽, 옮긴이 주 34를 볼 것.
33 이 책의 542쪽을 볼 것.

를 갖기 때문이다. 그러나 ─ 나중에 논의하게 되는 바와 같이[34] ─ 이 둘[35]은 결코 일치하지 않는다. 예컨대 경제적 고찰에서 "교환"의 개념만 하더라도 지극히 이질적인 법적 성격을 갖는 사실들에까지 확장되는데, 왜냐하면 이 사실들 모두에 경제적 고찰에 대해 중요성을 갖는 특징들이 포함되기 때문이다. 그리고 역으로, 우리가 보게 되는 바와 같이,[36] 경제적 고찰은 빈번하게 법적 관점에서 볼 때 전혀 중요하지 않은 특징들을 포착하여 자신의 대상으로서의 품위를 부여한다. 우리는 아래에서 되풀이해 이로부터 발생하는 문제들로 되돌아올 것이다. 여기서는 우선 한편으로 다음을, 즉 우리가 스카트 게임을 통해 논리적으로 가능하다고 증명한 고찰방식의 종류들이 "법규칙"의 영역에서도 발견될 수 있다는 점을 분명히 해두고자 하며, 또한 다른 한편으로 이 자리에서는 아직 최종적이고 구체적인 논리적 근거를 제시하지 않은 채 ─ 일단 완전히 잠정적으로 ─ 이러한 유사성에는 한계가 설정되어야 함을 지적하고자 한다.[18] 이에 대한 좀 더 자세한 논의는, 계속해서 **슈탐러**의 논의를 검토함으로써 이러한 문제들을 어떻게 다루어서는 **안** 되는가를 배우고 난 다음에야 비로소 하기로 한다. ─

4.5. 법적 개념과 경험적 개념

민법전의 어떤 특정한 "조항"은 다양한 의미에서 고찰의 대상이 될 수 있다. 우선 법**정책적** 고찰의 대상이 될 수 있다: 우리는 윤리적 원리에 근거하여 그것의 규범적 "정당성"을 논의할 수 있고, 나아가 특정한 "문화이상"이나 정치(책)적[37] ─ "권력정치적" 또는 "사회정책적" ─ 요청

---

34 이 책의 539쪽 이하에서이다.

35 이는 바로 그 앞 문장에 나오는 "경험적 법질서"와 "경제적 관점에서 볼 때 중요한 사실들"을 가리킨다.

36 이 책의 546~47쪽에서이다.

의 관점에서 그것이 이 이념들의 실현에 대해 갖는 가치 또는 무가치를 논의할 수 있거나, 또는 "계급적" 또는 개인적 이해관계의 관점에서 그 것이 이 이해관계에 대해 갖는 "유용성"이나 "유해성"을 논의할 수 있 다. 우리는 이처럼 "규칙" 자체를 직접적으로 평가하는 방식의 논의를 이미 "스카트"의 예에서 약간 수정된 형태로 마주한 적이 있는데,[38] 사실 그런 방식의 논의는 근본적으로 새로운 논리적 문제를 전혀 제공하지 못하며, 따라서 여기서는 당분간 완전히 배제하기로 한다. 그러면 두 가 지 종류의 고찰이 남는다. 우리는 상기한 조항과 관련하여 한편으로 그 것은 **개념적으로** 무엇을 "**의미하는가**"라고 물을 수 있으며 — 다른 한 편으로 그것은 **경험적으로** 무엇을 "**야기하는가**"를 물을 수 있다. 이 두 질문에 대한 답변은 그 조항의 윤리적, 정치적 등의 가치에 대한 생산적 인 논의의 전제조건이 되는 것은 분명하지만, 그렇다고 해서 우리가 여 기에서 이 점에 관심을 가질 수 없다: 왜냐하면 그 조항의 "가치"에 대 한 질문은 자명하게도 상기한 두 가지 질문과 엄격하게 구별되는, 전적 으로 독립적인 질문이기 때문이다. 이제 이 두 질문의 논리적 성격을 검 토하기로 하자. 양자의 경우에 의문문의 문법적 주어는 "그것", 다시 말 해 문제의 "조항"이다 — 그럼에도 불구하고 이 "그것"에 관련되는 대상 은 양자의 경우에 완전히 다르다. 첫 번째 경우에 "그것", 즉 "조항"은 법 연구자들에 의해 증류된 순수한 관념의 복합체가 언어로 표현된 것으로 서 지속적으로 개념적 분석의 대상으로 다루어진다. 두 번째 경우에 "그 것"은 — "조항"은 — 우선 다음과 같은 경험적 사실을 가리킨다: 누군 가 "민법전"이라고 불리는 서류뭉치들 가운데 하나를 열면 일반적으로 한 특정한 자리에서 어떤 짧은 문구를 발견하게 된다; 그리고 만약 그가

---

37 독일어 'Politik'은 문맥에 따라 "정치" 또는 "정책"으로, 그리고 그 형용사인 'politisch' 는 "정치적" 또는 "정책적"으로 읽어야 한다.
38 이 책의 526쪽 이하를 볼 것.

이 문구에 그가 경험적으로 배워서 익힌 "해석"의 원칙을 적용한다면, 그의 의식에서는—많든 적든 간에 명료하고 명백하게—특정한 외적 행동이 초래할 수 있는 실제적인 결과들에 대한 특정한 관념이 형성될 것이다. 이러한 상황은 일반적으로—비록 예외가 없는 것은 결코 아니지만—다음과 같은 경험적 결과를 가져온다: 만약 어떤 사람이 그러한 "외적 행동"이 존재했거나 또는 존재한다고 통상 "재판관"이라고 불리는 일정한 사람들을 특정한 방식으로 설득할 수 있다면, 그 사람은 일정한 심리적 또는 물리적 "강제수단"의 도움을 받을 수 있게 될 것이다. 상기한 상황은 더 나아가 다음과 같은 결과를 가져온다: 심지어 "재판관"이라고 불리는 사람들의 개입이 없어도, 누구든지 다른 사람들이 자신에게 특정한 방식으로 행동할 것이라고 "기대할" 수 있는데, 그들이 그렇게 할 개연성은 아주 크다—다시 말해 예컨대 그가 어떤 특정한 대상에 대한 사실상 자유로운 처분권을 예상할 수 있는 일정한 **가망성**이 있으며, 그는 이 가망성에 근거하여 자신의 삶을 형성할 수 있고 또 실제로 형성한다. 그러므로 이 두 번째 경우에 문제가 되는 "조항"의 경험적 "타당성"은 경험적·역사적 현실의 영역에서 나타나는 일련의 복잡한 인과적 결합관계를 의미한다: 그것은 어떤 특정한 종이가 특정한 "문자들"로 뒤덮이게 되었다는 사실[19]에 의해 야기되는 실제적인 인간의 자아행동을 의미하는데, 이 자아행동은 다른 인간들을 지향하거나 비인간적인 "자연"을 지향한다. 이에 반해 처음에 논의한 "이상적" 의미에서의 법규의 "타당성"은 **개념들** 사이의 사유적 관계를 의미하는데, 이 관계는 "법학적 진리"를 **추구하는** 과학적 양심에 대해 구속력을 갖는다: 그것은 특정한 사고의 노선이 법학자에게 "타당해야 **한다는 것**"을 의미한다. 다른 한편 "법학적 진리"를 **추구하는** 경험적 사람들은 사실상 **일반적으로** 특정한 연어(連語)들로부터 어떤 특정한 "법규"가 이상적으로 "타당해야 한다"라고 "추론하는데", 이러한 **사실** 자체가 경험적 귀결을 갖지 않는 것이 아니라 오히려 매우 큰 경험적·역사적 의의를 갖는 것임은 자명하다. 그리하여 "법학"의 존재와 각각의 시기에 사실상 이것을 지배하는 "사고관습"의 경험적·역사적 발전과 특성도 인간들이 실제적으로 행위하는 방식에 대해 현저한 중요성을 지닌다. 이는 특정한 물리적 또는 심리적 강제수단을 통해 인간들의 행위에 영향을 끼칠 수 있는 "재판관들"과 다른 "관료들"이 경험적 현실에서 "법학적 진리"를 **추구하도록** 교육을 받고 이 "준칙"에 따라 살아간다는 ─ 실제로 그 정도는 아주 다양하지만 ─ 이유만으로도 이미 그렇다. 우리의 "사회적 삶"은, 예컨대 제빵사, 정육업자, 신문팔이 소년이 매일매일 나타나는 등[39]의 의미에서 경험적으로 "규제된다"; 또는 이 논의의 맥락에 따라 말하자면, "규칙성"을 갖고 진행된다 ─ 그리고 이러한 "경험적" 규칙성은 자명하게도 부분적으로는 "법질서"가 경험적으로 존재한다는 사실에 의해 아주 근본적으로 결정된다; 여기에서 경험적으로 존재한다 함은, 존재해야 **하는** 무엇인가에 대한 관념으로 존재한다는 것을 의미하는데, 이 관념 자체는 인간행위를 인과적으로 규정하는 요소들 가운데 하나가 된다 ─ 그러니까 "준칙"으로 존재한다는 것을 의미한다. 그러나 두말할 나위 없이 사회적 삶의 경험적 규칙성뿐만 아니라 "법"의 경험적 "존재"도 법은 "타당해야 **한다**"라는 법학적 이념과는 완전히 다른 무엇인가이다. 사실상 "법학적 오류"는 경우에 따라서 "법학적 진리"와 똑같은 정도로 "경험적인" 타당성을 갖는다; 그리고 구체적인 경우에 **무엇이** "법학적 진리"인가, 다시 말해 "과학적" 원리에 따라 그 자체로서 사유적으로 "타당해야 **하는가**" 또는 "타당**했어야**" 하는가라는 문제는, 하나의 구체적인 경우에 또는 다수의 경우에 경험적 차원에서 실제로 무엇이 어떤 특정한 "조항"의 "타당성"의 인과적 "결과"로 일어**났는가**라는 문제와 논리적으로 완전히 다른 것이다. 전자의 경우에는 "법규칙"이 사유적으로 추론할 수 있는 이

---

39 이는 그들이 각자의 일자리에 나와서(나타나고) 자신의 일과 관련된 일련의 행동을 한다고, 그러니까 그들의 직업에 충실하다고 읽으면 된다.

상적인 **규범**인 반면, 후자의 경우에는 구체적인 인간들의 행동에 대한 **준칙**인데, 이것은 그 정도가 크든 작든 간에 일관되고 통례적으로 준수되기 때문에 경험적으로 **규명할 수 있다.** 전자의 경우에는 "법질서"가 사고와 개념의 체계로 구성되며, 이 체계는 과학적 법교의학자들에 의해 일정한 인간들, 즉 "재판관", "변호사", "범법자", "국민" 등의 실제적인 행동을 법학적으로 평가하면서 측정하고 이상적인 규범에 일치하는 것으로 인정하거나 또는 일치하지 않는 것으로 배격하는 가치척도로 이용되는 반면 ─후자의 경우에는 그것이 특정한 경험적 인간들의 머릿속에서 준칙들의 복합체로 전환되어서 그들의 실제적인 행위에 인과적인 영향을 끼치며 이를 통해 다른 인간들의 실제적인 행위에도 간접적으로 인과적인 영향을 끼친다. 여기까지는 모든 것이 비교적 단순하다. 그러나 **법**개념으로서의 "미합중국"과 동명의 경험적·**역사적** "형성물"의 관계는 더 복잡하다. 논리적으로 보면, 이 둘은 각각의 주어진 경우에 다음과 같은 질문이 제기된다는 사실 하나만 보더라도 서로 다르다: 법규칙의 관점에서 볼 때 경험적인 현상에서 **중요한** 것이 경험적·역사적, 정치적 및 사회과학적 고찰에 대해 어느 정도로 그러할까? 우리는 이 둘[40]이 같은 **이름**으로 치장되어 있다는 사실에 의해 호도되어서는 안 된다. ─ 다음의 여섯 개의 문장을 생각해 보기로 한다: "미합중국은 연방을 구성하는 개별적인 국가들과 달리 통상조약을 체결할 권한이 있다." "이에 따라 미합중국은 멕시코와 a라는 내용의 통상조약을 체결했다." "그러나 미합중국의 통상정책적 이해관계는 b라는 내용을 요구했을 것이다." "왜냐하면 미합중국은 멕시코로 c라는 생산물을 d의 양으로 수출하기 때문이다." "그리하여 미합중국의 국제수지는 x라는 상태에 있다." "이것은 미합중국의 통화에 y라는 영향을 끼칠 수밖에 없다." 이 여섯 개의 문장에서 "미합중국"이라는 말은 그때마다 다른 의미를 갖는다.[20] 바로

---

40 이는 법개념으로서의 미합중국과 경험적·역사적 형성물로서의 미합중국을 가리킨다.

이 점에서 "스카트" 게임과의 유사성이 단절된다. 어떤 구체적인 "스카트"의 경험적인 개념은 스카트 **법**의 관점에서 볼 때 중요한 과정들과 동일하다. 우리가 이와 다른 스카트 개념을 사용해야 할 이유가 없다.[21) 그러나 "미합중국"이라는 개념에서는 사정이 달라진다. 이는 확실히 이미 앞에서 언급한 관례,[41] 즉 법학적 **용어**들(예컨대 "교환"의 개념)을 다른 영역들에 전용하는 관례와 밀접한 관계가 있다. 우리는 여기에서 다시 한 번, 아주 일반적인 수준에서, 이러한 사실이 개념의 논리적 실태에 어떤 영향을 끼치는가를 보다 명확히 하기로 한다. — 우선 몇 가지 요점을 되풀이하기로 한다. 우리는 지금까지 말한 것으로부터 적어도 다음과 같은 결론을 내릴 수 있다. 즉 법을 "사회적 삶"의 **"형식"** 그 자체로 — 또는 여럿 가운데 하나로 — 이해할 수 있고 "질료"에 해당하는 다른 요소들과 대비할 수 있을 것이라는 식으로 법규칙과 "사회적 삶"의 관계를 파악하고는 이로부터 "논리적인" 결론을 이끌어내려고 한다는 것은 무의미한 일이다. 법규칙은 "이념"으로 파악되는 경우에 경험적 규칙성이나 "규제성"이 아니라, "타당해야 하는" 무엇으로 **간주될** 수 있는 규범이다 — 다시 말해 확실히 그것은 **존재하는 것**의 형식이 아니라, **만약** 우리가 "법학적 진리"를 추구한다면 실제적인 존재를 평가적으로 측정할 수 있는 근거가 되는 가치기준이다. 그리고 법규칙은 **경험적으로** 고찰되는 경우에는 (사회적 존재가 개념적으로 어떻게 규정되든 상관없이) 더욱더 사회적 존재의 "형식"이 아니라, 경험적 현실의 실제적인 구성요소들 가운데 하나이다 — 그것은 일종의 **준칙**으로서, 각각의 주어진 경우에 그 숫자가 얼마인지 정확히 알 수는 없지만 아무튼 일정한 수에 달하는 인간들의 경험적으로 관찰할 수 있는 행동을 많은 정도로든 적은 정도로는 "순수하게" 인과적으로 결정하며 개별적인 경우에 많은 정도로든 적은 정도로든 의식적으로 그리고 많은 정도로든 적은 정도로든 일관성

41   이 책의 535~36쪽을 볼 것.

있게 준수된다. 다음과 같은 사실들, 즉 경험적으로 보면 재판관들이 어떤 특정한 법규칙에 따라 "이해관계의 갈등"에 대한 "판결을 내린다"라는 "준칙"을 따른다는 사실, 또한 다른 사람들, 즉 집달리(執達吏)들, 경찰관들 등이 이렇게 내려진 판결을 "집행한다"라는 "준칙"을 가진다는 사실, 그리고 더 나아가 일반적으로 다수의 인간들이 "법적으로" 사고한다는, 다시 말해 그들이 통상적으로 법규칙의 준수를 그들 행위의 준칙들 가운데 하나로 삼는다는 사실 — 이 모든 사실이 경험적 현실의, 특히 "사회적 삶"의 구성요소, 그것도 대단히 중요한 구성요소가 된다. 우리는 구체적인 인간들이 준칙을 창출하기 위해 소유하는 "지식"으로서의 법의 "경험적 **존재**"를 경험적 "법질서"라고 불렀다. 이러한 지식, 다시 말해 이러한 "경험적 법질서"는 행위자에게 그의 행동을 결정하는 근거들 가운데 하나가 된다. 보다 정확하게 말하자면, 행위자가 합목적적으로 행위하는 한, 부분적으로는 가능한 한 안전한 방법으로 그것을 위배하거나 또는 그것에 "적응함으로써" 극복하려고 노력하는 "방해물들" 가운데 하나이며 — 부분적으로는 어떤 다른 경험명제에 대한 지식을 이용하는 것과 똑같은 의미에서 행위자가 자신의 "목적"을 위해 이용하고자 하는 "수단들" 가운데 하나이다. 그는 경우에 따라서 다른 인간들에게 영향력을 행사하여 법질서의 경험적 상태를 자신의 "이해관계"에 부합하도록 변경하려고 하는데, 이는 — 논리적으로 보면 — 그가 자연력의 기술적 이용을 통해 자연세계의 어떤 상황을 변경하려고 하는 것과 전적으로 같은 의미이다. — 만약 누군가 예컨대 — 슈탐러가 때에 따라서 사용하는 예를 들자면[42] — 이웃의 굴뚝에서 나오는 자욱한 연기를 견딜 수 없다면, 그는 자기 자신의 경험지식이나 다른 사람들(예컨대 "변호사")의 경험지식에 의존하여 다음을 판단할 것이다: 어떤 특정한 장소

---

42 슈탐러는 『유물론적 역사관에서 본 경제와 법』, 제2판, 133쪽에서 공장의 굴뚝을 예로 들고 있다.

("법원")에 특정한 서류를 제출하면 "재판관"이라고 불리는 일정한 사람들이 일련의 절차를 거치고 나서 다음과 같은 "적합한" 조치, 즉 문제의 화덕에 더 이상 불을 피우지 못하도록 일정한 사람들에게 심리적 또는 경우에 따라서 물리적 강제를 행사하도록 하는 조치를 담은 어떤 서류 ("판결문"이라고 불리는)에 서명할 것을 기대할 수 있는지 판단할 것이다. 이러한 결과를 기대할 수 있는 개연성이 큰가를 계산할 때, 당연히 그는, 또는 그의 "변호사"는 특히 재판관들이 법규칙의 "개념적" **의미**에 따라 어떻게 사건을 판결해야 "하는가"라는 문제를 검토할 것이다. 그러나 이러한 "교의적" 검토는 그에게 큰 도움이 되지 않을 것이다. 왜냐하면 그 검토의 결과는, 그것이 제아무리 "공평하다"고 나올지라도, 그의 경험적 목적과 관련해서는 기대할 수 있는 경험적 과정의 개연성을 계산하는 단 **하나의** 측면에 지나지 않기 때문이다: 그가 아주 잘 알고 있듯이, 그의 변호사가 양심적으로 검토하고 난 후에 "규범"이 그 이상적인 의미에서 고려된다면 그에게 유리하게 작용할 것이라고 결론을 내렸음에도 불구하고 그는 아주 다양한 이유로 법정에서 "패할" 수 있다 ─ 민중의 언어는 이러한 과정을 전형적이고도 매우 특징적으로 표현한다.[43]

사실상 **소송절차**는 "스카트 게임"과 완전한 유사성을 보이는데, 이에 대해서는 더 이상의 설명이 필요치 않다. 전자의 경우에 경험적 법질서는 사건의 경험적 과정의 "전제조건", 다시 말해 판결하는 재판관들의 "준칙"이며 분쟁 당사자들의 "수단"이다; 그리고 경험적 법질서의 사유적 "의미"에 대한, 다시 말해 그것의 교의적·법학적 의의에 대한 지식은 어떤 구체적인 소송절차의 실제적인 과정에 대한 경험적·인과적 "설명"에서 불가결한 색출적 수단으로서 어떤 스카트 게임의 "역사적" 분석에서 스카트 규칙이 수행하는 역할과 똑같이 중요한 역할을 수행한

---

43 이는 "Kopf und Kragen verspielen"이라는 관용구로, 우리말로 "도박에서 모든 것을 잃는다"라고 옮길 수 있을 것이다.

다—그리고 더 나아가 경험적 법질서는 "역사적 개체"[44]의 경계설정에 대해서도 결정적인 의미를 갖는다: 만약 우리가 어떤 구체적인 소송절차를 다름 아닌 **소송절차**로서 인과적으로 설명하고자 한다면, 우리는 법적으로 **중요한** 과정의 구성요소들에 "설명"의 관심을 결부시킨다. — 그리하여 여기서는 스카트 규칙과의 유사성이 완벽하다. 구체적인 "법률사건"의 경험적 개념은—구체적인 **스카트** 게임과 마찬가지로—해당하는 현실의 단면 가운데 "법규칙"의—후자의 경우에 "스카트 규칙"의—관점에서 볼 때 중요한 구성요소들에 의해 완전하게 정의된다.[45] 그러나 만약 우리가 어떤 구체적인 "**법률**사건"의 법학적 결과를 설명한다는 의미에서 그것의 "역사"를 과제로 설정하지 않고, 예컨대 철저하게 법질서에 의해 영향을 받는 대상, 가령 작센 지역의 방직산업처럼 어떤 특정한 산업의 "노사관계"의 "역사"를 과제로 설정한다면, 사정은 달라진다. 이 경우에 우리가 "관심을 갖는" 것은, 필연적으로 어떤 "**법규칙**"에 대해 중요성을 갖는 현실의 구성요소들에 국한되는 것이 결코 아니다. 우리가 어떤 "관점"에 따라 "노사관계"를 연구하든 상관없이, 그것에 대해 법규칙이 지대한 인과적 의의를 갖는다는 사실에는 전혀 이론의 여지가 없음이 자명하다. 법규칙은 이러한 연구에서 고려되는 일반적인 **실제적** "조건들" 가운데 하나이다. 그러나 "스카트 규칙"과 구체적인 스카트 게임의 관계나 법규칙과 소송절차의 관계에서와 달리, **법규칙**의 관점에서 볼 때 "중요한" 사실들은 더 이상 **필연적으로** "역사적 개체"의 구성요소들, 다시 말해 그 특성과 인과적 설명이 우리의 "관심사"가 되는 "사실들"이 **아니다.** 이는 다음에도 불구하고 그렇다: 아마도 특정한 시간과 특정한 공간에 존재하는 구체적인 "법질서"의 특성이 이 모든 사

---

44 이 개념에 대해서는 이 책의 289쪽, 옮긴이 주 34를 볼 것.

45 이 문장 앞부분에 나오는 "법률사건"과 **스카트** 게임"은 각각 'Rechtsfall'과 'Skatfall'을 옮긴 것인데, 사실 후자는 일반적으로 사용하는 용어가 아니다. 아마도 베버는 두 단어의 운율을 고려해서 이렇게 표현한 것으로 보인다.

실에 대한 아주 결정적인 인과적 "조건들" 가운데 하나가 될 수 있음에도, 그리고 "법질서" **일반**의 존재가, 마치 양모나 면화나 아마의 존재와 이것들의 사용 가능성이 특정한 인간적 욕구에 대해 그런 것처럼, 이 모든 사실에 대한 불가결한 보편적 (**실제적**) "전제조건"이 될 수 있음에도 불구하고 그렇다.

우리는 다음과 같이 시도할 수 있을 것이다 — 그러나 여기서는 시도하지 않기로 한다. 즉 가능한 연구대상들의 일련의 유(類)를 구성하여 이 각각의 유로부터 연속적으로 취하는 예들에서 "경험적 법질서"의 구체적인 **특성**이 갖는 일반적인 인과적 의의가 지속적으로 감소하고 다른 조건들의 특성이 점점 더 인과적 의의를 획득하도록 할 수 있을 것이다; 그리하여 경험적 법질서가 문화적 현상들에 대해 갖는 인과적 중요성의 정도에 대한 일반적인 명제들에 도달하려고 할 수 있을 것이다. 여기에서 우리는 이러한 중요성이 원칙적으로 대상의 종류에 따라 변화할 수 있다는 일반적인 진술에 만족하기로 한다. 예컨대 심지어 시스티나의 마돈나[46]의 예술적 특성도 아주 특수한 경험적 "법질서"를 "전제조건"으로 하며, 또한 우리가 인과적 회귀를 완벽하게 추구한다면 그 질서가 하나의 인과적 "요소"임이 필연적으로 드러날 것이다. 그리고 만약 **어떤** "법질서"가 보편적인 "조건"으로 존재하지 않았더라면 경험적으로 그 작품의 창작은 거의 불가능에 가까울 정도로 개연성이 없었을 것이다. 그러나 "시스티나의 마돈나"라는 "역사적 개체"를 구성하는 사실들은 여기에서 **법적으로** 전혀 중요하지 않다.

물론 전문 법률가는 문화인간 일반을 잠정적인 소송인으로 간주하는 자연스러운 경향이 있는데, 이는 제화공이 그들을 잠정적인 구두 구매자로 간주하고 스카트 게임자가 그들을 잠정적인 "제3의 게임자"로 간주하는 것과 마찬가지이다. 그러나 만약 이들이 문화인간은 단지 소송인이

---

46 이에 대해서는 이 책의 109쪽, 옮긴이 주 57을 볼 것.

나 구두 구매자이거나 스카트 게임자인 한에서만 문화과학적 논의의 대상이 되어도 좋거나 또는 될 수 있다고 주장하고자 한다면, 당연히 그들은 똑같은 정도로 오류를 범할 것이다. 예컨대 만약 법률가가 오로지 잠정적인 소송절차의 관점에서 **중요한** 인간관계의 구성요소들만이 어떤 "역사적 개체"의 가능한 구성요소들이 된다고 믿기 때문에 인간을 말하자면 단지 **잠정적인 "법적 스카트 게임자"**로만 간주하고자 한다면, 그는 오류를 범할 것이다. 경험적인 설명의 필요성은 "법규칙"의 관점에서 보면 전혀 중요하지 않은 현실의 구성요소들, 특히 사회적 관계에서 그리고 인간 외적인 자연과의 관계에서 진행되는 인간의 자아행동의 구성요소들에 결부될 수 있는데, 사실상 문화과학의 연구는 끊임없이 이렇게 수행된다. 다른 한편 ─ 우리는 다음을 덧붙이면서 이 점에 대해 앞에서 한 논의[47]를 보충하기로 한다 ─ 문화적 삶에 대한 경험과학의 중요한 분야들, 특히 정치학과 경제학은 법학적 개념들을, 이미 강조한 바와 같이, 용어적인 목적으로 이용할 뿐만 아니라 더 나아가 말하자면 자신들의 자료를 **예비적으로** 형성하기 위해서도 이용한다. 이처럼 다른 과학들이 우리를 둘러싼 실제적인 관계들의 다양성을 잠정적으로 질서화할 목적으로 법학적 개념들을 차용하는 것은, 우선 법학적 사고가 고도로 발전했기 때문이다. 그러나 바로 이런 이유로 항상 다음을 분명히 알고 있는 것이 필요하다: 이런 식으로 법학에 의존하는 예비적 형성의 단계는, 정치학이나 경제학이 소재에 자신들의 "관점"을 결부시키고 이에 근거하여 법학적 개념들을 필연적으로 다른 의미를 가진 사실성으로 재해석하자마자 곧바로 지나가 버린다. 그런데 이러한 사실을 인지하는 데 가장 방해가 되는 것은, 법학적 개념구성의 상기한 중요한 기여 때문에 법적 규제를 인간의 공동체적 삶에 관련되는 모든 인식의 "형식원리"로 고양시키고자 하는 것이다. 경험적 "법질서"의 **실제적인** 중요성이 아주 크

---

47 이 책의 535~36쪽과 540~41쪽을 볼 것.

기 때문에 이러한 오류에 빠지기 쉽다. 한편으로, 이미 앞에서 언급한 바와 같이, 우리가 **단지** 그 **법적** 중요성 때문에 "흥미로운 것"으로 간주되는 사건들에 대한 고찰의 영역을 떠나자마자, 이와 더불어 동시에 "전제조건"으로서의, 다시 말해 대상의 경계설정을 주도하는 원리로서의 "법규칙"의 의의도 곧바로 사라져버린다. 그러나 다른 한편으로 인간들 상호 간의 행동에 대한 모든 고찰에서 "법규칙"이 갖는 보편적인 **인과적** 의의는 — 다시 한 번 스카트의 예와 비교하자면 — 엄청나게 크다. 왜냐하면 그것은 법규칙으로서 경험적 현실에서 일반적으로 강제력에 의해 뒷받침되며, 게다가 그 적용범위가 거의 보편적이기 때문이다. 일반적으로 말해, 그 누구도 본의 아니게 스카트 게임에 끌려들어가 스카트 규칙의 경험적 "타당성"에 예속되고 그로부터 영향을 받지 않는다. 이에 반해 그 누구도 경험적 법질서의 관점에서 "중요한" 사태들의 영역을 지속적으로 — 심지어 세상에 태어나기 이전에도 — 맞닥뜨리는 것을, 다시 말해 — 경험적으로 보면 — 부단히 "잠정적인 법적 스카트 게임자"가 되는 것을, 그리하여 자신의 행동을, 순수한 합목적성 준칙에 근거해서든 아니면 합법성 준칙에 근거해서든, 이러한 상황에 적응하는 것을 사실상 피할 수 없다. 이러한 의미에서 "법질서"의 존재는 순수한 경험적 관점에서 보면 확실히 **다음과 같은** 실제적인 인간행동에 대한, 즉 사회적 관계에서 그리고 인간 외적인 대상들과의 관계에서 진행되며, 이를 통해 "문화현상들"의 존재를 비로소 가능케 하는 실제적인 인간행동에 대한 보편적인 경험적 "전제조건들" 가운데 하나가 된다. 그러나 **이러한** 의미에서 그것은 예컨대 태양으로부터 오는 일정한 최소한도의 열과 마찬가지로 일종의 경험적 사실이며, 이 태양열과 마찬가지로 상기한 실제적인 인간행동을 결정하는 **인과적** "조건들" 가운데 하나이다. 그리고 경험적인 의미에서의 "객관적인 법질서"와 관련된 상황은, 어떤 구체적인 시간과 공간에서 어떤 특정한 구체적 "사태"가 "법적으로 규제되는" 상황과 유사하다. 예컨대 — 우리가 앞서 든 바 있는 자욱한 연기를 뿜어내는 굴뚝의 예로 되돌아가 보기로 한다[48] ─ 연기로 인한 괴로움이 더 이상 견딜 수 없는 정도에 이르면 이웃은 "법질서"의 지원으로 이를 방지할 수 있기를 기대한다: 그는 상응하는 "주관적 법"[49]을 갖는 것이다. 경제적 관점에서 보면 이것[50]은 그에게 단지 **실제적인 가망성**을 제시할 뿐이다. 그리고 이러한 가망성은 다음과 같은 요소들에 달려 있다: 1) "재판관들"은 "규범에 따라" 판결이 이루어져야 한다는 "준칙"을 엄격하게 고수할 것이다 ─ 다시 말해 그들은 매수되지 않고 양심적이다; ─ 2) 그들은 법규범의 의미를 그 굴뚝에 의해 괴로움을 당하는 사람이나 그의 변호사와 똑같이 "해석할" 것이다; 3) 이 사람과 그의 변호사는 그 "규범"이 그들의 견해대로 적용될 수 있도록 재판관들에게 사태의 실상을 설득하는 데 성공할 것이다; 4) 규범에 따른 판결의 집행이 실제로 강제될 것이다 ─ 이러한 가망성은 **논리적으로** 보면 어떤 "기술적" 과정이나 스카트 게임의 어떤 결과와 마찬가지로 "계산할 수" 있다. 만약 원하는 결과가 달성되었다면, 의심의 여지없이 "법규칙"은 ─ 이러한 가능성에 대한 슈탐러의 이견에도 불구하고[51] ─ 앞으로 굴뚝에서 더 이상 자욱한 연기가 뿜어져 나오지 않을 것이라는 사실에 인과적으로 영향을 끼쳤다.

---

48 이 책의 542~43쪽을 볼 것.

49 이에 대해서는 이 책의 556쪽, 원주 18과 그에 따르는 옮긴이 주를 볼 것.

50 이는 바로 앞의 "주관적 법"을 가리킨다.

51 슈탐러는 『유물론적 역사관에서 본 경제와 법』, 제2판, 133쪽에서 다음과 같이 주장하고 있다: "나를 괴롭히는 이웃한 공장의 연기와 그을음이 무엇에 의해 비롯되는가, 그리고 그것을 제거할 수 있는 기술적 수단이 존재하지 않는가, 그 자체로서 다루어야 할 문제이다; 그러나 내가 그것을 감수해야 하는가 아니면 시정이나 보상을 요구할 수 있는가를 묻는다면, 나는 자욱한 연기가 법질서에 의해 인과적으로 영향을 받는 것을 생각하지 않고 이웃과의 상호작용이 규제되는 것을 생각한다. 그리고 만약 그가 그로 인해 부득이 자신의 공장 경영을 중단하지 않을 수 없다면, 법에 의해 연기배출의 원인이 해소된 것이 아니다 ─ 이 원인은 여전히 그대로 남아 있으며 국가법의 관할이 될 수 없다; 오히려 일정한 사회적 규제라는 새로운 관점과 더불어 특정한 종류의 공동체적 삶이 우리 연구의 대상이며, 이 대상은 법학적으로 그리고 사회과학적으로 인식될 수 있다[……]."

물론 **가정된** 이상적인 "당위"("규범")로서가 아니라, 오히려 소송절차에 관여된 인간들, 예컨대 법규칙이 머릿속에서 그들의 "판결"에 대한 "준칙"으로 작용한 재판관들 그리고 이웃이나 집행관들의 특정한 행동을 실제로 **야기하는** 요소로서 인과적으로 영향을 끼친 것이다.

그리고 "경험적 법질서"는 "규칙"의 성격을 갖는다: 그것은 그 자체로 확인할 수 있고 다수의 사람들에게 다음과 같이 알려져 있는, 즉 "재판관들"의 "준칙"은 그들로 하여금 **일반적으로** 규정된 일정한 이해관계 갈등의 경우들에 대해서는 일반적으로 동일한 판결을 내리고 이것의 집행을 강제하도록 한다고 알려져 있는 사실이다 — 다시 말해 "법규범들"이 일반화된 명제들, 즉 "법**규칙들**"의 성격을 가지며 바로 이 형식으로 재판관들의 머릿속에서 "준칙"으로 작동한다는 사실이다 — 그런데 이러한 사실은 방금 앞에서 논의한 것과 똑같은 방식으로 기능한다: 즉 부분적으로는 직접적으로, 부분적으로는 간접적으로 인간들 상호 간에 또는 물적 재화와의 관계에서 진행되는 실제적인 인간행동에서 **경험적** 규칙성이 창출되는 데 기여한다. 물론 그렇다고 해서 "문화적 삶"에서 볼 수 있는 경험적 규칙성들이 일반적으로 "법규칙들"이 "투사된" 결과라고 말하는 것은 결코 아니다. 그러나 법이 "규칙"의 성격을 갖는다는 사실은 경험적 규칙성의 "적합한" 원인이 될 **수 있다**. 이 경우에 그것은 이러한 경험적 규칙성을 결정하는 여러 가지 인과적 요소들 가운데 **하나가** 된다. 그리고 그것은 이 방향에서 하나의 지극히 중요한 결정요인인데, 그 이유는 물론 경험적인 인간들이 일반적으로 "이성적인", 다시 말해 (경험적으로 보아) "목적준칙"을 이해하고 준수하며 "규범관념"을 소유할 능력이 있는 존재이기 때문이다. 이로 인해 그들의 행위에 대한 법적 "규제"에 의해 야기되는 경험적 "규칙성"이 상황에 따라서 인간의 소화에 대한 의료적 "규제"에 의해 야기되는 생리학적 "규칙성"보다 **더 클** 수 있다. 그러나 경험적으로 (특정한 인간들의 "준칙"으로) 존재하는 "법규칙"이 경험적 규칙성의 인과적 결정요인으로 작용하는 방식과 정도는—어떻게든 작용한다면—경우에 따라 다르며 결코 일반적으로 확정할 수 없다. 그것은 다음과 같은 예들에서 결정적인 원인이 되지만 각각의 예에서 완전히 다른 방식과 완전히 다른 정도로 작용한다: 서기가 그의 사무실에 나오는 경험적 "규칙성"; 정육업자가 그의 가게에 나오는 경험적 규칙성; 어떤 사람이 자신이 실제로 가용할 수 있는 돈과 재화를 처분하는 방식의 경험적 규칙성; "위기"[22]와 "실업"이라고 불리는 현상들이나 추수 이후의 "가격"변동의 주기성; 특정한 인간집단들의 "재산"이나 지적 "문화"가 증가함에 따르는 출산율의 변동. 그리고 어떤 특정한 "법규"가 경험적으로 새로이 "제정된다"는 사실, 다시 말해 다수의 경험적 인간들이 법규칙을 "확정하는" 일반적이고도 구속력 있는 방식이라고 **관습적으로 간주하는** 것에 상응하는 특수한 방식으로 "상징적" 과정이 일어난다는 사실—이러한 사실이 그 인간들과 이들에 의해 영향을 받을 수 있는 **다른** 인간들의 **실제적인** 행동에 "작용하는 것"은 원칙적으로 보면 임의적인 "자연현상"이 작용하는 것과 **완전히 같은 방식에 의해** 경험적으로 "계산할" 수 있다. 그러므로 법규의 "작용"에 관한 일반적인 경험명제들도 다른 명제들과 전적으로 같은 의미에서 "x로부터 y가 나온다"라는 도식으로 나타낼 수 있다—이는 우리 모두가 일상의 정치적 삶에서 익히 알고 있는 바이다. 물론 어떤 법규의 경험적 타당성의 적합한 "작용"을 표현하는 이러한 **경험적** "규칙들"은 논리적 관점에서 보면 상기한 **교의적** "규칙들"과 완전한 대척관계에 있다; 후자는 동일한 법규가 "법학"의 대상으로 다루어지는 경우에 그것의 사유적 "결과"로 도출될 수 있다. 비록 **이 둘이** 같은 방식으로 특정한 내용의 어떤 법규칙이 타당한 것으로 간주된다는 경험적 "사실"에서 출발함에도 불구하고 그러한데, 왜냐하면 그 두 종류의 규칙들은 이러한 "사실"에 근거하여 완전히 이질적인 정신적 힘으로 작용하기 때문이다.—우리는 이제 "교의적" 고찰을 "형식적인 것"이라고 부를 수 있는데, 왜냐하면 그것은 "개념들"의 세계에 머물기 때문이다—이리하면 그 반대는 인과적 고찰 일반이라는 의미에서의 "경험적인 것"이 된다. 다른 한 편 "법규칙들"에 대한 경험적·인과적 "해석"을 그것들을 법교의학의 영역에서 다루는 것과 반대되는 의미에서 "자연주의적인 것"이라고 부르지 못할 하등의 이유가 없다. 다만 이 경우에 "자연"이 경험적인 존재 전체를 가리킨다는 사실을, 그리하여 예컨대 "**법제사**"도 법규범들의 이상적인 **의미**가 아니라 그것들의 **사실성**을 대상으로 하기 때문에, 논리적으로 보면, "자연주의적" 과학 분야에 속한다는 사실을 분명히 알아두어야 한다.[23]

우리는 곧 "관습규칙"에 대한 슈탐러의 개념규정을 다룰 것이며,[52] 따라서 여기서는 그것을 분석하고 방금 한 방식으로 그것과 실제적인 "규칙성"의 관계를 검토하는 작업을 하지 않기로 한다. 여기서도 "법규칙"의 경우에서와 마찬가지로 명령의 의미에서의 "규칙"과 경험적 "규제성"은 논리적으로 완전히 다른 두 차원이다. 그리고 **경험적** 규칙성을 대상으로 하는 연구의 관점에서 보면 "관습규칙"은, "법규칙"에서 그러는 것과 완전히 같은 의미에서, 그 대상에서 발견하는 **인과적인** 결정요소들 가운데 하나이며, 또한 "법규칙"과 마찬가지로 존재의 "형식"도 아니고 인식의 "형식원리"도 아니다. ─

아무튼 독자들은 완전히 자명한 점들에 대한 우리의 장황한 논의에 오래전부터 싫증이 났을 것이다 ─ 게다가 그 표현이, 이미 말한 바와 같이, 잠정적일 뿐이며 따라서 아직 극히 조야하며 부정확하기 때문에 더욱더 그럴 것이다. 그러나 슈탐러의 책에서 볼 수 있는 궤변 때문에 유감스럽게도 어쩔 수 없이 상기한 구별들을 하게 되었음을 알아야 할 것이다. 왜냐하면 그가 추구하고 실제로 달성한 모든 역설적인 "효과들"은 특히 "규칙적", "규제된", "법적으로 규제된", "규칙", "준칙", "규범", "법규칙" ─ 개념적·법학적 분석의 대상으로서의 "법규칙"과 경험적

---

52 실제로는 성사되지 않았다.

현상, 다시 말해 인간행위의 인과적 구성요소로서의 "법규칙"의 끊임없는 혼동에서 기인하기 때문이다. 그리하여 ─ 우리가 보게 되는 바와 같이[53] ─ "규칙"으로 하여금 "전제조건"이 되도록 하는 다양한 의미가 끊임없이 되풀이해 서로 뒤섞이고 있음은 말할 나위도 없고, "존재"와 "당위", "개념"과 "대상"이 ─ 이미 우리가 그의 특징으로 확인한 바 있는 방식으로 ─ 끊임없이 뒤범벅이 된 채로 소용돌이치고 있다. 물론 슈탐러 자신이 혹시라도 이 논문을 읽는다면, 그는 아마도 여기에서 상세하게 검토한 모든 것 또는 적어도 거의 모든 것이 옳다고 자신의 책의 아주 다양한 구절에서 시인하고 있으며, 심지어 많은 것을 명시적으로 강조하고 있다고 힘주어 말할 것이다. 특히 그는 "법질서"가 "목적론적" 문제제기의 대상이 될 수 있는 것과 똑같이 순수한 인과적 문제제기의 대상이 될 수 있음은 자명한 일이라고 되풀이하여, 그리고 아주 단호하게 말할 것이다. 물론 그렇다! ─ 우리 스스로가 이를 확인해야 할 것이다. 그러나 상기한 아주 다양한 구절에서도 볼 수 있는 어중간함은 ─ 이는 나중에 보게 될 것이다 ─ 완전히 차치하고, 무엇보다도 다시 한 번 다음과 같은 결론이 나올 것이다: 슈탐러 자신은 그의 책의 다른 구절들에서, 그것도 **결정적인** 구절들에서 이 단순한 진리들을 그리고 역시 단순한 그 귀결들을 완전히 망각했다. 그의 책이 거둔 "효과"는 확실히 그러한 건망증에 빚지는 바가 크다. 만약 그가 예컨대 다음과 같이 처음부터 오해가 없도록 분명하게 말했더라면, 즉 그는 전적으로 존재해야 **하는 것**에 관심이 있었으며, 또한 법이 어떠해야 하는가를 묻는 입법자들과 정당하게 "판결해" 달라는 호소에 직면하는 재판관들에게 길잡이를 제공할 수 있는 "형식"원리를 제시하고자 했다고 처음부터 오해가 없도록 분명하게 말했더라면 ─ 확실히 이러한 시도는, 그가 제시했을 해결책에 어떤 가치를 부여할 수 있는가라는 문제와 상관없이, 일정한 관심을 불러

---

53 이 책의 574쪽 이하를 볼 것.

일으켰을 것이다. 그러나 이럴 경우 경험적 "사회과학"에서는 그러한 시도가 완전히 무의미하다는 것이 즉시 드러날 것이며, 특히 슈탐러에게는 "사회적 삶"의 본질에 대한 그처럼 광범위한 그러나 동시에 부정확한 논의를 할 아무런 이유도 없었을 것이다. 이제 우리는 이 논의에 대한 비판으로 넘어갈 것인데, 이와 더불어 지금까지 아주 잠정적으로 스케치한 경험적 고찰방식과 교의적 고찰방식의 근본적인 차이를 좀 더 자세하게 분석하기로 한다.[24]

1) **루돌프 슈탐러**, 『유물론적 역사관에서 본 경제와 법: 사회철학적 연구』, **개정 제2판**, Veit & Co., 라이프치히 1906, 702쪽, 8°.[1]

   1 이 책의 제1판은 1896년에 동일한 제목으로 출간되었다.

2) 이에 대한 아래에서의 비판은, 내적 일관성을 기하기 위해 거기에 포함된 ── 부분적으로는 아주 기초적인 ── 논의들이 마치 여기에서 처음으로 제시되는 것과 같은 형식을 취할 것이다. 물론 많은 경우에는 실제로 그렇지 않으며, 이 점은 비록 전문가들이 잘 알고 있기는 하지만 그래도 명시적으로 언급해 두어야 한다. 때때로 슈탐러에 대한 이전 비판가들의 견해를 살펴볼 것이다.[1]

   1 그러나 이 논문에는 사실상 어떤 슈탐러 비판가도 등장하지 않는다.

3) 그가 51~52쪽에서 등장시킨 "사회주의자"가 아니라 슈탐러 자신이 말하고 있는 것이 명백한 63쪽 이하를 참고할 것.[1]

   1 슈탐러는 『유물론적 역사관에서 본 경제와 법』, 제2판, 51~55쪽을 "부르주아"와 "사회주의자" 사이의 ── 논쟁적인 또는 적의에 찬 ── 대화 형식으로 구성하고(그러므로 사회주의자는 51~52쪽이 아니라 51~55쪽에 등장한다고 하는 것이 옳다), 55~62쪽에서 이 대화를 검토하고 있다. 그리고 이어서 63~74쪽을 「유물론적 역사관의 적대자」라는 장(제1부 제2장)으로 채우면서, 사회주의자가 말하는 유물론적 역사관이 아니라 이 유물론적 역사관의 적대자가 말하는 유물론적 역사관을 논의하고 있다. 이 적대자는 다름 아닌 슈탐러 자신이고, 그가 제시하는 유물론은 사회주의자의 경제적 유물론이 아니라 사회적 유물론이다.

4) 마르크스에게서 "유물론적"이라는 용어가 갖는 의미에 대해서는 막스 **아들러**, 『과학에 대한 논쟁에서의 인과성과 목적론』(『마르크스 연구』, 제1권의 별쇄본[1]), 108쪽, 주 1과 111쪽(슈탐러에 대한 정당한 비판), 116쪽, 주 1 그리고 여러 곳을 볼 것.

   1 이는 『마르크스 연구』, 제1권(1904), 193~433쪽에 게재된 논문을 같은 해에 별쇄본으로 출간한 것이다.

5) 달리 언급이 없는 한, 슈탐러로부터 인용된 구절에서의 강조는 모두 내가 한 것이다.

6) 다시 말해 어떤 상태가 "치유"와 "진보"로 **간주되어야** 하는가가 확정되고 **난 다음**이라는

의미에서 "이론적이다." 이렇게 확정되고 나면 이 상태의 형성이 "가능한가" 그리고 거기에로의 접근, 즉 "진보"를 확인할 수 있는가는 당연히 경험과학이 (원칙적으로) 답을 줄 수 있는 순전히 실제적인 문제이다.

7) 한 가지 예를 들어보기로 한다—71쪽 윗부분—: 여기에서 슈탐러는 **"궁극적으로"** 경제적 조건들이 건축술의 발전에 "결정적인" 영향을 끼친다고 말하고 있다(부수적으로 말하자면, 이 예는 거의 설득력이 없을뿐더러 더 나아가 **구체적인** 논거에 의존하려고 하기 때문에 이른바 원리의 "형식적" 성격에 모순된다). — 이미 앞에서 언급한 바 있는 독특한 불명료성의 외교술[1]이 여기서도 드러난다: "소급되어서 종속된다", "결정적인 영향" — 이것들은 어의적으로 여전히 슈탐러로 하여금 (엄격한 "유물론자"가 그리는 것처럼) **전적으로** 경제적 조건화에 대해 말한 것은 아니라고 변명하면서 빠져나갈 수 있는 구멍을 만들어주는 표현이다. 그러나 "궁극적으로"는 아주 전형적인 역사 유물론의 방식으로 표현된 것이기 때문에 그는 이 구멍을 이용해 빠져나갈 수 없다.

  1 이 책의 481쪽을 볼 것.

8) 여기에서 "마지막으로"는 가능한 또는 실제로 사용된 "자연"개념을 얼추로라도 **빠짐없이** 열거했다는 의미가 아니다. 아래의 519~20쪽과 592~93쪽도 볼 것[일러두기 9 참고].

9) **필연적으로** "일반적인가" 하는 문제는 당분간 제쳐두기로 한다.

10) 자명한 일이지만 **도덕적** 규범의 의미에서의 "규칙"은 **개념적으로** "사회적 존재"에 한정되지 않는다. 개념적으로 보면 "로빈슨 크루소"도 "반도덕적으로" 행위할 **수 있다**(가령 독일제국 형법 제175조의 두 번째 부분에서 법적 보호의 대상으로 규정되고 있는 도덕적 규범을 참고할 것).[1]

  1 이는 구체적으로 수간(獸姦)에 대한 처벌조항이며, 참고로 그 첫 번째 부분은 남성 간의 동성애에 대한 처벌조항이다.

11) "이념형"의 논리적 의미에 대해서는 이 책의 306쪽 이하를 볼 것.

12) 아래에서 계속 이어지는 많은 예들과 마찬가지로 이 예는 거의 과도할 정도로 사소한데, 독자들은 강하게 대인적(對人的)인 성격을 지니는 슈탐러의 일정한 논의들에 처음부터 맞서기 위해서는 이렇게 하는 것이 불가피하다는 점을 고려하여 이 사소함을 용서해 주기 바란다.

13) 우리는 당분간 "법"질서와 관련해서는 일체 생각하지 않기로 한다; 자명하지만 더 나아가 "교환"행위의 서로 다른 여러, 아니 심지어 많은 **이상적** "의미"를 구성하는 것이 전적으로 가능할 것이다.

14) 만약 우리가 교환행위의 "의미"를 여기에서 구별한 두 가지 의미 가운데 첫 번째 의미, 즉 "규범준칙"의 의미에서 교환 당사자들의 "상호관계의 규제"로, 그리고 그들의 **관계**가 그들이 미래의 **행동**과 관련하여 염두에 두고 있는 "규범"을 **통해** "규제되는 것"으로 규정한다면, 다음과 같은 점, 즉 여기에서 "규제된" 그리고 "규제"라는 단어는 어떤 일반적인 "규칙"에 필연적으로 포함되는 것이 결코 아니라는 점이 즉시 명료하게 드러난다—아마도 "약정은 충실하게 이행되어야 한다"라는, 다시 말해 "규제는 규제로 다루어져야 한다"라는 것 외에 아무것도 아닌 "규칙"을 예외로 들 수 있을 것이다. 교환의 두 당사자는 교환규범의 일반적인 이념적 "본질"에 대해 아무것도 알 필요가 없으며, 게다가 우리는 두 개인이 그들이 절대적으로 개인적인 따라서 —"교환"처럼 —어떤 일반

적인 유형에 포함될 수 없는 의미를 결부시킨 행위를 수행할 수 있다고 당연히 가정할 수 있다. 요컨대 **논리적** 관점에서 보면 "규제된 것"이라는 개념은 특정한 내용을 지닌 **일반적인** "규칙들"이라는 관념을 결코 전제하지 않는다. 여기서는 다만 이 점을 확실히 해둘 뿐, 우리는 논의의 단순성을 위해 계속해서 규범적 규제를 전적으로 "일반적인" 규칙들에 예속된 것으로 다루기로 한다.

15) 이 점에서 그것들은[1] **논리적으로** 보면 이론경제학의 "법칙들"에 상응한다.

　1 이는 구체적으로 "스카트 묘수풀이 문제들"을 가리킨다.

16) 여기에서 사용되는 "문화"개념은 리케르트가 정의한 것이다(『자연과학적 개념구성의 한계』, 제4장, 제2절과 제8절).[1] 여기서는 아직 "사회적 삶"에 대한 슈탐러의 견해를 비판적으로 검토하기 전임을 고려하여 의도적으로 이 개념의 사용을 피하기로 한다.[2] 이에 대한 자세한 논의는 나의 다른 논문들을 참고하기 바란다(이 책의 235쪽 이하와 341쪽 이하).[3]

　1 이 저작의 제4장(305쪽 이하)에는 「역사적 개념구성」이라는 제목이 주어져 있으며, 그 제2절(336쪽 이하)과 제8절(570쪽 이하)의 제목은 각각 「역사적 개체」와 「역사적 문화과학」이다.

　2 베버는 이 책의 573쪽 이하에서 사회적 삶에 대한 슈탐러의 개념을 비판적으로 논의하고 있다.

　3 이는 구체적으로 「사회과학적 및 사회정책적 인식의 "객관성"」과 「문화과학적 논리 영역에서의 비판적 연구」이다.

17) **만약** 스카트 법에 의해 규범적으로 규제되는 현상이 "세계사적" 관점에서 흥미로운 연구대상이 될 수 있다고 상정한다면, 스카트 규범의 경우에도 사정이 전적으로 같을 것임에는 두말할 나위가 없다.

18) 우리는 여기에서 게오르그 **옐리네크**가 그의 『주관적 공법의 체계』, 제2판, 제3장, 12～13쪽에서 우리의 문제에 대해 철저히 논의한 사실에 주의를 환기할 필요가 있다(그의 『일반국가학』, 제2판, 제6장을 참고할 것).[1] 그는 우리와 정반대의 관점에서 이 문제에 대해 관심을 갖는다. 그의 과제가 법교의적 사고 영역에 자연주의가 침해하는 것을 방지하는 데에 있는 반면, 우리의 과제는 경험적 **사고**의 법교의적 왜곡을 비판하는 데에 있다. 지금까지 경험적 사고와 법학적 사고의 관계를 전자의 관점에서 씨름한 유일한 학자는 프리드리히 **고틀**로, 그의 저서 『말의 지배』에는 이 문제에 대한 아주 탁월한 암시들이 포함되어 있다 — 그러나 이것들은 단지 암시의 상태에 머물고 있을 뿐이다. 주지하다시피, 이전에 폰 **뵘-바베르크**가 그의 논고 『재화의 경제적 이론의 관점에서 본 법과 관계』(1881)에서 법적으로 보호된 이해관계("주관적 법")를 특별히 경제적 사고의 관점에서 일관적이고 명료하게 다루었다.

　1 옐리네크의 저서 『주관적 공법의 체계』, 제3장의 제목은 「국가의 법적 성격」으로 이 저작의 12～39쪽에 걸쳐 있으며, 따라서 베버가 12～13쪽으로 표기한 것은 12쪽 이하로 보는 것이 타당할 듯하다. 그리고 그의 저서 『일반국가학』, 제6장의 제목은 「국가의 본질」로 이 저작의 130～76에 걸쳐 있다(옐리네크는 전자의 12쪽에서 후자에 대해 언급하고 있다).

19) 우리는 여기에서 인위적으로 단순화하고 있다!

20) **고틀**, 앞에서 인용한 책,¹ 192쪽, 주 1과 이어지는 쪽들도 참고할 것.

    1 이는『말의 지배』이다.

21) 이는 "스카트 규칙"이 문화적 삶에 대해 사소한 의의를 갖는다는 순수하게 실제적인 근거에서 그렇다.

22) 여기서는 이러한 개념에 상응하는 사실들의 **경험적** 내용에 대한 분석을 시도하지 않기로 한다.

23) 부수적으로 언급하건대, 논리적 관점에서 "법제사"를 구성하는 사유적 작용들은 언뜻 보기에 그런 것처럼 간단히 분류할 수 있는 것이 결코 아니다. 예컨대 **경험적으로** 볼 때 어떤 특정한 과거에 어떤 특정한 법제도가 "통용되었다"는 사실은 무엇을 의미하는가? 다음과 같은 사실, 즉 이 제도의 원리가 "법전"이라는 명칭으로 전해 내려오는 어떤 종이다발에 인쇄기의 잉크로 인쇄된 상징의 형태로 존재한다는 사실은 이 제도가 통용되었다는 사실에 대한 지극히 중요한 증거이기는 하지만 필연적으로 가장 결정적인 증후는 아니다. 심지어 이러한 인식의 원천이 완전히 부재하는 경우가 자주 있다. 게다가 그것은 **항상** "해석되고" 구체적인 경우에 "적용될" 필요가 있는데, 이 해석과 적용의 방식은 문제를 야기할 수 있다. 법제사의 관점에서 보면 그 "과거에 통용된 것"의 논리적 "의미"는 아마도 다음과 같은 가설적 명제로 표현할 수 있을 것이다: **만약** 당시에 어떤 "법률가"가 어떤 이해관계의 갈등을 특정한 종류의 법규칙에 따라 판결하라고 요청을 **받았다면,** 어떤 원천을 통해서든 상관없이 우리에게 그때 실제로 지배한 것으로 알려진 법률적 사고관습에 따라 특정한 내용의 판결을 **기대**할 수 있었던 **개연성**이 현저했을 **것이다.** 그러나 우리는 너무나 쉽게 재판관이 실제로 어떻게 "판결했을" 개연성이 있는가를 묻지 않고, 그가 주어진 경우를 어떻게 "판결해야" **했는가**를 묻는 경향이 있다: 다시 말해 너무나 쉽게 교의적 관념을 경험적 고찰에 끌어들이는 경향이 있다. 이러한 경향은 다음과 같은 두 가지 이유로 더욱더 커진다. 1) 우리는 사실상 그러한 구성물을 "색출적 수단"으로 갖지 않을 수 **없다**: 우리는 아주 일반적으로 그리고 자연스레 우선 역사적 "법원"(法源)을 교의적으로 해석하며 그리고 난 다음에 필요하고 가능하다면 "사실들"(전해 내려오는 판결 등)을 통해 우리의 이 해석이 역사적으로 그리고 경험적으로 타당했는가를 "검증한다." 2) 과거에 통용된 것을 어떻게든 확인하기 위해서 우리는 빈번하게, 아니 일반적으로 **우리의** 해석을 서술수단으로 이용해야 한다. 그렇지 않으면 역사적 법을 결코 내적으로 일관되고 이해할 수 있는 방식으로 재현할 수 없다. 왜냐하면 확고하고 명료하며 무모순적인 법률적 개념은 경험적으로 발전되지 않았거나, 또는 일반적으로 받아들여지지 않았기 때문이다(일정한 중세적 문헌에 나타나는 "게베레"¹를 생각해 볼 수 있다). 물론 우리는 후자의 경우 **우리에** 의해 가능한 것으로 발전된 하나의 "이론" 또는 여러 개의 "이론들"이 당시 사람들의 경험적 "법의식"에 어느 정도로 상응하는가를 신중하게 확인해야 한다 ─ 우리 자신의 "이론"은 단지 자료를 질서화하는 잠정적인 도식으로 기능할 뿐이다. 그러나 당시 사람들의 "법의식"은 필연적으로 명료하게 주어진 무엇인가가 결코 아니며, 내적으로 무모순적으로 주어진 것은 더더욱 아니다. 모든 경우에 우리는 우리의 교의적 구성물을 내가 다른 글에서 발전시킨 의미에서의 "이념형"으로 사용한다.² 이러한 사유 구성물은 결코 경험적 인식의 **종착**점이 아니라 항상 색출적 **수단**이거나 서술적 **수단**(또는 둘 모두)이다. 요컨대 우리가 앞에서 논

의한 것과 마찬가지로, 법제사적 관점에서, 다시 말해 역사의 어떤 시간적·공간적 단면에서 **경험적으로** "타당하다"고 확인된 "법규칙"은, 그것에 의해 잠정적으로 영향을 받은 인간들의 **실제적인** 행동의 "이념형"으로 기능한다: 우리는 그 법규칙과 관련된 당시 사람들의 **실제적인** 행동이 적어도 일정한 정도까지 거기에 적용했을 개연성에서 출발하며, 또한 필요하고 가능한 경우에 당시 사람들에게 거기에 상응하는 "합법성 준칙"이 존재했을 것이라는 우리의 가설을 "사실들"을 통해 "검증한다." 바로 이런 이유로 그토록 자주 "법규칙"이 경험적 "규칙성"을 대신하고 법률적 용어가 경제적 사실을 대신하는 것이다.

　1 "게베레"(Gewere)는 물건에 대한 사실적 지배를 권리의 표현으로 보는 게르만의 법적 관념이다.

　2 베버는 1904년에 나온 논문 「사회과학적 및 사회정책적 인식의 "객관성"」, 306쪽 이하에서 이념형적 개념구성의 방법을 제시했다.

24) 또 한 편의 논문이 이어질 것이다. — 저자의 유품에서 마리안네 베버가 발견한 미완성의 속편이 이어서 추가로 게재된다.[1]

　1 이 주의 뒷부분은 『과학론 논총』의 편집자가 추가한 것이다.

제5부

루돌프 슈탐러의 유물론적 역사관 "극복"에 대한 논문 추기(追記)[*][1)]

---

* 원서는 내용상 두 개의 장으로 구성되어 있는데, 실제로는 이 둘 사이의 어떤 구별도 되어 있지 않다. 이에 독자들의 편의를 위해 옮긴이가 책의 앞부분에 나오는 "차례"에 따라 장을 나누고 각 장에 제목을 붙였음을 일러둔다.

1. 슈탐러 저작에서의 "인과성과 목적"

슈탐러는 372쪽[1]에서 다음과 같이 말한다: "[……] 인간행위의 **원인 작용**이 고찰의 대상이 되는 한, 우리는 **자연과학적** 접근방식을 사용한다." 또한 곧바로 이어서 말한다(강조는 **슈탐러**가 한 것이다!): "**행위의 '원인'은 단지 생리학적 방식으로만 존재할 뿐이다.**" — 그리고 계속해서 이를 보다 정확하게 규정하기를, "행위를 인과적으로 결정하는 근거들은" — "**신경계**에서 찾을 수 있다." 이러한 주장은 오늘날 신체적 과정과 심리적 과정의 관계에 대한 다양한 이론들 중 그 어떤 이론에 의해서도 받아들여지기 어려울 것이다. 그것은 두 가지로 해석할 수 있다: 먼저 그것은 "행위"가 **어떻게든** 인과적으로 설명될 수 있기 위해서는 물리적 과정들**로부터** 도출될 수 있어야 하며, 게다가 사실상 이러한 도출이 원칙적으로 항상 가능한 것으로 전제될 수 있다는 견해로 해석할 수 있다;

---

1 이는 슈탐러, 『유물론적 역사관에서 본 경제와 법』, 제2판을 가리킨다.

이 경우에 그것은 엄격한 의미에서의 "유물론"과 동일하다 — 또는 그것은 "물질적으로", 다시 말해 물리적 과정들로부터 도출할 수 없는 것은 결코 인과적 고찰의 대상이 될 수 없다는 견해로 해석될 수 있다; 이 경우에는 비결정론이 들어올 수 있는 뒷문이 활짝 열려 있다. 그리고 그 결과에서 이와 동일한 모호성을 339쪽(아랫부분)~340쪽(윗부분)에서 볼 수 있다. 거기에서 슈탐러는 말하기를, 우리는 우리 자신의 행위를 두 가지 서로 다른 방식으로 생각할 수 있다: "**외적인**(주의!) 자연에서 인과적으로 야기되는 사건으로 또는 **나에 의해 야기될 수 있는 사건으로**."[2] "전자의 경우에 나는 외적인(주의!) 과정으로 간주되는 특정한 미래의 행위들에 대한 확실한 자연과학적 인식을 갖는다(? **추구한다**고 해야 한다). [……] 후자의 경우에 이러한 행위의 인과적 필연성에 대한 과학(누구의?)이 결여된다; 행위는(주의!) 경험에서 가능하지만, 그 자체로서(?) **필연적인 것이 아니다** [……]."[3] 여기서 슈탐러가 양자택일의 전자에서 아무런 근거도 없이 "행위"의 개념을 "외적인" 과정들에 국한함으로써 얼마나 많은 불명료성을 초래하는가가 즉각적으로 드러난다. 인과적 고찰은 과정의 "내적" 측면도, 행위는 "야기될 수 있는 것"[4]이라는 관념도, "수단들"의 검토도, 마지막으로 "목표"의 고려도 포함한다: 인과적 고찰에서는 비단 "외적인" 현상들만이 아니라 이 모든 현상이 엄격하게 결정된 것으로 다루어진다. 슈탐러 자신도 다음과 같이 말하는 것을 보면 이런 식으로 이해하는 것 같다. 즉 그는 그다음 단락에서(340쪽, 첫 번째 단락) "인간행위를 자연현상으로" 고찰해야 한다고 말하며, 계속해서(두 번째 단락) "배고프고 목마른 사람은 [……] 음식을 갈망하고 [……] **인과적 힘에 떠밀려** [……] 먹고 마신다"라고 말한다. 왜냐하면 "갈망"은

---

2 같은 책, 339쪽.

3 같은 책, 339~40쪽.

4 이는 그 앞의 8번째 줄에 따라 "나에 의해 야기될 수 있는 것", 그러니까 "인간에 의해 야기될 수 있는 것" 또는 "행위자에 의해 야기될 수 있는 것"으로 읽으면 된다.

확실히 "심리적인" 무엇이며, 따라서 "외적이고" 직접적으로 "지각할 수 있는" 것이 아니라 오히려 "외적인" 지각으로부터 "추론해야" 하는 무엇이기 때문이다. 그리고 음식물의 조달과 섭취는 언제나 — 슈탐러 자신의 용어를 따르자면 — 매우 다양한 정도로 "목적과 수단"에 대한 저울질에 근거할 수 있는 "행위"이다. 다음과 같은 두 극단, 즉 한편으로는 전혀 성찰되지 않은 채 "손을 뻗어 음식을 움켜쥐는 것"과 다른 한편으로르 그랑 베푸[5]의 메뉴에서 아주 세련되게 한 끼 식사를 위한 음식을 고르는 것 사이에는 그 어떤 지점도 선명한 경계선에 의해 단절되지 않는다. 그러나 자명하게도 생각할 수 있는 이 모든 뉘앙스는, 완전히 "충동적인" 행위로부터 완전히 "성찰적인" 행위에 이르기까지, 정확히 동일한 의미에서 모든 것은 결정된다는 전제에 근거하는 **인과적** 고찰의 대상이 된다. 슈탐러 자신은 342~43쪽에서 예링의 "기계적" 인과성과 "심리학적", 다시 말해 **목적**관념에 의해 결정되는 인과성 사이의 구별을 거부하면서,[6] 그 이유로 이 둘 사이에는 명확하고 실제적인 경계가 존재하지 않

---

5 르 그랑 베푸는 1784년 파리에서 문을 연 최초의 그랜드 레스토랑으로 이 명칭은 1820년에 레스토랑을 인수한 장 베푸(1784~1841)의 이름에서 연원한다.

6 예링은 『법의 목적』, 제1권, 4~5쪽에서 다음과 같이 기계적 인과성과 심리학적 인과성을 구별하고 있다: "[……] 자연과 똑같이 의지도 충분한 근거를 필요로 한다. 그러나 전자의 경우에 그것은 기계적 성격, 즉 **원인**(causa efficiens)이며, 후자의 경우에 그것은 심리학적 성격, 즉 **목적인**(causa finalis)이다. 돌은 떨어지기 위해서 떨어지는 것이 아니라 **떨어질 수밖에 없기 때문에**, 다시 말해 버팀목이 제거되었기 때문에 떨어지는 것이다. 그러나 인간은 어떤 것 '때문에'가 아니라 어떤 것을 '위하여' — 무엇인가를 달성하기 위하여 — 행위한다. '때문에'가 돌에 대해 불가결한 것과 마찬가지로 이 '위하여'는 의지에 대해 불가결한 것이다; 원인이 없으면 돌의 운동이 불가능하듯이, 목적이 없으면 의지의 운동이 불가능하다. 우리는 전자의 경우에 **기계적** 인과법칙에 대해 말하고, 후자의 경우에 **심리학적** 인과법칙에 대해 말한다. 나는 앞으로 후자를 **목적법칙**이라고 부르고자 하는데, 부분적으로는 그 간결성 때문이고 부분적으로는 이미 그 명칭에서 의지의 유일한 심리학적 근거는 목적이라는 사실이 드러나도록 하기 위함이다. 이렇게 하면 기계적 인과법칙에서는 부가어가 없어도 되고, 따라서 나는 이것을 단순히 **인과법칙**이라고 부르고자 한다./이러한 의미에서의 인과법칙은 다음을 의미한다: 외적인 감각세계에서는 그 어떤 과정도 이것을 야기한 다른 선행과정 없이는 존재할 수 없다; 또는 잘 알려

는다는 점을 들고 있다. 그렇다면 왜 슈탐러 자신은 바로 두 쪽 앞에서 그가 제시하는 예증들에서 의도적으로²⁾ "합리적" 행위와 "충동적" 행위를 구별하는가?⁷ 이것은 단순한 실수가 아니다; 오히려 이 점에서 슈탐러 스스로가 완전히 예링의 구별을 되풀이한다. 그는 340쪽에서(3번째 단락) 다음과 같이 말하고 있다: 1) "채워져야 하는 인간의 배고픔이라는 관념은(주의!)", "음식물의 섭취가 **본능적인 충동적 삶**의 발로이며 따라서 인과적 관점에서 필연적인 것으로 간주되는"(주의!) **경우에** "인과적 자연인식의 방향을 따라 움직인다." ― 이에 대한 예로는 "어머니의 젖을 빼는 갓난아기"를 들 수 있다; 2) 이에 반해 "우아한 만찬을 준비하고 다 먹어치우는 것은(!) [……] **결코** 불가피하고 필연적인 것으로 인식되는(주의!) 사건으로 간주되지(주의!) **않고**", "오히려 행위자 자신에 의해서 비로소 **야기될** 수 있는 것이다." 여기에서 우리가 이미 알고 있는 "불명료성의 외교술"⁸이 다시금 명백하게 드러난다: 1번 명제는 **단지** "충동적 삶"의 과정들만이 **인과적** 분석의 대상이 될 수 있다는 인상을 준다―그러나 직접적으로 그렇게 말하지는 않는다. 그리고 마찬가지로 "만찬"을 "자유의 영역"의 구성요소로 다루는 명제 2에서, 슈탐러는 **누구의** "관념", "인식" 등에 대해 말하는 것을 신중하게 회피하고 있다: 그것은 한 경우에는 그런 관념을 갖고 다른 경우에는 그런 관념을 갖지 않는 행위자 자신인가, 아니면 다양한 **문제**제기에 근거해 행위자의 태도라

진 표현을 사용하자면, **원인 없이는 결과가 없다.** 이에 반해 목적법칙은 다음을 의미한다: **목적 없이는 의지,** 또는 같은 말이지만 **행위가 없다.**" 참고로 예링은 "목적은 모든 법의 창조자이다"를 이 책의 모토로 내걸고 있다.

7 슈탐러는 『유물론적 역사관에서 본 경제와 법』, 제2판, 340쪽에서 ― 베버가 곧 아래에서 언급하는 바와 같이 ― 어머니의 젖을 빼는 갓난아기와 우아한 만찬을 준비하고 다 먹어치우는 것의 예를 들고 있다. 그리고 슈탐러는 베버가 말하는 바와 달리 "합리적"이라는 용어를 사용하지 않고 다만 "행위자 자신에 의해 창출될 수 있는 결과", "**나에 의해 야기될 수 있는 사건**" 또는 "**인간에 의해 야기될 수 있는 행위**"라는 표현을 사용한다. 같은 책, 339~41쪽을 볼 것.

8 이 책의 555쪽, 원주 7을 볼 것.

는 **대상**에 접근하는 인식주체인 **"우리"**인가? 내가 보기에 1번에 나오는 "채워져야 하는 인간의 배고픔이라는 관념"의 경우에 슈탐러는 우리의, 즉 인식주체들의 관념에 대해 말하는 것 같은 반면, "우아한 만찬"의 경우에는 그것을 (슈탐러의 표현을 따르자면) "다 먹어치우기를" 열망하는 사람의 관념에 대해 말하는 것 같다 ─ 그렇지 않다면 마지막 구절("야기될 수 **있는**")은 무의미할 것이다: 요컨대 우리는 슈탐러가 애호하는 그리고 그로 하여금 정확한 표현을 회피할 수 있게끔 하는 인식의 주체와 객체의 혼합의 예를 다시 한 번 접한다.

그런데 이러한 종류의 혼동이 "인과성과 목적"에 대한 장(章) 전체를 관통한다.[9] 제4부의 이 부분에서 슈탐러가 **맞게** 말한 것이라고는 374쪽 마지막 단락부터 375쪽 중간단락까지의 논의일 것이다.[10] 다음과 같은 질문, 즉 경험적·과학적, 윤리적 또는 미학적 인식의 내용이 **인정될** 수 있는가 그리고 그렇다면 "근거"는 무엇인가 하는 질문은, 다음과 같은 질문, 즉 어떻게 그것이, 다시 말해 어떤 "원인"으로부터 그것이 **인과적으로 형성되었는가** 하는 질문과 완전히 분리되어야 한다.[11] 슈탐러 자신이 전적으로 옳게 말하는 바와 같이, 전자와 후자의 질문은 서로 완전히 **다른** 두 개의 문제제기이다[12] ─ 그러나 그는 그런 다음 곧바로 375쪽 (중간부분)에서 "후자가"("체계적 의의"의, 즉 어떤 인식의 **타당성**의 문제가) **"실제적인 우위를 점하며** 결정적인 것이다"라고 말하는데, 이것이 의미하는 바는 도대체 무엇인가? **누구에게** 그렇다는 것인가? 그리고 더 나아가 슈탐러는(374쪽, 첫 번째 단락) 다음과 같이 말하고 있다: 만약 우리

---

9 슈탐러, 『유물론적 역사관에서 본 경제와 법』, 제2판, 제4부 제목은 「사회적 목적론」이며, 그 제1장(337~85쪽)의 제목이 「인과성과 목적」이다.

10 이는 다음을 의역한 것이다: "374쪽 마지막 단락부터 375쪽 중간단락까지의 논의가 제4부의 이 부분에서 **맞게** 말해진 것 전체를 대변하기에 완전히 충분할 것이다."

11 슈탐러, 『유물론적 역사관에서 본 경제와 법』, 제2판, 374쪽.

12 이 둘은 "체계적" 문제제기와 "발생적" 문제제기이다. 같은 곳을 볼 것.

가 어떤 "이념"의 존재의 경험적 조건들에 대한 "완전한" 지식을 가지고 있다면, "**경험적**(강조는 슈탐러가 한 것이다!) 결과를 — 어떤 것이 일어나거나 일어나지 않는다는 사실을 — 다른 어떤 자연적 과정의 경우에서처럼 주어진 조건들에 근거하여 확실하게 계산하는 것이 **가능할** 것이다." — 이는 모든 삶의 내용들, 심지어 모든 "이념적" 삶의 내용들의 형성에 대한 엄밀한 경험적 연구의 정당성을 인정하는 것 같다. 그러나 이미 표현방식이 기이하게 뒤틀려 보인다: 슈탐러는 비록 지식이 "완전하다"고 하더라도 계산이 단지 "가능할" 뿐이라고 주장하며,[13] 더 나아가 "이념" 자체의 경험적 존재는 명확하게 결정된다고 간단하게 확언하는 대신에 "경험적 결과"라는 개념을 끼워넣어서 애매하게 설명하고 있다. 두 가지 측면에서 애매하다: 첫째, 이 표현은 앞에서 인용한 바 있는 "외적"(생리학적) 과정들에의 국한을 상기시킨다;[14] 둘째, 슈탐러는 같은 장과 뒤따르는 장들에서 일련의 논의를 통해, 그가 여러 차례에 걸쳐 인정한 바 있는 사실, 즉 엄격한 경험적 문제제기는 현실의 어떤 다른 단면들에 대해서와 마찬가지로 "이념들"의 영역에 대해서도 정당성을 갖는다는 사실을 **계속해서** 방금 언급한 것과 유사한 방식으로 단서를 붙이고 때때로 완전히 **철회한다**. 게다가 인간행위의 경험적·인과적 인식이 갖는 의미와 한계에 대한 그의 논의는 도저히 참을 수 없는 불명료성과 모순에 의해 그 가치가 완전히 훼손된다.

슈탐러는 355쪽, 마지막 단락에서 "자연인식"과 관련하여 주장하기를, 그것은 항상 "하나의 원인으로부터 하나의 **더 높은** 원인으로" 소급하는데, "전자는 후자의 **결과**가 된다" — 다른 말로 표현하자면, 그는 자연법칙을 "영향을 끼치는 힘"으로 실체화한다. 이에 반해 5쪽 앞에서는 (350쪽) 인과성이 사물들 "자체"에 귀속되는 관계가 아니라 단지 "사고

---

13 베버가 보기에 지식이 완전할 경우에는 계산이 필연적이다.
14 이 책의 562~63쪽을 볼 것.

를 구성하는 한 요소, 우리 인식 내의 한 통일적인 기본개념"일 뿐이라는 명제를 자세하게 논의하고 있다. 그리고 351쪽, 아랫부분에서는 "경험"과 관련하여 진술하기를, 그것은 다만 "통일적인 원칙들에 따라("**예컨대**"―주의!―"인과성 법칙에 따라") 질서화된 지각들을 [……] 총괄할" 수 있을 뿐이다; 마찬가지로 371쪽에서는 인과성을 우리의 인식을 주도하는 경험적이고 "확실한 보편**개념들**"(!)의 한 가지 "**예**"라고 부르고 있다―이에 반해 슈탐러는 368쪽에서 인과적 인식 이외에는 "구체적인 현상들에 대한 **그 어떤 과학적** 인식도"[3] 존재하지 않는다고 말하고 있다. 이는 378쪽에서 "**목적과학**"이 그리고 379쪽에서 "**과학에 의해** 주도될 수 있는 인간의 목적들"이 언급되고 있다는 사실과 완전히 불일치한다. 378쪽에서는 "목적과학"이 "자연과학"과 대비되고 있으며, 따라서 여기에서 후자는 분명히 "인과적" 인식과 동일할 수밖에 없다. 350쪽에서는 인과성이 **모든** "경험과학"의 기본범주로 다루어지고 있으며, 따라서 "목적과학"은 "경험과학"이 될 수 **없을** 것이다. 그렇다면 "목적과학"은 어떻게 "경험과학"과 구별되는가? 여기에서 우리는 다시금 전자는 후자와 완전히 다른 **문제**제기라는 간단한 답변 대신에 그리고 이 두 문제제기에 대한 설명과 논리적 분석을 얻는 대신에 그릇되고 거의 쓸모가 없는 주장들이 뒤죽박죽 섞여 있는 모습에 직면한다.

슈탐러는 352쪽에서 말하기를, "**선택**이 시도될 수 있고 행위가 야기될 수 있다는 사고는 [……] 우리의 관념의 내용에 포함되어 있다." 좋다. 이러한 **관념**의 존재는 아무도 의심하지 않는 일상적인 내적 경험의 사실이다. 이로부터 무슨 결론이 나오는가? 슈탐러는 "왜 이러한 사고내용이 **망상**이어야 하는가?"라고 묻는다.[15] 그런데―우리는 여기에서 즉시 삽입하기로 한다―자명하게도 그 "내용"은 결정론적 관점에서 볼 때 결코 "망상"이 **아니다.** 다음은, 즉 자신의 행동을 의식적인 숙고의 대

---

15 슈탐러, 『유물론적 역사관에서 본 경제와 법』, 제2판, 352쪽.

상으로 만들 수 있는 인간의 능력은 그가 실제로 행동하는 방식에 대해 아주 현저한 의의를 갖는다는 것은 확고한 경험적 사실이다. 물론 행위자가 행위할 **수 있기** 위해서 자신의 행위가 "결정된 것"이 **아니라는** 관념을 가질 필요는 없다. 또한 설령 그의 행동이 명확하게 결정된 과정으로 간주된다고 해도 "선택을 한다"라는 그의 관념이 "망상"으로 변하는 것은 아니다: "심리학적" 관점에서 보면 사실상 그가 "가능성"으로 의식하게 된 목적관념들 사이에 "투쟁"이 **벌어진** 것이다. 그리고 마지막으로 설령 선택을 하는 사람이 확고한 결정론자라고 할지라도, 그가 이미 행한 또는 앞으로 행할 선택이 그에게 "고유한" 행위로서의, "그 자신의 행위"로서의 성격, 다시 말해 ─ **경험적** 의미에서 ─ 그의[16] 인격적 "특성", 그의 (경험적으로) "항상적인 동기들"**에도** 인과적으로 귀속시킬 수 있는 과정으로서의 성격을 잃어버리지는 않을 것이다. 이와 정반대로 행위자가 "망상"의 영역으로 들어서는 것은, 단지 그가 "비결정론적" 형이상학에 빠지기 시작할 때, 다시 말해 그가 자신의 행위는 완전히 또는 부분적으로 "무원인적"이라는 의미에서 "자유롭다"고 주장할 때뿐이다. 그런데 슈탐러는 이런 종류의 형이상학에 빠져 있다. 그의 선행하는[17] 논의(351~52쪽)에서 의심할 바 없이 나타나는 견해를 따르자면, 상기한 "선택"의 관념은 "야기될 수 있는 행위"가 그러한 관념의 존재에도 불구하고 **결정된 것**으로 간주되는 경우에 "망상"이 된다. 슈탐러는 이미 344쪽에서 말하기를, 이것은 "강제적 인과성"을 배제하는 "선택"의 개념과 모순될 것이다 ─ 그러나 이러한 주장의 명확성은 344~45쪽에서 다시 다음과 같은 주장에 의해 제한되고 흐릿해진다: 우리가 "**대다수의** 경우에" 미래의 인간행위의 "결과"를 "**일어나지 않을 수도 있다**"라고 가정한다

---

16 이 바로 앞에 "다른 결정요인들에 인과적으로 귀속시킬 수 있을 뿐만 아니라"를 추가해서 읽으면 의미하는 바가 보다 명확해질 것이다.

17 여기에서 선행한다 함은 이 단락의 서두에서 인용한 바 있는 352쪽의 구절에 선행함을 가리킨다.

는 사실에는 "전혀 의심의 여지가 없다."

슈탐러에 따르자면(352쪽), 그의 이러한 견해는 다음과 같은 두 가지 이유에서 충족이유율[18]이 모든 경험에 대해 무조건 타당하다는 사실과 모순되지 않는다: 1) 상기한 행위들은 그 사이에서 "선택"이 진행되고 있는 한 **아직** 경험적 사실이 아니고 단지 "가능성"일 뿐이다(그러나 이는 당연히 어떤 "자연과정"에도, 가령 두 마리 동물 사이의 싸움에도, 결과가 아직 확정되지 않은 한 똑같이 적용될 것이다) ─ 2) "올바른" 선택의 문제, 다시 말해 **당위적인 것**의 문제는 "자연과학"의 문제가 아니다(같은 곳). 물론 후자의 명제는 전적으로 맞다 ─ 그러나 이 명제는, 만약 그 타당성이 행위자의 "선택" 과정과 인과고찰의 한계에 대한 슈탐러의 ─ 이 "가치문제"와는 전혀 관계가 없는 ─ 일반적인 논의의 옳음에 달려 있다면, 매우 나쁜 딱한 지경에 처하게 될 것이다. 그렇지 **않다**는 것은 말할 나위도 없다. 나는 비록 일몰과 비오는 날 또는 어떤 견해가 모두 인과적으로 결정된 과정임을 확신할지라도, 일몰이 "아름답다"고 비오는 날이 "고약하다"고 생각할 수 있거나 또는 어떤 견해를 "궤변"이라고 판단할 수 있다. 나는 "본능적인" 음식물 섭취를 우아한 만찬과 똑같이 위생적 "적합성"의 관점에서 검토할 수 있으며, 또한 어떤 인간 "행위"에서와 마찬가지로 모든 자연과정에서 다음과 같은 질문을 제기할 수 있다: 그것이 과거나 미래에 일정한 결과를 산출하기 "위해서는"(과거에) 어떻게 진행되었어야 또는 (미래에) 어떻게 진행되어야 **할 것인가?**" ─ 모든 의사는 (암묵적으로) 매시간 그렇게 자문해야 한다. "합리적인" 행위자는 그 자신의 행동에 따라 여러 다른 결과들이 "가능하다"고 생각할 수 있고, 더 나아가 아마도 여러 다른 "준칙들" 가운데 어떤 것을 자신의 행동을 주도하는 원리로 선택할 수 있으며, 따라서 그의 행위는 이 내적 "투쟁"이 어떻게든 결판날 때까지는 "저지된" 상태이다 ─ 이는 경험적 고찰의 관

---

18 이에 대해서는 이 책의 125쪽, 옮긴이 주 79를 볼 것.

점에서 보면 의심할 나위 없이 "심리적 과정"의 근본적으로 중요한 양상 가운데 하나이다. 그러나 우리가 다음과 같은 과정에 대한 분석을 하면, 즉 하나의 또는 다수의 "결과"가 가능하다는 생각이 어떤 인간의 행동을 결정하는 요인들 가운데 하나가 되는 ─ 어디까지나 단지 **하나의** 결정요인일 뿐임에 주의해야 한다 ─ 과정에 대한 분석을 하면 인과고찰의 영역을 떠나게 된다고 가정하는 것, 이것은 당연히 말도 안 된다. 만약 "가능하다"고 생각되는 다수의 "목적들" 사이를 "선택하는" 과정이 **경험적** 고찰의 대상이 된다면, 이 과정은 자명하게도 처음부터 끝까지, 그리고 모든 합리적 숙고와 선택자의 머릿속에 떠오르는 도덕적 관념을 포함하여, 어떤 "자연과정"과도 마찬가지로 엄격하게 결정된 것으로 간주되어야 한다. 슈탐러는 이것을 명확하게 부정하지는 않지만 여러 쪽에 걸쳐서 빙빙 돌려 말하고 있다. 그는 때로 "**실행**은 자유가 아니다"라고 말한다(368쪽) ─ 그렇다면 (경험적으로) 자유는 "의지에" 존재한단 말인가? 그는 때로 "경험"을 "지각된 것"의 총합과 동일시한다 ─ 그러나 정신적 과정은 "지각할 수 없으며", 따라서 독자들은 이 과정이 결정되는 것인지 아닌지를 정확히 알 수 없다; 이는 슈탐러가 341쪽 윗부분에서 "인간에 의해 야기될 수 있는 무엇인가라는 사고"는 그가 378쪽에서 "자연"과 동일시하는 "지각들"의 영역에 속하지 않는다고 명시하고 있기 때문에 더욱 그렇다.[4] 또는 ─ 이미 앞에서 논의한 바 있는 352쪽의 구절에서[19] ─ "가능하다"고 간주되는 "미래의" 결과들은 아직 "경험적 사실"이 아니라고 말한다. 그리고 심지어 슈탐러는 ─ 마치 인과적 전진이 **논리적** 관점에서 볼 때 인과적 회귀만큼 도달할 수 없기라도 한 것처럼[20] ─ 경험은 단지 **과거의** 사실들과 관련해서만 **가능하며**(346쪽),

---

19 이 책의 567쪽 이하를 볼 것.

20 인과적 전진과 회귀에 대해서는 이 책의 413쪽, 원주 17에 따르는 옮긴이 주를 볼 것. 그리고 이 부분은 "마치 인과적 고찰이 **논리적** 관점에서 볼 때 과거에 도달하는 만큼 미래에 도달할 수 없기라도 한 것처럼"이라고 의역하면 의미하는 바가 보다 명확해질

따라서 원칙적으로 "미완결된" 그리고 "불완전한" 상태로 남는다고 단도직입적으로 주장한다. 우리는 그에게서 다음과 같이 이와 뒤섞인 여러 진술을 접한다: 경험은 "전지적"(全知的)이 아니고 "인간적 통찰의 모든 것을" 포괄하지 않으며(같은 곳) ── 이것은 대상에서 주체로의 사고의 비약이다 ──, 경험은(347쪽) 단지 그 "형식법칙들"(?) 내에서만 타당하고, **따라서** "불변의 타당성"을 지니는 "영원한 진리"를 산출할 수 없으며 그 결과로 "절대적인 **가치**"를 주장할 수 없다. 이에 반해 슈탐러는, 이미 앞에서 본 바와 같이,[21] 345쪽 윗부분에서 우리는 "대개" 미래의 행위가 반드시 일어나는 것은 아니라고 생각한다고 말할 뿐이다. 그리고 이처럼 불명료하고 우왕좌왕하는 논의를 계속하면서 모든 가능한 문제를 언급하고 이것들 모두를 서로 뒤엉키게 만든다. 슈탐러는(357쪽 아랫부분~358쪽 윗부분) 어떤 행위를 "야기할 수 있는 것"으로 "**생각할**" 수 있는(주의!) 가능성을 ── 우리는 여기에서 다시 한 번 이렇게 생각할 수 있는 가능성의 주체가 행위자인지 아니면 그의 행위를 인식**대상**으로 하는 "우리"인지 알 길이 없다 ── 이 행위를 "인과적으로 조건지어진 것"으로 파악할 수 있는 가능성과 **동일한 차원에** 위치시킨다 ── 그러나 동시에 강조하기를, 이 후자의 가능성은 "가령 중력의 법칙과 같은 방식으로 미래의 인간행위들의 인과적 필연성을 통찰할 수 있는 유일하고도 확실한 자연법칙이" 아직 존재하지 않는다는 사실에 의해 **제한된다**; 그리고 설령 이러한 상황이 "개선된다고"(!) 할지라도 아직 "**모든** 미래의 인간행위"가 이 법칙에 "포함되지는"(!) 않을 것이다. 이는 마치 "법칙론적" 인식이 절대적으로 완전하다면 (인간 외적) **자연**현상의 "전체"가 언젠가는 법칙들로부터 연역될 수 있고 "계산될 수 있을" 것이라는 인상을 준다! 슈탐러는 "법칙"과 "현상" 사이의 관계에 대해 또는 보다 일반적으로 말

것이다.

21 이 책의 568~69쪽에서이다.

해 현실적인 것의 비합리성이 갖는 인식론적 의의에 대해 전혀 알지 못한다.[22] 비록 슈탐러는 때때로 "경험"의 **실제적인** 틈이 제아무리 크다고 할지라도 **논리적** 측면에서는 아무런 의미도 갖지 않는다는 점을 상기함에도 불구하고, 계속해서 이 불완전성을 논의로 끌어들이며 그 결과로 계속해서 "목적들의 영역"을 틈을 메꾸는 요소로 격하해 버린다; 그러나 다른 한편으로 이 영역에 이질적인 **인식론적** 성격을 부여한다. ─ 이제 잔인한 놀이는 그만하고, 슈탐러가 무엇을 말할 **수 있었는가**를 간략하게 살펴보기로 한다. ─

　슈탐러가 의미하는바 "자연과학적" 인식과 "사회과학적" 인식 사이의 근본적인 차이를 이해하려면, 우리는 다른 하나의 "자연개념"을 찾아보아야 할 것이다. 슈탐러의 시도에 대한 검토를 계속하기 전에, 우선 제4부의 논의에 근거하여 이를 위해서는 어떤 가능성들이 있는지 확실하게 파악하기로 한다. ─

22　이 문장에 나오는 "현실적인 것의 비합리성"에 대해서는 이 책의 30쪽과 옮긴이 주 12를 볼 것.

2. 슈탐러의 "사회적 삶"의 개념

이미 우리가 살펴본 바와 같이,[1] 슈탐러는 "외적" 규범을 "사회적 삶"과 그 인식의 "형식", "전제조건", "인식론적 조건" 등으로 간주한다. 우리는 이미 앞에서 게임규칙을 예로 들어[5] 끊임없이 변하는 형식 속에서 반복되는 이 주장들에서 어떤 합리적인 의미를 찾을 수 있는 다양한 가능성을 논의했는데, 이제 그로부터 몇몇 결론을 이끌어내기로 한다. 이를 하면서 우선은, 슈탐러가 보기에 "사회적 삶"에 대한 "인식"의 **유일한** 가능성, 즉 이 삶을 "평가적으로" 고찰하는 것, 다시 말해 "이상"을 발견하고 이 삶과 관련된 경험적 조사결과를 그렇게 찾아낸 척도에 비추어 **"사회정책적으로" 측정하는 것**은 제쳐두기로 한다. 오히려 "외적인" (법적인 그리고 "관습적인") **규범**들이 "전제조건"의 역할을 하는 **경험과학**에서 그 대상의 경계를 어떻게 설정할 것인가를 논의하기로 한다.

---

1 이 책의 470쪽에서이다.

슈탐러의 저작의 제2부에는 「사회과학의 대상」[2]이라는 제목이 주어져 있는데, 거기에서 그가 추구하는 목표는, 이미 우리가 본 바와 같이,[3] (뤼멜린의) "사회"개념과 국가개념보다 상위이면서 이 둘을 동시에 포괄하는 "사회적 삶"의 개념을 "규칙"개념에 근거하여 발전시키는 것이다.[4] 그러나 처음으로 이러한 시도가 이루어지는 구절에서(83쪽, 15번째 줄 이하) 이미 슈탐러의 애매성이 시작된다: 그는 거기에서 말하기를, "우리 인식의 고유한 대상으로서의 사회적 삶"을 구성하는 요소는 "인간들의 상호관계와 공동체적 삶에 대한" "인간들로부터 기인하는 규제"(85쪽에서는 이것이 훨씬 명확하게 표현되어 있다: "인간들로부터 유래하는 규범")이다. 그렇다면 이것이 의미하는 바는 (I) "사회적 삶"의 개념이 근거하는 "규칙"이 1) 인간들에 의해 "타당해야 하는" 규범으로 창출되어야 한다는 것인가, 또는 2) 준칙으로 지켜져야 한다는 것인가, 또는 3) 이 두 가지 모두이어야 한다는 것인가? 다시 말해 그것은 어떻게든 경험적 인간들의 "준칙"이어야 한다는 것인가? 아니면 (II) **"우리가"** ― 관찰자들이 ― 시간적·공간적으로 공존하는 인간들의 상호행동을 "개념적으로" "규칙"에 예속된다고 간주하는 것으로 충분한가?; 그것도 1) 우리가 이 상호행동으로부터 "규칙"을 "추상할" 수 있다는 의미에서, 다른 말로 표현하자면 그것의 과정이 경험적으로 규제된다는 의미에서, 또는 2) 이

---

2 슈탐러, 『유물론적 역사관에서 본 경제와 법』, 제2판, 75~158쪽.

3 이 책의 제4부, 여러 곳에서이다.

4 슈탐러는 뤼멜린의 이론을 과도기 현상으로 간주하는데, 그 이유는 전자가 보기에 후자는 국가과학과 사회과학(Gesellschaftswissenschaft)을 똑같이 사회과학(Sozialwissenschaft)에 포함시켰지만 이 두 가지 범주를 새로운 개념으로 종합하지는 않았기 때문이다. 이에 대해서는 슈탐러, 『유물론적 역사관에서 본 경제와 법』, 제2판, 79쪽 이하를 볼 것. 그리고 국가과학(Staatswissenschaft)과 사회과학(Gesellschaftswissenschaft) 및 사회과학(Sozialwissenschaft)의 관계에 대해서는 김덕영, 『짐멜이냐 베버냐? 사회학 발달과정 비교연구』, 48쪽 이하를 볼 것. 뤼멜린은 「사회 및 사회과학의 개념에 대하여」에서 사회와 국가를 다음과 같이 구분한다. 즉 전자는 공동체적 삶의 재료와 내용을 의미하는 반면, 후자는 법률적 규범의 힘으로 사회의 그리고 자신의 질서를 보장한다.

와 — 우리가 상세하게 논의한 바와 같이[5] — 완전히 다른 의미에서, 즉 "우리가", 즉 관찰자들이 보기에 그것에 "규범"이 — "이념적으로"(주의!) — 적용될 수 있거나 또는 적용될 수밖에 없다는 의미에서 그런가?

어쨌든 슈탐러는 자명하게도 II, 1의 경우(경험적 규제성)를 자신이 의미하는 바가 아니라고 즉각 거부할 것이다: "규칙"은 경험적 규칙성으로가 아니라 "명령"으로 이해해야 한다. 자신에 대한 키스티아콥스키의 논평[6]을 반박하면서 슈탐러는 잔뜩 거들먹대며 주장하기를, 그가 자신의 책 제1판에서 이 점을 논의하고 난 후에 누군가 자신에게 그러한 질문을 할 것이라고는 전혀 기대하지 않았다.[6] 정말로? 그렇다면 그가 신물이 나도록 되풀이해 다음과 같이 말하는 것은, 즉 인간들의 공존과 상호영향은 순수한 경험적·인과적 관점에서 보면 "혼잡", "혼돈", "혼란"으로[7] — 이 모든 것은 그 자신의 표현이다 — 귀착될 것이라고 말하는 것은 도대체 무엇을 의미하는가? 게다가 슈탐러는 키스티아콥스키에게 분명하게 답변하기를(641쪽), 만약 인간들 사이의 관계에 대한 고찰이 "명령"으로서의 "규칙"의 개념을 사용하지 **않는다면** 그가 의미하는 바의 "사회적 삶"에 대한 논의가 될 **수 없다**; 이러한 상황에서 슈탐러가 다음과 같이 주장하는 것(84쪽), 즉 "사회적" 삶에 "실제적으로" 대립되는 것은 "개인"의, 또는 그가 아주 명시적으로 표현하듯이, 완전히 고립되어서 살아가는 가설적 원시인의 **고립된** 존재라고 주장하는 것이 어떻게 가능할까?[7] — 이와 달리 그 대립은 매우 명백하게도 단지 (잠정적이고

---

5 이 책의 505쪽 이하에서이다.

6 이 논평은 키스티아콥스키, 『사회와 개인』에 나오는데, 슈탐러는 키스티아콥스키가 이 저작의 75~76쪽에서 자신에게 한 질문을 인용하고 있다: "우리는 슈탐러에게 만약 인간들의 공동 삶과 상호작용에 규범과 규칙이 없다면 더 이상 사회가 구성되지 않는가라고 물을 수 있다." 슈탐러, 『유물론적 역사관에서 본 경제와 법』, 제2판, 641쪽, 주 51.

7 여기에서 "가설적"이라 함은 역사적 경험으로부터 알 수 없기 때문에 추상적으로 설정된다는 뜻이다. 슈탐러에 따르면 우리는 추상화를 통해 "인간들의 사회적 존재라는 역사적 사실을 완전히 고립된 개인이라는 개념과 [……] 대비할 수 있다." 슈탐러, 『유물론적

아주 부정확하게 표현해서) 다음에서만, 즉 "인간들 상호 간의 (그리고 '자연'에 대한 인간의) 관계들 중에서 '인간에 의해 정립된 규칙'(명령이라는 의미에서의)에 속하지 **않는 것들**"에서만 찾을 수 있을 것이다. 그뿐 아니라 슈탐러는 방금 언급한 구절에서 77쪽 및 다른 곳에서와 달리 더 이상 "개념적" 또는 "논리적" 대립에 대해 이야기하지 않고 갑자기 "실제적" 대립에 대해 이야기하는 점이 눈에 띄는데, 사실 이는 이미 우리가 익히 알고 있는 그의 전형적인 논의방식이다. 그러나 곧바로 87쪽(윗부분)에서 이 둘이 다시 동일시된다 ― 그러니까 연구목적의 다양성과 경험적으로 "발견되는" 사실들의 다양성이 동일한 것으로 다루어지고 있는 것이다. 여기서는 사실상 다음의 두 가지를 생각해 볼 수 있다. 1) 먼저 연구의 특수한 **의미**를 제시함으로써 "우리 인식"의 한 고유한 "대상"의 "논리적" 경계를 설정하는 것인데, 이 경우에 "인간들 상호 간의 (그리고 '자연'에 대한 인간의) **모든 관계**"는, 우리가 이것들을 "규칙"(명령이라는 의미에서)의 이념적으로 가능한 적용의 경우로서가 아니라 단지 사실로서 고찰하는 **한** 슈탐러가 의미하는 바의 "사회적 삶"의 영역으로부터 배제되어야 함이 물론이다. 다시 말해 경험적·인과적 과학이 아니라 단지 "교의적" 과학만이 "사회적 삶"을 대상으로 가질 수 있을 것이다. 2) 이에 반해 경험적 현실, 다시 말해 실제적으로 주어진 "대상들"의 세계를 구성하는 요소들의 경계를 "객관적으로" 설정하는, 그것도 경계를 설정해야 하는 구성요소들에서 경험적으로 발견할 수 있는 질적인 차이에 근거하여 설정하는 것이다 ― 이 경우에 슈탐러의 "사회적 삶"의 개념에 대한 대립은 명백하게도 ("자연"과 관련된 그리고) 다른 인간들과 관련된 **모든** 인간의 자아행동에서 찾을 수 있을 것인데, 이 자아행동은 인간들이 타당해야 하는 것으로서의 "규범"을 **실제로** "정립하지" 않았거나 (앞 단락의 I, 1번), 또는 그들이(앞 단락의 I, 2번과 I, 3번) 실제로 이러한 규

역사관에서 본 경제와 법』, 제2판, 84~85쪽.

범을 "준칙"으로 따르지 않는 경우에 형성된다. 요컨대 어떤 것이 "자연 과정"인가, 아니면 "사회적 삶"의 현상인가는 다음에 달려 있다: 그것과 관련하여 구체적인 경우에(I, 1) 어느 정도로 "규약"에 대한 합의가 이루어졌는가,[8] 또는 그 밖에(I, 3) 관여되는 인간 또는 인간들이 구체적인 경우에 그 "규약들"에 대한 어느 정도의 의식적인 ─ 긍정적이든 부정적이든 ─ 입장설정에 근거하여 행위했는가, 또는 마지막으로(I, 2) 명시적인 "규약"이 부재함에도 불구하고 인간들의 행위가 구체적인 경우에 적어도 주관적인 측면에서 외적인 인간행동이 마땅히 따라야 하는 규범이 존재한다는 생각에 의해 어느 정도로 영향을 받았거나 아니면 적어도 인도되었는가에 달려 있다.

만약 우리가 슈탐러 자신에게 이러한 문제들에 대한 명확한 설명을 요구한다면, 그것은 헛된 일일 것이다. 그는 우리가 이전에 논평한 바 있는 "불명료성의 외교술"[8]을 구사하면서 그와 같은 설명을 제공할 의무를 회피하는데, 이 경우에는 "규칙"을 **인격화하고** 그저 "은유적으로" 말한다는 매우 단순한 수단에 의존한다. 우리는 98쪽 아랫부분부터 99쪽 윗부분에서 "외적인 규칙"은 ─ 이 경우에 그것은 "신념"에 근거하는 도덕적 규범과 대비된다[9] ─ "그 의미(주의!)에 따르면 개인으로 하여금 그것을 따르도록 하는 동인으로부터 완전히 독립적인 위치를 차지한다"라는 주장을 접한다.[9] 누구든지 이 은유를 그 규칙의 교의적으로 추론할 수 있는 이념적 "타당성"이 슈탐러가 의미하고자 하는 바라고 해석할 것이다. 그리고 이런 식의 해석은 다음을 감안하면 더욱더 그럴듯하다: 슈탐러는 이어지는 단락(여덟 번째 줄 이하)[10]에서 분명히 말하기를, "규칙의" 경우에는 "그것에 복종하는 사람이 그것에 대해 숙고하는지 아닌지"(여

8 이에 대해서는 이 책의 555쪽, 원주 7을 볼 것.
9 슈탐러는 『유물론적 역사관에서 본 경제와 법』, 제2판, 99쪽 윗부분(네 번째 줄)에서 "도덕적 신념"에 대해 말하고 있다.
10 이 단락은 같은 책, 99쪽 세 번째 줄에서 시작된다.

기에는 그가 그것을 아는지 — 또는 모르는지가 포함된다), 또는 그가 "어렴풋한 습관"으로(이것은 규범에 지향된 프래그머틱한 행위[11]와 다른 모든 종류의 행위를 경험적으로 엄격히 구별한다는 관점에서 보면, 당연히 동물적 "본능"과 전적으로 동일시될 것이다) 인해 그것에 따라서 행위하는지 아닌지와 아무런 "상관이" 없다.[12] 슈탐러는 실제로 "규칙"이 지켜지지 **않는** 경우에 대해서는 영리하게 침묵을 지킨다; 이 경우도 규칙의 이념적(교의적) "타당성"과 무관하다고 분명히 밝혀야만 그가 의미하는 바가 진정으로 명확해질 것임에도 불구하고 그리한다. 그러나 이러한 명확성은 다음과 같은 스콜라적 조작을 불가능하게 만들었을 것이다: (인격화된) 규칙은 "고립된(!) 인간에게 [······] 고유한 동인(주의!)과 구별되기"(앞에서는 이로부터 "독립적인 위치를 차지한다"라고 표현되었다)[13] 때문에, "하나의 새로운 독립적인 결정요인으로"(주의!) 등장한다(100쪽).[14] 이미 언급한 바와 같이, 우리는 98쪽 아랫부분부터 99쪽 윗부분에서 외적인 행동은 (경험적) 결정요인(거기에는 "동인"으로 표현되어 있다)과 **무관하다**는 주장을 접한다 — 슈탐러 자신의 표현을 따르자면, "규칙"은 그 결정요인으로부터 "독립적인 위치를 차지한다."[15] 이 주장으로부터 은유적인 요소를 제거하면, 그것이 의미하는 바는 다음과 같다. 즉 **우리는** 규범적으로 평가하는 경우에 행위자들의 경험적 동기를 도외시하고[10] 단지 외적인 행동의 합법성만을 물을 뿐이다. 여기에서 갑자기 "고립된" 인간이 개념적 대립으로 밀반입될뿐더러,[16] 더 나아가 마찬가지로 갑자기 우

---

11 이는 목적론적 행위를 가리키는 것 같다.

12 이 문장에서 두 개의 괄호 안에 들어 있는 내용은 슈탐러의 견해가 아니라 베버의 견해이다.

13 이 단락의 5~9번째 줄을 볼 것.

14 이 문장에 나오는 두 번째 인용구절의 맨 앞에 "인간행동에 대한"을 덧붙여 읽으면 의미하는 바가 보다 명확해질 것이다. 실제로 슈탐러의 책에는 그렇게 되어 있다.

15 앞의 주 13을 볼 것.

16 이 구절에 나오는 "인간이"와 "개념적 대립으로" 사이에 "'사회적' 삶에 대한" 또는 "'사

리가, 즉 관찰자들이 적용하는 평가의 **척도**인 규범의 이념적 "타당성"이 다시 한 번 재해석되어 인간행위의 경험적 결정요인으로 변환되며 이 경험적 사실이 — 보다 명확하게 말하자면, 99쪽 윗부분에서 완전히 무관한 것으로 언명된 가능성이,[17] 즉 규범에 (이념적으로) 예속되는 사람은 도덕적 또는 형식적·법적 신념에 근거하여 의식적으로 그것에 순응하는 가능성이 — "외적으로 규제된 공동 삶"의 특징적인 표지로 설정된다. 이러한 기만[11)]은 아주 명백하게도 "규칙이 독립적인 위치를 **차지한다**"라는 슈탐러의 명제 때문에 가능하다. 이 명제를 접하는 부주의한 독자는 한편으로 우리가 "교의학"을 추구하며 따라서 "규칙"을 이념적으로 타당해야 **하는** 것으로 다루는 경우에 추상화를 수행하는 것은 **우리**라는 — 인식하는 주체들이라는 — 사실을 정확히 알 수 없으며, 다른 한편으로 경험적 인식이 문제가 되는 경우에 우리의 인식**대상**에 속하는 경험적 인간들이 규칙의 제정을 통해 경험적 "결과"를 달성하고자 하며, 또한 — 그 확실성의 정도는 다양하지만 — 일반적으로 달성한다는 사실을 정확히 알 수 없다. 그뿐 아니라 슈탐러는 이러한 스콜라적 모호함에 그 어떤 명료성도 침입하지 못하도록 이어지는 단락에서(100쪽, 23번째 줄) "자연법칙"을 "규약"과 유사하게 인격화하고는, 특정한 공동 삶을 "창출하고자 하는" 후자에 전자를, 그러니까 경험적 규칙성을 "자연현상들의 **인식하는**(원문 그대로이다!) 통일성"으로 대비시킨다.[18] "무엇

회 안에서의' 삶에 대한"을 덧붙여 읽으면 의미하는 바가 보다 명확해질 것이다.

17 이 구절에 나오는 "윗부분에서"와 "완전히" 사이에 "외적인 '규칙'과"를 덧붙여 읽으면 의미하는 바가 좀 더 명확해질 것이다.

18 이 단락은 슈탐러, 『유물론적 역사관에서 본 경제와 법』, 제2판, 100쪽, 18번째 줄부터 시작되며, "자연법칙"은 21~22번째 줄에서 언급되고 "규약"은 23번째 줄에서 언급된다. 그리고 이 문장에서 자연법칙을 인격화한다 함은, 슈탐러가 이것을 "자연현상들의 **인식하는** 통일성"으로 파악한다는 것을 가리킨다. 사실 "인식하는"이라는 말은 인격이 있는 주체의 행위를 가리키며, 따라서 베버가 슈탐러를 인용하면서 그 말 바로 다음에 "(원문 그대로이다!)"를 덧붙인 것이고, 그다음 문장에서 "'인식하는' 규칙은 그야말로 난센스이다"라고 말하고 있는 것이다.

을 하고자 하는" 규칙은 비록 이 경우에는 절대로 허용될 수 없지만 적어도 그 자체로는 용인될 수 있는 은유이다 — 그러나 "인식하는" 규칙은 그야말로 난센스이다. 우리가 제4부에서 자세하게 논의한 점을 고려하면, 이 이상의 비판은 불필요할 것이며, 마찬가지로 다음에 특별히 주의를 기울일 필요도 없을 것이다: 100쪽에서 행위의 "독립적인"(경험적인) "결정요인"으로 설정된 규칙이, 101쪽 아랫부분에서는 다시금 **개념**을 "형식적으로 결정하는 요소"가 되고, 이어서 102쪽 중간부분에서는 이 개념을 — 즉 "사회적 삶의" 개념을 — "가능케" 하는 "인식론적 조건"이 되며, 뒤이어 105쪽에서는 — 슈탐러 자신에게 너무 늦은 것이 확실한 — 다음과 같은 경고, 즉 무슨 일이 있어도 "외적 규제의 **논리적** 기능(!)을 **인과적** 작용으로 만들어서는" 안 된다는 경고가 따른다[19] — 슈탐러 자신은, 우리가 이미 살펴본 바와 같이, 몇 쪽 앞에서 정확히 그렇게 했다.[20] 게다가 슈탐러 자신은 심지어 곧바로 이어지는 논의에서조차도 논리적·개념적 관점과 경험적·실제적 관점을 혼동하지 말라는 — 이것이 상기한 구별[21]의 의미를 보다 일반적으로 표현한 것이다 — 자신의 경고를 완전히 무시한다. 구체적으로 말해 우리는 이미 바로 다음 단락에서(105쪽)[22] 다음을 목격한다: 슈탐러는 "사회적 삶"과 (그의 표현대로) "고립된" 삶이라는 두 가지 **개념**을 — 여기서는 일단 그를 믿기로 한다 — 그가 추구하는 방식으로 엄격하고도 배타적으로 대립시키며, 이

---

19 여기에서 논리적 기능이라 함은 사회적 삶을 하나의 독립적인 과학적 인식, 다시 말해 사회과학적 인식의 대상이 되도록 하는 것을 가리키며, 슈탐러에 따르면 이러한 논리적 기능은 바로 외적 규제 또는 외적인 규칙에 귀속된다. 이에 반해 인과적 작용은 최초에 인간사회가 형성되는 과정에서 특정한 요소들이 끼친 영향을 가리키는데, 슈탐러는 사회적 삶의 이러한 역사적 측면에는 관심을 기울이지 않는다. 그는 오히려 외적 규제 또는 외적인 규칙에 근거하는 인간들의 사회적 존재를 역사적으로 주어진 것으로 받아들인다. 같은 책, 105쪽.

20 이 책의 574~75쪽을 볼 것.

21 이는 바로 앞 문장에 나오는 **"논리적** 기능"과 **"인과적** 작용"을 가리킨다.

22 이는 슈탐러, 『유물론적 역사관에서 본 경제와 법』, 제2판, 105쪽의 두 번째 단락이다.

로부터 다음과 같은 결론, 즉 경험적 현실에서도 이 두 가지 개념 중 어느 하나에 자연스럽게 포함되지 않는 **사실**은 아무것도 없다는 결론을 도출한다; 항상 둘 가운데 하나만이 존재하며(주의!), "제3의 것은 전혀 생각할 수 없다." 그렇다면, 유일하게 "생각할 수 있는" 두 가지 사실은 보다 자세하게 무엇을 의미하는가? 한편으로는 "완전히 고립되어 살아가는(주의!) 한(주의!) 인간"이고 다른 한편으로는 "다른 인간들과 연합되고 외적인 규칙들에 의해 지배되는 인간의 삶"이다.[23] 슈탐러에 따르면 이 양자택일은 절대적이고 완벽하기 때문에 심지어 "발전"도 "고립된" 상태에서 "사회적 삶"의 상태로 진행되는 것이 아니라 단지 "두 가지 상태 중 하나 안에서만" 가능하다 ― 그는 여기에서 우리가 이미 알고 있는 외교술[24]을 발휘해 "우리의 관점에 따르면"이라는 구절을 슬쩍 끼워넣고는 방금 언급한 발전의 논리를 로빈슨 크루소 이야기[12]를 통해 예증한다.[25] 이 경우에 우리는 다음과 같은 기만을 엿볼 수 있다: 독자들은 이 결정적인 구절에서도 "규약" ― 명확성을 기하기 위해 슈탐러가 일반적으로 사용하는 이 용어와 더불어 이야기하자면 ― 에 의해 연합된 다수의 인간들에게 대립되는 것은 단지 절대적으로 고립된 **한** 개인뿐이라는 인상을 받는 반면, 슈탐러 자신은 아주 많은 다른 구절에서 공존하지만 그들의 상호관계가 "규약"에 의해 규제되지 않으며, 따라서 이것이 서로에게 지향된 그들 행동의 "결정요인"으로 간주될 수 없는 **다수의** 개인들에 대해 언급하고 있다.

---

23 같은 곳.

24 이 책의 555쪽, 원주 7을 볼 것.

25 베버는 슈탐러를 간접인용하기 때문에 슈탐러가 "우리의 관점에 따르면"이라는 구절을 어디에 끼워넣었는지 알 수가 없으며, 따라서 이 구절이 들어 있는 문장을 직접인용할 필요가 있다. 슈탐러에 따르면, **"발전**은 우리의 관점에 따르면 항상 **두 가지 상태 중 하나 안에서만** 가능할 뿐이다"(강조는 슈탐러). 슈탐러, 『유물론적 역사관에서 본 경제와 법』, 제2판, 105쪽. 그리고 로빈슨 크루소 이야기를 통한 예증은 같은 책, 105~06쪽에서 전개되고 있다.

그러므로 이와 같은 상황은 슈탐러 자신의 관점에서 보면 개념적으로 "고립되어서 살아가는 것"과 동일할 것이다. 그러나 여기에서 그는 다음과 같이 즉각적으로 두 번째 기만을 하고 있다: 그는 먼저 "규약"에 의해 규제되지 않는 공존 — 슈탐러는 이것을 동물의 왕국과 동일시한다 — 을 "순수한 물리적" 공존으로 규정한다; 이로 인해 독자들은 개인들이 서로 간에 아무런 관계도 없이 시간적·공간적으로 공존하는 것이 "사회적 삶"에 대한 유일하게 가능한 대립이라고 생각하게 된다 — 그러고는 다른 구절들에서 순수한 "본능", "충동" 등, 다시 말해 그와 같은 공존의 "심리적" 구성요소들에 대해 자세하게 논의하고 있다. 슈탐러가 이 구절들에서 의도적으로 "충동적인 것"을 강조하는 것을 보면 어렴풋한 무의식을 떠올리게 되는데, 우리는 여기에서 또 다른 기만을 엿볼 수 있다: 슈탐러가 명시적으로 언급하고 있는(105쪽 아랫부분)[26] 로빈슨 크루소의 "경제"는 디포에 의해 "본능적인 것"으로가 아니라 목적론적 "합리성"에 입각하여 구성된 것으로 서술되고 있음에도 불구하고 슈탐러에 따르면 "외적으로 규제된 자아행동"의 영역이 아니라 "순수한 기술"의 영역에 속한다; 그리고 슈탐러가 어떻게든 논리적 일관성을 유지하려면, 다른 사람들을 "지향하는" 로빈슨 크루소의 목적행위도, 다시 말해 그들의 행위에 체계적으로 영향을 끼치려고 의식적으로 의도하는 로빈슨 크루소의 목적행위도 "규약"에 의해 **규제되지** 않는 경우에는 "사회적 삶"의 영역에 속하지 않아야 한다. 우리는 이러한 상황으로부터 어떠한 "논리적" 결과가 나올 것인가를 이미 앞에서 분명하게 밝혔다;[27] 여기서는 슈탐러도 다른 구절에서(101쪽 아랫부분~102쪽 윗부분) 그 결과를 인정했다는 사실을 알아두는 것으로 충분하다.[28] 그러나 그는 다른 구절에서

---

26 바로 앞의 옮긴이 주에서 볼 수 있듯이, 로빈슨 크루소에 대한 슈탐러의 언급은 105쪽 아랫부분부터 106쪽까지 이어지고 있다.

27 이 책의 512~13쪽을 볼 것.

28 슈탐러는 『유물론적 역사관에서 본 경제와 법』, 제2판, 101~02쪽에서 다음과 같이 말

(96쪽 아랫부분~97쪽 윗부분) 유보하기를, 이미 언어의 사용만 하더라도 인간관계의 "관습적 규제"를 의미하며, 따라서 사회적 삶을 구성한다. 그런데 "언어적" 수단의 모든 사용은 "의사소통"을 의미한다 — 그러나 그 자체는 규약에 대한 의사소통도 아니고 "규약"에 근거하지도 않는다. 슈탐러는 후자를 주장하면서,[29] 그 근거로 문법적 명제들은 **규정**으로서 이것의 "학습"은 특정한 행동을 "초래하게 되어 있다"라는 점을 제시한 다.[30] 이는 김나지움 5학년생[31]과 그 교사 사이에서 실제로 그러하며, 또 한 **이러한** 방식으로 언어를 학습하는 것이 가능하도록 "문법학자들"은 언어행위의 **경험적** 규칙성들을 사실상 하나의 **규범**체계로 조직해야 하 는데, 이 규범들의 준수는 회초리를 통해 강요된다.[32] 그러나 슈탐러 자 신은 97쪽 아랫부분에서 "완전히 고립된 공존"은 심지어 "언어와 **몸짓**" (주의!)에서의 "합치"조차도 도외시하는 경우에만 생각할 수 있다고 말

하고 있다: "**외적 규제**는 인간들의 공동 작용이라는 개념을 **형식적으로 결정하는** 요소 이다. [……] 그러므로 **사회적인 것**으로 간주되어야 하는 공동 작용의 모든 특별한 종 류에는 이미 **외적 규제**라는 관념이 결부된다. 사실상 이 경우에 인간들의 공동 작용은 형식적 관점에서 보면 공통적인 목적의 추구로 받아들여지는데, 이 목적은 **외적 규제 를 통해 연합된** 인간들 각자에게 외부로부터 주어지며 그 자체가 인간들에 의해 정립 된다. 그리고 공동체적 목적의 정립은 **논리적으로 조건짓는** 요소인데, 왜냐하면 **사회 적** 공동 작용이라는 관념 **그 자체**는 상기한 규제적 요소 없이는 결코 존재할 수 없기 때문이다; 그렇기는 하지만 이 규제적 요소는 **그 자체로서 독립적인 것으로** 간주될 수 있다."

29 이 구절은 "슈탐러는 그 자체가 규약에 대한 의사소통이면서 '규약'에 근거한다고 주장 하면서"라고 읽으면 된다.

30 슈탐러는 『유물론적 역사관에서 본 경제와 법』, 제2판, 97쪽에서 "특정한 행동"이 아니 라 "특정한 표현방식"이라고 표현하고 있다. 그러므로 이 문장은 다음과 같이 의역하면 의미하는 바가 보다 명확해질 것이다: "슈탐러는 후자를 주장하면서, 그 근거로 문법적 명제들은 **규정**으로서 이것을 '학습하면' 특정한 표현방식을 '사용하게 되어 있다'라는 점을 제시한다."

31 이는 우리 식으로 말하면 김나지움 1학년생 또는 신입생이 된다.

32 이 문장에서 "이 규범들의 준수는 회초리를 통해 강요된다"라는 부분은 다음과 같이 읽 으면 된다: "교사는 회초리의 교육적 사용을 통해 학생에게 이 규범들을 준수하도록 강 요한다."

한다.[33]

여기에서 슈탐러는 "규약적으로 규제된 공동 삶"과 "완전한 고립"을 대립시키는 기만에 대한 대가를 치른다. 앞 단락에서 마지막으로 언급한 것은 옳다. 그러나 그로부터 다음과 같은 결론이 도출된다: 한편으로 "사회적 삶"이 구성되기 위해서는 "합치"라는 **사실**로 충분한데, 이 사실이 인과적으로 어떻게 형성되었는가는, 예컨대 "규약"을 통해서 아니면 무의식적인 심리적 반응, "반사작용", "숙고된 표현", "본능" 또는 이와 유사한 것들의 결과로 형성되었는가는 전혀 중요치 않다; 따라서 다른 한편으로 동물들도, 슈탐러가 87~95쪽에서 늘어놓은 모든 불필요하고 무의미한 말에도 불구하고,[34] 그 자신의 개념규정에 따르면 합치하는 "몸짓" — 이는 보다 일반적으로 "의사소통 수단"이라고 말할 수 있는데, 그 이유는 우리가 여기에서 말하는 모든 것이 이 개념에 포함되기 때문이다 — 이 완전히 부재하는 경우에만 사회적 삶을 살지 **않는다**; 마지막으로 인간들은, 그것이 어떤 종류의 것이든 상관없이 그리고 인간들의 "규약"에 의해 창출되었든 아니든 상관없이 "의사소통 수단"의 존재를 증명할 수 있는 곳에서는 어디서나 이미 사회적 삶을 살아간다. 그러나 이것은 사실상 슈탐러의 견해가 될 수 없다. 왜냐하면 그는 106쪽에서(중간 단락) 그것과 양립할 수 없는, 아니 완전히 상반되는 견해, 즉 **단지** "규약"이 **창출된** 경우에만 "사회적 삶"이 존재한다는 견해를 제시하고 있기 때문이다; 이러한 견해는 다음과 같이 다소 순진한 문장에서 명시적

33　슈탐러는 『유물론적 역사관에서 본 경제와 법』, 제2판, 97~98쪽에서 다음과 같이 말하고 있다: "[……] 누군가 지적으로 그리고 도덕적으로 발전된 인간들의 **완전히 고립된** 공존을 생각하고자 한다면, 심지어 언어와 몸짓에서의 그들의 합치로부터도 거리를 두어야 한다. 그는 더 이상 언어를 인간행동의 외적 규제를 의미하는 전달수단으로 간주할 수 없을 것이다; 다만 그것이 자신의 기억에 도움이 되도록 기호를 사용하는 개인들에게 하나의 특별한 수단이 된다고 말할 수 있을 것이다."

34　앞의 책, 87~95쪽은 제2부(「사회과학의 대상」), 제1장(「인간들의 사회적 삶」)의 제18절에 해당하며, 그 제목은 「동물들의 협동적 삶」이다.

으로 드러난다: "만약 누군가 [……] 개인들의 정신 속에서 외적 규칙들 아래 연합하려는 열망이 **점차로**(주의!) 발전하는 인간존재의 시기를 [……] 상상하고자 한다면 [……], 모든 것이(주의!) 그와 같은 규약들이 (주의!) 출현한(주의!) 시점에 좌우될 것이다. 그 이전이 아니라 바로 그 시점부터 우리는 사회적 삶을 살아간다; 중간단계는 [……] 아무런 의미가 없다"(!)[13] 법학적 스콜라철학자가 "사회적 삶"의 발전을 단지 국가계약의 형태에서만 가능한 것으로 본다는 사실은, 새삼 새로운 일이 아니다. 그러나 스콜라철학의 "진정한" 모습은 107쪽 윗부분에서 볼 수 있는데, 왜냐하면 거기서는 "발전"과 "개념적 이행"이 서로 동일시되고 있으며, 따라서 후자의 **논리적** 불가능성과 더불어 —사실상 "개념적 이행"이라는 **연어**(連語)는 난센스이다— 전자의 **경험적** 불가능성도 입증된 것으로 간주되고 있기 때문이다.[35]

그런데 그와 같은 "이행"이 "생각할 수 없는" 것이기 때문에, 그만큼 더욱더 근원적인 질문이 제기된다: 그렇다면 "규약"의 출현을, 또는 보다 일반적으로 말해서 존재를 알 수 있는 결정적인 **표지**는 무엇인가? 원시인들은 일반적으로 법전을 소유하지 않기 때문에, 이 질문에 대한 유일한 답변은 다음과 같을 것이다: 그 표지는 규범의 존재를 (법학적으로 말해서) "논리적으로 추론할 수 있는" 인간들의 행동에서 찾을 수 있다. 그러면 이 경우는 언제인가? 단지 규범이 인간들의 정신에 살아 있을

---

35 슈탐러는 『유물론적 역사관에서 본 경제와 법』, 제2판, 106~07쪽에서 다음과 같이 말하고 있다: "만약 역사학자들이 가족이 인간 공동체의 가장 오래된 형태이고 이로부터 국가가 생성된 것으로 볼 것인가, 아니면 오히려 후자가 이미 전자와 동시에 존재한 것으로 가정해야 하는가에 대해 논쟁한다면 [……] 이것은 동시에 사회적 삶의 **특수한 종류**에 대한 그리고 사회적 삶이 **내용적인 측면에서** 원시적인 상태에서 보다 완전한 상태로 발전해 간 것에 대한 문제에 속한다. 그러나 거기에는 상상된 고립적 자연상태로부터 사회적 삶에로의 개념적 이행과 발전이 전혀 포함되어 있지 않다. 누구나 원한다면 상기한 논쟁에 대해 입장을 표명할 수 있다; 그러나 **형식적 측면에서 보면**, 반복해서 말하지만, 방금 언급한 두 가지 상태 이외에는 제3의 것을 생각할 수 없고 항상 전자 또는 후자의 **특수한 내용의** 발전만을 생각할 수 있을 뿐이다."

때, 그리하여 이들이 주관적이고 의식적으로 "규범"준칙들에 따라 살아갈 때뿐인가? ─ 아니면 거기에 더해 자신들의 행동이 규범의 "위반"이라는 사실을 알면서 이 준칙들을 위반할 때인가? 그러나 법규범에 대한 주관적이고 내적인 태도는 그리고 심지어 그것에 대한 지식도 슈탐러에 따르면 규범의 존재와 무관하며, 그가 보기에 "어렴풋한 습관"(앞을 볼 것)[36]은 인간행동에 대해 의식적인 "규범-준칙"과 동일한 의미를 지닌다. 이로부터 "규약"의 존재는 인간들이 **마치** 규약이 존재하는 것처럼 외적으로 행동한다는 사실로부터 인식할 수 있다는 결론이 도출되는가? 그렇다면 이 경우는 언제란 말인가? "프로이센 일반국법"[37]은 어머니가 아기에게 젖을 먹이는 것을 법적 의무로 규정했으며, 따라서 그것에 슈탐러가 의미하는바 "사회적 삶"의 구성요소로서의 지위를 부여했다. 그러나 일반적으로 보아 자신의 아기에게 젖을 먹인 프로이센의 어머니는 아마도 이러한 "규범"에 대해 알지 못했을 것이다. 이와 마찬가지로 적어도 프로이센 어머니가 하는 것만큼 규칙적으로 자신의 아기에게 젖을 먹이는 오스트레일리아 원주민 여성은 그녀가 자신의 아기에게 젖을 먹이는 것이 그 어떤 "외적 규칙"에 의해 부과된 의무가 **아님**을 알지 못한다. 결과적으로 슈탐러의 관점에서 보면 오스트레일리아 원주민들 사이에서는 어머니가 아기에게 젖을 먹이는 것이 "사회적 삶"의 구성요소가 **아님**이 확실하며, 심지어 그에 상응하는 "관습적" 규범이 존재한다는 의미에서도 아님이 확실하다 ─ 우리가 행동에서 일정 정도의 순수한 경험적 "규칙성"이 확인될 수 있으면 아주 간단하게 그와 같은 규범이 존재한다고 생각하지 않는 한 그러하다. 물론 ─ 다시 주관적 측면에서 보자면 ─ "관습적" 규범관념은 경험적으로 빈번히 순수하게 실제적인 규

---

36 이 책의 578쪽을 볼 것.
37 "프로이센 일반국법"(Allgemeines Preussisches Landrecht)은 1794년에 반포한 법령으로 민법, 가족법, 형법, 행정법 등의 광범위한 분야를 포괄한다.

칙성으로부터 "발전하는바", 예컨대 전통적인 실제적 행동에서 일탈하는 것에 대한 막연한 거리낌, 또는 다음과 같은 사실, 즉 오랜 기간에 걸쳐 실제적으로 고수해 온 행위로부터의 그와 같은 일탈을 다른 사람들이 알게 되면 그들은 당혹감을 갖게 되고 이로부터 혐오감이 생겨나게 된다는 사실, 또는 일탈적 행동에 의해 자신들의 (순전히 이기적으로 생각된) 이해관계가 손상될 수도 있는 신들이나 인간들이 복수를 하려고 하지 않을까 하는 걱정을 들 수 있다. 게다가 "익숙하지 않은" 행위에 대한 두려움으로부터 실제로 "익숙한 것"을 준수해야 한다는 "의무"의 관념이 발전할 수 있으며, "혁신"과 "혁신자"에 대한 순수하게 본능적인 또는 이기적인 혐오로부터 그에 대한 "거부"가 형성될 수 있다.

그렇다면 이러한 주관적 태도나 행동은 구체적으로 언제 "규약"의 관념을 포함하는가? ― 이는 개별적인 경우에 달려 있기 때문에 판단하기 어려울 때가 빈번하다. 게다가 슈탐러에 따르면 "주관적인" 요소, 즉 "신념"은 규약의 관념에 대한 논의에서 고려의 대상이 **아니며**, 따라서 방금 언급한 포함의 문제를 판단할 수 있는 그 어떤 경험적인 표지도 존재하지 않는다: "외적" 행동(예컨대 젖을 먹이는 것)은 지금도 변하지 않고 예전과 완전히 똑같은 상태로 남아 있다. 그리고 외적 행동이 "규범" 관념의 출현으로 인해 점차로 변화하더라도, **언제** 이 변화한 행동으로부터 "외적"("관습적" 또는 "법적") 규범의 존재를 추론해야 하는가는 전적으로 견해의 문제이다.

슈탐러가 사용하는 개념의 의미에서 보면, 완전히(주의!) "고립되어서 살아가는" 원시인들의 "정신"에서 "규약"에 대한 목적의식적이고 목표의식적인 "열망"이 일어난다는 것은 당연히 난센스이며, 따라서 만약 우리가 ― 슈탐러 자신이 명시적으로 그리하는 것처럼 ― 다음과 같이 묻는다면, 즉 그렇다면 동물적인 집합체로부터의 "사회적 삶"의 경험적 생성을 과연 그리고 어떻게 상상할 수 있는가라고 묻는다면, 그 답변은, 그의 "방식"에 따라 생각해 보면, 결국 다음밖에 없을 것이다: 그것은 결코 시간적·경험적 과정으로 생각할 수 없다; "사회적 삶"은 이른바 "초시간적인 것"[14]인데, 그 이유는 "인간"이라는 **개념**과 함께 주어지기 때문이다 — 자명한 일이지만 이런 식으로 말하는 것은 경험적 질문에 대한 답변이 아니라 단지 신비화에 불과할 뿐이다. 그러나 그것은 다음과 같은 경우에 불가피한 후퇴로이다. 즉 "사회적 삶"에 대한 한 특정한 "개념"을 구성할 수 있는 사유적 가능성이 다음과 같은 실제적 불가능성, 즉 이 개념에 상응하는 경험적 사실은 만약 경험적 인간들이 바로 이 "개념"의 "실현"을 그들 행위의 목표로 간주하지 않았더라면 사실상 발생할 수 없었을 것이라는 실제적 불가능성으로 귀결될 때 불가피한 후퇴로이다. — 다른 한편 이 순진한 프래그머티즘으로부터 거리를 둘 수 있는데, 그리하면 "규범관념"의 "점진적인" 출현이라는 가설을 고려해 볼 수 있다. 다시 말해 무한히 긴 시간 동안 "당위" 또는 심지어 "규약"에 대한 그 어떤 생각도 없이 (슈탐러 자신의 용어를 사용하자면) "어렴풋한 습관 속에서"[38] 그리고 "충동적으로" 수행되는 일정한 행위들이 "의무"가 되며, 이를 수행하지 않는 사람들은 막연히 두려운 불이익을 당할 수 있다고 가정해 볼 수 있다; 사실상 이 가설에는 특별한 어려움이 없다 — 심지어 개도 이러한 의미에서 "의무감"을 갖는다.[39] 그러나 슈탐러는 그와 같은 "의무들"이 "인간의 규약"에 근거하며, 게다가 "윤리"와 달리 "단지 외적 합법성만"을 요구한다는(98쪽) 등의 견해를 내세우는데 — 이러한 슈탐러의 개념 잡동사니는 설령 일반적인 의미에서의 "역사"에 대해 우리가 알고 있는 맨 처음 시점까지 거슬러 올라가더라도 입증될 수 없다. 우리는 "규약"의 (경험적) 존재가 인간행위의 세계에서 진행되는 어떤 과정에 필연적인 것이라고 간주할 수 있는데, 이 경우에 그렇게 해서 범위가 정해지는 "사회적 삶"의 영역은 순수한 사실성이 "외적

---

38 이에 대해서는 이 책의 578쪽을 볼 것.
39 이에 대해서는 이 책의 596~97쪽, 원주 12를 볼 것.

으로 규제된" 과정으로 아주 점진적으로 이행함에 따라 지속적으로 변화해 왔으며, 특히 (슈탐러처럼) "관습"을 외적 규제의 개념에 포함시키면 여전히 변화가 진행되고 있음을 관찰할 수 있다. 슈탐러는 이러한 이행이 단지 사회적 삶의 "내용"의 발전을 의미할 뿐이며 사회적 삶은 이미 전제된다고 말함으로써(106쪽 아랫부분~107쪽 윗부분)[40] 용의주도하게 빠져나갈 구멍을 열어둔다. 그러나 이렇게 한다고 해서 "이행"이 **생각할 수 없다는 것**이 증명되지 않음은 물론인데, 이는 슈탐러의 관점에 따르면 오늘날 "사회적 삶"에 포함되는 **모든** 현상이 하나의 유사한 발전과정에 의해 지배된다는 사실만 보더라도 그렇다. 게다가 "윤리적" 삶과 대비되는 "사회적" 삶의 표지인 "**외적 규범**"의 개념은 경험적 고찰을 위해서는 완전히 무용한 것이다.[41] 한편으로 그 어떤 "원시적" 윤리도 "외적" 합법성을 요구하며 경험적 차원에서 "법"과 "관습"으로부터 결코 엄격하게 구별될 수 없다; 다른 한편으로 원시적 "규범관념"에 따르면 "규범"은 "인간적인" "규약"이 아니라, 어떻게든 규범의 기원에 대한 질문이 제기되면 그것은 신의 "명령"에서 유래한다는 것이 일반적인 답변이다. 만약 민족학자들이 예컨대 "법"과 "법규범"에 대해 우리가 오늘날 갖고 있는 개념의 개별적인 구성요소들이 어떻게 형성될 수 있었는가 하는 문제를 다룬다면, 그들은 틀림없이 수많은 어려움에 처하게 될 것이며, 아마도 그와 관련된 **사실들**에 대한 역사적으로 신뢰할 만한 지식을 결코 얻을 수 없을 것이다 ─ 그러나 그들이 원시종족들의 삶의 현상들에 직면하여 그저 다음과 같이 순진한 질문만을 되풀이하는 법학적 스콜라철학자의 가소로운 역할을 수행하지 않을 것임은 확실하다: 죄송합니다만, 이 현상은 외적으로 규제되는, 다시 말해 인간적 규약에 의해

---

40   앞의 옮긴이 주 35(585쪽)를 볼 것.

41   이 문장은 다음과 같이 의역하면 의미하는 바가 보다 명확해질 것이다: "게다가 슈탐러는 '사회적' 삶을 '윤리적' 삶과 대비하고 전자의 표지로 '외적 규범'이라는 개념을 제시하는데, 이 개념은 경험적 고찰을 위해서는 완전히 무용한 것이다."

규제되는 행동의 범주에 속합니까(슈탐러의 저작 『유물론적 역사관에서 본 경제와 법』, 77쪽 이하에서 제시된 것처럼), 아니면 순수하게 충동적인 공동 삶에 속합니까?(같은 책, 87쪽 이하에서 제시된 것처럼)[42] — 그것은 무조건적으로 이 둘 가운데 하나이어야 합니다; 그렇지 않으면 나는 나의 도식에 근거하여 그것을 개념적으로 분류할 수 없을 것이며, 그 결과 그 것은 — 매우 끔찍하게도 — 나에게 "생각할 수 없는 것"으로 보일 것입니다.

이만하면 개념구성의 "의미"를 오해하는 관계로 인식의 주체와 대상을 지속적으로 혼동하는 교설에 대한 비판적 논의는 충분하다. 이러한 혼동의 마지막 예로서 우리가 경험에서(주의!) 맞닥뜨리는(!) "사회적 삶"의 개념(주의!)에 대한 다음과 같이 멋진 문장(91쪽)을 들 수 있다: "[……] 이 경험적으로 주어진(주의!) 사회적 삶은"(경험적으로라는 말은 다른 의미를 가질 수 없다) "외적 규제에 근거하는데"(이것은 우리가 아는 바와 같이 애매하다), "이 규제는 그것을"(이는 의심의 여지없이 사회적 삶이라는 **사실**을 가리킨다) "특별한 개념(!)과 독립적인 대상으로 이해할 수 있도록(그러니까 "이해할 수 있도록" 되는 "개념"으로!)[43] 만든다"; 왜냐하면 우리는 그것에서("규제"에서 — 애매하다) "개인의 자연적인 충동적 삶의 단순한 확인(!)과 무관한 인간들의 연합을 파악할 수 있는(주의!) 가능성을 [……] 보기 때문이다"(다시 말해 "인간들의 연합"이라는 경험적 **사실**은 다른 일정한 경험적 사실들에 대한 우리의 **인식**과 경험적으로 "무관하

---

42 여기에서 베버가 의미하는 바는 제2부(「사회과학의 대상」) 제1장(「인간들의 사회적 삶」)의 제16절 「사회의 개념」(77~84쪽)과 제17절 「고립된 자연상태」(84~87쪽), 그리고 제18절 「동물들의 협동적 삶」(87~95쪽)이다.

43 이에 대해서는 설명이 필요하다. 개념은 우리로 하여금 대상을 이해할 수 있도록 또는 파악할 수 있도록 하는 수단이다. 그런데 슈탐러는 이 개념 자체가 대상과 마찬가지로 "이해할 수 있도록" 된다고 주장함으로써 개념을 대상과 동일시한다는 것이 베버의 비판이다.

다").[44] 다시 한 번 말하지만 이러한 혼란에 대한 검토는 이만하면 충분하다: 만약 누구라도 슈탐러가 그의 독자들을 그리고 특히 자기 자신을 얽어넣은 이 궤변들의 망의 모든 실을 풀고자 한다면, 그는 책의 모든 문장을 완전히 축어적인 의미에서 받아들이고 그 내적인 모순이나 같은 책의 다른 문장들과의 모순을 분석해야 할 것이다.

여기서는 단지 상기한 "이행"이 "생각할 수 없는 것"이라는 어처구니없는 주장이 도대체 어떤 오류에서 기인하는가를 규명해 보기로 한다. 모든 "이행"을 배제하는 그와 같은 대립은 사실상 어떤 "규범"의 "이념적인" **당위적** 타당성을 어떤 순수하게 "실제적인" **사실**, 예컨대 경험적인 인간들의 실제적인 행위와 대치시키는 경우에 존재한다. 물론 이러한 대립은 절대로 화해할 수 없고 "이행"은 개념적으로 "생각할 수 없다"—그러나 이는 다음과 같이 지극히 간단한 이유, 즉 이 경우에 대치되는 것은 우리 인식의 완전히 상이한 **문제제기들**과 방향들이라는 이유에서 그렇다: 한편으로는 어떤 "규약"을 그 이념적 "의미"라는 관점에서 교의적으로 고찰하고 경험적 행위를 이 "규약"에 비추어 "평가적으로" **측정하는 것**이 그것이다—그리고 다른 한편으로는 경험적 행위를 "사실"로 규명하고 인과적으로 "설명하는 것"이 그것이다. 슈탐러는 이러한 **논리적** 상황, 즉 우리는 그처럼 서로 다른 두 가지 "관점"에 입각하여 인식을 추구한다는 사실을 경험적 현실에 투사한다. 이로부터 경험적 측면에서는 "이행"의 "개념적" 불가능이라는 난센스가 초래된다. 그리고 논리의 측면에서도 그에 못지않은 혼동이 발생한다: 여기서는 역으로 **논리적으로** 완전히 이질적인 두 가지 문제제기가 끊임없이 뒤섞인다. 바로 이러한 혼동이 슈탐러가 자신에게 부과한 과제, 즉 "사회과학"의 영역과 문제들의 경계설정이라는 과제에 극복할 수 없는 장애가 되고 말았던 것이다. 이는 그의 책 제2부 제1장의 말미에서 전개되는 결론적인

---

44 이 문장에서 괄호 안에 들어 있는 내용은 모두 슈탐러의 견해가 아니라 베버의 견해이다.

논의(107~108쪽)[45]로 시선을 돌리면 즉시 명백해진다. 여기에서 슈탐러는 자신이 문제제기를 하는 원칙에 대해 말하고 있다. 그에 따르면 "사회과학"이 그것의 "근본적인 특성에 의거하여 자연에 대한 과학과 나란히 (!) 수행되어야" 한다[46] ― 이는 자연과학에 대한 사회과학의 경계가 설정되어야 함을 의미하는 것이 분명하다. 슈탐러는 "자연과학"의 "존립" (! ― 이것은 "본질"이라는 의미에서의 "대상"이라고 해야 한다)을 "철학적으로 보증된 것"으로 간주한다(같은 곳, 두 번째 단락).[47] 정말로? 잘 알려져 있다시피 지난 10년간의 논리학적 논의에서 실로 이 문제만큼 논란이 많은 것은 없었다. 우리는 이미 제4부에서 자그마치 네 가지의 가능한 "자연"개념을 알게 되었다.[15] 그러나 이 가운데 어떤 것도 슈탐러가 말하는 "외적으로 규제된 공동 삶"의 대립물로 사용될 수 없을 것이다. 첫째, 경험적으로 주어진 현실의 한 부분을 다른 부분과, 최종적으로는 인간의 이른바 "보다 높은" 기능들과 대비하는 자연개념은, 슈탐러가 예컨대 "내적" 행동과 관련되는 "순수한" 윤리적 규범들의 영역 전체를 자신의 개념[48]의 **외부에** 존재하는 것으로 보고 배제한다는 이유 하나만으로도 이미 적합하지 않다. 둘째, 이와 동일한 이유로 "무의미한 것"으로서의 "자연"을 그 "의미"의 관점에서 고찰되는 대상과 대비하는 자연개념도 사용할 수 없는데, 왜냐하면 "외적으로 규제된 것"이라는 슈탐러의 개념이 "유의미한 것"을 모두 포함할 수 없을뿐더러 심지어 "유의미한" 인간행위조차도 모두 포함할 수 없음이 확실하기 때문이다. 셋째, 일반

---

45 이는 제2부(「사회과학의 대상」), 제1장(「인간들의 사회적 삶」)의 마지막 절인 제21절 「사회적 삶의 가능성과 필연성에 대하여」(107~11쪽)의 일부분에 해당한다.

46 슈탐러는 『유물론적 역사관에서 본 경제와 법』, 제2판, 107쪽에서 다음과 같이 말하고 있다: **"과학'의 보편적인 개념에 따라 '자연'에 대한 과학과 나란히 인간들의 '사회적 삶'에 대한 과학을 그것의 근본적인 특성에 의거하여 독립적으로 수행하는 것이 가능할까?"**

47 같은 책, 107쪽.

48 이는 네 줄 위에 나오는 "외적으로 규제된 공동 삶"을 가리킨다.

적(법칙정립적) 인식으로서의 "자연과학적" 인식과 개별적(역사적) 인식 사이의 논리적 대립은 슈탐러의 시야를 완전히 벗어난다. 결과적으로 지금까지 논의한 "자연"개념의 가능한 의미들 중에서 유일하게 남는 것으로 보이는 것은, "경험적"이라는 의미에서의 "자연주의적" 인식과 "교의적" 인식 사이의 대립에 근거하여 규정되는 개념이다. 그러나 슈탐러의 "사회과학"은 법학이 되고자 하지 않으며, 또한 법학과 달리 "관습적" 규칙들도 교의적 법학의 방식에 따라 논의하는 과학도 되고자 하지 않는다 ― 그러므로 확실히 이 마지막 대립도 그에게는 전혀 무의미하다. "사회정책적"(가장 넓은 의미에서의) 문제들이라는 말은 어떻게 외적인 인간행동이 "법적으로" 또는 "관습적으로" 규제되어야 **하는가**라는 질문을 포함하는 모든 **실천적인** 문제들로 규정될 수 있을 것이다. 만약 우리가 **경험**과학을 이러한 실천적인 문제들의 복합체에 대한 정확한 대응물이 된다는 식으로 규정하려고 시도한다면, 그리고는 슈탐러를 고려하여 그것을 "사회과학"이라고, 그것의 대상을 "사회적 삶"이라고 명명한다면, 후자의 영역은 다음과 같이 정의할 수 있을 것이다: "사회적 삶"에는 "원칙적으로", 다시 말해 아무런 실제적인 모순도 없이 "인간적 규약"에 의해 "외적으로" 규제된다고 **생각할 수 있는** 모든 경험적 현상이 포함된다. "사회적 삶"의 개념에 대한 이런 식의 정의가 어떤 과학적 "가치"를 가질 수 있는가 ― 이 자리에서는 이에 대해 묻지 않기로 한다. 여기서는 그 정의가 아무런 모순도 없이 그리고 "사회적 삶"이라는 대상의 순수하게 경험적인 성격을 방기하지 않고 적용될 수 있을 것이며, 또한 동시에 슈탐러가 자신의 입장을 "정확하게" 이해했더라면 그 의미상 원할 수도 있었을 모든 것, 즉 "외적 규칙", 보다 정확히 말하자면 경험적 사실성으로서가 **아니라** "이념"으로서의 규칙이라는 관점에서 대상의 **경계를 설정하는 것**을 적어도 논리적으로 그리고 실제적으로 가능하게 했을 수도 있었을 것임을 말해 두는 것으로 충분하다. 물론 여기에는 전제조건이 따른다: 즉 "규칙"의 이념적 "타당성"과 경험적 "존재"의 혼동이 제거되어야 하며 동시에 다음과 같이 미숙한 생각, 즉 그렇게 경계가 설정된 영역에서는 고유한 "목적들의 세계" 또는 보다 일반적으로 말해서 인과적 고찰의 대상이 **아니지만 그럼에도 불구하고** 경험적으로 존재하는 무엇인가를 찾을 수 있다는 생각이 단절되어야 할 것이다.

1) 이 책의 558쪽, 원주 24에 딸린 편집자 주를 볼 것.

2) 그리고 그는 포를렌더가 『칸트 연구』, 제1권에서 그에게 이 예들이 "오해될 수 있다"라고 경고했음에도 불구하고 그리한다.[1] 포를렌더가 "오해"라고 간주하는 것이 실상은 슈탐러 측에서 꼼꼼하게 명료성을 회피하는 것이다.

    1 여기에서 베버가 말하는 포를렌더의 글은 『칸트 연구』, 제1권(1897)에 게재된 논문 「칸트에 근거하는 사회철학」이다. 슈탐러의 사회철학은 이 논문의 제목대로 칸트에 근거한다. 아니 보다 정확하게 말하자면 칸트에 근거하려고 한다. 그러니까 포를렌더는 이 글에서 1896년에 출간된 슈탐러의 『유물론적 역사관에서 본 경제와 법』, 제1판을 적확하게 비판했으며, 그럼에도 불구하고 슈탐러는 1906년에 출간된 제2판에서 제1판을 그대로 되풀이하고 있다는 것이 베버의 논지이다.

3) 이 근본적으로 잘못된 표현은 인과고찰의 본질적인 기능은 일반화할 수 없다는, 그리고 가치판단은 개별적인 것에는 해당될 수 없다는 인상을 준다.

4) 여기서도 슈탐러는 당연히, 그 "사고"가 **우리**의 사고를 의미하는지 아니면 경험적 **대상**을 의미하는지를, 이미 우리가 물릴 만큼 잘 알고 있는 모호함 속에 남겨두고 있다. 게다가 당연한 일이지만 왜 "충동"은 지각의 "영역"에 속하고 "사고"는 속하지 않는가를 전혀 알 길이 없다. 왜냐하면 "충동"은 "사고"와 마찬가지로 "지각할 수 없기" 때문이다. 그리고 우리는 당연히 다른 사람의 "충동" 안으로 "들어가 볼" 수 없을 뿐만 아니라(슈탐러가 340쪽 중간부분에서 말하듯이), 다른 사람의 "사고" 안으로는 더욱더 그럴 수 없다. 덧붙여 말하자면, 이렇게 "충동" **안으로** 들어가 보는 것에 대해 말하면서도 슈탐러는 이미 같은 쪽(아랫부분)에서 다시금 "외적인" 사건들의 인과적 조건화에 대해서만 말하고 있다.

5) 이 책의 526쪽 이하를 볼 것.

6) 슈탐러, 『유물론적 역사관에서 본 경제와 법』, 제2판, 88쪽, 주 51(이에 대해서는 641쪽을 볼 것).[1]

    1 이 주 51은 정확히 말해 미주이고, 따라서 바로 88쪽에 나오지 않고 책의 뒷부분인 641쪽에 나온다.

7) 이미 슈탐러의 책, 91쪽만 보아도 알 수 있다.[1]

1 여기에서 슈탐러는 다음과 같이 말하고 있다: "동일한 시간과 동일한 장소에 존재하는 인간들이 물리적으로만 공존할 뿐 규범에 의해 규제되지 않는 혼란한 상태에 있는 경우에, 우리는 **자연과학**의 방식에 따라 **단지** 기본적인 자연과정들만을 관찰하고 연구해야 할 것이다. 이에 반해 인간들이 **사회 안에서** 존재하는 경우, 즉 **외적으로** 규제된 공동 삶을 영위하는 경우에는 인간들 상호 간의 행동을 고찰하는 **새로운** 관점이 등장한다."

8) 다음을 주목할 것: 92쪽, 세 번째 단락과 네 번째 단락에서 슈탐러는 "합의"를 "사회적 삶"의 특성으로 도입하여 단순한 "본능적 삶"과 (물론 완전히 그릇된 방식으로) 대립시킨다; 94쪽에서 그는 인간들에 의해 정립된 **규약**에 대해 말하고 있다; 그리고 94쪽에 따르면, 동물들의 연합에서(예컨대 벌들의 왕국에서) "거기에 속하는 **동물들에 의해** 그와 같은 외적인 규칙들이 정립되고" 그들이 이에 따라 행동한다는 것이 증명될 수 있는 경우에는 **동물들**의 "사회적 존재"를 인정해야 할 것이다.

9) 슈탐러가 한편으로 "도덕성"과 다른 한편으로 "법"과 "관습"을 구별하는 것은 통례적인 것에 부합한다. 그럼에도 불구하고 이러한 구별의 근본적인 엄격성을 과대평가하지 않기 위해서는 다음을 염두에 두어야 한다: 왜 어떤 외적인 행동이 어떤 법규범에 부합하지 **않는지**, 그리고 특히 어떤 "성향"으로부터(고의, 태만, 선의, 착오 등으로부터) 법적으로 보호되는 다른 사람들의 이해관계를 침해하는 행위가 기인하는가 하는 문제는, 결코 법적으로 무관하지 않다.

10) 슈탐러는 이 표현의 사용을 신중하게 회피한다.

11) 내가 이전에 한 논의를 참고하기 바라며,[1] 나는 당연하지만 이 비판의 **그 어디에서도** 슈탐러에게 "고의로" 그렇게 한 책임을 씌우는 것이 아니라는 점을 다시 한 번 말해 두고자 한다. 그러나 우리는 (제2판에서!) 그와 같은 궤변이 발생하도록 할 뿐만 아니라 심지어 그의 책 **전체에서** 논의의 유일한 기반이 되는 "중과실"을 표현할 수 있는 다른 언어를 갖고 있지 않다. 내가 이 신랄한 그리고 이와 유사하게 신랄한 다른 표현들을 사용하는 경우, 적어도 다음의 한 가지는 확실히 말해 두고자 한다: **만약** 과학적 의무의 이행이 "외적 규칙"에 속한다면, 슈탐러의 행동은 사실상 "경찰규정의 위반"으로 간주될 것임은 두말할 나위가 없다.

   1 예컨대 기만에 대해 말하고 있는 이 책의 319쪽을 볼 것.

12) 슈탐러가 여기에서(105~06쪽) 이것을 이용하는 방식에 대해서도 간략하게 논평할 필요가 있다. "첫 번째 단계"에서는 ─ 그는 말하기를 ─ 단지 "로빈슨 크루소의 고립된 경제의 기술"(주의!)만이 존재했다. 그러다가 로빈슨 크루소가 프라이데이를 "동반자로 얻은 순간부터, 젊은 인디언이 '당신은 나의 주인이십니다'라는 명백한 표지로 백인의 발을 그의 목에 올려놓은(주의!)" 순간부터 "규제된 공동 삶"이 존재하기 시작했다[1] ─ **왜냐하면** 그때부터 "이 둘에게"(주의!) "기술적" 문제 이외에도 제2의 "고려사항"(주의!), 즉 "사회적 문제"가 대두했기 때문이다. 다른 말로 표현하자면, 복종을 표현하는 데에서 그 (경험적인) "의미"를 찾아야 "하는", 상기한 상징적 행위가 없다면(또는 그에 상응하는 경험적인 의미를 지닌 다른 어떤 행위가 없다면), "사회적 삶"이 존재하지 않는다는 것이다 ─ 그렇다면 예컨대 만약 로빈슨 크루소가 자신이 구조한 인디언을 마치 개 주인이 자신의 물리적 지배하에 있는 개한테 그러는 것처럼 가두고 먹이

를 주며 자신(로빈슨 크루소)의 목적을 위해 훈련시켰다면("교육했다면"), "사회적 삶"은 존재하지 않았을 것이다. 이 경우에 로빈슨 크루소는 프라이데이를 가능한 한 유용하게 만들기 위해 기호를 통해 그가 자신을 "이해할 수 있도록 만들어야", 다시 말해 그와 "의사소통을 해야" 했을 것이다; 이것은 동일한 의미에서 인간과 개의 관계에도 적용된다 — 게다가 그의 이 기호는 "규제하는 명령"의 "의미"를 지녔을 것이다(이에 대해서는 86쪽 윗부분에서 슈탐러가 전개하는 논의를 볼 것)[2]; 이것도 또한 완전히 동일한 의미에서 개한테 주어지는 "명령"에도 적용된다. 그러나 로빈슨 크루소는 아마도 프라이데이한테 자신의 언어를 가르치는 것이 (자신에게) 유용할 것이라고 생각했을 것이다 — 물론 이것은 개의 경우에는 가능하지 않다. 그가 그렇게 했다면, 96쪽 아랫부분부터 97쪽 윗부분에 이르기까지 슈탐러가 전개하는 논의에 따라[3] 다음과 같은 결론을 내릴 수 있을 것이다: 언어는 "원초적 관습"으로 간주되고[4] "관습"은 "규제된 공동 삶"이기 때문에, 로빈슨 크루소와 프라이데이가 서로 말을 할 때마다 "사회적 삶"이 나타날 것이고 그들이 서로 말을 하지 않으면 끝날 것이다 — 왜냐하면 그 밖의 다른 모든 것은 변하지 않은 채 그대로 있을 것이기 때문이다. 사실상 "명령", "상징적 의사소통 수단" 등은 인간과 개 사이의 관계에도 존재한다. 그리고 브래지허가 "인간과 개 사이에서는 매질이 최선의 친목이다"[5]라고 말한다면 — 노예주인은, 잘 알려져 있듯이, 이 원리를 흑인들에게도 확대 적용했다. 아마도 독자들은 슈탐러가 다음과 같이 의기양양하게 단언하는(106쪽) 것을 듣는다면 이 가소로운 결의론[6]을 용서해 줄 것이다: "로빈슨 크루소의 고립된 상태와 규제된(주의!) 프라이데이와의 공동 삶 사이에는 그 어떤 중간물도 존재하지 않는다; 중간단계는 [······] **생각할 수 없다.**" — 슈탐러는 로빈슨 크루소를 편애한다는 이유로 추상적 경제학을 조롱했는데,[7] 사실은 이 추상적 경제학이 우리의 스콜라철학자보다 디포가 창출한 불멸의 인물을 더 합리적으로 이용했다.[8]

1 로빈슨 크루소는 무인도에서 혼자 살기 시작하고 나서 24년째가 되는 어느 날 일군의 식인종에게 그 섬에 끌려와 죽임을 당할 뻔한 원주민을 구해 주고, 그날이 금요일임에 착안하여 프라이데이(Friday)라는 이름을 지어준다. 이때부터 프라이데이는 로빈슨 크루소의 충실한 하인이자 더없는 동반자가 된다.

2 슈탐러는 『유물론적 역사관에서 본 경제와 법』, 제2판, 86쪽에서 다음과 같이 말하고 있다: "인간의 공동 삶에 대한 [······] 외적인 규제는, 이미 언급한 바와 같이, 우리에게 알려진 인간 역사의 모든 시기에서 볼 수 있다./심지어 원시종족 또는 원시가족에 대한 관념에서도(이 둘 가운데 어느 것을 더 오래되고 원초적인 것으로 추정하든 상관없이) 사정은 매한가지이다. 가족 구성원들이 그들의 욕구를 충족하기 위해 자연발생적인 노동분업에 기반하여 공동으로 작용하는 것은 규제하는 명령이 없이는 전혀 상상할 수가 없다; 만약 이 명령이 없다는 이 공동 작용은 공동 가사와 확대된 삶 공동체 내에서의 긴밀한 연합이라는 개념에 전혀 들어맞지 않는다. 그러므로 호메로스는 키클롭스들이 법도 없이 단독으로 살아간다고 말하지만, 자주 인용되는 이들에게도 외적 규제의 요소가 결코 부재하지 않는다: 오히려 시인의 상상력은 모든 키클롭스가 자신의 자식들과 친족들에게 정당하게 명령하도록 한다."

3 슈탐러는 같은 책, 96~97쪽에서 다음과 같이 말하고 있다: "이러한 의사소통이 도입되어 공동 작용적 행위가 유발되는 경우에는, 공동 삶의 **외적 규제**라는 개념이 정립

되고 완전히 고립된 것으로 생각되는 인간이라는 개념이 사상된다."

  4 슈탐러는 같은 책, 97쪽에서 언어를 "**원초적 관습**에 다름 아니다"라고 말하고 있다.

  5 이는 로이터, 『나의 견습생 시절』, 178쪽에서 브래지히라는 등장인물이 한 말이다. 참고로 프리츠 로이터(1810~74)는 방언문학 또는 향토문학의 선구자로서 북부 독일의 방언인 저지(低地) 독일어로 시와 소설을 썼으며, 『나의 견습생 시절』은 1862년에 출간된 방언소설로서, 10년간에 걸친 농촌에서의 삶을 향토색 짙게 그리고 있다. 이 제목은 『나의 농촌 시절』 또는 『농촌에서의 삶』 등으로 옮기는 것이 더 잘 와닿을 것이다.

  6 이에 대해서는 이 책의 284쪽, 옮긴이 주 29를 볼 것.

  7 슈탐러는 『유물론적 역사관에서 본 경제와 법』, 제2판, 105쪽에서 "젊은이들과 경제학한테 똑같이 불멸인 로빈슨"이라는 조소적인 표현을 쓰고 있다.

  8 여기에서 말하는 추상적 경제학은 구체적으로 오스트리아의 이론경제학인 한계효용학파를 가리킨다. 이론경제학과 슈탐러 그리고 로빈슨 크루소 이야기의 관계는 이 책의 507쪽과 옮긴이 주 3과 4를 볼 것.

13) 물론 "아무런 의미가 없다"는 드러내놓고 말하자면 단지 "나(슈탐러)의 개념적 도식에 들어맞지 않는다는 것"을 의미할 뿐이다.

14) 프리드리히 **고틀**(『역사의 한계』)은 "역사적" 삶과 관련하여 이에 상응하는 주장을 했는데,[1] 내가 보기에 이 주장은 슈탐러의 논의에 의해 어떻게든 일정 부분 영향을 받았음에 거의 의심의 여지가 없다. 슈탐러 자신은 이 용어를 사용하지 않는다.

  1 고틀은 『역사의 한계』, 142쪽에서 "우리는 그것[역사의 한계]을 **무시간적인** 무엇으로 간주해야 한다"라고, 그리고 "역사의 한계는 **초시간적**이다"라고 말하면서 책을 마무리하고 있다. 참고로 고틀이 염두에 두고 있는 역사(Geschichte)는 "역사에 대한 과학"이 아니라 **역사적 사건 자체**를 가리킨다. 같은 책, 4쪽.

15) 이 책 501~03쪽과 519~20쪽을 볼 것.

해제 | 문화과학과 사회과학의 논리적·방법론적 정초를 위하여

차례

1. 머리말

자명한 일이지만 — 그리고 누구의 방법론의 경우에도 마찬가지이겠지만 —, 막스 베버의 방법론을 제대로 이해하려면 체계적 측면과 역사적 측면을 모두 살펴보아야 한다. 전자에는 가치연관과 가치자유, 문화과학적·사회과학적 인식의 주관성과 객관성, 현실과학과 법칙과학, 이해와 설명, 인과성의 문제, 이념형, 비교연구, 이론과 실천의 관계 등이 속한다. 반면 후자에는 어떤 시점에 어떤 계기로 쓴 어떤 글에서 또는 누구와의 관계나 누구의 영향하에 베버의 방법론을 구성하는 어떤 요소나 측면이 형성되었는지, 어떤 과정을 통해 발전했는지, 누구에게 또는 어떤 지적 조류에 영향을 끼쳤는지 등의 문제가 속한다.

이 해제에서는 체계적 접근을 하지 않기로 하는데, 그 이유는 이미 2012년에 나온 베버 연구서에서 비교적 자세하게 다루었기 때문이다.[1]

---

1 김덕영, 『막스 베버: 통합과학적 인식의 패러다임을 찾아서』, 도서출판 길 2012, 제6장

그보다 역사적 측면에 초점을 맞추기로 한다. 그것도 이 책을 읽는 데 길잡이가 될 수 있도록 가급적 이 책에 번역되어 실린 글들의 성격 및 형성사, 이것들과 그 안에서 베버가 논의의 대상으로 삼고 있는 동시대인들이 베버 방법론에 대해 갖는 의미에 국한하기로 한다. 이 책에서 다루고자 하는 것이 상기한 연구서에서 이미 다루어졌다면, 새로운 논의를 시도하지 않고 후자를 요약하거나 수정하거나 또는 보완하는 데 그치기로 한다. 그런고로 이 둘 사이에는 겹치는 부분이 있을 수 있다. 내가 이 해제에서 추구하는 바는 베버 방법론에 대한 연구가 아니라 해설이기 때문이다.

먼저 베버 방법론의 작품사적·구조적 특징과 지성사적 의미, 그리고 논리와 방법론의 관계를 살펴본 다음 이 책에 번역되어 실린 다섯 편 또는 일곱 편의 글[2]이 형성된 역사를 추적하고, 독일 역사학파 경제학의 후예인 베버에 의해 독일 역사학파 경제학이 극복되면서 '아버지 살해'가 일어나는 과정과 창조적 절충주의자 베버가 기존의 지적 조류를 비판적으로 종합하는 과정을 검토하며, 마지막으로 베버와 그 동시대인들의 관계를 고찰하기로 한다.

2. 막스 베버 방법론의 특징과 지성사적 의미

베버의 방법론은 문화과학적·사회과학적 방법론에 대한 논의에서 중심적인 위치를 차지해 왔고 앞으로도 그럴 것이다. 그러나 다른 한편으로 그처럼 다양하게 해석되거나 수용되고 지속적으로 논쟁을 불러일으

(방법론; 425~553쪽).

2 이 책의 제1부를 한 편의 글로 보면 이 책에 실린 글은 다섯 편이 되고, 제1부를 구성하는 세 개의 장을 독립적인 논문으로 보면 일곱 편이 된다.

키며 무수한 비판을 받거나 심지어 오해를 받아온 그리고 앞으로도 그렇게 될 방법론도 없을 것이다.[3] 이에 대한 이유는 여러 가지가 있을 수 있지만, 아마도 베버의 방법론이 아주 복잡하고 난해하다는 점을 우선적으로 꼽을 수 있을 것이다. 그러나 이와 더불어 베버는 전문적인 방법론자도 아니었으며, 아니 자신을 한번도 방법론자로 생각한 적이 없었으며, 따라서 체계적인 방법론을 구축할 의도도 없었고 체계적인 기획하에 방법론에 대한 저술을 하지도 않았고 서평, 비판, 토론 등의 형식을 빌려 산발적으로 자신의 방법론적 견해와 입장을 제시한 점을 또 다른 중요한 이유로 들 수 있을 것이다. 이로 인해 베버의 방법론은 가뜩이나 복잡하고 난해한 데다 전문적인 방법론적 저작들에서 기대할 수 있는 체계적이고 통일적인 접근마저 어렵게 되었다.

심지어 베버의 어느 글이 방법론에 속할 것인가에 대해서도 다양한 견해가 있을 수 있고 상당한 논란이 있을 수 있다. 예컨대 베버 사후에 미망인 마리안네 베버(1870~1954)가 편집하여 출간한 『과학론 논총』(1922)에는 문화과학 및 사회과학의 논리나 방법론과 거리가 먼 글도 여러 개가 포함되어 있다. 이에 반해 베버가 방법론이라고 간주한 「폐쇄적 대공업 노동자들의 도태와 적응(직업선택과 직업숙명)에 대한 경험연구」는 포함되어 있지 않다. 이것은 베버가 1908년 사회정책학회의 산업노동 연구 프로젝트에 참여한 연구자들을 위해 쓴 방법론적 지침서이다.[4] 이렇게 보면 『과학론 논총』은 부분적으로만 베버의 의도를 반영하고 있다고 할 수 있다. 그리고 『막스 베버 전집』은 『과학론 논총』을 해체하여 방법론 관련 글들은 제I/7권 『사회과학의 논리와 방법론』과 제I/12권 『이해사회학과 가치판단자유』의 두 권에 나누어 싣고 있다(방법론과 무

---

3 예컨대 다음의 총서에 실린 글들을 볼 것: Gerhard Wagner & Heinz Zipprian (Hrsg.), Max Webers Wissenschaftslehre. Interpretation und Kritik, Frankfurt am Main: Suhrkamp 1994.
4 이 글에 대한 자세한 논의는 김덕영, 앞의 책(2012), 248쪽 이하를 볼 것.

관한 글들은 그 각각에 적합한 권에 배치하고 있다). 그러나 이처럼 가치판단자유라는 문제를 방법론으로부터 분리하여 이해사회학과 함께 묶는 것이 과연 베버의 의도를 제대로 반영하는 것인지, 아니면 적어도 『과학론 논총』보다 더 잘 반영하는 것인지 알 수 없다.[5]

이 모든 것에도 불구하고 베버는 지금까지 그 누구보다도 문화과학과 사회과학에 대한 방법론적 논의와 연구에 강한 자극과 도전이 되어왔고, 풍부한 소재와 자양분을 제공해 왔으며 앞으로도 그러할 것이다. 내가 보기에 그 이유는 무엇보다도 베버가 문화과학적·사회과학적 인식의 본질과 특성을 정확하게 간파하고 이 인식에 적합한 인식론적 논거를 제시한 다음 이 인식을 구성하는 다양한 방법론적 요소를 발전시켰다는 사실에서 찾을 수 있을 것이다. 베버의 방법론에서는 인식의 철학적·인식론적 토대, 이해와 설명, 이념형, 개념과 대상의 관계, 문화과학적·사회과학적 인식의 주관성과 객관성 그리고 명증성과 타당성, 이론과 경험, 가치판단과 가치자유, 비교연구, 경험과학적 인식의 범위와 한계, 이론과 실천 등의 문제가 소용돌이치고 있으며, 더 나아가 한편으로 칸트 이후의 다양한 철학적 조류와 다른 한편으로 — 경제학, 역사학, 문헌학, 심리학, 미학, 언어학, 생리학, 사회학, 법학 그리고 심지어 자연과학 등의 다양한 과학적 조류가 비판적으로 종합되고, 아니 — 헤겔식으로 말하자면 — 지양되고 있다.

그리하여 베버의 방법론은 체계적 측면에서나 역사적 측면에서나, 즉 방법론에 대한 이론적 논의의 측면에서나 발달사적 또는 지성사적 논의의 측면에서나 거대한 지적 보고이자 채석장이 아닐 수 없으며, 따라서

---

5 아마도 다음의 글은 이러한 의미에서 읽을 수 있을 것이다: Friedrich H. Tenbruck, "Abschied von der 'Wissenschaftslehre'?", in: Johannes Weiss (Hrsg.), Max Weber heute. Erträge und Probleme der Forschung, Frankfurt am Main: Suhrkamp 1989, 90~115쪽. 그리고 『과학론 논총』과 『막스 베버 전집』에 대해서는 김덕영, 앞의 책(2012), 429쪽 이하를 볼 것.

문화과학적·사회과학적 방법론에 대한 논의나 연구에서는 베버주의자
뿐만 아니라 반베버주의자도 베버를 옹호하는 사람뿐만 아니라 베버를
비판하는 사람도 베버를 인정하는 사람뿐만 아니라 베버를 거부하는 사
람도, 그리고 베버에 기대는 사람뿐만 아니라 베버에 등을 돌리는 사람
도 반드시 베버를 짚고 넘어갈 수밖에 없다. 베버는 문제해결자라기보다
문제제기자, 그것도 부단한 문제제기자이다. 그리하여 문화과학 및 사회
과학 방법론에 대한 논의와 연구는 오늘날에도 여전히 끊임없이 베버에
게로 회귀하고 있다. 바로 이 — 니체식으로 말하자면 — '영원회귀'에
베버 방법론이 갖는 이론적·역사적 의미와 중요성이 있는 것이다.

3. 논리와 방법론 그리고 인식론

이 책의 제목 『문화과학 및 사회과학의 논리와 방법론』에서 단적으로
드러나듯이, 베버의 방법론은 논리와 밀접한 관계에 있다. 그런데 이러
한 결합은 이미 베버의 첫 번째 방법론 관련 논문이라고 할 수 있는 「로
셔의 "역사적 방법"」(1903) — 이것은 1903년부터 1906년까지 세 차례
에 걸쳐 나온 논문 「로셔와 크니스 그리고 독일 역사학파 경제학의 논리
적 문제들」의 첫 번째 부분을 구성한다 — 에서도 명백히 나타난다. 거
기에서 베버는 역사과학과 경제학의 "일정한 기본적인 논리적·방법론
적 문제들"을 검토하고자 한다.[6] 그 후 논리와 방법론은 상호 긴밀한 관

---

6 Max Weber, Gesammelte Aufsätze zur Wissenschaftslehre, 4. Auflage, Tübingen: J. C. B.
   Mohr (Paul Siebeck) 1973, 1쪽[이 책 15쪽]. 앞으로 이 책의 쪽수는 [ ] 안에 표기한다.
   베버의 원서에 달린 주의 번호와 이 책에 달린 주의 번호 사이에는 차이가 나는데, 그 이
   유는 전자의 경우 주가 각주로 처리되어 있고 일련번호가 한쪽에 국한되어 있는 반면(1,
   2, 3 ……, 1, 2, 3 ……) 후자의 경우 미주로 처리되어 있고 일련번호가 처음부터 끝까지
   적용되기(1, 2, 3, 4, 5, 6 ……) 때문이다.

계를 유지하면서 베버의 문화과학 및 사회과학의 인식원리를 구성하게 된다. 그리하여 1919년 11월 출판인 파울 지베크(1855~1920)에게 보낸 편지에서 **"방법론적·논리적 논문들의 총서"**에 관심이 있는지 묻고 있다.[7] 여기에서 말하는 논문들이란 그동안 자신이 여러 학술지에 발표한 다양한 글을 가리킨다.

그렇다면 논리와 방법론의 차이는 무엇인가? 간단히 말해 논리는 개념에 대한 이론이고, 방법론은 해명에 대한 이론이다. 논리는 개념론이고 방법론은 해명론이다.[8] 달리 말하자면, 논리가 개념구성의 규준, 방식, 절차 등에 대한 이론이라면, 방법론은 경험연구의 규준, 방식, 절차 등에 대한 이론이다. 그런데 논리와 방법론은 분석적 차원에서는 그런 식으로 구분되지만 실제로는 서로 긴밀하게 연관되어 있다. 왜냐하면 과학적 인식이란 그 대상과 목표에 적합한 개념을 구성하고 그 개념을 수단으로 해서 대상을 분석하고 설명하며 또한 그렇게 얻어진 결과는 다시금 개념구성에 반영되는 일련의 과정이기 때문이다. 예컨대 이념형은 일차적으로 사유적으로 구성된 개념이지만 그 자체로서, 즉 개념을 위한 개념으로서 의미를 갖는 것이 아니라 경험적 현실을 분석하고 설명하기 위한 수단으로서 의미를 갖는다. 게다가 구체적인 연구에서 얻어진 인식 결과는 이념형을 재구성하는 계기가 될 수 있다.

사실 오늘날에는 더 이상 베버의 논리와 방법론이라는 말을 쓰지 않고

---

7 Friedrich H. Tenbruck, 앞의 글(1989), 99쪽에서 재인용. 출판인 파울 지베크(Paul Siebeck)는 베버의 지적 세계를 이해하는 데 아주 중요한 인물인데, 이에 대해서는 김덕영, 앞의 책(2012), 98쪽 이하를 볼 것.

8 Wolfgang Schluchter, Handlung, Ordnung und Kultur. Studien zu einem Forschungsprogramm im Anschluss an Max Weber, Tübingen: Mohr Siebeck 2005, 14쪽. 사실 베버는 논리라는 용어를 명확하게 정의하지도 않고 일관된 방식으로 사용하지도 않으며, 때로는 인식론이라는 용어와 뒤섞기도 한다. Hans Henrik Bruun & Sam Whimster, "Introduction" to Max Weber, Collected Methodological Writings, Edited by Hans Henrik Bruun and Sam Whimster, Translated by Hans Henrik Bruun, London & New York: Routledge 2014, xi~xxviii쪽, 여기서는 xxiii~xxiv쪽.

베버의 방법론이라는 말을 쓰는 것이 일반적이다. 이 경우에 우리는 베버의 방법론을 좁은 의미에서의 해명론이 아니라 개념론으로서의 논리를 포함하는, 그리고 더 나아가 다양한 현대 논리학에 대한 논의를 포함하는 넓은 의미의 방법론으로 받아들여야 한다. 이 해제에는 맥락에 따라서 논리와 방법론을 같이 쓰거나 논리라는 말이 없이 방법론이라는 말만을 쓰는데, 후자의 경우에도 넓은 의미의 방법론으로 읽어야 함을 미리 일러두는 바이다.

베버는 문화과학 및 사회과학의 논리와 방법론을 구축하는 과정에서 그 인식론적 논거를 제시한다. 일반적으로 인식론은 경험적·과학적 인식의 전제조건과 규칙, 그리고 한계와 타당성 등을 밝혀냄을 목적으로 하는 철학의 분과를 가리킨다. 다시 말해 인식론은 경험적·과학적 인식의 가능성에 대한 철학적 고찰이다. 이러한 고찰이 중요한 이유는 경험적·과학적 인식은 현실세계를 대상으로 하지만 그 가능성은 어떠한 경우에도 경험적인 방법에 의해 직접적으로 현실세계로부터 얻을 수 없기 때문이다. 그것은 어디까지나 인식의 근원이자 주체인 인간정신 또는 인간이성이나 인간오성에 대한 비판을 통해서 얻을 수 있는 것이다. 인식론은 모든 개별과학을 넘어서면서 모든 개별과학적 인식의 토대와 근거를 제공한다. 인식론은 —에드문트 후설의 말을 빌리면— "과학 일반의 이상적 '조건과 가능성'을 다루는 과학"이다.[9] 인식론은 메타 과학이다. 그런데 방법론 또한 메타 과학이다. 인식론과 방법론은 모두 경험과학의 영역이 아니라 철학의 영역에 속한다. 그렇다면 이 두 메타 과학의 관계는 어떠한가? 이는 구체적으로 베버의 경우를 논하면서 살펴보기로 한다.

베버는 1910년 3월 —28일 또는 그 이전에— 출판인 파울 지베크에

---

9 Edmund Husserl, Logische Untersuchungen, Band 1: Husserliana XVIII, Den Haag: Martinus Nijhoff 1975, 261~62쪽.

게 보낸 편지에서 방법론은 "과학 **위의** 과학"이라고 규정하고 있다.[10] 방법론은 메타 과학이라는 뜻이다. 이 아주 간단명료한 명제가 의미하는 바는 1906년에 발표한 논문 「문화과학적 논리 영역에서의 비판적 연구」를 보면 더욱 상세하고 명확하게 드러날 것이다. 이 논문의 서론 부분에서 베버는 인식론과 방법론에 대해 논하고 있다. 이 둘은 경험과학적 연구의 논리적 형식으로서 과학 위의 과학, 즉 메타 과학이라는 점에서 같지만 인식론이 보다 포괄적이고 추상적인 차원이다. 왜냐하면 인식론은 모든 개별과학에 공통적인 인식원리를 다루지만, 방법론은 개별적 경험과학의 인식목표와 인식과정을 다루기 때문이다. 인식론은 경험과학의 자기성찰이 아니라 인간정신 또는 인간이성이나 인간오성의 자기성찰이라고 할 수 있다. 방법론적 고찰은 경험과학과의 관련 속에서 이루어지기 때문에 인식론적 관점에서 보면 불완전할 수 있다. 그러나 다른 한편 방법론은 바로 그런 연유로 경험과학의 영역을 훨씬 벗어나는 인식론에 비해 경험과학의 자기성찰을 더 용이하게 해줄 수 있다. 이와 관련하여 베버는 말하기를,

사실상 전문적 인식론자들은 그들의 가장 중요한 업적이라고 할 수 있는 연구에서 개별과학들의 인식목표와 인식방법에 대한 "이념형적으로" 구성된 관념들을 사용하며, 따라서 개별과학자들의 머리를 한참 벗어나기 때문에 개별과학자들은 때때로 나안(裸眼)으로는 전문적 인식론자들의 논의에서 자기 자신을 다시 알아보기가 어렵다. 그러므로 개별과학들의 한가운데에서 행해지는 방법론적 논의가, 인식론적 관점에서 보면 불완전하게 표현됨에도 불구하고 그러나 어떤 의미에서는 바로 **그 때문에** 개별과학자들의 자기성찰에 때로는 더 유용할 수 있다.[11]

---

10   Max Weber, Briefe 1909~1910: Max Weber Gesamtausgabe II/6, Tübingen: J. C. B. Mohr (Paul Siebeck) 1994, 447쪽.
11   Max Weber, 앞의 책(1973), 216쪽[344쪽].

그리고 베버는 그 논문에서 경험과학과 방법론의 관계를 걷는 것과 해부학의 관계에 비유하고 있다.

> 방법론은 어디까지나 과학적 실천에서 그 유용성이 **입증된** 수단들에 대한 자기성찰일 뿐이고, 이러한 수단들을 명확히 의식한다는 것은 생산적인 과학적 작업의 전제조건이 아닌데, 이는 해부학적 지식이 "정확하게" 걷는 것의 전제조건이 아닌 것과 마찬가지이다. 사실 끊임없이 자신의 걸음걸이를 해부학적 지식에 비추어 통제하려는 사람은 넘어질 위험에 처할 수 있는데, 방법론적 고찰에 근거하여 자신의 작업목표를 다른 방식으로 결정하려는 전문 연구자에게도 그와 똑같은 일이 벌어질 수 있다. 만약 방법론적 작업이 역사학자의 실천에 직접적으로 기여할 수 있는 점이 있다면 ─ 물론 이것은 방법론적 작업의 목적들 가운데 **하나**이다 ─, 그것은 바로 그가 철학으로 치장한 딜레탕티즘에 의해 결코 현혹되지 않도록 하는 것이다. 언제나 **실제적인** 문제의 제시와 해결을 통해서만 과학이 창립되었으며 그 방법이 지속적으로 발전했던 반면, 순수한 인식론적 또는 방법론적 고찰이 거기에 결정적으로 기여한 바는 전혀 없었다.[12]

그러나 해부학적 지식이 전혀 쓸모가 없다는 것은 결코 아니다. 만약 걷는 데에 심각한 문제가 생기게 되면 해부학적 지식을 ─ 그리고 상황에 따라서는 그보다 멀리 떨어진 생물학적 지식, 생리학적 지식, 생화학적 지식 등을 ─ 동원해 그 원인과 처방을 찾아야 한다. 이와 마찬가지로 경험과학에도 인식론적 또는 방법론적 고찰이 중요하게 되는데, 이는 단지, 어떤 소재가 논의의 대상이 되도록 하는 "관점"이 현저하게 변화하고 새로이 형성되는 "관점"으로 인해 기존의 과학적 "수행"이 따르고 있었던 논리적 형식도 수정해야 한다는 생각이 들며, 그리고 그 결과로 전

12　같은 책, 217쪽[346쪽].

문 연구자가 자신이 하는 작업의 "본질"을 확실할 수 없게 되는 경우뿐이다.[13]

사실 베버가 문화과학 및 사회과학에 대한 방법론적·인식론적 고찰을 시도한 것은 이 인식체계의 전래적인 논리적 형식에 심각한 문제가 생겼기 때문이다. 이 문제가 단적으로 드러난 것이 베버의 전문 분야인 경제학이 오스트리아 학파의 이론경제학과 독일 역사학파 경제학으로 갈라져 있었던 사실이다. 당시 이론경제학과 역사경제학이 기초하고 있던 인식론은 모두 '근대적'이지 못했다. 또한 법칙과학적 개념구성의 논리와 개성기술적 개념구성의 논리로 나누어져 있었다. 그리고 정신과학적 이해의 방법과 실증주의적 설명의 방법이 대립하고 있었다.

이처럼 문화과학과 사회과학의 심각한, 아니 어찌 보면 근원적인 위기 상황이 베버로 하여금 그 논리적 형식, 즉 인식론과 논리 및 방법론에 대한 근본적인 자기성찰을 하도록 한 계기였던 것이다. 이 자아성찰을 위해 베버는 다양한 철학적 연구성과를 활용했다. 그는 단 한번도 자신을 철학자로 보지 않았으며 전문적으로 철학의 문제를 다루려고 하지 않았다. 그러나 당대의 과학적 인식이 처한 위기를 기존의 지적 자산을 종합적으로 비판·수용하면서 극복하려고 시도한 점에 베버의 지성사적 의미가 있다.

마지막으로 인식론에 관한 한, 베버는 칸트에 접목하고 있다. 물론 그렇다고 해서 베버가 칸트의 인식론에 대한 전문적인 논의를 전개했다는 말은 아니며, 칸트주의자라는 말은 더더욱 아니다. 그는 다만 칸트의 인식론을 활용했을 뿐이다. 그는 다만 "칸트에서 연원하는 근대 인식론의 근본사상", 즉 개념은 "경험적으로 주어진 것을 정신적으로 지배할 목적으로 사용하는 사유적 수단이며 또한 오직 사유적 수단일 수밖에 없다는" 관념에 기초하여 자신의 문화과학적·사회과학적 논리와 방법론을

---

13 같은 책, 218쪽[같은 곳].

구축하고자 했을 뿐이다.[14] 이는 무엇보다도 「사회과학적 및 사회정책적 인식의 "객관성"」(1904)에서 "경험적 현실의 사유적 질서화" 또는 이와 유사한 표현을 자주 볼 수 있다는 사실에서 명백히 드러난다. 경험적으로 주어진 것에 사유적으로 질서를 부여하는 인간정신의 행위를 철학적 · 형이상학적으로 고찰하는 인식론을 구성론이라고 하며, 칸트가 저 유명한 『순수이성비판』에서 제시한 것이 바로 이것이다. 베버는 바로 이 구성론적 인식론에 의거하여 자신의 논리와 방법론을 전개해 나갔던 것이다.[15]

4. 형성사에 대하여

이[16] 책에 번역되어 실린 베버의 저작들 가운데 제1부터 제4부까지는 1903년부터 1907년까지 『독일제국의 입법, 행정 및 민족경제 연보』와 『사회과학 및 사회정책 저널』이라는 두 종의 학술지에 실린 것이고, 제5부는 제4부의 속편으로 미완성 유고작이다. 이 유고작이 언제 쓰였는지는 정확히 알 수 없지만,—아래에서 자세하게 논의하게 되는 바와 같이—늦어도 제4부가 출간된 1907년에는 쓰였거나 아니면 적어도 그 상당 부분이나 일부분이 쓰였을 것이라고 추측할 수 있다. 아무튼 이 다섯 편의 논문이 나온 시기인 1903년부터 1907년까지 베버는 문화과학적 · 사회과학적 논리와 방법론에 대한 논의를 활발하게 전개했다(이는

14 같은 책, 208쪽[331쪽].
15 여기서는 지면 관계상 베버 방법론의 인식론적 배경에 대해 더 이상 논의할 수 없으니, 자세한 것은 김덕영, 앞의 책(2012), 437쪽 이하를 볼 것.
16 아래에서 언급되는 저작과 인물의 원어표기는 각각 이 해제의 뒷부분에 나오는 "인용문헌"과 이 책의 뒷부분에 나오는 "찾아보기"를 볼 것. 그리고 여기에서 자세히 소개되지 않는 인물에 대해서는 이 책에 수록된 "인명목록"을 참고할 것.

물론 그 시기에 완결된 것이 아니고 그의 생애 말까지 지속되었다). 어떤 의미에서 1903년부터 1907년까지를, 또는 1909년까지를 베버의 방법론적 시기라고 부를 수 있을 것이다.[17]

(1)「로셔와 크니스 그리고 역사학파 경제학의 논리적 문제들」 (1903~1906)

이 책의 제1부에 해당하는「로셔와 크니스 그리고 역사학파 경제학의 논리적 문제들」은 다시금 세 개의 장 ─「로셔의 "역사적 방법"」,「크니스와 비합리성의 문제」,「크니스와 비합리성의 문제(속편)」─ 으로 구성되어 있다. 원래 이 셋은 각각「로셔와 크니스 그리고 역사학파 경제학의 논리적 문제들」의 첫 번째, 두 번째, 세 번째 논문으로 1903년, 1905년, 1906년에 저널『독일제국의 입법, 행정 및 민족경제 연보』에 실렸던 것인데, 막스 베버의 사후 미망인 마리안네 베버가『과학론 논총』을 편집하면서「로셔와 크니스 그리고 역사학파 경제학의 논리적 문제들」을 구성하는 세 개의 장으로 편입되었다. 이에 반해『막스 베버 전집』제I/7권은 ─「로셔와 크니스 그리고 역사학파 경제학의 논리적 문제들」이라는 큰 제목하에 ─ 첫 번째 논문을 1904년에 나온 논문「사회과학적 및 사회정책적 인식의 "객관성"」의 앞에 싣고, 두 번째와 세 번째 논문을 그 뒤에 싣고 있다.『과학론 논총』이 주제 또는 범주라는 관점을 따랐다면,『막스 베버 전집』은 시간적 또는 역사적 관점을 따랐던 것이다. 그리고 이 책은 전자에 준거했다.

그런데「로셔와 크니스 그리고 역사학파 경제학의 논리적 문제들」

---

17   베버는 1908년에「사회학자와 화폐경제 이론가로서의 게오르그 짐멜」과「한계효용 이론과 "정신물리학적 기본법칙"」두 편의 논문을 남겼는데, 전자는 미완성 유고작이다. 그리고 1909년에는「"에너지론적" 문화이론」이라는 논문을 남겼다. 이 셋의 번역은 2021년 말경에 출간될 예정인『이해사회학』(김덕영 옮김)에 포함될 것이다.

은 처음부터 방금 언급한 학술지에, 그것도 세 번에 걸쳐 그처럼 방대한 논문(『과학론 논총』, 1~145쪽)으로 게재할 의도로 기획된 것이 아니다. 그것은 어떤 기념논집을 위해 기획된 것이다. 이와 관련하여 베버는 1903년 『독일제국의 입법, 행정 및 민족경제 연보』 제27권에 실린 「로셔의 "역사적 방법"」의 한 각주에서 다음과 같이 말하고 있다: "이것은 원래 금년에 나온 하이델베르크 대학 기념논집에 게재하기로 결정된 것이었는데, 적시에 완성되지 못했고 지금의 성격으로 보아도 거기에 잘 맞지 않는다."[18] 여기에서 말하는 기념논집은 구체적으로 『19세기 하이델베르크 대학의 교수들: 카를 프리드리히에 의한 대학 개혁 100주년 기념논집』이라는 제목하에 1903년에 두 권으로 출간된 기념논집을 가리킨다.[19]

베버는 이 기념논집을 위해 카를 크니스(1821~98)에 대한 집필을 맡

---

18 Max Weber, Zur Logik und Methodik der Sozialwissenschaften. Schriften 1900~1907: Max Weber Gesamtausgabe I/7, Tübingen: J. C. B. Mohr (Paul Siebeck) 2018a, 41쪽, 주 1. 우리의 번역서에는 이 각주가 없는데, 그 이유는 우리가 『과학론 논총』에 실린 것을 번역했기 때문이다. 자명하지만, 마리안네 베버는 이 논총을 편집하면서 특정한 저널을 위한 이 각주를 뺄 수밖에 없었다.

19 이에 대해서는 약간의 역사적 설명이 필요하다. 하이델베르크 대학은 1386년에 문을 연 독일 최초의 대학으로 16세기에 짧은 전성기를 구가하고는 긴 침체기에 빠졌다. 그러다가 19세기 초반에 카를 프리드리히(1728~1811)에 의해 근본적으로 개혁되면서 제2의 전성기를 맞이하게 되었다. 원래 팔츠 선제후국에 속해 있던 하이델베르크 대학은 1803년 제국의회의 결정에 따라 팔츠 선제후국이 해체되고 하이델베르크가 바덴 변경백국(邊境伯國)의 영토로 편입되면서 대학도 이 영방국가에 속하게 되었다. 그리고 바덴은 1806년에 대공국으로 승격되었으며, 그 초대 군주는 1803년 당시 변경백이었던 카를 프리드리히 대공이었다. 그는 처음부터 대학의 조직과 운영을 완전히 재정비하고 대학에 적극적으로 투자했으며 저명한 학자들을 교수로 초빙했다. 이 모든 개혁의 결과로 하이델베르크 대학은 제2의 전성기를 구가했는데, 이는 바이마르 공화국 때까지 지속되었다. 이렇게 보면 19세기 초 카를 프리드리히에 의한 개혁은 단순한 개혁이 아니라 제2의 창립이나 마찬가지였다. 실제로 하이델베르크 대학은 1386년을 제1의 창립연도로 그리고 1803년을 제2의 창립연도로 간주한다. 김덕영, 『정신의 공화국 하이델베르크』, 신인문사 2010b, 204쪽 이하. 하이델베르크 대학의 역사에 대해서는 같은 책, 175쪽 이하를 볼 것.

게 되었다. 그런데 구스타프 폰 슈몰러(1838~1917)[20]가 이미 크니스에 대한 "문학적 초상화"를 그렸기 때문에[21] 자신은 크니스의 저작에 대한 문제사적 고찰을 하는 것이 적합하다고 생각했다.[22] 그런데 이것이 원래의 기획과는 달리 빌헬름 로셔(1817~94)까지 포함하는 방대한 논문 「로셔와 크니스 그리고 역사학파 경제학의 논리적 문제들」로 결실을 맺게 되었던 것이다.

그렇다면 로셔는 누구이고 크니스는 누구인가? 먼저 로셔는 독일의 경제학자이자 역사학자이며 독일 역사학파 경제학의 창시자로 간주된다. 그는 1838년 괴팅겐 대학에서 역사학 및 국가과학 박사학위를 취득하고 1840년 같은 대학에서 대학교수 자격을 취득한 후 1843년 괴팅

---

20 슈몰러는 독일의 경제학자이자 사회과학자로, 1861년 튀빙겐 대학에서 국가과학 박사학위를 취득했으며, 1864년에 대학교수 자격이 없어 할레 대학의 국가과학 부교수가 되었고 1865년에 정교수로 승진했다. 그는 1872년에 슈트라스부르크 대학의 정교수가 되었고, 1882년에 베를린 대학의 정교수가 되어 1913년까지 재직했다. 또한 1872년 사회정책학회가 창립하는 데에 주도적인 역할을 했으며 1890년부터 1917년까지 그 회장을 역임했다. 그리고 1881년부터 『독일제국의 입법, 행정 및 민족경제 연보』의 편집자로 활동했으며(이는 『입법, 행정 및 민족경제 슈몰러 연보』 또는 간단히 『슈몰러 연보』라고도 불린다), 1876년에 『국가과학 및 사회과학 연구』라는 시리즈를 창간했다. 슈몰러는 독일 역사학파 경제학의 제2세대를 대표하는 경제학자로서 1880년대에 오스트리아 이론경제학파의 창시자인 카를 멩거와 방법론 논쟁을 벌였다.

21 이 "문학적 초상화"는 구체적으로 크니스의 주저 『역사적 방법의 관점에서 본 경제학』에 대한 서평이다. 슈몰러는 1883년 자신이 편집을 담당하는 ─그리하여 『슈몰러 연보』라고도 불리는─『독일제국의 입법, 행정 및 민족경제 연보』에 「카를 크니스, 『역사적 방법의 관점에서 본 경제학』」이라는 제목의 서평을 게재하고, 1888년 자신의 총서인 『국가과학 및 사회과학의 문헌사에 대하여』에 「카를 크니스」(1883)라는 제목으로 재수록했다. Gerhard Wagner, "Einleitung" zu Max Weber, Zur Logik und Methodik der Sozialwissenschaften. Schriften 1900~1907: Max Weber Gesamtausgabe I/7, Tübingen: J. C. B. Mohr (Paul Siebeck) 2018a, 1~30쪽, 여기서는 12쪽, 주 81.

22 Gerhard Wagner, "Editorischer Bericht" zu Max Weber, Zur Logik und Methodik der Sozialwissenschaften. Schriften 1900~1907: Max Weber Gesamtausgabe I/7, Tübingen: J. C. B. Mohr (Paul Siebeck) 2018b, 37~40, 102~04, 112~14, 120~24, 135~41, 240~42, 380~83, 481~86, 572~76쪽, 여기서는 38쪽.

겐 대학에서 역사학 및 국가과학 부교수가 되었고 1844년에는 정교수가 되었으며, 1848년부터 세상을 떠나는 해인 1894년까지 라이프치히 대학에서 정교수로 재직했다. 그의 저서 『민족경제의 체계』는 총 5권으로 1854~94년에 출간되었으며 계속해서 새 판이 나왔다. 그리고 크니스는 독일의 경제학자로서 빌헬름 로셔 및 브루노 힐데브란트(1812~78)와 더불어 독일 역사학파 경제학의 제1세대를 대표하며 이론적이지 않은 ─ 역사적으로 지향된 ─ 이 학파의 이론가로 간주된다. 그는 1846년 마르부르크 대학에서 역사학과 국가과학 박사학위를 취득했는데, 그의 박사학위 논문이 대학교수 자격 취득 논문으로도 인정되었다. 그 후 1851년부터 1852년까지 마르부르크 대학에서 사강사로 일했고, 1855년에 프라이부르크 대학의 재정학 정교수가 되었으며, 1865년에 하이델베르크 대학의 국가과학 정교수가 되어 1896년까지 재직했다.[23]

1897년에 베버는 하이델베르크 대학의 경제학 및 재정학 정교수로 초빙되었는데, 그 전임자가 다름 아닌 크니스였다. 게다가 베버는 크니스와 슈몰러에 이어 독일 역사학파 경제학의 제3세대에 속했다. 그는 바로 이 학파의 전통에서 지적으로 성장했다. 요컨대 베버는 크니스의 과학적 업적에 대한 글로 하이델베르크 대학 개혁 100주년 기념논집에 기여할 충분한 이유가 있었다. 게다가 이 글은 베버가 4년간에 걸친 신경증으로부터 회복되면서 처음으로 쓰는 글이기 때문에 그 의미가 더욱 클 수밖에 없었다.

아무튼 베버는 1902년 10월에 크니스에 대한 집필을 수락하고 이미 그해에 예비연구로 로셔에 대한 작업을 시작했고 1902년 말부터 1903년 초 사이에는 본격적으로 크니스에 대한 작업을 시작했다.[24] 그러

---

23 독일 역사학파 경제학에 대해서는 다음을 볼 것: 김덕영, 『논쟁의 역사를 통해 본 사회학: 자연과학·정신과학 논쟁에서 하버마스·루만 논쟁까지』, 한울아카데미 2003, 84쪽 이하.

24 Gerhard Wagner, 앞의 글(2018b), 240쪽.

나 1898년 여름부터 시작된 신경증이 완전히 치유된 상태가 아니었기 때문에 몇 달간 휴식을 취할 수밖에 없었으며,[25] 따라서 1903년 부활절까지의 원고마감 시한을 맞출 수가 없었다. 이처럼 베버가 불안정한 건강상태에서 쓰기 시작한 로셔와 크니스에 대한 논문을 그의 가족은 "한숨의 논문"이라고 불렀다.[26] 그리고 베버의 문제의식도 — 그가 슈몰러에게 보낸 편지를 보면 알 수 있듯이 — 늦어도 1903년 2월에는 크니스에 대한 문제사적 고찰에서 "로셔와 크니스가 의식적으로든 무의식적으로든 근거하는 논리적 전제조건들을 명백히 하는" 작업으로 옮아갔으며, 거기에 더해 "현대의 몇몇 논리적 이론에 의거하여 방법론적 연구"도 추진하게 되었다.[27] 여기에서 말하는 현대의 몇몇 논리적 이론은 이미 세상을 떠난 로셔와 크니스와 달리 아직 살아 있는 학자들에 의해 제시된 논리적 이론을 가리킨다. 그러니까 우리가 접하는 「로셔와 크니스 그리고 역사학파 경제학의 논리적 문제들」은 늦어도 1903년 2월에는 그 골격을 갖추게 되었다.

아무튼 이 모든 것으로 인해 1903년 여름이 되어서야 비로소 "한숨의 논문"의 첫 번째 부분인 「로셔의 "역사적 방법"」이 완성되었다.[28] 그리하여 이 글은 그해 10월에 — 상기한 하이델베르크 대학 개혁 100주년 기념논집이 아니라 — 슈몰러가 편집을 담당하던 — 그리하여 『슈몰러 연보』라고도 불리는 — 『독일제국의 입법, 행정 및 민족경제 연보』 제27권 제4호에 게재되었다.

베버가 "한숨의 논문"의 첫 번째 부분인 「로셔의 "역사적 방법"」을 끝

---

25 베버의 신경증에 대해서는 김덕영, 앞의 책(2012), 341쪽 이하를 볼 것.

26 Marianne Weber, Max Weber. Ein Lebensbild, Tübingen: J. C. B. Mohr (Paul Siebeck) 1926, 291쪽.

27 Max Weber, Briefe 1903~1905: Max Weber Gesamtausgabe II/4, Tübingen: J. C. B. Mohr (Paul Siebeck) 2014, 44쪽.

28 Marianne Weber, 앞의 책(1926), 291쪽.

낸 다음 곧바로 크니스에 대한 작업을 속개했는지, 또는 언제 시작했는지는 정확히 알 수 없다. 그러나 설령 곧바로 속개했다고 하더라도, 얼마 못 가서 중단할 수밖에 없었다. 왜냐하면 이미 1903년 후반기부터 완전히 다른 일련의 과제를 수행했기 때문이다. 먼저 —다음 절에서 자세한 논의가 있을 테지만— 1903년 가을 『사회과학 및 사회정책 저널』을 위한 두 편의 작은 텍스트가 나왔고(그중 하나는 베버가 단독으로 쓴 것이고 다른 하나는 편집진이 공동으로 쓴 것이다), 또한 1904년 4월에 나온 이 저널의 제19권 제1호에 「서문」과 그 학술지의 프로그램을 제시하는 논문 「사회과학적 및 사회정책적 인식의 "객관성"」이 실렸다(전자는 편집진이 공동으로 쓴 것이고, 후자는 베버가 단독으로 쓴 것이다). 이어서 같은 해 8월에 나온 같은 저널의 제19권 제3호에 「프로이센의 신탁유증 문제에 대한 농업통계적 및 사회정책적 고찰」이 게재되었고,[29] 역시 같은 해 11월에 나온 같은 저널의 제20권 제1호에 「프로테스탄티즘의 윤리와 자본주의 정신」 제1부가 게재되었다(제2부는 1905년 6월에 나온 제21권 제1호에 게재되었다).[30]

이 세 편의 글은 논문으로서는 상당히 큰 편이다. 사회과학적 및 사회정책적 인식에 대한 논문이 66쪽, 프로이센의 신탁유증에 대한 논문이 72쪽, 프로테스탄티즘의 윤리와 자본주의 정신에 대한 논문 제1부가 54쪽(제2부는 그 두 배에 달하는 110쪽)에 달한다. 베버는 이 세 편의 큰 저작을 1904년 한 해에, 보다 정확히 말하자면 9개월에 걸쳐 완성했다.[31]

---

29 이 논문의 형성사에 대해서는 다음을 볼 것: Wolfgang Schluchter, "Editorischer Bericht" zu Max Weber, "Agrarstatistische und sozialpolitische Betrachtungen zur Fideikomissfrage in Preussen", in: Wirtschaft, Staat und Sozialpolitik. Schriften und Reden 1900~1912: Max Weber Gesamtausgabe I/8, Tübingen: J. C. B. Mohr (Paul Siebeck) 1998, 81~91쪽.

30 이에 대한 자세한 논의는 다음을 볼 것: 김덕영, 「해제: 종교·경제·인간·근대 —통합과학적 모더니티 담론을 위하여」, 막스 베버(김덕영 옮김), 『프로테스탄티즘의 윤리와 자본주의 정신 —보론: 프로테스탄티즘의 분파들과 자본주의 정신』, 도서출판 길 2010a, 513~669쪽, 여기서는 546쪽 이하.

거기에 더해 역시 1904년에 『경제학 및 통계학 연보』 속속편 제28권 제4호에 「지난 10년간 독일 문헌에서 고대 게르만 사회구조의 성격을 둘러싸고 벌어진 논쟁」이라는 논문을 게재했다(이것은 38쪽에 달했다).[32] 아무튼 베버는 1904년 한 해에 네 편의 논문을 출간했는데, 이 가운데 「사회과학적 및 사회정책적 인식의 "객관성"」은 그의 방법론을 상징하는 저작이고, 「프로테스탄티즘의 윤리와 자본주의 정신」은 그의 얼굴과도 같은 저작이다.

그리고 베버는 프라이부르크 대학 시절, 동료이자 당시 하버드 대학의 교수로 재직하고 있던 철학자이자 심리학자인 후고 뮌스터베르크 (1863~1916)[33]의 초청으로 1904년 8월 20일부터 11월 19일까지 3개월간 부인 마리안네 베버 및 하이델베르크 대학 시절 동료인 신학자 에른스트 트뢸치(1865~1923), 철학자 파울 헨젤(1860~1930) 등과 함께 미국을 방문했다.[34] 이때 그는 세인트루이스에서 "과거와 현재의 독일 농업문제"라는 주제로 강연을 했고, 미국 각지를 여행하면서 자본주의가 눈부시게 발전하는 모습을 관찰했다. 그가 목격한 미국의 자본주의 정신은 근대 자본주의 정신의 "이념형적" 순수함이었다.[35] 당시의 체험은 후일 「프로테스탄티즘의 분파들과 자본주의 정신」(1920)으로 과학적 결실을 맺었다.[36]

---

31 Marianne Weber, 앞의 책(1926), 292쪽.

32 이 논문의 형성사에 대해서는 다음을 볼 것: Jürgen Deininger, "Editorischer Bericht" zu Max Weber, "Der Streit um den Charakter der altgermanischen Sozialverfassung in der deutschen Literatur des letzten Jahrzehnts", in: Zur Sozial- und Wirtschaftsgeschichte des Altertums. Schriften und Reden 1893~1908: Max Weber Gesamtausgabe I/6, Tübingen: J. C. B. Mohr (Paul Siebeck) 2006, 228~39쪽. 그리고 김덕영, 앞의 책(2012), 577쪽 이하에는 이 논문의 내용이 요약되어 있으니 참고할 것.

33 후고 뮌스터베르크에 대해서는 아래의 제7장 제2절을 볼 것.

34 베버의 미국 여행에 대해서는 Marianne Weber, 앞의 책(1926), 292쪽 이하를 볼 것.

35 같은 책, 340쪽.

36 이는 다음에 번역되어 있으니 참고할 것: 막스 베버(김덕영 옮김), 『프로테스탄티즘의

아무튼 이 모든 것으로 인해 베버는 1903년 후반기부터 중단된 크니스에 대한 연구를 빨라도 1905년 3월에서야 속개할 수 있었다. 이는 그가 동생 알프레트 베버(1868~1958)에게 보낸 편지를 보면 알 수 있는데, 그는 거기에서 다시 방법론에 대한 연구를 할 수 있게 되어서 기쁘다고 말하고 있다.[37] 베버가 언제 논문을 완성했는지는 정확히 알 수 없다. 어찌 되었든 베버는 원고를 1903년에 「로셔의 "역사적 방법"」을 게재한 『독일제국의 입법, 행정 및 민족경제 연보』에 제출했다. 베버는 논문이 너무 길지만 활자를 8포인트로 작게 하여 한번에 게재하자고 제안했으나, 편집자인 슈몰러는 이를 받아들이지 않고 두 차례에 걸쳐 싣기로 했다. 그리하여 "한숨의 논문"의 두 번째 부분과 세 번째 부분은 각각 1905년 10월(제29권 제4호)과 1906년 1월(제30권 제1호)에 「크니스와 비합리성의 문제」와 「크니스와 비합리성의 문제(속편)」라는 제목으로 출간되었다.

이처럼 베버는 로셔와 크니스, 그리고 독일 역사학파 경제학의 논리적 문제들에 대하여 방대한 논문을 썼지만, 이 주제에 대한 연구가 완결된 것은 아니었다. 이 논문의 세 번째 부분의 맨 마지막에 "또 한 편의 논문이 이어질 것이다"라는 각주가 붙어 있다.[38] 그러나 실제로는 이어지지 않았다.

(2) 「사회과학적 및 사회정책적 인식의 "객관성"」(1904)

우리는 앞 절에서 베버가 1903년부터 1904년까지 『사회과학 및 사회정책 저널』과 관련하여 「사회과학적 및 사회정책적 인식의 "객관성"」을

윤리와 자본주의 정신 ─ 보론: 프로테스탄티즘의 분파들과 자본주의 정신』, 도서출판 길 2010, 419~81쪽.

37 Max Weber, 앞의 책(2014), 436쪽.
38 Max Weber, 앞의 책(1973), 145쪽, 주 1[233쪽, 주 45].

비롯하여 크고 작은 네 편의 글을 썼다는 사실을 언급했다. 그 가운데 둘
은, 그리고 아래의 제3절과 제4절에서 논의하게 되는 두 편의 논문은 이
학술지에 실린 것이다. 『사회과학 및 사회정책 저널』은 베버의 이름과
떼려야 뗄 수 없는 관계에 있다. 여기에서 잠시 이 저널에 대해 살펴보기
로 한다.

1903년 여름에 에드가 야페(1866~1921)가 『사회입법 및 통계 저널』
이라는 학술지를 6만 마르크에 인수하고, 『사회과학 및 사회정책 저널』
로 제호를 바꾸었다. 전자는 원래 1888년에 사회민주주의자 하인리히
브라운(1854~1927)[39]이 창간하고 편집을 담당하고 있었으며, 주로 노동
자문제를 다루었다. 야페는 막스 베버와 베르너 좀바르트(1863~1941)
에게 편집인으로 함께 일할 것을 제안해 공동 편집인이 되었다. 그러나
그들은 『사회과학 및 사회정책 저널』에 새로운 일련번호를 부여하지 않
고 『사회입법 및 통계 저널』의 연장선상에서 번호를 매겼다. 그리하여
1904년 처음으로 새로운 제호하에 새로운 편집진의 이름으로 발간된 권
수를 제1권이라 하지 않고 제19권이라 했다.

그 제목을 보면 명백히 알 수 있듯이 『사회과학 및 사회정책 저널』은
처음부터 이론과 실천 또는 과학과 정치의 결합을 추구했다. 즉 사회-**과
학**(Sozial-*wissenschaft*)과 사회-**정책**(Sozial-*politik*)을 동시에 지향했다. 물
론 양자를 혼합함으로써가 아니라 그 이전보다 더 엄격하게 분리함으로
써 결합하고자 했다. 정책(정치)은 그 본질에 있어서 "투쟁, 참여, 의식적
편파성"인 데 반해 과학은 바로 이러한 당파성을 조직적이고 체계적으

---

39 브라운은 독일의 사민주의적 사회정책가이자 저널리스트로, 1881년 할레 대학에서 철
   학 박사학위를 취득했으나, 유대인이라는 점과 정치적 성향 때문에 학자로서의 길을
   걸을 수 없었다. 그는 1883년에 카를 카우츠키(1854~1938) 및 빌헬름 리프크네히트
   (1826~1900) 등과 독일 사회민주당의 이론 기관지인 『신(新)시대』를 창간했으며, —
   본문에서 언급한 바와 같이 —1888년에 『사회입법 및 통계 저널』을 창간하고 1903년
   까지 편집을 담당했다. 그리고 1892~95년에 『사회정책 중앙신문』의, 1905~07년에
   『신(新)사회』의, 그리고 1911~13년에 『사회정책 및 입법 연보』의 편집인으로 활약했다.

로 극복해야만 자신의 과제를 수행할 수 있기 때문이다.[40] 결론적으로 말해 이 학술지에서는 이론과 실천 또는 과학과 정치 또는 사회과학과 사회정책이 분리된 결합관계에 있었던 것이다.[41]

그렇다면 야페는 누구이고, 좀바르트는 누구인가? 먼저 야페는 독일의 상인이자 경제학자로 1888년부터 1898년까지 아버지가 맨체스터에 설립한 섬유수출회사에서 상인으로 일하다가 1902년 하이델베르크 대학에서 철학 박사학위를 취득한 후 1904년 같은 대학에서 대학교수 자격을 취득했다. 그리고 1909년에 하이델베르크 대학의 부교수가 되었고, 1910년에 뮌헨 상대의 화폐제도 및 금융제도 정교수가 되었으며, 1918년 11월부터 1919년 4월까지 바이에른 공화국의 재무장관을 역임했다. 한편 좀바르트는 독일의 경제학자이자 사회학자로 1888년 베를린 대학에서 구스타프 폰 슈몰러의 지도로 철학 박사학위를 취득했다. 그후 2년간 브레멘 상공회의소의 법률고문으로 일한 뒤, 1890년에 브레슬라우 대학의 국가과학 정교수가, 1906년에는 베를린 상경대학 국가과학 정교수가 되었으며 1917년부터 1931년까지 베를린 대학의 국가과학 정교수로 재직했다. 그리고 1932년부터 1936년까지 사회정책학회의 마지막 회장을 역임했다(이 학회는 1872년에 창립되어 1936년에 해체되었다).

아무튼 『사회과학 및 사회정책 저널』의 편집진은 1903년 가을에 이 새로운 학술지의 홍보를 위한 두 개의 작은 텍스트를 작성했다. 그 하나는 베버가 작성한 것인데, 이는 인쇄되지 않은 원고 상태로 남아 있다.[42] 그 다른 하나는 좀바르트, 베버, 야페의 이름으로 1903년 10월에 인쇄되어 배포된 팸플릿인데, 거기에는 이들이 편집진으로서 공통적으로 지닌 관점이 담겨 있다.[43] 이렇게 출발한 『사회과학 및 사회정책 저널』의

---

40 Joachim Radkau, Max Weber: Die Leidenschaft des Denkens, München & Wien: Carl Hanser 2005, 413쪽.
41 이론과 실천의 분리된 결합관계에 대해서는 김덕영, 앞의 책(2012), 534쪽 이하를 볼 것.
42 Gerhard Wagner, 앞의 글(2018b), 102~04쪽.

제19권(속편 제1권) 제1호는 1904년 4월에 나왔는데, 거기에는 베버와 관련된 두 편의 글이 실려 있다. 그 하나는 편집진의 이름으로 된 「서문」이고, 그 다른 하나는 베버가 단독으로 쓴 「사회과학적 및 사회정책적 인식의 "객관성"」이다. 전자는 7쪽에 불과한 작은 글인 반면, 후자는 66쪽에 달하는 상당히 큰 글이다.

사실 『사회과학 및 사회정책 저널』 「서문」의 경우에 그 "저작권"이 누구에게 속하는지 알 수가 없다. 좀바르트는 베버가 "단지 중요하지 않은 점들에서만 보충했을 뿐이라고" 주장하는 반면, 마리안네 베버는 막스 베버가 기초했다고 주장한다. 그러나 어찌 되었든 이 「서문」에는 좀바르트에게도 베버에게도 귀속시킬 수 있는 개념과 표현이 들어 있다. 그러니까 이 둘은 일정한 신념을 공유했으며, 만약 이것이 없었다면 공동 편집인으로 일할 수 없었을 것이다.[44]

이는 「사회과학적 및 사회정책적 인식의 "객관성"」의 모두에 잘 드러나 있다. 거기에서 베버는 말하기를, "이 저널은 결코 특정한 학파의 견해에 예속되지는 않을 것인데, 이에 대한 보증은 그 기고자들의 입장뿐만 아니라 편집자들의 입장도, 심지어 방법론적 측면에서도, 결코 동일하지 않다는 사실에 있다. 그러나 다른 한편 자명한 일이지만 편집자들은 몇 가지 근본적인 관점에서 의견이 일치했기 때문에 공동으로 편집을 담당하게 되었다. 특히 우리 편집진은 다음의 두 가지 점에서, 즉 '일

---

43 같은 글, 112~14쪽.

44 같은 글, 123~24쪽. 베버와 좀바르트, 그리고 「서문」에 대한 자세한 논의는 다음을 볼 것: Peter Ghosh, "Max Weber, Werner Sombart and the Archiv für Sozialwissenschaft: The Authorship of the 'Geleitwort'(1904)", in: History of European Ideas 36(1), 2010, 71~100쪽. 그리고 좀바르트와 베버의 관계에 대해서는 다음을 볼 것: Arthur Mitzman, "Persönlichkeitskonflikt und weltanschauliche Alternativen bei Werner Sombart und Max Weber" in: Wolfgang J. Mommsen & Wolfgang Schwentker (Hrsg.), Max Weber und seine Zeitgenossen, Göttingen/Zürich: Vandenhoeck & Ruprecht 1988, 137~46쪽.

면적' 관점하에서 획득되는 **이론적** 인식의 가치를 인정하며, **명료한 개념구성**을 그리고 **경험지식과 가치판단의** 엄격한 **구분**을 요구한다는 점에서 의견이 일치하는데 — 우리는 이 두 가지 점을 이 저널에서 — 물론 그렇다고 해서 무언가 '새로운 것'을 내세운다고 주장하는 것은 아니지만 — 대변할 것이다."[45]

그보다 우리의 관심을 끄는 것은 새로운 편집진을 갖추고 새롭게 단장한 학술지 『사회과학 및 사회정책 저널』이 지향하고 추구하는 바이다. 베버와 좀바르트, 그리고 야페가 이 학술지의 인식대상으로 내세운 것은 사회경제적 현상, 즉 "경제적 발전과 그 밖의 모든 사회적 현상 사이의 인과적 관계들"을 밝혀내는 것이었다.[46] 이에 따라 그들은 그것이 다루는 영역도 노동자문제를 중심으로 하던 『사회입법 및 통계 저널』에 비해 근본적으로 확장되어야 한다고 강조한다. "우리의 저널은" — 그들은 말하기를 —

자본주의적 발전의 보편적인 문화의의에 대한 이론적 · 역사적 인식이라는 과학적 문제에 기여하게 될 것이다. 그리고 그것은 하나의 전적으로 특수한 관점, 즉 문화적 현상들의 경제적 조건화라는 관점에서 출발하고 출발할 수밖에 없으며, 바로 **이런 연유로** 인접한 과학 분야들, 즉 일반국가학, 법철학, 사회윤리학, 사회-심리학적 연구 그리고 통상적으로 사회학이라는 이름으로 총괄되는 연구와 밀접한 관계를 맺지 않을 수 없다. 우리는 이들 영역에서의 과학적 활동을, 특히 우리의 체계적인 문헌 리뷰에서 상세하게 추적할 것이다. 우리는 통상적으로 사회인간학적이라고 불리는 문제들, 다시 말해 한편으로 경제적 상황이 인종 선택의 방식에 어떻게 작용하는가라는 문제와 다른 한편으로 유전된 물리적 · 정신적 특성이 경제적

---

45 Max Weber, 앞의 책(1973), 146쪽, 주 1[236쪽, 주 1].

46 Max Weber, Edgar Jaffé & Werner Sombart, "Geleitwort", in: Archiv für Sozialwissenschaft und Sozialpolitik, Band 19, Heft 1, 1904, I~VII쪽, 여기서는 II쪽.

생존경쟁과 경제적 제도들에 어떻게 영향을 끼치는가라는 문제에 특별한 주의를 기울일 것이다. 이처럼 생물학과 사회과학의 경계에 위치하는 문제들에 대한 논의는 지금까지 아마추어적인 성격을 벗어나지 못하고 있는데, 우리도 장래에 이것이 극복되는 데에 나름대로의 몫을 하고자 한다.[47]

물론 그렇다고 해서 노동자문제를 『사회과학 및 사회정책 저널』로부터 배제한다는 의미는 결코 아니다. 그 편집인들은 노동자문제가 중요한 사회경제적 현상임을 잘 알고 있었다. 그들이 노동자문제와 관련하여 추구한 바는 오히려 이 문제를 "그 **문화의의**에서 파악하는" 것이다.[48]

그리고 『사회과학 및 사회정책 저널』의 편집인들은 사회적 사실을 추구하는 것 외에도 사회이론을 추구하는 것이 이 학술지의 중요한 과제들 가운데 하나라고 강조한다.

반 세대 전만 해도 여전히 사회적 사실에 대한 허기가 아주 잘 채워졌는데, 철학적 관심 일반이 다시 깨어나면서 사회이론에 대한 허기도 생겨났다. 이 허기를 힘닿는 대로 달래는 것이 "저널"의 중요한 미래 과제들 가운데 하나가 될 것이다. 우리는 **철학적** 관점하에서의 사회문제들에 대한 논의를 크게 고려해야 하는 것과 마찬가지로, 우리의 전문영역에서 좁은 의미에서 "**이론**"이라고 불리는 연구의 형식도 고려해야 할 것이다. 그것은 다름 아닌 명확한 개념들의 구성이다. 그런데 역사적 삶의 풍부함을 공식에 강제로 맞추는 것이 타당하다는 견해를 멀리해야만, 오직 명백한 개념만이 사회문화 현상이 지니는 특별한 의미를 규명하고자 하는 연구에 진로를 제시한다고 확신할 수 있다.[49]

---

47 같은 글, V쪽.
48 같은 글, II쪽.
49 같은 글, VI쪽.

방금 언급한 바와 같이, 「사회과학적 및 사회정책적 인식의 "객관성"」
은 66쪽에 달할 만큼 분량 있는 논문이다. 나머지 논문 중 가장 큰 논문
(33쪽)보다 두 배나 길며, 논문에 할애된 총 지면 271쪽의 24.35퍼센트
를 차지한다.[50] 원래 이 논문은 「서문」 바로 다음에 배치되어 『사회과학
및 사회정책 저널』의 프로그램을 제시하도록, 그리고 바로 그 뒤에 또 다
른 편집자 좀바르트의 비교적 작은 논문 「경제위기 분류학 시론」(21쪽)
이 뒤따르도록 기획되었다. 그런데 좀바르트가 이의를 제기하면서 두 차
례에 나누어 게재하기로 계획을 변경했고, 베버도 이에 동의했다. 그러
나 그리되면 새로이 출범하는 저널의 프로그램을 제시하는 논문의 효과
가 반감될 수 있기 때문에 원래 두 번째로 싣기로 한 「경제위기 분류학
시론」을 맨 앞에 싣고(1~21쪽) 그다음에 「사회과학적 및 사회정책적 인
식의 "객관성"」을 싣는(22~87쪽) 식으로 타협을 보았다(「서문」은 로마숫
자로 I~VII쪽이다).[51]

베버는 「사회과학적 및 사회정책적 인식의 "객관성"」에서 이 논문이
「서문」과 밀접한 관계에 있음을 분명히 하면서 논의를 시작한다.

우리나라에서 사회과학 저널, 특히 사회정책 저널이 창간되거나 새로
운 편집진의 손으로 넘어가는 경우에 흔히 제기되는 첫 번째 질문은 다음
과 같다: 그것은 어떠한 "경향"을 띨 것인가? 우리 역시 이 질문에 대한 답
변을 회피할 수 없기에, 여기서는 "서문"에서 우리가 제시한 견해에 접목하
면서 보다 원칙적인 문제제기 아래 이 질문에 답변해 보고자 한다. 이를 통

---

50 Gerhard Wagner, 앞의 글(2018b), 138쪽.
51 마리안네 베버에 따르면, 이런 식으로 막스 베버와 좀바르트의 논문이 원래의 편집기
    획과 다르게 배치되는 이유를, 좀바르트가 인간적 측면에서나 과학적 측면에서 베버에
    의해 압도되었기 때문이라고 한다. 같은 글, 137쪽. 그러나 다른 한편으로 좀바르트가
    편집자로서 베버의 이례적으로 큰 논문으로 인해 발생하게 되는 불균형을 바로잡으려
    고 했다고 생각할 수도 있을 것이다.

해 우리는 우리가 이해하는 "사회과학적" 작업의 일반적인 특성을 여러 방향에서 조명할 수 있는 기회를 갖게 될 것이다. 이러한 조명은 "자명한 사실들"을 그 대상으로 하며, 따라서 전문가들에게는 유용하지 않을 것이다. 그러나 그럼에도 불구하고 또는 아마도 바로 그러한 이유 때문에 적어도 실제적인 과학적 작업과 거리가 먼 많은 독자들에게는 유용할 수 있다.[52]

이렇게 시작하는 「사회과학적 및 사회정책적 인식의 "객관성"」은 두 개의 장으로 구성되어 있는데, 제1장에서는 편집진의 공통적인 견해가, 그리고 제2장에서는 베버 자신의 견해가 개진되고 있다. "이 논문의 제1장에서" — 이와 관련하여 베버는 말하기를 — "'편집진의 이름하에'라고 분명히 밝히고 전개하는 논의나 또는 저널에 부여하는 과제는, 당연히 필자의 개인적인 견해가 아니라 공동 편집자들로부터 명시적으로 승인을 받은 것이다. 이에 반해 제2장의 형식과 내용에 대한 책임은 **전적으로** 필자에게 있다."[53]

그런데 이 논문의 중점은 제2장에 있는데, 이는 제1장이 24쪽에서 36쪽까지인 데 반해 제2장은 36쪽에서 87쪽까지라는 외적이고 형식적인 사실만 보아도 금방 알 수 있다. 베버는 제1장에서 가치판단의 문제를, 제2장에서는 문화과학과 사회과학, 현실과학과 법칙과학, 가치연관적 인식, 이념형, 객관성 등의 문제를 논의하면서 자신의 독특한 방법론을 제시하고 있다.[54] 전문적인 방법론자가 아닌, 또는 달리 표현하자면 방법론자로서는 비전문가인 베버의 저작인 이 「사회과학적 및 사회정책

---

52 Max Weber, 앞의 책(1973), 146~47쪽[237~38쪽].

53 같은 책, 146쪽, 주 1[53쪽, 주 1].

54 이 논문에 대해서는 다음을 볼 것: Claudius Härpfer & Tom Kaden, "C. Wissenschaftslehre, 3. Die 'Objektivität' sozialwissenschaftlicher und sozialpolitischer Erkenntnis(1904)", in: Hans-Peter Müller & Steffen Sigmund (Hrsg.), Max Weber-Handbuch. Leben — Werk — Wirkung, Stuttgart/Weimar: J. B. Metzler 2014b, 240~44쪽.

적 인식의 "객관성"」은 향후 문화과학적·사회과학적 방법론에 대한 — 전문적인 또는 비전문적인 — 논의와 연구를 결정적으로 각인하게 된다. 문화과학과 사회과학의 방법론을 논의하고 연구하는 사람은 누구든 이 논문을 비껴갈 수 없을 것이다. 바로 여기에 「사회과학적 및 사회정책적 인식의 "객관성"」이 갖는 의미가 있다. 그런데 전문적인 방법론자가 아닌, 또는 방법론자로서는 비전문가인 베버는 자신의 방법론을 구축하는 과정에서 — 다음의 인용구절이 보여 주듯이 — 현대 논리학자들의 저작에 접목하고 있는데, 여기에 이 논문이 갖는 또 다른 의미, 즉 지성사적 의미가 있다.

우리는 여기에서 논리학을 추구하는 것이 아니라 현대 논리학의 잘 알려진 연구성과를 우리의 논의를 위해 활용하고자 하며, 또한 문제를 해결하고자 하는 것이 아니라 비전문가들에게 문제의 의의를 분명히 보여 주고자 할 뿐이다. 현대 논리학자들 — 나는 다만 빈델반트와 짐멜 그리고 우리의 목적을 위해서 특히 하인리히 리케르트를 언급하고자 한다 — 의 저작을 알고 있는 사람이라면 누구나 이 논문이 모든 중요한 점에서 전적으로 그들에게 접목하고 있음을 즉각 간파할 것이다.[55]

---

55 Max Weber, 앞의 책(1973), 146쪽, 주 1[236쪽, 주 1]. 여기에 언급된 빌헬름 빈델반트(1848~1915)는 독일의 철학자로, 1870년 괴팅겐 대학에서 철학 박사학위를 취득한 후, 1873년 라이프치히 대학에서 대학교수 자격을 취득했다. 그리고 1876년에 취리히 대학의, 1877년에 프라이부르크 대학의, 1882년에 슈트라스부르크 대학의 정교수가 되었으며, 1903년부터 1915년까지 하이델베르크 대학의 정교수로 재직했다. 서남학파 신칸트주의의 창시자로, 그의 제자인 하인리히 리케르트와 함께 이 학파를 대표하며 막스 베버의 방법론에 대해서도 중요한 의미를 갖는다. 또한 하인리히 리케르트(1863~1936)는 독일의 철학자로, 1888년 슈트라스부르크 대학에서 빌헬름 빈델반트의 지도 아래 철학 박사학위를 취득했고, 1891년 프라이부르크 대학에서 대학교수 자격을 취득했다. 그리고 1891년에 프라이부르크 대학의 철학 부교수가, 1896년에 정교수가 되었으며 1915년부터 1932년까지 하이델베르크 대학의 정교수로 재직했다. 어린 시절부터 막스 베버와 절친한 사이였으며, 그의 문화철학과 가치철학은 베버의 방법론이 형성되는 데에 결정적인 영향을 끼쳤다. 베버와 리케르트의 관계에 대해

이 논문이 — 그리고 아래에서 살펴보게 되는 「문화과학적 논리 영역에서의 비판적 연구」(1906)와 「루돌프 슈탐러의 유물론적 역사관 "극복"」(1907)이 — 게재된 『사회과학 및 사회정책 저널』은 베버에게 개인적으로도 아주 중요한 의미를 지닌다. 이 학술지는 그를 동시대의 사회과학자들과 연결해 주는 고리인 동시에 그의 연구성과를 발표하는 통로였다. 그는 이 저널에 긴 논문의 형식으로 글을 실었다. 그렇게 함으로써 융통성이라는 이점과 책을 쓰는 데 따르는 압력으로부터 해방된다는 이점을 얻을 수 있었다.[56] 아무튼 베버는 세상을 떠날 때까지 『사회과학 및 사회정책 저널』에 총 28편의 글을 게재했다. 예컨대 세 권으로 된 『종교사회학논총』에 수록된 논문들은 「프로테스탄티즘의 분파들과 자본주의 정신」을 제외하고는 모두 이 저널에 실렸던 것을 수정·보완한 것이다. 「프로테스탄티즘의 분파들과 자본주의 정신」은 미발표 논문인데, 1906년 반월간 신학 저널 『기독교 세계』에 발표된 「북아메리카에서의 "교회"와 "분파": 교회정치적 및 사회정치적 스케치」[57]라는 글을 대폭 증보해 『종교사회학논총』 제1권(1920)에 편입한 것이다.

(3) 「문화과학적 논리 영역에서의 비판적 연구」(1906)

베버는 1906년 『사회과학 및 사회정책 저널』 제22권 제1호에 「문화과학적 논리 영역에서의 비판적 연구」라는 글을 발표한다. 논문란이 아

서는 비교적 많은 연구가 이루어졌는데, 특히 다음을 볼 것: Peter-Ulrich Merz-Benz, Max Weber und Heinrich Rickert. Die erkenntniskritischen Grundlagen der verstehenden Soziologie, Würzburg: Königshausen & Neumann 1990; Guy Oakes, Die Grenzen der kulturwissenschaftlichen Begriffsbildung. Heidelberger Max Weber-Vorlesungen 1982, Frankfurt am Main 1990. 그리고 짐멜에 대해서는 아래의 제7장 제3절을 볼 것.

56 H. 스튜어트 휴즈(황문수 옮김), 『의식과 사회: 서구 사회사상의 재해석 1890~1930』, 개마고원 2007, 320쪽.

57 이에 대해서는 김덕영, 앞의 글(2010a), 582쪽 이하를 볼 것.

니라 서평란에 게재된 이 글은 두 개의 장으로 —「에두아르트 마이어에 대한 비판적 고찰」과 「역사적 인과고찰에서의 객관적 가능성과 적합한 원인작용」으로 — 구성되어 있다. 전자는 1902년에 출간된 역사학자 에두아르트 마이어(1855~1930)의 저서 『역사학의 이론과 방법론에 대하여: 역사철학적 연구』에 대한 서평에 할애되어 있고, 후자는 방법론적 논의에 할애되어 있다.

언뜻 보면 이 둘은 전혀 다른 성격을 가진 것으로 보인다. 그러나 사실 이 둘은 서로 밀접한 관계에 있다. 그리하여 베버는 제2장을 다음과 같이 마이어를 인용하면서 시작한다: "'제2차 포에니 전쟁의 발발은', 에두아르트 마이어는 말하기를(16쪽), '한니발의 의지적 결정의 결과이고, 7년전쟁의 발발은 프리드리히 대왕의, 1866년 전쟁의 발발은 비스마르크의 의지적 결정의 결과이다. 이들은 모두 달리 결정할 수도 있었으며, 다른 인물들 또한 [……] 달리 결정했을 것이다; 그랬더라면 역사는 다르게 진행되었을 것이다.'"[58] 한편으로 역사학의 이론과 방법론에 대한 마이어의 견해를 비판적으로 검토하면서, 다른 한편으로 이를 계기로 그리고 이에 접목하여 객관적 가능성과 적합한 인과작용이라는 방법론의 중요한 두 측면을 다룸으로써 문화과학의 방법론적 정초를 속행하는 것 — 바로 이것이 베버가 「문화과학적 논리 영역에서의 비판적 연구」에서 진정으로 추구하는 바이다.

그렇다면 마이어는 누구인가? 마이어는 독일의 역사학자로 1875년 라이프치히 대학에서 철학 박사학위를 취득하고 1879년 같은 대학에서 고대사 대학교수 자격을 취득한 후 사강사로 가르치다가 1884년에 부교수가 되었다. 그리고 1885년에 브레슬라우 대학의, 1889년에 할레 대학

---

58 Max Weber, 앞의 책(1973), 266쪽[417쪽]. 이 인용구절에 제시된 쪽수(16쪽)는 베버가 서평한 다음에서 온 것이다: Eduard Meyer, Zur Theorie und Methodik der Geschichte. Geschichtsphilosophische Untersuchungen, Halle a. S.: Max Niemeyer 1902.

의 정교수가 되었으며 1902년부터 1923년까지 베를린 대학의 정교수로 재직했다. 그는 고대사를 전체적으로 서술한 마지막 역사학자들 가운데 한 명이었다. 1884년부터 1902년까지 총 5권으로 출간한 그의 주저『고대사』는 기원전 350년까지의 근동, 이집트 및 그리스의 역사적 발전을 정치사, 경제사 및 문화사라는 포괄적인 관점에서 다루고 있으며, 고대학 분야의 일급 연구서로 꼽힌다.

베버가 「문화과학적 논리 영역에서의 비판적 연구」에서 서평하고 있는 마이어의 저서『역사학의 이론과 방법론에 대하여』는 총 56쪽밖에 안 되는 소책자인데, 그 이유는 강연에 기초하고 있기 때문이다. 1889년부터 할레 대학에서 고대사 정교수로 재직하고 있던 마이어는 1900년에 뮌헨 대학의 초빙을 받아들이지 않았지만 1902년에 베를린 대학의 초빙은 받아들였다. 이때 할레 대학을 떠나면서 역사학의 이론과 방법론을 주제로 고별 강연을 했고, 이것을 약간 수정하여 같은 제목의 책으로 펴냈다. 그가 거기에서 피력한 견해들은 1884년에 출간된『고대사』제1권의 앞부분에 기초하고 있다.[59]

우리는 여기에서 한 가지 매우 흥미로운 점을 볼 수 있는데, 그것은 「문화과학적 논리 영역에서의 비판적 연구」가 서평치고는 매우 길다는 사실이다. 이 글은 ― 너무 길기 때문에 편집상의 문제를 불러일으킨 ― 「사회과학적 및 사회정책적 인식의 "객관성"」보다 불과 한 쪽밖에 짧지 않은 65쪽에 달한다(143~207쪽). 더욱 흥미로운 점은 이 서평이 그 대상이 되는 책자보다 9장이나 더 길다는 사실이다.[60]

---

59 Claudius Härpfer & Tom Kaden, "C. Wissenschaftslehre, 1. Zur Logik und Methodik der Sozialwissenschaften(1900~1907)", in: Müller, Hans-Peter & Steffen Sigmund (Hrsg.), Max Weber-Handbuch. Leben ― Werk ― Wirkung, Stuttgart/Weimar: J. B. Metzler 2014a, 222~31쪽, 여기서는 225쪽. 여기에서 말하는『고대사』제1권의 앞부분은 구체적으로 1~25쪽으로, 총 5권으로 구성된『고대사』전반에 대한 서론에 해당한다. 다음을 볼 것: Eduard Meyer, Geschichte des Alterthums, Band 1: Geschichte des Orients bis zu Begründung des Perserreichs, Stuttgart: J. G. Cotta 1884, 1~25쪽.

베버는 늦어도 1903년에는 마이어의 저서 『역사학의 이론과 방법론에 대하여』를 알고 있었는데, 이는 1903년 가을에 나온 「로셔의 "역사적 방법"」에서 세 번에 걸쳐 — 보다 정확히 말하면, 본문이 아니라 주에서 — 마이어가 언급되고 있다는 사실을 보면 드러난다.[61] 먼저 베버는 프리드리히 고틀(1868~1958)의 저작 『말의 지배』(1901)에 대해 논의하면서 말하기를, "리케르트는 이 저작을, 그리고 여러모로 고틀과 유사한 논의를 전개한 에두아르트 마이어(『역사학의 이론과 방법론에 대하여』, 1902)도 잘 알지 못하고 있었음이 분명하다."[62] 또한 베버는 다음과 같은 문제, 즉 "과학적으로 경중이 없는 무수한 특성들에서 그와 같은 특성들[우리의 인식을 위해 **중요한** 특성들]을 가려낼 수 있는 일반적인 **방법론적 원칙**이 존재하는가는" 일단 제쳐두기로 하면서 괄호를 쳐 "**그 대신에** 예컨대 에두아르트 마이어의 앞서 인용한 저작을 볼 것"이라고 덧붙이고 있다.[63] 그리고 베버는 주장하기를, "에두아르트 마이어의 초기 저작속의 몇몇 표현은 어느 정도 [……] 로셔의 사상노선에 의해 영향을 받았음이 드러난다. 그러나 이제 마이어는 근본적으로 이미 크니스가 내세운 관점에 서 있는데 [……], 이는 특히 람프레히트가 들어선 길에 대한 반동의 결과였음이 확실하다."[64]

그러나 베버가 이 시점에 마이어에 대한 비판적 고찰을 시작한 것은 아니다. 그는 1904년 겨울에 「문화과학적 논리 영역에서의 비판적 연구」에 대한 작업을 시작할 계획이었는데, 이는 그가 1904년 6월 14일에 리케르트에게 보낸 편지를 보면 알 수 있다. 거기에서 베버는 "곧이

---

60   Gerhard Wagner, 앞의 글(2018b), 380쪽.
61   같은 곳. 이 단락의 아래 내용은 바로 이를 참고하여 정리한 것임을 일러둔다.
62   Max Weber, 앞의 책(1973), 4쪽, 주 2[56쪽, 주 4].
63   같은 책, 6쪽, 주 6[57쪽, 주 10].
64   같은 책, 22쪽, 주 3[67쪽, 주 54]. 카를 람프레히트(1856~1915)는 독일의 역사학자이다(자세한 내용은 이 책에 수록된 "인명목록"을 참고할 것).

어 (겨울에) '객관적 가능성'의 범주가 역사적 판단에 대해 갖는 의의를 분석할 것이라고" 말하고 있다.[65] 이는 「문화과학적 논리 영역에서의 비판적 연구」 제2장의 일부분에 해당한다. 베버의 마이어-논문이 끝난 것은 1905년 늦여름인데, 이는 크니스에 대한 논문이 끝난 시점과 같다.[66] 그는 그해 9월 3일에 에밀 라스크(1875~1915)에게 보낸 편지에서 다음과 같이 말하고 있다: "나는 지금 '로셔와 크니스'를 교정하고 있습니다 [……] 그리고 1) 에두아르트 마이어를 다루고 ― 2) 거기에 접목하여 '역사적 귀속에서의 객관적 가능성'이라는 개념을 다루는 또 한 편의 논문이 거의 끝나갑니다."[67]

이 논문은 시간적 측면에서뿐만 아니라 내용적 측면에서도 크니스-논문과 밀접한 관계에 있는데, 이는 이 둘이 상호 교차적으로 언급되고 있다는 사실을 보면 드러난다.[68] 먼저 베버는 1905년에 출간된 크니스-논문의 첫 번째 부분인 「크니스와 비합리성의 문제」에서 세 번에 걸쳐 ― 보다 정확히 말하면, 본문이 아니라 주에서 ― 마이어를 언급하고 있다. 그 첫 번째는 다음과 같다: "'실재근거'와 '인식근거'라는 범주가 역사방법론적 문제들과 갖는 관계에 대해서는 에두아르트 **마이어**와 다른 몇몇에 대한 나의 비판을 볼 것(이 책의 234쪽 이하)."[69] 둘째로 베버는 뮌스터베르크를 비판하는 맥락에서 "많은 역사학자들(에두아르트 마이어)이 이에[정신적 과정에] 대한 연구에 거의 무관심하다"라고 말하고 있다.[70] 그리고 베버는 1906년에 출간된 크니스-논문의 두 번째 부분인

65 Max Weber, 앞의 책(2014), 230~31쪽.
66 Gerhard Wagner, 앞의 글(2018b), 381쪽.
67 Max Weber, 앞의 책(2014), 514쪽. 라스크는 독일의 철학자이다(자세한 내용은 이 책에 수록된 "인명목록"을 참고할 것).
68 Gerhard Wagner, 앞의 글(2018b), 381쪽. 이 단락의 아래 내용은 바로 이를 참고하여 정리한 것임을 일러둔다.
69 Max Weber, 앞의 책(1973), 48~49쪽, 주 1[156쪽, 주 13]. 본문에서 말하는 쪽수는 『과학론 논총』을 가리키고, 이 번역서의 409쪽 이하에 해당한다.

「크니스와 비합리성의 문제(속편)」에서 인과적 회귀에 대해 논의하면서 말하기를, "개별적으로 '파악된' 현상들에 대한 인과설명은 — 이는 에두아르트 마이어에 대한 반론으로서도 강조되어야 한다 — 일반적으로 결과에서 원인이라는 역방향으로 진행한다."[71] 다른 한편으로 「문화과학적 논리 영역에서의 비판적 연구」에서는 크니스-논문의 첫 번째 부분에 대한 세 차례의 언급과 두 번째 부분에 대한 한 차례의 언급을 찾아볼 수 있다.[72]

이처럼 「문화과학적 논리 영역에서의 비판적 연구」와 「로셔와 크니스 그리고 역사학파 경제학의 논리적 문제들」이 내용적으로 밀접한 관계에 있으며 상호 교차적으로 언급되고 있다는 사실은, 이 둘을 단순히 역사학자와 경제학자들에 대한 평가나 비판으로 보아서는 안 되고, 문화과학 및 사회과학의 논리적·방법론적 정초라는 지적 기획의 틀에서 보아야 한다는 것을 함의하는 대목이다. 그들에 대한 평가나 비판도 바로 이 틀에서 의미를 갖는다. 이미 앞에서 언급한 바와 같이, 베버는 「문화과학적 논리 영역에서의 비판적 연구」에서 마이어에 대한 비판적 고찰을 계기로, 그리고 이에 접목하여 객관적 가능성과 적합한 인과작용이라는 방법론의 중요한 두 측면을 다룸으로써 — 1903년에 나온 로셔-논문 (1903)에서 시작하여 1904년에 나온 「사회과학적 및 사회정책적 인식의 "객관성"」과 1905년과 1906년에 나온 두 편의 크니스-논문에서 추진해 온 — 문화과학과 사회과학의 논리적·방법론적 정초를 속행하고 있다.

아무튼 베버는 다음과 같이 에두아르트 마이어라는 일급 역사학자의 저작이 갖는 의미는 논리와 방법론에 있음을 강조하면서 「문화과학적 논리 영역에서의 비판적 연구」를 시작한다.

---

70 같은 책, 77쪽, 주 2[160쪽, 주 29].
71 같은 책, 114~15쪽, 주 1[222쪽, 주 12].
72 같은 책, 226쪽, 주 1[411쪽, 주 9], 227쪽, 주 1[같은 곳, 주 11], 230쪽, 주 1[412쪽, 주 14], 277쪽, 주 1[451~58쪽, 주 8].

우리의 일급 역사학자들 중 누군가가 자기 자신과 그의 전문가 동료들에게 자신이 하는 연구작업의 목표와 방법에 대해 해명할 필요성을 느낀다면, 그는 이와 더불어 자신의 개별과학을 넘어서 인식론적 고찰의 영역에 들어서게 되며, 바로 이러한 이유만으로도 이미 전문가 집단들을 넘어서는 관심을 불러일으킬 수밖에 없다.[73]

그리고 전문적인 인식론자가 아니라 경험과학자인 마이어가 역사학에서 전개하는 논리적·방법론적 논의가 좁게는 역사학과, 넓게는 문화과학 일반의 자아성찰에 대해 갖는 유용성을 다음과 같이 제시하고 있다.

사실상 전문적 인식론자들은 그들의 가장 중요한 업적이라고 할 수 있는 연구에서 개별과학들의 인식목표와 인식방법에 대한 "이념형적으로" 구성된 관념들을 사용하며, 따라서 개별과학자들의 머리를 한창 벗어나기 때문에 개별과학자들은 때때로 맨눈으로는 전문적 인식론자들의 논의에서 자기 자신을 다시 알아보기가 어렵다. 그러므로 개별과학들의 한가운데에서 행해지는 방법론적 논의가, 인식론적 관점에서 보면 불완전하게 표현됨에도 불구하고 그러나 어떤 의미에서는 바로 **그 때문에** 개별과학자들의 자기성찰에 때로는 더 유용할 수 있다. 특히 마이어의 논의는 그 투명한 이해가능성으로 인해 인접 과학 분야의 전문가들에게 일련의 측면들에 접목하여 자신들과 좁은 의의에서의 "역사학자들"이 공유하는 일정한 논리적 문제들을 해결할 수 있는 가능성을 제공한다. 바로 이것이 이 논문의 목적이다. 우리는 먼저 마이어의 저작에 준거하여 몇몇의 개별적인 논리적 문제를 하나하나씩 해명하며, 그리고 난 다음에 이렇게 얻어진 관점을 통해 문화과학의 논리에 대한 최근의 다른 몇몇 저작을 논평하고자 한다. 지금까지는 사회과학의 특성을 "자연과학"과의 경계설정을 통해 규정하려는 시

73 같은 책, 215쪽[343쪽].

도가 빈번하게 이루어져 온 반면, 이 논문에서는 의도적으로 순수하게 **역사적인** 문제들로부터 출발하여 연구의 후반부에 이르러서야 비로소 사회적 삶의 "규칙들"과 "법칙들"을 추구하는 과학 분야에 대한 논의로 나아갈 것이다.[74]

그런데 「문화과학적 논리 영역에서의 비판적 연구」는 ─ 「로셔와 크니스 그리고 역사학파 경제학의 논리적 문제들」과 마찬가지로 ─ 완결된 것이 아니다. 이 논문의 맨 마지막에 "또 한 편의 논문이 이어질 것이다"라는 각주가 붙어 있다.[75] 그러나 실제로는 ─ 역시 로셔-크니스-논문에서와 마찬가지로 ─ 이어지지 않았다.

(4)「루돌프 슈탐러의 유물론적 역사관 "극복"」(1907)

방금 살펴본 「문화과학적 논리 영역에서의 비판적 연구」가 나온 지 꼭 1년 만에 이 글이 실린 『사회과학 및 사회정책 저널』에 베버의 글 또 한 편이 나온다. 그것은 이 학술지 제24권 제1호(1907년 1월호)에 실린 「루돌프 슈탐러의 유물론적 역사관 "극복"」이다. 그 분량도 58쪽으로 「문화과학적 논리 영역에서의 비판적 연구」보다 7쪽밖에 적지 않다. 외견상으로 드러나는 이 두 글의 차이는, 「문화과학적 논리 영역에서의 비판적 연구」의 경우에는 그 제1장의 제목에만 인명이 들어간 반면 「루돌프 슈탐러의 유물론적 역사관 "극복"」의 경우에는 전체 제목에 인명이 들어가 있다는 사실이다. 그리하여 전자는 절반만이 서평이고 후자는 전체가 서평이라는 인상을 준다. 그런데 전자는 서평란에 실렸고 후자는 논문란에 실렸다.

---

74 같은 책, 215~16쪽[344~45쪽].
75 같은 책, 290쪽, 주 4[453쪽, 주 20].

그렇다면 슈탐러(1856~1938)는 누구인가? 슈탐러는 독일의 사회철학자이자 법철학자로 1877년 기센 대학에서 법학 박사학위를 취득했고, 1879년 라이프치히 대학에서 대학교수 자격을 취득했다. 그 후 1882년에 마르부르크 대학의 부교수가 되었고, 1884년에 기센 대학의 정교수가 되었으며, 1885년부터 1916년까지 할레 대학의, 1916년부터 1923년까지 베를린 대학의 정교수로 재직했다. 그는 마르부르크 신칸트학파[76]의 토대 위에서 사회철학과 법철학을 개혁하고자 했으며, 1913년에는 『법철학 저널』을 창간했다.

그런데 베버가 슈탐러의 저작을 논의하는 이유는 마이어의 저작을 논의하는 이유와 완전히 다르다. 후자의 경우에는 일급 역사학자의 오류를 통해 배우는 것이 그 목적이다. 그는 「문화과학적 논리 영역에서의 비판적 연구」에서 "의도적으로 마이어의 논의가 갖는 약점을 찾아내려고" 하는데 ─ 이와 관련하여 베버는 말하기를 ─, 이를

> 마치 "아는 체하려는" 욕구의 발로인 것처럼 생각하지 않기를 바라마지 않는다. 한 탁월한 저술가의 오류는 과학적으로 무능한 사람의 정확성보다 더 유익하다. 우리가 여기에서 의도하는 바는 마이어의 업적을 긍정적인 의미에서 정당화하려는 것이 아니고, 그 정반대이다: 우리는 그가 역사학 논리의 몇몇 중요한 문제를 어떻게 해결하고자 했으며, 이 과정에서 아주 다양한 성공을 거두었음을 살펴봄으로써 그의 결함으로부터 배우고

---

76 신칸트학파는 마르부르크 대학을 중심으로 하는 마르부르크 학파와 독일 서남부에 위치하는 하이델베르크 대학과 프라이부르크 대학을 중심으로 하는 서남학파로 대별된다. 전자가 주로 인식론과 다양한 개별과학의 논리적 정초를 추구했다면, 후자는 주로 문화철학과 가치철학의 정초를 추구했다. 이에 대한 자세한 내용은 김덕영, 『사상의 고향을 찾아서: 독일 지성 기행』, 도서출판 길 2015, 271쪽 이하를 볼 것. 그리고 신칸트학파에 대한 보다 심층적인 논의를 원하는 경우에는 다음을 볼 것: Klaus Christian Köhnke, Entstehung und Aufstieg des Neukantianismus. Die deutsche Universitätsphilosophie zwischen Idealismus und Positivismus, Frankfurt am Main: Suhrkamp 1986.

자 한다.[77]

이에 반해 베버는 슈탐러 저작의 — 보다 정확히 말하자면 개정된 제2판의 — 존재의의 자체를 부정한다. 그는 다음과 같은 문장과 더불어 슈탐러에 대한 비판적 고찰을 시작한다.

다음과 같이 하는 것, 즉 사회과학의 근본적인 문제들에 대한 논의에서 결코 부정할 수 없는, 주로 혼란스러운, 그러나 동시에 의심할 바 없이 대단히 자극적이기도 한 영향력을 행사해 온 어떤 책의 "개정 제2판"이 과학적 존재의의 자체를 갖지 못함을 논증하는 것은 쉽지 않은 일이다.[78]

베버가 슈탐러-논문에서 비판적 고찰의 대상으로 삼은 것은 구체적으로 슈탐러의 저서 『유물론적 역사관에서 본 경제와 법: 사회철학적 연구』인데, 그것도 1896년에 나온 초판이 아니라 1906년에 나온 개정 제2판이다. "우리는 **제2판**을 논의의 대상으로 하며" — 이와 관련하여 베버는 말하기를 —, 따라서

정당하게 "최초의 시도"에 대해 할 수 있는 것과는 완전히 다른 요구를 할 수 있다. 슈탐러는 우리에게 이러한 요구를 충족할 형편이 못되는 재판을 제공하는데 — 바로 이 사실이 그에 대한 가장 날카로운 비판을 불러일으킨다. 통렬하게 거부되어야 할 것은 책의 존재가 아니라 그러한 재판의 존재이다. 슈탐러 저작의 초판에서 전개된 "최초의 시도"를 보면, 우리는 다른 누군가가 해놓은 일을 비판하는 것은 스스로 무엇인가를 해내는 것보다 항상 쉽다는 격언에 기꺼이 동조하게 된다. 그러나 거의 10년 후에 "개정되

77 Max Weber, 앞의 책(1973), 215~16쪽, 주 1[410쪽, 주 1].
78 같은 책, 291쪽[457쪽].

어" 출간된 제2판을 보면, 우리는 저자에게 자기비판을 요구하게 되며, 특히 슈탐러가 **논리적인** 문제에 대해 논의하는 과정에서 전문적 논리학자들의 연구결과에 전혀 주목하지 않았다는 것은 변명의 여지가 없다.[79]

요컨대 베버가 슈탐러 저서의 초판이 아니라 굳이 재판을 논의의 대상으로 한 이유는, 이른바 개정판이 전혀 개정되지 않았기 때문이라는 것이다. 이는 베버가 초판과 그 문제점을 잘 알고 있었음을 가리키는 대목이다. 실제로 베버는 제2판이 나오기 전부터 슈탐러에 대해 언급하고 있다.[80] 예컨대 1898년 여름학기 하이델베르크 대학에서 일반(이론)경제학을 강의하면서 학생들에게 나누어준 자료에서『유물론적 역사관에서 본 경제와 법』초판을 ─ 경제적 및 사회적 이상의 발전과 분석이라는 주제에 대한 ─ 참고문헌으로 제시하고 있다.[81] 그리고 베버는『사회과학 및 사회정책 저널』1904년 제2호에 라스크가 슈탐러에 대한 글을 싣기를 기대했던 것으로 보인다.[82] 베버 자신이 직접 이 작업을 하려는 의도를 처음으로 언급한 것은, 그가 1905년 3월 31일 빌리 헬파흐(1877~1955)에게 보낸 편지에서이다. 그는 거기에서 말하기를, "슈탐러에 대한 그대의 의구심은 어떤 의미에서 **정당한데**, 내가 곧 그의 책을 (통렬하게 비판하면서) 논평할 것이기 때문에 그 의미는 여기에서 상론하지 않겠습니다."[83] 그 후 1905년 3월에 나온『사회과학 및 사회정책 저널』제20권

---

79 같은 책, 292~93쪽[456~60쪽].

80 Gerhard Wagner, 앞의 글(2018b), 481쪽. 이 단락의 아래 내용과 다음 단락의 내용은 바로 이를 참고하여 정리한 것임을 일러둔다.

81 Max Weber, Allgemeine ("theoretische") Nationalökonomie. Vorlesungen 1894~1898: Max Weber Gesamtausgabe III/1, Tübingen: J. C. B. Mohr (Paul Siebeck) 2009, 117쪽. 이 자료에 대해서는 김덕영, 앞의 책(2012), 278쪽 이하를 볼 것.

82 이에 대한 자세한 내용은 Gerhard Wagner, 앞의 글(2018b), 481~82쪽을 볼 것.

83 Max Weber, 앞의 책(2014), 443쪽. 헬파흐는 독일의 심리학자이자 의학자이며 정치가이다(자세한 내용은 이 책에 수록된 "인명목록"을 참고할 것).

제3호에서도 슈탐러에 대한 비판적 논의의 의도를 표명하고 있다. 베버는 거기에 실린 「경제학의 과학적 성격에 대하여」라는 구스타프 콘(1840~1919)의 논문을 위해 바로 그 앞에 짧은 편집자 메모를 쓰면서 각주를 달아 다음과 같이 말하고 있다: "물론 나는 여기에서 경제학의 과학적 성격에 대한 논쟁을 다루지 않을 것이다. 그보다 차후에 ─ 아마도 이미 내년 겨울에는 ─ 슈탐러와 그의 '학파'에 대한 비판적 고찰을 하는 기회에 그 문제로 되돌아오기를 바라마지 않는다."[84]

그리고 베버는 1905년에 나온 크니스-논문의 첫 번째 부분인 「크니스와 비합리성의 문제」, 1906년에 나온 그 두 번째 부분인 「크니스와 비합리성의 문제(속편)」, 그리고 역시 1906년에 나온 「문화과학적 논리 영역에서의 비판적 연구」에서 슈탐러를 언급하고 있다. 먼저 첫 번째 크니스-논문의 한 주에서 리케르트의 목적론적 개념구성은 슈탐러 부류의 목적론과는 완전히 다르다고 강조한다.[85] 또한 두 번째 크니스-논문의 한 주에서 말하기를, "사회과학적 인식에서는 특히 **슈탐러**의 탁월하지만 많은 궤변을 포함하고 있는 저작들이 출간된 이래로 '목적'과 '원인'의 관계에 대한 논의에서 여러 가지로 굉장한 혼란이 판치고 있다."[86] 그리고 「문화과학적 논리 영역에서의 비판적 연구」에서는 마이어가 슈탐러에게 유혹되어 "선명한 역사학과 윤리학의 경계선을 지워버렸다고" 비판한다.[87] 이 모든 것은 베버가 슈탐러에 대해 지속적으로 비판적인 관심을 갖고 있었으며, 또한 이 관심은 단순히 서평에 머문 것이 아니라 문화과학 및 사회과학의 방법론적 정초라는 기획에 연결되어 있었음을 암

---

84 Max Weber, 앞의 책(2018a) 237쪽, 주 1. 구스타프 콘(Gustav Cohn)은 독일의 경제학자이다.

85 Max Weber, 앞의 책(1973), 86쪽, 주 2 [163쪽, 주 39].

86 같은 책, 127쪽, 주 1 [228쪽, 주 32]. 여기에서 슈탐러의 저작들이란 다름 아닌 『유물론적 역사관에서 본 경제와 법』 제1판(1896)과 제2판(1906)을 가리킨다.

87 Max Weber, 앞의 책(1973), 225쪽 [357쪽].

시하는 대목이다.

그러다가 1906년에 『유물론적 역사관에서 본 경제와 법』 제2판이 나오자 베버는 더 이상 슈탐러에 대한 비판적 고찰을 지체할 수 없다고 생각하고는 계획보다 앞당겨서 작업을 시작한 것으로 보인다. 그리고 늦어도 1906년 초여름에는 원고가 완성된 것으로 보인다. 왜냐하면 1906년 6월 30일 야페가 출판사에 보낸 편지를 보면 인쇄소가 베버의 수고(手稿)가 읽기 어렵고 베버가 지속적으로 교정을 보기 때문에 큰 곤란을 겪고 있었기 때문이다.[88] 이러한 일련의 과정을 거쳐서 『사회과학 및 사회정책 저널』 제14권 제1호(1907년 1월호)에 「루돌프 슈탐러의 유물론적 역사관 "극복"」이 출간되었다.

베버의 슈탐러-논문은 그 제목만 보면 순수한 서평이라는 인상을 줄 수 있다. 물론 서평이다. 슈탐러 저작의 존재의의 자체를 부정하는 비판적이고 논쟁적인 서평이다. 그러나 다른 한편으로 베버는 이 비판적 고찰을 계기로, 그리고 거기에 접목하면서 자신의 방법론을 제시한다. 이는 방금 언급한 콘의 논문에 대한 베버의 메모를 보면 단적으로 드러난다. 요컨대 베버는 「루돌프 슈탐러의 유물론적 역사관 "극복"」에서 그 이전에 나온 논문들과 동일한 전략을 구사한다. 그것은 비판서 또는 논쟁서이면서 방법론서인 것이다.

(5) 「루돌프 슈탐러의 유물론적 역사관 "극복"에 대한 논문 추기」(?)

그런데 「루돌프 슈탐러의 유물론적 역사관 "극복"」은 분량이 상당한 논문임에도 불구하고 완결된 것이 아니다. 사회적 삶에 대한 슈탐러의 개념을 충분히 비판적으로 검토하지 못했고 경험적 고찰방식과 교의적 고찰방식에 대한 분석이 미흡했기 때문이다. 그리하여 베버는 이 논문을

---

88 이 편지의 자세한 내용은 Gerhard Wagner, 앞의 글(2018b), 483쪽을 볼 것.

다음과 같이 맺고 있다: "이제 우리는 이 논의에 대한[사회적 삶의 본질에 대한] 비판으로 넘어갈 것인데, 이와 더불어 지금까지 아주 잠정적으로 스케치한 경험적 고찰방식과 교의적 고찰방식의 근본적인 차이를 보다 자세하게 분석하기로 한다."[89] 그리고 이 문장에는 "또 한 편의 논문이 이어질 것이다"라는 주가 달려 있다.[90]

그러나 베버가 곧바로 슈탐러에 대한 비판적 논의를 속행한 것 같지는 않다. 왜냐하면 베버는『사회과학 및 사회정책 저널』에 곧바로 속편을 실을 자리가 없을 것으로 보고 다른 작업들을 했기 때문이다.[91] 베버가 언제 슈탐러-논문의 속편을 쓰기 시작했는지 그리고 언제 끝냈는지는 알 수가 없다. 다만 그의 사후 미망인 마리안네 베버에 의해 그의 유품에서 미완성된 비교적 적은 분량의 원고 상태로 발견되었는데, 그녀는 이것을 자신이 편집한『과학론 논총』(1922)에「루돌프 슈탐러의 유물론적 역사관 "극복"에 대한 논문 추기」라는 제목으로 게재했다. 오늘날에도 이 제목을 그대로 사용한다.

슈탐러에 대한 베버의 논문은 이 두 편이 전부이다. 그러나 베버는 계속해서 슈탐러를 언급한다. 예컨대 그가 의식적으로 그리고 체계적으로 사회학을 구축하기 시작한「이해사회학의 몇 가지 범주에 대하여」(1913)에는 다음과 같은 구절이 나온다. "그리고 [이 논문의] 개념구성은 루돌프 **슈탐러**가 내세운 것(『유물론적 역사관에서 본 경제와 법』에서)과 외적으로는 유사하지만 내적으로는 지극히 대립적인 관계에 있음을 쉽게 알 수 있을 것이다." 베버가 거기에서 구축한 사회학적 개념들은 — 그는 계속해서 이렇게 말하고 있다 — "부분적으로는 슈탐러가 무엇을 '논의했어야 하는가'를 보여 주기 위한 목적으로 발전시킨 것이다."[92] 그

89　Max Weber, 앞의 책(1973), 359쪽[553쪽].

90　같은 책, 359쪽, 주 1[558쪽, 주 24].

91　이에 대해서는 Gerhard Wagner, 앞의 글(2018b), 573쪽을 볼 것.

92　Max Weber, 앞의 책(1973), 427쪽, 주 1.

리고 베버는 이해사회학의 연구 프로그램이 최종적인 형태로 제시된 「사회학의 기본개념들」(1920) 서문에서 진술하기를, 이미 슈탐러의 저서에 대한 그의 비판적 글에 그 이하에서 논의할 원칙이 많이 포함되어 있다고 했다.[93] 이는 슈탐러가 베버의 방법론이 발전하는 과정뿐만 아니라 베버의 사회학이 발전하는 과정에 대해서도 중요한 의미를 갖는다는 점을 함의하는 대목이다.

5. '아버지 살해'가 일어나다
　—독일 역사학파 경제학의 후예에 의한 독일 역사학파 경제학의 극복

　이 책에 번역되어 실린 다섯 편의, 또는 일곱 편의 논문에 대한 형성사는 이쯤 해두고, 다시 이 장의 앞부분에서 논의한 「로셔와 크니스 그리고 역사학파 경제학의 논리적 문제들」로 돌아가기로 한다. 이미 제4장 제1절에서 자세하게 살펴본 바와 같이, 1903년부터 1906년까지 세 차례에 걸쳐 나온 이 로셔-크니스-논문은 바덴 대공국의 초대 군주인 카를 프리드리히에 의한 하이델베르크 대학 개혁 100주년 기념논집의 일환으로 크니스의 저작에 대한 문제사적 고찰을 하기 위한 것이었다. 이 개혁을 통해 하이델베르크 대학은 19세기 초부터 제2의 전성기를 구가하게 되었으며, 크니스가 1865년부터 1896년까지 국가과학 정교수로 재직하면서 독일 역사학파 경제학의 중심지 가운데 하나로 부상했다. 바로 이 — 베버의 표현을 빌리면 — "노대가"[94]에 대한 글로 기념논집을 장식하는 것이 그의 하이델베르크 대학 후임인 베버에게 주어진 과제였다.

93　Max Weber, Wirtschaft und Gesellschaft. Grundriss der verstehenden Soziologie, 5. Auflage, Tübingen: J. C. B. Mohr (Paul Siebeck) 1972, 1쪽.
94　Max Weber, 앞의 책(1973), 1쪽[15쪽].

그러나 로셔와 크니스에 대한 베버의 논문은 계획과 달리 하이델베르크 대학 기념논집이 아니라 슈몰러가 편집을 담당하고 있던, 그리하여『슈몰러 연보』라고도 불리는『독일제국의 입법, 행정 및 민족경제 연보』[95]에 게재되었다. 슈몰러는 루요 브렌타노(1844~1931) 및 아돌프 바그너(1835~1917)와 더불어 독일 역사학파 경제학의 제2세대를 대표하며, 베버는 동생인 알프레트 베버를 비롯해 좀바르트와 함께 제3세대를 대표한다. 이러한 지적 계보도를 염두에 둔다면, 베버의 로셔-크니스-논문은 이 노대가들에 대한 찬사나, 아니면 적어도 상당히 긍정적인 내용으로 채워졌다고, 아니 채워져야 했을 것이라고 생각할 수 있을 것이다. 그러나 결론부터 말하자면, 거기에서 베버는 독일 역사학파 경제학이 문화과학과 사회과학의 논리적 전제조건들을 제시할 수 없다는, 지극히 부정적인, 아니 가히 파멸적인 비판을 가하고 있다. 그것은 정신적·과학적 영역에서 일어난 '아버지 살해'였다.

베버는 로셔-크니스-논문의 첫 번째 부분인「로셔의 "역사적 방법"」을 다음과 같이 그 목적을 제시하면서 시작한다.

이 단편적인 글의 목적은 우리의 노대가들의 문학적 초상화를 그리는 데에 있지 않다. 오히려 다음의 두 가지를 보여 주는 것에 한정된다. 즉 지난 세대에 역사과학과 우리의 전문적 과학 분야에서 논의된 일정한 기본적인 논리적·방법론적 문제들이 어떻게 초기 역사학파 경제학에서 관철되었

---

95 이 저널은 1871년에 법학자인 프란츠 폰 홀첸도르프(1829~89)에 의해『독일제국의 입법, 행정 및 사법 연보』라는 이름으로 창간되었다. 1877년 슈몰러가『독일제국의 입법, 행정 및 민족경제 연보』라는 명칭으로 이 저널의 편집을 담당하게 되었고, 1913년에는 그가 오랫동안 편집인으로 활동한 업적에 경의를 표하기 위해『입법, 행정 및 민족경제 슈몰러 연보』로 개칭하였다. 그런데 이미 그 이전부터『슈몰러 연보』라고 불리고 있었다. 이 저널은 아직도 존재하는데, 1968년에는 다시『경제과학 및 사회과학 슈몰러 연보』로, 1972년에는 또다시『경제과학 및 사회과학 저널』로 개칭되었으며, 2000년에는『슈몰러 연보 ― 경제과학 및 사회과학 저널』이라는 이름을 얻게 되었다.

는가, 그리고 역사적 방법이 초기에 이룩한 위대한 업적들이 어떻게 이 문제들과 타협하려고 했는가를 보여 주는 것에 한정된다. 이 과정에서, 여러 가지 측면에서 이 업적들의 **결점**도 대폭 드러나게 될 것인데, 이는 지극히 자연스러운 일이다. 바로 이러한 결점으로 인해 우리는 우리가 과학적 연구작업을 할 때 필요로 하는 일반적인 전제조건들에 대해 거듭 숙고할 수 있으며, 또한 이것이야말로 사실상 또는 외견상 자명해 보이는 주제들을 폭넓게 분석하기 위해 "예술적" 전체상을 완전히 고의적으로 포기할 수밖에 없는 연구들이 갖는 유일한 의미가 될 수 있다.[96]

그리고 로셔와 크니스를 논의의 대상으로 삼는 근거를 제시한다.

오늘날 "역사학파"의 창립자로서 빌헬름 로셔, 카를 크니스와 브루노 힐데브란트를 함께 거명하는 것이 일반적이다. 힐데브란트가 갖는 큰 의의를 어떻게든 훼손하려는 의도는 없지만, 우리의 목적상 여기서는 그를 논의에서 제외해도 좋을 것이다. 비록 그야말로, 심지어 어떤 의미에서는 오직 그만이 오늘날 "역사적"이라고 불리는 방법을 실제로 구사했음에도 불구하고 그렇다. 『현재와 미래의 경제학』[97]에 담겨 있는 그의 상대주의는 여기에서 다루고자 하는 측면에서 보면 이미 그보다 앞서, 부분적으로는 로셔에 의해, 부분적으로는 다른 학자들에 의해 발전된 사상들을 적용한 것에 불과하다. 이에 반해 **크니스**의 방법론적 견해를 서술하기 위해서는 먼저 로셔의 방법론적 관점을 기술하는 것이 불가피하다. 크니스의 방법론적 주저[98] ─ 이것은 로셔에게 헌정되었다 ─ 는 고전경제학의 대표자들만에 대한 논의이면서(고전경제학은 로셔에 이르기까지 우리나라의 대학들을 지배하고

---

96 Max Weber, 앞의 책(1973), 1쪽[15쪽].

97 이는 1848년에 출간되었다.

98 이는 구체적으로 『역사적 방법의 관점에서 본 경제학』 초판(1853)과 제2판(1883)을 가리킨다.

[……] 있었다), 동시에 적어도 그와 똑같은 정도로 그때까지 출간된 로셔의 저작들에 대한 논의이기도 하다.[99]

요컨대 로셔와 크니스의 저작을 검토해 보면 독일 역사학파 경제학의 전반적인 논리적 전제조건을 파악할 수 있다는 것이 베버의 생각이다. 로셔는 독일 역사학파 법학[100]의 영향을 받고 경제학에 역사적 방법을 도입함으로써 독일 역사학파 경제학을 출범시킨, 그러니까 이 학파의 진정한 창립자였다. 그리고 크니스는 이론적이지 않은 이 학파의 '이론가'였다. 이처럼 독일 역사학파 경제학은 로셔와 크니스에 의해 하나의 중요한 경제학적 조류로 정초되었으며, 그 후 슈몰러 등의 제2세대에 이르러 독일학계에, 그리고 더 나아가 정계와 관계 등에 막강한 영향력을 행사하게 되었다.

로셔는 현실에 대한 과학적 접근을 철학적인 것과 역사적인 것으로 구분하고는, 전자를 "현실에서 '우연적인 것'을 제거하고 일반화하는 추상화를 통해 **개념적으로** 파악하는" 방식으로, 후자를 "현실을 그 완전한 실재 속에서 **서술하면서** 재현하는" 방식으로 규정한다.[101] 그리고 그 자

---

99 Max Weber, 앞의 책(1973), 2쪽[16쪽]. 힐데브란트(1812~78)는 독일의 경제학자이자 통계학자로, 로셔 및 크니스와 더불어 독일 역사학파 경제학의 제1세대를 대표한다. 그는 1836년 브레슬라우 대학에서 역사학 박사학위를 취득하고 그해 같은 대학에서 대학교수 자격을 취득하였다. 1839년 브레슬라우 대학의 역사학 부교수가 되었고, 1841년부터 마르부르크 대학의 국가과학 정교수로, 그리고 1851년부터 취리히 대학, 1856년부터 베른 대학, 1861년부터 예나 대학의 경제학 교수로 재직했으며, 1862년부터 『경제학 및 통계학 연보』의 편집자로 활동했다.

100 같은 책, 9쪽[24쪽]. 독일 역사학파 법학은 프리드리히 카를 폰 사비니(1779~1861)와 카를 프리드리히 아이히호른(1781~1854)이 창시한 학파이다. 이에 따르면, 법규범에는 민족의 독특한 정신이 구현되며, 따라서 모든 법규범은 시간을 초월하는 보편적 타당성을 지니는 것이 아니라 역사적 형성조건과 발전과정에 의해 판단할 수 있는 경험적 타당성을 지닌다. 이는 민족정신을 강조하는 낭만주의 운동이 법학에 적용된 것이다.

101 같은 책, 3쪽[19쪽].

신의 방법을 역사적인 것이라고 부르며, 이에 따라 "경제학에 전적으로 다음과 같은 과제, 즉 현상의 다양성 속에서 기본적인 힘들이 작동하는 법칙적이고 균일한 방식을 밝혀내려는 고전학파와 달리 역사과학의 방식에 따라 그리고 역사과학과 동일한 수단을 통해 경제적 삶의 완전한 현실을 명백하게 지각할 수 있도록 재생하는 과제를" 부여한다.[102]

그러나 베버는 로셔가 주창하는 역사적 방법을 다각도로 검토한 후에 이것이 "순수한 논리적 관점에서 보면 온통 모순투성이인 구성물"이라는 결론에 도달한다.[103] 그리고 다음과 같이 그 이유를 제시한다.

> 역사적으로 주어진 현상들의 실재 전체를 포괄하려는 시도는 이것들을 "자연법칙"으로 환원하려는 노력과 대조를 이룬다. 로셔는 개념들의 일반성과 관계의 보편성을 동일시하느라고 "유기체적" 접근방식의 길을 따라가다가 헤겔식의 유출론의 문턱에까지 이르지만, 그의 종교적 입장으로 인해 그것을 받아들이지는 않는다. 그러나 개별현상들을 고찰할 때에는 다시금 이 유기체적 접근방식을 부분적으로 무시하고는 고전경제학자들의 방식에 따라 병립하는 개념-체계들에 의존하며 이 체계들 안에서 발전한 명제들이 왜 때로는 실제적인 타당성을 갖고 때로는 단지 상대적인 의의만을 갖는지를 경험적·통계적으로 설명한다. 단지 경제정책적 체계들을 서술하는 경우에만 현상들을 민족의 연령단계에 유기적·구성적으로 편입하는 것이 지배적인 방법이 된다. ─ 경제정책에 대한 **가치판단**을 내리는 경우에 로셔의 역사적으로 지향된 상대주의는, 그 존재가 지속적으로 전제되는 객관적 규범들이 일관되게 발전하지 못하거나 또는 설령 정식화된다고 할지라도 역사적으로 논증되지 않는 한 본질적으로 부정적인 결과를 낳고 만다.[104]

102 같은 책, 7쪽[22쪽].
103 같은 책, 41쪽[53쪽].
104 같은 곳[53~54쪽].

베버가 보기에 로셔의 역사적 방법은 심지어 헤겔의 형이상학과 역사적 사변보다 퇴화된 것이다. "헤겔에 대한 로셔의 관계는" — 베버는 판단하기를 —

> 대립이라기보다 차라리 **퇴행**임이 드러난다: 로셔의 저작에서는 헤겔의 형이상학과 역사에 대한 사변의 지배가 사라져버리고 이 둘에서 볼 수 있는 찬란한 형이상학적 구성물들은 소박한 종교적 경건함이라는 상당히 원초적인 형태로 대체되었다. [……] 로셔는 헤겔로부터 완전히 거리를 두는 데 성공하지 못했는데, 이에 대한 주된 이유는 그가 개념과 대상 사이의 **논리적** 문제가 갖는 방법론적 함의를 헤겔만큼 인식하지 못한 점에 있었다.[105]

그런데 로셔에 대한, 그리고 그가 출범시킨 독일 역사학파 경제학에 대한 베버의 근본적인 비판은 방법론적 차원을 넘어서 인식대상의 차원에까지 이른다. 독일 역사학파 경제학은 인간과 그 행위를 인식대상으로 하는 인간과학이다. 먼저 로셔는 1843년에 『역사적 방법에 입각한 국가경제 강의 개요』라는 저서를 출간하여 독일 역사학파 경제학의 탄생을 만천하에 알리면서, 경제학을 "단순히 부를 축적하는 기술인 중상주의적 재정학이 아니라 인간에 대해 판단을 내리고 인간을 지배하는 정치적 과학"이라고 규정한다. 그러므로 — 그는 계속해서 말하기를 — 모든 경제현상은 인간이라는 관점, 즉 "그것이 경제행위를 하는 인간의 목적의식에 대해서 갖는 의미"라는 관점에서 접근해야 한다.[106]

그리고 크니스는 경제학을 "인간이 '인간적인 삶'의 욕구를 충족하기

---

105 같은 책, 41~42쪽[54쪽].

106 Wilhelm Roscher, Grundriss zu Vorlesungen über die Staatswirtschaft nach geschichtlicher Methode, Göttingen: Dieterich 1843, 9쪽.

위해 '외부세계'에 의존한다는 사실로부터 비롯되는 현상들"에 대한 과학으로 규정한다.[107] 이러한 경제학은 "인간행위를 한편으로는 자연에 의해 주어지고 다른 한편으로는 역사적으로 결정된 조건들 아래에서" 다루며, 따라서 "한편으로는, 즉 인간행위 측면에서는 인간의 '**자유의지**'라는 결정요인이, 다른 한편으로는 그와 반대로 '**필연성**의 요소들'이라는 결정요인이" 경제학의 고찰대상이 된다. 그리고 이 두 번째 결정요인은 다시금 "**자연적** 조건들에서는 자연현상들의 맹목적 필연성으로" 그리고 "역사적으로 주어진 조건들에서는 집합적 관계들의 힘으로" 구성된다.[108]

이처럼 독일 역사학파 경제학의 인식대상이 되는 인간은 개인적 존재이면서 초개인적 공동체, 특히 민족에 속하는 집합적 존재이다. 그런데 여기에서 중요한 점은 이 학파에게 민족이 단순한 개인들의 합이 아니라는 사실이다. 먼저 로셔는 민족을 "특정한 시기에 정치적으로 통일된 국민 전체로 간주하는 순수하게 합리주의적인 입장에" 반하여, 민족이란 "문화 담지자로서 **의의를 갖는** 전체적 존재의 **직관할 수 있는** 총체성"이라는 견해를 내세운다.[109] 그에 따르면 개인이 영혼을 갖듯이 민족도 영혼을 갖는데, 이 민족혼은 "항구적이고 한결같이 그 자체로서 존재하는 무엇으로 표상되며, 그로부터 구체적인 민족의 모든 '성격상 특징'이 유출되는데", 그 이유는 "민족혼이 개인의 영혼과 똑같이 신에 의해 직접 창조된 것이기 때문이다." 다른 한편으로 — 계속해서 로셔를 따르자면 — 민족혼은 "인간의 연령과 유사하게 모든 본질적인 점에서 모든 민족과 모든 영역에 동일하게 적용되는 발전과정을 따르는 것으로 간주된다. 시, 철학 그리고 역사서술, 아니 예술과 과학 일반에서 유형적 시

---

107 Max Weber, 앞의 책(1973), 44쪽[82쪽].
108 같은 곳[82~83쪽].
109 같은 책, 11쪽[26쪽].

기, 관습적 시기, 개인주의적 시기가 확고하게 결정된 순환과정 속에서 교체되는데, 이 순환과정은 항상 필연적인 '몰락'으로 마감된다."[110]

그리고 크니스는 민족을 모든 삶의 영역을 포괄하는 유기체적 존재로 파악하며, 민족의 전체성격을, 즉 "합성된 무엇이 아니라 통일적인 **것**으로서 모든 개별적인 것에 영향을 끼치는" 민족성을 "모든 문화적 표현의 **통일적인 심리학적 조건**"이자 "개별적인 문화현상들의 **실재근거**"로 파악한다. 그에 따르면 이 민족의 전체성격 또는 민족성으로부터 민족의 문화가 유출한다. 그것은 로셔의 신이나 신의 의지와 마찬가지로 "역사적 현상들을 분석할 때 맞닥뜨리게 되는 그야말로 궁극적인 동인이다." 그것은 개인의 인격처럼 실체의 성격을 갖는다. 크니스는 낭만주의적 정신에 따라 이 실체를 민족혼으로 전이한다. 베버가 보기에 이것은 "개인과 민족의 '영혼'이 직접적으로 신의 손에서 유래한다는 로셔의 경건한 신앙이 형이상학적으로 퇴색한 것이다."[111]

그런데 크니스는 더 나아가 인류를 설정하는데, 이것은 개별 민족들이라는 유기체들 위에 존재하는 최고의 유기체적 관계이다. 이 인류의 발전은 유기체적 관계이기 때문에 "각자가 역사적으로 중요한 측면들에서 순환과정을 따라 발전하는 민족들의 연속적이고 동시적인 관계로 표현할 수 없고", 오히려 "하나의 전체적인 발전으로 파악할 수 있는데, 이 안에서 모든 민족은 역사적으로 자신에게 부여된, **따라서 개별적인** 역할을 수행한다." 바로 이 역사철학적 관념에서 크니스의 사상은 로셔의 사상과 결정적으로 단절된다. 왜냐하면 "이 관념으로부터 개인들과 민족들은 종국에는 일반적으로 동일한 특성을 공유하는 '유적 존재'로서가 아니라 — '유기체적' 접근의 관점에서 — '기능적' 의의를 지니는 '개체들'로서 과학적으로 고찰되어야 한다는 결론이 도출되기" 때문이다.[112]

---

110 같은 책, 24쪽[39쪽].
111 같은 책, 142~43쪽[215~16쪽].

그러나 로셔의 전제들이 종교적-신앙적, 또는 논리적으로 표현하자면, 유출론적 성격을 지닌다면, 크니스의 전제들은 형이상학적, 또는 논리적으로 표현하자면, 유출론적 성격을 지닌다.

그[크니스]는 개인의 "통일성"을 실제적인, 이른바 생물학적으로 작용하는 "힘"으로 간주했다. 그러나 다른 한편으로 이로 인해 그의 전제들이 인간학적으로 위장된 신비주의로 완전히 변질되지 않도록 하기 위해서, 그는 불가피하게 헤겔적 범논리주의의 아류들이 헤겔의 웅대한 구성물의 유산으로 여전히 고수하고 있던 합리주의적 귀결을 다시 논의의 장으로 끌어들였다. 이 귀결에는 특히 **실제적인** 집합체와 **유개념**의 혼동이 속하는데, 이것은 유출론적 논리가 타락하는 시기의 아주 특징적인 모습이다. "분명히 해두어야 할 것은", 크니스는 말하기를 [⋯⋯], "모든 인간적 삶과 활동에는 영원하고 동일한 무엇인가가 존재한다는 사실인데, 그 이유는 만약 어떤 개별적인 인간도 바로 이 영원하고 동일한 무엇인가를 통해서 다른 모든 개인들과 함께 **공동체적 전체에 연결되지** 않는다면 **유(類)에 속할 수** 없을 것이기 때문이다; 그리고 이 영원하고 동일한 것은 공동체적 존재에서도 나타난다는 사실인데, 그 이유는 이 존재들이 항상 개인들의 특성에 근거하기 때문이다." 우리는 여기에서 다음을 엿볼 수 있다: "보편적" 관계와 "보편적" 개념이 서로 뒤섞이고 유에의 실제적인 소속과 유개념에의 포함이 서로 뒤섞인다. 크니스가 실제적인 전체의 "통일성"을 개념적 "무모순성"으로 간주했듯이, 여기서는 인류와 그 발전의 실제적인 관계가 인류에 포괄되는 개인들의 개념적 "동일성"이 된다. 거기에 한 가지가 더 추가된다: 그것은 "인과성"과 "법칙성"의 동일시인데, 이것도 마찬가지로 범논리주의적 발전 변증법의 적출자이며 단지 이 변증법에 근거해서만 일관되게 적용될 수 있다.[113]

---

112 같은 책, 143~44쪽[216쪽].

그리고 베버에 따르면, 로셔와 크니스의 인식론적 토대는 단절을 보이며 이것은 다시금

> 위대한 헤겔 사상의 잔재에 의해 설명할 수 있는데, 이 잔재는 기력이 쇠한 데다가 인간학적·생물학적 방향으로 왜곡되었지만 19세기 중반에도 여전히 영향력이 강한 다양한 조류의 역사철학, 언어철학 및 문화철학의 성격을 크게 규정했다. [……] 크니스의 경우에는 적어도 "개인"이라는 **개념**이 정당한 권리를 찾고서 로셔의 순환론적 자연주의를 대체했다. 그렇기는 하지만 그는 이 개인의 실제적이고 실체적인 성격을 근본적으로 유출론적 관점에서 파악하고 있었으며, 이것은 다음의 사실에 대해 부분적인 책임이 있다. 즉 크니스의 이론은 개념과 실재 사이의 관계를 규명하려는 시도를 전혀 하지 않았으며, 따라서 [……] 단지 본질적으로 부정적이며 거의 파괴적인 결과만을 초래할 수 있었다.[114]

요컨대 역사적 방법에 입각한 인간과 그 행위에 대한 경험과학적·경제학적 분석과 설명을 표방하고 나선 로셔와 크니스의 독일 역사학파 경제학은, 헤겔의 범논리주의와 유출론의 아류와 잔재에 불과했으며, 따라서 문화과학과 사회과학의 논리적 전제조건들을 제시할 수 없다는 것이 베버의 논지이다. 이렇게 해서 독일 역사학파 경제학에서는 '아버지 살해'가 일어났다. 물론 베버가 자신이 그 전통에서 지적으로 성장한 독일 역사학파 경제학의 모든 것을 부정한 것은 아니었다. 그는 이 학파로부터 역사적 방법이라는 값진 유산을 물려받았고, 이를 오스트리아 학파의 이론경제학과 결합하여 이론적·역사적 경제학을 추구했으며, 이는 후일 이론적·역사적 이해과학으로서의 문화과학으로 발전해 갔다.[115]

---

113 같은 책, 144~45쪽[217쪽].
114 같은 책, 145쪽[218쪽].

여기에서 잠시 로셔-크니스-슈몰러-베버라는 독일 역사학파 경제학의 세대 문제로 돌아가 보기로 한다. 그리하면 적어도 지적 '근친상간'과 파벌주의가 만연해 있는 한국의 학계에 함의하는 바를 얻을 수 있을 것이기 때문이다.

베버가 로셔와 크니스에 대한 가히 파멸적인 논문을 발표할 당시에 이 두 학자는 이미 고인이었다. 로셔는 1894년에, 크니스는 1898년에 세상을 떠났다. 그리고 힐데브란트는 이 두 사람보다 훨씬 이전인 1878년에 세상을 떠났다. 어쩌면 바로 이런 연유로 베버가 그토록 비판적인 논문을 쓴 것이 가능했다고 생각할 수도 있을 것이다.

비록 로셔와 크니스는 고인이 되었지만 그들을 계승한 다음 세대인 슈몰러, 브렌타노, 바그너 등이 '시퍼렇게 눈을 뜨고' 살아 있었다. 게다가 후자들은 전자들에 비해 독일의 학계와 정계, 그리고 관계에서 훨씬 더 커다란 영향력을 행사하고 있었다. 구체적으로 말해, 아직은 주로 연구 단계에 머물러 있던 로셔와 크니스 — 그리고 힐데브란트 — 의 세대와는 달리 슈몰러를 비롯한 브렌타노와 바그너의 세대는 연구의 차원 이외에도 — 또는 바로 거기에 토대를 두면서 — 본격적으로 사회정책이라는 실천의 차원을 추구하게 됨으로써 그 영향력을 대학의 울타리를 벗어나 독일 사회 전반으로 확장했다. 더구나 베버는 하이델베르크 대학에서 크니스에게, 그리고 베를린 대학에서 바그너에게 경제학을 배웠으며 1897년에는 크니스의 후임으로 하이델베르크 대학의 경제학 및 재정학 정교수가 되었다.

이러한 상황에도 불구하고 베버는 독일 역사학파 경제학의 논리적 전제조건들 그 자체를 초토화하는 일련의 논문을, 그것도 다른 학술지가 아니라 슈몰러가 편집자로 있는, 그리하여 『슈몰러 연보』라고도 불리는 『독일제국의 입법, 행정 및 민족경제 연보』에 발표한 것이다. 결국 독일

---

115 이에 대한 자세한 논의는 김덕영, 앞의 책(2012), 304쪽 이하를 볼 것.

역사학파 경제학의 후예인 베버는 바로 독일 역사학파 경제학자들의 텃밭과도 같은 학술지에서 그들의 비조를 '정죄'했던 것이다.

만약 이런 식의 아버지 살해가 없었더라면, 우리가 아는 베버는 존재할 수 없었을 것이다. 사실 아버지 살해는 과학과 인식이 발전하는 중요한 공식, 아니 근본적인 법칙이다. 아버지 살해가 없었다면, 과학과 인식은 정체되고 끝내는 생명력을 잃어버리고 말 것이다. 이는 알이 깨져야만 새 생명이 태어날 수 있는 것과 같은 이치이다.

6. 기존의 지적 조류를 비판적으로 종합하다
─창조적 절충주의자 막스 베버

그런데 베버에 의한 아버지 살해는 좁게 경제학의 틀에서가 아니라 보다 넓게 당시의 지적 상황과 판도에서 고찰하는 것이 합당할 것이다. 왜냐하면 이 사건은 베버가 기존의 지적 조류들을 비판적으로 종합하면서 문화과학과 사회과학을 논리적·방법론적으로 정초하는 과정의 일환으로 일어난 것이기 때문이다.

이를 위해서 다시 한 번 이 책에 번역되어 실린 논문들의 성격을 살펴보기로 한다. 언뜻 보면 이것들 사이에는 그 어떤 체계적 관계나 통일성도 찾아보기 힘들다. 제1부 「로셔와 크니스 그리고 역사학파 경제학의 논리적 문제들」은 독일 역사학파 경제학의 두 거두 로셔와 크니스에 대한 비판으로 보이고, 또한 제2부 「사회과학적 및 사회정책적 인식의 "객관성"」은 말 그대로 사회과학적·사회정책적 인식의 객관성에 대한 고찰로 보이고, 제3부 「문화과학적 논리 영역에서의 비판적 연구」는 한편으로 고대사학자 마이어에 대한 비판과 다른 한편으로 객관적 가능성과 적합한 인과작용에 대한 논의로 보이며, 제4부 「루돌프 슈탐러의 유물론적 역사관 "극복"」과 제5부 「루돌프 슈탐러의 유물론적 역사관 "극복"에 대한 논문 추기」는 법철학자 슈탐러에 대한 비판으로 보인다.

그리하여 이 책에 번역되어 실린 다섯 편의 — 또는 일곱 편의 — 논문에서 베버가 진정으로 추구하는 바는 문화과학과 사회과학의 논리적·방법론적 정초가 아니라 서평이나 비판 또는 논쟁이라는 인상을 받기 십상이다. 물론 이 가운데 제2부는 객관성이라는 그리고 거기에 더해 법칙과학과 현실과학의 관계, 이념형 등과 같이 아주 중요한 방법론적 문제들을 다루고 있으며, 또한 제3부의 제2장은 객관적 가능성과 적합한 원인작용이라는 역시 아주 중요한 방법론적 문제들을 다루고 있다. 그러나 전자는 원래 새로이 출범하는 저널의 공동 편집인으로서 이 저널의 편집 프로그램과 방향을 제시하기 위해 쓴 것이었으며, 후자는 마이어에 대한 비판을 계기로 그리고 거기에 접목하여 쓴 것이다. 요컨대 베버의 관심은 방법론이 아니라 서평이나 비판 또는 논쟁에 있었다는 인상을 받기 십상이다.

그러나 베버의 관심은 — 이미 제4장에서 반복하여 강조한 바와 같이 — 단지 서평, 비판, 논쟁 또는 학술지의 편집 프로그램이나 방향의 제시에만 있지 않았다. 그는 오히려 이 책에 번역되어 실린 일련의 논문을 전문적인 방법론자가 아닌 자신이 방법론적 문제들을 다룰 수 있는 좋은 기회로 삼았다. 말하자면 베버는 서평, 비판 또는 논쟁을 하면서 자신의 방법론을 제시했고, 저널의 편집 프로그램이나 방향을 제시하면서 자신의 방법론을 제시했던 것이다.

이는 — 역시 제4장에서 언급한 바와 같이 — 베버가 로셔-크니스-논문에서 "로셔와 크니스가 의식적으로든 무의식적으로든 근거하는 논리적 전제조건들을 명백히 하는" 동시에 "현대의 몇몇 논리적 이론에 의거하여 방법론적 연구"도 추진하고자 했던 사실만 보아도 잘 알 수 있다. 이 "현대의 몇몇 논리적 이론" 가운데 베버가 특히 염두에 두고 있는 이론은 리케르트의 신칸트주의 철학이다. "이 연구의 목적 가운데 한 가지는" — 1903년에 나온 「로셔의 역사적 "방법"」 앞부분에서 베버는 말하기를 — "이 저술가의 사상이 우리 과학 분야의 방법론에 대해 갖는 유용성을 검증하는 것이다. 그러므로 나는 보통 때라면 으레 그래야만 하는 모든 개별적인 경우에 새롭게 그를 인용하지는 않을 것이다."[116] 또한 「사회과학적 및 사회정책적 인식의 "객관성"」에서 베버는 『사회과학 및 사회정책 저널』이라는 학술지의 편집 프로그램과 방향을 제시하는 동시에 방법론적 논의를 전개하는데, 거기서도 — 역시 제4장에서 언급한 바와 같이 — 로셔-크니스-논문에서와 마찬가지로 현대의 몇몇 논리적 이론, 특히 리케르트의 신칸트주의 철학에 의거하고 있다. 그리고 「문화과학적 논리 영역에서의 비판적 연구」에서 베버는 — 역시 제4장에서 언급한 바와 같이 — 마이어를 비판적으로 고찰하는 동시에 이를 계기로 그리고 거기에 접목하여 역사적 인과고찰에서의 객관적 가능성과 적합한 인과작용이라는 중요한 방법론적 문제를 다루고 있다. 마지막으로 「루돌프 슈탐러의 유물론적 역사관 "극복"」과 그 「추기」에서 베버는 슈탐러에 대한 비판을 가하는 동시에 경험적 고찰방식과 교의적(규범적) 고찰방식의 관계, 그리고 목적과 원인의 관계에 대한 방법론적 논의를 전개하고 있다. 그리고 더 나아가 슈탐러-논문은 — 역시 제4장에서 언급한 바와 같이, 그리고 아래의 제7장 제7절에서 자세하게 논의되는 바와 같이 — 베버의 사회학이 발전하는 데에도 매우 중요한 의미를 갖는다.

그런데[117] 이 책에 번역되어 실린 논문들에서 한 가지 매우 흥미로운 점을 발견할 수 있는데, 그것은 이 저작들에서 언급되는 인물들이 각각

---

116 Max Weber, 앞의 책(1973), 7쪽, 주 1[57~58쪽, 주 11].

117 아래에 나오는 통계자료는 전적으로 다음에 의존하고 있음을 밝혀두는 바이다: Claudius Härpfer & Gerhard Wagner, "Max Webers (vergessene) Zeitgenossen. Zur Vermessung eines Denkraums", in: Gerhard Wagner & Claudius Härpfer (Hrsg.), Max Webers vergessene Zeitgenossen. Beiträge zur Genese der Wissenschaftslehre, Wiesbaden: Harrassowitz Verlag 2016, 1~14쪽.

의 제목에 나오는 로셔와 크니스, 마이어, 슈탐러에 국한된 것이 아니라
는 사실이다. 베버가 방법론과 관련하여 1903년부터 1907년까지 발표
한 여섯 편의 논문, 즉 로셔와 크니스에 대한 세 편의 논문(1903, 1905,
1906), 객관성에 대한 논문(1904), 문화과학적 논리에 대한 논문(1906),
슈탐러에 대한 논문(1907)에는 무려 149명의 이름이 언급되고 있다. 그
가운데 쉰세 명이 1800년 이전에, 마흔여섯 명이 1800년과 1849년 사
이에, 그리고 쉰 명이 1850년과 1879년 사이에 태어났다. 베버의 첫 방
법론 저작인 「로셔의 "역사적 방법"」이 나온 1903년에는 일흔 명이 살
아 있었다. 절반 이상이 이미 세상을 떠났다는 사실은, 베버가 논리와 방
법론의 문제를 체계적인 관점에서뿐만 아니라 역사적인 관점에서도 접
근하고 있음을 시사하는 대목이다. 이 149명 가운데 여성은 단지 네 명
뿐인데, 이는 남성 지배적인 당시의 과학문화를 반영하는 것이다(그 가
운데 학자는 단 한 명뿐이다). 국적별로 보면 독일이 아흔다섯 명으로 압도
적이고, 그다음으로 영국, 프랑스, 오스트리아가 각각 여덟 명이며, 나머
지 서른 명은 열두 개 나라의 국적으로 나누어지는데, 그 가운데에는 유
럽의 주변국 이외에도 고대 로마(5), 러시아(5), 미국(2)이 속한다.[118]

베버가 언급한 149명 가운데 116명이 학자이고, 나머지 서른세 명은
예술가, 저널리스트 또는 정치가이다. 이 수많은 학자들 가운데 절반이
넘는 일흔일곱 명이 철학(32), 역사과학(24)과 경제학(21)에 속하고, 그
뒤를 법학(11), 문헌학(8), 심리학(6), 신학(5), 그리고 통계학 및 확률론
(3)이 따른다. 여기에서 특히 언급할 만한 가치가 있는 것은, 자연과학자
도 여섯 명이나 언급되고 있다는 사실이다. 베버는 신칸트주의자들처럼
역사적 인식과 자연과학적 인식을 엄격한 대립관계로 파악하지 않고 전
적으로 자연과학의 개념과 논리를 수용하면서 자신의 방법론을 구축해
나갔다.[119] 그리고 자명한 일이지만 학자가 아닌 서른세 명은 논리나 방

---

118 같은 글, 4쪽.

법론과는 직접적인 관계가 없고, 다만 설명이나 예증을 위해 또는 논의를 명확하게 할 목적으로 언급되며, 따라서 간접적인 의미를 가질 뿐이다. 예컨대 베버는 「문화과학적 논리 영역에서의 비판적 연구」에서 "우리로 하여금 문화적 삶의 '사실들'을 과학적으로 고찰할 수 있도록 해주는 다양한 논리적 관점을 명확하게 파악하기 위해 괴테가 폰 슈타인 부인에게 보낸 편지들을" 예로 들고 있다.[120] 말하자면 괴테와 폰 슈타인 부인은 — 곧 다시 논의하겠지만 — "그림자-유형"에 속한다.[121]

이처럼 베버가 수많은, 그리고 다양한 분야의 이론가들을 언급하는 이유는, 기존의 — 보다 정확히 말하자면 칸트 이후의 — 다양한 철학적·과학적 조류에 대한 중간결산을 하면서, 달리 표현하자면 버릴 것은 버리고 취할 것은 취하면서, 그리고 취한 것은 나름대로의 관점과 방식에 따라 종합하면서 자신의 방법론을 발전시키려고 했기 때문이다. 그것은 창조적 절충주의였다.

내가 보기에는 베버처럼 전문적인 방법론자가 아니라 경험연구자인, 따라서 방법론적 논의와 연구에 전념할 수 없는 학자가 어떤 특정한 저자나 저작을 계기로 방법론에 대한 논문을 쓰게 되면, 그때그때 자신의 관점이나 견해와 — 직접적이든 간접적이든 또는 긍정적이든 부정적이든 — 관계가 있는 현재나 과거의 저자나 저작을 검토하면서, 말하자면 그때그때 기존의 무수한 지적 조류에 대한 중간결산을 하면서 자신의 논리와 방법론을 제시하기에 더할 나위 없이 좋을 것이다.

---

119 같은 곳.

120 Max Weber, 앞의 책(1973), 241쪽[377쪽]. 괴테와 샤를로테 폰 슈타인 부인(1742~1827)은 1776년부터 1788년까지 거의 날마다 편지를 주고받았다. 현재 괴테가 폰 슈타인 부인에게 보낸 2,000통 이상의 편지와 노트만 남아 있고 폰 슈타인 부인이 괴테에게 보낸 것은 단 한 통도 남아 있지 않은데, 그 이유는 두 사람의 관계가 소원해진 이후 그녀가 괴테에게 보낸 편지를 되돌려받아 모두 없애 버렸기 때문이다(슈타인 부인에 대해서는 이 책에 수록된 "인명목록"을 참고할 것).

121 Claudius Härpfer & Gerhard Wagner, 앞의 글(2016), 10쪽.

물론 상기한 149명이 모두 동일한 빈도로 언급된 것은 아니다. 왜냐하면 이들 각자가 베버에게 갖는 의미가 — 그것이 긍정적이든 부정적이든 — 서로 다를 수밖에 없기 때문이다. 그 가운데 예순아홉 명은 단 한 번밖에 언급되지 않고 있다. 가장 많이 언급된 것은 빌헬름 로셔(174)이며, 이어서 에두아르트 마이어(134), 루돌프 슈탐러(106), 카를 크니스(76), 후고 뮌스터베르크(70), 프리드리히 고틀(61), 하인리히 리케르트(45)가 뒤를 따르고 있다.[122] 이 가운데 앞의 네 명은 베버가 방법론 관련 논문을 쓰게 된 직접적인 계기가 되었고, 그다음의 두 명은 「크니스와 비합리성의 문제」에서 각각 독립된 절로 다루어졌으며, 마지막으로 리케르트의 경우에는 베버가 지속적으로 준거했기 때문에 1903년부터 1907년까지 나온 여섯 편의 논문 모두에서 그 이름이 등장하는 것을 볼 수 있다.

상기한[123] 149명 가운데 가장 많이 언급된 인물 열세 명과 가장 많은 논문에서 언급된 인물 열세 명을 조합하면 열아홉 명의 명단을 얻을 수 있는데, 이들은 다음과 같은 세 가지 유형으로 분류할 수 있다.

첫째, "벌 받는 소년-유형"인데, 이는 베버에 의해 "벌을 받는", 그러니까 비판을 받는 경우를 가리킨다. 로셔, 크니스, 마이어, 슈탐러와 같이 베버가 그때그때 방법론 관련 논문을 쓰도록 한 계기가 되는 학자들이 여기에 속한다. 이 유형을 가장 순수하게 구현하는 인물은 슈탐러이다. 이미 제4장 제4절에서 살펴본 바와 같이, 베버는 슈탐러의 『유물론적 역사관에서 본 경제와 법』에 대해 하등의 과학적 존재의의도 인정하지 않는다. 그리고 이미 제5장에서 자세하게 논의한 바와 같이, 베버는 로셔와 크니스의 독일 역사학과 경제학이 문화과학과 사회과학의 논리적 전제조건들을 제시할 수 없다고 비판한다. 이와 달리 베버는 — 이미

---

122 같은 글, 5, 8쪽.
123 이 단락과 다음의 세 단락은 같은 글, 9~11쪽을 정리한 것이다.

658

제4장 제4절에서 살펴본 바와 같이 ― 마이어를 탁월한 저술가로 평가하면서도 의도적으로 마이어의 논의가 갖는 약점을 찾아내려고 하는데, 그 이유는 "한 탁월한 저술가의 오류가 과학적으로 무능한 사람의 정확성보다 더 유익하기" 때문이다.[124] 빌헬름 분트(1832~1920)와 후고 뮌스터베르크도 확실히 이 유형에 속한다(이 둘에 대해서는 각각 아래의 제7장 제1절과 제2절을 볼 것).

둘째, "그림자-유형"인데, 이는 베버의 방법론적 논의에서 그림자와 같은, 다시 말해 ― 이미 앞에서 괴테와 폰 슈타인 부인의 관계에 대해 언급한 바와 같이 ― 직접적인 고찰의 대상이 아니라 설명이나 예증을 위해 또는 논의를 명확하게 할 목적으로 언급되거나 인용되는 경우를 가리킨다. 괴테, 헤겔, 칸트, 마르크스, 투키디데스 그리고 레오폴트 폰 랑케(1795~1886)가 이 유형에 속한다. 그리고 독일 역사학파 경제학의 '우두머리'인 슈몰러와 오스트리아 이론경제학의 '우두머리'인 카를 멩거(1840~1921)[125]도 그림자-유형으로 분류된다.

셋째, "동반자-유형"인데, 이는 베버가 자신의 방법론을 구축하는 과정에서 동반자가 된, 다시 말해 문화과학과 사회과학을 논리적·방법론적으로 정초하는 과정에서 접목한 경우를 가리킨다. 리케르트, 빈델반트, 짐멜 그리고 요하네스 폰 크리스(1853~1928)와 고틀이 이 유형에 속한다. 이 가운데 빈델반트와 짐멜 그리고 특히 리케르트가 베버에 대해 갖는 동반자적 의미는 「사회과학적 및 사회정책적 인식의 "객관성"」을

---

124 Max Weber, 앞의 책(1973), 215~16쪽, 주 1[410쪽, 주 1].

125 멩거는 오스트리아의 경제학자로, 1867년 크라카우 대학에서 법학 박사학위를 취득했고, 1872년 빈 대학에서 경제학 대학교수 자격을 취득했다. 1873년 같은 대학의 경제학 부교수가, 1879년에는 정교수가 되었다. 그는 1871년에 출간된 『경제학 원리』에서 (그는 이를 바탕으로 1871년에 빈 대학에서 대학교수 자격을 취득했다) 주관적 행위이론과 가치이론을 제시하여 경제학적 사고의 패러다임 전환을 가져왔다. 멩거는 오스트리아 이론경제학파(한계효용학파)의 창시자로 간주되며, 1880년대에 독일 역사학파 경제학의 거두인 구스타프 폰 슈몰러와 방법론 논쟁을 벌였다.

보면 단적으로 드러난다. 이 논문의 앞부분에서 베버는 말하기를, "현대 논리학자들 — 나는 다만 빈델반트와 짐멜 그리고 우리의 목적을 위해서 특히 하인리히 리케르트를 언급하고자 한다 — 의 저작을 알고 있는 사람이라면 누구나 이 논문이 모든 중요한 점에서 전적으로 그들에게 접목하고 있음을 즉각 간파할 것이다."[126] 그리고 크리스가 베버에 대해 갖는 동반자적 의미는, 베버가 「문화과학적 논리 영역에서의 비판적 연구」 제2장에서 — 「역사적 인과고찰에서의 객관적 가능성과 적합한 원인작용」에서 — "폰 크리스의 사상을 광범위하게 '약탈하고' 있다"라고 고백한 사실만 보아도 충분히 짐작할 수 있다.[127] 고틀에 대해서는 아래에서 논의가 있을 것이다.

이런 식으로 베버의 방법론과 관련된 인물들을 유형화하는 작업은 그의 지적 세계가 형성되고 발전하는 과정을 조망하는 데 큰 도움을 준다는 점에는 이론의 여지가 없다. 다만 구체적인 분류에는 다음과 같이 몇 가지 이의를 제기할 수 있다.

첫째, 칸트를 그림자-유형으로 분류하는 것이다. 물론 여기에는 충분한 근거가 있다. 왜냐하면 칸트는 다섯 편의 논문에서 총 16차례 언급되고 있지만 직접적으로 인용되지 않고 대개는 다른 인물들을 다루는 맥락에서 언급되고 있기 때문이다.[128] 그러나 이미 제3장에서 살펴본 바와 같이, 베버는 칸트에서 연원하는 근대 인식론의 근본사상에 기초하여 자

---

126 같은 책, 146쪽, 주 1[236쪽, 주 1]. 짐멜에 대해서는 아래의 제7장 제3절에서 다시 논의가 있을 것이다.

127 같은 책, 288쪽, 주 1[452쪽, 주 12]. 객관적 가능성과 적합한 원인작용에 대한 베버의 논의는 김덕영, 앞의 책(2012), 462쪽 이하를 볼 것. 크리스는 독일의 생리학자로 1876년 라이프치히 대학에서 의학 박사학위를 취득했고, 1878년 같은 대학에서 생리학 대학교수 자격을 취득했다. 1880년 프라이부르크 대학의 부교수가 되었고, 1883년에 정교수로 승진하여 1924년까지 재직했다. 생리학 이외에도 논리학과 인식론에 대한 중요한 연구업적을 남겼으며, 막스 베버의 방법론에도 커다란 영향을 끼쳤다.

128 Claudius Härpfer & Gerhard Wagner, 앞의 글(2016), 10쪽.

신의 문화과학적·사회과학적 논리와 방법론을 구축하고자 했다. 다만 인식론에 대한 고찰은 방법론 관련 저작 범위를 넘어서는 것으로 보고 그에 대한 체계적인 논의를 하지 않았을 뿐이다. 그럼에도 불구하고 「사회과학적 및 사회정책적 인식의 "객관성"」을 보면 베버가 칸트의 구성론적 인식론에 기반하고 있음이 분명하게 드러난다.

둘째, 슈몰러와 멩거를 그림자-유형으로 분류하는 것이다. 물론 베버가 이 두 경제학자를 체계적으로 논의하지 않고 산발적으로 언급하고 있음을 감안한다면 이렇게 분류하는 것은 충분한 타당성을 갖는다. 그러나 베버 방법론 전체를 놓고 보면 슈몰러는 벌 받는 소년-유형에, 그리고 멩거는 동반자 유형에 속한다고 보는 것이 합당하다.

먼저 베버는 슈몰러로 대표되는 독일 역사학파 경제학의 집합주의적·가치판단적 관점을 비판하며, 이 학파의 방법론과 그 기반이 되는 고대적·스콜라적 인식론을 단호히 거부한다.[129] 예컨대 그는 「사회과학적 및 사회정책적 인식의 "객관성"」(1904)에서 이념형적 개념구성의 논리적 구조에 대해 자세한 논의를 전개한 후 다음과 같이 말하고 있다.

여기까지 논의한 것에서 도출될 수 있는 결론들 가운데 하나는, 우리의 견해가 우리 자신도 그 후예인 역사학파의 많은, 심지어 탁월한 대표자들의 견해와 아마도 여러 가지로 상충될 것이라는 점이다. 이들은 명시적으로 또는 묵시적으로 자주 다음과 같은 견해를 고수한다. 즉 모든 과학의 궁극적 목표는 자신의 소재를 하나의 개념체계 내에 질서화하는 것인데, 이 개념들의 내용은 경험적 규칙성의 관찰, 가설의 설정 및 검증을 통해서 획득되어야 하고 또한 서서히 완전해져야 한다는 것이다; 그리하면 언젠가는 그로부터 "완성된", **그리하여** 연역적인 과학이 탄생하게 된다는 것이다. 그리고 이 목표에 대해 현재의 역사적·귀납적 작업은 우리 과학 분야의 불

---

129 이에 대한 자세한 논의는 김덕영, 앞의 책(2012), 304쪽 이하, 442쪽 이하를 볼 것.

완전성에서 기인하는 일종의 예비작업이라는 것이다: 이러한 관점에서 본다면, 엄밀한 개념의 구성과 적용보다 더 위험한 일은 없을 것임이 자명한바, 그 이유는 이것이 먼 미래에야 실현될 수 있는 그 목표를 성급하게 선취하려는 시도로 보일 수밖에 없을 것이기 때문이다. — 역사학파에 속하는 대다수 전문연구자들의 피에도 여전히 깊이 흐르고 있는 고대적·스콜라적 인식론의 틀에서 보면 이러한 견해는 원칙적으로 논란의 여지가 없을 것이다;[130] 이 인식론은 개념의 목적이 "객관적" 현실의 표상적(表象的) **모사**에 있다고 전제한다; 그리하여 반복해서 모든 엄밀한 개념의 **비현실성**을 지적하고 있다.[131]

바로 이 구절에 이어서 이미 제3장에서 칸트와 관련하여 인용한 부분이 나오는데, 그것은 다음과 같다.

칸트에서 연원하는 근대 인식론의 근본사상은, 개념이 도리어 경험적으로 주어진 것을 정신적으로 지배할 목적으로 사용하는 사유적 수단이며 또한 오직 사유적 수단일 수밖에 없다는 것이다.[132]

그 바로 뒤를 다음과 같은 구절이 따르는데, 이를 보면 칸트 인식론에 기반하는 베버의 방법론과 고대적·스콜라적 인식론에 기반하는 독일 역사학파 경제학의 차이가 확연하게 드러날 것이다.

---

130 이 구절의 맨 앞에 "다른 영역이나 분야 또는 다른 학파에 속하는 전문연구자들의 피 뿐만 아니라"를 덧붙여 읽으면 의미하는 바가 보다 명확해질 것이다. 그리고 전문연구자들은 인식론자들이 아니라 특정한 인식론에 기반하여 경험적 연구를 수행하는 학자들, 예컨대 역사학자와 경제학자 등을 가리킨다.
131 Max Weber, 앞의 책(1973), 208쪽[329~31쪽].
132 같은 곳[331쪽].

그리고 이 근본사상을 철저히 숙고하는 사람에게는, 엄밀한 발생적 개념은 필연적으로 이념형이라는 사실이 이와 같은 개념의 구성을 반대해야 할 이유가 될 수 없을 것이다. 그에게는 개념과 역사적 작업의 관계가 역전된다: 그에게 상기한 궁극적 목표는 논리적으로 불가능한 것으로 보이며, 개념은 **목표**가 아니라 개별적 관점에서 볼 때 의의 있는 관계들의 인식이라는 목적을 위한 **수단**이다; 그리고 그가 보기에 역사적 개념들의 내용은 필연적으로 변화하며, 바로 **그런 까닭에** 이 개념들은 필연적으로 그때그때 엄밀하게 구성되어야 한다. 다만 그는 이 개념들을 **사용할** 때 그것들이 가진 이념적 사유 구성물로서의 성격을 항상 신중하게 유지할 것을, 다시 말해 이념형과 역사를 혼동하지 말 것을 요구할 것이다.[133]

그리고 멩거에 의해 창시된 오스트리아 이론경제학파는 목적과 수단이라는 범주에 기반하여 인간행위에 대한 합리적 이해를 추구하는데, 베버가 보기에 이 이해의 방식은 특별히 높은 정도의 명증성을 보여 준다. 그 이유는 목적과 수단에 지향된 행위는 비합리적인 내적·외적 요소들에 의해 영향을 받지 않으며, 따라서 법칙론적 고찰이 가능하기 때문이다. 이와 관련하여 베버는 「크니스와 비합리성의 문제(속편)」(1906)에서 다음과 같이 말하고 있다.

우리가 인간행위를 한편으로는 명료하게 의식되고 추구되는 "목적"에 의해, 다른 한편으로는 "수단"에 대한 명료한 인식에 의해 조건지어지는 것으로 "이해하는" 경우, 이러한 이해는 의심할 바 없이 특별히 높은 정도의 "명증성"을 획득하게 된다. 그런데 왜 그런가 하고 묻는다면, 곧바로 "목적"에 대한 "수단"의 관계는 합리적인 것이라는, 즉 "법칙성"이라는 의미에서의 **일반화하는 인과고찰**이 특별한 정도로 가능한 것이라는 사실이 그 근

---

133 같은 책, 208~09쪽[331쪽].

거로 제시된다.[134]

요컨대 베버는 오스트리아 이론경제학은 이해경제학, 그것도 최고도의 명증성을 보증해 주는 합리적 이해경제학으로 본 것이다. 그리하여 후일 방법론과 관련된 일련의 논문에서 바로 이 학파의 인식방법을 중심으로 해서, 아니 '이념형'으로 해서, 이해에 대한 기존의 다양한 이론을 비판적으로 검토하면서 다양한 문화적 삶의 영역에 적용할 수 있는 이해의 논리적·방법론적 토대를 구축해 나가게 된다. 이는 베버가 경제학에서 문화과학으로 그 인식의 지평을 넓히는 과정의 일부분이다. 그것은 이해경제학에서 이해문화과학으로의 이행과정이다. 베버의 이해사회학은 바로 이러한 지적 여정의 산물이다.

멩거를 위시한 오스트리아 이론경제학파가 베버에 대해 갖는 동반자적 의미는 「사회정책학회 위원회에서의 가치판단 논의를 위한 소견서」(1913)를 보면 명백하게 드러난다. 이것은 1914년 1월 베를린에서 개최되는 사회정책학회 위원회에서의 가치판단 논의를 위해 제출한 것이다. 거기에서 베버는 자신이 이전에 『사회과학 및 사회정책 저널』 제19권, 64쪽 이하에서 말한 것[135]을 참고하라고 하면서 덧붙이기를,

> 체계적 경제학이 그 "특수한 경우"로 간주될 수 있는 사회학적 인식의 특별한 종류("이해사회학")는 인간행위에 대한 과학이다.[136]

---

134 Max Weber, 앞의 책(1973), 127쪽[198쪽].

135 이는 우리가 번역본으로 삼은 『과학론 논총』의 경우에는 189쪽 이하에 해당한다.

136 Max Weber, "Gutachten zur Werturteilsdiskussion im Ausschuss des Vereins für Sozialpolitik", in: Verstehende Soziologie und Werturteilsfreiheit. Schriften und Reden 1908~1917: Max Weber Gesamtausgabe I/12, Tübingen: J. C. B. Mohr (Paul Siebeck) 2018b, 336~82쪽, 여기서는 381쪽.

여기에서 체계적 경제학은 오스트리아 학파의 추상적 이론경제학을 가리킨다. 그런데 체계적 경제학이 "이해사회학"의 "특수한 경우"로 간주된다 함은, 경제학이 사회학의 하부범주라는 뜻이 아니다. 그것이 의미하는 바는 오히려, 경제학은 사회적 행위의 한 측면, 즉 경제적 행위를 인식의 대상으로 하는 반면에, 사회학은 사회적 행위 일반, 그러니까 경제적 행위 이외에도 종교적, 과학적, 예술적, 윤리적, 성애적 행위 등을 포함한다는 사실이다.

그리고 베버가 『사회과학 및 사회정책 저널』 제19권, 64쪽 이하에서 말한 것은 구체적으로 이념형적 개념구성의 논리적 구조에 대해 논의한 것인데, 거기에서 베버는 오스트리아 학파의 추상적 이론경제학의 경제이론을 이념형의 전형적인 예로 파악하며, 또한 바로 그런 연유로 이념형을 인식론적·방법론적으로 정초하는 작업을 바로 이 경제이론에서 출발하고 있다.

> 우리는 추상적 경제이론에서 일반적으로 역사적 현상들의 "이념"이라고 부르는 종합의 한 예를 접한다. 그것은 우리에게 교환경제적 사회질서와 자유경쟁, 그리고 엄격히 합리적인 행위에 기반하여 재화시장에서 진행되는 과정들에 대한 **이념**상을 제공한다. 이러한 사유상은 역사적 삶의 특정한 관계들과 과정들을 내적으로 무모순적인 세계로 결합하는데, 이 세계는 **사유적으로 형성된** 관계들로 이루어져 있다.[137]

잘 알려져 있다시피, 베버에게 사회학은 인간행위를 이념형적으로 이해하는 과학, 그러니까 인간행위에 대한 이념형적 이해과학이다. 그런데 비단 사회학만이 그런 것이 아니라 추상적 이론경제학도 그러하다. 그뿐이 아니라 베버는 이 경제학을 문화과학으로 확장한 다음 거기에 다양

---

137 Max Weber, 앞의 책(1973), 190쪽[306쪽].

한 개별과학을 편입한다.[138] 사회학도 그중 하나이다. 그렇다면 왜 베버는 경제학을 사회학의 특별한 경우라고 했을까? 그 이유는 경제학이 경제적 영역에서의 인간행위를 인식대상으로 하는 반면 사회학은 그 밖에도 정치적, 과학적, 종교적, 예술적 영역 등 다양한 영역에서의 인간행위를 인식대상으로 하기 때문이다. 경제학은 사회학의 하부범주가 아니라 사회학과 — 그리고 정치학, 역사학, 국가학 등과 — 더불어 문화과학의 하부범주이다.

셋째, 고틀을 동반자-유형으로 분류하는 것이다. 물론 베버는 고틀을 높이 평가한다. 그는 말하기를, "지금까지 그의 주요 업적인, 매우 심오한 저작 『말의 지배』는 그가 거기에 부여한 형식으로 인해 완전히 무시되었다. 그럼에도 불구하고 나는 다시 한 번 이 책을 읽으면서 그 안에 탁월한 견해가 많이 들어 있다는 것을 재차 확인할 수 있었다."[139] 그러나 — 아래의 제7장 제4절에서 보게 되는 바와 같이 — 고틀의 이해이론에 대해서는 비판적이다. 요컨대 베버가 보기에 고틀은 — 마이어와 분트 및 뮌스터베르크처럼 — 그 오류로부터 배울 수 있는 탁월한 저술가이다.

7. 막스 베버와 그의 동시대인들

이 모든 것은 베버 방법론의 구조와 특성, 그리고 그 발전과정을 제대로 이해하려면, 그의 저작에서 언급되는 수많은 인물이 그와 갖는 관계나 의미를 고찰해야 함을 의미한다.[140] 여기서는 지면 관계상 특정한 논

---

138 이 과정에 대해서는 김덕영, 앞의 책(2012), 304쪽 이하를 볼 것.

139 Max Weber, 앞의 책(1973), 95~96쪽, 주 3[167쪽, 주 54].

140 이런 종류의 대표적인 연구로는 다음의 두 총서를 언급할 수 있다: Wolfgang J. Mommsen & Wolfgang Schwentker (Hrsg.), Max Weber und seine Zeitgenossen,

문의 전체 제목이나 그 일부분의 제목에 이름이 들어가 있는 로셔, 크니스, 마이어와 슈탐러, 그리고 분트, 뮌스터베르크, 짐멜, 고틀, 립스와 크로체에 논의를 국한할 수밖에 없는데, 로셔와 크니스는 이미 제4장에서 살펴보았기 때문에 다시 한 번 마이어와 슈탐러 그리고 분트, 뮌스터베르크, 짐멜, 고틀 및 립스와 크로체에 논의를 국한하기로 한다. 베버는 이 가운데 분트, 뮌스터베르크, 짐멜과 고틀을 크니스-논문의 첫 번째 부분인 「크니스와 비합리성의 문제」에서, 그리고 립스와 크로체를 그 두 번째 부분인 「크니스와 비합리성의 문제(속편)」에서 다루고 있다.

여기서는 베버가 이 동시대인들을 어떻게 평가하는가를 그의 저작에 나오는 순서에 따라 간략하게 살펴보기로 한다. 그것도 독자들이 이 책을 읽는 데 도움이 되도록 논의의 대상이 되는 학자들의 지적 이력을 간단하게 소개한 다음 주로 베버의 글을 요약하거나 인용하는 선에서 그치기로 한다. 그리고 직접인용의 경우에는 원문에 나오는 큰따옴표를 작은따옴표로 바꾸고, 간접인용의 경우에는 큰따옴표와 강조를 생략하기로 한다.

(1) 빌헬름 분트

베버는 1905년에 나온 「크니스와 비합리성의 문제」에서 인간행위 및 이와 관련된 자유의지, 비합리성, 인격 등에 대한 크니스의 이론을 현대 이론들, 다시 말해 (로셔나) 크니스와 달리 아직 살아 있는 학자들에 의해 제시된 이론들과 비교하면서 고찰한다. 그 첫 번째의 대상이 빌헬름 분트가 정신과학적 방법론의 한 근본적인 요소로 제시한 "창조적 종합"

Göttingen/Zürich: Vandenhoeck & Ruprecht 1988; Gerhard Wagner & Claudius Härpfer (Hrsg.), Max Webers vergessene Zeitgenossen. Beiträge zur Genese der Wissenschaftslehre, Wiesbaden: Harrassowitz Verlag 2016.

의 개념이다.

그렇다면 분트는 누구인가? 분트는 독일의 심리학자이자 의학자이며 철학자로, 1856년 하이델베르크 대학에서 의학 박사학위를 취득하고 1857년 같은 대학에서 대학교수 자격을 취득한 후 1858년부터 1863년까지 헤르만 폰 헬름홀츠(1821~94)의 조수로 일하면서 생리학을 가르치다가 1864년에 인간학 및 의료심리학 부교수가 되었다. 그리고 1874년에 취리히 대학의 귀납철학 담당 정교수가 되었고 1875년에는 라이프치히 대학의 철학 정교수로 초빙되었는데, 그곳에 4년 후인 1879년 세계 최초의 실험심리학연구소를 설립하여 심리학을 하나의 독립적인 개별과학으로 제도화했고, 향후 심리학을 이끌어갈 수많은 탁월한 제자를 길러냈다. 그는 1883년에 최초의 심리학 저널인 『철학 연구』를 창간했다.

아무튼 분트는 특히 1883년에 출간된 『논리학』 제2권, 제2부에서 "창조적 종합"이라는 개념을 다루고 있다(베버는 1895년에 출간된 제2판을 사용하고 있다). 그에 따르면 창조적 종합은 정신적 영역에만 고유한 원리로서 다음을 의미한다: "'정신적 형성물'과 이것을 구성하는 '요소들' 사이에는 특정한 인과적 관계가 존재하지만 —다시 말해 이 형성물은 명백히 **결정된** 것임이 자명하지만 —, **그러나** 이 형성물은 동시에 그 개별적인 요소들에 '포함되어 있지 않은' '**새로운** 특성들'을 지닌다."[141] 이와 달리 —분트는 계속해서 주장하기를 —물리적 영역에서는 창조적 종합의 원리가 작동하지 않는다. 다시 말해 물리적 형성물의 경우에는 모든 특성이 그 요소들이 갖는 특성에 이미 완전히 갖추어져 있으며, 따라서 이것들로부터 연역할 수 있거나 역으로 이것들로 환원할 수 있다.[142]

141 Max Weber, 앞의 책(1973), 52쪽[92쪽].

142 Wilhelm Wundt, Logik. Eine Untersuchung der Prinzipien der Erkenntnis und der Methoden wissenschaftlicher Forschung, Band II: Methodenlehre, 2. Abteilung: Logik der Geisteswissenschaften, 2., umgearbeitete Auflage, Stuttgart: Ferdinand Enke 1895,

이에 반해 베버는 창조적 종합이라는 개념이 정신적 세계와 물리적 세계의 존재론적 차이에서 기인하는 순수한 경험적 개념이 아니라 우리가 현실을 고찰하는 가치이념과 연관된 개념이라고 논박한다. 질적 변화라는 관점에서 보면 모든 자연적 과정이 창조적 종합이다. 예컨대 물은 그 구성요소인 수소와 산소에는 포함되어 있지 않은 전혀 새로운 특성을 보인다. "실로 가치가 연관되자마자"— 베버는 말하기를 —"자신의 '구성요소들'에 비해 특별히 '새로운' 특성들을 포함하지 않는 자연현상이란 **단 하나도 없다.** 심지어 태양계의 순수한 양적 관계도 그 어떤 의미로든 예외가 될 수 없는데, 이는 태양계의 '구성요소들'로서 따로 떼내어 관찰할 수 있는 각각의 행성들에 비해서든, 또는 가설상의 원시성운으로부터 태양계가 생성되도록 했을지도 모르는 물리적 힘들에 비해서든 마찬가지이다."[143]

이처럼 창조적 종합이라는 개념이 인간행위의 영역과 자연현상의 영역 모두에 적용될 수 있다면, 다음과 같은 논리가 성립한다. 즉 어떤 인물의 특성과 행위는 객관적으로 보면 자연현상이나 지리적 또는 사회적 상황과 같은 비인격적인 요소들보다 역사적 과정에 더 창조적으로 영향을 끼치지 않는다.[144] 예컨대 흑사병은 칭기즈칸의 유럽 침공처럼 역사적으로 중요한 결과를 낳았다. 그러나 우리가 이 사건에 역사적 의의를 부여하는 것은 거기에 정신적 요소들이 포함되어 있기 때문이 결코 아니다. 오히려 "우리가 현상에 부여하는 **의미,** 다시 말해 우리가 현상을 '가치'와 연관시키는 것, 바로 이것이 현상과 근본적으로 이질적이고 이종적인 요소로서 현상의 '요소들'로부터 역사적 의의가 '도출되는' 과정을 관통한다." 말하자면 "'우리가' 이런 식으로 '정신적' 과정을 가치에

268~69쪽.
143 Max Weber, 앞의 책(1973), 52쪽[92~93쪽].
144 같은 책, 49쪽[88쪽].

연관시켜야만 ─ 이 연관이 미분화된 '가치감정'의 형태로 이루어지든 또는 합리적인 '가치판단'의 형태로 이루어지든 상관없다 ─ 비로소 '창조적 종합'이 이루어지는 것이다." 요컨대 어떤 인물이나 그의 행위가 가지는 특수한 창조적 의의는 가치판단으로부터 자유로운 어떤 객관적인 특징으로부터 도출될 수 있는 것이 아니다. 그러나 분트는 이와 정반대로 "'창조적 종합'의 원리는 '객관적으로' 정신적 인과성의 특성에 근거하며 가치부여와 가치판단을 통해 그 '특징이 **드러난다**'"고 생각한다.[145]

베버는 이처럼 인간 중심적인 가치판단이 포함되어 있는 창조적 종합이라는 개념이 등장한 이유를 다음에서 찾는다: "우리는 우리가 '문화민족'이라고 칭하는 민족들의 발전을 **가치증가**라고 **판단하며**, 이 가치판단은 우리로 하여금 우리가 이 민족들에게서 확인하는 질적 변화의 과정을 가치부등식의 연쇄로 파악하도록 하며, 이를 통해 특수한 방식으로 우리의 '역사적 관심'을 그 민족들의 발전으로 향하도록 한다 ─ 보다 정확히 표현하자면, 이 가치판단은 우리가 이 발전을 '역사'라고 간주하는 근본적인 조건이 된다." 그리고 ─ 베버는 계속하기를 ─ 이렇게 등장한 창조적 종합이라는 개념은, 다음과 같은 형이상학적 믿음, 즉 "청춘의 샘이, 초시간적 가치의 영역에서 솟아올라서 천재적인 '인물'에 의해 매개되어서든 '사회심리학적 발전'에 의해 매개되어서든 역사적 현상의 영역으로 넘쳐흘러서 '객관적으로' 인류문화를 무한히 먼 미래까지 영원히 '진보하도록' 만든다는" 형이상학적 믿음을 낳는다.[146]

(2) 후고 뮌스터베르크

이어서 베버는 인간행위의 해석 또는 이해에 대한 다양한 인식론적 고

---

145 같은 책, 54쪽[96쪽].
146 같은 책, 61~62쪽[106~07쪽].

찰을 검토하는데, 구체적으로 뮌스터베르크, 짐멜, 고틀 그리고 립스와 크로체가 그 대상이 된다. 그리고 뮌스터베르크의 "주관화하는" 과학의 개념을 맨 먼저 다룬다.[147]

그렇다면 뮌스터베르크는 누구인가? 뮌스터베르크는 독일 및 미국의 심리학자이자 철학자로, 1885년 라이프치히 대학에서 빌헬름 분트의 지도로 철학 박사학위를, 그리고 1887년 하이델베르크 대학에서 의학 박사학위를 취득했고, 같은 해 프라이부르크 대학에서 철학 대학교수 자격을 취득했다. 그리고 1891년에 프라이부르크 대학의 심리학 부교수가 되었고, 1892년부터 1895년까지 하버드 대학의 실험심리학 교수로 재직하면서 윌리엄 제임스(1842~1910)가 설립한 심리학 실험실의 소장을 지냈다. 1895년에는 다시 프라이부르크 대학으로 돌아왔으나 그를 정교수로 임용할 의사도 여력도 없자 1897년에 다시 하버드 대학의 실험심리학 교수로 돌아가 1916년까지 재직했다. 프라이부르크 시절부터 베버와 절친한 관계를 유지했고 베버가 1904년에 미국을 방문하는 데에 일조했다. 뮌스터베르크는 노동심리학 및 조직심리학의 창시자 가운데 한 명으로 간주된다.

아무튼 베버는 뮌스터베르크의 『심리학 개요』(1900)에 대한 논의와 더불어 인간행위의 해석 또는 이해에 대한 다양한 인식론적 고찰을 시작한다. 그 이유는 해석적 연구와 법칙과학적 연구를 둘러싼 과학론의 기본적인 테제들이 『심리학 개요』에서 가장 일관되게 전개되었고 이 테제들은 즉각 정신과학적·문화과학적 이론에 영향을 끼치기 시작했기 때문이다.[148]

---

147 베버와 뮌스터베르크의 관계에 대한 자세한 논의는 다음을 볼 것: Peter Isenböck, "Max Weber und Hugo Münsterberg. Über die Rolle des 'aktuellen Verstehens' bei der Grundlegung einer verstehenden Soziologie", in: Gerhard Wagner & Claudius Härpfer (Hrsg.), Max Webers vergessene Zeitgenossen. Beiträge zur Genese der Wissenschaftslehre, Wiesbaden: Harrassowitz Verlag 2016, 15~28쪽.

민스터베르크는『심리학 개요』제1권에서 정신적 삶의 주관화와 객관화를 구별한다. 주관화는 정신적 삶이 자아 또는 주체에 종속된다고 생각하는 것을, 객관화는 정신적 삶을 자아 또는 주체로부터 분리하는 것을 가리킨다.[149] 전자의 경우에는 정신적 삶이 정신과학의 대상이 되고, 후자의 경우에는 심리학의 대상이 된다. 다시 말해 "정신과학은 심리학으로부터 엄격하게 분리되어야 한다; 정신과학은 정신적 삶을 이것이 현실적인 주체에 종속되는 것으로 생각되는 한 다루는 반면, 심리학은 그것이 주체로부터 분리되는 한 다룬다."[150] 요컨대 심리학은 비록 정신과학처럼 정신적 삶과 관련되지만 주관화하는 과학이 아니라 자연과학과 더불어 객관화하는 과학에 속한다. 민스터베르크에 따르면, 주관화하는 과학은 이해하고 평가하는 정신과학인 반면 객관화하는 과학은 기술하고 설명하는 심리학과 자연과학이다. 그리고 주관화하는 정신과학은 다시금 역사적인 것과 규범적인 것으로 나누어지는데, 역사과학은 개인이나 집단들의 무한한 의지행위로부터 "가장 보편적인 역사적 가치들"을 부각해야 하며, 규범과학은 무한한 개별적인 윤리적 명령으로부터 "사고, 감정, 행위 및 믿음의 보편적인 가치들"을 추출해야 한다.[151]

민스터베르크에 따르면, 주관화하는 과학은 실제적인 삶의 세계에서 직접적으로 체험하는, 다시 말해 끊임없이 입장을 설정하고 평가를 하며 판단을 내리는 자아를 — 감정이입, 추체험 등의 방식을 통해 — 이해하고 평가하는 인식이다. 이것은 분석적 인식과 대비되는데, 이 인식의 대상은 단지 객관화를 통해서만, 다시 말해 체험하는 자아의 현전성으로부터 인위적으로 분리함으로써만 산출될 수 있으며, 또한 이 분석적 인

148 Max Weber, 앞의 책(1973), 71쪽[119쪽].
149 Hugo Münsterberg, Grundzüge der Psychologie. Erster Band, Leipzig: Johann Ambrosius Barth 1900, 56, 60쪽.
150 같은 책, 15~16쪽.
151 같은 책, 109쪽.

식의 목표는 현전성의 세계를 내적으로 이해하고 평가하는 것이 아니라 대상들의 세계를 기술하고 그 요소들로 환원하여 설명하는 데에 있다. 그런데 이 객관화하는 인식은 개념과 법칙을 필요로 하는데, 이것들은 주관화하는 과학 영역에서는 무가치하고 무의미하다. 왜냐하면 "자아의 현전성은 '자유의 세계'이며, 또한 그 자체로서 그리고 해석하고 **이해할 수 있는 것**, 즉 '추체험할 수 있는 것'의 세계로서 **인식되기** 때문이다. 우리가 이 세계에 대해 갖고 있는 지식은 다름 아닌 '체험된' 지식인데, 이것은 '객관화하는 인식'의 수단, 즉 개념과 법칙을 사용해서는 결코 심화될 수 없다."[152]

요컨대 주관화하는 과학의 대상, 즉 실제적인 삶의 세계에서 직접적으로 체험하는 자아나 주체의 현전성은 객관화될 수 없다는 것이 뮌스터베르크의 논지인 것이다. 이처럼 주관화하는 과학에서 객관화하는 과학에 이르는 다리가 없고, 이 둘 중 어느 하나가 남긴 틈을 다른 하나가 메울 수도 없으며, 따라서 주관화하는 과학에는 인과성의 범주가 적용될 수 없다.[153] 그리고 뮌스터베르크는 주관화하는 과학, 즉 이해하고 평가하는 과학을 목적론적 사고와 동일시한다.[154]

이에 대해 베버는 먼저 객관화와 관련하여 논박하기를, 주관화하는 과학이 "사실들에 대한 **과학적** 접근을 시도하는 경우, 그러니까 초개인적 **타당성**을 갖는 '객관적 진리'를 추구하는 데에 그 본질적 특징이 있는 접근을 시도하는 경우, 구체적인 정신적 현상, 예컨대 '직접적으로' 이해할 수 있는 '의지'와 더 나아가 '직접적으로' 이해할 수 있는 '통일체'로서의 '자아'는 객관화를 결코 벗어나지 않는다. 우리가 '해석적으로' **이해하는** 능력을 사용하는 경우, 이러한 객관화는 부분적으로 [⋯⋯] 현상

---

152 Max Weber, 앞의 책(1973), 74쪽[123쪽].
153 같은 책, 75쪽[124쪽].
154 같은 책, 85쪽[134쪽].

들을 '이해되지 않은' 그러나 명확하게 규정된 '공식들'로 소급하는 것이 목표이어야 **하고** 또 단지 이것만이 목표일 수 **있는** 경우와는 성격이 다른 증명수단을 사용한다; 그러나 그것은 여전히 다름 아닌 '객관화'로 남는다."[155]

또한 베버는 인과성과 관련하여 논박하기를, "역사학은 행위자들의 '내적 측면'이라는 영역만 다루는 것이 결코 아니라, 더 나아가 '외적' 세계의 전체적인 역사적 상황을, 한편으로는 역사적 행위의 담지자들의 동기로, 다른 한편으로는 그들의 '내적 과정'의 결과로 '파악한다.'" 그리고 이 모든 것은—그는 계속해서 논박하기를—심리학 실험실에서 다룰 수도 없고 순수한 심리학적 고찰의 대상이 될 수도 없다.[156] 그러니까 뮌스터베르크가 말하는 객관화하는 과학의 대상이 될 수 없다.

그리고 베버는 목적론적 사고와 관련하여 다음과 같이 논박한다. 첫째, 목적론적 사고는 현상을 그 목적에 근거하여 해석하는 것이라고 가정할 수 있다. 그리하면 목적론적 사고는 이해하고 평가하는 우리의 능력보다 범위가 좁다. 다른 한편으로 이 경우 목적론적 사고는 정신적 삶이나 인간행위에 국한되지 않는다. 마지막으로 목적론적 사고를 가능케 하는 목적과 수단의 범주는 과학의 도구로 사용되자마자 "사유적으로 형성된 법칙적 **지식**, 다시 말해 **인과성** 범주의 도움으로 발전된 개념과 규칙을 포함하게 된다. 왜냐하면 목적론이 없는 인과적 결합은 있을 수 있지만 인과적 규칙이 없는 목적론적 **개념**은 있을 수 없기 때문이다."[157]

둘째, 목적론적 사고는 가치연관을 통해 소재를 질서화하는 원리라고 가정할 수 있다. 그러나 이 경우에 목적론적 사고는 "당연히 어떤 종류의 '목적론'으로 인과성을 '대체하는 것'과 아무런 관계도 없고 '객관화하

---

155 같은 책, 89쪽[138~39쪽].

156 같은 책, 78쪽[127쪽].

157 같은 책, 85~86쪽[135쪽].

는' 방법과 대립되는 것도 결코 아니다. 왜냐하면 여기에서 문제가 되는 것은 어디까지나 가치연관을 통해 개념구성에 **중요한 것**을 선택하는 원리이며, 따라서 '객관화'와 현실의 분석은 당연히 전제되기 때문이다."[158]

셋째, 우리는 역사적 과학 분야들에서 규범적 과학 분야들, 특히 법학의 개념들이 사용되고 있음을, 그러니까 목적론적 사고가 이루어지는 것을 볼 수 있다. 그러나 역사적 과학 분야들은 이 개념들을 법교의학과 완전히 다른 의미에서 사용한다. 베버에 따르면, "법교의학에서 문제가 되는 것은 특정한 법규범이 갖는 개념적 타당성의 범위인 반면, 모든 경험적·역사적 과학 분야에서 문제가 되는 것은 '법질서', 구체적인 '법기관' 또는 '법적 관계'의 **실제적인** '존재'를 그 원인과 결과 속에서 고찰하는 것이다. 후자가 역사적 현실 속에서 마주하는 이 '실제적인 존재'는 인간들의 머릿속에 존재하는 **관념**의 형태로만 주어지는 '법규범'인데, 이 법규범에는 교의적·법학적 개념구성의 산물도 포함된다. 그리고 이 관념은 **그 밖의 다른 것들과 더불어** 인간들의 의지와 행위를 규정하는 근거들 가운데 **하나**이며, 따라서 모든 경험적·역사적 과학 분야들은 객관적 현실의 이 구성요소들을 다른 모든 구성요소와 마찬가지로 인과적 귀속의 방식으로 다룬다."[159]

요컨대 뮌스터베르크가 말하는 주관화하는 과학은 그의 견해와 정반대로 객관화하는, 그리고 인과적 고찰을 하는 인식을 추구한다. 이는 베버가 보기에 "방법론적으로 중요하고 흥미로운 결과를 가져오는데", 단지 해석 또는 이해의 이론만이 이 결과가 무엇인가를 말해 줄 수 있다.[160]

---

158 같은 책, 86쪽[135쪽].
159 같은 책, 86~87쪽[136~37쪽].
160 같은 책, 91쪽[142쪽]. 그 밖에도 베버는 다음과 같이 뮌스터베르크의 논리적 결함을 지적한다: 첫째, 뮌스터베르크는 "경험적으로 주어진 다양한 현상은 **모두가** 내적으로 무한하다는 점을 오해하고" 있다. 둘째, 뮌스터베르크는 "'법칙'과 '개체'(논리적 의미에서의) 사이의 관계를 오해하고" 있으며, "특히 '객관화된' 개별적 현실이 법칙에 포함된다는 견해를 갖고" 있다. 셋째, 뮌스터베르크는 "역사학이 '보편적인 것'을 다룬다

이에 베버는 짐멜, 고틀 그리고 립스와 크로체의 이론을 검토한다. 그가 보기에 짐멜이 이해의 이론을 구축하려는 가장 정교한 시도를 했고, 고틀이 ─ 부분적으로 뮌스터베르크에게서 영향을 받고 ─ 역사학과 경제학에 이 범주를 적용하려는 가장 포괄적인 방법론적 시도를 했으며, 립스와 크로체가 미학의 영역에서 이 범주를 누구보다도 상세하게 다루었다.[161]

(3) 게오르그 짐멜

방금 언급한 바와 같이, 베버는 짐멜의 저작에서 이해의 이론을 구축하려는 가장 정교한 시도를 본다. 그 저작은 구체적으로 1905년에 출간된 『역사철학의 문제들: 인식론적 연구』 제2판이다. 이와 관련하여 베버는 말하기를, "논리적 관점에서 볼 때 '이해'의 **이론**을 구축하려는 가장 정교한 시도는 단연코 짐멜의 저작 『역사철학의 문제들: 인식론적 연구』 제2판(27~62쪽)에서 볼 수 있다."[162] 짐멜은 베버의 이해이론이 형성되는 데 결정적인 영향을 끼쳤다.[163]

그렇다면 짐멜은 누구인가? 짐멜은 독일의 철학자이자 사회학자로, 1881년 베를린 대학에서 철학 박사학위를 취득했고, 1885년 같은 대

는 사실을 되풀이해서 논의하고 있기는 하지만, '보편적인 것'의 개념이 갖는 근본적으로 다른 의미(이 경우에는 일반적 **타당성**과 대비되는 보편적 **의의**)가 불명확한 채로 남아" 있다. 넷째, 뮌스터베르크는 "자신이 제시한 과학의 두 범주 사이의 차이점과 유사점을 매우 예리하고 세련되게 논증하고 있지만, 그럼에도 불구하고 논리적으로 극히 다양한 의의를 가질 수 있는 주체-대상의 관계가 철저하게 해명되지 않은 상태이며, 또한 자신이 규정한 개념을 일관되게 고수하지도 않는다." 같은 책, 75~77쪽, 주 2 [158~60쪽, 주 29].

161 같은 책, 92~93쪽[142쪽].
162 같은 책, 92쪽[같은 곳].
163 짐멜과 베버의 관계에 대한 자세한 논의는 다음을 볼 것: 김덕영, 『짐멜이냐 베버냐? 사회학 발달과정 비교연구』, 한울아카데미 2004.

학에서 대학교수 자격을 취득했다. 그리고 1885년부터 베를린 대학 철학부에서 사강사로 가르치기 시작해 1900년에 부교수가 되었으며, 1914년에 슈트라스부르크 대학의 철학 정교수가 되었다. 그는 탁월한 과학적 업적에도 불구하고 유대인이라는 점, 국가와 교회를 중심으로 하던 당시의 국가과학 및 사회과학에 정면으로 배치되는 사회학적 사고를 한 점 등으로 인해 비정상적으로 오랫동안 사강사 지위에 머물러 있었고, 아주 오랜 기간을 무급의 부교수로 재직했으며, 세상을 떠나기 불과 4년 전에 정교수가 되는 등 독일 학계의 주변인, 아니 이방인이었다. 짐멜은 에밀 뒤르케임(1858~1917) 및 막스 베버와 더불어 현대 사회학의 창시자로 간주되며, 베버 등과 함께 독일 사회학회의 창립을 주도했고, 사회학, 역사철학, 문화철학, 예술철학, 미학 등의 영역에서 탁월한 업적을 남겼다.[164]

아무튼 짐멜은 이미 1892년에 출간된 『역사철학의 문제들: 인식론적 연구』에서 이해의 문제를 다루었는데, 이는 베버보다 10년 이상 앞서는 것이다. 그리고 1905년에 전면 개정판이 나왔는데, 베버가 논의의 대상으로 삼은 것은 바로 제2판이다. 짐멜은 서문에서 이 책이 근본적으로 추구하는 바를 밝히고 있는데, 그것은 역사인식에서의 역사주의를 극복하는 것이었다. 간단히 말해 역사주의는 인식과정에서 주체의 의식적인 정신행위를 배제하고 객관적으로 주어진 사실을 충실하게 재생할 수 있다고 확신하는 사상적 조류를 가리킨다. 역사인식에서 역사주의를 극복하기 위해 짐멜은 자연인식에서 자연주의를 극복한 칸트의 인식론에 접목하고 있다. 칸트 인식론의 관점에서 보면 역사세계의 인식도 자연세계의 인식과 마찬가지로 인식의 주체가 인식의 대상을 주권적으로 형성하는 행위이다. 그것은 인간의 적극적인 지적·정신적 구성행위이다. 그러

---

164 짐멜에 대한 자세한 논의는 다음을 볼 것: 김덕영, 『게오르그 짐멜의 모더니티 풍경 11가지』, 도서출판 길 2007.

므로 "인식하는 인간이 자연과 역사를 만든다"라는 명제가 성립하는 것
이다. 짐멜에게 이해라는 인식과정은 타자의 의식행위를 재구성하고, 변
형하고, 응축하며, 상징화하는 등 인식주체의 다양한 지적·정신적 구성
행위를 가리킨다.[165] 다시 말해 이해는 객관적으로 주어진 역사적 사실
의 충실한 모사가 아니다. 이러한 인식론적 측면에서 베버는 짐멜과 일
치한다. 이미 제2장에서 언급한 바와 같이, 베버는 인식론적으로 칸트의
전통에 서 있다.

베버가 보기에 논리적 측면에서 이해의 이론을 구축하려는 가장 정교
한 시도를 한 짐멜은,

> "이해"라는 개념 — "내적" 경험에 주어지지 않는 현실을 "파악하는
> 것"과 반대되는 것으로 설정된 개념 — 이 포괄할 수 있는 가장 광범위한
> 범위에서 외적으로 표현된 것의 **의미**에 대한 객관적 "이해"와 (언술하거나
> 행위하는) 인간의 내적 **동기**에 대한 주관적 "해석"을 명료하게 구분한 업적
> 이 있다.[166]

여기에서 외적으로 표현된 것을 객관적으로 이해한다 함은 언술된 것
을 이해함을 가리키는 반면, 언술하는 인간(또는 행위하는 인간)의 내적
동기를 주관적으로 해석한다 함은 언술하는 인간(또는 행위하는 인간)을

---

165 Georg Simmel, Die Probleme der Geschichtsphilosophie. Eine erkenntnistheoretische
     Studie, 2., völlig veränderte Auflage, Leipzig: Duncker & Humblot 1905, 168쪽;
     Klaus Lichtblau, "Das Verstehen des Verstehens. Georg Simmel und die Tradition einer
     hermeneutischen Kultur- und Sozialwissenschaft", in: Thomas Jung & Stefan Müller-
     Doohm (Hrsg.), "Wirklichkeit" im Deutungsprozess. Verstehen und Methoden in den
     Kultur- und Sozialwissenschaften, Frankfurt am Main: Suhrkamp 1993a, 27~56쪽, 여
     기서는 36쪽; Klaus Lichtblau, "Simmel, Weber und die 'verstehende' Soziologie", in:
     Berliner Journal für Soziologie 3, 1993b, 141~51쪽, 여기서는 145쪽.
166 Max Weber, 앞의 책(1973), 93쪽[142쪽].

이해함을 가리킨다. 짐멜에 따르면, 전자는 "**단지 우리가 이론적 인식을** 추구할 때에만, 다시 말해 실제적인 내용을 논리적 형식으로 제시하고 자 할 때에만 사용되는데, 이 형식은 — 인식이기 **때문에** — 인식과정에 서 누구에게든 간단하게 완전히 동일한 의미로 복제될 수 있다."[167] 이에 반해 후자는 개인적 의도, 선입견, 분노, 불안 또는 냉소 등과 같은 내적 이고 주관적인 동기를 인식하는 것으로 규정된다. 이 둘의 관계는 짐멜 이 예로 드는 뉴턴과 괴테의 경우를 보면 보다 쉽게 와닿을 것이다. "내 가 만유인력의 법칙이나 [괴테의 대작『파우스트』마지막 부분에 나오 는 시구인] '신비의 합창'의 내용을 '이해'한다면, 그 내용은 완전히 시 간을 초월하는 것을 의미한다. 그 내용의 역사적 창조자인 뉴턴과 괴테 는 이 이해과정에 전혀 들어오지 않는데, 이는 비록 바로 이 과정에서 그 내용을 창조한 사고와 그 내용을 복제하는 나의 사고가 완전히 일치함 에도 불구하고 그렇다. 그러나 상기한 법칙과 시구를 **역사적으로** 이해하 면, 곧바로 뉴턴과 괴테가 문제시된다. 물론 그들의 시간적 현실과 나의 사고가 일치된 상태에서 그런 것은 결코 아니고, 일종의 **표상**의 상태에 서, 즉 개인적, 사회적, 과학사적, 예술사적 유형의 심리학적 사실들을 해 석하고, 선택하며 통합하는 과정에서 그렇다."[168]

그러나 짐멜의 이해이론에 대해 베버는 비판적이다. 첫째, 베버가 보 기에 짐멜은 결정적인 측면에서 심리학주의적 오류를 범하고 있다. 짐멜 에 따르면 객관적 이해가 필요하고 가능한 근거는 다음과 같은 점에서 찾을 수 있다: "화자(話者)의 영혼에서 일어나는 것이 [……] 언술된 말 에 의해 청자(聽者)의 영혼에서도 일어나며", 이 과정에서 화자는 "배제 되고" 다만 언술된 것의 내용만이 화자의 사고 속에서와 똑같이 청자의 사고 속에 남아 있다.[169] 그러나 이러한 심리학적 정식화에 의해서는 객

---

167 같은 곳[143쪽].
168 Georg Simmel, 앞의 책(1905), 28쪽.

관적 이해의 방식이 갖는 논리적 특성이 명백히 드러날 수 없다는 것이 베버의 견해이다. 왜냐하면 언술된 것의 이해에서도 언술하는 인간의 이해에서와 마찬가지로 행위하는 인간의 주관적이고 내적인 과정이 문제시되기 때문이다.[170] 둘째, 베버에 따르면 외적인 의미의 객관적 이해와 내적인 동기의 주관적 해석은 짐멜의 주장처럼 서로 엄격하게 구분되는 인식범주가 아니라 인간의 유의미한 행위를 둘러싸고 서로 밀접하게 연관된 두 단계의 인식과정이다. 전자는 현전적 이해이고 후자는 해석 또는 해석적 이해이다. 현전적 이해는 언술된 것의 의미를 직접적으로 이해하는 것이지만, 해석적 이해는 언술된 의미의 직접적인 이해가 불가능한 경우 행위자의 주관적 동기를 해석하면서 또는 성찰하면서 이해하는 것이다. 해석적 이해는 인과적인 것이다. 현전적 이해와 달리 ─ 이와 관련해 베버는 다음과 같이 말하고 있다 ─ 해석은

예컨대 다음과 같은 경우에야 비로소 작동한다. 즉 어떤 표현 ─ 그 내용이 어떠하든 상관없이 ─ 의 "의미"가 직접적으로 이해되지 **않는** 경우, 그리고 이에 대해 그 표현의 장본인과 현전적인 "의사소통"이 불가능하지만, 그것을 "이해하는 것"이 실천적으로 볼 때 절대로 필요한 경우에야 비로소 작동한다: 가령 모호하게 작성된 문서명령의 경우 [……] 그 수령자, 이를테면 척후대를 이끄는 장교는 명령의 "해석"을 통해 명령의 "목적", 즉 그 **동기**를 헤아리고 그에 따라 행위해야 한다. 그러니까 이 경우에는 **인과적** 질문, 즉 어떻게 명령이 "심리학적으로" **생성되었는가** 하는 질문이 그 명령의 "의미"에 대한 "사유론적[171] 질문"에 답하고자 하는 목적에서 제기된 것이다.[172]

---

169 같은 책, 27~28쪽.

170 Max Weber, 앞의 책(1973), 94쪽[144쪽].

171 이는 독일어 'noetisch'를 옮긴 것인데, 그 명사형인 'Noetik'은 정신적 대상에 대한 사유나 인식을 다루는 철학 분야이다.

이처럼 베버가 짐멜의 이해이론을 비판적으로 검토하는 과정에서 제시된 현전적 이해와 해석적 이해의 구분은 후일 「사회학의 기본개념들」(1920)에서 현전적 이해와 동기이해의 구분으로 연결된다. 현전적 이해란 관찰을 통해서 행위를 직접적으로 파악하는 것을 가리킨다. 예컨대 우리는 어떤 사람이 나무를 베는 것을 보면 그 행위를 곧바로 이해할 수 있다. 그러나 우리는 왜 그가 나무를 베는지 알지 못한다. 그는 돈을 벌기 위해서, 또는 땔감을 마련하기 위해서, 또는 기분전환을 위해서, 또는 체력단련을 위해서, 또는 이 가운데 몇 가지를 위해서 아니면 전부를 위해서 나무를 베는 행위를 할 수 있다. 다시 말해 우리는 단순히 나무를 베는 행위를 넘어서 그 행위의 근거를 파악해야 한다. 오늘날의 개념으로 표현하자면, 관찰자 관점에서 참여자 관점으로 넘어가야 한다. 바로 이것이 동기이해이다. 동기이해는 달리 설명적 이해라고 하는데, 이는 내적인 동기를 이해함으로써 외적인 행위를 인과적으로 설명하기 때문이다.[173]

(4) 프리드리히 고틀

베버는 이해에 대한 짐멜의 이론을 검토하고 난 다음 프리드리히 고틀이 『말의 지배』(1901)와 『역사의 한계』(1904)에서 제시한 견해로 눈을 돌리는데, 그 이유는 "그의 논의를 어디에 '해석 가능성'의 인식론적 의의가 있지 **않은가**를 분명하게 밝힐 수 있는 편리한 실마리로 삼을 수 있기 때문이다."[174]

---

172 Max Weber, 앞의 책(1973), 95쪽[같은 곳].

173 Max Weber, 앞의 책(1972), 3~4쪽.

174 같은 책, 95쪽[146쪽]. 베버와 고틀의 관계에 대한 자세한 논의는 다음을 볼 것: Takemitsu Morikawa, Handeln, Welt und Wissenschaft. Zur Logik, Erkenntniskritik und Wissenschaftstheorie für Kulturwissenschaften bei Friedrich Gottl und Max Weber, Deutscher Universitäts-Verlag 2001; Takemitsu Morikawa, "Friedrich Gottl und Max Weber. Von der Kritik der sozialwissenschaftlichen Begriffsbildung zur Phänomenologie

그렇다면 고틀은 누구인가? 고틀은 독일의 경제학자로, 1897년 하이델베르크 대학에서 철학 박사학위를 취득했고, 1900년 같은 대학에서 대학교수 자격을 취득했다. 그리고 1902년 브륀 공대의 국가과학 부교수가, 1904년에는 정교수가 되었으며, 1908년부터 1919년까지 뮌헨 공대의 정교수로 재직하면서 1909년에 "기술경제연구소"를 설립했다. 이어서 1919년부터 함부르크 대학의 이론경제학 교수직을 지냈고, 1924년부터 킬 대학의 이론경제학 교수직을 맡았으며, 1926년부터 1936년까지 베를린 대학의 교수로 재직했다. 고틀은 경제학 방법론에 대한 많은 연구업적을 남겼으며, 자동차 왕 헨리 포드를 열렬히 숭배했고 포드주의를 "기술적 이성의 기사단장"이라고 찬양했다.

여기에서 잠시 고틀의 저작 『말의 지배』를 살펴볼 필요가 있다. 왜냐하면 그는—「경제학적 사고의 비판을 위한 연구」라는 부제에서 짐작할 수 있듯이—거기에서 경제학적 개념구성의 문제를 다루고 있기 때문이다. 경제학적 개념구성과 언어의 지배가 어떤 관계가 있단 말인가? 고틀의 주저로 여겨지는 『말의 지배』는 「경제학의 "기본개념들"에 대하여」와 「일상적인 것에 대한 인식의 공식으로서의 가계와 기업」이라는 두 개의 장으로 구성되어 있다. 고틀이 보기에 경제학은 경제, 가치, 효용, 자본, 임금, 부 등—흔히 이것들을 경제학적 기본개념들이라고 부른다—에 의해 지배받고 있으며, 이러한 언어의 지배로 인해 그 배후에 있는 사실 또는 현실을 고려할 수 없다. 이 사실은 다름 아닌 인간의 일상적 삶 또는 행위이며 경제학의 기본개념들은 바로 이 일상적 삶 또는 행위의 언어로부터 온 것이다. 경제학은 일상적 삶 또는 행위, 보다 정확하게 말하자면 모든 시대와 민족의 일상적 삶 또는 행위에 대한 경험과

des Wirtschaftslebens", in: Gerhard Wagner & Claudius Härpfer (Hrsg.), Max Webers vergessene Zeitgenossen. Beiträge zur Genese der Wissenschaftslehre, Wiesbaden: Harrassowitz Verlag 2016, 193~211쪽.

학이다. 바로 이것이 『말의 지배』의 제1장인 「경제학의 "기본개념들"에 대하여」에서 그가 주장하는 바이다.

고틀은 이어 『말의 지배』 제2장인 「일상적인 것에 대한 인식의 공식으로서의 가계와 기업」에서 "궁핍"과 "힘"이라는 두 가지 "기본관계"에서 출발하여 가계 및 기업과 같은 일상적 삶으로서의 경제적 현상을 합리적으로 구성하고자 한다. 먼저 궁핍은 "하나의 노력이 다른 노력들이 가져오는 결과를 어떻게든 손상하지 않고서는 결코 성취될 수 없음"을 의미한다. 그 이유는 고틀에 따르면, 우리의 욕구는 무한한 반면 우리의 능력은 유한하기 때문이다. 그리고 힘은 개인의 노력으로 달성할 수 없는 것을 다수의 행위자들이 함께 노력함으로써 달성하는 것을 가리킨다.[175] 고틀이 말하는 궁핍은 경제적 재화의 희소성 또는 부족이라고 보면 될 것이고, 힘은 협업 또는 노동분업을 통한 생산력의 증가라고 보면 될 것이다.[176] 고틀은 이 두 기본관계에서 출발하여 어떻게 가계와 기업이라는 경제조직이 형성되고 발전하는가를 분석하고자 한다.

아무튼 베버에 따르면, 고틀이 방금 언급한 두 저작에서 제시한 해석적 인식과 자연과학적 인식의 본질적 차이는 다음과 같이 두 가지 측면에서 살펴볼 수 있다.

첫째, 해석적 인식은 자연과학적 인식과 달리 "인식대상을 **추론한다**." 다시 말해 그것은 "인간행위의 **의미**를 [……] 해석적으로 통찰하는 작업과 더불어 시작하여 다음과 같이 나아간다: 지속적으로 역사적 현실의 관계를 구성하는 새로운 요소들을 해석적으로 파악하여 포함시키고, 지속적으로 '해석'이 가능한 '원천들'을 이것들이 그 흔적이 되는 행위

---

175 Friedrich Gottl, Die Herrschaft des Wortes. Untersuchungen zur Kritik des nationalökonomischen Denkens. Einleitende Aufsätze, Jena: Gustav Fischer 1901, 82쪽. 이에 대해서는 베버가─Max Weber, 앞의 책(1973), 117쪽, 주 2[224~25쪽, 주 20]에서─자세하게 논의하고 있다.
176 Takemitsu Morikawa, 앞의 책(2001), 33쪽.

의 **의미**에 비추어 규명한다; 이렇게 해서 지속적으로 유의미한 행위의 보다 포괄적인 관계가 구성되고 이 관계의 개별적인 요소들은 서로를 떠받치는데, 그 이유는 우리가 전체적인 관계를 '안으로부터' 훤히 들여다볼 수 있기 때문이다."[177] 둘째, 역사적 현상에 대한 추론은 "**사고법칙에 근거하여**' 이루어지며, 따라서 역사적 현상에서는 **단지** '논리적 사고법칙을 통해 파악할 수 있는' 것만이 역사학에 의해 기술되어야 할 구성요소로서 간주되는 반면, 다른 모든 것은 — [……] 역사적으로 중요한 자연현상은 — 단순히 역사학이 유일하게 관심을 갖는 인간행위의 '조건들'이 '변동된 것'으로 간주되어야 한다."[178]

이에 반해 베버는 다음과 같이 논박한다. 첫째, 우리의 해석적 상상력이 역사적 과정들의 추론에서 수행하는 역할은, 물리적 인식의 영역에서, 예컨대 수학적 상상력이 수행하는 역할과 결코 다르지 않다. 그리고 이렇게 구성된 가설을 검증하는 것은 전자와 후자 모두에서 중요하며, 논리적 관점에서 보면 원칙적으로 동일한 과정이다. 요컨대 해석적 인식과 물리적 인식 사이의 차이는 — 고틀이 계속해서 다시 되돌아가 논의하곤 하는 — 추론에 의해 결정되는 것이 아니다.[179]

둘째, 역사적 현상에 대한 추론은 논리적 사고법칙에 근거한다는 고틀의 주장은 결정적인 오류인데, 왜냐하면 그는 이와 더불어 단지 역사적 현상, 즉 해석 가능한 인간행위와 그 의미를 추체험적 이해를 통해서 접근할 수 있다는 것만을 의미하기 때문이다.[180] 그러나 우리가 어떤 행위와 그 의미를 추론한다면, "이것은 항상 '해석'을 목적으로 구성된 가설일 뿐이며, 이 가설은 수없이 많은 경우에 아무리 확실하게 보일지라도 원칙적으로 항상 경험적 검증을 필요로 하고 또한 경험적으로 검증될

---

177 Max Weber, 앞의 책(1973), 98쪽[146쪽].
178 같은 책, 99쪽[147쪽].
179 같은 책, 98~99쪽[같은 곳].
180 같은 책, 99~100쪽[149쪽].

수 있다." 그러므로 "당연히 '해석'이 단지 '객관화'로부터 **자유로운** 직
관과 단순한 복제를 통해서만 이루어진다고 생각해서는 안 된다는 점이
명백하게 드러난다. 어떤 구체적인 사고의 해석적 '추론'은 때때로 임상
적 · 병리학적 지식에 의존할 뿐만 아니라, 더 나아가 자명하게도, 고틀
의 가정과 상반되게, 일반적으로 그리고 지속적으로 '자연과학'의 가설
들과 **논리적으로** 동일한 의미에서 '경험'에 의해 '통제'를 받는다."[181] 그
리고 역사적으로 중요한 자연현상은 인간행위의 조건들이 변동된 것으
로 간주되어야 한다는 고틀의 주장에 반하여 베버는 강조하기를, "과학
적 **관심**은 궁극적으로 역사적 과정 중에서 **해석적으로** 이해할 수 있는
인간의 자아행동을 포함하는 구성부분들에 결부되며, 우리에게 '유의미
한' 이 행위가 '무의미한' 자연력의 작용과의 밀접한 관계 속에서 수행
하는 역할과 자연력이 이 행위에 끼치는 영향에 지향된다."[182]

그 밖에도 베버는 두 쪽 분량의 긴 주를 달아서 다음과 같이 고틀의 논
리적 오류를 지적하고 있는데, 이를 요약하면 다음과 같다.

1) 고틀은 자연에 대한 인식과 행위에 대한 인식의 심연을 존재론적으
로 해석하며, 따라서 이미 과학적으로 가공된 자연과학의 세계를 아직
논리적으로 가공되지 않은 내적 체험에 대립시킨다. 그러나 베버에 따르
면, 내적 체험에 대한 과학적 인식은 자연과학적 인식과 마찬가지로 논
리적 가공, 즉 개념화를 필요로 한다. "**심지어** 인물의 영역에서도, 개념
은 어떤 상황에서도 그것이 관계되는 '체험'과는 다른 무엇이다: 이때
개념이 일반화하는 추상을 통해 창출된 사유 구성물이든 분리와 종합을
통해 창출된 사유 구성물이든 상관없다. 이러한 논리는 ── 고틀의 가정
처럼 ── 단지 '정태적인 구성물'에만 적용되는 것이 아니라 그와 똑같이
개별적인 '내적' 과정에도 적용된다."[183]

---

181 같은 책, 102쪽[149~50쪽].
182 같은 책, 99쪽[148쪽].

2) 고틀은 소재의 인식이 소재 그 자체에 의해 이루어진다고 주장하는데, 이에 반해 베버는 과학적 인식에서 문제가 되는 것은 "어디서나 '가치들'과 관련하여 의의 있는 것의 **사유적** 선택이라는" 견해를 피력한다.[184]

3) 고틀에 따르면, "행위의 '기술적' 과학의 대상, 그러니까 그의 저작에서 행위의 역사적 인식에 대한 일반적인 대응물이 되는 대상은, 소재선택 **없이** 간단하게 '비(非)역사', 즉 "일상적인 것"과 동일시된다." 그러나 "한 시대의 '문화내용'에 대한 제아무리 광범위한 서술이라 할지라도" — 베버는 논박하기를 — "그것은 언제나, 그 자체가 가치에 지향된 질적으로 다양한 다수의 '**관점**' 아래에서 그 시대의 '체험'을 조명하는 것이다. 그리고 일반적으로 '문화과학적' 고찰의 대상이 되는 '**일상적 체험**'도 과학적 고찰의 대상으로서 사유적으로 질서화된 구체적인 관계로 편입되며, 그런 후에는 아주 다양한, 부분적으로는 이질적인 '관점' 아래에서 '역사적인' **또는** '법칙정립적인' 개념구성의 대상이 된다."[185]

4) 베버가 보기에 고틀이 범한 오류들의 핵심은 "모든 종류의 심리학주의에서 비근하게 볼 수 있는 혼동, 즉 실제적인 인식이 진행되는 심리학적 과정과 이 인식에 **형식을 부여하는** 개념들의 논리적 본질 사이의 혼동으로 수렴된다." 물론 베버는 행위에 대한 인식에 도달하기 위해 심리학적 경로를 취할 수 있음을 인정한다. 그렇다고 하더라도 — 그는 계속하기를 — 거기에서 색출적 목적이나 표현의 수단으로 사용되는 개념들의 논리적 성격이 다른 과학들에서 사용되는 개념들의 논리적 성격과 절대로 다르지 않다. 심리학에서 어떤 개념을 정의하는 논리적 형식은 화학에서 어떤 개념을 정의하는 논리적 형식과 결코 다르지 않다.[186]

---

183 같은 책, 96쪽, 주 3 [167쪽, 주 54].
184 같은 곳 [167~68쪽, 주 54].
185 같은 책, 96~97쪽, 주 3 [168쪽, 주 54].
186 같은 책, 97쪽, 주 3 [같은 곳].

(5) 테오도어 립스와 베네데토 크로체

이어서 베버는 해석의 심리학적 과정에 대한 논의를 검토하기 위해 테오도어 립스(1851~1914)가 『미학: 아름다움과 예술의 심리학』(1903) 제1부 「미학의 정초」에서 제시한 감정이입이론과 베네데토 크로체 (1866~1952)가 『표현의 과학으로서의 미학과 일반언어학』(1905)에서 제시한 직관이론으로 눈을 돌린다.[187]

그렇다면 립스는 누구이고 크로체는 누구인가? 먼저 립스는 독일의 철학자이자 심리학자로 1874년 본 대학에서 철학 박사학위를 취득하고 1877년 같은 대학에서 대학교수 자격을 취득한 후 1884년 본 대학의 부교수가, 1890년에는 브레슬라우 대학의 정교수가 되었으며, 1894년부터 1913년까지 뮌헨 대학의 정교수로 재직하면서 1913년에 심리학과를 창설했다. 그는 심리학주의를 표방하고 현상학자라는 자아 정체성을 갖고 있었으며 감정이입설로 잘 알려져 있다. 그리고 크로체는 이탈리아의 철학자, 역사학자, 문학자이며 정치가로 나폴리 대학에서 법학을 공부했지만 졸업은 하지 않았는데, 이 시기에 역사 유물론에 대한 광범위한 독서를 했다. 1903년에는 철학 저널 『비평』을 창간하고 1937년까지 편집을 담당함으로써 이탈리아의 정신세계에 커다란 영향을 끼쳤다. 또한 1910년부터 1946년까지 상원의원을, 1920년부터 1921년까지 교육부 장관을, 그리고 1943년부터 1947년까지 이탈리아 자유당 총재를 역임하기도 했다. 그는 헤겔에 접목하는 관념론 철학을 추구하고 당시 이탈리아에서 지배적인 위치를 차지하던 실증주의를 극복하고자 했으며, 자유주의자로서 파시즘에 저항했다.

---

187 베버와 크로체의 관계에 대한 자세한 논의는 다음을 볼 것: Pietro Rossi, "Max Weber und Benedetto Croce", in: Wolfgang J. Mommsen & Wolfgang Schwentker (Hrsg.), Max Weber und seine Zeitgenossen, Göttingen/Zürich: Vandenhoeck & Ruprecht 1988, 613~39쪽.

아무튼 먼저 립스는 미학적 가치들의 근거를 규명하는 과정에서 해석에 대한 독창적인 이론을 발전시켰다. 그에 따르면 다른 사람의 행위를 이해하는 것은 지적(知的) 이해 그 이상으로 감정이입, 그것도 완전한 감정이입, 즉 "'자아'가 '감정이입하는' 대상에 완전히 내적으로 들어가는 것을" 의미한다. 립스는 바로 이 완전한 감정이입을 미학적 감정이입의 형식으로 미학적 향유의 구성적 범주로 고양시킨다.[188] 그런데 그에 따르면 감정이입의 범주는 정신적 현상에만 국한되지 않고 물리적 세계에도 적용되며, 이 대상에의 감정이입이 자연미의 원천이다.[189] 그리고 "체험된 자기 자신의 '자아'가 하나의 사물인 것과 마찬가지로, '체험된' 자연은 객관화된, 다시 말해 관계개념들로 환원된 또는 환원될 수 있는 자연과 달리 '사물들'로 구성된다"—그리고 자연과 자아 사이의 차이는 다음과 같은 사실, 즉 "'체험된 자아'가 **유일한 실제적 '사물'**이며, 이것으로부터 '자연'의 모든 개체가 직관적으로 '체험될 수 있는' 사물성과 '통일성'을 얻는다는 사실에 있다."[190]

이러한 립스의 심리학주의적 이해이론에 대해 베버는 반론을 제기하기를, 이해는 결코 감정이입이 아니다. 감정이입은 어떤 종류나 의미의 인식도 포함하지 않고 어떤 역사적 인식의 대상도 포함하지 않는다. 그것은 객관화된 인식이 아니라 단지 순수한 체험일 뿐이다.[191] 그 밖에도 "립스가 '자아'에게 그리고 오직 그에게만 귀속시킨 **실제적** '사물성'이 '내적으로 추체험할 수 있는' 현상들을 **과학적으로** 분석하는 방식에 대

---

188 Max Weber, 앞의 책(1973), 106쪽[175~76쪽].

189 같은 책, 107쪽[1~2쪽]. 립스에 따르면, "나는 대상에서 나를 통일적인 개인으로 체험하며, 이로써 대상을 개인으로 체험하는데, 이것이 […] 감정이입의 완성이다. 그리고 이것이야말로 동시에 대상이 **아름다움**을 갖는 궁극적인 조건이다." Theodor Lipps, Ästhetik. Psychologie des Schönen und der Kunst, 1. Teil: Grundlegung der Ästhetik, Hamburg und Leipzig: Leopold Voss 1903, 202쪽.

190 Max Weber, 앞의 책(1973), 107쪽[177쪽].

191 같은 책, 107~08쪽[177~78쪽].

해 의의를 가질 수 있을 것인가가 결정적이다."[192]

베버가 보기에 방금 언급한 문제는 사물개념이 존재하는가라는 문제, 다시 말해 사물은 개념인가, 또는 사물은 개념에 의해 인식될 수 있는가라는 문제로 이어진다. 이에 대한 답은 누구보다도 심리학주의의 적대자인 크로체에게서 볼 수 있다. 립스와 마찬가지로 크로체도 사물개념의 존재를 단호히 부정한다. 그에게 사물은 직관인 반면, 개념은 사물들 사이의 관계에 결부된다.[193] 개념은 그 본질상 일반적이고 추상적이며, 따라서 더 이상 직관이 아니지만, 다른 한편으로 사실상 가공된 직관에 지나지 않기 때문에 여전히 직관이다. 개별적인 사물들은 개념의 추상적인 성격으로 인해 개념들에 편입되지 않고 단지 직관될 수 있을 뿐이다. 다시 말해 개별적인 사물들에 대한 인식은 오직 예술적 방식에 의해서만 가능하며, 바로 이런 연유로 개별적인 것의 인식을 추구하는 역사학은 예술, 즉 직관들의 나열에 다름 아니다.[194]

베버가 보기에 립스의 감정이입이론이 심리학주의적 오류의 결과라면, 크로체의 직관이론은 다음과 같은 몇 가지 자연주의적 오류의 결과이다.

1) 먼저 오직 관계개념만이, 그리고 오직 절대적인 확정성을 지니는

---

192 같은 책, 108쪽[178쪽].

193 같은 곳[같은 곳]. 크로체는 다음과 같이 말한다: "개념적(사유적) 인식은 무엇을 의미하는가? 그것은 사물들 사이의 관계에 대한 인식이며, 사물은 직관이다. 인상이라는 질료 없이는 직관 자체가 불가능한 것과 마찬가지로, 직관 없이는 개념이 불가능할 것이다. '이 강물', '이 호숫물', '이 도랑물', '이 빗물', '이 컵의 물'은 직관이다. 이에 반해 개념은 '물 자체'이다. 다시 말해 이런저런 현상이거나 또는 개별적인 경우가 아니라, 언제 어디서나 존재하며 무수한 직관의 대상이 되지만 단 하나의 불변적인 개념의 대상이 되는 것, 즉 물 일반이다." Benedetto Croce, Aesthetik als Wissenschaft des Ausdrucks und allgemeine Linguistik. Theorie und Geschichte, nach der 2., durchgesehenen Auflage aus dem Italienischen übersetzt von Karl Federn, Leipzig: E. A. Seemann 1905, 22쪽.

194 Max Weber, 앞의 책(1973), 108~09쪽[179쪽].

관계개념만이 개념이라는 오류가 그것이다. 그러나 심지어 물리학도 전적으로 그러한 개념들을 가지고 작업하지는 않는다.[195]

2) 이와 관련된 주장, 즉 사물은 개념이 아니라 직관이라는 주장은 직관성이라는 범주의 다양한 의의를 간과한 결과이다. 예컨대 고도의 추상성을 갖는 수학적 명제는 직관적 명증성을 갖는데, 이것은 경험에 직접적으로 주어지는 다양한 현상의 직관성과 다른 무엇이다. 마찬가지로 크로체가 말하는 사물, 그러니까 직관은 ─ 그리고 립스가 말하는 사물, 그러니까 자아는 ─ "'체험된' 의식내용들의 복합체와는 완전히 다른 무엇인데, 이 복합체는 순수하게 감각적으로 또는 감정적으로 직관할 수 있는 '통일체'로 융합되고 '기억'이나 '자아감정'에 의해 그 자체로서 심리학적 결속력을 유지한다."[196]

3) 그리고 역사학은 직관들을 재생하는 것이거나 또는 체험을 모사하는 것이라는 크로체의 ─ 그리고 많은 비전문가들 사이에 널리 퍼진 ─ 견해는 완전히 잘못된 것이다. 심지어 자기 자신의 체험조차도 **사유적으로** 파악되어야 한다면 단순히 '모사되거나' 또는 '복제될' 수 없다." 만약 그렇게 한다면, "그것은 체험에 **대한** 사유가 될 것이 아니라, 이전 '체험'의 재차적 '체험'이 될 것이거나, 또는 이것이 불가능하므로, 차라리 **새로운** '체험'이 될 것인데, 거기에는 '이것을'(다시 말해 현재의 '체험'으로 주어진 것 중에서 불확정적으로 남아 있는 한 부분을) 이미 한번 '체험했다'는 ─ 사유적 고찰과 관련해서는 항상 상대적으로만 근거 있는 것으로 드러나게 되는 ─ '느낌'이 '포함될' 것이다."[197]

---

195 같은 책, 109쪽[180쪽].
196 같은 곳[181쪽].
197 같은 책, 110쪽[182쪽].

(6) 에두아르트 마이어

이미 제4장 제3절에서 언급한 바와 같이, 베버는 1906년 『사회과학 및 사회정책 저널』 제22권 제1호에 「문화과학적 논리 영역에서의 비판적 연구」라는 논문을 발표하는데, 이것은 「에두아르트 마이어에 대한 비판적 고찰」과 「역사적 인과고찰에서의 객관적 가능성과 적합한 원인작용」이라는 두 개의 장으로 구성되어 있다. 전자는 1902년에 출간된 마이어의 저서 『역사학의 이론과 방법론에 대하여: 역사철학적 연구』에 대한 서평에 할애되어 있고, 후자는 방법론적 논의에 할애되어 있다.[198] 마이어가 누구인가는 이미 제4장 제3절에서 살펴보았기 때문에 여기서는 생략하기로 하고, 객관적 가능성과 적합한 원인작용의 문제는 이미 2012년에 나온 막스 베버 연구서에서 과학적 인식의 주관성 및 객관성과 관련하여 다룬 적이 있기 때문에 마찬가지로 생략하기로 한다.[199]

마이어는 당시에 역사과학을 개혁하려고 시도한 이론들을 비판하는데, 이 이론들은 역사과학을 자연과학으로 간주하고 역사의 법칙들을 규명하는 것을 목표로 한다. 이처럼 자연과학적으로 지향된 역사과학에서는 역사적 법칙들에 종속되지 않는 우연적인 것, 자유의지 그리고 인간 행위에 영향을 끼치는 이념은 과학적 논의의 대상이 되지 않는다. 반면 집단현상, 유형적인 것 그리고 공동체는 역사적 인식의 진정한 대상이 되며, 이것들의 발전을 법칙적으로 발견하는 것이 역사적 작업의 진정한

---

198 베버와 마이어의 관계에 대한 자세한 논의는 다음을 볼 것: Friedrich H. Tenbruck, "Max Weber und Eduard Meyer", in: Wolfgang J. Mommsen & Wolfgang Schwentker (Hrsg.), Max Weber und seine Zeitgenossen, Göttingen/Zürich: Vandenhoeck & Ruprecht 1988, 337~79쪽.

199 김덕영, 앞의 책(2012), 446쪽 이하, 특히 462쪽 이하를 볼 것. 참고로 거기서는 독일어 'adäquate Verursachung'과 'zufällige Verursachung'을 각각 "적합한 인과관계"와 "우연적 인과관계"로 옮겼는데, 이 책에서는 각각 "적합한 인과작용"과 "우연적 인과작용"으로 옮겼음을 일러둔다.

목표가 된다.[200]

그런데 베버는 자연과학적으로 지향된 역사과학에 대한 마이어의 비판에 원칙적으로 동의하지만, 다른 한편으로 우연과 자유의지 그리고 역사학의 인식대상에 대한 마이어의 견해를 비판적으로 고찰한다.

우선 마이어는 우연과 자유의지를 역사과학의 인식대상에서 배제하는 조류에 반하여, 이것들은 "완전히 확고하고 명료한 개념"이며 역사와 삶 일반에서 엄청난 역할을 한다고 강조한다.[201] 먼저 우연에 관한 한, 마이어는 이 개념을 "절대적" 우연으로 이해하지 않고 오히려 "분리된 것으로 **간주되는** 원인 복합체들 사이의 논리적 관계라는 의미에서의 '상대적' 우연으로" 이해하는데, 이는 베버가 보기에 전문적 논리학자들이 이해하는 방식과 일치한다.[202] 그러나 다른 한편으로 마이어는 "'우연'을 철저하게 결정론적으로 해석함에도 불구하고 이를 명백하게 밝히지 않은 채 '우연'과 **'자유의지'** 사이에 밀접한 선택적 친화력이 존재하며 바로 이 선택적 친화력으로 인해 역사적 현상의 특수한 비합리성이 야기된다고" 생각한다.[203]

요컨대 마이어가 자유의지를 비합리적인 것으로 간주한다는 것이 베버의 판단이다.[204] 그런데 마이어는 사실 『역사학의 이론과 방법론에 대

---

200 Max Weber, 앞의 책(1973), 218쪽[347~48쪽]. 이에 대한 자세한 내용은 Eduard Meyer, 앞의 책(1902), 3쪽 이하를 볼 것.
201 Max Weber, 앞의 책(1973), 219쪽[348쪽].
202 같은 책, 219쪽[같은 곳].
203 같은 책, 221쪽[350쪽].
204 베버에 따르면, 자유의지와 행위의 비합리성을 동일시하거나 후자가 전자에 의해 조건지어진다고 가정하는 것은 명백한 오류이다. 왜냐하면 "'맹목적인 자연력'의 '계산 불가능성'과 **똑같이** 큰―그러나 더 크지는 않은―특별한 '계산 불가능성'이야말로 미친 자의 특권이기" 때문이다. 이와 반대로 "우리는 최고도의 경험적 '자유감정'을 바로 다음과 같은 행위에 결부시킨다. 즉 우리가 **합리적으로**, 다시 말해 물리적·정신적 '강제', 격정적인 '정서' 그리고 판단의 명료성을 흐리게 하는 '우연성'이 없는 상태에서 수행했다고 의식하는, 그리고 우리가 우리의 지식 정도에 따라, 다시 말해 경험**칙들**에 따라 가장 적합한 '수단'을 통해 명료하게 의식된 '목적'을 추구하는 행위에 결부시

692

하여』에서 비합리성의 개념을 "법칙으로 환원할 수 없는 것"이라는 의미로 단 한번밖에 언급하지 않고 있는데,[205] 이는 베버가 보기에 마이어의 자유의지를 이해하는 데 충분하지 않다. 마이어는 더 나아가 자유의지를 개인의 역사적 책임과 결부시킨다. 다시 말해 자유의지는 내적 경험의 사실로서 개인은 자신의 행위에 대한 책임을 스스로 진다는 관념에 불가결하다고 생각한다.[206] 그리고 이처럼 자유의지와 개인의 책임을 결합함과 더불어 마이어는 "역사적 발전과정에서 '그 본질을 상실하지' 않고서는 '결코 하나의 공식으로 환원될' 수 없는 '순수하게 **개인적인 요소**'가 주어진다는 견해를 표명하며, 그러고 난 다음 이 명제를 개별적인 인물들의 개인적인 의지적 결정이 지니는 탁월한 역사적(인과적) 의의를 통해 예증하고자 한다."[207] 그 결과로 마이어에게서는 인간행위에 대한 윤리적 고찰과 인과적 고찰, 그러니까 인간행위에 대한 평가와 설명이 뒤섞이는 경향이 나타난다.[208] "인과적 분석은" ─ 베버는 비판하기를 ─ "결코 어떤 가치판단도 제공하지 않으며, 가치판단은 결코 어떤 인과적 설명도 아니다."[209] 그 밖에도 베버는 마이어가 역사적 인과성에 대해 모순적인 견해를 갖고 있으며 행위의 중요한 구성요소인 동기를 연구하는 것을 불신한다고 비판한다.[210]

이어서 베버는 역사학의 대상은 무엇인가라는 문제를 검토한다. 마이어에 따르면, 역사학의 대상이 되는 것, 즉 역사적인 것은 "**영향을 끼치거나 또는 끼쳤던 것이다.**" 그러니까 "구체적이고 개별적인 관계에서 **인과적으로 중요한 것**이 '역사적인 것'인 셈이다." 물론 이런 식으로 역사

킨다." 같은 책(1973), 226쪽[358쪽].

205 Eduard Meyer, 앞의 책(1902), 13쪽.
206 Max Weber, 앞의 책(1973), 222쪽[353쪽].
207 같은 책, 226쪽[357쪽].
208 같은 책, 224쪽[356쪽].
209 같은 책, 225쪽[같은 곳].
210 같은 책, 227~28쪽[359~60쪽].

적인 것의 범위를 제한하더라도 개별적인 현상들의 수는 여전히 무한하다는 점을 마이어는 잘 알고 있다. 그리하여 역사학자들은 역사적 관심에 준거하여 무한한 현상들 사이에서 선택을 하는데, 이러한 관심은 어떤 절대적인 규범으로부터 도출되는 것이 아니라고 덧붙인다.[211] 이에 대해 베버는 마이어가 실재근거와 인식근거를 혼동하고 있다고 비판한다. 다시 말해 역사적으로 영향을 끼치는, 따라서 역사적 관계에 인과고리로 편입되는 현상과 특정한 역사적 사실들의 인식수단으로 기능하는 현상을 혼동하고 있다고 비판한다. 이러한 차이는 역사적 문화과학과 법칙정립적 과학의 차이에 상응한다.[212]

그러나 베버가 보기에 이처럼 실재근거와 인식근거를 구분한다고 해도 역사학의 대상과 관련하여 여전히 다음과 같은 질문이 남는다: "문화내용의 분석이 — 역사학의 관점에서 — **단지** 해당 문화현상을 그 **영향력**이라는 측면에서 파악한다는 목적만을 갖는 것이 과연 옳은가, 아니면 차라리 단도직입적으로 말하자면, **어떤 의미에서** 옳은가라는 질문이 여전히 남아 있다."[213] 베버에 따르면, 우리는 어떤 문화현상을 실재근거나 인식근거로 고찰할 뿐만 아니라 이와 무관하게 그 자체로서 평가하기도 한다. 그리고 이는 가치판단이나 가치해석(가치분석)의 형식으로 이루어지는데, 후자는 — 괴테와 폰 슈타인 부인의 서신왕래를 예로 들자면 — 이 행위의 정신적인 내용을 이해하고 이를 통해 우리가 불확실하게 느끼는 것을 확실하게 밝히고 명료한 평가의 수준으로 끌어올리는 것을 의미한다. 그것은 이를 위해 가치판단을 내릴 필요가 전혀 없다. 그것이 분석의 과정에서 제시하는 것은 "오히려 대상을 가치에 **연관시킬 수 있는 가능성**이다."[214] 베버에 따르면 가치해석 또는 가치분석은 인과적 해

---

211 같은 책, 233쪽[367쪽]. 이에 대한 자세한 내용은 Eduard Meyer, 앞의 책(1902), 36~38쪽을 볼 것.
212 Max Weber, 앞의 책(1973), 237쪽[371~72쪽].
213 같은 책, 239쪽[374~75쪽].

석의 안내자가 된다. 다시 말해 가치의 해석은 대상의 평가된 구성요소들을 제시하는 반면, 이 구성요소들을 인과적으로 설명하는 것은 역사적 해석의 문제가 된다. 가치해석은 "인과적 회귀의 준거점을 창출하며, 따라서 인과적 회귀를 위한 결정적인 '관점'을 제공하는데, 이것이 없다면 인과적 회귀는 나침반 없이 끝없는 대양을 항해해야만 할 것이다."[215]

베버는 더 나아가 어떤 역사적 사실은 그것이 갖는 의의에 근거하여 역사학적 인식의 대상이 된다는 마이어의 견해를 논박한다. 마이어에 따르면 역사학자는 현재에도 여전히 영향을 끼치는 역사적 사실을 인식대상으로 선택한다. 그러나— 베버는 비판하기를— 만약 그렇다면, 마이어는 자기모순을 범하고 있는 것이다. 왜냐하면 그는 자신의 주저인 『고대사』 제1권에서— 이것의 주제는 페르시아 제국 창건까지의 오리엔트 역사이다— 오늘날의 서구 사회에 대해서는 아무런 영향력도 없는 이집트를 비교적 자세하게 다루고 있다.[216] 마이어는 이러한 자기모순에서 벗어나기 위해 주장하기를, 역사학자는 과거의 어떤 시점을 현재적인 것이라고 가정함으로써 현재에 영향을 끼치는 것을 과거에서도 경험할 수 있다고 한다. 그리되면— 이에 대해 베버는 비판하기를— 원칙적으로 모든 과거지사가 어떻게든 현재에 영향을 끼치는 것이 될 수 있으며, 따라서 역사적 고찰의 대상을 규정하는 기준이나 원칙이 불가능해질 것이다.[217] 베버가 보기에 마이어의 논의에는 역사적 사실에 대한 두 개의 다른 개념이 뒤섞여 있다: "첫째는 그 구체적인 특성으로 말미암아, 또는 달리 말하자면 '그것들 자체 때문에' 우리 **관심**의 대상으로 '평가된' 현실의 구성요소들을 가리키는 개념이고, 둘째는 우리가 '평가된' 현실의 구성요소들을 그 역사적 조건성에서 이해하려고 할 때 이 구성요소들을

---

214 같은 책, 246쪽[383쪽].
215 같은 책, 251쪽[390쪽].
216 같은 책, 255쪽[395쪽].
217 같은 책, 255~56쪽[395~96쪽].

인과적으로 회귀하는 과정에서 '원인'으로, 마이어가 의미하는 바로는 역사적으로 '영향을 끼치는 것'으로 맞닥뜨리는 사실들을 가리키는 개념이다." 우리는 전자를 역사적 개체들 또는 일차적인 역사적 사실들이라고, 후자를 역사적 (실재)원인들 또는 이차적인 역사적 사실들이라고 부를 수 있다.[218]

베버에 따르면 우리가 다양한, 아니 무한한 역사적 사실들에 직면하여 역사적 고찰의 대상을 결정하는 기준은 어떤 현상이 현재에 끼친 영향이 아니라 우리의 가치연관이다. 예컨대 헬레니즘 문화사의 척도가 되는 문화가치들의 범위를 결정하는 것은 "우리 문화와 헬레니즘 문화 사이에 존재하는 실제적인 인과관계가 아니라 '가치'에 지향된 우리의 **관심**이다."[219] 요컨대 "우리 현대인이 고대문화의 내용들의 개별적인 '특성'에 대해 어떤 종류의 **가치연관**을 갖는다는 사실이야말로, 마이어가 '역사적인 것'의 기준으로 제시하는바 '영향을 끼치는 것'이라는 개념에 유일하게 부여할 수 있는 의미이다."[220]

(7) 루돌프 슈탐러

이미 제4장 제4절과 제5절에서 언급한 바와 같이, 베버는 1907년 『사회과학 및 사회정책 저널』 제24권 제1호에 「루돌프 슈탐러의 유물론적 역사관 "극복"」이라는 논문을 게재했으며, 또한 마리안네 베버에 의해 그 속편이 유고작으로 발견되어 「루돌프 슈탐러의 유물론적 역사관 "극복"에 대한 논문 추기」라는 제목으로 그녀가 편집한 『과학론 논총』(1922)에 편입되었다. 외견상 서평 형태를 띠고 있는 이 저작은 한편으

---

218 같은 책, 257쪽[398쪽].
219 같은 책, 259쪽[400쪽].
220 같은 곳[같은 곳].

로는 베버의 논리와 방법론이, 그리고 다른 한편으로는 그의 사회학이 발전하는 과정에서 아주 중요한 의미를 지닌다.[221]

여기에서 먼저 베버의 비판적 고찰의 대상이 되는 슈탐러의 저작『유물론적 역사관에서 본 경제와 법: 사회철학적 연구』를 살펴볼 필요가 있다. 왜냐하면 슈탐러와 유물론적 역사관 및 사회철학적 연구가 어떤 관계에 있는지, 그리고 베버가 말하는 "루돌프 슈탐러의 유물론적 역사관 '극복'"이 무엇을 의미하는지 잘 드러나지 않기 때문이다. 슈탐러가 누구인가는 이미 제4장 제4절에서 살펴보았기 때문에 여기서는 생략하기로 한다.

슈탐러는 그의 첫 번째 주요 저작으로 간주되는『유물론적 역사관에서 본 경제와 법』에서 개인의 사회적 삶을 인식대상으로 하는 사회과학을 구축하고자 한다. 이와 관련해 슈탐러는 다음과 같은 질문을 던지고 있다: **"'과학'의 보편적 개념들에 의거하여 인간의 '사회적 삶'에 대한 과학을 '자연'에 대한 과학과 마찬가지로 독립적이고 근본적인 특성을 지닌 과학의 유형으로 발전시키는 것은 가능한가?"**[222]

슈탐러에 따르면, 사회는 개인들이 인간적인 욕구를 충족하기 위해 형성하고 실현하는 공동체적 삶을 뜻한다. 다시 말해 사회란 목적과 수단의 도식에 입각해 개인들 사이에서 이루어지는 행위의 총합을 가리키는 말이다.[223] 바로 이런 연유로 다름 아닌 경제학이 사회화된 개인들의 행

---

221 슈탐러에 대한 베버의 비판이 그의 사회학, 특히 법사회학의 발전에 대해 갖는 의미는 다음을 볼 것: Michel Coutu, "Weber Reading Stammler: What Horizons for the Sociology of Law?", in: Journal of Law and Society 40(3), 2013, 356~74쪽.

222 Rudolf Stammer, Wirtschaft und Recht nach der materialistischen Geschichtsauffassung. Eine sozialphilosophische Untersuchung, 2., verbesserte Auflage, Leipzig: Veit & Comp. 1906, 107쪽.

223 Rudolf Stammler, "Die materialistische Geschichtsauffassung"(1921), in: ders., Rechtsphilosophische Abhandlungen und Vorträge, Band 2: 1914~1924, Berlin-Charlottenburg: Rolf Heise 1925, 276~318쪽, 여기서는 308쪽.

위와 삶에 대한 사회과학적 논의의 출발점이자 준거점이 된다. 그런데 슈탐러가 보기에 기존의 경제학은 사회적 삶의 물질적 측면과 요소인 경제를 사회과학적 관점이 아니라 개인주의적 또는 자연주의적 관점에서 접근하고 있다. 그리고 사회학도 사회적인 것, 즉 인간의 사회적 삶을 인식대상으로 하지 않고 실체적 존재로서의 사회에 대한 자연과학적 보편이론을 추구한다는 점에서 결정적인 문제점과 한계점을 지니고 있다.

　슈탐러가 보기에 유물론적 역사관이야말로 개인들의 관계와 사회적 삶의 요소들이라는 관점에 입각해 역사적 사건과 과정을 사회과학적으로 분석하고 설명한다. 또한 유물론적 역사관은 사회적인 것을 초월하며, 또한 바로 이를 통해서 사회적인 것을 근거짓고 정당화하는 그 어떠한 실체나 심급도 가정하지 않는다. 그리고 한 걸음 더 나아가 마르크스의 가치이론은 가치를 구체적이고 경험적인 사회적 관계 내에서 결정되는 역사적 범주로 간주함으로써 커다란 논리적·이론적 설득력과 타당성을 획득한다.[224] 이렇게 보면 새로운 과학적 인식유형으로서의 사회과학을 구축하려는 시도에서 슈탐러가 유물론적 역사관에서 출발하는 것은 결코 단순한 우연의 소치가 아니다. 그러나 그가 보기에 인간의 사회적 삶에 대한 중요한 이론인 유물론적 역사관은 자연과학적 지향성이라는 결정적인 문제점과 한계점을 지니고 있다. 왜냐하면 유물론적 역사관은 인간의 사회와 사회적 발전을 단지 그 기저를 이루는 경제적 관계와 그 변화라고 하는 필연적인 조건에 의해서 인과론적으로 설명하기 때문이다. 바로 이러한 인식에 입각해 슈탐러는 새로운 사회과학의 정립을 통해서 유물론적 역사관을 "극복"하고자 한다.

　슈탐러는 사회과학이 자연과학으로부터 구분되는 독립적이고 자체적인 과학적 인식의 유형이 될 수 있는 가능성을 사회과학의 철학적, 보다 정확히 말하자면 사회과학의 인식론적 기초에서 찾는데, 이 인식론적 기

224　Rudolf Stammler, 앞의 책(1906), 200쪽.

초란 사회적 삶, 즉 사회적인 것의 존재와 인식을 가능케 하는 논리적 조건을 가리킨다. 이는 슈탐러가 **"어떤 근본적인 형식적 법칙성 아래 인간들의 사회적 삶이 존재하는가"**를 밝혀내는 사회철학의 과제를 설정함을 의미한다. 슈탐러에 따르면, 사회철학의 목표는 "모든 사회적 삶에 통일적으로 적용되는 개념들과 원칙들을 인식하는" 데에 있다. 그러므로 사회철학은 "인간들의 **사회적** 존재를 위해서 무엇이 **필연적이고 보편타당한지**"를 물으며, "그 논의에서 역사적으로 주어진 어떤 사회적 존재가 지니는 모든 **특수한 내용**을 완전히 도외시해야 하며 체계적인 통찰을 통해서 인간의 사회적 삶 일반에 적합한 **법칙성**을 찾아내야 한다."[225]

그런데 바로 이 지점에서 슈탐러는 사회적인 것의 경험적·실증적 토대를 버리고 칸트의 인식론적 선험성 또는 초월성을 인간의 공동체적 삶에 전용하는 결정적인 논리적 모순을 범하게 된다. 왜냐하면 이제 사회적 삶은 개인들의 상호작용이라는 경험성과 사실성을 근거로 가능하며, 또한 그럼으로써 사회과학적으로 인식할 수 있는 것이 아니기 때문이다. 그것은 오히려 선험적으로 또는 초월적으로 개인들로부터 독립되어 자체적으로 존재하며 개인들의 행위와 사회적 삶을 규정하는 형식적인 규칙을 근거로 가능하며, 또한 그럼으로써 사회과학적으로 인식할 수 있는 것이다. 슈탐러는 주장하기를 "인간들의 상호행위의 **외적 규제**가 비로소 하나의 특별한 과학적 인식의 대상이 되는 **사회적 삶**의 **개념**을 가능케 한다. 이것이야말로 자체적인 특성을 지닌 모든 **사회적** 고찰이 형식적으로 회귀해야 할 마지막 심급이다. 오직 인간의 공동체적 삶의 특정한 외적 규제라고 하는 조건하에서만 **사회과학**이라는 실제적인 특성을 가진 **개념들의 독특한 종합**이 가능하다. 우리는 이런 식으로 이해되는 **외적인 규칙하에서의** 상호작용에 근거해야 비로소 사회적 과정들의 인식이라는 목적을 위해 심리학적인 고찰과 여타 자연과학적 고찰

225 같은 책, 7쪽.

을 동원할 수 있으며, 또한 **사회적 현상들**을 논의하며 이것들을 기술하고 설명하고자 시도할 수 있게 된다."[226]

슈탐러가 개인들의 사회적 삶을 규정하는 형식으로서의 외적인 규칙과 더불어 구체적으로 염두에 두고 있는 것은 의도적으로 제정된 법이다. 법은 개인들을 사회적 단위로 결합하고 그들의 사회화된 행위와 삶을 규제한다. 이로써 슈탐러는 사회철학에서 법철학으로 이행한다. 법철학의 과제는 올바른 법이 무엇인가의 문제를 다루는 것이다. 그런데 법을 통해서 인간의 사회적 삶을 외적이고 객관적으로 규제한다는 논리에서 필연적으로 다음과 같은 이론적 모순이 발생한다. 즉 인간의 공동체적 삶을 규정하는 근거이자 이 삶에 대한 사회과학적 접근을 가능케 하는 강제적인 법적 규칙은 역설적으로 사회과학에서 목적론적 특성을 배제하고 만다. 이미 언급한 바와 같이, 슈탐러에게는 목적론이 사회적 삶의 근간을 이룬다. 결과적으로 경험적인 사회의 영역이 형식적인 법의 영역에 예속되고 만다.

베버는 「루돌프 슈탐러의 유물론적 역사관 "극복"」에서 인식론적·논리적 측면과 사회과학의 기본개념적 측면에서 조목조목 슈탐러를 비판하고 있는데, 이 비판을 한마디로 요약하자면 슈탐러에게는 어떠한 경우에도 경험적 사회과학을 기대할 수 없다는 것이다.

첫째, 인식론적·논리적 측면을 살펴보기로 하자. 베버가 보기에 슈탐러처럼 형식과 내용을 구분하고 이를 사회적인 것에 적용하는 것은 결코 "변명할 수 없는 미숙한 오류"에 지나지 않는다. 이는 칸트 철학의 기본원칙, 즉 인식론적 범주는 경험적 인식행위에 대해서 선험적으로 형식적인 성격을 갖는다는 원칙을 오해한 소치일 뿐이다.[227] 이러한 오해의

---

226 같은 책(1906), 83쪽.

227 Max Weber, 앞의 책(1973), 309쪽[485쪽]. 주지하다시피 칸트에게서 형식과 내용의 구분은 다음과 같이 원칙적으로 인식론적 성격의 것이다. 즉 인식하는 주체는 선험적인 오성의 형식에 근거해서 그 자체로는 무질서한 대상의 세계를 정신적·사유적으로

결과로 슈탐러의 저서에는 한편으로 범주와—즉 그 형성력에 의해 경험적 인식을 가능케 하는 인간의 정신적 능력과—공리가—즉 바로 이 범주에 입각해 경험을 단순화하는 명제가—, 그리고 다른 한편으로 인식론적 형식원리와 방법론적 원칙이 온통 뒤죽박죽 섞여 있다. 베버가 보기에 이것들이 서로 다르다는 것은 논리학을 공부하는 학생이라면 이미 첫 학기에 알아야 할 정도로 기초적인 것이다.[228]

이처럼 (신)칸트주의자에 의한 칸트 철학의 비칸트적인, 아니 반칸트적인 해석에서 기인하는 오류는 "칸트를 지나서 (적어도) 흄에까지 이르는 퇴보일" 뿐이다. 그 퇴보는 결국 스콜라철학에까지 이른다. 요컨대 "가장 조야한 스콜라철학으로 거슬러 되돌아가는 것이야말로 슈탐러의 논의 전체의 기저를 이룬다."[229] 이러한 논리적 착종은 필연적으로 경험적 사실로서의 사회적 삶과 행위를 형식적이고 규범적으로 접근하며, 또한 그럼으로써 경험적 존재의 세계에서 교의적 당위의 세계로 사고의 비약이 일어나는 논리적 모순으로 귀결된다.[230]

둘째, 사회과학의 기본개념적 측면에 대해 살펴보기로 하자. 베버의 슈탐러 비판에서는 의미, 행위, 규칙, 규범, 준칙, 타당성, 질서, 가망성(기회), 인과성 등의 개념을 찾아볼 수 있다. 그리고 인간들 상호 간의 행위라는 표현이 관찰되는데, 이는 후일 사회학의 인식대상이 되는 사회적 행위의 전(前) 단계로 볼 수 있다.

방금 앞에서 언급한 바와 같이, 슈탐러에 따르면 사회적 삶은 그 형식

질서화하고 구조화함으로써 주체에도 대상에도 속하지 않는 새로운 제3의 개념적 세계로 종합한다. 베버는 형식과 내용에 대한 슈탐러의 논리에 대해서 다음과 같이 반박한다: "주지하다시피 '형식적'이라는 말이나 내용-형식 구별의 의미만큼 애매한 것도 없다. 이것을 어떻게 이해할 것인가는 **각각의** 개별적인 경우에 아주 정확하게 규정할 필요가 있다." 같은 책, 308쪽[483쪽].

228 같은 책, 309~10쪽[484~85쪽].
229 같은 곳[같은 곳].
230 같은 책, 336쪽[525쪽].

적 측면, 즉 외적인 규칙을 통해 자연과 결정적으로 구별된다. 이에 반해 베버는 의미에서 출발한다. 그에게 자연은 무의미한 것이다. 그리고 이 무의미한 것으로서의 자연에 대한 반대개념은 사회적 삶이 아니라 유의 미한 것이다. 다시 말해 "어떤 과정이나 대상에 귀속될 수 있는, 또는 '그 안에서 발견될' 수 있는 '의미'"가 자연에 반대되는 개념이다. 이때 유의 미하다는 것은 무엇인가를 의미하는 것이다. 그러므로 그것은 "어떤 종 교적 교리에 의해 제시된 세계 전체의 형이상학적 '의미'에서 시작하여 로빈슨 크루소의 개 한 마리가 접근하는 늑대를 보고 짖는 것이 '갖는' '의미'에까지 이른다." 요컨대 의미는 사회적 삶, 즉 개인들의 상호작용 에만 특유한 것은 아니다.[231] 물론 이러한 의미는 관찰자가 이념형적으 로 구성한 이상적인 사유상이다. 베버는 이렇게 의미를 구성하는 과정을 "의미의 교의학"이라고, 그리고 그 구성된 의미를 "교의적 의미"라고 부 른다.[232]

그런데 여기에서 중요한 점은 베버가 의미의 문제를 행위론적으로 파 악한다는 사실이다. 즉 사회적 삶에 대한 과학적 인식에서 문제시되는 것은 외적인 과정, 종교적 교리, 윤리적 명령, 미학적 대상 등의 교의적 의미가 아니라 행위자들이 이것들에 경험적으로 연결시키는 의미이다.[233] 이때 교의적 의미는 행위자들의 경험적 의미를 분석하고 설명하기 위 한 색출적 수단으로 기능한다. 후일 베버의 사회학이 발전하는 과정에서 "교의적 의미"라는 개념과 "의미의 교의학"이라는 개념은 사라진다. 그 대신에 의미는 주관적으로 부여된 의미와 객관적으로 타당한 또는 형이 상학적으로 참된 의미로 나누어진다. 그와 더불어 인간의 행위를 연구하 는 과학도 경험적 과학과 교의적 과학의 두 범주로 나누어진다.

---

231 같은 책, 333쪽[519쪽].
232 같은 책, 334쪽[521쪽].
233 같은 책, 336쪽[525쪽].

베버는 규칙을 자연법칙, 규범 및 준칙으로 나눈다. 이 가운데 자연법칙은 다시금 경험법칙과 일반적 경험명제로 나뉘는바, 전자가 ─ 예컨대 "사람은 반드시 죽는다"와 같이 ─ 예외 없는 규칙을 가리킨다면, 후자는 ─ 예컨대 독일 학생조합 소속의 학생이 따귀를 맞았을 때 보이는 반응처럼(아마 즉각 결투를 신청했을 것이다) ─ 어떤 종류의 상황이나 행위에 대해 어떤 집단의 사람들이 보이는 특정한 성격의 행위규칙을 가리킨다. 일반적 경험명제는 경험법칙과 달리 문화적 함의를 지니는 규칙이다. 그러나 다른 한편 일반적 경험명제와 경험법칙은 모두 경험적 존재에 관한 규칙이다. 이에 반해 규범은 ─ 논리적, 윤리적 또는 미학적 ─ 당위에 관한 규칙을 가리킨다. 다시 말해 "현재의, 과거의 또는 미래의 사건을 **가치판단**의 의미에서 '측정하는'" 준거가 규범인 것이다.[234] 이러한 규범이 갖는 타당성은 이념적 또는 객관적 타당성과 경험적 또는 주관적으로 부여된 타당성으로 구분되는데, 이 둘 중에서 행위의 결정근거가 되는 것은 전자가 아니라 후자이다. 즉 사회적 삶에서 개인들의 행위를 결정하는 근거가 되는 것은 "어떤 규범의 '이념적 타당성'이 아니라 그 규범이 자신의 행동에 대해 '타당해야 한다'라는 행위자의 경험적 관념이다."[235]

그리고 베버에 따르면, 준칙은 객관적 규범의 주관적 관념으로서 행위의 실제적인 동인으로 작용한다. 이러한 준칙은 다시금 목적준칙과 규범준칙으로 구별된다. 이 가운데 목적준칙은 개인들이 주관적인 목적의식에 입각해, 즉 목적-수단의 도식에 따라서 행위하는 것을, 그리고 규범준칙은 개인들이 주관적인 의무의식에 입각해, 즉 특정한 규범을 준수하는 것이 자신의 의무라는 관념에 따라서 행위하는 것을 뜻한다.[236] 목적

---

234 같은 책, 323쪽[506쪽].
235 같은 책, 330~31쪽[516쪽].
236 같은 책, 334쪽 이하[521쪽 이하].

준칙에서 결정적인 것이 성공이라면 규범준칙에서 결정적인 것은 타당성이다. 그런데 규범준칙이라는 말은 혼동을 불러일으키기 쉽다. 왜냐하면 규칙을 자연법칙, 규범 및 준칙으로 나누면서 다시금 준칙을 규범준칙으로 나누기 때문이다. 사실 주관적인 의무의식에 입각한 행위를 주관적인 가치의식에 입각한 행위라는 개념으로 대체하고 이에 상응해 규범준칙을 가치준칙으로 대체하면 보다 논리적일 것이다. 아무튼 목적준칙과 규범준칙의 구분은 후일 목적합리성과 가치합리성을 구분하는 것의 전(前) 단계 형태로 볼 수 있다.[237]

베버는 「루돌프 슈탐러의 유물론적 역사관 "극복"」에서 질서의 개념과 기회(가망성)의 개념을 제시하는데, 이 둘은 후일 사회학의 기본개념을 구성하는 중요한 요소가 된다. 질서란 규칙의 복합체로 이해할 수 있으며 모든 삶의 영역에 존재한다. 예컨대 경제질서는 개인들이 합목적적으로 물질적 욕구를 충족할 수 있는 일련의 규칙으로 구성된다. 그런데 사회적 질서는 개인들을 초월하는 이상적인 질서가 아니라 그들의 행위와 연결되는 경험적 질서이다. 우리는— 한 가지 예를 들자면—"구체적인 인간들이 준칙을 창출하기 위해 소유하는 '지식'으로서의 법의 '경험적 **존재**'를" 경험적 법질서라고 부른다. 이러한 지식, 다시 말해 이러한 경험적 법질서는 행위자에게 그의 행동을 결정하는 근거들 가운데 하나가 된다.[238] 보다 정확하게 말하자면,

행위자가 합목적적으로 행위하는 한, 부분적으로는 가능한 한 안전한 방법으로 그것을 위배하거나 또는 그것에 "적응함으로써" 극복하려고 노력하는 "방해물들" 가운데 하나이며—부분적으로는 어떤 다른 경험명제에 대한 지식을 이용하는 것과 똑같은 의미에서 행위자가 자신의 "목적"을

237 Wolfgang Schluchter, Grundlegungen der Soziologie. Eine Theoriegeschichte in systematischer Absicht, Band 1, Tübingen: Mohr Siebeck 2006, 243쪽.
238 Max Weber, 앞의 책(1973), 350쪽[542쪽].

위해 이용하고자 하는 "수단들" 가운데 하나이다. 그는 경우에 따라서 다른 인간들에게 영향력을 행사하여 법질서의 경험적 상태를 자신의 "이해관계"에 부합하도록 변경하려고 하는데, 이는 ― 논리적으로 보면 ― 그가 자연력의 기술적 이용을 통해 자연세계의 어떤 상황을 변경하려고 하는 것과 전적으로 같은 의미이다.[239]

베버에 따르면, 슈탐러처럼 법질서와 경제질서를 구분하는 것은 결코 잘못된 것은 아니다. 그러나 둘의 관계를 형식과 내용의 관계로 설정하는 것은 완전히 잘못된 것이다. 이 두 질서는 상호작용의 관계를 이루면서 개인들의 행위를 규정하고 그에 영향을 끼친다. 이 상호작용의 논리는 모든 사회적 질서에 적용된다.[240]

이렇게 보면 규칙이나 질서는 행위의 중요한 인과적 조건이나 인과적 요소가 된다. 그리하여 개인들의 행위를 인과적으로 설명하는 계기 가운데 하나가 된다. 이는 달리 표현하자면 규칙이나 질서는 개인들이 특정한 행위를 할 수 있는 기회, 또는 개인들의 특정한 행위가 일어날 수 있는 가망성이다.[241] 이 기회 또는 가망성 개념은 후일 베버가 행위이론에서 출발해 질서이론과 조직이론을 구성하는 논리적 근거가 된다. 그것은 이해사회학의 미시적 차원과 거시적 차원을 연결해 주는 고리가 된다.[242]

---

239 같은 곳[같은 곳].
240 Wolfgang Schluchter, 앞의 책(2006), 244쪽.
241 Max Weber, 앞의 책(1973), 345쪽 이하[536쪽 이하].
242 이에 대한 자세한 논의는 Max Weber, 앞의 책(1972), 13쪽 이하와 김덕영, 앞의 책(2012), 836쪽 이하를 볼 것.

8. 논의를 마치면서

이처럼 산발적으로 나온 일련의 글을 통해, 그러니까 '비체계적으로'
추진된 아버지 살해와 창조적 절충주의의 결과로 베버는 문화과학과 사
회과학을 논리적·방법론적으로 정초할 수 있었다. 그것은 가치연관과
가치자유, 문화과학적·사회과학적 인식의 주관성과 객관성, 현실과학과
법칙과학, 이해와 설명, 인과성의 문제, 이념형, 비교연구, 이론과 실천의
관계 등을 논리적·방법론적 기초로 하는 문화과학과 사회과학이다.

지금까지 베버 방법론에 대한 논의와 연구는 체계적 관점이 주류를 이
루어왔다. 다시 말해 방금 언급한 측면들의 역사적 차원은 고려하지 않
거나 고려하더라도 큰 비중을 두지 않고 이 측면들에 대한 이론적 접근
이 주류를 이루어왔다. 역사적 접근의 경우에도 베버와 리케르트의 관계
에 편중된 감이 있다. 물론 리케르트의 신칸트주의적 문화과학의 논리가
베버의 가치연관적 인식이라는 원칙에 영향을 주었다는 사실을 감안한
다면, 베버-리케르트 관계에 대한 논의와 연구는 충분히 의미 있는 일이
아닐 수 없을 것이다.

그러나 우리가 이 해제에서 살펴보았듯이, 베버의 방법론은 매우 다면
적이고 복합적인 관계와 과정 속에서 형성되고 발전했다. 그러므로 베버
의 방법론을 제대로 이해하려면, 그리고 더 나아가 당시의 지적 판도를
제대로 파악하려면, 칸트 이후의 다양한 철학적 조류와 과학적 조류가,
특히 이 책에서 언급되거나 인용되고 있지만 이제는 잊힌 베버의 동시
대인들이 그에 대해 갖는 의미에 대한 역사적 접근이 필요하다.

참고문헌

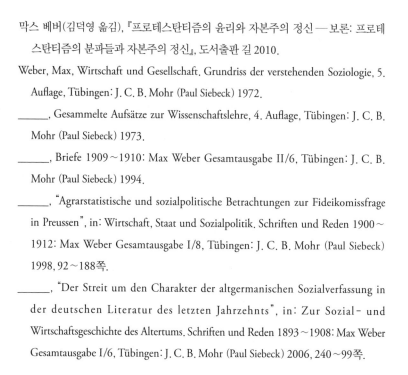

■ 막스 베버

막스 베버(김덕영 옮김), 『프로테스탄티즘의 윤리와 자본주의 정신 ─ 보론: 프로테
스탄티즘의 분파들과 자본주의 정신』, 도서출판 길 2010.

Weber, Max, Wirtschaft und Gesellschaft. Grundriss der verstehenden Soziologie, 5.
Auflage, Tübingen: J. C. B. Mohr (Paul Siebeck) 1972.

_____, Gesammelte Aufsätze zur Wissenschaftslehre, 4. Auflage, Tübingen: J. C. B.
Mohr (Paul Siebeck) 1973.

_____, Briefe 1909~1910: Max Weber Gesamtausgabe II/6, Tübingen: J. C. B.
Mohr (Paul Siebeck) 1994.

_____, "Agrarstatistische und sozialpolitische Betrachtungen zur Fideikomissfrage
in Preussen", in: Wirtschaft, Staat und Sozialpolitik. Schriften und Reden 1900~
1912: Max Weber Gesamtausgabe I/8, Tübingen: J. C. B. Mohr (Paul Siebeck)
1998, 92~188쪽.

_____, "Der Streit um den Charakter der altgermanischen Sozialverfassung in
der deutschen Literatur des letzten Jahrzehnts", in: Zur Sozial- und
Wirtschaftsgeschichte des Altertums. Schriften und Reden 1893~1908: Max Weber
Gesamtausgabe I/6, Tübingen: J. C. B. Mohr (Paul Siebeck) 2006, 240~99쪽.

_____, Allgemeine ("theoretische") Nationalökonomie. Vorlesungen 1894~1898: Max Weber Gesamtausgabe III/1, Tübingen: J. C. B. Mohr (Paul Siebeck) 2009.

_____, Briefe 1903~1905: Max Weber Gesamtausgabe II/4, Tübingen: J. C. B. Mohr (Paul Siebeck) 2014.

_____, Zur Logik und Methodik der Sozialwissenschaften. Schriften 1900~1907: Max Weber Gesamtausgabe I/7, Tübingen: J. C. B. Mohr (Paul Siebeck) 2018a.

_____, "Gutachten zur Werturteilsdiskussion im Ausschuss des Vereins für Sozialpolitik", in: Verstehende Soziologie und Werturteilsfreiheit. Schriften und Reden 1908~1917: Max Weber Gesamtausgabe I/12, Tübingen: J. C. B. Mohr (Paul Siebeck) 2018b, 336~82쪽.

Weber, Max & Edgar Jaffé, Werner Sombart, "Geleitwort", in: Archiv für Sozialwissenschaft und Sozialpolitik, Band 19, Heft 1, 1904, I~VII쪽.

■ 그 밖의 문헌

김덕영, 『논쟁의 역사를 통해 본 사회학: 자연과학·정신과학 논쟁에서 하버마스·루만 논쟁까지』, 한울아카데미 2003.

_____, 『짐멜이냐 베버냐? 사회학 발달과정 비교연구』, 한울아카데미 2004.

_____, 『게오르그 짐멜의 모더니티 풍경 11가지』, 도서출판 길 2007.

_____, 『막스 베버, 이 사람을 보라: 학문과 지식은 세계를 어떻게 바꾸는가?』, 인물과 사상사 2008.

_____, 「해제: 종교·경제·인간·근대 — 통합과학적 모더니티 담론을 위하여」, 막스 베버(김덕영 옮김), 『프로테스탄티즘의 윤리와 자본주의 정신 — 보론: 프로테스탄티즘의 분파들과 자본주의 정신』, 도서출판 길 2010a, 513~669쪽.

_____, 『정신의 공화국 하이델베르크』, 신인문사 2010b.

_____, 『막스 베버: 통합과학적 인식의 패러다임을 찾아서』, 도서출판 길 2012.

_____, 『사상의 고향을 찾아서: 독일 지성 기행』, 도서출판 길 2015.

휴즈, H. 스튜어트(황문수 옮김), 『의식과 사회: 서구 사회사상의 재해석 1890~1930』, 개마고원 2007.

Bruun, Hans Henrik & Sam Whimster, "Introduction" to Max Weber, Collected

Methodological Writings, Edited by Hans Henrik Bruun and Sam Whimster, Translated by Hans Henrik Bruun, London & New York: Routledge 2014, xi~xxviii쪽.

Coutu, Michel, "Weber Reading Stammler: What Horizons for the Sociology of Law?", in: Journal of Law and Society 40(3), 2013, 356~74쪽.

Croce, Benedetto, Aesthetik als Wissenschaft des Ausdrucks und allgemeine Linguistik. Theorie und Geschichte, nach der 2., durchgesehenen Auflage aus dem Italienischen übersetzt von Karl Federn, Leipzig: E. A. Seemann 1905.

Deininger, Jürgen, "Editorischer Bericht" zu Max Weber, "Der Streit um den Charakter der altgermanischen Sozialverfassung in der deutschen Literatur des letzten Jahrzehnts", in: Zur Sozial- und Wirtschaftsgeschichte des Altertums. Schriften und Reden 1893~1908: Max Weber Gesamtausgabe I/6, Tübingen: J. C. B. Mohr (Paul Siebeck) 2006, 228~39쪽.

Ghosh, Peter, "Max Weber, Werner Sombart and the Archiv für Sozialwissenschaft: The Authorship of the 'Geleitwort'(1904)", in: History of European Ideas 36(1), 2010, 71~100쪽.

Gottl, Friedrich, Die Herrschaft des Wortes. Untersuchungen zur Kritik des nationalökonomischen Denkens. Einleitende Aufsätze, Jena: Gustav Fischer 1901.

_____, Die Grenzen der Geschichte, Leipzig: Duncker & Humblot 1904.

Härpfer, Claudius & Tom Kaden, "C. Wissenschaftslehre, 1. Zur Logik und Methodik der Sozialwissenschaften(1900~1907)", in: Müller, Hans-Peter & Steffen Sigmund (Hrsg.), Max Weber-Handbuch. Leben —Werk —Wirkung, Stuttgart/Weimar: J. B. Metzler 2014a, 222~31쪽.

_____, "C. Wissenschaftslehre, 3. Die 'Objektivität' sozialwissenschaftlicher und sozialpolitischer Erkenntnis(1904)", in: Müller, Hans-Peter & Steffen Sigmund (Hrsg.), Max Weber-Handbuch. Leben —Werk —Wirkung, Stuttgart/Weimar: J. B. Metzler 2014b, 240~44쪽.

Härpfer, Claudius & Gerhard Wagner, "Max Webers (vergessene) Zeitgenossen. Zur Vermessung eines Denkraums", in: Gerhard Wagner & Claudius Härpfer (Hrsg.), Max Webers vergessene Zeitgenossen. Beiträge zur Genese der Wissenschaftslehre, Wiesbaden: Harrassowitz Verlag 2016, 1~14쪽.

Husserl, Edmund, Logische Untersuchungen, Band 1: Husserliana XVIII, Den Haag: Martinus Nijhoff 1975.

Isenböck, Peter, "Max Weber und Hugo Münsterberg. Über die Rolle des 'aktuellen Verstehens' bei der Grundlegung einer verstehenden Soziologie", in: Gerhard Wagner & Claudius Härpfer (Hrsg.), Max Webers vergessene Zeitgenossen. Beiträge zur Genese der Wissenschaftslehre, Wiesbaden: Harrassowitz Verlag 2016, 15~28쪽.

Kim, Duk-Yung, "Max Weber und die Grenznutzenschule um Carl Menger. Zur Bedeutung der theoretischen Nationalökonomie für die Soziologieentwicklung", in: Sociologia Internationalis 34/1996, 41~66쪽.

Knies, Karl, Die politische Oekonomie vom Standpunkte der geschichtlichen Methode, Braunschweig: C. A. Schwetschke und Sohn (M. Bruhn) 1853.

_____, Neue, durch abgesonderte Zusätze vermehrte Auflage der "Politischen Oekonomie vom Standpunkte der geschichtlichen Methode", Braunschweig: C. A. Schwetschke und Sohn (M. Bruhn) 1883.

Köhnke, Klaus Christian, Entstehung und Aufstieg des Neukantianismus. Die deutsche Universitätsphilosophie zwischen Idealismus und Positivismus, Frankfurt am Main: Suhrkamp 1986.

Kries, Johannes von, Ueber den Begriff der objektiven Möglichkeit und einige Anwendungen desselben, Leipzig: Fues (R. Reisland) 1888.

Lichtblau, Klaus, "Das Verstehen des Verstehens. Georg Simmel und die Tradition einer hermeneutischen Kultur- und Sozialwissenschaft", in: Thomas Jung & Stefan Müller-Doohm (Hrsg.), "Wirklichkeit" im Deutungsprozess. Verstehen und Methoden in den Kultur- und Sozialwissenschaften, Frankfurt am Main: Suhrkamp 1993a, 27~56쪽.

_____. "Simmel, Weber und die 'verstehende' Soziologie", in: Berliner Journal für Soziologie 3, 1993b, 141~51쪽.

Lipps, Theodor, Ästhetik. Psychologie des Schönen und der Kunst, 1. Teil: Grundlegung der Ästhetik, Hamburg und Leipzig: Leopold Voss 1903.

Menger, Carl, Untersuchungen über die Methode der Socialwissenschaften, und der Politischen Oekonomie insbesondere, Leipzig: Duncker & Humblot 1883.

Merz-Benz, Peter-Ulrich, Max Weber und Heinrich Rickert. Die erkenntniskritischen Grundlagen der verstehenden Soziologie, Würzburg: Königshausen & Neumann 1990.

Meyer, Eduard, Geschichte des Alterthums, Band 1: Geschichte des Orients bis zu Begründung des Perserreichs, Stuttgart: J. G. Cotta 1884.

_____, Zur Theorie und Methodik der Geschichte. Geschichtsphilosophische Untersuchungen, Halle a. S.: Max Niemeyer 1902.

Mitzman, Arthur, "Persönlichkeitskonflikt und weltanschauliche Alternativen bei Werner Sombart und Max Weber", in: Wolfgang J. Mommsen & Wolfgang Schwentker (Hrsg.), Max Weber und seine Zeitgenossen, Göttingen/Zürich: Vandenhoeck & Ruprecht 1988, 137~46쪽.

Mommsen, Wolfgang J. & Wolfgang Schwentker (Hrsg.), Max Weber und seine Zeitgenossen, Göttingen/Zürich: Vandenhoeck & Ruprecht 1988.

Morikawa, Takemitsu, Handeln, Welt und Wissenschaft. Zur Logik, Erkenntniskritik und Wissenschaftstheorie für Kulturwissenschaften bei Friedrich Gottl und Max Weber, Wiesbaden: Deutscher Universitäts-Verlag 2001.

_____, "Friedrich Gottl und Max Weber. Von der Kritik der sozialwissenschaftlichen Begriffsbildung zur Phänomenologie des Wirtschaftslebens", in: Gerhard Wagner & Claudius Härpfer (Hrsg.), Max Webers vergessene Zeitgenossen. Beiträge zur Genese der Wissenschaftslehre, Wiesbaden: Harrassowitz Verlag 2016, 193~211쪽.

Müller, Hans-Peter & Steffen Sigmund (Hrsg.), Max Weber-Handbuch. Leben — Werk — Wirkung, Stuttgart/Weimar: J. B. Metzler 2014.

Münsterberg, Hugo, Grundzüge der Psychologie. Erster Band, Leipzig: Johann Ambrosius Barth 1900.

Oakes, Guy, Die Grenzen der kulturwissenschaftlichen Begriffsbildung. Heidelberger Max Weber-Vorlesungen 1982, Frankfurt am Main: Suhrkamp 1990.

Radkau, Joachim, Max Weber: Die Leidenschaft des Denkens, München & Wien: Carl Hanser 2005.

Rossi, Pietro, "Max Weber und Benedetto Croce", in: Wolfgang J. Mommsen & Wolfgang Schwentker (Hrsg.), Max Weber und seine Zeitgenossen, Göttingen/Zürich: Vandenhoeck & Ruprecht 1988, 613~39쪽.

Roscher, Wilhelm, Grundriss zur Vorlesungen über die Staatswirtschaft nach geschichtlicher Methode, Göttingen: Dieterich 1843.

Rossi, Pietro, "Weber, Dilthey und Husserls Logische Untersuchungen", in: Gerhard Wagner & Heinz Zipprian (Hrsg.), Max Webers Wiseenschaftslehre. Interpretation und Kritik, Frankfurt am Main: Suhrkamp 1994, 199~223쪽.

Schluchter, Wolfgang, "Editorischer Bericht" zu Max Weber, "Agrarstatistische und sozialpolitische Betrachtungen zur Fideikomissfrage in Preussen", in: Wirtschaft, Staat und Sozialpolitik. Schriften und Reden 1900~1912: Max Weber Gesamtausgabe I/8, Tübingen: J. C. B. Mohr (Paul Siebeck) 1998, 81~91쪽.

_____, Handlung, Ordnung und Kultur. Studien zu einem Forschungsprogramm im Anschluss an Max Weber, Tübingen: Mohr Siebeck 2005.

_____, Grundlegungen der Soziologie. Eine Theoriegeschichte in systematischer Absicht, Band 1, Tübingen: Mohr Siebeck 2006.

Schön, Manfred, "Gustav Schmoller und Max Weber", in: Wolfgang J. Mommsen & Wolfgang Schwentker (Hrsg.), Max Weber und seine Zeitgenossen, Göttingen/ Zürich: Vandenhoeck & Ruprecht 1988, 84~97쪽.

Simmel, Georg, Die Probleme der Geschichtsphilosophie. Eine erkenntnistheoretische Studie, Leipzig: Duncker & Humblot 1892.

_____, dass., 2., völlig veränderte Auflage, Leipzig: Duncker & Humblot 1905.

Stammer, Rudolf, Wirtschaft und Recht nach der materialistischen Geschichtsauffassung. Eine sozialphilosophische Untersuchung, Leipzig: Veit & Comp 1896.

_____, dass., 2., verbesserte Auflage, Leipzig: Veit & Comp 1906.

_____, "Die materialistische Geschichtsauffassung"(1921), in: ders., Rechtsphiloso-phische Abhandlungen und Vorträge, Band 2: 1914~1924, Berlin–Charlottenburg: Rolf Heise 1925, 276~318쪽.

Tenbruck, Friedrich H., "Max Weber und Eduard Meyer", in: Wolfgang J. Mommsen & Wolfgang Schwentker (Hrsg.), Max Weber und seine Zeitgenossen, Göttingen/ Zürich: Vandenhoeck & Ruprecht 1988, 337~79쪽.

_____, "Abschied von der 'Wissenschaftslehre'?", in: Johannes Weiss (Hrsg.), Max Weber heute. Erträge und Probleme der Forschung, Frankfurt am Main:

Suhrkamp 1989, 90~115쪽.

Wagner, Gerhard, "Einleitung" zu Max Weber, Zur Logik und Methodik der Sozialwissenschaften. Schriften 1900~1907: Max Weber Gesamtausgabe I/7, Tübingen: J. C. B. Mohr (Paul Siebeck) 2018a, 1~30쪽.

_____, "Editorischer Bericht" zu Max Weber, Zur Logik und Methodik der Sozialwissenschaften. Schriften 1900~1907: Max Weber Gesamtausgabe I/7, Tübingen: J. C. B. Mohr (Paul Siebeck) 2018b, 37~40, 102~04, 112~14, 120~24, 135~41, 240~42, 380~83, 481~86, 572~76쪽.

Wagner, Gerhard & Claudius Härpfer (Hrsg.), Max Webers vergessene Zeitgenossen. Beiträge zur Genese der Wissenschaftslehre, Wiesbaden: Harrassowitz Verlag 2016.

Wagner, Gerhard & Heinz Zipprian (Hrsg.), Max Webers Wissenschaftslehre. Interpretation und Kritik, Frankfurt am Main: Suhrkamp 1994.

Weber, Marianne, Max Weber. Ein Lebensbild, Tübingen: J. C. B. Mohr (Paul Siebeck) 1926.

Wundt, Wilhelm, Logik. Eine Untersuchung der Prinzipien der Erkenntnis und der Methoden wissenschaftlicher Forschung, Band II: Methodenlehre, 2. Abteilung: Logik der Geisteswissenschaften, 2., umgearbeitete Auflage, Stuttgart: Ferdinand Enke 1895.

인용문헌

■ 막스 베버

「과거와 현재의 독일 농업문제」(Deutsche Agrarprobleme in Vergangenheit und Gegenwart)

『과학론 논총』(Gesammelte Aufsätze zur Wissenschaftslehre)

「로셔와 크니스 그리고 역사학파 경제학의 논리적 문제들」(Roscher und Knies und die logischen Probleme der historischen Schule der Nationalökonomie)

「로셔의 "역사적 방법"」(Roscher's "historische Methode", 「로셔와 크니스 그리고 역사학파 경제학의 논리적 문제들」 제1장)

「루돌프 슈탐러의 유물론적 역사관 "극복"」(R. Stammlers "Überwindung" der materialistischen Geschichtsauffassung)

「루돌프 슈탐러의 유물론적 역사관 "극복"에 대한 논문 추기」(Nachtrag zu dem Aufsatz über R. Stammlers "Überwindung" der materialistischen Geschichtsauffassung)

『막스 베버 전집』(Max Weber Gesamtausgabe)

『막스 베버 전집』(제I/7권, Max Weber Gesamtausgabe I/7: Zur Logik und Methodik der Sozialwissenschaften. Schriften 1900~1907)

『막스 베버 전집』(제I/12권, Max Weber Gesamtausgabe I/12: Verstehende Soziologie und Werturteilsfreiheit. Schriften 1908~1917)

「문화과학적 논리 영역에서의 비판적 연구」(Kritische Studien auf dem Gebiet der kulturwissenschaftlichen Logik)

「북아메리카에서의 "교회"와 "분파": 교회정치적 및 사회정치적 스케치」("Kirchen" und "Sekten" in Nordamerika. Eine kirchen- und sozialpolitische Skizze)

『사회과학 및 사회정책 저널』(Archiv für Sozialwissenschaft und Sozialpolitik)

「사회과학적 및 사회정책적 인식의 "객관성"」(Die "Objektivität" sozialwissenschaftlicher und sozialpolitischer Erkenntnis)

「사회정책학회 위원회에서의 가치판단 논의를 위한 소견서」(Gutachten zur Werturteilsdiskussion im Ausschuss des Vereins für Sozialpolitik)

「사회학의 기본개념들」(Soziologische Grundbegriffe)

「사회학자와 화폐경제 이론가로서의 게오르그 짐멜」(Georg Simmel als Soziologe und Theoretiker der Geldwirtschaft)

「서문」(Geleitwort, 막스 베버, 에드가 야페 & 베르너 좀바르트)

「"에너지론적" 문화이론」("Energetische" Kulturtheorien)

「에두아르트 마이어에 대한 비판적 고찰」(Zur Auseinandersetzung mit Eduard Meyer, 「문화과학적 논리 영역에서의 비판적 연구」 제1장)

『역사의 한계』(Die Grenzen der Geschichte, 프리드리히 고틀)

『역사적 방법에 입각한 국가경제 강의 개요』(Grundriss zur Vorlesungen über die Staatswirtschaft nach geschichtlicher Methode, 빌헬름 로셔)

「역사적 인과고찰에서의 객관적 가능성과 적합한 원인작용」(Objektive Möglichkeit und adäquate Verursachung in der historischen Kausalbetrachtung, 「문화과학적 논리 영역에서의 비판적 연구」 제2장)

「이해사회학의 몇 가지 범주에 대하여」(Über einige Kategorien der verstehenden Soziologie)

『종교사회학 논총』(Gesammelte Aufsätze zur Religionssoziologie)

「지난 10년간 독일 문헌에서 고대 게르만 사회구조의 성격을 둘러싸고 벌어진 논쟁」(Der Streit um den Charakter der altgermanischen Sozialverfassung in der deutschen Literatur des letzten Jahrzehnts)

「크니스와 비합리성의 문제」(Knies und das Irrationalitaetsproblem, 「로셔와 크니스 그리고 역사학파 경제학의 논리적 문제들」 제2장)

「크니스와 비합리성의 문제(속편)」(Knies und das Irrationalitaetsproblem (Fortsetzung),

「로셔와 크니스 그리고 역사학파 경제학의 논리적 문제들」제3장)

「폐쇄적 대공업 노동자들의 도태와 적응(직업선택과 직업숙명)에 대한 경험연
구」(Erhebungen über Auslese und Anpassung(Berufswahl und Berufsschicksal) der
Arbeiterschaft der geschlossenen Grossindustrie)

「프로이센의 신탁유증 문제에 대한 농업통계적 및 사회정책적 고찰」(Agrarstatistische
und sozialpolitische Betrachtungen zur Fideikomissfrage in Preussen)

「프로테스탄티즘의 분파들과 자본주의 정신」(Die protestantischen Sekten und der
Geist des Kapitalismus)

「프로테스탄티즘의 윤리와 자본주의 정신」(Die protestantische Ethik und der Geist des
Kapitalismus)

「한계효용이론과 "정신물리학적 기본법칙"」(Die Grenznutzlehre und das
"psychophysische Grundgesetz")

■그 밖의 문헌

『경제과학 및 사회과학 슈몰러 연보』(Schmollers Jahrbuch für Wirtschafts- und
Sozialwissenschaften)

『경제과학 및 사회과학 저널』(Zeitschrift für Wirtschafts- und Sozialwissenschaften)

「경제위기 분류학 시론」(Versuch einer Systematik der Wirtschaftskrisen, 베르너 좀바르트)

『경제학 및 통계학 연보』(Jahrbücher für Nationalökonomie und Statistik)

「경제학의 "기본개념들"에 대하여」(Ueber die "Grundbegriffe" in der Nationalökonomie,
『말의 지배』제1장, 프리드리히 고틀)

「경제학의 과학적 성격에 대하여」(Über den wissenschaftlichen Charakter der
Nationalökonomie, 구스타프 콘)

「경제학적 사고의 비판을 위한 연구」(Untersuchungen zur Kritik des
nationalökonomischen Denkens, 『말의 지배』부제, 프리드리히 고틀)

『고대사』(Geschichte des Alterthums, 에두아르트 마이어)

『국가과학 및 사회과학의 문헌사에 대하여』(Zur Literaturgeschichte der Staats- und
Sozialwissenschaften, 구스타프 폰 슈몰러)

『기독교 세계』(Die Christliche Welt)

『논리학』(Logik. Eine Untersuchung der Principien der Erkenntnis und der Methoden wissenschaftlicher Forschung, 빌헬름 분트)

『독일제국의 입법, 행정 및 민족경제 연보』(Jahrbuch für Gesetzgebung, Verwaltung und Volkswirtschaft im Deutschen Reich)

『독일제국의 입법, 행정 및 사법 연보』(Jahrbuch für Gesetzgebung, Verwaltung und Rechtspflege des Deutschen Reiches)

『말의 지배』(Die Herrschaft des Wortes. Untersuchungen zur Kritik des nationalökonomischen Denkens. Einleitende Aufätze, 프리드리히 고틀)

『미학: 아름다움과 예술의 심리학』(Ästhetik. Psychologie des Schönen und der Kunst, 1. Teil: Grundlegung der Ästhetik, 테오도어 립스)

「미학의 정초」(Grundlegung der Ästhetik, 『미학: 아름다움과 예술의 심리학』 제1부, 테오도어 립스)

『민족경제의 체계』 제1권, 초판(System der Volkswirtschaft, 빌헬름 로셔)

『법철학 저널』(Zeitschrift für Rechtsphilosophie)

『비평』(La Critica)

『사회과학 및 사회정책 저널』(Archiv für Sozialwissenschaft und Sozialpolitik)

『사회입법 및 통계 저널』(Archiv für soziale Gesetzgebung und Statistik)

『사회정책 및 입법 연보』(Annalen für soziale Politik und Gesetzgebung)

『사회정책 중앙신문』(Socialpolitisches Centralblatt)

『순수이성비판』(Kritik der reinen Vernunft, 이마누엘 칸트)

『슈몰러 연보』→『입법, 행정 및 민족경제 슈몰러 연보』

『슈몰러 연보 ─ 경제과학 및 사회과학 저널』(Schmollers Jahrbuch ─ Zeitschrift für Wirtschafts- und Sozialwissenschaften)

『신(新)사회』(Die Neue Gesellschaft)

『신(新)시대』(Die Neue Zeit)

『심리학 개요』 제1권(Grundzüge der Psychologie, 후고 뮌스터베르크)

『역사적 방법의 관점에서 본 경제학』(Die politische Oekonomie vom Standpunkte der geschichtlichen Methode, 카를 크니스)

『역사철학의 문제들: 인식론적 연구』(Die Probleme der Geschichtsphilosophie. Eine erkenntnistheoretische Studie, 게오르그 짐멜)

『역사학의 이론과 방법론에 대하여』(에두아르트 마이어) →『역사학의 이론과 방법

론에 대하여: 역사철학적 연구』

『역사학의 이론과 방법론에 대하여: 역사철학적 연구』(Zur Theorie und Methodik der Geschichte. Geschichtsphilosophische Untersuchungen, 에두아르트 마이어)

『유물론적 역사관에서 본 경제와 법』(루돌프 슈탐러) → 『유물론적 역사관에서 본 경제와 법: 사회철학적 연구』

『유물론적 역사관에서 본 경제와 법: 사회철학적 연구』(Wirtschaft und Recht nach der materialistischen Geschichtsauffassung. Eine sozialphilosophische Untersuchung, 루돌프 슈탐러)

「일상적인 것에 대한 인식의 공식으로서의 가계와 기업」(Haushalten und Unternehmen als Formeln zur Erkenntnis des Alltäglichen, 『말의 지배』 제2장, 프리드리히 고틀)

『입법, 행정 및 민족경제 슈몰러 연보』(Schmollers Jahrbuch für Gesetzgebung, Verwaltung und Volkswirtschaft)

『철학 연구』(Philosophische Studien)

「카를 크니스(1883)」(Karl Knies(1883), 구스타프 폰 슈몰러)

「카를 크니스, 『역사적 방법의 관점에서 본 경제학』」([Rez.] Karl Knies, Die politische Oekonomie vom geschichtlichen Standpunkte, 구스타프 폰 슈몰러)

『표현의 과학으로서의 미학과 일반언어학』(Aesthetik als Wissenschaft des Ausdrucks und allgemeine Linguistik. Theorie und Geschichte, nach der 2., durchgesehenen Auflage aus dem Italienischen übersetzt von Karl Federn, Leipzig: E. A. Seemann 1905, 베네데토 크로체)

『현재와 미래의 경제학』(Die Nationalökonomie der Gegenwart und Zukunft, 브루노 힐데브란트)

『19세기 하이델베르크 대학의 교수들: 카를 프리드리히에 의한 대학 개혁 100주년 기념논집』(Heidelberger Professoren aus dem 19. Jahrhundert. Festschrift der Universität zur zentenarfeier ihrer Erneuerung durch Karl Friedrich)

옮긴이의 말

이 책은 막스 베버의 『과학론 논총』(Gesammelte Aufsätze zur Wissenschaftslehre), 제4판(1973)에 실린 다섯 편의 논문을 완역한 것인데, 그 각각의 원어와 쪽수는 다음과 같다.

제1부 「로셔와 크니스 그리고 역사학파 경제학의 논리적 문제들」(Roscher und Knies und die logischen Probleme der historischen Nationalökonomie), 1~145쪽.

　I. 「로셔의 "역사적 방법"」(Roschers "historische Methode"), 3~42쪽.

　II. 「크니스와 비합리성의 문제」(Knies und das Irrationalitätsproblem), 42~105쪽.

　III. 「크니스와 비합리성의 문제(속편)」(Knies und das Irrationalitätsproblem, Fortsetzung), 105~45쪽.

제2부 「사회과학적 및 사회정책적 인식의 "객관성"」(Die "Objektivität" sozialwissenschaftlicher und sozialpolitischer Erkenntnis), 146~214쪽.

제3부 「문화과학적 논리 영역에서의 비판적 연구」(Kritische Studien auf dem Gebiet der kulturwissenschaftlichen Logik), 215~90쪽.

　I. 「에두아르트 마이어에 대한 비판적 고찰」(Zur Auseinandersetzung mit

Eduard Meyer), 215~65쪽.

II. 「역사적 인과고찰에서의 객관적 가능성과 적합한 원인작용」
(Objektive Möglichkeit und adäquate Verursachung in der historischen Kausalbetrachtung),
266~90쪽.

제4부 「루돌프 슈탐러의 유물론적 역사관 "극복"」(R. Stammlers
"Überwindung" der materialistischen Geschichtsauffassung), 291~359쪽.

제5부 「루돌프 슈탐러의 유물론적 역사관 "극복"에 대한 논문 추기」
(Nachtrag zu dem Aufsatz über R. Stammlers "Überwindung" der materialistischen
Geschichtsauffassung), 360~83쪽.

번역 과정에서 2018년에 출간된 『막스 베버 전집』 I/7, 『사회과학의
논리와 방법론』(Zur Logik und Methodik der Sozialwissenschaften)을 대본으
로 삼았다. 그리고 다음의 번역본을 참조했다.

Max Weber, Collected Methodological Writings, Edited by Hans Henrik
　　Bruun and Sam Whimster, Translated by Hans Henrik Bruun, London &
　　New York: Routledge 2014.

Max Weber, Essais sur la Théorie de la Science, Traduits et introduits par
　　Julien Freund, Paris: Librairie Plon 1965.

Max Weber, Rudolf Stammler et le Matérialisme Historique, Traduit de l'
　　allemand par Michel Coutu et Dominique Leydet avec la collaboration de
　　Guy Rocher et Elke Winter, Québec & Paris: Les Presses de l'Université
　　Laval/Éditions du Cerf 2001.

베버의 『과학론 논총』은 그의 사후인 1922년에 초판이 나온 다음
1951년에 제2판, 1968년에 제3판, 1973년에 제4판, 1982년에 제5판,
1985년에 제6판, 1988년에 제7판이 나왔다(이에 대한 자세한 내용은 해제

를 볼 것). 이 여러 판 가운데 굳이 상당히 오래된 판인 제4판을 대역본으로 삼은 것은 순전히 개인적인 이유에서이다(물론 이들 판 사이에는 결정적인 차이가 없다). 내가 처음으로『과학론 논총』원서를 접한 것은 제5판이 나온 시점인 1980년대 초였다. 그러나 당시의 상황에서 내가 이 책을 손에 넣을 수 있는 길은 복사본을 만드는 것뿐이었는데, 그때 대학 도서관에 있던 것이 바로 제4판이었다. 그 후 독일에서 산뜻한 문고판을 샀지만 거의 책꽂이에 꽂아둔 채 대학시절부터 끼고 다니던 둔탁한 복사본을 계속해서 사용했다. 한 30년 되었을 즈음에는 종이가 누렇게 되고 너덜너덜해져 겉표지를 한 차례 바꾸었지만 차마 손에서 놓을 수가 없었다. 이번 번역에도 어김없이 함께했다.

이 책은 ―모든 고전 번역이 그렇듯이― 우리의 문화자본을 축적하는 데에 그 주된 목적이 있다. 그런데 거기에 더해 또 다른 목적이 있으니, 바로 막스 베버(1864년 4월 21일~1920년 6월 14일) 서거 100주년을 기리는 것이다. 사실 이를 위해 원래 이 책을 포함하여 세 권의 번역을 기획했다. 나머지 둘은 이번에 이 책과 같이 출간되는『가치자유와 가치판단』과 2021년 말경에 출간될 예정인『이해사회학』이다.

아마도 독자들은 이 옮긴이의 말 첫 문장을 읽고는 왜『과학론 논총』전체가 아니라 다섯 편의 논문을 번역하는가 하고 의아해할 것이다. 원래 막스 베버 사후에 미망인 마리안네 베버에 의해 편집된 이 논총에는 방법론과 무관한 글도 여러 편이 실려 있다. 그래서『막스 베버 전집』은 『과학론 논총』을 해체하여 한편으로 방법론 관련 글들은『사회과학의 논리와 방법론』(제I/7권)과『이해사회학과 가치판단자유』(제I/12권)의 두 권에 나누어 싣고, 다른 한편으로 방법론과 무관한 글들을 그 각각에 적합한 권에 배치하고 있다. 내가 일차적인 준거로 삼은 것은『과학론 논총』이 아니라『막스 베버 전집』이다. 그런데 한 가지 문제점이 대두된다. 베버에 대한, 아니 사회학에 대한 기본적인 상식이 있는 사람이면 금방 알 수 있듯이, 이해사회학과 가치판단자유는 서로 다른 주제에 속하며,

따라서 『막스 베버 전집』 제I/12권, 『이해사회학과 가치판단자유』는 이 질적인 두 영역이 어정쩡하게 '동거'를 하고 있는 모습이다. 이 때문에 전집처럼 할 것인가 아니면 이해사회학에 속하는 글들과 가치판단자유에 속하는 글들을 분리해서 두 권으로 할 것인가를 놓고 고민에 고민을 거듭하다가 후자가 좋겠다는 결론에 도달했다.

여기에서 독자들은, 『과학론 논총』이 아니라 『막스 베버 전집』을 번역의 일차적인 준거로 삼았다고 하면서 왜 후자에 실린 글들이 아니라 전자에 실릴 글들을 번역했는가라고 물을 것이다. 그 이유는 아주 간단하다. 주지하다시피, 『막스 베버 전집』은 1980년대 이후에 독일인들이 베버의 지적 유산을 나름대로의 원칙과 방식에 따라 편집한 것이며, 따라서 『과학론 논총』과 ― 아주 사소한 것을 제외하고는 ― 텍스트의 차이는 없다. 물론 상세한 해제나 옮긴이 주 등은 『과학론 논총』에서는 찾아볼 수 없는 『막스 베버 전집』만의 결정적인 특징이자 장점이다. 바로 여기에 문제가 있다. 우리말 번역본에 해제를 쓰고 옮긴이 주를 달 때에는 어디까지나 우리의 지적 상황을 고려해야 하며, 따라서 전집에 있는 것이 우리에게는 굳이 필요하지 않을 수도 있고 역으로 전집에 없는 것이 우리에게 꼭 필요할 수도 있으며, 또한 전집에 있는 것을 생략하거나 대폭 축소해야 할 때도 있고 역으로 대폭 보충하거나 확대해야 할 때도 있다. 번역본을 통해 축적해야 하는 문화자본은 독일의 것이 아니라 한국의 것이고, 번역본을 읽는 것은 독일인들이 아니라 한국인들이다. 요컨대 『막스 베버 전집』은 우리에게 어디까지나 참고의 대상이지 결코 번역의 대상이 아니다.

아무튼 베버가 서거한 지 100주년이 되는 2020년 6월 14일에 맞추어 출간하는 것을 목표로 2018년 10월부터 이 책의 작업을 시작했다. 그런데 1년 정도 예상했던 초고가 6개월이나 더 걸려 2020년 4월에야 끝날 수 있었다. 이렇게 번역이 지연된 데에는 여러 가지 이유가 있었지만, 그가장 큰 이유는 물론 옮긴이 주에 있었다. 베버는 무수한 저작을 ― 명시적으로든 비명시적으로든 ── 언급하거나 인용하는데, 이를 일일이 확인하면서 그리고 필요한 경우에는 번역을 하면서 상당히 긴 시간을 보냈다. 베버의 저작을 번역하는 것만도 버거운데, 2차자료까지 번역한다는 것은 이중삼중의 부담이 아닐 수 없었다. 그럼에도 불구하고 독자들에게 베버의 지적 세계를 제대로 전달하기 위해서는 꼭 필요한 작업이었다. 물론 옮긴이 주를 달면서 2차자료를 인용해야 할 경우에 하나부터 열까지 원서를 번역한 것은 아니다. 그러기에는 나의 지적 역량이 턱없이 부족했다. 특히 문학작품의 경우가 그러했다. 게다가 2차자료의 번역에 너무 많은 시간과 에너지를 투자할 수도 없는 노릇이었다. 그래서 내린 결론이 좋은 한글 번역본이 있으면 기꺼이 사용하는 것이었는데, 그럴 경우에 가능한 한 원서와 대조하면서 작업했다. 자명한 일이지만 베버의 저작과 관련된 2차자료를 참고하는 일도 번역만큼은 아니지만 그래도 만만치 않은 작업이었으며, 따라서 경우에 따라 ── 가능한 한 원서와 대조하면서 ── 한글 번역본에 의존했다.

어쨌든 옮긴이 주를 처리하는 과정에서 결정적인 도움을 준 것이 바로 『막스 베버 전집』이다. 거기에 달려 있는 수많은 주(註)를 참조하여 베버가 언급하거나 인용한 저작을 확인하는 방식을 택했다. 물론 요즈음에는 웬만한 자료는 인터넷에서 검색할 수 있으며, 또한 1980~90년대에 박사학위논문과 하빌리타치온(대학교수 자격) 논문을 쓰면서 수집하고 정리한 자료를 사용할 수도 있다. 그럼에도 불구하고 일단은 『막스 베버 전집』을 참조하고 난 다음 인터넷을 통하거나 예전에 사용한 자료를 통하거나 또는 도서관 자료를 통해 일일이 확인을 한 다음 『막스 베버 전집』에서 얼마만큼 받아들일 것인가를 결정했다. 그리고 거기에서 잘못된 것은 바로잡았다.

물론 이 책의 옮긴이 주가 전적으로 『막스 베버 전집』에만 의존한 것은 아니며, 그렇게 하는 것은 말도 안 된다. 옮긴이 주는 내가 필요하다고 생각하는 곳에 필요하다고 생각하는 양만큼 다는 것이다. 이 책은 궁극적으로 한국의 독자들을 위한 것이며, 따라서 옮긴이 주를 결정하는 것은 궁극적으로 한국어 번역자인 나에게 달려 있다. 『막스 베버 전집』은 어디까지나 한국의 독자들을 위한 한국어 번역본의 보조 자료로서 의미와 가치를 가져야 한다. 아무튼 옮긴이 주 때문에 『막스 베버 전집』제I/7권을 비롯하여 수백 편의 국내외 온라인 및 오프라인 자료를 뒤지며 참고했는데, 이 책은 저서가 아니라 번역서라는 점을 감안해 이들 자료를 일일이 언급하지 않았다.

이 맥락에서 "인명목록"에 대해서도 간략하게나마 할 말이 있다. 처음에는 — 예컨대 "마이어, 에두아르트(1855~1930): 독일의 역사학자이다"처럼 — 간단하게 인명목록을 만들려고 했다. 그 이유는 아주 간단했다. 베버가 언급하는 인물이 너무나 많기 때문이다. 그러나 『막스 베버 전집』을 접하면서 마음이 달라졌다. 거기에는 각 인물이 지적 이력을 중심으로 정리되어 있다. 이왕 인명목록을 작성할 것이라면, 기존의 것보다 낫거나 적어도 못하지는 않아야 한다는 생각이 들었다. 그리하여 『막스 베버 전집』을 참조하면서 가급적 각 인물의 지성사적 의의를 더하는 식으로 인명목록을 만들었다. 해제에서 설명한 내용과 인명목록에서 작성한 내용이 겹치는 부분도 있음을 일러두는 바이다. 그리고 적지 않은 오류를 바로잡았다. 사실 옮긴이 주의 경우에도 이런 식의 자세로 임했다. 전집을 참조하지만 그보다 낫거나 적어도 못하지는 않아야 한다는 자세로 임했다. 물론 이는 어디까지나 한국의 독자들을 위한 한국어 번역서라는 관점에서 볼 때 그렇다는 것이다.

이미 앞에서 언급한 바와 같이, 이 책은 막스 베버 서거 100주년을 기리기 위해 기획한 세 권의 번역서 가운데 하나이다. 베버주의자로서 이 뜻깊은 한 해를 학술대회에 참석하거나 논문 한편을 게재하는 방식으로 보내고 싶지는 않았다. 솔직히 말해, 베버 서거 100주년을 누구보다도 멋지게 기리고 싶었고, 그 실천적 방안을 베버 문화과학 및 사회과학의 방법론적·이론적 기초를 우리말로 옮기는 일에서, 그것도 전반적인 모습을 알 수 있도록 세 권으로 옮기는 일에서 찾았다. 물론 이러한 작업은 베버 서거 100주년 기념이라는 일회성 행사로 끝나서는 안 되고 앞으로도 꾸준히 진행되어야 한다. 거기에 더해 베버에 대한 연구를 지속적이고도 체계적으로 추진해야 한다. 연구에 기반하는 번역과 번역에 기반하는 연구를 추구해야 한다.

요컨대 베버 번역은 지속가능한 지적 생산 작업이 되어야 한다. 이를 위해 그의 서거 100주년을 계기로 기획된 세 권의 번역서는 총 10권으로 된 『막스 베버 선집』으로 발전시켜 나갈 것인데, 그 나머지 7권은 다음과 같다: (1) 직업으로서의 과학 — 직업으로서의 정치, (2) 음악사회학, (3) 사회경제사, (4) 종교사회학 1(유교와 도교), (5) 종교사회학 2(힌두교와 불교), (6) 종교사회학 3(고대 유대교), (7) 정치사회학.

사실 개인적으로 보면, 번역은 저술보다 훨씬 더 정신적 부담이 크다. 저술이 땀을 빼는 작업이라면 번역은 진을 빼는 작업이다. 저술이 자아와의 싸움이라면 번역은 자아와의 싸움인 동시에 무수한 — 피히테식으로 말하자면 — 비자아들과의 싸움이다. 저술이 내적 투쟁이라면 번역은 내적·해석학적 투쟁이다. 저술을 하는 경우에는 내가 나의 중심이 되는 느낌이지만, 번역을 하는 경우에는 내가 나의 중심을 벗어나는 느낌이다. 그럼에도 불구하고, 아니 그렇기 때문에 번역을 해야 하는 것이다. 그래야만 우리의 문화자본이 제대로 축적될 수 있다.

이 책을 번역하면서 — 늘 그렇듯이 — 이런저런 문제로 적잖이 고심했는데, 특히 용어와 개념의 문제로 그랬다. 이를 정리하면 다음과 같다.

첫째, 'Archiv'의 문제이다. 독일어 학술지의 제목에 이 단어가 들어 있는 경우를 볼 수 있다. 멀리 갈 것도 없이 베버가 공동 편집인으로 활동하고 많은 글을 실은 'Archiv für Sozialwissenschaft und Sozialpolitik'를 예로 들 수 있다. 원래 'Archiv'라는 단어는 "기록집", "문서실", "문고", "잡지" 등의 뜻을 갖는다. 만약 이 의미를 살리면 이것이 저널이라

는 사실이 잘 전달이 안 된다. 그래서 부득이 오늘날의 방식을 따라서
『사회과학 및 사회정책 저널』이라고 옮겼으며, 'Archiv'라는 단어가 들
어간 다른 학술지들도 『… 저널』이라고 옮겼음을 밝혀두는 바이다.

둘째, 'Nationalökonomie', 'Politische Ökonomie', 'Volkswirt-
schaftslehre'의 문제이다. 이 셋은 독일어에서 경제학을 가리키는 용어
인데, 각각 국민경제학(또는 민족경제학), 정치경제학, 민족경제학(또는
국민경제학)으로 옮길 수 있다. 그런데 이 책에서는 모두 경제학으로 통
일했다. 이 셋 사이에 그리고 이것들과 일반적으로 경제학을 가리키는
'Economics'와 차이가 없는 것은 아니지만, 그렇게 엄밀하게 구분되지
는 않기 때문이다. 그리고 이 셋으로 개인주의적 관점에 기반하는 고전
경제학이나 오스트리아 이론경제학을 지칭하는 경우도 있으며, 역으
로 오스트리아 이론경제학자들도 이러한 표현들을 사용한다. 내가 보
기에는 당시의 독일의 지식인들은 'Nationalökonomie'나 'Politische
Ökonomie' 또는 'Volkswirtschaftslehre'라는 말로 경제적인 현상을, 그
것이 개인적인 차원에서든 아니면 집단적, 특히 민족적 또는 국가적 차
원에서든 경제적 현상을 분석하고 설명하는 과학, 즉 경제학을 가리킨다
고 해석하는 것이 옳다. 다만 'Sozialökonomik'은 사회경제학으로 옮겼
는데, 그 이유는 베버가 마르크스와 로셔 이후의 경제학을, 경제적인 것
과 사회적인 것의 관계를 다루는 사회과학으로 간주했기 때문이다.

셋째, 'Volkswirtschaft'의 문제이다. 이것을 국민경제로 옮길 것인가
아니면 민족경제로 옮길 것인가를 두고 내내 고심했다. 독일 경제학자들
은 개인이 아니라 집단, 보다 정확히 말하자면 국민이나 국가를 경제의
주체로 간주한다. 사실 문맥에 따라 앞의 것이 더 적합한 것 같기도 하
고, 후자가 더 적합한 것 같기도 하다. 그러나 민족경제로 통일했다. 그
결정적인 이유는 'Staatswirtschaft'에 있다. 이는 국민국가적으로 조직된
경제를 가리킨다고 보아야 한다. 물론 'Volkswirtschaft'를 국민경제가
아니라 민족경제로 옮기는 것은 어디까지나 잠정적이다.

넷째, 'Einleben', 'Miterleben', 'Nachfühlen'의 문제이다. 이 셋은 'Einfühlen' 및 'Nacherleben'과 더불어 정신과학과 이해의 방법과 관련된 독일어 저작에서 자주 접할 수 있는 개념이다. 후자의 둘은 각각 감정이입과 추체험으로 옮긴다. 그러나 전자의 셋은 우리말로 옮기기가 마땅치 않다. 고민에 고민을 거듭하다가 결국 'Einleben'은 "남(들)의 처지가 되어 생각한다"라는 의미에서 "역지사지"로, 또한 'Miterleben'은 "남(들)과 함께 체험한다"라는 의미에서 "공체험"으로, 그리고 'Nachfühlen'은 'Einfühlen'이 "감정이입"이라는 점을 감안하여 "감정추입"으로 옮기기로 했다. 이런 식의 문제해결은 물론 어디까지나 잠정적이다.

다섯째, 잘 알려져 있듯이, 베버의 이해사회학에서는 'Verhalten'과 'Handeln' 또는 'Handlung'이 구별된다. 전자는 행동으로, 후자는 행위로 옮긴다. 행위는 주관적 의미가 결부된 자아행동이다. 그런데 이 책에 번역된 글들에서는 이 둘이 정확하게 구별되지 않고 있으며, 심지어 한 문장에서 두 용어가 같이 등장하는 경우도 있다. 이 둘의 구별은 베버의 사회학이 본격적으로 발전하는 후기의 일이다. 이 책에서는 'Verhalten'은 행동으로, 'Handeln'이나 'Handlung'은 행위로 옮겼음을, 그리고 한 문장에서 이 두 단어가 동시에 등장하는 경우에도 그렇게 옮겼음을 일러둔다.

여섯째, 독일의 사회과학적 논의에서는 'Leben'이라는 단어와 이것이 붙은 단어, 예컨대 'Gemeinschaftsleben', 'Kulturleben', 'Lebens-gemeinschaft', 'Zusammenleben'이 자주 등장한다. 한국에서는 'Leben'을 "생활"로 옮기는 것이 일반적인데, 여기서는 "삶"으로, 따라서 'Gemeinschaftsleben'은 "공동체적 삶", 'Kulturleben'은 "문화적 삶", 'Lebensgemeinschaft'는 "삶 공동체", 'Zusammenleben'은 "공동 삶"으로 옮겼음을 일러둔다.

그리고 인용문헌과 관련하여 다음을 일러두고자 한다.

첫째, 인용문헌의 서지사항은 『막스 베버 전집』에 따랐다. 이것은 베버 당시의 또는 그 이전의 문헌을 언급하거나 인용하고 있으며, 나도 가급적 그렇게 했다. 그러나 이런저런 사정으로 인해 그 이후에 나온 문헌을 사용할 수밖에 없는 경우가 생겼는데, 이때에도 서지사항은 전집에 있는 것을 수록했다. 예컨대 카를 함페의 『호엔슈타우펜가 콘라딘의 역사』는 1894년에 초판이 나왔고 『막스 베버 전집』 제I/7권에도 이 판이 수록되어 있다. 이에 반해 나는 1942년에 나온 제3판을 참고하고 인용했지만 "인용문헌"에는 전집을 따라 초판을 수록했다. 그리고 — 한 가지 예를 더 들자면 — 호라티우스의 송시는 2002년과 2010년에 출간된 두 권의 책을 참고하고(굳이 이 둘을 참고한 이유는 라틴어의 독일어 번역을 비교하기 위함이었다) 인용했지만, "인용문헌"에는 전집을 따라 1822년판을 수록했다(그리고 필요하다고 생각되는 사항은 추가했다).

둘째, "그 밖의 인용문헌" 앞부분에는 한글 저작이나 한글 번역본이 수록되어 있으며, 또한 일부 번역본의 맨 앞에는 * 표시가 되어 있는데, 이는 "막스 베버가 인용한 문헌"에 수록되어 있는 원서의 한글 번역본임을 가리킨다(이 표시가 없는 번역본들은 옮긴이가 참고하거나 옮긴이 주를 달기 위해 사용한 것이다; 그리고 이 표시가 없는 번역본들의 경우에는 거의 대부분이 원서, 또는 독일어로 옮겨진 비독일어 원서가 — "그 밖의 인용문헌"의 두 번째 부분 "독일어 문헌 및 외국어 문헌"에 — 수록되어 있다). 옮긴이 주를 달면서 한글판을 언급하거나 인용하는 경우에는 — 그것이 "막스 베버가 인용한 문헌"에 수록되어 있는 원서의 한글 번역본이든 아니든 상관없이 — 제목 바로 다음에 괄호를 넣어 "한글판"이라고 표기해 두었다(이 표기가 없는 인용의 경우에는 모두 옮긴이가 번역한 것이다). 그리고 한글판을 인용할 때에도 가능한 한 원서를 대조했다.

마지막으로 이 책이 나오기까지 음으로 양으로 크고 작은 신세를 진 여러 사람들에게 감사의 말을 전하면서 옮긴이의 말을 마치고자 한다. 나의 하빌리타치온 지도교수인 요하네스 바이스(Johannes Weiss) 선생님 은 2018/19년 겨울학기와 2019/20년 겨울학기에 기꺼이 토론에 응해 주셨고, 직접 토론을 할 수 없는 경우에는 이메일로 나의 귀찮은 질문에 친절히 답해 주셨다. 올 2월의 청명한 어느 날 함께 점심식사를 하면서 막스 베버 서거 100주년을 전 세계에서 가장 멋지게 기리고 싶다는 제 자의 호기에 벌써 소주 마시고 취했냐고 유쾌한 농담을 하시면서 꼭 그 렇게 하라고, 아니 꼭 그렇게 할 수 있을 것이라고 격려를 아끼지 않으셨 다. 2019/20년 겨울학기 카셀 대학 사회학과 석사과정 세미나 "막스 베 버 방법론"에 참석한 학생들은 난해하기 짝이 없는 베버 텍스트를 같이 읽고 토론함으로써 나의 번역작업에 큰 힘이 되어주었다. 큰딸 선민이는 영어 번역본과 프랑스 번역본을 선물해(후자는 다음다음 번역에 필요한 것 이다) 아빠의 번역작업을 응원했으며, 독일어 해석에도 여러모로 도움을 주었다. 도서출판 길은 어려운 상황에서도 『막스 베버 전집』 제I/7권을 구입해 주었다. 박우정 대표님은 여느 때처럼 완성된 원고를 꼼꼼히 점 검해 주셨다. 이승우 실장은 색인 작업을 비롯해 막스 베버 서거 100주년 을 기리는 일에 처음부터 끝까지 함께했다. 편집자 이남숙 님은 복잡하 기 이를 데 없는 원고를 꼼꼼히 점검하고 정리해 산뜻한 책으로 만들어 주었다. 정수남 박사와 이상헌, 정승환 학생은 자료수집에 도움을 주었 다. 이들 모두에게 깊은 감사의 말을 전하는 바이다.

2021년 4월 21일
막스 베버 서거 100주년을 기리며
김덕영

인명목록

(여기서는 베버가 언급하는 인물들을 그들의 지적 이력을 중심으로 정리했는데, 일반적으로
잘 알려진 경우, 예컨대 괴테나 칸트 또는 톨스토이 등과 같은 경우에는 제외했다; 그리고 옮긴
이가 주(註)를 달면서 언급하게 되는 인물들의 경우에는 그때그때 참고 형식으로 아주 간단하
게 소개하고 있음을 ─ 예컨대 "참고로 헤르만 로체(1817~81)는 독일의 의학자이자 철학자
이다"라는 식으로 ─ 일러두는 바이다.)

게르비누스, 게오르그 고트프리트(1805~71) 독일의 역사학자이자 문학자이며 정치
가이다. 1830년 하이델베르크 대학에서 프리드리히 크리스토프 슐로서(1776~
1861)의 지도로 박사학위 및 대학교수 자격을 취득했다. 1835년에 하이델베르크
대학의 역사학 및 문학 부교수가 되었고, 1836년에 괴팅겐 대학의 정교수가 되
었으나, 1837년 "괴팅겐 7교수사건"으로 해직되었다(1837년 7월에 즉위한 하노버
왕국의 국왕 에른스트 아우구스트 1세[1771~1851, 재위 1837~51]가 그해 11월 전임
국왕에 의해 1833년에 제정된 자유주의적 헌법의 효력을 정지시키자 게르비누스를 비
롯한 괴팅겐 대학의 교수 일곱 명이 이에 항의하는 서한을 보냈다가 해직당했다[당시
괴팅겐 대학은 하노버 왕국에 속해 있었다]; 이 일곱 명의 교수를 가리켜 "괴팅겐 7교
수"라고 부르는데, 이 사건은 독일 자유주의의 상징이 되었다). 1848년 프랑크푸르트
국민의회 의원으로 헌법 제정에 관여했다. 1839년부터 하이델베르크에서 재야
학자로 살면서 문학사 연구에 몰두하다가 1844년부터 명예교수로 하이델베르크
대학에서 가르쳤다. 19세기 독일 자유주의의 대표적인 사상가이다.

고틀, 프리드리히(1868~1958) 독일의 경제학자이다. 1897년 하이델베르크 대학에
서 경제학자 카를 크니스(1821~98)와 역사학자 베른하르트 에르트만스되르퍼
(1833~1901)의 지도로 철학 박사학위를 취득했고, 1900년 같은 대학에서 대학
교수 자격을 취득했다. 1902년 브륀 공대의 국가과학 부교수가 되었고, 1904년
에 정교수가 되었다. 1908년부터 1919년까지 뮌헨 공대의 정교수로 재직하면서

1909년에 "기술경제연구소"를 설립했다. 1919년부터 함부르크 대학의 이론경제학 교수직을, 1924년부터 킬 대학의 이론경제학 교수직을 맡았으며, 1926년부터 1936년까지 베를린 대학의 교수로 재직했다. 경제학 방법론에 대한 많은 연구업적을 남겼다. 자동차 왕 헨리 포드를 열렬히 숭배했으며, 포드주의를 "기술적 이성의 기사단장"이라고 찬양했다.

곰페르츠, 하인리히(1873~1942) 오스트리아의 철학자이다. 1896년 빈 대학에서 에른스트 마흐(1838~1916)의 지도로 철학 박사학위를 취득했고, 1900년 베른 대학에서 대학교수 자격을 취득했다. 1905년부터 빈 대학의 사강사로 가르치다가 1920년에야 부교수가 되었고 1924년에 정교수가 되었다. 오스트리아 파시즘이 정권을 잡으면서 1934년에 강제로 해직되고 1935년에 미국으로 이민을 가서 1942년 세상을 떠날 때까지 여러 대학에서 객원교수를 지냈다. 경험비판론의 후기를 대표하는 이론가로 간주된다(경험비판론에 대해서는 에른스트 마흐를 참고할 것).

구스타프 아돌프(1594~1632) 스웨덴 국왕(재위 1611~32)이자 군사 지휘관이다. 1630년 30년전쟁(1618~48)에 참가해 라이프치히 근교에서 벌어진 전투에서 독일제국, 즉 신성로마제국 황제의 가톨릭 군대를 무찔렀다. 이는 30년전쟁이 발발하고 난 후 개신교도들이 거둔 첫 번째 승리였다. 그리고 1632년 역시 라이프치히 근교에서 벌어진 전투에서도 승리를 거두었다(그는 이 전투에서 전사했다). 이 두 승전을 통해 독일에서 개신교가 존속하는 데 간접적으로 기여했다. 1832년 그의 영웅적인 전사 200주년을 기리기 위해 라이프치히에서 "구스타프 아돌프 협회"가 창립되었는데, 그 목적은 곤궁에 처한 개신교 교회들을 ― 특히 가톨릭 지역에서 ― 지원하는 데에 있다.

기르케, 오토 폰(1841~1921) 독일의 법학자이자 법제사학자이다. 1860년 베를린 대학에서 법학 박사학위를 취득한 후 1867년 같은 대학에서 대학교수 자격을 취득하고 사강사로 가르쳤다. 1871년에 베를린 대학의 부교수가 되었으며, 1872년에 브레슬라우 대학의, 1884년에 하이델베르크 대학의, 그리고 1887년에 베를린 대학의 정교수가 되었다. 역사학파 법학의, 그중에서도 게르만주의의 탁월한 대표자이며(역사학파 법학은 로마법을 중시하는 로만주의와 게르만법을 중시하는 게르만주의로 나누어진다), 독일 단체법에 대한 연구와 "실질적 단체인격이론"으로 잘 알려져 있다. 막스 베버는 베를린 대학에서 그의 강의를 들었다.

나토르프, 파울(1854~1924) 독일의 철학자이자 교육학자이다. 1876년 슈트라스부르크 대학에서 철학 박사학위를 취득한 후 4년간 가정교사로 일하다가

1880년 마르부르크 대학의 도서관 사서가 되었다. 1881년 헤르만 코엔(1842~1918)의 지도로 마르부르크 대학에서 대학교수 자격을 취득했다. 1885년에 마르부르크 대학의 철학 및 교육학 부교수가 되었고 1893년에 정교수가 되어 1922년까지 재직했다. 코엔과 더불어 마르부르크 학과 신칸트주의의 양대 지주이며 어떤 점에서는 이 학파의 공동 창시자로 간주되기도 한다. 자연과학과 심리학 및 교육학의 비판적 정초를 시도했다.

노이만, 카를(1860~1934) 독일의 예술사학자이자 역사학자이다. 1882년 하이델베르크 대학에서 철학 박사학위를 취득한 후 바젤 대학에서 공부하면서 야코프 부르크하르트에게서 결정적인 영향을 받았다. 1894년 하이델베르크 대학에서 역사학과 예술사학 대학교수 자격을 취득했다. 1897년 하이델베르크 대학의 명의(名義)교수가 되었고, 1903년에 괴팅겐 대학의 부교수가 되었다. 1904년부터 1911년까지 킬 대학의, 그리고 1911년부터 1929년까지 하이델베르크 대학의 예술사 정교수를 지냈다. 렘브란트 연구로 잘 알려져 있다.

니부어, 바르트홀트 게오르그(1776~1831) 독일의 역사학자이자 정치가이다. 1794년부터 킬 대학에서 법학과 철학을 공부하기 시작했으나, 1796년에 중단하고 덴마크 재무장관의 개인비서 및 사서가 되었다. 1798년부터 1799년까지 영국의 에든버러 대학에서 농학과 자연과학을 공부했다. 1801년 킬 대학이 제안한 교수직을 거절했다. 1803년부터 덴마크 동인도회사의 사장이 되었고, 1804년부터는 국립은행 총재를 겸했다. 1806년부터 1810년까지 프로이센 해상무역을 이끌었다. 1810년부터 1812년까지 베를린 대학에서(이 대학은 1809년에 창립되어 1810년부터 강의를 시작했다) 로마사를 강의해 큰 명성을 얻었다. 1813년부터 다시 공직에 참여하여 1816년까지 프로이센 개혁을 위해 활동했으며, 1816년에 로마 교황청 주재 프로이센 대사가 되었다. 1825년에 본 대학의 교수가 되어 1831년 세상을 떠날 때까지 가르쳤다. 고대를 이상적인 세계로 묘사하던 당시의 역사서술 방식을 비판하고 문헌학적·비판적 방법을 확립하여 레오폴트 폰 랑케, 테오도어 몸젠, 야코프 부르크하르트, 요한 구스타프 드로이젠(1808~84) 등에게 영향을 끼쳤다.

뒤부아-레이몽, 에밀 하인리히(1818~96) 독일의 생리학자이자 의학자이다. 1843년 베를린 대학에서 의학 박사학위를 취득했고, 1846년 같은 대학에서 대학교수 자격을 취득했다. 1855년에 베를린 대학의 생리학 부교수가 되었고, 1858년에 정교수가 되었다. 1869/70년과 1882/83년 두 차례에 걸쳐 베를린 대학의 총장을 역임했다. 과학, 철학 및 문화에 대한 대중 강연으로 유명했다. 실험 전기생리학의 창시자로 간주되며, 인식론과 과학론에 대해서도 중요한 업적을 남겼다.

뒨처, 하인리히(1813~1901) 독일의 고문헌학자이자 문학사학자이다. 1835년 베를린 대학에서 철학 박사학위를 취득했고, 1837년 본 대학에서 대학교수 자격을 취득했다. 대학교수가 되기를 열망했으나 그가 주창한 독일 고전문학에 대한 새로운 비판적 해석의 방법이 강력한 저항에 부딪치면서 좌절되고 1846년부터 1901년 세상을 떠날 때까지 쾰른의 가톨릭 계통의 김나지움에서 도서관 사서로 재직했다.

드레브스, 아르투르(1865~1935) 독일의 철학자이자 역사학자이다. 1889년 할레 대학에서 철학 박사학위를 취득했고, 1896년 카를스루에 공대에서 대학교수 자격을 취득했다. 1899년에 카를스루에 공대의 철학 및 독일어 부교수가 되었다. 독일 일원론 사상의 중요한 대표자이며, 철학사, 종교, 신화 등에 대한 광범위한 저작을 남겼다.

드로이젠, 요한 구스타프(1808~84) 독일의 역사학자이자 역사이론가이다. 1831년 베를린 대학에서 아우구스트 뵈크(1785~1867)의 지도로 박사학위를 취득했고, 1833년 같은 대학에서 고전문헌학 대학교수 자격을 취득했다. 1835년에 베를린 대학의 부교수가 되었고, 1840년에 킬 대학의, 1851년에 예나 대학의 역사학 정교수가 되었으며, 1859년에 베를린 대학의 정교수가 되어 세상을 떠나는 1884년까지 가르쳤다. 알렉산더 대왕과 클레오파트라 여왕 사이의 시기를 표현하기 위해 헬레니즘이라는 용어를 주조했다. 문헌비평 방법을 창시했으며, 역사과학의 해석학적 방법을 정초했다.

디오클레티아누스(245~311) 로마의 황제(재위 284~305)이다. 광범위한 행정적, 군사적, 경제적 개혁을 통해 황제 중심의 중앙집권적 통치체제를 회복했다. 286년에 로마제국을 동방과 서방으로 분할하고 그 각각을 다시 정제(正帝)와 부제(副帝)가 통치하는 지역으로 분할하는, 이른바 사분통치제를 확립하고 자신은 경제적·군사적으로 중요한 동방의 정제로 소아시아, 폰투스(흑해에 면한 소아시아의 동북부), 오리엔트, 이집트를 통치하면서(수도는 니코메디아) 로마제국 전체를 통치했다(네 명의 황제가 동등한 권한을 가진 것이 아니라, 자신을 세니오르라고 부르면서 제국 전체에 대한 중요한 결정은 혼자서 했다). 303년부터 시작된 잔혹한 기독교 박해로 잘 알려져 있다.

디포, 대니얼(1660~1731) 영국의 소설가이자 저널리스트로 『요크의 선원 로빈슨 크루소의 생애와 이상하고 놀라운 모험』(일명『로빈슨 크루소』)의 저자로 유명하다. 원래 목사가 되기 위해 비국교도 학교에서 교육을 받았으나 생각을 바꾸어 1683년경에 상인이 되었으나 성공을 거두지는 못했다. 그러나 소설가로 큰 명성을 얻었고 정치적, 사회적, 경제적 주제의 글을 쓰기도 했다. 1704년부터 1713년까지 시사 주간지『리뷰』의 편집을 담당했다. 흔히 근대소설의 시조로 평가받는다.

딜타이, 빌헬름(1833~1911) 독일의 철학자이자 역사학자이다. 1856년부터 1858년까지 김나지움 교사를 지낸 후, 1864년 베를린 대학에서 철학 박사학위를 취득했고, 같은 해 같은 대학에서 대학교수 자격을 취득했다. 1866년에 바젤 대학의, 1868년에 킬 대학의, 1871년에 브레슬라우 대학의 정교수가 되었으며, 1883년부터 1908년까지 베를린 대학의 정교수로 재직했다. 자연과학과 구별되는 정신과학의 과학론과 방법론의 창시자로 간주되며, 정신과학적 방법인 해석학과 심리학적 이해를 크게 발전시켰다.

딥페, 카를 알프레트(1853~1915 이후) 독일의 교육자이다. 철학 박사학위 취득 후 교사로 재직했으며 이원론적·목적론적 관점에 입각하여 철학, 자연철학, 에너지론에 대한 저작을 남겼다.

라드브루흐, 구스타프(1878~1949) 독일의 법학자이자 정치가이다. 1902년 베를린 대학에서 법학 박사학위를 취득했고, 1904년 하이델베르크 대학에서 대학교수 자격을 취득했다. 1910년에 하이델베르크 대학의, 1914년에 쾨니히스베르크 대학의 부교수가 되었으며, 1919년에 킬 대학의 정교수가 되었다. 1926년에 하이델베르크 대학의 정교수가 되었으나, 나치가 정권을 잡으면서 1933년 5월 8일에 독일의 대학교수로서는 최초로 해직되었다가(사유는 그의 정치적 성향이었다) 1945년에 복직되었다. 1920년부터 1924년까지 사회민주당 국회의원을 지냈고, 1921~22년과 1923년 두 번에 걸쳐 법무부 장관을 역임했다.

라블레, 프랑수아(1494~1553) 프랑스의 인문주의자이자 작가이며 의사이다. 1510년경부터 프란체스코 수도회와 베네딕트 수도회에서 수도사의 길을 걸었는데, 이때 그리스어와 라틴어 및 자연과학, 문헌학, 법학을 공부했다. 1530년 수도원을 떠나 푸아티에 대학과 몽펠리에 대학에서 의학을 공부하고 1532년 르네상스의 정신적 중심지 가운데 하나인 리옹에서 시립병원의 의사가 되었다. 1534년과 1539년 두 차례에 걸쳐 몽펠리에 대학에서 의학을 가르쳤고, 1537년 리옹 시립병원에서 해부학을 강의했다. 각각 1532년과 1534년에 나온 제2권『팡타그뤼엘』과 제1권『가르강튀아』가 1543년에 소르본 대학에 의해, 그리고 1545년 로마 가톨릭교회에 의해 금서가 되자 박해를 피해 여기저기를 떠돌아다녔다. 1545년부터 1547년까지 제국자유도시이자 공화국인 메스에 살았으며, 1547년 부터 1553년까지 멘과 파리 근교의 뫼동에서 교구목사로 일했다. 그의 대표작인 총 5권의 연작소설『가르강튀아와 팡타그뤼엘』(1532~64)에서 개인의 창조의지 를 강조함으로써 르네상스 정신을 구현하고 있으며 중세적인 어리석음과 미신 을 신랄하게 비판하고 있다. 16세기 프랑스 르네상스를 대표하는 작가로 간주되 며, 영국의 셰익스피어 및 스페인의 세르반테스와 비견된다.

라스크, 에밀(1875~1915) 갈리시아(폴란드 남부) 출신의 독일 철학자이다. 1902년 프라이부르크 대학에서 하인리히 리케르트의 지도로 철학 박사학위를 취득했고, 1905년 하이델베르크 대학에서 빌헬름 빈델반트의 지도로 대학교수 자격을 취 득했다. 그 직후 같은 대학에서 사강사로 가르쳤으며, 1910년에 부교수로 승진 했고 1913년에 쿠노 피셔(1824~1907)의 퇴임으로 공석이 된 제2철학교수직을 맡게 되었다(제1철학교수직을 맡은 사람은 빈델반트였다). 1914년 제1차 세계대 전이 발발하자 곧바로 독일군에 자원입대하여 하사관으로 갈리시아에 배치되어 1915년 5월 26일 고향에서 멀지 않은 곳에서 전사했다.

라우, 카를 하인리히(1792~1870) 독일의 경제학자이자 농학자(農學者)이다. 1812년에 에를랑겐 대학에서 철학 박사학위를 취득했고, 같은 해 같은 대학에서 대학교수 자격을 취득했다. 1816년에 에를랑겐 대학의 재정학 부교수가 되었고 1818년에 정교수가 되었으며, 1822년부터 1870년에 세상을 떠날 때까지 하이델 베르크 대학에서 재정학 교수를 지냈다. 재정학 이외에도 농학을 가르쳤고 다양 한 농학 관련 저술을 남겼다. 1835년부터 1853년까지『경제학 및 경찰학 저널』 의 편집을 담당했다.

라인케, 요하네스(1849~1931) 독일의 식물학자이자 자연철학자이다. 1870/71년 본 대학에서 철학 박사학위를 취득했고, 1872년 같은 대학에서 대학교수 자격을 취득했다. 1873년 괴팅겐 대학의 식물생리학 부교수가 되었고, 1879년에 정교수 가 되었다. 1885년에 킬 대학의 식물학 정교수가 되었다. 신생기론의 대표적인 이론가 가운데 한 명이며, 해양 조류(藻類)에 대한 연구로 잘 알려져 있다.

라차루스, 모리츠(1824~1903) 독일의 철학자이자 심리학자이다. 1849년 베를린 대학에서 철학 박사학위를 취득했다. 1860년에 베른 대학의 명예교수가 되었고, 1862년부터 1866년까지 같은 대학의 심리학 및 민족심리학 정교수를 지냈다.

1867년에 참모부 장교양성대학인 프로이센 군사아카데미(베를린)의 철학 교수가 되었으며, 1874년에 베를린 대학의 철학 정교수가 되었다. 1860년에 하이만 슈타인탈과 더불어『민족심리학 및 언어학 저널』을 창간하고 1890년까지 편집을 담당했다. 슈타인탈과 민족심리학의 공동 창시자로 간주된다.

라퐁텐, 장 드(1621~95) 프랑스의 작가이자 시인으로 우화로 유명하며, 1668년부터 1694년까지 총 12권으로 출간되고 약 240편의 우화시문이 실려 있는 우화집이 대표작으로 꼽힌다.

라흐팔, 펠릭스(1867~1925) 독일의 역사학자이다. 1890년 브레슬라우 대학에서 철학 박사학위를 취득했고, 1893년 킬 대학에서 대학교수 자격을 취득했다. 1898년에 할레 대학의 부교수가 되었으며, 1903년에 쾨니히스베르크 대학의, 1907년에 기센 대학의, 1909년에 킬 대학의, 1914년에 프라이부르크 대학의 정교수가 되었다. 전통적인 정치사의 입장에 서 있었으며, 1890년대 카를 람프레히트와 정치사학자들 사이에 벌어진 방법론 논쟁에 참여했다. 오늘날에는 1909년부터 1910년까지『프로테스탄티즘의 윤리와 자본주의 정신』을 둘러싸고 막스 베버와 벌인 논쟁으로 알려져 있다.

람프레히트, 카를(1856~1915) 독일의 역사학자이다. 1878년 라이프치히 대학에서 경제학자 빌헬름 로셔와 역사학자 카를 폰 노르덴(1833~83)의 지도로 철학 박사학위를 취득했고, 1880년 본 대학에서 대학교수 자격을 취득했다. 1885년에 본 대학의 부교수가 되었고, 1890년에 마르부르크 대학의 정교수가 되었으며, 1891년부터 1915년까지 라이프치히 대학의 정교수로 재직했다. 1881년 독일 최초의 지방사 연구 조직인 "라인 지방사 연구회"를 공동으로 창립했으며, 1909년 라이프치히에 독일 최초의 정신사 연구소인 ― 그리고 독일 최초로 대학에 속하지 않고 국가에 속하는 ― "문화사 및 보편사 연구소"를 설립하고 소장을 역임했다. 정치사가 중심인 독일 역사학계에 반기를 들고 문화사를 주창했으며, 이로 인해 1890년대에 그와 정치사를 옹호하는 역사학자들 사이에 이른바 방법론 논쟁이 벌어졌다. 그의 문화사 연구는 1891년부터 1909년까지 총 12권과 3권의 부록으로 된『독일사』에 집대성되어 있는데, 막스 베버는 람프레히트의 문화사에 대해 근본적으로 비판적이었다.

랑케, 레오폴드 폰(1795~1886) 독일의 역사학자이다. 1817년 라이프치히 대학에서 고전문헌학 박사학위를 취득하고 1818년부터 김나지움 교사로 재직하다가 1824년 베를린 대학에서 대학교수 자격을 취득하고 역사학 부교수가 되었다.

1834년에 정교수로 승진하여 1871년까지 재직했다. 실증주의적 역사관, 즉 역사는 사료에 충실하면서 사실을 객관적으로 기술해야 한다는 관점을 제시함으로써 역사학을 철학이나 정치로부터 해방시켜 독자적인 과학적 인식영역으로 발전시켰으며, 바로 이런 연유로 흔히 근대 역사학의 아버지라고 불린다. 총 9권으로 된 『세계사』를 비롯해 수많은 저작을 남겼는데, 이는 1867년부터 1890년까지 총 54권으로 나온 그의 전집에 수록되어 있다.

레싱, 고트홀트 에프라임(1729~81) 독일의 철학자이자 극작가이며 비평가이다. 라이프치히 대학, 베를린 대학, 비텐베르크 대학에서 신학과 의학을 공부했고 문필가로 활동했다. 독일 계몽주의의 대표적인 사상가 중 한 명이며, 독일 문학이 발전하는 데 커다란 영향을 끼쳤다. 조형예술과 시의 한계 및 본질을 논한 『라오콘』(1766)으로 잘 알려져 있다.

로물루스 아우구스툴루스(460~?) 서로마제국의 마지막 황제(재위 475~476)이다. 기원전 8세기에 로마를 건국했다는 전설상의 인물 로물루스와 자주 혼동된다. 15세인 475년에 황제에 즉위했기 때문에 "소년 황제"를 뜻하는 아우구스툴루스라는 별칭이 따라붙는다. 황제에 즉위한 지 채 1년도 안 되어 게르만의 용병대장 오도아케르에 의해 강제로 퇴위되었다. 474년부터 475년까지 재위한 율리우스 네포스(430~480)를 서로마제국의 마지막 황제로 보는 역사학자들도 있다.

로셔, 빌헬름(1817~94) 독일의 경제학자이자 역사학자이며 독일 역사학파 경제학의 창시자로 간주된다. 1838년 괴팅겐 대학에서 역사학 및 국가과학 박사학위를 취득했고, 1840년 같은 대학에서 대학교수 자격을 취득했다. 1843년 괴팅겐 대학에서 역사학 및 국가과학 부교수로 임용되었고 1844년에는 정교수로 승진했으며, 1848년부터 세상을 떠나는 해인 1894년까지 라이프치히 대학에서 정교수를 지냈다. 저서 『민족경제의 체계』는 총 5권으로 1854~94년에 출간되었으며 계속해서 새 판이 나왔다.

롤랑 부인[마리-잔느 롤랑 드 플라티에르](1754~93) 프랑스의 여류 혁명가이자 작가로, 1780년 스무 살 연상의 정치가와 결혼하여 그의 이름으로 정치적인 글을 썼다. 1791년 4월부터 살롱으로 제공한 그녀의 집에는 로베스피에르를 비롯한 지롱드파의 지도자들이 출입했다. 지롱드파가 몰락하면서 1793년 6월에 체포되어 11월에 처형되었는데, "오, 자유여, 너의 이름 아래 얼마나 많은 범죄가 저질러졌는가?"라는 마지막 말을 남겼다고 한다.

뤼멜린, 구스타프 폰(1815~89) 독일의 교육자이자 정치가이며 사회과학자이다.

1837년 튀빙겐 대학에서 철학 박사학위를 취득했고, 1843년에 같은 대학에서 대학교수 자격을 취득했다. 1838년부터 1852년까지 라틴어 학교와 김나지움 등에서 근무했으며, 1852년에 뷔르템베르크 왕국의 문화교육부 참사관이 되었고, 1856년부터 1861까지 장관으로 재직했다. 이후 통계학으로 방향을 돌려 1861년부터 1873년까지 뷔르템베르크 왕국의 통계측지청장을 지냈으며, 1867년에 튀빙겐 대학의 통계학 및 비교국가학 교수가 되었다(1870년부터 세상을 떠날 때까지 총장으로 있었다). 사회통계, 특히 인구통계에서 이론적·실천적으로 탁월한 업적을 남겼다.

뤼멜린, 막스(1861~1931) 독일의 법학자이다. 1886년 튀빙겐 대학에서 법학박사 학위를 취득했고, 같은 해에 본 대학에서 대학교수 자격을 취득했다. 1886년부터 본 대학에서 사강사로 가르치다가 1889년에 부교수가 되었다. 1893년부터 1895년까지 할레 대학의, 1895년부터 1931년까지 튀빙겐 대학의 로마법 및 민법 정교수로 재직했다(1908년부터 1931년까지 총장으로 있었다). 목적법학의 대표자 가운데 한 명으로 간주되며, 법학 방법론에 대한 많은 저작을 남겼다.

리츨, 오토(1860~1944) 독일의 개신교 신학자이다. 1885년 할레 대학에서 신학박사 학위와 대학교수 자격을 취득하고 사강사로 가르치기 시작했다. 1889년에 킬 대학의 조직신학 부교수가 되었고, 1894년에 본 대학의 교리학 및 교리사 부교수가 되었다가 1897년에 정교수가 되어 1930년까지 재직했다.

리케르트, 하인리히(1863~1936) 독일의 철학자이다. 1888년 슈트라스부르크 대학에서 빌헬름 빈델반트의 지도로 철학 박사학위를 취득했고, 1891년 프라이부르크 대학에서 대학교수 자격을 취득했다. 1891년에 프라이부르크 대학의 철학 부교수가 되었고, 1896년에 정교수가 되었다. 1915년부터 1932년까지 하이델베르크 대학의 정교수로 재직했다. 서남학파 신칸트주의의 창시자인 그의 스승 빈델반트와 더불어 이 학파를 대표한다. 어린 시절부터 막스 베버와 절친한 사이였으며, 그의 문화철학과 가치철학은 베버의 방법론이 형성되는 데에 결정적인 영향을 끼쳤다.

리터, 하인리히(1791~1869) 독일의 철학자이다. 1817년 할레 대학에서 철학박사 학위를 취득했고, 같은 해 베를린 대학에서 대학교수 자격을 취득하고 사강사로 가르치기 시작했다. 1824년에 베를린 대학의 부교수가 되었고, 1833년에 킬 대학의, 그리고 1837년에 괴팅겐 대학의 정교수가 되었다. 1829년부터 1853년까지 총 12권으로 나온 주저 『철학사』는 거의 모든 유럽어로 번역되었다.

리프만, 모리츠(1869~1928) 독일의 법학자이다. 1891년 킬 대학에서 법학박사 학위를, 1896년 할레 대학에서 철학 박사학위를 취득했고, 1897년 할레 대학에서 대학교수 자격을 취득했다. 1902년에 킬 대학의 형법, 법철학 및 국제법 정교수가 되었고, 1919년 그해 문을 연 함부르크 대학의 형법 정교수가 되었다.

립스, 테오도어(1851~1914) 독일의 철학자이자 심리학자이다. 1874년 본 대학에서 철학 박사학위를 취득했고, 1877년 같은 대학에서 대학교수 자격을 취득했다. 1884년에 본 대학의 부교수가 되었고, 1890년에 브레슬라우 대학의 정교수가 되었으며, 1894년부터 1913년까지 뮌헨 대학의 정교수로 재직하면서 1913년에 심리학과를 창설했다. 심리학주의를 표방했고, 현상학자라는 자아 정체성을 갖고 있었다. 감정이입설로 잘 알려져 있다.

마이네케, 프리드리히(1862~1954) 독일의 역사학자이다. 1886년 베를린 대학에서 철학 박사학위를 취득했고, 1896년 같은 대학에서 대학교수 자격을 취득했다. 1892년부터 1901년까지 베를린에서 "프로이센 문화재단 비밀 국가 기록보관소"의 문서관으로 재직했다. 1901년에 슈트라스부르크 대학의 근대사 정교수가 되었고, 1905년부터 1914년까지 프라이부르크 대학의, 1914년부터 1928년까지 베를린 대학의 정교수로 재직했다. 1893년부터 1935년까지 『역사학 저널』의 편집을 담당했다. 당시 독일에서 가장 영향력 있는 역사학자 가운데 한 명이었으며, 정신사 또는 이념사의 창시자로 평가받는다.

마이어, 에두아르트(1855~1930) 독일의 역사학자이다. 1875년 라이프치히 대학에서 철학 박사학위를 취득했고, 1879년 같은 대학에서 고대사 대학교수 자격을 취득하고 사강사로 가르치다가 1884년에 부교수가 되었다. 1885년에 브레슬라우 대학의, 1889년에 할레 대학의 정교수가 되었고, 1902년부터 1923년까지 베를린 대학의 정교수로 재직했다. 고대사를 전체적으로 서술한 마지막 역사학자 가운데 한 명이었다. 주저 『고대사』(총 5권, 1884~1902)는 기원전 350년까지의 근동, 이집트 및 그리스의 역사적 발전을 정치사, 경제사 및 문화사라는 포괄적인 관점에서 다루고 있으며, 고대학 분야의 일급 연구서로 꼽힌다.

마흐, 에른스트(1838~1916) 오스트리아의 물리학자, 철학자, 생리학자, 과학이론가이다. 1859/60년 빈 대학에서 철학 박사학위를 취득했고, 1861년에 같은 대학에서 물리학 대학교수 자격을 취득했다. 1864년에 그라츠 대학의 수학 정교수가 되었고, 1867년에 프라하 대학의 물리학 정교수가 되었으며, 1895년부터 1901년까지 빈 대학의 철학 정교수로 재직했다. 물리학, 철학, 심리학, 생리학, 과

학사, 음향학 등의 다양한 분야에서 탁월한 업적을 남겼다. 경험비판론의 창시자
이자 대표자이다(경험비판론은 모든 형이상학적 또는 초감각적 실재를 거부하고 순
수한 경험만을 과학적 인식의 대상으로 삼는 철학적·인식론적 조류이다). 당시 갓 형
성되던 과학사의 개척자 가운데 한 명이기도 하다.

맨더빌, 버나드 드(1670~1733) 네덜란드의 의사이자 철학자로서 1696년부터 영국
에 살았다. 1714년에 익명으로 출간한 풍자시 『꿀벌의 우화』에서 사적 악덕(개인
의 악덕)이 공적 유익(사회의 유익)을 창출한다는 명제를 제시했다.

메르켈, 아돌프(1836~96) 독일의 법철학자이다. 1858년 기센 대학에서 법학박사
학위를 취득했고, 1862년 같은 대학에서 대학교수 자격을 취득했다. 1862년에
기센 대학의, 1868년에 프라하 대학의, 1872년에 빈 대학의 그리고 1874년에 슈
트라스부르크 대학의 정교수가 되었다.

멩거, 카를(1840~1921) 오스트리아의 경제학자이며 오스트리아 이론경제학파(한
계효용학파)의 창시자로 간주된다. 1867년 크라카우 대학에서 법학 박사학위를
취득했고, 1872년 빈 대학에서 경제학 대학교수 자격을 취득했다. 1873년에 같
은 대학의 경제학 부교수가 되었으며, 1879년에 정교수가 되었다. 1871년에 출
간된 『경제학 원리』에서 (그는 이를 바탕으로 1871년에 빈 대학에서 대학교수 자격
을 취득했다) 주관적 행위이론과 가치이론을 제시하여 경제학적 사고의 패러다임
전환을 가져왔다. 1880년대에 독일 역사학파 경제학의 거두인 구스타프 폰 슈몰
러와 방법론 논쟁을 벌였으며, 막스 베버의 문화과학 및 사회과학이 형성되고 발
전하는 과정에서 큰 영향을 끼쳤다.

몰리에르(1622~73) 본명은 장 밥티스트 포클랭이다. 프랑스 고전주의(1660~
1715)를 대표하는 프랑스의 극작가이자 배우로서 희극을 비극과 동등한 가치의
장르로 고양시켰으며 극장을 인간의 보편적인 사회적 행위와 그 방식에 대한 토
론의 장으로 만들었다.

몰트케, 헬무트 폰(1800~91) 독일의 천재적인 전략가로서 1858년 프로이센군의
참모총장이 되어서 덴마크(1864), 오스트리아(1866), 프랑스(1870~71)와의 전쟁
을 승리로 이끌었다. 1870년에 백작의 작위를 받았고 1871년에 원수로 진급했다.

뮌스터베르크, 후고(1863~1916) 독일 및 미국의 심리학자이자 철학자이다.
1885년 라이프치히 대학에서 빌헬름 분트의 지도로 철학 박사학위를, 그리고
1887년 하이델베르크 대학에서 의학 박사학위를 취득했고, 같은 해에 프라이부
르크 대학에서 철학 대학교수 자격을 취득했다. 1891년에 프라이부르크 대학

의 심리학 부교수가 되었고, 1892년부터 1895년까지 하버드 대학의 실험심리학 교수로 재직하면서 윌리엄 제임스가 설립한 심리학 실험실의 소장을 역임했다. 1895년에 프라이부르크 대학으로 돌아왔으나 그를 정교수로 임용할 의사도 여력도 없자 1897년에 다시 하버드 대학의 실험심리학 교수가 되어서 1916년까지 재직했다. 프라이부르크 시절부터 막스 베버와 절친한 관계를 유지했으며, 베버가 1904년에 미국을 방문하는 데에 일조했다. 노동심리학 및 조직심리학의 창시자 가운데 한 명으로 간주된다.

뮐러, 아담(1779~1829)   독일의 국가이론가이자 경제학자이다. 1798년부터 1801년까지 괴팅겐 대학에서 법학과 역사학을 공부했다. 그 후 짧은 기간의 사법관 시보를 거쳐 가정교사를 하다가 1815년부터 1827년까지 작센 왕국 주재 오스트리아 총영사를 역임하는 등 오스트리아 정치에 깊이 관여했다. 19세기의 낭만주의적 국가이론의 대표자로서, 국가는 역사적으로 형성된 공동체이며 모든 사회적 신분은 그 안에서 유기체의 구성요소처럼 작용하고 기능한다는 국가유기체설을 제창했다.

미하일롭스키, 니콜라이(1842~1904)   러시아의 저널리스트이며 사회학자이다. 1880년대 초부터 "인민의 의지파"(테러를 통해 전제주의를 전복하고 사회혁명을 추구한 정치조직)의 구성원이었으며, "브나로드"(인민 속으로)를 슬로건으로 내건 민중운동인 나로드니키주의의 선도적인 이론가였다.

바쉬키르트세프, 마리(1860~84)   우크라이나 태생의 프랑스의 일기작가이자 화가이며 조각가로서 1877년부터 파리에 거주하면서 작품활동을 했으며, 사후에 일기와 편지가 출간되었다.

베른하임, 에른스트(1850~1942)   독일의 역사학자이다. 1873년 슈트라스부르크 대학에서 철학 박사학위를 취득했고, 1875년 괴팅겐 대학에서 대학교수 자격을 취득했다. 1883년에 그라이스발트 대학의 중세사 및 근대사 부교수가 되었고, 1889년에 정교수가 되어 1921년까지 재직했다. 중세사학자이지만 역사학 방법론에 대한 저술로도 잘 알려져 있다.

베버, 마리안네(1870~1954)   막스 베버의 부인이자 근대 여성운동의 대표적인 인물이다. 1894년부터 1897년까지 프라이부르크 대학에서, 그리고 1897년에 하이델베르크 대학에서 철학을 공부했다. 1897년 '여성교육과 여성연구'의 하이델베르크 지부의 창립을 주도하고 초대 회장을 지냈으며, 1919년 '독일 여성연맹 총연합회'의 초대 회장으로 취임했다. 남편 사후에 그가 남긴 글을 책으로 펴냈으며, 1926년에는 막스 베버 전기를 출간했다.

벡슬러, 에두아르트(1869~1949) 독일의 라틴 문헌학자이며 언어학자이다. 1893년 할레 대학에서 철학 박사학위를 취득했고, 1895년 같은 대학에서 대학교수 자격을 취득했다. 1904년에 마르부르크 대학의 라틴 문헌학 부교수가 되었고, 1909년에 정교수가 되었다. 1920년에 베를린 대학의 라틴 문헌학 정교수가 되어 1937년까지 재직했다.

벨로, 게오르그 폰(1858~1927) 독일의 역사학자이다. 1883년 본 대학에서 박사학위를 취득했고, 1886년 마르부르크 대학에서 대학교수 자격을 취득하고 사강사로 가르쳤다. 1888년에 쾨니히스베르크 대학의 사강사가 되었다가 1889년에 부교수로 승진했으며, 1891년에 뮌스터 대학의, 1897년에 마르부르크 대학의, 1901년에 튀빙겐 대학의 정교수가 되었으며, 1905년부터 1924년까지 프라이부르크 대학의 정교수로 재직했다. 제도사 및 경제사 그리고 역사과학의 방법론과 관련하여 탁월한 업적을 남겼다. 1890년대에 카를 람프레히트와 정치사학자들 사이에 벌어진 방법론 논쟁에 적극적으로 참여했으며, 막스 베버와 방법론 문제에 대해 집약적으로 토론했다. 개별과학으로서의 사회학의 존재와 의미를 거부했다.

벨하우젠, 율리우스(1844~1918) 독일의 신학자이자 중근동학자이다. 1870년 괴팅겐 대학에서 신학 박사학위와 대학교수 자격을 취득했다. 1872년에 그라이프스발트 대학의 구약 및 중근동어 정교수가 되었으나, 1882년에 신학자로서의 양심을 이유로 사직하고 할레 대학의 셈족어 부교수가 되었다. 1885년에 마르부르크 대학의 정교수가 되었고, 1892년에 괴팅겐 대학의 정교수가 되어 1913년까지 가르쳤다. 19세기 성서 비평의 최고 권위자 가운데 한 명으로 간주된다.

보너, 제임스(1852~1941) 영국의 경제학자이다. 글래스고 대학과 옥스퍼드 대학에서 공부했다. 1877년부터 1880년까지 런던에서 확장강의의 경제학 강사로 재직했고(확장강의는 19세기 중반 특권계층의 전유물이던 고등교육을 일반 대중에게 개방하는 대학확장운동의 일환으로 도입된 강의였다), 1881년부터 1907년까지 공무원 임용위원회의 심사관으로 근무했다. 1907년부터 1919년까지 영국 조폐국의 오타와 출장소 부소장을 역임했고, 1898년에 영국 학술협회의 경제학 분과장을 역임했으며, 여러 차례에 걸쳐 왕립통계학회의 부회장을 지냈다.

보르트키에비치, 라디슬라우스 폰(1868~1931) 러시아 및 독일의 경제학자이자 통계학자이다. 1893년 괴팅겐 대학에서 철학 박사학위를 취득했고, 1895년 슈트라스부르크 대학에서 대학교수 자격을 취득했다. 1899년부터 상트페테르부르크 소재의 ── 대학에 상응하는 교육기관인 ── 리체움에서 강사로 가르치다가 1901년에 베를린 대학의 경제학 부교수가 되었고, 1920년에 정교수가 되어 세상을 떠나는 1931년까지 재직했다. 통계학에서 "소수(小數)의 법칙"을 발견했으며, 경제학에서 마르크스의 재생산 도식에 대한 분석으로 잘 알려져 있다.

뵈크, 아우구스트(1785~1867) 독일의 고전문헌학자이다. 1807년 할레 대학에서 철학 박사학위를 취득했고(이 대학에서 공부할 때 철학자 슐라이어마허의 강의도 들었는데, 그의 플라톤 학설에 큰 감명을 받았다), 같은 해 하이델베르크 대학에서 대학교수 자격을 취득하고 고전문헌학 부교수가 되었다. 1809년 쾨니히스베르크 대학의 초빙을 거절하고 난 다음에 정교수로 승진했으며, 1811년에는 베를린 대학의 정교수가 되었다. 고대를 그 전체 속에서 파악하고 기술함으로써 문헌학의 과학성이 강화되는 데에 크게 기여했다.

뵈클린, 아르놀트(1827~1901) 스위스의 상징주의 화가이다. 1845년부터 1847년까지 뒤셀도르프 미술대학에서 풍경화가 요한 빌헬름 쉬르머(1807~63)에게 배웠고, 1848년부터 파리, 로마, 바젤, 뮌헨, 피렌체, 취리히 등 유럽 각지를 편력하면서 작품활동을 했다. 1860년부터 1862년까지 바이마르 미술대학의 교수로 재직했다. 1892년부터 피렌체 근교의 피에솔레에 정착하여 그곳에서 세상을 떠났다. 20세기 초현실주의 화가들에게 커다란 영향을 끼쳤다.

뵘-바베르크, 오이겐 폰(1851~1914) 오스트리아의 경제학자이자 정치가이다. 1875년 빈 대학에서 법학 박사학위를 취득한 후 2년간 독일로 유학해 독일 역사학파 경제학의 제1세대를 대표하는 카를 크니스(하이델베르크 대학), 빌헬름 로셔(라이프치히 대학), 브루노 힐데브란트(예나 대학)한테서 공부했다. 1880년 빈 대학에서 경제학 대학교수 자격을 취득했다. 1881년 인스부르크 대학의 부교수가 되었고, 1884년에 정교수가 되었다. 1889년부터 1895년까지 재무부 참사관으로 근무했으며, 세 차례에 걸쳐 ──1895년, 1897~98년, 1900~04년── 재무장관을 역임했다. 1904년 장관직을 사직한 후 빈 대학의 정교수가 되어서 1914년 세상을 떠날 때까지 연구와 강의에 전념했다. 1911년부터 세상을 떠날 때까지 빈 황립 학술원 원장을 역임했다. 카를 멩거 및 프리드리히 폰 비저와 더불어 오스트리아 이론경제학파(한계효용학파)의 대표자로 간주되며, 마르크스의 가치론에 대한 비판과 자본과 자본이자에 대한 이론으로 잘 알려져 있다(이른바 오스트리아 자본이론의 창시자로 평가받는다).

부르크하르트, 야코프(1818~97) 스위스의 문화사학자이자 예술사학자이다. 과학적 예술사학의 창시자로 간주된다. 1843년 바젤 대학에서 철학 박사학위를 취득했고, 1844년 같은 대학에서 대학교수 자격을 취득했다. 1845년에 바젤 대학의 부교수가 되었고, 1855년에 취리히 연방공대 예술사 정교수가 되었으며, 1858년부터 1893년까지 바젤 대학의 역사학 및 예술사학 정교수로 재직했다. 과학적 예술사학을 창시했으며, 그가 문화사에서 차지하는 위치는 랑케가 정치사에서 차지하는 위치에 비견된다. 1860년에 나온 주저『이탈리아 르네상스의 문화』로 널리 알려져 있는데, 이때부터 르네상스란 용어가 일반적으로 쓰이게 되었다.

부쉬, 빌헬름(1832~1908) 독일의 시인이자 화가로서 교회와 시민사회의 속물성을 풍자하고 비판했으며,『막스와 모리츠』(1865) 등과 같은 그림이야기로 인기가 높다.

분젠, 로베르트 빌헬름(1811~99) 독일의 화학자이다. 1831년 괴팅겐 대학에서 철학박사(화학) 학위를 받았고, 1833년 같은 대학에서 대학교수 자격을 취득했다. 1836년에 카셀 공업전문학교의, 1839년에 마르부르크 대학의, 1851년에 브레슬라우 대학의 교수가 되었으며, 1852년부터 1889년까지 하이델베르크 대학의 교수로 재직했다. 그가 이끌던 하이델베르크 대학의 화학실험실은 당시 독일에서 가장 현대적인 화학실험실로 간주되었다. 물리학자 구스타프 키르히호프(1824~87)와 함께 분광분석법을 발전시켜 화학원소들의 특성을 정확하게 규명하는 데 기여했으며, 유기화학 분야에서 많은 업적을 남겼다.

분트, 빌헬름(1832~1920) 독일의 심리학자이자 의학자이며 철학자이다. 1856년 하이델베르크 대학에서 의학 박사학위를 취득한 후 1857년 같은 대학에서 대학교수 자격을 취득한 후 1858년부터 1863년까지 헤르만 폰 헬름홀츠의 조수로 일하면서 생리학을 가르쳤다. 1864년에는 인간학 및 의료심리학 부교수가 되었고 1874년에는 취리히 대학의 귀납철학 담당 정교수가 되었다. 1875년에는 라이프치히 대학의 철학 정교수로 초빙되었는데, 그곳에 4년 후인 1879년 세계 최초의 실험심리학연구소를 설립하여 심리학을 하나의 독립적인 개별과학으로 제도화했고 향후 심리학을 이끌어갈 수많은 탁월한 제자를 길러냈다. 1883년에는 최초의 심리학 저널인『철학 연구』를 창간했다.

뷔허, 카를(1847~1930) 독일의 경제학자이다. 1870년 본 대학에서 철학 박사학위를 취득했고, 1881년 뮌헨 대학에서 경제학 대학교수 자격을 취득했다. 1882년에 도르파트 대학의 통계학 정교수가 되었으며, 1883년에 바젤 대학의, 1890년에 카를스루에 공대의 경제학 정교수가 되었으며, 1892년부터 1917년까지 라이프치히 대학의 경제학 교수로 재직했다. 특히 경제발전단계 이론으로 유명하고 노동사회학의 발전에도 크게 기여했으며, 1901년부터 1923년까지 『전(全) 국가 과학 저널』의 편집을 담당했다.

브라운, 하인리히(1854~1927) 독일의 사민주의적 사회정책가이자 저널리스트이다. 1881년 할레 대학에서 철학 박사학위를 취득했으나, 유대인이라는 점과 정치적 성향 때문에 학자로서의 길을 걸을 수 없었다. 1883년에 카를 카우츠키 및 빌헬름 리프크네히트(1826~1900) 등과 독일 사회민주당의 이론 기관지인 『신(新)시대』를 창간했으며, 1888년에 『사회입법 및 통계 저널』을 창간하고 1903년까지 편집을 담당했다(그해에 에드가 야페가 이 저널을 인수하고 1904년부터 막스 베버 및 베르너 좀바르트와 함께 편집을 담당했다). 1892~95년에 『사회정책 중앙신문』의, 1905~07년에 『신(新)사회』의 그리고 1911~13년에 『사회정책 및 입법 연보』의 편집인으로 활약했다.

브라이직, 쿠르트(1866~1940) 독일의 ─강한 사회학적 및 문화인류학적 지향을 보이는─ 역사학자이다. 1889년 베를린 대학에서 구스타프 슈몰러의 지도로 철학 박사학위와 1892년 같은 곳에서 대학교수 자격을 취득했다. 1896년에 베를린 대학의 역사학 부교수가 되었으며, 1923년부터 1934년까지 정교수로 재직했다.

비어만, 빌헬름 에두아르트(1878~1937) 독일의 경제학자이다. 1901년 라이프치히 대학에서 철학 박사학위와 1904년 같은 대학에서 대학교수 자격을 취득했다. 그해부터 같은 대학의 철학부에서 사강사로 경제학을 가르치기 시작했다. 1910년에 부교수로 승진했고, 1919년에 그라이프스발트 대학의 정교수가 되어 1929년까지 재직했다.

빈델반트, 빌헬름(1848~1915) 독일의 철학자이다. 1870년 괴팅겐 대학에서 철학 박사학위를 취득했고, 1873년 라이프치히 대학에서 대학교수 자격을 취득했다. 1876년에 취리히 대학의, 1877년에 프라이부르크 대학의, 1882년에 슈트라스부르크 대학의 정교수가 되었으며, 1903년부터 1915년까지 하이델베르크 대학의 정교수로 재직했다. 서남학파 신칸트주의의 창시자이며, 제자인 하인리히 리케르트와 함께 이 학파를 대표한다. 막스 베버의 방법론에 대해서도 중요한 의미를 갖는다.

빈딩, 카를(1841~1920) 독일의 법학자이다. 1863년 괴팅겐 대학에서 법학박사 학위를 취득했고, 1864년 하이델베르크 대학에서 대학교수 자격을 취득했다.

1866년에 바젤 대학의, 1870년에 프라이부르크 대학의, 1872년에 슈트라스부르크 대학의 공법학 정교수가 되었으며, 1873년부터 1913년까지 라이프치히 대학의 정교수로 재직했다. 이른바 "응보적 정의" 이론의 주창자로 알려져 있다.

빌라모비츠–묄렌도르프, 울리히 폰(1848~1931) 독일의 고전문헌학자이다. 1870년 베를린 대학에서 철학 박사학위를 취득했고, 1875년에 같은 대학에서 고전문헌학 대학교수 자격을 취득했다. 1876년부터 1883년까지 그라이프스발트 대학의, 1883년부터 1897년까지 괴팅겐 대학의, 그리고 1897년부터 1921년까지 베를린 대학의 정교수로 재직했다. 니체의 제자이며, 19세기와 20세기의 고전문헌학을 대표하는 인물 가운데 한 명으로 간주된다.

빙켈만, 요한 요아힘(1717~68) 독일의 예술사학자이자 고고학자이다. 1738년부터 1740년까지 할레 대학에서 신학을 공부한 후 1741년부터 1742년까지 예나 대학에서 의학을 공부했다. 1748년 유럽에서 가장 비중 있는 도서관 중 하나인 하인리히 뷔나우 백작(1697~1762)의 궁정도서관 사서로 일하면서 고대 그리스 문화를 연구했다. 1754년에 가톨릭으로 개종하고 로마로 건너가 조사연구와 저술에 전념하면서 고대 유물 및 유적 감독관으로 일했다. 1764년에 총 2권으로 출간된 주저 『고대 예술사』로 널리 알려져 있다. 과학적 고고학과 예술사의 창시자 가운데 한 사람이며, 그의 예술관은 헤르더, 레싱, 괴테, 헤겔 등에게 커다란 영향을 끼쳤다.

사비니, 프리드리히 카를 폰(1779~1861) 독일의 법학자이자 정치가이다. 1800년 마르부르크 대학에서 법학 박사학위를 취득했다. 1803년에 마르부르크 대학의 부교수가 되었고, 1808년에 란츠후트 대학의 로마사법 정교수가 되었다가 1810년에 베를린 대학의 로마법 정교수가 되어 1842년까지 재직했다. 1817년부터 1848년까지 프로이센 법무부의 추밀고문을 역임하는 등 프로이센의 정치와 개혁에 깊이 관여했다. 독일 역사학파 법학을 창시했으며, 동시에 국제사법의 창시자로 간주된다. 역사학파 법학에서도 로마법을 중시하는 로만주의의 대표자로서(역사학파 법학은 로마법을 중시하는 로만주의와 게르만법을 중시하는 게르만주의로 나누어진다), 주저인 『중세 로마법사』(총 7권, 1815~31)와 『오늘날의 로마법의 체계』(총 8권, 1840~49)로 잘 알려져 있다. 19세기 독일에서 가장 영향력 있는 법학자이며(그의 장례식에 프로이센 국왕이 모든 왕자를 대동하고 참석했다고 할 정도로 그가 독일에 대해 갖는 의의는 절대적이었다), 그림 형제의 낭만주의에도 커다란 영향을 끼쳤다.

쇼펜하우어, 아르투어(1788~1860) 독일의 철학자이다. 1804년부터 1807년까지 상인교육을 받았다. 1809년부터 괴팅겐 대학에서 의학과 철학을 공부했고, 1811년부터 베를린 대학에서 철학을 공부했는데, 처음에는 피히테와 슐라이어마허로부터 큰 감명을 받았으나 나중에는 실망으로 바뀌었다. 1813년 오스트리아, 프로이센, 러시아 연합군과 프랑스 사이에 전쟁이 일어나자 베를린을 떠나 잠시 바이마르에 머물다가 루돌슈타트로 가서「충족이유율의 네 겹의 뿌리에 관하여」라는 논문을 작성하여 예나 대학에 제출하여 그해 가을에 박사학위를 취득했다(이 첫 저작은 그의 사상의 기초가 되었다). 1813년부터 바이마르에 거주하면서 괴테와 교류했다. 1820년 베를린 대학에서 대학교수 자격을 취득한 후 1831년까지 사강사로 가르쳤다. 칸트의 선험적 관념론에 기반하면서 당시 독일 관념론의 이념을 거부하는 미학적·윤리적 형이상학을 구축했으며, 철학적 염세주의의 대표자로 간주된다. 니체, 프로이트, 실존철학자들 등 다양한 사상가에게 영향을 끼쳤다.

슈마이틀러, 베른하르트(1879~1959) 독일의 역사학자이다. 1902년 베를린 대학에서 철학 박사학위를 취득했고, 1909년 라이프치히 대학에서 대학교수 자격을 취득했다. 라이프치히 대학에서 1909년부터 1916년까지 사강사로, 1916년부터 1921년까지 중세사 및 근대사를 가르쳤다. 1921년에 에를랑겐 대학의 부교수가 되었고, 1926년에 정교수가 되었다. 1936년 강의 도중 히틀러를 비판했다는 이유로 조기에 퇴임했다.

슈몰러, 구스타프 폰(1838~1917) 독일의 경제학자이자 사회과학자이다. 1861년 튀빙겐 대학에서 국가과학 박사학위를 취득했다. 1864년에 대학교수 자격이 없어 할레 대학의 국가과학 부교수가 되었고 1865년에 정교수로 승진했다. 1872년에 슈트라스부르크 대학의 정교수가 되었고, 1882년에 베를린 대학의 정교수가 되어 1913년까지 재직했다. 1872년 사회정책학회가 창립하는 데에 주도적인 역할을 했으며 1890년부터 1917년까지 그 회장을 역임했다. 1881년부터『독일제국의 입법, 행정 및 민족경제 연보』의 편집자로 활동했으며(이는『독일제국의 입법, 행정 및 민족경제 슈몰러 연보』또는 간단히『슈몰러 연보』라고도 불린다), 1876년에『국가과학 및 사회과학 연구』라는 시리즈를 창간했다. 독일 역사학과 경제학의 제2세대를 대표하는 경제학자로서 1880년대에 오스트리아 이론경제학파의 창시자인 카를 멩거와 방법론 논쟁을 벌였다. 1884년부터 1917년까지 프로이센 왕국의 상원의원을 지냈다.

슈미트, 콘라트(1863~1932) 독일의 경제학자이자 철학자이며 저널리스트이다.

1887년 라이프치히 대학에서 경제학으로 박사학위를 취득했다. 1890년부터 『취리히 포스트』의 편집인으로 일했으나, 스위스에서 학자로서의 길을 걸을 수 있는 가능성이 보이지 않자 1895년에 베를린으로 돌아와 『전진』(사민주의 주간지)과 『사회주의 월간지』의 동인이 되었고, 1897년부터 1918년까지 자유민중무대의 단장을 역임했다(자유민중무대는 1890년 노동자와 민중을 위해 설립된 극장이다). 1919년에 베를린 공대에서 사회주의와 경제학을 가르치는 교수가 되었다. 처음에는 마르크스주의자였으나 점차로 경제결정론을 비판하고 신칸트주의적 관점으로 넘어가 노동운동의 윤리적 측면을 강조했다.

슈타인, 샤를로테 폰(1742~1827) 작센-바이마르 공국의 궁정여관(宮庭女官)으로서 15세부터 공국의 통치자인 공작의 모후를 섬겼다. 사랑 없는 결혼생활을 하던 그녀와 괴테와의 사이에 1775년부터(바로 이해에 괴테는 공국의 수도인 바이마르로 이주했다) 아주 강력하고 내밀한 우정이 발전하면서 두 사람은 1776년부터 1788년까지 거의 날마다 편지를 주고받았다. 괴테가 이탈리아 여행을 떠나면서 두 사람의 관계는 결렬되었다.

슈타인탈, 하이만(1823~99) 독일의 언어학자이자 철학자이다. 1847년 튀빙겐 대학에서 철학 박사학위를 취득한 후 1849년 베를린 대학에서 대학교수 자격을 취득하고 같은 대학에서 사강사로 일반 언어학과 신화학을 가르쳤다. 1852년부터 1855년까지 파리에서 중국학을 공부했다. 1863년부터 1893년까지 베를린 대학의 일반 언어학 부교수로 재직했다. 1860년에 모리츠 라차루스와 함께 『민족심리학 및 언어학 저널』을 창간하고 1890년까지 편집을 담당했다. 라차루스와 민족심리학의 공동 창시자로 간주된다.

슈탐러, 루돌프(1856~1938) 독일의 사회철학자이자 법철학자이다. 1877년 기센 대학에서 법학 박사학위를 취득했고, 1879년 라이프치히 대학에서 대학교수 자격을 취득했다. 1882년에 마르부르크 대학의 부교수가 되었고, 1884년에 기센 대학의 정교수가 되었으며, 1885년부터 1916년까지 할레 대학의, 1916년부터 1923년까지 베를린 대학의 정교수로 재직했다. 1913년에 『법철학 저널』을 창간했다. 마르부르크 신칸트학파(인식론과 다양한 개별과학의 논리의 정초를 추구한 신칸트학파)에 속했으며, 바로 이 토대 위에서 사회철학과 법철학을 개혁하고자 했다.

슈티페, 펠릭스(1845~98) 독일의 역사학자이다. 1867년 브레슬라우 대학에서 철학 박사학위를 취득했고, 1875년 뮌헨 대학에서 대학교수 자격을 취득했다.

1875년부터 뮌헨 공대에서 사강사로 가르치다가 1886년에 정교수가 되었다. 1896년부터 1898년까지 독일 역사학회 회장을 역임했다.

슈판, 오트마르(1878~1950) 오스트리아의 경제학자이자 사회학자이며 철학자이다. 1903년 튀빙겐 대학에서 국가과학 박사학위를 취득했고, 1907년에 브륀 공대에서 프리드리히 고틀의 지도로 대학교수 자격을 취득했다. 1909년에 빈 대학의 경제학 및 통계학 부교수가, 1911년에 정교수가 되었으며, 1919년부터 1938년까지 같은 대학의 경제학 및 사회학 정교수를 지냈다. 보편주의적·이상주의적 사회학을 주창했으며, 또한 국가와 사회를 직업 신분에 기반하여 재조직해야 한다는 신분제 국가 이론을 제시하여, 이른바 오스트리아 파시즘의 정신적 선구자로 간주된다.

슐라이어마허, 프리드리히 에른스트 다니엘(1768~1834) 독일의 개신교 신학자이자 철학자이다. 1787년부터 1790년까지 할레 대학에서 신학, 철학 및 고전문헌학을 공부했다. 1796년에 베를린 대학에서 박사학위를 취득했다. 1790년부터 1793년까지 가정교사로 일하고 1793년부터 1796년까지 부목사로 일하다가 베를린에서 병원 목사가 되었다. 이듬해인 1797년부터 낭만주의자들과 교유하기 시작했으며, 1799년 현대신학의 출생신고서와도 같은 『종교론』을 출간했다. 1804년에 할레 대학의 신학 부교수 겸 교목이 되었고 1806년에 정교수가 되었는데, 나폴레옹 군대가 할레를 점령하고 대학을 폐쇄하자 1807년 베를린으로 가서 1809년에 목사가 되었다. 빌헬름 폰 훔볼트, 피히테 등과 더불어 베를린 대학의 설립을 주도하고 1810년에 신학 정교수가 되어 1834년 세상을 떠날 때까지 가르쳤다. 1804년부터 1828년까지 20년 이상에 걸쳐 플라톤의 저작을 독일어로 번역했다. 현대신학의 아버지이자 해석학의 창시자로 간주되며, 신적 존재에 대한 인간의 "절대의존감정"이라는 종교의 정의로 잘 알려져 있다.

슐로서, 프리드리히 크리스토프(1776~1861) 독일의 역사학자이다. 1809년 기센 대학에서 철학 박사학위를 취득했다. 1812년 그해 프랑크푸르트에 설립된, 대학에 상응하는 교육기관인 "리체움 카롤리눔"의 역사학 및 철학 교수로 임용되면서 하이델베르크 대학의 초빙을 거절했다. 1814년 이 기관이 해체되면서 시립도서관 사서가 되었다. 1817년 하이델베르크 대학의 역사학 정교수가 되어 1852년까지 재직했다. 역사를 도덕의 학교로 보았으며, 계몽주의의 합리주의적 정신에 따라 보편적인 도덕적 원칙에 따라 역사를 평가했다.

아베나리우스, 리하르트(1843~96) 독일의 철학자이다. 1868년 라이프치히 대학에서 철학 박사학위를 취득한 후 1876년 같은 대학에서 대학교수 자격을 취득했다. 1877년에 빌헬름 빈델반트의 후임으로 취리히 대학의 철학 정교수가 되었다. 경험비판론의 창시자로 여겨지며(경험비판론에 대해서는 에른스트 마흐를 볼 것), 후설의 현상학에 커다란 영향을 끼쳤다.

아빌라의 성녀 테레사(1515~82) 스페인의 가톨릭 성녀이자 신비주의자이며 수도원 개혁가이다. 세파르디 유대인 가문 출신으로 1535년 아빌라에 소재하는 가르멜 수도회의 수녀가 되었으나, 1538년부터 1542년까지 중병을 앓았다. 1554년부터 신비한 영적 체험을 했다. 1562년에 초기 가르멜 수도회의 엄격한 정신을 부활시키기 위해 "맨발의 가르멜"을 창립했으며, 1562년부터 20년 동안 스페인 전역에 17개의 남녀 수도원을 세웠다. 1617년에 스페인의 수호성인이 되었고 1622년에 시성(諡聖)되었다. 신과의 합일을 추구하는 신비주의 사상가로도 명성이 높으며, 예수의 테레사라고 불리기도 한다.

아이스킬로스(기원전 525/4~기원전 456/5) 고대 그리스의 비극작가이다. 모두 90여 편의 비극을 쓴 것으로 전해지고 있으나 현재 남아 있는 것은 기원전 458년에 초연된 『오레스테이아』를 비롯해 일곱 편밖에 안 된다. 소포클레스 및 에우리피데스와 함께 그리스의 3대 비극작가로 꼽힌다.

야코비, 프리드리히 하인리히(1743~1819) 독일의 상인이자 철학자이다. 1759년부터 1762년까지 프랑크푸르트와 제네바에서 상인교육을 받았는데, 제네바에서는 독학으로 스피노자, 라이프니츠, 칸트 등의 철학을 공부했다. 1764년에 고향인 뒤셀도르프로 돌아와 아버지의 사업을 물려받았고 부유한 기업가 집안의 딸과 결혼했는데, 이 결혼으로 경제적인 안정을 얻게 되자 상인으로서의 삶을 접고 저술에 종사할 수 있게 되었다. 뒤셀도르프 근교에 있는 그의 농장(야코비 하우스)에서는 당대의 저명한 지식인들이 교류했다. 1772년부터 1779년까지 베르크 공국의 궁정재무국에서 그리고 1779년 팔츠-바이에른 선제후국의 내무부에서 고위 관리로 관세제도 및 통상제도의 개혁에 참여하는 등 정치에 관여하기도 했다. 1779년 고향인 뒤셀도르프로 돌아갔다. 1895년 뮌헨으로 이주했으며, 1807년부터 1812년까지 초대 바이에른 학술원장을 역임했다. 합리주의를 강하게 비판하고 감정철학을 주창했다. 특히 스피노자에게서 영향을 받고 니힐리즘이라는 말을 처음으로 사용했다.

야페, 에드가(1866~1921) 독일의 상인이자 경제학자이다. 1888년부터 1898년까지 아버지가 맨체스터에 설립한 섬유수출회사에서 상인으로 일했다. 1902년 하이델베르크 대학에서 철학 박사학위를 취득한 후 1904년 같은 대학에서 대학교수 자격을 취득했다. 1909년 하이델베르크 대학의 부교수가 되었고, 1910년에 뮌헨 상대의 화폐제도 및 금융제도 정교수가 되었다. 1918년 11월부터 1919년 4월까지 바이에른 공화국의 재무장관을 지냈다. 1903년 하인리히 브라운으로부터 『사회입법 및 통계 저널』을 인수하여 『사회과학 및 사회정책 저널』로 개칭하고 1904년부터 막스 베버 및 베르너 좀바르트와 공동으로 편집을 담당했다.

에빙하우스, 헤르만(1850~1909) 독일의 심리학자이다. 1873년 본 대학에서 철학 박사학위를 취득한 후 1880년 베를린 대학에서 대학교수 자격을 취득했다. 1886년 베를린 대학의 심리학 및 미학 부교수가 되었고, 1894년에 브레슬라우 대학의, 그리고 1905년에 할레 대학의 심리학 정교수가 되었다. 1890년에 『심리학 저널』을 창간하고 1910년까지 공동 편집인으로 활동했다(이것은 유럽에서 가장 오래된 그리고 전 세계에서 두 번째로 오래된 심리학 저널이다). 실험 기억심리학의 창시자로 평가받는다.

엘베시우스, 클로드 아드리앵(1715~71) 프랑스의 조세청부업자이자 철학자이다. 23세에 조세청부인이 되어 큰돈을 번 다음 35세에 그만두고 살롱을 열어 디드로, 달랑베르 등과 교류하면서 철학 연구에 몰두했다. 계몽주의 시대의 프랑스 감각론(경험론의 한 특수한 형태)과 유물론을 대표하는 이론가들 가운데 한 명으로 공상적 사회주의의 사상적 기초를 제공했으며, 일군의 마르크스주의자들에게도 영향을 끼쳤다.

엘젠한스, 테오도어(1862~1918) 독일의 심리학자이자 신학자이며 철학자이다. 1885년 튀빙겐 대학에서 철학 박사학위를 취득했다. 1891년부터 목사로 재직하면서 계속 철학을 연구했다. 1902년 하이델베르크 대학에서 대학교수 자격을 취득했다. 1908년에 드레스덴 공대의 철학 및 교육학 정교수가 되었다. 칸트에 대한 비판적인 논의를 전개했다.

예링, 루돌프 폰(1818~92) 독일의 법학자이다. 1840/41년 베를린 대학에서 법학 박사학위와 대학교수 자격을 취득했다. 1845년에 바젤 대학의, 1846년에 로스토크 대학의, 1849년에 킬 대학의, 1852년에 기센 대학의, 1868년에 빈 대학의, 그리고 1872년에 괴팅겐 대학의 정교수가 되었다. 이른바 개념법학의 창시자였으나, 후에는 이를 비판하고 목적이 모든 법의 창조자이며 각 개인의 이익이 그 목적임을 주창하는, 이른바 목적법학을 제시했다. 1872년에 나온 『권리를 위한 투쟁』으로 잘 알려져 있다.

옐리네크, 게오르그(1851~1911)   독일의 국가법학자(공법학자)이자 국제법학자이다. 1872년 라이프치히 대학에서 철학 박사학위를, 그리고 1874년 빈 대학에서 법학 박사학위를 취득했으며, 1879년과 1882년 빈 대학에서 각각 법철학과 일반 국가법 및 국제법 대학교수 자격을 취득했다. 1883년에 빈 대학의 국가법 부교수가 되었고, 1889년에 바젤 대학의 정교수가 되었으며, 1891년부터 세상을 떠나는 1911년까지 하이델베르크 대학의 국가법, 국제법 및 정치학 정교수로 재직했다. 종래의 형이상학적 국가론을 극복하고 실증주의적 국가론을 전개하였다(그의 법사상은 법실증주의라고 불린다). 1890년대부터 막스 베버와 절친한 관계를 유지했으며 과학적으로 그에게 커다란 영향을 끼쳤다.

오일렌부르크, 프란츠(1867~1943)   독일의 경제학자이자 사회학자이다. 1892년 베를린 대학에서 구스타프 폰 슈몰러의 지도로 철학 박사학위를 취득했으며, 1899년 라이프치히 대학에서 카를 뷔허의 지도로 대학교수 자격을 취득했다. 1899년부터 1905년까지 라이프치히 대학에서 사강사로, 1905년부터 1917년까지 같은 대학에서 부교수로 있었으며, 1917년에 아헨 공대의, 1919년에 킬 대학의 정교수가 되었으며, 1921년부터 1935년까지 베를린 상대의 정교수로 재직했다. "경제학 없는 사회학은 맹목적이고, 사회학 없는 경제학은 공허하다"라고 말할 만큼 경제학과 사회학의 결합을 강조했다.

유스티니아누스(482~565)   동로마제국의 황제(재위 527~565)이다. 다양한 제도를 정비하고 로마를 비롯한 서로마제국의 상당 부분을 회복하여 동로마제국의 전성기를 구가했다. 제국의 정치적 통일을 위해 동방교회와 서방교회의 통일에 노력했다. 고대 로마제국에서 중세 비잔틴 제국으로 이행하는 과정에서 아주 결정적인 역할을 했다. 동로마제국의 가장 위대한 황제들 가운데 한 명으로 유스티니아누스 대제로 불리며(동방정교회에서는 성[聖]유스티니아누스 대제라고 불린다), 『로마법대전』 또는 『유스티니아누스 대법전』으로 불리는 법전의 편찬으로 잘 알려져 있다.

제임스, 윌리엄(1842~1910)   미국의 철학자이자 심리학자이다. 1855년부터 1860년까지 유럽에서 학창시절을 보냈는데, 이때 베를린 대학에서 에밀 하인리히 뒤부아-레이몽의 강의를, 하이델베르크 대학에서 헤르만 폰 헬름홀츠와 빌헬름 분트의 강의를 들었다. 1869년 하버드 대학에서 의학 박사학위를 취득했다. 1873년에 하버드 대학의 해부학 및 생리학 강사가 되었고, 1876년에 같은 대학의 심리학 조교수가 되어 미국에서 최초로 실험 심리학을 강의했다. 1881년에 철학 조교수가 되었고 1885년에 정교수로 승진했다. 미국 심리학의 아버지이자 찰스 퍼스와 더불어 실용주의의 창시자로 평가받는다.

존, 빈센츠(1838~1900) 오스트리아의 통계학자이자 경제학자이다. 프라하 대학에서 법학 박사학위를 취득한 후 여러 해 동안 다른 일에 종사하다가 라이프치히 대학, 할레 대학 등에서 경제학과 통계학을 공부하여 1881년에 베른 대학의, 그리고 1884년에 프라하 대학의 경제학 및 통계학 사강사가 되었다. 1885년에 체르노비츠 대학의 통계학 및 경제학 부교수가 되었고, 1888년에 인스브루크 대학의 통계학 및 행정학 부교수가 되었다가 1890년에 정교수로 승진하여 세상을 떠나는 1900년까지 재직했다.

졸라, 에밀(1840~1902) 프랑스의 작가이자 저널리스트이며 자연주의 문학의 창시자이자 주도적인 인물이다. 제2제정기의 프랑스 사회를 묘사한 총 20권의 연작소설『루공 마카르 총서』로 유명하며, 1898년 드레퓌스 사건이 일어났을 때에는 억울하게 반역죄로 몰린 드레퓌스를 적극적으로 옹호함으로써 참여 지식인의 표상이 되었다. 그해 대통령에게 저 유명한 공개서한 「나는 고발한다」를 보냈다.

좀바르트, 베르너(1863~1941) 독일의 경제학자이자 사회학자이다. 1888년 베를린 대학에서 구스타프 슈몰러의 지도로 철학 박사학위를 취득했다. 2년간 브레멘 상공회의소의 법률고문으로 일한 뒤, 1890년에 브레슬라우 대학의 국가과학 정교수가 되었고, 1906년 베를린 상경대학 국가과학 정교수가 되었으며, 1917년부터 1931년까지 베를린 대학의 국가과학 정교수로 재직했다. 1904년부터 1920년까지 에드가 야페 및 막스 베버와『사회과학 및 사회정책 저널』의 편집을 담당했으며, 1932년부터 1936년까지 "사회정책학회"의 마지막 회장을 역임했다(이 학회는 1872년에 창립되어 1936년에 해체되었다).

짐멜, 게오르그(1858~1918) 독일의 철학자이자 사회학자이다. 1881년 베를린 대학에서 철학 박사학위를 취득했고, 1885년 같은 곳에서 대학교수 자격을 취득했다. 1885년부터 베를린 대학 철학부에서 사강사로 가르치기 시작해 1900년에 부교수가 되었으며, 1914년에 슈트라스부르크 대학의 철학 정교수가 되었다. 탁월한 과학적 업적에도 불구하고 유대인이라는 점, 국가와 교회를 중심으로 하던 당시의 국가과학 및 사회과학에 정면으로 배치되는 사회학적 사고를 한 점 등으로 인해 비정상적으로 오랫동안 사강사 지위에 머물러 있었고, 아주 오랜 기간을 무급의 부교수로 재직했으며, 세상을 떠나기 불과 4년 전에 정교수가 되는 등 독일 학계의 주변인, 아니 이방인이었다. 에밀 뒤르케임 및 막스 베버와 더불어 현대

사회학의 창시자로 간주되며, 막스 베버 등과 함께 독일 사회학회의 창립을 주도했다.

츄프로프, 알렉산더(1874~1926) 러시아의 통계학자이자 경제학자이다. 1896년 확률론으로 모스크바 대학에서 박사학위를 취득한 후 1897년부터 독일로 건너가 베를린 대학과 슈트라스부르크 대학에서 경제학을 공부하고 1901년에 박사학위를 취득했다. 1902년부터 1917년까지 상트페테르부르크 공대의 통계학과 교수를 지냈으며, 1917년부터 1920년까지 스톡홀름 통계청에서 일했다. 1920년에 드레스덴에서 재야학자로 살다가 1925년에 프라하 소재의 러시아 대학의 교수가 되었으나 그 이듬해인 1926년에 세상을 떠났다.

카르예예프, 니콜라이(1850~1931) 러시아의 역사학자이다. 1884년 모스크바에서 역사학으로 박사학위를 취득한 후 바르샤바와 상트페테르부르크에서 유럽 현대사를 가르쳤다. 세미 실증주의적 역사관을 대변한다.

카우츠, 줄러[또는 율리우스](1829~1909) 헝가리의 경제학자이자 은행가이며 정치가이다. 1850년 페스트 대학에서 법학 박사학위를 취득한 후 독일로 건너가 한 해 동안 베를린 대학, 하이델베르크 대학, 라이프치히 대학에서 경제학을 공부했다. 1853년에 오라데아 법대의 오스트리아 재정법 및 경제학 부교수가 되었고, 1857년에 부다 공대의 그리고 1863년에 페스트 대학의 경제학 및 국가법 정교수가 되었다. 1883년에 오스트리아-헝가리 은행의 부총재가 되었고, 1892년에 총재가 되었다. 1865년부터 1883년까지 헝가리 제국의회 의원을 지냈으며, 1885년에 헝가리 종신 귀족원에 선출되었다. 고전경제학과 독일 역사학파 경제학의 영향을 받았다.

캘킨스, 메리 휘튼(1863~1930) 미국의 심리학자이자 철학자이다. 여자대학인 스미스 칼리지에서 고전학과 철학을 공부한 다음 1887년에 역시 여자대학인 웰즐리 대학에서 그리스어 튜터로 일하다가 1889년부터 1890년까지 그리스어 강사로 그리고 1891년부터 1894년까지 심리학 강사로 가르쳤다. 1892년부터 1895년까지 하버드 대학에서 후고 뮌스터베르크 및 윌리엄 제임스와 함께 일했는데, 1895년 여성이라는 이유로 같은 대학에서 박사학위가 거절되었다. 1898년 웰즐리 대학의 철학 심리학 교수가 되어 1929년까지 가르쳤다. 1891년 여자대학 최초의 심리학 실험실을 설립했으며, 여성 최초로 미국 심리학회장과 미국 철학회장을 지냈다.

케틀레, 아돌프(1796~1874) 벨기에의 천문학자이자 수학자이며 통계학자이다.

1819년 겐트 대학에서 박사학위를 취득했다. 1828년에 왕립천문대를 설립하고 그 대장을 지냈으며, 1836년에 왕립 아카데미 군사학교의 천문학 및 수학 교수가 되었다. 1841년에 벨기에 중앙통계심의회의 회장에 임명되어 종신토록 재직했으며, 1853년에 제1차 국제통계회의를 조직했다. 근대 통계학의 아버지로, 그리고 인체측정학의 창시자로 간주되며, "사회물리학"과 "평균인" 개념으로 잘 알려져 있다.

콩스탕, 뱅자맹(1767~1830) 스위스 태생의 프랑스 작가이자 정치가이며 정치사상가이다. 영국의 옥스퍼드 대학과 에든버러 대학 그리고 독일의 에를랑겐 대학에서 공부했다. 나폴레옹 치하에서 1799년부터 1802년까지 호민관을 지냈으나, 나폴레옹이 자유주의를 탄압하자 스위스와 독일로 망명했다가 1814년에 파리로 돌아왔다. 1818년부터 1830년 세상을 떠날 때까지 국회의원을 지냈다. 정치적 · 종교적 주제에 대한 에세이와 낭만적 사랑에 대한 소설 그리고 자전적 글을 썼다. 문학적으로는 개인주의(개인의 내면적 자유)를, 정치적으로는 자유주의를 추구했다(프랑스 대혁명기의 대표적인 자유주의자이다).

크니스, 카를(1821~98) 독일의 경제학자로서 빌헬름 로셔 및 브루노 힐데브란트와 더불어 독일 역사학파 경제학의 제1세대를 대표하며 이론적이지 않은—역사적으로 지향된—이 학파의 이론가로 평가받는다. 1846년 마르부르크 대학에서 역사학과 국가과학 박사학위를 취득했는데 그의 박사학위 논문이 대학교수 자격 취득 논문으로도 인정되었다. 1851년부터 1852년까지 같은 대학에서 사강사로 가르쳤고 1855년에 프라이부르크 대학의 재정학 정교수가 되었으며, 1865년에 하이델베르크 대학의 국가과학 정교수가 되어 1896년까지 재직했다. 1897년에 막스 베버가 그의 후임자가 되었다.

크로체, 베네데토(1866~1952) 이탈리아의 철학자, 역사학자, 문학자이며 정치가이다. 나폴리 대학에서 법학을 공부했지만 졸업은 하지 않았는데, 이 시기에 역사유물론에 대한 광범위한 독서를 했다. 1903년에 『비평』이라는 철학 저널을 창간하고 1937년까지 편집을 담당함으로써 이탈리아 정신세계에 커다란 영향을 끼쳤다. 1910년부터 1946년까지 상원의원을, 1920년부터 1921년까지 교육부 장관을, 그리고 1943년부터 1947년까지 이탈리아 자유당 총재를 지냈다. 헤겔에 접목하는 관념론 철학을 추구했으며, 당시 이탈리아에서 지배적인 위치를 차지하던 실증주의를 극복하고자 했다. 자유주의자로서 파시즘에 저항했다.

크리스, 요하네스 폰(1853~1928) 독일의 생리학자이다. 1876년 라이프치히 대학에서 의학 박사학위를 취득한 후 1878년 같은 대학에서 생리학 대학교수 자격을 취득했다. 1880년 프라이부르크 대학의 부교수가 되었고, 1883년에 정교수로 승진하여 1924년까지 재직했다. 생리학 이외에도 논리학과 인식론에 대한 중요한 연구업적을 남겼으며, 막스 베버의 방법론에도 커다란 영향을 끼쳤다.

클링거, 막스(1857~1920) 독일의 화가이자 판화가이며 조각가이다. 카를스루에 미술대학과 베를린 미술대학에서 공부했다. 1883년부터 1885년까지 브뤼셀과 파리에, 1888년부터 1893년까지 뮌헨과 로마에 거주하다가 1893년에 라이프치히 근교에 정착하여 1920년 세상을 떠날 때까지 살았다. 1895년 빈 미술대학의 초빙을 거절했다. 환상적이고 몽환적인 작품을 추구한 상징주의 예술가로 잘 알려져 있다.

키스티아콥스키, 테어도어(1868~1920) 러시아의 법학자이자 사회철학자이다. 1898년 슈트라스부르크 대학에서 박사학위를 취득한 후 1903년 모스크바 대학에서 대학교수 자격을 취득했다. 1906년부터 1909년까지 모스크바 상대에서, 그리고 1909년부터 1911년까지 모스크바 대학에서 사강사로 가르쳤다. 1911년부터 1917년까지 야로슬라블 소재의 ─ 대학에 상응하는 교육기관인 ─ 리체움의 공법 교수로 재직하다가 1918년부터 1920년까지 키예프 대학의 국가법 교수로 재직했다. 1905년 초부터 막스 베버와 밀접한 관계를 유지했다.

테미스토클레스(기원전 524?~기원전 459?) 고대 아테네의 군인이자 정치가이다. 아테네를 그리스 최강의 해군국가로 만들었고 기원전 480년 살라미스 해전에서 이 함대가 주력이 된 그리스 연합함대를 지휘하여 페르시아 해군을 격파하여 페르시아 전쟁이 종식되는 데 결정적인 역할을 했다. 아테네 민주주의의 선구자로 평가받는다.

텐, 이폴리트(1828~93) 프랑스의 역사학자이자 역사철학자이다. 1853년 소르본 대학에서 박사학위를 취득하고 가정교사로 일하다가 1864년에 그랑제콜(엘리트 교육기관)의 하나인 파리고등미술학교의 미학 및 예술사 교수가 되어 1883년까지 가르쳤다. 19세기 프랑스 실증주의의 대표자 가운데 한 명으로서 인종, 환경, 시대의 세 가지 요소가 예술작품을 결정한다는 실증주의적 예술이론을 제시했다.

투키디데스(기원전 455년경~기원전 400년경) 고대 그리스의 역사서술가이다. 펠로폰네소스 전쟁(기원전 431년부터 기원전 404년까지 아테네와 스파르타 사이에 벌어진 전쟁)을 기원전 411년까지 기록한 역사서인 『펠로폰네소스 전쟁사』의 저자이다. 역사서술에서 신들의 개입을 배격하고 엄격한 기준에 따라 증거를 수집하고 인과적인 분석을 함으로써 과학적 역사서술의 아버지로 평가받는다("내가 기술한 역사에는 설화가 없어서 듣기에 재미가 없을 것이다. 그러나 과거사에 관해 그리고 인간의 본성에 따라 언젠가는 비슷한 형태로 반복될 미래사에 관해 명확한 진실을 알고 싶어 하는 사람은 내 역사기술을 유용하게 여길 것이며, 나는 그것으로 만족한다." 『펠로폰네소스 전쟁사』 중).

트라이치케, 하인리히 폰(1834~96) 독일의 역사학자이자 정치가이며 정치평론가이다. 1854년 라이프치히 대학에서 빌헬름 로셔의 지도로 철학 박사학위를 취득한 후 1858년 같은 대학에서 역시 빌헬름 로셔의 지도로 국가과학 대학교수 자격을 취득했다. 1859년부터 라이프치히 대학에서 사강사로 가르치다가 1863년에 프라이부르크 대학의 국가과학 부교수가 되었고, 1866년에 킬 대학의 역사학 및 정치학 정교수가 되었고, 1867년에 하이델베르크 대학의 정교수가 되었으며, 1873년에 레오폴트 폰 랑케의 후임으로 베를린 대학의 정교수가 되었다(원래 바젤 대학의 야코프 부르크하르트를 초빙하려고 했으나, 거절했다). 1871년부터 1878년까지 국민자유당 소속의 그리고 1879년부터 1884년까지 무소속의 제국의회 의원을 지내면서 비스마르크의 이념과 정책을 지원했다. 당시 독일에서 가장 유명하고 가장 많이 읽힌 역사학자이자 정치평론가였다.

파벨 1세(1754~1801) 러시아의 황제(재위 1796~1801)이며 표트르 3세와 예카테리나 2세의 아들로 어머니의 뒤를 이어 황위에 올랐다. 강력한 전제정치를 펼쳤으나 난폭한 행위와 — 예카테리나 2세가 귀족들에게 부여한 특권을 폐지하는 등 — 반(反)귀족정책으로 인해 1801년 귀족을 중심으로 하는 궁정반란이 일어나 피살되었다.

포를렌더, 카를(1860~1928) 독일의 철학자이자 교육학자이다. 1883년 마르부르크 대학에서 철학 박사학위를 취득하고 김나지움 교사를 지냈다. 1887년에 김나지움 교수 및 장학관이 되었으며, 1919년에 뮌스터 대학의 명예교수가 되었다. 사회주의와 마르부르크학파 신칸트주의를 결합하려고 했으며, 『순수이성비판』을 비롯한 칸트 저작의 편집자로 잘 알려져 있다.

포슬러, 카를(1872~1949) 독일의 라틴 문헌학자이자 문학사학자이다. 1897년 하이델베르크 대학에서 철학 박사학위를 취득한 후 1900년 같은 대학에서 라틴 문헌학으로 대학교수 자격을 취득했다. 1902년 하이델베르크 대학의 부교수가 되었고, 1909년 뷔르츠부르크 대학의 정교수가 되었으며, 1911년에 뮌헨 대학의 정교수가 되었으나 정년을 2년 앞둔 1937년에 정치적인 이유로 해직되었으나 제2차 세계대전 이후인 1945년에 복직하여 1947년까지 재직했다. 20세기 전반부의 탁월한 라틴 문헌학자들 가운데 한 명이었으며, 단테의 『신곡』 번역은 오늘날에도 표준번역으로 간주된다.

프리드리히 2세(1712~86)   프로이센의 국왕(재위 1740~86)이다. 일련의 전쟁(슐레지엔 전쟁[제1차: 1740~42/제2차: 1744/45], 7년전쟁[1756~63] 등)을 통해 프로이센을 유럽의 군사대국으로 만들었다. 계몽전제군주로 광범위한 개혁정책을 통해 위로부터의 근대화를 추진하고 과학과 예술을 장려했다. 흔히 프리드리히 대왕으로 불린다.

프리드리히 빌헬름 4세(1795~1861)   프로이센의 국왕(재위 1840~61)이다. 1857년 정신병에 걸려 후에(1871년) 독일제국의 초대 황제가 되는 동생 빌헬름(1797~1888)에게 국사를 넘겼으며 1858년에는 섭정이 되었다. 1848년 5월에 소집된 프랑크푸르트 국민회의가 1849년 4월에 프로이센의 국왕이던 그를 독일 황제로 선출했으나 대관을 거절했다.

피셔, 프리드리히 테오도어(1807~87)   독일의 작가이자 문학자이며 미학자이다. 1832년 튀빙겐 대학에서 신학 박사학위를 취득한 후 1836년 같은 대학에서 대학교수 자격을 취득했다. 1837년에 튀빙겐 대학의 미학 및 독일 문학 부교수가 되었다. 1844년에 정교수가 되었으나, 그 이듬해인 1845년에 행한 취임강연에서 범신론을 고백했다는 이유로 1847년까지 정직되었다(급여는 그대로 받았다). 1855년부터 취리히 공대에서 정교수로 미학과 독일 문학을 가르치다가 1866년에 다시 튀빙겐 대학의 정교수로 초빙되었다. 헤겔 철학에 입각하여 예술은 미의 주관적·객관적 실현으로서 객관적 예술인 조형미술, 주관적 예술인 음악, 주객관적 예술인 문예로 나뉘며 변증법적으로 전개된다는 미학이론을 주창했다.

피어칸트, 알프레트(1867~1953)   독일의 철학자이자 사회학자이며 인류학자이다. 1892년 라이프치히 대학에서 물리학으로 철학 박사학위를 취득한 후 1894년 브라운슈바이크 공대에서 지리학 대학교수 자격을 취득했다. 1900년에 베를린 대학의 인류학 사강사가 되었으며, 1921년에 같은 대학의 사회학 및 철학 부교수가 되었고 1925년에 정교수가 되어 1934년까지 가르쳤다. 현상학적 관점에서 짐멜의 형식사회학을 계승하고 발전시켰다.

피히테, 요한 고틀리프(1762~1814)   독일의 철학자이다. 1780년부터 예나 대학과 라이프치히 대학에서 신학과 철학 및 법학을 공부하기 시작했으나 재정적인 문제로 중단하고 1784년부터 오랫동안 여러 도시에서 가정교사로 일했다. 1794년에 예나 대학의 철학 교수가 되었으나 1799년 무신론자라는 혐의로 교수직을 박탈당하고 베를린으로 가서 재야학자로 활동하면서 대중을 위한 강의를 했다. 1805년 에를랑겐 대학의 객원교수가 되었으나 단 1학기밖에 가르치지 못했다. 1806년 쾨니히스베르크 대학의 정교수가 되었다. 베를린 대학이 창립하는 데 결정적인 역할을 하고 1809년부터 1814년 세상을 떠날 때까지 정교수로 재직했다. 1811년에는 제2대 총장이자 베를린 대학 역사상 최초로 선출된 총장이 되었다. 셸링 및 헤겔과 더불어 독일 관념론을 대표하며, 칸트의 이원론을 극복하기 위해 절대적 자아의 철학을 전개했다. 철학적 관점에서 최초로 사회주의를 제시한 사상가이며, 나폴레옹 점령하의 베를린에서 1807년 12월부터 1808년 3월까지 행한 강연 「독일 국민에게 고함」으로 잘 알려져 있다.

하르트만, 루도 모리츠(1865~1924) 오스트리아의 역사학자이자 정치가이다. 1887년 베를린 대학에서 철학 박사학위를 취득한 후 1889년 빈 대학에서 고대사 및 중세사 대학교수 자격을 취득했다. 1889년부터 빈 대학에서 사강사로 가르치다가 1918년에 부교수가 되었고 1922년에 정교수가 되었다. 1901년부터 오스트리아 사민당에 가입한 후 주독일 대사와 하원의원 및 상원의원을 지냈다.

하르트만, 에두아르트 폰(1842~1906) 독일의 철학자이다. 1858년부터 직업 군인의 길을 걸었으나 무릎 부상으로 인해 1865년 퇴역하고 1867년 로스토크 대학에서 철학 박사학위를 취득했다. 1869년에 나온 첫 저작 『무의식의 철학』이 큰 성공을 거둔 후(이 책은 독일에서 염세주의 논쟁을 불러일으켰다) 라이프치히, 괴팅겐 및 베를린 대학으로부터 교수직의 제안이 있었으나 누워서 일을 해야 하기 때문에 모두 거절하고 평생을 재야학자로 살았다. 지크문트 프로이트와 카를 구스타프 융의 정신분석학에도 영향을 끼쳤다.

한니발(기원전 247~기원전 183) 카르타고의 군인이자 정치가이다. 제2차 포에니 전쟁(기원전 218~기원전 201)의 카르타고군의 총지휘관으로 알프스 산맥을 넘어 이탈리아 반도로 진격하여 로마군을 격파했다. 세계사에서 가장 위대한 군사 지도자 가운데 한 명으로 평가받는다.

함페, 카를(1869~1936) 독일의 역사학자이다. 1893년 베를린 대학에서 철학박사 학위를 취득했고, 1898년 본 대학에서 대학교수 자격을 취득했다. 1903년에 하이델베르크 대학의 중세사 및 근대사 정교수가 되었으나 1933년 나치가 정권을 잡자 1934년 교수직을 사임하고 사적 삶으로 물러나는 이른바 "내적 망명"의 길을 택했다. 당대 가장 탁월한 중세사 연구자 가운데 한 명으로 간주된다.

헤겔, 게오르그 빌헬름 프리드리히(1770~1831) 독일의 철학자이다. 1778년부터 1793년까지 튀빙겐 대학에서 철학과 신학을 공부하고 1793년부터 1799년까지 베른과 프랑크푸르트에서 가정교사로 일했다. 1801년 예나 대학에서 대학교수 자격을 취득한 후 사강사로 가르치다가 1805년에 부교수가 되었다. 1806년 예나 가 나폴레옹에 의해 점령당하자 이 도시를 떠나 생계를 위해 1807년 『밤베르크 신문』의 편집장이 되었으며, 1808년 뉘른베르크 소재 김나지움의 교장이 되었다. 1816년에 하이델베르크 대학의 교수가 되었으며, 1818년에 피히테의 후임으로 베를린 대학의 교수가 되었고 1829년에 총장이 되었다. 프로이센 왕국의 국가철학자의 역할을 하고 "교수 중의 교수"로 불리면서 독일 철학계에 절대적인 영향력을 행사했다. 피히테 및 셸링과 더불어 독일 관념론의 대표자로서 전자의 주관적 관념론과 후자의 객관적 관념론을 총합하여 절대적 관념론을 구축했으며, 칸트의 구성론적 인식론에 대비되는 유출론적 인식론을 제시했다.

헤르바르트, 요한 프리드리히(1776~1841) 독일의 철학자이자 심리학자이며 교육학자이다. 1794년부터 예나 대학에서 법학과 철학 및 문학을 공부하다가 중단하고 1797년부터 1800년까지 스위스에서 가정교사로 일했는데, 이때의 경험이 교육자로서의 그의 생애에 결정적인 영향을 주었다(1798년에는 페스탈로치를 만나기도 했다). 1802년 5월 괴팅겐 대학에서 철학 박사학위를, 그리고 불과 한 한기 뒤에는 대학교수 자격을 취득한 후 사강사로 가르쳤다. 1805년에 괴팅겐 대학의 철학 부교수가 되었고, 1809년에 칸트의 후임으로 쾨니히스베르크 대학의 철학 및 교육학 정교수가 되었다. 헤겔의 후임으로 베를린 대학으로 가고자 했으나 성사되지 않고 1833년에 '친정'인 괴팅겐 대학의 철학 교수직 초빙을 받아들였다. 계몽주의 심리학을 대표하는 이론가로서 표상심리학을 제창하여 심리학이 형이상학적이고 사변적인 단계를 벗어나 엄밀한 경험과학으로 발전하는 데 결정적인 역할을 했다(표상심리학은 인간의 모든 정신적 현상을 표상의 결합이나 융합 또는 복합으로 설명하고자 한다). 후계자들에 의해 헤르바르트학파가 형성되어 독일어권을 넘어서 세계 각국의 교육계에 큰 영향을 주었다.

헬름홀츠, 헤르만 폰(1821~94) 독일의 생리학자이자 물리학자이며 철학자이다. 1842년 베를린 대학에서 의학 박사학위를 취득하고 1843년부터 1848년까지 군의관으로 근무했다. 1849년에 쾨니히스베르크 대학의 생리학 부교수가 되었고, 1851년에 정교수가 되었다. 1855년 본 대학의 해부학 및 생리학 정교수가 되었고, 1858년 하이델베르크 대학의 생리학 정교수가 되었으며, 1871년 베를린 대학의 물리학 정교수가 되어 1887년까지 가르쳤다. 1888년 그 한해 전에 설립된 "제국물리기술연구소"의 초대 소장이 되었다(이 연구소는 이후 조직적 과학연구의 전범이 되었다). 해부학, 생리학, 전기역학, 유체역학, 열역학, 전기화학, 열화학, 광학, 음향학, 기상학, 인식론, 기하학 등 실로 광범위한 분야에서 왕성하게 활동했다. 당시 가장 다양한 분야의 자연과학을 포괄하는 학자 가운데 한 명이었으며, "물리학의 제국총리"라고 불렸으며, 현대 음향학의 창시자로 간주된다.

헬몰트, 한스 페르디난트(1865~1929) 독일의 역사학자이자 저널리스트이다. 1884년부터 라이프치히 대학과 본 대학에서 문헌학과 역사학을 공부했고 1892년 라이프치히 대학에서 카를 람프레히트의 지도로 박사학위를 취득했다. 1893년부터 편집인, 저널리스트 및 정치 평론가로 활동했다. 1899년부터 1907년까지 총 9권으로 발행된 『세계사』의 편집을 담당했으며, 또한 1894년부터 1919년까지 『세계사 계간지』를 편집했다.

헬파흐, 빌리(1877~1955) 독일의 심리학자이자 의학자이며 정치가이다. 1899년 라이프치히 대학에서 빌헬름 분트의 지도로 철학 박사학위를 취득했다. 1903년 하이델베르크 대학에서 분트의 제자이자 현대 정신병학의 아버지로 간주되는 에밀 크레펠린(1856~1926)의 지도로 의학 박사학위를 취득했다. 1904년부터 1922년까지 카를스루에에서 신경과 개업의로 일하면서 1906년에 카를스루에 공대에서 대학교수 자격을 취득하여 1911년에 같은 대학의 부교수가 되었다. 1920년에 카를스루에 공대의 응용심리학 정교수이자 그곳에 독일 최초로 창립된 사회심리학과의 학과장이 되었다. 1918년 독일 민주당에 가입했고, 1922년부터 1925년까지 바덴주의 교육부 장관을 역임하는 동시에 1924년부터 1925년까지 주지사를 지냈다. 1928년부터 1930년까지 독일 민주당 국회의원을 지냈으며, 1925년에는 바이마르 공화국 대통령에 입후보하기도 했다.

호프만, 한스(1848~1909) 독일의 작가이다. 1871년 할레 대학에서 철학 박사학위를 취득했다. 1872년에 김나지움 교사가 되었으나, 별로 흥미를 느끼지 못했고 이탈리아, 그리스, 터키 등을 여행하느라고 자주 휴직을 했다. 1879년부터 프리랜서 작가로 지냈다. 1884년부터 1886년까지 베를린에서 발행하는 주간지 『독일 삽화신문』의 주필을 역임했으며, 1902년에 바이마르에 소재한 "독일 실러 재단"의 사무총장이 되었다.

후설, 에드문트(1859~1938) 독일의 철학자이다. 1882년 빈 대학에서 철학 박사학위를 취득한 후 1887년 할레 대학에서 대학교수 자격을 취득했다. 그로부터 무려 14년 동안 같은 대학에서 사강사로 가르치다가 1901년에 괴팅겐 대학의 부교수가 되었고 1906년에 원외 정교수가 되었다. 1916년에 하이델베르크 대학의 정교수로 초빙된 하인리히 리케르트의 후임으로 프라이부르크 대학의 정교수가 되어 1928년까지 재직했다. 유대인이라는 이유로 1933년 교수 지위를 박탈당했다가 제1차 세계대전에서 전사한 아들로 인해 다시 수여받았다가 1936년 최종적으로 박탈당했다. 20세기에 가장 영향력이 강한 철학사조로 간주되는 현상학의 창시자이다.

훔볼트, 빌헬름 폰(1767~1835) 독일의 철학자이자 교육학자이며 정치가이다. 프랑크푸르트 대학과 괴팅겐 대학에서 법학을 공부했다. 1802년부터 1808년까지 교황청 주재 프로이센 변리공사를 역임하고 1808년부터 1810년까지 프로이센 내무부의 교육문화부서 책임자로 재직하고 1810년부터 1815년까지 빈 주재 프로이센 대사를 역임하는 등 프로이센의 정치에 깊이 관여했다. 1815년의 빈 공회에서는 프로이센의 제2인자로 활약했다. 프로이센 내무부의 교육문화부서 책임자로 일하면서 1809년에 베를린 대학이 창립되는 데 주도적인 역할을 했는데, 이 대학이 내세운 신인문주의적 교육이념(인간의 이성과 자유 그리고 전인적 인격의 형성을 추구하는 교육이념)은 이후에 설립되는 독일 대학들에 전범이 되었다. 현재 이 대학은 훔볼트 대학으로 불리는데, 이는 그와 그의 동생 알렉산더 폰 훔볼트(1769~1859)에서 온 것이다. 1820년부터 세상을 떠나는 1835년까지 언어철학 및 비교언어학 연구에 몰두했다.

힌네베르크, 파울(1862~1934) 독일의 역사학자이자 저널리스트이다. 1888년 할레 대학에서 철학 박사학위를 취득했다. 1885년부터 레오폴트 폰 랑케의 개인비서로 일했고, 그의 사후인 1886년에 『세계사』 제7권을 펴냈다(총 9권으로 랑케 생전에 1~6권이, 사후에 7~9권이 나왔다). 1892년부터 1923년까지 『독일 문헌신문』의 편집을 담당했으며, 또한 총 61권으로 기획되고 1905년부터 1926년까지 여러 권이 출간된 백과사전 『현대 문화』의 편집을 담당했다.

힌체, 오토(1861~1940) 독일의 역사학자이다. 1884년 베를린 대학에서 철학박사학위를 취득했고, 1895년 같은 대학에서 하인리히 폰 트라이치케와 구스타프 슈몰러의 지도로 대학교수 자격을 취득했다. 1899년에 베를린 대학의 역사학 부교수가 되었고, 1902년에 같은 대학의 헌법사, 행정사, 경제사 및 정치학 정교수가 되었으나 건강상의 이유로 1920년에 사임했다. 1920년대에 막스 베버의 저작에 대한 상세한 서평을 쓰기도 했다.

힐데브란트, 브루노(1812~78)　독일의 경제학자이자 통계학자로서 빌헬름 로셔 및 카를 크니스와 더불어 독일 역사학파 경제학의 제1세대를 대표한다. 1836년 브레슬라우 대학에서 역사학 박사학위를 취득했고 그해 같은 대학에서 대학교수 자격을 취득했다. 1839년에 브레슬라우 대학의 역사학 부교수가 되었으며, 1841년부터 마르부르크 대학의 국가과학 정교수로, 그리고 1851년부터 취리히 대학, 1856년부터 베른 대학, 1861년부터 예나 대학의 경제학 교수로 재직했으며, 1862년부터 『경제학 및 통계학 연보』의 편집자로 활동했다.

막스 베버가 인용한 문헌

(베버가 직접 언급하지는 않았지만 그가 언급한 저작의 일부분으로 옮긴이가 주(註)를 달면서 언급한 것도 그리고 어떤 저작의 부제도 맨 앞에 * 표시와 더불어 수록했음을 일러둔다; 어떤 저작의 일부분인데 맨 앞에 * 표시가 없는 것은 베버가 직접 언급한 것이다.)

「가치의 경제학적 이론」("Die nationalökonomische Lehre vom Wert", in: Zeitschrift für die gesammte Staatswissenschaft, Band 11, Heft 3/4, 1855, S. 421~75, 644~48, 카를 크니스)

『개요』(빌헬름 로셔) →『역사적 방법에 입각한 국가경제 강의 개요』

「개체성 연구에의 기여」("Beiträge zum Studium der Individualität. Vorgetragen am 25. April 1895", in: Sitzungsberichte der Königlich Preussischen Akademie der Wissenschaften zu Berlin, Jahrgang 1896, Stück XIII, ausgegeben am 12. März, Berlin: Verlag der Königlichen Akademie der Wissenschaften 1896, S. 295~335, 빌헬름 딜타이)

『객관적 가능성의 개념과 그 몇 가지 적용에 대하여』(Über den Begriff der objektiven Möglichkeit und einige Anwendungen desselben, Leipzig: Fues (R. Reisland) 1888, 요하네스 폰 크리스)

『경제학』(카를 크니스) →『역사적 방법의 관점에서 본 경제학』

『경제학 개요』(카를 하인리히 라우) →『경제학 교본』 제1권

『경제학 교본』 제1권(Lehrbuch der politischen Oekonomie, Band 1: Grundsätze der Volkswirtschaftslehre, 4. vermehrte und verbesserte Auflage, Heidelberg: Akademische Verlagsbuchhandlung von C. F. Winter 1841, 카를 하인리히 라우)

「경제학과 고전고대의 관계에 대한 강의」("Vorlesung über das Verhältnis der

Nationalökonomie zum klassischen Altertum", in: Berichte über die Verhandlungen
der Königlich Sächsischen Gesellschaft der Wissenschaften zu Leipzig. Philologisch-
Historische Classe, Band 1, Leipzig: Weidmann 1849, S. 115~34, 빌헬름 로셔)

『경제학 및 경찰학 저널』(Archiv der politischen Ökonomie und Polizeiwissenschaft)

『경제학 및 통계학 연보』(Jahrbücher für Nationalökonomie und Statistik)

『경제학사』(빌헬름 로셔) →『독일 경제학사』

*「경제학의 "기본개념들"에 대하여」(Ueber die "Grundbegriffe" in der Nationalökonomie,
『말의 지배』 제1장, 프리드리히 고틀)

「경제학의 유용성, 현재적 상황 및 최근 문헌에 대하여」("Über den Nutzen, den
gegenwärtigen Zustand und die neueste Literatur der Nationalökonomie", in: Archiv
der politischen Ökonomie und Polizeiwissenschaft, Band 1, 1835, S. 1~43, 카를 하인
리히 라우)

『경제학의 이론과 역사』 제1권(Theorie und Geschichte der National-Oekonomik,
Propyläen zum volks- und staatswirtschadftlichen Studium, 1. Theil: Die National-
Oekonomik als Wissenschaft, Wien: Carl Gerold's Sohn 1858, 율리우스 카우츠)

*『경제학적 사고의 비판을 위한 연구』(Untersuchungen zur Kritik des
nationalökonomischen Denkens,『말의 지배』 부제, 프리드리히 고틀)

『고대사』 제1권(Geschichte des Alterthums, Band 1: Geschichte des Orients bis zu
Begründung des Perserreichs, Stuttgart: J. G. Cotta 1884, 에두아르트 마이어)

『고대사』 제2권(dass., Band 2: Geschichte des Abendlandes bis auf die Perserkriege,
Stuttgart: J. G. Cotta Nachfolger 1893, 에두아르트 마이어)

『고대사』 제3권(dass., Band 3: Das Perserreich und die Griechen. Erste Hälfte: Bis zu den
Friedensschlüssen von 448 und 446 vor Christus, Stuttgart: J. G. Cotta Nachfolger
1901, 에두아르트 마이어)

『고대사』 제4권(dass., Band 4: Das Perserreich und die Griechen. Drittes Buch: Athen
(vom Frieden von 446 bis zur Capitulation Athens im Jahre 404 vor Christus),
Stuttgart: J. G. Cotta Nachfolger 1901, 에두아르트 마이어)

『고대사』 제5권(dass., Band 5: Das Perserreich und die Griechen. Viertes Buch: Der
Ausgang der griechischen Geschichte, Stuttgart: J. G. Cotta Nachfolger 1902, 에두아
르트 마이어)

*「고립된 자연상태」(Der isolierte Naturzustand,『유물론적 역사관에서 본 경제와 법: 사

회철학적 연구』 제2부 제1장 제17절, 루돌프 슈탐러)

『고백록』(Rousseaus Bekenntnisse, 2 Bände, Hildburghausen: Bibliographisches Institut 1870, 장 자크 루소)

『공산당 선언』(Das Kommunistische Manifest, 6., autorisierte deutsche Ausgabe. Mit Vorreden von Karl Marx und Friedrich Engels (Sozialdemokratische Bibliothek, Band 23), Berlin: Expedition des "Vorwärts", Berliner Volksblatt (Th. Glocke) 1894, 카를 마르크스 & 프리드리히 엥겔스)

『과학에 대한 논쟁에서의 인과성과 목적론』(Kausalität und Teleologie im Streite um die Wissenschaft. Separatabdruck aus den "Marx-Studien", Band 1, Wien: Verlag der Wiener Volksbuchhandlung Ignaz Brand 1904, 막스 아들러)

『괴팅겐 지식인 리뷰 저널』(Göttingische Gelehrte Anzeigen)

『국가과학 및 사회과학의 문헌사에 대하여』(Zur Literaturgeschichte der Staats- und Sozialwissenschaften, Leipzig: Duncker & Humblot 1888, 구스타프 폰 슈몰러)

「국가과학 및 사회과학의 방법론에 대하여」("Zur Methodologie der Staats- und Sozialwissenschaften", in: Jahrbuch für Gesetzgebung, Verwaltung und Volkswirtschaft im Deutschen Reich, Neue Folge, 7. Jahrgang, Heft 3, 1883, S. 239~58[S. 975~94], 구스타프 폰 슈몰러)

*「국가의 법적 성격」(Die rechtliche Natur des Staates, 『주관적 공법의 체계』 제3장, 게 오르그 옐리네크)

*「국가의 본질」(Das Wesen des Staates, 『일반국가학』 제6장, 게오르그 옐리네크)

『국제과학의 비판을 위한 독일 문헌신문』(Deutsche Litteraturzeitung für Kritik der internationalen Wissenschaft)

『규범과 그 위반』(Die Normen und ihre Übertretung. Eine Untersuchung über die rechtmässige Handlung und die Arten des Delikts, Band I, 1. Abteilung: Normen und Strafgesetze, Leipzig: W. Engelmann 1872, 카를 빈딩)

『기술심리학과 분석심리학의 이념』(Ideen über beschreibende und zergliedernde Psychologie. Vorgetragen am 22. Februar und am 7. Juni 1894, in: Sitzungsberichte der Königlich Preussischen Akademie der Wissenschaften zu Berlin, Jahrgang 1894, 2. Halbband, Juni bis December, Berlin: Verlag der Königlichen Akademie der Wissenschaften 1894, S. 1309~1407, 빌헬름 딜타이)

『꿀벌의 우화』(Anonymus[Bernard de Mandeville], The Fable of the Bees: or, Private

Vices Public Bebefits, London: Printed for J. Roberts, near the Oxford Arms in
Warwick Lane 1714, 버나드 드 맨더빌)

『논리연구』 제2권(Logische Untersuchungen, 2. Theil: Untersuchungen zur
Phänomenologie und Theorie der Erkenntnis, Halle a. S.: Max Niemeyer 1901, 에드
문트 후설)

『논리연구』 제2권의 부록(Beilage. Aeussere und innere Wahrnehmung. Physische und
psychische Phänomene, in: ders., Logische Untersuchungen, 2. Theil: Untersuchungen
zur Phänomenologie und Theorie der Erkenntnis, Halle a. S.: Max Niemeyer 1901,
S. 694~715, 에드문트 후설)

『논리학』 제1권(Logik. Eine Untersuchung der Principien der Erkenntnis und der
Methoden wissenschaftlicher Forschung, Band I: Erkenntnislehre, 2., umgearbeitete
Auflage, Stuttgart: Ferdinand Enke 1893, 빌헬름 분트)

『논리학』 제2권 제2부(dass., Band II: Methodenlehre, 2. Abteilung: Logik der
Geisteswissenschaften, 2., umgearbeitete Auflage, Stuttgart: Ferdinand Enke 1895, 빌
헬름 분트)

「농업체계의 정책과 통계에 대한 이념」("Ideen zur Politik und Statistik der
Ackerbausysteme", in: Archiv der politischen Ökonomie und Polizeiwissenschaft, Band
8, 1845, S. 158~234, 빌헬름 로셔)

『단상』 제1집(Zerstreute Blätter, Erste Sammlung, Gotha: Carl Wilhelm Ettinger 1785,
요한 고트프리트 헤르더)

「덕론(德論)의 형이상학적 제일원리들」("Metaphysische Anfangsgründe der
Tugendlehre", 칸트의 『도덕형이상학』 제2부)

「도덕 통계」("Nravstvennaja statiskika", in: Enciklopedčeskìj slovar Brokgauza i Efrona,
tom 61, 1897, S. 403~08, 알렉산더 츄프로프)

『도덕형이상학』(Metaphysik der Sitten, herausgegeben und erläutert von Kirchmann,
Leipzig: Verlag der Dürr'schen Buchhandlung 1870, 이마누엘 칸트)

『독일 경제학사』(Geschichte der National-Oekonomik in Deutschland, München:
Oldenbourg 1874, 빌헬름 로셔)

『독일 경제학에서의 역사주의의 오류』(Die Irrthümer des Historismus in der
Deutschen Nationalökonomie, Wien: Alfred Hölder 1884, 카를 멩거)

『독일, 국왕 프리드리히 빌헬름 4세 그리고 베를린 3월혁명』(Deutschland, König

Friedrich Wilhelm IV. und die Berliner Märzrevolution, Halle an der Saale: Max Niemeyer 1901, 펠릭스 라흐팔)

『독일 문헌신문』(Deutsche Literaturzeitung) →『국제과학의 비판을 위한 독일 문헌신문』

『독일사』 보충판 제1권(Deutsche Geschichte. Ergänzungsbände: Zur jüngsten Deutschen Vergangenheit, Band 1: Tonkunst —Bildende Kunst —Dichtung— Weltanschauung, Berlin: R. Gaertner (Hermann Heyfelder) 1902, 카를 람프레히트)

『독일 역사과학 저널』(Deutsche Zeitschrift für Geschichtswissenschaft)

『독일제국의 입법, 행정 및 민족경제 연보』(Jahrbuch für Gesetzgebung, Verwaltung und Volkswirtschaft im Deutschen Reich)

*「동물들의 협동적 삶」(Genossenschaftsleben bei Tieren,『유물론적 역사관에서 본 경제와 법: 사회철학적 연구』제2부 제1장 제18절, 루돌프 슈탐러)

『라오콘』(Laokoon, 2., verbesserte und vermehrte Auflage, Berlin: Weidmann 1880, 고트홀트 에프라임 레싱)

「라인케의 "이론적 생물학 서설"」("Reinkes 'Einleitung in die theoretische Biologie'", in: Preussische Jahrbücher, Band 116, Heft 1, 1902, S. 101~20, 아르투르 드레브스)

「러시아 사회학파와 사회과학적 문제들에서의 가능성의 범주」("Russkaja sociologičeskja škola i kategorija vozmožnosti pri rěšenii social'no-étičeskich problem", in: Problemy idealizma. Sbornik statej pod redakciej P. I. Novgorodceva. — Moskva: Moskovskoe psichologičeskoe obščestvo 1903, S. 297~393, 테오도어 키스티아콥스키)

「렉시스의 인구통계 및 도덕통계 이론」("Die Theorie der Bevölkerungs- und Moralstatistik nach Lexis", in: Jahrbücher für Nationalökonomie und Statistik, Band 82(3. Folge, Band 27), Heft 2, 1904, S. 230~54, 라디슬라우스 폰 보르트키에비치)

『렘브란트』(Rembrandt, Berlin und Stuttgart: W. Spemann 1902, 카를 노이만)

『로빈슨 크루소』(대니얼 디포) →『요크의 선원 로빈슨 크루소의 생애와 이상하고 놀라운 모험』

「로셔의 "역사적 방법"」("Roschers 'historische Methode'", in: Jahrbuch für Gesetzgebung, Verwaltung und Volkswirtschaft im Deutschen Reich, 27. Jahrgang, Heft 4, 1903, S. 1~41, 막스 베버)

「로셔의 정치발전론」("Roschers politische Entwickelungstheorie", in: Jahrbuch für

Gesetzgebung, Verwaltung und Volkswirtschaft im Deutschen Reich, Neue Folge, 21. Jahrgang, Heft 3, 1897, S. 1~45[S. 767~811], 오토 힌체)

「루도 모리츠 하르트만, 『역사적 발전에 대하여』」("[Rez.] Ludo Moritz Hartmann, Über histotische Entwickelung", in: Deutsche Literaturzeitung, 26. Jahrgang, Nr. 24, 17. Juni 1905, Sp. 1500~1505, 프란츠 오일렌부르크)

『마르크스 연구』→『마르크스 연구: 과학적 사회주의의 이론과 정치를 위한 저널』

『마르크스 연구: 과학적 사회주의의 이론과 정치를 위한 저널』(Marxstudien. Blätter für Theorie und Politik des wissenschaftlichen Sozialismus)

「막스 아들러 & 루돌프 힐퍼딩 (편) 『마르크스 연구: 과학적 사회주의의 이론과 정치를 위한 저널』, 제1권」("[Rez.] Marxstudien. Blätter für Theorie und Politik des wissenschaftlichen Sozialismus, herausgegeben von Max Adler und Rudolf Hilferding, Band 1", in: Archiv für Sozialwissenschaft und Sozialpolitik, Band 20, Heft 2, 1905, S. 396~411, 콘라트 슈미트)

『말의 지배』(Die Herrschaft des Wortes. Untersuchungen zur Kritik des nationalökonomischen Denkens. Einleitende Aufätze, Jena: Gustav Fischer 1901, 프리드리히 고틀)

*『모든 국가의 사회적 상태에 대한 연구를 위한 계간지』(Vierteljahresschrift zur Erforschung der gesellschaftlichen Zustände aller Länder, 『사회입법 및 통계 저널』 부제)

*『모든 국가의 사회적 상태에 대한 연구를 위한 저널』(Zeitschrift zur Erforschung der gesellschaftlichen Zustände aller Länder, 『사회입법 및 통계 저널』 부제; 1897년부터)

*「문제의 상황」(Stand der Frage, 『유물론적 역사관에서 본 경제와 법: 사회철학적 연구』 제1부, 루돌프 슈탐러)

「문화과학적 논리 영역에서의 비판적 연구」("Kritische Studien auf dem Gebiet der kulturwissenschaftlichen Logik", in: Archiv für Sozialwissenschaft und Sozialpolitik, Band 22, Heft 1, 1906, S. 143~207, 막스 베버)

「문화사란 무엇인가?」("Was ist Kulturgeschichte? Beitrag zu einer empirischen Historik", in: Deutsche Zeitschrift für Geschichtswissenschaft. Vierteljahreshefte, 17. Jahrgang (Neue Folge, 1. Jahrgang), 1896/97, S. 75~150, 카를 람프레히트)

『물리적 공리들 및 이것들과 인과원리의 관계』(Die physikalischen Axiome und ihre Beziehung zum Causalprincip. Ein Capitel aus einer Philosophie der Naturwissenschaften, Erlangen: Ferdinand Enke 1866, 빌헬름 분트)

『미학』(Aesthetik, 베네데토 크로체)→『표현의 과학으로서의 미학과 일반언어학』

『미학: 아름다움과 예술의 심리학』(Ästhetik. Psychologie des Schönen und der Kunst, 1. Teil: Grundlegung der Ästhetik, Hamburg und Leipzig: Leopold Voss 1903, 테오도어 립스)

「미학의 정초」(Grundlegung der Ästhetik, 『미학: 아름다움과 예술의 심리학』제1부, 테오도어 립스)

「민족경제, 경제학 및 그 방법」("Die Volkswirtschaft, die Volkswirtschaftslehre und ihre Methode", in: Handwörterbuch der Staatswissenschaften, Band. 8: Übergangsabgaben —Zwischenhandel. Nachträge. Register 1911 (3., gänzlich umgearbeitete Auflage), S. 426~500, 구스타프 폰 슈몰러)

『민족경제, 사회정책 및 행정 저널』(Zeitschrift für Volkswirtschaft, Sozialpolitik und Verwaltung)

『민족경제의 기원』(카를 뷔허) → 『민족경제의 기원: 여섯 편의 강연』

『민족경제의 기원: 여섯 편의 강연』(Die Entstehung der Volkswirtschaft. Sechs Vorträge, Tübingen: Laupp 1893, 카를 뷔허)

『민족경제의 체계』제1권, 초판(System der Volkswirtschaft. Ein Hand- und Lesebuch für Geschäftsmänner und Studierende, Band 1: Die Grundlagen der Nationalökonomie enthaltend, Stuttgart und Tübingen: J. G. Cotta 1854, 빌헬름 로셔)

『민족경제의 체계』제1권, 제2판(dass., 2., vermehrte und verbesserte Auflage, Stuttgart und Augsburg: J. G. Cotta 1857, 빌헬름 로셔)

『민족경제의 체계』제1권, 제23판(dass., 23., vermehrte und verbesserte Auflage, bearbeitet von Robert Pöhlmann, Stuttgart: J. G. Cotta Nachfolger 1900, 빌헬름 로셔)

『민족심리학』제1권(Völkerpsychologie. Eine Untersuchung der Entwicklungsgesetze von Sprache, Mythus und Sitte, 1. Band: Die Sprache, 2 Theile, Leipzig: Wilhelm Engelmann 1900, 빌헬름 분트)

「바이에른의 막시밀리안 공(公)과 제관(帝冠)」("Herzog Maximilian von Baiern und die Kaiserkrone", in: Deutsche Zeitschrift für Geschichtswissenschaft, Band 6, 1891, S. 40~77, 펠릭스 슈티페)

「반론」("Eine Entgegnung", in: Jahrbücher für Nationalökonomie und Statistik, Band 73(3. Folge, Band 18), Heft 2, 1899, S. 239~42, 라디슬라우스 폰 보르트키에비치)

「반론」("Erwiderung", in: Historische Zeitschrift, Band 77 (Neue Folge, Band 41), Heft 1, 1896, S. 262~66, 프리드리히 마이네케)

「법론(法論)의 형이상학적 제일원리들」("Metaphysische Anfangsgründe der Rechtslehre", 칸트의 『도덕형이상학』 제1부)

*「법의 법」(Das Recht des Rechtes, 『유물론적 역사관에서 본 경제와 법: 사회철학적 연구』 제5부, 루돌프 슈탐러)

『베를린 학술원 논집』→『왕립 베를린 학술원 논집』

『베를린 학술원 의사 보고서』→『왕립 프로이센 베를린 학술원 의사 보고서』

『분트 연구』(Wundtsche Studien)

『브로크하우스-에프론 백과사전』(Brockhaus-Ephron Enzyklopädisches Wörterbuch)

『빈 학술원 철학·역사 분과 의사 보고서』→『황립 학술원 철학·역사 분과 의사 보고서』

「빌헬름 딜타이에 대한 사회학적 비판을 위하여」("Zur soziologischen Auseinandersetzung mit Wilhelm Dilthey", in: Zeitschrift für die gesamte Staatswissenschaft, 59. Jahrgang, Heft 2, 1903, S. 193~222, 오트마르 슈판)

「빌헬름 로셔」("Wilhelm Roscher", in: Zur Literaturgeschichte der Staats- und Sozialwissenschaften, Leipzig: Duncker & Humblot 1888, S. 147~71, 구스타프 폰 슈몰러)

「빌헬름 로셔 †」("Wilhelm Roscher †", in: Preussische Jahrbücher, Band 77, Heft 1, 1894, S. 104~23, 카를 뷔허)

「빌헬름 로셔, 『민족경제의 체계』, 제1권」("[Rez.] Wilhelm Roscher, System der Volkswirtschaft, Band 1", in: Göttingische Gelehrte Anzeigen, Band 1, 9. Stück, 15. Januar 1855; 10., 11. Stück, 18. Januar 1855, S. 81~101, 카를 크니스)

『빌헬름 부쉬-앨범: 익살맞은 가정 시가집』(Wilhelm Busch-Album. Humoristischer Hausschatz, 13. Auflage, München: Fr. Bassermann 1904, 빌헬름 부쉬)

「빌헬름 분트와 사회과학의 논리」("W. Wundt und die Logik der Sozialwissenschaft", in: Jahrbücher für Nationalökonomie und Statistik, Band 80 (3. Folge, Band 25), Heft 1, 1903, S. 50~64, 빌헬름 에두아르트 비어만)

『사회과학 방법 연구』(Untersuchungen über die Methode der Socialwissenschaften(카를 멩거)→『사회과학, 특히 경제학 방법 연구』

『사회과학, 특히 경제학 방법 연구』(Untersuchungen über die Methode der Socialwissenschaften, und der Politischen Oekonomie insbesondere, Leipzig: Duncker & Humblot 1883, 카를 멩거)

『사회과학 및 사회정책 저널』(Archiv für Sozialwissenschaft und Sozialpolitik)

「사회과학, 역사학 그리고 자연과학」("Sozialwissenschaft, Geschichte und Naturwissenschaft", in: Jahrbücher für Nationalökonomie und Statistik, Band 83 (3. Folge, Band 28), Heft 5, 1905, S. 592~607, 빌헬름 에두아르트 비어만)

「사회과학의 대상」(Gegenstand der Sozialwissenschaft, 『유물론적 역사관에서 본 경제와 법: 사회철학적 연구』제2부, 루돌프 슈탐러)

「사회과학적 및 사회정책적 인식의 "객관성"」("Die 'Objektivität' sozialwissen-schaftlicher und sozialpolitischer Erkenntnis", in: Archiv für Sozialwissenschaft und Sozialpolitik, Band 19, Heft 1, 1904, S. 22~87, 막스 베버)

「사회와 자연」("Gesellschaft und Natur", Akademische Antrittsrede gehalten am 15. Juli 1905 an der Universität Leipzig, in: Archiv für Sozialwissenschaft und Sozialpolitik, Band 21, Heft 3, 1905, S. 519~55, 프란츠 오일렌부르크)

*「사회의 개념」(Der Begriff der Gesellschaft, 『유물론적 역사관에서 본 경제와 법: 사회철학적 연구』제2부 제1장 제16절, 루돌프 슈탐러)

『사회입법 및 통계 저널』(Archiv für soziale Gesetzgebung und Statistik)

*「사회적 관념론」(Sozialer Idealismus, 『유물론적 역사관에서 본 경제와 법: 사회철학적 연구』제5부 제3장, 루돌프 슈탐러)

*「사회적 목적론」(Soziale Theologie, 『유물론적 역사관에서 본 경제와 법: 사회철학적 연구』제4부, 루돌프 슈탐러)

*「사회적 유물론」(Sozialer Materialismus, 『유물론적 역사관에서 본 경제와 법: 사회철학적 연구』제1부 제1장, 루돌프 슈탐러)

*「사회적 삶의 가능성과 필연성에 대하여」(Über Möglichkeit und Notwendigkeit des sozialen Lebens(『유물론적 역사관에서 본 경제와 법: 사회철학적 연구』제2부 제1장 제21절, 루돌프 슈탐러)

*「사회철학」(Sozialphilosophie, 『유물론적 역사관에서 본 경제와 법: 사회철학적 연구』서문, 루돌프 슈탐러)

*「사회철학의 이념」(Idee einer Sozialphilosophie, 『유물론적 역사관에서 본 경제와 법: 사회철학적 연구』서문 제1절, 루돌프 슈탐러)

*「사회철학적 연구의 방법」(Methode der sozialphilosophischen Untersuchung, 『유물론적 역사관에서 본 경제와 법: 사회철학적 연구』서문 제4절, 루돌프 슈탐러)

「사회학 서설로서의 사회개념 연구 [제3부]」("Untersuchungen über den

Gesellschaftsbegriff zur Einleitung in die Soziologie. [Dritter Artikel]", in: Zeitschrift für die gesamte Staatswissenschaft, 61. Jahrgang, Heft 2 und Heft 3, 1905, S. 302~44 und S. 427~60, 오트마르 슈판)

「새로운 역사학 방법」("Die neue historische Methode", in: Historische Zeitschrift, Band 81 (Neue Folge, Band 45), Heft 2, 1898, S. 193~273, 게오르그 폰 벨로)

「서문」("Geleitwort", in: Archiv für Sozialwissenschaft und Sozialpolitik, Band 19, Heft 1, 1904, S. I~VII, 막스 베버, 에드가 야페 & 베르너 좀바르트)

「설명심리학과 기술심리학에 대하여」("Über erklärende und beschreibende Psychologie", in: Zeitschrift für Psychologie und Physiologie der Sinnesorgane, Band 9, 1896, S. 161~205, 헤르만 에빙하우스)

『세계사』(Weltgeschichte (hrsg. von Hans Ferdinand Helmolt), 1~9 Bände, Leipzig und Wien: Bibliographisches Institut 1899~1907, 한스 페르디난트 헬몰트 [편])

*「세계사의 개념」("Der Begriff der Weltgeschichte", in: Hans Ferdinand Helmolt (Hrsg.), Weltgeschichte, Band 1: Allgemeines —Die Vorgeschichte —Amerika — Der Stille Ozean, Leipzig und Wien: Bibliographisches Institut 1899, S. 1~20, 한스 페르디난트 헬몰트)

『순수개념의 과학으로서의 논리학』(Logica come scienza del concetto puro, Napoli: Accademia Pontoniana 1905, 베네데토 크로체)

『순수이성비판』(Kritik der reinen Vernunft, herausgegeben und mit einer Einleitung sowie einem Personen- und Sachregister versehen von Karl Vorländer, Halle an der Saale: Otto Hendel 1899, 이마누엘 칸트)

『슈몰러 연보』→『입법, 행정 및 민족경제 슈몰러 연보』

『실낙원』(Das verlorene Paradies. Ein Gedicht in zwölf Gesängen. Deutsch von Adolf Böttger, Leipzig: Philipp Reclam jun. o. J. [1. Auflage 1883~1886], 존 밀턴)

『실용적 관점에서의 인간학』(Anthropologie in pragmatischer Hinsicht. 4. Original-Ausgabe mit einem Vorwort von Johann Friedrich Herbart, Leipzig: Immanuel Müller 1833, 이마누엘 칸트)

『심리학 개요』(Grundzüge der Psychologie →『심리학 개요』 제1권, 후고 뮌스터베르크)

『심리학 개요』 제1권(Grundzüge der Psychologie. Erster Band, Leipzig: Johann Ambrosius Barth 1900, 후고 뮌스터베르크)

『심리학 리뷰: 단행본 부록 시리즈』(Psychological Review. Series of Monograph

Supplements)

『심리학의 이중적 관점』(Der doppelte Standpunkt in der Psychologie, Leipzig: Veit & Comp. 1905, 메리 휘튼 캘킨스)

「애덤 스미스에서 현재에 이르기까지의 경제학」("Die Wissenschaft der Nationalökonomie seit Adam Smith bis auf die Gegenwart", in: Die Gegenwart. Eine encyklopädische Darstellung der neuesten Zeitgeschichte für alle Stände, Band 7, 1852, S. 108~55, 카를 크니스)

『어느 경제학자의 종교적 상념』(Geistliche Gedanken eines National-Oekonomen, Dresden: v. Zahn & Jaensch 1895, 빌헬름 로셔)

『언어학에서의 실증주의와 관념론』(Positivismus und Idealismus in der Sprachwissenschaft. Eine sprach-philosophische Untersuchung, Heidelberg: Carl Winter 1904, 카를 포슬러)

「역사과학의 철학적 토대」("Die philosophischen Grundlagen der Geschichtswissenschaft", in: Historische Zeitschrift, Band 63 (Neue Folge, Band 27), Heft 1, 1889, S. 18~55, 파울 힌네베르크)

「역사에 있어서의 보편적인 것의 네 가지 양태」("Les quatre modes de 'l'universel' en histoire", in: Revue de synthèse historique, tome 2, janvier à juin, 1901, p. 121~40, 하인리히 리케르트)

「역사와 정치의 유사성과 차이성에 대하여」("Ueber die Verwandtschaft und den Unterschied der Historie und Politik", in: Sämtliche Werke, Band 24: Abhandlungen und Versuche. Erste Sammlung, Leipzig: Duncker & Humblot 1872, S. 280~93, 레오폴드 폰 랑케)

*「역사의 의미에 대하여」(Vom Sinn der Geschichte, 『역사철학의 문제들』 제3장, 게오르그 짐멜)

『역사의 한계』(Die Grenzen der Geschichte, Leipzig: Duncker & Humblot 1904, 프리드리히 고틀)

*「역사적 개념구성」(Die historische Begriffsbildung, 『자연과학적 개념구성의 한계』 제4장, 하인리히 리케르트)

*「역사적 개체」(Das historische Individuum, 『자연과학적 개념구성의 한계』 제4장 제2절, 하인리히 리케르트)

『역사적 관점에서 본 민족경제의 풍경들』(Ansichten der Volkswirtschaft aus dem geschichtlichen Standpunkte", Leipzig und Heidelberg: C. F. Winter 1861, 빌헬름 로셔)

*「역사적 문화과학」(Die historischen Kulturwissenschaften, 『자연과학적 개념구성의 한계』 제4장 제8절, 하인리히 리케르트)

『역사적 발전』(Die geschichtliche Entwicklung → 『역사적 발전에 대하여: 역사사회학 서설을 위한 여섯 편의 강연』, 루도 모리츠 하르트만)

『역사적 발전에 대하여: 역사사회학 서설을 위한 여섯 편의 강연』(Über historische Entwickelung. Sechs Vorträge zur Einleitung in eine historische Soziologie, Gotha: Friedrich Andreas Perthes 1905, 루도 모리츠 하르트만)

『역사학 방법』(에른스트 베른하임) → 『역사학 방법 및 역사철학 편람』

『역사학 방법 및 역사철학 편람』(Lehrbuch der historischen Methode und der Geschichtsphilosophie. Mit Nachweis der wichtigsten Quellen und Hilfsmittel zum Studium der Geschichte, 3. und 4., völlig neu bearbeitete und vermehrte Auflage, Leipzig: Duncker & Humblot 1903, 에른스트 베른하임)

『역사적 방법에 입각한 국가경제 강의 개요』(Grundriss zur Vorlesungen über die Staatswirtschaft nach geschichtlicher Methode, Göttingen: Dieterich 1843, 빌헬름 로셔)

『역사적 방법의 관점에서 본 경제학』 제1판(Die politische Oekonomie vom Standpunkte der geschichtlichen Methode, Braunschweig: C. A. Schwetschke und Sohn (M. Bruhn) 1853, 카를 크니스)

『역사적 방법의 관점에서 본 경제학』 제2판(dass., Neue, durch abgesonderte Zusätze vermehrte Auflage der "Politischen Oekonomie vom Standpunkte der geschichtlichen Methode", Braunschweig: C. A. Schwetschke und Sohn (M. Bruhn) 1883, 카를 크니스)

「역사적 법칙들에 대하여」(Von den historischen Gesetzen, 『역사철학의 문제들』 제2장, 게오르그 짐멜)

『역사철학의 문제들』 제1판(Die Probleme der Geschichtsphilosophie. Eine erkenntnistheoretische Studie, Leipzig: Duncker & Humblot 1892, 게오르그 짐멜)

『역사철학의 문제들』 제2판(dass., 2., völlig veränderte Auflage, Leipzig: Duncker & Humblot 1905, 게오르그 짐멜)

『역사학과 자연과학』(Geschichte und Naturwissenschaft. Rede zum Antritt des Rectorats der Kaiser-Wilhelms-Universität Strassburg gehalten am 1. Mai 1894, Strassburg: J. H. Ed. Heitz (Heitz & Mündel) 1894, 빌헬름 빈델반트)

「역사학 방법론 개요」("Grundzüge der Historik", in: G. G. Gervinus Leben. Von ihm selbst. 1860, Leipzig: Wilhelm Engelmann 1893, S. 353~96, 게오르그 고트프리트 게르비누스)

「역사학에서의 개념구성과 가치판단에 대하여」("Über Begriffsbildung und Werturteile in der Geschichte", in: Annalen der Naturphilosophie, Band 3, 1904, S. 24~70, 베른하르트 슈마이틀러)

『역사학의 이론과 방법론에 대하여』(에두아르트 마이어) →『역사학의 이론과 방법론에 대하여: 역사철학적 연구』

『역사학의 이론과 방법론에 대하여: 역사철학적 연구』(Zur Theorie und Methodik der Geschichte. Geschichtsphilosophische Untersuchungen, Halle a. S.: Max Niemeyer 1902, 에두아르트 마이어)

「역사학 이론가로서의 헤르더와 칸트」("Herder und Kant als Theoretiker der Geschichtswissenschaft", in: Jahrbücher für Nationalökonomie und Statistik, Band 69 (3. Folge, Band 14), Heft 2, 1897, S. 161~203, 카를 람프레히트)

「역사학자의 과제에 대하여」("Über die Aufgabe des Geschichtschreibers", in: Abhandlungen der Königlichen Akademie der Wissenschaften zu Berlin aus den Jahren 1820~1821, Berlin: Georg Reimer 1822, S. 305~22, 빌헬름 폰 훔볼트)

『역사학 저널』(Historische Zeitschrift)

『연보』→『독일제국의 입법, 행정 및 민족경제 연보』

『연역적 논리와 귀납적 논리의 체계』(System der deduktiven und induktiven Logik. Eine Darlegung der Principien wissenschaftlicher Forschung, insbesondere der Naturforschung. Mit Genehmigung und unter Mitwirkung des Verfassers übersetzt und mit Anmerkungen versehen von Theodor Gomperz, Band 2 (John Stuart Mill, Gesammelte Werke 3), Leipzig: Fues (R. Reisland) 1872, 존 스튜어트 밀)

「오늘날의 신용제도 및 은행제도」(Anonymus[Karl Knies], "Das heutige Credit- und Bankwesen", in: Die Gegenwart. Eine encyklopädische Darstellung der neuesten Zeitgeschichte für alle Stände, Band 11, 1855, S. 417~66, 카를 크니스: 익명으로 발표)

『오레스테이아』(Orestie (Griechische Tragödien. Übersetzt von Ulrich von Wilamowitz-Moellendorff, Band 2), Berlin: Weidmann 1900, 아이스킬로스)

『왕립 베를린 학술원 논집』(Abhandlungen der Königlichen Akademie der Wissenschaften zu Berlin)

『왕립 프로이센 베를린 학술원 의사(議事)보고서』(Sitzungsberichte der Königlich

Preussischen Akademie der Wissenschaften zu Berlin)

『요크의 선원 로빈슨 크루소의 생애와 이상하고 놀라운 모험』(The Life and Strange Surprizing Adventures of Robinson Crusoe of York, Mariner, London: W. Taylor 1719, 대니얼 디포)

『우연론』(Die Lehren vom Zufall, Berlin: F. Henschel 1870, 빌헬름 빈델반트)

*「유물론적 역사관」(Die materialistische Geschichtsauffassung, 『유물론적 역사관에서 본 경제와 법: 사회철학적 연구』 서문 제5절, 루돌프 슈탐러)

『유물론적 역사관에서 본 경제와 법』(루돌프 슈탐러) →『유물론적 역사관에서 본 경제와 법: 사회철학적 연구』

『유물론적 역사관에서 본 경제와 법: 사회철학적 연구』 제1판(Wirtschaft und Recht nach der materialistischen Geschichtsauffassung. Eine sozialphilosophische Untersuchung, Leipzig: Veit & Comp. 1896, 루돌프 슈탐러)

『유물론적 역사관에서 본 경제와 법: 사회철학적 연구』 제2판(dass., 2., verbesserte Auflage, Leipzig: Veit & Comp. 1906, 루돌프 슈탐러)

*「유물론적 역사관의 적대자」(Gegner der materialistischen Geschichtsauffassung, 『유물론적 역사관에서 본 경제와 법: 사회철학적 연구』 제1부 제2장, 루돌프 슈탐러)

「음운법칙이 존재하는가?」("Gibt es Lautgesetze?", in: Forschungen zur Romanischen Philologie. Festgabe für Hermann Suchier zum 15. März 1900, Halle an der Saale: Max Niemeyer 1900, S. 349~538, 에두아르트 벡슬러)

「의지적 결정의 개연성에 대하여」("Über die Wahrscheinlichkeit der Willensentscheidungen. Ein empirischer Beitrag zur Freiheitsfrage" (Separatabdruck der Sitzungsberichte der philosophisch-historischen Klasse der Kaiserlichen Akademie der Wissenschaften, Band 149, 3. Abhandlung), Wien: In Kommission C. Carl Geroldt Sohn 1904, S. 1~17, 하인리히 곰페르츠)

『인간과 인간능력의 발전에 대하여, 또는 사회물리학 시론』(Ueber den Menschen und die Entwicklung seiner Fähigkeiten, oder Versuch einer Physik der Gesellschaft. Deutsche Ausgabe, in Einverständnis mit dem Herrn Verfasser besorgt und mit Anmerkungen von V. A. von Riecke, Stuttgart: E. Schweizerbart 1838, 아돌프 케틀레)

*「인간들의 사회적 삶」(Soziales Leben der Menschen, 『유물론적 역사관에서 본 경제와 법: 사회철학적 연구』 제2부 제1장, 루돌프 슈탐러)

『인간 유대의 본질』(Das Wesen der menschlichen Verbände. Rede bei Antritt des

Rektorates am 15. Oktober 1902 gehalten, Leipzig: Duncker & Humblot, 오토 폰 기르케)

『인간의 규정』(Die Bestimmung des Menschen, in: Johann Gottlieb Fichte's sämmtliche Werke, hrsg. con J. H. Fichte. Erste Abtheilung. Zur Theoretischen Philosophie, 2. Band, Berlin: Veit & Comp. 1845, S. 167~319, 요한 고틀리프 피히테)

*「인과성과 목적」(Kausalität und Telos, 『유물론적 역사관에서 본 경제와 법: 사회철학적 연구』제4부 제1장, 루돌프 슈탐러)

「인식 체계에서의 심리학의 위치」("The Position of Psychology in the System of Knowledge", in: Psychological Review. Series of Monograph Supplements, Vol. 4, 1903, pp. 641~54, 후고 뮌스터베르크)

『일반국가학』(Allgemeine Staatslehre, 2., durchgesehene und vermehrte Auflage, Berlin: O. Häring 1905, 게오르그 엘리네크)

*「일상적인 것에 대한 인식의 공식으로서의 가계와 기업」(Haushalten und Unternehmen als Formeln zur Erkenntnis des Alltäglichen, 『말의 지배』제2장, 프리드리히 고틀)

『입법, 행정 및 민족경제 슈몰러 연보』(Schmollers Jahrbuch für Gesetzgebung, Verwaltung und Volkswirtschaft)

『자본』(Das Kapital. Kritik der politischen Oekonomie, Band 1: Der Produktionsprozess des Kapitals, 2., verbesserte Auflage, Hamburg: Otto Meissner 1872, 카를 마르크스)

「자연과 사회」("Natur und Gesellschft", in: Jahrbücher für Nationalökonomie und Statistik, Band 82 (3. Folge, Band 27), Heft 5, 1904, S. 681~87, 빌헬름 에두아르트 비어만)

『자연과학적 개념구성의 한계』(Die Grenzen der naturwissenschaftlichen Begriffsbildung. Eine logische Einleitung in die historischen Wissenschaften, Tübingen und Leipzig: J. C. B. Mohr (Paul Siebeck) 1902, 하인리히 리케르트)

*「자연철학과 역사철학」(Naturphilosophie und Geschichtsphilosophie, 『자연과학적 개념구성의 한계』제5장, 하인리히 리케르트)

『자연철학 연보』(Annalen der Naturphilosophie)

『자유의지에 대하여』(Über Willensfreiheit. Zwölf Vorlesungen, Tübingen und Leipzig: J. C. B. Mohr (Paul Siebeck) 1904, 빌헬름 빈델반트)

『자학자(自虐者)』(Der Selbstpeiniger, in: Des Publius Terentius Lustspiele, Band 5.

Deutsch von Johannes Herbst, Stuttgart: Hoffmann 1885, 푸블리우스 테렌티우스 아
페르)

『재화의 경제적 이론의 관점에서 본 법과 관계』(Rechte und Verhältnisse vom
Standpunkte der volkswirtschaftlichen Güterlehre. Kritische Studie, Insbruck: Wagner
1881, 오이겐 뵘-바베르크)

『적합한 원인작용에 대한 이론』(Die Lehre von der adäquaten Verursachung (=
Abhandlungen des kriminalistischen Seminars an der Universität Berlin, herausgegeben
von Franz von Liszt, Neue Folge, 1. Band, 3 Heft), Berlin: J. Guttentag 1902, 구스타
프 라드브루흐)

『전(全) 국가과학 저널』(Zeitschrift für die gesamte Staatswissenschaft)

『전(全) 심리학 저널』(Archiv für die gesamte Psychologie)

『전집』(Sämtliche Werke, Leipzig: Duncker & Humblot 1867~1890, 레오폴드 폰 랑케)

『정신과학 서설』(Einleitung in die Geisteswissenschaften. Versuch einer Grundlegung für
das Studium der Gesellschaft und Geschichte, Band 1, Leipzig: Duncker & Humblot
1883, 빌헬름 딜타이)

『정신과학에서의 인과고찰』(Die Causalbetrachtung in den Geisteswissenschaften
(Bonn, Programm zur Gedächtnisfeier Friedrich Wilhelms III.), Bonn: A. Marcus und
E. Weber 1901, 오토 리츨)

『정신과학을 위한 예비작업으로서의 해석에 대한 심리학의 과제』(Die Aufgabe
einer Psychologie der Deutung als Vorarbeit für die Geisteswissenschaften. Vortrag
gehalten auf dem Kongress für experimentelle Psychologie zu Giessen am 21. April
1904, Giessen: J. Ricker (Alfred Töpelmann) 1904, 테오도어 엘젠한스)

「정신과학의 정초를 위한 연구」(Studien zur Grundlegung der Geisteswissenschaften.
Vorgetragen am 2. März 1905, in: Sitzungsberichte der Königlich Preussischen
Akademie der Wissenschaften zu Berlin, Jahrgang 1905, Stück XIV, ausgegeben am
23. März, Berlin: Verlag der Königlichen Akademie der Wissenschaften 1905, S. 322~
43, 빌헬름 딜타이)

「정신병리학의 과학론을 위하여」("Zur Wissenschaftslehre der Psychopathologie", 빌리
헬파흐) →「정신병리학의 과학론을 위한 기본사고」

「정신병리학의 과학론을 위한 기본사고, I. 정신병리학의 대상」("Grundgedanken
zur Wissenschaftslehre der Psychopathologie. I. Gegenstand der Psychopathologie", in:

Archiv für die gesamte Psychologie. Organ der Deutschen Gesellschaft für Psychologie, Band 7, 1906, S. 143~226, 빌리 헬파흐)

『정치: 군주제, 귀족제 및 민주제의 성격에 대한 역사적 논의』(Politik: Geschichtliche Naturlehre der Monarchie, Aristokratie und Demokratie, 2. Auflage, Stuttgart: Verlag der J. G. Cotta'schen Buchhandlung Nachfolger 1893, 빌헬름 로셔)

『정치학』(Politik in acht Büchern: der Urtext nach Imm. Bekkers Textesrecension auf's neue berichtigt und in's Deutsche übertragen, so wie mit vollständigem kritischen Apparate und einem Verzeichnisse der Eigennamen versehen von Dr. Adolf Stahr, 2 Bände, Leipzig: Carl Focke 1839, 아리스토텔레스)

『종교적 상념』→『어느 경제학자의 종교적 상념』

『주관적 공법의 체계』 제2판 (System der subjektiven öffentlichen Rechte, 2., durchgesehene und vermehrte Auflage, Tübingen: J. C. B. Mohr (Paul Siebeck) 1905, 게오르그 옐리네크)

『지각의 분석』→『지각의 분석 및 물리적인 것과 정신적인 것의 관계』

『지각의 분석 및 물리적인 것과 정신적인 것의 관계』(Die Analyse der Empfindungen und das Verhältnis des Physischen zum Psychischen, Jena: Gustav Fischer 1886, 에른스트 마흐)

「지배적 힘들 이론에 대하여: 반론」("Zur Dominantentheorie. Entgegnung", in: Preussische Jahrbücher, Band 116, Heft 3, 1902, S. 502~07, 요하네스 라인케)

『창조와 발전으로서의 언어』(Die Sprache als Schöpfung und Entwicklung. Eine theoretische Untersuchung mit praktischen Beispielen, Heidelberg: Carl Winter 1905, 카를 포슬러)

*「책임」(Die Verantwortung, 『자유의지에 대하여』 제12강, 빌헬름 빈델반트)

『철의 기병대위』 제2권(Der eiserne Rittmeister. Roman, Band 2, Berlin: Gebrüder Paetel 1890, 한스 호프만)

『철학과 역사학에서 이데아라는 사유형식이 갖는 의의에 대한 연구』(Untersuchungen über die Bedeutung der Denkform Idee in der Philosophie und Geschichte, Jena: Ant. Kämpfe 1892, 카를 알프레트 딥페)

『철학 연구』(Philosophische Studien)

『철학의 빈곤』(Das Elend der Philosophie. Antwort auf Proudhon's "Philosophie des Elends". Mit Vorwort und Noten von Friedrich Engels, Stuttgart: J. H. W. Dietz 1892,

카를 마르크스)

『체계』(System, 빌헬름 로셔) → 『민족경제의 체계』

「카를 크니스(1883)」("Karl Knies(1883)", in: ders., Zur Literaturgeschichte der Staats-
und Sozialwissenschaften, Leipzig: Duncker & Humblot 1888, S. 204~10, 구스타프
폰 슈몰러)

「카를 크니스, 『역사적 방법의 관점에서 본 경제학』」("[Rez.] Karl Knies, Die
politische Oekonomie vom geschichtlichen Standpunkte", in: Jahrbuch für
Gesetzgebung, Verwaltung und Volkswirtschaft im Deutschen Reich, Neue Folge, 7.
Jahrgang, Heft 4, 1883, S. 287~90[S. 1383~86], 구스타프 폰 슈몰러)

「칸트에 근거하는 사회철학」("Eine Sozialphilosophie auf Kantischer Grundlage", in:
Kant-Studien. Philosophische Zeitschrift der Kant-Gesellschaft, 1. Jahrgang, Heft 2,
1897, S. 196~216, 카를 포를렌더)

『칸트 연구』(Kant-Studien)

『콘라트 연보』(Conrads Jahrbücher) → 『경제학 및 통계학 연보』

「크니스와 비합리성의 문제」("Knies und das Irrationalitätsproblem", in: Jahrbuch für
Gesetzgebung, Verwaltung und Volkswirtschaft im Deutschen Reich, 29. Jahrgang,
Heft 4, 1905, S. 89~150, 막스 베버)

「크니스와 비합리성의 문제(속편)」("Knies und das Irrationalitätsproblem
(Fortsetzung)", in: Jahrbuch für Gesetzgebung, Verwaltung und Volkswirtschaft
im Deutschen Reich, 30. Jahrgang, Heft 1, 1906, S. 81~120, 막스 베버)

「통계이론의 과제」("Die Aufgaben der Theorie der Statistik", in: Jahrbuch für
Gesetzgebung, Verwaltung und Volkswirschaft im Deutschen Reich, Jahrgang 29, Heft
2, 1905, 11~70[S. 421~80], 알렉산더 츄프로프)

『통합 역사학 저널』(Revue de synthèse historique)

『투키디데스』(Thukydides, 빌헬름 로셔) → 『투키디데스의 삶과 저작 그리고 시대』

『투키디데스의 삶과 저작 그리고 시대』(Leben, Werk und Zeitalter des Thukydides.
Mit einer Einleitung zur Aesthetik der historischen Kunst überhaupt, Göttingen:
Vandenhoeck & Ruprecht 1842, 빌헬름 로셔)

「틀링기트족과 이로코이족에서 친족제도로부터 국가가 형성되는 과정」("Die
Entstehung des Staates aus der Geschlechterverfassung bei Tlinkit und Irokesen", in:
Jahrbuch für Gesetzgebung, Verwaltung und Volkswirtschaft im Deutschen Reich,

Neue Folge, 28. Jahrgang, Heft 2, 1904, S. 45~89 [S. 483~527], 쿠르트 브라이직)

『파우스트』 제1권(Faust. Erster Teil. Mit Einleitung und Anmerkungen von Erich Schmidt (Sämtliche Werke. Jubiläumsausgabe in 40 Bänden, herausgegeben von Eduard von der Hellen, Band 13), Stuttgart und Berlin: J. G. Cotta Nachfolger, o. J., 요한 볼프강 폰 괴테)

『파우스트』 제2권(dass. Zweiter Teil. Mit Einleitung und Anmerkungen von Erich Schmidt (Sämtliche Werke. Jubiläumsausgabe in 40 Bänden, herausgegeben von Eduard von der Hellen, Band 14), Stuttgart und Berlin: J. G. Cotta Nachfolger, o. J., 요한 볼프강 폰 괴테)

『표현의 과학으로서의 미학과 일반언어학』(Aesthetik als Wissenschaft des Ausdrucks und allgemeine Linguistik. Theorie und Geschichte, nach der 2., durchgesehenen Auflage aus dem Italienischen übersetzt von Karl Federn, Leipzig: E. A. Seemann 1905, 베네데토 크로체)

『프로이센 연보』(Preussische Jahrbücher)

「프리드리히 고틀, 『말의 지배』」("[Rez.] Die Herrschaft des Wortes. Untersuchungen zur Kritik des nationalökonomischen Denkens. Einleitende Aufätze", in: Deutsche Literaturzeitung, 24. Jahrgang, Nr. 7, 14. Februar 1903, Sp. 425~29, 프란츠 오일렌부르크)

「프리드리히 빌헬름 4세와 독일」("Friedrich Wilhelm IV. und Deutschland", in: Historische Zeitschrift, Band 89(Neue Folge, Band 53), Heft 1, 1902, S. 17~53, 프리드리히 마이네케)

『플리쉬와 플룸』(Plisch und Plum, 빌헬름 부쉬) →『빌헬름 부쉬-앨범: 익살맞은 가정 시가집』에 수록.

『피히테의 관념론과 역사학』(Fichtes Idealismus und die Geschichte, Tübingen und Leipzig: J. C. B. Mohr (Paul Siebeck) 1902, 에밀 라스크)

『한계』(Grenzen, 하인리히 리케르트) →『자연과학적 개념구성의 한계』

「해석학의 형성에 대하여」("Die Entstehung der Hermeneutik", in: Philosophische Abhandlungen. Christoph Sigwart zu seinem siebzigsten Geburtstage 28. März 1900, Tübingen, Freiburg i. Br. und Leipzig: J. C. B. Mohr (Paul Siebeck), 1900, S. 185~202, 빌헬름 딜타이)

*「헤겔의 유출론적 논리」(Hegels emanatische Logik, 『피히테의 관념론과 역사학』

제1부 제2장, 에밀 라스크)

『현재와 미래의 경제학』 제1권(Die Nationalökonomie der Gegenwart und Zukunft, Frankfurt am Main: Literarische Anstalt (J. Rütten) 1848, 브루노 힐데브란트)

『형법 서설』(Einleitung in das Strafrecht. Eine Kritik der kriminalistischen Grundbegriffe, Berlin: O. Härtig 1900, 모리츠 리프만)

『헤르만과 도로테아』(Herrmann und Dorothea, Berlin: Vieweg 1797, 요한 볼프강 폰 괴테)

『호엔슈타우펜가의 콘라딘의 역사』(Geschichte Konradins von Hohenstaufen, Innsbruck: Wagner 1894, 카를 함페)

『화폐와 신용』 제1부(Geld und Credit. Erste Abteilung: Das Geld. Darlegung der Grundlehren von dem Gelde, insbesondere der wirtschaftlichen und der rechtsgültigen Functionen des Gledes, mit einer Erörterung über das Kapital und die Übertragung der Nutzungen, 2., verbesserte und vermehrte Auflage, Berlin: Weidmann 1885, 카를 크니스)

『화폐와 신용』 제2-1부(dass., Zweite Abtheilung. Erste Hälfte: Der Credit, Berlin: Weidmann 1876, 카를 크니스)

『화폐와 신용』 제2-2부(dass., Zweite Abtheilung. Zweite Hälfte: Das Wesen des Zinses und die Bestimmungsgründe für seine Höhe. Wirkungen und Folgen des Creditverkehrs. Die Creditinstitute, Berlin: Weidmann 1879, 카를 크니스)

『확률론의 원리들』(Die Principien der Wahrscheinlichkeits-Rechnung. Eine logische Untersuchung, Freiburg im Breisgau: J. C. B. Mohr (Paul Siebeck) 1886, 요하네스 폰 크리스)

「확률론의 인식론적 토대」("Die erkenntnistheoretischen Grundlagen der Wahrscheinlichkeitsrechnung", in: Jahrbücher für Nationalökonomie und Statistik, Band 72(3. Folge, Band 17), Heft 2, 1899, S. 230~44, 라디슬라우스 폰 보르트키에 비치)

『황립 학술원 철학·역사 분과 의사 보고서』(Sitzungsberichte der philosophisch-historischen Klasse der Kaiserlichen Akademie der Wissenschaften)

「후고 뮌스터베르크, 『심리학 개요』」("[Rez.] Hugo Münsterberg, Grundzüge der Psychologie", in: Deutsche Literaturzeitung, 22. Jahrgang, Nr. 14, 6. April 1901, S. 841~46, 하인리히 리케르트)

그 밖의 인용문헌

(맨 앞에 * 표시가 되어 있는 한글 번역본은 "막스 베버가 인용한 문헌"에 수록되어 있는 원서의 한글 번역본이다; 그리고 이 표시가 없는 번역본은 옮긴이가 참고하거나 주(註)를 달기 위해 사용한 것이며, 그 대부분은 아래 "II. 독일어 문헌 및 외국어 문헌"에 원서 또는 독일어로 옮겨진 비독일어 원서가 수록되어 있다.)

I. 한글문헌

『가르강튀아 · 팡타그뤼엘』(프랑수아 라블레 지음; 유석호 옮김), 문학과지성사 2004

*『고백록 — 최초 현대인의 초상』(장 자크 루소 지음; 이용철 옮김), 나남출판 2012

『괴테와의 대화』 총 2권(요한 페터 에커만 지음; 장희창 옮김), 민음사 2008

『귀부인의 남자 치치스베오 — 18세기 이탈리아 귀족계층의 성과 사랑 그리고 여성』(로베르토 비조키 지음; 임동현 옮김), 서해문집 2018

『논쟁의 역사를 통해 본 사회학』(김덕영) →『논쟁의 역사를 통해 본 사회학: 자연과학 · 정신과학 논쟁에서 하버마스 · 루만 논쟁까지』

『논쟁의 역사를 통해 본 사회학: 자연과학 · 정신과학 논쟁에서 하버마스 · 루만 논쟁까지』(김덕영), 한울아카데미 2003

『도덕의 계보』(프리드리히 니체 지음; 김정현 옮김), 『니체전집』 제14권, 책세상 2002, 334~546쪽

『돈의 철학』(게오르그 짐멜 지음; 김덕영 옮김), 도서출판 길 2013

『돈이란 무엇인가』(게오르그 짐멜 지음; 김덕영 옮김), 도서출판 길 2014

『렘브란트: 예술철학적 시론』(게오르그 짐멜 지음; 김덕영 옮김), 도서출판 길 2016

『리바이어던』(토머스 홉스) →『리바이어던: 교회국가 및 시민국가의 재료와 형태 및 권력』

『리바이어던: 교회국가 및 시민국가의 재료와 형태 및 권력』 총 2권(토머스 홉스 지음; 진석용 옮김), 나남 2008

『막스 베버: 통합과학적 인식의 패러다임을 찾아서』(김덕영), 도서출판 길 2012

*『순수이성비판』 총 2권(이마누엘 칸트 지음; 백종현 옮김), 아카넷 2006

*『실낙원』 총 2권(존 밀턴 지음; 조신권 옮김), 문학동네 2010

『서민귀족』(몰리에르 지음; 백선희 · 이연매 옮김), 『동문선 현대신서』 제54권, 동문선 2000, 103~201쪽

『심리학의 원리』(윌리엄 제임스 지음; 정양은 옮김), 아카넷 2005

『아침놀』(프리드리히 니체 지음; 박찬국 옮김), 책세상 2004

『예술철학』(이폴리트 텐 지음; 정재곤 옮김), 나남 2013

*『오레스테이아 3부작』(아이스킬로스 지음; 김기영 옮김), 을유문화사 2015

『이탈리아 여행』(요한 볼프강 폰 괴테 지음; 안인희 옮김), 지식향연 2020

*『일반국가학』(게오르그 옐리네크 지음; 김효전 옮김), 법문사 2005

『잠언과 성찰』(요한 볼프강 폰 괴테 지음; 장영태 옮김), 유로 2014

*『정치학』(아리스토텔레스 지음; 김재홍 옮김), 도서출판 길 2017

『즐거운 학문』(프리드리히 니체 지음; 안성찬 · 홍사현 옮김), 『니체전집』 제12권, 책세상 2005, 21~418쪽

『짐멜이냐 베버냐? 사회학 발달과정 비교연구』(김덕영), 한울아카데미 2004

『차라투스트라는 이렇게 말했다』(프리드리히 니체 지음; 정동호 옮김), 책세상 2000

『충족이유율의 네 겹의 뿌리에 관하여』(아르투어 쇼펜하우어 지음; 김미영 옮김), 나남출판 2010

『친화력』(요한 볼프강 폰 괴테 지음; 김래현 옮김), 민음사 2001

*『파우스트』 총 2권(요한 볼프강 폰 괴테 지음; 전영애 옮김), 도서출판 길 2019

『펠로폰네소스 전쟁사』(투키디데스 지음; 천병희 옮김), 도서출판 숲 2011

『프로테스탄티즘의 윤리와 자본주의 정신』 → 『프로테스탄티즘의 윤리와 자본주의 정신 ― 보론: 프로테스탄티즘의 분파들과 자본주의 정신』

『프로테스탄티즘의 윤리와 자본주의 정신 ― 보론: 프로테스탄티즘의 분파들과 자본주의 정신』(막스 베버 지음; 김덕영 옮김), 도서출판 길 2010

『학문으로 등장할 수 있는 미래의 모든 형이상학을 위한 서설』(이마누엘 칸트 지음; 김재호 옮김), 『칸트 전집』 제5권, 한길사 2018, 17~188쪽

『햄릿』(윌리엄 셰익스피어 지음; 최종철 옮김), 민음사 2010

『헤르만과 도로테아』(요한 볼프강 폰 괴테 지음; 이인웅 옮김), 지식을만드는지식 2011

『형이상학』(아리스토텔레스 지음; 조대호 옮김), 도서출판 길 2017

『확률에 대한 철학적 시론』(피에르 시몽 라플라스 지음; 조재근 옮김), 지식을만드는지식 2009

II. 독일어 문헌 및 외국어 문헌

『경제과학 및 사회과학 슈몰러 연보』(Schmollers Jahrbuch für Wirtschafts- und Sozialwissenschaften)

『경제과학 및 사회과학 저널』(Zeitschrift für Wirtschafts- und Sozialwissenschaften)

『경제와 과학』(Wirtschaft und Wissenschaft, Jena: Gustav Fischar 1931, 프리드리히 고틀)

『경제와 사회: 이해사회학 개요』(Wirtschaft und Gesellschaft. Grundriss der verstehenden Soziologie, 5. Auflage, Tübingen: J. C. B. Mohr (Paul Siebeck) 1972, 막스 베버)

『경제적 가치의 원천과 주요법칙들에 대하여』(Über den Ursprung und die Hauptgesetze des wirthschaftlichen Werthes, Wien: Alfred Hölder 1884, 프리드리히 폰 비저)

『경제학 비판을 위하여』(Zur Kritik der Politischen Oekonomie, herausgegeben von Karl Kautsky, Stuttgart: J. H. W. Dietz Nachf. 1897, 카를 마르크스)

『경제학 원리』(Grundsätze der Volkswirthschaftslehre. Erster, allgemeiner Theil, Wien: Wilhelm Braumüller 1871, 카를 멩거)

『고대 예술사』(Geschichte der Kunst des Alterthums, 2 Bände, Dresden: Walther 1764, 요한 요아힘 빙켈만)

『과학론』(Die Wissenschaftslehre 1804, in: Johann Gottlieb Fichte's nachgelassene Werke, Band 2: Johann Gottfried Fichte's Wissenschaftslehre und das System der Rechtslehre, vorgetragen an der Universität zu Berlin in den Jahren 1804, 1812 und 1813, Bonn: Adolph Marcus 1834, S. 87~314, 요한 고틀리프 피히테)

『과학론 논총』(Gesammelte Aufsätze zur Wissenschaftslehre, herausgegeben von Johannes Winckelmann, (Vierte, erneut durchgesehene Auflage), Tübingen: J. C. B. Mohr (Paul

Siebeck), 1973, 막스 베버)

『국가과학 및 사회과학 연구』(Staats- und sozialwissenschaftliche Forschungen)

『국부론』(An Inquiry into the Nature and Causes of the Wealth of Nations. Complete in one Volume, Edinburgh: Thomas Nelson 1845, 애덤 스미스)

『권리를 위한 투쟁』(Der Kampf ums Recht, Wien: Manz 1872, 루돌프 폰 예링)

『근대 자본주의』 제1권(Der moderne Kapitalismus, Band 1: Die Genesis des Kapitalismus, Leipzig: Duncker & Humblot 1902, 베르너 좀바르트)

『근세사의 여러 시기에 대하여』(Ueber die Epochen der neueren Geschichte. Vorträge dem König Maximilian II. von Bayern im Herbst 1854 zu Berechtesgaden gehalten, herausgegeben von Alfred Dove, Leipzig: Duncker & Humblot 1888, 레오폴트 폰 랑케)

『기독교의 절대성과 종교사』(Die Absolutheit des Christentums und die Religionsgeschichte. Vortrag gehalten auf der Versammlung der Freunde der Christlichen Welt zu Mühlacker am 3. Oktober 1901, Tübingen: J. C. B. Mohr (Paul Siebeck), 1902, 에른스트 트뢸치)

「기하학적 공리들의 기원과 의의에 대하여」(Ueber den Ursprung und die Bedeutung der geometrischen Axiome: Vortrag gehalten im Docentenverein zu Heidelberg 1870, in: ders., Vorträge und Reden, Band 2, 5. Auflage, Braunschweig: Friedrich Vieweg 1903, S. 1~31, 헤르만 폰 헬름홀츠)

「까마귀와 여우」("Le Corbeau et le Renard", dans: Fables de La Fontaine, Tours: Alfred Mame et Fils 1881, 장 드 라퐁텐)

『나의 견습생 시절』(Olle Kamellen III: Ut mine Stromtid, 1. Theil, in: Olle Kamellen III — Olle Kamellen IV. Sämtliche Werke. Neue Volksausgabe in 8 Bänden, Band 5, 4. Auflage, Wismar: Hinstorff 1903, S. 1~208, 프리츠 로이터)

『논리학』 제2권(Logik, Band 2: Die Methodenlehre, 2., durchgesehene und erweiterte Auflage, Freiburg im Breisgau: J. C. B. Mohr (Paul Siebeck) 1893, 크리스토프 폰 지그바르트)

『도덕의 계보』(Zur Genealogie der Moral. Eine Streitschrift, Leipzig: C. G. Naumann 1892, 프리드리히 니체)

『독일제국의 입법, 행정 및 사법 연보』(Jahrbuch für Gesetzgebung, Verwaltung und Rechtspflege des Deutschen Reiches)

『독일 삽화신문』(Deutsche Illustrierte Zeitung)

『돈: 루공 마카르 총서 제18권』(Das Geld. Die Rougon-Macquart: Geschichte einer Familie unter dem Zweiten Kaiserreich, Band 18. Übersetzt von Armin Schwarz, Budapest: Grimm 1897, 에밀 졸라)

「동역학」("Specimen dynamicum", in: Philosophische Werke, Band 1: Handschriften zur Grundlegung der Philosophie, herausgegeben von Ernst Cassirer, Leipzig: Dürr 1904, S. 256~72, 고트프리트 빌헬름 라이프니츠)

「두 마리의 사자」("Zwei Löwen", 『샤우엔부르크 독일 대학생 연회가 대중서』, 686쪽에 수록된 대학생 연회가)

『라퐁텐과 그의 우화작품』(La Fontaine und sein Fabelwerk, Heidelberg: Carl Winter 1919, 카를 포슬러)

「로베르트 마이어의 에너지 원리의 발견과 증명」("Robert Mayers Entdeckung und Beweis des Energieprincipes", in: Philosophische Abhandlungen. Christoph Sigwart zu seinem siebzigsten Geburtstage 28. März 1900, Tübingen, Freiburg i. Br. und Leipzig: J. C. B. Mohr (Paul Siebeck), 1900, S. 159~84, 알로이스 릴)

「로베르트 빌헬름 분젠」("Robert Wilhelm Bunsen", in: Allgemeine Deutsche Biographie, herausgegeben von der Historischen Kommission der Bayerischen Akademie der Wissenschaften, Band 47, 1903, S. 369~76, 하인리히 데부스)

『루이 보나파르트의 브뤼메르 18일』(Der achtzehnte Brumaire des Louis Bonaparte, Hamburg: Otto Meissner 1885, 카를 마르크스)

『루이제』(Luise. Ein ländliches Gedicht in drei Idyllen, Königsberg: Nicolovius 1795, 요한 하인리히 포스)

『리바이어던: 교회국가 및 시민국가의 재료와 형태 및 권력』(Leviathan or The Matter, Form, and Power of a Common-Wealth, Ecclesiastical and Civil: The English Works of Thomas Hobbes (edited by William Mole), London: John Bohn 1839~1845, 토머스 홉스)

『리뷰』(The Review)

『막스 베버 전집』(Max Weber Gesamtausgabe)

『막스 베버 전집』 제I/7권(Max Weber Gesamtausgabe I/7: Zur Logik und Methodik der Sozialwissenschaften. Schriften 1900-1907, Tübingen: J. C. B. Mohr (Paul Siebeck) 2018, 막스 베버)

『막스 베버 전집』 제I/12권(Max Weber Gesamtausgabe I/12: Verstehende Soziologie und Werturteilsfreiheit. Schriften 1908~1917, Tübingen: J. C. B. Mohr (Paul Siebeck) 2018, 막스 베버)

『모권론(母權論)』(Das Mutterrecht: eine Untersuchung über die Gynaikokratie der alten Welt nach ihrer religiösen und rechtlichen Natur, 2., unveränderte Auflage, Basel: Benno Schwabe 1897, 요한 야코프 바흐오펜)

『무의식의 철학』(Philosophie des Unbewußten, Berlin: Carl Duncker's Verlag 1869, 에두아르트 폰 하르트만)

『문화과학과 자연과학: 한 편의 강연』(Kulturwissenschaft und Naturwissenschaft. Ein Vortrag, Freiburg & Leipzig und Tübingen: J. C. B. Mohr (Paul Siebeck) 1899, 하인리히 리케르트)

『문화과학의 에너지론적 토대』(Energetische Grundlagen der Kulturwissenschaft, Leipzig: Dr. Werner Klinhardt 1909, 빌헬름 오스트발트)

『미연방(美聯邦)』(The American Commonwealth, 3 Volumes, London and New York: Macmillan 1888, 제임스 브라이스)

『민족심리학 및 언어학 저널』(Zeitschrift für Völkerpsychologie und Sprachwissenschaft)
「민족심리학 및 언어학 저널에의 초대로서의 민족심리학에 대한 서론적 사고」("Einleitende Gedanken über Völkerpsychologie als Einladung zu einer Zeitschrift für Völkerpsychologie und Sprachwissenschaft", in: Zeitschrift für Völkerpsychologie und Sprachwissenschaft, Band 1, 1860, S. 1~73, 라차루스 · 슈타인탈)

『밤베르크 신문』(Bamberger Zeitung)
「범주들의 체계에 대하여」("Vom System der Kategorien", in: Philosophische Abhandlungen. Christoph Sigwart zu seinem siebzigsten Geburtstage 28. März 1900 gewidmet, Tübingen, Freiburg i. Br. und Leipzig: J. C. B. Mohr (Paul Siebeck) 1900, S. 43~58, 빌헬름 빈델반트)

『법의 목적』 제1권(Der Zweck im Recht, Band 1, Leipzig: Breitkopf & Härtel 1877, 루돌프 폰 예링)

『법철학 저널』(Zeitschrift für Rechtsphilosophie)

『비문헌학적 내용의 유고작』(Nachgelassene Schriften nichtphilologischen Inhalts, Hamburg: Friedrich Perthes 1842, 바르트홀트 게오르그 니부어)

『비판적 방법에 입각한 심리학 서설』(Einleitung in die Psychologie nach kritischer Methode, Freiburg i. Br.: J. C. B. Mohr (Paul Siebeck) 1888, 파울 나토르프)

『비평』(La Critica)

『사회와 개인』(Gesellschaft und Einzelwesen. Eine methodologische Studie, Berlin: Otto Liebmann 1899, 테오도어 키스티아콥스키)

「사회 및 사회과학의 개념에 대하여」("Ueber den Begriff der Gesellschaft und einer Gesellschaftslehre", in: Reden und Aufsätze, 3. Folge, Freiburg im Breisgau und Leipzig: J. C. B. Mohr (Paul Siebeck) 1894, S. 248～77, 구스타프 폰 뤼멜린)

「사회정책의 이상들」("Ideale der Sozialpolitik", in: Archiv für soziale Gesetzgebung und Statistik, Band 10, 1897, S. 1～48, 베르너 좀바르트)

『사회정책 및 입법 연보』(Annalen für soziale Politik und Gesetzgebung)

『사회정책 중앙신문』(Socialpolitisches Centralblatt)

『사회주의 월간지』(Sozialistische Monatshefte)

「사회학자와 화폐이론가로서의 게오르그 짐멜」("Georg Simmel als Soziologe und Theoretiker der Geldwirtschaft", in: Max Weber Gesamtausgabe I/12, Tübingen: J. C. B. Mohr (Paul Siebeck) 2018, S. 95～110, 막스 베버; 미완성 유고작)

『삶으로서의 경제』(Wirtschaft als Leben. Eine Sammlung erkenntniskritischer Arbeiten, Jena: Gustav Fischer 1925, 프리드리히 고틀)

『샤우엔부르크 독일 대학생 연회가 대중판』(Schauenburgs allgemeines Deutsches Kommersbuch. Unter musikalischer Redaktion von Friedrich Silcher und Friedrich Erk, 31. Auflage, Lahr: Moritz Schauenburg 1888)

「서문」("Zur Einführung", in: Archiv für soziale Gesetzgebung und Statistik, Band 1, 1888, S. 1～6, 하인리히 브라운)

『서민귀족』(Der bürgerliche Edelmann, in: Molière's Lustspiele übersetzt von Wolf Grafen Baudissin, Band 3, Leipzig: S. Hirzel 1866, S. 213～346, 몰리에르)

『선택적 친화력』(Die Wahlverwandtschaften, in: Sämtliche Werke. Jubiläumsausgabe in 40 Bänden, Band 21, hrsg. von Eduard von der Hellen, Stuttgart und Berlin: J. G. Cotta Nachfolger o. J., 요한 볼프강 폰 괴테)

『세계사』(Weltgeschichte, 9 Bände, Leipzig: Duncker & Humblot 1881～1888, 레오폴트 폰 랑케)

『세계사 계간지』(Vierteljahreshefte für Weltgeschichte)

『세계사. 제5부: 아랍의 세계지배와 카를 대제의 제국. 제1부』제1～3판(Weltgeschichte. Fünfter Theil: Die arabische Weltherrschaft und das Reich Karls des Grossen. Erste

Abtheilung, 1. bis 3. Auflage, Leipzig: Duncker & Humblot 1884, 레오폴트 폰 랑케)

『소우주: 자연사와 인류의 역사에 대한 이념 — 인간학 시론』 제1권(Mikrokosmos. Ideen zur Naturgeschichte und Geschichte der Menschheit. Versuch einer Anthropologie, Band 1, Leipzig: S. Hirzel 1856, 헤르만 로체)

『소유와 그 원시적 형태들에 대하여』(De la propriété et de ses formes primitives, Paris: Librairie G. Baillière 1874, 에밀 드 라블레)

『수리물리학 강의: 역학』(Vorlesungen über mathematische Physik: Mechanik, Leipzig: B. G. Teubner 1876, 구스타프 키르히호프)

『수학의 완전한 논리적 체계를 위한 시론』 제1부(Versuch eines vollkommen consequenten Systems der Mathematik, Erster Theil, Arithmetik und Algebra enthaltend, 2., umgearbeitete, durch viele neue erläuternde Beyspiele verdeutlichte Ausgabe, Berlin: T. H. Riemann 1828, 마르틴 옴)

『슈몰러 연보 — 경제과학 및 사회과학 저널』(Schmollers Jahrbuch — Zeitschrift für Wirtschafts- und Sozialwissenschaften)

『시집』 제1권(Gedichte. Erster Theil. Vollständige mit Nachträgen vermehrte Ausgabe. Mit Grosh. Badisch gnäd. Privilegio, Carlsruhe: im Bureau der deutschen Classiker 1818, 프리드리히 폰 실러)

『신경과민과 문화』(Nervosität und Kultur, Berlin: Johannes Räde 1902, 빌리 헬파흐)

『신들의 이름』(Götternamen. Versuch einer Lehre von der religiösen Begriffsbildung, Bonn: Friedrich Cohen 1896, 헤르만 우제너)

『신(新)사회』(Die Neue Gesellschaft)

『신(新)시대』(Die Neue Zeit)

『심리학 교본』(Lehrbuch zur Psychologie, 2. Auflage, Königsberg: August Wilhelm Unzer 1834, 요한 프리드리히 헤르바르트)

『심리학의 원리』 제2권(The Principles of Psychology, Volume 2, New York: Henry Holt and Comp. 1890, 윌리엄 제임스)

『심리학 저널』(Zeitschrift für Psychologie)

『아침놀』(Morgenröthe. Gedanken über die moralischen Vorurtheile, Leipzig: C. G. Naumann 1900, 프리드리히 니체)

『아테네 비극 입문』(Einleitung in die attische Tragoedie, Berlin: Weidmann 1889, 울리히 폰 빌라모비츠-묄렌도르프)

『어느 총각의 모험』(Abenteuer eines Junggesellen, München: Bassermann 1883, 빌헬름 부쉬)

『언어사의 원리들』(Principien der Sprachgeschichte, Halle a. S.: Max Niemeyer 1880, 헤르만 파울)

「"에너지론적" 문화이론」("'Energetische' Kulturtheorien", in: Archiv für Sozialwissenschaft und Sozialpolitik, Band 29, Heft 2, 1909, S. 575~98, 막스 베버)

「에두아르트 마이어, 『유대교의 기원: 역사적 연구』」("[Rez.] Eduard Meyer, Die Entstehung des Judenthums, in: Göttingische Gelehrte Anzeigen, Jahrgang 159, Band 1, 1897, S. 89~97, 율리우스 벨하우젠)

『여인들의 행복 백화점: 루공 마카르 총서 제11권』(Zum Paradies der Damen. Die Rougon-Macquart: Geschichte einer Familie unter dem Zweiten Kaiserreich, Band 11. Übersetzt von Armin Schwarz, Budapest: Grimm 1894~1895, 에밀 졸라)

『역사과학의 낡은 방향과 새로운 방향』(Alte und neue Richtungen in der Geschichtswissenschaft, Berlin: R. Gaertners, 카를 람프레히트)

「역사의 법칙들에 대하여」("Ueber Gesetze der Geschichte", in: Reden und Aufsätze. Neue Folge, Freiburg und Tübingen: J. C. B. Mohr (Paul Siebeck) 1881, S. 118~46, 구스타프 폰 뤼멜린)

「역사적 사실들의 일회성과 반복」("Einzigkeit und Wiederholung geschichtlicher Tatsachen", in: Jahrbuch für Gesetzgebung, Verwaltung und Volkswirtschaft im Deutschen Reich, Band 28, 1904, S. 1~45, 쿠르트 브라이직)

「역사철학」("Geschichtsphilosophie", in: Wilhelm Windelband (Hrsg.), Die Philosophie im Beginn des zwanzigsten Jahrhunderts. Festschrift für Kuno Fischer, Band 2, Heidelberg: Carl Winter 1905, S. 51~135, 하인리히 리케르트)

『예술철학』(Philosophie de L'Art, Paris: Germer Baillière 1865, 이폴리트 텐)

『오늘날의 로마법의 체계』(System des heutigen römischen Rechts, Berlin: Veit und Comp. 1840~1849, 프리드리히 카를 폰 사비니)

「오늘날의 사회과학의 방법에 대하여」("Zur Methode der heutigen Social-Wissenschaft", in: Zeitschrift für Volkswirtschaft, Sozialpolitik und Verwaltung, Jahrgang 1, 1892, S. 212~26, 빈센츠 존)

「오스트리아 경제학자들과 그들의 가치론」("The Austrian Economists and their View of Value", in: Quarterly Journal of Economics, Vol. 3, 1888/89, pp. 1~31, 제임스 보너)

『원시민족과 문화민족: 사회심리학적 연구』(Naturvölker und Kulturvölker. Ein Beitrag zur Socialpsychologie, Leipzig: Duncker & Humblot 1896, 알프레트 피어칸트)

『원시 소유』(Das Ureigentum. Autorisierte deutsche Ausgabe, herausgegeben und vervollständigt von Karl Bücher, Leipzig: F. A. Brockhaus 1879 →『소유와 그 원시적 형태들에 대하여』의 독일어 번역본, 에밀 드 라블레)

『유기체가 신진대사와의 관계 속에서 하는 운동』(Die Organische Bewegung in ihrem Zusammenhange mit dem Stoffwechsel. Ein Beitrag zur Naturkunde, Heilbronn: Verlag der Drechsler'schen Buchhandlung 1845, 율리우스 로베르트 마이어)

『유대교의 기원: 역사적 연구』(Die Entstehung des Judenthums. Eine historische Untersuchung, Halle an der Saale: Max Niemeyer 1896, 에두아르트 마이어)

『율리우스 벨하우젠과 유대교의 기원에 대한 나의 저작: 반론』(Julius Wellhausen und meine Schrift Die Entstehung des Judenthums. Eine Erwiderung, Halle an der Saale: Max Niemeyer 1897, 에두아르트 마이어)

『의심과 믿음, 그리고 무지와 앎의 기술』(De arte dubitandi et confidendi, ignorandi et sciendi (nachgelassenes, unvollendetes Hauptwerk), 세바스티앵 카스텔리오)

『이론적 사회경제학』(Theoretische Socialökonomik, Band 1: Einleitung. Allgemeiner Theil, Buch 1, Leipzig: C. F. Winter 1895, 하인리히 디첼)

『이론적 생물학 서설』(Einleitung in die theoretische Biologie, Berlin: Gebr. Paetel 1901, 요하네스 라인케)

『이탈리아 르네상스의 문화』(Die Kultur der Renaissance in Italien. Ein Versuch, Basel: Schweighauser 1860, 야코프 부르크하르트)

「이해사회학의 몇 가지 범주에 대하여」("Über einige Kategorien der verstehenden Soziologie", in: Gesammelte Aufsätze zur Wissenschaftslehre, 4. Auflage, Tübingen: J. C. B. Mohr (Paul Siebeck) 1973, 막스 베버)

『인간기계론』(Der Mensch eine Maschine. Übersetzt, erläutert und mit einer Einleitung über den Materialismus versehen von Adolf Ritter, Berlin: Erich Koschny 1875, 쥘리 앵 라메트리)

『인간학: 인간영혼론』(Anthropologie. Die Lehre von der menschlichen Seele. Neubegründet auf naturwissenschaftlichem Wege für Naturforscher, Seelenärzte und wissenschaftlich Gebildete überhaupt, Leipzig: Brockhaus 1856, 이마누엘 헤르만 피히테)

『인류사의 철학에 대한 이념』(Ideen zur Philosophie der Geschichte der Menschheit.

Dritter Theil, Riga und Leipzig: Johann Friedrich Hartknoch 1790, 요한 고트프리트 헤르더)

『인종생물학 및 사회생물학 저널』(Archiv für Rassen- und Gesellschafts-Biologie)

「일곱 가지 세계의 불가사의」("Die sieben Welträthsel. In der Leibniz-Sitzung der Akademie der Wissenschaften am 8. Juli 1880 gehaltene Rede", in: Reden, 1. Folge: Literatur, Philosophie, Zeitgeschichte, Leipzig: Veit & Comp. 1886, S. 381~417, 에밀 하인리히 뒤부아-레이몽)

『일반("이론")경제학: 1894~1898년 강의』(Allgemeine ("theoretische") Nationalökonomie. Vorlesungen 1894~1898, Max Weber Gesamtausgabe III/1, Tübingen: J. C. B. Mohr (Paul Siebeck) 2009, 막스 베버)

「자본주의 정신의 기원」("Die Genesis des kapitalistischen Geistes", 『근대 자본주의』 제1권의 제2부 제3장, 베르너 좀바르트)

『자연과학과 과학 전체의 관계에 대하여』("Ueber das Verhältnis der Naturwissenschaften zur Gesammtheit der Wissenschaft: Akademische Festrede gehalten zu Heidelberg beim Antritt des Prorectorats 1862", in: Vorträge und Reden, Band 1, 5. Auflage, Braunschweig: Friedrich Vieweg und Sohn 1903, S. 157~85, 헤르만 폰 헬름홀츠)

「자연인식의 한계에 대하여」("Ueber die Grenzen des Naturerkennens. In der zweiten allgemeinen Sitzung der 45. Versammlung Deutscher Naturforscher und Aerzte zu Leipzig am 14. August 1872 gehaltener Vortrag", in: Reden, 1. Folge: Literatur, Philosophie, Zeitgeschichte, Leipzig: Veit & Comp. 1886, S. 105~40, 에밀 하인리히 뒤부아-레이몽)

『자연적 가치』(Der natürliche Werth, Wien: Hölder 1889, 프리드리히 폰 비저)

『자연철학 강의』(Vorlesungen Über Naturphilosophie. Gehalten Im Sommer 1901 an der Universität Leipzig, Leipzig: Veit & Comp. 1902, 빌헬름 오스트발트)

『자유무역론』(Das Freihandelsargument, Berlin-Schöneberg: Buchverlag der Hilfe 1901, 루요 브렌타노)

『잠언과 성찰』(Maximen und Reflexionen (herausgegeben von Johann Peter Eckermann und Friedrich Wilhelm Riemer), Stuttgart und Tübingen: J. G. Cotta'schen Buchhandlung 1833, 요한 볼프강 폰 괴테)

『전진』(Vorwärts)

『정법론(正法論)』(Die Lehre von dem richtigen Rechte, Berlin: J. Guttentag 1902, 루돌

프 슈탐러)

「정신물리적 인과성과 정신물리평행론」("Psychophysische Causalität und psychophysischer Parallelismus", in: Philosophische Abhandlungen. Christoph Sigwart zu seinem siebzigsten Geburtstage 28. März 1900, Tübingen, Freiburg im Breisgau und Leipzig: J. C. B. Mohr (Paul Siebeck) 1900, S. 59~87, 하인리히 리케르트)

「정신적 인과성과 정신물리평행론의 원리에 대하여」("Ueber psychische Causalität und das Princip des psychophysischen Parallelismus", in: Philosophische Studien, Band 10, 1894, S. 1~124, 빌헬름 분트)

『정치』 제1권(Politik. Vorlesungen gehalten an der Universität zu Berlin, herausgegeben von Max Cornicelius, Band 1, Leipzig: S. Hirzel 1897, 하인리히 폰 트라이치케)

『종교론』(Über die Religion. Reden an die Gebildeten unter ihren Verächtern, Berlin: Unger 1799, 프리드리히 에른스트 다니엘 슐라이어마허)

「죽은 자연의 힘들에 대한 논의」("Bemerkungen über die Kräfte der unbelebten Natur", in: Annalen der Chemie und Pharmacie, Band 42, 1842, S. 233~40, 율리우스 로베르트 마이어)

『중세 로마법사』(Geschichte des römischen Rechts im Mittelalter, 7 Bände, Heidelberg: Mohr und Zimmer 1815~1831, 프리드리히 카를 폰 사비니)

『즐거운 학문』(Die fröhliche Wissenschaft ("la gaya scienza"), Leipzig: C. G. Naumann 1899, 프리드리히 니체)

『차라투스트라는 이렇게 말했다』(Also sprach Zarathustra. Ein Buch für Alle und Keinen, Leipzig: C. G. Naumann 1901, 프리드리히 니체)

「철학사」("Geschichte der Philosophie", in: Die Philosophie im Beginn des zwanzigsten Jahrhunderts. Festschrift für Kuno Fischer, Heidelberg: Winter 1905, S. 175~99, 빌헬름 빈델반트)

『철학사』(Geschichte der Philosophie, Hamburg: Perthes 1829~1853, 하인리히 리터)

『철학적 과학의 백과사전과 방법론』(Encyklopädie und Methodologie der philologischen Wissenschaften, herausgegeben von Ernst Bratuscheck, 2. Auflage, besorgt von Rudolf Klussmann, Leipzig: B. G. Teubner 1886, 아우구스트 뵈크)

『청중들을 위한 수고로서의 전체 과학론의 기초』(Grundlage der gesamten Wissenschaftslehre als Handschrift für seine Zuhörer, Zweite verbesserte Ausgabe, Leipzig: Christian Ernst Gabler 1802, 요한 고틀리프 피히테)

「체념」("Resignation", 프리드리히 폰 실러) →『시집』제1권에 수록된 시

『충족이유율의 네 겹의 뿌리에 관하여』(Über die vierfache Wurzel des Satzes vom zureichenden Grunde. Eine philosophische Abhandlung, in: Sämmtliche Werke, hrsg. von Julius Frauenstädt, Band 1: Schriften zur Erkenntnisslehre, 2. Auflage, Leipzig: F. A. Brockhaus 1891, 아르투어 쇼펜하우어)

『취리히 포스트』(Züricher Post)

『친구: 정치, 도덕 및 종교의 확고한 원리의 구축에 기여하기 위한 에세이 시리즈』 (The Friend: A Series of Essays to Aid in the Formation of Fixed Principles in Politics, Morals, and Religion, Vol. 3, 3rd edition, London: William Pickering 1837, 새뮤얼 테일러 콜리지)

『토리첼리의 진공과 유발에 대하여』(Die Torricellische Leere und über Auslösung, Stuttgart: J. G. Cotta 1876, 율리우스 로베르트 마이어)

『파우스트: 비극의 제3권』(Faust. Der Tragödie dritter Theil. Treu im Geiste des zweiten Theils des Götheschen Faust gedichtet, 2., umgearbeitete und vermehrte Auflage, Tübingen: Laupp 1886, 프리드리히 테오도어 피셔)

『편지 1911~1912』(Briefe 1911~1912: Max Weber Gesamtausgabe II/7, Tübingen: J. C. B. Mohr (Paul Siebeck) 1998, 막스 베버)

『편지 1918~1920』제2반권(半券)(Briefe 1918-1920: Max Weber Gesamtausgabe II/10, Tübingen: J. C. B. Mohr (Paul Siebeck) 2012, 막스 베버)

「페르디난트 1세와 막시밀리안 2세의 시대에 대하여」("Ueber die Zeiten Ferdinands I und Maximilians II", in: Historisch-politische Zeitschrift, Band 1, 1832, S. 223~339, 레오폴트 폰 랑케)

『폐쇄적 상업국가』(Der geschlossene Handelsstaat. Ein philosophischer Entwurf als Anhang zur Rechtslehre und Probe einer künftig zu liefernden Politik, Tübingen: J. G. Cotta 1800, 요한 고틀리프 피히테)

『학문으로 등장할 수 있는 미래의 모든 형이상학을 위한 서설』(Prolegomena zu einer jeden künftigen Metaphysik, die als Wissenschaft wird auftreten können, herausgegeben von Karl Schulz, Leipzig: Philipp Reclam jun. 1888, 이마누엘 칸트)

「한계효용이론과 "정신물리학적 기본법칙"」("Die Grenznutzlehre und das 'psychophysische Grundgesetz'", in: Archiv für Sozialwissenschaft und Sozialpolitik, Band 27, Heft 2, 1908, S. 546~58, 막스 베버)

『해석학과 비평: 특히 신약성서와 관련하여 논함』(Hermeneutik und Kritik: mit besonderer Beziehung auf das Neue Testament. Aus Schleiermachers handschriftlichem Nachlasse und nachgeschriebenen Vorlesungen, herausgegeben von Friedrich Lücke, Berlin: G. Reimer 1838, 프리드리히 에른스트 다니엘 슐라이어마허)

『햄릿』(Hamlet, Prinz von Dänemark, in: Shakespeare's dramatische Werke. Uebersetzt von August Wilhelm Schlegel, ergänzt und erläutert von Ludwig Tieck. Sechster Theil, Berlin: G. Reimer 1831, S. 77~196, 윌리엄 셰익스피어)

『행위로서의 세계: 자연과학에 근거하는 세계관 개요』(Die Welt als Tat. Umrisse einer Weltansicht, 3. Auflage, Berlin: Gebrüder Paetel 1905, 요하네스 라인케)

『헤르만과 도로테아』(Mit Einleitung und Anmerkungen von Hermann Schreyer (Johann Wolfgang von Goethe, Sämtliche Werke. Jubiläumsausgabe in 40 Bänden, herausgegeben von Eduard von der Hellen), Band 6, Stuttgart und Berlin: J. G. Cotta Nachfolger, o. J., S. 155~232, 요한 볼프강 폰 괴테)

「헤겔 철학 비판」("Kritik der Hegel'schen Philosophie", in: Sämmtliche Werke, Band 2: Philosophische Kritiken und Grundsätze, Leipzig: Otto Wigand 1846, S. 185~232, 루트비히 포이어바흐)

『현대 문화』(Die Kultur der Gegenwart, Leipzig: B. G. Teubner 1905~1926)

『현대 물리학의 세계관』(Die Weltanschauung der modernen Physik, Leipzig: Hermann Haacke 1902, 에두아르트 폰 하르트만)

「현대인들의 자유와 비교해 본 고대인들의 자유」("De la liberté des Anciens comparée à celle des Modernes, discours prononcé à l'Athénée royal de Paris en 1819", in: Œuvres politiques de Benjamin Constant, Paris: Charpentier et Cie 1874, pp. 258~86, 뱅자맹 콩스탕)

『호라티우스의 서간시』 제1권(Die Episteln des Horatius Flaccus. Lateinisch und Deutsch mit Erläuterungen von Felix Sebastian Feldbausch in zwei Bänden, Band 1: Die Episteln des ersten Buches, Leipzig und Heidelberg: C. F. Winter 1860, 호라티우스)

『호라티우스의 저작』 제1권(Des Quintus Horatius Flaccus Werke von Johann Heinrich Voss in zwei Bänden, Band 1: Oden und Epoden, 3. Ausgabe, Braunschweig: Friedrich Vieweg 1822, 호라티우스)

『확률에 대한 철학적 시론』(Philosophischer Versuch über die Wahrscheinlichkeiten. Nach der 6. Auflage des Originals übersetzt von Norbert Schwaiger, Leipzig: Duncker &

Humblot 1886, 피에르 시몽 라플라스)

『회화와 조각예술에서의 그리스 작품의 모방에 대한 상념』(Gedanken über die Nachahmung der griechischen Werke in der Malerei und Bildhauerkunst, Stuttgart: Reclam 1969, 요한 요아힘 빙켈만)

『후텐의 마지막 날들』(Huttens letzte Tage. Eine Dichtung, Leipzig: H. Haessel 1872, 콘라트 페르디난트 마이어)

『히스테리 심리학 개요』(Grundlinien einer Psychologie der Hysterie, Leipzig: Wilhelm Engelmann 1904, 빌리 헬파흐)

「힌리히스의 종교철학에 대한 서문」("Vorrede zu Hinrichs' Religionsphilosophie", in: Werke, Band 17: Vermischte Schriften, Band 2, hrsg. von D. Friedrich Förster und D. Ludwig Boumann, Berlin: Duncker & Humblot 1835, S. 277~304, 게오르그 빌헬름 프리드리히 헤겔)

『1905년의 러시아 혁명』(Zur Russischen Revolution von 1905: Max Weber Gesamtausgabe I/10. Schriften und Reden 1905-1912, Tübingen: J. C. B. Mohr (Paul Siebeck) 1989, 막스 베버)

사항 찾아보기

인명 찾아보기

818

알라딘 북펀드 후원자 명단